INVENTAIRE SOMMAIRE
DES
ARCHIVES DÉPARTEMENTALES
ANTÉRIEURES A 1790
RÉDIGÉ PAR M. ARMAND BÉNET, ARCHIVISTE

CALVADOS

ARCHIVES ECCLÉSIASTIQUES

SÉRIE H SUPPLÉMENT
TOME PREMIER
HOPITAUX DE LISIEUX ET DE BAYEUX
ARTICLES 1-1320

CAEN
HENRI DELESQUES, IMPRIMEUR-LIBRAIRE
RUE FROIDE, 2 ET 4

1891

COLLECTION

DES

INVENTAIRES SOMMAIRES

DES

ARCHIVES DÉPARTEMENTALES

ANTÉRIEURES A 1790

Publiée sous la direction du Ministère de l'Instruction Publique et des Beaux-Arts

INTRODUCTION

Le département du Calvados comprend actuellement 13 administrations hospitalières (1) : Caen, Reviers, Troarn, Villers-Bocage ; Bayeux ; Falaise, Cesny-Bois-Halbout ; Lisieux, Orbec ; Pont-l'Évêque, Honfleur ; Vire, Condé-sur-Noireau.

Les archives de ces établissements ne contiennent qu'en partie les sources manuscrites du passé des institutions charitables : les mairies — et je ne parle pas ici des fonds hospitaliers réunis matériellement aux archives communales, qui devront trouver place dans la présente collection — conservent de nombreux documents, notamment dans les délibérations, les comptes, et aussi dans la série GG, en raison de la part prise par les municipalités dans l'administration et les finances des hôpitaux, soit que ces collections proviennent, comme à Caen, de confusion indûment faite de titres hospitaliers avec les papiers communaux, soit qu'ils concernent, comme à Honfleur, un établissement formé par la ville, antérieurement à l'hôpital encore subsistant. Et les archives départementales, non seulement dans les petits fonds (2) de la série H, mais dans leurs diverses subdivisions, encore inégalement explorées, dans les registres et minutes des justices, dans les papiers des anciennes administrations (3), dans les titres de familles (4), dans les fonds ecclésiastiques, etc., renferment une intéressante et complexe collection de matériaux,

---

(1) Parmi les hôpitaux et hospices qui n'existent plus, on peut citer : Saint-Pierre-sur-Dives, dont les titres se trouvent dans le fonds de l'abbaye (arch. dép., série H), et entre les mains de M. Desprairies, notaire à Carentan ; Fervaques, dont l'inventaire des archives hospitalières d'Orbec (VI. I), signale 4 pièces, de 1714 à 1757 (H. Suppl. 1565) (cf. archives communales, monographie, etc.) — L'hospice de Bois-Halbout ne conserve qu'un fonds insignifiant, composé de 4 articles, dont 2 seulement se rapportent spécialement à l'institution : le véritable dépôt se trouve aux Archives départementales, dans le fonds de l'abbaye du Val. — Bien que la fondation de Reviers soit toute récente, il existe cependant à la mairie (GG. 6 et 7) quelques pièces antérieures à la Révolution, concernant la famille du fondateur ou provenant de personnes ayant séjourné à l'établissement. Cf. mon inventaire de la série E Supplément, t. I, p. 313 et 314.

(2) Entre autres sur l'hôpital de Montchamp, disparu.

(3) Cf. notamment, série C, t. I (Intendance de Caen), pages 214-307. Supplément manuscrit de l'Intendance, C. 6815-6836. — Intendance d'Alençon, C. 7345. Cf. inventaire de la série C des Archives de l'Orne. Commission intermédiaire de la Basse-Normandie, C. 8572, etc.

(4) C'est ainsi que dans la série E, famille Bourdon, l'inventaire ultérieur signalera un legs à l'hôpital de Lisieux par Thomas Bourdon en 1680. *Ibid.*, hôpital de Pont-l'Évêque.

indispensables pour faire revivre les annales des anciens établissements charitables. Il n'en existe pas moins, aux secrétariats des hospices, d'importantes séries de documents historiques : on en trouvera dans ce volume l'inventaire pour Lisieux et Bayeux.

LISIEUX

Hôtel-Dieu des Mathurins

Le souvenir de la fondation de la Maison-Dieu de Lisieux, et de son fondateur, Roger Aini, a été conservé par la copie (1) de la charte, du commencement du XIII° siècle, par laquelle les *pauperes Domus Dei de Lexovio* font connaître que comme *Fulco Tallefer*, chanoine de Lisieux, et *Robertus Vicecomes*, chevalier, leur donnèrent deux masures contiguës, rue du Bouteiller (2), à Lisieux, Laurent Aini, chanoine de Lisieux, fils de Roger Aini, premier fondateur de la maison, *nostrœ domus primi fundatoris*, leur donna un fonds à Lisieux, entre le pourpris qui fut aud. Roger Aini, d'une part, et les *masuras pertinentes ad feodum Tellardi*, en lad. rue, de l'autre, Jourdain, évêque de Lisieux, leur donna un « îlôt » voisin, nommé Putangle, à Lisieux, moyennant une rente annuelle de 12 deniers à la foire du pré, Jean, Robert et Guillaume, fils et héritiers de feu Geoffroi *de interduobus pontibus*, bourgeois de Lisieux, leur vendirent tout l'îlôt qu'ils possédaient, situé entre led. pourpris de Roger Aini et l'îlôt de Putangle, acquisition que ledit Laurent Aini paya de ses deniers aux vendeurs, lesdits pauvres cèdent aud. Laurent tous ces tènements, sa vie durant, moyennant 10 sols de rente annuelle envers lesd. pauvres, à l'anniversaire de son père Roger Aini, et semblable somme à l'anniversaire de sa mère Félicie ; lesd. biens reviendront aux pauvres après sa mort ; alors l'établissement sera tenu de payer lesd. 10 sols auxd. anniversaires aux pauvres de la maison ou à d'autres, outre la distribution quotidienne.

La fondation doit donc être assignée au milieu du XII° siècle, sans date précise, vers 1160, comme porte la pièce II. A. I., et non *en 1165*, comme l'écrit (3) sans preuves M. Louis Du Bois dans son *Histoire de Lisieux* (4).

(1) Collationnée par les tabellions de la vicomté de Lisieux, le 30 octobre 1656, sur l'original en parchemin, scellé, présenté par Bernard Bréavoyne, ministre du couvent de la Trinité et Hôtel-Dieu. Archives hospitalières, II. A. 1. Page 125 de l'inventaire. Ce document porte la note suivante : « Dans cette chartre qui est la première pièce des écritures du convent de la Ste-Trinité et hostel-Dieu de Lisieux l'on connoist quel est le premier fondateur dudit convent et hostel-Dieu, et que les religieux qui tenoient ledit hostel-Dieu auparavant l'establissement des religieux de la Sta-Trinité s'appelloient du nom de pauvres (sic). 1160 ou environ ». Cf. le cartulaire II. A. 8. Invent., p. 129.

(2) *In vico pincerna*. Lechaudé d'Anisy, *Extrait des chartes qui se trouvent dans les archives du Calvados* (II. 23), à propos d'une charte de 1250, traduit : rue Piscerna.

(3) T. II, p. 4, cf. p. 196. Même volume, p. 192, M. Du Bois, moins affirmatif, écrit que l'hopital fut fondé en 1165, *dit-on*. A signaler l'erreur de la page 4, attribuant la fondation au « *chanoine Aîné* ». Du Bois se trompe également en écrivant que l'hôpital était établi dans « L'ILE de Putangle, *l'un des îlôts formés vers l'embouchure de l'Orbiquet dans la Touque, probablement l'île St-Dominique* » (p. 4, cf. pp. 191-193). — Une pièce de 1253 place la maison-Dieu jouxte la rivière d'Orbec, *super aquam Auribeci* (II. A. 4).

(4) M. Laffetay, *Histoire du diocèse de Bayeux*, II. 245, donne pour la fondation la date 1163, qui n'est pas plus exacte.

Le nouvel établissement reçut bien vite les donations des évêques (1), chapitre, chanoines, clercs, nobles et vilains, que nous ont conservées les diverses copies du cartulaire (2) et les originaux des archives dép^{tes} (3) : je me contente de renvoyer aux analyses de l'inventaire — qui, bien entendu, reproduisent fidèlement, jusque dans leurs graphiques contradictoires, les textes, malheureusement copiés avec trop de désinvolture au XVIIe siècle, — et, sans entrer dans les détails, de rappeler le séjour de Thomas Becket, dont l'hôpital conserve encore des ornements, véritables reliques : celui-ci lui fut dédié, et son nom revient souvent dans les chartes de donations (4).

Les souscriptions des bulles pontificales et les textes des chartes de donations donnent des renseignements sur l'organisation primitive. L'hôpital ou maison Dieu était représenté par un prieur ou recteur, et des frères (5), établissement *religieux*, est-il besoin de le dire, car c'est par une interprétation erronée de la bulle d'Urbain III permettant d'avoir à l'hôpital un prêtre pour administrer les sacrements (6) qu'on a pu, dans un intérêt *actuel*, songer à un hôpital laïc (7) : il s'agissait tout simplement d'enlever l'hôtel-Dieu au curé de l'église paroissiale (8). Mais bientôt un changement radical devait se produire — fatal pour l'avenir des établissements charitables de Lisieux — avec l'installation des Mathurins à l'hôtel-Dieu.

(1) Cf. surtout, p. 142. II. B. 22, donations de l'évêque Jourdain de 1218, etc.

(2) Invent., p. 126 et suiv.

(3) Série H. M. Vasseur, ancien receveur des hospices de Lisieux, a publié dans sa *Notice historique et archéologique sur la maison-Dieu et les Mathurins de Lisieux*, Bulletin Monumental, t. XXX (1864), pp. 301-307, 9 pièces justificatives. Il aurait pu trouver dans le fonds des Archives du Calvados de nombreuses chartes originales de la fin du XIIe et du XIIIe siècles, notamment l'original scellé de celle de « Willelmus de Corbesarte » de 1207, qu'il a publiée (p. j., n° 4), d'après une copie du XVIIe siècle ; la charte de Guy, évêque de Lisieux, vidimant celle de Jourdain de 1218, qu'il a donnée (p. j., n° 9), d'après une copie, etc. — Cf., en attendant l'inventaire sommaire, les analyses — plus ou moins incorrectes — publiées, en 1835, par Lechaudé, *op. cit.*, II. 27 et suiv.

(4) *Domus pauperum Dei et sancti Thome Lexov. ; Domui Dei Lex. et Beati Thome Martiris et clericis et pauperibus ibi Deo servientibus et viventibus; hospitali Beati Thome Lexov. et pauperibus ibidem degentibus, etc.*, II. A. 4, 8, etc. La même appellation se trouve après l'entrée des Mathurins : *ecclesia Beati Thome Martiris domus Dei Lexov. et fratres Sancte Trinitatis et captivorum et pauperes Domini nostri Jhesu Christi in eadem domo pro tempore degentes*. Cf. les originaux des Archives départementales. — On trouve encore en 1718 la dénomination : hôpital de St-Thomas-le-Martyr, établi à Lisieux (B. 109).

(5) *Priori et fratribus hospitalis Lexoviensis*. Bulle de Lucius III (II. A. 8), et autres bulles y insérées. *Magistro Barth. et fratribus hospitalis domus Lexovicensis*. Bulle d'Urbain III, original aux Arch. du Calvados. *Rectori et fratribus domus Dei Lex.* 1220. G. *rector et fratres domus Dei Lex.* 1223, avril.

(6) « *Cum plures sitis in domo vestra sub communi vita degentes et oratorium habeatis, in quo vobis, hospitibus et infirmis vestris divina valeant ministeria celebrari, presbitero indigetis qui vobis et illis sacramenta ecclesiastica subministret.* . . . *indulgemus ut liceat vobis proprium sacerdotem habere, qui vobis, hospitibus, infirmis et familie vestre deserviat in divinis obsequiis, ita tamen quod circum adjacentibus ecclesiis nullum parrochialis juris ex hoc prejudicium generetur* ». Arch. du Calvados.

(7) B. 139. Cf. p. XII.

(8) Cf. C. 1, procédure aux requêtes de l'Hôtel entre Charles du Thiron, chanoine et official de Lisieux, chapelain de la chapelle St-Georges de l'église de Paris et curé de St-Jacques de Lisieux, et Philippe Vallée, prêtre et directeur des pauvres valides de Lisieux, concernant l'exercice de ses fonctions dans l'étendue de la paroisse St-Jacques, led. du Thiron s'étant opposé à l'établissement d'une seconde paroisse par Vallée, sous prétexte d'un enfermement des pauvres, et ayant fait défense à Vallée d'administrer le sacrement de pénitence et de faire les fonctions curiales dans le district de sa paroisse. Délibération de l'assemblée du bureau des pauvres de Lisieux, tenue en l'hôtel commun de la ville, autorisant Guillaume Quentin, procureur receveur du bureau, à prendre le fait dud. Vallée dans cette affaire qui regarde l'intérêt des pauvres (1659).

Les religieux eux-mêmes n'avaient pas conservé un souvenir bien précis de leur arrivée : dans l'état des biens de leur maison dressé en 1790 (II. B. 1), ils déclarent qu'elle a été « fondée dès le commencement du XIII° siècle ». Un factum de 1639 place leur entrée à 1240 environ (B. 139). Et dans sa *Notice sur la maison-Dieu de Lisieux* (1), M. Vasseur écrit : « Suivant une note des archives de l'hospice, ayant tous les caractères de l'authenticité, c'est en 1220 (2), l'année même de sa mort, que Jourdain du Hommet appela les Mathurins à Lisieux ». Cependant, quelques lignes plus bas, et tout en acceptant cette date, M. Vasseur donne la preuve qu'elle est erronée en citant la bulle d'Honorius III adressée *rectori et fratribus Domus Dei Lexoviensis* (3), au recteur et aux frères de la maison-Dieu, souscriptions précédemment rencontrées et qui se rapportent à l'administration primitive encore subsistante. En réalité les Mathurins devaient arriver quelques années plus tard.

Parmi les copies collationnées de pièces contenues aux cartulaires du couvent de la Trinité et Hôtel-Dieu de Lisieux, exécutées en 1656 (II. A. 6)—et dans le cartulaire II. A. 8— figure l'autorisation par Roger d'Argences, chevalier, aux frères et pauvres de la maison-Dieu, de l'ordre de la Trinité et des Captifs, de lever la troisième gerbe de toute la dîme de Marolles, datée de 1239. En marge, figure la note suivante : « Et est de ce temps que l'on présume que lesdits religieux se sont intromis en l'administration dudit hospital et non plustost, attendu que le mesme Roger d'Argences ne parle point desdits religieux en la donation qu'il avoit faitte ausdits pauvres du patronage de Marolles en l'an 1233 ». Les documents conservés à l'hôpital permettent de diminuer l'intervalle : c'est ainsi qu'au cartulaire II. A. 8 (f° 31), figure une vente par Richard Henmery, *fratribus Sanctæ Trinitatis et Captivorum domus Dei Lexoviensis*, datée d'avril 1237.

Mais il est difficile de résoudre sûrement une question de date avec des copies de copies, faites plus de 4 siècles après : les originaux des archives dép[les] permettent de la fixer avec certitude. C'est en 1236 seulement qu'apparaissent pour la première fois les mentions *fratres ordinis Sancte Trinitatis et captivorum, domus Dei Lexov., fratres domus Dei Lex., ordinis Sancte Trinitatis et Captivorum*, tandis qu'en novembre 1234 figurent encore, comme précédemment, les *pauperes domus Dei de Lexov.* ou *Lexoviensis* (autre charte de 1234, *domus Dei Lex. et pauperes ejusdem domus*) : c'est donc à l'année 1235 ou aux premiers mois de 1236 qu'il faut placer l'entrée des Mathurins à l'hôtel-Dieu de Lisieux (4).

Ils avaient été, suivant la déclaration des religieux eux-mêmes (5), fondés et dotés pour y faire les fonctions de leur règle, et y exercer les œuvres d'hospitalité, tant envers les pauvres de la ville que des pauvres passants dans led. hôtel-Dieu. On doit reconnaître qu'ils comprirent bien mal leurs obligations, et s'efforcèrent, comme on va le voir, de s'approprier les fondations faites au profit des pauvres. M. Vasseur (p. 133), a trouvé une

---

(1) Bull. Mon., XXX. 181.

(2) Dans les lettres patentes de 1681 pour l'homologation de la transaction on lit que les ministre et religieux ont fait remonter qu'ayant été appelés en ladite ville en l'année 1220 par Jourdain, évêque de Lisieux, etc.

(3) Cartulaire II. A. 8. Il la date à tort de 1222 : elle est de 1220 (10 des calendes de janvier, an V du pontificat).

(4) Ils n'avaient donc pas été établis par l'évêque Jourdain du Hommet, comme l'ont cru M. Vasseur, et, avant lui, Louis Dubois (II. 161 et 193), après lui, M. de Caumont (*Statistique monumentale*, Lisieux, p. 268), M. Laffetay (Histoire du diocèse de Bayeux, II. 245), etc.

(5) Lettres-patentes de 1681. Cf. Vasseur, p. 131.

bien jolie phrase pour justifier leur conduite : « Ils tenaient à honneur de ne pas laisser s'amoindrir, dans leurs mains, le patrimoine trouvé par eux en prenant possession. »! Et tout en faisant confirmer par Alexandre IV les biens appartenant *pauperibus eleemosinariæ domus Lexoviensis* (II. A. 8.), ils faisaient tous leurs efforts pour remplacer la *maison Dieu* par un monastère spécial, libre et maître de ses revenus. Mais la ville revendiqua énergiquement, à travers plusieurs siècles, les droits de ses pauvres, pour lesquels l'Hôtel-Dieu avait été fondé, pour lesquels il avait reçu de si larges, de si précieuses donations : je rappellerai seulement quelques épisodes de ces luttes toujours renaissantes, toujours interrompues, toujours vivaces.

Dès 1479, nous trouvons une sentence rendue en la cohue de la juridiction temporelle de l'évêque de Lisieux, par le commis au régime et gouvernement de la justice et juridiction du bailliage d'Orbec, pour le procès pendant entre l'évêque et les ministre et religieux de l'hôpital et maison Dieu de Lisieux, sur un bref de nouvelle dessaisine levé par les ministre et religieux contre l'évêque, dont les officiers leur refusaient le paiement des droits habituels, provenant de la donation de l'évêque Jourdain Du Hommet en 1218. Il est stipulé que les droits des Mathurins sur le temporel de l'évêché seront divisés en trois parts : les deux tiers leur seront baillés pour en disposer ainsi qu'ils jugeront bon, et le dernier tiers sera distribué aux pauvres affluant à l'Hôtel-Dieu ou à la réédification du logis des pauvres, et à cette fin sera mis aux mains de Guillaume Le Prévost, prêtre, et Thomas Le Loutrel, bourgeois de Lisieux, en la compagnie de frère Guillaume Postel, religieux dudit Hôtel-Dieu (II. B. 22). C'est l'établissement d'une sorte de « commission hospitalière », chargée de veiller, auprès des Mathurins, aux intérêts des pauvres. Elle ne paraît pas — elle ne le pouvait guère — avoir eu beaucoup d'autorité, car les registres municipaux ont conservé une délibération du 19 avril 1501 portant que, en présence du vicaire de l'évêque et de deux chanoines « seront mandés les menistre et religieux de l'Ostel-Dieu de Lisieux pour leur remontrer les fraudes et abbus que lesd. menistre et religieux font aud. Ostel-Dieu (1) ».

En 1513, nouvelle tentative de récupérer le bien des pauvres avec une délibération de ville pour faire arrêt, entre les mains de l'évêque, du revenu de l'Hôtel-Dieu (2). Mais en 1536 les Mathurins obtinrent un arrêt du Parlement de Rouen les maintenant dans leur privilège d'administrer le revenu de l'Hôtel-Dieu, sans en rendre compte devant l'évêque, ses officiaux ou vicaires généraux, et, en 1546, un autre arrêt accorda l'exemption, pour les ministres, de toute juridiction, spirituelle ou temporelle, avec défenses à toutes personnes de leur demander des comptes des biens et revenus de l'hôpital et maison Dieu. (II. A. 2). Ils n'avaient donc plus besoin de se gêner contre les « ennemys et malveillans », même si ceux-ci s'appuyaient sur l'ordonnance générale rendue par François Ier en 1543.

Mais la lutte devait bientôt reprendre, et en 1560-1561, nous trouvons (II. B. 24) un procès devant Jean Dumoulin, écuyer, lieutenant civil et criminel du bailli d'Évreux en la vicomté d'Orbec, à la requête de Christophe Jan, bourgeois de Lisieux, commissaire établi

---

(1) Cité (p. 142), par Vasseur qui s'empresse d'ajouter n'avoir trouvé nulle part la confirmation de ces accusations : les Mathurins ne l'auraient certainement pas conservée. On remarquera en effet que ce sont les archives du bureau des pauvres qui gardent les souvenirs de ces éternels procès (B. 137 et suiv.).

(2) Ibid. p. 143.

par justice au régime et gouvernement des fruits et revenus de l'hôpital et maison-Dieu, et Robert Le Gorgeu, ministre dudit Hôtel-Dieu, sur la saisie faite par le bailli d'Évreux ou son lieutenant de la *ministrie*, hôpital et maison-Dieu de Lisieux, suivant les lettres royaux et arrêt de la Cour. Le dossier se termine, en 1564, par une sentence de Pierre Le Jumel, écuyer, lieutenant général au bailliage et siège présidial d'Evreux, déchargeant led Christophe Jan de la commission du régime et gouvernement du revenu de l'hospice, et ordonnant aux ministre et religieux d'avoir à bien et dûment garder et conserver le bien des pauvres et le gouverner... (air connu......); mais il faut le compléter avec la sentence donnée en 1566 par Jacques de La Mondière, licencié ès lois, exerçant la juridiction extraordinaire du bailli d'Évreux au siège d'Orbec, comme le plus ancien avocat en l'absence des lieutenants général et particulier, constatant la mauvaise gestion des ministre et religieux signalée par Pierre de Longchamps, avocat, à l'adjonction du procureur du Roi, et Christophe Jean, bourgeois, commis à l'administration du revenu de l'hôpital par lettres patentes du Roi : l'hôpital est de grand revenu et sujet de tout temps et d'ancienneté à l'entretien et nourriture des pauvres de Lisieux et autres y affluant, qui toutefois en sont frustrés parce que les ministre, religieux et autres particuliers l'appliquent à leur profit sans subvenir à la nourriture des pauvres ; les habitants de Lisieux sont obligés de se cotiser à grande somme de deniers chaque semaine pour leur nourriture, etc. (B. 137).

En 1628, nouvelles procédures entre le bureau des pauvres et les Trinitaires : cette fois, ce ne sont plus les bourgeois qui commencent les hostilités, c'est un prédicateur de la cathédrale qui constate l'état déplorable de l'Hôtel-Dieu, fermé aux pauvres, qui couchent dans les rues et sous les halles, c'est l'évêque lui-même qui représente au ministre que les religieux se sont appropriés le bien des pauvres, que les habitants ont dû établir un bureau pour les soulager de leurs propres deniers, mais que les ressources sont insuffisantes et que le ministre doit pour sa part les recevoir et loger à l'Hôtel-Dieu ; et une délibération du bureau établi pour la police des pauvres, tenu devant François Scelles, lieutenant particulier du bailli-vicomtal de Lisieux, sur la plainte des députés des habitants de la ville, s'élève de même contre la tentative des religieux chargés de l'administration de l'hôpital, de distribuer les redevances et aumônes données : il est notoire à chacun qu'il y a à Lisieux une maison ou Hôtel-Dieu, bâti de toute ancienneté pour retirer et loger les pauvres, auquel les évêques de Lisieux avaient donné plusieurs biens et rentes, qui sont perçus sur le revenu de l'évêché par les Mathurins, pour faire la distribution aux pauvres qui sont en très grand nombre et de jour en jour s'accroissent et vont jusqu'au nombre de 800 ; le ministre a voulu cesser l'aumône et refuser la réception des pauvres de la ville, qui n'avaient où se retirer ; en conséquence, il a été ordonné que le blé et les autres revenus seraient donnés auxdits pauvres, etc. En 1630, un arrêt du Parlement de Rouen ordonna que le bureau serait payé sur le revenu de l'évêché de l'intégralité des donations de 1218 et 1304, savoir : pour les pauvres du bureau de la ville, moitié du blé et autres choses, les 13 robes et 13 paires de souliers seront distribuées sur l'avis de l'évêque, et l'autre moitié à l'administration et direction du ministre et religieux pour les pauvres et les passants aud. Hôtel-Dieu (B. 137).

En 1638, des délibérations de l'hôtel commun permirent aux députés du bureau de faire faire dans l'hôpital un logement propre pour les pauvres, et s'élevèrent contre les malversations des religieux en l'administration de l'établissement. Dans l'assemblée du 4 octobre, Jean Picquot le jeune, procureur et receveur du bureau des pauvres, remontre que sur les poursuites ci-devant faites pour le règlement et ordre du revenu appartenant aud. bureau, à prendre sur le temporel de l'évêque, serait survenu un arrêt et règlement en la Cour du Parlement de Rouen, le 22 novembre 1630, par lequel il aurait été arrêté que les pauvres malades de Lisieux seraient reçus et hébergés en la maison et Hôtel-Dieu des pauvres, et, à cette fin, les députés du bureau feraient accommoder un lieu propre dans l'enclos de la maison de l'hôpital pour les recevoir, loger et faire assister ; néanmoins plusieurs pauvres se plaignent journellement du refus qui leur est fait par les ministre et religieux de l'Hôtel-Dieu de les y recevoir et loger ; Guillaume Le Mire, écuyer, sieur de Launey, atteste que, depuis neuf à dix jours, il avait fait porter avec le pénitencier, à l'Hôtel-Dieu, un pauvre passant se disant de Caen, lequel était en extrémité de maladie et pauvreté, que les Mathurins refusèrent plusieurs fois de le recevoir, et, à la fin, après instantes prières, le reçurent à toute peine avec protestation de n'en recevoir aucun autre à l'avenir ; Jean Le Marchand et Jean Formeville, députés du bureau, attestent également que les religieux ont refusé d'administrer un pauvre mourant, etc. (B. 138).

On ne doit pas être surpris, après les faits qui précèdent, de constater, en 1649, que l'hôpital est fermé et rempli de fagots (1). Les pièces de procédures sont d'ailleurs, cette année, particulièrement nombreuses. C'est un procès-verbal dressé par François du Houlley, écuyer, sieur de Courtonne, lieutenant général du bailli d'Evreux en la vicomté d'Orbec, pour l'exécution de la commission donnée par le Parlement de Rouen, afin d'être pourvu et ordonné par provision de la délivrance d'un lieu propre et commode pour le logement des pauvres de la ville, en présence des chanoines, députés, échevins et principaux habitants, et David, avocat, pour les ministre et religieux, de l'état de l'hôpital situé près et au bout du couvent des Mathurins et du choix du lieu le plus commode et le moins incommode aux religieux pour y loger les pauvres ; les habitants avaient préféré imposer sur eux plus de 40 livres par semaine plutôt que de plaider avec les religieux, mais, comme les pauvres avaient augmenté par la cherté des grains, peste et guerre, et que des pauvres non logés périssaient et mouraient dans les halles et les rues, ils obtinrent qu'ils seraient reçus à l'hôpital, les Mathurins s'étant approprié leur bien ; ils ont trouvé que l'hôpital de Lisieux est situé au bout de l'église des Mathurins, aboutant sur la grande rue de Lisieux, consistant en un grand corps de logis et plusieurs aîtres, une chapelle, une salle de 25 à 26 espaces de long, logis ordinaire des pauvres passants, ayant des deux côtés des couches et lits pour les coucher ; dans une autre chambre, de 8 espaces environ de large, 3 grandes couches de bois sans lits, pleines de paille, etc. ; les religieux ont fait abattre la muraille séparant leur couvent de l'hôpital, pour s'emparer de l'allée de l'hôpital dont ils ont bouché la porte servant d'entrée ; entreprises et innovations faites par les religieux, etc.

(1) Cf. « Inventaire des lettres et escriptures apartenants au bureau des pauvres de Lisieux, concernantz l'hôpital et « maison de Dieu et la Maladrye Sainct-Blaise et Sainct-Clair de ladite ville de Lisieux » (D. 1). — Cf. Vasseur, p. 150 : « On attacha surtout une grande importance à un fait constaté avec soin par acte d'huissier du 14 août 1639, à savoir que le ministre avait autorisé les boulangers de la ville à loger leurs fagots dans la salle où l'on recevait habituellement les pauvres. L'allégation est peu vraisemblable. » Cf. page suivante.

C'est aussi une sommation faite à la requête de Jean Picquot, procureur et receveur du bureau des pauvres, en vertu d'arrêt du Parlement enjoignant à Charles d'Agneaux, ministre de la maison et Hôtel-Dieu, de faire construire une salle et chambre dessus avec un petit corps de logis, sur l'emplacement d'un moulin et d'une portion de jardin situé au bout de l'enclos de l'hôpital de l'Hôtel-Dieu. C'est encore une saisie-arrêt entre les mains dud. ministre, des fagots déposés dans l'hôpital, afin de les assujettir aux réparations. Le factum du procès entre les ministre et religieux de l'Hôtel-Dieu et les pauvres de Lisieux concernant le revenu des fondations usurpé par lesd. religieux, n'est pas également sans intérêt à analyser : lesdits Hôtel-Dieu et maison des pauvres ont été fondés et bâtis de temps immémorial — c'est l'habitude — et administrés par des laïcs (sic) ainsi que le font connaître les lettres d'Urbain III, pape, en 1185, par lesquelles il permit aux administrateurs dudit Hôtel-Dieu de choisir un prêtre pour administrer les sacrements aux pauvres (1). On rappelle les fondations de Jourdain Du Hommet, évêque de Lisieux, des chanoines et des seigneurs du pays, aujourd'hui possédées par les Mathurins. Cet ordre, dans les commencements de sa fondation, avait acquis en peu de temps une grande réputation de sainteté et de charité pour assister les pauvres malades; au lieu de se contenir dans les bornes d'une simple administration, les religieux en usèrent comme de leur bien propre, et abusèrent tellement qu'au lieu d'être 3 ou 4, nombre suffisant, ils en ont fait un grand couvent de 12 ou 15 religieux, qui, sans considérer l'intention des fondateurs, mangent journellement le pain des pauvres en prétendant que le revenu leur appartient sous prétexte de cette longue possession ; mais la prescription ne peut être invoquée. Je note également, en la même année, une requête de Guillaume Quentin, receveur procureur du bureau des pauvres, aux arbitres : les Mathurins, qui seuls peuvent savoir au certain le revenu de l'hôpital, ont offert en présence de l'évêque, de nourrir 12 pauvres, outre les 13 robes de 3 aunes un quart et les 13 paires de souliers par an, provenant de la donation de Jourdain Du Hommet, à charge de recevoir les pauvres passants ; cette offre fut refusée comme insuffisante : les religieux estiment la nourriture de chaque pauvre à plus de 1,000 livres par an, or, le tout se monte à peu près à 2,000 livres, etc. (B. 139).

En 1645, intervint une convention entre l'évêque et les religieux, portant qu'ils reprennent pendant sa vie la charge de nourrir, panser, subvenir à toutes choses aux pauvres malades de la ville, moyennant 400 livres par lui payées, mais son caractère temporaire ne pouvait rien terminer, et nous arrivons bien vite au procès en Parlement entre les Mathurins et Guillaume Quentin, receveur procureur du bureau des pauvres, demandant à être renvoyé en possession de tout le revenu de l'hôpital pour être administré par les administrateurs dud. bureau (1654 et années suivantes). On rappelle les entreprises successives des religieux sur le bien des pauvres : la chapelle de l'hôpital, qui servait particulièrement aux pauvres, et dont ils ont changé l'ouverture, donnait primitivement sur la grande rue de Lisieux ; « de ce lieu sacré où l'on a tant dit de messes dès l'establissement dudit hospital, ils en ont faict la retraitte et logement des pauvres passants et de toutes sortes d'estrangers, lesquels en la plus part n'y font autre choses que des salletés et des blasphèmes. Et comme ils n'ont rien du tout oublié en cette matière, ils ont aussi faict abatre l'antienne muraille

(1) Cf. supra, p. VII.

qui séparoit leur couvent avec l'hospital et leur jardin d'avec le jardin dudit hospital dont ils n'ont faict qu'un seul jardin, privants les pauvres de cette commodité ». Comme ils ont augmenté le nombre des religieux, ils ont réduit le nombre des pauvres jusqu'à 7 seulement, de sorte que, de 17 couches qui étaient encore dans la grande salle de l'hôpital il y a 12 ou 15 ans, il n'y en a plus que 7; celles qui étaient au bout de la grande salle où l'on logeait les femmes, séparément des hommes, ont toutes été ôtées, les 7 couches étant pour les 2 sexes confusément, et les pauvres passants reçus au lieu où était la chapelle, sans lits, matelas, ni couvertures, sans même une pauvre paillasse, n'ayant d'autre couche que la dure. Dans un tel désordre et opiniâtreté des religieux de ne recevoir que 7 pauvres malades de l'hôpital, il est mort une grande quantité de pauvres à la porte de l'hôpital dans la rue, à la vue et scandale de tout Lisieux, ainsi que tout cela se justifie par les informations qui ont été faites. La conclusion est très nette : nécessité de faire quitter l'administration de l'hopital par les religieux aux habitants (B. 140).

Les procédures séculaires ne devaient finir que par une transaction : elle fut conclue en 1657 devant Nicolas Picquot le jeune et Constantin Boullaye, tabellions à Lisieux, et, l'année suivante, une sentence arbitrale de Louis Voisin, écuyer, sieur de St-Paul, maître ordinaire en la Chambre des Comptes de Normandie. Charles Paviot, procureur général de la Chambre des Comptes, et François Le Parmentier, écuyer, auditeur en la Chambre des Comptes de Normandie, nommés experts par les parties, confirma la transaction entre Bernard Bréavoine, ministre du couvent et Hôtel-Dieu de la congrégation réformée de la Trinité et Rédemption des Captifs de Lisieux, et Joseph Colombel, vicaire, Gaspard Desnoes, prêtre, chanoine et archidiacre de Lisieux, pour le chapitre et bureau des pauvres, Nicolas Delaporte, député de ville pour le bureau, et Jean Bourdon, échevin, tous trois députés. En voici les principales dispositions (1) : maintien des ministre et religieux en l'administration de la totalité du bien et revenu donné à l'hopital par les fondations anciennes et modernes; sur ledit revenu, ils seront tenus de payer, chaque année, 1.200 livres, et délivrer aux pauvres 4 minots de sel, pour le tout être employé à l'usage et nourriture des pauvres malades et passants, remèdes et médicaments nécessaires ; pour la fourniture des treize robes et treize paires de souliers, le jeudi saint, conformément à la fondation de l'évêque Jourdain, six pauvres seront nommés par les religieux et sept par les administrateurs ; ces derniers auront l'administration de l'hopital et bâtiments, y compris une portion au grand jardin des religieux, situé au bout de l'hopital ; les religieux seront tenus de célébrer les messes, administrer les sacrements aux pauvres, visiter, instruire et consoler les malades, etc. ; les religieux ne recevront de pauvres malades ou passants que par l'ordre des administrateurs, etc. (B. 140). Mais ce fut seulement en 1681 que les ministre et religieux de la congrégation réformée de l'ordre de la Ste-Trinité et Rédemption des captifs du couvent et Hôtel-Dieu de Lisieux obtinrent des lettres patentes confirmatives desd. sentence et transaction, qui furent enregistrées au Parlement de Rouen.

(1) Cf. B. 140, addition en 1659 à la transaction de 1657 concernant 6 minots de sel accordés par lettres patentes de 1646. — Cf. E. 43, compte de 1669. Le comptable rappelle les droits du bureau sur le revenu de l'évêché : l'évêque ne paie que 8 boisseaux de blé par semaine et 800 livres par an, le tout quitté aux religieux de l'Hôtel-Dieu suivant transaction passée au tabellionage royal de Lisieux le 20 octobre 1659, homologuée au Parlement de Rouen le 12 mars 1660, au moyen de 200 livres que les religieux paient par an au bureau pour les souliers et robes des pauvres.

XIV

Quatre années plus tard, l'évêque représentait au Roi, que, suivant ses ordres, il s'était informé de l'avantage qu'on pourrait espérer de l'union des hôtels-Dieu déjà établis, avec les hôpitaux; qu'il serait d'une grande utilité, pour fortifier l'hôpital général établi depuis quatre ans par ses soins à Lisieux, d'y joindre l'hôtel-Dieu, régi par les Mathurins, avec leurs biens, pour être administrés sous la direction du même bureau, ce qui permettrait de secourir les pauvres plus facilement et en plus grand nombre, les revenus de l'hôpital étant très petits (1). Mais cette tentative suprême n'eut pas de résultats, et les Mathurins subsistèrent jusqu'à la Révolution.

Durant cette longue période d'un siècle, pendant lequel les Mathurins s'occupèrent surtout de l'œuvre de la rédemption des captifs, un seul fait saillant à signaler, l'« embrasement total », arrivé le 23 décembre 1770 (2), de la maison conventuelle, qui avait été reconstruite en 1749 (II. B. 1).

En 1790, les Mathurins déclarent nourrir, médicamenter et entretenir 14 pauvres et 4 sœurs pour les gouverner (3) ; il y a communément dans la maison 5 religieux prêtres, seulement 4 en ce moment ; 4 domestiques : 1 cuisinier, 1 jardinier, 1 charretier et 1 garçon de service faisant les fonctions de portier, payés 120, 150, 90 et 72 livres (4) ; l'hôtel-Dieu est placée dans la grande rue de la ville, paroisse St-Germain ; l'église est le long de la rue, en entrant dans la première cour ; à droite, l'Hôtel-Dieu, à gauche, la maison desdits chanoines réguliers hospitaliers ; toutes charges payées (notamment 1.145 messes de fondation estimées à 12 sols par messe) il reste 8,817 livres 5 sols 6 deniers de revenu (corrigé en 8.995 livres 5 sols 6 deniers), etc. (II. B. 1.).

La déclaration des biens était la première mesure de la suppression des Mathurins, qui disparurent à la Révolution. Sur la garde d'un registre des archives modernes (5) se lit l'acte de décès conçu en ces termes : « Les messieurs Mathurins ont party pour l'Angleterre en septembre 1792, et, en 1793, le dix mars, la ville a donné leur hôpital à gouverner à Mademoiselle Bertin, supérieure de l'hôpital des malades. » La Révolution seule avait pu faire triompher les revendications de la ville, si opiniâtrement soutenues à travers les siècles.

« La majeure partie » de leurs papiers — du moins de ceux qui subsistèrent après l'incendie de 1770 — fut transférée à la préfecture (II. B. 1.) : l'inventaire du carton et des 6 liasses existantes (6) en figurera dans le dernier volume de la série H, mais les archives

---

(1) A. 3. Lettre de cachet à M. de Morangis, intendant d'Alençon, portant ordre d'entendre les Mathurins et toutes les parties qui pourraient avoir intérêt à cette union, et d'envoyer le procès-verbal au marquis de Châteauneuf, secrétaire d'État (Versailles, 18 mai 1685).

(2) II, E. 3. Cf. II. B. 1, déclaration de 1790. La bibliothèque est dépareillée par suite de l'incendie de 1770, les livres et papiers ayant été jetés par les fenêtres et dispersés par la ville ; il reste 157 volumes in-folio, 165 volumes in-4°, 760 volumes in-8° et in-12, et 91 volumes divers.

(3) Cf. II. E. 2 : « de manière que ladite maison a toujours eu à sa charge vingt huit à trente personnes, y compris les domestiques, jusqu'au dernier décembre 1790. »

(4) En 1658, le monastère se composait de 9 prêtres, 1 clerc et 2 valets. II. B. 1.

(5) Série F. État des pauvres entrés à l'hôpital des malades de Lisieux à l'époque du 30 décembre 1807.

(6) Titres généraux, procédures, rentes, biens et droits (Coupegorge, Courtonne-la-Meurdrac, Lisieux, Ouilly-le-Vicomte, Touques, Vieuxpont, Villers-sur-Mer, etc.).

hospitalières conservent encore, comme on pourra s'en convaincre à l'inventaire (1), d'intéressants documents.

Je citerai particulièrement : dans la série A, les pièces concernant les Trinitaires ou Mathurins en général (XVIe-XVIIe siècles, II. A. 2), de nombreuses copies des deux registres du Cartulaire composé en 1535 (Cf. II. A. 4), y compris la table du premier (II. A. 3-7), et surtout le cahier de 33 feuillets (II. A. 8) qui peut servir de « cartulaire » : titres et documents depuis le XIIe siècle, et, entres autres, bulles de Lucius III, Urbain III, Innocent III, Honorius III, Alexandre IV.

Dans la série B, états des biens et revenus aux XVIIe et XVIIIe siècles, surtout la déclaration de 1790, renfermant quelques détails sur le mobilier, notamment « une tapisserie d'ancienne haute lisse » dans la chambre « d'hote », et quelques tableaux, sur la bibliothèque, très appauvrie, dépareillée par l'incendie de 1770, les livres et les papiers ayant été jetés par les fenêtres et dispersés par la ville : un millier de volumes, sans compter « un lot de viels livres en parchemin et quelsques uns couverts en veau, dont plusieurs n'ont ny commencement ni fin, et qui sont dépareillés, et par conséquent inutiles. La maison n'a aucunes connoissance qu'il y ait aucun manuscrit ny dans la bibliotèque ny dans les archives », etc. ; la confrérie de l'ordre de la Trinité et Rédemption des Captifs fondée à Caudemuche ; le testament de Jean Fleuriot, curé de Grandchamp, donnant une pièce de terre de 40 livres de rente, pour l'établissement d'une maîtresse d'école qui instruira assidûment, charitablement et gratuitement les jeunes filles dud. lieu et des paroisses circonvoisines, celles de Grandchamp préférées (II. B. 6). Les conditions offrent de l'intérêt pour l'histoire de l' « éducation des filles » au XVIIIe siècle : défense de donner « quinze jours de vacances de suite, et cela une seule fois par an au commencement d'octobre, époque à laquelle les enfants sont plus nécessaires chez eux en ce temps à cause de la récolte des fruits » ; lad. maîtresse aura la charité d'instruire « en particulier le matin et le soir les filles qui ne pourront pas se rendre avec les autres » ; obligation de faire le catéchisme tous les jours d'école à tout le moins une demi heure ; élection des maîtresses par le curé, les seigneurs présentateurs et trois des naturels taillables de la paroisse imposés à la plus haute somme de taille; après son élection, la fille choisie ne pourra être déposée qu'en cas de *mariage*, mauvaise conduite, négligence ou incapacité; il serait à souhaiter que chaque maîtresse d'école choisît elle-même celle qu'elle croirait la plus capable de la remplacer et qu'elle la mît au fait de l'instruction, d'où émulation des jeunes filles de la paroisse qui, aspirant à cet emploi, s'appliqueraient à s'en rendre dignes, etc.

Les dossiers des séries A et B concernent, entre autres localités, Auquainville, Cambremer, Caudemuche, Coupegorge (ferme sise à St-Aubin-sur-Algot, St-Ouen-le-Pin et le Prédauge), Coupesarte, Courtonne-la-Meudrac, Fervaques, Fontaine-la-Louvet, Grandchamp, Grandouet, Lisieux, Marolles, Meulles, Ouilly-le-Vicomte, St-Jean-du-Thenney, Surville, Thiberville, Le Torquesne, Touques, Notre-Dame-des-Vaux, Villers-sur-Mer (2) ; à signaler surtout les titres du prieuré de St-Christophe de Mervilly, à la Vespière, remon-

---

(1) En dehors du fonds des Mathurins, cf., dans le fonds de l'hôpital, B. 1, 2, 70, 109, 126, 137-141 ; D. 1 ; E. 6, 18, 20, 43, 61, 71, 77, 92, 121, 144, 187, 188, 193, etc., etc.
(2) Cf. Arch. hosp. d'Orbec. B. 48, H. Supplément 1373 (t. II, pp. 36 et 37).

tant à 1208 (Invent. pp. 137-140) (1); d'abord ermitage, l'église ou plutôt chapelle de St-Christophe fut donnée à la maison des pauvres de Lisieux par l'évêque Jourdain du Hommet, par une charte sans date, qu'un mémoire ultérieur assigne à l'année 1209; comme tous les biens de l'Hôtel-Dieu, elle passa entre les mains des Mathurins; et, en 1488, fut érigée en prieuré et bénéfice perpétuel: le frère Robert, docteur en décret, général de l'ordre de la Trinité et Rédemption des Captifs, y nomma alors pour premier prieur Guillaume Harenc, religieux de la maison-Dieu de Lisieux. En 1611, mention d'un moulin à papier à Friardel; famille Du Merle, etc., etc.

À défaut d'actes capitulaires (2), probablement emportés par les religieux à la Révolution, la série E ne contient que deux registres et une liasse de comptabilité, de 1771 à 1791. Ici l'incendie de 1770 a dû également faire des ravages considérables. Je note : Darrey, organiste du couvent, aux gages de 100 livres par an; l'eau-de-vie de cidre coûtant 25 sols le pot, sans l'entrée; les étrennes de 1790; don de 3 livres aux sœurs, pour « faire les Rois », en 1790; une thèse de licence en droit à l'Université de Caen, par Charles-Melchior-Toussaint Pacalin, d'Alençon (1790), etc.

Hôpitaux de Lisieux.

En dehors de l'Hôtel-Dieu des Mathurins, la ville de Lisieux renfermait, à la Révolution, deux hôpitaux, celui des malades et celui des renfermés; les administrateurs ne semblent pas, au milieu du XVIIIe siècle, avoir été sérieusement préoccupés de leur histoire, car la déclaration qu'ils envoyèrent au procureur général en exécution de l'édit de 1749 (A. 1), principalement en ce qui concerne l'hôpital général, n'est pas sans présenter des erreurs capitales.

On ne peut, disent-ils, marquer précisément le temps de son établissement; on voit par quelques mémoires de comptes qu'il existait vers la fin du XVIe siècle et le commencement du XVIIe, et il y a déjà plusieurs années qu'on le regardait comme étant de temps immémorial. On ne trouve point d'acte de son établissement, mais il y a lieu de croire que l'hôpital gouverné par les religieux Mathurins, qui est bien plus ancien, mais n'était fondé que pour un petit nombre de malades et y recevoir quelques passants, n'étant pas suffisant pour y retirer tous les pauvres de la ville, on prit la résolution d'en faire un « enfermement » général. Il paraît avoir été peu considérable dans les commencements, mais après plusieurs années son utilité, et vraisemblablement la nécessité, obligèrent de le mettre dans un lieu plus spacieux, où les évêques, le chapitre, les communautés de la ville et le corps des bourgeois ont contribué à le bâtir et l'établir par leurs aumônes et libéralités. On l'appelle l'hôpital des renfermés ou l'hôpital général. Mais, malgré son agrandissement, il ne s'y trouva pas assez de bâtiments et de commodités pour y recevoir et traiter tous les malades que les Mathurins n'étaient pas tenus par leur fondation de recevoir (3). Il y a apparence

---

(1) Cf. *L'ermitage de Saint-Christophe-de-Mervilly*, par Ch. Vasseur, *Bulletin monumental*, t. XXIX (1863), pp.321-336.
(2) Cf. un extrait de 1676 à l'article II. B. 24.
(3) *Sic*. On a oublié les longues luttes contre les Mathurins.

que cette augmentation vint de ce que la ville se peupla davantage, et des manufactures, dont les ouvriers, aussitôt qu'ils tombent malades, sont des sujets d'hôpital. C'est ce qui obligea l'administration à louer d'abord quelques chambres près de celui des Mathurins pour y loger et faire gouverner ces malades qu'on ne pouvait retirer ailleurs. Quelques personnes de piété ne tardèrent pas à fonder des lits pour les y coucher et fournir à tous leurs besoins. Les libéralités suivantes, notamment celles de l'évêque de Matignon, amenèrent à construire deux nouvelles salles, etc.

L'établissement qui existait « vers la fin du XVIe siècle et le commencement du XVIIe » était, non l'hôpital général, mais le bureau des pauvres, dont j'ai relaté plus haut les énergiques revendications contre les Mathurins. M. Vasseur, en attribue la création (p. 145) aux efforts de la Réforme, qui « ne pouvant d'abord espérer de triompher en France par la violence, cherchait à se glisser furtivement dans le gouvernement », et fit « se poser, à côté des anciennes institutions féodales (sic), d'autres institutions à peu près équivalentes, sauf l'esprit, sauf aussi le point de départ », « s'appuyant sur la centralisation née du despotisme ». Pour lui, les Trinitaires défendent leur bien, et le bureau « veut, avant tout, s'immiscer (sic) dans l'administration de l'Hôtel-Dieu... ». Mais l'histoire impartiale ne verra dans ses longs et laborieux efforts qu'une revendication légitime, obligée même, nécessaire, des fondations faites, non pour un couvent, oublieux des affectations premières, mais pour les pauvres.

Les deux plus anciens documents que signale l'inventaire sur le bureau des pauvres, dans le fonds de l'hôpital, sont les publications, en 1573, par les curés de St-Jacques et de St-Germain de Lisieux, aux prônes des grand'messes paroissiales, invitant tous les manants et habitants de la ville à comparoir le même jour, une heure après-midi, en l'hôtel commun, pour délibérer « d'aucunes affaires concernantz le bureau des pauvres et restablissement d'icellui » (E. 5), mais M. Vasseur, tout en pensant, malgré le mot *rétablissement*, qu'il s'agit alors « de le naturaliser pour la première fois à Lisieux » (p. 146), cite une délibération de ville, conservée dans les registres municipaux, portant, à la date du 28 août 1565, qu'il sera écrit à David Hérichon et Michel Vimont, conseillers au présidial d'Évreux, pour avoir, si faire se peut, copie « du patent » obtenu par les habitants d'Évreux pour le bureau des pauvres (1). Et ce projet fut si bien mis à exécution que le 15 janvier 1566, une sentence rendue à Orbec portait main levée aux bourgeois et habitants de Lisieux de la saisie faite du revenu de la Maladrerie, sur la requête par eux présentée, narrative de ce qu'ils auraient délibéré et *commencé de faire un bureau pour les pauvres* (III. B. 4) (2). — Quoi qu'il en soit, nous voyons l'établissement fonctionner en 1574 et les pièces de comptabilité de cette année et de 1587, conservées aux articles E. 23 et 24, montrent que c'était un bureau de bienfaisance, alimenté par des taxes et cotisations sur les bourgeois, et dont les aumônes secouraient non pas seulement les pauvres de la ville, mais ceux des paroisses voisines de la banlieue, St-Hippolyte-du-Bout-des-Prés, Beuvillers, Notre-Dame-

---

(1) M. Vasseur signale à tort le *bureau des pauvres* à la fin du XVe siècle (Bull. Mon., XXVIII, 152).

(2) M. Vasseur lui même écrit dans ses *Recherches sur la léproserie de St-Clair et St-Blaise* (Bull. Mon., XXVIII, 155). « On saisit, le 15 janvier 1565, les revenus de la maladrerie, afin de les unir au *bureau des pauvres, établi dans la ville.* »
— Cf. *supra*, p. X (1566).

des-Vaux, Rocques, Notre-Dame-d'Ouilly-le-Vicomte ; le bureau des pauvres faisait davantage : il s'occupait de l'inhumation des pauvres, à raison de 2 sols 6 deniers par personne ; il décidait même d'aider chaque semaine le ministre de l'Hôtel-Dieu de 60 sous, sans tirer à conséquence, *à charge de nourrir les pauvres passants et de ne permettre qu'ils mendient par les rues, de recevoir les pauvres de la ville qui n'auront pas de retraite et les faire vivre par leurs aumônes* (dernier février 1574, E. 23) : les quittances du ministre prouvent que cette « subvention », toute conciliatrice, fut la bienvenue.

Comme on peut s'y attendre, la rentrée des « taxes et cotisations » n'alla pas sans encombre : il avait fallu, en 1584, un arrêt de la Chambre des Comptes, rendu sur la requête de Guillaume Hardy, procureur du bureau des pauvres, pour ordonner au receveur de l'évêché de remettre au receveur des aumônes des pauvres la somme de 200 écus soleil à lui accordée pour la nourriture des pauvres sur le revenu du temporel de l'évêché pendant le temps de la régale ; il fallut en 1586 un arrêt du Parlement de Rouen pour homologuer les cotisations faites par les députés à l'assemblée générale tenue en l'hôtel commun sur les bourgeois et habitants de Lisieux pour la subvention et nourriture desd. pauvres ; il fallut en 1587 une sentence rendue aux pleds de Lisieux par Pierre Le Petit aîné, lieutenant général, enjoignant, sur la demande de Guillaume Hardy, receveur du bureau des pauvres, à Christophe Mérieult, de faire rentrer les deniers dus audit bureau, et, la même année, Mathurin de La Balle, lieutenant au bailliage-vicomtal de Lisieux, ordonna même au premier huissier requis de faire faire l'ouverture des maisons et la saisie des meubles des bourgeois et habitants qui refuseraient de payer leurs cotisations pour lesd. pauvres (B. 66).

L'avenir de la nouvelle institution n'en était pas moins assuré (1) et l'union de la léproserie de Lisieux (2) lui avait apporté de nouvelles ressources (3). En 1656, le Parlement accorda même le monopole des quêtes, en ordonnant la continuation desd. quêtes faites dans les églises des paroisses et monastères de Lisieux, tous les dimanches, au profit du bureau des pauvres, lesd. quêtes étant indispensables à la subvention et quelques religieux, comme les Jacobins, ne les voulant souffrir, et, en 1660, des sentences de Jacques Du Houlley, écuyer, sieur de Firfol, lieutenant général, et de François Maillot, lieutenant civil et criminel en la vicomté d'Orbec, défendirent par provision aux charités et confréries d'exposer aucuns plats aux jours de fêtes et dimanches dans les églises, sous peine de 20 livres d'amende et de saisie desd. plats, avec condamnations de Claude Le Marchand, échevin de la charité de St-Jacques de Lisieux, Michel Leclerc, échevin de la charité de St-Ger-

---

(1) Cf. pour la fin du XVIe siècle B. 68, 76, 77 et surtout E. 1. De même le fonds de la Maladrerie.

(2) Cf. fonds de la Maladrerie, III. B. 8. Extrait du registre du conseil du bureau des pauvres de la ville de Lisieux, tenu en l'hôtel commun devant Pierre Delaporte, bailli vicomtal de Lisieux, le 10 août 1573, en présence des conseillers, officiers et bourgeois, touchant les arrérages de la rente due par Desbois. — En 1609, accord entre les conseillers députés pour la conservation des affaires de la léproserie et du bureau des pauvres, et des débiteurs, concernant le décret de leurs héritages fait à l'instance de Guillaume Hardy, procureur-syndic du bureau, pour obtenir paiement d'arrérages de rente foncière dus à ladite léproserie. B. 80.

(3) Jusqu'au XVIIIe siècle, bien que confiés au même receveur, les comptes du bureau des pauvres sont distincts de ceux de l'hôpital général et du Bon-Pasteur.

main, Pierre Vauquelin, roi de la confrérie de S*t*-Jacques (1). Mais déjà l'hôpital général était créé.

On sait qu'en 1662 parut une déclaration du Roi pour l'établissement d'un hôpital général dans les villes et gros bourgs du Royaume, en suite des ordonnances de Charles IX, faite à Moulins, en 1566, et de Henri III, donnée à Paris, en 1586 ; puis, en 1676, une lettre de cachet du roi aux évêques pour l'établissement d'un hôpital général dans chaque ville du royaume (A. 2). L'œuvre à Lisieux, était commencée. En effet, un projet de requête des administrateurs du bureau des pauvres de Lisieux, une des plus anciennes villes et évêchés de Normandie, rapporte que l'évêque de Matignon et les administrateurs ayant remarqué, en 1658, que le grand nombre des pauvres de la ville provenait, en la plus grande partie, de la mauvaise éducation des jeunes enfants des artisans et menu peuple, qui vivaient ordinairement dans la fainéantise et l'impiété, et ensuite mendiaient le reste de leur vie, prirent dessein, à l'imitation des villes de Rouen et Caen, de faire un renfermement des enfants des deux sexes pour les élever dans la piété et la crainte de Dieu et leur apprendre à gagner leur vie par le travail; ils se réunirent le 21 octobre 1658 au palais épiscopal, devant M. de Matignon, et dressèrent quelques articles en forme de statuts, qui furent homologués au Parlement de Rouen en 1659, et firent faire ensuite une partie des bâtiments nécessaires, etc. (A. 2. cf. B. 67). L'article E. 1 a conservé la délibération du bureau des pauvres de 1658 portant règlement pour l'entretien, subsistance et logement des pauvres. En voici les principales dispositions, passablement « autoritaires » : permission aux administrateurs de faire emprisonner et châtier tous ceux qui mendieront dans la ville et dans les églises ; interdiction des bassins dans les églises si ce n'est pour l'acquit des réparations et entretien d'icelles et la subsistance des pauvres ; défense à toutes personnes de faire l'aumône publiquement et dans les églises sous peine de 20 livres d'amende ; permission aux administrateurs d'agir par prison ou expulsion contre les filles publiques et ceux qui causeront du scandale ; défense aux taverniers, cabaretiers et autres de loger aucuns vagabonds sous peine de 100 livres d'amende ; interdiction du passage de la ville aux vagabonds et autorisation aux administrateurs de les arrêter pour huit jours au moins ; autorisation aux mêmes d'informer des contraventions pour préjudice à la subsistance des pauvres ; remise au bureau du patrimoine des pauvres enfermés et assistés ; institution de quêtes journalières et de deux quêtes générales par an ; défense aux confréries, charités, communautés et trésors qui ont des aumônes à distribuer, d'en faire aux pauvres, et ordre d'en déposer le montant au bureau ; ledit règlement signé de M. de Matignon, évêque et comte de Lisieux, et Picquot, enregistré en la cour de Parlement pour son exécution.

Quelques années plus tard, en 1663, le bureau se pourvut au Parlement au sujet de la

---

(1) Cf. B. 67. Intéressants renseignements sur les nombreuses confréries de Lisieux. En 1682, ordonnance de l'évêque Léonor de Matignon, défendant auxd. confréries de faire aucunes quêtes ; semblable requête adressée à M. de Barillon, seigneur de Morangis, intendant d'Alençon et député par le Roi pour l'établissement des bureaux et renfermement des pauvres, par le bureau des pauvres de Lisieux, stipulé par Nicolas Hardouin, procureur et receveur du bureau, pour ordonner qu'il n'y aura, dans les églises de la ville, aucuns bassins, et qu'on n'y fera de quêtes que pour l'œuvre desd. églises ; demande de permettre auxdits pauvres de saisir les autres quêtes, etc.

sortie des pauvres renfermés, qui retournaient chez leurs parents ou autres sans congé des administrateurs, et retombaient rapidement dans la mendicité ; l'hôpital, disent-ils, n'ayant pas de revenus et ne subsistant que par le travail des pauvres, la maison est ainsi frustrée du bien qu'elle pourrait en espérer pour la récompenser de leur nourriture et entretien, ainsi que de la marchandise qu'ils ont perdue ou gâtée dans les premiers temps de leur réception. Philippe Vallée, prêtre, directeur de la maison et hôpital des pauvres renfermés de Lisieux, demandait qu'ils ne pussent sortir de la maison que par l'ordre des administrateurs et après y avoir demeuré 6 ans entiers : il fut d'abord renvoyé, en 1665, à se pourvoir au prochain jour plaidable après St-Martin, ses demandes étant accordées par provision (E. 1), et, l'année suivante, le Parlement décida définitivement que les pauvres détenus à l'hôpital général n'en pourraient sortir sans permission des administrateurs, et après y avoir demeuré 6 ans (G. 3).

Ce fut en 1689 seulement que des lettres patentes confirmatives accordées par Louis XIV à l'hôpital général lui donnèrent sa forme définitive : les directeurs et administrateurs du bureau des pauvres et hôpital général de Lisieux, porte le texte, ont fait remontrer que led. bureau et hôpital des pauvres établi en ladite ville *de temps immémorial*, est gouverné et administré par l'évêque-comte de Lisieux, administrateur perpétuel, président, et en son absence par l'un de ses vicaires généraux, deux chanoines députés du chapitre, deux anciens échevins de la ville, tant qu'ils sont en charge, et deux notables bourgeois, lesquels sept députés s'assemblent toutes les semaines, le dimanche après vêpres, en l'hôtel épiscopal, ou, en l'absence de l'évêque, en la salle de l'hôpital général ou autre lieu commode, pour délibérer des affaires des pauvres. Feu M. de Matignon, évêque de Lisieux, avec les directeurs et administrateurs, avait commencé à le mettre sous la forme et la règle des autres hôpitaux généraux ; à cette fin ils ont fait faire les bâtiments nécessaires pour le *renfermement* des pauvres de la ville et faubourgs, lesquels ont été depuis continués et beaucoup augmentés par le zèle et la libéralité de M. de Matignon, son neveu, évêque de Lisieux, qui y a fait une dépense considérable, en sorte que l'hôpital se trouve un des plus beaux de la province ; il donne asile à près de 200 pauvres des deux sexes, tant jeunes que vieillards, infirmes et malades, qui y sont renfermés. Ceux-ci sont occupés à plusieurs sortes de manufactures pour les retirer de l'oisiveté et mendicité et les rendre capables de gagner leur vie. Confirmation et approbation dudit hôpital ainsi que de l'usage de nommer les administrateurs. Ladite maison sera nommée l'hôpital général de Lisieux, et l'inscription en sera mise avec l'écusson des armes royales sur le portail de la maison, qui sera exempte de visite et juridiction du grand aumônier et des officiers royaux ; défense de mendier à Lisieux à peine de prison pour la première fois, et de bannissement pour la seconde ; défense de faire des quêtes dans les églises ou les maisons pour les pauvres, sinon par permission des administrateurs, à l'exception des quêtes des ordres mendiants, quinze-vingts et prisonniers ; permission d'avoir dans l'hôpital général poteaux, carcans et prisons, pour correction et châtiment des pauvres renfermés ; défense à toute personne de donner l'aumône aux mendiants, nonobstant tous motifs de compassion, nécessité pressante ou tout autre prétexte, à peine de 3 livres d'amende au profit de l'hôpital ; défense de loger les mendiants et vagabonds à peine de 100 livres d'amende, 300 en cas de récidive ; archers pour empêcher les pauvres de mendier ; permission de mettre des troncs et bassins dans les églises, carrefours et lieux publics, magasins, hôtelleries, marchés, et en tous lieux où l'on peut être excité à faire la charité, même aux occasions de baptêmes, mariages, enterrements; octroi à l'hôpital du quart des amendes de police ; les officiers de justice reçus dans le ressort de Lisieux donneront à l'hôpital, à leur installation, quelque somme modique, suivant la taxe qui en sera faite par les juges ordinaires ; autres taxes sur les apprentis et les maîtres lors de leur chef-d'œuvre, sur les ouvertures de boutique, de cabarets, d'ateliers ; après avoir travaillé 6 ans dans les manufactures de l'hôpital et avoir été reconnus instruits dans leur art et métier, les pauvres pourront être présentés par les administrateurs aux juge et procureur fiscal, pour être reçus maîtres ès arts et métiers ; le corps des chirurgiens de la ville donnera un compagnon du même corps capable pour servir à l'hôpital, y assister les pauvres, officiers et domestiques de l'établissement ; exemption en faveur de l'hôpital général des droits de guet, garde, fortification, fermeture de ville et faubourgs, et généralement de toutes contributions publiques et particulières, de logement de gens de guerre, etc. (A. 2).

L'hôpital général prend, dans les documents, des appellations diverses, l'hôpital des pauvres renfermés, ou, plus simplement, les Renfermés, l'hôpital du faubourg de la Porte de Paris, paroisse St-Jacques, l'hôpital d'en-haut, pour le distinguer de l'hôpital des pauvres malades, attenant à celui des Mathurins (1), qu'on dénomme aussi l'hôpital d'en-bas. J'ai, plus haut (p. XI), rappelé l'origine de ce dernier, et je me contente ici de constater que la déclaration A. 1 le croit à tort (2) postérieur à l'hôpital général des renfermés. Les délibérations (3) et les comptes renseignent sur les constructions successivement élevées, et je note spécialement, au registre E. 8, le procès-verbal (lundi 11 mars 1720) de la pose, par l'évêque de Brancas, accompagné de Cotard et Hébert, chanoines de la cathédrale, et de Delaplanche, receveur des tailles à Lisieux, administrateurs du bureau, à l'hôpital des pauvres malades, sur le lieu destiné à cette construction, de la première et principale pierre du bâtiment et des deux salles neuves qu'on fait construire pour loger et gouverner de tous soins les pauvres malades de Lisieux. « Après quoy la charité ordinaire de mondit seigneur évêque, et de mesdits sieurs Cotard, Hébert et Delaplanche, fist faire ouverture et effusion de leurs bourses entre les mains de Mademoiselle du Travers, digne gouvernante dudit hôpital, pour faire travailler et élever ledit bâtiment. »

Les deux établissements, régis par la même administration, rendaient — est-il besoin de le constater?— de véritables services, et la comparaison avec l'Hôtel-Dieu des Mathurins

---

(1) La maison de l'hôpital des pauvres malades avec la grande allée et la portion de jardin y appartenant, située paroisse St-Germain, aboutant aux religieux de la Trinité, à la ruelle du pont de pierre, au moulin à blanc, à MM. Hauvel, aux murs de la ville et à la grand'rue. B. 1.

(2) Cf. de même, plus loin, l'état de 1808.

(3) Cf. E. 9. L'abbé Despaux dit que Mlle Du Mesley, remplie de charité pour les enfants-trouvés confiés à sa garde, avait plusieurs fois représenté au bureau que les enfants étaient fort mal dans la chambre qu'ils occupent à l'Hôtel-Dieu, à cause du peu d'étendue de cette chambre et de sa position entre deux salles des malades, les enfants respirant un air étouffé et chargé d'exhalaisons infectes; il est nécessaire de leur donner une habitation plus commode et plus saine, ce qui peut s'effectuer dans le manoir Hauvel, contigu à l'Hôtel-Dieu. L'évêque a formé un projet plus avantageux pour les enfants, en pensant qu'ils seraient encore mieux placés à l'hôpital d'en haut, où ils seraient éloignés des malades ; on pourrait les placer dans la salle de travail des garçons, devenue vacante par la construction du nouveau bâtiment qu'ils doivent occuper ; approbation du bureau (1779).

est particulièrement édifiante : une délibération du commencement du XVIII° siècle compte l'hôpital des Mathurins comme ayant 20 pauvres et 5 personnes pour les servir. Dans la salle neuve, il y a 30 pauvres, 30 petits enfants orphelins, et 7 personnes pour les servir, plus 60 pauvres nourris par la ville, de potage et de viande ; dans l'hôpital général, 200 petits pauvres renfermés, 30 vieillards invalides et 18 personnes qui les gouvernent (B. 70).

Il ne saurait entrer dans le cadre de cette introduction de dresser la liste des administrateurs, pas plus que celle des supérieures (1). Je note sur une garde du registre moderne, déjà cité, de l'état des pauvres (F), l'indication suivante : « Catherine Loisnel [al. Loynel], première supérieure de l'hôpital des malades en l'an 1697. Sa sœur avait épousé un Belhomme de St-Dezir ». Elle fut remplacée en 1710 par Jeanne du Travers, choisie comme supérieure de l'hôpital des malades et chargée de veiller sur les pauvres honteux de la ville, comme faisait feu Catherine Loynel (E. 7). — Dans la délibération du 2 juin 1727, « a esté traité de l'économie, de l'ordre, de l'instruction et du travail des pauvres renfermés de l'hôpital général » ; en conséquence de la demande ci-devant faite par l'évêque et les administrateurs à Mlle de la Coudraye, supérieure des filles servantes des pauvres de l'hôpital général de Rouen, de fournir des filles pour l'économie, ordre, instruction et travail desdits pauvres, il est arrêté que ladite demoiselle de la Coudraye, voulant bien se charger de fournir le nombre d'officières ou de sœurs qu'il conviendra, les filles qu'elle fournira incessamment seront logées et nourries convenablement dans ledit hôpital, où elles auront un réfectoire particulier, distinct des pauvres ; l'hôpital leur fournira les tabliers et garde-manches nécessaires pour le service des pauvres ; il sera payé par an à la supérieure la somme de 100 livres pour voyages, ports de lettres et menues dépenses ; la supérieure pourra envoyer telles sœurs qu'elle jugera convenable et le nombre qui sera nécessaire, elle pourra les changer, du consentement de l'évêque ; si une des filles de l'hôpital, après avoir servi les pauvres six ans, se trouvait attaquée d'une maladie la mettant hors d'état de rendre service à l'hôpital, celui-ci en demeurerait chargé. Mais l'affaire n'eut pas immédiatement de suites, et il fallut une nouvelle délibération du 13 novembre 1740, semblable à celle du 2 juin 1727, pour obtenir des sœurs de Mlle de la Coudraye pour l'hôpital des malades — et pour celui des renfermés — (E. 8). Le dernier feuillet du registre E. 19 donne les noms suivants : Mlle de la Coudraye, supérieure de l'hôpital général de Rouen, chargée de l'hôpital des malades, le 15 octobre 1740 ; Mlle Le More Duquesné, supérieure de l'hôpital des malades, entrée le 28 octobre 1740, la sœur de Brumény, entrée en 1740, Marie-Rose Potier, prise à la communauté des manufactures de Rouen, paroisse St-Vivien, entrée en 1740, Mlle Marguerite Cartaux, venue de l'hôpital de Rouen en 1741, etc. (2). Je note également, en 1775, la remise par Marie-Anne-Françoise de Valognes, supérieure des filles hospitalières de la société établie par feu Marie-Barbe Pellerin de la Coudraye, d'une somme de 10.000 livres qu'elle et les filles hospitalières ses associées possèdent en commun et dont elles désirent faire l'emploi, à charge par le bureau

---

(1) La communauté a d'ailleurs conservé ses archives, notamment le registre des professions. Vasseur, p. 157.
(2) En 1762, Mlle de Brumény, supérieure de l'hôpital des malades, Mlle de la Coudraye, supérieure de l'hôpital général, Mlle du Catillon de Saint-Louis, supérieure de la maison du Bon-Pasteur (E. 8).

de leur en verser chaque année la rente ; elle rappelle qu'en 1745 M⁽ᵐᵉ⁾ de la Coudraye avait donné au bureau 15.000 livres et les deniers nécessaires pour faire l'acquisition de deux maisons à Rouen, rue du Gril, à charge de lui payer 500 livres de rente et de laisser aux hospitalières la jouissance des maisons tant que leur société subsisterait, etc. (E. 9). Etc.

En 1783, communication fut faite au corps municipal des plans dressés pour la construction et réunion de l'hôpital des malades à celui de l'hôpital général, conformément au projet de bienfaisance dont l'évêque voulait bien gratifier les hôpitaux (E. 9), mais le projet ne devait être réalisé qu'au XIXᵉ siècle.

On a vu plus haut que, après le départ des Mathurins, la ville avait, le 10 mars 1793, donné leur hôpital à gouverner à Mˡˡᵉ Bertin, supérieure de l'hôpital des malades (1). Une minute de lettre du 15 thermidor an XI porte qu'il y avait dans la commune deux hospices, l'un tenu par les ci-devant Mathurins, l'autre par les dames de l'hôtel-Dieu ; ces deux hospices voisins avaient pour chapelle une petite église également voisine et enclavée dans la communauté des Mathurins ; à leur suppression, lesd. dames furent chargées des deux hospices. L'église fut fermée pendant la Révolution, et servit de magasin pour loger les chevaux de la gendarmerie ; puis une partie des bâtiments fut louée, et le surplus servit au tribunal et à la gendarmerie.

En exécution de la loi du 16 vendémiaire an V, un état général contenant le détail des biens appartenant et ayant appartenu à l'hospice civil sous la dénomination d'hôpital général et bureau des pauvres, fut dressé par l'adm⁽ᵒⁿ⁾ municipale particulière de la commune de Lisieux, pour obtenir des indemnités. Il est divisé en 4 chapitres : biens fonds immeubles aliénés, sis à Lisieux, Ouillie, loués en 1790 3566 livres, aliénés moyennant 341.550 livres ; rentes remboursées, 2.324 l. 2 s. 4 d. au capital de 46.482 l. 6 s. 8 d. ; rentes dont l'indemnité est due, 19.315 l. 8 s. 1 d. et 48 boisseaux, pesant chacun 40 livres ; biens fonds et redevances dont l'hospice jouit actuellement, sis à St-Samson, Mesnil-Eudes, Fontenelle, Grandchamp, Lisieux, St-Julien-de-Mailloc, Campigny, St-Pierre-des-Ifs, St-Paul-de-Courtonne, Pont-l'Évêque, Gonneville-sur-Dives, Livarot, Orbec, Corbon, Villers, etc., s'élevant à 3.712 l. de fermages, 1.232 l. 11 s. 8 d. de rentes en argent, plus 30 boisseaux de blé. Il résulte donc que l'hospice, à l'époque de 1790, avait de revenu annuel 30.150 l. 2 s. 1 d. et 78 boisseaux de blé, qu'il a été aliéné en biens fonds 3.566 l., remboursé en rentes 2.324 l. 2 s. 4 d., qu'il est dû par l'état d'indemnité 19.315 l. 8 s. 1 d. et 48 boisseaux de blé, qu'il reste à l'hospice seulement 4.944 l. 11 s. 8 d. et 30 boisseaux de blé. « Led⁽ᵗ⁾ hospice — portent les observations finales — jouit en outre des maisons, bâtiments, cour et jardins qui composent son établissement. Avant l'époque de la révolution française il recevait annuellement de grands secours, tant des établissemens ecclésiastiques qui existaient en cette commune. Il avait encore de grandes ressources résultantes du travail des enfans et des renfermés qui pouvaient encore s'occuper de quelques ouvrages ; privé de ses biens, il s'est trouvé hors d'état de se procurer des matières premières pour fournir à ses occupations, comme colton, laine, lin, etc., cette ressource lui est donc échapée en majeure partie. Les receveurs nationaux ont touché tout le produit de son revenu, il ne lui est resté que de faibles secours obtenus du gouvernement, mais, qui n'ayant pu suffire

---

(1) Cf. Pétition de la sœur Bertin aux administrateurs, du 28 juin 1811.

à ses besoins, il a été forcé de contracter des dettes qu'il est maintenant dans l'impossibilité d'acquitter. Cet hospice a été privé d'un mobilier très considérable dont l'état en forme d'inventaire est joint aux archives du district et dont on se réserve à demander la remise ou indemnité. Enfin cet établissement, dont la justice et l'humanité protègent l'existence, est dans la plus grande détresse, il manque de linge et de tous les objets de première nécessité, il est donc très urgent de venir à son secours. Le peu de revenu qu'il a pu toucher depuis qu'on lui a rendu la jouissance d'une faible partie de ses biens a été soldé en papier, ce qui n'a fait qu'accroître sa misère. Le mobilier dont l'hospice a été dépouillé consistait, suivant la notoriété publique : 1° en 70 marcs d'argenterie ; 2° aux ornements, vases, chandeliers et autres objets de chapelle évalués à 4000 livres; la commission ne peut donner là-dessus des renseignemens positifs et certains, parce que longtems avant son installation la municipalité de Lisieux fit passer au ci-devant district et de là au département les procès-verbaux qui ont été rédigés lors de l'enlèvement de son mobilier. »

En 1808, sur la demande du préfet, on constate qu'il y a à Lisieux l'hospice des vieillards et enfants, recevant les vieillards, les infirmes, les enfants de familles indigentes, les enfants trouvés et abandonnés, et l'hôpital des malades, auquel a été réuni, à l'époque de la Révolution, l'hôtel-Dieu qui était administré par les Mathurins, recevant les malades indigents et militaires. L'état qui l'accompagne — et auquel on ne peut, à cette époque, demander beaucoup d'exactitude historique — dit que l'hospice des vieillards fut fondé vers 1672 par M. de Matignon, évêque de Lisieux, l'hôtel-Dieu, réuni à l'hôpital des malades, vers 1165, et l'hôpital des malades vers 1680. On a vu plus haut ce qu'il faut penser de ces dates.

La réunion de l'hôpital des malades et de l'hospice des infirmes (1), proposée en décembre 1834 au conseil municipal par le maire, M. Leroy-Beaulieu, fut votée le 8 mars 1838, autorisée par ordonnance (2) royale du 25 mars 1841, et effectuée en 1844, sur l'emplacement de l'hôpital général. L'hôtel-Dieu des Mathurins et l'hôpital des malades furent démolis, et, pendant les travaux, M. Raymond Bordeaux fit de la chapelle un croquis qui a été reproduit dans la *Statistique monumentale* de M. de Caumont (3).

Parmi les documents composant le fonds important dont j'ai extrait les notes qui

---

(1) En 1809 eut lieu une information *de commodo et incommodo* relative à la translation de l'hospice civil des malades dit l'hôtel-Dieu dans une partie des bâtiments de la ci-devant abbaye. En 1812 une lettre du préfet au baron Quinette, directeur général de la comptabilité des communes et des hospices, porte qu'on avait sollicité et déterminé la translation de l'hospice des malades dans l'abbaye de St-Désir, local vaste, beau et bien situé, mais dans un grand état de dégradation, qui avait été concédé aux hospices civils en remplacement d'une partie de leurs biens aliénés; plusieurs plans et délibérations constataient les avantages de cette mesure, dont le résultat tendait non seulement à procurer aux hospices une augmentation de revenus, mais encore à assurer aux malades des bâtiments plus étendus, plus commodes, et un emplacement dans lequel ils auraient respiré un air plus salubre; les frais de la translation devaient être acquittés au moyen d'une donation aux hospices, en considération de la cession qu'ils auraient faite de l'hôpital des malades : des difficultés provenant d'un attachement à d'anciennes habitudes contrarièrent ce projet, et forcèrent les personnes bienfaisantes qui devaient souscrire l'acte de donation à changer de résolution ; l'abbaye fut louée aux ex-religieuses.

(2) Elle permettait de vendre aux enchères les bâtiments et dépendances de l'hôpital des malades, y compris le moulin et la chute d'eau, ainsi que les terrains et prés dits *cours* de la ci-devant abbaye.

(3) Arrondissement de Lisieux, p. 269. Reproduit par Vasseur, p. 285. Cf. p. 292 et 293, plan des bâtiments.

précèdent, je signalerai particulièrement, dans la série B, les documents sur la ville de Lisieux, dont j'ai cru devoir conserver les liasses telles qu'elles avaient été précédemment constituées;

Les procès-verbaux de visites des prisons faites par les députés du bureau des pauvres. A la visite du 17 janvier 1652, les prisonniers de Lisieux, au nombre de 50 ou environ, se plaignent, comme à l'ordinaire, de ne pas pouvoir avoir de paille du concierge pour leur gîte, ce qui leur a causé de grandes incommodités pendant la rigueur du froid ; dans leurs chambres la paille est en quantité excessivement faible et sert depuis longtemps ; les prisonniers couchent même sur les tables des chambres ; ils se plaignent de ne pas pouvoir avoir le pain du Roi, etc. A citer également une requête adressée à la Cour des Aides par les députés du bureau des pauvres, remontrant qu'en faisant la visite des prisonniers détenus aux prisons de Lisieux, ils en ont trouvé une grande quantité qui n'étaient détenus que pour le droit de geôlage, ne pouvant le payer; le bureau des pauvres leur a donné l'élargissement à charge de satisfaire aud. geôlage, ce que le plus souvent ils ne peuvent faire à cause de l'exaction extraordinaire du concierge pour le gîte des prisonniers ; autrefois il n'excédait pas 20 deniers par jour et il se monte actuellement à 3 sous 4 deniers, ce qui fait que les prisonniers périssent misérablement dans les prisons pour le salaire du concierge ; les prisons ne sont pas royales, mais dépendent du comté de Lisieux ; ils demandent une information par un élu de Lisieux sur le taux dud. droit de geôlage (1652), etc. ;

Les dossiers des rentes, dont l'ancien classement a également été respecté ; on y trouvera notamment le sommier (an XIII-1807) des rentes des bureaux de Lisieux et Livarot abandonnées aux hospices, lesd. rentes passées suivant titres des XVIIe et XVIIIe siècles en faveur des trésors, confréries et charités des églises de la région, et des liasses, remontant à 1353, qui concernent le chapitre cathédral, les églises paroissiales de Saint-Désir, St-Germain et St-Jacques de Lisieux, etc.;

Les documents relatifs aux dons et legs, établissements de lits, fondations, libéralités envers les pauvres; complétés par les pièces éparses dans les diverses séries (1), ils fourniront une longue liste des bienfaiteurs des institutions charitables de Lisieux : les plus importants figurent sans doute sur deux plaques de marbre placées à l'entrée de l'hôpital ; mais tous, et même — peut-être surtout — les plus humbles, ont le droit de n'être pas oubliés dans l'établissement qu'ils ont contribué à doter ou à établir.

On y remarquera principalement les documents provenant de l'abbé Simon-Thomas Rambaud, docteur en théologie, chanoine de Lisieux, grand vicaire de l'évêque, archidiacre de Pont-Audemer, né à Pernes, diocèse de Carpentras, en 1719, décédé le 14 décembre 1788, après avoir institué pour légataires universels les hôpitaux de Lisieux. Dans l'inventaire de ses meubles, titres et effets, on trouvera, avec la bibliothèque dont le

---

(1) B. 1, 76, 92. E. 6, 7, 8, 9, 10, 12, 13, 20, 28, 30, 31, 33, 34, 35. 49, 57, 58, 71, 156, 168, 190, 196, etc. — Entre autres, la fondation de Marais, portant distribution d'une somme de 40 livres en faveur d'un pauvre homme, tirée au sort entre 3 individus de St-Germain et 3 de St-Jacques ; semblable tirage entre 3 pauvres filles à marier de chaque paroisse ; la fondation de Le Bourgeois pour distribution de 7 livres 10 sous en faveur d'un pauvre peigneur de laines, pour l'aider à avoir des peignes à peigner de l'étain, tirée au sort entre 3 personnes de St-Germain et 3 de St-Jacques (E. 9), etc.

chapitre refusa le legs, une collection de pièces anciennes, déposées dans le cabinet d'histoire naturelle (1), renfermant divers animaux conservés dans l'esprit-de-vin, un crocodile, un serpent, une collection de cristaux, minéraux et agates, pierres, madrépores, coquillages, etc., quelques objets d'art, deux têtes de St-Jean, brochées en or et soie dans dans leurs cadres ronds dorés, deux petits tableaux peints sur écaille à bords de cuivre doré et un autre petit tableau dans son cadre rond de bois peint avec cinq petites figures en plâtre sur pieds dorés, etc. Le procès-verbal de vente de ses meubles, dressé en 1789 par Jacques Vivien, archer de la prévôté générale des monnaies, gendarmerie et maréchaussée de France à Paris, priseur-vendeur en la ville de Lisieux, fournira d'intéressants matériaux pour l'histoire économique de la fin de l'ancien régime, en reconstituant la valeur du mobilier d'un riche ecclésiastique. Dans ses papiers personnels, se trouvent : son registre de dépenses, de 1778 à 1788, intéressant au même titre ; le carnet des paiements de ses domestiques ; une fondation de *rosière* faite par lui à Pernes l'année même de sa mort ; le registre de ses visites dans chacune des paroisses de l'archidiaconé de Pont-Audemer, comprenant les doyennés de Pont-Audemer, Touques et Honfleur : montant du déport, réparations reconnues nécessaires, noms des curés et des vicaires, des décimateurs, état des bâtiments, des ornements et des cimetières, etc., et surtout l'inventaire dressé en 1771 des meubles et effets mobiliers que possédait l'évêque de Caritat de Condorcet dans son château des Loges et dans son palais épiscopal. Malgré de nombreuses lacérations, surtout en ce qui concerne le château des Loges, le registre présente un véritable et tout spécial intérêt.

A Lisieux, comme dans beaucoup de villes, les destructions révolutionnaires — fort exagérées sans nul doute, et pour lesquelles notre époque n'a rien à reprocher à sa devancière — causèrent d'irréparables désastres. Un contemporain, Louis Dubois, en a conservé le souvenir dans un rapport à l'administration du district du 25 brumaire an III, dont j'extrais le passage suivant (2) :

« Les tableaux de l'évêché, et plusieurs autres qui étaient d'une grande valeur, avaient été vendus à vil prix, quoiqu'un décret eût prescrit leur conservation. Quelques uns avaient été jetés sous des hangars lorsque Grainville et moi fîmes connaître à l'administration que de telles ventes la compromettraient. Au haut des jardins de l'évêché, autour des fontaines, on avait jusqu'en 1793 conservé les bustes en marbre blanc de quelques philosophes ou législateurs grecs, entre autres de Lycurgue et de Socrate ; ils furent brisés..... Junius Brutus, malgré son nom, eût éprouvé le même sort, s'il n'eût été placé dans une des salles du palais épiscopal, où furent également conservés deux beaux tableaux : l'invention du feu, de je ne sais quel maître, et le martyre de St-Sébastien que l'on attribuait à Annibal Carrache. Les statues en terre cuite, du jardin des Loges, n'avaient pas non plus échappé à la destruction, pas plus que l'Orphée et la Minerve en marbre blanc de l'évêché. Un tableau de St-Jérôme dans le désert, quelques portraits d'évêques, avaient été mutilés..... Ce fut dans le bûcher de l'évêché que je retrouvai la belle table composée de 149 pièces de marbres différens, bordée de marbre noir et longue d'un mètre 625 millimètres (cinq pieds) sur une largeur de 81 centimètres (2 pieds six pouces). »

---

(1) Cf. E. 10. Autorisation de consentir conjointement avec les héritiers de l'abbé Rambaud la vente du cabinet d'histoire naturelle moyennant 600 livres, si cette somme est offerte.
(2) Cf. son *Histoire de Lisieux*, II, 323.

Dans ces conditions on comprend l'importance des documents qui permettent de reconstituer les collections épiscopales telles qu'elles existaient à la Révolution.

Notre registre a pour titre : « Inventaire dressé en 1771 des meubles et de tous les « effets mobiliers que Monseigneur Jacque-Marie de Caritat de Condorcet, évêque et « comte de Lisieux, a dans son château des Loges et dans son palais épiscopal. » La première partie était consacrée au château des Loges, la maison de campagne des évêques sise aux portes de la ville.

« Cet élégant et magnifique château, qui depuis le milieu du XVIIe siècle tombait en ruines, après avoir pendant de nombreuses années servi de maison de plaisance aux évêques, fut reconstruit à neuf de fond en comble de 1765 à 1770. L'évêque Condorcet qui exécuta cette construction fit accompagner le château.... de superbes jardins paysagers..... ornés de charmantes fabriques du meilleur goût, de kiosques, de chaumières, de statues en terre cuite peintes de manière à faire illusion sur les figures et les costumes (1) ».

Après avoir été vendue comme bien national, cette propriété fut détruite; aussi mon regret a été d'autant plus vif de constater les nombreuses lacérations — évidemment intéressées — qui ont détruit presque entièrement cette partie du registre. Il n'en est heureusement pas de même pour la seconde partie (pages 87 et suivantes) qui contient, pièce par pièce, l'inventaire du mobilier du Palais Épiscopal, élevé, comme on sait, par l'évêque Léonor de Matignon, et servant aujourd'hui de tribunal, de musée et de bibliothèque.

J'y ai relevé les mentions d'objets d'art, peintures, sculptures, gravures, dessins, tapisseries. Bien que l'inventaire soit bien défectueux, bien incomplet, bien insuffisant, il m'a paru intéressant d'en donner la liste — sans commentaires sur l'attribution ou l'authenticité, encore moins sur l'originalité —. Si la médiocrité du rédacteur ne permet guère de le croire aveuglément quand il parle d'œuvres de Rubens, de Rembrandt ou de Raphaël, et si nous pouvons regretter de ne pas nous trouver en présence d'un catalogue plus sérieux, il y avait là une collection dont il est utile, après toutes les disparitions, de relever les traces, si défectueuses que le temps nous les ait transmises.

Car si nous trouvons encore à Lisieux, dans le palais même, le Jupiter allaité par la chèvre Amalthée, qui décore la chambre du conseil, et dans la « chambre dorée » la Découverte du feu, de Jacques Stella, si le St-Sébastien est aujourd'hui à l'église St-Pierre, si le musée de Lisieux conserve encore un tableau de Teniers, combien d'œuvres dont il ne reste même pas le souvenir ! C'est cette lacune que l'inventaire comblera en partie, simple contribution à l'histoire des arts à Lisieux.

APPARTEMENT DE Mgr L'ÉVÊQUE

REZ-DE-CHAUSSÉE SUR LE PARTERRE

Chambre

1 Christe sur la chuminée à cadre dorée. — 1 tablaux représentans la Sainte Vierge et l'enfant Jésus avec son cadre dorée. — 1 estemple représentans Louis le bien aimée dans un médaillon portée Diogène avec son ver à cadre doré. — 1 estemple représentans Bossuet avec son vere à cadre doré. — 2 dessu de porte

---

(1) Louis Du Bois, *Histoire de Lisieux*, II, 321 et 322.

représentans 2 évangeliste. — 1 petit cadre de bois représentans S¹-Charle. — 1 Christ de grandeur humaine avec son cadre doré. — 1 S¹-Bruno au crayon. — 1 estemple représentant Louis 14 à cadre dorée.

Cabinet de travail

1 trumaux de cheminée à cadre dorée surmontée d'un tablaux de Raphaël représentans la S¹ᵉ-Vierge et l'enfan Jésus avec S¹-Jean-Baptiste. — 3 tablaux à cadre dorée représentans des paysage pein par Chabanne. — 2 tablaux à cadre dorrée en regard représentans des famillie. — 1 tablaux représentant le Caravage peint par lui-même. — 1 autre tablaux servant de regard au Caravage. — 2 tablaux représentans des ceremonies de religion. — 2 tablaux qui sont des tette de Rimbrans. — 4 autre petit tablaux dont 1 est de Rubens. — 2 autre petit tablaux. — 1 estemple de Bossuet avec son ver et cadre doré. — 2 tablaux en crouls. — 2 tablaux de Thénière.

Sallon de compagnie

1 trumaux de 6 pièces à cadre dorée sur la cheminée. — 1 grand tablaux representans le grand Condé (ce dernier mot en rectification de *Dauphin*) à cadre blanc et dorée. — 2 tablaux l'un représentans l'entrée du Sauveur à Jérusalem et l'autre le Sauveur conduit sur le Calvaire. — 8 tette faisant 8 tablaux à cadre dorée. — 2 payssage peint par Chabanne. — 5 tablaux de Thénière. — 5 portrait. — 4 dessu de porte.

Appartement à cotté de la chapelle

1 tablaux sur la cheminée. — 1 autre sur la porte. — 1 payssage de Chabanne avec son cadre dorrée.

Salon de compagnie

1 tablaux sur la cheminée, représentans St-Sébastien. — 6 trumaux surmontée chaqu'un d'un tablaux formant ensemble 32 glaces ou morçaux. — 1 tablaux à cadre dorée représentans Mgr. de Condorcet.

Sale du Synodes

1 grand tablaux représentant Louis XIV.

Antichambre de l'appartement Roy

1 tablaux sur la cheminée représentant Bachus alaitée par la chèvre Amalthée.

Appartement Roy

1 tablaux sur la cheminée représentant l'invantion du feu.

Bibliothèque, servant de gallerie

4 buste don 3 en marbre et 1 de platre dont 2 pied d'estaux sont de marbre et 2 de bois.

Chambre du Maître d'hôtel

1 tablaux sur la cheminée.

Mansarde

1ʳᵉ chambre servant de garde-meuble. 1 parquet de cheminée, sans glasse, surmonté d'un tablaux. — 1 cadre dorré de 6 pied d'aux, représentemps Louis XIV.

PREMIER ÉTAGE

Appartements jaune

1 glasce sur la cheminée surmontée d'un tablaux représentant la Madelenne.

Appartements verd

1 trumaux de cheminée, la glasse de 2 morceaux surmontée d'un tablaux.

Appartements rouge

1 trumeaux de cheminée surmontée d'un tablaux.

Appartements sculpté

1 trumaux de cheminée surmontée d'un tablaux.

TAPISSERIES

Garde-meuble

52 pièce de tapisserie de grand personage et de verdure de diférante façon, tant bonne que mauvaisse. — 1 paravent à 8 feuils de tapisserie à l'éguil.

Salle du Synode

5 pièces de tapisserie de verdure et petit personage des gallerie du Louvre.

Antichambre de l'appartement Roy

3 pièces de tapisserie représentans l'istoire de Cléopâtre et d'Antoine.

Appartement Roy

7 pièces de tapisserie representans les jeux d'enfant de la manifacture d'Obusson.

Appartement Bleu (sur les écuries)

5 pièces de tapisserie de belle verdure de Bruxelles. — 6me pièces de verdure moin fine aprochant de celle cy dessu.

Appartement jaune (sur les écuries)

1 tapisseries de Flandre représentant l'istoire de Mardochée en grande personnage. (1)

Dans les dossiers des dons et legs, on remarquera également, avec ceux de l'évêque de Matignon (B. 126), la fondation par Nicolas Despériers, bailli de Lisieux, d'un maître et sous-maître d'école. Avant lui nous trouvons déjà, en 1604, un paiement à François Petit, principal du collège de Lisieux (2), de 187 livres 10 sols pour 15 mois de gages et pensions à lui accordés (E. 26), et, en 1612, 150 livres aud. Petit, recteur du collège, pour l'instruction des pauvres enfants (E. 29). La libéralité nouvelle assura définitivement, jusqu'à la Révolution, l'existence des petites écoles.

Le testament, des 8 février 1688 et 27 juillet 1691, ne fut pas accepté par les héritiers, et il fallut plaider, d'abord au bailliage de Lisieux, puis aux Requêtes du Palais à Rouen, où le procès fut évoqué par Le Chevalier, avocat général au Parlement de Normandie, un

---

(1) Arch. hosp. B. 135.
(2) Cf. E. 237, fragment de placard d'exercices littéraires au collège de Lisieux. — Sur la fondation de François Langlois, principal du collège de Lisieux à Paris, cf. E. 7. — Voyage du receveur à Paris pour voir Despériers, principal du collège de Lisieux (1667), E. 42.

des héritiers. Il se termina par une transaction, et, en 1704, led. Guillaume Le Chevalier, héritier de Marie Despériers, sa mère, héritière dud. Nicolas Desperiers, écuyer, bailli de Lisieux, son frère, ledit Le Chevalier substitué à l'exécution du testament dudit Nicolas, aux lieu et place de Jean-Baptiste Desperiers, sieur de St-James, son oncle, et Esprit-Jean-Baptiste Le Doulcet, procureur du Roi en l'Élection de Pont-l'Évêque, aussi substitué à l'exécution dudit testament comme fondé de Marie-Madeleine Desperiers, sa mère, s'obligèrent devant les notaires de Lisieux à assurer 1.500 livres au capital de 30.000 livres, dont 1.200 livres léguées aux pauvres de Lisieux et 300 livres pour les appointements d'un maître et d'un sous-maître d'école établis dans la ville de Lisieux, afin d'assurer les dernières volontés de Nicolas Desperiers. L'obligation fut ratifiée devant les tabellions de Pont-l'Évêque par Madeleine Desperiers, veuve de Le Doulcet, lieutenant général en la vicomté d'Auge (B. 114, E. 6).

Le budget de l'hopital est désormais chargé de l'entretien des deux maîtres : en 1733, paiement de 300 l. à 1 prêtre et à son aide, pour l'instruction des pauvres (E. 129) ; en 1752, à P. Pateley, prêtre habitué de St-Germain de Lisieux, 45 livres pour avoir instruit les enfants pauvres de la ville qui se sont présentés à l'école de charité fondée par Le Doulcet et Desperiers (E. 184) ; 1759 (E. 205) ; en 1761 et 1762, à Denis, prêtre habitué de St-Germain de Lisieux et second maître des écoles charitables fondées à Lisieux, 90 l. pour une année d'honoraires (E. 211 et 214) ; E. 228 (1766), 232 (1767), 237 (1768), 243 (1770), 254 et 256 (1778), 261 (1780), 268 (1781), 277 (1785) : le premier maître reçoit 210 livres, le second 90.

En 1789, l'inventaire indique que l'allocation est portée à 400 livres et payée aux frères des écoles chrétiennes pour l'acquit de la fondation de Le Doulcet et Despériers, pour l'instruction des pauvres enfants (E. 284), et, en 1790, le compte E. 287 note le paiement de 200 livres au f. Chérubin, directeur des frères des écoles chrétiennes de Lisieux, pour 1/2 année de pension alimentaire d'un frère qui tient l'école de la paroisse St Jacques.

C'est qu'en 1778 des lettres patentes avaient autorisé Jacques-Marie de Caritat de Condorcet, évêque de Lisieux, à établir une école de charité en sa ville épiscopale pour l'instruction gratuite des jeunes garçons de la ville et des faubourgs, suivant traité fait par lui le 21 septembre 1776 avec l'institut des écoles chrétiennes, avec obligation de fournir une maison et les meubles nécessaires à l'usage du maître et des écoliers, une rente de 100 livres pour les réparations de la maison et l'entretien des meubles, une autre de 900 livres pour la nourriture et l'entretien de trois frères, lesd. lettres permettant au directeur de l'école de charité d'accepter la maison qui doit servir au logement des frères des écoles chrétiennes. La copie conservée aux Archives hospitalières (G. 8) est suivie d'une assignation commise à la requête du procureur général du Parlement de Rouen aux administrateurs des hopitaux de Lisieux à comparaître devant M. de La Cauvinière, conseiller aud. Parlement, pour fournir leurs observations sur le nouvel établissement.

Je n'ai pas à entrer dans l'histoire des « Écoles Chrétiennes de Lisieux », écrite par M. Veuclin d'après le dossier des archives communales (1). Je me contente de signaler, en

---

(1) *Les écoles chrétiennes de Lisieux au siècle dernier*, 1890, in-8° de 12 pages.

addition à son mémoire, quelques notes des archives hospitalières sur la part que prit à lad. fondation, en 1786, l'abbé Rambaud (1) dont j'ai déjà eu, plus haut, à enregistrer les libéralités.

Dans la série E, les délibérations ne remontent qu'à 1698 : en 1704, 1708, documents sur la manufacture de dentelles ; en 1709, renseignements sur le prix du blé ; en 1715, on enregistre le sacre de l'évêque Henri-Ignace de Brancas, qui eut lieu le 13 janvier ; il arriva à Lisieux le 8 avril et prit possession en personne le 12 ; en 1720, pertes des billets de banque (2) ; en 1789, lettre de Laumonier, chirurgien major de l'hôpital de la Madeleine de Rouen, annonçant son arrivée pour opérer à l'hôpital l'enfant attaqué de la pierre, etc., etc.

A la suite des délibérations, les comptes — remontant à 1574, et par conséquent permettant de suppléer, sur bien des points, à l'absence des premières délibérations — remplis de renseignements sur la vie économique aux deux derniers siècles, le prix des denrées, etc. Les bonnes feuilles de cette partie de l'inventaire, pour Lisieux comme pour Bayeux, ont été utilisées par M. Villey, doyen de la faculté de droit de Caen, pour la rédaction d'un mémoire sur les prix et valeurs dans ces deux villes, publié par le *Bulletin du comité des travaux historiques* (section des sciences économiques et sociales).

Dans la série H figurent divers documents sur les hôpitaux d'Argentan, Caen, Honfleur et Rouen, et un registre de comptabilité de la commission intermédiaire de Moyenne Normandie et du Perche (mandats sur les fonds libres de la capitation, exercice 1789).

Est-il besoin d'ajouter que les diverses séries contiennent des matériaux sur les anciens établissements religieux, et en particulier la Providence (3), les Capucins, les petit et grand séminaire, etc. ?

A côté des deux hôpitaux des malades et des renfermés, et sans parler d'un bureau de charité qu'on voulut fonder à la fin de l'ancien régime (4) — sorte de bureau de bienfaisance, comme l'était le bureau des pauvres à l'origine, et dont, après le « renfermement » des pauvres, le bureau suivit les traditions en continuant des aumônes (5) aux « pauvres du dehors » (6) — il y avait à Lisieux d'autres institutions charitables :

(1) B. 431. Cf. E. 10 : L'abbé Despaux désirant contribuer à l'établissement de nouveaux frères des écoles charitables, s'il est possible de réunir pour leur dotation les fondations Desperiers et Le Doucet, l'évêque donne 2.000 livres.
(2) Cf. E. 8. 1727. Fondation antérieure, par Jean Le Bourgeois, d'une rente viagère de 15 livres convertie en distribution de trois paires de peignes à peigner de l'étain, faite aux mois de février, mars et juillet, mois des décès du fondateur, de Marie Lange, sa femme, et Marguerite Le Bourgeois, sa sœur ; cette fondation fut continuée annuellement jusqu'à l'année 1720, pendant laquelle les biens et revenus du bureau, qui consistaient pour la plupart en rentes hypothèques, furent presque tous anéantis par les amortissements qui en furent faits en billets de banque, et remplacés partie au denier 40, partie au denier 50 ; le bureau n'ayant plus les moyens, on cessa presque la distribution desd. peignes ; pour ne pas mettre en oubli cette aumône, on distribuera annuellement une paire de peignes comme on le faisait avant 1720, le bureau n'ayant pas assez de moyens pour en distribuer davantage, et les peignes coûtant beaucoup plus à présent qu'avant 1720 ; liste de six personnes entre lesquelles le sort décide.
(3) Cf. B. 68, 71, 95, 98, 126, E. 12, 140, 149, 152, 155, 167, 184, 190, etc., etc.
(4) Cf. p. 120, G. 1, analyses des projets.
(5) Diverses fondations avaient été faites pour les pauvres d'une paroisse déterminée. Cf. pour St-Jacques B. 75 et 119.
(6) Cf. E. 7, remise de 100 livres à Mme du Travers, provenant des fondations de M. de La Perrelle, pour être

XXXII

Le lieu de santé, ou la Chapelle du Bois, *alias* Sᵗ-Roch du Bois, pour les malades de peste, paroisse Sᵗ-Jacques, au Nouveau-Monde, sur laquelle les archives conservent divers documents (1).

Le Bon-Pasteur, réuni sous la même administration (2) que l'hôpital général, et dont la déclaration de 1749 raconte ainsi l'origine et le but : M. de Matignon voulut aussi procurer une retraite aux filles que la pauvreté et l'occasion exposent au vice et à la perte de leur âme et de leur honneur ; ce sont les termes de sa première donation en leur faveur en 1712, « quoyqu'on y comprenne aussy celles à qui ce malheur est arrivé ». A cet effet, il les fit renfermer dans l'hôpital général. Mais les inconvénients qu'on trouva à les y garder, et entre autres le défaut de bâtiments, l'engagèrent à faire l'acquisition d'une maison, où il transféra cette communauté sous le nom de Bon-Pasteur, restant sous la direction de l'hôpital général, auquel ses biens sont reversibles. C'est par ce motif qu'elle a été déchargée, pour les donations en sa faveur, de payer le droit d'amortissement, par l'intendant d'Alençon, qui y a fait renfermer en différents temps par lettres de cachet plusieurs filles des diocèses de Lisieux et de Séez (A. 1) (3).

Et surtout la léproserie ou maladrerie de St-Clair (4), paroisse St-Désir (5) de Lisieux, qui offre un fonds spécial d'une réelle importance, quoique les documents soient rares pour

distribuées pendant la semaine aux pauvres de la ville. — E. 9. Délibération du 21 novembre 1769 : Despaux, vicaire général, président, représente que la fondation du pain pour la distribution aux pauvres de la ville qui ne résident pas aux hôpitaux, est seulement de 600 livres ; que cependant le bureau, depuis les années dernières, par rapport à la cherté des grains, avait fait distribuer des sommes considérables pour les pauvres de cette espèce, ce qui a forcé le bureau à faire des emprunts, à se constituer en diverses parties de rentes et à vider les coffres, de façon qu'il n'y a plus de ressources ; demande si les administrateurs sont dans l'intention de continuer une distribution aussi étendue : on décide de revenir à 600 livres, conformément à la fondation, vu l'impossibilité de faire autrement.

(1) Cf. B. 1, 4, 31, 44, E. 2, 27, 34, 63, etc.

(2) Composée de l'évêque, de deux députés du chapitre, des curés de la ville, d'un gentilhomme et de deux officiers du bailliage et de l'élection, les revenus des deux maisons étant perçus par le même receveur, dit la déclaration de 1749 (A 1).

(3) On trouvera des renseignements plus précis dans un mémorial du XVIIIᵉ siècle, concernant l'état et revenu de la maison et communauté des filles du Bon-Pasteur établie en la ville de Lisieux par l'évêque Léonor de Matignon. Avant 1709, Marguerite de Villers eut, sous l'autorité dud. évêque et des administrateurs de l'hôpital, la direction et gouvernement de la communauté. En 1709, le 28 avril, led. évêque donna à la communauté, sous le nom du clergé du diocèse de Lisieux, la somme de 2.800 livres. Autres dons en 1712 par led. évêque des deniers nécessaires à l'acquisition d'une maison paroisse Sᵗ-Jacques, dans le faubourg de la porte d'Orbec, et de la ferme du *Chat qui griffe*, paroisses de Sᵗ-Jacques et d'Ouilly-le-Vicomte, avec 60 livres de rentes, etc. (G. 2). Cf., même liasse, projet d'acte pour cette dernière donation : ledit évêque, ayant reconnu le profit et l'avantage spirituel qu'ont déjà produits dans la ville et le diocèse l'établissement de la société des filles du Bon-Pasteur, sous la conduite de Marguerite de Villers, pour procurer la retraite des filles que la pauvreté et l'occasion exposent ordinairement au vice et à la perte de leur honneur et de leur âme, pour donner à lad. société de nouvelles marques de sa libéralité et lui procurer de plus en plus les moyens de subsister, entend que les administrateurs lui laissent la jouissance desd. héritages et de lad. rente pour être employés à la nourriture, entretien et instruction spirituelle des filles du Bon-Pasteur, aussi longtemps que cette société subsistera dans la ville ; à leur défaut les pauvres jouiront desdits héritages et rentes, etc. Cf. également sur le Bon-Pasteur B. 2, 93, 96, 117, E. 7, 8, 10, 18, 71, 79, 82, 90, 92, 97, 101, 104, 108, 111, 115, 118, 123, 127, 134, 137, 140, 149, 152, 155, 158, 161, 164, 167, 170, 172, 175, 178, 181, 184, 187, 189, 190, 195, 198, etc., etc.

(4) M. Léchaudé d'Anisy (Ant. de Norm., XVII. 192), compte l'hôtel-Dieu comme une maladrerie, bien que celle de Lisieux existât alors.

(5) Ne connaissant la léproserie de Sᵗ-Clair que par le pouillé du XVIᵉ siècle (p. 176), M. Lechaudé fait (*Ibid.*, p. 180) une maladrerie distincte de celle de Sᵗ-Désir, qui ne forme avec la précédente qu'un seul et même établissement.

XXXIII

la période ancienne de son histoire. Dès une époque assez reculée, cependant, nous voyons les bourgeois de Lisieux s'occuper de son administration et de ses finances (1); elle fut ensuite réunie au bureau des pauvres (2), mais devait bientôt passer en des mains étrangères.

En 1659, en effet, sur présentation par Claude Auvry, évêque de Coutances, trésorier de la Ste-Chapelle, vicaire général du grand aumônier de France, d'Antoine Davy, sieur de La Sevaitrie, garde du corps du Roi, pour « la maladrie de St-Clair de la maladrie de Lysieux... maintenant vaccante et destituée de légitime administrateur par l'usurpation de quelques particuliers qui en jouyssent et s'en sont injustement emparez, sans aucun tiltre valable », des provisions conformes furent accordées, bientôt suivies d'opposition à la prise de possession et de procès au grand Conseil entre ledit Davy et Pierre Mauger, chapelain de ladite chapelle de St-Blaise et St-Clair de Lisieux; intervint au procès Guillaume Quentin, procureur et receveur du bureau des pauvres de Lisieux, justifiant que la maladrerie a été fondée et dotée par les habitants, que les revenus ont été administrés et régis par un d'entre eux qu'ils nommaient, et que, le bureau des pauvres ayant été établi à Lisieux, les habitants obtinrent, le 3 juillet 1566, des lettres royaux les confirmant dans leur administration; le revenu de la maladrerie a toujours été employé à l'entretènement et subsistance des pauvres de la ville (III. B. 5.), etc. — La maladrerie passa ensuite à l'ordre du Mont-Carmel et de St-Lazare (III. B. 9), puis denouveau réunie (3) en 1698 au bureau des pauvres, qui la posséda jusqu'à la Révolution.

(1) Cf. III. B. 2. En 1477, Guillaume Moulin, curé et administrateur de la maladrerie, et Henri Saffray, procureur et receveur des malades, suivant commission et procuration à lui baillée par les habitants de Lisieux. — III. B. 6. 1501, 11 février, transaction par Ursin Saffroy, administrateur de la maladrerie et procureur des manants et habitants de Lisieux.

(2) Sentence rendue à Orbec le 15 janvier 1566, portant main levée aux bourgeois et habitants de Lisieux de la saisie faite du revenu de la maladrerie, sur la requête par eux présentée, narrative de ce qu'ils auraient délibéré et commencé un bureau pour les pauvres (III. B. 4). — *Vidimus* au tabellionage de Lisieux de lettres royaux, mandant au bailli d'Évreux ou son lieutenant à Orbec que les habitants de Lisieux ont fait remontrer que, suivant les édits du Roi, il est porté que les hôpitaux, maladreries et autres lieux destinés aux malades, sont régis et gouvernés par les députés des conseils des villes, nommés pour trois ans; cependant les maisons de l'hôpital et de la maladrerie de Lisieux sont encore régis et gouvernés par de prétendus titulaires qui en font leur profit; ordre de faire exécuter lesd. édits (1566). Sentence de Jean Dumoulin, écuyer, lieutenant du bailli d'Évreux en la vicomté d'Orbec, portant que les habitants de Lisieux jouiront par provision du total du revenu de la maladrerie au profit des pauvres, sauf au curé à se pourvoir par requête pour avoir taxe pour son service (1569). Appel au Parlement de Rouen par le curé Plessis de la sentence de Jean Dumoulin; arrêt du Parlement du 26 janvier 1570 en faveur dudit Plessis (III. B. 4). — Procédure entre Pierre Pinchon, subrogé aux droits d'Henri Delauney, curé de la léproserie de St-Blaise, demandeur en dîmes, et Pierre Coquerel, fils Thomas, et Guillaume Hardy, procureur du bureau des pauvres de Lisieux (1583) (III. B. 6). — Inventaire de lettres et écritures concernant les droits et revenus de la léproserie de Lisieux et bénéfice St-Blaise, baillé par Henri Delauney, curé dudit lieu, à Guillaume Hardy, procureur de la léproserie du bureau des pauvres de Lisieux, suivant la sentence de 1586 (III. B. 7). — Transaction entre Me Jean Deshayes, avocat, fils et héritier de Germain Deshayes, qui avait appelé au Parlement de Rouen de la sentence de condamnation contre lui jugée au profit du bureau des pauvres de Lisieux en la vicomté d'Orbec, le 24 août 1568, et le bureau des pauvres (1601) (III. B. 7.)

(3) A. 3. Cf. requêtes au Conseil par les administrateurs du bureau des pauvres et Nicolas Taignier de La Bretesche, haut doyen de l'église cathédrale de Lisieux, pour être rétablis en la possession des biens de la maladrerie dudit Lisieux (1693). — Inventaire des pièces de production par les administrateurs du bureau des pauvres de Lisieux et Nicolas Taignier de La Bretesche, haut doyen, pour justifier leur droit et possession de la maladrerie de St-Blaise, et, en conséquence des édits de 1693, en être remis en possession (1693). — Mémoire pour Jacques de Soubzlebieu, prêtre, pourvu de la chapelle St-Clair par collation de l'évêque de Lisieux, sur la présentation de l'abbesse de St-Désir (1704), concernant la prétention du bureau des pauvres d'en contester le revenu sous prétexte que lad. chapelle est une maladrerie (III. B. 4.).

XXXIV

Je signalerai principalement dans le fonds (1) de la maladrerie divers documents (2) concernant : les biens et droits depuis le commencement du XIII° siècle, notamment, à Lisieux, Ouilly-le-Vicomte, Roques, les Vaux — et, entre autres, une charte française de 1294, — les droits de la foire St-Blaise, les droits du haut-doyen de Lisieux, à cause de son fief de la Bove, etc. ; l'inventaire des lettres et écritures concernant le revenu de la maladrerie et léproserie de Lisieux trouvés en un sac représenté par le greffier ordinaire de l'hôtel commun (1568-1569), les importants statuts ou *constitutiones de antiqua consuetudine approbatas*, de novembre 1256, conservés par un vidimus de 1350, un registre de comptes de 1510-1512, etc, indiquant alors la présence d'un seul lépreux, Jacques Robillart, etc. (3).

En même temps que la maladrerie de St-Blaise et St-Clair, l'arrêt du Conseil du 14 mars 1698, enregistré au Parlement de Rouen le 1er décembre 1698, unit à l'hôpital des pauvres malades de Lisieux celles de la Madeleine de Lieurey, de la Madeleine du Pin, du Fauquet, paroisse de St-Philbert-des-Champs, de St-Pierre, paroisse du Breuil, de Noiremare, paroisse du Mesnil-Germain, de St-Louis, paroisse du Bois-Hellain, du Mesnil-Simon, de La Roque-Baignard, de St-Laurent-du-Mont, de St-Barthélemy-de-Cormeilles et de l'Hôtellerie, situées dans les territoires formant aujourd'hui les départements du Calvados et de l'Eure. En 1699, l'hôpital de St-Marie-Madeleine-des-Saulx, vulgairement appelé de St-Samson, lui fut également uni (A. 3). On trouvera (4) dans les fonds IV-XXVII (pp. 154-159), divers titres concernant plusieurs de ces établissements, notamment celui de St-Samson — fondé en 1213 par *Robertus filius Erneisi, nepos Radulphi Taizon* (5), et par lui concédé à l'abbaye de Troarn — et aussi diverses autres maladreries voisines, comme celles de Condé-sur-Risle, réunie à l'hôpital de Pont-Audemer, Chambrais, réunie à celui de Bernay, Grestain, réunie à celui de Honfleur, Corbon, St-Michel-de-Biéville, Ste-Marie-aux-Anglais, La Motte, Moyaux, St-Pierre-sur-Dives, etc., même celle de Pacy-sur-Eure (diocèse

---

(1) En dehors du fonds spécial (III), cf. A. 3, B. 1, 3, 9, 80, 92, 101, D. 1, E. 6, 9, 25, 56, 62, 95, 102, 190, 191, etc. II. A. 8, etc.

(2) Parmi les pièces des Archives départementales, j'indiquerai surtout trois registres concernant la confrérie des menuisiers, tonneliers, « rouetiers » et tourneurs de la ville de Lisieux établie en lad. maladrerie, savoir : le Matrologe, comprenant les statuts du rétablissement en 1608, les fondations établies par les menuisiers en 1622, et les listes des confrères, servant à l'enregistrement des payements ; le « papier des comptes du bien et revenu de la confrarie Monsieur St-Clair et Monsr St-Blaise fondée en l'église de la léprosarie de Lisieux » par lesd. maîtres, commençant en 1622, comprenant des délibérations jusqu'en 1766 (led. régistre encore revêtu de la reliure originale, munie d'une serrure) ; le « mémoire des immatriculées » dans lad. confrérie, depuis 1751, avec les comptes jusqu'à 1791, de l'autre côté, mises à prix des cierges du Roi et de la Reine, et notes diverses.

(3) M. Vasseur a publié dans le *Bulletin monumental*, t. XXVIII (1862), pp. 134 et suiv., des *Recherches sur la léproserie de Saint-Clair et Saint-Blaise de Lisieux*. Au milieu de considérations générales sur la lèpre et les lépreux on y trouve d'assez nombreuses notes empruntées aux Archives hospitalières, et surtout sept pièces justificatives : une charte d'Arnoul, évêque de Lisieux du XIIe siècle, « sauvée de la destruction par M. d'Ingreville », 3 chartes originales des Archives hospitalières (liasses de rebut du classement de 1825), les statuts de 1256, un extrait des registres de délibérations de la ville de 1509, et l'inventaire du mobilier en 1791, extrait du registre de la municipalité de St-Désir. On remarquera que ces trois importantes chartes avaient été mises au rebut lors du classement de 1825 : je ne saurais déterminer l'étendue et la gravité des pertes alors subies par le dépôt.

(4) Cf. également A. 3, B. 1, 2, 3, 4, 6, 10, 45, 47, 53, 60-63, E. 6, 7, 8, 9, 12, 55, 56, 58, 68, 73, 77, 99, 102, 106, 117, 135, 144, 147, 162, 179, 184, 194, 196, etc., etc.

(5) IV. A. 1. Cf. B. 61-63.

XXXV

d'Evreux) et la chapelle de Pompierre, unie à la dignité du préchantre de l'église de Sens. Ces divers documents serviront à compléter non seulement les médiocres *Recherches sur les léproseries et maladreries qui existaient en Normandie*, de Léchaudé d'Anisy (1), mais aussi le complément qu'en a donné M. Renault, dans ses *Nouvelles recherches sur les léproseries et maladreries en Normandie* (2).

BAYEUX

Hôtel-Dieu

Nous ne trouvons pas aux archives hospitalières de Bayeux, comme à celles de Lisieux, de documents donnant des indications précises sur l'origine et les premiers temps de l'hôtel-Dieu : le dépôt ne conserve d'ailleurs (A. 3) qu'un fragment de cartulaire contenant 4 feuillets, relatifs aux biens d'Étreham et de Veret, de 1239 à 1277 — mais il faut noter que plusieurs registres importants, après avoir été déclarés propriétés nationales à la Révolution, sont encore conservés à la bibliothèque du Chapitre (3), constituée avec le dépôt de l'État, « oublié » lors du rétablissement du culte (4) ; — un mémoire du XVIIIe siècle (B. 1 et 2), porte seulement que l' « hôpital » fut commencé par Guillaume Ier, duc de Normandie (5), continué par l'évêque Robert des Ablèges (6) (commencement du XIIIe siècle), qui acheva les bâtiments et en augmenta les revenus. La plupart des titres — continue le mémoire, suivant l'usage « commode » — ayant été brûlés par les Calvinistes et dans les guerres civiles, on ne retrouve plus les lettres patentes de fondation.

(1) *Antiq. de Normandie*, XVII, 149-212.
(2) *Ibid.*, XXVIII, 106-148.
(3) Cf. le catalogue rédigé par M. l'abbé Deslandes au tome X du Catalogue général des manuscrits des bibliothèques publiques. N° 180. « Chartrier des contracts, titres et enseignemenz, contenantz les héritages, rentes et revenu annuel du prieuré hospitalier de St-Jean-l'Évangéliste de Bayeux », XVe siècle. N° 181. Table générale et chronologique du chartrier. N° 182. Recueil de pièces, notamment le registre des professions et les délibérations des religieuses. N° 183, « Inventaire des lettres et écritures qui sont dans le chartrier des dames religieuses de l'hôtel-Dieu de Bayeux ».
(4) Les renseignements donnés sur la formation par M. Coyecque (Ibid, p. 206) sont inexacts.
(5) Est-ce une confusion avec la maladrerie, où vingt prébendes furent établies par Guillaume-le-Conquérant, d'après la charte de Henri II, dont une mauvaise traduction imprimée se trouve à l'article II. A. 3 ?
(6) Béziers (II, 148 ss.) ne croit pas à la fondation de l'hôtel-Dieu par « les rois d'Angleterre, ducs de Normandie »; il rapporte une « bulle d'indulgences » donnée par l'évêque Charles de Neufchâtel en 1486, l'attribuant à « Robertum, Guidonem et Guillelmum, episcopos Bajocenses, prædecessores nostros, Hebertum decanum, Hugonem cantorem, et Radulphum Morin, vicarium nostræ Bajocensis ecclesiæ », constate qu' « il ne paraît cependant dans les titres que vers l'an 1200 », et ajoute : « Robert des Ablèges, nommé évêque de Bayeux en 1205, commença les bâtiments de cet hôpital. IL... y joignit quelques donations faites précédemment en faveur des pauvres par les ducs de Normandie, rois d'Angleterre... Les bâtiments ne furent achevés qu'en 1248 par l'évêque Guy », etc. Citation d'une charte d'aout 1208 où figurent P., prieur de l'hôtel-Dieu, et les frères du couvent. Pour Chigouesnel (*Nouvelle histoire de Bayeux*, 1867, pp. 505 et 506), l'origine « se perd dans la nuit des temps » et l'établissement « fut bâti par les ducs de Normandie » « Vers 1220, Robert des Ablèges voulut rétablir l'ordre dans l'administration et fit construire une salle pour recevoir les malades de l'un et l'autre sexe ; il fit à l'établissement diverses donations dont l'importance l'en ont fait regarder par certains chroniqueurs comme le premier fondateur, encore qu'il demeure à peu près démontré que son origine remonte beaucoup plus haut. »

Mais ici comme à Lisieux, nous rencontrons un « monastère », qui était parvenu à se substituer aux pauvres : les prieur et frères de la maison-Dieu, ordre de St-Augustin (1), où du prieuré de St-Jean l'Évangéliste, nous offrent des annales semblables à celles des Mathurins ; à Bayeux, également, la ville revendiqué contre les religieux le bien des pauvres, et, au XVIe siècle, nous trouvons la constitution d'une administration hospitalière : c'est ainsi qu'en 1561 une adjudication des récoltes sur des biens appartenant à l'hôtel-Dieu est requise par Jean Artur, écuyer, lieutenant en la vicomté de Bayeux, Jean Lambert, écuyer, sieur du Fresne, et Guillaume du Hutérel, écuyer, sieur de Longueville, gouverneurs et administrateurs de l'hôtel-Dieu, et qu'en 1572 un arrêt du Parlement permet, sur la requête présentée par Guillaume Du Chastel, prieur, Mathieu Raoult, chanoine de l'église collégiale de St-Nicolas de Bayeux, et Gervais Verard, avocat en Cour laie, gouverneurs de l'hôtel-Dieu, aux prieur, gouverneurs, administrateurs et receveurs, de sommer par huissier et sergents tous leurs débiteurs et redevables, en raison des pertes occasionnées aux archives par les troubles (B. 1). La liasse A. 1, en dehors de quelques documents conservés, nous a transmis, surtout dans les pièces justificatives des procès entre les hospitalières et les religieux, leurs devanciers, quelques traces des luttes de la ville, de ses efforts, que devait seulement couronner, comme à Lisieux — et grâce à une générosité particulière — un succès partiel.

Une instruction informe touchant l'usurpation faite aux pauvres de leur revenu, note que le roi Philippe, confirmant la donation de saint Louis, avait aumôné en faveur des pauvres de l'hôtel-Dieu « une certaine coutume de blé qu'on appelle ordinairement tripot, avec la place où cette coutume se perçoit ; et ordonné que sy le maître et les frères mettent les mains aux biens de lad. maison en quelque chose, tant petite soit-elle, qu'on les en empêche, pour ne pas ôter aux pauvres les alliments qui leur sont deubs » (Charte du 9 novembre 1298) (2). On devine aisément quelle vertu devaient avoir de semblables défenses.

Aussi, « en l'an 1540, porte un mémoire pour les religieuses, le prieuré et hôtel-Dieu de Bayeux estant en desordre, ruine et désolation, on obtint un arrêt au Parlement de Rouen (3), lequel ordonna que tous les fruits et revenus d'iceluy hôtel-Dieu seroint régis sous la main du Roy par deux nottables personnages, l'un de l'état de l'église pour l'observance régulière, et l'autre de l'état séculier pour la recepte des fruits et revenus employés tant à la nourriture des pauvres que des religieux et autres charges ».

En 1561, le 20 janvier, continuent les mémoires de procédure, Charles IX, pour fixer les religieux, leur relâcha par édit une pension de sept vingt livres, dont ils donnaient quittance (4) aux administrateurs, mais, n'étant pas contents d'une si légère pension, frère Pierre Denise obtint un arrêt du Grand Conseil du 29 mars 1581, le maintenant en possession du

---

(1) Cf. la bulle de Nicolas IV, de 1289, B. 39.

(2) Cf. B. 39, texte et traduction française de vidimus des lettres-patentes de Philippe-le-Bel, du 8 novembre 1296, analysées à l'inventaire.

(3) Rendu aux grands jours de Bayeux le 3 décembre 1540, ajoute l'instruction précitée, qui porte également que ces deux commissaires seraient élus par l'exécuteur dud. arrêt et les bourgeois et administrateurs de la ville.

(4) Ils n'en donnèrent quittance que pendant 3 ans, et, l'hôpital continuant d'être mal desservi, par arrêt du Grand Conseil du 29 mars 1581, il n'est plus parlé de pension, etc. Mémoire pour les religieuses, A. 1.

prieuré hospitalier de St-Jean-l'Évangéliste, à charge de nourrir et entretenir les religieux et les pauvres, et ne s'étant pas bien acquitté de sa gestion, le procureur général demandeur et requérant que Denise fut condamné à rendre compte devant les juges des lieux, il se pourvut au Grand Conseil et obtint arrêt du 13 octobre 1588, l'absolvant de rendre compte du passé, ayant égard à ses offres, et ordonnant que sur tous les fruits du prieuré il prendrait désormais 600 livres de rente et 100 boisseaux de blé froment, avec les maison, manoir et pourpris qu'ont accoutumé tenir les prieurs du prieuré, que du surplus il rendrait compte devant l'évêque, à ce appelé le bailli de Caen ou son lieutenant, le substitut du procureur général et deux notables bourgeois de Bayeux (1); suivent d'autres citations : d'arrêt du Conseil privé de 1595, 31 mai, maintenant Étienne Bouloigne en possession du prieuré, aux conditions portées par l'arrêt de 1588, de sentence du bailli de Caen, du 12 avril 1613, tendant à ce que Jacques de Marconest, prieur, jouisse par ses mains du revenu du prieuré hospitalier, etc.

Les religieux devaient être moins heureux au Parlement de Normandie : la liasse A. 1 a conservé un arrêt du 11 avril 1631, déboutant Jacques de Marconets, prieur commendataire du prieuré et hôpital de Saint-Jean l'Évangéliste, de l'effet et entérinement de ses lettres du 20 mars 1623, et, sans avoir égard à la prétendue délibération faite en la maison de ville le 4 décembre 1620, laquelle elle annule, défendant audit prieur de lever des droits sur les grains vendus en la halle de Bayeux, sauf ceux mentionnés en ses lettres et suivant l'ancien usage ; faisant droit sur la requête verbale des habitants, le Parlement décide que de 3 ans en 3 ans il sera nommé un notable bourgeois pour faire la charge d'administrateur du temporel du prieuré et hôpital ; M. de Marconets devra rendre compte depuis le temps de son administration, il est de plus condamné à 50 livres d'amende applicables aux pauvres de l'Hôtel-Dieu. Bien entendu, appel au Conseil, et arrêt bien différent, confirmatif des précédents rendus par les « grand et privé Conseils » : le prieur est maintenu dans l'administration des fruits et revenus du prieuré hospitalier de Bayeux et cure de St-Vigoret, son annexe, il prendra par an sur tous les fruits 600 livres et 100 boisseaux de blé, avec la maison, manoir, jardin et pourpris qu'ont coutume de tenir les prieurs dudit prieuré hospitalier, le surplus du revenu sera employé à la nourriture et entretien des religieux, des pauvres, et autres charges, dont ledit de Marconest rendra compte chaque année quand le bailli de Caen ou son lieutenant présidera les assises de Bayeux ; en cas de négligence seulement de la part des évêques et prieurs de procéder à l'audition et clôture des comptes par chacun an dans le temps des assises, le revenu du prieuré hospitalier pourra être saisi un mois après lesd. assises, de l'autorité du bailli de Caen ou son lieutenant à Bayeux ; et Binet, procureur syndic des habitants de Bayeux, prenant fait et cause pour Dujardin, élu administrateur, ainsi que Robillard et Colleville, avocats et procureurs des affaires des pauvres de l'hôpital, élus par les habitants, sont condamnés aux dépens. — Nouvelles procédures (2) en 1636, au Conseil d'État, entre Pierre Dujardin, avocat au siège présidial de Bayeux, et Jacques de Marconest, prieur de l'Hôtel-Dieu, Noël Le Savou-

---

(1) Cf. la pièce à l'article A.1.
(2) Cf. B. 30. Requête du prieur au Parlement pour faire informer, contre le procureur-syndic de la ville, de la possession des droits perçus à la halle à blé, en 1635.

XXXVIII

reux, procureur syndic des manants et habitants de la ville, Michel Robillard, avocat, Denis Binet, ci-devant procureur-syndic des habitants, Jean Richer et Pierre Colleville, tous bourgeois et habitants de la ville, reçus partie intervenante, à cause de la contrariété des arrêts précités du Parlement et du grand Conseil de 1631 et 1633, concernant la charge d'administrateur dudit prieuré et hôpital de Bayeux pour avoir le soin des pauvres, en percevoir les fruits et en rendre compte. Mais Dujardin, le syndic et intervenants sont déboutés de leur requête à fin de cassation et condamnés aux dépens : c'était la victoire pour les religieux.

Elle dut leur sembler bien précaire, car, peu d'années après, ils saisirent l'occasion de se délivrer, au prix d'un sacrifice, de la charge des pauvres, et de conserver la plus grande partie de leurs biens au moyen d'une transaction qui devait — dans leur pensée — être une sauvegarde définitive pour l'avenir : le partage des biens et l'établissement d'hospitalières pour les remplacer dans le service des pauvres.

« Cet hospital, porte un mémoire du XVIIIe siècle (B. 1), a esté longtemps administré par un prieur et des religieux de St-Augustin en faveur desquels et des pauvres les fondations avoient esté faites, mais soit qu'ils se jouissent du revenu des pauvres (1) ou qu'ils l'administrassent mal, les bâtimens tombèrent en ruine et il y avoit peu de pauvres establis. Pour remédier à ce désordre, en l'année 1644, Mr d'Angennes, pour lors évesque de Bayeux, fist establir à cet hospital des RR. hospitalières de la Miséricorde de Jésus pour le desservir et y establir des pauvres malades, il fit faire dans ce temps le partage des biens, les 2 tiers furent donnés aux prieurs et RR. auxquels après leur mort Mr de Nesmond, pour lors évesque, a substitué des Pères de St-Lazare et donné les maisons et les biens et establi un séminaire, et l'autre tiers fut distribué pour les pauvres malades auxd. religieuses, on les pria en mesme temps d'en faire l'administration, ce qu'elles ont fait gratuitement jusques à présent. »

En 1642, le dernier mai — porte un autre mémoire (A. 1) — le prieur de Marconest se démit de l'administration et demanda une liquidation du revenu, à quoi s'opposa le procureur-syndic (de la ville), étant le revenu entier et unique de l'hôpital ; cependant le partage fut fait le 3 octobre 1643, suivant que le prieur l'avait désiré de M. d'Angennes, évêque de Bayeux, en sorte que le revenu des pauvres leur fut enlevé pour le paiement de la pension du prieur et des religieux. Mais l'arrêt du Conseil concernant la pension des religieux réservait à l'évêque le droit de les réduire à un moindre nombre, ou de les détruire, s'il le jugeait convenable, à condition qu'advenant place vacante, leur pension

(1) « Il est douloureux d'en faire l'aveu, les religieux du prieuré de St-Jean se montrèrent constamment plus occupés de leurs intérêts que du soin des malades. L'histoire a recueilli les plaintes nombreuses portées, à différentes époques, contre leur négligence et leurs déprédations. En vain les rois, les évêques et le parlement essayèrent-ils de remédier aux désordres ; toutes les mesures prises par l'autorité furent éludées. Insensiblement l'hôtel-Dieu tomba dans une situation déplorable ; « le revenu de cette maison, autrefois de dix-huit cents à deux mille livres, était réduit à petite valeur par l'avarice et mauvaise conduite des prieurs et administrateurs, ayant appliqué le revenu à leur profit particulier et mis en nonchaloir la charité due aux pauvres » (Registre des grands jours tenus à Bayeux en 1540). Quand le chancelier de France, M. Séguier, vint à Bayeux, en 1639, après l'insurrection des Nu-Pieds, il n'y avait plus à l'hospice que quatre ou cinq malades couchés sur la paille ou dans des lits infects ; la salle menaçait ruine. » L'abbé Laffetay, *Histoire du diocèse de Bayeux, XVIIe et XVIIIe siècle*, p. 155. — Ibid., p. 159. « Nous livrons sans pitié à l'indignation de nos lecteurs la cupidité sacrilège des chanoines de l'hôtel-Dieu. »

retournerait à l'hôpital. Cependant l'évêque de Nesmond, en détruisant le prieuré, le prieur et les religieux, n'a pas fait revenir le bien aux pauvres : pensant que le prieuré était titré et que la collation lui en appartenait de plein droit, il appliqua le revenu des religieux à l'établissement d'un séminaire, etc.

Ces deux mémoires doivent être complétés par les pièces analysées à l'inventaire, surtout en ce qui concerne la fondation des hospitalières, et la fondatrice.

Marie Jullien de La Hunodière, religieuse au monastère de la Miséricorde à l'hôtel-Dieu de Dieppe, désireuse de fonder un nouveau couvent d'hospitalières au bailliage de Caen ou de Coutances, eut en 1643, assistée de sa mère, une conférence dans ce but avec le prieur de l'hôtel-Dieu et le procureur-syndic des habitants ; elle offrit de se rendre fondatrice d'un couvent d'hospitalières pour servir les pauvres et, à cette fin, apporta la somme de 10,000 livres donnée par son frère (1). Le prieur saisit avec empressement, comme on doit le penser, la « bonne aubaine » qui se présentait : forcé de reconnaître implicitement — pour les besoins de la cause — la vérité des réclamations passées de la ville, il dit que son affection au soulagement des pauvres et le soin qu'il avait pris d'y commettre des personnes de temps en temps ne lui avaient encore pu donner la satisfaction par lui désirée ; il ne s'opposait donc pas à une *si sainte proposition*, pourvu que *l'ancien ordre et institution* ne fussent pas choqués, ni la *sainte intention des fondateurs* frustrée ; aussi — sage précaution — il désirait pour la *conservation du titre de son bénéfice et des religieux du prieuré*, qu'avant l'installation des religieuses une liquidation fut faite du revenu entier de l'hôpital. Le procureur-syndic, au contraire, s'opposait à la division des revenus, qui devaient être tout entiers affectés à la subvention des pauvres, les pensions des prieur et religieux payées, etc. L'évêque d'Angennes n'en rendit pas moins une ordonnance autorisant l'établissement des religieuses de la Miséricorde dans l'hôtel-Dieu et hôpital de St-Jean-l'Évangéliste, et réglant les intérêts des prieur et religieux : le prieur aurait en fonds les 600 livres qui lui avaient été adjugées par arrêt du Conseil, 100 boisseaux de froment, plus 100 livres de rente pour un corps de logis qu'il délaissait aux religieux, ceux-ci remettant aux religieuses le dortoir comme le lieu le plus commode pour aller à la salle des pauvres malades ; les 6 religieux profès devaient avoir chacun une pension de 200 livres et de 20 boisseaux de froment, le novice 150 livres et 20 boisseaux de froment ; le bois provenant des forêts du Roi serait séparé par tiers entre le prieur, les religieux et les pauvres malades ; le prieur aurait aussi en fonds 550 livres de rente pour l'entretien de l'église, sacristie, ornements, luminaire et entretien des maisons des prieur et religieux seulement, etc. — La même année 1643, au mois de novembre, des lettres patentes confirmatives furent accordées par le Roi (2), et après l'enregistrement au Parlement les religieuses de la Miséricorde de Dieppe furent installées en 1644 par Michel Rocher, chanoine théologal et pénitencier de l'église cathédrale, vicaire général, en la partie de l'hôtel-Dieu qui leur avait été assignée par

---

(1) Cf. A. 1, procuration donnée devant les notaires de Paris par Jean Jullien, écuyer, sieur de La *Hennodière* et de Lespine, confrère de la Congrégation de l'Oratoire de Jésus, à Catherine Avico, sa mère, de vendre une partie du bien lui appartenant dans les paroisses d'Orglandes et de Hautteville, en Normandie, bailliage de St-Sauveur-le-Vicomte, jusqu'à concurrence de 10,000 livres à remettre à Marie Jullien, sa sœur, afin de la rendre fondatrice d'un nouveau couvent de religieuses hospitalières (1643).

(2) A. 1. Cf. F. 17.

l'évêque, afin d'y établir une communauté de leur ordre pour y servir les pauvres conformément à leur institution.

Les sœurs, se trouvant mal logées, prirent à loyer les maison et jardin appartenant au prieur de l'Hôtel-Dieu, et bientôt de nombreux différends surgirent, toujours renaissants, entre les hospitalières et les religieux, au sujet des bâtiments : devant l'évêque d'abord, puis devant les juridictions séculières. Je n'entrerai pas dans le détail des procédures : la transaction finale ne fut conclue qu'en 1676, entre les religieuses et Thomas Duhamel, docteur de Sorbonne, chancelier et chanoine de Ste-Honorine en l'église cathédrale, supérieur du *séminaire* et administrateur de la Maison-Dieu de Bayeux. Comme les mémoires cités plus haut l'ont raconté, le prieuré avait vécu : l'évêque de Nesmond, ne pouvant souffrir la conduite irrégulière des religieux, les détruisit entièrement, et, persuadé que le prieuré hospitalier de St-Jean l'Évangéliste était doté d'autres fonds que ceux affectés aux pauvres, l'établissement passa pour un bénéfice vacant (*texte du mémoire*). Après un décret de 1675, l'évêque reçut du Roi l'autorisation d'y établir un séminaire (1) ; il obtint en 1682, du supérieur de St-Lazare de Paris, 5 prêtres et 3 frères de la Congrégation, s'obligeant de fournir à chacun 300 livres de rente et unissant la cure de St-Vigor-le-Petit et tous les biens et revenus du prieuré au séminaire. Ainsi s'accomplit la prédiction du syndic de la ville qui disait au prieur, en 1642, qu'en faisant le partage du revenu entier de l'hôpital pour la sûreté de leurs pensions, et en se démettant de l'administrer, il le détruirait par cette innovation (Mémoire A. 1).

La série B contient de nombreuses chartes, latines et françaises, du XIIIe siècle — intéressantes à divers titres (2) — concernant Argouges, Audrieu, Bayeux (St-Laurent, St-Loup, St-Symphorien, tripot), Bazenville, Caen, Carcagny, Cottun, Coulombs, Couvert, Crépon, Creully et Creullet, Crouay, Ellon, Étreham, Fontenay-le-Pesnel, Gueron, Lingèvres, Longueville, Loucelles, Maisons, Monceaux, Rubercy, Sully, Tierceville, Vaux-sur-Aure, Vaux-sur-Seulles (3). Je citerai, entre autres, l'original (B. 23) d'une confirmation de Louis IX, donnée à Bonneville-sur-Touques en juillet 1269, qui ne figure pas au *Cartulaire Normand de Philippe Auguste, Louis VIII, Saint-Louis et Philippe-le-Hardi* (4) et diver-

---

(1) Un mémoire concernant le fief de la Cosnardière (C. 1) cite les documents suivants, antérieurs : Lettres patentes d'août 1669, autorisant l'évêque de Nesmond pour l'établissement d'un séminaire en sa ville épiscopale. Vérification desd. lettres au Parlement de Rouen, le 17 juin 1670. Même pièce, décret du 22 novembre 1675, supprimant, à la requête des syndics du clergé du diocèse de Bayeux, le titre du prieuré de St-Jean-l'Évangéliste de l'Hôtel-Dieu et unissant au séminaire tous les biens, etc., à charge, entre autres, d'administrer les sacrements et sépultures aux pauvres de l'Hôtel-Dieu, instruire et assister spirituellement les pauvres passants de ce lieu où ils sont reçus vis-à-vis dudit Hôtel-Dieu, etc. Autres documents concernant le séminaire, notamment copie de l'acte d'établissement de la Congrégation de la mission en 1682, aux mêmes charges, etc.

(2) On remarquera les titres scellés (Cf. B. 23, 40, 55, 73, 87, etc.), le dépôt n'ayant pas été compris par M. Demay dans le dépouillement des « archives départementales, communales et hospitalières » qui a servi de base à son *Inventaire des sceaux de Normandie*. Les légendes en figurent au présent inventaire.

(3) B. 13, 15, 23, 24, 30, 40, 46, 52, 55, 57, 58, 59, 60, 62, 65, 68, 69, 73, 80, 83, 85, 87, 91, 98, 110, 111, 120, 121, etc.

(4) *Mémoires de la Société des Antiquaires de Normandie*, t. XVI (1852).

ses copies du texte et de traductions françaises (B. 30) de donation du même roi aux pauvres de l'Hôtel-Dieu, que le même recueil (p. 101) cite d'après l'analyse de Béziers en faisant observer que la date « *nono* mensis aprilis » doit être inexacte et qu'il faut supprimer *nono* : le 9 avril tombant avant Pâques en 1256, écrit M. Delisle, St-Louis eut mis 1255 et non 1256, et, d'ailleurs, les pièces de cette nature ne portent jamais la date du jour. Or Béziers avait vu les pièces des archives hospitalières, dont les unes portent simplement *mense aprili*, et d'autres *mense aprili, die nono* (1) : ce ne sont que des copies de vidimus, et il est possible d'expliquer l'addition intempestive de *die nono*. Un texte porte : « *Actum apud Condetum supra Nigram Aquam, anno Domini millesimo ducentesimo quinquagesimo sexto, mense aprili. Et nous, garde du scel* », etc. *Et nous* n'est-il pas devenu, par suite d'une faute de lecture, *die nono* ?

À l'article B. 41, intéressants documents sur la forêt des Biards depuis le commencement du XVe siècle, qui fourniront quelques notes pour compléter la liste des maîtres enquêteurs et généraux réformateurs des eaux-et-forêts de Normandie ; — à B. 63 et 67, mentions de Guillaume *Saquespée*, tabellion juré à Bayeux au milieu du XIVe siècle : on sait que c'est la forme normande qui devait donner en anglais le nom de Shakspeare (2) ; — à B. 87, les titres concernant Maisons signalent une famille *du Soucys*, habitant « eu hamel du Soucys » (3), et dont « le lieu et chevel mesnage » (par héritage maternel), borne « l'eaue de la faulce cave » (1545) : or, il n'est pas inutile de rappeler la « fosse » bien connue du Souci, dont on a été chercher bien loin l'étymologie (4), et nous rencontrons à Maisons d'autres fosses, — la fosse de Brandel, citée notamment en 1489, la fosse Gouye — portant des noms de familles souvent fournis par les archives hospitalières pour Maisons : reste à savoir lequel est antérieur, le nom de la famille ou celui de la fosse ; — à B. 125, curieuse fondation d'école à Villiers-le-Sec, longuement analysée par l'inventaire (5) ; — à B. 129, titres concernant les rentes de l'Eure abandonnées aux hospices : églises et charités de Beaumontel, Bosc-Regnoult, Marcouville, Piencourt, St-Aubin de la Puthenaye, St-Aubin-sur-Quillebœuf, St-Germain-la-Campagne, etc. ; — et surtout les pièces concernant les consistoires (6) dont les biens furent partagés entre l'hôtel-Dieu et l'hôpital général.

Les documents sur les prêches de Vaucelles (église de Bayeux recueillie à), Colombières, Cricqueville, Géfosse, Trévières, Basly, etc., (7) peuvent se diviser en deux catégories : la première comprend les titres même de ces établissements ; la seconde la prise de posses-

(1) Mêmes différences, bien entendu, dans les traductions.
(2) Cf. Moisy, *Glossaire comparatif anglo-normand*, pp. LVIII ss.
(3) Cf. B. 108, la « delle des Soussix » à Sommervieu en 1455.
(4) *Recherches philologiques, à propos de la Fosse du Soucy*, par A. Joly. Bulletin de la Soc. des Antiq. de Norm., VIII, 114-128. Sur cette question, voir, entre autres, Joret, Essai sur le patois normand du Bessin, p. 166, Romania, t. VI, pp. 148, 436, etc.
(5) Cf. B. 116, Pierre Tubeuf, maître de pension à Balleroy (1777). — Sur le legs de Viel, chanoine, principal du collège de Bayeux, cf. II, E. 12, 154, etc.
(6) Au nombre de 11.
(7) Et les religionnaires ou nouveaux convertis. Cf. fonds de l'Hôtel-Dieu B. 2, 4, 13, 29, 93, 106, 114, 117, 118, 119, D. 2, 4, E. 17, 20, 22, 36, 45, 336, 338, etc. Fonds de l'hôpital général II. A. 1, B. 1, 2, 6, C. 2, D. 1, E. 4-5, 7-11, 17 (amende de 300 livres contre un protestant, avant la Révocation), 18 (amende contre Banage, Cartaux et Bray, ministres, en 1684), 19, 20, 26, 37, 44, 140, 160, G. 1, 3, etc.

sion, et l'administration des biens par les deux hôpitaux après la réunion, contenant de nombreuses analyses de titres antérieurs. Dans la première je citerai, entres autres, (B. 114), le procès-verbal dressé par Du Bosc en 1675 concernant la « subvention » du ministre, assez difficile à obtenir puisqu'on menace les récalcitrants de la suspension de la Cène ; on note qu'une des causes du désordre de l'église de Trévières vient de ce que le ministre de Géfosse reçoit toujours à la communion ceux de Colombières qui ne veulent pas contribuer, bien que les synodes le lui aient défendu. — Dans la seconde, un curieux procès auquel donna lieu, en 1684, l'envoi des hôpitaux en possession des revenus du prêche de Vaucelles, supprimé et démoli par arrêt du Conseil du 16 décembre 1680 : les syndics du clergé du diocèse, directeurs des deux hôpitaux de Bayeux, avaient fait appeler Marie Desmares, veuve de Jacques Du Vivier, écuyer, sieur de Crouay, Isaac Lescalley, écuyer, sieur de La Fontaine, Étienne Bertrand, bourgeois de Bayeux, Jean Meslin, écuyer, sieur de Campigny, et autres, tous faisant profession de la religion prétendue réformée, et en cette qualité s'étant opposés à l'envoi en possession de toutes les rentes qui avaient été léguées et données aux pauvres, ministre et Consistoire du prêche de Vaucelles, ayant prétendu qu'ils devaient être déchargés des rentes par eux données pour l'entretien d'un second ministre à Vaucelles, sous le « prétexte » — passablement plausible — que leurs donations avaient pour but l'entretien d'un second ministre au prêche de Vaucelles, que cette fondation n'a pas été exécutée, que par conséquent leurs donations sont nulles; ils demandaient en conséquence d'être déchargés, attendu qu'Antoine Banage, écuyer, ancien ministre du prêche de Vaucelles, avait quitté les fonctions de ministre avant la suppression du prêche, au synode tenu à S^t-Lô en septembre 1679. Michel Suhard, écuyer, premier avocat du Roi, ne se contente pas de proclamer, dans son réquisitoire, que ces moyens d'opposition sont une contravention manifeste à la déclaration du Roi et une désobéissance entière à ses ordres. Il ajoute ces conclusions caractéristiques, qui méritent d'être textuellement citées : « Et comme par la communiquation qu'il a prize des escrits dud. s^r de Campigny il a remarqué qu'on s'est servy de termes injurieux contre la religion catholicque, apostolicque et romaine, ayant allégué que les donations qui avoient esté faictes au presche de Vaucelles estoient pour l'entretien du service divin, ce quy ne peut estre toléré, et quy méritte réprehention, pour quoy il avoit conclud pareillement à ce que les mots employés dans led. escrit fussent rayés et biffés, et pour avoir contrevenu aux édits et déclarations du Roy, et en ce regard que led. s^r de Campigny fust condamné en cinquante livres d'amande aplicable ausd. deux hôpitaux de cette ville et deffences fussent faites aud. s^r de Campigny et à tous autres de la religion prétendue réformée de se servir de pareils termes sur peine de cinq cents livres d'amende et autre plus grande peine sy le cas y escheoit. » La sentence déboute, bien entendu, les défendeurs, et envoie les hôpitaux en possession des rentes contestées ; elle porte en outre que les termes de *service divin* seront rayés et biffés, avec défenses de se servir de pareils termes, et, pour les avoir employés et avoir contrevenu auxd. arrêts et réglements, led. de Campigny est condamné en 10 livres d'amende applicables par moitié aux deux hôpitaux (B. 117).....

Les délibérations ne remontent qu'à 1750; mais on a heureusement conservé l'important « compte ou estat de la recepte et entremise de l'ospital ou maison-Dieu », de la St-Michel 1469 au même jour 1470, rendu à l'évêque par Guillaume de La Mare, prieur et administrateur (1), et un extrait (130 feuillets) de celui rendu en 1523 par Pierre Le Meauffays, prieur commendataire; la série se poursuit depuis 1644, date de l'entrée des religieuses.

Je signalerai encore : dans la série F, les affaires entre les religieuses et les chirurgiens, qui réclament la liberté de dissection des cadavres, etc. (F. 18) (2); — dans la série G, les registres et dossiers des enfants trouvés, où je note les noms au moins baroques que l'imagination des religieuses « donne » aux infortunés : Modeste Triton, Restitue Borée, Radegonde Aubifoin, Nimphe Beaupui, Colette Houblon, Stanislas des Griffes, Eugène Montnoir, Justine Pontdor, — et aussi une curieuse statistique, prouvant surabondamment, par l'éloquence de ses chiffres, la nécessité des mesures récentes pour la protection de l'enfance : de 1779 à 1785, il y eut 320 enfants exposés à l'hôtel-Dieu, plus 24 restés des années précédentes ; de ce nombre, 61 seulement restent à la charge de l'hôtel-Dieu, et 236 sont morts (3) !... Les administrateurs ne s'en efforcent pas moins de diminuer la dépense considérable que les enfants causent à l'hôtel-Dieu : pour en « empêcher le grand nombre, » il conviendrait, suivant eux, d'enjoindre aux curés de donner aux juges des lieux un état des filles et femmes et des jeunes gens « que le libertinage emporte dans des conjonctions illicites », pour être poursuivis et enfermés dans des hôpitaux, et y être châtiés — bien entendu aux frais du Roi —... ; — enfin, dans la série H, divers documents totalement étrangers aux affaires hospitalières : un registre de recettes et dépenses du directeur des domaines de Caen, de 1787 à 1791, deux registres de consignations faites à la recette de Bayeux, de 1725 à 1761, et deux pièces concernant l'établissement du tarif de droit d'entrée à Bayeux en 1704.

Hôpital Général

L'hôpital général de Bayeux a la même origine que celui de Lisieux, que tous ceux qui furent fondés à la même époque : la déclaration de 1662 pour l'établissement d'hôpitaux des pauvres valides. Il fut ouvert (4) le 31 juillet 1666 dans des maisons et jardins pris à loyer sis paroisse de la Madeleine, près de la rivière d'Aure, appartenant à Philippe Bacheler, s^r du Breuil, et à Raphaël Le Breton dit La Guesterie, et, le 18 décembre de l'année suivante, les statuts furent arrêtés en assemblée générale des habitants tenue en présence de l'intendant Chamillart. De cet important document, analysé en détail à l'inventaire (II. A. 1 et E. 1), je retiens seulement ici les articles suivants : Seront reçus les pauvres des deux sexes, aussi bien de la religion prétendue réformée que les catholiques. L'hôpital sera sous la juridiction de l'évêque ; il n'y sera fait aucun exercice que du culte catholique, les protestants en seront prévenus lorsqu'ils solliciteront leur admission. Les « officiers domes-

---

(1) Pluquet, dans son *Essai historique sur la ville de Bayeux*, pp. 195 et suiv., a donné des extraits d'un compte de dépenses de la maison-Dieu, rendu en 1466 (sur parchemin), et d'un autre de 1507.

(2) Cf. E. I , plaintes sur les dissections et leurs suites, par suite de l'hostilité entre les chirurgiens et religieuses, etc.

(3) Cf. B. I, mémoire de 1785 : enfants trouvés qui ont plus ou moins vécu, mais dont il reste encore 75 sur 132.

(4) Cf. au compte II. E. 17 mention des meubles « ci devant faits, apportés » au bureau lors de l'entrée des pauvres le 31 juillet 1666, et diverses dépenses pour la nourriture et le vêtement des pauvres, leur travail, etc., en 1666 et 1667.

tiques » devront être catholiques. — Les trésoriers rendront compte de leur gestion tous les six mois, et ils seront crus sur leur serment sans pouvoir être inquiétés sous quelque prétexte que ce soit, « attendu que les directeurs ont confiance entière en eux et que les trésoriers n'auroient aucunement voulu se charger de la recepte et dépense »......

Dans l'assemblée du 18 décembre 1667, on avait décidé de conserver pour le lieu de l'établissement les desdites maisons louées jusqu'à ce qu'il y eut des fonds pour leur acquisition ou d'autres aussi commodes. Ce dernier projet devait prévaloir, avec l'union (1) à l'hôpital général du petit hôpital des aveugles de St-Gratien (2), et la translation sur son emplacement, agrandi et transformé (3); la nouvelle institution prit même, du moins dans les premiers temps, le nom de sa devancière (4).

En 1684, une nouvelle organisation fut établie par les corps de la ville, réunis chez l'évêque, pour faire cesser la mendicité et pour achever de rectifier entièrement l'hôpital selon les intentions du Roi marquées dans ses édits de 1662 et 1664, dans sa lettre de cachet de 1676, et selon ses ordres envoyés de nouveau par le duc de Montausier, gouverneur de la province. On trouvera dans l'inventaire (p. 307, II. E. 2) la composition du bureau des directeurs, l'analyse des règlements, etc.

Les deux faits saillants que présente, au XVIIIe siècle, l'histoire de l'hôpital général, sont, en 1732, l'entrée des sœurs de la Charité (5), en 1775, les lettres patentes confirmatives, contenant de nouveaux statuts, imprimés in extenso à l'inventaire (pp. 283-286, II. A. 1). En conséquence de l'article XXIII des « réglements économiques » furent faits par le bureau, et leur analyse se trouve à l'inventaire du registre II. E. 12 (p. 330).

**

Le traité fait en 1732 pour l'entrée des sœurs de la Charité à l'hôpital portait que leur établissement était fait sans déroger à la fondation par l'évêque de Nesmond de deux sœurs pour le service des pauvres malades, lesquelles demeureraient en communauté dans l'hôpital sous la dépendance de la supérieure. Cet établissement avait été précédé par une assemblée

---

(1) Sur le titre de la chapelle de St-Gratien, transféré à l'hôpital général, cf. II. C. 1, E. 4, 93.

(2) Cf. II. A. 1, placet présenté à Bertin, ministre d'État, le 28 janvier 1775 : l'hôpital général des pauvres valides a été en quelque façon enté sur le petit hôpital des pauvres aveugles de St-Gratien dont l'antiquité est si reculée qu'on n'en connaît presque plus l'origine. Cette maison était gouvernée par des femmes pieuses retirées du monde, sous la direction des officiers municipaux. Après 1662, on y renferma indifféremment les aveugles et les pauvres de toute espèce, etc. Cf. II. E. 15. Sur l'hôpital des aveugles de St-Gratien, cf. II. B. 2, 5, 6, 15, D. 1 (mentions de 1460), E. 3, 4, 8, 9, 17, 18, 20, 53. E 358, etc. Je n'entre pas ici, les archives hospitalières ne fournissant aucun document, dans la discussion, notamment entre l'abbé Laffetay et Chigouesnel, sur les origines de l'hôpital de St-Gratien et de l'hôtel-Dieu.

(3) Cf. II. B. 5, acquisitions en 1673 et suiv., par l'évêque de Nesmond, de maisons paroisses St-Georges et St-Symphorien ; II. E. 1, travaux à St-Gratien pour construction d'un bâtiment afin de loger les pauvres, en 1673 ; ibid., projet de translation des pauvres à St-Gratien pour Noël 1673 ; II. E. 17 et 18, importants travaux à St-Gratien en 1674. 1675, etc.

(4) Cf. II. E. 18. Compte de Baucher, chanoine, ayant soin des affaires de « l'hospital général de Bayeux appelé de St-Gratian, où sont renfermés les pauvres valides ». — Cf. également II. B. 4 et 22 (l'hôpital général de St-Gratien, 1688 et 1728), II. C. 1 (l'hôpital général des aveugles et pauvres valides de Bayeux, 1727).

(5) Cf. II. A. 1, E. 9. 10 et F. 5.

XLV

ou confrérie de dames, établie en 1684 par l'évêque pour le soulagement des pauvres sains et malades, simple annexe de l'hôpital général, dont elle devait « maintenir le bel ordre » sous l'autorité du bureau. Mais le zèle des débuts s'amortit vite : au registre des délibérations, ouvert en 1684 (II. G. 3), rien n'est inscrit du 2 décembre 1693 au 18 mai 1698, et les feuillets restent blancs après ce dernier acte ; diverses délibérations du bureau permettent pourtant de suivre l'institution, notamment celle du 17 décembre 1700 (p. 313, II. E. 3), mais, porte un mémoire (II. G. 4), elle diminua peu à peu jusqu'à son dépérissement qui donna lieu à l'établissement du Bureau de Charité par l'évêque de Luynes, en 1732. Avant ce nouvel établissement, le bureau des pauvres valides de l'hôpital général pourvut de son mieux aux besoins des indigents malades qui ne pouvaient entrer à l'hôtel-Dieu, faute de place ou autrement, en payant plus ou moins aux deux sœurs de la Charité, fondées par l'évêque de Nesmond pour donner au soulagement des pauvres malades de la ville une direction et une impulsion nouvelles.

Après avoir fondé et doté en 1666 l'hôpital général, M. de Nesmond — continue led. mémoire — avait en effet voulu encore assurer des secours et des soulagements stables aux pauvres malades qui ne pouvaient entrer à l'hôtel-Dieu. Par contrat du 4 mars 1704, passé devant notaires à Paris, furent fondées pour la première fois à Bayeux deux filles de la Charité pour assister les malades de la ville et des faubourgs, et entre autres préparer et distribuer aux pauvres tout ce qui leur serait nécessaire, fourni par ladite confrérie de Charité, qui devait aussi prendre à sa charge tous les frais et dépenses occasionnés par l'établissement. Les deux sœurs étaient logées dans une maison acquise par l'évêque, jouxtant de toutes parts l'hôpital des pauvres valides, et devaient y vivre en leur particulier (1). Le dépôt conserve (II. G. 4, cf. pp. 376-378), d'intéressants renseignements sur le projet de leur réunion aux sœurs de la Charité établies par l'évêque de Luynes dans l'hôpital général.

Il faut distinguer de ce « bureau de bienfaisance », alimenté par le bureau de l'hôpital, le couvent de la Charité établi paroisse St-Patrice, dont le dépôt a conservé l'origine. La liasse II. G. 1 renferme la copie de délibération, en 1652, des maire et échevins de Bayeux, concernant une requête présentée par Marguerite Morin et Marie Dubosq, « narrative de ce que » feu Édouard de Molley, évêque de Bayeux, leur aurait permis de fonder un établissement à Caen « pour y enseigner les pauvres petites filles renfermées à la crainte de Dieu et leur apprendre à travailler pour gagner leur vie », ce qu'elles ont fait durant 3 ans, mais, la mort de l'évêque étant survenue, l'établissement n'a pu être achevé ; c'est pourquoi elles se sont retirées à Bayeux où elles offrent de s'employer également à l'instruction desd. pauvres petites filles de la ville et vicomté, s'obligeant à les nourrir et entretenir au nombre de huit jusqu'à ce qu'elles soient capables de gagner leur vie ; et afin qu'il s'établisse un fonds pour lesd. pauvres filles, chacune d'elles en entrant donnera 150 livres pour être constituées en rente, et si quelque personne de piété veut mettre quelques pauvres en plus, elles « se passeront à peu », et même s'il se présente quelque orpheline dont les moyens ne lui permettraient pas d'entrer ailleurs, elles la recevront pourvu qu'elle soit capable d'apprendre, « comme aussi les filles de la religion prétendue réformée initiées à se convertir », etc. Elles s'engagent —

---

(1) II. G. 1 et 4. Cf., sur la Charité, II. E. 3-10, 58, etc.

XLVI

raison concluante — à ne jamais rien demander à la ville, à acquérir maisons et jardins, à les enclore de murs, à doter leur communauté de 400 l. de rente, à meubler leurs maisons, et à cette fin elles demandent l'autorisation de s'établir dans la ville ou dans ses faubourgs aux conditions exprimées, qui sont portées également dans l'acte capitulaire du chapitre de Bayeux, le siège vacant. L'autorisation fut accordée, et, l'année suivante, des lettres patentes du Roi autorisèrent l'établissement ; en 1672, lors des lettres de surannation accordées à la communauté, on note qu'elle entretient et enseigne gratuitement 30 pauvres petites filles.

A citer également (1) les deux établissements de la Providence — celui du petit bureau, paroisse St-Exupère, et celui de la Poterie — pour l'instruction et le travail des pauvres filles de la ville et des faubourgs, les écoles ou manufactures de dentelles, de laine, de coton, etc., et les diverses fondations faites pour l'instruction des enfants, notamment à Neuilly.

∴

Je signalerai, entre autres, parmi le fonds de l'hôpital : dans la série B, divers documents provenant de l'évêché de Bayeux (2), d'une parfaite inutilité dans les collections hospitalières : difficultés de l'évêque Molé avec le chapitre, et importante série des sommiers des baronnies à la fin de l'ancien régime ;

Dans la série E, la belle collection des délibérations, depuis l'établissement de l'hôpital jusqu'à la Révolution — avec lacune de 1676 à 1684, déjà constatée au XVIIIe siècle (II. E. 14) — : je renvoie à l'analyse détaillée que j'en ai donnée à l'inventaire (pp. 304-333), et je signale particulièrement (pp. 331-332) le « mémoire économique » concernant la nourriture des pauvres, qui paraissent avoir trouvé à l'hôpital de Bayeux une véritable abbaye de Thélème, avec leurs *cinq* repas par jour ; on ne peut être surpris, dans ces conditions, de lire à l'état des revenus en 1774-1775 (II. B. 1) — un véritable *prospectus* d' « institution » classique, ou autre — qu'ils désiraient y entrer avec beaucoup d'ardeur… ; — la comptabilité, comprenant la même période, indispensable complément des délibérations : pas toujours très rigoureuse, très « administrative », de la part des sœurs (3), elle renferme un grand nombre de matériaux les plus divers (4) ; — un état du mobilier en 1698, indiquant des tableaux, statues, etc. (II. E. 174) ;

Dans la série F, quelques notes historiques au registre II. F. 2 ; une lettre de cachet du 24 septembre 1718, ordonnant de retenir prisonnière, jusqu'à nouvel ordre, la *visionnaire* Marie Letot, d'Évrecy, actuellement dans la maison des pauvres renfermés de Bayeux, pour qu'elle y demeure et ne puisse sortir ;

Dans la série G, la très curieuse enquête faite dans le diocèse de Bayeux en 1774 et

(1) Sur la chapelle St-Julien, paroisse de la Poterie, servant de lieu de santé dans le temps de la contagion, cf. II. E. 2.
(2) Les deux fonds de l'hôtel-Dieu et de l'hôpital conservent, *passim*, de nombreuses pièces concernant l'évêché, le chapitre, les prébendes, la collégiale de St-Nicolas-des-Courtils, diverses églises de Bayeux et des environs, notamment Balleroy (B. 16), les couvents de la ville, les abbayes de Longues et Mondaye, le prieuré de Deux-Jumeaux, les Carmes déchaussés du Désert (Eure) à cause de leurs droits sur le domaine de Bayeux, etc.
(3) Cf. II. E. 149, 151, 152.
(4) Cf. II. E. 18, 1 livre de tabac pour les teigneux, 24 s. ; 82, droits sur la comédie ; 188, amende sur les comédiens ; dentelles, etc.

1775 afin de connaître les fondations faites pour les pauvres de chaque paroisse dans le but, d'après le contrôleur général, de venir à leur secours en leur procurant du travail et en bannissant la mendicité qui désole toutes les parties du Royaume : le dossier longuement analysé — pp. 378-389 — est loin de contenir les réponses qui revinrent de chaque paroisse ; il n'en fournit pas moins les plus intéressants renseignements sur la misère générale quelques années avant la Révolution ; la plus importante, la plus curieuse, est sans contredit celle de M. de La Boderie, curé d'Athis, qui a été reproduite, d'après une bonne feuille du présent inventaire, par M. l'abbé Bernier dans sa thèse sur *Le tiers état rural en Normandie* ; et, parmi les lettres étrangères à l'affaire qui furent jointes au dossier, il faut signaler, dans un tout autre ordre d'idées, les doléances d'un excellent doyen de la collégiale de Nogent-le-Rotrou sur les « fredaines amoureuses » d'un sien neveu, curé de Ryes, qui ne devait pas précisément faire l'édification de ses ouailles.....

. .

Les trois derniers fonds conservent quelques pièces (1) sur les maladreries (2) de la Madeleine d'Isigny, St-Clair de Pierre-Solain ou Pierre-Soleil, et la Madeleine de Vaucelles, unies à l'hôtel-Dieu (A. 2) en 1696 en même temps que celle de Ste-Catherine de Bayeux (3); les lettres patentes de réunion accordaient en outre à l'hôtel-Dieu 300 livres de pension sur l'ancienne léproserie — devenue prieuré — de St-Nicolas de la Chesnaye, sur laquelle les archives hospitalières conservent divers documents (4), qui compléteront utilement ceux du petit fonds du dépôt départemental (5).

. .

Les deux collections qui ont fourni la matière de la présente publication ont été inventoriées en 1887 et 1889 avec la collaboration, laborieuse et dévouée, de mon premier employé M. Renard : à Lisieux comme à Bayeux nous avons trouvé tout à faire, triage des documents antérieurs à 1790, classement et inventaire ; malgré la longueur de la tâche, et la courte durée de notre séjour dans chacune de ces deux villes, l'histoire locale saura tirer parti de ce volume — le premier qui ait encore été consacré aux archives hospitalières dans les cinq départements de notre ancienne province (6).

Armand BÉNET.

(1) A compléter par divers articles des deux autres fonds. B. 4, 36, 78, 100, 132, D. 2, 4, E. 38, 61, 77, 103, 174, 329, H. E. 48, etc.
(2) Sur les anciennes léproseries, cf. Pluquet, chapitre XLI, p. 254 et ss., Pillet, *Léproseries de l'arrondissement de Bayeux* (extrait des Mémoires de la Société d'Agriculture de Bayeux, 1849), etc.
(3) Ou plutôt de St-Martin-des-Entrées, cf. B. 100.
(4) A. 2 (analyses de titres), B. 4, 31, D. 2, E. 38, H. A. 3 (mauvaise traduction imprimée de confirmation par Henri II, duc de Normandie, des 20 prébendes établies par Guillaume-le-Conquérant pour les confrères lépreux), H. B. 1, 6, E. 12, etc.
(5) L'ancien fonds des archives départementales ne possède qu'une seule liasse, surtout composée de titres concernant la partie des biens et droits situés dans le district de Caen. J'ai rapporté du bureau des domaines de Bayeux une seconde liasse et deux registres. Le cartulaire de la maladrerie est conservé à la bibliothèque publique de Bayeux, à laquelle il a été *donné* — il n'est pas inutile de le noter — par Genas Duhomme, *sous-préfet* de l'arrondissement.
(6) C'est d'après M. de Caumont et la « tradition » courante que j'ai attribué plus haut (p. vii) à Thomas Becket les ornements conservés à l'hôpital de Lisieux : M. de Mély les a récemment restitués à Thomas de Canteloup.

ERRATA

Pages IX, l. 17, *distribué*, lire *attribué*.
XLIV, l. 6, lesdites maisons.
— note 2, après II. B... 15, ajouter 22.
5, col. 2, l. 2, chapelle du Bois.
6, art. 5, l. 35, de Cordebugle,...
6, c. 2, l. 34, du Pré-d'Auge.
7, art. 6, l. 25, Du Not, sr d'Harmonville.
12, art. 25, l. 6, rue du Bouteiller.
30, art. 89, l 8, tutrice.
37, l. 7, Poupeline.
— col. 2, l. 1, « Cisai ».
— l. 31, Quillel.
45, c. 2, l. 34, Foucques.
49, l. 4, Barneville-la-Bertrand.
50, c. 2, l. 5, de La Mondière.
55, art. 153, l. 2, Le Choisne.
64, art. 171, l. 17, de La Grandière, théologal ; il...
70, art. 185, l. 21, de Givry.
— l. 22, chapitre et du...
— l. 26, Beuvillers.
70, c. 2, l. 8 et 9, Bocley.
78, art. 226, l. 7, de Maillet.
82, art. 256, l. 11, de Campet.
97, art. 361, l. 6, Du Not.
— art. 362, l. 6, Champagne.
124, c. 2, l. 14, Chartrage.
125, c. 2, l. 1, scellé, par.
128, c. 2, dernière ligne, *eleemosinariæ*.
134, c. 2, ligne 23, choisit.
149, art. 523, l. 2, Coutances.
152, art. 527, l. 4, Louis de Campet.
157, art. 545, l. 8, requise.
159, art. 556, l. 1, Ronceray.
164, art. 561, l. 5, 1418, v.s.
176, art. 584, l. 2, *Cuer-de-Rei*.
178, c. 2, et 179, c. 1, Gavray.
180, l. 36, Port.
181, art. 590, l. 7, textes et traductions françaises.
184, l. 32, Jahiet.
— art. 593, l. 1, 1785.
189, l. 21, Crestien.
192, art. 604, l. 2, Le Tellier.
— l. 4, lieutenant général du bailli de Caen à Bayeux.

Pages 193, c. 2, l. 31, Loyr.
196, art. 618, l. 9, Philippot.
— l. 11, Gueroult.
198, art. 621, l. 5, maternel.
206, c. 2, l. 5 et 6, Julien Eurry et Richard Le Clerc.
211, art. 648, l. 2, La Chape.
219, art. 673, l. 2, Quenivet.
223, l. 40, valides.
— art 678, l. 2, *Septvanz*.
231, art. 688, l. 15 et 29, Castillons.
233, l. 45, St-Géran.
239, c. 2, l. 33, d'Angennes.
241, c. 2, l. 37, de Launay, sr du Fondray.
243, c. 2, l. 21, Fo 10 vo.
263, art. 1031, l. 1, 1787-1788.
274, art. 1071, l. 1, 1718-1727.
275, l. 5, La Hunodière.
279, l. 4, Montchaton.
280, c. 2, l. 26, de Launay du Fondray.
— l. 27, Le Parsonnier.
287, art. 1099, c. 2, l. 16, Bauderelles.
289, art. 1102, l. 9, Gavray.
290, Pery.
291, c. 2, l. 33, Le Coq.
— l. 36, Davaulleau, curé.
293, art. 1106, l. 16, Rillette.
294, art. 1109, l. 2, Crespion.
296, l. 12, de Launay du Fondray.
— art. 1112, l. 8, Germain Masquerel.
297, art. 1115, Le Metais.
311, l. 5, par.
340, art. 1147, l. 3, Héroudeville.
360, art. 1256, 10 feuillets.
371, l. 8, Lignou.
389, art. 1309, l. 1, 1708-1791.
— l. 13, de La Londe.
— c. 2, l. 30, Le Véel.
390, art. 1311, l. 8, Leprime.
392, art. 1314, l. 1, 1632-1694.
— l. 7, « Mascarel ».
— l. 14, tabellion demeurant à Ryes.
— l. 24, Masquerel.

Département du Calvados

INVENTAIRE SOMMAIRE

DES

ARCHIVES DÉPARTEMENTALES ANTÉRIEURES A 1790

SÉRIE H SUPPLÉMENT

TOME PREMIER

HOPITAL DE LISIEUX

SÉRIE A.

Actes de fondation de l'établissement. — Diplômes et privilèges émanés des papes, rois, évêques, seigneurs. — Ordonnances, décisions et autres actes relatifs à l'établissement, émanés des diverses autorités.

H. Suppl. 1. — A. 1. (Liasse.) — 1 pièce, papier.

1749. — Origine et fondation de l'hôpital. — Déclaration envoyée au procureur général, en conséquence de l'édit de 1749. On ne peut marquer précisément le temps de son établissement. On voit par quelques mémoires de comptes qu'il existait vers la fin du XVIe siècle et le commencement du XVIIe, et il y a déjà plusieurs années qu'on le regardait comme étant de temps immémorial. On ne trouve point d'acte de son établissement, mais il y a lieu de croire que l'hôpital, gouverné par les religieux Mathurins, qui est bien plus ancien, mais n'était fondé que pour un petit nombre de malades et y recevoir quelques passants, n'étant pas suffisant pour y retirer tous les pauvres de la ville, on prit la résolution d'en faire un *enfermement* général. Il paraît avoir été peu considérable dans les commencements, mais après plusieurs années son utilité, et vraisemblablement la nécessité, obligèrent de le mettre dans un lieu plus spacieux où les évêques, le chapitre, les communautés de la ville et le corps des bourgeois ont contribué à le bâtir et l'établir par leurs aumônes et libéralités. On l'appelle l'hôpital des renfermés ou l'hôpital général. Mais, malgré son agrandissement, il ne s'y trouva pas assez de bâtiments et de commodités pour y recevoir et traiter tous les malades que les Mathurins n'étaient pas tenus par leur fondation de recevoir. Il y a apparence que cette augmentation vint de ce que la ville se peupla davantage et des manufactures dont les ouvriers, aussitôt qu'ils tombent malades, sont des sujets d'hôpital. C'est ce qui obligea l'administration à louer d'abord quelques chambres près de celui des Mathurins pour y loger et faire gouverner ces malades qu'on ne pouvait retirer ailleurs. Quelques personnes de piété ne tardèrent pas à fonder des lits pour les y coucher et fournir à tous leurs besoins. Les libéralités suivantes, notamment celles de l'évêque de Matignon, amenèrent à construire deux nouvelles salles. Ce fut aussi à cette maison que Louis XIV, en 1698, unit plusieurs maladreries, comme à l'hôpital le plus proche, et par arrêt de 1699 et lettres patentes de juin 1700, celle dite l'hôpital de St-Samson. — M. de Matignon voulut aussi procurer une retraite aux filles que la pauvreté et l'occasion exposent au vice et à la perte de leur âme et de leur honneur ; ce sont les termes de sa première donation en leur faveur en 1712, « quoyqu'on y « comprenne aussy celles à qui ce malheur est ar- « rivé ». A cet effet, il les fit renfermer dans l'hôpital général. Mais les inconvénients qu'on trouva à les y garder et entre autres le défaut de bâtiments l'engagèrent à faire l'acquisition d'une maison, où il transféra cette communauté sous le nom de Bon-Pasteur, restant toujours sous la direction de l'hôpital général, auquel ses biens sont reversibles. C'est par ce motif qu'elle a été déchargée, pour les donations en sa faveur, de payer le droit d'amortissement, par l'intendant d'Alençon, qui y a fait renfermer en différents temps par lettres de cachet plusieurs filles des diocèses de Lisieux et de Séez. — L'administration de l'hôpital et du Bon-Pasteur se compose de l'évêque, de deux députés du chapitre, des curés de la ville, d'un gentilhomme et de deux officiers du bailliage et de l'élection. Les revenus des deux maisons sont perçus par le même receveur, etc.

H. Suppl. 2. — A. 2. (Liasse.) — 1 pièce, parchemin ; 6 pièces, papier.

1566-1725. — Confirmations et privilèges. — Déclaration du Roi pour l'établissement d'un hôpital général dans les villes et gros bourgs du royaume (1662), ensemble l'ordonnance de Charles IX, faite à Moulins, en 1566, et celle de Henri III, donnée à Paris, en 1586. Paris, Frédéric Léonard, 1676. — Lettre de cachet du Roi aux évêques pour l'établissement d'un hôpital général dans chaque ville du royaume (1676). — Projet de requête des administrateurs du bureau des pauvres de la ville de Lisieux, une des plus anciennes villes et évêchés de Normandie. M. de Matignon, évêque de Lisieux, et les administrateurs ayant remarqué, en 1658, que le grand nombre des pauvres de ladite ville provenait, en la plus grande partie, de la mauvaise éducation des jeunes enfants des artisans et menu peuple de la ville, qui vivaient ordinairement dans la fainéantise et l'impiété, et ensuite mendiaient le reste de leur vie, prirent dessein, à l'imitation des villes de Rouen et Caen, de faire un renfermement des enfants des deux sexes pour les élever dans la piété et la crainte de Dieu et leur apprendre à gagner leur vie par le travail ; ils se réunirent le 21 octobre 1658 au palais épiscopal, devant M. de Matignon, et dressèrent quelques articles en forme de statuts, qui furent homologués au Parlement de Rouen en 1659 ; ils firent faire ensuite une partie des bâtiments nécessaires, etc. ; demande d'ordonner que la maison construite par eux au faubourg de la ville sur le chemin de Paris soit nommée l'hôpital général, etc. Lettres patentes de confirmation accordées en 1689 à l'hôpital par Louis XIV : les directeurs et administrateurs du bureau des pauvres et hôpital général de Lisieux lui ont fait remontrer que le dit bureau et hôpital des pauvres établi en ladite ville, de temps immémorial, est gouverné et administré par l'évêque-comte de Lisieux, administrateur perpétuel, président, et en son absence par l'un de ses vicaires généraux, deux chanoines députés du chapitre, deux anciens échevins de la ville, tant qu'ils sont en charge, et deux notables bourgeois, lesquels sept députés s'assemblent toutes les semaines, le dimanche après vêpres, en l'hôtel épiscopal, ou, en l'absence de l'évêque, en la salle de l'hôpital général ou autre lieu commode pour délibérer des affaires des pauvres. Feu M. de Matignon, évêque de Lisieux, avec les directeurs et administrateurs, avait commencé à le mettre sous la forme et la règle des autres hôpitaux généraux ; à cette fin ils ont fait faire les bâtiments nécessaires pour le renfermement des pauvres de la ville et faubourgs, lesquels ont été depuis continués et beaucoup augmentés par le zèle et la libéralité de M. de Matignon, son neveu, évêque de Lisieux, qui y a fait une dépense considérable, en sorte que l'hôpital se trouve un des plus beaux de la province ; il donne asile à près de 200 pauvres des deux sexes, tant jeunes que vieillards infirmes et malades qui y sont renfermés. Ceux-ci sont occupés à plusieurs sortes de manufactures pour les retirer de l'oisiveté et mendicité et les rendre capables de gagner leur vie. Confirmation et approbation dudit hôpital ainsi que de l'usage de nommer les administrateurs. Ladite maison sera nommée l'hôpital général de Lisieux, et l'inscription en sera mise avec l'écusson des armes royales sur le portail de la maison, qui sera exempte de visite et juridiction du grand aumônier et des officiers royaux ; défense de mendier à Lisieux à peine de prison pour la première fois, et de bannissement pour la seconde ; défense de faire des quêtes dans les églises ou les maisons pour les pauvres, sinon par permission des administrateurs, à l'exception des quêtes des ordres mendiants, quinze-vingts et prisonniers ; permission d'avoir dans l'hôpital général poteaux, carcans et prisons, pour correction et châtiment des pauvres renfermés ; défense à toute personne de donner l'aumône aux mendiants, nonobstant tous motifs de compassion, nécessité pressante ou tout autre prétexte, à peine de 3 livres d'amende au profit de l'hôpital ; défense de loger les mendiants et vagabonds à peine de 100 livres d'amende et de 300 en cas de récidive ; archers pour empêcher les pauvres de mendier ; permission de mettre des troncs et bassins dans les églises, carrefours et lieux publics, magasins, hôtelleries, marchés et en tous lieux où l'on peut être excité à faire la charité, même aux occasions de baptêmes, mariages, enterrements ; octroi à l'hôpital du quart des amendes de police ; les officiers de justice reçus dans le ressort de Lisieux donneront à l'hôpital à leur installation quelque somme modique, suivant la taxe qui en sera faite par les juges ordinaires ; autres taxes sur les apprentis et les maîtres lors de leur chef-d'œuvre, sur les ouvertures de boutique, de cabarets, d'ateliers ; après avoir travaillé 6 ans dans les manufactures de l'hôpital et avoir été reconnus instruits dans leur art et métier, les pauvres pourront être présentés par les administrateurs aux juge et procureur fiscal, pour être reçus maîtres ès arts et métiers ; le corps des chirurgiens de la ville donnera un compagnon du même corps capable pour servir à l'hôpital, y assister les pauvres, officiers et domestiques de l'établissement ; exemption en faveur de l'hôpital général des droits de guet, garde, fortification, fermeture de ville et faubourgs et généralement de toutes contributions publiques et particulières, de logement de gens de guerre, etc. — Arrêt du Conseil d'État du Roi pour assurer dans les villes et lieux de la généralité d'Alençon des fonds nécessaires aux besoins des hôpitaux (1725) ; villes et bourgs d'Alençon, Séez, Mortagne, Bellême, Nogent-le-Rotrou, Verneuil, Châteauneuf-en-Thimerais, Conches, Bernay, Lisieux, Orbec, Falaise, Argentan, Domfront, Échaufour, Essai, Le Merlerault, Le Mesle-sur-Sarthe, Moulins, Exmes, Écouché, Trun, Vimoutiers, Breteuil, Beaumont-le-Roger, Damville, Lyre, le Neubourg, Rugles, Longny, la Ferté-Macé, St-Pierre-sur-Dives, Livarot et Laigle. — Arrêts du Parlement de Rouen, affranchissant le bureau des pauvres des frais de justice et de greffe pour les actes relatifs aux pauvres renfermés, et enjoignant au bailli haut-justicier et autres officiers de Lisieux de juger les affaires du bureau sans prendre de salaires et aux greffiers de délivrer sur papier libre les actes et sentences dont il aura besoin (1661).

H. Suppl. 3.—A. 3. (Liasse.) — 3 pièces, parchemin ; 10 pièces, papier.

1672-1699. — Unions d'hôpitaux et de maladreries. — Édits et déclarations : en faveur de l'ordre de Notre-Dame du Mont-Carmel et de St-Lazare de Jérusalem (1672) ; — en faveur des hôpitaux généraux et hôtels-Dieu du royaume (1674) ; — concernant les hôpitaux, maladreries et autres lieux pieux unis à des communautés pour leur fondation (1675). — Lettre de cachet à M. de Morangis, intendant d'Alençon, portant que l'évêque de Lisieux lui a fait représenter que, sur les ordres du Roi, il s'est informé de l'avantage qu'on pourrait espérer de l'union des hôtels-Dieu déjà établis avec les hôpitaux ; il serait d'une grande utilité, pour fortifier l'hôpital général établi depuis quatre ans par ses soins à Lisieux, d'y joindre l'hôtel-Dieu, régi par les Mathurins, avec leurs biens, pour être administrés sous la direction du même bureau , ce qui permettrait de secourir les pauvres plus facilement et en plus grand nombre, les revenus de l'hôpital étant très petits ; ordre d'entendre les Mathurins et toutes les parties qui pourraient avoir intérêt à cette union et d'envoyer le procès-verbal au marquis de Châteauneuf, secrétaire d'État (Versailles, 18 mai 1685). — Édits et déclarations : portant désunion des biens, maladreries, léproseries et autres revenus unis par édit de décembre 1672 à l'ordre de Notre-Dame de Mont-Carmel et de Saint-Lazare (mars 1693) ; — en interprétation dudit édit du mois de mars 1693, concernant la désunion des biens de l'ordre de Notre-Dame du Mont-Carmel et de Saint-Lazare, des maladreries et léproseries, en faveur des fondateurs et possesseurs desdites maladreries et léproseries, pour les remettre et réintégrer dans leurs droits (15 avril et 24 août 1693). — Arrêt du Conseil d'État concernant les revenus des biens des maladreries, léproseries, hôpitaux et autres lieux pieux, désunis de l'ordre du Mont-Carmel et de Saint-Lazare (décembre 1693). — Arrêt du Conseil unissant à l'hôpital des pauvres malades de Lisieux, les biens et revenus de la maladrerie de Saint-Blaise et Saint-Clair, situées dans le faubourg de la ville, et des maladreries de la Madeleine de Lieurey, de la Madeleine du Pin, du Fauquet, paroisse de Saint-Philbert-des-Champs, de

Saint-Pierre, paroisse du Breuil, de Noiremare, dans la paroisse du Mesnil-Germain, de Saint-Louis, paroisse du Bois-Hellain, du Mesnil-Simon, de la Roque-Baignard, de Saint-Laurent-du-Mont, de Saint-Barthélemy de Cormeilles et de l'Hôtellerie (14 mars 1698); enregistrement au Parlement de Rouen, le 1er décembre 1698. — Arrêt du Conseil ordonnant qu'il sera fait emploi au profit des pauvres des biens et revenus de l'hôpital de Sainte-Marie-Madeleine des Saulx, vulgairement appelé de Saint-Samson (6 février 1699). Lettres patentes portant union desdits biens et revenus à l'hôpital des malades de Lisieux (juin 1699).

SÉRIE B.

Titres de propriété : donations, échanges, acquisitions. — Terres, maisons, cens, rentes. — Registres concernant les biens, les revenus, les droits utiles de l'établissement, baux. — Pièces de procédure, mémoires, etc.

H. Suppl. 4. — B. 1. (Liasse.) — 2 pièces, parchemin; 12 pièces, papier.

1696-1721. — Biens et droits. — État du revenu du bureau des pauvres de la ville et faubourgs de Lisieux, en 1696. Revenu extraordinaire : dons et legs ; troncs des églises ; amendes jugées au profit des pauvres ; adjudication de la vente de la viande pendant le carême. Revenu ordinaire : rentes foncières et hypothéquées classées par mois. Héritages et maisons : le lieu de Santé, proche la chapelle du Bois, la cour du Thym sur les buttes, la terre du Mesnil-Eudes, la Martinière, une petite cour à Saint-Germain-de-Livet, un jardin proche l'hôpital général, une maison rue de Haut de la Boucherie, lesdits héritages quittés à M. Vallée moyennant 500 livres par an qu'il en rend à la maison de l'hôpital général, le lieu Moulin, affermé 580 livres, 9 acres de terre sises à Fontenelles, affermées 90 livres, le pré de la Bonde, affermé 70 livres, une vergée de terre à Firfol, affermée 3 livres 5 sols, les héritages de Boiscordey, affermés 170 livres, la maison devant la halle, affermée 35 livres, la maison Herefort, proche la porte d'Orbec, louée 27 livres, etc., au total 4,165 livres 11 sols 3 deniers. En plus, les revenus de la léproserie de Saint-Clair, consistant en la moitié de la dîme de Launay-sur-Calonne, 37 livres 10 sols ; les héritages de la chapelle Saint-Clair, affermés 120 livres, un pré situé en la paroisse des Vaux, affermé 15 livres, et 22 boisseaux de blé de rente foncière sur le fief Ripault. — Autre état sans date, mais à peu près de la même époque ; maladrerie Saint-Blaise de Lisieux, 172 livres 10 sols et 22 boisseaux de blé ; maladrerie de Lieurey, 120 livres ; maladrerie du Pin, 48 boisseaux de blé ; maladrerie du Fauquet, 16 livres ; maladrerie de Saint-Louis du Bois-Hellain, 120 livres ; maladrerie de St-Barthélemy de Cormeilles, 66 livres ; maladrerie de L'Hôtellerie, 70 livres ; maladreries de Noiremare, Le Mesnil-Simon, Le Breuil, La Roque-Baignard et St-Laurent-du-Mont, néant quant à présent ; l'hôpital de St-Samson, 930 livres. — Pièces diverses, jointes aux minutes des états et déclarations du temporel, notamment : noms des administrateurs du bureau des pauvres de Lisieux : Pierre Audran, chanoine *scolaste* en l'église cathédrale de Lisieux, vicaire général de l'évêque ; Pierre du Mesnil des Moulins, chanoine, vicaire général ; Jacques de Setz et Adrian de Mailloc, chanoines, députés du chapitre ; Robert Morin, curé de St-Germain ; Pierre de La Planche, receveur des tailles en l'élection de Lisieux ; Claude de Montgouin, maire perpétuel de Lisieux et lieutenant général au bailliage du lieu ; Jean Le Coq, élu en l'élection. — État des revenus et des charges de l'hôpital des malades de la salle neuve. — État des charges des biens de l'hôpital de Lisieux : pour les fondations faites à la maison de l'hôpital général, 362 livres ; pour les médicaments des pauvres, a été donné par M. Renout (19 février 1656) 21 livres 7 sols 6 deniers ; pour deux pauvres à distribuer à chacun 50 livres par an, fondation de M. Marais (16 juin 1611), réduite le 4 avril 1671 à 80 livres ; pour 5 pauvres auxquels on distribue 70 sous par semaine, fondation de M. Bence, 182 livres ; à la maison de l'hôpital général pour l'habillement des pauvres, 200 livres (dans un autre état, cette charge est ainsi libellée : à la maison des renfermés suivant la transaction de 1659, 200 livres) ; aux religieux de la Trinité pour deux pauvres malades de la fondation de M. de La Perrelle, 200 livres ; une personne a donné 5,000 livres pour la fondation de deux pauvres malades à la salle neuve de l'hôpital (9 mai 1697), pour lesquels on doit payer 200 livres ; rentes viagères à M. de La Perrelle-Margot, à M. Marie des Friesches, à Gabrielle Surlemont, aux héritiers de Jean Vicquesnel ; rentes seigneuriales du lieu Moulin ; gages de Lefebvre, chirurgien, 40 livres, etc. — Personnel de l'hôpital général des pauvres renfermés : 1° les personnes qui sont nécessaires pour le gouvernement des pauvres, pour le spirituel, M. Vallée, prêtre, directeur, pour le temporel, Mme de la Cavée, supérieure, et les personnes qui enseignent à travailler aux pauvres : pour les garçons, Pierre Amyot et deux autres hommes ; pour les filles, 9 filles sous l'autorité de la supérieure ; 2° les pauvres, de deux sortes, les infirmes, 6 hommes et 25 filles infirmes, les valides, 23 garçons et deux classes de filles, celles qui étaient dans la maison au 1er juillet 1693, au nombre de 93, celles qui ont été reçues postérieurement, au nombre de 10 (sans date). — Déclaration du revenu temporel de l'hôpital et bureau des pauvres de la ville de Lisieux, que présentent au Roi en la Cour des comptes, aides et finances de Rouen, le 20 avril 1721, Henri-Ignace de Brancas, évêque de Lisieux, Charles Costard et Gilbert Hébert, chanoines de Lisieux, députés du chapitre ; Pierre de La Planche, receveur des tailles en l'élection de Lisieux, et Jean Le Coq, élu en ladite élection, députés pour le corps des officiers et bourgeois de Lisieux, administrateurs des biens et revenus de l'hôpital et bureau des pauvres. La maison de l'hôpital des pauvres malades avec la grande allée et la portion de jardin y appartenant, située paroisse St-Germain, aboutant aux religieux de la Trinité, à la ruelle du pont de pierre, au moulin à blanc, à MM. Hauvel, aux murs de la ville et à la grand'rue ; la maison et enclos de l'hôpital général des pauvres renfermés, sis au faubourg de la porte de Paris, paroisse St-Jacques ; un jardin devant l'hôpital ; une portion de maison sise devant la halle à blé, paroisse St-Germain, aboutant le manoir Pique, aboutant à la rivière d'Orbiquet ; une autre portion de maison, assise en ladite ville, derrière le manoir Bourguignon, paroisse St-Germain ; une portion de jardin sise au faubourg de la porte de la Chaussée, paroisse St-Germain ; le pré de la Bonde, paroisse St-Jacques ; trois pièces de terre situées paroisse St-Germain, au village du Mesnil-Asselin, faisant partie de la ferme du lieu Moulin ; le pré Desquesnes et le grand clos du pré Moulin, assis au même lieu et faisant partie de la même ferme ; deux pièces de terre en pré, sises dans la grande prairie de Lisieux ; une pièce de terre en herbe, servant de cimetière, sur laquelle est bâtie une chapelle pour les malades de peste, en la paroisse St-Jacques, ferme de la chapelle de Bois ; trois autres pièces de terre dépendant de ladite ferme ; la ferme de Glatigny, paroisse St-Jacques (pièces nommées le Vignon, le Thym, la Vente-aux-Loups, pièce de Notre-Dame) ; terres sises au Mesnil-Eudes (les grandes et les petites Hogues, la pièce de la Croix, trois pièces de terre assises en la paroisse de St-Pierre-des-Ifs, etc.) ; une pièce de terre en la paroisse de Fontenelles, et une pièce à Firfol. Rentes : suivant la fondation de l'hôtel-Dieu, faite par Jourdain, évêque de Lisieux, en 1218, il appartient aux pauvres 13 boisseaux de gros blé, du grenier de l'évêché, et 13 deniers par semaine, 13 boisseaux de bons pois et un millier de bons harengs en carême, 5 sommes de bois par jour ; 13 paires de souliers au jour du Jeudi-Saint, un mouton à l'Ascension, à boire le jour de Saint-Martin en hiver à 13 pauvres ; 13 robes de drap à la foire du pré, chaque robe de 3 aunes un quart, les restes de la table de l'évêque aux fêtes de Pâques, Pentecôte, St-Pierre St-Paul et Noël, ou 4 deniers à chacun des 13 pauvres, la dite fondation confirmée par Guy d'Harcourt, évêque de Lisieux, en 1304 ; rentes foncières diverses ; une pièce de terre où est bâtie la chapelle de St-Blaise et St-Clair, et une maison à St-Désir, les champs Amiot à St-Désir, un pré dans la paroisse des Vaux, le tiers de la grosse dîme de Launay-sur-Calonne, 24 boisseaux de blé à prendre sur les héritages du fief ou aînesse Ripaut, sis en la paroisse de Roques, possédés par Jouen, contrôleur au grenier à sel de Lisieux ; 1 boisseau de blé à prendre sur les Grandes-Épinettes à St-Désir ; 60 sols de rente foncière sur une maison à Lisieux ; divers fonds à Lierey ; 48 boisseaux de blé froment de rente à prendre sur le domaine de la vicomté de Pont-Audemer, à cause de la chapelle de la Madeleine du Pin ; 2 pièces de terre à St-Philbert-des-Champs, sur l'une desquelles était une chapelle ; 1 pièce de terre en la paroisse du Bois-Hellain, vicomté de Pont-Audemer ; pièces de terre à Bonneville-la-Louvet (clos de St-Louis, autre pièce tenue du fief d'Olendon, le bosquet aux malades de St-Louis, dîmes, etc.) ; pièces de terre où était une chapelle située en la paroisse du Mesnil-Simon ; pièces de terre à Cormeilles (la cour de la chapelle St-Barthélemy, l'Épine du Faulq, au triège de la Granminière, au triège de Balicour ; l'une d'elle bornée par Lefebvre, président en l'élection de Pont-Audemer) ; à Marolles (où était la chapelle St-Marc), à St-Hippolyte de Canteloup ; biens, maisons, jardin, prés à St-Samson (la petite et la grande digue, le pré Lormier, le haut pays, la clôture de l'hôpital, l'Épine) ; pièces à Sannerville, Basseneville et Touffreville, dépendant du domaine de St-Samson, etc.

H. Suppl. 5. — B. 2. (Registre.) — Moyen format, 218 feuillets, papier.

XVIIIe siècle. — Biens et droits. — État des biens et revenu de l'hôpital des pauvres malades établi en la ville de Lisieux. — F° 2. Droits de l'hôpital sur l'Évêché. — F° 3 et suivants. Rentes constituées par ou sur : le clergé de France ; — le clergé de Lisieux ; — la recette générale de Rouen ; — César-Henri de Nicolle, chevalier, seigneur marquis de Livarot, Pontallery et autres terres, pour lui et son frère Jacques de Nicolle, chevalier, seigneur et patron de Bricqueville (1723) ; — Gilles-François Le Doré, diacre, prieur du prieuré du Montbotin, Nicolas Le Doré, sieur de Conteville, et Jacques Le Doré, sieur de Boisdavy, frères (1727) ; — Françoise Poisson, veuve de Philippe de Hardy, écuyer, sieur de la Roche, demeurant au Mesnil-Oury (1720) ; — Jean-Antoine de Fresnel, chevalier, seigneur de Magny-le-Freule et de la Pipardière, demeurant en sa terre de la Pipardière, paroisse de Livarot (1718) ; — Alexandre de Naguet, écuyer, seigneur de St-Georges, demeurant à Gonneville-sur-Honfleur, à la caution d'Henri de Naguet, écuyer, sieur de Hélins, de la paroisse d'Équemauville, vicomté d'Auge (1715) ; — Jean de Bacquemare, chevalier, seigneur de Victot, Putot et autres terres, demeurant à Lisieux, et Pierre-François-Placide d'Achey, écuyer, seigneur de Marbeuf, demeurant à Évreux (1711) ; — Louis de Ravend, seigneur de Boisgrimot, capitaine de cavalerie au régiment Royal-Roussillon, demeurant à Carentan (1720) ; — Adrien du Houlley, écuyer, seigneur de Courtonne (1719) ; — Jean-Baptiste Lambert, écuyer, seigneur d'Argences (1720) ; — Simon-François-Charles de Tibout, écuyer, seigneur de Trévigny, mari de Madeleine-Dominique Dodement de Placy, seule héritière de Jacques Dodement, écuyer, seigneur et patron de Placy (1730) ; — Philémon de Bouffey, écuyer, sieur du Cordebugle et Richard Alabarbe, sieur de La Roque, demeurant à Courtonne-la-Ville (1640) ; — Jacques-Joseph de Vipard, chevalier, seigneur marquis de Silly, lieutenant général des armées du Roi, ladite rente hypothéquée sur les fermages de la grande ferme des Authieux-sur-Calonne (1718) ; — Pierre de Tournebu, chevalier, sire et baron du lieu (1703) ; — Charles de La Palu, chevalier, seigneur du lieu, du Mesnil-Hubert, Mardilly, Neuville et autres lieux et Jacques-Antoine de Chaumont, chevalier, marquis de Guitry, Bienfaite, La Chapelle-Yvon, Tordouet, Le Ronceré et autres lieux (1719) ; — Pollin, sieur de Valmenil, procureur du Roi en l'élection d'Argentan, François de Lépiney, sieur d'Orfeu, demeurant à St-Pierre-des-Ifs, héritier de Jean-Pierre, sieur des Londes (1683) ; — Jacques Duneveu, écuyer, sieur de St-Hélier, lieutenant particulier aux bailliage et siège présidial d'Alençon, à la caution de Pierre Duneveu, seigneur de St-Denis, son père (1715) ; — Charles-Emmanuel Deshaies, chevalier, seigneur de Forval, enseigne des galères du Roi, et Pierre Deshaies, chevalier, seigneur de Pierrefitte (1712) ; — Catherine Dubois, veuve de Jean-Baptiste de Vaumerle, écuyer, seigneur de Livet, demeurant à St-Michel-de-Livet (1715) ; — Pierre Foucques, écuyer, sieur de la Pilette, lieutenant général civil et criminel au bailliage d'Orbec (1715) ; — le monastère de St-Cyr de Friardel (1719) ; — Jean-Gabriel de Mailloc, écuyer, sieur de Bailleul, et Philippe de Mailloc de Cerqueux, diacre, demeurant à Cerqueux, près Orbec, à la caution de Louis Deshaies, sieur de la Radière, assesseur ancien civil et criminel au bailliage d'Orbec (1712) ; — Gilles-Armand de la Touche, seigneur, patron honoraire de Boquencé (1705) ; — Charles-Antoine Delarne, chevalier, seigneur de Boisroger (1730) ; — Michel de Semilly, écuyer, sieur de Launey, demeurant en la paroisse de St-Pierre-du-Mont, et Jean de Lépiney, écuyer, sieur de Beaumanoir, demeurant à Lécaude (1713) ; — René-Henri d'Osmont, chevalier, seigneur d'Aubry-le-Panthou, La Fresnaie-Fayel et Roiville, mestre de camp de dragons (1714) ; — François Flambard, sieur du Mesnil, chanoine de Lisieux (1719) ; — Jean Milcent, sieur de La Beuvinière, demeurant en la paroisse de Prédauge, débiteur originairement envers Françoise Bourdon, veuve de Jacques Scelles, président en l'Élection de Pont-Audemer (1672), puis envers Jean Costentin, président en l'Élection de Lisieux ; — Guillaume de Parfouru, écuyer, sieur de la Fossue, demeurant en la paroisse de Courtonne-la-Meurdrac (1717), débiteur envers la maison du Bon-Pasteur de Lisieux ; — Adrien-Louis Lecour, écuyer, sieur de Noirval, vicomte d'Auge (1726) ; — Jean de Vilade, ancien garde du corps et officier de la grande fauconnerie du Roi, demeurant à Survie, près Vimoutiers (1719), etc. — A la suite des rentes, fermages des maisons et héritages appartenant au bureau sis à Lisieux, paroisse St-Jacques et St-Germain, le pré de la Bonde, le pré de N.-D. des Vaux, la ferme du lieu Moulin, la dîme de Launay, les revenus des chapelles du Fauquet, de St-Barthélemy de Cormeilles, sur la paroisse de St-Pierre dudit lieu, et autres maladreries réunies, St-Samson, Noiremare, Mesnil-Germain, etc.

H. Suppl. 6. — B. 3. (Registre.) — Grand format, 146 feuillets, 2 pièces intercalées, papier.

1764-1790. — Biens et droits. — Registre pour servir de sommier à la recette des hôpitaux de la ville de Lisieux, à partir du 1ᵉʳ janvier 1764. — Rentes : sur les religieux de la Trinité et hôtel-Dieu de Lisieux, 200 livres ; — à raison de 2 deniers par livre de viande consommée dans les hôpitaux, 300 livres ; — sur le clergé, les aides et gabelles, les États de Bretagne, les religieuses hospitalières de Caen, l'abbaye de St-Désir de Lisieux ; — sur divers particuliers, M. de Bournainville, puis M. de Mézières, son héritier ; Pierre Lefèvre de la Normandière ; Jourdain, maître des Comptes à Rouen ; Jacques Labbé, écuyer, sieur du Moutier ; Le Prévost, marquis de Saint-Julien ; Dubos de Beaufi du Faguet ; Paisant, sieur de Loutrie ; Jean-Baptiste-André Le Cavelier, avocat ; Jacques et Charles de Lettre du Bosrenout, frères ; dame Anne Samin, veuve de Constantin de Bonenfant, écuyer ; Gosset, seigneur de Livarot ; sieur de Bardouil, en son château de la Bardouillière, paroisse de Saint-Aubin-des-Hayes, près Bernay ; dame Marie de Venois, veuve de Guillaume Le Boctey ; Le Boctey de Villers, écuyer, capitaine au régiment de Lyonnais ; Thillaye de Boisenval, Paul de Grieu, écuyer, sieur d'Estimauville ; M. de Grisy ; François Meurdrac, écuyer, sieur du Vieux ; Paumier, chanoine ; Adrian Dunoc, écuyer, sieur d'Armonville, le président de Bonneval, etc. — Loyers des maisons qui composent le manoir Hauvel ; fermages des biens du bureau, pièces de terre à Firfol, à Fontenelles, rentes et fermages des léproseries et maladreries réunies au bureau en 1698, pré à Notre-Dame-des-Vaux, tiers de la dîme de Launay-sur-Calonne, la pièce de terre de la chapelle St-Clair avec le trait de dîme en dépendant, pièce de terre au Mesnil-Simon, nommée la Maladrerie, la chapelle du Fauquet, la maladrerie de St-Barthélemy de Cormeilles, les fonds de la maladrerie de Lieurey, de celle de St-Marc de Marolles, etc. — Indemnité de boucherie, sur la quantité de viande qu'on consomme chaque année dans les deux hôpitaux, etc. — A la fin, une table.

H. Suppl. 7. — B. 4. (Liasse.) — 1 pièce, parchemin ; 21 pièces, papier.

1673-1786. — Biens. — Procès-verbaux de saisies faites à la requête de Claude Viallet, fermier général des domaines de France, en vertu de mandement de Michel Colbert, intendant de la généralité d'Alençon, et de l'ordonnance de Deshayes, vicomte d'Orbec, de maisons appartenant au bureau des pauvres, faute d'en avoir passé aveu et fourni les pièces réclamées par ledit mandement (1673). — Procès-verbaux d'adjudication devant Jacques-Louis Daufresne, notaire, présence de Pierre-Jean-Baptiste Despaux, chanoine, Pierre-Guillaume-François Lebourg, chanoine, François-Hugues Yon, avocat et échevin, Louis-Nicolas Thillaye de Boisenval, conseiller au Parlement de Normandie, Louis Thillaye de Carrouge, seigneur de Léaupartie, directeurs et administrateurs des hôpitaux et bureau des pauvres de Lisieux, des biens leur appartenant et consistant en une ferme, sise en la paroisse et campagne St-Jacques de Lisieux, nommée le lieu de Santé ou la chapelle du Bois, le pré de la Bonde, sis au faubourg de la porte de Paris, près l'hôtel de la Belle-Fontaine, une ferme, sise au Mesnil-Eudes, une pièce de terre, sise à Fontenelles, 3 acres 3 vergées, sises paroisse de Cormeilles, 11 pièces de terre, sises en la paroisse de Marolles, et un pré, sis paroisse des Vaux ; vente devant les notaires de Rouen par François-Jean Formage, fondé de procuration des administrateurs des hôpitaux et bureau des pauvres de Lisieux, à Alexandre Delarue, de 4 portions de maisons, cours et jardins, sis à Rouen, rue du Gril, vis-à-vis l'ancien noviciat des Jésuites, moyennant 17,100 livres ; affiche annonçant les biens appartenant aux hôpitaux qui restent à vendre ; procuration donnée devant Daufresne par les administrateurs à Pierre-Thomas Rambaud, chanoine, pour les suppléer dans la poursuite de constitution en rentes du capital des biens aliénés en vertu de l'édit de 1780 (1781). — Copies d'extraits de délibérations des administrateurs concernant le placement des capitaux provenant de la vente des terres faisant partie des maladreries (1786).

H. Suppl. 8. — B. 5. (Liasse.) — 1 pièce, papier.

1712. — Bonneville-la-Louvet. — Délibération du bureau des pauvres, assemblé au palais épiscopal, concernant l'assignation commise aux administrateurs par Laurent Durand et Laurent Ridel, pour être partie intervenante au procès pendant au bailliage de Pont-Audemer entre eux et Jacques Daufresne, clerc, titulaire de la chapelle St-Louis de Bonneville-la-Louvet, pour faire valoir les baux à eux faits des dîmes de la dite chapelle.

H. Suppl. 9. — B. 6. (Liasse.) — 5 pièces, parchemin ; 11 pièces, papier.

1701-1787. — Cormeilles. — Baux : devant les notaires de Lisieux, par Nicolas Hardouin, procureur et receveur du bureau des pauvres, à Nicolas Vaudon, du revenu de la maladrerie de la chapelle de St-Barthélemy de Cormeilles pour 6 années, moyennant 83 livres par an (1701) ; — devant Jacques Riquier, notaire, pour 9 années, à Nicolas Poisson et Jacques Deschamps, moyennant 65 livres (1707) ; — devant Jean Blondel, tabellion, pour 9 années, à Nicolas Vaudon, moyennant 65 livres (1715) ; — devant Pierre Formage, par Thomas Legendre, procureur-receveur, à Toussaint et Gilles Vaudon, frères, pour 9 années, moyennant 85 livres (1724) ; — devant le même, renouvellement pour 9 années (1733-1742) ; — devant Jacques-Louis Daufresne, renouvellement pour 9 années aux veuves desdits frères Vaudon (1751) ; — devant le même par François Mignot, l'un des administrateurs, pour 9 années, à Pierre Vaudon, moyennant 110 livres (1760) ; — devant le même, par Michel Parau, curé de St-Germain de Lisieux, administrateur, pour 9 années à Pierre et Martin Vaudon, moyennant 110 livres (1769) ; — devant le même, par Jean-Baptiste-Adrien de Neuville, administrateur, renouvellement pour 9 années (1778) ; — devant Guillaume-Gabriel Daufresne, par Louis Lenoir, procureur des hôpitaux et bureau des pauvres, pour 9 années, à Louis et Robert Vaudon, de 3 pièces de terre, moyennant 60 livres (1787). — Extrait des délibérations des administrateurs accordant un délai de 2 mois à l'acquéreur des biens de la maladrerie de Cormeilles pour payer partie du prix de son adjudication (1782). — État de dépense des bâtiments à démolir à l'abbaye de Cormeilles ; montant à 8,365 livres 10 sols.

H. Suppl. 10. — B. 7. (Liasse.) — 1 pièce, parchemin ; 1 pièce, papier.

1684-1686. — Firfol. — Vente devant François Picquot et Robert Morel, tabellions en la vicomté de Lisieux, par Antoinette Morand, fille de Jean Morand et de Jacqueline Loir, au bureau des pauvres de Lisieux, stipulés par Nicolas Hardouin, procureur et receveur, d'une pièce de terre sise à Firfol, contenant une vergée, moyennant 80 livres (1686). — Reconnaissance par Sébastien Lelièvre de la prise à ferme de ladite Antoinette Morand, de ladite pièce de terre de Firfol (1684).

H. Suppl. 11. — B. 8. (Liasse.) — 4 pièces, parchemin ; 37 pièces, papier.

1757-1759. — Fontenelles. — Requête adressée au lieutenant général civil et criminel au siège d'Orbec par les administrateurs et directeurs du bureau des pauvres stipulés par François Mignot, écuyer, conseiller du Roi, auditeur des comptes, pour obtenir le paiement de François Lemoine, laboureur, de la paroisse de Piencourt, et François Legrand, sa caution, de la somme de 625 livres pour fermages dus au bureau des biens sis paroisse de Fontenelles ; procès-verbal de saisie des meubles dudit Lemoine, à lui dénoncé et auquel il a formé opposition, procédure et sentence y relatives.

H. Suppl. 12. — B. 9. (Liasse.) — 10 pièces, parchemin ; 40 pièces, papier.

1632-1780. — Launay-sur-Calonne. — Bail devant Jean Picquot et Jean Davy, tabellions à Lisieux, par André de Bigards, abbé de l'abbaye de Corneville, haut doyen en l'église cathédrale de Lisieux, à Charles Ango, prêtre, curé du bénéfice et église paroissiale de N.-D. de Launay-sur-Calonne, des 2 parts de la dîme en grains de ladite paroisse, pour 6 années, moyennant 100 livres par an (1632). — Autre bail pour 6 ans devant Lesueur, tabellion au siège de Touques, de ladite dîme, par Guillaume Quentin, receveur procureur du bureau des pauvres, stipulant pour Charles Aubery, haut doyen, à Guillaume Barat et à Jean Morel, moyennant 110 livres (1652). — Autre bail pour 6 ans devant François Paulmier et Pierre d'Auge, tabellions à Pont-l'Évêque et Touques, des deux tiers de la dîme à Louis Huard, sieur de La Mare, moyennant 110 livres (1658). — Autre bail pour 3 ans devant Robert Morel et Jean Blondel, tabellions à Lisieux, par Nicolas Taignier, de la Bretesche et Nicolas Hardouin, sieur du Noyer, des deux tiers de ladite dîme à Pierre Domin, marchand, moyennant 75 livres (1697). — Autre bail pour 6 ans devant Morel, notaire à Lisieux, par Jean-Baptiste de Franqueville, prêtre, haut doyen de Lisieux, et Nicolas Hardouin, au nom du bureau, à Claude Lefebvre et Guillaume Poullain, des deux tiers de ladite dîme moyennant 90 livres (1700). — Procédure devant le Parlement entre Claude de Franqueville, successeur de Léonor de Matignon, évêque, les administrateurs du bureau des pauvres, gros décimateurs de la paroisse de Launay-sur-Calonne, pour les deux tiers des dîmes à cause de la maladrerie de St-Clair St-Blaise unie audit hôpital, et Pellerin, curé de ladite paroisse de Launay (1700-1719) ; lettres adressées à M. de Franqueville par Lefebvre, fermier, y relatives. — Baux de la dîme faits par les administrateurs du bureau des pauvres à divers (1748-1780).

H. Suppl. 13. — B. 10. (Liasse.) — 1 pièce, parchemin ; 10 pièces, papier.

1705-1784. — Lieurey. — Reconnaissance devant Jacques Ricquier et Jean Blondel, notaires, par Louis Auger, de la paroisse de Lieurey, à l'instance de Nicolas Hardouin, procureur et receveur du bureau des pauvres, que l'adjudication du revenu de la Madeleine dudit Lieurey a été passée en son nom à Jean-Baptiste Haimerey, prêtre, ex-curé de ladite paroisse (1705). — Bail sous seing de Thomas Legendre, procureur et receveur du bureau des pauvres, à Hélène Belier, veuve de Louis Auger, pour 9 années, des héritages dépendant de la maladrerie de Lieurey, moyennant 106 livres (1716). — Baux : devant Pierre Formage, notaire à Lisieux, par Legendre, desdits héritages, à Nicolas Auger pour 9 années, moyennant 151 livres par an (1726) ; — aux frères Gaillard pour 9 années, moyennant 153 livres par an (1734) ; — à Jean-Baptiste Houdin pour 9 années, moyennant 155 livres (1742) ; — devant Pierre Livet, notaire au siège d'Hermival, à Robert Vincent pour 9 années, moyennant 160 livres (1750) ; — devant Jacques-Louis Daufresne, notaire à Lisieux, par François Mignot, écuyer, l'un des administrateurs des hôpitaux et bureau des pauvres, pour 9 années, à Robert Missent, moyennant 200 livres (1759). — Prix commun des biens et denrées à Lieurey en 1760 : l'acre de terre 15 livres 20 sols 10 deniers ; l'acre de pré 30 livres ; l'acre de masure 40 livres ; l'arpent de bois 8 livres ; l'acre de pâture 2 livres 15 sols 20 deniers ; le boisseau de blé 3 livres et celui d'avoine 1 livre 10 sols, mesure de Lieurey pesant 70 livres. — Extrait des délibérations des administrateurs : concernant le recouvrement des sommes dues par Quesnay, fieffataire de la maladrerie de Lieurey (1783), et accordant un délai à l'acquéreur des biens de ladite maladrerie, pour payer ce qu'il doit (1784).

H. Suppl. 14. — B. 11. (Liasse.) — 5 pièces, parchemin ; 6 pièces, papier.

1569-1704. — Lisieux. — Vente devant Olivier Carrey et Jacques Éveillechien, tabellions royaux à Lisieux, par Jean *Le Haynnuyer*, évêque de Lisieux, à Christophe Jean, marchand, bourgeois de Lisieux, d'une pièce de terre nommée le pré de la Bonde, sise paroisse St-Jacques, faubourg de la porte de Paris, moyennant 230 livres (1569). — Échange devant François Poullain et Robert Gaillard, tabellions, entre Louis Regnouard, bourgeois, et l'évêque Léonor de Matignon, d'une pièce en pré sise paroisse de St-Germain, contre une autre pièce nommée le pré de la Bonde, sise paroisse St-Jacques (1639). — Vente devant Picquot et Robert Lancelot par Louis Duvivier, écuyer, sieur des Vastines, garde du corps du duc d'Orléans, à Philippe Hue, prêtre, prébendé de St-Gatien en l'église cathédrale, d'une pièce de terre nommée le pré de la Bonde (1679). — Vente devant Picquot et Robert Morel par Hervé Drouard, avocat au Parlement, héritier de Philippe Hue, prêtre, à Nicolas Hardouin, sieur du Noyer, fondé des administrateurs du bureau des pauvres, de ladite pièce de terre (1688). — Bail devant François Picquot et Robert Morel, tabellions, par Nicolas Hardouin, receveur du bureau des pauvres, pour 3 ans, à Louis Pain, cuisinier, de la pièce de terre en herbage nommée le pré de la Bonde, sise hors la porte de Paris près du pont Frileux, paroisse St-Jacques, moyennant 78 livres par an (1690). — Bail devant Jacques Ricquier et Jean Blondel, tabellions, par ledit Hardouin pour 6 ans, à Jean Levavasseur, sieur de Baudry, bourgeois, dudit pré, moyennant 78 livres par an (1704). — Signification d'arrêt aux détenteurs des biens ecclésiastiques de payer leurs taxes chez Vologer, commis de François Ferrant, receveur en la généralité d'Alençon des droits de biens aliénés (1702).

H. Suppl. 15. — B. 12. (Liasse.) — 10 pièces, parchemin.

1586-1617. — Lisieux. — Vente devant Olivier Carrey et Jean Debray, tabellions à Lisieux, par Étienne Gosnard à Guillaume Lebas, de manoir et maisons sis au-dessous de l'Hôtel-Dieu en la paroisse St-Germain de Lisieux (1586). — Cession devant Olivier Carrey et Jean Debray, par Jacques Lebas à Archilletz Lefranc, boulanger, de St-Jacques de Lisieux, de la moitié des biens lui étant échus de Guillaume

Lebas (1588). — Délibération devant Pierre Hue des parents des filles mineures d'Étienne Gosnard, concernant la vente desdites maisons, par lui faite à Guillaume Lebas (1596). — Vente devant Jean Hain et Jean Picquot, par Jean Esnault à Jeanne, sa sœur, veuve d'Étienne Gosnard, et à Jeanne et à Marie Gosnard, filles dudit défunt, d'une portion de maison sise paroisse de St-Germain (1616). — Vente devant Jean Duhoulx et Nicolas Picquot, tabellions à Lisieux, par Jeanne Esnault, veuve d'Étienne Gosnard et Marie Gosnard, sa fille, à Jean Greslebin, marchand maignen, bourgeois de Lisieux, d'une portion de maison, sise paroisse de St-Germain sur la grande rue ; à la suite est le certificat de publication faite à l'issue de la messe paroissiale de St-Germain (1617).

H. Suppl. 16. — B. 13. (Liasse.) — 2 pièces, parchemin.

1586-1638. — Lisieux. — Fieffe devant Olivier Carrey et Jean Debray, tabellions à Lisieux, par Marguerite Picquot, veuve en premières noces de Jacques Toufflet et en secondes de Guillaume Marais, à Raoulin Fissot, marchand teinturier, de 2 portions de maisons, sises paroisse St-Germain, moyennant 55 livres tournois de rente foncière (1586). — Quittance donnée devant Jean Hayn, tabellion, et Thomas Dumoulin, avocat, pris pour adjoint, par Jean Picquot, procureur et receveur du bureau des pauvres, de la somme de 55 livres à Robert et Jean Legros, frères, pour une année de jouissance d'une maison à usage de teinturerie, sise paroisse St-Germain.

H. Suppl. 17. — B. 14. (Liasse.) — 23 pièces, parchemin ; 22 pièces, papier.

1596-1684. — Lisieux. — Vente devant Pierre Couillard, tabellion, et Guillaume Desperiers, avocat, pris pour adjoint, par Jacques Jonas à Olivier Carrey, d'un jardin sis faubourg de la porte de Paris, moyennant 30 écus 10 sols (1596). — Constitution de 6 livres de rente par Étienne et Robert Desmares à Louis Lebas, sieur du Mesnil (1617). — Vente par les Vayasseur à Alexis Duhoulx, hôtelier, d'une maison à usage de pressoir, sise paroisse St-Jacques, au faubourg de la porte de Paris, moyennant 250 livres de principal et 15 livres de vin (1626). — Bail par les administrateurs du bureau des pauvres pour 3 ans à Denis Allips d'une portion de maison sise grande rue, paroisse St-Germain, moyennant 26 livres par an (1641). — Vente devant Jechiel Lesueur, tabellion à Touques, et André Delaunay, à Pont-l'Évêque, pris pour adjoint, par Pierre Lambert, sieur de Saint-Marc, fils de François Lambert, sieur d'Herbigny, à Pierre Dajon, de maison, manoir, cour et jardin, sis grande rue, paroisse St-Germain, où était l'enseigne le Dauphin, moyennant 5,750 livres de principal et 300 livres de vin (1644). — Cession par ledit Lambert de Saint-Marc à Jean Lecoq, sieur de la Prarie, élu à Lisieux, et à Jean-Baptiste Hauvel, marchand bourgeois, de la condition héréditaire retenue lors de la vente faite à Pierre Dajon (1644). — Remise par ledit Dajon à Jean Lecoq et à Jean-Baptiste Hauvel du manoir du Dauphin au droit de condition par eux acquise (1644). — Partage entre Lecoq et Hauvel dudit manoir (1645). — Bail par Quentin, receveur du bureau des pauvres, à Jacques Lasseur, d'un grand cellier, une fonderie et chambre, assis paroisse St-Germain, devant la halle au blé, pour 6 années, moyennant 30 livres par an (1654). — Aveu rendu à l'évêque de Matignon par Germain Saudebreuil, prêtre, de Lisieux, pour sallette et jardin sis à Lisieux, dépendant du comté (1661). — Extrait du registre de l'hôtel-de-ville de Lisieux, concernant l'autorisation donnée de faire placer un canal aux frais du bureau des pauvres, pour faire flâer l'eau de la grosseur d'un poids conforme à la marque de la ville, dans le lieu où l'on a nouvellement bâti une maison à loger lesdits pauvres et de s'en servir autant que besoin sera (1672).

H. Suppl. 18. — B. 15. (Liasse.) — 6 pièces, papier.

1602-1603. — Lisieux. — Arrêt de deniers fait à la requête de Marie Lefrançois, demeurant à Lisieux, entre les mains de Jacques de Farvacques, marchand, bourgeois de Lisieux, des deniers qu'il peut devoir à François Leportier, bourgeois d'Orbec, tant en son nom que comme tuteur des enfants mineurs de feu Jacques Lefrançois (1602). — Sentence rendue aux pleds de meubles de Lisieux par Pierre Hue, bailli vicomtal, sur la requête de ladite Lefrançois, condamnant ledit de Farvacques à payer ce qu'il doit ; sentence de Josias de Grieu, lieutenant général en la vicomté d'Orbec, concernant la demande de ladite Lefrançois à Leportier d'une pension hebdomadaire.

H. Suppl. 19. — B. 16. (Liasse.) — 15 pièces, parchemin.

1602-1640. — Lisieux. — Vente devant Jacques Hayn et Jean Picquot, tabellions, par Toussaint Delacour, sergent ordinaire à Lisieux, au bureau des pauvres, représenté par Guillaume Costard, receveur dudit bureau, de 18 livres tournois de rente de l'obligation d'Olivier Berthault (1602). — Procédure entre les administrateurs du bureau et Nicolas et Pierre Delacour, concernant le décret des héritages de Toussaint Delacour, afin d'être payés des arrérages de rentes échues (1618). — Vente devant Pierre Gastine et Gabriel Rioult, tabellions au siège d'Auquainville, par Mafin Sollier, curé de St-Martin-de-la-Lieue, à Pierre Le Vicomte, d'une maison sise à Lisieux en la paroisse St-Germain, moyennant 600 livres (1616). — Fieffe devant Jean Hayn et Jean Picquot, tabellions, par les administrateurs du bureau des pauvres à Pierre et Christophe Le Vicomte, père et fils, du droit de l'acquisition faite par ledit bureau de Pierre Le Vicomte, d'une maison sise paroisse St-Germain, moyennant 15 livres tournois de rente (1625). — Opposition formée par Henry Auger, receveur et procureur du bureau des pauvres, au décret des héritages de Toussaint Delacour requis par François Le Roy, pour être payé de 309 livres 10 sols d'arrérages de rente (1628). — Opposition formée par Jean Picquot, receveur du bureau des pauvres, contre le décret requis par le trésor de St-Germain, d'une maison assise dans l'enclos de la ville de Lisieux, appartenant à Marin Roger, pour paiement de 4 années d'arrérages de rente (1640).

H. Suppl. 20. — B. 17. (Liasse.) — 22 pièces, papier.

1602-1707. — Lisieux. — Lots faits entre la famille Buisson de maisons sises à Lisieux (1602). Lots faits devant Jean Hayn et Jean Picquot, tabellions à Lisieux, entre Pierre Dieusy, époux de Jeanne Leclerc et Noël Marais, époux de Marie Leclerc, des biens leur revenant de Marie Dubuisson, leur mère, situés paroisse St-Germain, dans le manoir au Bourguignon (1616). Copies collationnées sur les originaux à la requête des administrateurs du bureau des pauvres. — Procédure entre les prêtres du séminaire de la ville de Lisieux et lesdits administrateurs, concernant la destruction d'une maison appartenant au bureau des pauvres près du séminaire dans le manoir Bourguignon; accord y relatif. — Sentence de François-Joseph Paisant, lieutenant général du bailli-vicomtal de Lisieux, concernant l'ouverture de 3 vues faites par les administrateurs du bureau des pauvres sur la propriété des prêtres du séminaire (1707).

H. Suppl. 21. — B. 18. (Liasse.) — 5 pièces, parchemin.

1625-1684. — Lisieux. — Fieffe devant Jean Hayn et Jean Picquot, tabellions à Lisieux, par Anne Huterel, veuve de Guillaume Trehan, et Pierre Trehan, son fils, à Louis Trehan, fils du premier lit dudit Guillaume, d'une maison sise paroisse St-Jacques, au faubourg de la porte de Paris (1625). — Quittance donnée devant François Picquot et Constantin Boullaye, tabellions, par Anne Hamelin, veuve de Guillaume Trehan, marchand boucher, à Catherine Dubois, veuve de Robert Trehan, de la somme de 20 livres pour 2 années d'arrérages de 10 livres de rente (1667). — Quittance donnée devant François Picquot et Louis Haimery, tabellions à Lisieux, par les députés pour la conservation du revenu du trésor de St-Jacques de Lisieux, aux administrateurs du bureau des pauvres, stipulés par Nicolas Hardouin, sieur du Noyer, procureur et receveur dudit bureau, de la somme de 160 livres 6 sols pour amortissement de 10 livres tournois de rente au denier 14, de l'obligation de Louis Trehan, pour fieffe d'une maison sise au faubourg de la porte de Paris à Lisieux (1684).

H. Suppl. 22. — B. 19. (Liasse.) — 1 pièce, parchemin ; 4 pièces, papier.

1631-1667. — Lisieux. — Contrat de mariage devant Jean Picquot et Jean Hain, tabellions, de Robert Picquot, fils de Roger et de Mathurine Dubois et Marguerite Jourdain, fille de Claude et de Jeanne Artur (1631). — Remise faite devant Jean Olivier et Claude de Farvaques, tabellions à Lisieux, par Guillaume Herfort, bourgeois de Lisieux, à François Desmonceaux, fils de feu Michel Desmonceaux et de Jacqueline Jourdain, et Robert Picquot, époux de Marguerite Jourdain, de son droit à une maison sise paroisse St-Germain, dépendant de la succession de Claude Jourdain (1645). — Vente devant Picquot et Boullaye, tabellions, par Clément Lebrun à Robert Picquot, d'une maison, sise paroisse St-Jacques, rue Haute-Boucherie, moyennant 600 livres de principal et 15 livres de vin (1666). — Quittance donnée devant les mêmes, par Robert Picquot, époux de Marguerite Jourdain, à François Levasseur, de la somme de 100 livres pour amortissement de 7 livres 2 sols 10 deniers tournois de rente (1667).

H. Suppl. 23. — B. 20. (Liasse.) — 2 pièces, parchemin ; 10 pièces, papier.

1637-1673. — Lisieux. — Fieffe devant Jean Hain, tabellion, et Thomas Dumoulin, avocat, pris pour adjoint, par Jean Picquot le jeune, procureur et receveur du bureau des pauvres à Robert Puchot, fils Georges, d'une maison sise dans l'enclos de la ville, paroisse St-Germain, au bas de la Grande-Couture, rue aux Béquets, moyennant 10 livres de rente (1637). — Procès-verbal de saisie faite par Étienne Paisant, sergent, à la requête de Guillaume Quentin, receveur du bureau des pauvres, des meubles de Gabriel Desbuissons, héritier, à cause de sa femme, de Robert Puchot, pour paiement de 5 années d'arrérages de 10 livres de rente (1651). — Procédure devant le bailli-vicomtal de Lisieux entre Nicolas Davy, procureur et receveur du bureau des pauvres, et les héritiers de Robert Puchot, pour le paiement de 5 années d'arrérages de 10 livres pour fieffe d'une maison, sise paroisse Saint-Germain. Procès-verbal de saisie fait par Jean Barroys, sergent, des meubles de Gabriel Desbuissons, héritier dudit Puchot. Sentence rendue par Nicolas Desperiers, bailli-vicomtal, renvoyant le bureau des pauvres en possession de la maison fieffée à Puchot et déchargeant Desbuissons, son héritier, du paiement des 10 livres de rentes (1669-1673).

H. Suppl. 24. — B. 21. (Liasse.) — 9 pièces, parchemin; 21 pièces, papier.

1637-1687. — Lisieux. — Vente devant Robert Langlois et Charles Duhoulx, tabellions à Lisieux, par Jean Macoy, fils Robert, à Robert Legendre, fils François, d'une maison sise paroisse St-Jacques de Lisieux, faubourg de la porte de Paris, moyennant 250 livres de principal et 15 livres de vin (1637). — Vente devant François Picquot et Louis Haimery, tabellions à Lisieux, par Étienne Desvaux, époux de Marguerite Legendre, Adrien Gaillard, époux de Cardine Fresnel, veuve de Guillaume Daufresne, et François Daufresne et Jean, son frère, à Philippe Vallée, prêtre, directeur de l'hôpital général des pauvres renfermés, de maisons assises au faubourg de la porte de Paris, moyennant 650 livres (1681). — Quittances données devant François Picquot et Robert Morel, tabellions, par : Adrien Gaillard, praticien, à Nicolas Hardouin, sieur du Noyer, procureur et receveur du bureau des pauvres, de la somme de 75 livres pour sa part de la susdite vente (1683); — par Guillaume de Naullet, écuyer, sieur de Malvous, de la somme de 300 livres pour amortissement de 15 livres de rente; — par Gaillard et les frères Daufresne de la somme de 240 livres 18 sols, restant du montant de la vente d'une maison faite au bureau des pauvres (1687), etc.

H. Suppl. 25. — B. 22. (Liasse.) — 8 pièces, parchemin.

1640-1644. — Lisieux. — Sentences rendues aux pleds ordinaires de Lisieux par François Morin, sieur de la Desmarière, bailli-vicomtal, concernant le décret requis par Claude de Farvaques, procureur-syndic du trésor de St-Germain, d'une maison sise en ladite paroisse, rue Bouteiller, ayant appartenu à Charles Meurdrac, et dont Picquot, procureur et receveur du bureau des pauvres, s'est porté créancier de la somme de 85 livres 15 sols pour 4 années d'arrérages de 14 livres 5 sols 8 deniers de rente (1640). — Sentence rendue par Philippe Maillot, écuyer, lieutenant civil et criminel en la vicomté d'Orbec, concernant l'opposition de Richard Meurdrac, héritier de Pierre, son père, et représentant le droit de Charles, son oncle, au décret de la maison ayant appartenu audit Charles Meurdrac et au précédent à Jacques Halley (1644).

H. Suppl. 26. — B. 23. (Liasse.) — 7 pièces, parchemin.

1644-1668. — Lisieux. — Vente devant Jean Hayn et Jean Olivier, tabellions à Lisieux, par Jacques Herfort et Marie Cottin, son épouse, à Jean Picquot, procureur et receveur du bureau des pauvres de Lisieux, de plusieurs portions de maisons assises en la paroisse St-Jacques, moyennant la somme de 350 livres tournois payée par ledit Picquot (1644). — Vente devant François Poullain et Constantin Boullaye, tabellions en la vicomté de Lisieux, par Jacques Herfort à Guillaume Quentin, sieur de La Rivière, procureur et receveur du bureau des pauvres, d'une maison près la porte d'Orbec, faisant le coin de la rue d'Orbiquet, moyennant 800 livres (1651). — Procédure au bailliage vicomtal de Lisieux entre Nicolas Davy, receveur du bureau des pauvres, et Marie Véron, femme séparée d'André Herfort, concernant la remise d'une maison sise en la paroisse St-Jacques, au coin de la boulangerie, vendue au bureau par Herfort (1666-1668).

H. Suppl. 27. — B. 24. (Liasse.) — 5 pièces, parchemin.

1651-1678. — Lisieux. — Reconnaissance devant Adrien Delaporte, sieur du Castellier, lieutenant général au bailliage vicomtal, en présence de Jean Scelles, avocat, greffier, de la vente faite par Anne Leloup à Guillaume et Nicolas Quentin, frères, de la paroisse de St-Germain, d'une maison sise paroisse St-Germain, moyennant 1100 livres (1651). — Reconnaissance devant François Picquot et Robert Lancelot, tabellions, par Nicolas Quentin, de 8 livres 18 sols 6 deniers de rente envers Pierre des Friesches, devenu héritier en partie à cause de Marie Leloup, sa mère, de feue Anne Leloup, sœur de ladite Marie (1674). — Vente devant Robert Lancelot et François Picquot par Nicolas Quentin au bureau des pauvres de Lisieux, de ladite maison, moyennant 1486 livres (1676). — Cession devant les mêmes par Philippe Viel, représentant le droit de Louis Le Luguerre et Michel Viel, héritiers, à cause de leur mère, de feue Anne Leloup, leur tante, à Nicolas Hardouin, sieur du Noyer, procureur et receveur du bureau des pauvres, du principal et arrérages de 8 livres 18 sols 6 deniers tournois de rente, dont les frères Quentin se sont obligés envers ladite Anne Leloup pour vente d'une maison (1678).

H. Suppl. 28. — B. 25. (Liasse.) — 1 pièce, parchemin.

1652. — Lisieux. — Vente devant Robert Gaillard et Jean Picquot, tabellions, par Robert et François de Lespiney, frères, bourgeois de Lisieux, à Robert Langlois, d'une pièce de terre et jardin, sis paroisse St-Jacques, faubourg de la porte de Paris, tenue en franche bourgeoisie du comté de Lisieux et de la prébende de Pesnel, moyennant 220 livres ; à la suite est le certificat de publication de la vente faite par Jean Picquot, tabellion, à l'issue de la messe paroissiale de St-Jacques.

H. Suppl. 29. — B. 26. (Liasse.) — 2 pièces, parchemin ; 2 pièces, papier.

1652-1672. — Lisieux. — Fieffe devant François Poullain, tabellion, et Constantin Boullaye, son adjoint, par Guillaume Quentin, procureur-receveur du bureau des pauvres, à Robert Gallot, marchand boucher, d'une portion de jardin assis au faubourg de la porte de Paris, ayant appartenu à Guillaume Ricquier, prêtre, moyennant 100 sols de rente foncière (1652). — Sentence rendue aux pleds de meubles de Lisieux par Nicolas Despériers, bailli-vicomtal, condamnant Robert Gallot, boucher, à payer à Nicolas Davy, procureur et receveur du bureau des pauvres, la somme de 20 livres pour 4 années de 100 sols de rente pour fieffe de portion de jardin (1672).

H. Suppl. 30. — B. 27. (Liasse.) — 1 pièce, parchemin.

1653. — Lisieux. — Vente devant François Poullain et Constantin Boullaye, tabellions en la vicomté de Lisieux, par Pierre Jumelin, chapelier, bourgeois de la paroisse St-Jacques, au bureau des pauvres, représenté par les administrateurs, d'une maison, sise à Lisieux, rue au Char, moyennant la somme de 560 livres payée par Guillaume Quentin, receveur dudit bureau.

H. Suppl. 31. — B. 28. (Liasse.) — 14 pièces, parchemin ; 47 pièces, papier, 1 plan.

1660-1788. — Lisieux. — Fieffe faite devant François Poullain et Robert Gaillard, tabellions, par l'évêque Léonor de Matignon à Robert Martin, de neuf acres de brières, sises aux rives du bois du parc, moyennant 4 livres tournois de rente par acre ; à la suite est le certificat de publication de ladite fieffe, faite à l'issue de la messe paroissiale de St-Jacques (1660). — Cession faite par Marguerite Panthou, veuve de François Auberée, au bureau des pauvres, de la fieffe d'une pièce de terre sise paroisse St-Jacques, près le parc aux bœufs, faite par l'évêque de Lisieux à son mari (1666-1674). — Quittance de la somme de 56 livres 5 sols par le trésorier des revenus casuels à Thomas Faguet et Jean Le Bourgeois, pour 5 acres 1/2 vergée 10 perches de brières du bois du parc aliénés de l'Évêché (1676). — Fieffe faite devant François Picquot et Robert Lancelot, tabellions à Lisieux, à Nicolas Hardouin, procureur et receveur du bureau des pauvres, de 5 acres de terre à prendre sur la brière du bois du parc, moyennant 100 sols de rente annuelle (1677). — Cession faite par M. de Matignon, évêque de Lisieux, à Philippe Vallée, prêtre, directeur des pauvres, de tous les arrérages des fieffes qui peuvent lui être dus (1679). — Quittance donnée à Nicolas Hardouin, receveur du bureau des pauvres, par Poullain, de la somme de 30 livres pour fieffe d'un jardin au bois du parc, dépendant de l'Évêché (1680). — Quittance donnée devant les tabellions de Lisieux par François Poullain, ex-receveur de l'Évêché, à Nicolas Hardouin, receveur du bureau des pauvres, à la décharge des enfants mineurs de feu Robert Martin, de la somme de 200 livres, pour arrérages de fermages de 12 acres de terre et pâturage du bois du parc (1681). — Quittance de Cocquerel, receveur de l'Évêché, à Philippe Vallée, prêtre, directeur du bureau des pauvres, de la somme de 145 livres pour fermages de jardin et fieffes, dont 5 acres de terre aux bruyères du parc, par 100 sols (1685). — Cession devant Robert et Adrien Picquot, tabellions, par Pierre Hagueron, à Philippe Vallée, prêtre en l'église St-Jacques de Lisieux, au nom des pauvres renfermés, d'une pièce de terre sise paroisse St-Jacques, au village de Glatigny, dans la petite campagne (1697).—Procédure devant le bailli vicomtal de Lisieux, pour les administrateurs de l'hôpital général de la ville de Lisieux, stipulés par la supérieure, M{ll}{e} de Grosfil de Paix de Cœur, concernant la vente des récoltes de la ferme de Glatigny, dont était locataire Guillaume Gruchey, décédé (1729). — Baux de la terre de Glatigny faits par Jeanne Pierres de La Boullaye, supérieure de l'hôpital, Thomas Legendre, receveur, Françoise de Paix de Cœur de Grosfil, directrice de l'hôpital général, François Mignot, Jean-Baptiste-Adrien de Neuville, Pierre-Guillaume-François Lebourg, administrateurs, et Louis Lenoir, receveur des hopitaux, à divers.—Plan à l'appui.

H. Suppl. 32. — B. 29. (Liasse.) — 3 pièces, parchemin ; 18 pièces, papier.

1660-1661. — Vente devant Robert Gaillard et Louis Lachey, tabellions à Lisieux, par Guillaume Bourguignon, à Richard Delarue, d'un jardin, borné d'un côté par le pavé royal de la chaussée, moyennant 350 livres de principal et 10 livres de vin. — Signification faite de la clameur portée par Julienne Bourguignon, veuve de Michel Mesnault, pour retirer à droit de sang le jardin vendu à Delarue ; mandement de Nicolas Desperiers, bailli vicomtal, au premier huissier, d'assigner les parties à comparaître aux prochains pleds d'héritages, afin de procéder sur ladite clameur ; pièces de procédure y relatives.

H. Suppl. 33. — B. 30. (Liasse.) — 1 pièce, parchemin ; 4 pièces, papier.

1660-1662. — Lisieux. — Certificat de Guillaume Quentin, receveur du bureau des pauvres, constatant qu'il a passé bail à Marguerite Hébert, veuve de Charles Dubois, d'une chambre et d'une boutique situées dans la grande rue de Lisieux, paroisse Saint-Germain, moyennant 10 livres 10 sols par an (1660). — Procédure entre ledit Quentin, réclamant 3 années de loyer, et la veuve Dubois, qui nie avoir apposé sa croix, ne sachant pas signer, au bas du bail fait par Quentin (1662).

H. Suppl. 34. — B. 31. (Liasse.) — 3 pièces, parchemin.

1661-1667. — Lisieux. — Renonciation devant Louis Lachey et François Picquot, tabellions à Lisieux, par Henry Faguet, prêtre en l'église St-Jacques, de sa prétention de jouir du revenu de la chapelle du lieu de santé, construite aux frais du bureau des pauvres pour y célébrer la messe en faveur des malades de la peste, afin d'éviter le procès que lui a intenté Guillaume Quentin, procureur et receveur dudit bureau (1662). — Bail devant Robert Gaillard et François Poullain, tabellions à Lisieux, par Guillaume Quentin, procureur et receveur du bureau des pauvres, pour 6 années, à Blaise Le Roy, fils Robert, de maisons et héritages, sis paroisse St-Jacques, au Nouveau-Monde, à cause du lieu de santé dont jouissait feu Jacques Mabire, prêtre, moyennant 120 livres par an (1661). — Renouvellement dudit bail devant François Picquot et Constantin Boullaye, tabellions, par Nicolas Davy, procureur et receveur du bureau, pour 6 années, moyennant 130 livres par an (1667).

H. Suppl. 35. — B. 32. (Liasse.) — 1 pièce, papier.

1667. — Lisieux. — Extrait du registre de François Picquot et Constantin Boullaye, tabellions à Lisieux, concernant la vente par Maurice de Larye, chanoine et trésorier de l'église cathédrale de Lisieux, à Charles Costard, grènetier au magasin à sel de Lisieux, de 5 pièces de terre situées en la paroisse St-Désir, ledit extrait collationné sur le registre par lesdits notaires, à la requête de Charles Costard, chanoine de Lisieux, fils dudit Charles.

H. Suppl. 36. — B. 33. (Liasse.) — 4 pièces, parchemin.

1673-1696. — Lisieux. — Vente devant Constantin Boullaye et François Picquot, tabellions, par Anne Amidieu, héritière en partie de Germain Ledoux, prêtre, son oncle, à Eustache Mauger, marchand toilier, et Marguerite Lozeron, sa femme, d'une maison située près de l'hôpital, paroisse St-Germain, moyennant 510 livres (1673). — Vente de ladite maison devant Robert Morel, notaire, et Jean Blondel, ci-devant tabellion royal, son adjoint, par Charlotte Mauger, fille de feu Eustache, au bureau des pauvres (1696).

H. Supp. 37. — B. 34. (Liasse.) — 27 pièces, parchemin ; 78 pièces, papier.

1673-1786. — Lisieux. — Aveu rendu à l'Évêque de Lisieux par Nicolas Hauvel, avocat, et Jean-Baptiste Hauvel, prêtre, son frère, d'une maison de fond en comble, sise paroisse St-Germain, Grande-Rue,

(1673). — Vente par Perrette Colin, veuve de Guillaume de la Rocque, aux administrateurs du bureau des pauvres, d'une portion de jardin sise au faubourg de la porte de Paris, moyennant 300 livres (1674). — Vente devant Robert Lancelot et François Picquot, tabellions à Lisieux, par Adrien Duhoulx, sieur des Vastines, au bureau des pauvres, d'une maison à usage de pressoir, sise au faubourg de la porte de Paris, moyennant 750 livres (1677). — Cession par Guillaume Pellerin à Charles Le Roy, officier de la vénerie du duc d'Orléans, de l'acquisition faite de Robert de Faguet, écuyer, sieur de Mombert, d'un jardin situé sur la douve des fossés, faubourg de la porte de Paris (1679). — Aveu rendu à l'évêque de Lisieux par Nicolas Hardouin, procureur et receveur du bureau des pauvres, de divers héritages acquis (1686). — Délibération de l'Hôtel-de-Ville concernant la vérification des conduites d'eau nécessaires au bureau des pauvres (1686). — Certificat de Nicolas Hardouin, constatant qu'il a baillé à loyer pour 6 années à Louis Regnault, teinturier, une maison à usage de teinturerie, située devant la halle à blé, moyennant 30 livres par an (1714). — Bail par les administrateurs du bureau des pauvres à Germain Pollin, pour 6 années, d'un moulin à foulon, assis au faubourg de la porte d'Orbec, moyennant 600 livres par an (1722). — Requête adressée à M. de Levignen, intendant d'Alençon, par les maire et échevins de la ville, pour obtenir l'autorisation de faire couper les conduites d'eau de ceux qui ne justifieront pas de titres de propriété (1728). — Cession par Pierre Hauvel, chapelain en l'église cathédrale, à l'hôpital des pauvres malades, d'un tènement de maisons, cour et jardin traversé par la rivière, sis paroisse St-Germain, pour augmenter les bâtiments de l'hôpital moyennant 10,000 livres de principal et 1,000 livres de vin (1747). — Baux d'héritages situés en partie à St-Germain et au manoir Hauvel, faits par les administrateurs du bureau des pauvres à divers (1748-1786). — Aveux rendus à Jacques-Marie de Caritat de Condorcet, évêque de Lisieux, pour pièces de terre tenues par le bureau de son comté de Lisieux (1774). — Procédure entre les religieuses de l'abbaye de St-Désir et Jean-Pierre Hauvel, prêtre, curé vicaire perpétuel de St-Désir, concernant ses fonctions dans ladite abbaye (1779).

H. Suppl. 38. — B. 35. (Liasse.) — 24 pièces, papier.

1674. — Lisieux. — Procédure aux pieds de meuble de Lisieux, devant Nicolas Desperiers, bailli vicomtal, entre Nicolas Davy, procureur et receveur du bureau des pauvres et la veuve et héritiers Milcent, pour dégradations à une maison mitoyenne avec l'hôpital. — État des deniers déboursés par Davy pour soutenir ladite procédure.

H. Suppl. 39. — B. 36. (Liasse.) — 1 pièce, parchemin ; 1 pièce, papier.

1677-1678. — Lisieux. — Cession devant François Picquot et Robert Lancelot, tabellions, par Jean Le Bourgeois, voiturier, héritier en la tierce partie de Guillaume Le Bourgeois, son frère, à Olivier Legendre, boulanger, bourgeois de Lisieux, de sa part de 5 acres 1/2 vergée, et 10 perches de terre, situées paroisse St-Jacques, près le fossé du bois du parc, qu'il avait fieffée de l'évêque de Matignon, moyennant 40 livres payées comptant. — Certificat de Pierre Lemercier, constatant qu'il a donné avis au public de ladite cession à la sortie de la messe paroissiale de St-Jacques.

H. Suppl. 40. — B. 37. (Liasse.) — 2 pièces, parchemin ; 1 pièce, papier.

1681-1695. — Lisieux. — Vente devant François Picquot et Louis Haimery, tabellions en la vicomté de Lisieux, par Germain Langlois, bourgeois, au bureau des pauvres, stipulé par Nicolas Hardouin, receveur, d'une portion de jardin entourée de murs, sis au faubourg de la porte de Paris, dépendant de la succession de Jacques, son père, moyennant 14 livres 5 sols 8 deniers de rentes à payer à Jeanne Dieuzy, veuve dudit Jacques, sa vie durant. — Quittance donnée devant Robert Morel et Constantin Boullaye, par Germain Langlois, sieur des Courts, aux administrateurs du bureau des pauvres, stipulés par Nicolas Hardouin, receveur, de la somme de 220 livres pour l'amortissement desdites 14 livres de rente (1695).

H. Suppl. 41. — B. 38. (Liasse.) — 1 pièce, parchemin ; 3 pièces, papier.

1682. — Lisieux. — Échange fait devant François Picquot et Robert Morel, tabellions, entre les administrateurs du bureau des pauvres, stipulés par Nicolas Hardouin, procureur et receveur, et Marie Lefrançois, veuve de Jean Couture, de portions de terre en jardin, sises au faubourg de la porte de Paris. — Procès-verbal d'arpentage desdites portions de terre, dressé par Cœuret, arpenteur.

H. Suppl. 42. — B. 39. (Liasse.) — 1 pièce, papier.

1685. — Lisieux. — Extrait du registre de Louis Haimery et François Picquot, tabellions à Lisieux, portant vente par Jean Fouques, laboureur de la paroisse de Notre-Dame-de-Courson, à Robert Lancelot, greffier en l'officialité, d'une maison sise Grande-Rue, paroisse St-Germain, bornée d'un côté par le séminaire, moyennant 600 livres.

H. Suppl. 43. — B. 40. (Liasse.) — 1 pièce, papier.

1686. — Lisieux. — Sommation faite par Pierre Bocage, sergent, à la requête de Léonor de Matignon, évêque de Lisieux, à la veuve de Jean Couture, possédant le jardin Condrat, sis à la porte de Paris, relevant du comté de Lisieux, d'en passer aveu dans huitaine.

H. Suppl. 44. — B. 41. (Liasse.) — 2 pièces, parchemin.

1695-1705. — Lisieux. — Échange devant Robert Morel et Jacques Surlemont, notaires, entre Jacques Robey, fils de Jean et de Jeanne Amidieu, et Nicolas Hardouin, procureur-receveur du bureau des pauvres, de deux maisons séparées par une cour, l'une donnant sur la grande rue et l'autre sur la rivière, en la paroisse St-Germain, contre une maison aussi située Grande-Rue (1695). — Vente devant Jacques Ricquier, notaire, et Jean Blondel, tabellion, par Guillaume Greslebon, chaudronnier, à Nicolas Hardouin, procureur-receveur du bureau des pauvres, d'une portion de maison sise paroisse St-Germain, Grande-Rue, au manoir Gosnard, moyennant 30 livres de rente (1705).

H. Suppl. 45. — B. 42. (Liasse.) — 3 pièces, parchemin ; 1 pièce, papier.

1696-1697. — Lisieux. — Vente devant Robert Morel et Jacques Surlemont, notaires, par Jean Olivier, sieur de Launey, héritier de Jeanne Olivier, veuve de Nicolas de Monstreuil, sa cousine, à Nicolas Hardouin, procureur et receveur du bureau des pauvres, de maisons sises paroisse St-Germain de Lisieux, moyennant 1500 livres de principal et 50 livres de vin (1696). — Quittances données : devant Morel, notaire et Jean Blondel, ex-tabellion, pris pour adjoint par les religieux du couvent des Jacobins, à Nicolas Hardouin, sieur du Noyer, procureur du bureau des pauvres, de la somme de 105 livres 13 sols pour l'amortissement de 7 livres 2 sols 10 deniers de rente due sur ladite maison (1696) ; — devant les mêmes, par Catherine Louchard, veuve de Charles Paisant, receveur général de l'évêché, aux administrateurs du bureau des pauvres, stipulés par Nicolas Hardouin, en l'acquit de Jean Olivier, sieur de Launey, de la somme de 246 livres pour amortissement de 15 livres de rente (1697) ; — devant les mêmes, par Jean Odienne, pour le trésor de St-Germain, aux administrateurs du bureau des pauvres, stipulés par Nicolas Hardouin, sieur du Noyer, receveur, de 223 livres 18 sols 8 deniers pour principal et arrérages de 14 livres 5 sols (1697).

H. Suppl. 46. — B. 43. (Liasse.) — 4 pièces, papier.

1736. — Lisieux. — Assignation commise à la requête de Germain Morin, curé de St-Thomas de Touques, chapelain de la 3e portion de Notre-Dame, en l'église cathédrale St-Pierre de Lisieux, à Robert Gravey, boulanger, héritier de Jacques Millet, ancien chapelain de ladite 3e portion, pour faire les réparations de la maison dépendant dudit bénéfice, situé à Lisieux, paroisse St-Jacques. — Signification dudit exploit faite aux administrateurs du bureau des pauvres, dudit Lisieux. — Promesse faite par l'Évêque de Lisieux et les administrateurs du bureau des pauvres, audit Morin, de faire réparer les chaussées étant le long du jardin de ladite chapelle du côté du grand chemin et de la rivière d'Orbec, signée par Brancas, évêque, Lambert Janville, de Formentin Costard, J. Lebas et Picquot. — Décharge donnée par ledit Morin au bureau des pauvres pour les réparations de la maison dépendant de ladite chapelle.

H. Suppl. 47. — B. 44. (Liasse.) — 5 pièces, papier.

1738-1787. — Lisieux. — Copie de requête adressée à l'intendant de la généralité d'Alençon par les administrateurs de l'hôpital général de la ville de Lisieux exposant que leur jardin, situé vis-à-vis la chapelle, a été pris en partie pour l'élargissement de la route de Paris ; demande d'une indemnité relative ; à la suite sont l'avis de l'ingénieur des ponts et chaussées et l'ordonnance de l'intendant de Levignen, accordant 122 livres 10 sols d'indemnité (1738). — Lettre de Julien, intendant d'Alençon à Despaux, vicaire général de l'évêque de Lisieux, concernant l'indemnité due à l'hôpital de Lisieux, pour terrain pris par la route de Lisieux à Pont-l'Évêque. — Lettres adressées de Cherbourg par Pimbert à Lenoir, receveur des hôpitaux, concernant le paiement de fermages de la cour dans laquelle est construite la chapelle dite de St-Roch. — Copie de lettre en interprétation des conditions de l'adjudication de la ferme du lieu de santé ou la chapelle du Bois, appartenant aux hôpitaux, et concernant l'indemnité reçue pour terrain pris par la route de Pont-l'Évêque (1786-1787).

H. Suppl. 48. — B. 45. (Liasse.) — 5 pièces, parchemin ; 16 pièces, papier.

1707-1786. — Marolles. — Baux : devant Jacques Ricquier et Jean Blondel, tabellions à Lisieux, par Nicolas Hardouin, procureur et receveur du bureau des pauvres, à François Grieu, pour 9 années, des héritages dépendant de la maladrerie de St-Mards, de la paroisse de Marolles, moyennant 65 livres (1707); — devant Jean Blondel, tabellion à Lisieux, renouvellement pour 9 années (1715); — devant Pierre Formage, par Thomas Legendre à Marguerite Bizet, veuve de François Grieu, pour 9 années, moyennant 80 livres (1724); — devant le même, renouvellement pour 9 années (1733); — devant le même, renouvellement à Jean Alabarbe et Marguerite Bizet, veuve Grieu, pour 9 années (1742); — devant Gabriel Legrip Deslongchamps, notaire à Lisieux, renouvellement pour 9 années, moyennant 135 livres (1751); — devant Jacques-Louis Daufresne, par François Mignot, l'un des administrateurs du bureau, à Jean-Baptiste Asse, pour 9 années, moyennant 200 livres (1761); — devant Guillaume-Gabriel Daufresne, notaire à Lisieux, par Guillaume-François Lebourg, chanoine, et Jean-Baptiste-Adrien de Neuville, administrateurs des hôpitaux et bureau des pauvres, à François Halbout, d'une pièce de terre sise à Marolles, dépendant de la maladrerie de St-Mards, pour 9 années, moyennant 112 livres de fermage annuel (1779); — devant le même par Louis Lenoir, procureur des hôpitaux et bureau des pauvres, renouvellement pour 9 années (1785). — Résiliation dudit bail par Lenoir et la veuve dudit François Halbout (1785). — Bail devant Guillaume-Gabriel Daufresne, par Louis Lenoir à Michel Lavache, pour 9 années, de ladite pièce de terre, moyennant 92 livres (1786). — Procès-verbal d'arpentage de ladite pièce de terre sise au village de la Grieurie, par Jean Cautrel, arpenteur juré (1786).

H. Suppl. 49. — B. 46. (Liasse.) — 18 pièces, parchemin ; 59 pièces, papier.

1581-1785. — Mesnil-Eudes. — Vente devant Olivier Carrey et Jean Debray, tabellions à Lisieux, par Marin Le Bourgeois l'aîné, de la paroisse du Mesnil-Eudes, à Jean Deshayes, de 40 sols de rente (1581). — Amortissement devant Olivier Carrey et Pierre Couillard, par Marin Le Bourgeois à Jean Deshayes, de ladite rente (1593). — Donation devant Jean Boscher et Jean Blondel, tabellions à Lisieux, par Jean Le Bourgeois, au bureau des pauvres, de la somme de 600 livres, à condition de lui payer 12 sols la semaine sa vie durant, ainsi qu'à ses héritiers (1673). — Cessions faites devant les tabellions à Guillaume Darragon, prêtre, par Michel et Aubin Darragon, père et fils, de 2 pièces de terre sises au Mesnil-Eudes (1598-1626). — Vente devant Robert Langlois et Charles Duhoux, tabellions à Lisieux, par Robert et Pierre Duclos, frères, de la paroisse du Mesnil-Eudes, à Robert Dubois, d'une pièce de terre nommée les Hogues, sise en ladite paroisse (1637). — Vente devant Nicolas Picquot le jeune et Constantin Boullaye, tabellions à Lisieux, par Jacqueline Delaplanche, veuve de Jean Vicquesnel, sieur de La Fontaine, à Robert Dubois, sieur de La Couture, marchand, bourgeois de Lisieux, d'une portion de terre sise au Mesnil-Eudes (1657). — Vente devant les notaires par Robert Picquot, héritier dudit Robert Dubois, à Nicolas Hardouin, procureur et receveur du bureau des pauvres, et audit nom, d'héritages sis au Mesnil-Eudes (1678). — Procédure entre Marie Guitton, veuve de François de Tournebu, seigneur du Mesnil-Eudes, et les administrateurs du bureau des pauvres, en paiement de droits seigneuriaux pour biens par eux acquis (1679). — Baux faits par les administrateurs du bureau des pauvres de la ferme de la Marlinière, sise en la paroisse du Mesnil-Eudes, à divers : en 1784, moyennant 300 livres, etc. — Mémoire signé d'Orville, concernant les droits privés de brasser au pressoir de l'hôpital général au Mesnil-Eudes, etc.

H. Suppl. 50. — B. 47. (Liasse.) — 1 pièce, parchemin ; 2 pièces, papier, 1 plan.

1709-1757. — Mesnil-Simon. — Extrait des délibérations des administrateurs ordonnant la destruction de la chapelle de la maladrerie du Mesnil-Simon réunie aux pauvres de Lisieux, vu que le revenu n'est que de 5 livres de rente (1709). — Cession à titre de fieffe devant Jacques-Louis Daufresne, notaire à Lisieux, par Joseph-Dominique de Cheylus, haut doyen de l'église cathédrale de Lisieux, Jean-Baptiste Lambert, chevalier, seigneur de Janville et de Bellouet, et François Mignot, auditeur en la Cour des Comptes, administrateurs des hôpitaux et bureau des pauvres, à Charles Martin, de la pièce de terre appelée communément la maladrerie du Mesnil-Simon, moyennant 12 livres de rente (1756). — Procès-verbal d'arpentage de ladite pièce fait par Jacques Rocqueray, arpenteur juré; plan à l'appui (1757).

H. Suppl. 51. — B. 48. (Liasse.) — 4 pièces, parchemin; 18 pièces, papier.

1629-1693. — Motte (La). — Procédure aux pleds de la sergenterie de Cambremer entre Louis Plessis, bourgeois de Lisieux, époux de Marie Vicquesnel, fille de Jean; concernant le retrait à droit de sang et de lignage, de François Duval, de 2 pièces de terre, sises à St-Pierre-des-Ifs (La Motte) (1629-1646). — Procédure à Pont-l'Évêque entre Robert Dubois, sieur de La Couture, bourgeois de Lisieux, et Eustache Montreul, Louis Plessis et François Poulain, époux de Jacqueline Delaplanche, concernant la tenue de biens dépendant de la baronnie de La Motte (1659-1660). — Fieffe devant Nicolas Picquot le jeune et Constantin Boullaye, tabellions à Lisieux, par Jacques et Simon dits Bréard, de la paroisse de La Motte, à Jean Olivier, prêtre, demeurant à Lisieux, d'une portion de terre, sise en ladite paroisse de La Motte moyennant 6 livres de rente. — Copie par extrait de la vente devant Robert Morel et Jacques Surlemont, notaires à Lisieux, par Jean Olivier à Jacques Mathieu de divers héritages moyennant 1,720 livres (1659-1693).

H. Suppl. 52. — B. 49. (Liasse.) — 1 pièce, parchemin.

1664. — Norolles. — Sentence rendue aux pleds de la vicomté de Fauguernon, tenus à St-Philbert-des-Champs par Adrien Le Sénéchal, lieutenant général en ladite vicomté, rejetant la saisie faite par Guillaume Quentin, procureur et receveur du bureau des pauvres, aîné de l'aînesse au Normand, sise à Norolles, dépendant de la sieurie de Mallon, contre André Herfort, Jean de Laistre et Michel Vattier, puinés de ladite aînesse, pour paiement d'arrérages de rente seigneuriale.

H. Suppl. 53. — B. 50. (Liasse.) — 1 pièce, papier.

XVIIIe siècle. — Rouen. — Mémoire concernant l'intention de Mlle de La Coudraye de rendre propriétaire l'hôpital général de Lisieux de 2 corps de logis réunis en un seul et situés en la ville de Rouen,

acquis par elle de Pierre Guérin, prêtre habitué en la paroisse de St-Nicaise de Rouen.

H. Suppl. 54. — B. 51. (Liasse.) — 4 pièces, parchemin; 8 pièces, papier.

1648-1701. — St-Germain de Livet. — Transaction passée devant Jean Olivier et François Poullain, tabellions à Lisieux, entre François et Henry Lemarchand, frères, et Denis Cottin, mari de Marie Lemarchand, de St-Germain-de-Livet, concernant le partage de la succession d'Étienne Lemarchand (1648). — Vente devant François Picquot et Robert Lancelot, tabellions à Lisieux, par Henry Lemarchand, bourgeois, fils de feu François, à Nicolas Hardouin, procureur du bureau des pauvres, de pièces de terre, maison et jardin, sis en la paroisse de St-Germain-de-Livet (1678). — Procédure entre Nicolas Hardouin, receveur du bureau des pauvres, au droit de Henry Lemarchand, et les héritiers de Léger Brèvedent, pour arrérages de rente; procès-verbal de saisie d'une pièce de terre sise en la paroisse du Breuil y relatif, etc. (1687). — Aveu rendu à Jean-Baptiste de Francqueville, prêtre, docteur de la maison et société de Sorbonne, chanoine et haut doyen de l'église de Lisieux et en cette qualité seigneur des fiefs de Coutant et du Coudray, situés en la paroisse de St-Germain-de-Livet, par les administrateurs du bureau des pauvres représentant par acquêt Henry Lemarchand, fils et héritier François, d'une pièce de terre en cour et plant et d'une maison (1701).

H. Suppl. 55. — B. 52. (Liasse.) — 3 pièces, parchemin; 3 pièces, papier.

1658-1683. — St-Hippolyte du Bout-des-Prés. — Bail pour 6 ans devant Robert Gaillard et François Poullain, tabellions en la vicomté de Lisieux, par Nicolas Gautier, fils Mathieu, à Pierre Marie, d'une maison et jardin sis paroisse de St-Hippolyte du Bout-des-Prés, moyennant 32 livres de loyer (1658). — Autre bail fait pour trois années par Guillaume Quentin, receveur du bureau des pauvres, à Guillaume Buglel, sieur de Cravas, des héritages ayant appartenu audit Nicolas Gautier, moyennant 30 livres (1659). — Bail pour 6 années devant Jean Boscher, tabellion à Lisieux, et Louis Recquier, huissier, pris pour adjoint, par Nicolas Davy, receveur du bureau des pauvres, à Nicolas Carrey et Nicolas Beroult, d'une maison, cour et jardin, sis au lieu Gautier, paroisse de St-Hippolyte du Bout-des-Prés, moyennant 30 livres (1659). — Vente devant

François Picquot et Robert Lancelot, notaires à Lisieux, par Nicolas Hardouin, procureur et receveur du bureau des pauvres, à Louis Hébert, sieur du Sauvage, marchand drapier, bourgeois de Lisieux, de 2 pièces de terre sises en la paroisse de St-Hippolyte du Bout-des-Prés, moyennant 504 livres 5 sols, en échange desquelles sont cédés les arrérages et principal de 2 parties de rente (1679). — Signification faite à Pierre Lebret, chirurgien, de la paroisse de La Houblonnière, avec sommation de payer les arrérages de rentes dus audit Hébert du Sauvage (1683).

H. Suppl. 56. — B. 53. (Liasse.) — 2 pièces, parchemin ; 12 pièces, papier.

1698-1780. — St-Philbert-des-Champs. — Remise faite par Jean Aubert, prêtre, de St-Philbert-des-Champs, ci-devant pourvu de la léproserie de St-Marc-du-Fauquet, paroisse de St-Philbert-des-Champs, au bureau des pauvres de Lisieux, de ladite léproserie, conformément aux lettres patentes données à Compiègne et homologuées au Parlement de Rouen (1699). — Baux de 2 pièces de terre et revenu dépendant de ladite chapelle faits par les administrateurs à divers (1713-1779). — Extrait du registre des délibérations des administrateurs du bureau des pauvres concernant la fieffe faite à Gilles Bazin du fonds dépendant de la maladrerie du Fauquet, moyennant 36 livres par an (1779). — Donation devant Jacques-Louis Daufresne, notaire à Lisieux, par les administrateurs du bureau, à Gilles Bazin, à rente foncière et non rachetable, de deux pièces de terre sises à St-Philbert-des-Champs, dépendant de la maladrerie du Fauquet, moyennant 20 boisseaux de blé, mesure de la halle de Lisieux (1780).

H. Suppl. 57. — B. 54. (Liasse.) — 6 pièces, parchemin ; 3 pièces, papier.

1627-1701. — St-Philbert-des-Champs. — Ventes: devant Roger Helix et Gabriel Deschamps, tabellions, par Adrien du Houlley, écuyer, sieur du Clos Gouvis, à Jean Lachey, avocat, et Charles Lachey, sergent royal, fils Aubin, de maison, cour, jardin et pièce de terre, sis paroisse de St-Philbert-des-Champs, moyennant 1,650 livres (1627); — devant Architriclin Noucher, tabellion en la vicomté de Fauguernon, et François d'Échauffour, tabellion au siège de Blangy, pris pour adjoint, par lesdits Lachey à Pierre Capelle, archer des chasses, tentes et pavillons du Roi, fourrier en la maison de la Reine, de 3 pièces de terre sises à St-Philbert, moyennant 2,000 livres (1628); — devant Charles Lachey et Robert Lelièvre, tabellions à Moyaux, par Nicolas Chaulmedru, sieur de La Roche, audit Pierre Capelle, d'une pièce de terre sise à St-Philbert-des-Champs, moyennant 160 livres (1631). — Sommation faite à l'abbesse de St-Désir de payer les droits de 8ᵉ denier de biens aliénés, comme propriétaire du fief de l'Aumône sis à St-Philbert, dont est tenant Jacques Vicquesnel, sieur de Bois-Cordé (1677). — Amortissement par le bureau des pauvres de 7 livres 2 sols 8 deniers de rente à Adrien Giot, pour une pièce de terre cédée à Jean Vicquesnel, dont le décret des héritages a été poursuivi par Hardouin, receveur du bureau (1686). — Reconnaissance devant Robert Morel et Jean Blondel, tabellions, du bail fait à Jean Herier par Hardouin, receveur du bureau des pauvres, de tous les héritages possédés à St-Philbert-des-Champs au droit de Jean et Jacques Vicquesnel, frères (1696). — Quittance donnée au bureau des pauvres, par les frères Rosay, de la somme de 83 livres pour amortissement de rente de l'obligation de Jacques Vicquesnel, sieur de Bois-Cordé (1701). — Notes sur l'aînesse du jardin Simon, sise à St-Philbert-des-Champs.

H. Suppl. 58. — B. 55. (Liasse.) — 18 pièces, parchemin ; 34 pièces, papier.

1493-1670. — St-Philbert-des-Champs. — Copies d'aveux rendus : à Christophe de Cerisay, seigneur de Villy, baron de La Haye-du-Puits, vicomte et seigneur de Fauguernon, bailli de Cotentin, par Robin Le Cordier, de la vavassorerie tenue par Simon Deschamps, sise à St-Philbert-des-Champs (1493), ladite copie collationnée sur l'original représenté par Chaudru, receveur de la vicomtesse et châtelaine de Fauguernon (1688) ; — à Marie de Cerisay, dame et vicomtesse héréditale de la vicomté et châtellenie de Fauguernon et du château du Pin, de ladite vavassorerie par Guillaume Le Cordier (1537) ; — à Louis de Brezé, évêque de Meaux, abbé de St-Pharon et Igny, seigneur et baron de La Haye-du-Puits, châtelain et vicomte de Fauguernon, sieur du château du Pin, de ladite vavassorerie par Romain Le Cordier (1571). — Vente devant les notaires de Paris par Louis de La Marck, marquis de Maulny, vicomte de Fauguernon, seigneur de Marigny et de Nogent-le-Roy, premier écuyer de la Reine, à Pierre Capelle, son receveur, de son droit de déshérence, à cause du décès de Christophe Gosse, bâtard, de la paroisse de St-Philbert-des-Champs (1617). —

Reconnaissance devant Jean Letellier et Philippe Delaunay, tabellions au siège de l'Hôtellerie, par Adrien du Houlley, écuyer, sieur de Courtonne, de la vente faite en son nom par Charles de Gouvis, écuyer, sieur de Haguelin, à Jacques Vicquesnel, d'une pièce de terre sise à St-Philbert-des-Champs (1630). — Contrat de mariage de Jacques Vicquesnel, sieur de La Mare, fils de Jacques et de Catherine Le Cordier, et Marguerite Tourfaut, fille de Quentin Tourfaut et de Françoise Blondin (1641). — *Extractum ab uno e registris collationum beneficiorum episcopatus Lexoviensis*: collation par Louis Lemercier, chanoine de Lisieux et vicaire général de l'évêché, le siège vacant, à Jean Osmont, de la chapelle de St-Agapit, paroisse d'Aubry-le-Panthou, vacante par le décès d'Antoine Osmont, chevalier de Malte (1647). — Accord entre Jean Osmont, écuyer, prêtre, curé de Prêtreville, chapelain de la chapelle St-Agapit, et Jacques Vicquesnel, sieur de Bois-Cordé, pour terminer le procès pendant entre eux en la juridiction de Fauguernon (1652). — Vente par Jacques Vicquesnel, sieur de Bois-Cordé, au bureau des pauvres de Lisieux, de 100 livres de rente, moyennant 1,400 livres (1655). — Quittances données par Marie de Raveton, abbesse de l'abbaye Notre-Dame-du-Pré de Lisieux, à M. de Bois-Cordé, d'arrérages de 10 boisseaux 1 quarteron de froment, mesure de Fauguernon, de rente seigneuriale (1662-1666). — Reconnaissance de 7 livres de rente par Jacques Vicquesnel, sieur de Bois-Cordé, de St-Philbert-des-Champs, à Marin Herier de ladite paroisse (1670).

H. Suppl. 59. — B. 56. (Liasse.) — 5 pièces, parchemin; 54 pièces, papier.

1671-1682. — St-Philbert-des-Champs. — Quittance donnée par Charlotte de Matignon, abbesse de N.-D.-du-Pré de Lisieux, à Jacques Vicquesnel, sieur de Bois-Cordé, de 10 boisseaux 1 quarteron de froment de rente seigneuriale (1671). — Affirmation de voyage au greffe de la vicomté de Moyaux par Adrien Glot, marchand à Bernay, pour former opposition au décret des immeubles de Jacques Vicquesnel, requis par le receveur du bureau des pauvres de Lisieux (1672). — Cession faite par Gabriel Osmont, religieux de l'abbaye de Cormeilles, pourvu de la chapelle St-Agapit, sise paroisse d'Aubry-le-Panthou, et du consentement de Guillaume Osmont, chevalier, seigneur dudit Aubry, à Robert Guestier, fils Louis, de la paroisse de N.-D.-des-Champs, de 152 boisseaux d'avoine, mesure de Fauguernon, dus à ladite chapelle, tant par lui que d'autres, moyennant 1,100 livres (1681). — Lettre de M. d'Argouges à M. de Bois-Cordé, concernant les poursuites des héritiers Alais pour le paiement de ce qui leur a été transporté à prendre sur lui (1681). — Remarques sur les pièces produites au greffe de Fauguernon par Le Roy sous le nom de Robert Guestier, fils Louis, contre les administrateurs du bureau des pauvres, acquéreurs d'héritages de Jacques Vicquesnel de Bois-Cordé. — Procédure en la vicomté de Moyaux, à la requête de Nicolas Hardouin, procureur et receveur du bureau des pauvres, ayant requis le décret des biens de Jacques Vicquesnel, sieur de Bois-Cordé, sis à St-Philbert-des-Champs et au Brévedent, pour paiement de 100 livres de rente, etc.

H. Suppl. 60. — B. 57. (Liasse.) — 14 pièces, parchemin; 108 pièces, papier.

1682-1684. — St-Philbert-des-Champs. — Copie en 1682 d'une reconnaissance passée en 1668, en la vicomté et haute-justice de Fauguernon, tenue à St-Philbert-des-Champs devant Pierre Thiron, bailli vicomtal de ladite vicomté et haute-justice, au profit de Charlotte de Matignon, abbesse de Notre-Dame-du-Pré à Lisieux, par Jacques Vicquesnel, sieur de Bois-Cordé. — Sentence rendue en la chambre du Conseil de l'Hôtellerie par Jean de Piperey, écuyer, seigneur de Marolles, vicomte de Moyaux, entre Marguerite Tourfault, épouse séparée de Jacques Vicquesnel, et Nicolas Hardouin, receveur du bureau des pauvres de Lisieux, ayant décreté les biens dudit Vicquesnel. — Autre sentence rendue par Yves de Mailloc, écuyer, sieur de Toutteville, lieutenant civil et criminel en la vicomté d'Orbec, sur l'appel, par Jean de l'Hôtellerie, de deux sentences rendues au siège de l'Hôtellerie, concernant le décret des héritages saisis sur Jacques Vicquesnel de Bois-Cordé, requis par Hardouin, receveur du bureau des pauvres; conclusions, sommations d'audience, requêtes et affirmations de voyages et pièces diverses de procédure y relatives.

H. Suppl. 61. — B. 58. (Liasse.) — 3 pièces, parchemin; 139 pièces, papier.

1685-1689. — St-Philbert-des-Champs. — Signification de sentence rendue aux pleds de la vicomté de Fauguernon tenus à St-Philbert-des-Champs, entre Charlotte de Matignon, abbesse de Notre-Dame-du-Pré de Lisieux et Jacques Vicquesnel, sieur de Bois-Cordé. — Signification faite à la requête de Hardouin, receveur du bureau des pauvres, à Jacques Vicquesnel, de fournir le pain à Nicolas Lachey, détenu aux prisons d'Orbec à sa requête. — Suite de la procédure en la vicomté de Moyaux, exercée par le bureau des pauvres ayant requis le décret des héritages de Jacques Vicquesnel, sieur de Bois-Cordé, sis à St-Philbert-des-Champs. — État de distribution faite par Le Chevalier, avocat, exerçant en la vicomté de Fauguernon par le décès du bailli et la récusation de son lieutenant, de la somme de 154 livres 2 sols 6 deniers provenant de la saisie faite à la requête du bureau des pauvres, des grains et fruits appartenant à Jacques Vicquesnel, sieur de Bois-Cordé, et à Marguerite Tourfaux, sa femme, de lui séparée, etc.

H. Suppl. 62. — B. 59. (Liasse.) — 6 pièces, parchemin ; 110 pièces, papier.

1690-1731. — St-Philbert-des-Champs. — Cession devant Nicolas Dusaux, tabellion à Fauguernon, par Jacques Vicquesnel, sieur de Bois-Cordé, à Paul, son fils, chapelier à Lisieux, du droit de viduité qui lui appartient de feue Marguerite Tourfaux, sa femme (1690). — Requête adressée au bailli de Fauguernon par Jacques Vicquesnel, ayant sous-baillé à Nicolas Lachey une métairie sise à St-Philbert-des-Champs, appartenant au bureau des pauvres de Lisieux, moyennant 406 livres par an, afin d'obtenir l'autorisation de saisir les grains et fruits dudit Lachey pour paiement de 3 années de fermages (1690). — Avis de MM. de Fréville, Varin et Duval, avocats à Rouen, sur l'appel interjeté par Paul Vicquesnel, chapelier à Lisieux, héritier de sa mère, de sentence rendue par le haut justicier de Lisieux, à la requête des administrateurs du bureau des pauvres (1691). — Procès-verbal de saisie faite par Jean Houel, sergent à Lisieux, à la requête de Charlotte de Matignon, abbesse de Lisieux, possédant la sieurie de l'Aumône, assise à St-Philbert-des-Champs, des grains et fruits de Jacques Vicquesnel, l'un des tenants du fief de l'Aumône pour paiement de 99 livres 12 sols 9 deniers de rente seigneuriale (1692). — Quittance donnée par l'abbesse de Lisieux à Nicolas Hardouin, procureur du bureau des pauvres, des arrérages de 10 boisseaux 1 quarteron de blé comme représentant de Jacques Vicquesnel (1693). — Quittance donnée devant Pierre Formage, notaire à Lisieux, par Gilles Vicquesnel, fils et héritier de Jacques, des administrateurs du bureau des pauvres, de la somme de 622 livres 4 sols 5 deniers pour amortissement de 34 livres 15 sols 5 deniers de rente (1719).

— Requête adressée à l'évêque par les administrateurs du bureau des pauvres, concernant un nouveau titre de 4 livres 15 sols réclamé par Legendre pour Antoine Loudet, représentant Charles Lachey, fils de Marie Vicquesnel, pour rente à Vicquesnel de Bois-Cordé, dont elle était héritière (1730). — Quittance donnée devant Pierre Formage, notaire, par Antoine Loudet à Legendre, receveur du bureau des pauvres, de la somme de 100 livres pour l'amortissement desdites 4 livres 15 sols de rente (1731), etc.

H. Suppl. 63. — B. 60. (Liasse.) — 14 pièces, papier.

1698-1700. — St-Pierre-du-Breuil. — Requête adressée au bailli d'Évreux ou son lieutenant général en la vicomté d'Orbec, par Nicolas Hardouin, procureur et receveur du bureau des pauvres de Lisieux, pour faire défense aux fermiers des biens et revenus de la chapelle St-Pierre-du-Breuil, de ne payer leurs redevances qu'audit bureau. — Sentences rendues audit siège, par André Guenet, écuyer, sieur de St-Just et de La Factière, lieutenant général, et Pierre de Fouques, écuyer, sieur de La Pillette, lieutenant ancien civil et criminel, concernant la demande dudit Hardouin contre Pierre Bernières, prêtre, se disant titulaire de la chapelle de la maladrerie de St-Pierre-du-Breuil ; sommations d'audience, correspondance et pièces diverses y relatives.

H. Suppl. 64. — B. 61. (Liasse.) — 9 pièces, parchemin ; 78 pièces, papier.

1213-1752. — St-Samson. — Copie d'arrêt du Conseil portant union de l'hôpital de St-Samson à l'hôpital général de Lisieux (1699). — Compte rendu par Michel Lemonnier, ex-fermier de l'hôpital de St-Samson, de la jouissance qu'il a eue du 1er juillet 1693 jusqu'à Noël 1699, pour satisfaire à l'exploit signifié à la requête des administrateurs du bureau des pauvres. — Bail devant Robert Morel, notaire, et Jean Blondel, pris pour adjoint, par Nicolas Hardouin, procureur et receveur du bureau des pauvres, à M. de Montpellier, marchand, de la paroisse de St-Loup-de-Fribois, du revenu intégral de la maladrerie de St-Samson, consistant en cours, maisons et terres, moyennant 930 livres par an (1699). — Délibération des administrateurs, décidant qu'il sera envoyé un état des biens et revenus de St-Samson à la Chambre des Comptes, et chargeant Morin, l'un des membres du bureau des pauvres, de retirer les titres concernant la maladrerie de St-Samson (1705). — Procédure entre René-Alexandre Aubry, seigneur de Basseneville et St-Samson, conseiller au Parlement de Paris, et les administrateurs du bureau des pauvres, pour paiement de rentes seigneuriales qu'il prétend être dues pour l'hôpital de St-Samson (1711-1726). — Documents divers à l'appui des procédures, notamment note de la fondation par un seigneur de Basseneville, en 1213, d'un hôpital dans la paroisse de St-Samson, en un lieu nommé des Saux, pour y recevoir et héberger les pauvres, pourquoi il a été appelé l'hôpital de Ste-Marie-Madeleine-des-Saux, autrement St-Samson, etc. — Délibération des administrateurs concernant la remise faite à Audran, administrateur du bureau des pauvres, des lettres patentes ayant uni à l'hôpital diverses maladreries et entre autres St-Samson (1712). — Requête des administrateurs du bureau des pauvres au lieutenant général du bailli de Rouen en la vicomté d'Auge, pour être autorisés à faire les réparations nécessaires aux maisons de l'hôpital de St-Samson, réuni par lettres patentes à celui de Lisieux (1714). — Délibérations des administrateurs du bureau des pauvres relatives au procès entre le bureau des pauvres et les religieux de Troarn (1719) et à la remise à l'administration des hôpitaux de Lisieux par Lecoq des titres de l'hôpital de St-Samson (1722). — Divers baux du revenu dépendant de l'hôpital St-Samson faits par les administrateurs du bureau des pauvres de Lisieux, etc.

H. Suppl. 65. — B. 62. (Liasse.) — 4 pièces, parchemin ; 47 pièces, papier ; 1 plan.

1753-1787. — St-Samson. — Bail emphytéotique devant Thomas Mauger, tabellion au siège de Dives, par Pierre Mirey à Marin Dusnel et à Marie Allain, sa femme, d'une demie acre de terre en herbe et plant, située paroisse de Basseneville, moyennant 400 livres (1753). — Procédure entre les administrateurs du bureau des pauvres et le duc d'Orléans, ayant pour avocat Lecourt, écuyer, sieur des Tourailles, concernant le curage des fossés partageant les fonds de l'hôpital et le marais de St-Samson (1755). — Autre procédure entre François Lémercier, receveur des hôpitaux de Lisieux, et François Desloges, fermier de St-Samson, pour dégradations et inexécution des clauses du bail (1760). — Lettre de Dumont, curé de St-Samson, concernant l'acceptation des novalles de la grande pièce de l'hôpital et les honoraires des messes pour les fondateurs qui lui ont été accordés par le bureau des pauvres (1774). — Devis et estimation des ouvrages à faire à la ferme de St-Samson, étant à la charge du fermier sortant (1778-1780). — Procès-verbal d'adjudication faite par François-Ambroise Charpentier, reçu provisoirement à faire les fonctions de notaire à Troarn, desdites réparations à Pierre Collin, moyennant 2,445 livres (1780). — Opposition des administrateurs du bureau à l'état de distribution des deniers provenant des biens de feu Jean-Baptiste-Pierre-Noël Cauvin des Boutières, décrétés au bailliage, pour y être colloqués pour la somme de 500 livres due pour fermages et rentes (1780). — Plan d'une portion de cour appartenant à Biot, bourgeois de Caen, où il doit être déposé du charbon et des tuiles près la cour de la ferme de St-Samson, en présence des administrateurs du bureau des pauvres (1783). — Délibération des administrateurs des hôpitaux concernant l'échange à faire avec Biot, voisin de la ferme de St-Samson (1783). — Baux de la ferme de la maladrerie de St-Samson faits par les administrateurs à divers. — Lettre de Dufour à Lenoir, receveur du bureau des pauvres, concernant la redevance de 10 boisseaux d'orge dus à l'hôpital de St-Samson réuni à celui de Lisieux (1787) ; titre à l'appui.

H. Suppl. 66. — B. 63. (Cahiers.) — Moyen format, 76 feuillets, papier.

1223-1727. — St-Samson. — Copies de pièces concernant l'hôpital de St-Samson, signifiées à l'hôpital à la requête de René-Alexandre Aubry, seigneur de St-Clair, Basseneville et St-Samson, conseiller au Parlement de Paris. Charte de fondation de l'hôpital translatée de latin en français (1222, mars). — Enregistrement au Parlement de Rouen des lettres patentes données à St-Germain-en-Laye, le 30 mai 1349, par lesquelles le Roi déclare les hôpitaux, hôtels-Dieu, léproseries et maladreries assises dans les seigneuries des ducs de Guise et Longueville, en leur présentation, collation et disposition, n'être compris aux ordonnances sur la réformation des hôtels-Dieu, des hôpitaux et léproseries (1550). — Extrait des registres du Parlement concernant le procès entre l'abbaye de Troarn et Mme d'Estouteville et l'arrêt de 1671, pour M. de Longueville. (Cf. IV. B. 1.) — Édits de désunion de l'ordre de St-Lazare (1693). — Bail à ferme par Marie d'Orléans, princesse souveraine de Neufchâtel et Valengin en Suisse, duchesse de Nemours et d'Estouteville, comtesse de Dunois, St-Pol, Chaumont, Gournay, Tancarville et autres lieux, veuve d'Henri de Savoie, duc de Nemours, à Jean-Baptiste Carrel, marchand, de St-Julien-sur-Calonne, du revenu des terres et seigneuries de St-Clair, Basseneville et St-Samson (1700), etc.

H. Suppl. 67. — B. 64. (Liasse.) — 2 pièces, parchemin ; 9 pièces, papier.

1722-1785. — Vaux (les). — Baux : devant Pierre Formage, tabellion à Lisieux, par Thomas Legendre, receveur des hôpitaux, à Godefroy Morel, pour 9 années, d'un pré sis en la paroisse de Notre-Dame des Vaux (1722) ; — devant Pierre Formage, par Legendre, receveur à Jean Dubuisson, pour 9 années, d'un pré sis en la paroisse de N.-D. des Vaux, contenant une vergée et demie, moyennant 20 livres en argent et 13 bottes de foin par an (1741) ; — devant Gabriel Legrip Deslongchamps, tabellion, renouvellement dudit bail (1749) ; — devant Jacques-Louis Daufresne, par François Mignot, l'un des administrateurs des hôpitaux à Louis Anglement, pour 3, 6 ou 9 années, dudit pré aux mêmes conditions (1758) ; — devant le même par François Mignot à Adrien Dubois, dudit pré, moyennant 30 livres par an (1767). — Sentence rendue aux pleds ordinaires de Lisieux par Thomas Bourdon de Beaufy, bailli-vicomtal, autorisant Mauriel, fermier des hôpitaux, dans la paroisse de Notre-Dame-des-Vaux, à enlever son foin en passant sur les héritages des frères Gosset. — Mémoire des frais et débours faits par les administrateurs du bureau des pauvres, pour avoir un passage sur les biens des frères Gosset, s'élevant à 16 livres 7 deniers, payés par Lenoir, procureur du bureau, à Leboux (1768). — Bail devant Jacques-Louis Daufresne par Jean-Baptiste Lenoir, procureur des hôpitaux, à Jacques Goupil, pour 3, 6 ou 9 années, du pré des Vaux, moyennant 37 livres (1776). — Vente devant Guillaume-Gabriel Daufresne, par François-Étienne-Ignace de Gruel, chanoine, et Jean-Joseph Delaroche de Pertheville, seigneur d'Ouilly-le-Vicomte, directeurs et administrateurs des hôpitaux et bureau des pauvres, du pré des Vaux, à Jean Gosset, sieur des Aulnés, avocat, moyennant 600 livres (1785).

H. Suppl. 68. — B. 65. (Liasse.) — 5 pièces, parchemin ; 3 pièces, papier.

1633-1718. — Biens et documents divers. — Vente devant Nicolas Picquot et Jacques Duhoux, tabellions à Lisieux, par Guillaume Dubois, prêtre, curé de Roques et chapelain en l'église cathédrale de Lisieux, à Robert Dubois, son frère, bourgeois de Lisieux, de tout ce qui peut lui appartenir de la succession d'Aubin Dubois, leur père, moyennant 420 livres de principal et 10 livres de vin (1633). — Vente devant Robert Blancard et Nicolas Lévesque, tabellions au siège de St-Julien-le-Faucon, par Pierre Deschamps, fils et héritier en tierce partie de Guillaume Deschamps et de Catherine Goupil, demeurant paroisse de St-Germain de Lisieux, à Gilles de Thirmoys, écuyer, seigneur de St-Blaize, demeurant en son manoir, paroisse de Fougrain, d'une pièce de terre en labour, nommée la Mannière, assise en la paroisse du Chesne, moyennant 150 livres de principal et 60 sols de vin (1658). — Accord fait devant Marc-Antoine Deshayes de Tischéville, écuyer, vicomte de Bernay, entre François Escallard, sieur du Tremblé, époux d'Anne Le Maignen, Robert Le Maignen, sieur du Boscage, son neveu, et Marie Mignot, femme de François Le Maignen, sieur de Guermont, concernant le paiement de la dot de ladite Le Maignen. Procuration par Pierre Le Pegneult, président-trésorier au bureau des finances d'Alençon, à Jacques Le Roy, élu en l'élection de Lisieux, son neveu, pour recevoir les deniers qui pourraient lui revenir sur le décret des héritages de François et Jean dits Escallard (1690). — Contrats de mariage : devant Philippe Hozart, notaire à Estrechy, Échaufour, Champigny, etc., de Pierre Bourdier, laboureur dudit Estrechy, et Catherine Bunel, fille de Jacques et d'Anne Maudhuy (1681) ; — devant Mathurin Lefebvre, notaire à St-Julien-le-Faucon, de Nicolas Bourdier, fils de feu Pierre et Françoise du Rocher, demeurant tous deux paroisse St-Germain de Lisieux (1708) ; — devant les notaires dudit lieu, entre Nicolas Bourdier et Catherine Pépin, demeurant en la ville de Lisieux (1718). — « Estat des escriptures et contras « concernant le lieu de Montgachon. »

H. Suppl. 69. — B. 66. (Liasse.) — 3 pièces, parchemin ; 1 pièce, papier.

1584-1587. — Droits. Taxes des pauvres. — Arrêt de la Chambre des Comptes rendu sur la requête de Guillaume Hardy, procureur du bureau des pauvres de la ville de Lisieux, ordonnant au receveur de l'évêché de Lisieux de remettre au receveur des aumônes des pauvres la somme de 200 écus soleil à lui accordée pour la nourriture des pauvres sur le revenu du temporel de l'Évêché pendant le temps de la régale (1584). — Arrêt du Parlement de Rouen homologuant les cotisations faites par les députés à l'assemblée générale tenue en l'hôtel commun sur les bourgeois et habitants de Lisieux pour la subvention et nourriture des pauvres (1586). — Sentence rendue aux pleds de Lisieux par Pierre Lepetit aîné, lieutenant général, enjoignant sur la demande de Guillaume Hardy, receveur du bureau des pauvres, à Christophe Mérieult de faire rentrer les deniers dus audit bureau (1587). — Ordre de Mathurin de La Balle, lieutenant au bailliage vicomtal de Lisieux, au premier huissier requis, de faire faire l'ouverture des maisons et la saisie des meubles des bourgeois et habitants qui refuseraient de payer leurs cotisations pour les pauvres (1587).

H. Suppl. 70. — B. 67. (Liasse.) — 3 pièces, parchemin; 16 pièces, papier.

1655-1682. — Droits. — Quêtes. — Copie d'arrêt du Parlement de Rouen ordonnant la continuation des quêtes faites dans les églises des paroisses et des monastères de Lisieux, tous les dimanches, au profit du bureau des pauvres, lesdites quêtes étant indispensables à la subvention des pauvres et quelques religieux, comme les Jacobins, ne les voulant souffrir (1656). — Sentences de Jacques du Houlley, écuyer, sieur de Firfol, lieutenant général, et de François Maillot, lieutenant civil et criminel en la vicomté d'Orbec, défendant par provision aux charités et confréries d'exposer aucuns plats aux jours de fêtes et dimanches dans les églises, sous peine de 20 livres d'amende et de saisie desdits plats, et portant condamnation de Claude Lemarchand, échevin de la charité de St-Jacques de Lisieux, Michel Leclerc, échevin de la charité de St-Germain de Lisieux, Pierre Vauquelin, roi de la confrérie de St-Jacques de Lisieux (1660). — Signification de ladite sentence faite à diverses confréries (1668-1675). — Requête du bureau des pauvres à l'évêque de Lisieux, lui remontrant qu'il y a, dans l'église de St-Jacques, 12 confréries, notamment celles de la Charité, des bouchers, des boulangers, des carreleurs, de Notre-Dame du Mont-Carmel ; dans celle de St-Germain 15, la Charité, Notre-Dame-de-Liesse, St-Yves, les tanneurs, les tondeurs, les merciers, les foulons, etc. ; à St-Agnan, 2, aux Mathurins, 4, aux Jacobins 6, qui font des quêtes ; demande d'ordonner qu'il ne sera fait aucunes quêtes que pour l'œuvre de l'église et pour lesdits pauvres ; à la suite est l'ordonnance de Léonor de Matignon, évêque et comte de Lisieux, défendant auxdites confréries de faire aucunes quêtes (1682). — Semblable requête adressée à M. de Barillon, seigneur de Morangis, intendant d'Alençon et député par le Roi pour l'établissement des bureaux et renfermement des pauvres, par le bureau des pauvres de Lisieux, stipulé par Nicolas Hardouin, procureur et receveur du bureau, pour ordonner qu'il n'y aura, dans les églises de la ville, aucuns bassins et qu'on n'y fera de quêtes que pour l'œuvre desdites églises ; demande de permettre auxdits pauvres de saisir les autres quêtes. — Projet d'arrêt pour obliger les confréries qui sont plus de 50, dans cette petite ville, à observer la défense à eux faite de quêter, sur la requête présentée par les administrateurs de l'hôpital général de Lisieux, contenant qu'en 1658, la ville étant chargée de quantité de pauvres mendiants et invalides, les principaux habitants s'assemblèrent à l'hôtel épiscopal par autorité du Parlement de Rouen, pour aviser à les faire subsister après leur enfermement et qu'ils dressèrent quelques articles qui furent homologués au Parlement, le 1er février 1659, etc.

H. Suppl. 71. — B. 68. (Liasse.) — 15 pièces, parchemin; 16 pièces, papier.

1555-1765. — Droits. — Aides et gabelles. — Lettres patentes nommant Gabriel Le Veneur, évêque d'Évreux, et Nicolas Le Comte, sieur de Draqueville, maître des requêtes de l'hôtel, commissaires pour la vente à faculté de rachat des domaines du Roi, aides, fermes, subsides, impositions, etc., dans les généralités de Rouen et Caen (1555). — Cession de rente sur les aides, fermes et quatrièmes en la ville et élection de Lisieux, par lesdits commissaires, à Christophe Delarue, curé de St-Aubin-de-Scellon (leurs sceaux) (1555). — Vente par ledit Christophe Delarue, curé de St-Aubin de Scellon, chapelain de St-Vivien en l'église cathédrale de Lisieux, à Guillaume Mauduit, sieur des Chesnes, de 47 livres tournois de rente à prendre sur la recette des aides, fermes et quatrièmes de la ville et élection de Lisieux (1563). — Vente devant Carrey et Jacques Éveillechien, tabellions, par Guillaume Mauduit, de ladite rente aux bourgeois, manants et habitants de Lisieux, stipulés par Guillaume Beaufils, leur procureur et receveur (1570). — Transport par Jacques Mauduit, fils et héritier de feu Guillaume, au bureau des pauvres de la ville de Lisieux, de 6 écus d'or 33 sols 4 deniers de rente en conséquence du testament dudit Guillaume Mauduit, sieur de La Rozière (1581). — Promesse devant Hayn et Olivier Carrey, tabellions, par François Lambert, écuyer, sieur d'Herbigny, héritier, à cause de sa femme, de moitié de la succession de

Jacques Amidieu, Jean Dubosq et François Vimont, aussi héritiers à cause de leurs femmes, de continuer au bureau des pauvres de Lisieux, la rente de 6 écus 33 sols 4 deniers à prendre sur la recette des aides et tailles que ledit Amidieu a donnée audit bureau (1598). — Procédure devant les élus entre Picquot, receveur du bureau des pauvres, Jean Parisot, écuyer, sieur de La Louaye, Nicolas Paulmier, Robert Duhamel et Delaplanche, receveurs des aides, en paiement d'arrérages de rentes (1640). — Requête adressée à la Chambre des Comptes par les pauvres valides de Lisieux, pour ordonner que trois parties de rentes à prendre sur les aides de l'Élection, s'élevant à 59 livres, seront employées au compte desdits aides (1642). — Certificats du greffier du bureau des finances de Rouen de la représentation faite par Nicolas Davy, receveur du bureau des pauvres de Lisieux, des titres de rentes à prendre sur la recette générale de Rouen (1669-1683). — États des rentes constituées sur les aides et gabelles de France au profit des pauvres malades de Lisieux (1720-1721) : 131,000 livres portant 3,275 livres de rente sur les aides et gabelles, rentes provinciales 16,650 livres donnant 333 livres de rente annuelle. — État des rentes constituées sur les aides et gabelles de France au profit de l'hôpital général de Lisieux : 40,000 livres portant 1,000 livres de rente. — Extrait des registres où sont immatriculés les propriétaires de la sixième partie des rentes de l'Hôtel-de-Ville de Paris assignés sur les aides et gabelles pour les filles de la Providence de Lisieux, sur donation de Jean-Marie Hanriau, docteur de Sorbonne (1765). — États des arrérages de rentes sur les aides et gabelles de France appartenant au petit séminaire de la ville de Lisieux, qu'on a fait recevoir à l'Hôtel-de-Ville de Paris : 1° 6 mois d'arrérages des anciennes rentes de l'année 1773, 1,327 livres 10 sols, et arrérages pour six mois de 300 livres à 4 % avec retenue du dixième, 135 livres, total 1,462 livres 10 sols.

H. Suppl. 72. — B. 69. (Liasse.) — 3 pièces, parchemin ; 29 pièces, papier.

1722-1792. — Droits. — Boissons. — Arrêt prorogeant pour trois années le droit de 8 sols par muid de vin et de 8 sols par tonneau de cidre ou poiré qui entreront dans la ville de Lisieux, pour le produit être employé au soulagement des 2 hôpitaux (1726). — Abonnement accordé aux directeurs et administrateurs de l'hôpital général, situé dans le faubourg hors la porte de Paris, par les intéressés au bail de Carlet, fermier des aides et droits, à la considération de l'évêque, des droits d'entrée sur les boissons pour la consommation dudit hôpital (1744-1745). — Compte rendu par Louis-Gabriel Carré, receveur général des aides de l'Élection, aux administrateurs des hôpitaux, du montant des droits perçus sur les boissons à leur profit, s'élevant à 1,725 livres 4 sols 6 deniers pour l'année d'octobre 1760 à 1761. — Autre compte rendu par ledit Carré, receveur général des aides, chargé de la perception des droits sur les boissons entrant dans la ville de Lisieux au bénéfice des hôpitaux, de sa gestion du 1er octobre 1761 au 30 septembre 1762 ; recette 2,080 livres 8 sols 3 deniers, dépense 2,034 livres 6 sols 10 deniers, excédent de recette, 46 livres 1 sol 5 deniers. — Autre compte rendu par Antoine-Pierre Malitourne, ex-receveur général des aides, aux administrateurs des hôpitaux, des recettes et dépenses des droits perçus pendant les mois d'octobre, novembre et décembre 1780 et l'année 1781, s'élevant l'une et l'autre à 2,539 livres 11 sols 8 deniers, ledit compte arrêté et signé par Malitourne, Collignon, vicaire général, de Gruel, F. Hébert, Saffrey, curé de St-Jacques, Le Bailly, de Neuville, Caumont, Duprey et Perteville. — Arrêt du Conseil prorogeant pour 6 années les droits accordés aux hôpitaux sur les boissons, à compter du 17 août 1785. — Requête adressée à l'intendant d'Alençon par les administrateurs des hôpitaux et bureau des pauvres, pour condamner Malitourne, ancien receveur des droits sur les boissons, à donner son compte de la perception desdits droits, depuis le 1er janvier 1782 jusqu'au jour de la demande (mai 1788). — Note informe concernant la demande adressée au Roi par les administrateurs de l'hôpital général et celui des malades de l'exemption des droits d'entrée de leurs boissons.

H. Suppl. 73. — B. 70. (Liasse.) — 7 pièces, parchemin ; 63 pièces, papier.

1704-1789. — Droits. — Boucheries. — Délibération des administrateurs des biens des pauvres de la ville de Lisieux, concernant l'évaluation de la somme à payer par l'adjudicataire des droits perçus sur les bestiaux massacrés et vendus (1704). — Minute de délibération des administrateurs pour empêcher les fraudes qui pourraient arriver à la perception des droits sur les bestiaux massacrés et vendus aux boucheries, du paiement desquels le Roi avait exempté les viandes consommées pour la nourriture des pauvres dans les hôpitaux, portant que les bestiaux qui entreront dans la ville, pour la nourriture des pauvres, paieront les droits comme les autres, moyennant 50 livres aux religieux de la Trinité pour l'Hôtel-Dieu des malades de l'ancienne fondation, et 650 livres au procureur receveur du bureau des pauvres ; l'hôpital des Mathurins est compté, comme ayant 20 pauvres et 5 personnes pour les servir ; dans la salle neuve, 30 pauvres, 30 petits enfants orphelins, et 7 personnes pour les servir, plus 60 pauvres nourris par la ville, de potage et de viande ; dans l'hôpital général, 200 petits pauvres renfermés, 30 vieillards invalides et 18 personnes qui les gouvernent. — Mémoire pour lesdits administrateurs, concernant l'exemption des droits de boucheries (1704-1709). — Ordonnance de l'intendant d'Alençon, à la suite d'un procès-verbal d'enquête dressé par Thomas Daragon Rumesnil, subdélégué, condamnant Ledoulx de Glatigny, procureur de Sevestre, fermier des droits sur les boucheries, à payer la somme due à l'hôpital sur les droits des inspecteurs des boucheries (1709). — Certificat des administrateurs constatant que du 3 juin 1711 au 1er janvier 1712 il a été acheté 4,724 livres de viande et, pendant l'année 1712, 7,580 livres pour l'Hôtel-Dieu et de l'hôpital général, en 1713, 9,318 livres ; en 1714, 8,528 livres, et pendant les mois de janvier et février 1715, 1,366 livres. — Requête des administrateurs des biens des pauvres à l'intendant d'Alençon, pour leur accorder la restitution de 2 deniers pour livre des viandes consommées (1727). — Procès-verbal d'adjudication faite par Paisant, bailli-vicomtal de Lisieux, de la boucherie de carême (1722-1723). — État du produit de la boucherie de carême des années 1765 à 1784. — État des adjudications de la boucherie de carême de 1769 à 1783. — Lettre datée de Bernay et signée du Rouvray, concernant le remboursement du montant des droits payés aux administrateurs, pour la viande consommée dans les hôpitaux (1776). — Procédure devant Charles-François-Joseph-Léonor Paisant de Saint-Vaast, bailli-vicomtal de Lisieux, entre les administrateurs des hôpitaux et bureau des pauvres et les bouchers de la ville, concernant la vente de la viande pendant le carême, dont les administrateurs ont le droit exclusif (1785-1788). — Mémoire pour les pauvres de Lisieux, contre Pierre Guérin, boucher, se disant chargé de fournir la viande d'étape pour les troupes.

H. Suppl. 74. — B. 71. (Liasse.) — 23 pièces, parchemin ; 64 pièces, papier.

1685-1774. — Droits. — Notaires et tabellionages. Offices divers. — Édit et arrêt concernant les offices de notaires commissaires aux saisies réelles et receveur des consignations de Normandie (1685). — Autre arrêt ordonnant que René Drouet comptera de la recette par lui faite des droits attribués aux offices de commissaires aux saisies réelles et notaires de Normandie ; autre arrêt concernant les tabellionages et notaires des seigneurs haut-justiciers de Normandie (1686). — Remise faite devant François Picquot, tabellion à Lisieux, et Robert Gaillard, greffier des arbitrages, ex-tabellion, pris pour adjoint, par Jacques Surlemont et Robert Morel, à l'évêque Léonor de Matignon, des provisions des 2 charges de notaires héréditaires de la ville de Lisieux, qu'ils ont acquises pour lui en prêtant leurs noms (1687). — Édit du Roi portant création de notaires royaux et apostoliques (1691). — Lettres patentes du Roi octroyant à Robert Morel l'un des offices de notaires royaux et apostoliques du diocèse de Lisieux (1693). — Quittances de finances dudit office données à Robert Morel (1693). — Arrêt du Conseil d'État modérant la finance des 5 offices de notaires royaux et apostoliques et ordonnant qu'ils seront unis à celui de Morel en payant la somme de 300 livres pour les deux sols pour livre (1695). — Quittances de finances desdits 5 offices données à Morel par Bertin, trésorier des revenus casuels (1696). — Quittances données à l'évêque de Lisieux de la finance des deux offices de notaires de la ville de Lisieux dont il est propriétaire (1697). — Lettres patentes du Roi octroyant à François-Joseph Paisant l'office de notaire royal et apostolique que lui a cédé Robert Morel (1702). — Quittance donnée par Bertin, trésorier des revenus casuels, pour confirmation d'hérédité, de la somme de 1,000 livres à Claude Gouin, sieur de Montgoin, propriétaire de l'office de maire de Lisieux (1703). — Quittances données par Belcour, propriétaire de plusieurs notariats et chargé du recouvrement à faire sur les autres propriétaires de notariats, à l'évêque de Lisieux, pour la finance de l'office de notaire royal au grenier à sel et des offices de commissaires aux inventaires et arpenteurs nouvellement créés et réunis aux anciens offices de notaires royaux de la ville de Lisieux (1706). — Quittance donnée à l'évêque de Matignon, propriétaire de l'office de greffier de l'Hôtel-de-Ville, de la somme de 53 livres 8 sols pour augmentation de gages dudit office, de la somme de 93 livres 8 sols pour l'office de procureur du Roi de l'Hôtel-de-Ville, de la somme de 133 livres 8 sols pour l'office de maire (1706). — Ordonnance des présidents et trésoriers généraux des finances d'Alençon, prescrivant l'enregistrement au greffe des quittances de finances payées par l'évêque de Lisieux, propriétaire desdits offices (1714). — Édit du Roi portant suppression des offices de commissaires et greffiers aux scellés et inventaires créés par édit de mars 1702, ainsi que des augmentations de gages attribués auxdits offices par édit d'août 1711 et ordonnant l'imposition de ce qui restait à acquérir desdites augmentations de gages et du montant de la finance des offices supprimés (1714). — Bail fait à Pierre Formage, bourgeois de Lisieux de l'exercice des offices de notaires royaux de la ville de Lisieux, abandonnés pour moitié à l'hôpital, pour un quart au clergé pour les filles de la Providence et pour un quart au séminaire de Notre-Dame par legs de M. de Matignon, évêque de Lisieux (1717). — Accord fait devant Jean Delacroix et Charles Huet, notaires royaux à Orbec, entre les légataires de M. de Matignon, évêque de Lisieux, et Louis Gislain de Belcour, écuyer, propriétaire des offices et droits des offices de commissaires aux inventaires, notaires arpenteurs et notaire au grenier à sel de Lisieux, concernant les droits desdits offices (1719). — Promesse de Formage, notaire, aux administrateurs de l'hôpital, au clergé pour les filles de la Providence et au séminaire Notre-Dame, de payer outre le prix du bail des deux offices royaux, 200 livres pour le fermage des deux offices de notaires, arpenteurs et grenier à sel, ladite promesse acceptée et signée par l'évêque de Brancas, de Formentin Costard, Hébert, Domesnil, Le Coq et Delaplanche (1720). — Bail fait devant Pierre Formage, notaire à Lisieux, par les administrateurs du bureau des pauvres, à Jacques Daubichon, prêtre, de la paroisse St-Germain, de l'exercice pendant 9 années du notariat apostolique du diocèse de Lisieux (1729). — Autre bail devant ledit Formage par les administrateurs à Pierre Duhamel, avocat et notaire royal apostolique, pour 6 années de l'exercice dudit notariat (1732). — Bail pour 9 années à Pierre Formage de l'exercice des 2 offices de notaires royaux de la ville de Lisieux (1735). — Quittances de finances données audit Formage (1736). — Bail fait à M. de Livet sa vie durant de l'exercice de notaire apostolique (1748). — Bail emphytéotique devant Jacques Daufresne, notaire, de l'office de notaire exercé par Jean-Baptiste de Livet, fait par les administrateurs de l'hôpital à Jacques de Livet, son neveu (1765), etc.

H. Suppl. 75. — B. 72. (Liasse.) — 18 pièces, papier.

1635-1661. — Droits. — Prisons. — Procès-verbaux de visites des prisons faites par les députés du bureau des pauvres. — Plaintes de divers prisonniers sur le mauvais régime : A la visite du 17 janvier 1652, les prisonniers de Lisieux, au nombre de 50 ou environ, se plaignent, comme à l'ordinaire, de ne pas pouvoir avoir de paille du concierge pour leur gîte, ce qui leur a causé de grandes incommodités pendant la rigueur du froid ; dans leurs chambres la paille est en quantité excessivement faible et sert depuis longtemps ; les prisonniers couchent même sur les tables des chambres ; ils se plaignent de ne pas pouvoir avoir le pain du Roi, etc. — Requêtes des prisonniers à la Cour des aides de Rouen pour élargissement. — Requête adressée à la Cour des aides par les députés du bureau, remontrant qu'en faisant la visite des prisonniers détenus aux prisons de Lisieux, ils en ont toujours trouvé une grande quantité qui n'étaient détenus que pour le droit de geôlage, ne pouvant le payer ; le bureau des pauvres leur a donné d'élargissement à charge de satisfaire au geôlage, ce que le plus souvent ils ne peuvent faire à cause de l'exaction extraordinaire que fait le concierge pour le gîte des prisonniers ; autrefois il n'excédait pas 20 deniers par jour et il se monte actuellement à 3 sous 4 deniers, ce qui fait que les prisonniers périssent misérablement dans les prisons pour le salaire du concierge ; les prisons ne sont pas royales, mais dépendent du comté de Lisieux ; demande d'information par un élu de Lisieux sur le taux du droit de geôlage (1652). — Visite de M. d'Orgeville, conseiller à la Cour des aides (1652). — Mémoires des prisonniers détenus en la conciergerie de Lisieux (1656).

H. Suppl. 76. — B. 73. (Liasse.) — 18 pièces, papier.

1716-1787. — Droits. — Rentes sur le domaine et la ville de Paris. — Copies de quittances données : par Claude Lebas de Montargis, garde du trésor royal, à la succession de Léonor de Matignon, évêque, par Michel Ferrand, président honoraire, et Jean-Marie Hanriau, prêtre, docteur de Sorbonne, ses exécuteurs testamentaires, de la somme de 20,000 livres pour achat de rentes (1716); par Gruin, garde du trésor royal, à l'abbé Hanriau et Denis du Lyon, pour l'hôpital des malades de Lisieux, de diverses sommes pour rentes qui leur seront vendues et constituées par les prévôts des marchands et échevins de la ville de Paris, sur les 25,000,000 de livres créés par édit de juin 1720; lesdites copies collationnées par Daufresne, notaire, sur les originaux représentés par Jean-Baptiste Lenoir, receveur des deniers des hôpitaux de Lisieux, dont les signatures sont légalisées par Bourdon de Beaufy, bailli de Lisieux, seul juge de police de la ville et premier avocat du Roi au bailliage d'Orbec (1721). — Correspondance entre le Directeur des domaines du Roi à Alençon, et Lenoir, receveur des hôpitaux de Lisieux, au sujet d'une rente de 450 livres créée par le Roi, le 28 janvier 1784 (1787).

H. Suppl. 77. — B. 74. (Liasse.) — 10 pièces, parchemin ; 1 pièce, papier.

1533-1693. — Rentes. — Vente devant Michel Laillier et Pierre de Launey, tabellions à Lisieux, par Robert Le Tousey, boucher, à Christophe Le Boctey, prêtre, de la paroisse de Notre-Dame de Villers, de 40 sols tournois de rente (1533). Transport par Robert, frère dudit Christophe, des 40 sols de rente à Nicolas Lecarpentier (1597). — Vente devant lesdits tabellions par Robert Le Tousey à Jean Leliquerre l'aîné de 60 sols de rente (1544). — Quittance devant Olivier Carrey et Olivier Debray, tabellions par Pierre Leliquerre, fils de feu Jean, à Roger Le Tousey de la somme de 2 écus pour 2 années d'arrérages de 1 écu de rente (1587). — Vente devant Jean Hain et Jean Picquot, tabellions, par Louis Leliquerre, diacre, bourgeois de Lisieux, à Philippe Leliquerre de 60 livres tournois de rente (1612). — Quittance donnée devant lesdits tabellions par David Levavasseur, sieur de Mezeray, receveur du taillon à Lisieux, tuteur de Jean, son fils, à Roger Tousey, fils Robert, de la paroisse de St-Denis-du-Val d'Orbec de la somme de 6 livres pour 2 années de 60 livres de rente (1641). — Assignation commise à la requête de Nicolas Hardouin, procureur et receveur du bureau des pauvres de Lisieux, à Guillaume Tousey, fils Pierre, de comparaître à l'Hôtellerie devant le vicomte de Moyaux pour reconnaître la partie de 40 sols de rente hypothéquée au denier 10 qu'il fait audit bureau (1693).

H. Suppl. 78. — B. 75. (Liasse.) — 3 pièces, parchemin ; 2 pièces, papier.

1542-1626. — Rentes. — Vente par Sébastien Herfort, chandelier, demeurant à St-Jacques de Lisieux, à Nicolas Formeville, de 6 livres tournois de rente (1544). — Donation aux pauvres de St-Jacques par Jean Formeville aîné, de la paroisse St-Jacques, d'une rente de 100 sols pour être distribuée au jour St-Jean-Baptiste (1625). — Constitution de Jean Formeville de ladite rente de 6 livres tournois au profit du bureau des pauvres (1626).

H. Suppl. 79. — B. 76. (Liasse.) — 1 pièce, parchemin ; 14 pièces, papier.

1591-1603. — Rentes. — Sentence rendue aux pleds de meubles de Lisieux par Pierre Lepetit, lieutenant général, entre Guillaume Hardy, procureur du bureau des pauvres, et Jean Bunel, vicaire de la paroisse St-Jacques, concernant la représentation du testament de Jacques Amidieu qui a donné audit bureau 6 écus 33 sols 4 deniers de rente (1592). — Requête adressée aux trésoriers généraux des finances à Rouen par Guillaume Hardy, procureur du bureau des pauvres, pour obtenir le paiement d'arrérages de rente léguée par feu Guillaume Mauduit, sieur de la Rosière, et Jacques Amidieu, sieur des Parcs, de François Lambert, sieur d'Herbigny, lieutenant général en la vicomté d'Auge, tuteur des enfants de feu Pierre Amidieu, greffier en l'Election de Lisieux, héritier dudit Jacques (1603).

H. Suppl. 80. — B. 77. (Liasse.) — 4 pièces, papier.

1595-1596. — Rentes. — Sentences rendues aux pleds de meubles de Lisieux tenus par Pierre Hue, bailli-vicomtal de Lisieux, entre Guillaume Hardy, procureur du bureau des pauvres, et Christophe Le Haguais, sergent, concernant son refus d'exécuter les biens de Guillaume Jouen, lieutenant particulier au bailliage, redevable d'arrérages de rentes audit bureau ; signification desdites sentences.

H. Suppl. 81. — B. 78. (Liasse.) — 24 pièces, papier.

1601-1603. — Rentes. — Sentences rendues aux pleds de meubles de Lisieux par Pierre Hue, bailli-vicomtal audit lieu, entre Guillaume Hardy, procureur du bureau des pauvres, et Jean Lambert, écuyer, sieur de Formentin, concernant le paiement des arrérages de 33 écus 20 sols de rente ; significations desdites sentences et sommations d'audiences y relatives. — Accord entre Guillaume Hardy, procureur du bureau des pauvres, et Marie de Cauvigny, veuve dudit Lambert, concernant le paiement desdits arrérages.

H. Suppl. 82. — B. 79. (Liasse.) — 7 pièces, parchemin ; 12 pièces, papier.

1607-1651. — Rentes. — Fieffe devant Jean Picquot et Jean Duhoux, tabellions à Lisieux, par Pierre Delacour, tant pour lui que pour Suzanne Paris, sa femme, à Richard Legrand, d'une maison sise grande rue de Lisieux, moyennant 10 livres de rente (1607). — Ratification de ladite fieffe passée devant les mêmes par ladite Suzanne Paris (1607). — Transport devant les mêmes par Toussaint et Pierre Delacour, père et fils, au bureau des pauvres de Lisieux, représenté par Guillaume Costard, président en l'Élection, receveur, et Guillaume Hardy, procureur, de 10 livres de rente à prendre sur Richard Legrand pour cause de fieffe de maisons (1607). — Opposition d'Henri Auger, procureur du bureau des pauvres, au décret des héritages de Richard Legrand, requis par Michel de Villedieu, chapelain en l'église cathédrale (1625). — Sentence de Nicolas Delaporte, sénéchal de la prébende et haute justice de la Plumière, concernant l'intervention de Guillaume Costard et autres audit décret (1625). — Sentences de François Morin, bailli-vicomtal, concernant le paiement des arrérages desdites 10 livres de rentes par Richard Legrand et ses héritiers (1628-1633). — Procuration devant Jacques Cavé et Jean Houppeville, tabellions à Rouen, par le fils de feu Pierre Delacour, procureur en la Chambre des Comptes de Normandie, à Nicolas Delacour, de vendre une maison sise à Lisieux, paroisse St-Germain, appartenant à Suzanne Paris, sa mère (1631).

H. Suppl. 83. — B. 80. (Cahier.) — Moyen format, 6 feuillets, papier.

1609. — Rentes. — Accord fait devant Olivier Carrey et Jean Hayn, tabellions en la vicomté d'Orbec au siège de Lisieux, entre Jacques Pipperey, chanoine et pénitencier de Lisieux, député du chapitre, Pierre Hue, bailli-vicomtal, Jean Mallet, sieur des Douaires, procureur fiscal au bailliage-vicomtal de Lisieux, Jacques Mauduit, sieur de La Rozière, Michel Costard, sieur de La Queze, Robert Bourdon, fils Robert, Henri Vigneron, Alexis Heultes et Nicolas Desperriers, avocat, conseillers députés pour la conservation des affaires de la léproserie et du bureau des pauvres de Lisieux, et Thomas et Guillaume Morel, fils de feu Robert Morel, de la paroisse de la Boissière, concernant le décret de leurs héritages fait à l'instance de Guillaume Hardy, procureur-syndic du bureau des pauvres, pour obtenir le paiement de 98 écus pour arrérages de 12 sols, 12 deniers, 12 chapons, 120 œufs et 6 deniers de rente foncière dus à ladite léproserie à cause du tènement Morin.

H. Suppl. 84. — B. 81. (Liasse.) — 3 pièces, parchemin ; 2 pièces, papier.

1613-1676. — Rentes. — Vente devant Paul Cudorge et Guillaume Lefront, tabellions au siège d'Auquainville, par Jacques Lemonnier à Pierre Lebas, bourgeois de Lisieux de 7 livres 2 sols 10 deniers (1613). — Vente devant François Poulain et Robert Gaillard, tabellions en la vicomté de Lisieux, par Jean Lebas, sieur des Rivalles, à Françoise Ledorey, veuve de François Cheradame, de 7 livres 2 sols 10 deniers à prendre sur Jacques Lemonnier (1659). — Vente devant Jean Boscher et Jean Blondel, tabellions à Lisieux, par ladite dame, de ladite rente à Nicolas Davy, procureur et receveur du bureau des pauvres de Lisieux (1673). — Signification de ladite vente à Jacques Lemonnier (1675-1676).

H. Suppl. 85. — B. 82. (Liasse.) — 9 pièces, parchemin ; 2 pièces, papier.

1621-1660. — Rentes. — Ventes devant Robert Cornuel, tabellion en la vicomté de Lisieux, et Antoine Toustain, greffier, pris pour adjoint, par Olivier Racyne, docteur en médecine, bourgeois de Lisieux, veuve de François Cottin, à Marie Legrand, d'une portion de maison sise rue Salette, à Lisieux, moyennant 500 livres de principal et 6 livres de vin (1621). — Transports devant Jean Duhoux et Nicolas Picquot, tabellions à Lisieux, par ladite veuve et François Cottin, son fils, à Charles Thyron, avocat, de portion de ladite maison, moyennant 162 livres de principal et 30 sols de vin (1626), et à Louis Le Roy l'aîné des droits de condition réservés dans ledit transport (1631). — Vente devant lesdits notaires par Charles Thyron à Louis Le Roy du droit de la vente qui lui a été faite par la veuve Cottin (1632). — Baux de ladite maison par Louis Leroy à Jacques Herfort (1637-1643). — Décharge donnée par Guillaume Quentin, procureur et receveur du bureau des pauvres, à Pierre Le Roy, sieur de la Vesquerie, du principal de 50 livres de rente, de la constitution de Guillaume Mérieult, sieur des Épines (1660).

H. Suppl. 86. — B. 83. (Liasse.) — 2 pièces, parchemin ; 2 pièces, papier.

1621-1696. — Rentes. — Vente devant Jean Hayn et Jean Picquot, tabellions, par Pierre Sevestre, charpentier, et Jean Olivier l'aîné, bourgeois de Lisieux, aux frères prêcheurs ou Jacobins dudit lieu, de 7 livres 2 sols 10 deniers de rente moyennant 100 livres payées comptant (1621). — Procès-verbal de vente d'une vache saisie à la requête des Jacobins sur les héritiers de Pierre Sevestre pour arrérages de ladite rente (1650). — Sentence rendue aux pleds des sergenteries de Cambremer et St-Julien-le-Faucon, tenus à Cambremer par Jean de Launey, vicomte d'Auge, entre les Jacobins et Pierre Paisant, héritier à cause de sa mère de feue Jeanne Sevestre, épouse de Jean du Mezeray, pour renouvellement du titre de 7 livres 10 deniers de la constitution de Pierre Sevestre et Jean Olivier (1687). — Extrait du registre du bureau des pauvres, concernant l'amortissement à faire par Hardouin, receveur, aux Jacobins de ladite rente pour une maison située au bas de la Grande-Rue (1696).

H. Suppl. 87. — B. 84. (Liasse.) — 2 pièces, parchemin ; 2 pièces, papier.

1631-1656. — Rentes. — Vente devant Jean Hayn et Jean Picquot, tabellions à Lisieux, par les frères Olivier, Jean Gosset et Nicolas Desbordeaux à Antoine Bourdon, avocat, receveur du bureau des pauvres, de 25 livres de rente (1631). — Accord devant Pierre Formage, notaire, entre Georges Le Becq, Geneviève Du Houlley, veuve de Jean-Baptiste Lambert, sieur d'Argences, tutrice de ses enfants, Jacques Lebas, prêtre, curé de St-Germain, administrateur de l'hôpital de Lisieux, et autres créanciers dudit Le Becq, concernant le décret de ses biens (1632-1636). — Sentence rendue aux pleds de meubles de Lisieux par Nicolas Desperiers, bailli-vicomtal, entre Guillaume Quentin, procureur et receveur du bureau des pauvres, et les héritiers de Nicolas Desbordeaux, concernant le paiement d'arrérages de ladite rente (1656).

H. Suppl. 88. — B. 85. (Liasse.) — 7 pièces, parchemin ; 55 pièces, papier.

1632-1662. — Rentes. — Procédure entre Quentin, receveur du bureau des pauvres, et les sieurs Anglement et Le Juif, pour paiement d'arrérages de rente (1632-1652). — Sentences rendues aux pleds de meubles de Lisieux par Jean Morin, écuyer, bailli-vicomtal, entre Guillaume Quentin, procureur et receveur du bureau des pauvres, et Pierre Mérieult, fils et héritier de Louis Mérieult, huissier, héritier de Pierre Mérieult, son père, concernant le paiement d'arrérages de 45 livres de rente dus audit bureau (1651-1652).

H. Suppl. 89. — B. 86. (Liasse.) — 2 pièces, parchemin ; 3 pièces, papier.

1635-1645. — Rentes. — Obligation devant Jean Picquot, tabellion à Lisieux, et Germain Davy, avocat, pris pour adjoint, par les frères Leliquerre, de 25 livres de rente foncière et irraquitable par la prescription de 40 ans, à Jean Hayn, tabellion ; autorisation demandée à Jean Le Roy, lieutenant du vicomte d'Orbec, par Marie Le Castelain, veuve dudit Jean Hayn, tutrice de ses enfants, de se faire délivrer copie du contrat de transport en 1634 de ladite rente par son mari, afin d'être payée des arrérages (1635-1645). — Signification faite à la requête de Jean Picquot, procureur et receveur du bureau des pauvres, à Jean et à Louis Leliquerre et à François Nicolas et Noël Leliquerre, du contrat par lequel Jean Hayn, tabellion, fils et héritier de Jean Hayn, a transporté au bureau des pauvres de Lisieux la rente de 12 livres 10 sols, faisant moitié de ladite rente de 25 livres (1645). — Autre signification à la requête dudit Picquot à Marie Martin, femme de Thomas Aubert, et veuve de Noël Leliquerre, et à Louis Leliquerre, du contrat par lequel Pascal Le Castelain et Marie, sa fille, veuve de Jean Hayn, tabellion, tutrice de ses enfants, ont vendu au bureau des pauvres la condition retenue lors de la vente de 12 livres 10 sols de rente à prendre sur lesdits Leliquerre (1645).

H. Suppl. 90. — B. 87. (Liasse.) — 10 pièces, parchemin ; 11 pièces, papier.

1639-1658. — Rentes. — Constitution de rente foncière par Mathieu Le Juif, marchand, bourgeois de Cormeilles, Simon, Olivier et Nicolas Loisel, de Lisieux, en faveur du bureau des pauvres (1639). — Vente devant Robert Lelièvre et Guillaume Busquet, tabellions au siège de Moyaux, par Mathieu Le Juif à Simon Loisel, bourgeois de Lisieux, d'une pièce de terre labourable sise en la paroisse de Fumichon (1639). — Lots et partage de la succession de Girette Corneille, veuve de Simon Loisel, bourgeois de Lisieux, faits par Guillaume Loisel, chirurgien, et donnés à Olivier Loisel, prêtre, et à Nicolas Loisel, frères (1652). — Sentence rendue aux pleds de meubles de Lisieux par Nicolas Desperiers, bailli-vicomtal, entre Guillaume Quentin, receveur du bureau des pauvres, et Olivier Loisel, prêtre, concernant le paiement d'arrérages de rente (1654). — Sentences rendues aux pleds de la vicomté de Moyaux, par Jean de Lespiney, vicomte, concernant le décret des héritages d'Olivier Loisel, prêtre, et Nicolas Loisel, frères, requis par Quentin, receveur du bureau des pauvres (1657). — Certificat de Jean Viquesnel, arpenteur-juré, constatant qu'à la requête des députés du bureau des pauvres de la ville de Lisieux il a fait l'arpentage de plusieurs pièces de terre appartenant à Olivier Loisel, prêtre (1658). — Autre certificat de Jean Gondouin constatant qu'à la requête de Guillaume Quentin, receveur du bureau des pauvres, il a fait l'arpentage de pièces de terre sises paroisse de Fumichon et St-Gervais-d'Asnières, appartenant à feu Simon Loisel, Olivier Loisel, prêtre, et Nicolas Loisel, fils dudit Simon (1658). — Procédure pour le paiement de ladite rente.

H. Suppl. 91. — B. 88. (Liasse.) — 4 pièces, parchemin ; 16 pièces, papier.

1643-1688. — Rentes. — Assignation commise à la requête de Jean Picquot, procureur et receveur du bureau des pauvres de Lisieux, à Pierre Formeville, drapier, bourgeois, ex-collecteur de la taille, pour lui verser divers arrérages de rente que les habitants sont condamnés à payer audit bureau. Quittance donnée à Formeville, Le Belhomme et Michel Corbelin, collecteurs de l'année 1636, par Picquot, receveur du bureau, de la somme de 318 livres dont il avait obtenu condamnation sur les habitants de Lisieux (1643). — Transaction entre le bureau des pauvres et Lemonnier d'Auquainville, pour paiement d'arrérages de rentes (1656). — Requête adressée par Nicolas Hardouin, receveur du bureau des pauvres, concernant le paiement de 9 livres 3 sols 4 deniers de rente que le Roi a assignée sur les charges ordinaires de la ville, pour contraindre les échevins au paiement des arrérages dus ; arrêt du Conseil y relatif (1670-1683). — Sentence de Nicolas Desperiers, bailli-vicomtal, concernant la saisie réclamée par Nicolas Davy, procureur et receveur du bureau des pauvres, des biens de Jacques Bordenceau, héritier de Gabriel, pour quatre années d'arrérages de 40 livres de rente ; requête y relative (1672-1674). — Cession devant François Picquot et Robert Morel, tabellions à Lisieux, par Robert Margeot, à Nicolas Hardouin, sieur du Noyer, procureur et receveur du bureau des pauvres de Lisieux, de 33 livres 6 sols de rente à prendre sur Pierre et Antoine Vallée, père et fils (1674-1688).

H. Suppl. 92. — B. 89. (Liasse.) — 11 pièces, parchemin ; 34 pièces, papier.

1675-1684. — Rentes. — Sentence rendue aux sergenteries de Pont-l'Évêque et Beaumont, par Michel de Bordeaux, écuyer, sieur de La Mésangère, vicomte d'Auge, concernant l'intervention du bureau des pauvres au décret des héritages de Germain Senoze, pour paiement d'arrérages de rente (1675). — Demande de Nicolas Quentin, procureur et receveur du bureau des pauvres, aux héritiers Flambart, du paiement d'arrérages de rentes (1676). — Opposition de Nicolas Hardouin, procureur et receveur du bureau des pauvres, à l'état du décret des héritages de Louis de Bigards, écuyer, sieur de La Fardouillère, paroisse St-Désir, à la requête de Charles Paisant, débiteur de rentes (1676-1682). — Amortissement par Nicolas Hardouin du Noyer, procureur et receveur du bureau, à Marie Lefrançois, veuve de Jean Cousture, de 66 sols tournois de rente (1678). — Constitution de 25 livres de rente par Jean et Louis Leliquerre au bureau des pauvres, représenté par Nicolas Hardouin (1679). — Procédure entre ledit Hardouin et Gabriel Le Belhomme, pour paiement d'arrérages de rente ; contrat de constitution et sommations d'audience y relatives (1682). — Renouvellement du titre de 21 livres 8 sols 6 deniers par Gabriel Le Belhomme, sieur de La Chiboterie, au bureau des pauvres (1684).

H. Suppl. 93. — B. 90. (Liasse.) — 2 pièces, parchemin.

1679. — Rentes. — Vente devant François Picquot et Robert Lancelot, notaires à Lisieux, par Françoise Lemonnier, veuve de Pierre Dieuzy, et Marie et Anne Dieuzy, ses filles, au bureau des pauvres de Lisieux, stipulé par Nicolas Hardouin, procureur et receveur, du principal et arrérages de 71 sols 5 deniers et 1 poulet de rente, à prendre sur Noël Marais, boulanger. — Amortissement devant les mêmes, par le bureau des pauvres, stipulé par Nicolas Hardouin, au trésor de St-Germain de Lisieux, de 138 livres 8 sols pour 8 livres 18 sols 6 deniers de rente, et arrérages au capital, de la constitution de Nicolas et Guillaume Quentin, frères.

H. Suppl. 94. — B. 91. (Liasse.) — 4 pièces, parchemin ; 101 pièces, papier.

1687-1698. — Rentes. — Quittance donnée devant Jacques de Manneville, notaire au siège de Blangy, par Charles Achard, seigneur et patron de la paroisse du Pin, héritier de Joseph Achard, prêtre, abbé de La Madeleine dudit lieu du Pin, son frère, à Charles du Thiron et Jacques de Sets, prêtres, chanoines, administrateurs de l'hôpital général et bureau des pauvres, de la somme de 100 livres pour amortissement de 7 livres 2 sols 10 deniers de rente (1687). — Procédure entre le bureau des pauvres et le chanoine de Marimont, concernant le paiement de la somme de 112 livres par lui due (1690-1695). — Autre procédure en la vicomté du Sap et au Châtelet de Paris pour le bureau des pauvres représenté par Hardouin, procureur, concernant le paiement d'arrérages de rentes dûs par Roger Duval, prêtre, curé de Montainville, dont les biens ont été saisis; lettres à Hardouin du Noyer, procureur du bureau, par ledit Duval et par Morienne, y relatives (1692-1698).

H. Suppl. 95. — B. 92. (Liasse.) — 4 pièces, parchemin; 83 pièces, papier.

1710-1770. — Rentes. — Reconnaissances délivrées par M. de Brancas, évêque de Lisieux, Audran, Dumesnil, de Sets, de Mailloc, Delaplanche, Lecoq, administrateurs des biens des pauvres, constatant qu'il a été versé à titre de rente, par Jeanne Hamelin 400 livres, par l'abbé Dumesnil, grand vicaire, pour une personne pieuse, 400 livres, par une personne pieuse, stipulée par la veuve de Pierre Surlemont, 100 livres, par Mlle Leboursier, demeurant à Paris, stipulées par Mlles du Travers, 2,000 livres (1710-1718). — Quittance donnée devant Jean Blondel, notaire à Lisieux, par Nicolas Hardouin, sieur du Noyer, procureur et receveur du bureau des pauvres, à Marie Huguet, veuve de Jean Verneuil, de la somme de 100 sols pour 10 années d'arrérages de 10 sols de rente, pour une maison située à Lisieux, faisant le coin de la rue au Chat, vis-à-vis l'église St-Jacques; reconnaissance de Pierre Lefebvre, sieur de la Normandière, représentant Jacques et Louis Lachey, fils d'Anne Verneuil, fille de Marie Huguet, de ladite rente de 10 sols due au bureau des pauvres pour la susdite maison réunie à la léproserie de St-Clair (1712-1730). — Reconnaissance devant Jean Blondel, tabellion, par Martin Campion, avocat à Lisieux, de 11 livres 2 sols 2 deniers de rente envers le bureau des pauvres, de l'obligation de Colette Lenoir, sa mère, veuve de Pierre Campion (1716). — Procédure en la haute justice de St-Pierre-sur-Dives et au bailliage de Falaise, entre les administrateurs du bureau des pauvres et les héritiers de Jean Hurel, dont les biens ont été décrétés par ses créanciers pour paiement de rentes (1718-1770).

H. Suppl. 96. — B. 93. (Liasse.) — 6 pièces, parchemin; 36 pièces, papier.

1720-1779. — Rentes. — Constitution, devant Pierre Formage, par Jean Gosset, sieur du Taillys, marchand, de la paroisse de la Houblonnière, vicomté d'Auge, de 33 livres 6 sols 8 deniers au bureau des pauvres de Lisieux. Obligation, devant Jean Sevestre, tabellion à St-Julien-le-Faucon, de Pierre Cosnard, représentant par acquêt Thomas Pierre et Jean Gosset frères, fils de Jean, et Louis Gosset, aussi fils de Jean, de payer au bureau des pauvres ladite rente le 24 juin de chaque année (1720-1760). — Procédure entre Georges Le Becq et Georges Huard, pour paiement de 50 livres de rente dues au bureau des pauvres, stipulée par Legendre, receveur (1730). — Sentence rendue aux pleds de Cambremer et de St-Julien-le-Faucon, tenus à Cambremer par Adrien Lécourt, écuyer, sieur de Noirval, vicomte d'Auge, condamnant Guillaume Duval et Jacques Bourgeot au remboursement du capital de la somme de 1,000 livres et d'une année d'arrérages de ladite somme envers le bureau des pauvres. Constitution devant Pierre Formage de 50 livres de rente par lesdits Duval et Bourgeot, à l'appui (1731-1738). — Copies de constitution de rentes faites par la famille Mariolle, Hébert et Aubert, curé de Giverville, au bureau des pauvres et à la communauté des filles du Bon Pasteur (1732-1779). — Constitution, devant Pierre Formage, par Anne Samin, veuve de Constantin de Bonenfant, écuyer, sieur de Cheffreville, Louis de Bonenfant, écuyer, sieur de Carel, son fils, de la paroisse de St-Michel de Livet, Pierre Le Roy et Pierre Pigis, de 55 livres 3 sols de rente à l'hôpital des malades de Lisieux, représenté par Charles Costard, chanoine, et François Mignot, président en l'élection, administrateurs (1741).

H. Suppl. 97. — B. 94. (Liasse.) — 5 pièces, papier.

1727-1783. — Rentes. — Vente devant Formage, notaire, par Gilles-François Ledorey, diacre, prieur du prieuré du Mont-Boltin, Nicolas Ledorey, sieur de Conteville, et Jacques Ledorey, sieur de Bois-Davy, frères, de 50 livres de rente à l'hôpital général, stipulé par Legendre, receveur (1727). — Reconnaissance de Gilles-François Ledorey, chanoine de Lisieux, et Jacques Ledorey, bourgeois de Lisieux, son neveu, de payer solidairement au 13 janvier, à l'hôpital général, partie de 50 livres de rente (1727). — Opposition faite à la requête des administrateurs des hôpitaux aux officiers du bailliage d'Orbec, gardes des sceaux de la chancellerie établie près ledit siège, pour l'expédition de lettres de ratification sur les ventes faites et à faire par Gilles-François Ledorey, prêtre, chanoine de Lisieux, et François-Jacques Ledorey, bourgeois d'Angers, héritiers de Jacques Ledorey, sieur de Bois-Davy, lieutenant particulier au bailliage d'Orbec, afin d'être payés des arrérages dus ; copies de pièces signifiées à la requête desdits Ledorey aux administrateurs de l'hôpital ; opposition des administrateurs de l'hôpital des malades sur le décret des biens ayant appartenu à Gilles-François Ledorey, prêtre, chanoine de Lisieux, à la requête de François-Jacques Ledorey, bourgeois d'Angers, son neveu, pour paiement d'arrérages de rentes (1783).

H. Suppl. 98. — B. 95. (Liasse.) — 5 pièces, parchemin ; 22 pièces, papier.

1743-1789. — Rentes. — Vente devant Jean Le Roux, notaire au siège de Glos, par Ignace de Brancas, évêque de Lisieux, et les administrateurs de l'hôpital général, les députés du Clergé pour les filles de la Providence, Jean-Baptiste Lefranc, supérieur du séminaire, tous propriétaires des offices de notaires royaux de la ville et banlieue de Lisieux, abandonnés pour moitié à l'hôpital, un quart aux filles de la Providence et un quart au séminaire, par feu M. de Matignon, à Gabriel Legrip, tabellion royal au siège de Cambremer, moyennant la somme de 15,000 livres, de laquelle il s'est constitué en 750 livres de rente (1743). — Vente devant Pierre Formage, notaire, par Marie-Marguerite Morin, veuve de Gabriel Delaunay, avocat, et sa fille, veuve de Jean-Baptiste Gohier, sieur des Fontaines, à l'hôpital général, de 15 livres de rente ; reconnaissance de ladite rente par le tuteur des enfants mineurs de Thomas Lemercier, représentant par acquêt Jean-Baptiste Gohier, et Jean-Baptiste Lemercier, prêtre, curé de Campigny, chacun pour moitié (1743-1783). — Vente de 217 livres 10 sols de rente, par Antoine-Thomas Moulin, écuyer, capitaine au régiment Royal-étranger, et Eustache-Louis Moulin, écuyer, patron du Mesnil-Bacley, trésorier de France au bureau des finances de Caen, à l'hôpital des malades de Lisieux, représenté par Jean-Jacques Le Bourg, grand vicaire et *scolaste* de la cathédrale de St-Pierre de Lisieux, Michel Parau, curé de St-Germain de Lisieux, Jean-Baptiste Lambert, chevalier, seigneur de Janville, et François Mignot, président en l'élection de Lisieux (1748). — Procédure devant le bailliage de Lisieux entre les administrateurs de l'hôpital, les filles de la Providence et les prêtres du séminaire, et Jean-Baptiste Delahaye, tuteur des enfants mineurs de Jean-Baptiste Legrip, écuyer, et de Jeanne-Barbe Hauvel, seul fils et héritier de Gabriel Legrip, en son vivant notaire garde-notes du Roi, concernant le paiement de ladite rente (1783-1789).

H. Suppl. 99. — B. 96. (Liasse.) — 7 pièces, parchemin ; 53 pièces, papier.

1759-1780. — Rentes. — Procédure aux bailliages d'Argentan et de Falaise, entre les administrateurs du bureau des pauvres et des filles du Bon-Pasteur, et François-Jacques Rioult, prêtre, curé de St-Loup-Canivet, écuyer, seigneur et patron de Champeaux, et Guillaume Rioult, écuyer, ancien garde du Roi, son frère, pour paiement de 20 livres de rente (1759).—Procuration donnée devant Louis Daufresne, notaire, par les administrateurs des hôpitaux et bureau des pauvres, à Marguerite-Geneviève et Marie-Élisabeth Faciot, de recevoir des payeurs de rentes de l'hôtel-de-ville de Paris et de tous autres les arrérages de rentes qui leur sont dus (1766).— Procuration de Jean-Baptiste Lenoir, procureur à Lisieux, par Mathieu Barrey de Montfort, curé de Courbépine, et les paroissiens, pour toucher des rentes (1766). — Procédure au bailliage de Lisieux entre les administrateurs de l'hôpital des pauvres malades, et Drouin, acquéreur de biens de feu François Sauvage, redevable de 5 années de partie de 60 livres de rente (1767-1769). — Lettres de Leprestre à Lenoir, receveur des hôpitaux, concernant le renouvellement d'une rente de 166 livres 13 sols 4 deniers par lui due (1778). — Quittance donnée par Jean-Baptiste Despeaux et Pierre-Guillaume François Le Bourg, chanoines, administrateurs des hôpitaux et bureau des pauvres, à Alexandre Grandin, écuyer, sieur de Saint-Martin, fondé de procuration de Cécile-Françoise-Marguerite-Henriette Du Moncel, épouse de Bezière de La Jonquère, ancien major au régiment de Penthièvre, et précédemment veuve de Henry-Claude-Nicolas Duval de Bonneval, président à mortier au Parlement de Normandie, tutrice de ses enfants mineurs, de la somme de 1,100 livres pour le remboursement de 50 livres de rente de la constitution de Marie du Rosey, veuve de Charles Davey, écuyer, officier de Monsieur, au profit de Gabriel du Rosey, chanoine de Lisieux (1780).

H. Suppl. 100.—B. 97. (Liasse.)—6 pièces, parchemin; 50 pièces, papier.

1783-1789. — Rentes. — Sentence rendue aux pleds de Lieurey par Jean-Raoul Dieusy, lieutenant de la haute justice dudit Lieurey, pour l'absence du bailli, entre les administrateurs des hôpitaux et bureau des pauvres stipulés par Louis Lenoir, avocat au Parlement de Paris, receveur général desdits hôpitaux, et Marc-Théodose Quesney-Duvert, ancien notaire, concernant le paiement d'arrérages de rentes foncières (1783-1786). — Lettre d'Aumont Delafosse à Foubert de Luize, conseiller au bailliage de Caen, concernant la rente de 10 boisseaux d'orge à la mesure de Troarn, due aux hôpitaux de Lisieux par Desloges (1787). — Procédure au bailliage de Beaumont-le-Roger entre les administrateurs des hôpitaux et les créanciers de Henri de Bardouil, seigneur de la Bardouillère, redevable de 100 livres de rente; lettres de Hinoult, procureur à Beaumont-le-Roger, à Lenoir, receveur des hôpitaux, y relatives (1786-1787). — Requête adressée au lieutenant général du bailliage d'Orbec par les administrateurs du bureau des pauvres pour obtenir une expédition de l'acte de constitution de rente faite audit bureau par Aupoix de Mervilly (1788). — Procédure entre les administrateurs du bureau des pauvres stipulés par Lenoir, et Adrien-Jacques-Pierre Aupoix de Mervilly, concernant l'arrêt de deniers fait entre les mains de Deshayes, son fermier, pour paiement d'arrérages de rentes (1789).

H. Suppl. 101. — B. 98. (Liasse.) — 32 pièces, parchemin; 21 pièces, papier.

1641-1749. — Rentes. — Constitutions de rentes en faveur du bureau sur : Jean Hébert, sieur des Ayres, bourgeois de Lisieux (1641), et sur Madeleine Hue, veuve de François Drouard, sieur des Marestz, de Paris, en exécution de la dernière volonté de François Drouard, prêtre, bachelier de Sorbonne, son fils (1664). — Transport de rente au bureau des pauvres par Louis Le Boctey, chanoine prébendé de la Pommeraye, escholaste en la cathédrale St-Pierre de Lisieux et grand vicaire de l'évêque-comte dudit lieu, en son nom et comme héritier de Michel Le Boctey, curé de Notre-Dame de Villers (1664). — Quittance pour franchissement de rente de 50 livres par Pierre Béroult, sieur du Perrey, demeurant en la paroisse de Carentonne, vicomté de Beaumont-le-Roger, héritier d'Angélique Béroult, sa tante, à Nicolas Hardouin, sieur du Noyer, procureur et receveur du bureau des pauvres (1684). — Franchissements de rentes faits à Jeanne de Launey, veuve de Gabriel Dubois, sieur des Sept-Voyes, demeurant à Rouen (1697), et Guillaume Bréard, prêtre en l'église St-Désir de Lisieux (1700). — Quittance des syndics et députés du clergé de Lisieux aux directeurs et administrateurs du bureau des pauvres, de 1,727 livres 10 sols, pour le capital, 1 mois et 28 jours de prorata, de 85 livres 14 sols de rente créée au denier vingt sur les biens du bureau au profit dudit clergé de Lisieux pour la Société des filles de la Providence de Lisieux (1719). — Quittance donnée par Nicolas Hardouin, procureur et receveur du bureau des pauvres, à Marc-Antoine de La Sauvagère, écuyer, sieur de St-Laurent, demeurant à St-Julien-de-Mailloc, en l'acquit de Pierre de Malorté, seigneur de Serquigny, de 4,139 livres 16 sols 6 deniers tournois, pour amortissement de rente de la constitution de Louis Faguet, sieur de La Haistrée, avocat en l'élection de Lisieux, envers Robert Faguet, sieur du Montbert (1711). — Procuration par Catherine-Agnès Delamarre, fille de Dominique Delamarre, écuyer, maître d'hôtel de la duchesse de Berry, demeurant au Luxembourg, pour toucher une rente viagère du bureau des pauvres (1716). — Constitution de 200 livres de rente par le bureau à Jacques Surlemont, pour le prêt de 3,600 livres par lui fait à l'hôpital « dans ses « grands besoins, et sans lequel prêt ledit hôpital « n'auroit pu subsister pendant les années dernières « mil sept cens treize et mil sept cens quatorze. » (1715). — Rentes constituées par l'hôpital en faveur de M. de Mailloc de Surville (1718). — Constitution, par le bureau, de 150 livres de rente, pour 3,600 livres prêtées par Louis-Guillaume Moulin, contrôleur des gages des officiers de la Cour des Comptes, aides et finances de Normandie, demeurant à Lisieux (1719). — Constitution de rente par Pierre Du Mesnil Le Boucher, chanoine *scholaste* en l'église St-Pierre, grand vicaire et official de l'évêque-comte de Lisieux, Charles Costard et Gilbert Hébert chanoines, Jacques Le Bas, curé de St-Germain de Lisieux, Jean Lemyre, écuyer, auditeur en la Cour des Comptes, aides et finances de Normandie, M. Pierre Le Vallois, subdélégué de l'intendant d'Alençon, grenetier au grenier à sel de Lisieux et avocat fiscal au bailliage dudit lieu, et François Mignot, greffier en chef du grenier à sel, tous gouverneurs et administrateurs de l'hôpital général, de 100 livres de rente à Joseph Legros, chanoine de la cathédrale, pour prêt de 2,000 livres (1725). — Rentes entre particuliers : Guillaume Tréban et Angélique Béroult, sa femme (1646) ; Claude Le Maignen, sieur du Boscnige, demeurant à Lisieux et François Escallard, sieur du Trembley, demeurant à Courbepine (1653) ; Guillaume Tréban, maréchal, à Lisieux (1661). — Pièces à l'appui desdites rentes : Mariage de Nicolas Troplin, fils de Jean et de Marguérite Lévêque, du Préauge, et Michelle Le Marmier, etc.

H. Suppl. 102. — B. 99. (Liasse.) — 42 pièces, parchemin ; 19 pièces, papier.

1587-1697. — Rentes. — Procédure relative à 100 livres de rente constituées par Duval, à M. de Boctey, sieur de La Houssaye, et transportées à Philippe Fréart, sous-diacre, et à Jean Fréart, frères ; à prendre sur Jacques Herfort (1587-1652). — Vente par Robert Mortain, tuteur de François, son frère, à Charles Thiron et Robert Vimont, avocats, de 25 livres de rente ; vente par Charles Thiron, sieur des Terriers, à Jean Hue, des arrérages et du tiers de 25 livres de rente, de la constitution de Guillaume Desperiers, dont est héritier Jacques Desperiers ; état de distribution faite par Nicolas Delaporte, sénéchal de la haute justice de Bourguignolles, fondée en l'église cathédrale de Lisieux, des deniers provenant des héritages de Guillaume Desperiers, décrétés à la requête de Gabriel Paulmier, pour paiement de 5 années de 50 livres de rente (1626-1666). — Décharge par Louis Haulton et Jacqueline Duval, sa femme, donnée à Robert Dubois, fils Aubin, de l'obligation mise envers eux, lors de la vente d'une pièce en bois taillis appartenant à ladite Duval (1639). — Procédure entre Jean Olivier, Marie Gosnard, sa femme, et Philippe Esnault, conseiller en l'élection de Lisieux, concernant le paiement des arrérages de 23 livres 45 sols de rente ; sentence y relative de Nicolas Desperiers, écuyer, bailli-vicomtal de Lisieux (1643-1697), etc.

H. Suppl. 103. — B. 100. (Liasse.) — 5 pièces, parchemin ; 28 pièces, papier.

1636-1736. — Rentes. — Échange devant Jean Picquot et Jean Hayn, tabellions en la vicomté de Lisieux, entre Noël Marais et Pierre Dieusy, père et fils, de maisons dans le manoir Bourguignon, assis dans l'enclos de la paroisse St-Germain (1636) ; accord devant les tabellions de Lisieux entre Robert Picquot, tuteur de Nicolas Marais, fils Jacques, et de Marie Jourdain, et son pupille, sur son compte de tutelle à lui présenté, à sa mère et à Laurent Jourdain, prêtre, curé de Danestal (1664) ; sentence de Nicolas Desperiers, écuyer, bailli-vicomtal, entre Nicolas Marais, fils et héritier de Marie Jourdain, et héritier de Laurent Jourdain, et Robert Picquot, héritier à cause de sa femme dudit Laurent Jourdain, le condamnant à faire l'amortissement audit Marais de 7 livres 2 sols de rente (1676). — Vente devant Jacques Carré et Nicolas Denis, tabellions à Rouen, par Mathieu Lejuif, bourgeois, marchand du bourg de Cormeilles, à Pierre Varillon, bourgeois marchand de Rouen, de 5 acres 1 vergée de terre, sises à Fumichon, vicomté d'Orbec (1644) ; sentence rendue aux pieds de la vicomté de Moyaux, tenus à l'Hôtellerie par Jean de Lespiney, vicomte, jugeant à bonne cause l'action de Jean Haudart, sieur du Prey, contre Cardin Costard, tendant à lui passer titre nouveau de 30 livres de rente dont il s'est rendu adjudicataire au décret des héritages ayant appartenu à Mathieu Lejuif, bourgeois de Cormeilles, envers lequel il était obligé (1651), etc. — Sentence d'André Dupuis, vicomte enquêteur et commissaire examinateur au bailliage d'Alençon, entre Étienne Lescacher, greffier en la baronnie de Bernay, aux droits de Marin de Glatigny, son beau-père, et Guillaume Papillon, fils François, bourgeois de Bernay, tuteur des enfants de Jacob Papillon, son oncle, concernant le paiement de la somme de 50 livres pour 5 années d'arrérages de rente (1661). — Billet de 100 livres souscrit par Françoise Olivier de Leuville, abbesse de Préaux, à M. de Lisle, pour M. du Thiron ; autre billet souscrit par ladite abbesse à M. du Thiron, de la somme de 462 livres prêtée pour les affaires de l'abbaye (1683). — Reconnaissance devant Jean-Baptiste de Livet, notaire au siège de Glos, par Yves de Mailloc, écuyer, sieur de Touteville, seigneur et patron du Mesnil-Guillaume, conseiller du Roi, lieutenant particulier, civil et criminel en la vicomté d'Orbec, d'avoir traité avec Adrien de Mailloc, prêtre, chanoine de Lisieux, fondé de procuration de François de Mailloc, écuyer, sieur de La Morandière, de son office de lieutenant particulier, civil et criminel, moyennant 28,000 livres, dont s'est obligé ledit Adrien de Mailloc envers le vendeur (1693). — Note sur les arrérages de rentes dont les héritiers de La Morandière sont comptables depuis le 7 juillet 1694. — Procuration donnée devant Pierre Formage, seul notaire garde-notes pour le Roi à

Lisieux, vicomté d'Orbec, par Gilbert Hébert, Pierre du Mesnil, Le Boucher, Jean-Baptiste Moulin, chanoines en l'église cathédrale, syndics et députés du diocèse, à Jean-Marie Hanriau, aussi chanoine *chefcier* de l'église de Lisieux, d'emprunter les deniers mis à leur charge (1720). — Procuration donnée devant Pierre Formage, notaire à Lisieux, par Marie Lefebvre, veuve de Jean Aubert, à François Marey, prêtre en l'église St-Germain de Lisieux, de recevoir les sommes qui lui sont dues ; quittances données par François-Jacques et Jean-Baptiste Aubert, à François Marey, de sommes par lui remises (1730-1736).

H. Suppl. 104. — B. 101. (Liasse.) — 11 pièces, parchemin ; 10 pièces, papier.

1649-1788. — Rentes. — Contrat de mariage de Michel Mezières, sieur de Rouveray, huissier, demeurant au Mesnil-Durand, fils de Guillaume et de Marie Toustain, et Michelle de Livet, fille de François de Livet, huissier, et de Jeanne Cauvin ; procédure entre François de Livet et Marie Gosnard, veuve de Jean Olivier, tabellion, concernant le paiement de 15 livres de rente ; transport de ladite rente par Michelle de Livet, veuve de Michel Mezières, à Thomas Eustache de Montreuil (1649-1691). — Constitution par Nicolas de Gouvis l'aîné, écuyer, sieur de Hacguellon, fils de Charles, sieur de Hacguellon et des Fontaines, à Anne de Gouvis, sa sœur, de 28 livres 11 sols 6 deniers de rente, afin de ne rien lui demander sur le lot qui lui est échu dans la succession de leurs parents (1660). — Promesse de mariage entre Guillaume Le Destoy et Antoinette Mauger, fille de Germain et d'Anne Liot ; sentence rendue par Nicolas Desperiers entre Jean Poullain et Anne Liot, sa femme, précédemment veuve de Germain Mauger, et Pierre Mauger, prêtre, chapelain de la chapelle St-Blaise et St-Clair, Denis Quentin Mauger, Jean Gasnier et autres parents et amis des enfants mineurs dudit Germain, concernant la promesse de 300 livres à la mineure Antoinette Mauger, épouse de Guillaume Le Destoy (1661). — Transport par François Legoux à Marie Boulley, veuve de Laurent Legoux, son frère, de 16 livres 13 sols 4 deniers de rente à prendre sur Nicolas Fouques (1700). — Transaction entre Pierre, Robert et Gabriel Lepec, frères, et Adrien Alleaume, sur un arrêt du Parlement confirmant une sentence rendue entre eux en la haute justice du marquisat d'Annebault, concernant une rente de 50 livres qu'ils prétendaient leur être due pour la dot de feue Jeanne Tautet, leur mère (1710). — Abandon par Anne Lefrançois, veuve de Guillaume Cottin, à Gaspard Lefrançois, de 42 livres 9 sols 2 deniers et 2 chapons de rente (1768). — Donation par Jean Vaucanu à Marie-Anne et autre Marie-Anne Vaucanu, sœurs, demeurant à Liroze, de 50 livres de rente (1788).

H. Suppl. 105. — B. 102. (Registre.) — Grand format, 200 feuillets, 2 pièces intercalées, papier.

An XIII-1807. — Rentes. — Sommier des rentes du bureau de Lisieux abandonnées aux hospices, lesdites rentes passées suivant titres des XVIIe, XVIIIe siècles en faveur des trésors, confréries et charités des églises de Beuvillers, Cirfontaine, Courtonnel, Courtonne-la-Meurdrac, Fauguernon, Firfol, Glos, Hermival, la Boissière, la Houblonnière, le Mesnil-Eudes, le Mesnil-Guillaume, le Mesnil-Simon, le Pin, Lécaude, l'Hôtellerie, Marolles, Monteilles, Moyaux, Notre-Dame-des-Vaux, Ouillie-l'Union, Prédauge, Roques, St-Germain-de-Livet, St-Hippolyte-de-Canteloup, St-Jean-de-Livet, St-Léger-d'Ouillie, St-Martin-de-La-Lieue, St-Martin-du-Houlley, St-Pierre-des-Ifs, Villers, St-Jacques de Lisieux, St-Germain de Lisieux, St-Désir de Lisieux, la confrérie de St-Mathurin, le chapitre de St-Pierre de Lisieux, le petit chœur de la cathédrale. — Rentes du bureau de Livarot abandonnées aux hospices, fabriques de Livarot, la Brévière, la Chapelle-Haute-Grue, le Mesnil-Durand, St-Michel-de-Livet, Lisores, Ste-Foy-de-Montgommery, Pontallery, Ste-Marguerite des Loges, Tortisambert, Fresnay, Grandmesnil, Castillon, le Chesne-Lessard, Mesnil-Oury, St-Martin des Noyers, Mesnil-Germain, Bellou, St-Georges, St-Michel-de-Livet. — A la fin, table alphabétique des noms des débiteurs.

H. Suppl. 106. — B. 103. (Liasse.) — 19 pièces, parchemin ; 63 pièces, papier.

1353-1770. — Rentes. — Chapitre cathédral de Lisieux. — Reconnaissance, en 1362 et 1390, par Jean Leclerc, de la paroisse de Coquainvilliers, au chapitre de Lisieux, de 7 livres 12 deniers de rente pour fieffe faite, en 1353, de pièces de terre et maison sises en ladite paroisse ; renouvellement, en 1770, de ladite rente par Jean Gosset Des Aunés, avocat au Parlement de Normandie, à Rouen, et les tenants d'héritages dépendant du fief nommé le fief du chapitre, acquis de Geoffroy de Malon par les doyen et chanoines qui le fieffèrent à Jean Leclerc, moyennant ladite rente, payable le jour de la Ste-Croix. — Donation par Robert Poupeline, curé de St-Joire du Mesnil, de 20 sols de rente au chapitre de Lisieux (1380). — Sentence rendue aux pleds des sergenteries du Mesnil et Moyaux, tenus à Pont-Audemer, par Nicolas de Fréville, lieutenant général du vicomte de Pont-Audemer, entre Guillaume Aubery, prêtre, chanoine, représentant le chapitre, et Guillaume Poupelline, pour paiement d'arrérages desdits 20 sols de rente (1462). — Quittance donnée par Pierre Lusson, receveur de la communauté du petit chœur de l'église cathédrale, à Jean Poupeline et à Richard Soudain, de la somme de 60 sols pour 3 années d'arrérages de ladite rente (1640). — Reconnaissance de ladite rente par François Poupinel fils François, et les représentants de Marie Poupinel (1759). — Procédure entre le chapitre de Lisieux et les frères Chirot et leurs représentants pour paiement d'arrérages de 4 livres de rente constituées en 1503 par Pierre et Colin Lalongue, et reconnue par Catherine Daragon, mère desdits Chirot (1503-1767); pièces diverses, notamment : déclaration à fin de décret que donnent les doyen chanoines et chapitre de la cathédrale St-Pierre de Lisieux, représentés par Jean-Baptiste Hébert, prêtre, l'un d'eux, promoteur du chapitre, des héritages, maisons et biens immeubles appartenant à Charles et Jean-Baptiste Chirot, fils et héritier de feu Noël Chirot, etc.

H. Suppl. 107. — B. 104. (Liasse.) — 29 pièces, parchemin; 39 pièces, papier.

1622-1789. — Rentes. — Chapitre cathédral de Lisieux. — Procédure entre les doyen, chanoines et chapitre de Lisieux, les prêtres et chapelains du petit chœur de ladite église et Robert de Sels, chanoine et pointeur, concernant leurs attributions (1622). — Transport de rente au chapitre de Lisieux, par Jean-Baptiste-Adrien Mallet, écuyer, sieur des Douaires, demeurant à Rouffeville, héritier de Jean Mallet, son père, fils d'autre Jean Mallet, procureur fiscal à Lisieux, aïeul dudit Jean-Baptiste-Adrien Mallet, qui est également héritier d'Adrien Mallet, en son vivant chanoine et héritier bénéficiaire de Jean-Baptiste Mallet, écuyer, sieur de Neuville (1685). — Ratification devant les notaires de Valognes, par François-Hyacinthe Lefèvre, seigneur de Montaigu, La Brisette et autres, époux d'Anne-Marguerite David, héritière en partie d'Adrien Thomas, sieur d'Auberville, de la donation par lui faite en 1622 aux chanoines de Lisieux (1690). — Reconnaissance devant Jacques-Félix Maignet, notaire à Gacé, par Guillaume Jehaune, curé de la paroisse de Cizey, fils de feu Jacques, représentant les enfants de Robert Varin, pour acquêt de maisons sises rue Petite-Couture, de 60 sols de rente envers le chapitre (1706-1776). — Constitution par Marin Desmonceaux et les filles de feu Louis Bordeaux de 111 sols 1 denier tournois de rente envers le chapitre (1711). — Renouvellement devant Louis Daufresne, notaire, par Guillaume-François Ricquier et Louis-Robert-Olivier Lelasseur de Courville, du titre de 5 livres de rente constituée par Guillaume Ricquier au chapitre (1714-1718). — Autre renouvellement devant le même, par Pierre Provost, fils et héritier de Pierre, d'une partie de 15 livres de rente de celle de 33 livres 6 sols 8 deniers, réduite au denier 40, de la constitution dudit Pierre (1719-1779). — Ratification devant Thomas Gouye et François Boullin, notaires à Caen, par Marie Davy, veuve de Philippe de Mathan, seigneur de Tournay, héritier d'Adrien Thomas, seigneur d'Auberville, de la donation faite en 1622 au chapitre, par ledit Thomas, en se réservant le droit de rembourser les 24 livres de rentes données (1728). — Renouvellement de diverses rentes : de 21 livres par Philippe Levavasseur de Baudry, maître de poste (1728-1767); de 40 livres par Jean Dière (1728-1766); Louis Aussy, 100 sols (1730-1778). — Reconnaissance de rente par Adrien Lambert, chevalier, seigneur de Formentin, conseiller en la grand'chambre du Parlement de Normandie (1737). — Sentence rendue aux assises mercuriales d'Orbec par Jacques-François-Charles Desbayes, écuyer, sieur de Bonneval, lieutenant particulier au bailliage, entre Mathieu-Yves Quillet, écuyer, sieur du Vaurattier, officier de Mme la Dauphine, et le chapitre, pour le paiement de 100 livres de rente de la constitution de Jacques Lecomte, sieur de La Coudraye (1740-1761). — Reconnaissance de 6 livres et 3 chapons de rente par Jean-Baptiste Lenoir, procureur en l'élection de Lisieux, porteur de la procuration de Jean-Baptiste-Louis-Auguste de Lyée, chevalier, seigneur de Belleau, Mesnil-Simon, La Crétinière et autres lieux, fils et héritier de feu Gabriel-Auguste de Lyée, chevalier, seigneur de Belleau, Crépus et La Crétinière, demeurant en son château, en la paroisse de Notre-Dame de Courson, au profit du chapitre de Lisieux, dont ledit Gabriel-Auguste de Lyée s'était obligé de décharger Adrien Lambert, chevalier, seigneur de Formentin et autres lieux, conseiller au Parlement de Normandie, par le contrat de vente par lui faite audit seigneur de Belleau d'une terre et seigneurie située en la paroisse du Mesnil-Simon ; passée devant Quetel, tabellion royal au bailliage d'Auge pour les sièges de Cambremer et de Crèvecœur, le 18 janvier 1755. — Obligation devant Jean-François Bernard, notaire en la vicomté de Crèvecœur, par Louis-Guillaume de Methan, abbé commendataire de l'abbaye de la Croix-St-Leufroy, seigneur et patron de Fresville, héritier de Marie Davy, veuve de Philippe de Mathan, seigneur de Tournay et héritière en partie d'Adrien Thomas, seigneur d'Auberville, de payer et continuer la rente de 24 livres donnée au chapitre par ledit Thomas (1768). — Reconnaissance par Alexandre-Laurent Guyot, seigneur et patron d'Étalleville, au chapitre de Lisieux, de 20 sols de rente de l'obligation de Pierre Moy et Richard Formage (1770). — Sentence intitulée au nom de François-Antoine de Courcy, chevalier, seigneur châtelain et patron honoraire de Dampierre-sur-Avre, du Menillet et autres lieux, seigneur et patron de Magny-la-Campagne, grand bailli d'Évreux et lieutenant des maréchaux de France au département de Nonancourt, rendue par Jean-Baptiste-Antoine Desperiers, chevalier, seigneur haut justicier de St-Mards-de-Fresne, seigneur et patron du Benerey, lieutenant général civil et criminel au bailliage d'Orbec, en la cause entre les doyen et chanoines de St-Pierre de Lisieux et Charlotte Leprestre, veuve de Jacques Avisse, fille de Jean Leprestre, débitrice de rentes (1778). — Reconnaissance par les frères Desmonceaux et Philippe Delafosse, représentant par acquêt Jacques Nicolle, au chapitre, de 4 livres de rente montant de la réduction de celle de 111 sols 1 denier (1789).

H. Suppl. 108. — B. 105. (Liasse.) — 56 pièces, parchemin; 71 pièces, papier.

1547-1780. — Rentes. — Église paroissiale de St-Désir de Lisieux. — Vente par Pierre Jean et Robin Lévesque, de la paroisse de Manerbe, au trésor de St-Désir, de 25 sols tournois de rente; reconnaissance de Nicolas Gosset de 35 sols de rente de la constitution de François Gosset, son aïeul (1547-1764). — Donation par Pierre Callon, prêtre, natif et régénéré en l'église paroissiale de St-Désir, de 20 sols de rente, pour une messe haute (1599-1736). — Vente devant Jean Picquot et Jean Hayn, tabellions à Lisieux, par Thomas Legrand, prêtre, et Pierre Amidieu, marchand boucher, au trésor de St-Désir, de 7 livres 2 sols 6 deniers de rente, moyennant 100 livres payées comptant (1612). — Procédure entre les trésoriers de St-Désir et Marionnet père, huissier, pour la remise des titres de 16 livres de rente à prendre sur les Leval, par transport de feu Joseph Petit (1661-1786). — Quittance donnée par Jacques Vicquesnel, trésorier de la paroisse St-Désir, à Louis Loquet, de la somme de 20 sols en argent et 1 chapon de rente; mémoire des frais de procédure remis à Hauvel, trésorier, s'élevant à 43 livres 19 sols 6 deniers (1666-1759). — Obligation de Marguerite Coquerel et Catherine, veuve de François Lemercier, filles de Nicolas et de Marguerite Picquot, qui était fille et héritière de Jacques Picquot, et de Sainte-Pouette, de payer au trésor de St-Désir les 55 sols 6 deniers de rente de la constitution de ladite Sainte-Pouette (1680-1759). — Reconnaissance de Charles Le Bailly, fils et héritier de Germain Le Bailly, fils de Gabriel, fils de Jean, de 7 livres de rente constituée par ledit Jean au trésor de St-Désir (1680-1762). — Obligation de François Cottin et Jean Cottin, son frère, fils et héritiers de Jean, héritier de Barbe Cottin, épouse de Pierre Levavasseur, de payer au trésor, le 9 février de chaque année, la rente de la constitution de Pierre Levavasseur (1694-1764). — Obligation de François Saudebreuil, époux de Marie Hamelin, et Vincent Martin, époux d'Anne Hamelin, héritiers de Guillaume Hamelin, leur père, de payer au trésor la somme de 111 livres 2 sols 6 deniers, pour 22 années d'arrérages de partie de 60 sols de rente. — Vente par Henry Ménard, époux de Marie Davy, de 15 livres de rente au trésor (1714-1720). — Obligation d'Anne David, fille majeure se portant forte pour Louise David, sa sœur mineure, d'une partie de 8 livres de rente, de la constitution de Germain et Jean David frères, fils Clément (1714-1760). — Procédure au bailliage de Pont-l'Évêque, entre le trésor de St-Désir et Pierre Lelièvre, en paiement d'arrérages de rente; obligation de Jean-Pierre Lelièvre, seul fils et héritier de Pierre Lelièvre, fils et héritier de Jean Lelièvre et de Marie Miocque, et François Lelièvre, fils et héritier de Guillaume Lelièvre, de payer au trésor la somme de 8 livres de rente, de la constitution dudit Jean Lelièvre et de Marie Miocque, son épouse (1719-1774). — Vente par Louis Ricque, marchand, et Thomas Pierre, aussi marchand, au trésor, de 15 livres 2 sols 6 deniers de rente (1733-1762). — Vente devant Gabriel Legrip, sieur des Longchamps, seul notaire garde-notes héréditaire à Lisieux, vicomté d'Orbec, par Gabriel et Louis Le Conard et Henri Le Conard, prêtre, chapelain en l'église cathédrale de Lisieux, au trésor de l'église de St-Désir de Lisieux, de 9 livres 5 sols de rente (1746); titre nouveau de ladite rente devant Daufresne, notaire à Lisieux, par Jeanne Le Conard, veuve de Martin Philippe, demeurant à Pont-Audemer, et Louis Le Conard, du Mesnil-Simon, héritier de feu Henri Le

Conard, curé de la paroisse de La Pommeraye, succursale de celle de St-Désir de Lisieux (1786). — Obligation sous seing de Jean-Baptiste Langlois, de 7 livres 2 sols 10 deniers audit trésor (1780).

H. Suppl. 109. — B. 106. (Liasse.) — 24 pièces, parchemin ; 22 pièces, papier.

1619-1790. — Rentes. — Église paroissiale de St-Germain de Lisieux. — Amortissements de rentes faites au trésor de St-Germain (1619-1667). — Constitutions de rentes par Marie Gosnard, veuve de Jean Olivier, tabellion royal, bourgeoise de Lisieux, en faveur du trésor de St-Germain, représenté par Jacques Buchard, trésorier, Charles Mordant, curé, Nicolas Mabire, prêtre, Jean Le Coq, sieur de la Prarie, conseiller et élu en l'élection de Lisieux, Louis Louchard, avocat fiscal au bailliage-vicomtal du lieu (1651). — Vente devant Constantin Boullaye et François Picquot, tabellions à Lisieux, par Catherine Petit, fille de feu Étienne Petit, à Pierre Surlemont, au nom du trésor de St-Germain, du principal et arrérages de 111 sols 1 denier de rente (1671-1673). — Constitution de 6 livres à la confrérie de St-Mathurin, fondée en l'église de St-Germain par Jacques Le Roy, et transportée à ladite confrérie par Françoise Bonnau, fille et héritière, en partie, de Robert Bonnau, contrôleur au grenier à sel de Lisieux (1677-1760). — Obligation, devant Jacques-Louis Daufresne, notaire à Lisieux, par Louis Desbuissons, de la paroisse de Thiberville, de 9 livres de rente de la constitution de Jean Desbuissons, son aïeul, au trésor de St-Germain (1690-1759). — Constitution de Louis Duval, marchand de la paroisse St-Michel de Livet, de 27 livres 15 sols 7 deniers de rente, au denier 18, envers le trésor de St-Germain. Semblables constitutions par Charles du Margeot, écuyer, sieur de St-Ouen, et Guillaume Lecharpentier (1714-1790). — Constitution de 10 livres de rente au denier 20, devant Pierre Formage, notaire, par Gabriel Moisy, marchand, et Catherine Aubert Descaillopres, sa femme, envers le trésor de St-Germain (1729-1768). — Obligation de Jean-Baptiste Fouques, orfèvre, petit-fils de Nicolas Fouques, héritier, à cause de sa femme, de Nicolas Fouques, sieur de Grandcourt, de partie de 6 livres de rente au principal de 300 livres, créée pour la dot de Claire Legoux, fille de Jean (1759). — Obligation sous seing privé par Hubert, curé de St-Germain-de-Livet, envers la confrérie de St-Mathurin, érigée en l'église St-Germain de Lisieux, de 10 livres de rente (1761).

H. Suppl. 110. — B. 107. (Liasse.) — 14 pièces, parchemin ; 22 pièces, papier.

1633-1769. — Rentes. — Église paroissiale de St-Jacques de Lisieux. — Fieffe par Jean Boullard, fils Philippe, à Pierre Guéroult, moyennant 21 livres 8 sols 6 deniers, de 5 pièces de terre, sises paroisse de Livet ; cession par René Boullard, veneur ordinaire du marquis de Dampierre, demeurant en son château de Dampierre, près Châlons, à François Deniau le jeune, de la paroisse de Bernay, de tous ses droits aux successions de Jean Boullard et Marie Dye, ses père et mère, moyennant 100 livres payées comptant ; transport desdits droits par Deniau à Richard Polin ; transaction entre François Deniau et Étienne Guéroult, fils de Pierre, concernant le paiement des arrérages de 21 livres 8 sols 6 deniers de rente ; transport de ladite rente par Antoine Naraye, sieur du Verger, de la paroisse de Coulaine, près Le Mans, fondé de Louise Lepennetier, femme de René Naraye, sieur des Cornières, héritiers de Guy Lepennetier, prêtre, curé du Mesnil-Eudes, à Pascal Guéroult ; criées des bannies du revenu d'Étienne Guéroult, à la requête du trésor de St-Jacques, pour paiement des arrérages de 21 livres 8 sols 6 deniers de rente ; renouvellement de ladite rente par Nicolas Guéroult, fils de Nicolas, subrogé aux droits de Michel, son frère, envers le trésor de St-Jacques (1633-1769). — Obligation devant François Picquot et Constantin Boullaye, tabellions à Lisieux, par Nicolas Adam, envers le trésor de St-Jacques, à la décharge de Pierre Coslard, écuyer, sieur de La Quaize, trésorier au bureau des finances d'Alençon, de 35 sols de rente à cause d'une maison sise à Lisieux, rue aux Fèvres (1667). — Renouvellement de ladite rente devant Jacques-Louis Daufresne, notaire, par Jacques Robillard, fils de Jacques, et de Catherine Jobey, représentant Nicolas Adam (1778).

H. Suppl. 111. — B. 108. (Liasse.) — 22 pièces, parchemin ; 8 pièces, papier.

1613-1789. — Rentes. — Églises paroissiales. — Titre nouveau d'une rente de 42 livres constituée par Gabriel Duchesne en faveur de la fabrique de Courtonne-la-Meurdrac (1667-1774). — Constitution, en 1712, de 111 livres de rente envers les frères de la charité, érigée en l'église de Courtonne-la-Meurdrac, par Charles Resencourt, reconnue par Pierre Buisson, époux de feue Françoise Mouton, fille et héritière de

Gabriel, représentant Charles Resencourt (1789). Autre constitution de 12 livres 2 sols 2 deniers envers lesdits frères par Jean Robine, reconnue par Nicolas Robine, son petit-fils (1700-1787). — Obligation devant Louis Horlaville, notaire au siège de Glos, par Claude Deshayes, seigneur d'Apremont, de 48 livres de rente au trésor de Glos, de la constitution de François de Franqueville, écuyer, sieur de Collandon (1751). — Constitution devant Antoine Jouen, tabellion au siège du Breuil, par Marie Pollin, veuve de Guillaume Desamaison, envers la charité de St-Germain d'Hermival, de 50 sols tournois de rente (1726). — Fondation de 40 messes basses en faveur du trésor de St-Germain-de-Livet, par Jacques Soyer, prêtre, curé de St-Hippolyte-du-Bout-des-Prés, par-devant Pierre Cosnard et Pierre Formage, tabellions à St-Julien-le-Faucon (1687). — Vente devant Pierre Halbout et François Lebrun, notaire au siège de Thiberville, par Jean Bouteiller, au trésor de St-Hippolyte-de-Canteloup, de 17 sols 4 deniers de rente (1677). Renouvellement de la rente par Pierre Bouteillèr, petit-fils dudit Jean (1757). — Donation devant Jean Le Roux, notaire à Lisieux, par Pierre de Livet, sieur du Mesnil, au trésor de St-Jean-de-Livet, de 12 livres 14 sols de rente (1744). — Obligation de 4 livres 10 sols de rente devant Pierre Halbout et Robert Jacquet, tabellions aux sièges de Moyaux et d'Hermival, par Françoise Avrouin, veuve de Louis Guérin, envers le trésor de St-Léger-du-Houlley, de la constitution de Silvestre Guérin (1613). — Constitution devant Eustache Bénard, notaire à Hermival, par Jacques Gohier, de 6 livres 3 sols de rente envers le trésor de St-Martin-du-Houlley (1771), etc.

H. Suppl. 112. — B. 109. (Liasse.) — 19 pièces, parchemin ; 55 pièces, papier.

1662-1786. — Dons et legs. — Liste des fondateurs avec le nombre des messes portées en leurs fondations, les contrats de fondations, les capitaux ou rentes donnés, le produit des capitaux au denier 25, le tiers réservé pour pain, vin, etc., et les deux tiers pour l'honoraire des messes : Mme Ozanne (1670); Georges, prêtre (1678); Le Bourgeois (1681-1684); Hélène Hyron, veuve Surlemont (1705); Marie Dufour (1724); une personne pieuse, stipulée par le curé de St-Étienne-Lailler (1731); Romaine Bardet (1732); Marie Lambert (1732); Louis Fresnel (1733); Dubaitré-Boney (1753); l'évêque de Brancas (1761); l'abbé Gérard, chanoine et archidiacre (1763). — Titres de legs et fondations faits au bureau des pauvres par : Guyonne Ozanne, d'une messe (1670); Jean Le Bourgeois et Marie Lange, sa femme, de 1,200 livres pour être employées en rente (1672); Vallée, curé de St-Jacques, pour une personne charitable, de 450 livres (1676); Jacques Jouen, clerc, acolyte, de partie de 11 livres 2 sols 2 deniers de rente (1682); Renée de Varin, veuve de Thomas Bourdon, de 500 livres pour services religieux (1682); Marguerite Corbelin, de 270 livres (1699); François Marais, de partie de 50 livres de rente (1711); une personne pieuse, stipulée par l'abbé du Mesnil, de 750 livres, pour être constituée en 60 livres de rente, pour aider à nourrir et entretenir les filles qui servent les pauvres dans la maison neuve de l'hôpital des malades, dont Mlle du Travers a la direction (1712); Simon Davoult-Langolière, prêtre, docteur de Sorbonne, chapelain de St-Pierre-le-Martyr en l'église de Paris, de 1,500 livres (1713); Marguerite de Saint-Michel, de 600 livres, pour lui servir une pension de 40 livres (1717); une personne pieuse, à la stipulation de Mlle du Travers, de 600 livres à l'hôpital de St-Thomas-le-Martyr, établi à Lisieux (1718); Jacques de Sets, prêtre, de 2,000 livres, pour un lit, sous le titre de St-Jacques (1718); Margeot de La Perrelle, de 150 livres, pour augmentation de boisson des pauvres (1718); Marie Dufour, de 900 livres pour une basse-messe le dimanche (1724); Jacques Paisant, prêtre, vicaire de St-Jacques de Lisieux, de 1,050 livres, pour fondation d'un demi-lit (1730); Louis Fresnel, de partie de 40 livres de rente (1733); Diberville, de 357 livres 10 sols de rente, et Mlle Cavelier, de 150 livres de rente (1735); Le Bourg des Alleurs, prêtre, 2,400 livres, pour l'entretien d'un ou plusieurs malades (1742); François Le Camus, curé de Coupesarte, de 2,000 livres, pour un lit destiné à un pauvre de sa commune (1743); Legendre, receveur de l'hôpital, de 4,800 livres, pour deux lits (1749); Marguerite Mignot, veuve d'Alexis Panthou, de 3,000 livres, pour un lit (1756). — Demande par Gallot, chapelain de l'hôpital général, à l'évêque, de l'acceptation des fondations que désirent faire Marie Boney, Jacqueline Le Comte et François Pitard (1785). Semblable demande de Catherine Jame (1786). — Transport fait devant Louis Lachey et François Picquot, tabellions à Lisieux, par Nicolas Haguais, de la paroisse du Mesnil-Bacley, à Guillaume Quentin, procureur et receveur du bureau des pauvres, de la somme de 120 livres, restant de 130 livres à prendre sur Jean Le Cousturier, sieur de La Chaussaye, demeurant au bourg d'Orbec, suivant le transport qui lui en avait été fait par Anne Bunel, veuve de Jean Le Chevallier, sieur de l'Espine (1662). — Donation par Claude de Nossey, chevalier, seigneur de Fontenay, la Chapelle-Bayvel, Bois-Hellain et autres lieux, demeurant à la Chapelle-Bayvel, à Renée Labbé, fille de Gaspard Labbé, écuyer, sieur des Mottes, de la somme de 3,000 livres (1684). — Copie d'ordonnance de l'intendant de la généralité d'Alençon, sur la requête des administrateurs de l'hôpital, concernant le mode de prise de fonds pour l'acquit des droits d'insinuation (1748). — Quittances données par le receveur général des domaines à l'hôpital général : de la somme de 150 livres pour droits d'amortissement de 900 livres de principal, donnée par Christophe Paris pour Marie Dufour, à charge de service perpétuel d'une messe basse (1749) ; de la somme de 83 livres 6 sols 8 deniers, pour droits d'amortissement de 15,500 livres donnée pour sûreté de fondation perpétuelle de 6 lits dans l'hôpital par Marguerite Dubois (1749) ; de la somme de 133 livres 6 sols 8 deniers, pour droits de 2,000 livres pour fondation d'une messe dans la chapelle dudit hôpital, par Louis Fresnel (1749).

H. Suppl. 113. — B. 110. (Liasse.) — 13 pièces, papier.

1700-1730. — Dons et legs. — Bence. — Engagement pris en faveur des administrateurs des hôpitaux de Lisieux et de Rouen, par Jeanne-Philippe Bence, veuve de Claude Delafond, intendant de Franche-Comté et Alsace, pour le paiement de la somme de 20,000 livres, résultant des condamnations prononcées contre elle, en conséquence du testament fait auxdits hôpitaux par Pierre Bence, conseiller au Parlement de Paris, son frère ; lettres y relatives, adressées à Legendre, receveur. Quittances diverses de sommes versées aux administrateurs des hôpitaux de Rouen, par Legendre, receveur (1726-1730). — Quittances données devant Robert Morel, notaire, et Jean Blondel, ancien tabellion à Lisieux, son adjoint, par les députés du Clergé de Lisieux, à Étienne Gaullard, receveur alternatif des décimes de Lisieux et propriétaire de la moitié dudit office et gages y attribués, et à André Cousture, fondé de procuration de Pierre Bence, seigneur et patron du Breuil, et Claude Delafond, seigneur de Beuvrière, époux de Jeanne Bence, héritiers pour un tiers d'Adrien Bence, écuyer, et Jeanne de Chastillon, leur père et mère, et de moitié de Louis-Hugues-Alexandre Bence, leur frère, en ces qualités propriétaires de l'autre moitié dudit office, de la somme de 16,335 livres 10 sols 6 deniers, pour l'amortissement des augmentations de gages dudit office, ainsi que d'une autre somme de 12,280 livres 15 sols tournois, pour le remboursement des augmentations de gages attribués à l'office de receveur ancien des décimes dont était propriétaire Adrien Bence pour les années 1675, 1690 et 1693 (1700).

H. Suppl. 114. — B. 111. (Liasse.) — 1 pièce, parchemin.

1703. — Dons et legs. — Boessey. — Donation devant Jacques Faguet et Ursin de La Pye, notaires en la vicomté de Caen aux sièges de Troarn et Varaville, par Marie de Boessey, veuve de Pierre Laisné, bourgeois de Caen, aux administrateurs du bureau des pauvres de Lisieux, stipulés par Charles Belière, prêtre, secrétaire dudit bureau, de la somme de 1,000 livres, à charge de nourrir et entretenir dans un lit de l'hôpital un pauvre malade pendant 6 mois de chaque année, à partir du jour du décès de ladite de Boessey.

H. Suppl. 115. — B. 112. (Liasse.) — 4 pièces, parchemin ; 11 pièces, papier.

1676-1701. — Dons et legs. — Bréavoine. — Donation, devant Robert Gaillard le jeune et Constantin Boullaye, notaires à Lisieux, par Louis Bréavoine, prêtre, de la paroisse St-Germain, au bureau des pauvres de la ville, stipulé par Charles du Thiron, l'un des administrateurs, de la tierce partie de tous ses biens, pour 1, 2 ou 3 lits, si ladite donation peut y suffire (1676). — Insinuation de ladite donation aux assises de la vicomté de Pont-l'Évêque, tenues par Jacques Varin, sieur de Beauchamp, assesseur en ladite vicomté (1676). — Reconnaissance devant Hervé Le Barbier et Charles Guillet, tabellions au siège de Beaumont, vicomté d'Auge, par Claude Duhoux, ancien procureur au Parlement de Rouen, et Jacques Duhoux, son frère, et Louis Bréavoine, prêtre à Lisieux, de la remise que leur a faite Catherine Feral, veuve de Pierre Turgeon, conseiller, notaire et secrétaire en la Cour de Parlement de Rouen, de trois lots et partage des biens provenant de sa succession, pour en faire le choix entre eux (1676). — Procédure entre les administrateurs du bureau des pauvres et Madeleine de Monjoye, veuve de Jacques Duhoux, contrôleur au grenier à sel de Honfleur, tutrice de ses enfants, héritiers dudit Bréavoine, et ses autres héritiers, concernant la donation par lui faite (1700-1701).

H. Suppl. 116. — B. 113. (Liasse.) — 6 pièces, papier.

1733-1743. — Dons et legs. — Coquerel. — Extrait du registre de Mathieu Mosle, sergent à Lisieux, concernant la vente faite à la requête de Marie-Françoise de Paix-de-Cœur de Grofil, supérieure de l'hôpital général de Lisieux, des meubles de Pierre Coquerel, prêtre, ayant été plusieurs années dans ledit hôpital, à cause de ses infirmités (1743); mémoire desdits meubles, dressé le lendemain de sa mort (1738), et requête adressée au bailli vicomtal de Lisieux par ladite supérieure, pour être autorisée à faire vendre les meubles délaissés par l'abbé Coquerel, pour le montant être distribué à ses créanciers ou converti en rente au profit dudit hôpital (1743). — Lettres datées de Dreux et adressées à l'abbé Coquerel, vicaire à Lisieux, par la veuve Galas, concernant l'envoi d'échantillons d'étoffes et le paiement de sommes dues (1733).

H. Suppl. 117. — B. 114. (Liasse.) — 2 pièces, parchemin ; 3 pièces, papier.

1704. — Dons et legs. — Desperiers. — Obligation devant Jacques Ricquier, notaire, et Jean Blondel, tabellion, à Lisieux, par Guillaume Le Chevalier, avocat général au Parlement de Rouen, héritier de Marie Desperiers, sa mère, héritière de Nicolas Desperiers, écuyer, bailli de Lisieux, son frère, ledit Le Chevalier substitué à l'exécution du testament dudit Nicolas, aux lieu et place de Jean-Baptiste Desperiers, sieur de St-James, son oncle, et Esprit-Jean-Baptiste Le Doulcet, procureur du Roi en l'élection de Pont-l'Évêque, aussi substitué à l'exécution dudit testament comme fondé de Marie-Madeleine Desperiers, sa mère, d'assurer 1,500 livres au capital de 30,000 livres, dont 1,200 livres légués aux pauvres de Lisieux et 300 livres pour les appointements d'un maître et d'un sous-maître d'école établis dans la ville de Lisieux par lesdits Le Chevalier et Le Doulcet, afin d'assurer les dernières volontés dudit Nicolas Desperiers. — Ratification de ladite obligation devant Élie Le Jugeur et Louis Gansel, tabellions à Pont-l'Évêque, par Madeleine Desperiers, veuve de Le Doulcet, lieutenant général en la vicomté d'Auge. — Copie d'assignation commise à la requête des administrateurs du bureau des pauvres à Robert Morel, ex-notaire à Lisieux, de leur délivrer une expédition du testament de Nicolas Desperiers.

H. Suppl. 118. — B. 115. (Liasse.) — 1 pièce, parchemin.

1718-1720. — Dons et legs. — Dubosc. — Dépôt devant Pierre Formage, seul notaire à Lisieux, par Marie-Madeleine Dubosc de Coupainville, demeurant en la paroisse de Corneville-sur-Risle, près de Pont-Audemer, aux administrateurs de l'hôpital général de Lisieux, de la somme de 7,000 livres à charge de lui faire 350 livres de rente, qui seront amorties le jour de son décès ; et si les demoiselles de Bourneville et Dubosc, ses sœurs, lui survivent, l'hôpital sera tenu de leur servir 300 livres jusqu'à leur décès (1718); en marge est la quittance donnée par ladite Dubosc de Coupainville aux administrateurs de l'hôpital de ladite somme de 7,000 livres et de celle de 123 livres 13 sols 4 deniers pour 2 mois 22 jours de prorata (1720).

H. Suppl. 119. — B. 116. (Liasse.) — 8 pièces, papier.

1730. — Dons et legs. — Forgue (de La). — Reconnaissance devant Pierre Formage, seul garde-note royal à Lisieux, par Antoine Brusse dit La Forgue, maréchal à Lisieux, procureur de François La Forgue, fils de feu Guillaume La Forgue et de Catherine Faure, demeurant à Montauban et héritier de Jean-Jacques de La Forgue, chirurgien à Lisieux, son frère, que Jacques Le Bas, prêtre, curé de St-Germain de Lisieux, et François Mignot, président en l'Élection, administrateur des hôpitaux, exécuteurs du testament dudit Jean-Jacques de La Forgue, lui ont remis plusieurs pièces concernant la famille. — Requête adressée au bailli de Lisieux par Charles Costard de Formentin, chanoine de Lisieux, François Mignot, président de l'Élection de Lisieux et Jacques Le Bas, curé de St-Germain de Lisieux, administrateurs du bureau de Lisieux, pour obtenir l'autorisation de vendre les meubles de Jacques de La Forgue, dont ils sont légataires universels. — Inventaire desdits meubles par Pierre Formage. — Procès-verbal de vente desdits meubles par François Delamare, premier huissier-audiencier à Lisieux.

H. Suppl. 120. — B. 117. (Liasse.) — 34 pièces, papier.

1751-1766. — Dons et legs. — Fréard. — Compte rendu par Méry et Huet, chanoines, exécuteurs testamentaires de feu l'abbé de Fréard, chanoine, administrateur du bureau, aux administrateurs des hôpitaux de Lisieux, en conséquence de l'article 9 de son testament par lequel il partage entre l'hôpital général des renfermés et la maison du Bon-Pasteur, lorsque ses dettes seront payées et ses legs acquittés, le surplus de sa succession. — Mémoires de divers fournisseurs et quittances de sommes payées, à l'appui (1761-1765), par exemple : état des réparations locatives de la maison du titre St-Georges, appartenant à M. Godefroy, tombant à la charge de la succession Fréard. Mémoires des remèdes fournis au défunt en 1761 : une once de thé vert, 10 sols ; 8 tablettes de mars, 8 sols ; deux gros de graisse humaine, 1 livre 4 sols ; 1 lavement, 12 sols, etc. État d'avances en 1761, 2 livres de chandelle, 18 sols ; une somme de fagot, 1 livre 6 sols ; 1 petit poulet, 9 sols 6 deniers ; une petite tourte, 13 sols ; femme de lessive, 8 sols par jour ; 1 pain de 2 livres, 3 sols 6 deniers. — Quittance par Le Coq, curé de La Roque-Baignard, à l'abbé de Méry, chanoine de Lisieux, archidiacre d'Auge et vicaire général du diocèse, d'un legs de 150 livres (1762) ; quittances de décimes ; lettre dudit Huet à Blouet, curé de Verson, et lettres adressées par Dumois l'aîné à l'abbé Fréard, chanoine de Lisieux, concernant la remise et le prêt de diverses sommes ; lettre de Doynel de La Maury à Lenoir, receveur des hôpitaux, concernant la remise de la somme de 400 livres due à la succession de l'abbé Fréard, etc.

H. Suppl. 121. — B. 118. (Liasse.) — 15 pièces, papier.

1723-1724. — Dons et legs. — Gourney. — Dépôt fait chez Pierre Formage, notaire, par François Marey et Gabriel Thusdomme, prêtres en l'église St-Germain, du testament de Charles Gourney, prêtre habitué de ladite paroisse, par lequel il donne aux pauvres, lorsque les sommes dont il a disposées seront soldées, le surplus de sa succession. — Inventaire des meubles dudit Gourney, dressé par Pierre Formage, notaire. — Vente desdits meubles par Jean Lévesque, sergent. — Diverses quittances de sommes payées pour la succession dudit Gourney, dont une de 300 livres, donnée par Legendre, receveur du bureau des pauvres ; quittances données pour legs, par Nicolas Gourney et Jean Gourney, frères, d'Argentan, ses héritiers, et par Jean Carrey, d'Ouilly-le-Vicomte, époux de Marguerite Le Vasseur ; par Nicolas Michel, crieur public, de 3 livres, pour 3 journées employées à faire les criées de l'inventaire de Gourney ; par Louis Bulet, menuisier, de 4 livres 7 sols pour cercueil ; état des frais funéraires : droits du curé, 3 livres ; pour l'offertoire, 5 sols ; pour les petits clercs, 12 sols ; pour le bedeau, 5 sols ; pour la sonnerie, 5 livres 4 sols ; pour le fossoyeur, 1 livre 2 sols 6 deniers ; pour le drap de la charité, 6 livres ; pour les peines du crieur, 10 sols ; pour le pavage de la fosse, 15 sols ; pour le clerc et crieur de St-Germain, 6 sols ; pour les clercs du St-Sacrement, 10 sols ; pour avoir eu soin des cierges pendant les messes, 4 livres ; en tout 19 livres 9 sols 6 deniers.

H. Suppl. 122. — B. 119. (Liasse.) — 1 pièce, parchemin ; 28 pièces, papier.

1768. — Dons et legs. — Guillemin. — Dépôt fait par Pierre Cretey, curé de St-Martin-de-la-Lieue, chez Jacques-Louis Daufresne, notaire à Lisieux, du testament olographe de Charlotte Guillemin, par lequel elle donne à l'hôpital général et à la dame Ricquier, chacun par moitié, lorsque ses frais funéraires seront soldés, le surplus de sa succession. — Inventaire des meubles dépendant de la succession, dressé par Louis Daufresne, notaire. — Procès-verbal de vente par Charles Morel, premier huissier-audiencier, à la requête des administrateurs du bureau des pauvres, des meubles dépendant de la succession de ladite Charlotte Guillemin, demeurant rue Étroite, paroisse St-Jacques, en vertu de sentence rendue au bailliage vicomtal de Lisieux entre eux et Jacques Houel, époux d'Anne Piel, et Marguerite Ricquier, veuve de Michel Dunot, ses héritiers. — Mémoires de dépenses à l'appui. — La succession a produit 1,716 livres 16 sols, les paiements faits s'élèvent à 363 livres 3 sols 9 deniers, la somme partageable est de 1,353 livres 12 sols 3 deniers, dont la moitié, pour faire acquitter des messes, est de 676 livres 16 sols et le quart pour les pauvres de St-Jacques, et l'autre quart, pour l'hôpital général, est de 338 livres 8 sols.

H. Suppl. 123. — B. 120. (Liasse.) — 1 pièce, parchemin ; 2 pièces, papier.

1675. — Dons et legs. — Heuttes. — Testament reçu par Robert Lancelot et François Picquot, tabellions à Lisieux, de Pierre Heuttes, sieur de Soligny, gisant malade, nommant pour ses exécuteurs Guillaume Chauvery, sieur des Rivières, et Guillaume Moisy, sieur des Caillouères, et donnant aux pauvres nécessiteux de la ville de Lisieux le reste des meubles dont il n'a pas disposé. — Vente devant les tabellions de la vicomté de Lisieux, par Henry Becquet, sieur des Parcs, à Guillaume Lemercier, sieur des Portes, marchand bourgeois, de 60 livres tournois à prendre sur feu Pierre Heuttes, sieur de Soligny.

H. Suppl. 124. — B. 121. (Liasse.) — 12 pièces, papier.

1696-1750. — Dons et legs. — Hiron. — Contrat de fondation passé devant Lyvet, notaire à Glos, par Hélène Hiron, veuve de Pierre Surlemont, bourgeois de

Lisieux, de deux messes basses, moyennant la somme de 600 livres, et le transport d'une partie de rente de 8 livres à prendre sur Morel, notaire, et une autre partie de 7 livres 2 sols 10 deniers à prendre sur Barré (1696). — Copie de la cession faite devant Jean Blondel, notaire, par Hélène Hiron, veuve de Pierre Surlemont à Jacques Hurel, de 25 livres de rente à prendre sur les héritiers de Simon Saint-Clair (1715). — Testament de ladite Hélène Hiron, reçu par Pierre Formage, notaire, par lequel elle donne à l'hôpital général des pauvres, où elle réside, tous ses meubles et effets estimés 100 livres (1730). — Requête adressée au bailli-vicomtal de Lisieux par Joseph de Launey, prêtre, directeur de l'hôpital, exécuteur testamentaire de ladite Hiron, pour être autorisé à vendre ses meubles et effets ; au bas de ladite requête est l'autorisation accordée par Bourdon, sur l'avis de Formeville, procureur fiscal.— Procès-verbal de vente desdits meubles, faite par Antoine Maison, sergent.

H. Suppl. 125. — B. 122. (Liasse.) — 2 pièces, parchemin ; 28 pièces, papier.

1597-1603. — Dons et legs. — Ledoux. — Procédure au Parlement de Rouen entre Guillaume Hardy, procureur du bureau des pauvres de Lisieux, et Robert Ledoux, appelant d'une sentence rendue au bailliage d'Orbec par Nicolas de Grieu, lieutenant du bailli d'Évreux à Orbec, concernant l'exécution du testament de Jean Ledoux. — Parmi les pièces justificatives : extrait du registre des corps enterrés dans l'église de St-Jacques de Lisieux, fait par Guillaume Fresnel, prêtre, vicaire de ladite église, concernant l'enterrement, le 6 novembre 1598, de Michel Deschamps, prêtre de St-Jacques, vicaire de la Charité.

H. Suppl. 126. — B. 123. (Liasse.) — 1 pièce, parchemin ; 5 pièces, papier.

1696-1699. — Dons et legs. — Leneveu. — Vérification faite par Robert Morel, notaire à Lisieux, à la requête de Nicolas Taigner de La Brétesche, chanoine et haut doyen de Lisieux, en la maison de feu Christophe Leneveu, chanoine, et en présence de Louise Le Perqueult, sa mère, d'un paquet de pièces d'écritures parmi lesquelles son testament, où il fonde entre autres 400 messes à célébrer dans la chapelle de l'hôpital général (1696). — Requête adressée au Parlement par les administrateurs de l'hôpital général des pauvres de Lisieux pour être reçus parties intervenantes au procès de Montbrun, de La Boissière et autres légataires de Christophe Leneveu, afin de conserver les intérêts dudit hôpital (1699).

H. Suppl. 127. — B. 124. (Liasse.) — 2 pièces, parchemin ; 20 pièces, papier.

1654-1741. — Dons et legs. — Marey. — Dépôt fait chez Pierre Formage, notaire à Lisieux, par François Mignot, du testament de François Marey, prêtre habitué en l'église St-Germain de Lisieux, par lequel il donne aux pauvres de l'hôpital, dont est directrice Mlle du Travers, tout ce qui restera de sa succession, ses dettes payées (1740). — Requête adressée au bailli haut-justicier de Lisieux par François Mignot, pour faire approcher Aubert et co-héritiers dudit Marey pour la validité de son testament. — Sentence rendue aux pleds d'héritages par Joseph Paisant, bailli-vicomtal de Lisieux, concernant la demande de François Mignot, président de l'élection, chargé de l'exécution du testament de François Marey, prêtre habitué en l'église St-Germain de Lisieux, ayant institué légataire de ses meubles les pauvres de l'hôpital dont était directrice Mlle du Travers, de valider le testament contradictoirement avec Aubert, présomptif héritier, et ordonner la vente des meubles pour en appliquer le montant au paiement des legs (1741). — Procès-verbal de vente faite par Pierre Mérouze, huissier, desdits meubles : 6 chaises et 1 fauteuil, 7 livres; 1 douzaine de serviettes, 6 livres 5 sols; 1 douzaine de draps, 35 livres 8 sols; 1 surplis, 4 livres 15 sols ; 2 chasubles, 16 livres, etc. (1741).—Mémoire de fournitures et frais de justice y joints.—Contrat de mariage devant François Poulain et Constantin Boullay, tabellions, entre François Marey, fils de Guillaume et de Hélène Brucoley, natif de la paroisse de La Fresnaye-Fayel, et Charlette Montfort, fille de Richard et de Françoise Lefebvre (1654).

H. Suppl. 128.— B. 125. (Liasse.) — 8 pièces, parchemin ; 83 pièces, papier.

1649-1710. — Dons et legs. — Margot. — Donation devant Robert Massieu et Pierre Pittel, tabellions aux sièges de Pont-l'Évêque et Touques, par Robert Margot, bourgeois de Lisieux, au bureau des pauvres, représenté par Robert Marie, sieur de Bois-Robert, et par Gabriel Jumel, curé de Grisy, de la tierce partie de tous ses biens, pour être employée après sa mort au soulagement des pauvres (1680). — Ratification de ladite donation faite par les administrateurs assemblés à cet effet (1681). — Copie du contrat de mariage fait devant Drieu et Jehanne, tabellions à Annebault, de Jacques Lépée, fils de Guillaume et d'Antoinette Lépée, de la paroisse de Bourgeauville, avec Jeanne Tautet, fille de Jean et de Jeanne Bellot (1649); à la suite est une sentence rendue aux pieds des sergenteries de Dives et Beuvron, tenus à Pont-l'Évêque par Jean Delauney, vicomte d'Auge, concernant le décret des héritages dudit Jacques Lépée, requis par Marin de La Tour, bourgeois de Caen (1701). — Procédure en la haute justice et marquisat d'Annebault entre Robert et Jean Lépée, frères, fils de Jacques, et Jean Alleaume, jouissant des héritages de feu Jean Tautet, pour 29 années d'arrérages de 50 livres de rente dotale, suivant sentence d'appointement entre ledit Alleaume et les administrateurs du bureau des pauvres (1706). — Factum signé de Manneville, concernant la donation faite au bureau le 22 février 1690 par Margot de 200 livres de rente, dont 200 livres sont dues par Alleaume, possédant les biens affectés à cette rente (1708). — Procédure au siège de Pont-l'Évêque et en Parlement entre les frères Lépée, Adrien Alleaume et les administrateurs du bureau des pauvres y relative ; y joint un extrait du registre général des chiourmes des galères, certifié par Michel Levasseur, écuyer, commissaire ordonnateur de la marine et des galères de Marseille, portant que Jean Lépée, fils de Jacques et de Jeanne Tautet, âgé de 55 ans, condamné le 14 décembre 1706 par le Parlement de Rouen à 9 ans pour faux, est venu en galère le 27 juin 1707, et est mort à l'hôpital royal des forçats le 27 février 1708.

H. Suppl. 129. — B. 126. (Liasse.) — 9 pièces, parchemin ; 100 pièces, papier.

1438-1765. — Dons et legs. — Matignon (de). — Copie de cession faite à l'évêque et comte de Lisieux par Robillard, de St-Jacques de Lisieux, de tous ses droits d'un moulin à foulon, sis à Lisieux, paroisse St-Jacques, dont le terrain avait été baillé à fieffe en 1338 par Guillaume, évêque de Lisieux, à Jean et Guillaume Duclos, de la paroisse de St-Martin-d'Ouillye-la-Ribault, pour faire construire un moulin fouleur à drap, moyennant 4 livres t. de rente par an (1438) ; à la suite est la copie de l'aveu rendu à Léonor de Matignon, évêque de Lisieux, par Michel Lailler, d'un moulin à huile situé près le Pont-Bouillon, paroisse St-Jacques (1673). — Vente devant Robert Morel et Jacques Surlemont, notaires, par Guillaume Dumoulin, laboureur, de Marolles, au nom de Jean Lailler, sieur de Pont-Bouillon, son père en loi, à Léonor de Matignon, évêque de Lisieux, d'un moulin à foulon sis paroisse St-Jacques, près la porte d'Orbec, moyennant 770 livres (1693). — Donation devant Adrien Picquot et Robert Morel, tabellions, par M. de Matignon, évêque de Lisieux, aux filles de la Providence, de maisons, cour et jardin, sis en la grande Couture de Lisieux (1699). — Mandement du Parlement au bailli d'Évreux, siège d'Orbec, concernant la clameur révocatoire demandée par Gabriel Dumoulin, fils Guillaume, héritier de feu Jean Lailler, sieur du Pont-Bouillon, son aïeul maternel, d'un moulin foulon à draps et à huile, sis en la ville de Lisieux, aux faubourg et porte d'Orbec, vendu par ledit Lailler à Léonor de Matignon, évêque de Lisieux; procédure y relative entre Dumoulin, Robine et l'évêque de Lisieux, devant Jean Legrix, écuyer, sieur de Heurteauville, lieutenant général au siège de Pont-Audemer (1703-1704). — Remise faite par M. de Matignon aux administrateurs du bureau des pauvres de la somme de 2,000 livres pour fondation d'un lit (1709). — Fondation par M. de Matignon d'une mission devant avoir lieu tous les dix ans (1709). — Donation par le même au bureau des pauvres de 4,000 livres pour l'entretien de 2 malades (1712). — État des debets dus à la succession de Matignon (1714). — Mémoires et comptes faits par André Denys du Lion, notaire à Paris, avec la Chambre du Clergé, les supérieurs du petit séminaire, les directeurs de l'hôpital général et des Mathurins, d'arrérages de rentes provenant de la succession de l'évêque de Matignon (1719). — Procédure entre les maire et échevins et les administrateurs du bureau des pauvres, concernant l'office de secrétaire-greffier de l'hôtel-de-ville, légué par l'évêque de Matignon audit bureau (1749-1720). — Sentence de Pierre-Louis de Fourques, sieur de la Pilette Lamare, lieutenant ancien civil et criminel du bailli d'Évreux en la vicomté d'Orbec, concernant la demande des héritiers de Jean-Baptiste Lailler, sieur du Pont-Bouillon, en retrait de la succession de l'évêque de Matignon, à droit de sang et lignage, d'un moulin à huile et à foulon de draps sis à la porte d'Orbec (1724) ; pièces de procédure y relatives. — Défaut donné au Parlement contre lesdits héritiers appelant de ladite sentence faute de production de pièces (1729). — Transaction entre les légataires de l'évêque de Matignon et Jacques Lefebvre du Quesnoy, abbé commendataire de l'abbaye de Thorigny, diocèse de Coutances, pour paiement d'arrérages de rentes ; quittances de sommes payées à l'abbé de la Châteigneraye, son prédécesseur, à l'appui (1730-1734). — Certificat du receveur des tailles de l'Élection de Lisieux, constatant qu'il est fait dans l'état du Roi emploi de la somme de 417 livres 19 sols 1 denier au nom des administrateurs des hôpitaux, légataires de Léonor de Matignon, pour remboursement d'offices supprimés (1765).

H. Suppl. 130. — B. 127. (Liasse.) — 2 pièces, parchemin ; 5 pièces, papier.

1708-1762. — Dons et legs. — Poulard. — Copie du testament d'Anne Poulard, de la paroisse St-Germain, par lequel elle donne à Catherine Loisnel, gouvernante de l'hôpital des pauvres malades, tous ses meubles, à charge de donner 100 livres à Marguerite Poulard, sa cousine, et 100 livres à la fille de Marie Poulard, son arrière-cousine ; à la suite est l'assignation commise à François Collet, tuteur de ladite mineure, d'être présent à la vente des meubles qui se fera, requête de ladite dame Loisnel (1708). — Procédure devant le bailli de Lisieux et en la vicomté d'Orbec, entre ledit Collet et les administrateurs du bureau des pauvres, concernant le paiement desdites 100 livres, léguées à sa pupille (1716-1717). — Quittances données devant Louis Daufresne, par Jacques Tiercelin, époux d'Élisabeth Collet, fille et héritière de Marie Poulard, aux administrateurs du bureau et hôpitaux des pauvres, de la somme de 100 livres pour amortissement de 111 sols de rente légués à ladite Marie Poulard, par Anne Poulard et à prendre sur le legs de ses meubles et effets auxdits hôpitaux (1762). — Notes de comptes de ladite rente sur une lettre adressée à Parau, curé de St-Germain, par « Belleau de Lyée », le remerciant des marques d'amitié qu'il lui a données à l'occasion de la perte qu'il a faite.

H. Suppl. 131. — B. 128. (Liasse.) — 10 pièces, parchemin; 121 pièces, papier.

1787-1790. — Dons et legs. — Rambaud. — Dépôt fait chez Guillaume-Gabriel Daufresne, notaire à Lisieux, par François Dubois, chanoine, du testament de l'abbé Rambaud, décédé le 14 décembre 1788, par lequel il institue l'abbé Jacques de La Recluse, son cousin, et ledit Dubois, ses exécuteurs testamentaires, et constitue pour son héritier et légataire universel, les hôpitaux de Lisieux (1788). — Procédure pour la délivrance dudit contre Ambroise-Grégoire-Bernard-Stanislas-Jacques de La Recluse, chanoine de Lisieux, et ses frères ; consultations y relatives.—Délibération des chanoines de l'église cathédrale de Lisieux, portant non acceptation du legs par l'abbé Rambaud de sa bibliothèque, comme ne pouvant remplir les conditions et acquitter ses intentions (1790). — Mémoires de dépenses et de fournitures dus par la succession de l'abbé Rambaud pour son inhumation, la délivrance du legs et fournitures à lui faites (1788-1790).—Contrainte d'amortissement décernée aux administrateurs du bureau des pauvres de payer les droits d'amortissement résultant de la donation de 600 livres à lui léguée pour fondation par l'abbé Rambaud (1789). — Compte rendu aux directeurs et administrateurs du bureau des pauvres de Lisieux par François-Jean Dubois, chanoine, exécuteur testamentaire de Simon-Thomas Rambaud, de la gestion et administration de ses meubles et effets (1790) ; pour son inhumation : 34 cierges, 78 livres 4 sols ; 1 gros cierge de 12 livres, 27 livres 12 sols ; 4 cierges pour les pauvres de l'hôpital, 2 livres 6 sols ; 18 cierges pour les piliers de l'église, 11 livres 7 sols ; 6 cierges pour les petits chandeliers de l'autel, 5 livres 3 sols 6 deniers ; pour la tenture, 36 livres ; fournitures de médicaments, etc. — Compte rendu par Boudard, receveur de l'évêché, aux officiers municipaux de Lisieux, administrateurs des hôpitaux, auxquels revient et appartient par testament de feu l'abbé Rambaud, archidiacre, le restant à lui dû du tiers du produit des déports échus dans l'archidiaconé de Pont-Audemer, lors de son décès. Baux, quittances, et pièces à l'appui. Déports des paroisses de Scelles, Campigny, N.-D. du Val, St-Pierre-du-Chastel, les Authieux-sur-Calonne, Beuzeville, St-Léonard d'Honfleur, Préaux, Manneville-la-Rault, St-Philbert-des-Champs, St-Maclou, etc. (1787-1788).

H. Suppl. 132. — B. 129. (Registre.) — Petit format, 816 feuillets, papier.

1788. — Dons et legs. — Rambaud. — Procès-verbal d'apposition de scellés et d'inventaire dressé par Guillaume-Gabriel Daufresne, notaire à Lisieux, à la réquisition et compagnie de Pascal-Paul Le Bret, avocat en Parlement, procureur fiscal des hautes justices du chapitre de Lisieux, des meubles, titres et effets de Simon-Thomas Rambaud, chanoine de Lisieux, décédé le 14 décembre, paroisse St-Germain, en sa maison sise vis-à-vis la place du Friche, en présence de l'abbé de Lécluse, son cousin, et François-Jean Dubois, chanoines, ses exécuteurs testamentaires. Il y est mentionné entre autres : une bourse brochée en or et argent contenant 100 jetons d'argent, ayant d'un côté la face de Louis XV et sur l'autre est écrit « à l'Immortalité », lesdits jetons pesant 3 marcs 1 once 2 gros, estimés à raison de 51 livres le marc à 160 livres 16 sols, une collection de pièces anciennes, déposées dans le cabinet d'histoire naturelle, renfermant divers animaux conservés dans l'esprit de vin, un crocodile, un serpent, collection de cristaux, minéraux et agates, pierres, madrépores, coquillages, etc., dans la bibliothèque, deux têtes de saint Jean, brochées, en or et soie dans leurs cadres ronds dorés, deux petits tableaux peints sur écaille à bords de cuivre doré et un autre petit tableau dans son cadre rond de bois peint avec cinq petites figures en plâtre sur pieds dorés, etc.

H. Suppl. 133. — B. 130. (Registre.) — Petit format, 308 feuillets, 9 pièces intercalées, papier.

1789. — Dons et legs. — Rambaud. — Extrait des registres de Jacques Vivien, pourvu du Roi, archer de la prévôté générale des monnaies, gendarmerie et maréchaussée de France à Paris, priseur-vendeur en la ville de Lisieux, contenant le détail de la vente faite des meubles de l'abbé Rambaud, décédé paroisse St-Germain, rue Porte-de-la-Chaussée, à la requête de François-Jean Dubois, chanoine; certificats dudit Vivien des annonces faites en la ville de Lisieux de ladite vente ; 2 draps, 9 livres 2 sols ; 6 nappes, 7 livres 12 sols; 3 habits d'étamine noire et un de gros drap violet, 15 livres 1 sol ; 10 fauteuils et 1 bergère de velours d'Utrecht cramoisi, garni de crin, 264 livres ; 1 couteau à lame d'or, à manche de nacre de perle, avec sa gaine de maroquin vert, deux autres couteaux à manche de nacre, dont un à lame d'argent, avec leur étui de galuchat vert, 41 livres 7 sols ; une bague à pierre bleue, montée en or, adjugée au chevalier de Monteaud, officier au régiment du Roi, paroisse St-Jacques de Lisieux, pour 18 livres ; une montre en or à répétition avec sa clef, 202 livres 19 sols ; la chaine en or avec son crochet, 75 livres 10 sols, etc.

H. Suppl. 134. — B. 131. (Liasse.) — 8 pièces, parchemin ; 64 pièces, papier.

1719-1788. — Dons et legs. — Rambaud. — Extrait baptistaire de Simon-Thomas Rambaud, fils de Jean-Bernard Rambaud, médecin, et de Marie-Marguerite Monot, *oppidi Paternarum*, diocèse de Carpentras (1719). — Lettres de tonsure cléricale (1736), de presbytérat (1743), de maitre ès arts (1747), de bachelier en théologie (1748), de *quinquennium* en la faculté des arts de Paris (1748) ; de docteur en théologie (1753), délivrées audit Rambaud. — Lettre de grand-vicaire accordée audit Rambaud, chanoine, vice-gérent de l'officialité, par Jacques-Marie de Caritat de Condorcet, évêque de Lisieux (1773) ; provisions d'archidiacre de Pont-Audemer à lui accordée par le même, en remplacement de Marc-Antoine-Philémon Le Mercier et prise de possession (1777) ; lettre de grand vicaire à lui accordée par l'évêque de Lisieux, Jules Féron de La Ferronaye (1784). — Carnet de paiement de ses domestiques. Anne Duchesne, de la paroisse de St-Julien, entrée à son service en 1755, moyennant 40 livres de gages qui sont réduits en 1757 à 24 livres par an. En 1766, Marie Catel, veuve Gallet, de Lisieux, 45 livres de gages. En 1767, Marie Foret, 50 livres de gages. Pierre Pinchon, en 1759, 40 livres, François Blanlo, d'Esquay, 50 livres, etc. — Requête adressée à l'intendant d'Alençon par Rambaud, chanoine, archidiacre et vicaire général de Lisieux, afin d'être déchargé du procès-verbal dressé contre lui par Laurent David, adjudicataire des fermes unies de France, pour avoir fait faire des constructions pour une somme de 30,000 livres, sans au préalable avoir communiqué les plans et devis (1779). — Baux : devant Louis Baufresne, notaire à Lisieux, par Simon-Thomas Rambaud, chanoine, pour 9 années, à Charles-Simon de Grimonville Larchant, aussi chanoine, prieur de St-Célerin, d'une portion de sa maison canoniale, moyennant 500 livres de loyer (1776) ; devant le même, pour 3, 6 ou 9 années à Pierre Ferregeau, écuyer, d'une portion de la maison canoniale, sise rue de la Porte-de-la-Chaussée, paroisse St-Germain, moyennant 190 livres de loyer (1778). — Lettres de Mᵐᵉ veuve Bonnomet, demeurant chez son fils, notaire, rue Montmartre, à Paris, à l'abbé Rambaud, concernant le certificat de vie à produire pour toucher les intérêts de rentes sur l'hôtel-de-ville (1784) ; supplément à la Gazette du 8 février 1782, contenant l'édit du Roi portant création de 7,000,000 de rentes viagères, à l'appui. — Note du produit des déports de l'archidiaconé de Pont-Audemer de 1784 à 1786 : Toutainville, Fauguernon, Fiquefleur, Murtainville, St-Julien-sur-Calonne, Foulbec, Canapville, Équainville. — Extrait de l'inhumation dans le cimetière St-Louis de Sédan de Joseph-Charles Rambaud, premier médecin de l'hôpital militaire de ladite ville, administrateur de l'hôtel de la Miséricorde et ancien conseiller de ville, âgé de 60 ans, fils de Jean-Bernard et de Marie Monot, frère de l'abbé Rambaud ; son acte de naissance et généalogie de la famille à l'appui (1785). — Notes des fournitures faites par Raulin père et fils, de Sédan, à l'abbé Rambaud (1785). — Obligation de l'abbé Rambaud, archidiacre et grand vicaire de Lisieux, de verser 100 écus en 3 ans pour l'établissement de 2 frères des écoles chrétiennes en la paroisse St-Jacques de Lisieux. — Quittance de ladite somme donnée par le frère Aventin (1786). — Quittances d'impositions pour capitation et décimes (1787). — Mémoires de fournitures diverses. — Donation par l'abbé Rambaud, en faveur de l'œuvre de la Miséricorde établie en la ville de Pernes, au Comtat Venaissin, des arrérages de diverses sommes, pour être distribuées à partir de 1788 à celle des pauvres filles originaires de ladite ville, qui aura été reconnue la plus sage et la plus vertueuse (1788).

H. Suppl. 135. — B. 132. (Registre.) — Moyen format, 108 feuillets, papier.

1745-1786. — Dons et legs. — Rambaud. — Enregistrement des sommes payées à Rambaud pour fermages, pensions dues et produits. F° 1, grange à la Garique, maison de maître et de fermier, acquises le 1er mars 1700 des religieuses Ursulines de Pernes par Thomas Rambaud, moyennant 3,600 liv.; — f. 4, terre aux Ribauds, acquise le 7 avril 1531 par Guillaume Rambaud de Renoard, seigneur de Propriac, en échange d'une grange ; — f. 10, terre au Chapellet, acquise le 7 octobre 1516 de Jean Farjet par Jean Rambaud ; — f. 12, tontine 1743, achat devant Gillet, notaire à Paris, le 25 septembre 1743, d'une action dans la 8e tontine royale, 6e classe, 8e subdivision, moyennant 300 livres qui ont produit 25 à 30 livres avec quelques variations de 1759 à 1783; — f. 14, rente viagère sur l'hôtel-de-ville de Paris, achat du 1er janvier 1782 de 400 livres, moyennant 3,333 livres 6 sols 8 deniers ; — f. 20, Étienne Laget sert une pension de 9 florins, monnaie courante ; — f. 34, Jean-Pierre Sourd et Esprite Brulade de Malemort servent 12 livres de pension ; — f. 56, M. et Mme de Neufmanil servent une pension de 300 livres ; — f. 58, Nicolas Raulin sert une rente viagère de 4,800 livres ; — f. 60, Dubois de la Hauterocque et Mme Vouillie, dame de Courtonne-le-Château, servent 400 livres de pension ; — f. 67, produit de son canonicat de 1749 à 1782 ; — f. 70, part parmi les 11 barons comme prébendé, 1re portion ; en 1780, 33 livres 15 sols 6 deniers ; — f. 75, le 31 mai 1777, prise de possession de l'archidiaconé de Pont-Audemer ; — f. 77, le 2 janvier 1767, nomination de vice-gérent de l'officialité ; — f. 79, en 1773, au chapitre général, chargé de la fabrique de l'église ; — f. 102, indication des sommes reçues de Pernes, de 1756 à 1771, pour ledit Rambaud et son frère, etc. A la fin, table alphabétique. — Ledit registre acheté à Lisieux, chez Desestables, fabricant de registres et de cartes à jouer.

H. Suppl. 136. — B. 133. (Registre.) — Grand format, 137 feuillets, papier.

1749-1787. — Dons et legs. — Rambaud. — Enregistrement des sommes reçues pour fermages et droits par l'abbé Rambaud. F° 1, indication du prix de la somme de blé à la St-Luc, de 1749 à 1783, variant de 17 à 44 livres ; — f. 2, prise de possession de son canonicat le 25 juillet 1749 dans la cathédrale de Lisieux, avec indication du produit de 1749 à 1781, variant de 286 livres 16 sols à 2,479 livres 3 sols ; — f° 3 à 19, recettes diverses, de 1770 à 1781. — De l'autre côté du registre, notes de ses visites dans chacune des paroisses de l'archidiaconé de Pont-Audemer, comprenant les doyennés de Pont-Audemer, Touques et Honfleur : montant du déport, réparations reconnues nécessaires, noms des curés et des vicaires, des décimateurs, état des bâtiments, des ornements et des cimetières, etc. F° 1, Doyenné de Pont-Audemer. Berville ; — f° 2, Beuzeville ; — f° 3, Boulleville ; — f° 4, Campigny ; — f° 5, Carbec-Greslain ; — f° 6, Épagne ; — f° 7, Fortmauville ; — f° 8, Fatouville ; — f° 9, Foulbec ; — f° 10, Le Torp ; — f° 11, Martainville ; — f° 12, N.-D. de Pont-Audemer ; — f° 13, N.-D. du Val ; — f° 14, N.-D. de Préaux ; — f° 15, St-Germain de Pont-Audemer ; — f° 16, St-Maclou ; — f° 17, St-Martin-le-Doux ; — f° 18, St-Michel de Préaux ; — f° 19, St-Ouen de Pont-Audemer ; — f° 20, St-Paul-sur-Risle ; — f° 21, St-Pierre du Châtel ; — f° 22, St-Siméon ; — f° 23, St-Sulpice de Grimbouville ; — f° 24, St-Symphorien ; — f° 25, Selles ; — f° 26, Tourville ; — f° 27, Toutainville ; — f° 28, Tricqueville ; — f° 29, Vannecrocq ; — F° 30. Doyenné de Touques. Bonneville ; — f° 31, Blangy ; — f° 32, Boutemont ; — f° 33, Brévedent ; — f° 34, Canapville ; — f° 35, Condray ; — f° 36, Daubœuf ; — f° 37, Écorcheville ; — f° 38, Englesqueville ; — f° 39, Éparfontaines ; — f° 40, Fauguernon ; — f° 41, Firville ; — f° 42, St-André d'Hébertot ; — f° 43, Launey ; — f° 44, Le Breuil ; — f° 45, Le Faulq ; — f° 46, Manneville-la-Pipard ; — f° 47, Mesnil-sur-Blangy ; — f° 48, Norolles ; — f° 49, Rahut ; — f° 50, St-Gatien des Bois ; — f° 51, St-Julien-sur-Calonne ; — f° 52, St-Martin-aux-Chartrains ; — f° 53, St-Mélaine ; — f° 54, St-Pierre des Authieux ; — f° 55, St-Nicolas des Authieux ; — f° 56, St-Pierre de Touques ; — f° 57, St-Philbert-des-

Champs; — f° 58 ; St-Thomas de Touques ; — f° 59, Surville ; — f° 60, Tourville ; — f° 61, Trouville. — F° 62. Doyenné d'Honfleur, Ableville ; — f° 63, Ablon ; — f° 64, Barneville-la-Bert ; — f° 65, Bois-Hellain ; — f° 66, Bonneville-la-Louvet ; — f° 67, Cremanville ; — f° 68, Cricquebœuf ; — f° 69 , Equainville ; — f° 70, Équemauville ; — f° 71, Fourneville ; — f° 72, Fiquefleur ; — f° 73, Genneville ; — f° 74, Gonneville ; — f° 75, Mont St-Jean ; — f° 76, La Lande ; — f° 77, Le Theil ; — f° 78, Manneville-la-R. ; — f° 79, N.-D. et St-Léonard-d'Honfleur ; — f° 80, Pennedepie ; — f° 81, Quetteville ; — f° 82, St-Benoît-d'Hébertot ; — f° 83, Ste-Catherine et St-Étienne d'Honfleur ; — f° 84, St-Léger-sur-Bonneville ; — f° 85, Saint-Martin-le-Vieil ; — f° 86, Tonnetuit ; — f° 87, Vasouy ; — f° 88, Vieil-Bourg ; — f° 89, Villerville.

H. Suppl. 137.— B. 134. (Registre.)— Grand format, 82 feuillets, papier.

1778-1788. — Dons et legs. — Rambaud. — Registre de dépense. F° 1 v°, dépense totale de chaque année. — En janvier 1778, à Goton pour étrennes et remèdes, 12 livres ; à Hédié pour étrennes, 3 livres ; au suisse de la cathédrale et au facteur, 6 livres ; aux enfants de chœur pour étrennes 1 livre 4 sols ; à Goton pour une année de gages 60 livres ; 76 livres de pain, 8 livres 16 sols ; 49 livres de viande 14 livres 14 sols. — En février 1778, 4 plats et 1 cafetière d'argent pesant 10 marcs 5 gros, 504 livres ; pour l'abonnement de Linguet, 6 livres. — En septembre et octobre 1783, voyage à Paris 75 livres 17 sols ; séjour à Paris, logement, remise, voyage, etc., 115 livres 6 sols ; retour de Paris par Serquigny et Bernay 83 livres 14 sols ; un billet de loterie royale, 630 livres 15 sols ; une chaîne de montre d'or 63 livres ; 1 cachet d'or 36 livres, sa gravure 15 livres ; 1 pot de savon de Naples 2 livres 10 sols ; 2 aunes de velours d'Utrecht 13 livres 10 sols ; 1 bague d'or saphir 24 livres ; 1 chasuble d'étoffe en or 192 livres, etc. (Lacérations).

H. Suppl. 138. — B. 135. (Registre.) — Moyen format, 124 feuillets, papier.

1771-1774. — Dons et legs. — Rambaud. — Inventaire dressé en 1771 des meubles et effets mobiliers qu'avait Jacques-Marie de Caritat de Condorcet, évêque et comte de Lisieux, dans son château des Loges et dans son palais épiscopal. — Au château des Loges, chambre du pavillon du côté du couchant occupée par les femmes de Mlle d'Ussé. — Page 87. Palais épiscopal de Lisieux. « 52 pièce de tapisserie de grand personage et de verdure de diferante façon tant « bonne que mauvaise » ; « 1 cadre dorré, de 6 pied « daux representemps Louis XIV » ; « 1 paravent à « 8 feulie de papier » ; « 5 encien fauteuil de paune de « diferante couleur avec des cartouche de tapisserie. » Au 1er étage « appartements jaune », « appartements « verd », « appartements rouge », appartements « sculpté. » — P. 108 « Rez de chaussée sur le parterre. « Appartement de Mgr l'Évêque » : « 1 tablaux repré« sentans la sainte Vierge et l'enfant Jésus avec son « cadre dorée ; 1 estemple représentans Louis le bien « aimée dans un médaillon portée Diogène avec son « ver a cadre doré ; 1 estemple représentans Bossuet « avec son vero a cadre doré..... ; 1 petit cadre de « bois représentans St. Charle ;..... 1 Christ de gran« deur humaine avec son cadre doré ;..... St Bruno au « crayon ; 1 estemple représentant Louis 14 à cadre « dorée... », P. 110. Cabinet de travail, « 1 trumaux « de cheminée à cadre dorée surmontée d'un tablaux « de Raphael représentans la Ste Vierge et l'enfan « Jésus avec S. Jean-Baptiste » ; « 3 tablaux à cadre « dorée représentans des paysage pein par Chabanne » ; « 2 tablaux a cadre dorrée en regard représentans « des familie » ; « 1 tablaux représentant le Caravage « peint par lui-même » ; « 1 autre tablaux servant de « regard au Caravage » ; « 2 tablaux représentans des « sérémonies de religion » ; « 2 tablaux qui sont des « tette de Rimbraus » ; « 4 autre petit tablaux dont « 1 est de Rubens » ; « 2 autre petit tablaux » ; « 1 es« temple de Bossuet avec son ver et cadre doré » ; « 2 tablaux de Thénière. » Dans le « sallon de compa« gnie », « 1 grand tablaux représentans le grand « Condé a cadre blanc et dorée » ; « 2 tablaux l'un re« présentans l'entrée du Sauveur à Jérusalem et l'autre « le Sauveur conduit sur le Calvaire », « 8 tette faisant « 8 tablaux a cadre dorée » ; 1 tablaux a cadre dorée « représentans Mgr de Condorcet ». — Sale du « synodes », « 5 pièces de tapisserie de verdure et « petit personage des Galleries du Louvre » ; « 1 grand « tablaux représentant Louis XIV » ; — « antichambre « de l'appartement Roy », « 3 pièces de tapisserie re« présentans l'istoire de Cléopatre et d'Antoine » ; « 1 tablaux sur la cheminée représentant Bachus « alaitée par la chèvre Amalthée ». — P. 132. Bibliothèque. — P. 134. Secrétariat. — P. 137. Appartement de l'aumônier. — P. 139. Appartement bleu. « 5 pièces de « tapisserie de Belle Verdure de Bruxelles. » — P. 143. Appartement jaune. — P. 147. Cuisines. — P. 173. État du linge de l'évêque. — Réforme du vieux linge hors d'état de pouvoir servir, du 26 octobre 1772 au 30 mars 1774. — Manquent de nombreuses pages; lacérations, surtout pour la partie des Loges.

H. Suppl. 139. — B. 136. (Liasse.) — 13 pièces, papier.

1677-1741. — Dons et legs. — Tardif. — Dépôt fait chez Pierre Formagé, notaire, par Michel Parau, curé de la paroisse de St-Germain, du testament de feu Jeanne Tardif, donnant après distraction de certains objets le surplus de ses meubles aux pauvres de l'hôpital de M{ie} Duquesney. — Inventaire desdits meubles, dressé par Pierre Formagé. — Procès-verbal de vente des meubles, par Pierre Mérouze, huissier. — Quittances de sommes payées à l'acquit de ladite succession : frais funéraires, 6 livres 4 sols 6 deniers ; 5 livres pour 6 mois de location de la chambre que tenait la défunte; cercueil, 50 sols (1741). — Copie de l'acte de baptême de Jeanne-Andrée, fille de Jean Tardif, cuisinier, et de Michelle Hurtaud, célébré le 22 février 1677, en la paroisse de St-Maurice d'Angers.

H. Suppl. 140. — B. 137. (Liasse.) — 5 pièces, parchemin ; 28 pièces, papier.

1208-1633. — Procédures de l'hôpital et bureau des pauvres contre les Mathurins. Droits sur l'Évêché de Lisieux. — Parmi les pièces justificatives : *Vidimus* et confirmation par Guy, évêque de Lisieux, en avril 1304, de la concession par l'évêque Jourdain aux pauvres de Lisieux de divers privilèges, d'un âne pour apporter des forêts de l'Évêché le bois nécessaire aux pauvres et la faculté au conducteur de prendre le bois mort qu'il trouvera, etc. (1208). — Copie de la donation à la maison-Dieu de Lisieux, de dîmes des jardins, par Guillaume, doyen, et le chapitre de Lisieux (avril 1208). — Ordre par Pierre de Hellenvilliers, bailli d'Évreux, au vicomte d'Orbec, de faire payer aux pauvres les rentes en blé, pois, draps, etc., à prendre sur le temporel de l'Évêché, mis en la maison du Roi pour cause de régale (1414). — Ordre à l'évêque de Lisieux de payer les arrérages de 13 boisseaux de gros blé par an, au terme de la seconde foire St-Michel, 13 robes au jeudi absolu, 13 paires de souliers à 2 fêtes de l'année, la chair de 2 moutons (1423). Copies collationnées sur le registre demeuré entre les mains de Bernard Bréavoine, ministre de l'Hôtel-Dieu, à l'instance du bureau des pauvres, par Lailler et Loret, tabellions, en 1655. — Consentement donné par Robin de La Rivière, écuyer, ayant saisi, pour défaut d'hommes et amortissement non fait, les héritages de feu Jean d'Urville, assis en son fief et appartenant à l'Hôtel-Dieu par don et aumône dudit d'Urville, de la jouissance desdits héritages (1446). — Sentence de Jacques de La Mondière, licencié ès lois, exerçant la juridiction extraordinaire du bailli d'Évreux au siège d'Orbec, comme le plus ancien avocat en l'absence des lieutenant général et particulier, concernant la mauvaise gestion, signalée par Pierre de Lonchamps, avocat, à l'adjonction du Procureur du Roi, et Christophe Jean, bourgeois, commis à l'administration du revenu dudit hôpital par lettres patentes du Roi, des ministre et religieux de la maison et hôpital. L'hôpital de Lisieux est de grand revenu et sujet de tout temps et d'ancienneté à l'entretien et nourriture des pauvres de Lisieux et autres y affluant, qui toutefois en étaient frustrés parce que les ministre, religieux et autres particuliers l'appliquaient à leur profit sans subvenir à la nourriture des pauvres; les habitants de Lisieux étaient obligés de se cotiser à grande somme de deniers chaque semaine pour leur nourriture, etc. (1566). — Arrêt du Parlement condamnant Antoine Lepetit, avocat, époux de la veuve de Denys Nicolle, fermier général du temporel de l'évêché, à payer les redevances dues aux ministre et religieux de la maison-Dieu pour ledit évêché, et consistant en 13 boisseaux de pois blancs, un millier de harengs blancs à livrer au commencement du carême, 13 robes de 3 aunes, 1 quartier de drap à la Saint-Michel, 13 paires de souliers au jeudi absolu, la chair d'un mouton à l'Ascension et 13 deniers par semaine (1622). — Signification à Louis Petit, général de l'Ordre de la Trinité et Rédemption des captifs, et frère Jean Delacour, administrateurs de l'Hôtel-Dieu, du défaut obtenu contre eux par le Procureur général du Parlement de Rouen, avec assignation d'y comparaître (1628). — Arrêt du Parlement de Rouen faisant défenses au receveur du bureau et à Louis Petit, général de l'Ordre de la Trinité, et Jacques Delacour, ministre de l'Hôtel-Dieu, de procéder au Parlement de Paris, sur l'arrêt fait entre les mains du receveur de l'évêché des blés mentionnés en la fondation des pauvres (1628). — Délibération du bureau établi pour la police des pauvres, tenu devant François Scelles, lieutenant particulier du bailli-vicomtal de Lisieux, en l'absence du lieutenant général, sur la plainte des députés des habitants de la ville, concernant la tentative des religieux chargés de l'administration de l'hôpital, de distribuer les redevances et aumônes données. Il est notoire à chacun qu'il y a à Lisieux une maison ou Hôtel-Dieu, bâti de toute ancienneté pour retirer et loger les pauvres, auquel les évêques de Lisieux avaient donné plusieurs biens et rentes, qui sont perçus sur le revenu de l'évêché par les Mathurins pour faire la distribution aux pauvres qui sont en très grand nombre et de jour en jour s'accroissent et vont jusqu'au nombre de 800; le ministre a voulu cesser l'aumône et refuser la réception des pauvres de la ville, qui n'avaient où se retirer; en conséquence, il a été ordonné que le blé et les autres revenus seraient donnés auxdits pauvres, etc. (1628). — Arrêt du Grand Conseil en règlement de juges entre Louis Petit, général des Trinitaires, et Henri Auger procureur receveur du bureau des pauvres de Lisieux : renvoi au bailli de Lisieux et par appel au Parlement de Rouen (1629). — Arrêt du Parlement de Rouen, ordonnant que le bureau des pauvres sera payé sur le revenu de l'évêché de l'intégralité des donations de 1208 et 1304, savoir : pour les pauvres du bureau de la ville, moitié du blé et autres choses, les 13 robes et 13 paires de souliers seront distribuées sur l'avis de l'évêque, et l'autre moitié à l'administration et direction du ministre et religieux pour les pauvres et les passants audit Hôtel-Dieu (1630). — *Factum* pour le bureau des pauvres suivi d'un avis d'avocats de Rouen, concluant qu'il sera fondé aux arrêts et saisies sur le revenu de l'évêché, en conséquence dudit arrêt (1632). — Arrêt d'appointement au Conseil sur la requête civile obtenue par l'évêque contre ledit arrêt (1633).

H. Suppl. 141. — B. 138. (Liasse.) — 3 pièces, parchemin; 23 pièces, papier.

1634-1638. — Procédures de l'hôpital et bureau des pauvres contre les Mathurins. Droits sur l'Évêché de Lisieux. — Bref mémoire de l'estimation des droits que le bureau des pauvres et les ministre et religieux de l'Hôtel-Dieu ont droit de prendre sur le revenu de l'évêché et comté de Lisieux (1634). — Arrêt du Parlement condamnant François Pierre, receveur du revenu de l'évêché, à payer à Antoine Bourdon, receveur du bureau des pauvres, 1,200 livres, dans quinzaine, sous toutes contraintes, même celle de l'emprisonnement (1634). — Arrêt du Parlement condamnant l'évêque à payer au receveur des pauvres les blés qui leur sont dus pour leur nourriture, suivant l'appréciation qui en a été faite (1634). — Transaction devant Jacques Duhoux et Gabriel Rioult, tabellions à Lisieux, entre Philippe Cospean, évêque, frère Gaspard Duclos, ministre de la maison et Hôtel-Dieu, Jacques Borel, trésorier et official de l'évêché, Laurent Dubosc, prieur et baron d'Armentières, prêtres, chanoines députés du chapitre, Jean Vimont et Adrien Levavasseur, échevins, François Marais et Michel Lailler, députés du bureau des pauvres, et Antoine Bourdon, receveur dudit bureau, pour éviter le procès pendant au Parlement, commencé par les ministre et religieux de l'Hôtel-Dieu et le bureau des pauvres, à l'encontre de Guillaume Allcaume, dernier évêque, pour l'acquit de la fondation de Jourdain (1636). — Procuration devant les notaires de Paris par Louis Petit, aumônier du Roi, général et grand ministre de tout l'ordre de la Trinité et Rédemption des Captifs, pour représenter aux religieux de Lisieux l'arrêt contradictoire de la réformation (1637). — Extraits des registres de l'hôtel commun de Lisieux; délibérations permettant aux députés du bureau de faire faire dans l'hôpital un logement propre pour les pauvres et concernant les malversations des religieux en l'administration de l'hôpital des pauvres (1638). Dans l'assemblée du 4 octobre 1638, Jean Picquot le jeune, procureur et receveur du bureau des pauvres, remontre que sur les poursuites ci-devant faites pour le règlement et ordre du revenu appartenant au bureau, à prendre sur le temporel de l'évêque, serait survenu un arrêt et règlement en la Cour du Parlement de Rouen, le 22 novembre 1630, par lequel il aurait été arrêté que les pauvres malades de Lisieux seraient reçus et hébergés en la maison et Hôtel-Dieu des pauvres, et, à cette fin, les députés du bureau feraient accommoder un lieu propre dans l'enclos de l'hôpital, pour les recevoir, loger et faire assister; néanmoins, plusieurs pauvres se plaignent journellement du refus qui leur est fait par les ministre et religieux de l'Hôtel-Dieu de les y recevoir et loger; Guillaume Le Mire, écuyer, sieur de Launey, atteste que, depuis neuf à dix jours, il avait fait porter avec le pénitencier, à l'Hôtel-Dieu, un pauvre passant se disant de Caen, lequel était en extrémité de maladie et pauvreté, et que les Mathurins refusèrent plusieurs fois de le recevoir, et, à la fin, après instantes prières, le reçurent à toute peine avec protestation de n'en recevoir aucun autre à l'avenir; autres attestations de Jean Lemarchand et Jean Formeville, députés du bureau, que les religieux ont refusé d'administrer un pauvre mourant, etc.

H. Suppl. 142. — B. 139. (Liasse.) — 77 pièces, papier.

1639. — Procédures de l'hôpital et bureau des pauvres contre les Mathurins. Droits sur l'évêché de Lisieux. — Procès-verbal dressé par François du Houlley, écuyer, sieur de Courtonne, lieutenant général du bailli d'Évreux en la vicomté d'Orbec, assisté de Jacques Langlois, greffier au siège de Folleville, pour l'exécution de la commission donnée par le Parlement de Rouen, afin d'être pourvu et ordonné par provision de la délivrance d'un lieu propre et commode pour le logement des pauvres de ladite ville, en présence des chanoines, députés, échevins et principaux habitants et David, avocat, pour les ministre et religieux, de l'état de l'hôpital situé près et au bout du couvent des Mathurins et du choix du lieu le plus commode et le moins incommode aux religieux pour y loger les pauvres. Les habitants avaient préféré imposer sur eux plus de 40 livres par semaine que de plaider avec les religieux, mais comme les pauvres avaient augmenté par la cherté des grains, peste et guerre, et que des pauvres non logés périssaient et mouraient dans les halles et les rues, ils obtinrent que les pauvres seraient reçus à l'hôpital, les Mathurins s'étant approprié le bien desdits pauvres. Ils ont trouvé que l'hôpital de Lisieux est situé au bout de l'église des Mathurins, aboutant sur la grande rue de Lisieux, consiste en un grand corps de logis et plusieurs êtres, une chapelle, une salle de 25 à 26 espaces de long, logis ordinaire des pauvres passants, ayant des deux côtés des couches et lits pour les coucher; dans une autre chambre, de 8 espaces environ de large, 3 grandes couches de bois sans lits, pleines de paille, etc. ; les religieux ont fait abattre la muraille séparant leur couvent de l'hôpital, pour s'emparer de l'allée de l'hôpital dont ils ont bouché la porte par laquelle on entrait à l'hôpital; entreprises et innovations faites par les religieux, etc. — Sommation faite à la requête de Jean Picquot, procureur et receveur du bureau des pauvres, en vertu d'arrêt du Parlement, à Charles d'Agneaux, ministre de la maison et Hôtel-Dieu, de faire construire une salle et chambre dessus avec un petit corps de logis, sur l'emplacement d'un moulin et d'une portion de jardin étant au bout de l'enclos de l'hôpital dudit Hôtel-Dieu. — Saisie-arrêt faite entre les mains du frère d'Agneaux, ministre, à la requête de Jean Picquot, receveur du bureau des pauvres, des fagots déposés dans l'hôpital par Pierre Selles et Nicolas, afin de les assujettir aux réparations par eux commises. — Factum du procès entre les ministre et religieux de l'Hôtel-Dieu et les pauvres de Lisieux concernant le revenu dès fondations usurpé par lesdits religieux : lesdits Hôtel-Dieu et maison des pauvres ont été fondés et bâtis de temps immémorial et administrés par des laïcs, ainsi que le font connaître les lettres d'Urbain III, pape en 1185, par lesquelles il permit aux administrateurs dudit Hôtel-Dieu de choisir un prêtre pour administrer les sacrements aux pauvres. Fondations de Jourdain, évêque de Lisieux, des chanoines et des seigneurs du pays, aujourd'hui possédées par les Mathurins. Cet ordre, dans les commencements de sa fondation, acquit en peu de temps une grande réputation de sainteté et de charité pour assister les pauvres malades ; en 1240 environ, ils furent installés en l'administration de l'Hôtel-Dieu ; au lieu de se contenir dans les bornes d'une simple administration, ils en usèrent comme de leur bien propre et abusèrent tellement qu'au lieu d'être 3 ou 4, nombre suffisant, ils en ont fait un grand couvent de 12 ou 15 religieux qui, sans considérer l'intention des fondateurs, mangent journellement le pain des pauvres en prétendant que le revenu leur appartient sous prétexte de cette longue possession ; discussion du point de droit : la prescription ne peut être invoquée. — Requête de Guillaume Quentin, receveur procureur du bureau des pauvres, aux arbitres ; les religieux Mathurins qui seuls peuvent savoir au certain le revenu de l'hôpital, ont offert en présence de l'évêque, de nourrir 12 pauvres, outre les 13 robes de 3 aunes un quart, et les 13 paires de souliers par an, à charge de recevoir les pauvres passants ; cette offre fut refusée comme insuffisante; les religieux estiment la nourriture de chaque pauvre à plus de 1,000 livres par an; le tout se monte à peu près à 2,000 livres ; résumé et appréciation des revenus antérieurement donnés, etc. — Mémoires et remarques y relatifs.

H. Suppl. 143. — B. 140. (Liasse.) — 7 pièces, parchemin; 71 pièces, papier.

1640-1663. — Procédures de l'hôpital et bureau des pauvres contre les Mathurins. Droits sur l'évêché de Lisieux. — Mémoire de la vérification des titres de donations et fondations de l'hôpital, faite par Laurent Dubosc, écuyer, prieur et baron d'Armentières, et François Marais, députés du chapitre pour le bureau des pauvres, en présence du ministre et principaux religieux de l'hôpital, afin de donner un ordre pour qu'il n'en soit pas mal usé à l'avenir (1640). — Convention faite entre Philippe Cospean, évêque, et les religieux de la réforme de la Trinité et Rédemption des captifs, portant que lesdits religieux reprennent pendant la vie de l'évêque la charge de nourrir, panser, subvenir à toutes choses aux pauvres malades de la ville, moyennant 400 livres payées par ledit évêque (1645). — Arrêt du Parlement déchargeant Guillaume Quentin, receveur du bureau des pauvres, de l'assignation à lui commise au Grand-Conseil, à la requête du général de l'Ordre de la Trinité (1653). — Arrêt du Grand-Conseil cassant le précédent (1653). —Mémoire pour le procès pendant au Parlement entre Guillaume Quentin, receveur, procureur du bureau des pauvres, demandant à être renvoyé en possession de tout le revenu de l'hôpital pour être administré par les administrateurs dudit bureau (1654). — Requête dudit Quentin au Parlement, concernant ledit envoi en possession (1656). — Consultation devant servir à l'intelligence du procès pendant au Parlement de Rouen, par renvoi du Conseil, entre les pauvres de l'hôpital et maison-Dieu, et les ministre et religieux de l'ordre de la Trinité, administrateurs dudit hôpital (1656). — Procuration donnée par Pierre Mercier, général et grand ministre de la Trinité et Rédemption des Captifs, à Bernard Bréavoine, ministre, et à son vicaire du couvent de Lisieux, de transiger sur les procès mûs entre les ministre et religieux du couvent de l'Hôtel-Dieu et les habitants députés du bureau des pauvres, sur le fait des fondations de l'évêque Jourdain (1656). — Transaction entre lesdites parties, devant Nicolas Picquot le jeune et Constantin Boullaye, tabellions à Lisieux (1657). — Sentence arbitrale de Louis Voisin, écuyer, sieur de Saint-Paul, conseiller du Roi et maître ordinaire en la Chambre des Comptes de Normandie, Charles Paviot, procureur général de la Chambre des Comptes, et François Le Parmentier, écuyer, auditeur en la Chambre des Comptes de Normandie, nommés experts par lesdites parties (1658). Confirmation de la transaction entre Bernard Bréavoine, ministre du couvent et Hôtel-Dieu de la congrégation réformée de la Trinité et Rédemption des Captifs de Lisieux, et Joseph Colombel, vicaire, Gaspard Desnoes, prêtre, chanoine et archidiacre de Lisieux, pour le chapitre et bureau des pauvres, Nicolas Delaporte, député de ville pour le bureau, et Jean Bourdon, échevin, tous trois députés : maintien des ministre et religieux en l'administration de la totalité du bien et revenu donné à l'hôpital par les fondations anciennes et modernes ; sur ledit revenu, ils seront tenus de payer, chaque année, 1,200 livres, et délivrer aux pauvres 4 minots de sel, pour le tout être employé à l'usage et nourriture des pauvres malades et passants, remèdes et médicaments nécessaires ; pour la fourniture des treize robes et treize paires de souliers, le jeudi saint, conformément à la fondation de l'évêque Jourdain, six pauvres seront nommés par les religieux et sept par les administrateurs ; les administrateurs auront l'administration de l'hôpital et bâtiments, y compris une portion au grand jardin des religieux, situé au bout de l'hôpital ; les religieux seront tenus de célébrer les messes, administrer les sacrements aux pauvres, visiter, instruire et consoler les malades, etc. ; les religieux ne recevront de pauvres malades ou passants que par l'ordre des administrateurs, etc. —Entreprises successives des religieux sur le bien des pauvres ; chapelle de l'hôpital qui servait particulièrement aux pauvres, et dont ils ont changé l'ouverture, qui donnait primitivement sur la grande rue de Lisieux ; « de ce lieu « sacré où l'on a tant dit de messes dès l'establisse- « ment dudit hospital, ils en ont faict la retraitte et « logement des pauvres passants et de toutes sortes « d'estrangers, lesquels en la plus part n'y font autre « choses que des salletés et des blasphèmes. Et « comme ils n'ont rien du tout oublié en cette matière, « ils ont aussi faict abatre l'antienne muraille qui « séparoit leur couvent avec l'hospital et leur jardin « d'avec le jardin dudit hospital dont ils n'ont faict « qu'un seul jardin privants les pauvres de cette com- « modité. » Comme ils ont augmenté le nombre des religieux, ils ont réduit le nombre des pauvres jusqu'à 7 seulement, de sorte que de 17 couches qui étaient encore dans la grande salle de l'hôpital il y a 12 ou 15 ans, il n'y en a plus que 7 ; celles qui étaient au bout de la grande salle où l'on logeait les femmes, séparément des hommes, ont toutes été ôtées, les 7 couches étant pour les 2 sexes confusément et les pauvres passants reçus au lieu où était la chapelle sans lits, matelas, ni couvertures, ni même une pauvre paillasse, n'ayant d'autre couche que la dure. Dans un tel désordre et opiniâtreté des religieux de ne recevoir que 7 pauvres malades de l'hôpital, il est mort une grande quantité de pauvres à la porte de l'hôpital dans la rue, à la vue et scandale de tout Lisieux ; ainsi que tout cela se justifie par les informations qui ont été faites. Demande de faire quitter l'administration de l'hôpital par les religieux aux habitants. — Addition à la transaction de 1657 concernant 6 minots de sel accordés par lettres patentes de 1646 (1659). — Homologation par le Parlement de Normandie desdites transaction et sentence arbitrale (1660). — Arrêt de la Cour de Parlement accordant mandement à Guillaume Quentin, procureur et receveur du bureau des pauvres, pour faire approcher en ladite cour les héritiers de Guillaume Alleaume pour déclarer s'ils renoncent ou persistent au procès par lui délaissé (1663).

H. Suppl. 144.—B. 141. (Liasse.) — 11 pièces, parchemin ;
79 pièces, papier.

1664-1687. — Procédures de l'hôpital et bureau des pauvres contre les Mathurins. Droits sur l'évêché de Lisieux. — Procédure entre Guillaume Quentin, receveur du bureau des pauvres, et Marie Bonard, veuve de Ribier, écuyer, sieur de Villeneuve et les héritiers de Guillaume Alleaume (1664). — Lettre de Chaudet, procureur au grand Conseil, à Quentin, y relative (1664). — Signification faite à Lachey, fermier du tabellionage royal de Lisieux, à la requête des administrateurs du bureau des pauvres, d'un arrêt de la Chambre des Comptes, les autorisant à se faire payer par lui de la somme de 1500 livres par provision et déduction de celle de 2614 livres 13 sols due audit bureau par les héritiers de l'évêque Guillaume Alleaume (1669). — Requête dudit Lachey, tendant à faire rapporter ledit arrêt (1669). — Lettres de M. de Mongoubert et de Regnault, à Davy, procureur des pauvres, y relatives (1671-1672). — Inventaire des pièces concernant la demande des administrateurs du bureau des pauvres, de ce qu'ils ont droit d'avoir et prendre sur les sieurs Ribier, héritiers à cause de Françoise Alleaume de l'évêque Guillaume Alleaume (1678). — Arrêt de la Cour de Parlement ordonnant l'enregistrement au greffe des lettres patentes concédées aux ministre et religieux du couvent de l'Hôtel-Dieu, portant confirmation de la sentence arbitrale rendue entre eux et les administrateurs du bureau des pauvres (1681). —Procuration donnée par Nicolas Hardouin, fondé des administrateurs du bureau des pauvres, à Guillaume Havé, bourgeois de Paris, de recevoir des héritiers de Guillaume Alleaume les sommes dues au bureau (1687), etc.

H. Suppl. 145. — B. 142. (Liasse.) — 14 pièces, parchemin ;
64 pièces, papier.

1560-1603. — Procédure aux assises de la vicomté d'Auge tenus au Pont-l'Évêque entre Guillaume Hardy, bourgeois de Lisieux, procureur syndic du bureau des pauvres, et Charles de Serres, héritier de Mathieu de Serres, héritier à cause de sa femme de Pierre Le Sauvage, sieur du Chesne, ensuite de sentences rendues en ladite vicomté : aux pleds de la sergenterie de Cambremer par Robert Thirel, lieutenant général du vicomte d'Auge, le 15 juin 1560, sur l'ajournement à la requête de Jehan Le Villain ; chanoine de Lisieux, et Adam Roussel, curé de Montront, exécuteurs du testament de Michel Labbey, chanoine et official de Lisieux, de Lucas Le Prévost, tuteur des enfants dudit Pierre Le Sauvage, afin de reconnaître l'obligation par lui passée pour sommes prêtées ; et par Antoine Maillet, écuyer, vicomte de ladite vicomté, auxdits pleds de Cambremer en 1581. — Assignation dudit Charles en Parlement de Rouen, etc.

H. Suppl. 146. — B. 143. (Liasse.) — 5 pièces, parchemin ;
86 pièces, papier.

1646-1692. — Procédure concernant le décret des biens de Le Vavasseur, sieur de Siglas. — Remise faite devant Jean Olivier et Charles Duhoux, tabellions royaux à Lisieux, par Jean Le Vavasseur, sieur de Siglas, héritier de Jeanne Le Liquerre, sa mère, à Louis Le Liquerre, marchand bourgeois, d'une pièce de terre nommée le Pré de la Fosse, sise en la paroisse de St-Désir (1646), ainsi que d'une pièce de terre nommée le pré Cardin, sise en ladite paroisse (1647). — Notes indiquant que Jean Le Vavasseur, écuyer, sieur de Siglas, vice-bailli d'Évreux, s'est constitué en 300 livres de rente envers Anne Barrey, veuve de Jean Tynan et ses enfants, par contrat du 5 avril 1661 (1670). — Procédure à Pont-l'Évêque entre Marguerite Lévis, veuve de Jean Le Vavasseur, sieur de Siglas, Guillaume Regnouf, prêtre, chanoine du St-Sépulcre de Caen, curé de Moult, et les administrateurs du bureau des pauvres de l'Hôtel-Dieu concernant le décret des biens dudit Le Vavasseur (1680-1692). — Procuration donnée devant les notaires de Brest, par Jacques de Malfilâtre, écuyer, sieur de La Boulaye, embarqué sur le vaisseau la *Couronne* comme cadet dans la Compagnie de du Chesneau, créancier de Jean Le Vavasseur, de le représenter à la collocation des autres créanciers (1691), etc.

H. Suppl. 147. — B. 144. (Liasse.) — 1 pièce, parchemin ;
23 pièces, papier.

1665-1666. — Procédure devant Nicolas Desperiers, bailli-vicomtal de Lisieux, entre Jacques de Lempérière, curé de la paroisse de Fumichon, et Guillaume Quentin, procureur et receveur du bureau, ledit curé demandeur en représentation d'une lettre missive du fait dudit Quentin, aux fins de la reconnaissance de l'exécutoire du contenu auxdites lettres. — Sommations et pièces de procédure à l'appui. — Monitoire délivré par Louis Lemercier, chanoine et grand chantre de la cathédrale de Lisieux, et official du doyenné, ville et banlieue, et en la paroisse de Saint-Germain-de-Livet, etc.

H. Suppl. 148. — B. 145. (Liasse.) — 5 pièces, parchemin ; 111 pièces, papier.

1665-1690. — Procédure relative au décret des biens de M. de St-Marc d'Herbigny. — Vente devant Henry Bourguaize et Jean Gallet, tabellions à Saint-Sylvain et le Thuit, par Alexandre Blanchard, écuyer, sieur de La Merrouzière, François et Charles Blanchard, écuyers, sieurs de Nilly et du Rosel, Joseph et Alexandre Blanchard, frères, à Robert de Valsemé, sieur du lieu, des terres et fermes sises paroisse de Potigny, moyennant 10,500 livres de principal et 200 livres de vin (1665). — Vente devant François Picquot et Robert Morel, notaires à Lisieux, par Pierre Lambert, seigneur de Potigny, St-Marc d'Herbigny, etc., à Nicolas Hardouin, procureur et receveur du bureau des pauvres de Lisieux, fondé des administrateurs, de 7 pièces de terre sises en la paroisse de St-Germain de Lisieux, au village du Mesnil-Asselin, moyennant 12,000 livres de principal et 10 louis d'or valant 110 livres de vin (1680). — Autorisation demandée au Parlement par ledit Hardouin de consigner le montant de ladite vente entre les mains d'un bourgeois solvable de Lisieux (1687). — Procédure et état de distribution des deniers provenant de l'adjudication du fief et terre de Potigny, ayant appartenu à Pierre Lambert, seigneur de St-Marc, à laquelle sont intervenus les administrateurs du bureau des pauvres de Lisieux. — Sentences rendues aux pleds ordinaires de Lisieux par Nicolas Desperiers, bailli-vicomtal, à la requête de Paul de Pierres, écuyer, sieur du Thuilley, et des administrateurs du bureau, pour obliger les redevables à la succession d'Angélique de Montgommery, épouse de M. de Saint-Marc d'Herbigny, à déclarer ce qu'ils doivent (1690), etc.

H. Suppl. 149. — B. 146. (Liasse.) — 1 pièce, parchemin ; 24 pièces, papier.

1671-1682. — Procédure concernant le décret des biens de Pierre Gosselin. — Opposition faite par les administrateurs du bureau des pauvres, représentés par Nicolas Davy, receveur, au décret des héritages, sis à Glanville, de François Gosselin, sieur de La Vacherie, requis par Zacharie Alleaume, greffier au magasin à sel de Lisieux. — Procédure y relative devant Michel de Bordeaux, écuyer, sieur de La Mesengère, vicomte d'Auge, aux pleds des sergonteries de Pont-l'Évêque et Beaumont. — Vente devant Robert Blancard et Pierre Cosnard, tabellions au siège de St-Julien-le-Faucon, par Zacharie Alleaume à Nicolas Davy, receveur du bureau des pauvres, de 4 années d'arrérages de 57 livres 2 sols 10 deniers de rente, dues par Pierre Gosselin, écuyer, sieur de La Vacherie, héritier de Robert Gosselin, son aïeul, de la paroisse de Glanville.

H. Suppl. 150. — B. 147. (Liasse.) — 7 pièces, papier.

1677-1693. — Procédure au bailliage de Lisieux entre les administrateurs du bureau des pauvres, acquéreurs des héritages de Robert Picquot, rouettier, de Lisieux, et Gabriel Picquenot, marchand bourgeois, de Lisieux pour paiement de la somme de 34 livres prêtée audit Picquot. Contrat de vente faite devant les tabellions de Lisieux à l'appui.

H. Suppl. 151. — B. 148. (Liasse.) — 5 pièces, papier.

1679. — Procédure entre les administrateurs du bureau des pauvres et Marie de Guitton, veuve de François de Tournebu, chevalier, seigneur et patron du Mesnil-Eudes, Livet et autres terres. — Mémoire des dépens adjugés à ladite Marie de Guitton, contre les administrateurs du bureau des pauvres, qui sont obligés de lui payer indemnité pour l'acquêt d'héritages par eux fait. — Significations et quittances à l'appui.

H. Suppl. 152. — B. 149. (Liasse.) — 26 pièces, papier.

1700-1701. — Procédure entre le bureau des pauvres, l'abbesse de St-Désir de Lisieux et MM. de Pierrecourt. — Lettres datées de Rouen et adressées par Philippe à Hardouin, procureur receveur du bureau des pauvres à Lisieux, concernant ledit procès.

H. Suppl. 153. — B. 150. (Liasse.) — 1 pièce, parchemin ; 27 pièces, papier.

1700-1702. — Procédure au bailliage de Lisieux entre Jacques Lechoisne, sieur de la Jaunière, bailli-vicomtal dudit lieu, époux d'Anne de Formeville, veuve de Robert Hérier, sieur de La Noë, et le bureau des pauvres, concernant le paiement de la somme de 1,000 livres qu'il s'est obligé de fournir par son contrat de mariage avec ladite de Formeville ; sentences de Nicolas Cordouen, lieutenant général, et François Dulys, procureur fiscal, y relatives. — Sentence dudit Lechoisne, bailli-vicomtal, déclarant exécutoires les obligations souscrites au bureau des pauvres par Louis et Pierre Bardel. — Sentence rendue aux pleds de la vicomté de Moyaux par Jean de Piperey, seigneur de Marolles, vicomte, concernant le paiement de rentes dues par Charles et Nicolas Gallouin au bureau des pauvres.

H. Suppl. 154. — B. 151. (Liasse.) — 7 pièces, papier.

1776-1785. — Procédure exercée devant le bailli vicomtal de Lisieux par les directeurs administrateurs et bureau des pauvres de la ville, pour obtenir de Marie-Anne Losout, veuve de Nicolas Philippe, aubergiste, le paiement de la somme de 100 livres à elle prêtée par le bureau et d'Hélène Thillaye, veuve de Jean Huchon, de représenter les meubles saisis sur Charles Jouvry, tailleur d'habits, pour paiement de 152 livres, pour 2 années de loyer de maison, pour être procédé à la vente.

APPENDICE A LA SÉRIE B.

DOCUMENTS DÉPOSÉS CHEZ LE RECEVEUR DES HOSPICES

H. Suppl. 155. — B. 152. (Liasse.) — 3 pièces, parchemin ; 4 pièces, papier.

1720-1780. — Rentes. — Constitutions et transports de rentes pour l'hôpital. — Contrat d'échange entre Claude-Jean-Baptiste de Franqueville, écuyer, de St-Jacques de Lisieux, et noble dame Marie-Madeleine Martin, sa mère, veuve de Rémy de Franqueville, écuyer, chevalier, seigneur de Beuvillers, et Marie Tesson, de maison sise à St-Laurent-du-Mont (1733). — Reconnaissance de rente devant Louis Quétel et Jean Brunet, tabellions royaux en la vicomté d'Auge, pour les sièges de Cambremer et Crèvecœur, par Jean Le Luthumel, fils de Guillaume, de St-Laurent-du-Mont, pour lui et son frère Guillaume, en vertu dudit contrat d'échange passé entre Claude-Jean-Baptiste de Franqueville, Marie Martin, sa mère, et Marie Tesson, mère dudit Le Luthumel (1746). — Constitution de rente concernant Étienne Jouen, greffier en chef de l'Élection de Lisieux (1758).

SÉRIE C.

Matières ecclésiastiques.

H. Suppl. 156. — C. 1. (Liasse.) — 3 pièces, parchemin ; 5 pièces, papier.

1659-1780. — Spirituel. — Procédure aux requêtes de l'Hôtel, entre Charles du Thiron, chanoine et official de Lisieux, chapelain de la chapelle St-Georges de l'église de Paris et curé de St-Jacques de Lisieux, et Philippe Vallée, prêtre et directeur des pauvres valides de Lisieux, concernant l'exercice de ses fonctions dans l'étendue de la paroisse St-Jacques, ledit du Thiron s'étant opposé à l'établissement d'une seconde paroisse par ledit Vallée, sous prétexte d'un enfermement des pauvres et ayant fait défenses audit Vallée d'administrer le sacrement de pénitence et de faire les fonctions curiales dans le district de sa paroisse. Délibération de l'assemblée du bureau des pauvres de Lisieux, tenue en l'hôtel commun de la ville, où étaient M. de La Boissière, conseiller du Roi en la Cour des Aides de Rouen et directeur du bureau des pauvres valides, M. de Formentin et Le Vavasseur, chanoines, de Montbert et Delaporte, administrateurs du bureau, autorisant Guillaume Quentin, procureur receveur du bureau, à prendre le fait dudit Vallée dans cette affaire qui regarde l'intérêt des pauvres (1659). — Assemblée du bureau des pauvres tenue au palais épiscopal sous la présidence de l'Évêque, pour traiter et arrêter les choses concernant le gouvernement spirituel des pauvres valides renfermés au faubourg de la porte d'Orbec de la ville de Lisieux, paroisse St-Jacques ; articles arrêtés par l'Évêque, de l'avis des députés et administrateurs du bureau, Louis Lemercier, chanoine, grand-chantre et vicaire général, Gaspard de Nossy, Jean Le Vavasseur et Michel Costard, chanoines, Jean Faguet, écuyer, sieur de Montbert, Nicolas Delaporte, Jean Bourdon et René Morin, conseillers de la ville, du consentement de Charles du Thiron, chanoine de la cathédrale, official du diocèse et curé de St-Jacques (1660). — Ordonnance de Léonor de Matignon, évêque et comte de Lisieux, réglant le gouvernement spirituel des pauvres (1682). — Certificat de Jean-Jacques Le

Bourg des Alleurs, chanoine et scolaste de l'église de Lisieux, grand vicaire de l'évêque, assisté de Morin et Glasson, prêtres habitués de l'église St-Jacques, constatant qu'ils ont fait la bénédiction d'une chambre de l'hôpital général, devant servir à l'usage d'une chapelle pour les infirmes (1730).

H. Suppl. 157. — C. 2. (Registre.) — Moyen format, 100 pages, papier.

XVIII° siècle. — Recueil de proses notées pour chant d'église. *Incipit* p. 1 : « Proses tirées du nouveau Grad. de Lisieux. I. Dimanche de l'Avent ». « Mœsta « Sion mula vocem sume psalmum... » P. 86 : « Hymne « pour le St-Cœur de Marie, au 2° vêpres. » *Desinit* p. 96: « ...per quem cœlestibus sunt in consortium, amen. » Sur les gardes : « Prose d'un patron », et la note suivante : « J'appartiens à l'hôpital général de Lisieux. »

H. Suppl. 158. — C. 3. (Cahier.) — Moyen format, 18 feuillets, papier.

XVII° siècle. — Rituel de la cathédrale de Lisieux.

SÉRIE D.

Archives.

H. Suppl. 159. — D. 1. (Cahier.) - Moyen format, 51 feuillets, papier.

XVIII° siècle. — « Inventaire des lettres et escrip- « tures appartenants au bureau des pauvres de Lisieux, « concernantz l'hôpital et maison de Dieu et la Mala- « drye Sainct-Blaise et Sainct-Clair de ladite ville de « Lisieux. » — « Copie de la décharge par forme « d'inventaire de pièces d'écritures touchant les hôpi- « taux de Lisieux donnée à Monsieur Le Coq, le 19 « novembre 1719. » — Inventaire des contrats de rentes, donations, transports, jardin de l'hôpital. — Procès avec l'Hôtel-Dieu. En 1639, l'hôpital est fermé et rempli de fagots. — Bulle d'Urbain III à Barthélemy, prieur, et aux frères de l'hôpital de Lisieux, prenant sous sa protection l'hôpital et leurs biens, et leur permettant d'avoir un prêtre pour l'administration des sacrements (13 des calendes de janvier 1185), etc.

H. Suppl. 160. — D. 2. (Registre.) — Moyen format, 42 feuillets, papier.

1760-1768. — Archives. — « Regître pour les « récépissés. » — Titres confiés à Lemercier et à Lenoir, receveurs du bureau. — Blanc à partir du f° 3. — Nombreux feuillets arrachés au commencement du registre.

H. Suppl. 161. — D. 3. (Liasse.) — 2 pièces, papier.

1785-1790. — Archives. — Notes des pièces prises par M. Le Bailly au chartrier du bureau le 23 février 1785 : arrêt du bureau des finances de Rouen, du 11 août 1706, qui condamne le domaine de Pont-Audemer à payer 48 boisseaux de blé, etc. — Reconnaissance par la sœur Leroy, dépositaire, de remise par M. Le Bailly, au chartrier de l'hôpital, de deux contrats de rente, dont l'un de 400 livres au capital de 10,000 livres, au profit de « damoiselle la contesse de Hon- « gendorp », et l'autre est une réduction du capital au denier 20, le 14 août 1765 (1790).

SÉRIE E.

Administration de l'établissement. — Délibérations, nominations, règlements. — Budgets et comptes, états des recettes et dépenses. — Économat, fournitures, entretien des bâtiments. — Inventaires de mobiliers, livres de caisse, etc.

H. Suppl. 162. — E. 1. (Liasse.) — 2 pièces, parchemin ; 7 pièces, papier.

1594-1672. — Administration générale. — Règlements. — Délibération prise en l'hôtel commun de Lisieux, au bureau des pauvres, devant le bailli-vicomtal de Lisieux : remontrance par Guillaume Hardy, procureur du bureau, qu'il avait fait comparaître en ce lieu tant les pauvres enrôlés au bureau en la paroisse St-Jacques de Lisieux que autres non enrôlés, requérant par l'inspection de leurs personnes, inquisition de leurs moyens et disposition de leur santé, qu'il fût procédé à la radiation de ceux qui ne méritent l'aumône et distribution du bureau ; subvention de ceux non enrolés qui méritent distribution et aumône, etc. ; délivrance de divers effets à faire aux pauvres y dénommés (1594). — Copie d'arrêt du Parlement de Rouen concernant la police des pauvres (1634). — Délibération du bureau des pauvres, portant règlement pour l'entretien, subsistance et logement des pauvres : permission donnée aux administrateurs de faire emprisonner et châtier tous ceux qui mendieront dans la ville et dans les églises ; interdiction des bassins dans les églises si ce n'est pour l'acquit des réparations et entretien d'icelles et la subsistance des pauvres ; défense à toutes personnes de faire l'aumône publiquement et dans les églises sous peine de 20 livres d'amende ; permission aux administrateurs d'agir par prison ou expulsion contre les filles publiques et ceux qui causeront du scandale ; défense aux taverniers, cabaretiers et autres de loger aucuns vagabonds sous peine de 100 livres d'amende ; interdiction du passage de la ville aux vagabonds et autorisation aux administrateurs de les arrêter pour huit jours au moins ; autorisation aux mêmes d'informer des contraventions pour préjudice à la subsistance des pauvres ; remise au bureau du patrimoine des pauvres enfermés et assistés ; institution de quêtes journalières et de deux quêtes générales par an ; défense aux confréries, charités, communautés et trésors qui ont des aumônes à distribuer, d'en faire aux pauvres, et ordre d'en déposer le montant au bureau ; ledit règlement signé de Matignon, évêque et comte de Lisieux, et Picquot, enregistré en la cour de Parlement pour son exécution (1658). — Arrêt du Parlement concernant la sortie des pauvres renfermés, qui retournent chez leurs parents ou autres sans congé des administrateurs, et retombent rapidement dans la mendicité ; l'hôpital n'ayant pas de revenus et ne subsistant que par le travail des pauvres, la maison est ainsi frustrée du bien qu'elle pourrait en espérer pour la récompenser de leur nourriture et entretien, ainsi que de la marchandise qu'ils ont perdue ou gâtée dans les premiers temps de leur réception. Philippe Vallée, prêtre, directeur de la maison et hôpital des pauvres renfermés de Lisieux, demande qu'ils ne puissent sortir de la maison que par l'ordre des administrateurs et après y avoir demeuré six ans entiers ; il est renvoyé à se pourvoir au prochain jour plaidable après St-Martin, et ses demandes sont accordées par provision (1665). — Assignation commise à la requête de Nicolas Davy, receveur du bureau des pauvres, à Jean Le Héribel, dit La Jeannière, à comparoir devant le bailli-vicomtal pour être condamné comme n'ayant pas rempli son engagement de chasser les vagabonds de la ville (1672).

H. Suppl. 163. — E. 2. (Registre.)—Moyen format, 44 feuillets, 1 pièce intercalée, papier.

1727-1787. — Administration générale. — Règlements et usages de la maison. — Sur le plat du registre : « Remarque de ce qui est à faire dans l'hôpital pandans le cours de l'année pour les choses qui n'arive qu'une fois par an, ce 1ᵉʳ janvier 1735, comme ausi des menble de la resete du linge », et « Registre ou l'on écrit la chandelle et la bresze que l'on donne dans la maison. » — « Mémoire des meuble pour la St-Roch à la chapelle du bois » (1762). — » Remarque de ce qui faut pour la galete des Rois ». — « Remarques des sierge qu'il faut à la Purification ». — « Remarque de ce qui faut pour le Jeudy Saint, les enfans qui sont pour la première communion vienne demender la bénédiction à la supérieure après qu'elle son modeste abilée. » Vendredi-Saint, fête de la Pentecôte, chapelle du bois pour la profession de St-Jacques le lundi de la Pentecôte ; ornements d'église pour la fête de St-Roch ; promenades des filles et des garçons de l'hôpital ; pèlerinage du Breuil tous les deux ans. — état et distribution des portions, pois pour les sœurs, pois pour les filles de service, « pois du commun » ; soupes des sœurs et soupes ordinaires ; réfectoire, infirmerie, carême, etc. — Mémoire du linge trouvé à l'hôpital général le 13 mai 1735 à 125 personnes. — Distribution des chandelles et du gros bois (1772-1787). — De l'autre côté du registre, notes de dépenses de ports de lettres, entretien des sœurs, voyages, etc., de 1727 à 1754.

H. Suppl. 164. — E. 3. (Liasse.) — 32 pièces, papier.

1664-1789. — Administration générale. — Lettres adressées : à Quentin, procureur du bureau des pauvres de Lisieux, par Chaudet, procureur au grand conseil à Paris, concernant un procès relatif à la fondation d'une maladrerie (1664) ; — à Lenoir et Lemercier, receveurs de l'hôpital général et du bureau des pauvres, par divers concernant le paiement d'arrérages de rente, etc. (1734-1789) ; — à Lenoir : par Hellot de Bonnemare, lieutenant général de police à Pont-Audemer, sur l'entrée à l'hôpital général de la demoiselle Vicquelin ; — par Mirey, secrétaire du bureau d'administration au Havre, lui adressant une copie des lettres patentes d'établissement de l'hôpital du Havre, du 16 mai 1669; les officiers municipaux n'ont jamais envoyé de gens de mer loger chez les administrateurs et receveurs pendant le temps de leur exercice (1788); — par Amfrie, vicaire de St-Pierre-la-Vieille, concernant la remise des effets de Pierre Jouvin, décédé à l'hôpital (1788); — par Bellière, à Orbec, concernant le procès Hardy et Toutain (1789), etc.

H. Suppl. 165. — E. 4. (Liasse.) — 2 pièces, parchemin; 7 pièces, papier.

1656-1788. — Administration générale. — Continuation devant Robert Gaillard et Jean Picquot, tabellions à Lisieux, par Gaspard de Nocy, chanoine, Louis Bonnay, chanoine, Jean Faguet, sieur de Montbert, contrôleur des finances en la généralité d'Alençon, Jean Bourdon et Robert Pierres, échevins de la ville, députés et commis du bureau des pauvres de Lisieux, de Guillaume Quentin dans les fonctions de receveur dudit bureau, pendant trois années, à partir du 1er janvier 1657. — Requête adressée au Parlement par les administrateurs du revenu des pauvres représentés par Nicolas Davy, receveur du bureau, pour déclarer exécutoires les comptes de Guillaume Quentin, ancien receveur, pour ce qu'il reste devoir (1667); avis du procureur général Maignan et renvoi fait des conseillers Bigot et Fermanel devant le bailli d'Évreux au siège d'Orbec, pour être ledit compte rendu exécutoire (1667). — Délai donné par Davy, en présence de Costard et Bourdon, à Guillaume Quentin, pour fournir ses défenses à l'assignation qui lui a été commise (1669). — Signification faite par Louis Lecoq, huissier, à la requête de Nicolas Davy, procureur et receveur du bureau des pauvres, à Guillaume Quentin, ex-receveur dudit bureau, d'un extrait de son compte de gestion de l'année 1663, et d'une sentence donnée au bailliage d'Orbec, rendant ledit compte exécutoire, avec sommation de payer la somme de 936 livres 9 sols 5 deniers dont il reste redevable (1670). — Signification faite aux religieuses de l'hôpital général de Lisieux, d'une décision générale du Conseil concernant la communication des registres à faire aux fermiers des domaines (1787). — Réponse des religieuses signifiée à M. de Malardeux, commis à Lisieux de Nicolas Joblet, fermier des droits de contrôle, sur ladite décision (1788).

H. Suppl. 166. — E. 5. (Liasse.) — 2 pièces, papier.

1573. — Administration générale. — Délibérations. — Publication par les curés de St-Jacques et de St-Germain de Lisieux, au prône de la grand'messe paroissiale, à tous les manants et habitants de la ville, de comparoir le même jour, une heure après midi, en l'hôtel commun, pour délibérer « d'aucunes affaires « concernantz le bureau des pauvres et restablissement « d'icelluy. »

H. Suppl. 167. — E. 6. (Registre.) — Moyen format, 94 feuillets, 1 pièce intercalée, papier.

1698-1708. — Délibérations. « Registre des déli-« bérations du bureau des pauvres de Lisieux. » — Assemblée du dimanche 27 juillet 1698, au lieu ordinaire, où se sont trouvés MM. de Franqueville, Desetz, de Mailloc, de La Planche, Lecoq. On donnera une assurance à Hélène Hiron, veuve de Pierre Surlemont, pour occuper gratuitement dans l'hôpital général une salle et une chambre à la mansarde et une petite portion de la cave sous ledit appartement qu'elle a occupée jusqu'ici, à condition de l'habiter personnellement, sa vie durant. Bellievre, secrétaire. — Bail de la maladrerie de St-Marc de l'Hôtellerie fait à Grieu. — Réception de Marie Delamare pour rester à l'hôpital le temps de six années porté par l'arrêt du Parlement. — Arrêt entre les mains du curé de Verson pour 100 livres dues au bureau par M. de Marimont. — Bail de la maladrerie de Licurey. — Réception pour servir les pauvres de la sœur Catherine Duval qui a été tirée de l'hôpital général pour servir les pauvres malades de la ville dans les années fâcheuses 1693 et 1694 et qui a demandé d'y retourner. — Faisance de 24 boisseaux de blé, due par la terre d'Équemauville à la maladrerie de St-Blaise et St-Clair unie au bureau. — Voyage d'Hardouin à Pont-l'Évêque pour faire rechercher des papiers produits pour le décret de M. de Siglas par le chevalier de Songeon pour rente due à la maladrerie de St-Clair. — Donation de 200 livres par l'Évêque de Lisieux pour distribuer aux pauvres en un billet sur Surlemont, receveur de l'Évêché (1698). — 1699. Donation par Marie Adenot pour fondation de lit. — Requête au juge de Caen pour faire rapporter la sentence qui condamne les pauvres à faire les grosses réparations de l'église de Verson comme légataires de M. Le Rendu. — Accord avec Aubert ci-devant titulaire de la maladrerie du Fauquet réunie à l'hôpital. — Attribution de l'aumône Bence. — Éxécution de la fondation Marais. Liste de 6 hommes; celui qui est désigné par le sort touche 40 livres; semblable liste et tirage au sort pour dot d'une fille; la somme reste aux mains du bureau jusqu'à ce qu'on lui ait trouvé un parti. — Députation de M. de Surville à Rouen, pour solliciter dans le procès contre M. de Montbrun. — On travaillera à amasser des matériaux pour bâtir l'hôpital que soigne à présent la sœur Loynel, ou plutôt sur l'argent qui a été donné pour cet effet par des personnes pieuses. — Saisie des levées de la terre du fief Ripault, ci-devant appartenant à M. d'Équemauville, sis en la paroisse de Roques, pour rente de 24 boisseaux de blé à la maladrerie de St-Clair. — Information des terres de la maladrerie de La Roque-Baignard. — Maladrerie de Biéville. — Adjudication de la maladrerie de St-Samson, moyennant 930 livres. — 1700. Fondation de lits par Mmes d'Argences. — Mort de Philippe Vallée, prêtre, supérieur de l'hôpital général, âgé de 82 ans. — Choix de Du Buisson pour chirurgien des pauvres de la ville à l'hôpital général; il fournira les médicaments et recevra 40 livres. — Franchissement de rente par les Ursulines de Lisieux. — A M. de Mailloc, 400 livres pour faire travailler à l'hôpital des malades. — Lettre de Haimery, curé de Lieurey, remontrant qu'il y a beaucoup de pauvres malades et invalides dans sa paroisse, et demandant du secours à raison de la maladrerie de Lieurey. — 1702. On prendra 300 livres des deniers qui sont dans le coffre, provenant des arrérages de la maladrerie de St-Samson, pour achever de bâtir la salle de l'Hôtel-Dieu, afin d'y mettre des lits pour les malades. — Arrêt, entre les mains du curé de St-Philbert, des dîmes dont il est fermier, appartenant à la maladrerie du Pin. — 1703. Le receveur Hardouin paiera tous les ans 150 livres à l'hôpital général pour augmenter la boisson des pauvres, suivant la fondation de M. de La Perrelle. — 1704. Lettre de Lombard, prêtre de St-Gervais de Paris, concernant le legs de Clopier, prêtre sacristain de St-Gervais, aux pauvres de Lisieux. — Hardouin, chargé de recevoir le revenu de l'hôpital général, avec le produit des frocs et dentelles. — Procès intenté devant le bailliage de Lisieux aux héritiers de Desperiers, bailli de Lisieux, pour l'exécution de son testament, ledit procès évoqué aux requêtes du palais, à Rouen, par Le Chevalier, avocat général, un des héritiers; transaction; enregistrement du testament, daté du 8 février 1688 et du 27 juillet 1691; copie de l'acte de fondation desdits héritiers. — Taxe pour les réparations du presbytère d'Ouilly. — Conférences avec les Mathurins pour la donation de 300 livres par M. Bourdon.— 1705. Il sera fait un inventaire des contrats de rentes et revenus du bureau pour leur sûreté, etc. — Catalogue des pauvres invalides renfermés dans l'hôpital général suivant la déclaration du Roi (1700-1705).

H. Suppl. 168. — E. 7. (Registre.) — Moyen format, 86 feuillets, 4 pièces intercalées, papier.

1708-1719.—Délibérations. — Admissions à l'hôpital. — Réception de Madeleine Vidée, de St-Germain de Lisieux, comme sœur servante à l'hôpital général; elle travaillera à la manufacture de dentelles, après un noviciat d'un an (1708). — 1709. État de la maladrerie du Mesnil-Simon. — On poursuivra à faire chasser les pauvres étrangers à la ville.- Le blé a valu à la halle le 11 mai 1709 4 livres 10 sols le boisseau. — Assemblée du 4 août. Le blé vendu à la halle 6 livres le boisseau. — Fondation par l'évêque d'une mission qui se tiendrait tous les dix ans dans sa ville épiscopale. — Donation de 400 livres par Jeanne Hamelin, moyennant rente sa vie durant au denier dix-huit. — 1710. Mme Jeanne du Travers, choisie comme supérieure de l'hôpital des malades et chargée de veiller sur les pauvres honteux de la ville, comme faisait feu Catherine Loynel; remise de 100 livres à Mme du Travers, provenant des fondations de M. de La Perrelle, pour être distribuées pendant la semaine aux pauvres de la ville. — Acceptation pour l'hôpital situé au faubourg de la porte de Paris, de la fondation testamentaire de M. Langlois; réception de 4,000 livres, à condition d'entretenir un pauvre prêtre ou ecclésiastique, vieux ou infirme, du diocèse de Lisieux. — 1712. Donation par Jean-Baptiste Haimery, curé de Lieurey, de 700 livres pour faire un fond de laine pour faire travailler les garçons à faire des frocs.— Hardouin fera mettre dans la petite prison de l'hôpital général un fol qui s'est venu retirer depuis quelque temps en cette ville, pour l'obliger à s'en retourner. — 1712. Consultation à Paris et à Rouen sur la production de M. Aubry, touchant l'hôpital de St-Samson. — Lettre de Gabriel Du Rozey, prêtre, docteur de Sorbonne, demeurant au faubourg St-Jacques du Haut-Pas, demandant aux administrateurs du bureau de donner 50 livres à Verboy des Bosquets, sous-diacre de la paroisse du Mesnil-Durand, sur le revenu échu de la fondation de François Langlois, principal du collège de Lisieux à Paris, pour un pauvre ecclésiastique infirme; choix par le dit Du Rozey de Guillaume Bréard, prêtre demeurant à St-Désir, pour recevoir la fondation Langlois. — 1715. Sacre de Henri-Ignace de Brancas, le 13 janvier, par l'archevêque de Rouen et les évêques de Séez et Senlis; il arriva à Lisieux le 8 avril et prit possession en personne le 12. — Le 11 août 1715, dans une assemblée tenue au palais épiscopal, en présence de l'évêque, où se sont trouvés MM. l'abbé de Matignon, de Brancas, de Fontenay, Dumesnil, de Mailloc. Desets, de Vernouillet, Le Bourg, Delacroix, Morin, Delaplanche et Lecoq, Mlle Jeanne Pierres de La Boullaye a été proposée et choisie par l'évêque et lesdits administrateurs du bureau pour remplir, du consentement de la sœur Lambert, la place de supérieure de l'hôpital général ; Thomas Legendre est choisi pour vacquer aux affaires du bureau, aux lieu et place de Nicolas Hardouin, malade depuis longtemps et hors d'état de pouvoir continuer ses fonctions. — 1716. Legs de Matignon. — Donation de 65 livres par une personne pieuse pour fonder un sermon le jour de la Madeleine, dans la maison du Bon-Pasteur, avec reversibilité sur l'hôpital général. — Donation, par une personne pieuse, de 300 livres formant 15 livres de rente, pour faire explication de l'Évangile et du catéchisme chaque dimanche aux pauvres de l'hôpital général, après la messe. — Demande par Jean Pavé, prêtre du diocèse, d'être reçu chapelain de l'hôpital général, moyennant 60 livres par an, sa nourriture et son entretien. — Bail du moulin foulon. — 1717. Choix de Pinchon pour chapelain, moyennant 80 livres par an. — Bail du notariat royal de Lisieux. — Fondation de lits par Simone Le Bas, veuve de Pierre Lemercier, sieur de La Londe, garde écuyer du feu duc d'Orléans, etc.

H. Supp. 169. — E. 8. (Registre.) — Moyen format, 182 feuillets, 2 pièces intercalées, papier.

1719-1768. — Délibérations. — 1719. Tirage au sort entre six personnes d'une paire de peignes, suivant la fondation de Le Bourgeois. — Procès-verbal, le lundi 11 mars 1720, de la pose, par l'évêque de Brancas, accompagné de Cotard et Hébert, chanoines de la cathédrale de Lisieux, et de Delaplanche, receveur des tailles à Lisieux, administrateurs du bureau à l'hôpital des pauvres malades, sur le lieu destiné à cette construction, de la première et principale pierre du bâtiment et des deux salles neuves qu'on fait construire pour loger et gouverner de tous soins les pauvres malades de Lisieux. « Après quoy la charité ordinaire de mon- « dit seigneur Évêque, et de mesdits sieurs Cotard, « Hébert et Delaplanche, fist faire ouverture et effu- « sion de leurs bourses entre les mains de Mademoi- « selle du Travers, digne gouvernante dudit hôpital, « pour faire travailler et élever ledit bâtiment. » — 1720. Rente sur M. de Touteville. — Réduction au denier 30 de la rente sur M. de Parfouru de La Fossue au profit de la maison du Bon-Pasteur. — Envoi des 65 billets de banque de chacun 1,000 livres que possède l'hôpital à l'abbé Henriau à Paris pour être constitués sur l'hôtel-de-ville de Paris. — 1722. Réception comme sœur de Louise Cauvin, de Lieurey. — 1724. Paiement de 180 livres par an à Duchesné Le Roux, prêtre, chapelain de l'hôpital, pour célébration de messes et administration des sacrements. — Baux des maladreries de St-Barthélemy de Cormeilles et de St-Marc de Marolles. — Decharge à Tard'homme, curé de St-Desir, exécuteur du testament de Gournay. — Célébration de la messe à l'hôpital général à 5 heures du matin, de Pâques à la St-Michel, et à 5 heures et demie de la St-Michel à Pâques. — Bail de la dîme de Launay-sur-Calonne. — Choix pour administrateurs des hôpitaux de Pierre Le Vallois, subdélégué de l'intendant d'Alençon, de Le Mire, de La Boullaye de Bonnechose, Paisant, bailli de Lisieux, et Mignot, greffier en chef. — 1725. Biens de Fontenelles. — 1726. Legs de Bence, conseiller au Parlement de Paris, aux hôpitaux de Rouen et de Lisieux, des meubles de la terre du Breuil près Lisieux, vendus à Lisieux du consentement de Mme Delafons, sa sœur et unique héritière. — 1727. Fondation antérieure de Jean Le Bourgeois, d'une rente viagère de 15 livres convertie en distribution de trois paires de peignes à peigner de l'étain, faite aux mois de février, mars et juillet, mois des décès du fondateur, de Marie Lange, sa femme, et Marguerite Le Bourgeois, sa sœur ; cette fondation fut continuée annuellement jusqu'à l'année 1720, pendant laquelle les biens et revenus du bureau, qui consistaient pour la plupart en rentes hypothéquées, furent presque tous anéantis par les amortissements qui en furent faits en billets de banque, et furent remplacés partie au denier 40, partie au denier 50 ; le bureau n'ayant plus les moyens, on cessa presque la distribution des dits peignes ; pour ne pas mettre en oubli cette aumône, on distribuera annuellement une paire de peignes comme on le faisait avant 1720, le bureau n'ayant pas assez de moyens pour en distribuer davantage, et les peignes coûtant beaucoup plus à présent qu'avant 1720 ; liste de six personnes entre lesquelles le sort décide. — Dans la délibération du 2 juin 1727, « a esté traité de l'économie, de l'ordre, de « l'instruction et du travail des pauvres renfermés de « l'hôpital général dudit Lisieux » ; en conséquence de la demande ci-devant faite par l'évêque et les administrateurs, à Mlle de La Coudraye, supérieure des filles servantes des pauvres de l'hôpital général de Rouen, de fournir des filles pour l'économie, ordre, instruction et travail desdits pauvres, il est arrêté que ladite demoiselle de La Coudraye, voulant bien se charger de fournir le nombre d'officières ou de sœurs qu'il conviendra, les filles qu'elle fournira incessamment seront logées et nourries convenablement dans ledit hôpital, où elles auront un réfectoire particulier, distinct des pauvres; l'hôpital leur fournira les tabliers et garde-manches nécessaires pour le service des pauvres; il sera payé par an à la supérieure la somme de 100 livres pour voyages, ports de lettres et menues dépenses; la supérieure pourra envoyer telles sœurs qu'elle jugera convenable et le nombre qui sera nécessaire, elle pourra les changer, du consentement de l'évêque; si une des filles de l'hôpital, après avoir servi les pauvres six ans, se trouvait attaquée d'une maladie la mettant hors d'état de rendre service à l'hôpital, l'hôpital en demeurerait chargé. — 1728. Distribution des rentes provenant de la finance des offices de maire et procureur du Roi de l'hôtel-de-ville de Lisieux. — 1730. Fondation d'un demi-lit par Paisant, vicaire de St-Jacques. — 1732. Donation par l'évêque de Brancas de 10,000 livres moyennant une rente annuelle et viagère de 400 livres qui sera remplacée après son décès par fondation de 2 lits. — Jean-Baptiste de Lambert, sieur de Janville, nommé administrateur en remplacement de feu M. de La Boulaye Bonnechose. — 1733. Fondation de Louis Fresnel. — 1735. Versement de 500 livres par Mlles de Vimont, sœurs et héritières de M. de Vimont de Boismontel, chanoine de Lisieux. — 1736. Remise par Fromage du bail à vie à lui fait de l'office des deux notariats royaux de Lisieux. — 1738. Fondation par Mgr de Marescot, de N.-D.-des-Vaux. — 1739. Fondation Desperiers. — 1740. Transport de rente sur les biens et héritiers de Claude de Nocey, chevalier, seigneur de Fontenay et autres lieux, pour l'entretien d'un pauvre de la paroisse de la Chapelle-Bayvel. — Le 13 novembre 1740, nouvelle délibération semblable à celle du 2 juin 1727, pour obtenir des sœurs de Mlle de la Coudraye pour l'hôpital des Malades. — 1743. Réduction des fondations. — 1746. Distribution de la somme de 200 livres fondée par Desperiers, bailli de Lisieux. — 1760. Assemblée du bureau tenue le 16 novembre 1760 en la maison de l'abbé de Cheylus pour la vacance du siège, présents MM. Girard et Fréard, chanoines, Parau et Sébire, curés de St-Germain et de St-Jacques, de Janville et Mignot, tous administrateurs du bureau. L'abbé de Cheylus expose que les réparations excessives auxquelles la succession de l'évêque de Lisieux est tenue envers l'évêché et les abbayes qu'il possédait, les droits exercés par les économes sur la succession jusqu'à arrangement, donneraient un juste lieu d'appréhender que la succession ne fut pas suffisante pour acquitter les charges, ce qui causerait un grand préjudice aux hôpitaux de Lisieux, légataires chacun pour 10,000 livres; le marquis de Brancas, désirant remplir en entier les intentions de son oncle, aurait besoin pour y parvenir que les hôpitaux lui fissent une remise des sommes qu'ils pourraient prétendre, en conséquence de l'arrêt du 25 février 1758, pour restitution de ce qu'ils auraient payé de trop pour la part des rentes seigneuriales auxquelles ils étaient sujets envers l'évêché, depuis la prise de possession de M. de Brancas, afin d'être en mesure de traiter avec les économes et de faire par là cesser la perception des droits dont ils jouissent; délibération conforme. — 1762. Adjudication de la viande de carême faite à Dubois et Guérin, bouchers de Lisieux, moyennant 500 livres, pour avoir la faculté de vendre la viande de bœuf, veau, mouton, volaille, gibier, à l'exclusion de tous autres: à Mlle de Brumeny, supérieure de l'hôpital des malades, 200 livres; à Mlle de La Coudraye, supérieure de l'hôpital général, 183 livres 6 sols 3 deniers; aux Capucins, 90 livres 6 sols; à Mlle du Catillon de Saint-Louis, supérieure de la maison du Bon-Pasteur, 26 livres 3 sols 9 deniers. — 1763. Legs Fréard. — Nomination par les doyen, chanoines et chapitre de Lisieux, de Pierre-Guillaume-François Le Bourg, licencié ès lois de la Faculté de Caen, chanoine prébendé d'Assemont, et archidiacre de Gacé, pour député au bureau des pauvres. — Nomination de Jean-Baptiste Lenoir, procureur en l'élection, receveur de la taille et autres impositions, aux fonctions de receveur des revenus des hôpitaux, en remplacement de Lemercier, décédé le 8 décembre 1763, etc.

B. Suppl. 170.—E. 9. (Registre.) - Moyen format, 231 feuillets, 3 pièces intercalées, papier.

1768-1786. — Délibérations. — 1768. Distribution d'une somme de 200 livres fondée par M. Desperiers, en son vivant bailli de Lisieux. Noms de ceux qui ont eu part à la distribution des 80 livres de la paroisse St-Jacques : 26 pauvres reçoivent 3 fr. et un 2 fr. ; 80 livres à 27 pauvres de St-Germain, et 40 livres à 20 pauvres de St-Désir, qui reçoivent chacun 2 livres. — Réceptions à l'hôpital. — Délibération du 21 novembre 1769 : Despaux, vicaire général, Le Bourg, Le Rat, Sébire, Parau, Thillaye de Boisenval, Bellières, administrateurs, Bourdon, de Bocandrey Bournainville, les maire et échevins absents, quoique invités ; Despaux, président, représente que la fondation du pain pour la distribution aux pauvres de la ville qui ne résident pas aux hôpitaux, est seulement de 600 livres ; que cependant le bureau, depuis les années dernières, par rapport à la cherté des grains, avait fait distribuer des sommes considérables pour les pauvres de cette espèce, ce qui a forcé le bureau à faire des emprunts, à se constituer en diverses parties de rentes et à vider les coffres, de façon qu'il n'y a plus de ressources ; il demandent si les administrateurs sont dans l'intention de continuer une distribution aussi étendue ; on décide de revenir à 600 livres, conformément à la fondation, vu l'impossibilité de faire autrement. — 1771. Exécution de la fondation de M. Marais, portant distribution d'une somme de 40 livres en faveur d'un pauvre homme ; tirage au sort entre 3 individus de St-Germain et 3 de St-Jacques ; semblable tirage entre 3 pauvres filles à marier de chaque paroisse ; fondation de M. Le Bourgeois pour distribution de 7 livres 10 sous en faveur d'un pauvre peigneur de laines, pour l'aider à avoir des peignes à peigner de l'étain ; tirage au sort entre 3 personnes de St-Germain, et 3 de St-Jacques. — Les supérieures des deux hôpitaux remontrent qu'elles n'ont pas de provisions de blé et qu'elles ont un grand besoin de fonds pour faire lesdites provisions, celles de boissons et autres ; le receveur ayant déclaré qu'il n'avait pas de fonds entre les mains et même qu'il était en avance, on arrête de tirer du coffrefort une somme de 3,000 livres provenant de franchissement de rente. — 1772. Adjudication des terres de labour sises sur Fontenelles, du pré de la Bonde, sis paroisse campagne St-Jacques, des Champs Amiot et autres biens appartenant aux hôpitaux. — 1773. Le Bourg et Le Rat, chanoines députés du chapitre au bureau des pauvres, ayant rendu compte au chapitre de l'état des hôpitaux et de l'augmentation de dépense causée à ces maisons par celles du prix du blé et autres denrées de première nécessité et par le plus grand nombre des pauvres que la misère force d'y admettre et de l'impossibilité dans laquelle ce surcroît de dépense met les hôpitaux de faire leur approvisionnement de blé, le chapitre offre par prêt 3,000 livres pour achat de blé, sans intérêt. — Admission de Jeanne Ruault, servante de Duchemin, chanoine de Lisieux, attaquée d'*asme* et paralysie, moyennant une pension de 60 livres et une somme de 100 livres, ses linges et hardes. — Délibération de la communauté des menuisiers de Lisieux sur les réparations et réfections à faire au corps des bâtiments de la chapelle St-Clair sise en la paroisse et campagne St-Désir, ainsi qu'au rétablissement de certaines parties de l'intérieur et ornements de la chapelle. — 1774. Demande par le curé de St-Samson d'augmenter les sommes qui lui ont été annuellement payées pour les novales ou dîmes des terres qui ont été couchées de labour en herbe dans les fonds dépendant de la ferme de St-Samson et pour l'acquit des messes dues aux fondateurs dudit hôpital. — 1775. Remise par Marie-Anne-Françoise de Valognes, supérieure des filles hospitalières de la société établie par feue Marie-Barbe Pellerin de la Coudraye, d'une somme de 10.000 livres qu'elle et les filles hospitalières ses associées possèdent en commun et dont elles désirent faire l'emploi à charge par le bureau de leur en verser chaque année la rente ; elle rappelle qu'en 1745 Mlle de La Coudraye avait donné au bureau 15,000 livres et les deniers nécessaires pour faire l'acquisition de deux maisons à Rouen, rue du Gril, à charge de lui payer 300 livres de rente et de laisser aux hospitalières la jouissance desdites maisons tant que leur société subsisterait. — Nomination de Thillaye de Caronge, administrateur, en remplacement de M. de Bocandré, décédé. — 1778. Prêt aux Jacobins de Lisieux. — 1779. Assemblée du bureau tenue le 10 janvier ; l'abbé Despaux, vicaire général, dit que le bureau se trouve dans l'impuissance de fournir aux besoins des hôpitaux, comme il est constaté par l'état de caisse du receveur Lenoir ; l'insuffisance des fonds ne provient pas d'une dépense qui excède la recette annuelle, mais de la nécessité où se trouve le bureau de faire des avances considérables pour la nourriture et gouvernement d'un grand nombre de soldats qu'on est obligé de recevoir dans l'hôpital des malades, et pour la subsistance des enfants trouvés. — Constitution aux prêtres du grand séminaire de Lisieux d'une rente de 250 livres, moyennant un prêt de 5,000 livres. — Délivrance de la fondation de M. de Brancas, portant donation de 150 livres en faveur de trois familles pauvres de St-Jacques, St-Germain et St-Désir. — L'abbé Despaux dit que Mlle Du Mesley, remplie de charité pour les enfants trouvés confiés à sa garde, avait plusieurs fois représenté au bureau que les enfants étaient fort mal dans la chambre qu'ils occupent à l'Hôtel-Dieu, à cause du peu d'étendue de cette chambre et de sa position entre deux salles des malades, les enfants respirant un air étouffé et chargé d'exhalaisons infectes ; il est nécessaire de leur donner une habitation plus commode et plus saine, ce qui peut s'effectuer dans le manoir Hauvel, contigu à l'hôtel-Dieu. L'évêque a formé un projet plus avantageux pour les enfants, en pensant qu'ils seraient encore mieux placés à l'hôpital d'en haut, où ils seraient éloignés des malades; on pourrait les placer dans la salle de travail des garçons, devenue vacante par la construction du nouveau bâtiment qu'ils doivent occuper; approbation du bureau. — Donation de 5,000 livres par Aubert, curé de Giverville, moyennant rente viagère de 250 livres. — 1780. Le contour du bâtiment neuf, construit à l'hôpital général, sera pavé de petit pavé pour recevoir les eaux tombant du larmier de la maison. — 31 décembre. Bureau extraordinaire indiqué par l'abbé Despaux, pour faire part aux administrateurs de l'état des affaires des hôpitaux, qui sont dans un très grand embarras; ils ont des paiements à effectuer et des provisions très considérables à faire, et cependant la caisse est vide; cette détresse ne vient pas de négligence ou d'entreprise déplacée, mais elle a été occasionnée par des réparations indispensables faites à plusieurs fermes, notamment celle de St-Samson, et plus encore par des avances pour la nourriture et l'entretien des enfants trouvés, et pour le gouvernement des soldats malades; le plus court moyen et le plus sûr est indiqué par le Roi, qui permet, dans son édit de janvier 1780, aux hôpitaux de vendre leurs fonds. On pourrait conserver le même revenu en vendant au denier 30 ou 40 des fonds rapportant 100 pistoles de rente, etc. On décide de vendre, par préférence, la ferme du lieu de santé, affermé 300 livres; celle du pré de la Bonde, 140 livres; celles de Mesnil-Eudes, Fontenelles, Cormeilles, Marolles et des Vaux. — 1781. Communication du testament de M. de Neuville, avocat, l'un des administrateurs du bureau, par son frère, Descours-Neuville, et le sieur des Pallières, gendre de celui-ci; legs de 4,000 livres, dont les arrérages seront employés à distribuer chaque semaine du pain aux pauvres. — 1782. Nomination de Louis Lenoir, avocat, fils de Jean-Baptiste Lenoir, aux fonctions de receveur, en remplacement de son père, moyennant 200 livres d'honoraires. — 1783. Procès entre les hôpitaux et Gosset des Aunés. — Communication au corps municipal des plans dressés pour la construction et réunion de l'hôpital des malades à celui de l'hôpital général, conformément au projet de bienfaisance dont l'évêque veut bien gratifier les hôpitaux. — 1784. Communication par M. de Porteville, subdélégué, sur les prétentions de M. de Saint-Vaast, bailli de Lisieux, d'avoir le droit d'envoyer à l'hôpital exclusivement les enfants trouvés qui lui seraient présentés, d'une lettre de l'intendant, répondant à sa demande, si cette inspection concernait le juge de police ou le subdélégué, M. Bourdon exerçant auparavant les deux charges; il résulte de cette lettre qu'il n'appartient ni au juge de police, ni au subdélégué de faire admettre les enfants à l'hôpital, mais que ce soin regarde uniquement l'administration, qui doit veiller à ce qu'il n'en soit pas admis, légitimes ou naturels, dont les parents seraient en état de les nourrir; on n'exigera pas d'informations pour se procurer ces connaissances, dans la crainte qu'une fille, voyant sa honte découverte, ne se défasse de son enfant; on recevra des enfants sans billet du juge de police ou du subdélégué, mais on exigera seulement un extrait de baptême. — Plantations des fermes du Mesnil-Eudes, de Glatigny et de St-Samson. — Constitution de rente sur les États de Bretagne. — Boucherie de carême, etc.

H. Suppl. 474. — E. 10. (Registre.) — Moyen format, 180 feuillets, 8 pièces intercalées, papier.

1786-1789. — Délibérations du bureau des hôpitaux. — 1786. Indemnité accordée aux hôpitaux pour le dommage occasionné par la grande route de Caen aux héritages dont ils étaient propriétaires. — Réparations et travaux intérieurs. — Admissions d'enfants. — L'abbé Despaux désirant contribuer à l'établissement de nouveaux frères des écoles charitables, s'il est possible de réunir pour leur dotation les fondations Desperiers et Le Doucet, l'évêque donne 2,000 livres. — Distribution de 100 livres provenant de la fondation de Mlle St-Cosme, destinée à relever deux pauvres familles des paroisses St-Jacques et St-Germain opprimées par la misère. — Arrérages de la rente de 48 boisseaux de blé sur la recette du domaine de Pont-Audemer. — Testament de l'abbé Despaux. — 1787. Testament de l'abbé Le Bourg, communiqué par l'abbé de La Grandière; théologal, il lègue aux hôpitaux 1,200 livres en argent et une voiture à quatre roues, pour la rente en être distribuée en pain aux pauvres de la paroisse St-Désir et spécialement ceux domiciliés dans l'étendue de la prébende du fief d'Assemont; ladite voiture vendue 1,000 livres. — Traitement de la gale. — 1788. Placement de 8,000 livres produisant 400 livres sur les États de Languedoc. — Testament de l'abbé Rambaud, chanoine et archidiacre, en faveur de l'hôpital. — 1789. Consultations de Lindel, avocat à Bernay, et de Livet, avocat de Lisieux, relativement à l'interprétation du testament de l'abbé Rambaud, toutes deux avantageuses aux hôpitaux; consultation de deux avocats au Parlement de Rouen. — Letre du curé de St-Samson à l'évêque, demandant des secours pécuninaires en raison de la rigueur de la saison. — Pépinière de l'hôpital. — Distribution de la fondation de M. de Brancas. — Adjudication de la boucherie de carême. — Cession en faveur de M. d'Orville du droit de pressoir du Mesnil-Eudes. — La pension de 100 livres vacante par le décès de l'abbé Dumont est donnée à Lefèvre, vicaire du Merlerault. — Réparation du bâtiment de l'hôpital général qui menace ruine. — Autorisation de consentir conjointement avec les héritiers de l'abbé Rambaud la vente du cabinet d'histoire naturelle moyennant 600 livres, si cette somme est offerte, et la cession moyennant un prix modique, en faveur de l'abbé Montpellier, des lambris, papier à tapisser et autres menus objets qui pourraient lui convenir de la succession de l'abbé Rambaud, en considération de la manière honnête avec laquelle il s'est prêté en accordant de longs délais pour faciliter la vente, vu que trois mois après le décès il avait le droit de se faire délivrer la maison. — Attestation de pauvreté, signée par Delamare, curé de Rocques, de Vallée, son paroissien. — Lettre de Laumonier, chirurgien-major de l'hôpital de la Madeleine de Rouen, annonçant son arrivée pour opérer à l'hôpital l'enfant attaqué de la pierre. — Distribution de 100 livres provenant de la fondation de Mourout, 50 livres à un habitant de Saint-Jacques et autant à un de Saint-Germain. — Réception d'enfants. — Sentence rendue en la haute justice du chapitre en faveur des hôpitaux contre MM. Jacques de La Recluse et ses frères, héritiers de l'abbé Rambaud, par laquelle son legs aux hôpitaux a été déclaré universel. — Exposé par l'évêque du besoin urgent de la maison du Bon Pasteur qui n'a aucun approvisionnement de blé ; prêt de 600 livres. — Saisie des meubles et effets de l'abbé de Grimonville, qui se trouve dans l'impossibilité de payer les loyers de sa maison à la succession de l'abbé Rambaud. — 1790. Examen et apurement du compte rendu par l'abbé Dubois de la gestion et administration qu'il a eue de la succession de l'abbé Rambaud comme exécuteur testamentaire : recette 31,717 livres 6 sols 9 deniers, dépense et reprises 13,812 livres 10 sols 2 deniers ; reste 17,904 livres 16 sols 7 deniers. — Réparations à la ferme de St-Samson. — Legs par Rambaud de 300 livres de pension aux trois plus anciens vicaires de l'archidiaconé de Pont-Audemer. — Dernière assemblée tenue le dimanche 14 mars 1790 au palais épiscopal, sous la présidence de l'Évêque, où se trouvaient MM. Hébert, de Caumont, les curés de St-Jacques et Saint-Germain, de Neuville, et Le Bailly, administrateurs : aumônes de 3 livres à diverses personnes ; réception à l'hôpital d'un haut d'Olivier, âgé de 77 ans ; réception de Pierre Thurel, âgé de 8 ans, fils de Pierre Thurel, cabaretier, pour y rester 6 ans, aux termes de l'arrêt de 1666, etc. — Blanc à partir du folio 31.

H. Suppl. 172. — E. 11. (Cahier.) — Grand format, 22 feuillets, papier.

1790. — Délibérations. — Aumônes, réception d'enfants, nomination de Jean-François-Germain Vallier l'aîné, ancien receveur des vingtièmes, aux fonctions de receveur des hôpitaux, en remplacement de Lenoir, décédé. — Dans la séance du 5 avril 1790, à l'assemblée du bureau des pauvres tenue à l'issue des vêpres dans la salle des séances au palais épiscopal, l'évêque représente que, par un décret de l'Assemblée nationale, l'administration des hôpitaux appartient désormais aux municipalités ; on décide de faire la remise de l'administration de l'hôpital général et de celui des malades à la municipalité ; députation de MM. de Caumont et de Neuville pour communiquer cet arrêté aux maire et officiers municipaux et leur offrir au nom de la compagnie tous les renseignements qui dépendront d'elle pour le bien des pauvres ; extraits y relatifs des assemblées du corps municipal des 5 et 6 avril 1790, etc. — Le 11 avril on décide, sur la demande des officiers municipaux, de continuer l'administration des hôpitaux. — La dernière délibération est du 16 mai 1790 : aumônes à divers ; réparations de St-Samson.

H. Suppl. 173. — E. 12. (Registre.) — Moyen format, 142 feuillets, papier.

1663-1740. — Recettes et dépenses. — « Regis-
« tre concernant deux chapitres, dans le premier des-
« quelz sera fait mention des deniers qui sont à pré-
« sent dans le coffre du bureau des pauvres de Lisyeux,
« estant présentement aux Renfermez, ensemble de
« ceux qui y seront mis à l'avenir, et d'où ils provien-
« dront, et dans le second desdits chapitres sera
« pareillement fait mention des deniers qui seront
« pris dans led. coffre, de l'ordonnance de les pren-
« dre et de l'employ d'iceux. Ledit registre mis dans
« led. coffre fermant à deux clefs le 3e juillet 1663,
« suivant l'arresté dud. bureau du 1er jour de juillet
« aud. an 1663 contenu au registre des expéditions
« d'iceluy bureau. » — Premier chapitre. Remboursement de rente de l'obligation feu Jean Longis (1663) ; 592 livres provenant du paiement des collecteurs de la ville, Daniel Poret et Jean Amiot (1663) ; don par Pierre

Cordier, religieux à Ste-Barbe, de 120 livres pour être converties en rente (1664); franchissements de rentes ; lettres de change envoyées par M. du Mont-Saint-Jean (1665); 430 livres provenant du franchissement fait par le Roi de la rente de 86 livres que le bureau prenait sur la gabelle de Rouen (1669); 1,000 livres à déduire sur ce qui est dû au bureau par les sieurs Ribier, héritiers de l'évêque Alleaume (1670) ; racquit de rente par Drouard, héritier de feu Hue de Marampart (1683); franchissement de rente par Chaufloy, receveur des tailles à Pont-l'Évêque (1684) ; — 1,500 livres provenant du don fait par feu M. de Matignon, évêque de Lisieux, payé par son neveu (1684); franchissement fait par Thomas Despériers, curé de St-Amand, de 25 livres de rente transportée par Louis Hébert, sieur du Sauvage (1686); franchissement par Mahiet, sieur de Martigny (1696) ; — 364 livres 14 sols 6 deniers, provenant du reste de la bibliothèque de feu M. du Thyron achetée par le chapitre de Lisieux et dont était redevable M. de Surville (1697); — fondation de Marguerite Corbelin (1698) ; « nota que l'argent a diminué, « sçavoir le louis d'or de cinq sols les escus blancs « d'un sol au commencement de l'année et du siècle « 1700 » ; — don de 2,000 livres fait par Marie Foucques, veuve de M. d'Argences, pour fondation de lit (1700); — franchissement de rente par les Ursulines de Lisieux (1700); — 2,000 livres provenant de l'évêque de Matignon pour fondation d'une mission à Lisieux (1700); — don de 500 livres par Léonor de Matignon, évêque de Lisieux, pour avec les 1,500 livres par lui données en 1703 servir de fond pour un lit à mettre un malade dans la salle de l'hôpital des malades de Lisieux, gouverné par la sœur Loynel (1709); — fondation d'un lit par Hémery, curé de Licurey (1711) ; — franchissement par les religieux du Val-Richer (1713); 4100 livres pour la fondation par Jean-Baptiste Hauvel, président de l'Élection de Lisieux, Pierre Hauvel, officier dans la vénerie du Roi, et Guillaume Hauvel, prêtre, leur frère, de 2 lits dans la salle neuve des malades (1714); — succession de M. de Matignon (1719); — don de Jean-Antoine Armenoult de La Perdrielle, prébendé de Merlerault et curé de St-Pierre-de-Mailloc (1719); — rachat de rente par le Clergé de Lisieux (1719); — diminution sur les espèces en 1720; — état des rentes constituées sur les aides et gabelles de France et rentes provinciales au profit de l'hôpital : principaux 147,650 livres, intérêts 3,608 livres ; legs de Pierre Bence, conseiller au Parlement de Paris (1726); — fondation de Guillaume-Pierre de La Bouillaye, prêtre de St-Jacques (1730); — donation de M. de Brancas (1732), etc. 2e chapitre. Dépenses. Prêt à Charles de Vimont (1664); — 50 livres pour redoubler l'aumône des pauvres pour « cause de l'extrême froid », le 26 janvier 1665 ; — 20 livres le 3 février, pour la même raison ; — en 1691, constructions dans l'hôpital général ; — le 7 avril 1712, tiré du coffre des pauvres 250 livres baillées à Jeanne La Chantre, servante de feue Mlle Brunon, moitié des 500 livres données par feue Mme Brunon, sa mère, et ce pour la part de Mme d'Ablon ; — le 17 août 1712, 200 livres pour rendre à M. de La Planche qui les avait avancées à M. Chazelles, avocat au Conseil, pour obtenir des lettres de surannation pour les lettres patentes des maladreries unies à l'hôpital des malades pour les faire registrer à la Chambre des Comptes. — 200 livres données à Mlle Du Travers pour distribuer aux pauvres de la ville (1712) ; — 3,000 livres provenant du don de 4,000 livres fait par Léonor de Matignon, évêque de Lisieux, pour la fondation de 2 lits dans la salle neuve de l'hôpital des malades, lesdites 3,000 livres constituées sur M. de Meurdrac, sieur de Vieu, en 166 livres 13 sols 4 deniers de rente hypothéquée. — Constitutions et franchissements de rente concernant : M. de Baquencé, Jean-Antoine de Fresnel, chevalier, seigneur de Magny (1718) ; le marquis de Livarot, porteur de procuration de Julienne de Raverend, veuve d'Adrien Belin, écuyer, sieur de L'Ingreville, les religieux de Friardel, la Providence de Lisieux, M. de Martimbos (1719); Mme de Belleau (1720), etc.

H. Suppl. 174. — E. 13. (Registre.) — Moyen format, 64 feuillets, 5 pièces intercalées, papier.

1740-1786. — Recettes et dépenses. « Registre « de l'administration du bureau des pauvres de la « ville de Lisieux, divisé en deux parties, dont la « première contient la recette des deniers faite pour les « administrateurs, la seconde contient les différents « remplacements des mêmes deniers. » 1er chapitre. De M. de Beauchamp, exécuteur testamentaire de Mlle du Travers, 400 livres (1740) ; — donation de 348 livres par Jeanne Salerne, veuve de Nicolas Buhot, de Beauvillers, à l'hôpital des malades, pour y être nourrie et gouvernée sa vie durant ; — 1,800 livres données par plusieurs personnes pieuses stipulées par M. Le Chapellain, grand vicaire et pénitencier, pour être constituée en rente en faveur de la communauté du Bon Pasteur pour fondations pieuses (1741) ; — 2,000 livres données par Le Chevalier, avocat général au Parlement de Normandie, payées par M. d'Écauquelon, conseiller audit Parlement, son fils, pour augmenter la marmite pour les pauvres du dehors d'une portion et demie (1741); — donation au Bon-Pasteur (1741); — reçu de M¹¹ᵉ Grofil, supérieure de l'hôpital général, 300 livres, tant en argent qu'en une obligation faite au profit de M. de Baudemont, par Marie-Marguerite de Launey, veuve de Gohier (1742) ; — fondation de lit par feu Costard, chanoine et administrateur (1742); — donation de M. de Brancas, évêque de Lisieux, à l'hôpital général et au Bon-Pasteur (1746); — le 23 janvier 1747, mis dans le coffre-fort du bureau des pauvres 5,000 livres fournies par Françoise d'Artus, supérieure du Bon-Pasteur de Lisieux, et Élisabeth Piel, associée au gouvernement de ladite maison, sous l'autorité de l'évêque, pour être convertie en rente au profit de ladite maison ; — don au Bon-Pasteur par Charlotte Letorey, veuve de Jacques Rémond (1747) ; — fondation d'un lit pour un pauvre de Bellou par Le Camus, ancien curé de Coupesarte (1748); — lit fondé par le testament de M. de Courseulles, curé de Jouveaux (1750) ; — lits fondés par Le Vallois, subdélégué de l'intendant (1750) ; — don de 2,000 livres à l'hôpital général et de 530 livres à la maison du Bon Pasteur par Bosney, supérieur du séminaire de la Délivrande ; — 4,800 livres données par l'abbé Le Bas de Caudemone pour fondation de 2 lits (1757) ; — 3,000 livres pour fondation de lit par la veuve d'Alexis Panthou (1759) ; — 2,502 livres par une personne pieuse stipulée par l'abbé de Fresnes, haut doyen de la cathédrale, vicaire général, pour fondation d'une mission dans les bourgs de Gacé et Vimoutiers de 10 en 10 ans alternativement. — Franchissements de rente par : le Clergé de Lisieux (1740) ; — M. de La Mancellerie (1741) ; — Le Filleul de La Chapelle (1741) ; — Thiboult d'Anisy, acquéreur de la terre de M. de Livrés de Villeneuve (1743) ; — de La Boullaye-Bonnechose (1744) ; — de Montbrun et de Victot (1744) ; — M. d'Argences (1744) ; — de La Bonde Diberville (1748) ; — Duboulley du Vertbois (1751) ; — Le Vaillant de La Ferrière, de Belleau de Lyée (1751) ; — Rossignol de Doublemont, conseiller au Parlement de Rouen, subrogé aux lieu et place de Labbey Damoutier (1752) ; — Nicolas et Maurice Le Doulx, sieurs de Glatigny (1752) ; — M. de Grisy (1753) ; — M. de Boisroger (1754) ; — de Bectey et Thillaye de Boisenval (1767) ; — M. de Cordey (1767) ; — la Communauté de N.-D. de Bernay (1784), etc. — Le 8 mai 1747, acquisition du manoir Hauvel, situé proche la porte de Caen, par l'hôpital des malades, de l'abbé Hauvel, moyennant 11,000 livres dont 1,000 livres payées par une personne pieuse. — Remplacements de deniers reçus sur : M. de La Mancellerie,

M. de Bonenfant (1741); — MM. de Saint-Ouen et de Grieu (1741); — Le Prévot de Ternant, demeurant à la terre de La Fardouillère, à Piencourt (1742); — M. de Belleau de Lyée, de N.-D. de Courson (1743) ; — Adrien-Joseph-François Dunot, sieur d'Armonville (1744); — Charles de Cordey de Saint-Martin, demeurant en la paroisse du Chesne (1746); — le Clergé de France pour l'hôpital et le Bon-Pasteur ; — André des Pommerais, à la décharge de Vallée de Beauchamp (1770) ; — les frères prêcheurs de Lisieux (1778) ; — les États de Bretagne (1785), etc.

H. Supp. 175. — E. 14. (Registre.) — Moyen format, 47 feuillets, papier.

1740-1766. — Registre concernant les affaires tant de l'hôpital général que de l'hôpital des malades de Lisieux. Dépense et état de l'argent reçu et mis tant pour l'hôpital général que pour celui des malades de Lisieux. Cf. E. 13.

H. Suppl. 176.— E. 15. (Registre.) — Moyen format, 92 feuillets, papier.

1740-17-87. — Recettes et dépenses. — Comptes de la supérieure. — En 1741, on dépense 7061 livres 6 sols, savoir : blé 1886 livres 5 sols, viande 1234 livres 17 sols, cidre 1069 livres 8 sols 3 deniers, bois et charbon 448 livres 13 sols, œufs et fromage 481 livres 10 sols 9 deniers, beurre et sel 426 livres 6 sols 3 deniers, différents articles 417 livres 8 sols 3 deniers ; marmites de fondation pour les pauvres du dehors 1096 livres 13 sols 6 deniers, savoir : 1960 livres de viande à 4 sols la livre, 392 livres ; 10 sommes de blé à 35 livres 10 sols la somme, 5 sommes de blé à 28 livres ; 2 minots 1/2 de sel à 46 livres 10 sols 3 deniers; 60 livres de beurre à 8 sols la livre; 34 douzaines d'œufs à 5 sols la douzaine ; 200 de fagots à 25 livres 10 sols le cent ; 10 livres de légumes. En plus, la dépense des réparations, entretien des pauvres et service, toile, enfants de nourrice, y compris 642 livres 12 sols 9 deniers pour la pharmacie, monte à 2,603 livres 6 sols 9 deniers ; au total 9,664 livres 12 sols 9 deniers ; la recette monte seulement à 9201 livres 6 sols 3 deniers. — En 1742, recette 10,177 livres 8 sols, dépense 9,628 livres 10 sols 3 deniers, etc.

H. Suppl. 177.— E. 16. (Registre.) — Moyen format, 152 feuillets, papier.

1741-1761. — Recettes et dépenses. — Comptes

de la supérieure. — Dépenses faites pour les entretiens et réparations pour les pauvres de l'hôpital de Lisieux. En 1741 : chapitre des meubles 116 livres 12 sols 6 deniers, dont 1 *chanpelure* de cuivre, 1 livre 4 sols ; 1 chaîne de fer, 11 sols ; deux marmites, 17 livres, 2 lanternes, 1 livre 14 sols, etc. ; — chapitre pour le linge et les habits, 765 livres 15 sols 9 deniers, dont 19 aunes de toile qui ont produit 60 cornettes et 12 mouchoirs, à 23 sols l'aune, 22 livres 8 sols 6 deniers, 53 aunes à 19 sols qui ont produit 30 chemises, 50 livres 7 sols ; 200 éguilles 2 livres 9 sols ; 2 pièces de ruban blanc 16 sous, 1 suaire 15 sols, etc. — Chapitre pour les mémoires et réparations 804 livres 15 sols 9 deniers ; une somme de chaux 2 livres 10 sols, 12 journées de maçon 7 livres 4 sols, etc. — Chapitre pour différents articles 128 livres 3 sols 6 deniers ; 5 journées de femmes pour la lessive 2 livres, 1 somme de paille 1 livre 16 sols ; 12 livres d'amidon 6 livres ; chapitre pour la pharmacie 642 livres 12sols 9 deniers : 2 pots pinte 1/2 d'eau-de-vie 2 livres 17 sols 6 deniers, 2 rames de papier à filtrer et 1 rame de papier *brouillat* battu pour les plaies 9 livres 15 sols ; 3 douzaines de boîtes 15 livres ; 1 mortier de fer et son pilon 13 livres ; 1 mortier de marbre et son pilon 9 livres, etc. ; chapitre pour les enfants de nourrice 143 livres 6 sols 6 deniers. Au total 2,603 livres 6 sols 9 deniers. — Lacune jusqu'à l'année 1747. — Recette pour l'année 1747, dépense de 1747, etc., jusqu'à l'année 1760. En 1760, dépense faite pour les marmites de fondation pour les pauvres de Lisieux, 2,016 livres 10 sols 6 deniers, dont 800 livres de viande en janvier et février, 160 livres ; 400 livres de viande pendant le carême, à 5 sols, 100 livres ; chapitre pour les aumônes et pain distribué aux pauvres de Lisieux en 1760, 524 livres 13 sols 6 deniers ; en janvier 50 tourtes de pain à 19 sols, 47 livres 10 sols.

H. Supp. 178. — E. 17. (Registre.) — Moyen format, 178 feuillets, papier.

1761-1775. — Recettes et dépenses. — Comptes de la supérieure. — Dépense pour la nourriture des pauvres de l'hôpital des malades de Lisieux en 1761, janvier 275 livres 6 sols 3 deniers, dont 37 douzaines d'œufs à 6 sols 9 deniers, 1 couverture pour la salle d'en haut 17 livres 10 sols, 88 pots de lait 8 livres 16 sols, 41 livres de morue à 7 sols 6 deniers ; 4 dindes 5 livres 8 sols, 1 douzaine de fromages 30 sols ; 1 livre de beurre 9 sols ; 420 livres de viande 84 livres ; en évrier 165 livres 5 sols 9 deniers, en mars 543 livres 13 sols 6 deniers ; en avril 672 livres 17 sols 3 deniers ; en mai 496 livres 10 sols ; en juin 525 livres 7 sols 6 deniers ; en juillet 291 livres 3 sols 9 deniers ; en août 196 livres 6 sols 6 deniers ; en septembre 606 livres 3 sols 9 deniers ; en octobre 314 livres 7 sols 3 deniers ; en novembre 505 livres 10 sols 3 deniers ; en décembre 2902 livres 18 sols. Au total, 7,695 livres 9 sols 9 deniers. Recette 8,110 livres 14 sols 3 deniers. Le 5 février 1762, assemblée du bureau au palais épiscopal pour examiner le compte de Mlle de Brumenil, supérieure de l'hôpital des malades, en 1761. Recette et dépense faite pour les marmites de fondation et pour les pauvres de la ville 1,476 livres 3 sols 6 deniers, aumônes et pain distribué 526 livres 12 sols, au total 2,002 livres 15 sols 6 deniers.

H. Supp. 179. — E. 18. (Registre.) — Moyen format, 196 feuillets, 1 pièce intercalée, papier.

1776-1790. — Recettes et dépenses. — Comptes de la supérieure. — En 1790, recette 14,028 livres 13 sols, savoir : versements du receveur à la supérieure ; pension de Mlle de Chanvallon ; remèdes vendus à la pharmacie 340 livres, vendus aux Mathurins 40 livres ; dépense 13,020 livres 8 sols : en janvier 40 pots de lait à 4 sols 6 deniers, 10 livres 16 sols ; 635 livres de viande à 6 sols 6 deniers, 212 livres 17 sols ; 4 boisseaux de cendre, 7 livres ; 5 fosses, 1 livres 5 sols ; 4 paires de sabots, 2 livres. — Examen fait du compte présenté aux maire et officiers municipaux de Lisieux, administrateurs des hôpitaux, par Mlle Bertin de Mesley, supérieure de l'hôpital des malades, pour 1790.

H. Supp. 180. — E. 19. (Registre.) — Moyen format, 140 feuillets, papier.

1740-1747. — Recettes et dépenses. — Journal de la supérieure. — En 1740, 2 boisseaux de son, 16 sous ; 1 somme de blé, 32 livres ; 36 douzaines d'œufs, 8 livres 11 sols ; 6 fromages, 12 sols 6 deniers ; 4 boisseaux de cendre, 3 livres 8 sols ; 2 couteaux, 16 sols 6 deniers, entrée de 24 barils de cidre, 9 livres 12 sols ; 1 somme de paille, 1 livre 19 sols ; 1 grand couteau à pain, 4 livres 10 sols ; 6 journées de femmes pour la lessive, 2 livres 8 sols ; 2 pots de terre, 3 sous ; 1 mois d'enfant de nourrice, 4 livres, etc.

Au dernier feuillet, noms des sœurs : Mlle de La Coudraye, supérieure de l'hôpital général de Rouen, a été chargée de l'hôpital des malades le 15 octobre 1740 ; Mlle Le More Duquesné, supérieure de l'hôpital des malades, entrée le 28 octobre 1740, la sœur de Brumény, entrée en 1740, Marie-Rose Potier, prise à la communauté des manufactures de Rouen, paroisse St-Vivien, entrée en 1740, M¹¹ᵉ Marguerite Cartaux, venue de l'hôpital de Rouen en 1741, etc.

H. Suppl. 181. — E. 20. (Registre.) — Moyen format, 145 feuillets, papier.

1748-1764. — Recettes et dépenses. — Journal de la supérieure. — En 1748, 2 douzaines de fromages, 3 livres 2 sols ; 26 douzaines d'œufs, 8 livres 8 sols ; reçu pour le premier quartier des aides 385 livres ; payé pour 169 livres de viande, à 4 sols, 33 livres 16 sols ; 1 somme de chaux, 3 livres ; reçu du ministre des Mathurins pour remèdes fournis à son hôpital, 44 livres 5 sols ; de Legendre, 60 livres 6 sols 6 deniers pour les journées des soldats passants ; 1 minot de sel, 43 livres ; étoffe pour une fille de service, à 36 sols l'aune ; une chaudière pour la buanderie, 5 livres. Au dernier feuillet : État de ce qui doit être payé annuellement à l'hôpital des malades de Lisieux (14 mai 1764), pour l'entretien de 49 lits un quart 3,123 livres ; lit de Mᵐᵉ Panthou 130 livres ; deux lits de M. de Brancas 300 livres ; 15 portions de marmite de MM. Despériers et Hauvel et 2 portions 1/4 de Mᵐᵉ Mignot 862 livres 10 sols ; 5 portions de M. Bence et 3 de M. de Brancas 480 livres ; 1 portion 1/2 de M. Le Chevalier 100 livres ; pour les distributions de pain au dehors 600 livres ; pour les messes de Marie Adenot, Anne Poulard, des dames Dubois et Jeanne Marais 93 livres 10 sols ; 12 messes de M. de Brancas, 7 livres 4 sols ; pour les sœurs servantes 165 livres. Total 7,883 livres 4 sols.

H. Suppl. 182. — E. 21. (Registre.) Moyen format, 194 feuillets, papier.

1765-1785. — Recettes et dépenses. — Journal de la supérieure. — En 1765, 1 douzaine d'œufs, 5 sols 9 deniers et 6 sols ; entrée d'un baril d'eau-de-vie, 2 livres 13 sols 6 deniers ; 3 journées de lessivières, 18 sols ; ramonage de 4 cheminées, 1 livre ; 6 *dainde*, 7 livres ; 1 minot de sel, 50 livres 8 sols 9 deniers ; 16 journées de charpentier, 16 livres ; 600 fagots à 26 livres, 156 livres, etc. ; 11 petites tourtes et 27 quarts, à 18 sols 6 deniers, 11 livres 6 sols 9 deniers, 8 petites tourtes blanches à 25 sols, etc.

H. Suppl. 183. — E. 22. (Registre.) — Moyen format, 106 feuillets, papier.

1786-1819. — Recettes et dépenses. — Journal de la supérieure. — En 1789, 1 douzaine d'œufs, 12 sous ; 6 fromages, 1 livre 4 sols ; 1 douzaine de harengs, 5 sous ; un tonneau de cidre, 50 livres ; 1 cercueil, 3 livres 10 sols ; 1 douzaine de balais, 12 sols ; 5 boisseaux de ciment, 2 livres 10 sols, etc.

H. Suppl. 184. — E. 23. (Liasse.) — 22 pièces, papier.

1574. — Comptabilité. — Papier et état des pauvres décédés pour le mois de mars 1574 aux paroisses de St-Jacques et St-Germain de Lisieux et maison-Dieu dudit lieu, étant du nombre des immatriculés au rôle fait de la distribution du bureau des pauvres de Lisieux, lesdits pauvres inhumés auxdites paroisses et maison-Dieu aux dépens du bureau à raison de 2 sols 6 deniers par personne. — Extrait du registre du bureau des pauvres concernant le paiement des sergents du bureau ; quittance par eux à Jean Gosselin, chanoine de Lisieux, pour Gabriel Gosselin, bourgeois de Lisieux, son frère, receveur général du bureau ; autre extrait portant que chaque semaine on aidera le ministre de l'Hôtel-Dieu de 60 sous, sans tirer à conséquence, à charge de nourrir les pauvres passants et de ne permettre qu'ils mendient par les rues, de recevoir les pauvres de la ville qui n'auront pas de retraite et les faire vivre par leurs aumônes (dernier février 1574) ; quittances y relatives du ministre. Papiers des distributions faites des aumônes volontaires du bureau de Lisieux aux pauvres des paroisses St-Jacques et St-Germain de Lisieux, en la cour de l'hôtel commun de Lisieux. Délibération du bureau relative aux distributions à faire aux pauvres de St-Désir de Lisieux et paroisses circonvoisines ; requête en secours des pauvres de la paroisse des Vaux : l'année précédente l'aumône était de 35 sols par semaine ; quittances pour 3 semaines ; autre requête de pauvres de la paroisse de St-Hippolyte et quittance de Jacques Bense, curé de St-Hippolyte du bout des Prés, de la banlieue de Lisieux ; autres quittances de Guillaume Gossey, vicaire de Notre-Dame d'Ouilly, d'Alleaume Hanyas, curé de *Beufviller*, de Nicole Pollin, curé de Rocques, etc., pour aumône volontaire du bureau à leur paroisse.

H. Suppl. 185. — E. 24. (Liasse.) — 121 pièces, papier.

1587.—Comptabilité. — Rôle de recette délivré par Guillaume Hardy, procureur du bureau des pauvres de Lisieux, à Pierre Rocques, prêtre, et Jean Quétel, bourgeois de St-Germain de Lisieux, pour en faire la quête suivant la commission à eux donnée par le conseil du bureau, pour les deniers en provenant être remis à Nicolas de Vaulx, receveur commis à faire la recette et distribution des deniers aux pauvres du bureau, pour le mois d'avril, à eux baillé le 26 mai 1587. Quittance de Henry Faguet et de Richard Buchard, commis pour 4 semaines à faire la recette et distribution du bureau des pauvres, à Louis Rocques, faisant la quête des taxes et cotisations des bourgeois, manants et habitants de Lisieux pour la paroisse St-Jacques; quittance à Jean Boudet, faisant ladite quête pour St-Germain, et autres semblables à divers. — Rôle et état des noms et surnoms des pauvres des paroisses de St-Jacques et St-Germain de Lisieux reçus au bureau et sommes à eux taxées par semaine pour leur aider à vivre, par Adrien Doffay, chantre et chanoine de Lisieux, vicaire général d'Anne de Guiéry, évêque-comte de Lisieux, et par les députés du chapitre du corps commun des habitants. — Demandes de secours. Gages des sergents de bureau. Aumônes aux paroissiens: de St-Hippolyte du bout des Prés versées au curé François Bernardin; de Beuviller, Guillaume Cottin, curé; N.-D. des Vaux, Jean Juger, vicaire; Rocques, Nicole Pollin, curé; N.-D. d'Ouilly-le-Vicomte, Pierre Bertre, prêtre, trésorier. — Papier de mises pour le bureau des pauvres pour le mois de mars 1587 : à Guillaume Frontin, 30 sous pour distribuer aux pauvres de la paroisse des Vaux ; au curé de Rocques, 4 livres pour distribuer aux pauvres de sa paroisse. — Délibération du bureau, tenu au palais épiscopal le 17 mars 1587, employant divers pauvres au registre des aumônes.

H. Suppl. 186. — E. 25. (Cahier.) — Moyen format, 50 feuillets, papier.

1603-1605. — Compte et état de la recette et mise faite par Guillaume Costard, conseiller président pour le Roi en l'Élection de Lisieux, commis et député par les habitants à faire la recette des deniers, rentes et revenus appartenant aux pauvres du bureau de ladite ville, pour la 13ᵉ année de son administration, 1603, à Messieurs du Conseil dudit bureau députés à cet effet. Parmi les recettes, 1,232 livres 11 sols 8 deniers dont il est resté redevable pour le compte de 1602, etc. Ensuit la recette des arrérages des rentes hypothéquées et foncières appartenant au bureau sur les héritiers Mᵉ Jean du Pray, médecin, et Nicolas Duval, apothicaire, sur les enfants et héritiers de Guillaume Vallée, avocat du Roi en l'Élection de Lisieux, les héritiers de Gabriel Le Boltez, sieur de Marolles, sur Julienne Patrice, veuve de Gabriel Le Boitez, sur la recette des aides et quatrièmes de l'Élection de Lisieux données au bureau par feu Guillaume Mauduit, sieur de La Rozière, par Jacques Amydieu, par François Lambert, lieutenant général du bailli de Rouen en la vicomté d'Auge, François Vymont, auditeur en la Chambre des comptes de Normandie, sur Jacques de Mortainville, etc. ; le 19 décembre 1603, reçu de Michel de Villedieu 9 livres pour une amende en laquelle Guillaume Anffrye, prêtre, a été condamné par sentence du chapitre. Recette 4,851 livres 12 sols 2 deniers. — Dépenses. Distribution faite le 1ᵉʳ janvier 1603 aux pauvres honteux de la ville suivant l'intention, don et aumône de feu M. le trésorier de Bonnenffant, 10 livres ; à Guillaume Hardy, procureur du bureau, 30 livres pour un voyage à Rouen ; à Pierre Couldray, commis pour le décès de Germain Ameline, Thomas Bellette, Symon Le Brasseur, sergents du bureau ; à Pierre Vollet pour nourriture d'enfant trouvé 40 sols par mois ; à Pierre Heudoue, chapelain de la chapelle de la maladrerie de St-Blaise 15 livres ; pour l'écriture du compte et contre-compte 6 livres. Dépense 3,347 livres 7 sols 2 deniers.

H. Suppl. 187. — E. 26. (Cahier.) — Moyen format, 48 feuillets, papier.

1604-1605. — Compte rendu par le même pour l'année 1604. — Recettes 4,994 livres 13 sols 8 deniers, dépenses 3,820 livres 18 sols 6 deniers. — Pour ensevelir et inhumer le corps de Jean Millet, 30 sols. Distribution faite le Vendredi-Saint 16 avril aux pauvres honteux, 10 livres. Secours à divers malades. A François Petit, principal du collège de Lisieux, 187 livres 10 sols pour 15 mois de gages et pensions à lui accordés.

H. Suppl. 188. — E. 27. (Cahier.) — Moyen format, 66 feuillets, papier.

1605-1607. — Compte dudit Costard pour 1605. Recettes 5,564 livres 9 sols 10 deniers, reprises et dépenses 4,478 livres 3 sols. A François Jue, gardien de l'Hôtel-Dieu, 60 sols pour 2 mois de la garde d'un petit enfant ; pour la distribution faite le 2 novembre à 100 pauvres mendiants de la ville, selon l'intention et aumône de Robert Toustain, chanoine de la cathédrale St-Pierre de Lisieux, prébendé de La Pommeraye, 106 sols ; à un pauvre passant, 15 sols, etc. — État des frais, mises et dépenses faites pour la construction et édifice de la chapelle bâtie au lieu de Santé: la journée de maçon 10 sols, de manouvriers 6 sols, pour tirer de la pierre à la carrière du bois du Parc, etc.

H. Suppl. 189. — E. 28. (Cahier.) — Moyen format, 28 feuillets, papier.

1610-1615. — Compte rendu par Robert Bourdon, nommé à la recette du bureau des pauvres le 7 décembre 1607, pour la 3ᵉ année de sa charge, du 1ᵉʳ janvier au 31 décembre 1610. — Recettes 3,709 livres 4 sols, dépenses 2,184 livres 15 sols ; doit le comptable 1,524 livres 9 sols ; payé à Pierre Huc, fils Henry, 374 livres 17 sols pour vente de 3 parties de rente de nouvelle constitution ; pour des linges à ensevelir un corps mort d'un pauvre passant, par ordonnance du bailli, 20 sols ; 43 sols pour un mois de garde et nourriture d'un enfant trouvé ; frais de l'inhumation de la veuve Marais ; au vicaire 5 sols ; au fossoyeur 5 sols, etc. Parmi les recettes, legs de la veuve Charles Marais, aumônes faites par les gens de bien pour la réparation de l'hôpital durant le Jubilé, etc.

H. Suppl. 190. — E. 29. (Cahier.) — Moyen format, 22 feuillets, papier.

1612-1616. — Compte dudit Bourdon, receveur du bureau des pauvres, pour l'année 1612. — Recettes 4,089 livres 3 sols 6 deniers, dépenses 2,102 livres 14 sols 6 deniers, doit le comptable 1,986 livres 9 sols. — Payé 5 sols par semaine à la veuve Martin pour sa fille percluse d'un bras ; — 130 livres à François Petit, recteur du collège, pour l'instruction des pauvres enfants ; 10 livres pour la distribution du Vendredi-Saint ; 8 sols pour l'enterrement d'un enfant trouvé mort près des fossés devant la tour de Lisieux, etc. — Reçu de noble homme Charles de Serres, sieur du Chesne, pour fermages d'héritages, 185 livres 10 sols. Rentes sur Jacques Regnoult, archidiacre, sur Jean-Esprit Despériers, Jean Louterel, avocat, sur la recette générale de Rouen, etc.

H. Suppl. 191. — E. 30. (Cahier.) — Moyen format, 26 feuillets, papier.

1616-1618. — Compte dudit Bourdon, receveur du bureau des pauvres, pour 1616. — Recettes 4,257 livres 1 sol 10 deniers, dépenses 3,032 livres 3 sols, doit le comptable 1,224 livres 18 sols 10 deniers. Distribution de 100 sols d'aumônes de Morisset, en son vivant chanoine ; pour les gages ordinaires de Bourdon, comptable, 30 livres ; façon du compte et contre-compte, 60 sols ; à Simon Le Brasseur, sergent du bureau des pauvres, ses gages à raison de 20 sols par mois. — Arrérages de rentes.

H. Suppl. 192. — E. 31. (Cahier.) — Moyen format, 48 feuillets, papier.

1618-1623. — Compte rendu par Henri Anger, commis du receveur du bureau des pauvres, François Marais, nommé le 29 décembre 1617 par acte en l'hôtel commun de la ville, pour 1618. — Recettes, 4,704 livres 3 sols 3 deniers ; dépenses, 2,620 livres 4 sols ; doit le comptable 2,083 livres 19 sols 3 deniers. — Payé : 4 livres pour la fondation Despériers ; — 15 sols pour un drap fourni pour ensevelir une pauvre femme ; — 20 sols pour un drap pour ensevelir Guillemette Delafosse ; — 30 livres pour les gages ordinaires dudit Anger.

H. Suppl. 193. — E. 32. (Cahier.) — Moyen format, 48 feuillets, papier.

1620-1623. — Compte rendu par ledit Anger, commis et préposé de François Marais, receveur du bureau des pauvres, pour l'année 1620. — Recettes 3,796 livres 4 sols, dépenses 1,561 livres 14 sols ; doit le comptable 2,234 livres 10 sols. Payé en aumônes : à Marette La Papilloune, 9 livres 12 sols, pour 48 semaines à raison de 4 sols la semaine ; au bâtard Sauvage, 7 livres 4 sols pour lesdites 48 semaines à raison de 3 sols ; le jour de la Circoncision, 10 livres aux pauvres.

H. Suppl. 194. — E. 33. (Cahier.) — Moyen format, 80 feuillets, papier.

1624-1628. — Compte dudit Anger, commis de François Marais, receveur du bureau des pauvres, pour l'année 1624. Recettes, 4,884 livres 17 sols 1 denier ; dépenses, 3,104 livres 10 sols 6 deniers ; doit le comptable 1,780 livres 6 sols 7 deniers. Payé : 30 livres à Pierre Formeville, l'un des députés du bureau, dépense justifiée ; 100 sols aux Jacobins, de la distribution de Claude Du Moulin ; à Germain Davy, de Saint-Jacques de Lisieux, 240 livres pour la constitution de 17 livres 2 sols 10 deniers de rente. Recettes de rentes sur Olivier Racine, docteur en médecine, Marie Huet, veuve de Nicolas de Lespiney, écuyer, sieur de Campigny. — Dons et legs : Jean Toustain, chanoine et prebendé de la Pommeraye en l'église cathédrale de Lisieux ; recettes d'amendes versées par Mathurin Delaporte, greffier en l'officialité de Lisieux.

H. Suppl. 195. — E. 34. (Cahier.) — Moyen format, 40 feuillets, papier.

1625-1628. — Compte d'Henry Anger, commis préposé de François Marais, receveur du bureau des pauvres, pour l'année 1625. — Recettes, 4,035 livres 6 sols, dépenses 1,037 livres 15 sols, doit le comptable 3,017 livres 11 sols. Payé : 7 livres 10 sols à Olivier Ledoux, prêtre, chapelain de la chapelle de Santé, 76 sols à Philippe Gruchey pour l'inhumation de Charles Marie, décédé de la peste dans une des loges du bois. — Dons et legs : Jeanne Mauduit, veuve de Michel Costard, a donné 140 livres en une partie et 6 livres en autre, à charge de payer lors de son inhumation 5 sols à 20 pauvres qui porteront chacun un cierge allumé de 12 deniers ; donation par Jean Formeville l'aîné de 6 livres de rente à prendre sur Sébastien Herefort, chandelier, etc.

H. Suppl. 196. — E. 35. (Cahier.) — Moyen format, 28 feuillets, papier.

1626-1628. — Compte rendu par Henri Anger, commis et préposé de François Marais, receveur du bureau des pauvres, pour l'année 1626. — Recettes 6037 livres 2 sols 6 deniers, dépenses 3,485 livres 6 sols 6 deniers, le comptable doit 2,551 livres 16 sols. Payé : 16 sols pour un drap à inhumer un pauvre, 106 sols distribués le jour des trépassés pour Toustain, chanoine, 105 sols, le jour St-Jean-Baptiste, de l'aumône de Jean Formeville, 12 livres au sergent du bureau pour ses gages ordinaires de l'année. Dons et legs: noble et discrète personne Jean Costard, chanoine de St-Pierre de Lisieux, 7 livres 2 sols 10 deniers de rente. Arrérages de rentes sur Pierre Rioult, chanoine, Olivier Dandel, écuyer, Jean Despériers, avocat, Guillaume et Jacques Vallée, avocats, noble homme Charles de Serres, sur les héritages dépendant du fief Ripault dont est tenant Nicolas Mérieult, avocat du Roi en la vicomté d'Orbec, et ses frères, etc. — Dons de Jacqueline Adam, veuve de Robert Lambert ; Jacques Mauduit, sieur de La Rozière ; Jean Desperrois, sieur de La Pinterie ; Robert Lambert, sieur d'Herbigny ; Michel Costard, sieur de La Brévière ; Marie Huet, veuve de Nicolas de Lespiney, écuyer, sieur de Campigny. Franchissement de rente par François Scelles, lieutenant particulier au bailliage-vicomtal de Lisieux, etc.

H. Suppl. 197. — E. 36. (Cahier.) — Moyen format, 20 feuillets, papier.

1653-1654. — Compte rendu par Guillaume Quentin, receveur du bureau des pauvres, pour l'année 1654. Recettes, 7,652 livres 10 sols 6 deniers, dépenses, 7,797 livres 6 sols 5 deniers, excédent de dépenses, 144 livres 15 sols 11 deniers. Payé : 560 livres pour l'acquisition de Pierre Jumelin, chapelier, d'une maison sise rue au Char. Deniers comptés et non reçus, à recouvrer ; de Jacques Pierre dit La Coudraye, 11 livres 11 sols ; Nicolas Costard, chanoine, à la décharge de Jacques Vymont, sieur de La Mauvollière, 25 livres ; Nicolas Paizant, sieur de Bouttemont, et les héritiers de Jean Picquot, tabellions, 15 livres ; Pierre de Neufville et Charles Thiron, 50 livres. — Deniers restant dus des débets, sur Guyonne Ozenne, 49 livres ; Jacques Mallet, 81 livres.

H. Suppl. 198. — E. 37. (Cahier.) — Moyen format, 24 feuillets, papier.

1654-1655. — Compte rendu par Guillaume Quentin, receveur du bureau des pauvres, pour l'année 1654. Recettes, 7,302 livres 8 sols 1 denier, dont 2,076 livres 17 sols 4 deniers de revenu et 5,225 livres 10 sols 9 deniers de débets, dépenses 1,161 livres 16 sols 9 deniers, excédent de recettes 6,140 livres 11 sols 4 deniers. Les dépenses et mises ordinaires et extraordinaires résumées sur une quittance indiquant la somme payée ; deniers comptés et non reçus, restant à recouvrer, sur : Nicolas Costard, chanoine, 25 livres, Jean Juger, sieur des Essarts, et Guyonne Ozenne, 25 livres. Deniers restant dus du compte de Langlois et que Quentin donne au bureau. Payé pour les gages du comptable, 100 sols. — Arrérages de rentes : de Pierre Formeville, fils Pierre, à la décharge de Jacques Amyot, chanoine ; de Nicolas de Paisant, sieur de Boutemont et les héritiers Jean Picquot ; du sieur de La Haute-Roque, héritier de Costard, chanoine, etc.

H. Suppl. 199. — E. 38. (Cahier.) — Moyen format, 20 feuillets, 1 pièce intercalée, papier.

1663-1665. — Compte rendu par Guillaume Quentin, receveur du bureau des pauvres, pour l'année 1663. — Recettes 5,090 livres 9 sols 4 deniers, dépenses 1,983 livres 14 sols 11 deniers, excédent de recettes 3,106 livres 14 sols 5 deniers, sur lesquelles le comptable a versé 200 livres, plus 140 livres, 101 livres, 300 livres, 130 livres, que les députés et administrateurs du bureau ont portées en à-compte sur son débet.

H. Suppl. 200. — E. 39. (Cahier.) — Moyen format, 24 feuillets, papier.

1664-1666. — Compte rendu par Guillaume Quentin, receveur du bureau des pauvres, pour l'année 1664. — Recettes 4,610 livres 1 sol 6 deniers, dépenses 1,654 livres 13 sols 11 deniers, excédent de recettes 2,955 livres 7 sols 7 deniers dont le comptable demeure redevable, sur lesquelles il a versé 72 livres 5 sols, plus 200 livres, 98 livres et 58 sols, portés en à-compte sur son débet par les administrateurs et députés du bureau ; à l'article états des frais faits : 24 livres pour l'obtention d'un arrêt contre les héritiers d'Alleaume, ci-devant évêque, 4 livres 10 sols pour 2 consultations de Thiroulde, avocat, 10 sols pour retrait du sac et pièces d'entre les mains du clerc dudit Thiroulde, 45 sols pour copie du dispositif de l'arrêt, 70 sols pour le rapport de l'arrêt, 9 livres pour mettre l'arrêt en forme au greffe de la Cour, 4 livres 10 sols pour le faire passer au sceau, 4 livres 10 sols à Colmiche, procureur, pour ses honoraires, et 30 sols pour copies de pièces pendant la longueur dudit procès.

H. Suppl. 201. — E. 40. (Cahier.) — Moyen format, 22 feuillets, papier.

1665-1666. — Compte rendu par Guillaume Quentin, receveur du bureau des pauvres, pour l'année 1665. Recettes, 6,238 livres 2 sols 4 deniers, dépenses, 2,687 livres 1 sol 3 deniers, deniers alloués 1,524 livres 13 sols 6 deniers ; excédent de recettes, 2,026 livres 7 sols 5 deniers, sur lesquelles il a versé 160 livres, plus 184 livres 5 sols 8 deniers et 98 livres 10 sols, portés en à-compte à son débet par les députés et administrateurs. — Rentes sur le sieur de Siglas, sur Jean Olivier, prêtre, Guillaume de Lespiney, Charles Vimont, sieur de La Vallette, le sieur de Grosseville et de La Fardouillière, Charles Fossey, prêtre, curé de Beuvron, François Despériers, écuyer, sieur des Vaux, etc.

H. Suppl. 202. — E. 41. (Cahier.) — Moyen format, 20 feuillets, papier.

1666-1667. — Compte rendu par Guillaume Quentin, receveur du bureau des pauvres, pour l'année 1666. — Recettes, 6,238 livres 2 sols 4 deniers ; dépenses, 2,687 livres 1 sol 3 deniers, plus pour deniers alloués 1,524 livres 13 sols 6 deniers ; excédent de recettes, 2,026 livres 7 sols 5 deniers, sur lesquelles le comptable a versé 160 livres, plus 98 livres 10 sols en argent et une quittance de 54 livres de Nicolas Davy, nouveau receveur, et 184 livres 5 sols 8 deniers portés en à-compte à son débet par les députés et administrateurs.

H. Suppl. 203. — E. 42. (Cahier.) — Moyen format, 32 feuillets, papier.

1667-1673. — Compte rendu par Nicolas Davy, receveur du bureau des pauvres, pour l'année 1667. Recettes, 4,397 livres 19 sols 3 deniers ; dépenses, 2,546 livres 11 sols ; excédent de recettes, 1,851 livres 8 sols 3 deniers ; payé : 200 livres à Philippe Vallée, prêtre, directeur des pauvres renfermés, pour être employées aux nécessités des pauvres ; 118 sols pour frais et contrôle du contrat de transport fait au bureau par François de Vimont, médecin, de 2 parties de 12 livres 14 sols 3 deniers de rente ; pour voyage du comptable à Paris afin de voir Despériers, principal du collège de Lisieux, et aux greffes du Châtelet et du Parlement pour y découvrir quelques pièces justificatives de la qualité de la dame Ribier et de ses enfants, héritiers de feu Alleaume, évêque, il lui est alloué 40 sols par jour, plus 60 sols pour loyer d'un cheval pour aller de Lisieux à Rouen et 6 livres 15 sols de Rouen à Paris ; pour retour pareilles sommes.

H. Suppl. 204. — E. 43. (Cahier.) — Moyen format, 28 feuillets, 1 pièce intercalée, papier.

1669-1674. — Compte rendu par Nicolas Davy, receveur du bureau des pauvres, pour l'année 1669. Recettes, 4,963 livres 5 sols ; dépenses, 2,726 livres 8 sols 4 deniers ; excédent de recettes, 2,236 livres 16 sols 8 deniers ; payé : 40 sols au comptable pour démarches concernant la révélation de l'exposition faite « près la maison des renfermés au faubourg de la porte d'Orbec d'un enfant femelle ». — Le comptable rappelle les droits du bureau sur le revenu de l'évêché : l'évêque ne paie que 8 boisseaux de blé par semaine et 800 livres par an, le tout quitté aux religieux de l'hôtel-Dieu suivant transaction passée au tabellionage royal de Lisieux le 20 octobre 1659, homologuée au Parlement de Rouen le 12 mars 1660, au moyen de 200 livres que les religieux paient par an au bureau pour les souliers et robes des pauvres. — Arrérages de rentes de l'obligation de Jean Costentin, président en l'Élection de Lisieux, Jacques de Franqueville, sieur de Collandon, Charles Fossey, curé de Beuvron, etc.

H. Suppl. 205. — E. 44. (Cahier.) — Moyen format, 40 feuillets, papier.

1680-1682. — Compte rendu par Nicolas Hardouin, receveur du bureau des pauvres, pour les années 1680, 1681 et 1682. — Recettes, 10,174 livres 16 sols 1 denier ; dépenses, 10,165 livres 13 sols 3 deniers ; excédent de recettes, 9 livres 2 sols 10 deniers ; — payé : 600 livres, suivant l'ordre des administrateurs, à M. de Blanchard, écuyer, sieur d'Amanville, Adrien de Morchesne, écuyer, sieur de Martigny, à la décharge de M. de Saint-Marc d'Herbigny, 300 livres audit comptable pour son salaire des trois années de gestion, 15 sols pour achat d'un livre ou papier relié pour l'enregistrement des mises et dépenses. — Rentes sur Alexis Heuttes, curé de Coquainvilliers, les habitants de Lisieux, etc.

H. Suppl. 206. — E. 45. (Cahier.) — Moyen format, 42 feuillets, papier.

1685-1688. — Compte rendu par Nicolas Hardouin, receveur du bureau des pauvres, pour les années 1685 et 1686. — Recettes, 5,076 livres 6 sols 7 deniers ; dépenses, compris les reprises qui demeurent au profit du bureau, 3,568 livres 3 sols 10 deniers ; excédent de dépenses, 491 livres 17 sols 3 deniers ; — reprises : 200 livres sur Jean Le Vavasseur, écuyer, sieur de Siglas ; — 233 livres 13 sols pour arrérages de fermage de 9 acres de terre sises à Fontenelle, vendues par les sieurs de La Fardouillère ; — 1,000 livres pour 2 années de fermages du lieu Moulin, de 500 livres par an, affermé à Vallée, directeur des pauvres ; — 120 livres à prendre sur Marguerite Tourfault, femme de Jacques Vicquesnel, sieur de Bois-Cordé.

H. Suppl. 207. — E. 46. (Cahier.) — Moyen format, 44 feuillets, papier.

1687-1690. — Compte rendu par Nicolas Hardouin, receveur du bureau des pauvres, pour les années 1687-1688. Recettes 5,274 livres 5 sols 10 deniers ; dépenses, 5,016 livres 1 sol ; excédent de recettes, 258 livres 4 sols 10 deniers.

H. Suppl. 208. — E. 47. (Cahier.) — Moyen format, 38 feuillets, papier.

1689-1692. — Compte rendu par Nicolas Hardouin, receveur du bureau des pauvres, pour les années 1689 et 1690. Recettes, 4,920 livres ; dépenses, y compris les reprises qui demeurent au profit du bureau, 4,417 livres 3 sols 4 deniers ; excédent de recettes, 502 livres 16 sols 8 deniers. — Arrérages de rentes de l'obligation de François-Laurent Haussey, sergent royal en la vicomté d'Orbec, envers Marguerite Vaudon, veuve de Louis Surlemont, suivant contrat de 1614, transportée au bureau par Marie et Gabrielle Surlemont en 1690 ; de l'obligation de Claude Le Cavelier, prêtre, et François Le Cavelier, son frère, de Philémon de Bouffey, écuyer, sieur de Cordebugle, et Richard Alabarbe, sieur de La Harquerie ; Pierre Bret, chirurgien, de La Houblonnière, suivant transport de Louis Hébert, sieur du Sauvage.

H. Suppl. 209. — E. 48. (Cahier.) — Moyen format, 40 feuillets, papier.

1691-1693. — Compte rendu par Nicolas Hardouin, receveur du bureau des pauvres, pour l'année 1691. Recettes, 3,023 livres 13 sols 6 deniers ; dépenses, y compris les reprises qui demeurent au profit du bureau, 2,447 livres 17 sols 2 deniers ; excédent de recettes 575 livres 16 sols 4 deniers. — Aucuns dons. — Aucuns deniers provenant des troncs des églises, qui n'ont pas été ouverts pendant l'année. — Rien reçu d'amendes. — Aucune recette provenant de l'adjudication de la vente de la viande de carême.— Rentes sur Jacques de Franqueville et Hélène de Feudebrey, sa mère, etc.

H. Suppl. 210. — E. 49. (Cahier.) — Moyen format, 54 feuillets, papier.

1692-1694. — Compte rendu par Nicolas Hardouin, receveur du bureau des pauvres, pour l'année

1692. Recettes, 3,921 livres 4 sols 2 deniers; dépenses, y compris les reprises qui demeurent au profit du bureau, 3,794 livres 17 sols 11 deniers; excédent de recette, 126 livres 6 sols 3 deniers. — Argent provenant du legs de Jacques Duverger, suivant son testament du 17 mai 1692 et l'état tenu en la haute justice du doyenné de Lisieux du 2 juin ; — 5 livres 6 sols provenant des 2 troncs de l'église St-Pierre, ouverts le 1er décembre 1692, en présence de M. de Surville ; — 9 livres pour amendes jugées en ladite année, tant au bailliage qu'à l'hôtel-de-ville.

H. Suppl. 211. — E. 50. (Cahier.) — Moyen format, 46 feuillets, papier.

1693-1696. — Compte rendu par Nicolas Hardouin, receveur du bureau des pauvres, pour l'année 1693. Recettes, 4,288 livres 11 deniers, dépenses, y compris les reprises qui demeurent au profit du bureau, 4,631 livres 18 sols 7 deniers; excédent de dépenses, 343 livres 17 sols 8 deniers, que le comptable emploiera en dépense sur le compte de 1684. — Reçu 350 livres pour une année de rente des Ursulines de Lisieux, suivant contrat de 1691. — Arrérages de rente de l'obligation de Guillaume Monvoisin, écuyer, sieur d'Angouville, envers Charles Gouez, écuyer, sieur de Candepie, suivant contrat passé au tabellionage de St-Pierre-sur-Dives pour la branche de Mézidon et contrôlé en la vicomté d'Auge en 1635, et reconnue par Jean de Monvoisin, écuyer, en 1672, ladite partie transportée au trésor de St-Germain par Marguerite Le Gouez, veuve de Richard-Louis de L'Épée, écuyer, sieur du Breuil, en 1668, et transportée au bureau par Thomas Mignot, trésorier de ladite église en 1692, etc.

H. Suppl. 212. — E. 51. (Cahier.) — Moyen format, 38 feuillets, papier.

1694-1697. — Compte rendu par Nicolas Hardouin, receveur du bureau des pauvres, pour les années 1694-1695. Recettes des deux années, 6,748 livres 3 sols 7 deniers; dépenses, y compris les frais faits contre Paul Vicquesnel, tant en crime qu'en résolution de bail, 7,458 livres 19 sols 11 deniers; excédent de dépenses, 710 livres 16 sols 4 deniers. Aucune recette de l'adjudication de la vente de la viande de carême, touchée par Catherine Loisnel ; 100 livres pour deux années d'arrérages de rente de l'obligation de messire Andrey d'Esson, chevalier, seigneur et patron du Tor, fils aîné de Claude d'Esson, chevalier, seigneur du lieu, demeurant au château de La Chapelle-Bayvel et Gaspard de Nossy, chevalier, seigneur et patron du Torquesne, suivant contrat de 1691. — Rente sur Adrien Le Dagu, lieutenant criminel en l'Élection de Bernay, etc.

H. Suppl. 213. — E. 52. (Cahier.) — Moyen format, 44 feuillets, papier.

1696-1698. — Compte rendu par Nicolas Hardouin, receveur du bureau des pauvres, pour l'année 1696. Recettes, 3,954 livres 18 sols 3 deniers; dépenses, 3,868 livres moins 1 denier ; excédent de recettes, 86 livres 18 sols 2 deniers. — Rentes de l'obligation de Guillaume Bréban, sieur du Pont, de Pont-l'Évêque, envers Louis Formeville, sieur des Clos, par contrat de 1677 transporté au bureau, de l'obligation de Guillaume Aumont, docteur en médecine, demeurant à St-Pierre-sur-Dives, Louis Mahiet, sieur de Martigny. Parmi les recettes, fermages des herbes et fruits de Jean et Jacques Vicquesnel, sis à St-Philbert-des-Champs, etc.

H. Suppl. 214. — E. 53. (Cahier.) — Moyen format, 44 feuillets, papier.

1697-1700. — Compte rendu par Nicolas Hardouin, receveur du bureau des pauvres, pour l'année 1697. Recettes, 3,701 livres 5 sols 11 deniers ; dépenses, y compris les reprises, 3,709 livres 4 deniers ; excédent de dépenses, 7 livres 14 sols 5 deniers ; payé au collecteur de la campagne St-Jacques de Lisieux, pour les fourrages et occupation du lieu Moulin et de l'herbage Maignen, 5 livres 13 sols ; — au doyen pour part des frais faits à Paris contre St-James, 23 livres 18 sols ; — à Jean de La Forge, sieur de St-Nicolas, pour demi-année de ses gages d'avoir pansé et médicamenté les pauvres, 20 livres ; — à Letore, pour tenture de la chapelle des renfermés, pour les services de Despériers, bailli, et Leneveu, 10 livres ; — à Marie-Madeleine Lambert, supérieure de l'hôpital général, 350 livres que le bureau est obligé de donner par an.

H. Suppl. 215. — E. 54. (Cahier.) — Moyen format, 42 feuillets, papier.

1698-1701. — Compte rendu par Nicolas Hardouin, receveur du bureau des pauvres, pour l'année 1698. Recettes, 4,612 livres 1 sol 5 deniers ; dépenses et reprises, 4,622 livres 19 sols 6 deniers ; excédent de dépenses, 10 livres 18 sols 1 denier. — Rente de l'obligation de Nicolas Laurent, de Fontaine-la-Louvet, envers Pierre Lemercier, sieur de La Londe, par contrat de 1684, transportée au bureau en 1686, de l'obligation de Philippe Laugeois, sieur du Manoir, etc. — Fermages des biens et maisons, 70 livres pour une année du fermage du pré de La Bonde, acquis par le bureau de Hervé Drouard, avocat à Paris, en 1688, ledit pré affermé à Artur Le Mière, chanoine de Lisieux, pour neuf années, suivant bail de 1695.

H. Suppl. 216. — E. 55. (Cahier.) — Moyen format, 40 feuillets, papier.

1699-1702. — Compte rendu par Nicolas Hardouin, receveur du bureau des pauvres, pour l'année 1699. Recettes, 9,371 livres 18 sols 4 deniers; dépenses, y compris les reprises, 9,291 livres 11 sols 10 deniers; excédent de recettes, 80 livres 6 sols 6 deniers. — Rente de l'obligation de Paul de Pierre, écuyer, sieur du Tuillé, demeurant paroisse de Jouveaux, à la caution solidaire de Jean Pierre, curé de Bonnebosq, son frère, envers le bureau, suivant contrat de 1698. — 120 livres pour une année de fermage des terres de la maladrerie de la Madeleine de Lieurey; — 37 livres 10 sols pour une année de la moitié de la dîme de Launay-sur-Calonne.

H. Suppl. 217. — E. 56. (Cahier.) — Moyen format, 42 feuillets, papier.

1700-1703. — Compte rendu par Nicolas Hardouin, receveur du bureau des pauvres, pour l'année 1700. — Recettes, 7,627 livres 8 sols 8 deniers; dépenses, y compris les reprises, 7,814 livres 4 sols 9 deniers; excédent de dépenses, 186 livres 16 sols 1 denier. — De Routtier, prêtre, demeurant à Croutte, 15 livres pour moitié d'une amende sur lui jugée par sentence de l'officialité de Lisieux, le 6 avril 1700; rentes de l'obligation de Louis Facquet, sieur de La Hestrée, avocat en l'élection de Lisieux (1672), transportée au bureau en 1697 par Robert Facquet, écuyer, sieur du Montbert; 15 livres pour une année de fermage d'une vergée de terre sise à Firfol, acquise d'Antoinette Morand en 1676; 66 livres pour une année de fermage de la Chapelle-St-Clair; 15 livres pour une année de fermage d'un pré, sis en la paroisse des Vaux; 120 livres pour une année de fermage des terres de la maladrerie de la Madeleine de Lieurey; 98 livres 8 sols pour 48 boisseaux de blé évalué à 41 sols le boisseau à raison de 2 sols près du bon, suivant l'appréciation du greffe de Pont-Audemer, dont est tenu le domaine du dit lieu, à cause de la maladrerie de la Madeleine du Pin, et 930 livres pour une année de fermage des terres et revenus de St-Samson, affermés à Gilles de Montpellier, marchand, à la caution de Jacques Hubert, curé de St-Loup-de-Fribois, et de Guillaume Hubert, son neveu, etc.

H. Suppl. 218. — E. 57. (Cahier.) — Moyen format, 40 feuillets, papier.

1701-1704. — Compte rendu par Nicolas Hardouin, receveur du bureau des pauvres, pour l'année 1701. — Recettes, 6,919 livres 7 sols 6 deniers; dépenses et reprises, 6,566 livres 3 deniers; excédent de recettes, 353 livres 7 sols 1 denier; 50 livres à Catherine Loisnel, pour 6 mois de la fondation d'un lit fondé par la veuve Pierre Surlemont, dédié à l'Enfant-Jésus; rentes viagères à Hélène Biron, à M. de La Perrelle; à du Buisson, chirurgien, 20 livres pour six mois.

H. Suppl. 219. — E. 58. (Cahier.) — Moyen format, 44 feuillets, papier.

1702-1705. — Compte rendu par Nicolas Hardouin, receveur du bureau des pauvres, pour l'année 1702. Recettes, 7,782 livres 2 sols; dépenses et reprises, 7,507 livres 1 sol 3 deniers; excédent de recettes, 275 livres 9 deniers; à la supérieure de l'hôpital général, 48 livres pour un mois de la nourriture de 16 pauvres à 2 sous par jour; à Adelinet, fontenier, pour travail fait à l'hôpital général, 30 livres; à Catherine Loisnel, 100 livres pour 6 mois de 2 lits fondés par feu M. Thiron; autres paiements, lits fondés par la veuve Pierre Surlemont, par Lecoq, par Mme de La Garenne; 70 livres pour une année de fermage des terres dépendant de la chapelle de St-Marc de Marolles, 83 livres pour une année de fermage de la maladrerie de St-Barthélemy de Cormeilles.

H. Suppl. 220. — E. 59. (Cahier.) — Moyen format, 44 feuillets, papier.

1703-1708. — Compte rendu par Nicolas Hardouin, receveur du bureau des pauvres, pour l'année 1703. Recettes, 8,263 livres 11 sols 6 deniers, y compris le débet du compte précédent, dépenses 8,886 livres 8 sols 3 deniers, y compris les reprises; excédent de dépenses, 622 livres 16 sols 9 deniers. Rente de 342 livres 18 sols 10 deniers pour une année d'arrérage de rente de François Le Rebours, trésorier de France de la généralité de Caen, Guy Duval, écuyer, seigneur de Bonneval, Cerqueux et autres lieux, demeurant à Cerqueux, vicomté d'Auge, Renée Mallet, veuve de Marguerin Le Rebours, sieur des Cours, mère dudit François, demeurant en la paroisse de La Houblonnière, ledit Le Rebours également au nom de Guillaume Le Rebours, curé de St-Pierre de Caen ; 75 livres pour une année de rente de la constitution de François de Saint-Pierre, écuyer, sieur de Saint-Julien, envers Adam de Costard, écuyer, sieur de Périers, suivant contrat reçu au tabellionage royal en la vicomté de Pont-Audemer, en 1624, refait par autorité de justice, par Charles Calle, notaire à Bonneville-la-Louvet, à l'instance de M. de La Pipardière, en 1699, transporté à Laurent Restault, écuyer, conseiller au Parlement de Normandie, à Guillaume de Fresnel, écuyer, sieur de Saint-Germain, puis par Catherine de La Hayée, veuve d'Antoine Fresnel, chevalier, seigneur de Saint-Ouen et de La Pipardière, puis au bureau des pauvres par César Fresnel.

H. Suppl. 221. — E. 60. (Cahier.) — Moyen format, 46 feuillets, papier.

1704-1708. — Compte rendu par Nicolas Hardouin, receveur du bureau des pauvres, pour l'année 1704. Recettes, 8,179 livres 1 denier ; dépenses, y compris le débet du compte précédent, 7,744 livres 8 sols 2 deniers ; excédent de recettes, 434 livres 11 sols 11 deniers. Rentes de l'obligation de Jacques de Setz, chanoine de Lisieux, et Germain de Setz, écuyer, secrétaire en la Cour des aides de Normandie, son frère, de la constitution de Madeleine de Monjois, veuve de Jacques Duhoux, contrôleur au grenier à sel de Honfleur, héritière de M. Bréavoyne, de François de Maillot, écuyer, sieur de Friardel, et Marie Maillet, veuve de Louis Mourin, écuyer, sieur de La Mutellière, exempt des gardes du corps du Roi.

H. Suppl. 222. — E. 61. (Cahier.) — Moyen format, 42 feuillets, papier.

1705-1709. — Compte rendu par Nicolas Hardouin, receveur du bureau des pauvres, pour l'année 1705. Recettes, 8,521 livres 19 sols 4 deniers ; dépenses, 8,620 livres 9 sols 9 deniers ; excédent de dépenses, 98 livres 10 sols 5 deniers. Rente viagère à Marie des Friesches ; à Haimery, 48 livres pour 1 mois de la nourriture de 16 pauvres ; aux Mathurins de l'hôtel-Dieu, 200 livres pour 3 quartiers de la nourriture de 2 pauvres malades ; 200 livres à Catherine Loisnel, pour une année de la fondation de 2 lits par Bréavoyne ; fondation de Mme d'Argences ; frais de procès contre les paroissiens de St-Hippolyte, pour nourriture d'enfant trouvé, etc.

H. Suppl. 223. — E. 62. (Cahier.) — Moyen format, 38 feuillets, papier.

1706-1709. — Compte rendu par Nicolas Hardouin, receveur du bureau des pauvres, pour l'année 1706. Recettes, 8,563 livres 8 sols 11 deniers ; dépenses, 7,400 livres 2 sols, y compris les reprises. Rente de 9 livres 3 sols 4 deniers, payée par les habitants de Lisieux au bureau, suivant contrat passé au tabellionage de Lisieux, le 13 novembre 1635. Rente due par Françoise Bourdon, veuve de Jacques Scelles, président en l'Élection de Pont-Audemer, envers Jean Costentin, président en l'Élection de Lisieux, donnée au bureau par ledit Costentin ; 60 livres pour 1 année de fermage des Champs Amiot, dépendant de la maladrerie de St-Clair, affermés pour 6 ans à Germain Quesnel.

H. Suppl. 224. — E. 63. (Cahier.) — Moyen format, 44 feuillets, papier.

1707-1710. — Compte rendu par Nicolas Hardouin, receveur du bureau des pauvres, pour l'année 1707. Recettes, 8004 livres 18 sols 5 deniers ; dépenses, 7560 livres 13 sols 5 deniers. — Le bureau n'est payé, ni d'une rente de 15 livres sur la recette générale de Rouen, ni de rente de 59 livres sur la recette générale des quatrièmes de l'Élection de Lisieux, dont on ne paie rien, ni de 100 livres pour une année de fermage du lieu de Santé, quitté à l'hôpital général. 250 livres de M. de Glatigny, receveur de l'adjudication du marché de la boucherie de Lisieux, pour désintéresser les pauvres de la surhausse de la vente de la viande. Rente de l'obligation de François de Maillot, écuyer, sieur de La Morandière, envers Yves de Maillot, écuyer, sieur de Touttesville, seigneur et patron du Mesnil-Guillaume, suivant contrat de 1693 transporté au bureau par François de Maillot en 1706, etc.

H. Suppl. 225. — E. 64. (Cahier.) — Moyen format, 36 feuillets, papier.

1708. — Compte rendu par Nicolas Hardouin, receveur du bureau des pauvres, pour l'année 1708. — Recettes, 8,584 livres 1 sol 9 deniers ; dépenses, 6,900 livres 3 sols 2 deniers. Recettes : 305 livres 11 sols 1 denier pour arrérages d'un an de rente de Louis Facquet, écuyer, sieur du Monbert. — 200 livres pour arrérages de rentes de la constitution de Madeleine de Montjois, veuve de Jacques Duhoux, conseiller au grenier à sel de Honfleur. — 70 livres 9 sols 3 deniers pour rente échue de dom Nicolas Roulié, religieux du Val-Richer, au nom de l'abbaye, suivant acte de 1703. — Rente viagère à Boullaye, prêtre.

H. Suppl. 226. — E. 65. (Cahier.) — Moyen format, 36 feuillets, papier.

1709-1710. — Compte rendu par Nicolas Hardouin, receveur du bureau des pauvres, pour l'année 1709. — Recettes, 9543 livres 8 sols 1 denier ; dépenses, 7,188 livres 11 sols 3 deniers. Parmi les recettes, 155 livres 11 sols 2 deniers de l'obligation de Paul de Pierre, écuyer, sieur du Tuillé, 111 livres 2 sols 2 deniers de rente de l'obligation de François de Maillot, écuyer, sieur de Friardel, et de Marie Maillet, veuve de Louis Mourin, écuyer, sieur de La Multière, exempt des gardes du corps du Roi.

H. Suppl. 227. — E. 66. (Cahier.) — Moyen format, 24 feuillets, papier.

1710-1712. — Compte de Nicolas Hardouin, receveur du bureau des pauvres, pour l'année 1710. Recettes, 8,024 livres 9 sols 5 deniers ; dépenses, 7,460 livres 5 sols 5 deniers. Recettes, 410 livres d'intérêts de rente due par le Clergé du diocèse de Lisieux, par contrat du 18 février 1699. — 200 livres de la constitution d'Adrien Alleaume, envers Robert Margeot, sieur de La Perrelle. — 30 livres pour rente de la constitution de Philémon de Bouffey, écuyer, sieur de Cordebugle. — 35 livres pour une année de rente foncière due par François Glasson, huissier, pour une maison sise rue au Chat, à Lisieux ; 686 livres pour une année du fermage du lieu Moulin, de l'herbage Magnen, et de la cour et pré de Delaunay, des petits prés affermés à Pierre Mérieult.

H. Suppl. 228. — E. 67. (Cahier.) — Moyen format, 30 feuillets, papier.

1711-1713. — Compte rendu par Nicolas Hardouin, receveur du bureau des pauvres, pour l'année 1711. Recettes, 8,535 livres 14 sols 3 deniers ; dépenses et reprises, 8,406 livres 5 sols 1 denier. Recettes, 30 livres de rente de la constitution de Philémon de Bouffey, écuyer, sieur de Cordebugle, et Richard Alabarbe, sieur de La Harquerie ; 222 livres 4 sols 4 deniers de rente de la constitution de Louis-César, comte de Rabodanges, seigneur et patron de Fumichon, etc. Reçu 40 sols pour fermage d'un cellier dans le manoir Bourguignon, affermé à Guillaume Barrey ; 8 et 6 livres pour fermage d'une chambre dans ledit manoir ; 4 livres pour une année de fieffe à Robert Aubin, serrurier, d'une petite boutique audit manoir.

H. Suppl. 229. — E. 68. (Cahier.) — Moyen format, 30 feuillets, papier.

1712-1713. — Compte rendu par Nicolas Hardouin, receveur du bureau des pauvres, pour l'année 1712. Recettes, 8,625 livres 15 sols 6 deniers ; dépenses et reprises, 8,637 livres 8 sols 4 deniers. Recettes, 155 livres 11 sols 1 denier de rente de la constitution de Pierre Le Roy, écuyer, garde du corps du duc d'Orléans ; 75 livres de rente de l'obligation de François de Saint-Pierre, écuyer, sieur de Saint-Julien, envers Adam de Costard, écuyer, sieur des Périers. — 5 livres pour une année de fermage de la léproserie du Mesnil-Simon, affermé à Jean Martin — 63 livres pour une année de fermage des terres de la léproserie de St-Marc de Marolles et L'Hôtellerie. — 16 livres pour une année de fermage de la chapelle du Fauquet, etc.

H. Suppl. 230. — E. 69. (Cahier.) — Moyen format, 28 feuillets, papier.

1714-1715. — Compte rendu par Nicolas Hardouin, receveur du bureau des pauvres, pour l'année 1714. Recettes, 8,626 livres 16 sols 9 deniers ; dépenses et reprises, 7,962 livres 16 sols 11 deniers. Recettes, 255 livres 11 sols 2 deniers de rente, constitués par Jean de Boquemare, écuyer, sieur de Victot et Putot, et Pierre-François-Placide d'Aché, écuyer, sieur de Morbeuf. — 342 livres 17 sols 10 deniers, créés par François Le Rebours, trésorier au bureau des finances de Caen, Guy Duval, écuyer, sieur de Bonneval, Renée Maillet, veuve de Marguerin Le Rebours, sieur des Cours, au nom de Guillaume Le Rebours, curé de St-Pierre de Caen.

H. Suppl. 231. — E. 70. (Cahier.) — Moyen format, 24 feuillets, papier.

1715-1716. — Compte rendu par Nicolas Hardouin, receveur du bureau des pauvres pour l'année 1715. Recettes, 10,683 livres 12 sols 3 deniers ; dépenses et reprises, 10,480 livres 14 sols 9 deniers. Recettes, 30 livres de l'obligation de Guillaume Aumont, docteur en médecine à St-Pierre-sur-Dives. — 100 livres des héritiers de Nicolas Deschamps, officier de la duchesse d'Orléans, 300 livres de l'obligation solidaire de Charles-Emmanuel Deshais, chevalier, seigneur de Forval, enseigne des galères du Roi, et Pierre Deshais, chevalier, seigneur de Pierrefitte.

H. Suppl. 232. — E. 71. (Liasse.) — 251 pièces, papier.

1700-1715. — Comptes de Nicolas Hardouin, receveur du bureau des pauvres. Pièces justificatives. — Quittances données audit Hardouin par : Pery, collecteur porte-bourse, de 100 livres à la décharge de Robert Margot, sieur de La Perrelle ; — Bellière, 20 livres remis à la sœur Loynel, pour médicaments ; — Catherine Loynel, 100 livres pour 6 mois de 2 lits fondés par Thiron dédiés à Saint-Charles et à Saint-Pierre ; — Marie-Madeleine Lambert, supérieure, 87 livres 13 sols 9 deniers pour réparations (1701) ; — F. Nicolas Lange, ministre du couvent de la Trinité et hôtel-Dieu, 200 livres pour 3 quartiers de nourriture de 2 pauvres malades (1702) ; — Marie des Frieches, 20 livres pour rente viagère (1702) ; — Letellier, 68 livres remis par Doublet pour Monsieur, frère unique du Roi, pour s'être transporté avec 2 records à 3 lieues de distance pour faire une saisie ; — Duparc, 15 livres pour fourniture de drogues (1702) ; — Hémery, prêtre, 48 livres pour la nourriture, à l'hôpital général, de 16 pauvres pendant 1 mois, à raison de 2 sols par jour pour chacun (1703) ; — Caboulet, chanoine, 23 livres pour offices célébrés pour Hébert, chanoine (1705) ; — frère Jean-Baptiste de Bonnefons, doyen du couvent de la Ste-Trinité et de l'hôtel-Dieu de Lisieux, 200 livres pour 3 quartiers de nourriture de 2 malades ; (1706) ; — M. de Mongouin, 7 livres 10 sols pour honoraires de 15 messes dites dans la chapelle du Bon-Pasteur (1714) ; — Mariolle, chirurgien des pauvres, 40 livres pour une année de ses gages (1714) ; — Bernardin Marais, ministre du couvent et Hôtel-Dieu, 11 livres 12 sols pour 4 années de 43 sols et 1 chapon de rente (1715) ; — T. Quesnel, curé de St-Samson (1715) ; — demoiselle du Travers, servante des pauvres, de diverses sommes pour fondation de lits. — Mémoires des réparations faites au chancel de l'église de Launay-sur-Calonne, travaux au manoir Bourguignon ; mémoires des drogues fournies à l'hôpital général dues à Duparc, apothicaire à Lisieux (1704-1705).

H. Suppl. 233. — E. 72. (Cahier.) — Moyen format, 20 feuillets, papier.

1716-1717. — Compte rendu par Thomas Legendre, receveur du bureau des pauvres, pour l'année 1716. Recettes, 11,964 livres 2 sols 5 deniers ; dépenses et reprises, 11,879 livres 9 sols 8 deniers. Recettes, 500 livres de rente de la constitution d'Alexandre de Naguet, écuyer, sieur de Saint-Georges ; 300 livres de rente sur Jacques du Neveu, écuyer, sieur de Saint-Hélier, à la caution de Pierre, son père, écuyer, seigneur de Saint-Denis ; 8 livres 6 sols 7 deniers des héritiers de Marin Chirot, sieur de Saint-Martin.

H. Suppl. 234. — E. 73. (Cahier.) — Moyen format, 18 feuillets, papier.

1717-1718. — Compte rendu par Thomas Legendre, receveur du bureau des pauvres, pour l'année 1717. Recettes, 11,437 livres 1 sol 4 deniers ; dépenses et reprises, 11,465 livres 5 sols 5 deniers. — Dépenses, 138 livres 5 sols, payés par Deschamps, fermier de l'hôpital St-Samson, pour travaux et réparations audit hôpital ; 991 livres à la demoiselle de La Boullaie, supérieure de l'hôpital général de Lisieux, pour fondations, etc.

H. Suppl. 235. — E. 74. (Cahier.) — Moyen format, 8 feuillets, papier.

1717. — Compte de Thomas Legendre, receveur du bureau des pauvres, pour l'année 1717. Pièces justificatives. — État des mises à faire pour les pauvres de la ville de Lisieux, dont il sera tenu compte à Legendre, receveur, et arrêtées par les administrateurs dudit bureau. — Le 4 janvier, payé à cinq pauvres 70 sols, suivant la fondation de M. Bence, à chacun 14 sols ; à Robert Bunel, garde, 30 sols pour ses gages. Le 11 janvier, semblables paiements, fondation Bence, et au garde. — Paiements à Charlotte Dubois, femme d'Étienne Cochin, du Mesnil-Eudes, à Hélène Adam, femme de Jean Hudoux, de Cordebugle, pour nourriture d'enfants, à raison de 3 livres 10 sols par mois.

H. Suppl. 236. — E. 75. (Cahier.) — Moyen format, 20 feuillets, papier.

1718-1719. — Compte rendu par Thomas Legendre, receveur du bureau des pauvres, pour l'année 1718. Recettes, 11,626 livres 8 sols 9 deniers ; dépenses et remises, 12,007 livres 10 sols 4 deniers. — Recettes, 805 livres 13 sols 4 deniers pour amortissement de rente par Alexandre Naguel, écuyer, sieur de Saint-Georges ; 15 livres d'arrérages de rente de la création de Louis Roberde, en 1675, à Jean Gosset, qui en a fait le transport au bureau en 1679, et reconnue par Louis Mérieult, sieur des Chaussées, officier du duc d'Orléans, en 1713.

H. Suppl. 237. — E. 76. (Cahier.) — Moyen format, 10 feuillets, papier.

1718. — Compte rendu par Thomas Legendre, receveur du bureau des pauvres, pour l'année 1718. — Pièces justificatives. — État des mises pour les pauvres de la ville de Lisieux, dont il sera tenu compte à Legendre, receveur, lesdites mises arrêtées par les administrateurs dudit bureau, Brancas, évêque de Lisieux ou Brancas, vicaire général, de Setz, de Mailloc, Delaplanche.

H. Suppl. 238. — E. 77. (Cahier.) — Moyen format, 22 feuillets, papier.

1719-1720. — Compte rendu par Thomas Legendre, receveur du bureau des pauvres, pour l'année 1719. Recettes, 12,589 livres 11 sols 10 deniers ; dépenses, 12,848 livres 8 deniers. Payé, 200 livres au ministre de l'Hôtel-Dieu, pour une année de nourriture de 2 malades ; 37 livres 10 sols à Couture, prêtre, pour messes dites dans l'infirmerie de l'hôpital général ; 37 livres 17 sols 6 deniers pour procédure intentée au bailliage de Caen par Duval, se disant moine de l'ordre de Saint-Benoît, concernant l'hôpital de Saint-Samson.

H. Suppl. 239. — E. 78. (Cahier.) — Moyen format, 9 feuillets, papier.

1719. — Compte rendu par Thomas Legendre, receveur du bureau des pauvres, pour l'année 1719. — Pièces justificatives. — État des mises pour les pauvres de la ville de Lisieux, dont il sera tenu compte à Legendre, receveur, et arrêtées par les administrateurs du bureau. — 3 sols pour port d'une lettre écrite à Philippe, procureur à Rouen, le priant de se trouver à la conférence des créanciers de M. de Boquemare, pour prendre un état de ceux qui sont antérieurs au bureau en hypothèque, ladite rente confiée à Couture, prêtre ; visas de l'évêque de Brancas, de son vicaire général Brancas, de Formentin Costard, Hébert, Delaplanche, Lecoq, de Setz.

H. Suppl. 240. — E. 79. (Cahier.) — Moyen format, 6 feuillets, papier.

1719-1720. — Compte rendu par Thomas Legendre, receveur de l'hôpital et du Bon-Pasteur, pour l'année 1719. Recettes, 1,245 livres 9 sols 6 deniers ; dépenses, 1,275 livres 9 sols 7 deniers. Recettes, 100 livres de Torel, collecteur porte-bourse, pour gages du greffier des rôles ; — 200 livres de Baudemont, supérieur du séminaire N.-D. de Lisieux, pour moitié des gages du notaire apostolique, pareille somme pour le notaire laïc, etc.

H. Suppl. 241. — E. 80. (Cahier.) — Moyen format, 18 feuillets, papier.

1720-1721. — Compte rendu par Thomas Legendre, receveur du bureau des pauvres, pour l'année 1720. Recettes, 11,433 livres 2 sols 3 deniers ; dépenses, 12,046 livres 19 sols 8 deniers. Payé à demoiselle du Travers, 3,878 livres 6 sols 9 deniers pour l'entretien de 38 lits 1/2 pendant l'année. Rentes sur Martin Campion, avocat, Roger Duval, prêtre, — Transport de rente au bureau sur le Clergé de Coutances par le marquis de Livarot, au nom de Mme de Ravend ; amortissement de rente par le marquis de Silly.

H. Suppl. 242. — E. 81. (Cahier.) — Moyen format, 8 feuillets, papier.

1720. — Compte rendu par Thomas Legendre, receveur du bureau des pauvres, pour l'année 1720. —

Pièces justificatives. État des mises pour les pauvres de la ville de Lisieux, dont il sera tenu compte à Legendre, procureur-receveur, arrêtées par les administrateurs du bureau. — 4 sols pour port d'une lettre écrite de Paris par la dépositaire de la communauté de St-Chaumont, portant que Mlle Delamare demeure aux hospitaliers de la Raquette. — Fondation Bence, etc.

H. Suppl. 243. — E. 82. (Cahier.) — Moyen format, 6 feuillets, papier.

1720-1722. — Compte rendu par Thomas Legendre, receveur de l'hôpital général et du Bon-Pasteur, pour les années 1720 et 1721. — Recettes, 3,244 livres 18 sols; dépenses, 3,284 livres 12 sols. Arrêté au palais épiscopal par l'évêque de Brancas, de Formentin Costard, Hébert et Delaplanche, administrateurs.

H. Suppl. 244. — E. 83. (Cahier.) — Moyen format, 18 feuillets, papier.

1721-1723. — Compte rendu par Thomas Legendre, receveur du bureau des pauvres, pour 1721. — Recettes, 11,175 livres 16 sols 10 deniers; dépenses, 9,684 livres 17 sols 7 deniers. — Rentes sur les aides et gabelles, principaux, 131,000 livres, intérêts 3,275 livres. — 25 livres au lieu de 30 livres pour une année de rente constituée par M. de Touteville, à la caution de M. de Surville, chanoine à Lisieux, envers le bureau, par contrat passé au notariat de Lisieux le 30 août 1714. — 10 livres sur les héritiers de demoiselle Anne Ferey, veuve du sieur auditeur Le Bas, suivant le transport fait au bureau par Claude de Nocé, chevalier, seigneur de Fonteney, passé au notariat de Lisieux le 11 décembre 1681, etc.

H. Suppl. 245. — E. 84. (Cahier.) — Moyen format, 4 feuillets, papier.

1721. — Compte rendu par Thomas Legendre, receveur du bureau des pauvres, pour l'année 1721. Pièces justificatives. État des mises pour les pauvres de la ville de Lisieux, dont il sera tenu compte à Legendre, receveur, arrêtées par les administrateurs.

H. Suppl. 246. — E. 85. (Cahier.) — Moyen format, 14 feuillets, papier.

1722-1723. — Compte rendu par Thomas Legendre, receveur du bureau des pauvres, pour l'année 1722. Recettes, 10,353 livres 14 sols 7 deniers; dépenses, 8,296 livres 2 sols 1 denier. Rente sur le Clergé de Lisieux; les 39 livres de rente sur la recette générale des quatrièmes de l'Élection de Lisieux ne se paient pas quant à présent; 36 livres pour une année de rente foncière de la constitution de Thomas Basire envers Robert Margeot, sieur de La Perrelle, par contrat passé au notariat de Lisieux le 14 novembre 1691, etc.

H. Suppl. 247. — E. 86. (Cahier.) — Moyen format, 4 feuillets, papier.

1722. — Compte rendu par Thomas Legendre, receveur du bureau des pauvres, pour l'année 1722. Pièces justificatives. État des mises pour les pauvres de Lisieux dont il sera tenu compte à Legendre, receveur, arrêtées par les administrateurs du bureau.

H. Suppl. 248. — E. 87. (Cahier.) — Moyen format, 6 feuillets, papier.

1722-1723. — Compte rendu par Thomas Legendre, receveur de l'hôpital général, pour l'année 1722. Recettes, 2,773 livres 16 sols; dépenses 2,822 livres 9 sols 2 deniers.

H. Suppl. 249. — E. 88. (Cahier.) — Moyen format, 16 feuillets, papier.

1723-1724. — Compte rendu par Thomas Legendre, receveur du bureau des pauvres, pour l'année 1723. Recettes, 13,318 livres 4 sols 6 deniers ; dépenses, 10,552 livres 3 sols 2 deniers. Reçu 1,711 livres 19 sols 7 deniers du directeur et receveur des aides, en conséquence de l'arrêt portant la levée pendant 3 années de 8 sols par tonneau de cidre et poiré et 8 sols par muid de vin, qui entreront dans la ville ; 30 livres pour fermage des maisons proche le grand séminaire, affermées à Pierre Le Villain, 75 livres pour fermage du pré de la Bonde, 65 sols pour la vergée de terre sise à Firfol, 135 livres pour fermage de la pièce de terre de Fontenelle, 900 livres pour fermage de la ferme du lieu Moulin, etc.

H. Suppl. 250. — E. 89. (Cahier.) — Moyen format, 4 feuillets, papier.

1723. — Compte rendu par Thomas Legendre, receveur du bureau des pauvres, pour l'année 1723. — Pièces justificatives. État des mises pour les pauvres de la ville de Lisieux, dont il sera tenu compte à Legendre, receveur, arrêtées par les administrateurs du bureau.

H. Suppl. 251. — E. 90. (Cahier.) — Moyen format, 6 feuillets, papier.

1723-1724. — Compte rendu par Thomas Legendre, receveur de l'hôpital général et maison du Bon-Pasteur, année 1723. Recettes, 2,047 livres 13 sols 5 deniers ; dépenses, 2,046 livres 14 sols 2 deniers. — Paiements faits à la supérieure de la maison du Bon-Pasteur, de sommes pour les offices de notaires laïque et apostolique. 23 livres 11 sols reçus des adjudicataires de la vente de viande de carême pour la part revenant au Bon-Pasteur.

H. Suppl. 252. — E. 91. (Cahier.) — Moyen format, 28 feuillets, papier.

1722-1724. — Compte rendu par la sœur Lambert des recettes et mises par elle faites pour l'hôpital général de Lisieux. — Recettes de 1722, 9,993 livres 13 sols 10 deniers ; dépenses, 9,755 livres 2 sols 7 deniers ; en 1723, 2,370 livres 16 sols 2 deniers, dépenses, 1,745 livres 6 sols 11 deniers, arrêtées par les administrateurs. — Reçu : 10 livres de Mme de La Vallette pour l'inhumation de M. de La Vallette, 2 livres 1 sol produit de la quête de la Présentation, 90 livres pour pension des 2 petites de Courson, 10 livres de Mme de La Fresnée pour inhumation, 54 livres produit de la vente d'un cheval à la foire Saint-Nicolas en 1722, 8 livres 16 sols produit de 12 canards, etc.

H. Suppl. 253. — E. 92. (Cahier.) — Moyen format, 14 feuillets, papier.

1724-1725. — Compte rendu par Thomas Legendre, receveur du bureau des pauvres de la ville, année 1724. — Recettes, 14,098 livres 9 sols 2 deniers ; dépenses, 12,060 livres 7 sols 3 deniers. Payé : 50 livres 10 sols à demoiselle d'Artus, supérieure du Bon-Pasteur, pour arrérages de 5 parties de rente, 200 livres à Bernardin Marais, ministre du couvent de l'Hôtel-Dieu, pour nourriture de 2 pauvres, etc.

H. Suppl. 254. — E. 93. (Cahier.) — Moyen format, 4 feuillets, papier.

1724. — Compte rendu par Thomas Legendre, receveur du bureau des pauvres, pour l'année 1724. — Pièces justificatives. État des mises pour les pauvres de la ville, dont il sera tenu compte à Legendre, receveur, arrêtées par les administrateurs.

H. Suppl. 255. — E. 94. (Cahier.) — Moyen format, 6 feuillets, papier.

1724-1725. — Compte rendu par Thomas Legendre, receveur de l'hôpital général, année 1724. Recettes, 2,398 livres ; dépenses, 2,401 livres 6 sols 11 deniers. 103 livres 17 sols 10 deniers, moitié de la somme déboursée à la poursuite du procès en clameur intenté par M. Bocher, touchant le moulin fouloir situé à la porte d'Orbec de Lisieux, dont sentence intervint au bailliage d'Orbec, le 2 décembre 1724, le déboutant de ladite clameur.

H. Suppl. 256. — E. 95. (Cahier.) — Moyen format, 12 feuillets, papier.

1725-1726. — Compte rendu par Thomas Legendre, receveur du bureau des pauvres, année 1725. Recettes, 13,311 livres 16 sols 6 deniers, dépenses 11,108 livres 4 sols 1 denier. 10 sols pour une année de rente foncière par la veuve de Jean Verneuil, maréchal, à cause d'une maison située vis-à-vis l'église St-Jacques, à la léproserie St-Clair, réunie au bureau en 1698 ; 4 livres pour la valeur d'un boisseau de blé sur les héritiers de Guillaume et Henri Vattier, à cause de la réunion de la léproserie St-Clair, ladite rente reconnue au profit du sieur de Camps de Saujon, lieutenant de l'ordre de St-Lazare de Jérusalem, par contrat au notariat de Lisieux, le 21 juin 1683, et revalidée au profit du bureau par Jacques Le Cordier, ayant épousé Marie Vattier, fille de Guillaume ; 45 livres pour fermage du tiers de la dîme de Launay-sur-Calonne, faisant partie des dépendances de la léproserie St-Clair, etc.

H. Suppl. 257. — E. 96. (Liasse.) — 4 pièces, papier.

1725. — Compte rendu par Thomas Legendre, receveur du bureau des pauvres, pour l'année 1725. — Pièces justificatives. État des mises pour les pauvres de Lisieux, dont il sera fait compte à Legendre, receveur, arrêtées par les administrateurs. — États du produit des droits d'entrée de 8 sols par muid de vin et tonneau de cidre accordés aux hôpitaux, s'élevant à 670 livres 12 sols 6 deniers, pour les trois premiers mois, à 174 livres 15 sols 2 deniers pour les trois suivants, et à 202 livres 10 sols du 1er juillet au 22 septembre.

II. Suppl. 258. — E. 97. (Cahier.) — Moyen format, 6 feuillets, papier.

1725-1726. — Compte rendu par Thomas Legendre, receveur de l'hôpital général et de la maison du Bon Pasteur, année 1725. — Recettes, 2,798 livres 7 sols 4 deniers ; dépenses, 2,838 livres 19 sols 7 deniers. — Paiements : 75 livres à Baudemont, supérieur du petit séminaire pour réparations au moulin fouloir ; 20 livres 8 sols à Formage, notaire à Lisieux, pour frais de constitution au capital de 2,000 livres au profit de Legros, chanoine de Lisieux.

II. Suppl. 259. — E. 98. (Liasse.) — 14 pièces, papier.

1724-1726. — Compte rendu par Thomas Legendre de la recette et dépense faites du 9 novembre 1724 au 31 janvier 1726, pour la nourriture et entretien des pauvres renfermés dans les hôpitaux, suivant la déclaration de juillet 1724. — Recettes, 5,558 livres 6 deniers ; dépenses, 5,571 livres 10 sols. — Listes mensuelles des mendiants restés dans l'hôpital général aux frais du Roi, dont la dépense est : janvier 1725, 68 livres 9 sols 6 deniers ; février 187 livres ; mars 304 livres 8 sols 6 deniers ; avril 311 livres 6 sols ; mai 369 livres 9 sols 6 deniers ; juin 388 livres 11 sols 6 deniers ; juillet 415 livres 15 sols ; août 420 livres 19 sols 6 deniers ; septembre 391 livres 10 sols; octobre 416 livres 7 sols ; novembre 403 livres 2 sols 6 deniers ; décembre 441 livres 13 sols ; janvier 1726, 447 livres 6 sols 6 deniers. — Mémoire de ce qui a été fourni aux pauvres en toile et vêtements. — Listes mensuelles des mendiants et mendiantes qui ont demeuré dans l'hôpital général de Lisieux aux frais du Roi à 5 sols 6 deniers par jour. — Quittances pour l'hôpital général par Lambert, et pour l'hôpital des malades par Mademoiselle du Travers.

II. Suppl. 260. — E. 99. (Cahier.) — Moyen format, 12 feuillets, papier.

1726-1727. — Compte rendu par Thomas Legendre, receveur du bureau des pauvres, année 1726. — Recettes, 11,939 livres 7 sols 10 deniers ; dépenses et reprises, 10,377 livres 17 sols 10 deniers. Payé 2,434 livres 10 sols 6 deniers à demoiselle du Travers pour l'aider à remplir les diminutions faites sur les charges pour l'hôpital des malades. 80 livres, fermage de la maladrerie de St-Marc de Marolles, 100 livres, fermage de la maladrerie du Mesnil-Simon, 1,000 livres, fermage de l'hôpital de St-Samson, etc.

II. Suppl. 261. — E. 100. (Cahier.) — Moyen format, 4 feuillets, papier.

1726. — Compte rendu par Thomas Legendre, receveur du bureau des pauvres, pour l'année 1726. — Pièces justificatives. État des mises pour les pauvres de la ville dont il sera tenu compte à Legendre, receveur, arrêtées par les administrateurs, l'évêque de Brancas, des Alleurs, de Formentin Costard, Hébert, Le Bas, Le Mire, de Bonnechose, du Mesnil, Mignot.

II. Suppl. 262. — E. 101. (Cahier.) — Moyen format, 6 feuillets, papier.

1726-1727. — Compte rendu par Thomas Legendre, receveur de l'hôpital général et de la maison du Bon Pasteur, année 1726. Recettes, 2,362 livres 7 sols ; dépenses, 2,402 livres 7 sols. Rapport en dépenses de 6 livres 5 sols provenant du notariat apostolique payés à demoiselle d'Artus, supérieure de la maison du Bon Pasteur.

II. Suppl. 263. — E. 102. (Cahier.) — Moyen format, 12 feuillets, papier.

1727-1728. — Compte rendu par Thomas Legendre, receveur pour le bureau des pauvres, année 1727. — Recettes, 12,421 livres 4 deniers ; dépenses, y compris les remises, 10,503 livres 16 sols. Payé 40 livres à Desouslebieu, chapelain de St-Clair, pour une année de rente faite audit chapelain. Rente sur le domaine de Pont-Audemer pour la maladrerie de la Madeleine du Pin.

II. Suppl. 264. — E. 103. (Cahier.) — Moyen format, 4 feuillets, papier.

1727. — Compte rendu par Thomas Legendre, receveur du bureau des pauvres, pour l'année 1727. — Pièces justificatives. État des mises pour les pauvres de la ville, dont il sera tenu compte à Legendre, receveur, arrêtées par les administrateurs du bureau. — Fondations Bence et Malais, etc.

H. Suppl. 265. — E. 104. (Cahier.) — Moyen format, 6 feuillets, papier.

1727-1728. — Compte rendu par Thomas Legendre, receveur de l'hôpital général et de la maison du Bon-Pasteur, pour l'année 1727. — Recettes, 2,772 livres 12 sols 4 deniers; dépenses, 2,812 livres 12 sols 4 deniers. Reçu 417 livres 19 sols de Racine, receveur des tailles, pour quatre parties de rentes du don de Matignon, etc.

H. Suppl. 266. — E. 105. (Liasse.) — 15 pièces, papier.

1726-1727. — Compte rendu par Thomas Legendre, receveur des hôpitaux, des deniers reçus pour la subsistance, depuis mars 1726 jusqu'au 31 décembre 1727, des pauvres renfermés suivant la déclaration du Roi de juillet 1724. Listes mensuelles des mendiants restés et nourris aux frais du Roi.

H. Suppl. 267. — E. 106. (Cahier.) — Moyen format, 12 feuillets, papier.

1728-1729. — Compte rendu par Thomas Legendre, receveur du bureau des pauvres, pour l'année 1728. Recettes, 13,311 livres 18 sols; dépenses, 11,939 livres 5 sols 5 deniers. Payé 100 livres à Mlle de Grosfy, supérieure de l'hôpital général, pour la pension de la dame Descours. 50 livres pour fermage des champs Amiot, sis à St-Désir; 7 livres pour fermage de la maladrerie du Mesnil-Simon; 85 livres pour fermage de la chapelle St-Barthélemy de Cormeilles; 18 livres pour fermage de la chapelle du Fauquet, etc.

H. Suppl. 268. — E. 107. (Cahier.) — Moyen format, 6 feuillets, papier.

1728. — Compte rendu par Thomas Legendre, receveur du bureau des pauvres, pour l'année 1728. — Pièces justificatives. État des mises pour les pauvres de la ville, dont il sera tenu compte à Legendre, receveur, arrêtées par les administrateurs.

H. Suppl. 269. — E. 108. (Cahier.) — Moyen format, 6 feuillets, papier.

1728-1729. — Compte rendu par Thomas Legendre, receveur pour l'hôpital et la maison du Bon-Pasteur, année 1728. — Recettes, 4,328 livres 16 sols 4 deniers; dépenses, 4,367 livres 5 sols 5 deniers. Payé 431 livres 11 deniers à Mlle de Grosfy, supérieure de l'hôpital général, pour les offices de maire, procureur du Roi, greffier, secrétaire, greffier des rôles. — Rente de 16 livres 13 sols 4 deniers constituée au profit de la maison du Bon-Pasteur, sous le nom de l'hôpital général, par François Flambard Du Mesnil, chanoine, au denier 30.

H. Suppl. 270. — E. 109. (Cahier.) — Moyen format, 12 feuillets, papier.

1729-1730. — Compte rendu par Thomas Legendre, receveur du bureau des pauvres, pour l'année 1729. — Recettes, 13,615 livres 10 sols; dépenses, 12,349 livres 15 sols 1 denier. Payé 504 livres à Mlle de Grosfy, supérieure de l'hôpital général, pour la pension de quatorze infirmes pendant l'année. — Rentes et fermages, etc.

H. Suppl. 271. — E. 110. (Cahier.) — Moyen format, 6 feuillets, papier.

1729. — Compte rendu par Thomas Legendre, receveur du bureau des pauvres, pour l'année 1729. — Pièces justificatives. État des mises pour les pauvres de la ville, dont il sera tenu compte à Legendre, receveur, arrêtées par les administrateurs.

H. Suppl. 272. — E. 111. (Cahier.) — Moyen format, 6 feuillets, papier.

1729-1730. — Compte rendu par Thomas Legendre, receveur pour l'hôpital général et la maison du Bon-Pasteur, année 1729. Recettes, 2,699 livres 12 sols 4 deniers; dépenses, 2,739 livres 10 sols 3 deniers. Reçu 1,000 livres de Dulion, notaire à Paris, pour une année de même rente, jadis de 1,600 livres, sur les aides et gabelles.

H. Suppl. 273. — E. 112. (Liasse.) — 26 pièces, papier.

1728-1729. — Compte rendu par Thomas Legendre aux administrateurs des hôpitaux des deniers reçus pour la nourriture et subsistance, du 1er janvier 1728 au 31 décembre 1729, des pauvres renfermés suivant la déclaration du Roi de juillet 1724. — Listes mensuelles des mendiants restés et nourris aux frais du Roi.

H. Suppl. 274. — E. 113. (Cahier.) — Moyen format, 12 feuillets, papier.

1730-1731. — Compte rendu par Thomas Legendre, receveur pour le bureau des pauvres, année 1730. Recettes, 32,590 livres 12 sols 10 deniers ; dépenses et reprises, 31,786 livres 7 sols 2 deniers. 2,275 livres 15 sols donnés en rente du consentement du bureau à Du Houlley Verbois, par contrat du 11 septembre 1730. — Rentes foncières et hypothéquées.

H. Suppl. 275. — E. 114. (Cahier.) — Moyen format, 4 feuillets, papier.

1730. — Compte rendu par Thomas Legendre, receveur du bureau des pauvres, pour l'année 1730. — Pièces justificatives. État des mises pour les pauvres de la ville, dont il sera tenu compte à Legendre, receveur, arrêtées par les administrateurs.

B. Suppl. 276. — E. 115. (Cahier.) — Moyen format, 6 feuillets, papier.

1730-1731. — Compte rendu par Thomas Legendre, receveur de l'hôpital général et de la maison du Bon-Pasteur, pour l'année 1730. Recettes, 4,003 livres 3 sols 2 deniers ; dépenses, 4,045 livres 3 sols 2 deniers. Reçu 300 livres pour moitié du fermage du notariat laïque à raison de 600 livres par an, suivant bail fait à Pierre Formage, notaire.

H. Suppl. 277. — E. 116. (Liasse.) — 13 pièces, papier.

1730-1731. — Compte rendu par Thomas Legendre, receveur des hôpitaux, des deniers reçus pour la nourriture et subsistance des pauvres renfermés, année 1730. Listes mensuelles des mendiants restés à nourrir aux frais du Roi. Dépenses : janvier 337 livres 12 sols ; février 313 livres 12 sols ; mars 347 livres 4 sols ; avril 338 livres 9 sols ; mai 367 livres 10 sols ; juin 362 livres 1 sol 6 deniers ; juillet 374 livres 6 sols 6 deniers ; août 372 livres 18 sols 6 deniers ; septembre 357 livres ; octobre 376 livres 15 sols 6 deniers ; novembre 367 livres 13 sols 6 deniers ; décembre 349 livres 10 sols 6 deniers, à raison de 3 sols 6 deniers par tête et par jour.

H. Suppl. 278. — E. 117. (Cahier.) — Moyen format, 14 feuillets, papier.

1731-1732. — Compte rendu par Thomas Legendre, receveur du bureau des pauvres, pour l'année 1731. Recettes, 12,589 livres 13 sols 9 deniers ; dépenses, 11,440 livres 12 sols 3 deniers. Reçu 1,030 livres pour fermages de l'hôpital de St-Samson affermé à Jacques Gâtine, à la caution de Michel Marie.

H. Suppl. 279. — E. 118. (Cahier.) — Moyen format, 10 feuillets, papier.

1731-1732. — Compte rendu par Thomas Legendre, receveur de l'hôpital général et du Bon Pasteur, pour l'année 1731. Recettes, 3,186 livres 13 sols 6 deniers ; dépenses, 3,226 livres 14 sols. Payé 122 livres à Baudemont, supérieur du séminaire de N.-D. de Lisieux, pour réparations du moulin fouloir. 1,039 livres 3 sols pour arrérages de rentes sur les aides et gabelles de France, payées à demoiselle de Grosfy.

H. Suppl. 280. — E. 119. (Cahier.) — Moyen format, 6 feuillets, papier.

1731. — Compte rendu par Thomas Legendre, receveur du bureau des pauvres, pour l'année 1731. — Pièces justificatives. État des mises pour les pauvres de la ville dont il sera tenu compte à Legendre, receveur, arrêtées par l'évêque de Brancas, et les administrateurs. — Aumônes et fondations.

H. Suppl. 281. — E. 120. (Liasse.) — 13 pièces, papier.

1731. — Compte rendu par Thomas Legendre, receveur des hôpitaux, des deniers reçus pour la nourriture et subsistance, pendant l'année, des pauvres renfermés. Recettes et dépenses, 3,568 livres 16 sols. Listes mensuelles des mendiants restés et nourris aux frais du Roi, à raison de 3 sols 6 deniers pour chacun par jour.

H. Suppl. 282. — E. 121. (Cahier.) — Moyen format, 12 feuillets, papier.

1732-1733. — Compte rendu par Thomas Legendre, receveur du bureau des pauvres de la ville, pour l'année 1732. Recettes, 13,071 livres 13 sols 7 deniers ; dépenses, 12,208 livres 4 sols 11 deniers. Payé 202 livres 18 sols au P. Leclerc, ministre du couvent de l'Hôtel-Dieu, pour la nourriture de 2 pauvres pendant 1 an, et 43 sols et un chapon de rente que le bureau fait à l'Hôtel-Dieu.

H. Suppl. 283. — E. 122. (Cahier.) — Moyen format, 6 feuillets, papier.

1732. — Compte rendu par Thomas Legendre, receveur du bureau des pauvres de la ville, pour l'année 1732. — Pièces justificatives. État des mises pour les pauvres de la ville dont il sera tenu compte à Legendre, receveur, arrêtées par les administrateurs.

H. Suppl. 284. — E. 123. (Cahier.) — Moyen format, 6 feuillets, papier.

1732-1733. — Compte rendu par Thomas Legendre, receveur de l'hôpital général et du Bon-Pasteur, pour l'année 1732. Recettes, 3,210 livres 13 sols 5 deniers; dépenses, 3,230 livres 9 sols 4 deniers. Payé 300 livres aux héritiers de La Châtaigneraie, abbé de l'abbaye de Torigny, pour le logement abbatial pendant l'année.

H. Suppl. 285. — E. 124. (Liasse.) — 13 pièces, papier.

1732. — Compte rendu par Thomas Legendre des deniers reçus pour la nourriture et subsistance, pendant l'année, des pauvres renfermés. — Listes mensuelles des mendiants restés et nourris aux frais du Roi; montant de la dépense: janvier 260 livres 8 sols, février 243 livres 12 sols, mars 237 livres 8 sols, avril 232 livres, mai 260 livres 8 sols, juin 242 livres 19 sols, juillet 244 livres, août 240 livres 9 sols, septembre 231 livres, octobre 237 livres 18 sols, novembre 231 livres, décembre 238 livres 14 sols.

H. Suppl. 286. — E. 125. (Cahier.) — Moyen format, 12 feuillets, papier.

1733-1734. — Compte rendu par Thomas Legendre, receveur des pauvres de la ville de Lisieux, pour l'année 1733. Recettes, 12,798 livres 18 sols 11 deniers; dépenses, 11,815 livres 8 sols 8 deniers. Payé 600 livres à Mlle du Travers, supérieure, pour aider à remplir les diminutions faites sur les charges de l'hôpital des malades; 2,900 livres à la même pour l'entretien de 51 lits 3/4 pendant l'année.

H. Suppl. 287. — E. 126. (Cahier.) — Moyen format, 6 feuillets, papier.

1733. — Compte rendu par Thomas Legendre, receveur du bureau des pauvres, pour l'année 1733. — Pièces justificatives. État des mises pour les pauvres de la ville dont il sera tenu compte à Legendre, receveur, arrêtées par l'évêque de Brancas et les administrateurs.

H. Suppl. 288. — E. 127. (Cahier.) — Moyen format, 6 feuillets, papier.

1733-1734. — Compte rendu par Thomas Legendre, receveur de l'hôpital général et du Bon-Pasteur, pour 1732. Recettes, 2,770 livres 18 sols 5 deniers; dépenses, 2,812 livres 18 sols 4 deniers. Reçu 140 livres de rente des de La Barbotière Hue envers les légataires de Matignon; 160 livres de Le Rat, receveur des décimes du diocèse de Lisieux pour rente constituée sur le Clergé, etc.

H. Suppl. 289. — E. 128. (Liasse.) — 13 pièces, papier.

1733-1734. — Compte rendu par Thomas Legendre, receveur des hôpitaux, des deniers reçus pour la nourriture et entretien pendant l'année 1732 des pauvres renfermés dans les hôpitaux. — Listes mensuelles des mendiants restés et nourris aux frais du Roi.

H. Suppl. 290. — E. 129. (Cahier.) — Moyen format, 12 feuillets, papier.

1734-1735. — Compte rendu par Thomas Legendre, receveur du bureau des pauvres, pour l'année 1733. Recettes, 13,751 livres 4 sols 9 deniers; dépenses, 12,564 livres 19 sols 7 deniers. Payé 120 livres à Lemonnier, ex-vicaire de St-Jacques, pour une rente due à une personne pieuse; — 300 livres à un prêtre et à son aide, pour l'instruction des pauvres; — 75 livres au lieu de 150 livres à demoiselle de Grosfy, pour l'augmentation de la boisson des pauvres. — Rente sur Marie-Geneviève du Houlley, veuve de Jean-Baptiste Lambert, seigneur d'Argences, suivant contrat reçu au notariat de Lisieux le 18 août 1733.

H. Suppl. 291. — E. 130. (Cahier.) — Moyen format, 6 feuillets, papier.

1734. — Compte rendu par Thomas Legendre, receveur du bureau des pauvres, pour l'année 1734. — Pièces justificatives. État des mises pour les pauvres de la ville, dont il sera tenu compte à Legendre, receveur, arrêtées par l'évêque de Brancas et les administrateurs.

II. Suppl. 292. — E. 131. (Cahier.) — Moyen format, 6 feuillets, papier.

1734-1735. — Compte rendu par Thomas Legendre, receveur de l'hôpital général, pour l'année 1734. Recettes, 2,977 livres 1 sol ; dépenses, 3,017 livres 4 deniers. Payé 1,039 livres 3 sols à Mlle de Grosfy, supérieure de l'hôpital, pour arrérages de rentes sur les aides et gabelles ; 10 livres à Mme de Sainte-Élisabeth, supérieure du couvent de Sainte-Ursule de Lisieux, pour rente créée de la libéralité de M. le docteur du Rosey, en son vivant chanoine de Lisieux, pendant la vie de Mme du Rosey de St-André, sa sœur, sur l'hôpital).

II. Suppl. 293. — E. 132. (Cahier.) — Moyen format, 12 feuillets, papier.

1735-1736. — Compte rendu par Thomas Legendre, receveur du bureau des pauvres de la ville, pour l'année 1735. Recettes, 13,746 livres 12 sols 3 deniers ; dépenses, 12,631 livres 3 sols 11 deniers. Payé 60 livres à Barbe Losage pour la première année d'une rente viagère, 44 livres 6 sols 6 deniers, au receveur de l'évêché pour rente seigneuriale sur la ferme du lieu Moulin, etc.

II. Suppl. 294. — E. 133. (Cahier.) — Moyen format, 6 feuillets, papier.

1735. — Compte rendu par Thomas Legendre, receveur du bureau des pauvres de la ville, pour l'année 1735. — Pièces justificatives. État des mises pour les pauvres de la ville dont il sera tenu compte à Legendre, receveur, arrêtées par les administrateurs.

II. Suppl. 295. — E. 134. (Cahier.) — Moyen format, 6 feuillets, papier.

1735-1736. — Compte rendu par Thomas Legendre, receveur de l'hôpital et maison du Bon-Pasteur, pour l'année 1735. Recettes, 3,439 livres 3 sols 3 deniers ; dépenses, 3,478 livres 10 sols 3 deniers. Payé à Mlle de Grosfy, supérieure, 80 livres provenant des prix de l'adjudication de la vente des viandes pendant le carême, etc.

II. Suppl. 296. — E. 135. (Cahier.) — Moyen format, 12 feuillets, papier.

1736. — Compte rendu par Thomas Legendre, receveur du bureau des pauvres. Recettes, 14,725 livres 16 sols ; dépenses, 13,468 livres 6 sols 2 deniers. Reçu 155 livres pour fermage de la maladrerie de Lieurey aux frères Gaillard, à la caution de leur père.

II. Suppl. 297. — E. 136. (Cahier.) — Moyen format, 4 feuillets, papier.

1736. — Compte rendu par Thomas Legendre, receveur du bureau des pauvres, pour l'année 1736. — Pièces justificatives. État des mises pour les pauvres de la ville de Lisieux dont il sera tenu compte à Legendre, receveur, arrêtées par les administrateurs.

II. Suppl. 298. — E. 137. (Cahier.) — Moyen format, 6 feuillets, papier.

1736-1737. — Compte rendu par Thomas Legendre, receveur de l'hôpital et de la maison du Bon-Pasteur, pour 1736. Recettes, 3,299 livres 12 sols 6 deniers ; dépenses, 3,339 livres 14 sols 4 deniers. Payé 100 livres à Mignot pour rente viagère créée au profit de 2 personnes à la stipulation de feu Du Mesnil. 100 livres de M. de Collinet, receveur des aides de l'Élection de Lisieux, pour gratification consentie à la considération de l'évêque de Lisieux en faveur de l'hôpital général par les fermiers. 40 livres de rente cédée à l'hôpital par M. de La Rozière de Meurdrac par M. Fresnel.

II. Suppl. 299. — E. 138. (Cahier.) — Moyen format, 12 feuillets, papier.

1737-1738. — Compte rendu par Thomas Legendre, receveur du bureau des pauvres, pour l'année 1737. Recettes, 16,082 livres 1 sol 5 deniers ; dépenses, 15,143 livres 16 sols 8 deniers. Payé 3,275 livres pour 11 parties de rentes dont le capital est de 131,000 livres, sur les aides et gabelles, 220 livres de la constitution de Philippe-Pierre de Mailloc, écuyer, sieur des Éteux. Réparations à la maison et aux chaussées du jardin de la chapelle de N.-D. de l'église cathédrale de Lisieux. A Mademoiselle de Grosfy, supérieure de l'hôpital général de Lisieux, 504 livres pour la pension de 14 infirmes durant les 12 mois de 1737 ; à la même 175 livres pour les anciennes fondations et 75 livres pour augmentation de la boisson des pauvres de l'hôpital, etc.

H. Suppl. 300. — E. 139. (Cahier.) — Moyen format, 4 feuillets, papier.

1737. — Compte rendu par Thomas Legendre, receveur du bureau des pauvres, pour l'année 1737. — Pièces justificatives. État des mises pour les pauvres de la ville dont il sera tenu compte à Legendre, receveur, arrêtées par l'évêque de Lisieux, M. de Brancas et M. des Alleurs, administrateur. Le 7 janvier 1737, payé 70 sols suivant la fondation de M. Bence, aux pauvres ordinaires, Antoinette Bence, Anne Drouart, veuve de Nicolas Lebigre, Jeanne Cauvin, veuve de Guillaume Hébert, Marie Audrieu, veuve de Pierre Castel, Marie Lescène, veuve de Paul Ridel ; semblables paiements chaque semaine aux pauvres ordinaires.

H. Suppl. 301. — E. 140. (Cahier.) — Moyen format, 6 feuillets, papier.

1737. — Compte rendu par Thomas Legendre, receveur du bureau, pour l'hôpital général et la maison du Bon-Pasteur. Recettes, 3,259 livres 16 sols 6 deniers ; dépenses, 3,299 livres 10 sols 5 deniers. Payé 150 livres à Baudemont pour le quart du fermage du notariat laïque. Paiements à la sœur Lefèvre, de la Providence de Lisieux, à Mlle de Grosfy, supérieure de de l'hôpital général de Lisieux, aux Ursulines de Lisieux, etc.

H. Suppl. 302. — E. 141. (Cahier.) — Moyen format, 14 feuillets, papier.

1738-1739. — Compte rendu par Thomas Legendre, receveur du bureau des pauvres, pour l'année 1738. Recettes, 15,727 livres 13 sols ; dépenses, 15,513 livres 14 sols 8 deniers. Payé à demoiselle du Travers 1,488 livres 9 sols 9 deniers provenant du produit des aides, 150 livres pour moitié des droits d'inspection sur les boucheries. Rentes : de l'obligation de noble dame Marie de Venois, veuve de Guillaume de Boctey, écuyer, et de François de Boctey, écuyer, leur fils, envers le bureau, par contrat passé au notariat de Lisieux le 16 mai 1735 ; de la création d'Alexandre de Filleul, chevalier, seigneur et patron de la Chapelle-Gautier, par contrat de 1737 ; de Charles-Antoine de La Rue, chevalier, seigneur de Boisroger, de 1730, de Jean Gosset, sieur du Taillis, par contrat de 1720, etc.

H. Suppl. 303. — E. 142. (Cahier.) — Moyen format, 4 feuillets, papier.

1738. — Compte rendu par Thomas Legendre, receveur du bureau des pauvres, pour l'année 1738. — Pièces justificatives. État des mises pour les pauvres de la ville dont il sera tenu compte à Legendre, receveur, arrêtées par l'évêque de Brancas et l'administrateur des Alleurs, suivant l'ordre régistré du bureau du 22 avril 1726, donné en exécution de la fondation des Malais, faite à la stipulation de Legrand, le 17 mai 1716 ; payé à Marie Malais, fille de feu François 10 sols, et à Marie-Rose Le Héribel, fille de feue Charlotte Malais, 10 sols ; autres paiements aux Malais.

H. Suppl. 304. — E. 143. (Cahier.) — Moyen format, 6 feuillets, papier.

1738. — Compte rendu par Thomas Legendre, receveur, pour l'hôpital général et de la maison du Bon-Pasteur. Recettes, 3,156 livres 3 sols 6 deniers ; dépenses, 3,199 livres 4 sols. Payé à demoiselle du Travers 216 livres 11 sols 11 deniers pour la finance des offices de maire, procureur du Roi, greffier secrétaire de l'hôtel de ville et greffier des rôles. — 40 livres au receveur pour ses soins, peines et salaires d'avoir fait les recettes et dépenses du présent compte et son double.

H. Suppl. 305. — E. 144. (Cahier.) — Moyen format, 12 feuillets, papier.

1739-1740. — Compte rendu par Thomas Legendre, receveur du bureau des pauvres, pour l'année 1739. Recettes, 14,427 livres 3 sols ; dépenses, 14,272 livres 11 sols 9 deniers. Payé 400 livres à l'évêque de Brancas, suivant 2 quittances de rentes ; 202 livres 18 sols à Bernard Dumarais, vicaire de l'Hôtel-Dieu, pour l'entretien de 2 lits pendant les 9 derniers mois de 1739 et les 3 premiers de 1740. — Mémoire de 48 boisseaux de blé non reçus en 1739, revalidés sur le domaine de Pont-Audemer par sentence rendue au bureau des finances de la généralité de Rouen, le 8 février 1726. — Mémoire du pré sis aux Vaux, dont Mlle du Travers a joui en 1739 pour l'usage de l'hôpital. — 18 livres pour fermages de la chapelle du Fauquet.

H. Suppl. 306. — E. 145. (Cahier.) — Moyen format, 4 feuillets, papier.

1739. — Compte rendu par Thomas Legendre, receveur du bureau des pauvres, pour l'année 1739. — Pièces justificatives. — État des mises pour les pauvres de la ville, dont il sera tenu compte à Legendre, receveur, arrêté par l'évêque de Brancas.

H. Suppl. 307. — E. 146. (Cahier.) — Moyen format, 6 feuillets, papier.

1739-1740. — Compte rendu par Thomas Legendre, receveur de l'hôpital général, pour l'année 1739. — Recettes, 3,471 livres 2 sols 7 deniers ; dépenses, 3,512 livres 8 deniers. Recettes : rente au capital de 8,900 livres, revenue à l'hôpital dans le contrat de 20,000 livres dont jouissait feu Moet comme donataire à vie de l'évêque de Matignon.

H. Suppl. 308. — E. 147. (Cahier.) — Moyen format, 12 feuillets, papier.

1740-1741. — Compte rendu par Thomas Legendre, receveur du bureau des pauvres, pour l'année 1740. Recettes, 15,018 livres 4 deniers ; dépenses, 15,251 livres 14 deniers. 1,716 livres 11 sols 6 deniers pour les 4 parts du produit des aides, dont 1,429 livres 2 sols 6 deniers à feue demoiselle du Travers et 287 livres 9 sols à demoiselle Léonor Duquesné ; 66 livres 13 sols 3 deniers à Ferey, curé de Fervaques, pour faire subsister Cheradame, prêtre ; au chirurgien pour ses gages d'avoir pansé et médicamenté pendant l'année les pauvres de la ville et faubourgs de Lisieux, 40 livres ; 135 livres pour fermage de la maladrerie de Lieurey.

H. Suppl. 309. — E. 148. (Cahier.) — Moyen format, 4 feuillets, papier.

1740. — Compte rendu par Thomas Legendre, receveur du bureau des pauvres, pour l'année 1740. — Pièces justificatives. — État des mises pour les pauvres de la ville de Lisieux, dont il sera tenu compte à Legendre, receveur, arrêté par l'évêque de Brancas et l'administrateur des Alleurs.

H. Suppl. 310. — E. 149. (Cahier.) — Moyen format, 6 feuillets, papier.

1740. — Compte rendu par Thomas Legendre, receveur de l'hôpital général et de la maison du Bon-Pasteur. Recettes, 3,098 livres 16 sols 10 deniers ; dépenses, 3,138 livres 17 sols 1 denier. Payé 83 livres retenues sur le revenu de l'hôpital général pour même rente créée sur lui au profit de l'hôpital des malades ; aux sœurs Vallée et Lefèvre, dépositaires de la Providence de Lisieux, pour le quart du fermage du notariat laïque, 150 livres ; paiements à Mlle de Grosfy, supérieure de l'hôpital général, à Mlle du Travers pour l'hôpital des malades.

H. Suppl. 311. — E. 150. (Cahier.) — Moyen format, 12 feuillets, papier.

1741-1742. — Compte rendu par Thomas Legendre, receveur du bureau des pauvres, pour l'année 1741. — Recettes, 14,333 livres 7 sols 9 deniers ; dépenses, 14,247 livres 18 sols 11 deniers. 100 livres de rente de l'obligation de Thomas Paisant, sieur de Valencourt, et de Pierre Desbordeaux ; 207 livres 5 sols 6 deniers de rente créée par François du Houlley, chevalier, seigneur de Verbois. Rentes de Louis Maillet de Boismallet sur Paul de Grieu, sieur d'Estimanville.

H. Suppl. 312. — E. 151. (Cahier.) — Moyen format, 4 feuillets, papier.

1741. — Compte rendu par Thomas Legendre, receveur du bureau des pauvres, pour l'année 1741. — Pièces justificatives. — État des mises pour les pauvres de la ville, dont il sera tenu compte à Legendre, receveur, arrêté par l'évêque de Brancas et l'administrateur des Alleurs.

H. Suppl. 313. — E. 152. (Cahier.) — Moyen format, 6 feuillets, papier.

1741-1742. — Compte rendu par Thomas Legendre, receveur de l'hôpital général et de la maison du Bon-Pasteur, pour l'année 1741. Recettes, 3,124 livres 16 sols 10 deniers; dépenses, 3,162 livres 9 sols. Payé : 117 livres 2 sols 3 deniers au président Mignot, administrateur, pour moitié de la commission et autres droits de l'office de notaire apostolique, l'autre moitié ayant été fournie par le petit Séminaire et la Providence ; à Mlle de Grosfy, 20 livres pour amendes jugées au bailliage de Lisieux sur Jean Hue et Michel Morin.

H. Suppl. 314. — E. 153. (Cahier.) — Moyen format, 12 feuillets, papier.

1742-1743. — Compte rendu par Thomas Legendre, receveur du bureau des pauvres, pour l'année 1742.

— Recettes, 14,287 livres 18 sols 10 deniers ; dépenses, 14,722 livres 18 sols 10 deniers. Payé à Mlle Duquesné-Lemore 3,000 livres pour l'aider à remplir les réductions des charges ; à la même, 200 livres pour la part de l'hôpital des malades sur la vente des viandes pendant le carême ; 30 livres de fermage du jardin et de la maisonnette situés près le faubourg de la porte de la chaussée de Lisieux ; 83 livres de fermage du pré de la Bonde.

H. Suppl. 315. — E. 154. (Cahier.) — Moyen format, 4 feuillets, papier.

1742. — Compte rendu par Thomas Legendre, receveur du bureau des pauvres, pour l'année 1742. — Pièces justificatives. — État des mises pour les pauvres de la ville de Lisieux, dont il sera tenu compte à Legendre, receveur, arrêté par l'évêque de Brancas et les administrateurs des Alleurs et Le Chappelain.

H. Suppl. 316. — E. 155. (Cahier.) — Moyen format, 6 feuillets, papier.

1742-1743. — Compte rendu par Thomas Legendre, receveur de l'hôpital général et de la maison du Bon-Pasteur, pour l'année 1742. Recettes, 3,441 livres 3 sols 6 deniers ; dépenses, 3,497 livres 18 sols 7 deniers. Payé 127 livres 18 sols 7 deniers à la sœur Lefebvre, dépositaire des sœurs de la Providence, provenant du quart du fermage du notariat laïque ; paiements à Harel, prêtre, économe du séminaire de Lisieux, à Mlle Duquesné-Lemore, supérieure de l'hôpital des pauvres malades de Lisieux, à la sœur de Bruményn pour Mlle Duperré.

H. Suppl. 317. — E. 156. (Cahier.) — Moyen format, 14 feuillets, papier.

1743-1744. — Compte rendu par Thomas Legendre, receveur du bureau des pauvres, pour l'année 1743. Recettes, 14,360 livres 13 sols 9 deniers ; dépenses, 12,158 livres 10 sols. Payé : 7 livres 10 sols à Pierre Hue, somme à lui échue par sort pour lui aider à avoir une paire de peignes à peigner l'étain ; 150 livres à Huet, chanoine, stipulant pour une personne pieuse ; à Mlle de La Coudraie-Pellerin, pour l'hôpital des pauvres malades de Lisieux, 3,350 livres, pour l'entretien de 36 lits 1/4 ; 80 livres pour les sœurs servantes de l'hôpital ; 41 livres pour messes fondées ; 907 livres 10 sols pour les marmites fondées par Despériers, bailli de Lisieux.

Tinan. Mme Mignot, Bence et d'Écaquelon ; 150 livres pour moitié de la somme provenant de l'inspection des boucheries ; 177 livres 10 sols pour la part revenant à l'hôpital de l'adjudication de la vente de viande pendant le carême ; 1,272 livres 6 sols 9 deniers pour les quatre parts sur cinq du produit sur l'entrée des boissons, etc.

H. Suppl. 318. — E. 157. (Cahier.) — Moyen format, 4 feuillets, papier.

1743. — Compte de Thomas Legendre, receveur du bureau des pauvres, pour l'année 1743. — Pièces justificatives. — État des paiements à faire pour le bureau des pauvres de la ville de Lisieux, par Legendre, procureur et receveur, arrêté par les administrateurs des Alleurs et Le Chappelain. — Fondations Bence et Malais.

H. Suppl. 319. — E. 158. (Cahier.) — Moyen format, 6 feuillets, papier.

1743-1744. — Compte rendu par Thomas Legendre, receveur de l'hôpital général et de la maison du Bon-Pasteur, pour l'année 1743. Recettes, 3,479 livres 18 sols ; dépenses, 3,523 livres 3 deniers. Arrêté dudit compte le 21 juillet 1744 par les administrateurs des Alleurs, de Janville, Le Bas et Mignot.

H. Suppl. 320. — E. 159. (Cahier.) — Moyen format, 14 feuillets, papier.

1744-1745. — Compte rendu par Thomas Legendre, receveur du bureau des pauvres, pour l'année 1744. Recettes, 14,412 livres 10 sols 4 deniers ; dépenses, 15,833 livres 17 sols 7 deniers. Reçu 150 livres de rente de la constitution de M. de Bournainville, conseiller au Parlement de Normandie ; 120 livres de l'obligation de M. et Mme *Belleau de Liée*, par contrat passé au notariat de Lisieux le 12 janvier 1743 ; rentes sur les aides et gabelles et les tailles, 3,014 livres 18 sols.

H. Suppl. 321. — E. 160. (Cahier.) — Moyen format, 4 feuillets, papier.

1744. — Compte rendu par Thomas Legendre, receveur du bureau des pauvres, pour l'année 1744. — Pièces justificatives. — État des paiements à faire pour le bureau des pauvres de la ville et faubourgs de

SÉRIE H SUPPLÉMENT. — HOPITAL DE LISIEUX. 91

Lisieux, par Legendre, procureur et receveur, arrêté par l'administrateur des Alleurs.

H. Suppl. 322. — E. 161. (Cahier.) — Moyen format, 6 feuillets, papier.

1744-1745. — Compte rendu par Thomas Legendre, receveur pour l'hôpital général et la maison du Bon-Pasteur, année 1744. Recettes, 3,750 livres 3 sols 3 deniers ; dépenses, 3,886 livres 17 sols 11 deniers. Reçu 90 livres de rente constituée au profit de la maison du Bon-Pasteur sur Louis Le Roy, écuyer ; 120 livres pour part revenant à l'hôpital sur le prix de l'adjudication de la viande vendue pendant le carême. A Le Rat, receveur de l'évêché de Lisieux, rentes foncières.

H. Suppl. 323. — E. 162. (Cahier.) — Moyen format, 14 feuillets, papier.

1745-1746. — Compte rendu par Thomas Legendre, receveur pour le bureau des pauvres, année 1745. Recettes, 15,315 livres 8 sols 9 deniers ; dépenses, 13,829 livres 11 sols. Payé 120 livres de rente à Le Bourg des Alleurs, chanoine scolaste en la cathédrale de Lisieux, pour une personne pieuse ; 60 livres à Barbe Lesage, de la libéralité du docteur Du Rosé ; 10 livres 15 sols à Oudin, fermier de la maladrerie de Licurey, pour réparations à l'église.

H. Suppl. 324. — E. 163. (Cahier.) — Moyen format, 4 feuillets, papier.

1745. — Compte rendu par Thomas Legendre, pour l'année 1747. Pièces justificatives. État des paiements à faire pour le bureau des pauvres de la ville et faubourgs de Lisieux par Legendre, procureur et receveur, arrêté par l'évêque de Brancas.

H. Suppl. 325. — E. 164. (Cahier.) — Moyen format, 8 feuillets, papier.

1745-1746. — Compte rendu par Thomas Legendre, receveur de l'hôpital général et de la maison du Bon-Pasteur, pour l'année 1745. Recettes, 4,636 livres 3 sols 10 deniers ; dépenses, 4,673 livres 3 sols 7 deniers. Payé 280 livres 3 sols 3 deniers à Mlle de Grosfy, supérieure de l'hôpital, pour fermages des notariats apostolique, laïque et moulin fouloir ; 216 livres 11 sols 11 deniers pour la finance des offices de maire, procureur du Roi, greffier secrétaire de l'hôtel-de-ville et greffier des rôles. Rentes de la constitution de feu M. de Champeaux, de Louis Le Roy, écuyer, etc.

H. Suppl. 326. — E. 165. (Cahier.) — Moyen format, 11 feuillets, papier.

1746-1747. — Compte rendu par Thomas Legendre, receveur du bureau des pauvres, pour l'année 1746. — Recettes, 13,787 livres 12 sols 3 deniers ; dépenses, 14,627 livres 18 sols 6 deniers. Reçu 357 livres 10 sols de rente créée par François d'Iberville, chevalier, et Jean Turquetil ; 150 livres de rente sur Dubosc et de Beaufy du Faguet ; 100 livres créées sur M. de Bardouil, etc.

H. Suppl. 327. — E. 166. (Cahier.) — Moyen format, 4 feuillets, papier.

1746. — Compte de Legendre, receveur du bureau des pauvres, pour l'année 1746. — Pièces justificatives. — État des paiements à faire par le bureau des pauvres de la ville et faubourgs de Lisieux par Legendre, procureur et receveur, arrêté par l'évêque de Brancas et l'administrateur des Alleurs.

H. Suppl. 328. — E. 167. (Cahier.) — Moyen format, 8 feuillets, papier.

1746-1747. — Compte rendu par Thomas Legendre, receveur de l'hôpital général et maison du Bon Pasteur, pour l'année 1746. — Recettes, 4,711 livres 3 sols 6 deniers ; dépenses, 4,723 livres 5 sols 7 deniers. Payé 15 livres à Mlle Piel pour la part de la maison du Bon-Pasteur sur le produit de la viande de carême ; rentes sur M. de Beaudroit, Rioult, Vion, etc. ; paiements à la sœur Lefebvre, dépositaire des sœurs de la Providence de Lisieux, etc.

H. Suppl. 329. — E. 168. (Cahier.) — Moyen format, 14 feuillets, papier.

1747-1748. — Compte rendu par Thomas Legendre, receveur pour le bureau des pauvres, année 1747. Recettes, 16,359 livres 2 sols ; dépenses, 15,668 livres 9 deniers. Payé 66 livres 13 sols 4 deniers à Ferey, curé de Fervaques, pour aider à la subsistance de Chéradame, prêtre, fondation Langlois ; même somme à Lelièvre, curé de St-Désir, et à feu Pierre Formage pour aider à la subsistance de Lefils, prêtre. Fermages du manoir Hauvel, acquis le 8 mai

1747. Rentes sur les aides et gabelles, les tailles, gratifications pour entretien de soldats malades, etc.

H. Suppl. 330. — E. 169. (Cahier.) — Moyen format, 4 feuillets, papier.

1747. — Compte de Legendre pour le bureau des pauvres, année 1747. — Pièces justificatives. État des paiements à faire pour le bureau des pauvres de la ville et faubourgs de Lisieux, par Legendre, procureur et receveur, arrêté par l'évêque de Brancas et l'administrateur des Alleurs.

H. Suppl. 331. — E. 170. (Cahier.) — Moyen format, 8 feuillets, papier.

1747-1748. — Compte rendu par Thomas Legendre, receveur, pour l'hôpital général et la maison du Bon-Pasteur, année 1747. — Recettes, 5,327 livres 11 sols 3 deniers; dépenses, 5,372 livres 11 sols 7 deniers. Reçu 498 livres 12 sols 9 deniers provenant de la libéralité de l'évêque de Brancas; 140 livres de rente au profit de la maison et communauté du Bon-Pasteur, sous le nom de l'hôpital général, etc.

H. Suppl. 332. — E. 171. (Cahier.) — Moyen format, 4 feuillets, papier.

1748. — Compte de Legendre pour le bureau des pauvres, année 1748. — Pièces justificatives. État des paiements à faire pour le bureau des pauvres, par Legendre, procureur et receveur, arrêté par l'évêque de Brancas et l'administrateur des Alleurs.

H. Suppl. 333. — E. 172. (Cahier.) — Moyen format, 8 feuillets, papier.

1748-1749. — Compte rendu par Thomas Legendre, receveur pour l'hôpital général et la maison du Bon-Pasteur, année 1748. Recettes, 5,519 livres 5 sols 2 deniers; dépenses, 5,574 livres 15 sols 3 deniers. Reçu 60 livres de rente sur Nicolas-François Le Bourg, envers l'hôpital, moyennant 1,200 livres constituées sur Gabriel Dupré, pour fourniture de linge par charité de M. Bence; 20 livres pour contravention des poids et mesures commise par Barbe Maris, femme Louis Morin, etc.

H. Suppl. 334. — E. 173. (Cahier.) — Moyen format, 18 feuillets, papier.

1749-1750. — Compte rendu par Thomas Legendre, receveur pour le bureau des pauvres, année 1749. Recettes, 16,527 livres 3 sols 7 deniers; dépenses, 15,959 livres 19 sols 9 deniers. Reçu, 3,275 livres au capital de 131,000 livres constituées sur les aides et gabelles au profit du bureau; 75 livres de rente de l'obligation de Marie de Venois, veuve de Guillaume de Boctey et de François de Boctey, leur fils; rentes sur Charles-Antoine de La Rue, chevalier, seigneur de Boisroger, Thomas de Paisant, sieur de Valencour, etc.

H. Suppl. 335. — E. 174. (Cahier.) — Moyen format, 4 feuillets, papier.

1749. — Compte de Legendre pour le bureau des pauvres, année 1749. — Pièces justificatives. — État des paiements à faire pour le bureau des pauvres de la ville et faubourgs de Lisieux par Legendre, procureur et receveur, arrêté par l'évêque de Brancas et l'administrateur des Alleurs.

H. Suppl. 336. — E. 175. (Cahier.) — Moyen format, 8 feuillets, papier.

1749-1750. — Compte rendu par Thomas Legendre, receveur, pour l'hôpital général et la maison du Bon-Pasteur, année 1749. — Recettes, 5,621 livres 13 sols 5 deniers; dépenses, 5,648 livres 2 sols 1 denier. Reçu 500 livres sur Mme de Doublemont-Rossignol, provenant du raquit de même rente sur l'abbé Dumoutier, moyennant 10,000 livres aumônées par l'évêque de Brancas; 5 livres de Pierre Guedon, aubergiste du Chien, pour amende, etc.

H. Suppl. 337. — E. 176. (Cahier.) — Moyen format, 16 feuillets, papier.

1750-1751. — Compte rendu par Thomas Legendre, receveur, pour le bureau des pauvres, année 1750. Recettes, 16,567 livres 1 sol; dépenses, 15,442 livres 1 sol 6 deniers. Reçu 120 livres de l'obligation de M. et Mme de Belleau de Liée, suivant contrat du 12 janvier 1743; 20 livres de rente faisant partie de 70 livres dont 50 livres sous le nom de l'hôpital général et 20 livres pour le bureau, etc.

H. Suppl. 338. — E. 177. (Cahier.) — Moyen format, 4 feuillets, papier.

1750. — Compte de Legendre pour le bureau des pauvres, année 1750. — Pièces justificatives. État des paiements à faire pour le bureau des pauvres de la ville et faubourgs de Lisieux, par Legendre, procureur et receveur, arrêté par l'évêque de Brancas et l'administrateur des Alleurs.

H. Suppl. 339. — E. 178. (Cahier.) — Moyen format, 8 feuillets, papier.

1750-1751. — Compte rendu par Thomas Legendre, receveur, pour l'hôpital général et la maison du Bon-Pasteur, année 1750. Recettes, 5,786 livres 6 deniers ; dépenses, 5,790 livres 4 sols 6 deniers. Reçu 40 livres pour rente cédée par Fresnel sur de la Rosière Meurdrac, par contrat reçu au notariat de Lisieux, le 10 avril 1733 ; 250 livres pour rente sur le Clergé de France, au profit de la maison du Bon-Pasteur, sous le nom de l'hôpital général.

H. Suppl. 340. — E. 179. (Registre.) — Moyen format, 10 feuillets, papier.

1751-1752. — Compte rendu par René-Thomas-Charles Legendre, au nom de feu Thomas Legendre, son père, receveur, pour le bureau des pauvres, année 1751. Recettes, 16,300 livres 6 deniers ; dépenses, 15,018 livres 2 sols 1 denier. — Fermage des léproseries et maladreries réunies en 1698 : 10 sols de rente reconnue par Marie Huguet, veuve de Jean Verneuil, par acte passé au notariat de Lisieux, le 11 mars 1712, et revalidée par Pierre Lefèvre de La Normandière, en 1750 ; 2 livres pour la valeur d'un boisseau de blé de rente ; 20 livres pour fermage du pré des Vaux ; 35 livres pour fermage du tiers de la dîme de Lieurey, etc.

H. Suppl. 341. — E. 180. (Cahier.) — Moyen format, 4 feuillets, papier.

1751. — Compte de Legendre, pour le bureau des pauvres, année 1751. — Pièces justificatives. État des paiements à faire pour le bureau des pauvres de la ville et faubourgs de Lisieux, par Legendre, procureur et receveur, arrêté par l'évêque de Brancas et les administrateurs Le Bas et des Alleurs.

H. Suppl. 342. — E. 181. (Cahier.) — Moyen format, 8 feuillets, 1 pièce intercalée, papier.

1751-1752. — Compte rendu par René-Thomas-Charles Legendre, pour et au nom de feu Thomas Legendre, son père, pour l'hôpital général et la maison du Bon-Pasteur, année 1751. Recettes, 5,893 livres 10 sols 6 deniers ; dépenses, 6,110 livres 14 sols. — Note informe portant que Legendre doit 1,481 livres 18 sols 5 deniers pour le bureau ; sur cette somme, il faut lui tenir compte de 217 livres 3 sols 6 deniers d'excédent de compte. — Arrêté de compte le 30 juillet 1752 par l'évêque de Lisieux, M. de Brancas, et les administrateurs Bourdon, Le Bas, Vallée de Beauchamps.

H. Suppl. 343. — E. 182. (Cahier.) — Moyen format, 18 feuillets, papier.

1752-1757. — Compte rendu par François Lemercier aux administrateurs et directeurs du bureau des pauvres de Lisieux, du maniement qu'il a eu du bien et revenu des pauvres, pour l'année 1752. — L'adjudication de la vente de la viande a eu lieu pour 650 livres dont 116 livres 19 sols pour les Capucins ; 260 livres 1 sol pour l'hôpital des malades, et le surplus pour l'hôpital général et la maison du Bon-Pasteur. 300 livres de Lecerf, receveur des aides de l'Élection de Lisieux, au nom de M. de Farcy, sous-fermier des aides et droits y joints de la généralité d'Alençon, pour l'indemnité de 2 deniers pour livre des viandes consommées dans les hôpitaux de Lisieux, du 1er octobre 1751 au 30 septembre 1752. 1,721 livres 9 sols 7 deniers pour la perception de 8 sols par tonneau de cidre et poiré et de 8 sols par muid de vin entré en 1752 à Lisieux, conformément à l'arrêt du Conseil du 5 juillet 1746, renouvelé par arrêt de 1752. Rentes sur les tailles, aides et gabelles. Recettes, 16,647 livres 17 sols ; dépenses, y compris les reprises s'élevant à 107 livres 8 sols 9 deniers, 15,409 livres 9 sols 10 deniers.

H. Suppl. 344. — E. 183. (Cahier.) — Moyen format, 8 feuillets, papier.

1752-1754. — Compte de François Lemercier aux administrateurs de l'hôpital général des deniers qu'il a reçus pour ledit hôpital et la maison du Bon-Pasteur, année 1752. — Recettes, 5,578 livres 4 sols 6 deniers ; dépenses, y compris 20 livres de reprises,

5,592 livres 8 sols 9 deniers ; 1,000 livres pour rente sur les aides et gabelles ; 210 livres pour revenu dont jouissait M. Moet comme donataire à vie de M. de Matignon, évêque de Lisieux ; contrat de rente créé sur Ledoux de Glatigny, sur M. de Doublemont-Rossignol ; rente constituée au profit du Bon-Pasteur par François-Flambard Du Mesnil, chanoine de Lisieux.

II. Suppl. 345. — E. 184. (Liasse.) — 127 pièces, papier.

1752-1753. — Compte de Lemercier, receveur pour le bureau des pauvres, année 1752. — Pièces justificatives. — Quittances à lui délivrées pour rentes, par les sœurs de Grosfy et M. T. de Bramény. — Quittance par Catillon de Saint-Louis, supérieure de la maison du Bon-Pasteur, de 30 livres 14 sols 11 deniers pour partie de l'intérêt de la finance en 1751 des offices de maire et procureur du Roi de l'hôtel-de-ville de Lisieux, de greffier-secrétaire dudit hôtel et greffier des rôles de Lisieux ; quittances pour le même sujet par la sœur Lefebvre, dépositaire des sœurs de la Providence de Lisieux, par Huet, supérieur du séminaire de N.-D. de Lisieux ; quittances pour les droits sur le notariat laïque, pour rentes sur le Clergé de France, par Le Rat, receveur général de l'Évêché de Lisieux, pour rentes foncières dues à l'évêché. — Frais de vente des biens de l'hôpital de St-Samson. — Mémoire des frais de déclaration à l'abbesse de Lisieux. Déclaration donnée par les administrateurs des biens des pauvres de Lisieux à Marie-Louise-Henriette Le Roy de Valenglart (elle signe Marie-Anne de Valanglart), abbesse de St-Désir de Lisieux, dame du fief et seigneurie du haut Millouet et autres terres, pour une pièce de terre sise à St-Désir, nommée les Champs-Amiot, ladite déclaration baillée par Joseph-Dominique de Cheylus, chanoine, archidiacre d'Auge en la cathédrale de Lisieux, de l'évêque, Jean-Henry Gérard, chanoine, archidiacre du Lieuvin en la cathédrale de Lisieux, grand vicaire de l'évêque et official du diocèse, Charles Le Bas de Caudemonne, chanoine, Jean-Baptiste Lambert, chevalier, seigneur de Janville, Bellouet et autres lieux, Thomas Bourdon de Beaufy, seigneur et patron honoraire de la paroisse des Vaux, conseiller premier et second avocat du Roi du bailliage d'Orbec, bailli de Lisieux et seul juge de police de la ville, subdélégué de l'intendant d'Alençon, François Mignot, écuyer, auditeur en la Cour des comptes, aides et finances de Normandie, président en l'Élection de Lisieux, administrateurs du bureau des pauvres, devant François Le Bret, sénéchal de ladite seigneurie (1752). — Quittances par Forcy, curé de Fervaques, doyen rural de Livarot, audit Lemercier, de 66 livres 13 sols 4 deniers faisant le tiers de 200 livres que l'évêque a la charité de donner à Chéradame, pauvre prêtre de Cheffreville, qu'il lui distribuera chaque semaine pour sa subsistance ; par P. Pateley, prêtre habitué de St-Germain de Lisieux, de 43 livres pour avoir instruit les enfants pauvres de la ville qui se sont présentés à l'école de charité fondée par Le Doulcet et Desperiers.

II. Suppl. 346. — E. 185. (Cahier.) — Moyen format, 16 feuillets, papier.

1753-1754. — Compte de Lemercier pour le bureau des pauvres, année 1753. — Rentes de la création de M. de Bournainville, conseiller au Parlement de Normandie, M. de Tréviguy, transportée par de Boisroger, Dubosc, de Beaufy, de La Mancellerie, Grieu, écuyer, sieur d'Estimauville, Marie de Venois, veuve de Guillaume de Boctey, et François de Boctey, leur fils, Labbé, écuyer, sieur du Moutier, François de Meurdrac, sieur de Vieux, etc. Recettes, 16,179 livres ; dépenses et reprises, 15,402 livres 8 sols 7 deniers.

II. Suppl. 347. — E. 186. (Cahier.) — Moyen format, 8 feuillets, papier.

1753-1754. — Compte de Lemercier pour l'hôpital général et bureau des pauvres, année 1753. — Recettes, 5,179 livres 4 sols 5 deniers ; dépenses, 3,241 livres 14 sols 2 deniers. 400 livres pour le fermage en 1753 du notariat apostolique du diocèse de Lisieux, suivant bail fait avec Jean-Baptiste de Livet, au notariat de Lisieux, le 29 janvier 1748.

II. Suppl. 348. — E. 187. (Liasse.) — 127 pièces, papier.

1753-1754. — Compte de Lemercier, receveur du bureau des pauvres, pour l'année 1753. — Pièces justificatives. — Quittances audit receveur par la supérieure du Bon-Pasteur, Catillon de Saint-Louis, Mme de Grosfy, le collecteur porte-bourse pour le recouvrement du rôle fait pour les réparations du manoir presbytéral de St-Jacques de Lisieux, par Huet, supérieur du séminaire, par Le Vavasseur, curé de St-Aubin-sur-Auquainville, par l'évêque de Brancas, pour rente, par fr. Maurice d'Alençon, gardien des Capucins de Lisieux, par L. Ody, religieux de la maison et Hôtel-Dieu de Lisieux. — Compte rendu par Louis-Gabriel Carré, receveur général des aides de l'Élection et régie de Lisieux, chargé de la perception des droits sur les vins et boissons entrant à Lisieux au bénéfice des hôpitaux de la ville. — Lettre de Le Roy, curé de St-Samson, au receveur Lemercier, concernant une petite fille trouvée dans le cimetière de sa paroisse.

H. Suppl. 349. — E. 188. (Cahier.) — Moyen format, 20 feuillets, papier.

1754-1755. — Compte de Lemercier pour le bureau des pauvres, année 1754. — Recettes, 15,841 livres 3 sols 4 deniers; dépenses, 15,348 livres 17 sols 5 deniers; reprises, 480 livres 10 deniers. Le comptable ne rapporte pas le nombre de soldats entrés dans l'hôpital des malades et celui de l'Hôtel-Dieu, vu que Mlle de Brumény a dû être payée pour leur nourriture, suivant l'usage ordinaire, sur l'envoi des états de chaque mois aux trésoriers des troupes. Loyers de maisons du manoir Hauvel : une portion affermée à Des Bordeaux, élu en l'Élection de Lisieux, 130 livres ; une portion à la veuve de Jacques Perrier, 111 livres ; 1 portion à Pierre Jouvry, 80 livres, etc., en tout 445 livres ; autres fermages de 1754 : le pré de la Bonde, 90 livres ; la terre de Firfol, 65 sols ; la terre de Fontenelle, 175 livres ; le lieu Moulin, 800 livres ; le jardin de la porte de la Chaussée, situé dans le faubourg de la Chaussée, que fait valoir l'hôpital des pauvres malades, etc.

H. Suppl. 350. — E. 189. (Cahier.) — Moyen format, 8 feuillets, 1 pièce intercalée, papier.

1754-1755. — Compte de Lemercier pour l'hôpital général et le Bon-Pasteur, année 1754. Recettes, 5,237 livres 18 sols 1 denier; dépenses, 5,320 livres 2 sols 3 deniers. 50 livres de rente au capital de 1,000 livres, entrée dans l'acquêt de la maison de M. Hauvel, constituée sur les biens de l'hôpital des malades au profit de la veuve de la Chesnaye Raimond, reversible après son décès à la maison du Bon-Pasteur ; rente de la création de M. de Champeaux Rioult envers la maison du Bon-Pasteur, 20 livres, etc.

H. Suppl. 351. — E. 190. (Liasse.) — 122 pièces, papier.

1754-1755. — Compte de Lemercier, receveur du bureau des pauvres, pour l'année 1754. — Pièces justificatives. Quittances données audit receveur par Mlle Catillon de Saint-Louis, supérieure du Bon-Pasteur ; Mlle de Grosfy ; sœur Vallée, de la Providence de Lisieux ; Huet, supérieur du séminaire ; par M. T. de Brumény, supérieure de l'hôpital des malades, savoir : 4,975 livres pour 48 lits et un quart, 862 livres 10 sols pour 17 portions 1/4 de marmites fondées par Despériers, Tinam et Mme Mignot, 300 livres pour 3 portions de marmites de M. Bence, 100 livres pour 1 portion 1/2 de marmite fondée par M. Le Chevalier, 600 livres pour les distributions du dehors, 93 livres 10 sols pour les messes de Marie Adenot, Anne Poulain, les dames Dubois et Mlle Jeanne Marels, 163 livres pour les sœurs servantes. Fournitures pour les réparations de la chapelle St-Clair. 14 livres 1 sol 3 deniers pour 6 mois de rente en fieffe sur le moulin foulloir. Rentes sur les aides et gabelles, sur M. des Champeaux Rioult, sur le Clergé de France, etc.

H. Suppl. 352. — E. 191. (Cahier.) — Moyen format, 24 feuillets, papier.

1755-1757. — Compte de Lemercier, receveur du bureau des pauvres, pour 1755. — Recettes, 16,174 livres 16 sols 8 deniers; dépenses et reprises, s'élevant à 335 livres 14 sols 2 deniers, 15,634 livres 12 sols 3 deniers. 3 livres de Jacques Armenout et Pierre Quétel, possédant un tènement de maisons situé dans l'enclos de Lisieux proche l'église St-Agnan, suivant contrat de 1739 ; 1 livre 14 sols, pour valeur d'un boisseau de blé de rente foncière reconnu au notariat de Lisieux en 1718 ; mémoire pour 24 boisseaux de blé dus par M. de Bournainville et ses frères, héritiers de Jean-Baptiste Jouen, représentant les sieurs Pinard, pour le fief Ripault, sis à Roques, par contrat reçu au notariat de Lisieux le 18 décembre 1739 ; 90 livres pour fermage de la pièce de terre de la chapelle St-Clair avec le trait de dîme en dépendant, etc.

H. Suppl. 353. — E. 192. (Cahier.) — Moyen format, 8 feuillets, papier.

1755-1757. — Compte de Lemercier pour l'hôpital général et le Bon-Pasteur, année 1755. — Recettes, 5,246 livres 5 sols 2 deniers ; dépenses, 5,356 livres 13 sols 8 deniers. 22 livres 8 sols à M. Dulion, notaire à Paris, pour son droit de recette et quittance sur 1,210 livres de rentes sur les aides et gabelles de France ; rente à l'évêque de Brancas ; 450 livres de rente de la communauté des tisserants en frocs de Lisieux pour vente à cause de fieffe d'un moulin à fouler des frocs sis au faubourg de la porte d'Orbec.

H. Suppl. 354. — E. 193. (Liasse.) — 119 pièces, papier.

1755-1756. — Compte de Lemercier, receveur du bureau des pauvres, pour l'année 1755. — Pièces justificatives. — Quittance audit receveur par fr. Emmanuel de Vire, gardien des Capucins de Lisieux, pour l'adjudication de la viande de la boucherie de carême ; — par d'Hercourt, chanoine de Lisieux, pour Hébert, docteur en médecine, demeurant à Beauvais, héritier de feu Hébert, chanoine de Lisieux, de 43 livres pour intérêt de rente constitué au profit dudit Hébert, sur les aides et gabelles ; — par Louis Ody, ministre de la maison et Hôtel-Dieu de Lisieux. — Compte des droits des hôpitaux sur les vins et boissons entrant à Lisieux.

H. Suppl. 355. — E. 194. (Cahier.) — Moyen format, 26 feuillets, papier.

1756-1757. — Compte de Lemercier pour le bureau des pauvres, année 1756. — Recettes, 20,383 livres 2 sols 6 deniers. 50 livres pour le tiers du fermage de la dîme de Launay-sur-Calonne, affermée à Marguerite Hareng pour 6 ans en 1753 ; 18 livres pour une année de fermage de la chapelle du Fauquet ; 1270 livres pour le fermage de l'hôpital de St-Samson, affermé à Élisabeth Gosse, veuve d'Antoine Desloges, et à François Desloges en 1752 ; 10 livres pour 10 boisseaux d'orge de rente due par Marie Michel, veuve de Thomas Gosse, etc.

H. Suppl. 356. — E. 195. (Cahier.) — Moyen format, 10 feuillets, papier.

1756-1757. — Compte de Lemercier pour l'hôpital et le Bon-Pasteur, année 1756. — Recettes, 5,393 livres 4 sols 1 denier ; dépenses, 5,562 livres 16 sols 4 deniers. — Rentes sur Le Dorey, l'abbé du Moutier, Robert Hurel, Jean Bardel, Doublemont-Rossignol, François Flambard du Mesnil, chanoine de Lisieux, etc.

H. Suppl. 357. — E. 196. (Liasse.) — 142 pièces, papier.

1756-1757. — Compte de Lemercier, receveur du bureau des pauvres, pour l'année 1756. — Pièces justificatives. État de paiements à faire pour le bureau des pauvres, par Lemercier, receveur, en 1756. Exécution de la fondation de feu M. Bence par 70 sols la semaine à 5 vieilles personnes, à raison de 14 sols à chacune. Fondation hebdomadaire faite le 20 mai 1716 par Legrand, prêtre. — Quittances à Lemercier et à ses ayant-nom par le collecteur des tailles et impositions de Saint-Samson, par le collecteur des réparations de la 1re cure de Lieurey, par Pierre-Paul Ramel, curé de la 1re portion de Saint-Désir, de 120 livres pour rente, par Adam, curé de Saint-Philbert-des-Champs. — Constitution de rente viagère faite par le bureau, à la stipulation de l'abbé Du Mesnil, grand vicaire et official. — Certificat en 1757 par Le Bourlier, greffier du bailliage de Lisieux, portant que le prix du blé vendu en la halle et blairie de Lisieux, de la Saint-Michel à la Saint-Luc 1755, a été de 32, 34 et 36 sols le boisseau, c'est-à-dire 16, 17 et 18 livres la somme, en 1756, audit temps, de 3 livres à 3 livres 12 sols le boisseau, c'est-à-dire 30 à 36 livres la somme.

H. Suppl. 358. — E. 197. (Cahier.) — Moyen format, 32 feuillets, papier.

1757-1758. — Compte de Lemercier pour le bureau des pauvres, année 1757. — Recettes, 20,296 livres 2 sols 4 deniers ; dépenses, y compris 389 livres 12 sols de reprises, 18,844 livres 3 sols 9 deniers. — Rentes de la création de M. de Bournainville, conseiller au Parlement de Normandie (1737), de Marie Huguet, veuve de Jean Verneuil, de Louis Jourdain, écuyer, de Jacques Labbé, écuyer, sieur du Moutier, de M. de La Loutterye, demoiselle Le Cavelier, veuve de Jean Le Cavelier, et Jean-Baptiste Le Cavelier, son fils, etc. — De Le Rat, à la décharge de David Bollioud de Saint-Julien, receveur général du Clergé de France, 752 livres pour 6 mois de rente au denier 25, moyennant 18,800 livres de capital sur le Clergé de France au profit de l'hôpital des malades sous le nom de l'hôpital général, par contrat reçu au Châtelet de Paris, en 1755.

H. Suppl. 359. — E. 198. (Cahier.) — Moyen format, 12 feuillets, papier.

1757-1758. — Compte de Lemercier pour l'hôpital général et le Bon-Pasteur, année 1757. — Recettes, 4,937 livres 18 sols 11 deniers ; dépenses et reprises, 4,984 livres 3 sols 11 deniers. 750 livres pour rente créée aux 4 quartiers de l'année par Gabriel Le Grip, pour la vente à lui faite des offices de notaire garde-note de la ville et banlieue de Lisieux, suivant contrat passé devant Jean Le Roux, notaire à Glos, vicomté d'Orbec, le 28 décembre 1743.

H. Suppl. 360. — E. 199. (Liasse.) — 129 pièces, papier.

1757-1758. — Compte de Lemercier, receveur du bureau des pauvres, pour 1757. — Pièces justificatives. — Quittance audit Lemercier : par l'évêque de Brancas de 400 livres pour 6 mois des deux rentes que lui fait le bureau ; par Huet, supérieur du séminaire de N.-D. de Lisieux, de 25 livres pour le quart du quatrième quartier de la rente sur le notariat apostolique appartenant au séminaire, de 46 livres 17 sols 6 deniers pour le 2e quartier du quart de la rente sur le notariat laïc appartenant au séminaire, de 56 livres 5 sols pour les six premiers mois de 1757 du quart de la rente sur le moulin fouloir appartenant au séminaire, de 61 livres 16 sols 9 deniers pour l'année 1756 des offices de maire et procureur du Roi de Lisieux, appartenant en partie au séminaire ; par la sœur Lefebvre, dépositaire de la Providence de Lisieux, pour droits sur le notariat apostolique ; par Mlle du Catillon de Saint-Louis, supérieure de la communauté du Bon-Pasteur ; par M. T. de Bruméuy, de 1,562 livres 10 sols, pour supplément accordé par le Roi pour la nourriture des soldats pendant les mois d'avril, mai et juin, et des restes qui n'avaient pas été payés pendant les mois de janvier et février 1757, sur laquelle somme elle a payé au ministre de l'Hôtel-Dieu 153 livres à raison de 340 journées à 9 sols par jour. — Mémoires des réparations de serrurerie au manoir Hauvel.

H. Suppl. 361. — E. 200. (Cahier.) — Moyen format, 38 feuillets, papier.

1758-1760. — Compte de Lemercier pour le bureau des pauvres, année 1758. — Recettes, 19,796 livres 8 sols 3 deniers ; dépenses, y compris 10 livres 10 sols de reprises, 18,280 livres 5 sols 3 deniers. — Recettes de rentes de Mme de La Haye d'Éraine de Sammelle, de M. de Grisy, d'Adrien du Noe, écuyer, sieur d'Armonville. L'adjudication de la vente de la viande pendant le carême a été faite à Roussel et Le Taillis, bouchers de Lisieux, moyennant 600 livres. 120 livres à Mlle de Bruméuy pour faire monter un lit fondé par Mme de La Tour dans l'hôpital des malades ; à la même, 862 livres 10 sols pour 17 portions 1/4 de marmites fondées par M. Despériers, Tinan et Mme Mignot ; paiements à Mlle de Grosfy, supérieure de l'hôpital général.

H. Suppl. 362. — E. 201. (Cahier.) — Moyen format, 12 feuillets, papier.

1758-1760. — Compte de Lemercier pour l'hôpital général et le Bon-Pasteur, année 1758. — Recettes, 5,191 livres 11 sols 11 deniers ; dépenses et reprises, 5,280 livres 6 sols 2 deniers. A Le Rat, receveur de l'évêché de Lisieux, 140 livres pour deux années de fermage du jardin champagne ; au président Mignot, 100 livres pour une année de rente au profit de deux personnes pieuses.

H. Suppl. 363. — E. 202. (Liasse.) — 141 pièces, papier.

1758-1760. — Compte de Lemercier, receveur du bureau des pauvres, pour l'année 1758. — Pièces justificatives. — Quittances audit Lemercier : par Pinel, économe du grand séminaire ; par Le Bourg, chanoine, de 300 livres pour être jointes aux sommes fournies par les autres communautés légataires de feu M. de Matignon et payer 643 livres 10 sols 5 deniers à Mlle Despériers de Saint-Mars suivant la sommation faite par elle au chapitre. — Pièces concernant la vente faite par Jacques Duchemin à la requête de Pierre Lucas des meubles appartenant à Marie-Anne Bonpain. — Travaux à l'hôpital de Saint-Samson ; pour une journée de travail à la chapelle Saint-Clair, 12 sols de chaux et 8 fetiers de 32 sols.

H. Suppl. 364. — E. 203. (Cahier.) — Moyen format, 88 feuillets, papier.

1759-1760. — Compte de Lemercier pour le bureau des pauvres, année 1759. — Recettes, 17,578 livres 2 sols 10 deniers ; dépenses, y compris 62 livres 10 sols de reprises, 16,464 livres 13 sols 3 deniers. A Louis-Dominique Le Bidois, serrurier, pour avoir raccommodé et ferré les petites portes des troncs des églises et mis une serrure, 7 livres ; à Ramel, curé de la 1re portion de la paroisse de Saint-Désir de Lisieux, rente viagère de 120 livres ; à François Tardif, neveu paternel de Marie Tardif, pour laquelle M. de Méry est nommé stipulant, pour une année de rente viagère que le bureau fait à ladite Tardif, 50 livres ; à Ody, ministre chanoine religieux de la maison et Hôtel-Dieu de Lisieux et prieur de Saint-Christophe, dépendant dudit lieu, pour l'entretien de deux lits pendant une année, 202 livres 18 sols ; à Riquier, chanoine à Lisieux, 24 livres 12 sous pour son père, intérêt de 1,000 livres constituées sur les aides et gabelles, etc.

H. Suppl. 365. — E. 204. (Cahier.) — Moyen format, 12 feuillets, papier.

1759-1760. — Compte de Lemercier pour l'hôpital général et le Bon-Pasteur, année 1759. — Recettes, 5,278 livres 16 sols 8 deniers; dépenses et reprises, 5,264 livres 9 sols. — 98 livres 5 sols à valoir sur le fermage que tenait Robert Lespagnol en la paroisse du Mesnil-Eudes, de l'hôpital général, pour une ferme assise au lieu nommé La Martinière, ladite somme faisant partie de celle de 200 livres que Mlle de Grosfy a assuré avoir reçue le 18 juin 1759; 49 sols à Jean Poulain, aîné en l'aînesse ou vavassorie Robert Le Gendre, dépendant de la sieurie du Mesnil-Eudes, appartenant à M. de Bernières, écuyer, à cause de Marie-Pierre de Tournebu, sa femme, pour frais de l'aveu rendu audit seigneur pour 4 pièces de terre appartenant à l'hôpital général, assises en la paroisse du Mesnil-Eudes.

H. Suppl. 366. — E. 205. (Liasse.) — 134 pièces, papier.

1759-1760. — Compte de Lemercier, receveur du bureau des pauvres, pour l'année 1759. — Pièces justificatives. — Quittances audit Lemercier: par la supérieure du Bon-Pasteur, du Catillon de Saint-Louis; par F. Philbert, vicaire des Capucins de Lisieux; par P. Pateley, prêtre habitué de St-Germain de Lisieux, de 90 livres pour avoir été occupé à instruire les pauvres enfants de la ville, pendant l'année 1759, suivant la fondation Despériers et Le Doulcet; par Michel Bertot, prêtre habitué en l'église St-Germain, de 105 livres pour avoir été occupé à instruire les pauvres enfants de la ville qui se sont présentés à l'école de charité fondée par Despériers et Le Doulcet; par Jean Bertot, héritier dudit Michel, de 52 livres 10 sols pour les mois de juillet, août et septembre, que son dit frère a gagné à l'instruction des pauvres; par Guéroult, économe du grand séminaire de Lisieux; par Cordier, receveur des droits d'insinuation et centième denier, au bureau de Pont-l'Évêque, à l'abbé Montaye, prêtre habitué en l'église de Pont-l'Évêque, comme porteur des ordres des administrateurs du bureau des pauvres de l'hôpital d'Honfleur, de 9 livres 12 sols et 4 sols pour livre, pour le centième denier de la succession de Charlotte Fromage, échue à Pierre Fromage, prêtre résident dans l'hôpital général de Lisieux, et nourri par la charité du bureau des pauvres à cause de son infirmité d'esprit, et à Jacques Guillard, époux de Marie Fromage. — Acte d'inhumation de Charlotte Letorey, veuve de Jacques Remon, morte le 26 février 1759 et inhumée le lendemain par Michel Parau, curé de St-Germain de Lisieux.

H. Suppl. 367. — E. 206. (Cahier.) — Moyen format, 44 feuillets, papier.

1760-1762. — Compte de Lemercier pour le bureau des pauvres, année 1760. — Recettes, 18,301 livres 2 sols 3 deniers; dépenses, y compris 310 livres de reprises, 16,333 livres 2 sols 10 deniers. — Paiements à Mlle de Brumény, supérieure de l'hôpital des malades; 50 livres du fermage du tiers de la dîme de Launay-sur-Calonne, affermée à Marguerite Bareng, veuve de Robert Vannier; 100 livres pour fermage de la pièce de terre de la maladrerie de St-Clair, avec le trait de dîme en dépendant, etc.

H. Suppl. 368. — E. 207. (Cahier.) — Moyen format, 16 feuillets, papier.

1760-1762. — Compte rendu par François Lemercier, receveur pour l'hôpital général et la maison du Bon-Pasteur, année 1760. Recettes, 5,789 livres 4 sols 11 deniers; dépenses, 5,431 livres 13 sols 9 deniers. Reçu 250 livres de rente créée moyennant 5,000 livres sur le Clergé de France au profit du Bon-Pasteur, sous le nom de l'hôpital général, par contrat devant notaire au Châtelet de Paris, du 1er avril 1747.

H. Suppl. 369. — E. 208. (Liasse.) — 124 pièces, papier.

1760-1761. — Compte de Lemercier, receveur du bureau des pauvres, pour l'année 1760. — Pièces justificatives. — Compte de Louis-Gabriel Carré, receveur général des aides, chargé de la perception des droits sur les vins et boissons entrant dans la ville et perçus au bénéfice des hôpitaux: recette, 2,417 livres 1 sol 6 deniers; dépense, 2,348 livres 17 sols 7 deniers. — Paiements à Mlle de La Coudraye, à Mlle de Brumény. — État des paiements à faire par le receveur, etc.

H. Suppl. 370. — E. 209. (Cahier.) — Moyen format, 46 feuillets, papier.

1761-1763. — Compte rendu par François Lemercier, receveur pour le bureau des pauvres, année 1761. Recettes, 19,150 livres 16 sols 5 deniers; dépenses,

18,488 livres 12 sols 3 deniers. Reçu 100 livres de l'obligation de Jacques Labbé, écuyer, sieur du Moutier, par contrat passé au notariat de Lisieux, le 27 janvier 1744. 800 livres de Le Rat à la décharge de M. de Saint-Gilles, receveur général du Clergé de France, pour rente au capital de 20,000 livres créée sur ledit Clergé. Adjudication de la boucherie de carême faite devant Bourdon, bailli-vicomtal de Lisieux, à Pierre Dubois, boucher, moyennant 500 livres.

H. Suppl. 371. — E. 210. (Cahier.) — Moyen format, 24 feuillets, 1 pièce intercalée, papier.

1761-1763. — Compte rendu par François Lemercier, receveur pour l'hôpital général et la maison du Bon-Pasteur, année 1761. Recettes, 5,682 livres 10 sols 11 deniers; dépenses, 5,686 livres 5 sols 9 deniers. Payé 287 livres 10 sols à la sœur Lefèvre, dépositaire des sœurs de la Providence, pour le quart du fermage du notariat apostolique et pour le quart de la rente du notariat laïc ; 112 livres 10 sols à Huet et Silvy, supérieurs alternatifs du petit séminaire, pour rente en fieffe sur le moulin fouloir, même somme aux sœurs Lefèvre et Vallée, dépositaires des sœurs de la Providence, pour rente sur ledit moulin, 50 livres à Mlle de La Coudraye, pour rente due à l'hôpital général sur Le Dorey ; 150 livres à demoiselle du Catillon pour rente sur le Clergé, etc.

H. Suppl. 372. — E. 211. (Liasse.) — 195 pièces, papier.

1700-1762. — Compte de Lemercier pour 1761. — Pièces justificatives. — État de distribution des 20,000 livres dont jouissait Moet : hôpital général, principal 8,400 livres, intérêts 210 livres ; hôpital des malades, principal 2,120 livres, intérêts 53 livres ; grand séminaire, principal 1,080 livres, intérêts 27 livres ; petit séminaire, principal 4,200 livres, intérêts 103 livres ; Providence, 4,200 livres, intérêts 103 livres ; total des intérêts 500 livres. — État de distribution des 14,688 livres de la finance de maire et procureur du Roi : hôpital général, principal, 6,160 livres, intérêts 123 livres 3 sols 6 deniers ; hôpital des malades, principal 1,562 livres 8 sols 6 deniers ; intérêts 31 livres 5 sols 1 denier ; grand séminaire, principal 782 livres 6 sols 6 deniers, intérêts 15 livres 13 sols 1 denier ; petit séminaire, principal 3,091 livres 12 sols 6 deniers, intérêts 61 livres 16 sols 9 deniers ; Providence, principal 3,091 livres 12 sols 6 deniers, intérêts 61 livres 16 sols 9 deniers; total des intérêts, 293 livres 15 sols 2 deniers. Payé : 47 livres 9 sols par la supérieure de l'hôpital général à Deshays de Gassart pour deniers provenant du restant des meubles de demoiselle Colombe, qui occupait une chambre dans ledit hôpital. Mémoire des rentes sur les aides et gabelles : grand séminaire, 12 livres 13 sols, hôpital des malades, 1,631 livres 18 sols ; hôpital général, 593 livres 16 sols; filles de la Providence, 495 livres 19 sols 9 deniers ; total, 2,734 livres 8 sols 9 deniers. — Produit des octrois perçus au bénéfice des hôpitaux : vin, 21 livres 4 deniers ; cidre, 458 livres 5 sols 3 deniers ; poiré, 11 livres 6 sols 8 deniers ; total, 491 livres 5 sols 3 deniers pour le quartier d'octobre ; 393 livres 18 sols 3 deniers, quartier de juillet ; 420 livres 11 sols 8 deniers, quartier d'avril, et 488 livres 12 sols 1 denier pour le quartier de janvier. 130 livres à Lamotte, cavalier de maréchaussée, pour conduite à l'hôpital de Bicêtre de Fromage dit Lapierre, prêtre. — Billet d'avertissement de payer 3,419 livres 5 sols 1 denier par les administrateurs, échevins et prévôt de la grande charité de Lisieux pour droits d'amortissement et de nouveaux acquêts. — Réparations au manoir Hauvel. — A Denis, prêtre habitué de St-Germain de Lisieux et second maître des écoles charitables fondées à Lisieux, 90 livres pour une année d'honoraires. — Lettre de Dulion aîné, notaire à Paris. — Requêtes des administrateurs au bureau des finances d'Alençon. — Parmi les pièces annexées : constitution de rente au profit des pauvres (1700) ; testament de Yves Guirard, toilier, demeurant à Lisieux, à l'hôpital général (1729), etc.

H. Suppl. 373. — E. 212. (Cahier.) — Moyen format, 48 feuillets, papier.

1762-1764. — Compte rendu par François Lemercier, prêtre, tant pour lui que pour Marc-Antoine-Robert Lemercier, prêtre, son frère, héritiers de François Lemercier, receveur du bureau des pauvres pendant ladite année. — Recettes, 18,490 livres 9 sols 8 deniers ; dépenses, 17,947 livres 9 deniers ; excédent de recettes, 543 livres 8 sols 11 deniers. Payé 1,593 livres 9 sols aux dames Scelles de Bruményl et Desnoyers pour 4/5 du produit de droits d'entrée sur les boissons (art. 44) ; 2 livres 10 sols pour la fondation des reliques de Saint-Irénée et Saint-Benedicte (art. 60) ; 300 livres 10 sols pour honoraires dudit feu Lemercier (art. 64), etc.

H. Suppl. 374. — E. 213. (Cahier.) — Moyen format, 26 feuillets, papier.

1762-1764. — Compte rendu par François Lemercier, prêtre, pour lui et Marc-Antoine-Robert Lemercier, prêtre, son frère, héritiers de feu François Lemercier, receveur pour l'hôpital et la maison du Bon-Pasteur, année 1762. — Recettes, 5,885 livres 10 sols 9 deniers ; dépenses, 5,192 livres 2 sols 9 deniers. — Payé : 3 livres à Mlle de La Coudraye pour amende jugée au profit de l'hôpital général par sentence de l'officialité de Lisieux (art. 2) ; 30 livres à Mlle du Catillon, supérieure de la maison du Bon-Pasteur, pour la pension de la fille de feu Roquery, arpenteur (art. 3) ; 50 livres à D^{lle} Janval, aumônées aux pauvres de l'hôpital pour double rétribution de leur assistance à l'inhumation de Le Bas de Caudemonne, chanoine (art. 7) ; 8 livres 15 sols à Robert Bonnier pour 2 journées de travail et fourniture de neuf gleux de roseau pour couvrir la maison de la ferme de l'hôpital sise au Mesnil-Eudes (art. 43), etc.

H. Suppl. 375. — E. 214. (Liasse.) — 131 pièces, papier.

1762. — Compte de Lemercier pour 1762. — Pièces justificatives. — État des paiements à faire pour le bureau des pauvres de Lisieux, par Lemercier, receveur en ladite année. — Quittances de sommes payées : 150 livres pour l'inspection des boucheries ; 90 livres à Denis, prêtre, pour instruction donnée aux pauvres enfants de la ville qui se sont présentés à l'école de charité fondée par Le Doulcet et Despériers ; 43 livres à d'Hercourt, chanoine de Lisieux, au nom de Hébert, docteur en médecine à Beauvais, héritier de Hébert, chanoine de Lisieux, pour une demi année d'intérêts de 3,500 livres de rente constituées sur l'Hôtel-de-Ville de Paris, etc.

H. Suppl. 376. — E. 215. (Cahier.) — Moyen format, 64 feuillets, papier.

1763-1764. — Compte rendu par François Lemercier, prêtre, tant pour lui que pour Marc-Antoine-Robert Lemercier, prêtre, son frère, héritiers de François Lemercier, receveur du bureau des pauvres et hôpitaux de Lisieux, pour la gestion du bien et revenu des pauvres, tant par feu Lemercier que par lui, année 1763. — Recettes, 13,660 livres 18 sols 11 deniers ; dépenses, 10,427 livres 15 sols 6 deniers. — Reçu 150 livres de la création de M. de Bournainville (art. 19) ; 100 livres de l'obligation solidaire de Mme Dulongchamp, Simon et François Amion (art. 39) ; 75 livres de l'obligation de dame Marie de Venois, veuve de Guillaume Le Boctey et de François Le Boctey son fils, etc.

H. Suppl. 377. — E. 216. (Liasse.) — 1 pièce, parchemin ; 70 pièces, papier.

1759-1764. — Compte de Lemercier pour l'année 1763. — Pièces justificatives. — États du produit des droits d'entrée sur les vins, cidre et poiré, quartier de janvier, 645 livres 6 sols 10 deniers ; quartier d'avril, 451 livres 15 sols 8 deniers ; quartier de juillet, 387 livres 19 sols 11 deniers. — État des paiements à faire pour le bureau des pauvres par Lemercier, receveur en ladite année. — Quittances données : par Charles-François de Rouen, gardien des Capucins, de 107 livres 19 sols pour la part du couvent sur le produit de la viande de carême ; par Levavasseur, curé de St-Aubin, de 66 livres 13 sols 4 deniers, destinés à Chéradame, pauvre prêtre du diocèse, au fur et mesure de ses besoins ; par Desnoyers, de 487 livres 4 sols, d'aumônes de feu M. de Brancas, évêque de Lisieux, pour 2 lits, 3 portions de marmites et une messe au premier jour libre de chaque mois. — Parmi les pièces justificatives : bail devant Jacques-Louis Daufresne, notaire royal à Lisieux, bailliage d'Orbec, par Jean-Henri Gérard, docteur de Sorbonne, chanoine de Lisieux, vicaire général et official du diocèse et archidiacre du Lieuvin ; Étienne-Antoine-Élie de Fréard, chanoine ; Michel Parau, curé de Saint-Germain de Lisieux, Jean-Baptiste Lambert, chevalier, seigneur de Janville et de Bellouet, directeur et administrateur des biens et revenus des hôpitaux et bureau des pauvres de Lisieux, à Jean Herfort, de Lisieux, des héritages et maisons composant la ferme du lieu Moulin, appartenant au bureau des pauvres sis aux paroisses de Saint-Jacques de Lisieux et Ouillie-le-Vicomte, village du Mesnil-Asselin (1759). — Procès-verbal de saisie des biens de François Lemoine, laboureur de la paroisse de Piencourt, à la requête des directeurs et administrateurs des hôpitaux et bureau des pauvres, pour non paiement de fermages d'une pièce de terre sise paroisse de Fontenelles (1762) ; autre procès de saisie des récoltes excrues sur ladite pièce de terre (1763) ; sentence rendue à l'Hôtellerie en l'audience des vacations par Charles Le Boctey, seigneur et patron honoraire de

Moyaux, vicomte de Moyaux, rejetant avec dépens l'opposition de Lemoine contre la saisie de ses biens et en ordonnant l'exécution (1763); procès-verbal de la vente des récoltes de Lemoine faite par Pierre Héroult, sergent, à Chrysostome Dumoulin, laboureur, moyennant 360 livres, à charge d'en payer le montant à Lemercier, receveur (1763); requête adressée au vicomte de Moyaux par François Durosey, cordonnier en la paroisse de Fontenelles, pour obtenir taxe de ses salaires comme gardien des récoltes saisies sur François Lemoine (1763); lesdits documents cotés « sixième « liace de dépense du compte du bureau. Lemoine « doit à Messieurs les Administrateurs 15 livres pour « restant de ses fermages et 102 livres 5 sols pour les « frais. »

H. Suppl. 378. — E. 217. (Cahier.) — Moyen format, 24 feuillets, papier.

1763-1764. — Compte rendu par François Lemercier, prêtre, pour lui et Marc-Antoine Lemercier, prêtre, son frère, héritiers de François Lemercier, receveur pour l'hôpital général et maison du Bon-Pasteur, année 1763. — Recettes, 4,077 livres 8 sols 11 deniers; dépenses, 4,356 livres 1 sol 2 deniers. — Paiement de rentes à Silvy, supérieur du petit séminaire, à la sœur Lefèvre, dépositaire des sœurs de la Providence; 15 livres 13 sols 1 denier, à Guillot, économe du grand séminaire; 30 livres 15 sols de rente à demoiselle Desnoyers, supérieure de l'hôpital des malades, etc.

H. Suppl. 379. — E. 218. (Liasse.) — 75 pièces, papier.

1677-1764. — Compte de Lemercier pour l'année 1763. — Pièces justificatives. — Quittances données : par Mlle du Catillon de Saint-Louis, supérieure du Bon-Pasteur, de 50 livres de rente sur Mariolle; par Boudard, receveur de l'évêché de Lisieux, de 70 livres pour fermages du jardin Champagne. — Cahier des charges du bail de la ferme de St-Samson pour les époux Desloges, fermiers. — Procès-verbal de visite des biens dépendant de l'hôpital de St-Samson faite suivant délibération de l'évêque de Lisieux et des administrateurs des hôpitaux du 19 juillet 1730; note portant que par sentence rendue à Pont-l'Évêque le 8 novembre 1677, entre François Marcel, curé de St-Samson, et Michel et Louis Lemonnier, fermiers de l'hôpital St-Samson, la demande du curé de 40 livres, pour messes célébrées, a été réduite à 30 livres et que les dîmes nouvelles ont également été réduites de 40 livres à 30 livres, ce qu'il a accepté ; copie de ladite sentence.

H. Suppl. 380. — E. 219. (Cahier.) — Moyen format, 44 feuillets, papier.

1764-1766. — Compte rendu par Jean Lenoir, receveur du bureau des pauvres, année 1764. Recettes, 26,248 livres 9 sols 9 deniers; dépenses, 17,802 livres 7 sols 7 deniers. Reçu 1,637 livres 10 sols pour moitié de rentes constituées sur les aides et gabelles, art. 5. 10 livres de rente au lieu de 10 boisseaux de blé, art. 54. 100 livres de l'obligation de Jacques Labbé, écuyer, sieur du Moutier, art. 73. 100 livres de rente sur M. de Bardouil de La Bardouillère, art. 91. 4 livres pour fieffe à Catherine Roque, veuve de Pierre Daubin, pour une boutique grande rue rétrocédée à Étienne Perrée, art. 114. 125 livres de création de Mme de Samesle et Antoine Lainé, art. 128. 200 livres de rente sur M. de Grisy, art. 132. 50 livres du président de Bonneval, acquéreur de Duvey, cessionnaire de feu Du Rosey, chanoine, art. 146.

H. Suppl. 381. — E. 220. (Liasse.) — 58 pièces, papier.

1764-1765. — Compte de Lenoir, receveur de l'hôpital, année 1764. — Pièces justificatives. — État des paiements faits aux femmes qui perçoivent 14 sols ou 12 sols 6 deniers par semaine. — Quittances données par : Hauvel, curé de St-Désir, de 40 livres de la fondation Despériers, pour être distribuées aux pauvres, art. 10 ; Levermey, chirurgien, de 30 livres pour soins donnés aux pauvres pendant six mois, art. 33 ; Charles-François de Rouen, gardien des Capucins de Lisieux, 90 livres 10 sols pour leur part dans le produit de la vente de viande pendant le carême, art. 35 ; Grégoire, gardien des Capucins, de 1,100 livres pour tenue de la mission de l'année 1765, art. 49. — Compte rendu par Louis-Gabriel Carré, receveur général des aides, chargé de la perception des droits sur les boissons entrant dans la ville de Lisieux au bénéfice des hôpitaux, quartier de janvier, 833 livres 8 sols 7 deniers, avril 481 livres 1 sol 5 deniers, juillet 392 livres 3 sols 8 deniers et octobre 463 livres 14 sols 9 deniers.

H. Suppl. 382. — E. 221. (Cahier.) — Moyen format, 22 feuillets, papier.

1764-1766. — Compte rendu par Jean-Baptiste Lenoir, receveur de l'hôpital et maison du Bon-Pasteur, année

1764. — Recettes, 8,204 livres 9 sols 10 deniers ; dépenses, 5,992 livres 2 sols 3 deniers. A Mlle du Catillon, 6 livres 5 sols pour le dernier quartier du notariat apostolique de 1763, 35 livres 2 sols 9 deniers pour les 3 derniers quartiers du notariat laïc de 1763, art. 1 et 2, 26 livres 3 sols 7 deniers pour la part revenant au Bon-Pasteur sur le produit de la vente de viande de Carême, art. 8 ; à ladite du Catillon 116 livres 13 sols 4 deniers pour 7 années de 16 livres 13 sols 4 deniers de rente due par Rioult des Champeaux, art. 11 ; à la dépositaire des dames de la Providence, 61 livres 16 sols 9 deniers sur les offices de maire et procureur du roi de l'hôtel de ville, pour 1762, art. 29 ; à Mlle de Valogne pour la ferme du Mesnil-Eudes et St-Pierre-des-Ifs, occupée par Hauton, art. 44 ; à Mlle du Catillon, 133 livres en à-compte sur les obligations provenant des legs de l'abbé de Frénrd, art. 54.

II. Suppl. 383. — E. 222. (Liasse.) — 50 pièces, papier.

1764-1765. — Compte de Lenoir, receveur de l'hôpital et la maison du Bon-Pasteur, année 1764. — Pièces justificatives. — Quittances données par : Mlle du Catillon de St-Louis, supérieure du Bon-Pasteur, pour diverses rentes, art. 1 à 10 ; Boudard, receveur de l'évêché, 70 livres pour fermages de la première année du jardin Champagne, art 13 ; Quesnot et Silvy, supérieurs du séminaire Notre-Dame de Lisieux, pour diverses rentes, art. 17 à 23 ; la sœur Lefebvre, dépositaire des sœurs de la Providence, art. 24 à 26 ; Mignot stipulant pour une personne pieuse, art. 30 ; Mlle de Valogne, supérieure de l'hôpital général, pour diverses rentes, art. 31 à 43.

II. Suppl. 384. — E. 223. (Cahier.) — Moyen format, 42 feuillets, papier.

1765. — Compte rendu par Jean-Baptiste Lenoir, receveur du bureau des hôpitaux, pour les biens et revenus des hôpitaux, année 1765. Recettes, 23,468 livres 3 sols ; dépenses, 19,414 livres 3 sols. Reçu 3,275 livres de 11 parties de rente montant à 131,000 livres de capital constituées au profit des pauvres sur les aides et gabelles, art. 9. 55 livres de la création solidaire de dame Anne Samin et Constantin de Bonenfant, écuyer. Pierre Le Roy et Pierre Pigis, art. 30. 800 livres de Le Rat à la décharge de M. de Saint-Julien, receveur général du Clergé de France, art. 60 : 60 livres au lieu de 166 livres 13 sols 4 deniers de rente créée par François de Meurdrac, écuyer, sieur de Vieux, art. 78 ; 1,224 livres pour fermage des herbages nommés le lieu Moulin et dépendances affermés à Herfort, art. 100.

II. Suppl. 385. — E. 224. (Liasse.) — 66 pièces, papier.

1764-1766. — Compte de Lenoir, receveur de l'hôpital, pour l'année 1765. — Pièces justificatives. — États du produit des droits des hôpitaux sur les boissons entrées dans la ville, quartier de janvier 326 livres 1 sol, avril 416 livres 4 sols 8 deniers, juillet 440 livres 7 sols, octobre 630 livres 15 sols 8 deniers ; au total, recette, 1,863 livres 17 sols 4 deniers ; dépense, 1,839 livres 1 sol 8 deniers. — État des personnes qui perçoivent 14 sols et 12 sols 6 deniers par semaine de la fondation de Bence. — Aveux rendus à Jacques-Marie de Caritat de Condorcet, évêque de Lisieux, par les directeurs et administrateurs de l'hôpital général, de divers fonds, le tènement Louis Le Bourgeois, assis en la paroisse St-Jacques de Lisieux, près la chapelle du Bois, le tènement François Aubrée, même paroisse près le Parc-aux-Bœufs, la vente aux Houx, même paroisse près le bois du Parc vulgairement appelé le bois de Rocques, les bruyères du Vignon, assises en la paroisse St-Jacques, village de Glatigny, etc. — États de différents articles de la recette de 1765. Recette de la pharmacie 31 livres 13 sols 6 deniers. Travaux de dentelles : recettes, 990 livres 13 sols 3 deniers ; dépenses, fil, épingle et carte, 86 livres 3 sols 3 deniers. Travaux du coton : recettes, 6,847 livres 16 sols 6 deniers ; dépenses en laine, carde, cordes, rouets et ports, 3,100 livres 18 sols 6 deniers ; reste net, 3,746 livres 18 sols. — État des personnes qui sont à l'hôpital général le 31 décembre 1765 : 4 hommes occupés aux gros travaux de la maison et de la campagne ; 10 filles occupées à faire les lessives, balayer, écurer, servir les malades et à la cuisine ; 11 filles occupées à faire la dentelle, y compris celle qui montre et charge les fuseaux ; 18 filles occupées à filer du coton ; « 23 petits garçons « qui fillent du coton, y compris la dévideuse et car- « deuse » ; 53 personnes infirmes, idiots et malades d'esprit ; 2 pensionnaires ; 11 sœurs ; en tout, 134 personnes. — Quittances de sommes payées : 941 livres 13 sols 6 deniers, de Drouart, trésorier principal de l'extraordinaire des guerres de la généralité d'Alençon, pour les journées de soldats malades aux hôpitaux.

H. Suppl. 386. — E. 225. (Cahier.) — Moyen format, 16 feuillets, papier.

1765-1767. — Compte rendu par Jean-Baptiste Lenoir, receveur pour l'hôpital général et maison du Bon-Pasteur, année 1765. — Recettes, 8,606 livres 12 sols; dépenses, 5,725 livres 17 sols 2 deniers. Reçu : 60 livres pour la ferme de La Martinière sise au Mesnil-Eudes, article 35 ; 28 livres 9 deniers au lieu de 34 livres 10 sols pour l'année échue le 16 novembre 1765 de rente créée sur Jacques Gannel, marchand de toiles à Lisieux, à la décharge de Charles Jumelin, logé, nourri et entretenu dans ledit hôpital, déduction des vingtièmes et 2 sols pour livre, article 36 ; 32 livres pour un jardin sis au faubourg de la porte de Paris occupé par Charles Marie dit Lupierre, article 38.

H. Suppl. 387. — E. 226. (Liasse.) — 32 pièces, papier.

1765. — Compte de Lenoir, receveur, année 1765. — Pièces justificatives. — Quittances de sommes payées : à Quesnot, supérieur du séminaire de Notre-Dame de Lisieux, à Mlle du Catillon de Saint-Louis, supérieure de la communauté du Bon-Pasteur ; à Boudard, receveur de l'évêché ; à la sœur Lefèvre, dépositaire des sœurs de la Providence ; à Letainturier, prêtre, économe du grand séminaire, pour rentes et droits dus, etc.

H. Suppl. 388. — E. 227. (Cahier.) — Moyen format, 38 feuillets, papier.

1766-1767. — Compte rendu par Jean-Baptiste Lenoir, receveur des biens et revenus des hôpitaux, année 1766. — Recettes, 24,344 livres 4 sols 5 deniers ; dépenses, 20,225 livres 3 sols 2 deniers. Reçu : 20 livres pour partie de 70 livres de rente dont 50 livres pour le petit couvent sur lesdites 20 livres pour le bureau sur Louis Jourdain, écuyer et Georges Michel (art. 13) ; 52 livres de rente de la création de Fergeand et de la Loutrie, article 26 ; 100 livres de rente sur Paul de Grieu, écuyer, sieur d'Estimauville, et Nicolas Thillaye, article 41 ; 860 livres de Le Rat à la décharge de M. de Saint-Julien, receveur général du Clergé de France, pour rente au capital de 20,000 livres, article 58.

H. Suppl. 389. — E. 228. (Liasse.) — 90 pièces, papier.

1766-1767. — Compte de Lenoir, receveur de l'hôpital, année 1766. — Pièces justificatives. — État du produit des droits d'hôpitaux sur les boissons : quartier de janvier, 946 livres 18 sols 10 deniers ; avril, 448 livres 10 sols 3 deniers ; juillet, 449 livres 4 deniers ; octobre, 352 livres 9 sols 5 deniers. — Mémoires pour serrures faites à la chapelle du Bois ; 9 livres 2 sols pour 700 tuiles livrées à la chapelle du Bois. Quittances données par : Denis, prêtre, de 90 livres pour honoraires du second maître aux écoles charitables de Lisieux ; Desnoyers, supérieure de l'hôpital des malades, de 30 livres 15 sols pour sa part des offices de l'Hôtel-de-Ville de Lisieux ; Le Rat, fondé du marquis de Brancas, héritier bénéficiaire et légataire universel de M. de Brancas, évêque de Lisieux, de 200 livres pour arrérages de rentes ; Séraphin, gardien des Capucins, de 90 livres pour part de la boucherie de Carême ; Mlle de Valogne, de 1,000 livres à-compte pour nourriture et autres besoins de l'hôpital général ; Vaudon, de 6 livres 11 sols pour frais d'aveu rendu au comté de Lisieux pour le manoir Hauvel, sis grande rue porte de Caen. — A l'appui dudit compte, aveux rendus à Jacques Marie de Caritat de Condorcet, évêque et comte de Lisieux, pour ledit manoir et autres fonds.

H. Suppl. 390. — E. 229. (Cahier.) — Moyen format, 16 feuillets, papier.

1766-1767. — Compte rendu par Jean-Baptiste Lenoir, receveur pour l'hôpital général et la maison du Bon-Pasteur, année 1766. — Recettes, 6,520 livres 13 sols 10 deniers ; dépenses et reprises, 4,818 livres 9 sols 2 deniers ; excédent de recettes, 1,702 livres 4 sols 8 deniers. Payé : 46 livres 10 sols 4 deniers à demoiselle du Catillon, pour part revenant au Bon-Pasteur sur le notariat laïc, art. 2 ; 28 livres 2 sols 6 deniers pour part sur le moulin fouloir, art. 3 ; 250 livres pour rente sur le Clergé de France, art. 9 ; 100 livres à la maison du petit séminaire pour sa part du notariat apostolique, art. 18 ; 150 livres pour rente à prendre sur M. de Baudoit, art. 38 ; 32 livres à demoiselle de Valogne, pour loyer du petit jardin affermé à Lapierre.

H. Suppl. 391. — E. 230. (Liasse.) — 27 pièces, papier.

1767. — Compte rendu par Lenoir, receveur des hôpitaux, année 1767. — Pièces justificatives. — Quittances données par : Letainturier, prêtre, économe du grand séminaire, Mignot, stipulant pour 2 personnes pieuses, sœur Hue, supérieure des filles de la Providence, du Catillon de Saint-Louis, supérieure de la communauté du Bon-Pasteur, Boudard, receveur de l'évêché, de Valogne, supérieure, de divers rentes et droits.

H. Suppl. 392. — E. 231. (Cahier.) — Moyen format, 34 feuillets, papier.

1767. — Compte rendu par Jean-Baptiste Lenoir, receveur pour les biens et revenus des hôpitaux, année 1767. — Recettes, 22,533 livres 19 sols 8 deniers ; dépenses, 21,333 livres 6 sols 8 deniers. Reçu : 300 livres de Perdoulx, receveur des aides, pour l'indemnité de 2 deniers pour livre de viande consommée dans les hôpitaux depuis le 1er octobre 1766 jusqu'au 31 septembre 1767, article 8 ; 286 livres 18 sols de Lebas de Préaux, receveur des tailles, pour rente au capital de 14,345 livres, article 15 ; 15 livres par Bourdon du Pommeret, héritier de Louis Mérieult, sieur des Chaussées, article 36 ; 100 livres de Paul de Grieu, écuyer, sieur d'Estimauville, et Nicolas Thillaye, représentés par Maillet des Acres, article 45 ; 33 livres de Du Bouley et de Villers Boctey, frères, représentés par Olivier Mariolle, marchand, article 53 ; 83 livres 19 sols 2 deniers de rentes de la création solidaire de MM. de Cordey et de Margeot, article 57 ; 800 livres de Le Rat, à la décharge de M. de Saint-Julien, receveur général du Clergé de France, pour rentes au capital de 20,000 livres, article 62, etc.

H. Suppl. 393. — E. 232. (Liasse.) — 64 pièces, papier.

1766-1767. — Compte de Lenoir, receveur des hôpitaux, année 1767. — Pièces justificatives. — Compte rendu par Claude Perdoulx, receveur général des aides, chargé de la perception des droits au bénéfice des hôpitaux sur les boissons entrant dans la ville de Lisieux, quartier de janvier 444 livres 7 sols 5 deniers, d'avril 375 livres 10 sols 10 deniers, de juillet 375 livres 15 sols 8 deniers, et octobre 350 livres 10 sols. — État de la distribution hebdomadaire faite à la fondation de Bence, de 14 sols à 5 pauvres vieilles femmes et de 12 sols 6 deniers à 2 autres personnes, formant un total de 4 livres 15 sols par semaine. — Quittances données par : Mlle de Valogne, supérieure de l'hôpital général, d'Hercourt, chanoine, pour Hébert, docteur en médecine à Beauvais, héritier de Hébert, chanoine, sœur Desnoyers, supérieure de l'hôpital des malades, Bordeaux, prêtre, premier maitre, et Danis, prêtre, second maître des écoles des pauvres,

Lebugle, ministre de l'Hôtel-Dieu, Boudard, receveur de l'évêché, et autres, pour rentes, droits et fournitures. — « Mémoire pour les lieux de comodité du manoir « Hauvel » : 10 pieds de planches de 2 pouces d'épaisseur en bois de chêne à 8 sols le pied, 4 livres, 2/3 de jour d'ouvrier, 15 sols, etc.

H. Suppl. 304. — E. 233. (Cahier.) — Moyen format, 14 feuillets, papier.

1767-1769. — Compte rendu par Jean-Baptiste Lenoir, receveur pour l'hôpital général et la maison du Bon-Pasteur, année 1767. — Recettes, 6,869 livres 15 sols 3 deniers ; dépenses, 4,619 livres 8 deniers. Payé : 70 livres à Boudard, receveur de l'évêché, pour fermage du jardin Champagne, article 3 ; 72 livres 5 sols 7 deniers pour la part de la maison du Bon-Pasteur sur une rente de 144 livres 11 sols 3 deniers que les mineurs du feu sieur de Nannoury sont tenus faire jusqu'à leur majorité, en conséquence du legs de l'abbé de Fréard, article 15 ; 1,039 livres 2 sols 6 deniers à Mlle de Valogne, supérieure, pour les besoins de l'hôpital, article 39, etc.

H. Suppl. 395. — E. 234. (Liasse.) — 34 pièces, papier.

1767-1768. — Compte de Lenoir, receveur du bureau des hôpitaux, année 1768. — Pièces justificatives. — Quittances données par Boudard, receveur de l'évêché, sœur Hue, supérieure de la Providence ; Quesnot, supérieur du séminaire ; Letainturier, prêtre, économe du grand séminaire ; du Catillon de Saint-Louis, supérieur du Bon-Pasteur, et de Valogne, supérieure de l'hôpital général, pour rentes et droits.

H. Suppl. 396. — E. 235. (Cahier.) — Moyen format, 36 feuillets, papier.

1768-1770. — Compte rendu par Jean-Baptiste Lenoir, receveur pour les biens et revenus des hôpitaux, année 1768. — Recettes, 27,866 livres 18 sols 2 deniers ; dépenses, 32,082 livres 3 deniers. Reçu : 242 livres 10 sols de rente créée sur Margeot de Saint-Ouen, de Grieu, puis sur d'Anisy par acquisition des biens affectés à ladite rente, ladite somme payée par Collet des Boves, art. 80 ; 71 livres 8 sols de rente créée sur Michel Vallée de Beauchamp et Thomas Bourdon et payées par du Pommeret, article 82 ; 50 livres de rente cédée par du Rosey, chanoine, payée par le président de Bonneval, acquéreur des fonds y affectés, article 86.

H. Suppl. 397. — E. 236. (Cahier.) — Moyen format, 14 feuillets, papier.

1768-1770. — Compte rendu par Jean-Baptiste Lenoir, receveur pour l'hôpital général et la maison du Bon-Pasteur. — Recettes, 3,993 livres 14 sols 9 deniers ; dépenses, 4,059 livres 2 deniers. Payé : 30 livres 11 sols à Pierre Lerbourg, fermier de la ferme de La Martinière, sise au Mesnil-Eudes, pour réparations, article 40 ; au comptable, 100 livres pour ses honoraires d'avoir fait les recettes et dépenses ; grosse et minute dudit compte.

H. Suppl. 398. — E. 237. (Liasse.) — 133 pièces, papier.

1767-1769. — Compte de Lenoir, receveur du bureau des hôpitaux, année 1768. — Pièces justificatives. — Compte rendu par Claude Perdoulx, receveur général des aides et des droits d'hôpitaux : quartier de janvier 1768, 397 livres 16 sols 4 deniers, avril 311 livres 4 sols 9 deniers, juillet 321 livres 14 sols 11 deniers, octobre 416 livres 6 sols 9 deniers. — États de paiements de 4 livres 15 sols faits chaque semaine à raison de 14 sols et 12 sols 6 deniers à chaque pauvre. — Quittances données : par Mlle de Valogne, supérieure de l'hôpital général, du Catillon de Saint-Louis, supérieure du Bon-Pasteur, Desnoyers, supérieure de l'hôpital des malades, Mignot, stipulant pour 2 personnes pieuses, Lemoigne, économe du grand séminaire, sœur Huc, supérieure de la Providence, Quesnot, supérieur du petit séminaire, Boudard, receveur de l'évêché, Sébire, curé de Saint-Jacques, Nicolle, receveur par procuration des droits seigneuriaux de l'évêché, Séraphin d'Évreux, gardien des Capucins de Lisieux, et autres, pour paiements de rentes, droits et fournitures ; Bordeaux, prêtre, premier maître des écoles des pauvres, 210 livres pour ses honoraires de 1768 ; Denis, prêtre, second maître, 90 livres. — Marché entre Jean-Baptiste-Pierre-Noël Cauvin, sieur des Boutières, demeurant à Goustranville, au nom des administrateurs de l'hôpital de St-Samson, et Mathieu Bonet, maître tailleur de pierre, demeurant à Demouville, pour la construction d'une bergerie à la ferme de l'hôpital de St-Samson. — Deux quittances sur fragments de placard d'exercices littéraires au collège de Lisieux.

H. Suppl. 399. — E. 238. (Cahier.) — Moyen format, 32 feuillets, papier.

1769-1771. — Compte rendu par Jean-Baptiste Lenoir, receveur du bureau des hôpitaux, pour les biens et revenus des hôpitaux, année 1769. — Recettes, 36,846 livres 16 sols 11 deniers ; dépenses, 33,923 livres 4 sols 11 deniers. — Reçu : 3 livres de rente d'Olivier Armenout et Pierre Questel, pour un tènement de maisons sises à Lisieux, près l'église St-Agnan, art. 93 ; 135 livres pour fermages de pièces de terre dépendant de la chapelle St-Clair, avec le trait de dîme en dépendant, article 101 ; 12 livres de rente créée sur Charles Martin, pour une pièce de terre sise au Mesnil-Simon, nommée la Maladrerie, art. 103 ; 30 livres pour la chapelle du Fauquet, tenue par Gilles Basin, art. 104.

H. Suppl. 400. — E. 239. (Liasse.) — 81 pièces, papier.

1768-1770. — Compte de Lenoir, receveur du bureau des hôpitaux, année 1769. — Pièces justificatives. — Compte rendu par Claude Perdoulx, receveur général des aides et droits d'hôpitaux, quartier de janvier 477 livres 15 sols 8 deniers, avril 408 livres 13 sols 2 deniers, juillet 359 livres 16 sols 10 deniers, octobre 572 livres 19 sols 4 deniers. — État de distribution hebdomadaire de 4 livres 15 sols aux pauvres, à raison de 14 sols et 12 sols 6 deniers par personne. — Mémoire du bois fourni pour réparation des vaisseaux de la ferme de Glatigny, appartenant aux hôpitaux. — Quittances données par Du Catillon de Saint-Louis, supérieure du Bon-Pasteur, Exupère, gardien des Capucins, Desnoyers, supérieure de l'hôpital des malades, de Valogne, supérieure de l'hôpital général, et autres, pour rentes, droits et fournitures.

H. Suppl. 401. — E. 240. (Cahier.) — Moyen format, 14 feuillets, papier.

1769-1771. — Compte rendu par Jean Baptiste Lenoir, receveur du bureau des hôpitaux, pour l'hôpital général et la maison du Bon-Pasteur, année 1769. — Recettes, 6,118 livres 3 sols 10 deniers ; dépenses, 3,810 livres 14 sols 5 deniers. — Payé : 100 livres pour la part revenant à la maison du Bon-Pasteur sur le notariat apostolique et 187 livres 6 sols sur le notariat laïc, art. 16 et 17 ; 225 livres pour la part revenant à la maison de l'hôpital général sur l'adjudication de la vente de viande de carême, art. 36.

H. Suppl. 402. — E. 241. (Liasse.) — 43 pièces, papier.

1769-1770. — Compte de Lenoir, receveur du bureau des pauvres, année 1769. — Pièces justificatives. — Quittances données par : sœur Hue, supérieure de la Providence, Quesnot, supérieur du petit séminaire, du Catillon de St-Louis, supérieure du Bon-Pasteur, de Valogne, supérieure de l'hôpital général, Boudard, receveur de l'évêché, et autres, pour rentes, droits et fournitures.

H. Suppl. 403. — E. 242. (Cahier.) — Moyen format, 33 feuillets, papier.

1770-1772. — Compte rendu par Jean-Baptiste Lenoir, receveur du bureau des hôpitaux, pour les biens et revenus des hôpitaux, année 1770. — Recettes, 27,492 livres 3 sols 9 deniers; dépenses, 25,127 livres 8 sols 1 denier. Reçu : 140 livres pour fermages du pré de la Bonde, afferme à Baudry pour 6 années, finissant à Noël 1772, art. 87 ; 2 livres 4 sols pour valeur d'un boisseau de rente faite par Jacques Cordier, art. 93 ; 50 livres pour une année échue du tiers de la dîme de Launay-sur-Calonne, tenue par le curé dudit lieu pour neuf années finissant à Noël 1775, art. 97 ; 30 livres pour fermages de la chapelle du Fauquet, tenue par Gilles Basin, art. 101, etc.

H. Suppl. 404. — E. 243. (Liasse.) — 2 pièces, parchemin ; 90 pièces, papier.

1769-1771. — Compte de Lenoir, receveur du bureau des hôpitaux, année 1770. — Pièces justificatives. États du produit des droits d'entrée sur les boissons, quartiers d'octobre 1769, 572 livres 19 sols 4 deniers, de janvier 1770, 759 livres 13 sols 6 deniers, avril 381 livres 5 sols 7 deniers, juillet 355 livres 1 sol 10 deniers, octobre 407 livres 5 sols 9 deniers. — État de distribution par semaine de la somme de 4 livres 15 sols aux pauvres. — Requête et sentence de Thomas Bourdon de Beaufy, seigneur de Notre-Dame-des-Vaux, bailli-vicomtal de Lisieux, condamnant Charles Petit, de St-Désir, et Marguerite Coquerel, sa femme, à reprendre les deux enfants abandonnés par ladite femme à la porte de l'hôpital, et à l'amende de 10 livres. — Quittances données par : Bordeaux et Denis, prêtres, maîtres des écoles charitables ; Troussel, directeur des Bénédictines de Vimoutiers ; Hue, supérieure des sœurs de la Providence de Lisieux ; Desnoyers, supérieur de l'hôpital des malades ; Guillot, supérieur du grand séminaire ; d'Hercourt, chanoine, pour Hébert, médecin, héritier d'Hébert, chanoine ; de Valogne, supérieure de l'hôpital général ; Le Bugle, ministre de l'Hôtel-Dieu, et autres, pour rentes, droits et fournitures.

H. Suppl. 405. — E. 244. (Cahier.) — Moyen format, 16 feuillets, papier.

1770-1772. — Compte rendu par Jean-Baptiste Lenoir, receveur du bureau des hôpitaux, pour l'hôpital général et la maison du Bon-Pasteur, année 1770. Recettes, 6,524 livres 9 sols 10 deniers ; dépenses, 4,263 livres 12 sols 6 deniers. Reçu : 210 livres pour rente dont le capital de 8,400 livres provient du contrat de 20,000 livres dont jouissait Moet, comme donataire à vie de M. de Matignon, évêque de Lisieux, art. 6 ; 60 livres de rente créée sur Labbé, écuyer, sieur du Moutier, dont fait partie la fondation d'un lit par Le Camus, curé de Coupesarte, art 9 ; 750 livres pour vente à Legrip des offices de gardes-notes de la ville et banlieue de Lisieux, art. 25, etc.

H. Suppl. 406. — E. 245. (Liasse.) — 28 pièces, papier.

1770-1772. — Compte de Lenoir, receveur du bureau des hôpitaux, année 1772. — Pièces justificatives. — Quittances données par : Quesnot, supérieur du petit séminaire ; Hue, supérieure des sœurs de la Providence ; du Catillon de Saint-Louis, supérieure du Bon-Pasteur ; Nicolle, receveur des droits seigneuriaux du comté et évêché de Lisieux ; de Valogne, supérieure de l'hôpital général, pour rentes et droits. — A l'appui, aveu rendu à l'évêque de Caritat de Condorcet, par les administrateurs du bureau des pauvres et Catherine Moisy, veuve de Jacques Lelièvre, tutrice de ses enfants, pour maisons faisant partie du tènement Étienne Rotro, sises paroisse St-Germain de Lisieux, au village du Mesnil-Asselin (1770).

H. Suppl. 407. — E. 246. (Cahier.) — Grand format, 28 feuillets, papier.

1772-1773. — Compte rendu à l'évêque et aux administrateurs du bureau des pauvres de Lisieux par Marie-Anne-Françoise de Valogne, supérieure générale des hôpitaux, de la recette et dépense par elle faite pour l'hôpital général, année 1772. — Recette, 16,122 livres 6 sols 9 deniers ; dépenses, 16,163 livres 19 sols 9 deniers. Reçu : de Lenoir, 8,509 livres 12 sols 9 deniers pour nourriture, achats de blé et pension, 510 livres 5 sols 9 deniers, produit de quêtes et inhumations, dont 6 livres 16 sols pour évangiles à la procession de St-Jacques et St-Germain à la chapelle du Bois, 48 livres pour l'assistance des pauvres à l'inhumation de la mère de M. de La Cauvignière, chanoine, 12 livres 10 sols pour quête le dimanche des reliques, par Mlle du Taillis, 30 livres pour l'assistance des pauvres à l'inhumation de l'abbé de La Ville Dubois, chanoine et trésorier de la cathédrale, 36 livres pour l'inhumation de M. de La Rocque de Milleraye et 48 livres pour l'inhumation de Mme Dossin ; 536 livres 13 sols 6 deniers pour pensions, dont 50 livres de Mlle Le Boucher d'Émiéville, postulante, et 300 livres de l'abbé Galot pour une année de sa pension, etc.

H. Suppl. 408. — E. 247. (Cahier.) — Grand format, 32 feuillets, papier.

1773-1774. — Compte rendu par Marie-Anne-Françoise de Valogne, supérieure générale des hôpitaux, pour l'année 1773. Recettes, 17,598 livres 1 sol 9 deniers ; dépenses, 17,603 livres 7 sols 7 deniers. 228 livres 13 sols 9 deniers pour poisson frais et salé, dont 1 livre 12 sols pour 8 douzaines de harengs frais, 16 sols pour 100 huîtres ; 1,152 livres 2 sols 5 deniers pour pommes et poires dont 60 livres 17 sols pour l'abonnement des boissons, 30 livres 11 sols pour 4 sommes 1/2 de pommes, deux boisseaux à 6 livres 10 sols la somme, 700 livres pour 100 sommes à 7 livres ; 162 livres 3 sols 6 deniers pour remèdes de pharmacie dont 10 sols pour 2 gros de poudre cornachine, 6 livres 6 sols pour 4 bouteilles de vin blanc pour faire l'onguent merveille, etc. — Deux aunes de dentelle, 2 livres 4 sols. — Chapitres dudit compte : recette de M. Lenoir ; recette de différents articles ; recette des quêtes et inhumations ; recette des pensions ; recette des cotons ; achat du blé ; viande ; œufs ; fromage ; beurre, lait, sel, vin, etc. ; bois, charbon, chandelle, etc. ; poisson frais et salé ; pois et fèves ; légumes ; pommes, poires ; toiles et rubans ; lin et fil ; froc, droguet, etc. ; remèdes, pharmacie ; souliers, sabots ; buanderie, cendre ; paille, foin, etc.

H. Suppl. 409. — E. 248. (Cahier.) — Grand format, 32 feuillets, papier.

1774-1775. — Compte rendu par Marie-Anne-Françoise de Valogne, supérieure générale des hôpitaux, pour l'année 1774. Recettes, 18,337 livres 9 sols 9 deniers ; dépenses, 17,966 livres 3 sols 3 deniers. 12 livres pour un petit veau de neuf jours ; 96 livres pour un cheval revendu ; 4 livres 16 sols pour quatre aunes de dentelle à 24 sols l'aune ; 700 livres pour pensions dont 100 livres pour demoiselle Périers Basire et 100 livres pour demoiselle Roullant, postulantes ; 3,254 livres 5 sols pour fourniture de cotons filés à de Saint-Pierre, etc. — La recette des cotons pendant l'année a été de 11,289 livres 14 sols ; on a acheté pendant l'année 242 sommes de blé, coûtant l'un dans l'autre 33 livres 11 sols 10 deniers la somme, au total 8,129 livres 5 sols ; sur cette quantité on a distribué 16 sommes aux pauvres de la ville et consommé 226 sommes pour la maison ; on a acheté 1,823 livres 6 deniers de viande ; 1,157 douzaines d'œufs valant 396 livres 11 sols 3 deniers ; 287 livres 8 sols 6 deniers de fromages ; 832 livres 3 sols 9 deniers de beurre, lait, sel, vin ; 241 livres 8 sols 3 deniers de poissons, etc.

H. Suppl. 410. — E. 249. (Liasse.) — 59 pièces, papier.

1772-1775. — Comptes de Marie-Anne-Françoise de Valogne, supérieure de l'hôpital, pour 1772 et 1774. — Pièces justificatives. — 162 personnes ont été dans l'hôpital général en 1774, dont trois hommes occupés aux gros travaux, huit filles aux lessives, à la cuisine et aux malades, vingt-huit petits garçons qui filent et cardent, quatre qui ne font rien (deux idiots et deux presque aveugles), trois filles qui filent et montent aux petits garçons, trente-cinq filles qui filent et cardent, cinq qui ne font rien (trop petites et infirmes), treize hommes de 60 à 78 ans, infirmes, aveugles et faibles d'esprit, quarante-sept filles et femmes infirmes, aveugles et malades, les plus raisonnables font ce qu'elles peuvent, une pensionnaire, dix sœurs, trois novices et deux novices pensionnaires. — Quittances : de divers fournisseurs ; de prêtres pour l'acquit de messes à la décharge de l'hôpital ; des sœurs de Valogne, Marie-Thérèse de Bordeaux de Janval, Marie Crevel des Mottes, de 500 livres résultant de la convention entre les administrateurs de l'hôpital et Mlle de La Coudraye, de payer par an ladite somme à leur petite société ; de Perdoulx, receveur, de 5 livres 7 sols pour les droits d'entrée d'un quarteau d'eau-de-vie. — Vente du coton filé de l'hôpital, etc.

H. Suppl. 411. — E. 250. (Cahier.) — Grand format, 32 feuillets, papier.

1775-1776. — Compte rendu par Marie-Anne de Valogne, supérieure générale des hôpitaux, pour l'année 1775. Recettes, 21,581 livres 11 sols 6 deniers ; dépenses, 20,329 livres 6 sols 6 deniers. Payé 983 livres 10 sols 9 deniers pour toiles et rubans dont 3 sols pour poil de chèvre, 14 sols pour deux pièces de ruban à gamache, 3 livres pour 1/2 livre de baleines, 384 livres 3 sols pour lin dont le prix varie de 22 à 26 livres la livre ; — 102 livres 6 deniers pour souliers et sabots dont 11 livres 8 sols pour 38 paires de sabots à 6 sols la paire ; — 102 livres 16 sols 7 deniers pour buanderie et cendres, dont 8 livres 1 sol 10 deniers pour 18 boisseaux 1/2 de cendre à 9 et 10 sols le boisseau, 20 livres 2 sols pour 33 livres 1/2 de savon, 2 livres 5 sols pour cinq livres d'amidon, etc.

H. Suppl. 412. — E. 251. (Liasse.) — 14 pièces, papier.

1775. — Compte de Marie-Anne de Valogne, supérieure générale des hôpitaux, pour 1775. — Pièces justificatives. — État des différents articles de recettes montant à 21,581 livres 11 sols 6 deniers, dont 12,962 livres 11 sols remis par Lenoir, 101 livres 4 sols 3 deniers de différents articles, 417 livres 9 sols de quêtes et inhumations, 619 livres de pensions et 7,090 livres 9 deniers pour travail des cotons, tous frais payés. — Dépense d'entretien de 141 personnes, en toiles, gilets, culottes et jupes de femmes, 1,515 livres 2 sols 10 deniers. — Quittances diverses : de 324 livres de Nicolle, pour 12 quarterons de chênes et 3 quarterons de hêtre ; de 36 livres pour un quart de vin et 15 sols pour bouchons, etc.

H. Suppl. 413. — E. 252. (Cahier.) — Grand format, 25 feuillets, papier.

1778-1779. — Compte rendu à l'évêque et aux administrateurs du bureau des pauvres par Marie Crevel des Mottes, supérieure générale des hôpitaux, de la recette et dépense par elle faite pour l'hôpital général, année 1778. Recettes, 18,852 livres 13 sols 8 deniers ; dépenses, 17,762 livres 15 sols 9 deniers. 218 sommes de blé revenant en moyenne à 30 livres 11 sols 2 deniers, 6,662 livres 5 sols 2 deniers, mouture et cuisson 90 livres, viande 1,938 livres 7 sols 3 deniers, œufs 372 livres 1 sol 9 deniers, fromages 513 livres 6 sols, beurre, sel, lait et vin 905 livres 8 sols 3 deniers, bois, charbon et chandelles 1,712 livres 7 sols 9 deniers, poisson frais et salé 269 livres 4 sols 9 deniers, pois et fèves 402 livres 5 sols, légumes 7 livres 15 sols 6 deniers, pommes, poires et abonnement 1,676 livres 13 sols 9 deniers ; toiles et rubans 597 livres ; lin 261 livres 5 sols ; froc, droguet 171 livres 17 sols ; pharmacie 103 livres 6 deniers ; souliers, sabots 113 livres 4 sols 6 deniers ; paille et foin 187 livres 13 sols ; terrerie 33 livres 6 sols 6 deniers ; balais 41 livres 15 sols ; charges de la chapelle 196 livres 8 sols 6 deniers ; charges de la maison 176 livres 8 sols ; ouvriers journaliers 176 livres 19 sols ; réparations 418 livres 13 sols 3 deniers, buanderie et cendres 132 livres 19 sols, menuiserie 61 livres 1 sol 6 deniers, distribution de 17 sommes de blé aux pauvres 519 livres 9 sols 10 deniers.

H. Suppl. 414. — E. 253. (Liasse.) — 2 pièces, papier.

1778. — Compte rendu par Marie Crevel des Mottes, supérieure générale des hôpitaux, pour 1778. — Pièces justificatives. — Quittances : par lad. supérieure de 100 livres en suite de la délibération des administrateurs de l'hôpital général du 29 juin 1727 ; de Dubois, marchand à Lisieux, de 34 livres 10 sols pour 17 3/4 de tiretaine rayée à 35 sols 6 deniers et 1 1/2 sinmoise à 40 sols.

H. Suppl. 415. — E. 254. (Cahier.) — Moyen format, 24 feuillets, papier.

1778-1780. — Compte rendu par Jean-Baptiste Lenoir, receveur des biens des hôpitaux de Lisieux, aux directeurs et administrateurs des biens et revenus des hôpitaux, pour l'année 1778. Recettes, 40,742 livres 14 sols 8 deniers ; dépenses, 37,313 livres 1 sol 7 deniers. Payé : 300 livres à Bordeaux Denis et Donblet, premier et second maîtres des écoles gratuites des pauvres fondées par Le Doulcet et Despériers, art. 6 ; 200 livres aux curés de St-Jacques, St-Germain et St-Désir pour être distribuées aux pauvres les plus nécessiteux, art. 7 ; 1388 livres aux Capucins, dont 1,300 livres pour la mission tenue à la cathédrale au mois de mai 1778, et 88 livres pour la part sur le prix de l'adjudication de vente de la viande de carême, art. 11 ; 24 livres à Mistral pour l'impression des états de traitement des soldats traités à l'hôpital, art. 13 ; 1,190 livres à Jean Le Brey, adjudicataire des réparations à la maison manable de la ferme de St-Samson, art. 15, etc.

H. Suppl. 416. — E. 255. (Cahier.) — Moyen format, 10 feuillets, papier.

1778-1780. — Compte rendu par Jean-Baptiste Lenoir, receveur pour l'hôpital du Bon-Pasteur, le petit séminaire et la maison de la Providence, année 1778. Recettes, 4,371 livres 10 sols 9 deniers; dépenses et reprises, 2,513 livres 16 sols 2 deniers. — Reçu : 40 livres de rente créée par Fresnel sur de La Rosière Meurdrac, par contrat du 10 avril 1733, reconnue le 9 novembre 1750, art. 9 ; 750 livres de rente sur Legrip, payables aux quatre quartiers de l'année, pour fieffe des offices de notaire garde-notes de la ville et banlieue de Lisieux, suivant contrat du 28 septembre 1743, art. 15 ; 260 livres 14 sols, au lieu de 300 livres, pour fermages de la maladrerie du lieu de Sauté, de Jacques Roussel, art. 27, etc.

H. Suppl. 417. — E. 256. (Liasse.) — 150 pièces, papier.

1778-1779. — Comptes de Lenoir, receveur des hôpitaux pour l'année 1778. — Pièces justificatives. — État du produit des droits d'entrée sur les boissons perçus au profit des hôpitaux, et compte résumé d'Antoine-Pierre Malitourne, receveur général des aides : recettes, 1,787 livres 19 sols 11 deniers ; dépenses, 1,750 livres 5 sols 6 deniers. — Quittances des sommes payées à : M. de Neuville, curé de St-Pierre-la-Rivière, Le Belhomme, curé de St-Désir, pour rentes, à Bertin de Mesley et Crevel des Mottes, supérieures de l'hôpital des malades, pour part revenant sur la boucherie de carême ; Cordellier et Ménard, supérieurs du petit séminaire, pour part sur le moulin fouloir et les offices de notaires ; Hue, supérieure et Poupard, dépositaire des sœurs de la Providence, pour divers droits ; Doublet et Bordeaux, maîtres des écoles gratuites ; Poulain, curé de St-Samson, de 48 livres distribuées aux pauvres de sa paroisse ; fr. Fulgence, gardien des Capucins ; Sauvage, pour entretien de la pépinière plantée sur la ferme de Glatigny, moyennant 77 livres par an ; Nicolle, receveur des droits seigneuriaux de l'évêché ; Jean Le Brey, adjudicataire des réparations de la maison et ferme de St-Samson. — État de distribution de la somme de 4 livres 15 sols par semaine à raison de 14 sols à cinq femmes âgées et 12 sols 6 deniers à deux pauvres familles. — État des soldats entrés à l'Hôtel-Dieu appartenant aux chanoines réguliers de la Trinité, pendant les dix derniers mois de 1778, au nombre de 114, y ayant séjourné 1,783 journées.

H. Suppl. 418. — E. 257. (Cahier.) — Moyen format, 32 feuillets, papier.

1779-1781. — Compte rendu par Jean-Baptiste Lenoir, receveur des hôpitaux pour l'année 1779. Recettes, 57,825 livres 15 sols 5 deniers ; dépenses et reprises, 47,378 livres 6 deniers. Reçu : 17 livres 10 sols au lieu de 26 livres 12 sols 6 deniers de rente reconnue par les époux Jean Damois et la fille Barbas, pour une maison sise à Lisieux, rue du Bailli, art. 29 ; 800 livres de Boudard à la décharge de M. de Saint-Julien, receveur général du Clergé de France, pour rente au capital de 20,000 livres créée le 5 juillet 1755, art. 51 ; 60 livres au lieu de 66 livres 13 sols 4 deniers de rente créée par François de Meurdrac, écuyer, sieur de Vieux, art. 63 ; 200 livres à prendre sur M. de Mervilly, art. 68 ; 1,165 livres pour la part accordée par le Roi aux hôpitaux sur le don gratuit, art. 104 ; 10,412 livres 14 sols pour traitement des soldats qui ont séjourné à l'hôpital pendant ladite année, art. 106 ; 5,416 livres pour la subsistance des enfants trouvés, art. 107 ; 333 livres 16 sols provenant de la vente de 48 boisseaux de blé, mesure de Pont-Audemer, faite au profit des pauvres malades, art. 108 ; 5,000 livres pour les filles de la société de la Providence, et 5,000 livres par les prêtres du grand séminaire, pour subvenir aux besoins des hôpitaux, etc.

H. Suppl. 419. — E. 258. (Cahier.) — Moyen format, 8 feuillets, papier.

1779-1781. — Compte rendu par Jean-Baptiste Lenoir, receveur du bureau des pauvres, pour l'hôpital du Bon-Pasteur, le petit séminaire et la maison de la Providence, année 1779. Recettes, 4,651 livres 17 sols 9 deniers ; dépenses et reprises, 3,209 livres 7 sols 6 deniers. Chapitre des reprises : 417 livres 19 sols 1 denier de rente à prendre sur les tailles qui n'a pas été payée pour 1779 ; 750 livres de rente à prendre sur Daufresne pour ladite année.

H. Suppl. 420. — E. 259. (Liasse.) — 190 pièces, papier.

1778-1779. — Compte de Lenoir, receveur des hôpitaux, pour l'année 1779. — Pièces justificatives. — Quittances données par : divers fournisseurs pour travaux à la chapelle du Bois, les fermes des renfermés, de Glatigny, St-Clair (art. 1er) ; 32 sommes de chaux à 3 livres 10 sols la somme ; 16 banneaux d'argile à 1 livre 10 sols la somme, 14 banneaux de sable à 1 livre 10 sols le banneau (art. 2) ; 9 livres 12 sols à Guillaumont, scieur de bois, pour avoir débité l'arbre du pressoir (art. 4) ; fr. Fulgence, gardien des Capucins, Ménard, supérieur du petit séminaire, sœur St-Benoît, pour la supérieure du Bon-Pasteur, sœur Poupard, dépositaire de la Providence; La Jeunesse, couvreur, 146 journées à 10 sols; Loyer, prieur ministre des chanoines de la Trinité de la maison et Hôtel-Dieu; Nicolle, 576 livres pour 26,200 briques à 22 livres le 1,000; sœur Bertin de Mesley, supérieure de l'hôpital des malades; Cordellier, prêtre, économe du grand séminaire; Tranchin, trésorier général du marc d'or des ordres du Roi, 96 livres pour le droit de prorogation d'octrois pendant six années, en faveur de l'hôpital général; divers pour rentes, pensions et droits. — Copie de délibération du bureau tenu au palais épiscopal concernant le prêt de 6,000 livres par Boudard. — État de distribution de 4 livres 15 sols par semaine, à raison de 14 sols pour cinq femmes âgées, et 12 sols 6 deniers à chacune de deux pauvres familles.

H. Suppl. 421. — E. 260. (Cahier.) — Moyen format, 32 feuillets, papier.

1780-1782. — Compte de Jean-Baptiste Lenoir, receveur des hôpitaux, pour l'année 1780. Recettes, 66,080 livres; dépenses, 45,343 livres 16 sols 7 deniers. Reçu : 462 livres pour fermages du manoir Hauvel, art. 94 à 99; 140 livres pour loyer du pré de la Bonde, 4 livres pour une pièce de terre à Firfol, 310 livres pour une portion de terre sise à Fontenelles, 1,775 livres pour la terre nommée le Lieu Moulin; les jardins du faubourg de la chaussée et manoir Hauvel sont cultivés par l'hôpital, art. 100 à 104 ; 1,165 livres pour part du don gratuit, art. 106 ; 11,003 livres 9 deniers pour le traitement des soldats ayant séjourné à l'hôpital, art. 108 ; 7,715 livres pour la subsistance des enfants trouvés, art. 109 ; 6,000 livres prêtées par l'évêque, art. 110 ; 740 livres pour quatre parties de rentes sur les Jacobins, etc.

H. Suppl. 422. — E. 261. (Liasse.) — 1 pièce, parchemin; 150 pièces, papier.

1778-1783. — Compte de Lenoir, receveur des hôpitaux, année 1780. — Pièces justificatives. — Mémoires et quittances données par : Poulain, curé de St-Samson, de 50 livres pour être distribuées aux pauvres; fr. Fulgence, gardien des Capucins ; Lebourg, de 87 livres 10 s., dont 40 livres remises à un pauvre homme, 40 livres à une fille à marier et 7 livres 10 sols à un peigneur ; Bertin de Mesley, supérieure de l'hôpital des malades ; Loyer, prieur ministre des chanoines réguliers de la Trinité de la maison et Hôtel-Dieu ; Crevel des Mottes, supérieure de l'hôpital général ; Nicolle, receveur des droits seigneuriaux de l'évêché ; sœur Poupard, dépositaire de la maison de la Providence ; Vergé, receveur de la mense conventuelle du prieuré de N.-D.-du-Parc, unie au grand séminaire et collège de Lisieux, de 50 livres de rente due par le bureau ; Doublet et Bordeaux, maîtres des écoles gratuites ; de Neuville, curé de St-Pierre-la-Rivière ; Taillebosq, pour frais de procédure, et divers pour rentes, pensions et fournitures.
— État des soldats et matelots au nombre de 103, traités à l'Hôtel-Dieu pendant 2,433 jours.

H. Suppl. 423. — E. 262. (Cahier.) — Moyen format, 7 feuillets, papier.

1780-1782. — Compte rendu par Jean-Baptiste Lenoir, receveur pour l'hôpital du Bon-Pasteur, le petit séminaire et la maison de la Providence, année 1780. Recettes, 5,285 livres 2 sols 9 deniers ; dépenses, 2,491 livres 15 sols 9 deniers. Reçu : 60 livres de Labbé, écuyer, sieur du Moutier, art. 4 ; 100 livres de l'obligation de Collet et Le Commandeur, art. 6 ; 400 livres pour fermage du notariat apostolique, art. 12 ; 750 livres de fieffe à Legrip des offices de notaire garde-notes de la ville et banlieue de Lisieux, suivant contrat passé devant les notaires de Glos, le 28 septembre 1743, art. 14, etc.

H. Suppl. 424. — E. 263. (Liasse.) — 49 pièces, papier.

1779-1781. — Compte de Lenoir, receveur des hôpitaux pour l'année 1780. — Pièces justificatives. — Quittances données par : David, substitué aux pouvoirs de Boudard, receveur de l'évêché ; sœur Poupard, dépositaire de la Providence ; Ménard, supérieur du petit séminaire ; Crevel des Mottes, pour besoins et nourrices des enfants trouvés ; divers, pour pensions, secours et rentes. — État de distribution de 4 livres 15 sols par semaine, à raison de 14 sols pour chacune de cinq femmes âgées et 12 sols 6 deniers pour chacune de deux pauvres familles. — Délibération du bureau des pauvres tenue au palais épiscopal pour l'apurement de compte du receveur Lenoir. — Mémoire de journées d'homme et de cheval pour charrier du bois de la ferme de Glatigny.

H. Suppl. 425. — E. 264. (Cahier.) — Moyen format, 32 feuillets, papier.

1781-1783. — Compte rendu par Louis Lenoir, receveur des hôpitaux et du bureau des pauvres, pour l'année 1781. Recettes, 69,620 livres 16 sols 8 deniers, dépenses, 40,685 livres 1 sol 3 deniers. Payé : 308 livres 6 sols à Dufour, fermier de St-Samson, pour réparations à la ferme, art. 7; 132 livres à Nicolas Sauvage, préposé à la culture de la pépinière de Glatigny, art. 11 ; 200 livres à Geoffroy, chirurgien-major des hôpitaux, pour ses appointements de l'année, art. 13 ; 202 livres 18 sols pour l'entretien de 2 lits à l'Hôtel-Dieu, y compris 2 livres 3 sols et 1 chapon de rente, art. 20; 300 livres pour être distribuées à six pauvres des paroisses St-Jacques, St-Germain et St-Désir, de la fondation de Brancas, art. 24 ; 150 livres à Maréchal, prêtre, de la paroisse de St-Germain, hors d'état de remplir ses fonctions, art. 28 ; 7,800 livres à l'hôpital général pour la subsistance des enfants trouvés, art. 36; 14,700 livres à l'hôpital des malades pour dépenses faites, soin et nourriture des pauvres et traitement de soldats malades pendant l'année, art. 39 ; 200 livres pour appointements du comptable et 100 livres de gratification.

II. Suppl. 426. — E. 265. (Cahier.) — Moyen format, 32 feuillets, papier.

1781-1783. — Compte rendu par Louis Lenoir, receveur des hôpitaux, année 1781 (double du précédent).

II. Suppl. 427. — E. 266. (Cahier.) — Moyen format, 8 feuillets, papier.

1781-1783. — Compte rendu par Louis Lenoir, receveur du bureau des pauvres, en ce qui concerne seulement le Bon-Pasteur, le petit séminaire et les filles de la Providence, année 1781. Recettes, 4,235 livres 2 sols 9 deniers; dépenses, 2,539 livres 16 sols 7 deniers. Reçu : 750 livres pour fieffé à Legrip des offices de notaire garde-notes de la ville de Lisieux, suivant contrat devant le notaire de Glos, du 28 septembre 1743, art. 14; 417 livres 19 sols 1 denier de rente créée sur les tailles pour les offices de maire et autres de l'hôtel de ville, art. 15 ; 425 livres de rente constituée par Louis Jourdain, art. 19 ; 500 livres pour fermages de la terre de Glatigny, art. 22, etc.

II. Suppl. 428. — E. 267. (Cahier.) — Moyen format, 8 feuillets, papier.

1781-1783. — Compte rendu par Louis Lenoir, receveur des hôpitaux, en ce qui concerne seulement le Bon-Pasteur, le petit séminaire et les filles de la Providence, année 1781. 40 livres de rente constituée par Fresnel, sur de La Rosière Mourdrac, par contrat du 10 avril 1733, reconnu le 9 novembre 1750, art. 8 ; 16 livres 13 sols 4 deniers de rente constituée au profit de la maison du Bon-Pasteur par Riont et des Champeaux et payée par Hébert Dulongchamps frères qui en ont fait la reconnaissance, art. 11, etc.

II. Suppl. 429. — E. 268. (Liasse.) — 181 pièces, papier.

1779-1785. — Compte de Lenoir, receveur des hôpitaux, pour l'année 1781. — Pièces justificatives. — Mémoires et quittances données par : Ménard, supérieur du petit séminaire; sœur Poupard, dépositaire de la Providence ; des Mottes, supérieure de l'hôpital général; Nicolas de La Motte, de 8 livres 8 sols pour sept jours à 24 sols, pour avoir débité un chêne pour l'hôpital de St-Samson, et 21 livres à raison de 28 sols par jour, pour y avoir fait et placé une porte, art. 6 ; Leferme, prêtre de la Congrégation de J. et M., 100 livres pour une année de rente de la somme de 2,500 livres qu'il a cédée aux hôpitaux, art. 9; Polin, 14 livres 10 sols pour fourniture de 200 fougères pour la pépinière de Glatigny, art. 10 ; Sauvage, jardinier, 38 livres 10 sols pour culture et entretien de ladite pépinière pour une demi-année ; Loyer, prieur ministre de l'Hôtel-Dieu, de 983 livres pour 1,405 journées de soldats et matelots, traités à raison de 14 sols par journée, art. 11 ; Geoffroy, médecin-major des hôpitaux, 200 livres pour une année de ses appointements, art. 12 ; Vergé, supérieur du grand séminaire ; Doublet, premier maître des écoles, 210 livres d'appointements par an ; Faguet, second maître, 90 livres par an, art. 20 ; Cantrel, 19 livres 13 sols pour arpentage et façon du plan local de la ferme de l'hôpital, sise au Mesnil-Eudes et St-Pierre-des-Ifs, art. 29; Bertin de Mesley, supérieur de l'hôpital des malades ; divers pour rentes, pensions et secours. — États des droits d'hôpitaux perçus au bureau (1779-1785).

II. Suppl. 430. — E. 269. (Cahier.) — Moyen format, 34 feuillets, papier.

1782-1784. — Compte rendu par Louis Lenoir, receveur des hôpitaux, pour l'année 1782. Recettes, 80,201 livres 2 sols 6 deniers ; dépenses, 43,317 livres 6 deniers. De Le Métayer, secrétaire du Roi, 1,163 livres du don gratuit accordé aux hôpitaux, déduction faite des frais de retenues, art. 121 ; 12,049 livres suivaut ordonnance de l'intendant pour la subsistance des enfants trouvés, art. 123 ; 6,704 livres 17 sols 8 deniers pour les soldats traités aux hôpitaux des malades et de l'Hôtel-Dieu, art. 124 ; 43 livres 15 sols pour moitié de la somme constituée sur les états du Roi pour traitement des soldats à l'hôpital des malades pendant les années antérieures, etc.

H. Suppl. 431. — E. 270. (Liasse.) — 140 pièces, papier.

1782-1783. — Compte de Lenoir, receveur des hôpitaux, pour l'année 1782. — Pièces justificatives. — Quittances données par : Bertin, supérieure de l'hôpital, pour frais de procès entre le bureau des pauvres et Jean Gosset des Aulnés, avocat, et pour part aux réjouissances à l'occasion de la naissance du Dauphin, 5 livres 1 sol, art. 1er ; Leferme, prêtre, directeur du grand séminaire de Rouen ; Camusat, prieur ministre des chanoines réguliers de l'Hôtel-Dieu, art. 8 ; fr. Godefroy, gardien des Capucins, art. 11 ; divers prêtres pour secours distribués, art. 17-20 ; Vesque, chapelain de Criqueville, art. 21 ; Vasse, prêtre infirme, chapelain de dame Saint-Julien, art. 25 ; Crevel des Mottes, supérieure des hôpitaux, de 12,800 livres pour les besoins des pauvres, art. 26 ; 7,200 livres pour les besoins et nourrices des enfants trouvés, art. 27 ; Bertin de Mesley, supérieure de l'hôpital des malades, de 13,820 livres pour les besoins de la maison, art. 28 ; Poupard, dépositaire des sœurs de la Providence, art. 34 ; divers pour secours et pensions.

H. Suppl. 432. — E. 271. (Cahier.) — Moyen format, 38 feuillets, papier.

1783-1785. — Compte rendu par Louis Lenoir, receveur des hôpitaux, année 1783. Recettes, 87,635 livres 6 sols 9 deniers ; dépenses, 50,437 livres 18 sols 1 denier. Payé : 247 livres à cinq pauvres femmes âgées et à deux personnes de la famille de Taillis Dandolet, fondateur, art. 1er ; 100 livres à une personne pieuse pour l'intérêt de 2,000 livres qu'elle a mises à la disposition du bureau, art. 11 ; 150 livres à Le Maréchal, prêtre, hors d'état de remplir son ministère, art. 26 ; 75 livres à Rasse, prêtre, pour pension, art. 28 ; 15,226 livres 3 sols 3 deniers pour les besoins de la maison de l'hôpital, y compris sa part dans le produit des boucheries de carême, art. 32 ; 6,600 livres pour les enfants trouvés, art. 33 ; 15,826 livres 3 sols 3 deniers pour le traitement des soldats y compris la boucherie de carême, art. 34, etc.

H. Suppl. 433. — E. 272. (Liasse.) — 152 pièces, papier.

1783. — Compte de Lenoir, receveur des hôpitaux, année 1783. — Pièces justificatives. — Mémoires et quittances données par : La Roche Perteville, de 621 livres 15 sols par lui avancés pour un billet de la loterie royale, art. 2 ; fr. Bertauld, pour frais de canaux en fonte pour conduite d'eau à l'hôpital général, art. 7 ; Pitard, pour Vergé, receveur du grand séminaire, de 111 livres 2 sols 3 deniers pour le prorata de 250 livres de rente, art. 18 ; Lemière, vicaire de St-Jacques, de 7 livres 10 sols pour la distribution de peignes de la fondation Le Bourgeois, art. 23 ; des Mottes, supérieure générale des hôpitaux, de 15,226 livres 3 sols 3 deniers pour les besoins des pauvres, art. 32 ; Bertin de Mesley, supérieure de l'hôpital des malades, de 15,826 livres 3 sols 3 deniers pour les charges de la maison, art. 34 ; Fouques, de 163 livres 8 sols 6 deniers pour rentes dues à l'évêché, art. 38 ; Le Roussel de Vaucelles, de 461 livres 12 sols 6 deniers pour rente au petit séminaire, art. 40 ; sœur Troussel, supérieure de la Providence, pour rentes, art. 41, etc.

H. Suppl. 434. — E. 273. (Cahier.) — Moyen format, 88 feuillets, papier.

1784-1786. — Compte rendu par Louis Lenoir, receveur des hôpitaux, année 1784. Recettes, 84,845 livres 7 sols 2 deniers ; dépenses, 54,145 livres 2 sols 10 deniers. Payé 12,127 livres 14 sols pour les besoins de l'hôpital général, suivant 12 quittances, art. 32 ; 7,200 livres pour la subsistance des enfants trouvés ; 125 livres d'aumône de M. de Brancas à la maison du Bon-Pasteur, art. 42 ; 46 livres 17 sols pour sa part sur le notariat laïc, art. 45 ; 72 livres 5 sols pour son droit sur la rente de M. de Manoury de la fondation de M. de Fréard, art. 54 ; 112 livres 10 sols au petit séminaire pour sa part sur le moulin fouloir, art. 57 ; 450 livres pour les appointements du comptable et 18 livres pour réduction et copie dudit compte.

H. Suppl. 435. — E. 274. (Liasse.) — 176 pièces, papier.

1784-1790. — Compte de Lenoir, receveur des hôpitaux, année 1784. — Pièces justificatives. — Mémoires et quittances donnés par : Poullain, de 50 livres pour 200 pavés fournis, art. 4 ; M. de Neuville, pour transport à Croissanville pour la ferme de St-Samson, de 130 pieds d'arbres provenant de la pépinière de Glatigny, 4 livres, art. 5 ; M. de Perteville, 7,019 livres 8 deniers pour placements de fonds sur les États de Bretagne, art. 7 ; Mme de Créquy, abbesse de St-Désir, 320 livres pour rente à Hauvel, vicaire perpétuel de la première portion du bénéfice de la paroisse St-Désir, comme titulaire de la chapelle St-Clair et St-Blaise, art. 8 ; Godefroy, gardien des Capucins, 50 livres 18 sols 4 deniers pour part sur les boucheries de carême, art. 12 ; les vicaires de St-Désir et St-Jacques, pour fonds distribués en aumônes ; Bertin de Mesley, supérieure de l'hôpital des malades, 14,327 livres 14 sols pour charges et droits de la maison, art. 30 ; Mlle des Mottes, supérieure générale des hôpitaux, 12,127 livres 14 sols pour les besoins des pauvres, art. 31 ; divers pour pensions, rentes et secours. — Travaux à la ferme du Mesnil-Eudes.

H. Suppl. 436. — E. 275. (Cahier.) — Moyen format, 40 feuillets, papier.

1785-1787. — Compte rendu par Louis Lenoir, receveur des hôpitaux et bureau des pauvres, pour l'année 1785. Recettes, 83,206 livres 6 sols 6 deniers ; dépenses et reprises, 54,373 livres 19 sols 7 deniers. Recettes, 30,700 livres 4 sols 4 deniers laissés pour subvenir aux besoins des hôpitaux, art. 1er ; 1,500 livres des mineurs Legrip, pour l'office de notaire du Roi vendu à leur père, art. 14 ; 1,509 livres 12 sols 9 deniers pour part sur les droits d'entrée des boissons, art. 14 ; 5,403 livres pour rentes sur les aides et gabelles, art. 20 ; 425 livres de rente de la constitution de Louis Jourdain, écuyer, par contrat du 13 avril 1744, art. 50 ; 800 livres de rente au capital de 20,000 livres sur le Clergé de France, art. 72 ; 1,100 livres au capital de 22,000 sur le domaine du Roi, art. 96 ; 1,775 livres pour fermage de la terre nommée le lieu Moulin, art. 119, etc.

H. Suppl. 437.— E. 276. (Cahier.)— Moyen format, 40 feuillets, papier.

1785-1787.—Compte rendu par Louis Lenoir, receveur des hôpitaux et bureau des pauvres, pour l'année 1785.—Double du précédent.

H. Suppl. 438. — E. 277. (Liasse.) — 173 pièces, papier.

1785-1787.—Compte de Lenoir, receveur des hôpitaux et du bureau des pauvres, année 1785.—Pièces justificatives. — Mémoires et quittances données par :

Moulin, tonnelier, pour différents travaux, 509 livres 10 sols, art. 6 ; Greslebin, chaudronnier, 133 livres 17 sols, art. 9 ; des Entellet, receveur du droit de marc d'or, 173 livres 9 sols 6 deniers pour ledit droit de l'arrêt permettant aux hôpitaux de continuer pendant 6 ans la perception d'un droit sur les vins et cidres, art. 16 ; fr. Héliodore, gardien des Capucins, 100 livres sur le produit de la boucherie de carême, art. 21 ; Doublet et Guérin, maîtres des écoles charitables, 300 livres, art. 26 ; l'abbé de Monthaut, 100 livres accordées à Dumont, art. 35 ; Martin, supérieur du séminaire, art. 37 ; Bertin de Mesley, supérieure, Morin, vice-supérieure de l'hôpital, art. 40 ; divers pour rentes et pensions. — Bordereaux des rentes dues à la maison et communauté du Bon-Pasteur, année 1785, 1,398 livres 11 sols 5 deniers, plus 50 livres accordées par les administrateurs à ladite maison sur la boucherie de carême ; quittances desdites sommes à Lenoir par la sœur Saint-Benoît pour Mlle Saint-Louis, supérieure.

H. Suppl. 439. — E. 278. (Cahier.) — Moyen format, 36 feuillets, papier.

1786-1788. — Compte rendu par Louis Lenoir, receveur des hôpitaux, année 1786. Recettes, 79,941 livres 8 sols 9 deniers ; dépenses et reprises, 49,568 livres 11 sols. Reçu : 70 livres de rente de la fondation de Louis Jourdain et Georges Michel, sieur de La Neuville, art. 18 ; 170 livres de rente sur les Dominicains, art. 28 ; 55 livres 3 sols de rente payée par Gosset, seigneur de Livarot, pour Anne Samin, veuve de Constantin de Bonenfant, Pierre Pigis et Pierre Le Roy, art. 35 ; 425 livres de Louis Jourdain, écuyer, art. 41 ; 200 livres de rentes constituées par les religieuses hospitalières de Caen, par contrat du 27 avril 1781, art. 42 ; 242 livres 10 sols de rente constituée par de Margeot et de Grieu et reconnue par de Mareuil et demoiselle des Boves, art. 75 ; 200 livres par M. de Merville, écuyer, art. 77 ; 450 livres de nouvelle rente créée sur le domaine du Roi, art. 82 ; 150 livres sur les États de Bretagne, 600 livres sur les États de Languedoc, art. 84 ; 855 livres provenant de la vente à de La Rue de maisons situées à Rouen, art. 86 ; 450 livres sur la communauté des marchands tisserands en frocs pour fieffe du moulin fouloir situé au faubourg d'Orbec, art. 87 ; 3 livres valeur d'un boisseau de rente faite par Grainville, avocat, représentant Jacques Cordier et autres, art. 91 ; 2,835 livres de fermages de la terre de St-Samson, dont jouit Jacques Dufour, art. 101 ; 175 livres de loyer d'une portion de maison sise dans le manoir Hauvel, art. 109 ; 16,367 livres pour la subsistance des enfants trouvés, art. 115 ; 1,808 livres pour la dépense des soldats traités dans l'hôpital des malades, art. 116, etc.

H. Suppl. 440. — E. 279. (Cahier.) — Moyen format, 38 feuillets, papier.

1786-1788. — Compte rendu par Louis Lenoir, receveur des hôpitaux, année 1786. — Double du précédent.

H. Suppl. 441. — E. 280. (Liasse.) — 103 pièces, papier.

1784-1787. — Compte de Lenoir, receveur des hôpitaux, année 1786. — Pièces justificatives. — Mémoires et quittances données par : Baptiste Leloup, de 12 livres 16 sols pour dix journées de réparations à la couverture de la chapelle du Bois, appartenant aux renfermés, art. 2 ; Adrien Le Roux, 73 boisseaux de ciment à 10 sols et 3 boisseaux à 15 sols, art. 3 ; Cantrel, 151 livres 10 sols pour travail, du 2 au 30 juin, au plan du nouvel hôpital sis au faubourg, art. 4 ; Mistral, 4 livres pour l'impression de 100 affiches pour la location d'un jardin, art. 9 ; Gezé, 60 livres pour droits de commission à cause du remboursement d'une rente de 275 livres sur les États de Bretagne et du placement de 12,500 livres aux États de Languedoc et acquisition de 600 livres de rente au principal de 15,000 livres, art. 11 ; Fleury, garde du marais d'Auge, 45 livres pour fourniture de 300 plantons de *sauls* destinés à la ferme de l'hôpital de St-Samson, art. 12 ; 177 livres 6 sols 3 deniers pour restitution des droits de contrôle des baux de boucherie de carême des années 1781 à 1785, art. 13 ; Saint-Ouen, 235 livres pour fourniture d'une tonne, art. 16 ; fr. Aventin, 200 livres pour six mois de la pension du frère de la classe à la nomination du chapitre, art. 23 ; Morin, supérieure de l'hôpital, Troussel, supérieure de la Providence, et divers, pour rentes, pensions et secours.

H. Suppl. 442. — E. 281. (Cahier.) — Moyen format, 37 feuillets, papier.

1787-1789. — Compte rendu par Louis Lenoir, receveur des hôpitaux, pour l'année 1787. Recettes, 89,186 livres 15 sols 2 deniers ; dépenses, 49,244 livres 7 sols 6 deniers. Reçu : 5,405 livres au lieu de 5,475 livres de 18 parties de rente sur les aides et gabelles, 286 livres 18 sols de rente sur les tailles de 1787, et 417 livres 19 sols 1 denier de plusieurs parties de rentes sur les tailles, art. 21 ; 150 livres de rente créée par M. de Gournainville le 11 janvier 1737, art. 24 ; 100 livres de rente de la constitution de M. de Bardouil, sieur de La Bardouillère, représenté par Louis Guernon, acquéreur des terres et château de la Bardouillère, art. 46 ; 150 livres de rente constituée par les Dominicains de Rouen, art. 51 ; 25 livres de rente constituée par Antoine Bizet, payée par Le Paon, cordonnier, art. 55 ; 40 livres de la constitution de Fresnel, sieur de La Rosière Meurdrac, art. 63. - - Mention faite que la maladrerie de la chapelle du Fauquet, située à St-Philbert-des-Champs, est fieffée à Gilles Bazin, qui en était fermier, par contrat du 7 janvier 1730, moyennant deux sommes de blé mesure de la halle de Lisieux, etc.

H. Suppl. 443. — E. 282. (Cahier.) — Moyen format, 37 feuillets, papier.

1787-1789. — Compte de Louis Lenoir, receveur des hôpitaux, pour l'année 1787. — Double du précédent.

H. Suppl. 444. — E. 283. (Cahier.) — Grand format, 25 feuillets, papier.

1787-1788. — Compte rendu à l'évêque et aux administrateurs du bureau des pauvres, par Mlle Morin, supérieure de l'hôpital général, pour l'année 1787. Recettes, 32,398 livres 11 sols 1 denier ; dépenses, 31,423 livres 12 sols 9 deniers. Parmi les dépenses : achats de blé, 9,533 livres 5 sols ; viande, 2,871 livres 7 sols 6 deniers ; œufs, 530 livres 5 sols ; fromages, 751 livres 4 sols ; sel, huit et vin, 931 livres 6 sols 3 deniers ; bois, charbon, chandelle, 3,110 livres 18 sols 9 deniers ; poisson frais et salé, 108 livres 6 sols ; pois et fèves, 485 livres ; légumes, 29 livres 2 sols, pommes et abonnements, 539 livres ; pharmacie, 148 livres 18 sols 6 deniers ; souliers et sabots, 98 livres 11 sols ; froc et droguet, 301 livres 3 sols ; charges de la chapelle, 479 livres 6 sols ; charges de la maison, 57 livres 14 sols ; paille et foin, 199 livres 12 sols ; poterie, 41 livres 12 sols ; balais, 67 livres 4 sols ; journaliers, 184 livres 12 sols ; réparations, 537 livres 6 sols 6 deniers ; buanderie, cendres, 336 livres 5 sols 9 deniers ; menus entretiens, 484 livres 8 sols 3 deniers ; distribution aux pauvres de la ville de 18 sommes, deux boisseaux et demi de blé, 602 livres 6 deniers.

H. Suppl. 445. — E. 281. (Cahier.) — Moyen format, 42 feuillets, papier.

1789-1790. — Compte rendu par Jean-Baptiste-Claude-Antoine Lenoir, seul héritier de Louis Lenoir, receveur des biens des hôpitaux de Lisieux, aux directeurs et administrateurs des hôpitaux et bureau des pauvres, de la recette et dépense faite des biens et revenus des hôpitaux, pendant l'année 1789. Recettes, 87,139 livres 13 sols 11 deniers ; dépenses et reprises, 66,620 livres 2 sols 2 deniers. Recettes, reliquat du compte de 1788, 30,221 livres 11 deniers ; legs de l'abbé Rambaud ; de l'abbé du Bois, 5,610 livres ; de l'abbé de Grimouville, pour loyers dus à la succession, 1,500 livres ; de la veuve Duhouiley, 195 livres 5 sols dues à ladite succession ; 1,139 livres 3 sols 4 deniers de MM. de Neufmani et Raulin Husson pour rente à ladite succession ; rentes sur les aides et gabelles et sur les tailles, non payées ; rentes classées par mois, créées par ou sur Lefèvre de La Normandière, M. de Bournainville, Louis Jourdain, écuyer, sieur de La Neuville, les Dominicains de Lisieux, Bourdon du Pommeret, les religieuses hospitalières de Caen, Le Normand de Victot, M. de Villers, l'abbesse de St-Désir de Lisieux, M. de Touteville, M. de Mailloc, le Clergé de France, MM. Margeot de Saint-Ouen et de Grieu, M. de Mervilly, écuyer, sur le domaine du Roi, les États de Bretagne et de Languedoc, les marchands tisserands en frocs de Lisieux ; quelques-unes desdites rentes provenant des legs de MM. de Fréard, de Neuville, etc. ; fermages du notariat apostolique au diocèse de Lisieux, des offices de notaires gardes-notes du Roi à Lisieux. — Rentes et fermages provenant des léproseries et maladreries réunies aux hôpitaux : 3 livres de rentes foncières à la St-Michel, 24 boisseaux de blé dus par M⁵ veuve de Donney, pour le fief Ripault, sis en la paroisse de Rocquey, lesdits boisseaux livrés à l'hôpital des malades ; trois boisseaux et demi de blé, mesure de Lieurey, etc. ; dîme de St-Julien sur-Calonne ; pièce de terre en la paroisse du Mesnil-Simon, nommée la maladrerie, fieffée 12 livres ; maladrerie de la chapelle du Fauquet à St-Philbert-des-Champs ; pièces de terre de St-Pierre de Cormeilles, de la maladrerie de St-Marc de Marolles, trait de dîme de St-Clair, terre de St-Samson alternée 2,835 livres, Lieurey, Mesnil-Eudes, Glatigny 700 livres, St-Pierre-des-Ifs 300 livres, Fontenelles 475 livres, le lieu Moulin 1,610 livres. — Loyers des maisons qui composent le manoir Hauvel. — Recettes diverses : de Le Métayer, secrétaire du Roi, pour l'année 1789 du don gratuit accordé aux hôpitaux, 1,165 livres ; 2,128 livres 1 sol pour la dépense en 1789 des soldats qui ont été traités dans l'hôpital des malades ; 20,045 livres 19 sols 10 deniers pour la dépense en 1789 des enfants trouvés reçus et soignés dans l'hôpital général en 1789. etc. — Dépenses : 251 livres 15 sols pour distribution en 1789 de 4 livres 15 sols tous les lundis, savoir à 5 pauvres femmes âgées 14 sols chacune et à 2 personnes de la famille de Taillis Dendelet, fondateur, 12 sols 6 deniers chaque ; travaux et réparations à l'hôpital général, vitrerie, briques, chaux, journées de travail. — A Geoffroy, chirurgien, 200 livres pour ses appointements de 1789 ; aux Capucins de Lisieux, la somme de 120 livres à eux accordée par le bureau sur le produit de la boucherie de carême en 1789 ; 50 livres 10 sols pour rentes viagères faites par le bureau ; 400 livres aux frères des écoles chrétiennes pour l'acquit de la fondation de MM. Le Doucet et Despériers, pour l'instruction des pauvres enfants ; à Carron le jeune, 7 livres 10 sols pour achat de peignes à laine suivant la fondation Le Bourgeois ; à la fille de Bosse, 40 livres et à Milhaut, tailleur, 40 livres, suivant la fondation de M. Marais, lesdites sommes tirées au sort au bureau le 9 août 1789 ; 50 livres au nommé Jehanne et 50 livres à la femme Périgot pour la fondation de M¹¹ᵉ de Saint-Côme pour relever deux ouvriers ; 50 livres à Jacques Causien et 50 livres à David, toilier, pour la fondation Mouront ; 200 livres distribuées aux pauvres de St-Jacques, St-Germain et St-Désir, pour l'acquit de la fondation Despériers ; 300 livres distribuées à six personnes des trois paroisses, pour aider à les relever, suivant la fondation de M. de Brancas ; 150 livres à Maréchal, prêtre habitué de St-Germain, hors d'état de remplir les fonctions de son ministère, fondation Huet ; autre pension de 75 livres à Lefèvre, vicaire du *Melleraud* ; 150 livres à Laplace, vicaire de Brécourt ; autres pensions à Dumont (100 livres) et à Durand, habitué de St-Germain (50 livres) ; 70 livres à David, commis à la recette du comté et évêché de Lisieux, pour fermage en 1789 du jardin Champagne, appartenant à l'évêché et occupé par l'hôpital ; 50 livres à Marie-Françoise-Angélique Waillet, dite Sainte-Nathalie, religieuse du monastère de St-Julien d'Amiens, pour rente que lui fait le bureau, fondation de l'abbé Despaux ; 50 livres de rente viagère aux domestiques de l'abbé Despaux ; 54 livres aux curés des 3 paroisses, pour nourriture d'enfants pauvres ; 22 livres 10 sols à Mistral, pour impression de 300 états pour les enfants trouvés, et 104 livres 8 sols à Laumônier, pour frais de voyage, relativement à l'opération de la pierre qu'il a faite à un enfant ; 14,400 livres à l'hôpital des malades, pour la dépense qui y a été faite, soin et nourriture des pauvres et soldats qui y ont été traités en 1789 ; 25,800 livres à l'hôpital général, pour les besoins de la maison et les distributions faites aux pauvres en 1789 ; 9,000 livres à l'hôpital général, pour subsistance et entretien des enfants trouvés qui y ont été reçus et soignés en 1789 ; 1,933 livres aux sœurs hospitalières desdits hôpitaux, pour l'année 1789, des rentes que le bureau est tenu de faire à leur société, savoir 1,100 livres, suivant l'accord fait avec M. de Brancas, et 833 livres pour rente créée sur le domaine du Roi ; 1,323 livres 11 sols 8 deniers à la maison du Bon-Pasteur, pour l'année 1789, des rentes que le bureau est obligé de lui faire sur les aides et gabelles, le clergé de France, les tailles, le moulin fouloir et les notariats de Lisieux, compris ce qui lui a été accordé sur le produit de la boucherie de carême (en marge : *erreur, s'étoit sans la boucherie de carême*) ; 1,671 livres 16 sols pour achat de blé et seigle ; 61 livres pour ports de lettres et frais relatifs aux hôpitaux ; 450 livres pour appointements du comptable ; 18 livres pour écriture du compte, et avoir mis par ordre les pièces de la dépense. Reprises, 4.092 livres 12 sols 6 deniers. Ledit compte apuré le 10 mai 1790 à l'assemblée du bureau, tenue en la salle de l'hôpital général, lieu ordinaire des séances, en présence des officiers municipaux, par les administrateurs anciens de Sausin, vicaire général, Saffrey, curé de St-Jacques, Duprey, curé de St-Germain, de Neuville, Caumont, Le Bailly, P. Hébert et Lenoir.

H. Suppl. 446. — E. 285. (Cahier.) — Moyen format, 28 feuillets, papier.

1789-1790. — Compte de M.lle Morin, supérieure de l'hôpital général, année 1789. Recettes, 41,414 livres 6 deniers ; dépenses, 41,559 livres 15 sols 6 deniers. Reçu : 25,800 livres de Lenoir, 537 livres 10 sols de pensions à 100 et 150 livres, plus 100 livres pour une année de postulante ; 200 livres pour vente d'un cheval, 30 livres pour un veau et 12 livres pour chiffes ; 311 livres 1 sol pour quêtes et assistance des pauvres aux inhumations de M. de Bonnechose, de M. d'Auquainville, de M. de La Tillerie, etc. — Colons filés, net 5,573 livres 9 sols 6 deniers, reçu 10,188 livres 2 sols 6 deniers ; dépense en laine, cordes, cardes, etc., 4,614 livres 13 sols. — Achat de blé en 1789, orge, farine, 15,620 livres 18 sols 8 deniers ; l'hôpital et les pauvres de la ville ont mangé 290 sommes de blé et orge pendant l'année ; achat de viande à 6 sols 6 deniers la livre, 2,728 livres ; œufs, 1,108 douzaines, 480 livres 12 sols ; fromages, 185 douzaines, 486 livres 4 sols ; bois, charbon et chandelles, 2,968 livres 10 sols ; sel, lait, vin et beurre, 1,636 livres 14 sols 6 deniers ; poisson frais et salé, 209 livres 13 sols ; pois et fèves, 475 livres 16 sols ; légumes, 44 livres 13 sols ; pommes et abonnements, 1,475 livres 10 sols, la corbeille de pommes à 4 livres et 4 livres 10 sols ; un cent de pruneaux, 15 livres et 15 livres 10 sols ; deux sommes de poires, 8 livres ; pharmacie, 133 livres 13 sols ; toile et ruban, 667 livres 3 sols ; lin, 690 livres ; souliers et sabots, 205 livres 7 sols 6 deniers, la paire de sabots à 6 sols ; 6 sols 6 deniers, 7 sols, 8 sols, 11 sols, 11 sols 6 deniers, 12 sols 6 deniers et 14 sols ; charges de la chapelle, 361 livres 11 sols 6 deniers ; charges de la maison, 131 livres 5 sols, savoir : trois paires de bas, 4 livres 10 sols ; un chapeau, 3 livres ; vin de trois enfants qui ont fait leur temps, 9 livres ; quatre fosses et cercueils, 7 livres 15 sols ; paille et foin, 394 livres 2 sols ; poterie, 25 livres 5 sols ; balais, 58 livres 16 sols ; journaliers, 183 livres 4 sols, à 6 sols, 8 sols, 10 sols, et le jardinier à 1 livre 10 sols ; réparations, 1,483 livres 6 sols ; buanderie, 456 livres 6 sols 9 deniers, la cendre à 20 sols le boisseau, 15 livres pour 25 livres d'amidon, etc. ; menus entretiens, 334 livres 18 sols 9 deniers ; coton en laine, cardes et cordes, 4,614 livres 13 sols. — Recettes et dépenses des enfants trouvés, frais de nourrice, entretien, etc.

H. Suppl. 447. — E. 286. (Cahier.) — Moyen format, 8 feuillets, papier.

1790. — Comptabilité. — Délibération de Regnoult Desfontaines, premier officier municipal, et des officiers municipaux et notables, Loisel de Boismare, avocat, procureur de la commune, Hébert de La Motte, chanoine, Saffrey, curé de St-Jacques, Duprey, curé de St-Germain, de Caumont, de Neuville Descours et Le Bailly, anciens administrateurs du bureau des pauvres, concernant l'administration et l'état financier des deux hôpitaux, ainsi que le compte rendu par Lenoir, frère du trésorier desdits hôpitaux.

H. Suppl. 448. — E. 287. (Liasse.) — 111 pièces, papier.

1790. — Compte final que rend Jean-Baptiste-Claude-

Antoine Lenoir, seul héritier de Lenoir, receveur des hôpitaux, pour la recette et dépense des biens et revenus en 1790, présenté le 4 mai 1790. Recette, 21,418 livres 5 sols; dépense, 19,888 livres 5 sols 6 deniers. Quittances diverses à Le Mire de La Bonneterie, receveur des hôpitaux de Lisieux en 1790. — Compte rendu par Jean-François-Germain Vallier, receveur des biens des hôpitaux, pour l'année 1790, du 12 avril au 18 mai. Recettes, 18,352 livres 16 sols 2 deniers; dépenses, 8,238 livres 7 sols. — Pièces justificatives : 3,200 livres de rentes du Clergé, 3,834 livres 6 sols 8 deniers pour nourriture des enfants trouvés pendant les mois de janvier et février, 300 livres de l'abbé de Sausin, à-compte de ce qu'il doit à la succession de feu Rambaud, 3,600 livres à Morin, supérieure de l'hôpital général, 200 livres au fr. Chérubin, directeur des frères des écoles chrétiennes de Lisieux, pour demi année de pension alimentaire d'un frère qui tient l'école de la paroisse Saint-Jacques, 98 livres 14 sols à Mistral, commissaire des guerres au Havre, pour journées de soldats et matelots. — Mémoires et quittances à l'appui.

H. Suppl. 449. — E. 288. (Liasse.) — 80 pièces, papier.

1676-1788. — Comptabilité. — Notes et documents divers concernant les comptes de Davy, Vallée et Lenoir, parmi lesquelles : fourniture par Lesage au fr. Bertéaud d'une pompe aspirante pour couler la lessive, garantie pendant 18 mois; mémoires de fournitures : de médicaments, s'élevant à 162 livres 19 sols 6 deniers, par la veuve Carré; de graisse, s'élevant à 113 livres 2 sols, par la veuve Carré; — Notes de rentes et fermages de Daufresne (1764-1788). — Quittances de sommes reçues pour droits réservés par édit du mois d'avril 1768. — Reçu de Clément de Barville, avocat général en la cour des aides de Paris, seigneur du domaine de Pont-Audemer, de 500 livres 10 sols pour les 2 sols par boisseau de remise pour les années 1780, 1781 et 1782, etc.

H. Suppl. 450. — E. 289. (Liasse.) — 1 pièce parchemin; 4 pièces, papier; 1 plan.

1720-1783. — Bâtiments. — Accord fait entre les administrateurs du bureau des pauvres et les ministre et religieux du couvent de la Sainte-Trinité et Hôtel-Dieu de Lisieux, pour la construction sur le terrain acquis par les administrateurs d'un bâtiment contre celui de l'Hôtel-Dieu, led. accord signé par l'évêque de Brancas, de Formentin Costard, Hébert et Delaplanche, administrateurs, fr. Ambroise Thoumin, fr. Nicolas Lange, fr. Paul Damancey, fr. Dominique Busnot, fr. Antoine Desjardins, fr. Bernardin Marais et fr. Gabriel Vallée. Les administrateurs pourront faire construire sur le fond qu'ils ont acquis un bâtiment de deux salles basse et haute et d'un grenier contre le bâtiment de l'Hôtel-Dieu, dont les religieux ont l'administration, en sorte qu'ils pourront se servir de la muraille de l'Hôtel-Dieu. Les deux salles nouvelles devant augmenter les charges de l'administration spirituelle qu'exercent les religieux, afin qu'ils s'en acquittent avec le même zèle et la même ferveur qu'ils ont fait jusqu'à présent, les administrateurs les déchargent des obligations qu'ils ont contractées à cause des 500 livres qu'ils ont reçues du testament de M. Bourdon, de Pont-l'Évêque, et les administrateurs s'engagent à faire exécuter les intentions dudit Bourdon, quand le nombre des pauvres sera augmenté au-delà du nombre de 60 dans les quatre salles dont les religieux n'ont pas l'administration temporelle, les administrateurs déchargeront les religieux de la nourriture d'un pauvre pendant quatre mois et demi de l'année, les religieux administreront les sacrements aux pauvres des quatre salles jusqu'au nombre de 80, le tout sans déroger à la transaction de 1639. — Devis dressé par François-Jean Formage, expert, à la réquisition des administrateurs du bureau de l'hôpital général, des frais de construction d'une fosse d'aisances dans le jardin attenant à la maison manable, évalués à 2,022 livres 17 sols; procès-verbal de Jacques-Louis Daufresne, notaire, d'adjudication desdits travaux, moyennant 1,570 livres, à Blotière, ayant pour caution François Desportes, entrepreneur (1780). — États des dépenses à faire pour la réunion des deux hôpitaux de Lisieux. Bâtiment sur la rue, 70,376 livres 16 sols 6 deniers; aile près le Lion-d'Or, 15,760 livres 8 sols 5 deniers; apothicairerie, 7,246 livres 6 sols; murs de séparations entre les cours et jardins, 1,200 livres; eaux, estimation 10,000 livres, total 104,583 livres 10 sols; plan à l'appui (1783).

H. Suppl. 451. — E. 290. (Cahier.) — Moyen format, 6 feuillets, papier.

1709. — Mobilier. — État des meubles trouvés dans l'hôpital général de Lisieux le 18 juillet 1709, dressé par ordre de l'évêque : dans la cuisine, dans le réfectoire des filles, dans l'office au bout du réfectoire, dans le *fagotier*, dans la salle du travail des filles, dans la *buerie*, dans la chambre de la communauté, dans la chambre de Mme de La Boullaye, dans les chambrettes, dans le cabinet de la *robière*, dans le réfectoire des hommes, dans la chambre occupée par M. Lambert, prêtre, dans la chapelle, dans la chambre de M. Hémery, linge, etc.

SÉRIE F.

Registres d'entrée et de sortie des personnes admises dans l'établissement. — Religieuses. — Service intérieur. — Domestiques.

H. Suppl. 452. — F. 1. (Registre.) — Moyen format, 139 feuillets, papier.

1730-1772. — Registre d'entrées. Hommes et femmes. — Noms des personnes entrées dans l'hôpital des malades avec l'indication du décès ou de la sortie. « Est entré deux ecclésiastique le 14 may 1765 par « charité… »

H. Suppl. 453. — F. 2. (Registre.) — Moyen format, 139 feuillets, papier.

1772-1782. — Registre d'entrées. Hommes et femmes.

H. Suppl. 454. — F. 3. (Registre.) — Moyen format, 138 feuillets, papier.

1738-1832. — Registre d'entrées. Hommes et femmes, de 1782 à 1789. — « Noms des filles de ser- « vices relevée des anciens registres et placée selon « l'époque de leur entrée à l'hôpital », avec la date de sortie ou décès, de 1738 à 1832.

H. Suppl. 455. — F. 4. (Registre.) — Grand format, 138 feuillets, papier.

1707-1812. — Registre d'entrées. « Noms des per- « sonnes qui sont actuellement dans l'hôpital général « des petits renfermez de la ville de Lisieux, l'année « 1764, » dont l'un entré en 1740. — P. 104. « Noms « des femmes et filles qui sont présentement dans « l'hôpital de Lisieux cette présente année 1764 », l'une entrée en 1707. — Entrées jusqu'en 1812.

H. Suppl. 456. — F. 5. (Registre.) — Moyen format, 192 feuillets, papier.

1756-1779. — Registre d'entrées. Militaires, depuis 1757. Régiments de Horion, de La Morlière, de Royal Vaisseau, d'Angoulême, de Brissac, bataillons de Falaise, de St-Lô, etc. — De l'autre côté, « Registre « des soldats du régiment d'infanterie de Monseigneur « le Dauphin qui entreront, sortiront ou mourront « audit hôpital depuis le premier avril 1756, à conter « duquel jour le Roy a bien voulu accorder au profit « dudit hôpital quand audit régiment seulement un « traitement douze sols par journée tant qu'il restera « en garnison à Lisieux. » Compagnies, noms, sur- noms et noms de guerre, lieux de naissance et juri- dictions ; entrées, sorties, etc.

H. Suppl. 457. — F. 6. (Registre.) — Moyen format, 181 feuillets, papier.

1779-1782. — Registre d'entrées. Militaires.

H. Suppl. 458. — F. 7. (Registre.) — Moyen format, 148 feuillets, papier.

1782-1787. — Registre d'entrées. Militaires.

H. Suppl. 459. — F. 8. (Registre.) — Grand format, 142 feuillets, papier.

1787-an III. — Registre d'entrées. Militaires.

H. Suppl. 460. — F. 9. (Liasse.) — 5 pièces, parchemin ; 5 pièces, papier.

1758. — États mensuels des journées des soldats, cavaliers et dragons entrés à l'hôpital, sortis et morts pendant les mois de janvier à mai 1758, régiments de La Morlière, de Horion, de La Marine sur le duc de Bourgogne, bataillons de Dinan, de Falaise, lesdits états certifiés par la supérieure de l'hôpital, M.-T. de Brumény, et visés par le commissaire des guerres ou par le subdélégué ; ordres de Lallemant de Levi- gnen, intendant d'Alençon, à Drouart, trésorier des troupes au département d'Alençon, de payer aux administrateurs ordinaires les frais de séjour fixés à 9 sols par jour outre la solde ordinaire ; quittances de

François Lemercier, administrateur et receveur de l'hôpital de Lisieux, à Jean-Baptiste-Thomas de Pange, trésorier général de l'extraordinaire des guerres. — En janvier, 365 journées ; en mai, 652.

H. Suppl. 461. — F. 10. (Liasse.) — 26 pièces, papier.

1688-1788. — Personnes admises dans l'établissement. — Mémoire concernant les sommes dues par Gabrielle Périer, qui demeurait depuis plus de 40 ans à Lisieux, fréquentait les hôpitaux et visitait les malades, en leur rendant le service dont elle était capable ; réclamation pour l'entretien dont elle a été l'objet de la part de l'hôpital à la fin de sa vie (1688). — État des meubles que la dame veuve Bairois a apportés à l'hôpital général où elle est entrée le 2 septembre 1765 en qualité de pensionnaire. — Attestation passée devant Jacques-Louis Daufresne par Jacques Follin et Marie-Anne Croisier, sa femme, de l'imbécilité de Marie-Anne Villon, âgée d'environ 28 ans, fille naturelle de ladite Croisier, afin de la faire admettre dans une maison de force ou hôpital, afin d'éviter le scandale public (1766) ; lettre de l'archevêque de Paris y relative (1766). — Extrait des délibérations concernant la demande de Dumont, curé de St-Samson, de conférer avec les administrateurs sur le droit des pauvres de sa paroisse aux hôpitaux de Lisieux (1774). — État des effets apportés par Landré à son entrée à l'hôpital général (1779). — Certificat du curé de Vimoutiers pour l'entrée de Guillaume Vattier à l'hôpital. — Lettre de l'intendant Julien aux administrateurs de l'hôpital de Lisieux leur adressant copie d'une lettre du maréchal de Ségur, concernant l'admission de Jacques Mesnier, grenadier au régiment de Poitou, réformé pour infirmités (1785). — Conventions entre Louis Lenoir, receveur des hôpitaux, autorisé par les administrateurs, et Renée-Marguerite Hardy de Chanvalon, pour son admission à l'hôpital des malades, pour y rester jusqu'au jour de son décès (1788). — Consentement donné par Louis Lenoir, receveur des hôpitaux, à Jean-Baptiste Despériers, maréchal des logis au régiment du colonel général dragons, que Marie Despériers, sa sœur, continue de résider à l'hôpital général où elle est entrée le 7 juillet 1770. — Requête adressée à l'évêque de Lisieux, par Jacques et Robert Pottier frères, pour obtenir l'admission à l'hôpital de leur sœur qui est ainsi qu'eux dans une grande misère ; la femme dudit Robert est la fille de l'héritier de feu de La Perrelle-Margot qui les a frustrés de tout ce qu'il avait pour le donner à l'hôpital général où il a fondé 6 lits.

H. Suppl. 462. — F. 11. (Liasse.) — 25 pièces, papier.

1706-1787. — Personnes admises dans l'établissement. — Copie d'extraits d'actes de naissance de la famille Icard ; quittance donnée par Barbarroux, procureur d'André Icard, sergent de grenadiers dans la marine de Brest, à Lenoir, receveur de l'hôpital des malades de Lisieux, de la somme de 372 livres lui revenant de Jacques Icard, son frère, mort dans ledit hôpital (1733-1779). Lettres de Barbarroux à Lenoir, concernant ledit paiement (1777). Procuration devant les notaires de Brest par Marguerite-Jeanne Porhet, épouse dudit André Icard, à Louis Barbarroux, de vendre tout ce qui pourrait revenir à son mari ; collation faite par Daufresne, notaire, de ladite procuration représentée par Lenoir, receveur des hôpitaux (1777). — Extraits d'actes d'état civil concernant diverses personnes admises à l'hôpital, etc. Naissances de Jeanne Baudemont (1707) ; Marie-Anne-Charlotte Baudemont (1714, Morteaux) ; Marie-Anne Berrurier (1760, Barneville-en-Auge) ; Madeleine Basière (Lignières, 1736) ; Marie-Catherine-Victoire Bellière (Dozulé, 1776) ; Marie-Pierre-Louis Boissey, parrain messire Louis-Charles du Bosch, marraine noble dame Marie-Françoise du Neveu du Bosch (1776). Mariage de Guillaume Roussel, fils de Pierre et de Tiennotte Simon, et Marie-Anne Castel, fille de Louis Castel, sergent, et de Louise Bardel, de Saint-Ouen de Pont-Audemer (La Chapelle-Bayvel, 1706) ; certificats de Lelièvre, curé de St-Désir, etc.

H. Suppl. 463. — F. 12. (Liasse.) — 1 pièce, parchemin ; 3 pièces, papier.

1719-1776. — Supérieures et religieuses. — Reconnaissance de Jean-Chrysostome Commeauche, docteur médecin à Falaise, envers l'évêque et les administrateurs de l'hôpital général de Lisieux, de 900 livres, pour l'admission de Catherine, sa fille, comme servante des pauvres dudit hôpital (1719) ; à la suite est la quittance de ladite somme donnée par l'évêque de Brancas, MM. de Mailloc et Delaplanche, et une autre quittance de ladite somme donnée aux susdits par Jean Commeauche, par suite d'une sentence rendue aux plaids de la vicomté de Falaise par Philippe Hébert, sieur de Garencière, lieutenant général, entre lui et sa sœur (1730). — Transaction entre Marie-

Louise Bertin de Mesley, supérieure de l'hôpital des malades, et diverses inculpées en procès au bailliage vicomtal de Lisieux, pour injures envers elle et les filles employées au service dudit hôpital (1776). Mémoire des frais et dépens faits par ladite Bertin contre les inculpées, s'élevant à la somme de 426 livres.

H. Suppl. 464. — F. 13. (Liasse.) — 1 pièce, papier.

1772. — Domestiques. — « Mémoire de Marie-Anne « Lévesque, entrée à l'hôpital général âgée de 22 ans, « pour fille de servisce le 21 novembre 1772. »

SÉRIE G.

Papiers et registres des institutions succursales de l'établissement. — Bureau de charité ; maison du Bon-Pasteur ; mendicité ; tutelle des enfants trouvés et orphelins ; écoles, etc.

H. Suppl. 465. — G. 1. (Liasse.) — 6 pièces, papier.

1783-1784. — Bureau de charité. — Actes et pièces relatives au projet d'établissement d'un bureau de charité dans la ville de Lisieux, imprimé chez F.-B. Mistral, à Lisieux. — Assemblée générale de la ville le 31 décembre 1783. Il est décidé que le projet lu par M. de Perteville, subdélégué, pour l'établissement du bureau de charité, sera présenté à MM. du chapitre, à MM. de l'hôtel-de-ville, aux nobles et personnes vivant noblement, et à tous les corps et communautés de la ville, qui seront invités à l'examiner et à députer un de leurs membres le 15 janvier 1784, pour l'adoption définitive. Aumônes de 476 livres versées par les personnes présentes et remise aux curés pour être distribuées aussitôt, avec injonction de rapporter dans quinzaine l'état circonstancié de leurs pauvres ; quêtes en ville par M. de Perteville, M. de Carouge et M. Fauqués le jeune. — Projet imprimé de règlement pour les bureaux de charité de la ville de Lisieux, avec un bureau général se tenant au palais épiscopal le deuxième mercredi de chaque mois, composé de l'évêque, d'un député du chapitre, de celui des curés de St-Jacques, St-Germain et de St-Désir qui sera en semaine, le bailli, le subdélégué, un député de l'hôtel-de-ville, un député du bureau des hôpitaux, un député de chaque bureau de paroisse, un trésorier, un secrétaire, et un bureau particulier de chaque paroisse tenu au presbytère chaque lundi, composé des curé et vicaires, un député du chapitre, quatre notables paroissiens et quatre dames de charité. « Comme le « défaut de religion et l'oisiveté sont les causes les « plus ordinaires de la pauvreté », on fera des visites pour s'informer « si les pères et mères approchent « des sacremens, s'ils envoient leurs enfans à l'ins« truction et s'ils les conduisent avec eux aux offices « des paroisses », etc. « Toutes les aumônes seront « faites en essence. » On ne regardera comme pauvres honteux que ceux n'ayant pas encore eu de part aux aumônes publiques et qui ne seront pas de la classe des ouvriers, ouvrières, domestiques et gens de journées. — Autre copie informe dudit projet contenant 22 articles : le bureau présidé par l'évêque se composerait des curés, de deux notables et quatre dames de chaque paroisse ; division de la paroisse en quatre quartiers où elles visiteraient les pauvres et leur donneraient les secours ; visite de chaque paroisse par le curé et deux membres du bureau pour faire la statistique des pauvres et prendre les renseignements sur eux, notamment au point de vue de la religion et de leur état de famille ; quêtes générales dans la ville et faubourgs ; dons de chemises, draps, fagots, etc. Assemblée tous les quinze jours ou tous les mois, à l'hôtel épiscopal, de l'assemblée du bureau de charité. Il serait à désirer que, sous l'autorité du juge de police, des personnes fussent constituées dans les différents quartiers pour empêcher les jeunes gens de s'assembler, de former des jeux dans lesquels ils volent leurs parents, se volent eux-mêmes, perdent leur temps, se querellent avec emportement et se battent à outrance ; qu'elles eussent le droit d'arrêter et mettre en prison au pain et à l'eau pour quelques jours les jeunes gens libertins et indociles que leurs parents ne pourraient retenir chez eux et faire travailler, de même que les mendiants qu'ils trouveraient dans les églises ou dans les rues ; on pourrait donner 5 sous aux mendiants étrangers, leur enjoindre de sortir de la ville et de n'y pas reparaître ; les curés et deux membres du bureau de charité feraient deux fois par an une visite chez les maîtres tisserands qui occupent les gens du peuple au travail de la laine, ils s'y informeraient de leur exactitude et de leur conduite et, par leurs exhortations, leurs avis, ils tâcheraient de rappeler les mœurs et la religion parmi ces gens qui, par le mélange des deux sexes dans ces sortes d'ateliers, sont corrompus de bien bonne heure. — Lettre pastorale de l'évêque-comte de Lisieux au clergé séculier et régulier et aux fidèles du diocèse, imprimée chez Simon à Paris, rue St-Jacques, 1774. — Lettre de l'évêque Jules Ferron de La Ferronnaye à M. de Prêtreville, subdélégué de l'intendant à Lisieux, datée de Paris, 26 janvier : il a lu avec le plus grand plaisir le projet qu'il lui a fait remettre d'établissement du bureau de charité pour le soulagement des pauvres des paroisses de Lisieux, etc.

H. Suppl. 466. — G. 2. (Liasse.) — 2 pièces, papier.

XVIIIe siècle. — Maison du Bon-Pasteur de Lisieux. — Mémorial concernant l'état et revenu de la maison et communauté des filles du Bon-Pasteur établie en la ville de Lisieux par l'évêque Léonor de Matignon, « pour y procurer, à la gloire de Dieu, la retraite des « filles que la pauvreté et l'occasion exposent ordi- « nairement au vice et à la perte de leur honneur et « de leur âme ». Le 18 mai 1712, par contrat déposé au notariat de Lisieux le 20 octobre 1712, ledit évêque donna les deniers nécessaires à l'acquisition de la maison sise paroisse St-Jacques, dans le faubourg de la porte d'Orbec. — Avant 1709, Marguerite de Villers eut, sous l'autorité de l'évêque de Matignon et des administrateurs de l'hôpital, la direction et gouvernement de la communauté. — En 1709, le 28 avril, ledit évêque donne à ladite communauté, sous le nom du clergé du diocèse de Lisieux, la somme de 2,800 livres dont 2,000 livres furent données en constitution de rente au denier 18 à François-Hippolyte de Bellemare, écuyer. — En 1719, ladite somme, ayant été amortie, fut constituée au denier 22 par Guillaume de Parfouru, écuyer, sieur de La Fossue, et remboursée en 1720 en billets de banque qui, avec le capital de 7 livres 15 sols de rente payée à ladite communauté, sous le nom du bureau des pauvres, par demoiselle Catherine de La Foye des Chatagnez, fut constituée au denier 40 sur les aides et gabelles de France. — En 1712, le 11 décembre, par contrat reçu au notariat de Lisieux le 3 mars 1713, ledit évêque donna à la communauté du Bon-Pasteur, sous le nom des pauvres de Lisieux, la ferme du *Chat qui griffe*, sise aux paroisses de St-Jacques de Lisieux et d'Ouilly-le-Vicomte, avec 60 livres de rente.—Projet d'acte de donation par Léonor de Matignon, évêque de Lisieux, aux pauvres de la ville, de trois pièces de terre sises à St-Jacques de Lisieux et Ouilly, acquises par lui au notariat de Lisieux, le 16 janvier 1700, de feue Louise Le Roy, veuve de Charles Costard, élu en l'Élection de Lisieux, et de Marguerite et Louise Costard, ses filles, et 60 livres de rente foncière en quoi est tenu Pierre-Augustin Le Noir, procureur en l'Élection, pour fieffe d'une quatrième pièce, aux conditions suivantes : ledit seigneur ayant reconnu le profit et l'avantage spirituel qu'a déjà produit dans la ville et le diocèse l'établissement de la société des filles du Bon-Pasteur, sous la conduite de Marguerite de Villers, pour procurer la retraite des filles que la pauvreté et l'occasion exposent ordinairement au vice et à la perte de leur honneur et de leur âme, pour donner à ladite société de nouvelles marques de sa libéralité et lui procurer de plus en plus les moyens de subsister, il entend que les administrateurs lui laissent la jouissance desdits héritages et de ladite rente pour être employés à la nourriture, entretien et instruction spirituelle des filles du Bon-Pasteur, aussi longtemps que cette société subsistera dans la ville ; à leur défaut les pauvres jouiront desdits héritages et rentes, etc.

H. Suppl. 467. — G. 3. (Liasse.) — 5 pièces, parchemin ; 45 pièces, papier.

1605-1791. — Enfants trouvés et assistés. — Sentence rendue aux pleds de Lisieux par Pierre Huc, bailli vicomtal, entre Guillaume Hardy, procureur et receveur du bureau des pauvres, et Henrye Gohier, condamnée à reprendre et nourrir son enfant (1605). — Arrêt du Parlement de Rouen, portant que les pauvres détenus à l'hôpital général n'en pourront sortir sans permission des administrateurs, et après y avoir demeuré 6 ans (1666). — Sentence rendue aux pleds ordinaires de Lisieux, par Léonor Le Choesne, écuyer, sieur de Tercey, bailli vicomtal, sur la demande des administrateurs du bureau des pauvres, ordonnant que les habitants et paroissiens de Saint-Hippolyte-du-Bout-des-Prés seront chargés de la nourriture et entretien du jeune Vachot, dont le père a été exécuté (1705). — Sentence de François-Joseph Paisant, bailli vicomtal de Lisieux, concernant la rentrée à l'hôpital général d'enfants qui en sont sortis au préjudice de l'arrêt du Parlement de Normandie, rendu en faveur de l'hôpital (1717-1719). — Sentence rendue par Paisant, bailli vicomtal, sur la requête de Guillaume Formeville, procureur fiscal, condamnant François Neuville, toilier, à faire rentrer à l'hôpital Jean de La Vigne, âgé de 10 ans, qui en était sorti avec les effets de l'établissement, et le condamnant en 20 livres d'amende (1730). — Lettre de Thouret, curé de Basseneville, demandant l'admission d'enfants de sa paroisse à l'hôpital de Lisieux, en vertu des droits de St-Samson et communes voisines (1767). — Arrêt du Conseil d'État concernant les enfants trouvés (1779). — Lettre de Julien, intendant d'Alençon, à M. de Perteville, subdélégué, concernant la dépense des enfants trouvés de l'hôpital de Lisieux pendant l'année 1782. — Ordre de Noël Le Rat, lieutenant général au bailliage vicomtal de Lisieux, aux sergents requis, d'assigner tous les témoins pouvant témoigner sur les faits contenus dans le réquisitoire du procureur fiscal, concernant l'enlèvement du jeune Michel (1783). — Assignation commise à Le Sergent pour réintégrer dans les 24 heures à l'hôpital Nicolas-Constant, son fils, sorti avec les vêtements dudit hôpital, sous contrainte de 100 livres d'amende (1784). — Lettre de Le Villain, curé de St-Vigor, pour le placement avec l'autorisation de M. de Perteville, subdélégué, d'une petite fille exposée dans le bourg de Crèvecœur, paroisse de St-Vigor (1784). — Requête de Vattier à l'évêque de Lisieux pour obtenir la remise d'un de ses fils, admis aux renfermés, afin de pouvoir l'envoyer à Nancy avec un oncle. — Certificat par Gain, curé de Lieurey, de l'indigence de Marie Drouard, qui n'est pas en état « de sacrifier son temps au soin « de l'enfant qu'elle vient de produire » et de fournir à sa subsistance (1787) ; autres certificats de Delauney, curé de Prêtreville (1787), de Dammeville, curé de Cambremer (1791). — Lettre d'admission par Le Monnier, curé de Courtonne-la-Meurdrac (1788). — Extrait du registre des baptêmes, mariages et sépultures de St-Martin-sur-Renelle de Rouen : baptême de Marie-Marguerite-Élisabeth-Esther, fille posthume de François Sabras (1774). — Extrait du registre des baptêmes, mariages et sépultures d'Auquainville, concernant le décès d'une fille donnée en nourrice par les dames de l'hôpital de Lisieux (1790). — État du trousseau des enfants trouvés qu'on met en nourrice et des habillements qu'on donne au bout de 6 mois.

H. Suppl. 468. — G. 4. (Registre.) — Moyen format, 133 feuillets, papier.

1773 — an XII. — Enfants trouvés et assistés. — « Registre des enfans donnée par M. Bourdon, com« mencés le 8 janvier 1773, à l'hôpital des malades de « Lisieux. » Baptêmes, soit à l'hôpital, soit au lieu d'origine. Dates d'entrées et de décès. Signalements, marques, étoffes ou notes jointes à l'enfant au moment de l'exposition. « Je suis batisé, j'ai 30 mois, je « m'apelle Adrian, ceux qui me mette ici vous prie « d'avoir pitié de moy, il sont d'état de me nourir, « je suis batar, si Dieu fait la grâce à ma mère de ga« gner quelque chose elle aura soin de moy. » « Je « prie l'âme la plus charitable de me porter à l'opital. » « L'enfant est baptisé du quatorze février dernier, « il a été nommé Théodord : si cela se pouvait, on se« rait bien aise qu'il fut mis entre les mains de la « mère Heribelle, de la paroisse de St-Ouen-le-Pain », etc. — De l'autre côté. Enfants légitimes qui sont sur le compte du Roi.

H. Suppl. 469. — G. 5. (Registre.) — Grand format, 84 feuillets, papier.

1766-1833. — Enfants trouvés et assistés. — Nom et prénoms, âge, trouvé ou abandonné, lieu de naissance, entrée, sortie, mort.

H. Suppl. 470. — G. 6. (Registre.) — Grand format, 64 feuillets, papier.

1788-1812. — Enfants trouvés, abandonnés et orphelins entrés à l'hôpital général de Lisieux du 5 janvier 1788 au 18 février 1812. — Extrait du compte rendu par le receveur des hospices des recettes et dépenses faites en 1810. — Extrait des comptes de 1811 et 1812.

H. Suppl. 471. — G. 7. (Registre.) — Petit format, 138 feuillets, papier.

1779-1812. — Enfants trouvés et assistés. « Noms « des enfans trouvés de l'hôpital d'Orbec depuis le « vingt janvier 1779 » jusqu'en 1812. — Le service des enfants d'Orbec a été réuni à l'hôpital du chef-lieu d'arrondissement.

H. Suppl. 472. — G. 8. (Liasse.) — 1 pièce, papier.

1778. — École. — Lettres patentes de Louis XVI autorisant Jacques-Marie de Caritat de Condorcet, évêque de Lisieux, à établir une école de charité à Lisieux pour l'instruction gratuite des jeunes garçons de la ville et des faubourgs : il a fait un traité le 21 septembre 1776 avec l'institut des écoles chrétiennes et s'est obligé de fournir une maison avec les meubles nécessaires à l'usage du maître et des écoliers ; rente de 100 livres pour les réparations de la maison et l'entretien des meubles ; rente de 900 livres pour la nourriture et l'entretien de trois frères ; permission au directeur de l'école de charité d'accepter la maison qui doit servir au logement des frères des écoles chrétiennes. Assignation commise à la requête du procureur général du Parlement de Rouen, aux administrateurs des hôpitaux de Lisieux, à comparaître devant M. de La Cauvinière, conseiller audit Parlement de Rouen, pour fournir leurs observations sur ledit établissement.

SÉRIE H.

Documents divers.

H. Suppl. 473. — H. 1. (Cahier.) — Moyen format, 4 feuillets, papier.

1678-1679. — Hôpitaux. Argentan. — Approbation donnée devant Jean Repicher et François Lesueur, tabellions à Argentan, par les sœurs Le Riche, Élisabeth Courtin, Jeanne Bence, Louise Bernier, Jacqueline Leclerc, Madeleine Leclerc, Renée Coiffrel et Louise-Thérèse Barbot, servantes des malades de l'hôpital et maison-Dieu, des 21 articles de statuts de l'hôpital et maison-Dieu d'Argentan (1678). — Délibération du corps de ville, autorisant les administrateurs du bureau et les filles qui se sont dévouées au service des pauvres, à en passer devant notaire contrat par lequel ils s'obligent à l'entretien desdits statuts (1678). — Lettres patentes confirmant lesdits statuts et prescrivant leur enregistrement au Parlement de Rouen, etc. (1679). — Ordonnance de Jacques Dufour, écuyer, sieur de Bellegarde, lieutenant général en la vicomté d'Argentan, prescrivant l'enregistrement au greffe de la vicomté desdits statuts et lettres patentes (1679).

H. Suppl. 474. — H. 2. (Liasse.) — 8 pièces, papier.

1655-1678. — Hôpitaux. Caen. — Lettres patentes et arrêts concernant : l'attribution de 1,000 livres sur l'aumônerie de l'abbaye de St-Étienne (1658) ; — l'octroi de 12 minots de sel à l'hôpital général de Caen (1675) ; — les 20 sols par tonneau attribués aux pauvres de l'hôpital général (1676). — Lettres patentes données en faveur de l'hôpital général de Caen (1678). — Extrait du registre du greffe du présidial de Caen du 5 novembre 1676, concernant la taxe du denier à Dieu, que les officiers du siège devront offrir à l'hôpital général de la Charité de Caen. — Lettres patentes du Roi données en faveur de l'hôpital général de la Charité de la ville de Caen, au mois de juin 1639, vérifiées au Grand-Conseil le 17 juillet 1669 et en la Cour du Parlement de Normandie le 12 mars 1674. — Ordre arrêté aux assemblées générales tenues en l'hôtel commun de la ville de Caen, par le duc de Longueville, pour empêcher la mendicité et fainéantise des pauvres, et pourvoir à leur subsistance, à commencer du 1er jour d'avril 1635.

H. Suppl. 475. — H. 3. (Plaquette.) — In-4º, 24 feuillets, papier, imprimé.

1683-1744. — Hôpitaux. Honfleur. « Privilèges des « administrateurs et autres officiers servans pour l'ad- « ministration, régie et gouvernement de l'hôpital gé- « néral d'Honfleur. » Imprimé à Rouen, chez Viret, imprimeur de la ville. Notamment : lettres patentes de confirmation, accordées en août 1743 à l'hôpital général d'Honfleur.

H. Suppl. 476. — H. 4. (Liasse.) — 2 pièces, papier.

1619-1672. — Hôpitaux. Rouen. — Arrêt du Conseil privé du Roi, ordonnant que les députés des doyen, chanoines et chapitre de l'église cathédrale Notre-Dame de Rouen auront séance au bureau des pauvres valides établi en ladite ville à main droite des présidents et conseillers députés de la Cour du Parlement dudit Rouen, et de l'autre côté seront les députés de la Chambre des Comptes de Normandie, à la charge qu'en l'absence des présidents et conseillers de ladite Cour, les officiers du Roi présideront audit bureau et non les députés du chapitre (1619). — Arrêt du Parlement de Rouen envoyant les commissaires administrateurs de l'hôpital général du bureau des pauvres valides à Rouen en possession, en en payant la valeur, d'une maison située à la Maresquerie, près dudit hôpital, dont les frères Le Sueur ont fait partage sans amortir 30 livres de rente (1672).

II. Suppl. 477. — II. 3. (Liasse.) — 1 pièce, papier.

1783. — Loteries. — Arrêt du Conseil d'État du Roi ordonnant l'ouverture d'un emprunt, par forme de loterie, remboursable en huit années.

II. Suppl. 478. — II. 6. (Registre.) — Grand format, 48 feuillets, papier.

1789-1790. — Commission intermédiaire. — Mandats de la Commission intermédiaire provinciale de la Moyenne-Normandie et du Perche, sur les fonds libres de la capitation, exercice 1789 : à Lefebvre, régisseur de l'école vétérinaire d'Alfort, 1,194 livres pour les pensions et entretien des élèves de l'école vétérinaire pendant le 1er semestre 1789 ; à Legendre, procureur-syndic du département de Conches, 30 livres pour le rembourser de pareille somme qu'il a payée au nommé La Cour, pour deux têtes de loups et deux têtes de louves ; à Alexandre Morin, chirurgien à Guibray, secours de 150 livres ; paiements à M. de Martainville, de Vimoutiers, à Olivier d'Orville, écuyer, de Chaumont, à Laurent de Mallevoue, écuyer, de Pierre Ronde ; secours à divers habitants de Bernay, Laigle, Argentan, Harcourt, St-Jean-du-Thenney, Glos, Alençon, Versainville, Le Sap, Fontaine-la-Forêt, Verneuil, etc. ; à Jouenne, exécuteur à Falaise, 375 livres pour le deuxième quartier de son indemnité de 1789 ; à Odolant Desnos, secrétaire de la Société d'agriculture d'Alençon, pour six mois d'appointements, 400 livres ; entretien de la pépinière de Condé près Alençon ; aux administrateurs de l'hôpital d'Alençon pour les derniers six mois de la présente année du secours extraordinaire que le Roi accorde à cet hôpital, 1,000 livres ; à l'Hôtel-Dieu d'Argentan, 100 livres pour les premiers six mois de loyer de la pépinière de St-Germain ; aux prieur et religieux de l'abbaye de Chartraye près Mortagne, 25 livres pour six mois de loyer de la pépinière du département de Mortagne ; aux Ursulines de Falaise, 100 livres pour six mois de loyer de la pépinière de Falaise ; à M. de Perteville, de Lisieux, 80 livres pour loyer de six mois de la pépinière de St-Mards ; à Le Bourlier, secrétaire de la subdélégation de Lisieux, 100 livres pour les soins qu'il s'est donnés en distribuant aux soldats et gens sans aveu la rétribution qui leur est accordée et les billets d'hôpital en 1789 ; à Galleron, médecin à Dreux, 340 livres pour les honoraires de ses visites et soins pour les malades de la paroisse de la *Laongs*, département de Verneuil, attaquée de maladie épidémique, etc.

DEUXIÈME FONDS.

HOTEL-DIEU DES MATHURINS DE LISIEUX.

SÉRIE A.

Actes de fondation de l'établissement. — Diplômes et privilèges émanés des papes, rois, évêques, seigneurs. — Cartulaires. — Ordonnances, décisions et autres actes relatifs à l'établissement, émanés des diverses autorités.

H. Suppl. 479. — H. A. 1. (Liasse.) — 1 pièce, papier.

XIIIe siècle (commencement du). — Fondation de l'hôtel-Dieu des Mathurins. — Charte par laquelle les *pauperes Domus Dei de Lexovio* font connaitre que comme *Fulco Tallefer*, chanoine de Lisieux, et *Robertus Vicecomes*, chevalier, leur donnèrent deux masures contiguës, sises *in vico pincerna* (rue du Bouteiller), à Lisieux, Laurent Aini, chanoine de Lisieux, fils de Roger Aini, premier fondateur de la maison, *nostræ domus primi fundatoris*, leur donna un fonds à Lisieux, entre le pourpris qui fut audit Roger Aini d'une part et les *masuras pertinentes ad feodum Tellardi, in vico pincerna*, de l'autre, Jourdain, évêque de Lisieux, leur donna une petite maison séparée (*insula*) voisine, nommée Putangle, à Lisieux, moyennant une rente annuelle de 12 deniers à la foire du pré, Jean, Robert et Guillaume, fils et héritiers de feu Geoffroi *de interduobus pontibus*, bourgeois de Lisieux, leur vendirent tout l'îlot qu'ils possédaient, situé entre ledit pourpris de Roger Aini et l'îlot de Putangle, acquisition que ledit Laurent Aini paya de ses deniers aux vendeurs, lesdits pauvres cèdent audit Laurent tous ces tènements, sa vie durant, moyennant 10 sols de rente annuelle envers lesdits pauvres, à l'anniversaire de son père Roger Aini, et semblable somme à l'anniversaire de sa mère Félicie; lesdits biens reviendront aux pauvres après sa mort; alors l'établissement sera tenu de payer lesdits 10 sols auxdits anniversaires aux pauvres de la maison ou à d'autres, outre la distribution quotidienne. Sans date. Copie collationnée sur l'original en parchemin, scellé par les tabellions de la vicomté de Lisieux, le 30 octobre 1656, présenté par Bernard Bréavoyne, ministre du couvent de la Trinité et Hôtel-Dieu de Lisieux. Ce document porte la note suivante. « Dans cette chartre qui est la première « pièce des écritures du convent de la Ste-Trinité et « hostel Dieu de Lisieux l'on connoist quel est le pre- « mier fondateur dudit convent et hostel Dieu et que « les religieux qui tenoient ledit hostel Dieu aupa- « ravant l'establissement des religieux de la Ste-Trinité « s'appelloient du nom de pauvres. 1160 ou environ. »

H. Suppl. 480. — H. A. 2. (Liasse.) — 3 pièces, parchemin ; 3 pièces, papier.

1536-1633. — Privilèges et statuts des Mathurins. — Arrêt du Parlement de Rouen maintenant les Mathurins dans leur privilège d'administrer le revenu de l'Hôtel-Dieu de Lisieux, sans rendre compte devant l'évêque, ses officiaux ou vicaires généraux (1536). — Arrêt du Parlement de Rouen rendu en faveur de Vincent de *Rivyeres*, prêtre, religieux de l'ordre de Ste-Trinité d'outre mer pour la rédemption des captifs entre les mains des infidèles, ministre de l'hôpital, hôtel et maison Dieu de Lisieux, concernant l'exemption en faveur du ministre de toute juridiction, soit spirituelle, soit temporelle; défenses à toutes personnes de demander de comptes aux ministres de l'Hôtel-Dieu de Lisieux des biens et revenus de l'hôpital et maison Dieu (1546). — Lettres patentes du Roi Henri IV portant confirmation des privilèges et immunités des Mathurins; enregistrement au Parlement

(1607). *Vidimus* en 1607 par Olivier Carrey et Jean Hayn, tabellions à Lisieux, à la requête de Regnault Ryhoucy, provincial des Trinitaires aux provinces de Normandie et Bretagne. — Arrêt du Conseil privé entre le vicaire général, ses assistants, ministres et religieux réformés de la Trinité et Rédemption des captifs dits Mathurins, et frère Louis Petit, aumônier du Roi et général de l'ordre (1633). — Copies de la règle et de la réforme de l'ordre des Mathurins (XVIIe siècle).

H. Suppl. 481.— II. A. 3. (Cahiers.)— Moyen format, 16 feuillets, papier.

XVIIe siècle. — Cartulaire. — « La table du pre-« mier volume du chartrier ou cartulaire, contenant « les rentes, maisons, héritages et revenus apparte-« nants à honnestes personnes le ministre et religieux « de l'hostel et maison Dieu de Lisieux. » « Se monte « à cinq centz soixante seize livres de rente tant en « deniers, grains, chapons, guelines et œufz, en esti-« mant le bled à XXV sols le boisseau, l'avoine à « X sols, le chapon à XV sols, la gueline à X sols, les « œufz à trois solz la douzaine. » Rentes dues par Me Jean Le Carnoisier, avocat, et les religieux du Val-Richer, Me Robert Huart, avocat, Guillaume Couldrey, prêtre, Robert Darragon, prêtre. — Analyse des titres du premier chartrier, « Thiberville. La chartre « de Fontaines », du fo IIeLIII au fo IIe LXV, contenant les titres concernant les rentes foncières assises à Thiberville et à Fontaine-la-Louvet, dépendant du fief de Regnaut Villain, donné par Guillaume de Villers.

H. Suppl. 482. — II. A. 4. (Liasse.) — 12 pièces, papier.

1208-1535. — Cartulaire. 1er volume. — Copies du XVIIe siècle, collationnées et signées Le Coq, de pièces insérées au 1er volume du cartulaire. — Autorisation donnée par Jean Le Cotonnier, écuyer, lieutenant en la vicomté d'Orbec du bailli d'Évreux, à Vincent de *Rivières*, ministre de l'hôtel et maison Dieu de Lisieux, de faire collationner et approuver le livre en forme de chartrier ou cartulaire qu'il a fait écrire en parchemin, contenant les chartes et écritures tant anciennes que nouvelles qu'il lui a été possible de recouvrer touchant et concernant le droit et propriété des revenus, rentes et choses appartenant à la maison Dieu (1535). (Pièce attachée au premier chartrier avant sa première page.) — Procès-verbal de la collation du chartrier ou cartulaire sur les originaux par les tabellions de Lisieux,

le 1er octobre 1535. — Donation à la maison Dieu de Lisieux, par Guillaume, doyen, et le chapitre de Lisieux, pour l'usage des pauvres, des dîmes des fruits, *decimas fructuum cortillagiorum suorum quæ habent in suburbio Lexoviensi* (1208). — Donation par *Rogerius de Montegrini*, chanoine de Lisieux, *domui Dei et beati Thomæ martyris Lexoviensis et pauperibus in ea degentibus*, d'un setier d'avoine à percevoir chaque année sur la terre que tient de lui Guillaume Thorel (s. d.). — Donation par Robert de Fresnes, fils de Guillaume, à la maison Dieu, du tènement que tenaient de lui *Robertus de Valle et Richerius de Valle et participes eorum ;* les tenanciers feront à la maison Dieu une rente de 19 sous à la St-Rémy ; donation auxdits pauvres de 12 deniers perçus chaque année sur le tènement de Mathilde *La Calloresse* (1217). Déclaration des bouts et côtés des terres de la vavassorie du Val, tenue en pure et franche aumône des ministre et religieux de l'Hôtel-Dieu de Lisieux, du don de Robert de Fresnes. — Donation par Guillaume de Villers, fils et héritier de Richard de Villers, du droit qu'il possédait au fief Renault Villain, *in feodo Reginaldi Villani clerici, in parochia Sancti Arnulphi de Fonteines* (1220). — Vente par Robert Gohyer, bourgeois de Lisieux, de l'assentiment d'Ameline, sa sœur, moyennant 2 sous tournois de rente sur les dix qu'il leur devait *in feria prati Lexovien.* et le paiement de 20 sols tournois à la maison Dieu de Lisieux, d'une pièce de terre en la paroisse de St-Germain de Lisieux, jouxte la porte de la maison Dieu, sur la rivière d'Orbec, *super aquam Auribeci* (avril 1253). — Abandon de ses prétentions faite aux pleds d'Auquainville, tenus pour M. de Ferrières par le lieutenant de Gilles Foucques, sénéchal du lieu, en 1395, par Jean Asse, curé de Chamblac, procureur et receveur pour ledit seigneur qui avait mis en sa main certaines rentes que les ministre et frères de l'Hôtel-Dieu de Lisieux avaient coutume de prendre aux paroisses d'Auquainville et de Fervaques ; avec vidimus des titres des Mathurins : donation par Renaud, clerc, fils de Raoul Villain, bourgeois de Lisieux, en 1219, à l'hôpital de la maison Dieu de Lisieux, de tous les droits lui appartenant de la succession de ses père et mère à Lisieux, Thiberville, Auquainville et tous autres lieux. — Reconnaissances rendues aux pleds de Thiberville tenus par Jean Lesieur, vicomte de Pont-Authou et de Pont-Audemer, par Guillot Grieu et Pierre Mauviel, de terres sises en la paroisse de Thiberville, tenues du ministre de l'Hôtel-Dieu de Lisieux (1397) ; autre reconnaissance auxdits pleds tenus par Jean de Lomosne, lieutenant du vicomte de Pont-Authou et Pont-Audemer, par Guillaume Scellez, pour biens sis en ladite paroisse (1399). — Aveu rendu aux ministre et religieux de l'Hôtel-Dieu de Lisieux en leur fief, terre et seigneurie de Thiberville et Fontaine-la-Louvet, par Jean des Buissons (1507).

H. Suppl. 483. — H. A. 5. (Liasse.) — 45 pièces, papier.

XIIIe siècle-1632. — Cartulaire. 2e volume. — Copies du XVIIe siècle, collationnées et signées Le Coq. — Donation par Guillaume *de Cappellis*, chevalier, en présence de Jourdain, évêque de Lisieux, à la maison Dieu, du bois nommé les Essartons qui lui avait été donné pour son service par Hugues d'Orbec (s. d.). — Donation par *Matildis quondam filia Radulfi de super Touquam*, aux pauvres de la maison Dieu de Lisieux, des salines que Herbert de Pontfol tenait d'elle *in feodo de Spineto juxta Toucam* et qu'il tiendra à l'avenir, lui et ses hoirs, desdits pauvres, en leur payant deux sommes de sel en mars (s. d.). — Donation par *Asiria quondam filia Radulfi de super Toucam*, des salines que Gaufridus Le Vanier tenait d'elle *in feodo de Spineto juxta Toucam* (s. d.). — Donation par *Hugo de Torcaquercu* (Torquesne) à l'hôpital de St-Thomas-le-Martyr de Lisieux, du fief que tenait de lui Guillaume Richer, dont Hugues Bérart lui rendait par an 12 deniers à la foire du pré et à Noël un pain et un chapon, etc. (s. d.); autres donations diverses dudit Hugues. Confirmation de ces donations par *Hugo de Monteferro*, son seigneur. — Aveux divers du fief du Torquesne rendus aux Trinitaires. — Donation par *Gaufridus Le Toussey, miles, filius et heres Basilice de Bauquencay*, à la maison Dieu de Lisieux, de ses droits sur le patronage de l'église *sancti Cirici de Courbesarte* (Coupesarte); confirmation de la donation par sa mère; annonce du sceau de l'officialité apposé à sa demande par Guillaume *de Rothoniis*, chanoine et official de Lisieux (1233). — Aveu rendu aux ministre et frères religieux de l'Hôtel-Dieu de Lisieux par Guillaume Vasse, tant pour lui que pour Jean Duvel, son puîné, pour tenures en leur fief du Torquesne (13 février 1354). — Aveu et déclaration baillés aux pieds de la sergenterie et baronnie de Vieux-Pont, tenus par Philippe de Chaumont, sénéchal de ladite baronnie, le 20 mars 1538, par Robert Le Gorgeu, au nom des religieux de la maison Dieu, du tènement *du Cathillon*, assis en la paroisse de Coupesarte, tenu de ladite seigneurie. — Aveu rendu à Jean du Merle, seigneur du Blanc-Buisson, le Boisbarbot, Auvillers et Aurigny en Picardie, à cause de feue Louise d'Orbec, son épouse, seigneur du plein fief du Plessis, le Prey, le Coudray, Beauvoir et la Halboudière, par Jacques de La Cour, ministre, et la maison Dieu de Lisieux, en son fief du Prey, membre dépendant du plein fief de haubert du Plessis, d'une pièce de terre en herbage et bois appelé le bois des Essartons (1632).

H. Suppl. 484. — H. A. 6. (Liasse.) — 17 pièces, papier.

XIIIe siècle-1656. — Cartulaire. — Copies collationnées de pièces contenues aux cartulaires du couvent de la Trinité et Hôtel-Dieu de Lisieux, exécutées en 1656. — Charte de donation de la chapelle de St-Christophe de Mervilly (XIIIe siècle). — Confirmation par Jean d'Orbec des dons faits par ses prédécesseurs aux ministre, frères et pauvres de la maison Dieu de Lisieux, de la chapelle de St-Christophe de Mervilly et du bois des Essartons, moyennant 9 livres tournois et la rente d'un épervier par an (1303, mars). — Vente par *Colinus et Guillelmus dicti de Fonte*, de biens sis en la paroisse de St-Ouen de la Vespière (1330). — Donation à l'hôpital par Baudry de Longchamp, sous l'épiscopat de Jourdain, évêque de Lisieux, du droit de patronage de la portion de l'église de N.-D. de Villers qu'avait *Manasserius Ache*. — Confirmation en avril 1275 par Jean de (le nom en blanc), chevalier, sur procès avec les Trinitaires de Lisieux, du patronage de ladite église vacante par la mort de Renaud de Dives, prêtre, défunt. — Fieffe par les ministre et frères de la maison Dieu de Lisieux, de l'ordre de la Trinité et des Captifs, à Geoffroi Le Prévôt, recteur en partie de l'église de St-Martin de Villers, d'une place vide qu'ils possèdent en ladite paroisse, près le cimetière (1276). — Charte de donation par Guillaume de Coupesarte, chevalier, à la maison Dieu, du droit de présentation de l'église de St-Cyr de Coupesarte et de tous ses droits sur ladite église (1207). — Confirmation par Jourdain, évêque de Lisieux, de ladite donation du patronage de Coupesarte, faite par Guillaume de Coupesarte, chevalier, à la maison Dieu, sur la résignation entre ses mains par Laurent Aini, chanoine, et Richard de *Vallelogiarum*, prêtre, de leurs droits sur ladite église; appropriation de ladite église à titre de bénéfice perpétuel à ladite maison pour l'entretien des pauvres, de l'assentiment de Guillaume, doyen, et du chapitre de Lisieux (s. d.). — Confirmation par *Gaufridus Le Touzey, miles*, fils et héritier de *Basilia de Bauquencac*, du patronage de St-Cyr de Coupesarte, donné par sa mère (1233).

Ratification de ladite confirmation par Yves de Vieux-Pont, suzerain de Guillaume de Coupesarte, de ses donations à l'Hôtel-Dieu du patronage de ladite église de Coupesarte et des donations de Robert, fils de Richard de Lamberville, de *Johannes de Ouilla*, et *Petrus de Pelleviller* (1227). — Ratification par *Maria, domina Curneville*, veuve de Robert de Vieux-Pont, de la donation du Castillon faite par Robert, fils de Richard de Lamberville, à la maison Dieu de Lisieux, à charge d'une livre de poivre de rente à la seigneurie de Vieux-Pont (s. d.). — Vente par Jean et Guillaume Peril, patrons de l'église de Marolles, à Jourdain, évêque de Lisieux, du droit de patronage de l'église de Marolles leur appartenant. Donation de ladite église de St-Martin de Marolles, par ledit évêque, à la maison Dieu de St-Thomas de Lisieux (s. d.). — Donation par Roger d'Argences, chevalier, à la maison Dieu de Lisieux, de ses droits sur l'église de Marolles, à la réserve de deux gerbes de dîmes de ladite paroisse qu'il possède *tanquam feodum meum laicale* (1233). — Autorisation dudit Roger d'Argences aux frères et pauvres de la maison Dieu de Lisieux, de l'ordre de la Trinité et des Captifs, de lever la troisième gerbe de toute la dîme de ladite paroisse, mais ils ne pourront rien réclamer dans les deux gerbes de ladite dîme (1239, *apud Accon*). En marge. « Et est de ce « temps que l'on présume que lesdits religieux se « sont intromis en l'administration dudit hospital et « non plustost, attendu que le mesme Roger d'Ar-« gence ne parle point desdits religieux en la donation « qu'il avoit faite ausdits pauvres du patronage de « Marolles en l'an 1233. »

H. Suppl. 485.—H. A. 7. (Cahiers.)—Moyen format, 13 feuillets, papier.

XIIIe siècle-1612. — Cartulaire. — Copies et extraits de pièces. XVIIe siècle. — Donation par Baudry de Longchamp aux pauvres de la maison Dieu, du droit de patronage de la portion de l'église de Villers que tenait *Manasserius Arlis*. — Confirmation par Philippe, veuve de Baudry de Longchamp, chevalier, de la donation faite par lui aux pauvres de la maison Dieu du patronage de Villers (1226). — Donation par Guillaume Harenc, *de Sancto Melano* (Saint-Melaine), aux pauvres de la maison Dieu de Lisieux, de l'assentiment de *Petronille*, fille de Baudouin de Surville, de fonds tenus d'elle à Surville (s. d.). — Donation par *Willermus de Cappellis*, en présence de Jourdain, évêque de Lisieux, à la maison Dieu, du bois des Essartons. — Fieffe par Jean Lefebvre, ministre de l'Hôtel-Dieu de Lisieux, dudit bois des Essartons et des héritages de la chapelle St-Christophe, assis aux paroisses de La Vespière et de St-Jean du Thenney (22 mars 1437); remise de ladite fieffe aux religieux à condition d'une rente de 6 sols à M. d'Orbec, pour un épervier (1503). — Transaction sur procès en la sergenterie de Honfleur entre les ministre et frères de l'Hôtel-Dieu de Lisieux et les enfants et héritiers de Richard Mehault et Henri Herier, bâtard, représentant le droit de feu Robin Lainé, pour les arrérages coutumières de trois sommes de sel blanc, mesure de Lisieux, dus à Touques (1478). — Érection de la chapelle de Mervilly en prieuré de l'ordre de la Trinité, par le général de l'ordre Robert Gaguyn, devant l'official de Lisieux (1488). — Acquisition par Gaspard Prieur de maisons assises à St-Germain de Lisieux proche l'Hôtel-Dieu (1538), et échange entre lui et le ministre Vincent de Riviers (1339).

H. Suppl. 486. — H. A. 8. (Registre.) — Moyen format, 33 feuillets, papier.

XIIe siècle-1648. — Cartulaire transcrit à la fin du XVIIe siècle. — Bulles : de Lucius III (1181-1185), adressée *priori et fratribus hospitalis Lexoviensis*, par lesquelles il prend sous sa protection leurs personnes et l'hôpital (*Datum Velletri, quinto calendas aprilis*); — d'Urbain III (1185-1187), même adresse et même objet (*Datum Veronæ, XV calendas januarii*); — d'Urbain III, *Magistro Bartholomeo et fratribus hospitalis domus Lexoviensis*, leur permettant d'avoir chez eux un prêtre pour les administrer, ainsi qu'aux infirmes de leur Hôtel-Dieu, les sacrements (*Datum Veronæ, XV calendas januarii*); — d'Innocent III, adressée *dilectis filiis priori et fratribus hospitalis Lexoviensis*, par lesquelles il prend sous sa protection leurs personnes et les biens de l'hôpital, leur confirme en outre le lieu où est situé l'hôpital, l'église de St-Cyr de Coupesarte, l'église de St-Martin de Marolles, la chapelle de St-Christophe de Mervilly, le droit de patronage de l'église de St-Martin de Surville, des tènements à Coupesarte donnés par *Robertus de La* (en blanc) et *Fulco Richeri*, le bois des Essartons à Mervilly, 3 setiers de froment à Colleville, les rentes de St-Germain de Lisieux (*Latran, 2 des ides de mai*, an 13, 1210); — d'Honorius III, *rectori et fratribus Domus Dei Lexoviensis*, protection et confirmation (Latran, 10 des calendes de janvier, an 5, 1220); — d'Alexandre IV (1254-1261), *pauperibus eleemosinariæ domus Lexoviensis*, confirmation de l'église de *Majeroles* (Marolles), *salvo presbiteratu a venerabili fratre nostro Jordano Lexoviensi episcopo assignato, servata episcopi qui pro tempore fuerit presbiteri institutione* (Latran, 2 des nones d'avril). — F° 3. Charte des *pauperes domus Dei Lexoviensis* relatant les donations de *Fulco Tnillefer, quondam canonicus Lexoviensis, et Robertus Vicecomes*, celles de Laurent Aini, chanoine de Lisieux, fils de Roger Aini, premier fondateur de la maison, etc. — F° 4. St-Cyr de Coupesarte. Donation par Guillaume de Coupesarte, chevalier, *domui Dei Lexoviensi et pauperibus ejusdem domus*, du droit de présentation de l'église de St-Cyr de Coupesarte et tout ce qu'il avait dans ladite église et ses dépendances. Assentiment de son fils Robert (1207). Confirmation dudit don par Jourdain, évêque de Lisieux. Confirmation par Marie, dame de *Curneville*, veuve de Robert de Vieux-Pont, de la donation du tènement du Castillon faite par Robert, fils de Richard de Lamberville, chevalier, aux pauvres de la maison Dieu de Lisieux, tenu féodalement par ledit Robert d'Yves, fils de ladite dame; ladite maison lui donnera chaque année une livre de poivre et célèbrera chaque année l'anniversaire de son mari au 6 des calendes de mai. Confirmation de ladite donation et de celles de Guillaume de Coupesarte, de Jean d'Ouilly et de Pierre de Pellevillain, par Yves de Vieux-Pont, chevalier, seigneur de *Curneville*; pour cette confirmation, il reçoit de Laurent Aini, chanoine de Lisieux, 10 livres tournois et un bon cheval, *unum optimum equum sorum in fronte album* (décembre 1227). — Cession par *Gaufridus Le Touzey*, chevalier, fils et héritier de *Basilia de Baucquencai*, aux pauvres de la maison Dieu de Lisieux, du droit qu'il réclamait au patronage de l'église de St-Cyr de Coupesarte. Confirmation par lui de la donation dudit patronage faite par sa mère (novembre 1233). — Déclaration baillée aux pieds de la sergenterie et baronnie de Vieux-Pont tenus par Philippe de Chaumont, écuyer, sénéchal de ladite baronnie, le 20 mars 1538, par Robert Le Gorgeu, pour les religieux de la maison Dieu de Lisieux, de la vavassorie tènement ou *neuement* nommé le tènement du Cathillon, assis en ladite paroisse de Coupesarte, relevant de la baronnie de Vieux-Pont. — Déclarations d'héritages tenus par divers du ministre de l'Hôtel-Dieu de Lisieux, rendus par Guillaume Ozenne, prêtre, et divers (1539, 1463, nouveau tyle). — F° 9. St-Martin de Marolles. Donation par Jean Peril, de l'assentiment de Guillaume Peril, son père, à Richard d'Argences, pour son service et hommage et moyennant 100 livres d'angevins, du droit de présentation de l'église de St-Martin de *Maieroles*, avec tout le droit de patronage de ladite église et deux gerbes de dîmes de ladite ville et de toute la paroisse qui furent reconnues en assise à Montfort du temps du roi Henri II *od laicum feodum*, le tout moyennant une rente annuelle de 5 sols, et la rente foncière à Mathilde de Canteloup et ses hoirs. *Actum fuit hoc in assisa apud Bernaium, anno gratiæ millesimo centesimo nonagesimo, coram Roberto de Harecourt et Willelmo de Mara, tunc justiciis, Willelmo Tholomæo clerico, Richardo Sylvano, comite de Alcançon, Richardo Heri et pluribus aliis.* — Vente à Jourdain, évêque de Lisieux, par Jean et Guillaume Peril, autrefois patrons de l'église de Marolles, du droit de patronage leur appartenant héréditairement. Donation par Jourdain de ladite église *domui pauperum Dei et Sancti Thomæ Lexoviensi ad sustentationem pauperum ejusdem domus*. — Accord entre les pauvres de la maison Dieu et Robert de Piencourt, chevalier, au sujet du droit de patronage de ladite église; abandon par lui du droit aux pauvres, moyennant une redevance de 4 setiers de froment qu'ils porteront chaque année dans sa grange de Marolles; abandon par lui desdits 4 setiers de froment dans l'assise du Roi à Bernay, *sentiens in hoc prædictos pauperes plurimum aggravari* (1218). — Concession par Roger d'Argences aux pauvres de la maison Dieu de Lisieux de son droit sur le patronage de l'église de Marolles, en se réservant deux gerbes de dîme dans ladite paroisse qu'il possède *tanquam feodum meum laicale* (1233). — Permission donnée par Roger d'Argences aux frères et pauvres de la maison Dieu de Lisieux, ordre de la Ste-Trinité et des Captifs, de lever leur troisième gerbe de la dîme de Marolles, en se réservant ses deux gerbes de dîme où ils ne pourront rien prétendre. *Testibus his, domino Thoma de Coluuciis, domino Roberto de Bellomonte, domino Philippo de Vaaceis, domino Willermo de Charbones, militibus, Willermo de Chesneio, Rogero de Haya*, etc. (1239. Accon). — Donation par Roger d'Argences à l'abbaye du Val-Richer, *ad sustentationem quinque monachorum* en ladite abbaye, de tout ce qu'il possédait à Marolles en dîmes, prés, manoir, seigneurie et revenu, excepté 20 sols tournois que perçoit celui qui dessert l'autel de la Vierge en l'église St-Pierre de Lisieux et un muid de blé pour les lépreux, savoir 4 setiers de froment, 4 d'orge et 4 d'avoine (mai 1248). — F° 11. St-Christophe de Mervilly. Chartes de donation de l'évêque Jourdain, de *Willermus de Capellis*, de *Johannes de Taneio, filius Willelmi de Taneio* (1208), de

Jean d'Orbec (1303), *de Colinus et Willelmus dicti de Fonte, filii Willelmi de Fonte* (1350); érection en prieuré de la chapelle de Mervilly (1488). — Bail à rente devant Thomas Le Carpentier, tabellion juré pour le Roi au siège de Lisieux, à Girot Dufour et Cardine, sa femme, de la paroisse N.-D. d'Orbec, par les Trinitaires de l'Hôtel-Dieu, des fonds leur appartenant aux paroisses de la Vespière et de Thenney (1437). — Aveu rendu à Jean du Merle, chevalier, seigneur du Blanc-Buisson, Le Bois-Barbot, Auvilliers et Aurigny en Picardie, à cause de Louise d'Orbec, sa femme, seigneur du plein fief du Plessis, Le Prey, Le Condrey, Beauvoir et La Halboudière, par Jacques de La Cour, ministre de la maison Dieu de Lisieux, pour le bois des Essartons tenu en son fief du Pré, membre du plein fief de haubert du Plessis (1632). — F° 16. St-Martin de Surville. Donation par Guillaume de Surville, fils de Robert de Surville, à la maison Dieu de Lisieux, de tout ce qu'il possédait *in advocatione ecclesiæ Sancti Martini de Surville* (juillet 1206). — Donation par *Willermus Horenc, de sancto Melano*, aux pauvres de la maison Dieu, de l'assentiment de Pétronille, fille de Baudouin de Surville, d'un *virgultum cum terra* qu'il tenait d'elle à Surville. — Collation par Jourdain, évêque de Lisieux, à *Toroldus*, prêtre, de l'église de Surville, sur la présentation des frères de la maison Dieu de Lisieux, auxquels appartient le patronage ; il rendra par an à ladite maison 17 livres de monnaie courante et la moitié des pommes, *salva nimirum magistri Wuillermi Arundell, Lexoviensis thesaurarii, portione, quam in quibusdam decimis parochiæ percipere consuevit.* — Acte par lequel Fouques, évêque de Lisieux, de l'assentiment du ministre et des frères de la maison Dieu de Lisieux, ordre des Trinitaires, qui possèdent le droit de patronage de la vicairie de l'église de Surville, et de Blaise de Berville, vicaire perpétuel de ladite église, détermine que le vicaire et ses successeurs percevront *l'alcalagium* de ladite église et de la chapelle de Ste-Honorine, avec les menues dîmes, c'est-à-dire celles du lin, du chanvre et de tous les oiseaux et animaux dont on y paie la dîme, avec une mesure appelée le Clos de l'aumône, *clausum eleemosinæ*; il ne pourra réclamer comme vicaire le reste des dîmes, le manoir et les terres de ladite paroisse (septembre 1259). — F° 17. St-Martin de Villers-sur-la-Mer. — Lettre de Baudry de Longchamp à Jourdain, évêque de Lisieux, l'informant qu'il a donné aux pauvres de la maison Dieu de Lisieux le droit de patronage de la portion de ladite église que possédait *Manasserius Arsis*; demande de confirmation.

Confirmation de ladite donation par Philippe, sa veuve, *in ecclesia sancti Martini de Mara*, 1226. — Accord sur procès entre Jean de (le nom en blanc), chevalier, et le ministre de la maison Dieu des Trinitaires de Lisieux, au sujet du droit de patronage de la partie de l'église de St-Martin de Villers vacante par la mort de Renaud de Dives, ancien curé ; ledit chevalier renonce à ses prétentions en présence de la charte de Baudry de Longchamp, qu'il vidime (1275). — Bail à fieffe par le ministre et frères de la maison Dieu des Trinitaires de Lisieux à Geoffroy Le Prévôt, recteur en partie de l'église de St-Martin de Villers, d'une place vide sise près le cimetière, excepté 3 pieds de terre en arrière de leur grange, moyennant 5 sols de rente (août 1276). — F° 19. Donations de Jourdain, évêque de Lisieux (juin 1208). — F° 20. Confirmation et *vidimus* par Guy, évêque de Lisieux, de la donation de Jourdain du Hommet (1304). — F° 21. Donation par Guillaume, doyen, et le chapitre de Lisieux, de *omnes decimas fructuum cortillagiorum suorum quæ habent in suburbio Lexoviensi* (août 1208). — Donation par Roger de *Montegrini*, chanoine de Lisieux, aux pauvres de St-Thomas le Martyr de Lisieux, d'un setier d'avoine par an sur la terre que Guillaume Thorel tient de lui. — F° 22. Donation par Hugues du Torquesne, à l'hôpital de St-Thomas le Martyr de Lisieux, du fief que tenait de lui Guillaume Richer, dont Hugues Bérart lui rendait par an 12 deniers *ad feriam prati*, et 1 chapon à Noël, ainsi que des fiefs que tenaient de lui Richard *Bourgeise*, Richard *Mercenarius*, et des rentes que lui servait *Hugo Jue*. — Donation par le même aux pauvres de la maison Dieu de Lisieux de 3 acres de terre de *cultura de Mordoit* que tenait de lui Richard Le Prévôt, à titre héréditaire, au Torquesne. — Donations par le même de tout le fief de Hugues Tostin, de ses droits sur Guillaume *Anglicus* et Gosselin, son frère. — Confirmations desdites donations par *Hugo de Monteferro*, suzerain dudit Hugues du Torquesne, en présence de Guillaume de *Monteferro*, Raoul de Bailleul, Guillaume de Bonnebosq, etc. Remise par *Henricus de Sancto Albino*, fils et héritier de Hugues du Torquesne, aux pauvres de la maison Dieu, de 5 sols de rente qu'ils étaient tenus de lui faire chaque année (juin 1230). — Aveu rendu aux ministre et frères religieux de l'Hôtel-Dieu de Lisieux par Guillaume Vasse, pour lui et son puîné, d'un tènement en leur fief du Torquesne (13 février 1355). — F° 24. Donation par *Matildis quondam filia Radulphi de super Touquam*, de l'assentiment de son fils Gilbert et de son frère Henri, prêtre, aux pauvres de la maison Dieu de Lisieux, des salines que Herbert de Pontfol tenait d'elle *in feodo de Spineto juxta Touquam* et qu'il tiendra désormais d'eux en leur rendant chaque année deux sommes de sel. — Donation par *Asiria, quondam filia Radulphi de super Touquam*, de l'assentiment de son frère Henri, prêtre, aux pauvres de la maison Dieu, des salines que Geoffroy Le Navier tenait d'elle *in feodo de Spineto juxta Touquam* et qu'il tiendra d'eux à l'avenir moyennant une rente de 3 sommes de sel. — Accord sur procès aux pleds de la sergenterie de Honfleur entre les ministre et frères de l'Hôtel-Dieu de Lisieux et les enfants et héritiers de feu Richard Mehaut et Henri Herier, bâtard, représentant le droit de feu Robin Lainé, sur une justice manuelle faite par lesdits religieux sur une pièce de terre assise aux marais de Touques pour avoir paiement des arrérages coutumières de 3 sommes de sel blanc, mesure de Lisieux, en quoi ladite pièce est sujette envers eux (1478). — Lettres patentes de Louis XIV confirmant aux religieux de l'ordre de la congrégation réformée de la Ste-Trinité et Rédemption des Captifs, établis en l'hôpital et Hôtel-Dieu de Lisieux, le droit de prendre 5 sommes de sel dans les marais salants de Touques (1647); enregistrement par la Cour des aides de Normandie et au greffe du grenier à sel de Lisieux (1648). — F° 28. Donation par Robert de Fresnes, fils de Guillaume de Fresnes, aux pauvres de la maison Dieu, du tènement que tenaient de lui Robert et Richer Du Val et leurs *participes*, ainsi que du revenu qu'il percevait sur le tènement de Mathilde *La Calloresse*, etc. (juin 1217). Ensuit la déclaration des bouts et côtés des terres de la vavassorie du Val, tenue en pure et franche aumône des ministre et religieux de l'Hôtel-Dieu, du don de Robert de Fresnes. — F° 29. Donation par Renaud, clerc, fils de feu Raoul Villain, bourgeois de Lisieux, à l'hôpital de la maison Dieu de Lisieux, de tout ce qu'il possédait à Lisieux, à Thiberville, à Auquainville et ailleurs (1219). — Transport par Guillaume de Villers, fils de Richard de Villers, aux pauvres de la maison Dieu de Lisieux, du droit qu'il avait dans le fief de Renaud Villain, clerc, dans la paroisse de St-Arnoult de Fontaines (1220), en présence de Guillaume de Marolles, prêtre, Guillaume Le Carpentier, Guillaume Peril, etc. — Levée aux pleds d'Auquainville, tenus par Jean Dandel, lieutenant de Gilles Fouquet, sénéchal du lieu, le 2 décembre 1395, pour M. de Ferrières, par Jean Asse, curé de Chamblac, procureur et receveur pour ledit seigneur en ses terres et seigneuries, de la main qu'il avait mise sur les rentes perçues par les ministre et frères de l'Hôtel-Dieu aux paroisses d'Auquainville et Fervaques, avec vidimus de la charte de donation de Renaud Villain. — Reconnaissance de tenure passée aux pleds de Thiberville tenus par Jean Lesieur, vicomte de Pont-Authou et Pont-Audemer, le 21 mars 1357, par Guillot Grieu et Pierre Mauviel, en faveur du ministre de l'Hôtel-Dieu de Lisieux, de terres sises en la paroisse de Thiberville. — Autre reconnaissance passée auxdits pieds, tenus par Jean de Lomosne, lieutenant du vicomte de Pont-Authou et Pont-Audemer, le 1ᵉʳ mars 1400 (n. s.), par Guillaume Scellez, en faveur dudit ministre, pour biens sis à Thiberville. — Aveu rendu par Jean des Buissons, de Thiberville, pour trois pièces de terre dépendant du fief, terre et seigneurie des ministre et religieux de l'Hôtel-Dieu de Lisieux, assises à Thiberville et Fontaine-la-Louvet (13 mars 1307), devant Guillaume Lefebvre et Jean Le Coq, tabellions pour le Roi au siège de Thiberville. — F° 31. Vente par Richard Heumery, fils de Guillaume Hennery, *fratribus sanctæ Trinitatis et Captivorum domus Dei Lexoviensis*, moyennant 6 livres et 10 sols tournois, de 3 setiers d'avoine que Simon Thorel lui rendait chaque année *ad feriam prati Lexoviensis*, pour le fief qu'il tenait de lui à (le nom en blanc) *in banleuca Lexoviens.* (avril 1237). — Vente par *Robertus dictus Gohyer*, bourgeois de Lisieux, de l'assentiment d'Ameline, sa sœur, veuve, aux pauvres de la maison Dieu de Lisieux, moyennant 2 sols tournois de rente annuelle sur les 10 sols qu'il leur devait par an *in ferio prati Lexoviensis* et le paiement de 20 sols tournois, d'une pièce de terre qu'il possédait dans la paroisse de St-Germain de Lisieux, sise jouxte la porte de la maison Dieu, sur la rivière d'Orbec; il accorde auxdits pauvres la permission de pouvoir construire un mur de 3 pieds de large, *a quemino regali usque ad dictam terram quam eis vendidi totum super terram meam situm tam in domo mea et in terra mea eidem adjencenti* (avril 1253). — Donation devant Guillaume Le Prevôt, prêtre, tabellion, par Jean d'Urville, seigneur et personne d'Urville, héritier de Pierre d'Urville, écuyer, son oncle, aux ministre et frères de la maison Dieu de Lisieux, des héritages de toute nature lui appartenant à cause de la succession de Pierre d'Urville, assis en la paroisse de *St-Didier* de Lisieux (1367). — Accord sur ce que Robin de La Rivière, écuyer, avait fait mettre en sa main par son prévôt les héritages assis en son fief, qui appartinrent audit Jean d'Urville et sont possédés par les religieux de l'Hôtel-Dieu de Lisieux, à cause de défaut d'homme baillés et pour amortissement non fait; ledit seigneur, considérant qu'ils en ont joui pendant 60 ans ou plus, sans que ses père, aïeul et autres prédécesseurs en aient donné aucun empêchement, et en reconnaissance de ce que ses prédécesseurs avaient eu ladite église en grande recommandation, tellement que son père à la fin de ses jours y avait élu sa sépulture et s'y trouvait actuellement son corps gisant et reposant, leur accorde de tenir lesdits héritages sans que pour défaut d'homme ou amortissement non fait il put, lui et ses hoirs, mettre aucun empêchement à leur possession ; ledit contrat sera nul s'il amène « appetissement de « fief » (17 septembre 1446).

SÉRIE B.

Titres de propriété ; donations, échanges, acquisitions. — Terres, maisons, cens, rentes. — Biens, revenus, droits utiles de l'établissement, baux. — Pièces de procédures, mémoires, etc.

H. Suppl. 487. — H. B. 1. (Liasse.) — 10 pièces, papier.

1658-1790. — Biens et droits. — États informes et sans date des biens et revenus de la maison Dieu. État du revenu des fondations et dons faits aux religieux et aux pauvres du couvent et Hôtel-Dieu de Lisieux, 2,252 livres. État du revenu des acquisitions faites par les religieux de la Trinité du couvent et Hôtel-Dieu de Lisieux, dont ils sont obligés de donner le tiers aux captifs, 800 livres. État du revenu des fondations à charge de dire des messes, 171 livres. Au total, 3,223 livres, ou plutôt 3,292 livres par suite de quelques menues fondations. Les religieux sont au nombre de neuf prêtres et un clerc avec deux valets ; ils sont obligés aux réparations de leur monastère, des maisons de la ville qui leur appartiennent et tombent en ruine ; l'Hôtel-Dieu consiste en trois grands corps de logis bâtis il y a plus de 400 ans. Ils sont taxés à 80 livres de décimes, et sont obligés de donner le tiers de leurs acquisitions et autres fondations aux captifs. (Copie authentique de 1658.) — État des biens mobiliers et immobiliers de la maison des chanoines réguliers de l'ordre de la Trinité pour la rédemption des Captifs, fondée dès le commencement du XIIIe siècle dans la ville de Lisieux, comme seuls administrateurs spirituels et temporels de l'Hôtel-Dieu, dans lequel ils nourrissent, médicamentent et entretiennent de tout en général et à leurs frais 14 pauvres, ainsi que 4 sœurs pour les gouverner, non compris le bâtiment de l'Hôtel-Dieu leur appartenant et qu'ils ont fait reconstruire en 1749. Cette maison, dite Hôtel-Dieu, est placée dans la grande rue de la ville, paroisse St-Germain ; l'église est le long de la rue, en entrant dans la première cour ; à droite, l'Hôtel-Dieu, à gauche, la maison desdits chanoines réguliers hospitaliers ; dépendances et jardins. Biens : ferme nommée Coupegorge, paroisse de St-Ouen-le-Pin, louée 1,200 livres, 2 poules estimées 3 livres les deux, 2 poulets à 20 sols les deux, 1 boisseau de fèves et 1 boisseau de pois verts, les deux estimés 6 livres ; les rentes seigneuriales à l'abbaye des Bernardins du Val-Richer et à la seigneurie du Pré-d'Auge sont payées par le fermier; la ferme d'Ouilly-le-Vicomte, louée avec les redevances 1,111 livres, le fermier payant les rentes à l'évêché de Lisieux ; la ferme dite la Ministrerie, paroisse St-Désir du faubourg de Lisieux, louée avec les redevances 689 livres ; la ferme de Courtonne, dite le *Liejar*, louée 400 livres ; les dîmes de Surville, louées 96 livres, y compris une petite partie de cour, celles de Coupesarte, y compris un petit herbage, louées 250 livres et 1 livre de poivre à la baronnie de Vieux-Pont ; les deux tiers de la première portion de Villers-sur-Mer, pour 110 livres (les deux portions sont réunies en une depuis 4 ou 5 ans) ; le tiers de la grosse dîme et de la petite dîme de Marolles (les deux autres tiers appartiennent à l'abbaye du Val-Richer) ; les chanoines réguliers de l'Hôtel-Dieu sont collateurs des quatre bénéfices-cures ci-dessus nommés. Rentes foncières en argent et en nature, notamment sur l'évêché de Lisieux. La maison a 24 locataires dans la ville. Déduction faite des charges, rentes foncières au chapitre de la cathédrale de Lisieux, une rente viagère de 50 livres à un confrère qui donna cent pistoles à la maison quand elle fut incendiée en 1770, les décimes 163 livres 18 sols 6 deniers par an, et 1,145 messes de fondation estimées à 12 sols par messe, il reste 8,817 livres 5 sols 6 deniers de revenu (corrigé en 8,095 livres 5 sols 6 deniers). Il y a communément dans la maison cinq religieux prêtres, seulement quatre en ce moment, et ils ont quatre domestiques, un cuisinier, un jardinier, un charretier et un garçon de service faisant les fonctions de portier, payés 120, 130, 90 et 72 livres ; outre l'Hôtel-Dieu, il y a un grand hôpital de malades dont la fondation est bien postérieure à celle de l'Hôtel-Dieu, quoiqu'il y soit attenant ; il appartient à la ville et contient journellement une centaine d'individus auxquels les chanoines réguliers administrent gratuitement les secours spirituels; il y a dans la paroisse de Grandouet, une ferme appartenant à l'œuvre des Captifs ; elle est louée 750 livres, mais ce revenu est envoyé à la caisse générale des Captifs, à Paris. Mobilier de la maison des chanoines ; dans la chambre d'hôte « une tapisserie d'ancienne haute « lisse », « sur la cheminée un cadre d'environ six « pieds de haut, représentant le général de l'ordre, le « tableau bordé d'un cadre peint » ; dans le réfectoire huit tableaux, un christ, une assomption, les quatre évangélistes en petit, les œuvres de miséricorde, de quatre à cinq pieds de haut, et le portrait d'un ancien confrère, etc. La bibliothèque est dépareillée par suite de l'incendie de 1770, les livres et papiers ayant été jetés par les fenêtres et dispersés par la ville ; il reste 157 volumes in-folio, 105 volumes in-4°, 760 volumes in-8° et in-12, et 91 volumes divers ; « un lot de vieils « livres en parchemin et quelques uns couverts en « veau, dont plusieurs n'ont ny commencement ni fin, « et qui sont déparreillés, et par conséquent inutiles. » « La maison n'a aucunes connoissance qu'il y ait « aucun manuscrit ny dans la bibliotèque ny dans les « archives. » Le chœur; ses stalles, son lutrin; « aux « deux costés du sanctuaire, c'est-à-dire sur le lambris, « il y a trois tableaux de chaque costé, ces tableaux « ont environ deux pieds de haut ; ils sont très com- « muns et les cadres en sont anciennement dorés, « comme trois chasses qui sont sçavoir deux sur « l'autel et une plus grande à la gauche du sanc- « tuaire » ; deux chapelles, celle de la Vierge et celle de St-Joseph ; quatre petites cloches dans le clocher ; meubles des différents bâtiments et des fermes ; ornements d'église, linge de l'église, vases d'argent. Extrait de ladite déclaration « conforme à un double « trouvé dans les papiers des Mathurins, dont la « majeure partie a été transférée à la Préfecture. » Charges de la maison ; état des arrérages et sommes dues à la maison (1790).

H. Suppl. 488. — II. B. 2. (Liasse.) — 3 pièces, papier.

1735-1743. — Caudemuche. — Obligation par Nicolas Moisy, de Caudemuche, moyennant un capital de 400 livres à lui remis par des personnes pieuses, au profit du recteur de la confrérie de l'ordre de la Trinité et de la rédemption des Captifs qui sera érigée en la paroisse de Caudemuche, d'une rente annuelle de 20 livres dont moitié est destinée à la décoration du maître autel où sera exposé le Saint-Sacrement le deuxième dimanche de chaque mois, suivant la permission accordée par l'évêque de Lisieux pour l'érection de la confrérie, et l'autre moitié sera payée au recteur et mise dans un tronc placé dans l'église pour servir en aumônes pour la rédemption des Captifs (1735) ; autre constitution de rente par Thomas Turgis, originaire de St-Leger-du-Bosq, demeurant en la paroisse de St-Nicolas de Fécamp, et ses cohéritiers, sur les biens de Marin Turgis, son père (1739) ; autre contrat de rente pour ladite confrérie, stipulée par Jacques Le Noucher, curé de Caudemuche, cédée par André Mengeant, originaire d'Auvillers, demeurant à Villerville, sur biens sis à Angerville (1739). — Quittance par la marquise de Silly du treizième et de l'indemnité payée par Simon Le Tellier, religieux de l'Hôtel-Dieu de Lisieux (1743).

H. Suppl. 489. — II. B. 3. (Liasse.) — 8 pièces, parchemin ; 114 pièces, papier.

1720-1778. — Coupegorge (ferme de), sise à Saint-Aubin-sur-Algot, Saint-Ouen-le-Pin et le Prédauge. — Baux : à Robert Lefebvre, sieur du Hazerey, marchand, de St-Aubin-sur-Algot, de quatre pièces de terre à St-Aubin-sur-Algot, par Ambroise Thoumin, ministre du couvent de la Trinité de Lisieux (1720) ; — à Nicolas Portebos, laboureur, demeurant en la paroisse de St-Ouen-le-Pin, par Louis Ody, visiteur provincial, Jacques Le Bugle, ministre, et les religieux, de tous les héritages appartenant aux religieux à St-Ouen-le-Pin, St-Aubin-sur-Algot et le Prédauge (1769) ; — au même, desdits héritages moyennant 800 livres de fermage par an (1776). — Caution donnée à Antoine Coquerel, de Danestal, par Gilles Thézard, laboureur à Danestal, et Charles Ameline, marchand, de St-Étienne-la-Thillaye, en suite du bail à ferme par Louis-Alexandre Le Gallois, élève en chirurgie à Rouen, en vertu d'un arrêt du Parlement de Rouen rendu entre lui et divers, pour neuf ans, audit Coquerel, des héritages et maisons appartenant aux Trinitaires, sis auxdites paroisses, composant la ferme de Coupegorge, moyennant 800 livres et deux poules grasses de Crèvecœur de fermage pour les religieux, et 300 livres audit Le Gallois (1778) ; cautionnement par Pierre Fossey, Jean et Pierre Bouquet, d'Annebault, et Jean-Jacques Gondouin, demeurant à Gerrots, dudit Coquerel (1778). — Procédure devant le lieutenant général civil et criminel du bailliage d'Auge, entre les ministre et religieux chanoines réguliers de l'ordre de la Ste-Trinité et Rédemption des Captifs de Lisieux et Nicolas Portebosq, leur fermier dans les paroisses de St-Ouen-le-Pin, St-Aubin-sur-Algot et le Prédauge, concernant le paiement de ses fermages et la résiliation de son bail (1777-1778).

H. Suppl. 490. — II. B. 4. (Liasse.) — 1 pièce, parchemin ; 2 pièces, papier.

1720-1773. — Coupesarte. — Baux : à François Le Camus, curé de Coupesarte, des deux tiers des dîmes en grains de Coupesarte avec l'herbage du Parquet, situé proche l'église, par Ambroise Thoumin, ministre de Lisieux, moyennant un fermage de 70 livres (1720) ; — à Philippe Lecherpin, curé (1761) ; — au même, moyennant 250 livres de fermage (1773).

H. Suppl. 491. — II. B. 5. (Liasse.) — 4 pièces, parchemin.

1683-1789. — Courtonne-la-Meurdrac. — Bail de la terre et ferme du Liégeard, sise paroisse de Courtonne, par Claude Féron, ministre, et Jean de Bonnefous, vicaire, à Philippe Friard, marchand d'eau-de-vie, et à Michel Friard, curé de Courtonne-la-Meurdrac, son frère, sa caution (1683). — Bail par Pierre Lecointre, président, Louis-François Loyer, procureur des Captifs, et Jean-Baptiste-Pierre Martin, prêtre, religieux de la maison et Hôtel-Dieu de Lisieux, à Agnès-Rose Quentin, veuve de Jean Locquet, et Jean Locquet, son fils, de la paroisse de Courtonne, des héritages appartenant auxdits religieux dans ladite paroisse, moyennant 300 livres par an (1773). — Bail devant Guillaume-Gabriel Daufresne, notaire, homme de loi à Lisieux, par Jacques-César-François Camusat, prieur ministre, et les Trinitaires, à Jean Locquet, laboureur, de Courtonne-la-Meurdrac, des héritages leur appartenant, sis en ladite paroisse, pour neuf ans, moyennant 450 livres de fermage par an (1789).

H. Suppl. 492. — II. B. 6. (Liasse.) — 1 pièce, parchemin.

1738. — Grandchamp. — Testament de Jean Fleuriot, curé de Grandchamp, portant donation d'une pièce de terre nommée la Cour de la Tennerie, acquise par lui en 1727, pour 700 livres, et qui peut valoir actuellement 40 livres de rente, à ladite paroisse, avec substitution aux paroisses de St-Julien-le-Faucon et de Vieux-Pont, en cas de négligence des habitants de Grandchamp, et, à leur défaut, des Mathurins de Lisieux, pour l'établissement d'une maîtresse d'école qui instruira assidûment, charitablement et gratuitement les jeunes filles de la paroisse et celles des paroisses circonvoisines, celles de Grandchamp préférées ; elle demeurera toujours dans la maison de la fondation ; elle ne donnera jours de vacances de suite, et cela une seule fois par an au commencement d'octobre, époque à laquelle les enfants sont plus nécessaires chez eux en ce temps à cause de la récolte des fruits ; elle aura la charité d'instruire en particulier le matin et le soir les filles qui ne pourront pas se rendre avec les autres ; elle fera le catéchisme tous les jours d'école à tout le moins une demie heure, elle tâchera d'exciter chacune de ses disciples, tant par son exemple que par ses salutaires instructions, à la crainte et à l'amour de Dieu et à la charité envers le prochain, etc. ; chaque maîtresse sera élue et nommée par le curé, les seigneurs présentateurs et trois des naturels taillables de ladite paroisse qui seront alors imposés à la plus haute somme de taille ; après son élection, la fille choisie ne pourra être déposée qu'en cas de mariage, mauvaise conduite, négligence ou incapacité ; il serait à souhaiter que chaque maîtresse d'école choisisse elle-même celle qu'elle croirait la plus capable de la remplacer et qu'elle la mit au fait de l'instruction, d'où émulation des jeunes filles de la paroisse qui, aspirant à cet emploi, s'appliqueraient à s'en rendre dignes ; la jouissance de la pièce de terre léguée sera laissée à chaque maîtresse, etc.

H. Suppl. 493. — II. B. 7. (Liasse). — 13 pièces, parchemin ; 8 pièces, papier.

1636-1768. — Grandouet. — Vente de la terre nommée le lieu Collet, sise à Cambremer et Grandouet, au couvent de la Trinité et Hôtel-Dieu de Lisieux, par Jacques Labbey, écuyer, sieur du Moutier, demeurant à Pont-l'Évêque, époux de demoiselle Charlotte Le Roy, fille de Louis Le Roy et de demoiselle Anne Collet, Jeanne-Thérèse Collet, épouse de Henri de Neuville, écuyer, sieur d'Échauffour, seigneur et patron de Bavent, Robert d'Épaigne, assesseur honoraire aux bailliage et vicomté de Pont-Audemer, porteur de la procuration de Jacques-Philippe d'Épaigne, écuyer, sieur d'Épiney, fils de lui et de Marie-Anne Collet, et Jean-Charles Thirel, écuyer, sieur de Siglas, demeurant à Pont-Audemer, au nom de Jean-Charles-Philippe Thirel, fils de lui et de Marie-Marguerite Collet, tous héritiers de Marguerite Collet, veuve de Jacques Lebrun, écuyer (1729). — Procuration de François de

Grieu, chevalier, seigneur de Grandouet, seigneur et patron de Fontenelle et du Breuil, à Robert Verdelet, pour percevoir les droits seigneuriaux dus pour ladite vente (1729). Quittance de treizièmes et du droit d'indemnité donnée par Armand de Matharel (1729). — Racquit par Martin Le Clerc, ministre des Mathurins, à Jean-Charles Thirel, écuyer, sieur de Siglas, de Pont-Audemer, de 107 livres de rente restant due par ledit contrat (1733). — Accord sur procès au bailliage de Pont-l'Évêque entre Nicolas Hain, de St Eugène, François Portehos, de Grandouet, et les Trinitaires, au sujet du droit d'un fossé en dedans d'une pièce de terre de l'appartenance dudit Hain, sise à Cambremer, nommée la Boulaye, dans l'exercice duquel ledit Hain avait troublé les Mathurins (1768). — Titres concernant lesdits biens : lots faits de la succession d'Olivier Drieu entre Pierre Desbordeaux, de Pont-l'Évêque, et Guillaume Collet, avocat de Pont-l'Évêque, tous deux tuteurs de leurs enfants (1636). — Vente par Pierre Vaudoré, de Grandouet, audit Guillaume Collet, de la pièce de terre de la Couture, sise à Grandouet (1646). — Bail de terres sises à Grandouet et Cambremer fait moyennant 380 livres par dame Jacqueline Drieu, veuve de Guillaume Collet, à Pierre Lecorney, fils de Guillaume de Grandouet (1667). — Vente faite par Pierre de Malflâtre, écuyer, sieur de la Vasserie, demeurant à Montreuil, à ladite Jacqueline Drieu, d'une demi vergée de labour, sise à Cambremer (1669). — Cession faite au lieu dit de Grandouet, par Philippe Collet, procureur domanial de Mademoiselle, demeurant à Pont-l'Évêque, à Marguerite Collet, sa sœur, séparée civilement de biens avec Jean-Jacques Triquet, écuyer, sieur de Triquerville, gendarme du Roi, demeurant à St-Gilles de Livet, pour sa légitime, avec 50 livres de rente foncière de retour à cause de sa plus-value (1681). — Aveux rendus à Pierre de Grieu (1642-1683) et Joseph-Laurent de Grieu (1783), seigneurs de Grandouet, pour le tènement de la Rebourserie, pour le jardin Fresnel, pour cinq pièces de terre, Les Boulots, Les Perrelles, Le Bault, Le Val et La Hague, pour le fief du Mire Becquet, par les Mathurins et par leurs devanciers Guillaume Marguerite et Philippe Collet et par Louis Michel et François Le Vingneur, frères.

H. Suppl. 494. — II. B. S. (Liasse.) — 61 pièces, parchemin ; 54 pièces, papier.

1521-1788. — Lisieux. — Copie de fieffe devant Pierre Le Roy et Robert Coppie, notaires en la sénéchaussée de Lisieux, par Pierre La Longue, ministre de l'Hôtel-Dieu, Antoine de Bellemare, Jean Chardey, Pierre Gilles et Vincent de Rivière, religieux, à François Osmont, écuyer, sieur de Malicorne et Beuvillers, d'un chiquet de terre sis à Lisieux, moyennant 50 sols de rente (1521). — Arrêt du Parlement de Caen, en 1593, sur le procès de Richard Requier, chapelier de Lisieux, appelant tant du bailli d'Évreux ou son lieutenant en la vicomté d'Orbec, que de Henri Becquet, sergent royal en ladite vicomté, et frère Robert de Bayeux, ministre de la maison Dieu de Lisieux ; par accord entre les parties, l'appel est mis à néant, l'appelant est condamné à faire liquider les améliorations nécessaires et augmentations qu'il prétend avoir faites en la maison à lui ci-devant fieffée, sinon l'intimé est envoyé en possession de ladite maison en les payant. Mémoire de réparations à ladite maison, en 1572 : 1/2 cent de clou, 6 sols ; 300 de clou à latte, 9 sols ; deux boisseaux de chaux, 6 sols ; deux sommes de sablon, 20 deniers, etc. Ladite maison, dite à St-Germain de Lisieux, avait été baillée à fieffe, en 1569, par les ministre et religieux de la maison Dieu, moyennant 10 livres tournois de rente. — Aliénation par l'hôpital à Pierre Convenant d'une partie du coin Lambert ; assignation par-devant Louis Daperron, écuyer, seigneur de Benesville, conseiller à la Cour des aides de Normandie et commissaire député pour l'exécution de la déclaration et arrêt du Conseil des 13 et 19 juin et 11 décembre 1641, à Robert Convenant, curé de Mailloc, et Jean Convenant, chapelain de la cathédrale de Lisieux, pour rentrer en possession desdits biens aliénés ; condamnation de Guillaume Convenant, propriétaire de ladite maison, en vertu de la fieffe faite par les Mathurins, de la remettre à Laurent Limousin, chargé des poursuites et recouvrement des aliénations ecclésiastiques (1644) ; pièces de procédures y relatives ; requête des religieux à Pecqueult, président et trésorier général de France en la généralité d'Alençon, commissaire subdélégué de l'intendance, relativement à la taxe sur les possessions et jouissance des biens ecclésiastiques à Lisieux, en raison de la maison de la Grande-Rue de Lisieux, ci-devant possédée par Nicolas Convenant, prétendue aliénée par eux ; quittances données au ministre et religieux de l'Hôtel-Dieu par Nicolas Fourcroy, commis par le Roi, à la recette de deniers provenant des taxes sur les acquéreurs de biens aliénés, de la somme de 72 livres 10 sols, fixée au Conseil du Roi pour la maison aliénée à Nicolas Convenant, moyennant 25 livres de rente foncière, en 1615 (1642). Arrêt du Conseil pour l'exécution de la déclaration de 1675 donnée pour le recouvrement du huitième denier du prix des biens aliénés par les ecclésiastiques depuis 1556, pour jouir par les possesseurs desdits biens pendant 30 années (1675). — Quittance donnée à Nicolas Letourneur, propriétaire de 6 perches de terre faisant partie des jardins et maisons de l'Hôtel-Dieu et aliénés dudit Hôtel-Dieu suivant contrat du 31 mai 1575, de la somme de 6 livres 5 sols pour sa taxe au rôle arrêté au Conseil le 18 juin 1678 (1679). — Requête en décharge de taxe présentée à Bavyn, seigneur d'Angervilliers, intendant d'Alençon (1704). — Contrat d'obligation par François Thierrée, curé de la deuxième portion de St-Désir de Lisieux, Daniel Peullevey, vicaire de la première portion, Jean Le Galland, trésorier, et les frères servants de la confrairie du St-Sacrement érigée en l'église de St-Désir, envers Nicolas Vattier, prêtre, né dans la paroisse St-Désir, de fondations religieuses, moyennant une rente assise au Coin-Lambert (1650). — Procédure au bailliage de Lisieux entre les religieux de l'Hôtel-Dieu et Catherine Burget, veuve de Jean-Baptiste Hauvel, concernant la réparation d'un mur du jardin séparant leurs propriétés (1661-1662). — Quittance par Guillaume Osmont, chevalier, seigneur et patron d'Aubry-le-Panthou et autres terres, étant de présent au manoir presbytéral de Prêtreville, héritier de Jean Osmont, écuyer, sieur du Mesnil-Froger, curé de Prêtreville, son frère, à Nicolas Amiot, sergent, bourgeois de Lisieux, tuteur des enfants de feu Jean Vallée, de 962 livres 4 sols tournois pour le rachat et amortissement de rente hypothéquée sur des maisons au Coin-Lambert (1679.) — Acquisition par les religieux de Jacques Girard, toilier de Lisieux, de boutique, chambre, cabinet et grenier au Coin-Lambert (1679). — Acquêt par Guillaume Bourdeneau, marchand à Lisieux, paroisse St-Désir, fils et héritier de Pierre Bourdeneau, sieur des Condes, marchand, à Jacques de Bauquemare, ministre, et aux religieux, d'une petite chambre et grenier enclavés dans les maisons ci-devant acquises par le couvent de Barré, curé de Réville, sises Grande-Rue, paroisse St-Germain (1737). — Accord entre Pierre Lecointre, ministre, et les religieux Mathurins de Lisieux, et Adrien-Robert Lebrun, marchand tondeur machinier à Lisieux, portant échange de terrains sis à Lisieux, rue des Béquets, paroisse St-Germain, et conventions pour la construction par ledit Lebrun, d'un bâtiment destiné à l'établissement de machines propres à friser les frocs (1777). — Bail emphytéotique, par Jacques-César-François Le Camusat, ministre, et les Mathurins, audit Lebrun, pour 99 années commencées au jour de Noël 1784, d'une maison, un petit jardin et un petit bâtiment situé à Lisieux, rue des Béquets, moyennant 150 livres de rente annuelle payable aux termes de St-Jean-Baptiste et Noël (1784). — Baux à loyer, de 1781 à 1788, par les Mathurins, de boutiques et habitations, paroisse St-Germain, Grande-Rue, rue du Bouteiller, rue du Moulin, ainsi que des maisons du manoir Lambert possédées par eux, à Lisieux : à Jean-Baptiste Tasseilly, compagnon, fabriquant de frocs (1784), à Jean-François-Augustin Balleroy de Saint-Vasseurd, de Lisieux (1788), et divers.

H. Suppl. 495. — H. B. 9. (Liasse.) — 1 pièce, parchemin.

1773. — Marolles. — Bail devant Jacques-Louis Daufresne, notaire garde-notes du Roi à Lisieux, par Pierre Lecointre, président, Cyprien Couet, prieur de Carentan, et Jean-Baptiste-Pierre Martin, religieux trinitaire de l'Hôtel-Dieu de Lisieux, à Pierre-Léonor Dumoulin, charpentier, et Louis Le Roy, laboureur à Marolles, du tiers de la petite dîme en menus grains leur appartenant dans ladite paroisse, y compris le tiers des novales, moyennant 121 livres, deux boisseaux de pois verts, 100 gleux de vitailles de vesce et vingt-quatre boisseaux d'avoine, mesure de Lisieux.

H. Suppl. 496. — H. B. 10. (Liasse.) — 30 pièces, parchemin ; 7 pièces, papier.

1472-1788. — Meulles. — Procès au siège d'Orbec entre les maître et frères de l'Hôtel-Dieu et Lisieux, Perrin, Étienne et Jean Malenguerrée, pour le paiement d'une rente de seize boisseaux de froment due à l'hôpital ; reconnaissance et promesse d'acquittement par les débiteurs (1472). — Accord entre Guillaume Harenc, religieux de l'Hôtel-Dieu, Pierre Louvet, Pierre Lecordier, Robin de Mallengerrée, Guillaume de Mallengerrée, de Meulles, et autres, en procès en la grande sénéchaussée de Rouen en matière de provision touchant une doléance sortissant juridiction en l'Échiquier de Normandie (1494). — Ensuivent plusieurs articles extraits des papiers journaux de la recette des rentes et revenus appartenant aux religieux et pauvres de l'Hôtel-Dieu et maison Dieu de Lisieux, pour servir au procès des religieux aux pleds de la sergenterie d'Orbec contre Girard de Mallenguerrée pour le paiement de la somme de 13 livres 48 sols tournois pour l'appréciation faite en justice de 22 boisseaux de blé froment mesure d'Orbec

(1529). — Autres procédures diverses concernant ladite rente. — Bail à ferme par Jacques Delacour, ministre, Gaspard Duclos et Thomas Le Grand, prêtre, religieux profés en la maison et Hôtel-Dieu des Trinitaires de Lisieux, pour neuf ans, à Jean Ledorey, avocat, bourgeois de Lisieux, desdits seize boisseaux de froment à prendre sur diverses terres sises à Meulles, moyennant 20 livres tourn. par an (1628). — Échange entre Louis Ledorey, assesseur ancien civil et criminel au bailliage d'Orbec, stipulant pour Pierre Ledorey, sieur de Laubespine, ci-devant élu en l'élection de Lisieux, et Jacques Mallenguerrée, menuisier à Orbec, de pièces de terre sises à Meulles (1672). — Lettre de F. Lemarinier, de Meulles, à Camusat, prieur ministre de l'Hôtel-Dieu de Lisieux, au sujet du paiement des rentes (1788).

H. Suppl. 497. — II. B. 11. (Liasse.) — 1 pièce, parchemin ; 5 pièces, papier.

1682-1773. — Ouilly-le-Vicomte. — Vente devant François Picquot et Robert Morel, notaires à Lisieux, par Pierre Jourdain, prêtre, curé de l'église paroissiale St-Jacques de Lisieux, au couvent de la Ste-Trinité de l'Hôtel-Dieu de Lisieux, stipulé par Pierre-Claude Féron, ministre, Jean-Baptiste de Bonnefons, vicaire, Nicolas Lange et autres prêtres dudit couvent, de plusieurs pièces de terre sises en la paroisse d'Ouilly-le-Vicomte (1682). — Procédure contre Guillaume Coquerel, sieur du Chesne, d'Ouilly-le-Vicomte (1712-1720). — Baux : par Louis Ody, ministre, à Pierre Delafosse, laboureur à Ouilly-le-Vicomte, de toutes les terres appartenant aux religieux dans cette paroisse, moyennant 400 livres en argent, 4 poulardes grasses et 2 dindes grasses (1749) ; — par Jacques Le Bugle, ministre, à Antoine-Louis Deschamps, laboureur, de St-Désir de Lisieux (1767) ; — par Pierre Le Cointre, président, et Louis-François Loyer, procureur des Captifs, à Antoine-Louis Deschamps, moyennant 600 livres en argent, 2 dindes, 4 poulardes et 4 poulets gras de fermage par an (1773).

H. Suppl. 498. — II. B. 12. (Liasse.) — 4 pièces, parchemin ; 4 pièces, papier.

1721-1770. — Touques. — Fieffe devant Pierre Formage, seul notaire royal à Lisieux, par les Pères de la congrégation réformée de l'ordre de la Ste-Trinité et Hôtel-Dieu de Lisieux, à Jean-Baptiste Fouques, sieur de la Pommeraye, d'une pièce de terre en hogue, située dans le marais de Touques (1721). — Sentence rendue aux pleds de la vicomté d'Auge, tenus à Honfleur, par Charles Delanney, vicomte d'Honfleur, envoyant les Trinitaires en possession de la pièce fieffée à Jean-Baptiste Fouques, contre Jean-Baptiste, son fils et héritier, pour trois années d'arrérages de 15 livres de rente, montant de ladite fieffe (1730). — Procès-verbal de Charles Lemanicher, huissier à Touques, et sergent royal priseur vendeur aux bailliage et vicomté d'Auge, sergenterie noble de Touques, mettant les Trinitaires en possession de ladite pièce (1730). — Bail fait devant Jacques-Louis Daufresne, notaire, par les Trinitaires, à François Des Saux, boucher, de la paroisse de St-Thomas de Touques, d'une pièce de terre en labour, située dans le marais Lévesque en ladite paroisse St-Thomas (1753) ; ledit bail renouvelé le 11 juin 1762. — Bail emphytéotique devant Daufresne, notaire, par les chanoines réguliers de la Trinité pour la Rédemption des Captifs, Jacques Le Bugle, ministre de la maison et Hôtel-Dieu de Lisieux, Jean-Baptiste-Pierre Martin et Jean-Baptiste de Caen, tous prêtres de ladite maison et Hôtel-Dieu de Lisieux, à Catherine Fouques, veuve de François Bréard, et Jacques-Christophe Bréard, prêtre, vicaire de St-Martin-de-Gonneville-sur-Honfleur, d'une pièce de terre, partie en labour, partie en grève, sise en la paroisse de St-Thomas de Touques (1770).

H. Suppl. 409. — II. B. 13. (Liasse.) — 17 pièces, parchemin ; 17 pièces, papier.

1208-1488. — Vespière (La). — Prieuré de St-Christophe de Mervilly. — Donation par *Johannes de Taneio, filius Willelmi de Taneio*, à l'église de St-Christophe de Mervilly et aux hermites qui la desservent, d'une acre et demie de bois aboutant à la terre desdits hermites ; confirmation d'*Eremborc*, sa femme, et Guillaume, son fils aîné (1208), sous l'épiscopat de Jourdain, à Lisieux. — Donation par Jourdain, évêque de Lisieux, à la maison des pauvres, *domui pauperum Lexovien.*, de la chapelle de St-Christophe de Mervilly (*Melleviller*), à la charge par lesdits pauvres de faire desservir la chapelle par un chapelain (s. d. — 1209, dit un mémoire postérieur). — Bulle du pape Innocent III, confirmant entre autres donations ladite chapelle avec toutes ses dépendances (2 des ides de mai an XIII). — *Extractum ex bulla Innocentii tertii data Joanni, ministro, et fratribus ordinis sancte Trinitatis et Captivorum anno Domini 1209, pontificatus vero sui anno XII*, dispensant les Mathurins de payer la dîme de leurs animaux, de leurs

18

jardins et de leurs fruits, ledit extrait pour un procès du prieuré de St-Christophe. — Vente par *Colinus et Guillelmus dicti de Fonte, filii Guillelmi de Fonte*, au ministre et aux frères de la maison-Dieu de Lisieux, de leurs droits sur l'héritage de leur oncle Étienne *de Fonte*, en la paroisse de St-Ouen de La Vespière (1350). — Confirmation par Jean d'Orbec, chevalier, des donations faites par ses prédécesseurs à la chapelle de St-Christophe de Mervilly (mars 1303, v. s.). — Procès à l'officialité de Lisieux entre le ministre et les frères de la maison Dieu de Lisieux, ordre de la Trinité, de la rédemption des Captifs, représentés par Richard de Barberie, leur procureur, et Pierre Bernard, curé de la Vespière, au sujet des revenus des oblations et émoluments provenant de la chapelle St-Christophe, doyenné d'Orbec, le curé ayant brisé la porte de la chapelle et s'étant emparé des oblations faites par des particuliers. Commission donnée par Olivier de Montmorel, chanoine d'Évreux, vicaire général de G., évêque de Lisieux, à Pierre *de Campisberte, jurisperito;* décision en faveur des Trinitaires (1351). — Prise à ferme, des ministre et frères de l'Hôtel-Dieu de Lisieux, de fonds sis à La Vespière, par Noel Lefèvre, de la paroisse de St-Ouen de la Vespière (18 février 1420, v. s.), et par Girot Dufour et Cardine sa femme, de la paroisse de Notre-Dame d'Orbec (22 mars 1437, v. s.). — Sentence rendue par Nicolas de Fréville, lieutenant général de Guillaume de Las, écuyer, seigneur de Vauselas, bailli d'Évreux, aux assises de la vicomté d'Orbec, condamnant Jean Cadiot, curé de La Vespière, qui avait dessaisi les ministre et religieux de la maison Dieu de Lisieux des offrandes et oblations offertes en la chapelle de St-Christophe (1466). — Érection en prieuré et bénéfice perpétuel de la chapelle de St-Christophe et nomination audit prieuré par frère Robert, docteur en décret, général de l'ordre de la Trinité et Rédemption des Captifs, de frère Guillaume Harenc, religieux de la maison Dieu de Lisieux (1488) ; prérogatives du prieur d'assister à l'élection du ministre, de prendre en la maison Dieu deux religieux pour le service de la chapelle le jour de St-Christophe, de conserver son rang de profession à la maison Dieu, d'y être nourri comme les religieux et d'y avoir sa chambre, etc.

H. Suppl. 500. — II. B. 14. (Liasse.) — 44 pièces, parchemin ; 17 pièces, papier.

1502-1558. — Vespière (La). — Prieuré de St-Christophe de Mervilly. — Procès en l'officialité de Lisieux de Guillaume Harenc, prieur de St-Christophe, Guillaume Madeline, Jean et Colin Lefèvre et Jean Jardin, contre Guillaume Fouquet, curé de La Vespière, au sujet des dîmes (1502). — Constitution de rente pour fonds sis à La Vespière, en faveur de Jean Lefèvre, ministre des Mathurins (1503). — Baux à ferme de fonds conclus par le prieur Guillaume Harenc. - Caution par Philippe et Michel Droulin, prêtres, demeurant à Bernay, de Jean Droulin, leur frère, chaussetier, bourgeois de Lisieux, pour payer au prieur Harenc le prix du bail à lui fait des maisons et fonds appartenant au prieuré (1509). — Accord sur procès fait en l'officialité de Lisieux, entre le prieur Guillaume Harenc et les fermiers du chapitre de la cathédrale de Lisieux, au sujet de la dîme par eux prétendue sur les fonds du prieuré de St-Christophe (1509). — Échange de rente entre Richard Moulin, bourgeois de Lisieux, et Jean Chardey, prieur de St-Christophe, l'un des religieux de l'Hôtel-Dieu de Lisieux, se faisant fort pour frère Pierre Lalongue, ministre de l'Hôtel-Dieu (1523). — Procès aux assises d'Orbec entre Jean d'Orbec, protonotaire du St-Siège, chanoine de Coutances, seigneur du Plessis, puis contre les enfants sous-âgés de feu Guy d'Orbec, chevalier, sieur du lieu et du Plessis, et le prieur Jean Chardey, au sujet des droits prétendus par eux sur les oblations du jour de St-Christophe ; accord par-devant Jean Aupoix et Nicolas Duclos, tabellions à Orbec, entre François d'Orbec, prêtre, curé d'Aspres et de Normanville, leur tuteur et gardien, par le conseil de Jean d'Aché, sieur de Serquigny, leur oncle, et ledit prieur (12 mars 1528, n. s.). — Amodiation par Robert Papelart, ministre de la maison de la Fère-Champenoise, procureur de Mathieu Fouquier, trinitaire, prieur de St-Christophe de Mervilly, à Pierre de Villers, ministre de la maison de la Trinité de La Poultière, diocèse d'Évreux, des fruits du prieuré de St-Christophe pour 6 ans (1538). — Collation par Thomas Duval, curé des paroisses de Notre-Dame de La Boissière et de St-Pierre du Châtel, diocèse de Lisieux, vicaire général des ministre et couvent de la maison Dieu des Trinitaires de Lisieux, en faveur de Robert Le Gorgeu, trinitaire, du prieuré de St-Christophe vacant par suite de l'incapacité d'un certain Foucart dont le vrai nom est ignoré (1548). — Extrait du premier registre du greffe des insinuations des provisions et actes ecclésiastiques du diocèse de Lisieux (24 novembre 1559) : enregistrement à la requête de Claude de Pomollain, ministre de l'hôtel-Dieu de Lisieux, de signatures en Cour de Rome, de l'échange du prieuré entre ledit Claude Le Pomollain et Robert Le Gorgeu (1558). — Inventaire des chartes, lettres, procès et écritures, faisant mention des immunités et droitures des terres et appartenances du prieuré de St-Christophe, produites par le prieur Jean Chardey contre Germain Amyot, curé de La Vespière, dans un procès à l'officialité.

H. Suppl. 501. — II. B. 15. (Liasse.) — 27 pièces, parchemin; 32 pièces, papier.

1606-1700. — Vespière (La). — Prieuré de St-Christophe de Mervilly. — Remise par noble homme Michel Le Bottey, prêtre séculier, seigneur du Grasmesnil, de son prieuré de St-Christophe, tenu par lui à titre commendataire, à la maison Dieu de Lisieux dont il dépend (1606). — Bail à ferme par Nicolas Convenant, bourgeois de Lisieux, procureur de Jacques Delacour, ministre de la maison de l'Hôtel-Dieu de Lisieux, à Marin Desmares, fils Jacques, de la paroisse de St-Jean de Thenney, du temporel et revenu entier du prieuré et chapelle de St-Christophe (1606). — Vente devant Jean Moessard et Gabriel Deschamps, tabellions en la vicomté d'Orbec pour le siège de Chambrois, par Pasquier Morin, lieutenant des eaux et forêts en la vicomté d'Orbec, à Étienne Bonhomme, de la paroisse de Bienfaite, demeurant à Abenon, d'un manoir et pourpris à usage de moulin à papier, assis en la paroisse de Friardel, moyennant 1,500 livres; quittance du treizième donné par Jean de Maillet, écuyer, sieur de Friardel (1611). — Baux à fieffe de divers fonds sis à La Vespière. Arpentage par Abel Clémence, arpenteur juré en la vicomté d'Orbec, des biens du prieuré à la requête du prieur Gaspard Duclos (1636). — Accord entre les prieur et religieux Mathurins de Lisieux, et Gaston de Bonnechose, écuyer, sieur de Thenney, sur procès au bailliage d'Orbec, au sujet des défenses faites par le prieur audit seigneur de faire couper des chênes situés en la lisière plantée entre la coudraye appartenant au prieuré, et les biens de la seigneurie de Thenney (1638). — Prise de possession du prieuré par Jacques de Valsemey, installé par Jean Duclos, prêtre, chapelain en l'église d'Orbec, après la résignation de Gaspard Duclos (1649). — Aveu rendu par ledit prieur à messire Charles du Merle, chevalier, seigneur du Blanchbuisson, Le Boisbarbot, et, à cause de Louise d'Orbec, sa mère, seigneur du Plessis, du Prey et du Coudray, pour terres tenues de lui (1650). — Déclaration des biens et revenus des maisons et rentes foncières appartenant au couvent et Hôtel-Dieu de la Congrégation réformée de l'ordre de la Ste-Trinité et Rédemption des Captifs de Lisieux, donné à la Chambre des comptes de Normandie, concernant les biens de la chapelle St-Christophe (1668). — Acquêts par le prieur Jacques de Valsemey, d'Anne Bazard, veuve de Pierre Mallet, sieur de La Fontaine (1678). — Décharge de décimes accordée par les vicaires généraux, syndic et députés du clergé du diocèse, au ministre et religieux du couvent de la Trinité et Hôtel-Dieu de Lisieux, pour leur chapelle de St-Christophe (1682). — Vente faite par François-Annibal du Merle, seigneur de Laurigny en Picardie, Le Plessis, Le Prey, Le Coudray et Beauvoir, fils aîné de Charles du Merle, à Jacques de Valsemey, prieur de Mervilly, des rentes seigneuriales des aînesses St-Christophe et au Sueur, situées en la paroisse de la Vespière, village de St-Christophe et environs (1684). — Provisions accordées par les religieux de la Maison-Dieu de Lisieux, ordre des Trinitaires, à Joseph Dubois, de ladite maison, du prieuré vacant par la mort de Jacques de Valsemey (1689). — Bail par le prieur Joseph Dubois à Jacques Leroux, de La Vespière, pour 9 ans, des terres dudit prieuré, moyennant 200 livres de fermages par an (1699). — Actes divers concernant: Anne de Grieu, veuve de Luc Morin, sieur de Boscantin, conseiller assesseur en la vicomté d'Orbec (1657); Guillemette du Lis, veuve de Jean Lepetit, sieur du Boulley (1674); Jean Lecornu, sieur de Bellemare (1677).

H. Suppl. 502. — II. B. 16. (Liasse.) — 8 pièces, parchemin; 71 pièces, papier.

1703-1790. — Vespière (La). — Prieuré de St-Christophe de Mervilly. — Procès au bailliage d'Évreux, vicomté d'Orbec, entre les adjudicataires du déport de La Vespière, demandeurs en paiement de dîmes de laines et agneaux sur le troupeau de Jacques Le Roux, fermier du prieuré, et les religieux de la Trinité de l'Hôtel-Dieu de Lisieux, ayant pris fait et cause pour Le Roux; transaction en 1706. — Procès audit siège entre Joseph Dubois, prieur de St-Christophe, et le fermier du chapitre cathédral de Lisieux, auquel il réclame 77 gerbes de blé que, comme fermier du droit de dîme du chapitre, il avait prélevées sur les héritages du prieuré affermés à Jacques Le Roux (1708). — Renonciation du chapitre aux droits par lui prétendus (1711). — Quittance donnée par René de Mooge, chevalier, seigneur de Préaux, au prieur Joseph Dubois, de 80 livres pour l'amortissement et racquit de 6 livres de rente (1711). — Procès-verbal de l'installation et prise de possession d'Ambroise Thoumin, successeur de Joseph Dubois au prieuré (1719). — Déclaration au greffe de l'officialité de Lisieux, devant Pierre Dumesnil Le Boucher, chanoine *scholaste* de la cathédrale de Lisieux, vicaire général et official de l'évêché, par ledit Thoumin, des biens du prieuré ; lesdits biens, sis sur les paroisses de La Vespière et de St-Jean de Thenney, sont loués 236 livres par an (1720). — Prise de possession du prieuré par Bernardin Marais, religieux et vicaire de la Maison-Dieu de la Trinité de Lisieux (1728). — État et mémoire des dépens alloués au prieur Thoumin sur Jean Langlois, sieur de Saint-Denis, Lehongre et autres associés à la vente des bois de Thenney (1721). — Baux à ferme et à loyer par les prieurs de St-Christophe. — Quittance par les administrateurs de l'hôpital général d'Orbec, à Bernardin Marais, prieur de St-Christophe, de 600 livres pour le racquit et amortissement d'une partie de rente de 28 livres 11 sols 4 deniers, que le prieuré de St-Christophe était tenu de faire à l'hôpital d'Orbec, plus 500 livres à la décharge de l'Hôtel-Dieu de Lisieux, obligé à la nourriture d'un pauvre dans ledit Hôtel-Dieu pendant les mois de mai, juin et juillet, suivant la fondation du P. de Valsemey, prieur, en 1678 (1745).

Nomination et prise de possession du prieuré par Louis Ody (1754). — Nomination de Pierre Lecointre, président de la Maison et Hôtel-Dieu de Lisieux, de l'ordre des Trinitaires, au prieuré de St-Christophe, en remplacement de Jacques Lebugle, décédé (1772). — Bail du prieuré pour 3, 6 ou 9 années, à Jean Violette, de La Vespière, moyennant 300 livres de fermages par an (1773). — Remplacement dudit Lecointre, décédé, par Louis-François Loyer, président de la Maison et Hôtel-Dieu de Lisieux (1777). — Quittances des décimes payés par le chapelain de St-Christophe de La Vespière.

Déclaration du prieuré de St-Christophe, près Orbec, situé en la paroisse de La Vespière et en celle de St-Jean de Thenney, possédé par ledit Loyer, chanoine régulier de la Trinité et Rédemption des Captifs, profès de la Maison et Hôtel-Dieu de Lisieux ; les biens sont affermés 600 livres (1790).

H. Suppl. 503. — II. B. 17. (Liasse.) — 13 pièces, parchemin ; 41 pièces, papier.

1579-1774. — Villers-sur-Mer. — Baux à ferme de la dîme de Villers-sur-Mer, passés : par Simon Gaillard, ministre, Guillaume Féron, prieur, Ursin Recquier, Richard Duclos et Robert Bayeulx, prêtres, religieux de la *maison ou ostel* de Lisieux, de l'ordre de la Trinité de la Rédemption des Captifs, à Guillaume Taupin, curé de la seconde portion de l'église de St-Martin de Villers (1579) ; — par Robert de Bayeux, ministre, à Jean Hanyas, prêtre, curé de la première portion (1582) ; exécutoire décerné contre ledit Hanyas pour paiement d'arrérages, délivré par Jean Le Barbier, exerçant comme ancien avocat la juridiction du bailli de Rouen en la vicomté d'Auge, pour son absence et celle de ses lieutenants général et particulier en ladite vicomté (1591) ; — par Claude Vatherie, ministre, audit Hanyas, moyennant 14 écus 10 sols évalués à 42 livres 10 sols tournois en argent, et 2 boisseaux de fèves, mesure de Lisieux, par an (1600) ; procès contre ses héritiers pour paiement (1612) ; — par Jacques Delacour, ministre, à Nicolas Sorin, vicaire en ladite paroisse (1613) ; — par le même à Robert Cousin, bourgeois de Lisieux (1627) ; — par le même à Noël de Saint-Léger, curé de la première portion (1632) ; — par Charles d'Aigneaux, ministre, à Gilles Martin, de Villers (1638) ; — par Paullin Danjon, ministre, à Louis Gohier (1649) ; — à François Duchemin, prêtre, desservant le bénéfice-cure de Villers, acceptant du déport dudit bénéfice-cure de la première portion de Villers, vacant par la mort de Jean Gardin, dernier titulaire (1689) ; — par Louis Ody, ministre, à Louis Bellenger, curé de la première portion de Villers (1762) ; — par Louis-François Loyer, procureur de la communauté, audit Bellenger (1774). — Procès au bailliage de Pont-l'Évêque entre les ministre et religieux Trinitaires et Robert Le Prévost, pourvu de la première portion de Villers, au sujet des dîmes. Arrêt du Parlement de Rouen, donnant acte audit Le Prévost qu'il abandonne les fruits et revenus de son bénéfice et s'arrête à sa portion congrue (1696) ; accord de 1697 ; analyse d'actes du deuxième volume du chartrier relatifs audit procès.

H. Suppl. 504. — II. B. 18. (Liasse.) — 25 pièces, parchemin ; 8 pièces, papier.

1350-1786. — Rentes. — Titres relatifs à la constitution de rentes foncières sur une maison assise en la paroisse St-Germain de Lisieux, transportée par Jean Roussel dit Le Merchier, de St-Jacques de Lisieux, à Pierre Legros, avocat en Cour d'église en 1397, et le 26 mars 1408 à Denis Le Viel, ministre de l'Hôtel-Dieu de Lisieux. Jean Richer, Thomas Semen, Robert Deshoullettes et Jourdain Semen, frères dudit Hôtel-Dieu, pour service religieux, par Guillaume Semen, de St-Pierre de Salerne, qui l'avait achetée ledit jour de Pierre Legros, curé de Marolles ; reconnaissance de ladite rente en faveur de Jacques-César-François Camusat, ministre, par Louis Crespin, fabricant de frocs à Lisieux. — Sentence rendue aux pleds d'Orbec, concernant le décret d'héritages pour arrérages de 10 sols de rente (1473). — Sentence rendue aux pleds de la baronnie et châtellenie de Livarot par Jean Jamot, bailli haut justicier de St-Pierre-sur-Dives, concernant le tènement d'héritages par Michel du Saulx, par acquêt de Nicolas Lefebvre, Adrien Le Gallois, sieur des Barres, et son frère, et les héritiers Chrétien Le Gallois, sujets en 10 sols, 6 chapons, 6 deniers et 60 œufs envers l'Hôtel-Dieu (1641). — Autre sentence rendue aux pleds d'Orbec par Jean Le Sénéchal, lieutenant général d'honorable homme et sage Jean Baudouin, écuyer, vicomte, concernant le décret requis par Bertrand de La Haye, écuyer, d'héritages de Robin Thibault, sujets à 10 sols de rente, et auquel se sont opposés plusieurs personnes, parmi lesquelles Philippot Lefebvre, procureur des religieux et ministre de l'Hôtel-Dieu de Lisieux (1695). — Reconnaissance devant Jacques-Louis Daufresne, par Nicolas Laumaille, Guillaume-Jean Dubois et Adrien Dubois, procureur du Roi au grenier et magasin à sel de Livarot, demeurant à Heurteven, envers la maison de l'Hôtel-Dieu, ordre de la Ste-Trinité et rédemption des Captifs, de 10 sols d'argent, 6 chapons, 60 œufs et 6 deniers de rente foncière, pour fieffe d'héritages sis paroisse de Livarot (1773). — Fieffe d'une pièce de terre sise au Mesnil-Guillaume, moyennant 40 sols de rente acquise par échange par la maison de l'Hôtel-Dieu de Lisieux (1544-1730); titres concernant ladite rente: subrogation par M° Aignen d'Échauffou, demeurant à Lisieux, à Jean Dupré, licencié en médecine, bourgeois de Lisieux (1552), etc.

H. Suppl. 505. — II. B. 19. (Liasse.) — 14 pièces, parchemin ; 8 pièces, papier.

1553-1777. — Rentes. — Vente devant Nicolas Varin et François Lores, tabellions à Lisieux, par Vincent de Reviers, ministre de l'Hôtel-Dieu et maison Dieu de Lisieux, et autres religieux, à Thomas Legrand, d'une maison où pend l'enseigne aux Trois-Rois, et jardin sis en la paroisse St-Désir, moyennant 200 livres (1553). — Quittances d'arrérages et reconnaissance de rentes dont une de 3 livres 10 sols, par Louis Desgennetés, toilier, demeurant à Lisieux, et André Desgennetés, son frère, curé de Doux-Marais, représentant par acquêt Nicolas Bouvier, fils Henry, lequel représentait Pierre Cottin (1553-1777). — Reconnaissance par Robert de Bayeux, ministre, de Guillaume Beauvillain, de St-Désir, de deux années d'arrérages de la rente de 3 livres 2 chapons de rente due à l'Hôtel-Dieu (1593). — Quittance de Julien de Bellemont, prêtre, procureur de l'Hôtel-Dieu, donnée au fils dudit feu Guillaume, et à Guillaume, son neveu, de deux années d'arrérages de ladite rente (1643). — Quittance donnée devant les notaires de Rouen, par Guillaume Le Chevallier, avocat au Parlement, à Anselme Auger, profès de la Ste-Trinité et Hôtel-Dieu de Lisieux, de 1,500 livres pour rachat de 107 livres 2 sols 10 deniers de rente, à laquelle les religieux s'étaient obligés à la stipulation d'Élie de Rochefort, religieux du couvent de Liesse-lès-Gisors (1674). — Vente devant les tabellions de Rouen, de 107 livres 2 sols 10 deniers de rente, par Catherine Bernard de Montebise, femme d'Alexandre de Grolée, comte de Monpieu, au précédent veuve de Michel de Fours, chevalier, seigneur de Guitry, et Michel de Fours, chevalier, seigneur de la Fontaine-du-Houx, paroisse de Bézu-la-Forêt, son fils en premier lit, audit Guillaume Le Chevalier (1672). — Constitution devant Robert Morel et François Picquot, notaires, par Catherine de Poullain, veuve de Jacques Lambert, chevalier, seigneur d'Herbigny, ancien capitaine au régiment des gardes du Roi, de 20 livres de rente au profit des religieux de la Ste-Trinité et de l'Hôtel-Dieu de Lisieux, à charge de services religieux (1686). — Donation par Jacques-François Loyer, bourgeois de Rouen, à Louis-François-Clair Loyer, chanoine régulier de la Ste-Trinité pour la rédemption des Captifs de la maison de Lisieux, de 150 livres de rente viagère à prendre sur tous ses biens (1757).

H. Suppl. 506. — II. B. 20. (Liasse.) — 22 pièces, parchemin ; 5 pièces, papier.

1542-1667. — Rentes. — Procédure pour paiement de rente de 12 boisseaux d'avoine et 10 sols d'argent, sur une terre située à Notre-Dame des Vaux. — Sentence rendue aux pleds de meuble de Lisieux, tenus par Germain Duval, vicomte du lieu, le 18 novembre 1542, sur l'action intentée par les religieux de l'Hôtel-Dieu de Lisieux, représentés par frère Robert Le Gorgeu, l'un d'eux, contre Robin Fauquet, des Vaux, pour le paiement de ladite rente. Autres procédures concernant le paiement de ladite rente, notamment en 1619 en Parlement, entre Geuffin Gosse, appelant de sentence du bailli d'Évreux au siège d'Orbec, le 17 novembre 1616, et frère Jacques Delacour, prêtre, administrateur de l'Hôtel-Dieu de Lisieux, appelé, anticipant et incidemment de son chef appelant de sentence du bailli-vicomtal de Lisieux, du 8 mars 1614 ; arrêt de la Cour, confirmatif de ladite sentence de 1616 (1620).

H. Suppl. 507. — II. B. 21. (Liasse.) — 7 pièces, papier.

1660-1725. — Fondations, dons et legs. — Accord devant Claude Picquot et Constantin Boullaye, entre Germain Ledoux, prêtre, de la paroisse de St-Germain, et les religieux profès du couvent de la Ste-Trinité, sur son admission dans ledit couvent, en cédant la somme de 4,200 livres (1660). — Testament reçu par Robert Guillard le jeune et Constantin Boullaye, son adjoint, de Thomas Gondouin, apothicaire, gisant en son lit, contenant diverses donations et la fondation d'un lit dans l'hôpital des pauvres malades pour y mettre un malade qui sera désigné par sa femme, et après elle par ses héritiers (1676). Extrait du livre des actes capitulaires du couvent et Hôtel-Dieu de la Ste-Trinité, concernant l'acception de ladite fondation (1678). — Quittance donnée devant Picquot et Robert Lancelot, tabellions, par les Pères du couvent de la Trinité, à Marguerite Mérieult, veuve de Thomas Gondouin, de la somme de 3,000 livres tournois, pour la fondation par son mari d'un lit dans ledit couvent (1678). Constitution devant Robert Morel et Jean Blondel, notaires, par Guillaume Le Chevallier, avocat général au Parlement de Rouen, avancé en la succession de Marie Despériers, sa mère, et Esprit-Jean-Baptiste Le Doulcet, procureur du Roi en l'élection de Pont-l'Évêque, porteur de procuration de Madeleine Despériers, sa mère, de 200 livres de rente envers le couvent de la Ste-Trinité pour la rédemption des Captifs, afin d'assurer la fondation de feu Nicolas Despériers, écuyer, bailli de Lisieux, leur oncle, de deux lits pour les pauvres (1702). — Requête des Mathurins au bailli-vicomtal, relative au legs universel de Jean Le Clerc, père d'un des religieux, qui s'était retiré au couvent depuis 20 ans (1725).

H. Suppl. 508. — II. B. 22. (Liasse.) — 38 pièces, parchemin ; 8 pièces, papier.

1218-1723. — Droits sur le temporel de l'Évêché. — Charte de Jourdain, évêque de Lisieux, portant donation à la maison des pauvres de Lisieux du droit d'avoir dans les bois de l'évêque de Lisieux un âne qui apporte sans cesse du bois pour l'usage des pauvres ; l'ânier pourra prendre *boscum mortuum et arbores quas siccas inveniet et brancas arborum viventium, sed fagos et quercus adhuc viventes et stantes non erit eis licitum prostrare vel modo aliquo laniare* ; il accorde en outre aux pauvres de ladite maison *tredecim præbendulas quas tredecim pauperes præbendarii quibus assignabantur habere solebant, de bonis Lexoviensis episcopi, habeant et teneant ad suam sustentationem* ; le bien de ces *præbendulæ* est par semaine *tredecim boessellos grossi bladi de granario episcopi et tredecim denarios in præpositura et in quadragesima tredecim bonos boessellos pisorum et tredecim summas lignorum per asinos episcoporum eis adductorum et hoc bis in hyeme. Debent etiam habere unum milliare bonorum halectorum et tredecim paria sotularium in die absolutionis et unum arietem in die ascensionis et potum ad festum Sancti Martini in hyeme et corredium vel quattuor denarios unicuique assignatos ad natale Domini et ad Pascha et in festo SS. Petri et Pauli. Debent etiam habere tredecim tunicos in feria prati Lexoviensis quamlibet tunicam trium ulnarum et unius quorterii* (juin 1218). Suivent les quatre premiers mots de la « *Charta Guidonis Lexoviensis episcopi precedentis confirmatio* (1304). — *Vidimus* par Jean Le Muel, vicomte d'Orbec, le 4 avril 1443, de la charte de donation de Jourdain, évêque de Lisieux. — Requêtes et procédures contre les évêques de Lisieux, pour obtenir la délivrance de ladite donation, contre le cardinal de Plaisance (1425), après la mort de Pasquier de Vaux, et pendant la régale qui suivit la mort de Thomas Basin (1469). — Parmi lesdits documents : ordre par Henri VI, roi d'Angleterre, au bailli de Rouen, de faire payer aux ministre et religieux de l'Hôtel-Dieu de Lisieux, sur les biens délaissés par feu Pasquier de Vaux, évêque de Lisieux, les droits qu'ils ont coutume de lever sur le revenu du temporel dudit évêché (5 août 1447). — Pièces justificatives dudit droit extraites « de deux gros registres ou char-« triers relliez en parchemin et couverts de cuir, con-« tenants les chartres et autres titres du couvent de « l'ordre de la sainte Trinité et Hôtel-Dieu de « Lisieux » ; lettres patentes et arrêts confirmatifs (Henri VI, roi d'Angleterre, janvier et octobre 1424, 1447 ; Louis XI, 1478 ; Louis XIII, 1622). — Sentence rendue en la cohue de la juridiction temporelle de l'évêque de Lisieux, par le commis au régime et gouvernement de la justice et juridiction du bailliage d'Orbec, sur le procès pendant entre l'évêque et les ministre et religieux de l'hôpital et maison Dieu de Lisieux, sur un bref de nouvelle dessaisine levé par le ministre et religieux contre ledit évêque, dont les officiers leur refusaient le paiement des droits habituels ; les droits des Mathurins sur le temporel de l'évêché sont divisés en trois parts : les deux tiers seront baillés aux Mathurins pour en disposer ainsi qu'ils jugeront bon, et le dernier tiers sera distribué aux pauvres affluant à l'Hôtel-Dieu ou à la réédification du logis des pauvres, et à cette fin sera mis aux mains de Guillaume Leprévost, prêtre, et Thomas Leloutrel, bourgeois de Lisieux, en la compagnie de frère Guillaume Postel, religieux dudit Hôtel-Dieu (1479). — Accord au Conseil du cardinal Le Veneur, évêque-comte de Lisieux, entre Jean Le Veneur, sire et baron de Tallye et de Tillières, capitaine de Lisieux, Robert de Bouquetot, vicaire et scelleur de l'évêque, trésorier et chanoine de Lisieux, et Vincent de Reviers, ministre, et Robert Le Gorgeu, religieux de l'Hôtel-Dieu, sur les différents mus entre l'évêque et les religieux, touchant le bois demandé par les religieux, les robes et souliers des treize pauvres (1540). — Opposition des religieux aux deniers provenant de la vente des biens meubles de feu Jean de Vassé, évêque de Lisieux, pour être payés de leurs droits (1584). — Arrêt du Parlement de Rouen rendu en faveur des religieux, contre François de Roussel, évêque et comte de Lisieux, pour le paiement de trois ans du millier de harengs et des treize boisseaux de pois à prendre sur le revenu de l'évêché, et autres droits (1617) ; autre arrêt contre Guyonne de Roussel, héritière de l'évêque, et sa mère et tutrice Charlotte de Hautemer (1619) ; autre arrêt contre Denis Nicole, ci-devant fermier général du temporel de l'évêché (1622) ; contre Antoine Le Bourgeois et Michel Moisy, adjudicataires de l'évêché-comté de Lisieux, appelant d'une sentence rendue par le bailli d'Évreux ou son lieutenant au siège d'Orbec, le 31 janvier 1646 (1650), etc.

H. Suppl. 509. — II. B. 23. (Liasse.) — 2 pièces, papier.

1617-1648. — Droits. — Copie de lettres patentes confirmant la concession faite aux religieux de l'ordre de la Ste-Trinité et rédemption des Captifs établis en l'hôpital et Hôtel-Dieu de Lisieux, de six minots de sel à prendre aux marais et salines de Touques, conformément aux donations jadis faites audit couvent. Extrait y relatif des registres de la Cour des aides de Normandie et délibération des officiers du grenier à sel de Lisieux.

H. Suppl. 510. — II. B. 24. (Liasse.) — 7 pièces, parchemin ; 5 pièces, papier.

1560-1561. — Droits. — Sentences interlocutoires de Jean Dumoulin, écuyer, lieutenant civil et criminel du bailli d'Évreux en la vicomté d'Orbec, à la requête de Christophe Jan, bourgeois de Lisieux, commissaire établi par justice au régime et gouvernement des fruits et revenus de l'Hôpital et maison Dieu, et Robert Le Gorgeu, ministre dudit Hôtel-Dieu, sur la saisie faite par le bailli d'Évreux ou son lieutenant de la *ministrye* dudit Hôtel-Dieu. Ledit Le Gorgeu, auquel Jan, pour satisfaire à sa charge, avait requis être saisi des lettres, papiers, titres et chartrier concernant le revenu de la ministrie et hôpital, sans lesquels il ne pouvait accomplir sa charge, a déclaré n'en pas avoir. — Ordre à Richard Buchart, avocat, ci-devant greffier du bailli de Lisieux, de représenter l'inventaire des titres de l'Hôtel-Dieu saisis après le décès de Vincent de Riviers, précédent ministre, ou de le contraindre par toutes voies ; ledit Buchart déclare avoir remis lesdits papiers à Henry Toustain, sieur de Millouet, receveur de l'évêque de Lisieux. Celui-ci déclare les avoir remis par-devers le grand aumônier de France, à l'instance de Claude de Pomolain, alors prétendant droit à la *mynistrye* dudit Hôtel-Dieu. — Commission à Guillaume Delaporte de visiter le chartrier de l'Hôtel-Dieu. L'inventaire des papiers de l'Hôtel-Dieu, dressés spécialement cette même année, ne regardant pas les revenus des pauvres, ledit lieutenant général accorde audit Jan décharge de sa commission. — Sentence de Pierre Le Jumel, écuyer, lieutenant général au bailliage et siège présidial d'Évreux, 1561, déchargeant ledit Christophe Jan de la commission du régime et gouvernement du revenu de l'hospice, et ordonnant aux ministre et religieux d'avoir à bien et dûment garder et conserver le bien des pauvres et le gouverner ; avis du procureur du Roi et mémoire à l'appui.

H. Suppl. 511. — II. B. 25. (Liasse.) — 15 pièces, papier.

1783-1796. — Droits. — Lettres adressées de La Brévière, près Livarot, par Thouret, de Pont-l'Évêque, et M. de Margeot-Saint-Ouen, à Camusat, prieur ministre de l'Hôtel-Dieu, et à Loyer, prieur de St-Christophe, relatives à des paiements de sommes dues par M. de Margeot d'Écaquelon.

H. Suppl. 512. — II. B. 26. (Liasse.) — 2 pièces, parchemin ; 1 pièce, papier.

1756-1767. — Quêtes. — Nomination par Guillaume Lefebvre, général, grand ministre de l'ordre de la Ste-Trinité rédemption des Captifs, de François Loyer, religieux de l'ordre, pour ramasser dans les provinces de Normandie, le Maine, la Touraine et l'Anjou, les aumônes pour le salut et la délivrance des chrétiens captifs chez les infidèles (1756). — Nouvelle nomination dudit Loyer, par François-Maurice Pichault, général de l'ordre (1765). — Quittance donnée par F. Gairoard, procureur et receveur général des Captifs, au P. Loyer, procureur de ladite œuvre dans la province de Normandie, de la somme de 2,400 livres dans laquelle se trouve comprise celle de 360 livres reçue du curé de St-Étienne de Caen, par suite de quêtes faites en vertu du mandement de l'évêque de Bayeux (1767).

SÉRIE C.

Matières ecclésiastiques.

H. Suppl. 513. — II. C. 1. (Liasse.) — 1 pièce, parchemin.

1559. — Prise de possession de l'hôpital par le ministre Robert Le Gorgeu, prêtre, religieux ou chanoine de l'hôpital ou maison Dieu de St-Thomas-le-Martyr de Lisieux, ordre de la Trinité de la rédemption des Captifs, règle de Saint-Augustin.

SÉRIE D.

Archives.

Aucun document de nature à être compris dans cette série.

SÉRIE E.

Comptabilité.

H. Suppl. 514. — II. E. 1. (Registre.) — Grand format, 187 feuillets, 2 pièces intercalées, papier.

1771-1791. — Comptabilité. — Registre contenant les recettes et les mises de la maison des chanoines réguliers de la Ste-Trinité et Hôtel-Dieu de Lisieux, commencé le 1er décembre 1778. — Recettes du premier trimestre 1789 : 4,670 livres 15 sols, plus 428 livres restant en bourse au dernier compte, total, 5,098 livres 15 sols ; dépenses, 3,416 livres 15 sols. — Du 1er avril au 30 septembre, recettes, 4,102 livres 14 sols, plus le reliquat, dépenses, 4,278 livres 6 sols. — Dernier trimestre, recettes, 1,522 livres, plus 2,128 livres 8 sols de reliquat, dépenses, 963 livres 13 sols ; reste 1,262 livres 15 sols. — Parmi les recettes : de l'évêque, une année de rente échue à Noël, 700 livres ; de Vincent-Guillaume Mauviel, pour trois mois de sa pension, 100 livres ; du curé de Coupesarte, pour une année de dîmes et autres, qu'il tient des Mathurins, 250 livres ; pour quatre sommes de blé, diminution faite de la coutume, 195 livres 10 sols ; du curé de Villers-sur-Mer, une année échue des grosses dîmes qu'il tient de l'Hôtel-Dieu, 110 livres ; de Brout, fermier de la ministerie, 275 livres restant dû de 1787, et 265 livres à compte sur 1788 ; de la fille Le Rémois pour demi-année des petites boutiques, 60 livres, et pour l'année de sa chambre, 30 livres. De Oursel, novice, pour une année de sa pension, 400 l. ; semblable paiement de Dammeron, novice. — Rentes foncières et locations. — Dépenses : treize poulets, 8 livres ; sept douzaines d'œufs, 2 livres 2 sols ; poisson et moules, 18 sols. A Darrey, organiste du convent, 50 livres pour demi-année d'appointements ; neuf cents de tuiles et un faîtier, 20 livres ; un demi-cent d'huîtres, 1 livre, payé à M. de Bonnechose ; un baril d'eau-de-vie de cidre de trente pots, à 25 sols le pot et 6 livres 16 sols pour l'entrée ; au directeur des aides pour l'abonnement de 1788, 63 livres ; six sommes de chaux vive employées à la réparation du bas des petits murs, en dedans de la rivière, 22 livres 10 sols ; pour recevoir les ordinands d'Ardennes, 10 merlans 2 livres, 8 carlets 16 sols, demi-cent d'*huitre écalées* 1 livre, 15 pintes de vinaigre 6 livres, etc. — Quittances des ministres Le Bugle (1771) et Le Cointre (1773), à M. de La Roche de Porteville, écuyer, receveur du grenier à sel de Lisieux, du sel accordé à la maison des Mathurins.

H. Suppl. 515. — II. E. 2. (Registre.) — Grand format, 101 feuillets, papier.

1789-1791. — Comptabilité. — Sur le plat. « Re-« gistre du revenu et des charges de la maison de « l'Hôtel-Dieu de Lisieux, avec l'état de ce qui a été « dépensé et payé en 1790, et ce qui a été receu tant « pour la dite année que pour les précédentes. » — Sur un feuillet de garde. « État du revenu de la maison « des chanoines réguliers de la Ste-Trinité pour la « Rédemption des Captifs, administrateurs temporels « et spirituels de l'Hôtel-Dieu de Lisieux, et du spirituel « seulement du grand hôpital des malades, attenant « audit Hôtel-Dieu, avec un état exact des receus et des « mises pour l'année 1790. » — « Il est bon de « remarquer que la maison nourrit dans son Hôtel-« Dieu et entretient de tout quatorze pauvres, ainsi que « les sœurs qui les gouvernent, de manière que ladite « maison a toujours eu à sa charge vingt-huit à trente « personnes, y compris les domestiques, jusqu'au « dernier décembre 1700. » — Rentes dues. — Dîmes et charges. — Le 1er janvier 1790, aux sœurs, pour leurs mois, 20 livres ; pour étrennes, au cuisinier, 6 livres ; au jardinier, 3 livres ; au charretier, 3 livres ; à Bruno, 3 livres ; aux 4 sœurs de l'hôpital, 12 livres ; à la bonne femme, 3 livres ; à Chemin, 24 sols ; aux enfants de chœur, 36 sous ; au garçon perruquier, 24 sous ; au chirurgien, M. Duchesne, 30 livres pour ses honoraires ; à la sœur Morin, pour le mémoire de l'hôpital du mois précédent, savoir pour œufs, poisson, riz, toile à ensevelir, balais et sabots pour les sœurs, 7 livres 19 sols ; à Machinot, fermier d'Ouillie, pour 200 petits fagots, 72 livres ; le 2, à des pauvres honteux, 3 livres ; le 4, pour les pauvres à la porte, 2 livres ; le 4, aux sœurs, pour faire les Rois, 3 livres ; 2 fromages 14 sous, la douzaine d'œufs 9 sous 1/2, etc. Le compte s'arrête le 30 avril 1791. — Le revenu de l'Hôtel-Dieu de Lisieux consiste, en argent, en 7,098 livres 14 sous 6 deniers, plus, en essence, par les rentiers, 441 boisseaux de blé, 18 boisseaux d'avoine, 13 chapons et 1/4 de chapon, 3 poules, 60 œufs et 1 chapeau de rose ; pour la dîme de Marolles, en essence, 250 boisseaux de blé, par les fermiers, 6 poules, 8 poulets, 4 dindes, 1 boisseau de fèves blanches, 1 boisseau de pois verts ; dans la ferme d'Ouillie-le-Vicomte, outre le prix du bail, 2 petits prés produisant huit à neuf cents de foin ; les 2 tiers des pommes à cidre fournissant à peu près tous les ans les deux tiers du petit cidre nécessaire aux 28 à 30 personnes qui existent annuellement tant dans la maison que dans l'Hôtel-Dieu ; les charges de la maison montent à 1,389 livres. — Compte rendu et arrêté par la Communauté, le 12 juin 1791, pour être présenté aux administrateurs du directoire du district de Lisieux, dont il résulte que la recette, à compter de la St-Martin 1789, y compris 504 livres restant en bourse à cette époque, jusqu'au 31 décembre 1790, y compris les recettes faites dans les mois suivants jusqu'au 12 juin 1791, pour l'année 1790 et arrérages des années précédentes, se monte à 15,257 livres 14 sols, et les mises pour lesdites années et paiements faits pour les anciens dus, à 14,730 livres 16 sols 3 deniers, somme à laquelle il faut ajouter 682 livres 7 sols payés du 1er janvier au 12 juin 1791, soit 15,212 livres 3 sols 3 deniers : il restait en bourse 42 livres 10 sols 9 deniers ; la maison ne devait pas une obole, sa contribution patriotique était entièrement acquittée, et il était alors dû à la maison 1,822 livres, 77 boisseaux de blé, 250 boisseaux d'avoine, 3 chapons et 2 cinquièmes, 14 poules, 6 chapeaux de roses, et les profès ont demandé 180 livres pour 300 messes qu'ils ont acquittées à-compte sur les fondations, depuis le 1er janvier 1791, jour où ils ont été pensionnés, jusqu'au 12 juin suivant. — Requête présentée à Lisieux, le 5 avril 1791, par Camusot, ancien prieur de l'Hôtel-Dieu, au nom des ci-devant chanoines réguliers de l'Hôtel-Dieu, aux officiers municipaux : ils remontrent qu'en mars 1790, quoique chargés de nourrir et entretenir les pauvres de l'Hôtel-Dieu et les sœurs qui les gouvernent, ils firent leur soumission à l'hôtel commun, pour la somme de 992 livres 9 sols 3 deniers pour leur contribution patriotique ; envoi d'argenterie à la monnaie ; offre d'acquitter le total de ladite contribution avec demande de diminution relativement à l'augmentation des impôts payés depuis leur soumission pour l'année 1790, pendant laquelle ils ont joui de leurs revenus comme par le passé ; lorsqu'ils ont passé leur soumission pour ladite contribution patriotique, ils n'ont pas fait attention qu'ils étaient autorisés à diminuer, comme charge, le douzième des biens de ville et le quinzième de ceux de campagne, pour les réparations, ainsi que les fondations de leur église qui sont considérables. Leurs biens de campagne sont loués 3,180 livres, ceux de ville 2,072 livres, sans comprendre leurs maison, bâtiments et jardin. — État du revenu de la maison.

H. Suppl. 516. — H. E. 3. (Liasse.) — 50 pièces, papier.

1771-1790. — Comptabilité. — Quittance de M. d'Orgebray, chanoine de la Trinité et procureur de la Ministrerie de la Poultière, à Loyer, ministre de Lisieux, de 120 livres que la maison de Lisieux doit à celle de la Poultière pour frais à cause de l'affaire Mauger (1780). — Quittances données à Camusat, ministre, et aux Mathurins de Lisieux : par Pierre de Lettre, porteur de procuration de M. d'Erneville, seigneur de Grandouet, de 1 livre 9 sols pour leur part du fief des Mires Bequets dont ils sont aînés, ainsi que de 9 livres 18 sols 4 deniers pour le fief de la Rebourserie (1786); par Brunel, procureur général des captifs, de sommes versées pour l'œuvre des captifs, mandats par lui délivrés et correspondance y relative (1787-1789); par Michel Le Clerc, échevin de la charité des Jacobins de Lisieux (1788). — Quittance par Gallot, chanoine Trinitaire, à Du Buisson, administrateur de la maison de St-Éloi-lès-Mortagne, par les mains de Camusat, de 60 livres pour 1/2 année de son vestiaire (1790). — Parmi les pièces justificatives : le 21 février 1771, inhumation dans le chœur de l'Hôtel-Dieu de Lisieux, par Étienne-Joseph Prouville, dominicain, sous-prieur de la maison de Lisieux, en présence de Jacques Le Bugle, ministre, et des religieux, de Louis Ody, chanoine Trinitaire, visiteur provincial et profès de la maison de Lisieux, mort le jour précédent, à 59 ans, à l'hôpital de Lisieux, attenant à celui des Mathurins, où il avait été obligé de se retirer comme administrateur spirituel des 2 hôpitaux, de celui des Mathurins et de celui de la ville, en conséquence de l'embrasement total de leur maison conventuelle, arrivé le 23 décembre 1770, qui a nécessité chacun d'eux de se retirer chez quelqu'un du voisinage. — Traité entre les Mathurins et Marie-Anne-Félicité Collet, veuve de Jean-Baptiste Le Masquerier, de Beuvron, pour la réception à l'hôpital de Geneviève Le Masquerier, originaire de St-Clair de Barneville, tante dudit Le Masquerier, moyennant 120 livres par an, ou 150 livres si elle devient infirme ou percluse (1784). — Mémoires et quittances relatives à la ferme de Grandouet. — Lettres de Brunel au ministre Camusat. — Thèse de licence en droit de l'Université de Caen, de Charles-Melchior-Toussaint Pacalin, d'Alençon (1790), au dos de laquelle se trouvent des notes de comptabilité.

SÉRIE F.

Malades admis à l'Hôtel-Dieu.

H. Suppl. 517. — H. F. 1. (Registre.) — Grand format, 167 feuillets, 3 pièces intercalées, papier.

1767-1793. — Registre des malades entrés à l'Hôtel-Dieu de la ville de Lisieux, du dernier avril 1767 au 28 février 1793. Manquent les pages 1-20. — « Ceux qui sont morts en 1788. » — De l'autre côté du registre, entrées des militaires de 1782 et 1783. Signé Martin, trinitaire.

H. Suppl. 518. — H. F. 2. (Liasse.) — 1 pièce, papier.

1760. — Malades. — Certificat par Le Cointre, chanoine régulier et directeur de l'Hôtel-Dieu de Lisieux, du décès de Laurent Fouque, de St-Laurent-de-La-Côte.

SÉRIES G ET H.

Aucun document de nature à être compris dans ces séries.

TROISIÈME FONDS.

MALADRERIE DE SAINT-CLAIR DE LISIEUX

SÉRIE A.

Aucun document de nature a être compris dans cette série.

SÉRIE B.

Titres de propriété, biens et droits, rentes, procédures, etc.

II. Suppl. 519. — III. B. 1. (Liasse.) — 5 pièces, parchemin ; 3 pièces, papier.

1217-1457. — Biens. — Vente par Guillaume, fils de Raoul Le Charpentier, *de Oillcia Vicecomitis*, de l'assentiment de Guillaume, son oncle, moyennant 15 sous monnaie courante, à l'abbaye, maison-Dieu et léproserie de Lisieux, de la terre que feu Raoul *de Daevilla*, chanoine de Lisieux, tint de lui en ladite paroisse d'Ouilly-le-Vicomte (1217). — Vente par *Christianus, filius Ogeri, de Rokis* (de Roques), aux lépreux de Lisieux, moyennant 12 livres tournois, avec l'assentiment de Jourdain, évêque de Lisieux, de Raoul de La Porte et de ses frères Raoul et Pierre, de *totam portionem hereditatis que me contingebat ex parte patris mei defuncti sitam inter forest..... [her]bergagium quod fuit patris mei et in eodem herbergagio quartam portionem et etiam portionem meam illius culture quam..... cuperavimus ego et fratres mei super episcopum*, etc. Réserve des rentes dues à l'évêque de Lisieux et à Raoul de La Porte (lacérations) (s. d.). — Vente à la léproserie de Lisieux par *Colinus dictus le Coustour et Aelicia, quondam relicta Guillelmi Vesdice, nunc uxor dicti Colini, et Johanna quondam filia dicti Guillelmi*, de fonds sis en la paroisse de St-Desir de Lisieux (1317, vendredi *ante hiem. fest. S. Martini*).

— Prise à fieffe par Jean Trenchant, de St-Germain de Lisieux, et Jean Houlette, de St-Desir, de l'attourné des malades de la maladrerie de Lisieux, d'une pièce de terre sise à St-Desir (1384, 10 décembre). Jean Osmont, sénéchal de Lisieux. — Prise à fieffe aux enchères publiques par Cardot Halbout, de messire Michel Lelièvre, administrateur et procureur de la maladrerie, d'une pièce de terre, assise en Launoy, en la paroisse de St-Desir de Lisieux (1457).

II. Suppl. 520. — III. B. 2. (Liasse.) — 40 pièces, parchemin.

1283-1500. — Rentes. — Vente par Richard Burnel à Guillaume Bérenger, bourgeois de Lisieux, de 2 sous de rente à prendre sur des fonds sis en la paroisse de Roques (1282, v. s.). — Cession devant *le senescal de Luysees* par *Drouet Jozienne au prestre et as malades de Luysees*, de 8 sols 8 deniers *à la feire deu pré de Luysees*, pour deux maisons sises paroisse de St-Ouen de Roques et une pièce de terre sise en la paroisse des Vaux, moyennant 4 livres 7 sols tournois (1294). — Autres constitutions et transports de rentes faits à la maladrerie de St-Clair : par Guillaume de Millouel, de Lisieux, Nicole Pourchel étant curé des malades (1368) ; par Louis Scrobles, de St-Jacques de Lisieux, (1438), de rente reconnue envers lui par Pierre Rogière et Jeanne, sa femme, de St-Desir de Lisieux, en 1414 ;

par Robin Hervieu le jeune, de St-Jacques de Lisieux, en faveur de Guillaume Lelièvre, curé de la maladrerie de Lisieux, et Regnaut de La Roque, procureur des malades, pour fieffe de terre (1466) ; par Jean et Henri Gosset, de rentes sises au Mesnil-Asselin, sur trois pièces de terre nommées le Camp au Coiffié, et l'Ile appartenant à Cardin Viel et un jardin au faubourg de la Chaussée, à Guillaume Moulin, curé et administrateur de la maladrerie, et Henri Saffray, procureur et receveur des malades, suivant commission et procuration à lui baillée par les habitants de Lisieux (1477) ; par Jean Le Valloys, pour les héritages tenus par Richard Le Valloys (1492). — Procédures diverses pour paiement de rentes : entre Jean de Bouffay, curé de la maladrerie de Lisieux, et Guillaume Pelletier et Geoffroy de Hennesis, de Roques ; reconnaissance de la rente devant Jean de La Rue, tabellion juré en la vicomté d'Orbec, siège de Lisieux, par Thomine, déguerpie de Guillaume Pelletier (1414) ; — à la requête de Michel Lelièvre, curé de la maladrerie, aux pleds de meuble de Lisieux, pour paiement de ladite rente (1454) ; — pour le paiement de la rente constituée sur Michault Taillefer, d'Ouilly-le-Vicomte, etc. — Décret de terres sises à Roques pour paiement d'arrérages (1482). — Contrats de rente conclus entre particuliers : Pierre Le Planqueiz, de St-Germain de Lisieux (1410), Thomas Le Proudomme et Jeanne, sa femme (1410), Henry Gosset et Jean Delaplanque (1426), Richard Douzaine, héritier de feu Alixon, femme de Jean Dupont, et Henry Gosset, bourgeois de Lisieux (1433), etc.

H. Suppl. 521. — III. B. 3. (Liasse.) — 41 pièces, parchemin ; 69 pièces, papier.

1501-1704. — Rentes. — Opposition par le procureur des curé et malades de Lisieux au décret des héritages de feu Michaut Bouvier, de Lisieux, effectué à la requête de Richard Buchart, pour paiement de rentes (1504). — Constitutions de rentes foncières passées au profit de la maladrerie de St-Clair : par Guillot Perrette, de Roques (1504) ; — par Robin du Bosc, de Roques ; Guillaume Dupuis, garde du scel des obligations de la sénéchaussée de Lisieux ; Pierre Belot, prêtre, tabellion juré (1505) ; — par Pierre Freminot, curé de St-Désir de Lisieux, et Olivier Coppie, maréchal de Lisieux ; Olivier Lailler et Olivier Carrey, tabellions (1568). — Adjudication par décret de portion de maison et manoir appartenant à feu Robert Hédiart, passé au siège des pleds ordinaires de Lisieux ; opposition de Jacques Le Doulx, procureur et administrateur des curé et malades de St-Blaise de Lisieux, à cause de la rente foncière due aux malades sur la totalité de ladite maison assise en la paroisse St-Germain de Lisieux ; Henri de Bernières, sous-sénéchal de Lisieux (1522). — Procédures faites aux pleds de meuble de Lisieux par Germain Deshayes, procureur et administrateur des curé et malades de lèpre à Lisieux, et Pierre Freminot, curé de St-Désir, au nom de la léproserie, contre Guillaume Morel et Guillaume Daraines le jeune, bourgeois de Lisieux, sa caution, puis contre Jean Capelles, comme représentant dudit Morel, pour rentes foncières sises à Ouilly-le-Vicomte (1566). — Sentence rendue aux pleds de meuble de Lisieux tenus par Pierre Delaporte, bailli vicomtal du lieu, le 9 octobre 1573, en faveur de Laurent Feuillet, prêtre, procureur et receveur de la léproserie et maladrerie de Lisieux, condamnant Élie Le Belhomme, en son nom et comme tuteur des enfants de Guillaume Le Belhomme, M° Jeuffin Le Caron, avocat, et autres, à continuer la rente de 57 sols 9 boisseaux d'avoine et 2 chapons de rente foncière due à la maladrerie sur une pièce de terre labourable nommée le grand clos Martel, assise en la paroisse de St-Désir de Lisieux. — Quittance donnée devant Jean Duhoulx et Jean Picquot, tabellions en la vicomté de Lisieux, par vénérable et discrète personne Pierre Hédoux, curé et chapelain de la léproserie de Lisieux, à Antoine et *Yollent* Huard, frères, fils de feu Pierre, de St-Désir de Lisieux, de 5 années d'arrérages d'une rente annuelle de 32 sols tournois qu'ils reconnaissent (1613). — Procédure concernant le recouvrement d'arrérages de rente due par les sieurs Signard à la chapelle St-Clair St-Blaise (1701-1704). — Procès aux pleds de meuble de Lisieux pour paiement d'arrérages de rentes dues à la maladrerie.

H. Suppl. 522. — III. B. 4. (Liasse.) — 5 pièces, parchemin ; 17 pièces, papier.

1458-1704. — Procès entre Guillaume Beaufy, procureur syndic des bourgeois et habitants de Lisieux, chargé du fait de M° Pierre Cocquerel, procureur et receveur de la léproserie et maladrerie de St-Blaise de Lisieux, d'une part, et M° Thomas Plessis, prêtre, curé de ladite léproserie, chargé du fait de Pasquet Bouffart, tenant à titre de ferme la maison et jardin de ladite maladrerie, et de Guillaume Mervieu, ayant au nom dudit Plessis cueilli et perçu les deniers et couture de la foire St-Blaise, à Lisieux. — Pièces à l'appui desdites procédures. Extrait de comptes de la recette et entremise faite par Michel Lelièvre, prêtre, curé de la maladrerie, procureur, receveur et administrateur des malades, Jean Ozenne et Jacques Le Doulx, procureurs et receveurs des curé et malades de lèpre de la maladrerie de St-Blaise de Lisieux, concernant ladite foire, le pot de vin appartenant aux malades et les oblations du jour et vigile de St-Blaise et du jour et vigile de St-Clair (1458-1523). — Sentence rendue à Orbec le 15 janvier 1566, par Gaston Baudouin, lieutenant général aux bailliage et siège présidial d'Évreux, portant mainlevée aux bourgeois et habitants de Lisieux de la saisie faite du revenu de la maladrerie, sur la requête par eux présentée, narrative de ce qu'ils auraient délibéré et commencé de faire un bureau pour les pauvres. — *Vidimus* au tabellionage de Lisieux de lettres royaux, mandant au bailli d'Évreux ou son lieutenant à Orbec que les habitants de Lisieux ont fait remontrer que, suivant les édits du Roi, il est porté que les hôpitaux, maladreries et autres lieux destinés aux malades, sont régis et gouvernés par les députés des conseils des villes, nommés pour trois ans ; cependant les maisons de l'hôpital et de la maladrerie de Lisieux sont encore régis et gouvernés par de prétendus titulaires qui en font leur profit ; ordre de faire exécuter lesdits édits (1566). — Sentence de Jean Dumoulin, écuyer, lieutenant du bailli d'Évreux en la vicomté d'Orbec, portant que les habitants de Lisieux jouiront par provision du total du revenu de la maladrerie au profit des pauvres, sauf au curé à se pourvoir par requête pour avoir taxe pour son service (1569). Copie de 1585. — Appel au Parlement de Rouen par le curé Plessis de la sentence de Jean Dumoulin ; arrêt du Parlement du 26 janvier 1570 en faveur dudit Plessis. — Arrêt de deniers à la requête de Guillaume Toupelin, curé de St-Blaise et léproserie de Lisieux, entre les mains de Pasquet Bouffart (1571). Mainlevée accordée aux pleds de meuble de Lisieux, tenus par Pierre Delaporte, bailli vicomtal du lieu, le 7 septembre 1571, à Laurent Fueillet, procureur et receveur de la léproserie, contre ledit Guillaume Toupelin. — Inventaire des pièces de production faite par les administrateurs du bureau des pauvres de Lisieux et Nicolas Taignier de La Bretesche, haut doyen de la cathédrale de St-Pierre de Lisieux, pour justifier leur droit et possession de la maladrerie ou léproserie de St-Blaise, située au faubourg de St-Desir de Lisieux, et, en conséquence des édits de 1693, en être remis en possession (1693). — Mémoire pour Jacques de Soubzlebieu, prêtre, pourvu de la chapelle St-Clair par collation de l'évêque de Lisieux, sur la présentation de l'abbesse de St-Desir (1704), concernant la prétention du bureau des pauvres d'en contester le revenu sous prétexte que ladite chapelle est une maladrerie.

H. Suppl. 523. — III. B. 5. (Liasse.) — 2 pièces, parchemin ; 45 pièces, papier.

1580-1666. — Présentation par Claude Auvry, évêque de Constance, trésorier de la Ste-Chapelle royale du Palais à Paris, vicaire général du cardinal Antoine Barberin, grand aumônier de France, d'Antoine Davy, sieur de La Sevaitrie, garde du corps du Roi, pour « la maladrie de St-Clair de la maladrie de Lysieux, « ... maintenant vaccante et destituée de légitime admi- « nistrateur par l'usurpation de quelques particuliers « qui en jouyssent et s'en sont injustement emparez « sans aucun tiltre valable » ; provisions conformes (1659). Opposition à la prise de possession et procès au grand conseil entre ledit Davy et Pierre Mauger, chapelain de ladite chapelle de St-Blaise et St-Clair de Lisieux ; arrêt du conseil rendu entre eux le 26 mars 1661. Intervention au procès de Guillaume Quentin, procureur et receveur du bureau des pauvres de Lisieux. Ledit Quentin justifie que la maladrerie a été fondée et dotée par les habitants de Lisieux ; que les revenus ont été administrés et régis par un d'entre eux qu'ils nommaient, et que le bureau des pauvres ayant été établi à Lisieux, les habitants obtinrent, le 3 juillet 1566, des lettres royaux les confirmant dans leur administration ; le revenu de la maladrerie a toujours été employé à l'entretènement et subsistance des pauvres de la ville ; analyses des pièces de production. Production par Guillaume Quentin d'extraits de départements, taxes et comptes des décimes du diocèse de Lisieux et de quittances y relatives données au chapelain de la maladrerie (1580-1658). — Requête de Guillaume Quentin, receveur du bureau des pauvres, au grand conseil tendant à contraindre, sous peine d'emprisonnement, Antoine Giry, procureur de Davy, à remettre aux mains de Meliand, conseiller au conseil, rapporteur du procès, l'addition de production faite par eux. — Semblable requête de Pierre de Gondy, duc de Retz, dans son procès contre le maréchal de Clairembault.

H. Suppl. 524. — III. B. 6. (Liasse.) — 7 pièces, parchemin ; 26 pièces, papier.

1488-1697. — Procédures concernant les dîmes. Droits du haut doyen de Lisieux. — Procès au siège d'Orbec entre Balthazar de Callier de Roddes, prêtre, grand doyen de Lisieux, et le curé et administrateur des malades de lèpre de la maladrerie de Lisieux, concernant les lettres royaux obtenues par ledit curé en 1484, par lesquelles il avait voulu soutenir à l'encontre du doyen que lui et ses officiers en sa Cour ecclésiastique ne devaient connaître de l'audition des comptes du receveur du revenu de la maladrerie, ni prendre à son profit aucun des lots dudit revenu. Transaction entre eux (11 mars 1488). Copie de 1664. — Transaction entre Robert Vippart, écuyer, sieur de Launey, et Ursin Saffroy, administrateur de la maladrerie et procureur des manants et habitants de Lisieux. Constitution de rente par ledit seigneur en échange de la présentation au bénéfice (11 février 1501). — Procédure devant Nicolas de Grieu, lieutenant du bailli d'Évreux en la vicomté d'Orbec, entre Pierre Pinchon, subrogé aux droits d'Henri Delauney, curé de la léproserie de St-Blaise, demandeur en dîmes, et Pierre Coquerel, fils Thomas, et Guillaume Hardy, procureur du bureau des pauvres de Lisieux (1583). — Sentence rendue aux assises d'Orbec par Adrien Ledoux, écuyer, lieutenant général aux duché, bailliage et siège présidial d'Évreux, concernant la production à faire par Guillaume Hardy, procureur des pauvres de Lisieux, des pièces et écritures relatives aux dîmes de la léproserie de St-Blaise (1583). — Mémoire instructif sur les différends des doyen et curé. — Transaction devant les tabellions de Lisieux entre Louis Bretel, écuyer, sieur d'Auberboscq, conseiller au Parlement de Normandie, abbé de Notre-Dame d'Aunay et St-Victor, chanoine de Notre-Dame de Rouen, haut doyen de Lisieux, et Mᵉ Pierre Heudoux, chapelain de la léproserie, concernant la demande par le haut doyen de lui appartenir du revenu de ladite léproserie, à cause de son fief de la Boye (1619). Copie de 1643. — Transaction entre le bureau des pauvres et le chapelain de la maladrerie au sujet de la part du chapelain sur les revenus de la maladrerie dont fait partie la dîme de Launey (1619). — Bail à ferme par André de Bigars, aumônier du Roi, seigneur de Tourville, la Champagne et St-Melain, abbé de Corneville, haut doyen et chanoine de Lisieux, à Charles Ango, curé du bénéfice et église paroissiale de Notre-Dame de Launey, vicomté d'Auge, de deux parts de la dîme de la paroisse (1632). — Compromis fait entre le curé de Launey et M. de Bigars, haut doyen, au sujet des dîmes (1641). — Acte donné par Jacques Cocquerel, avocat, l'un des commissaires députés par le Roi pour tenir les requêtes du palais à Rouen, sur la poursuite de Robert Le François, procureur de Pierre Mauger, prêtre, chapelain de la chapelle St-Blaise, de St-Desir de Lisieux, contre Jacques Le Coursonnier, procureur du haut doyen de l'église cathédrale, et Richard Cotty, procureur de Jean Picquot, receveur et procureur de la ville, pour les faire condamner à réparer ladite chapelle, à proportion du revenu qu'ils en perçoivent, de leurs déclarations passées à cet effet (1642). — Inventaire des pièces produites au greffe civil de la Cour du Parlement de Rouen par Jean Picquot, procureur et receveur du bureau des pauvres de la ville de Lisieux, contre François de Bigars, marquis de La Londe, héritier d'André de Bigars, haut doyen de l'église de Lisieux, appelant de sentence rendue par les commissaires des requêtes du palais à Rouen, concernant les réparations de la chapelle et léproserie située en la paroisse de St-Desir (1644). — Sentence rendue à Pont-l'Évêque par le lieutenant civil et criminel du bailli de Rouen en la vicomté d'Auge, entre Pierre Mauger, chapelain de la léproserie de St-Desir de Lisieux, et Louis Dumoutier, curé de Launey, concernant les réparations de la chapelle St-Clair (1631). — Procès au siège de Pont-l'Évêque et en Parlement de Rouen entre ledit Dumoutier et Léonor de Matignon, abbé de Thorigny, haut doyen de Lisieux (1660-1663). — Extrait du registre des expéditions capitulaires de l'église de St-Pierre de Lisieux, concernant la prise de possession du doyenné de Lisieux par Jacques de Matignon, abbé de St-Étienne du Plessis, chanoine de Lisieux, le 21 avril 1666. — Arrêt du Conseil en faveur des administrateurs du bureau des pauvres et du haut doyen de Lisieux, concernant les biens de la maladrerie de St-Blaise de Lisieux et les dîmes de Launey-sur-Calonne (1693). — Bail à ferme par Nicolas Taignier de La Bretesche, chanoine et haut doyen de Lisieux, et Nicolas Hardouin du Noyer, procureur et receveur du bureau des pauvres de Lisieux, des deux tiers de la dîme de Notre-Dame de Launey sur Calonne, appartenant par moitié au haut doyen et au bureau des pauvres (1697).

H. Suppl. 525. — III. B. 7. (Liasse.) — 14 pièces, parchemin; 22 pièces, papier.

1554-1608. — Procès au bailliage d'Évreux, siège d'Orbec, puis au Parlement de Rouen, entre les habitants de Lisieux, Germain Deshayes, administrateur et receveur du revenu de la léproserie, et ses héritiers, au sujet de la reddition de ses comptes. — Parmi les pièces justificatives : accord entre Nicole Regnier, curé de St-Blaise, et Germain Deshaies, procureur et receveur de a léproserie de Lisieux, sur procès pendant devant le bailli de Rouen en la vicomté d'Auge, au sujet des dîmes de Launay appartenant aux curé et lépreux de ladite léproserie (1557). — Inventaire de lettres et écritures concernant les droits et revenus de la léproserie de Lisieux et bénéfice St-Blaise, baillé par Henri Delauney, curé dudit lieu, à Guillaume Hardy, procureur de la léproserie du bureau des pauvres de Lisieux, suivant la sentence de 1586. — Sentence de Jean Dumoulin, écuyer, lieutenant civil et criminel en la vicomté d'Orbec du bailli d'Évreux, concernant l'examen des comptes de Germain Deshayes, avocat, bourgeois de Lisieux, de l'administration et entremise qu'il a eues pendant 26 ans du revenu de la maladrerie, ayant été établi procureur et receveur par commission passée devant François Osmont, en son vivant vicomte de Lisieux, le 9 août 1531, jusqu'en 1557. — Transaction entre M⁰ Jean Deshayes, avocat, fils et héritier de Germain Deshayes, qui avait appelé au Parlement de Rouen de la sentence de condamnation de 1,203 livres 3 sols 11 deniers contre lui jugée au profit du bureau des pauvres de Lisieux en la vicomté d'Orbec, le 24 août 1568, d'une part, et Guillaume Cricquet, grand vicaire de l'évêque de Lisieux, Robert Toustain, Nicolas Delaporte, Urbain Chonard, tous chanoines prébendés en l'église cathédrale de Lisieux, députés du chapitre, Pierre Hue, bailli vicomtal de Lisieux, Adrien Delaporte, lieutenant général au bailliage, Pierre Racyne, avocat fiscal, Guillaume Costard, président de l'élection, receveur du bureau des pauvres, Guillaume Desperiers, avocat, Jacques Mauduit, sieur de La Rozière, Robert Bourdon, l'un des conseillers du corps commun de la ville de Lisieux, Christophe Le Hérichon, sieur de La Fosse, et divers habitants, stipulant le bien et profit du revenu du bureau (1601).

H. Suppl. 526. — III. B. 8. (Liasse.) — 57 pièces, parchemin; 188 pièces, papier.

1370-1702. — Procédure concernant la rente de 24 boisseaux de blé appartenant à la maladrerie de Lisieux sur les héritages du fief Ripault, situés à Roques. Pleds ordinaires de Lisieux tenus par Jean de Carisis, lieutenant du sénéchal de Lisieux, le 12 décembre 1370, « sur ce que les veues de l'àisniesse qui « fut Ripault, assize en la patroisse de Rocques, n'ont « esté faictes et de rechef termez en ces ples par « Ricart Le Saonnier, sergent, qui baillez avoient esté « par le recepveur et les vicaires de Révérend Père en « Dieu Monsieur l'évesque de Lisieulx en fieu perpétuel « héritage à Symon Hurel par les rentes antiennes « deubz audit Monsieur pour toutes rentes quelcon- « ques »; Guillaume Leber, attourné et procureur des prêtre et malades de Lisieux, déclare que ses maîtres ont 11 boisseaux et demi de froment de rente sur ladite aimosse; discussion sur le point de savoir laquelle rente est la plus ancienne; autres pleds de Lisieux relatifs à la même affaire. — Procédures diverses pour arrérages de rentes, notamment procédure aux pleds de meuble de Lisieux, entre Guillaume Hardy, procureur du bureau des pauvres de Lisieux, et Christophe et Pierre dits Merieult, frères, et les enfants de Germain Merieult, Saturnin Burnoult et son frère, la veuve Louis Burnoult, Gabriel Pollin et Alexis Desbois, pour le paiement de 29 années d'arrérages de 24 boisseaux de blé froment de rente foncière, due par un sur les héritages assis en la paroisse de Roques, dépendant du fief Ripault. Sentence en faveur du bureau rendue aux pleds de meuble de Lisieux, par Pierre Hue, bailli vicomtal, de l'avis de Jean Racine, avocat fiscal au bailliage, Jacques Le Canu, Noël Scelles, Guillaume Desperiers, Pierre Delaporte et autres avocats, le 8 mars 1597. Appel au bailliage d'Évreux, vicomté d'Orbec, puis en Parlement de Rouen. Inventaires des productions, etc. — Nouvelle procédure aux pleds de Lisieux, de 1699 à 1702, entre les administrateurs du bureau des pauvres de Lisieux et Jean-Baptiste Jouen, conseiller du Roi, contrôleur grènetier au grenier à sel, représentant par acquêt le sieur d'Équemauville, concernant le paiement de cinq années d'arrérages desdits 24 boisseaux de froment dus à la chapelle St-Clair. — Parmi les pièces justificatives desdites procédures : Fieffe faite par Regnaut Merieult, de Roques, à Jacquet Hiron, d'une partie de la terre sujette à ladite rente (1542). — Déclaration des héritages tenus à ladite rente (1543). — Vente des meubles d'Alexis Desbois, à la requête de la léproserie, pour paiements de 102 livres d'arrérages, suivant condamnation du 1ᵉʳ juin 1561 (1562). — Remise faite par Germain Deshayes, bourgeois de St-Germain, à Christophe Merieult, de la vente à lui faite en 1542 par Jean Merieult, d'héritages sis à Roques, sujets auxdites rentes (1569). — Extrait du registre du conseil du bureau des pauvres de la ville de Lisieux, tenu en l'hôtel commun devant Pierre Delaporte, bailli vicomtal de Lisieux, le 10 août 1573, en présence des conseillers, officiers et bourgeois, touchant les arrérages de ladite rente due par Desbois (1573). — Vente par Alexis Desbois, bourgeois de St-Jacques de Lisieux, à Christophe Merieult, sergent hérédital au bailliage de Lisieux, et à Pierre Merieult, son frère, de 3 pièces de terre sises à Roques, faisant partie de fief Ripaut, sujet à ladite rente (1579). — Renonciation par Nicolas Desbois, tuteur des enfants d'Alexis Desbois, et Marie Delaporte, sa veuve, à l'appel par eux interjeté de la sentence rendue au bailliage de Lisieux au profit de la léproserie de Lisieux pour ladite rente (1599).

H. Suppl. 527. — III. B. 9. (Liasse.) — 4 pièces, parchemin ; 27 pièces, papier.

1681-1784. — Procès-verbal de visite de la maladrerie, fait par Jean Houel, sergent royal en la vicomté d'Orbec, demeurant à Lisieux, requête de Louis Deschamps de Saujon, lieutenant de vaisseau, chevalier de Notre-Dame du Mont-Carmel et de St-Lazare de Jérusalem et commandeur de Bernay, stipulé par Noël Bloche, toilier, demeurant à St-Desir de Lisieux (1681). — Copie de requête présentée au Conseil par les administrateurs du bureau des pauvres et Nicolas Taignier de La Bretesche, haut doyen de l'église cathédrale de Lisieux, pour être rétablis en la possession des biens de la maladrerie dudit Lisieux (1693). — Quittance par A. Odienne, curé de St-Desir de Lisieux, audit Noël Bloche, de 32 livres pour 8 mois pour la subsistance des pauvres, à laquelle somme le possesseur du revenu de la maladrerie a été taxé (1694). — Significations de pièces faites à la requête dudit Bloche, fermier de la maladrerie de St-Clair, aux administrateurs du bureau des pauvres, avec soumission de payer ce qu'il peut devoir audit bureau (1694). — Réponse des administrateurs à la production dudit Bloche. — Contestations de ladite réponse par Bloche. — Réponse de Nicolas Hardouin aux nouvelles contestations et mémoire des frais signifié par Noël Bloche (1695). — Baux d'une pièce de terre, maison et jardin sis derrière la chapelle St-Clair, en la paroisse de St-Desir : devant Jean Blondel, tabellion, par Nicolas Hardouin, procureur et receveur du bureau des pauvres, pour 6 années, à Louis Langlois, toilier (1705) ; devant Jean-Baptiste Conard, tabellion au siège de St-Julien-le-Faucon, par Thomas Legendre, procureur et receveur du bureau des pauvres, pour 3 ans, à Louis Langlois, voiturier (1715), avec prolongation devant Pierre Formage, notaire, dudit bail, pour 3 années (1718) ; devant Formage, pour 9 années, audit Langlois (1721) ; devant Formage, desdits biens pour 9 années à Marie Langlois, veuve d'Yves Boissey, à la caution de Louis Boissey, son fils ainé (1730) ; — à Germain Pesnel, pour 9 années (1739); à Jean Ricquier, pour 9 années (1742); devant Gabriel Legrip-Deslongchamps, notaire, pour 9 années, à François Le Roy, aubergiste à l'image St-Clair (1751). — Sommation faite par les administrateurs des hôpitaux et bureau des pauvres, stipulés par Jean-Baptiste Lenoir, receveur, à Joseph-François-Auguste Deshayes, fermier de maisons, de payer la somme de 105 livres, convenue de payer en sus du prix de son bail (1773). — Bail devant Jacques-Louis Daufresne, notaire, par les administrateurs des hôpitaux et bureau des pauvres, pour 6 années, à Antoine Nicolas, laboureur, du trait des dîmes dépendant de la maladrerie de St-Clair, moyennant 30 livres de fermages (1780). — Nouveau bail devant Jacques Daufresne, pour 9 années, à Pierre Anfry, moyennant 21 livres (1784).

SÉRIE C.

Aucun document de nature à être compris dans cette série.

SÉRIE D.

Inventaires des Archives

H. Suppl. 528. — III. D. 1. (Cahier.) — Moyen format, 24 feuillets, papier.

1568-1569. — « Inventaire des lettres et escriptures « concernantz le revenu de la malladerye et léprosaryne « de Lisieux, trouvez en ung sac représenté par le « greffier ordinaire de l'hostel commun dud. Lisieux ; « led. inventaire commencé le lundy cinq^{me} jour « de juillet l'an 1568, en la présence de nobles et « vénérables personnes maistres Jehan Le Villain, « official de Lisieux, André Le Myre et Jehan Gosselin, « chanoynes dud. lieu, maistre Pierres Fremynot, procureur du curé de lad. malladerye, et maistre « Pierres Coquerel, administrateur commys à lad. « léprosarye. »

SÉRIE H SUPPLÉMENT. — HOPITAL DE LISIEUX.

SÉRIE E.

Administration de l'établissement, statuts, comptabilité, bâtiments.

H. Suppl. 529. — III. E. 1. (Liasse.) — 1 pièce, parchemin ; 1 pièce, papier.

1256-1350. — Statuts. — *Vidimus* par R. de Harcourt, doyen de Lisieux, *judex ordinar. civitatis et banleuce Lexoviensis*, en 1350, le jeudi après Oculi mei, à la requête de Richard Alain, prêtre de la léproserie, des lettres par lesquelles Guillaume, doyen de Lisieux, fait connaître qu'il s'est rendu à la leproserie de Lisieux et qu'il y a vu les *constitutiones de antiqua consustudine approbatas* (novembre 1256). *Si aliquis leprosorum in adulterio deprehensus fuerit, seu aliqua leprosarum, et possit probari per sexaginta dies debet amittere locum suum. Item dicti leprosi non possunt nec debent manducare in civitate Lexovien., nec bibere in taberna, nisi de dono sive jussu sacerdotis sui, et si in dicta civitate manducaverint seu biberint sine dono aut jussu dicti sacerdotis, per sex dies locum suum amittere debent,* etc. — Audit document est jointe une traduction française.

H. Suppl. 530. — III. E. 2. (Cahier.) — Moyen format, 24 feuillets, papier.

1510-1512. — Comptabilité. — « Pappier journal « faisant mention des rentes et revenuz apartenant « aux curé et mallades de lespre de la malladerye de « Lisieux, prins sur ung compte de la recepte et entre-« mise que a eue et faict Jehan Ozenne le jeune, « procureur desd. curé et mallades, en dabte de l'an « mil v° et dix, » F° 2. « Recepte en deniers deubz au « terme Sainct Michel. » — F° 8. « Fourmens deubz aud. « terme Sainct Michel. » — F° 8 v°. « Advoines deubz « aud. terme Sainct Michel. » — F° 16. « Aultre recepte « faicte par led. receveur pour l'an de ce présent « compte » : oblations du jour et vigile St-Blaise et du jour et vigile St-Clair, tant en deniers que en ciré et de l'argent du tronc, C. sols. — Foire du jour St-Blaise et pot de vin adjugé pour cette année,

6 livres 5 sols ; dîmes de Launay et du *Boscaige* ; « du « clerc de Mons' le selleur garde de la bocste des « lais et testam. de l'évesché, xii sols vi deniers. » — F° 20 v°. « Mises faictes par led. receveur pour l'an « de ce présent compte » : à un charpentier pour avoir dollé et écarri 1 pièce de bois étant à la maladrerie, 2 sols 6 deniers ; pour un millier de tuile, 40 sols ; au sous-sénéchal pour bailler et adjuger au plus offrant la ferme de la foire St-Blaise et du pot de vin, 10 sols ; au sergent pour l'avoir crié un jour de marché et de dimanche, 5 sols ; façon et écriture de compte, 10 sols ; à l'official pour l'audition du compte, 10 sols ; au promoteur, 5 sols ; à l'appariteur, 2 sols 6 deniers. Recette, 85 livres 5 sols 6 deniers obole ; il y a 6 lots entiers : M' St-Blaise, le doyen, le curé, le procureur, Jacques Robillart lépreux, le clerc du curé et le chambrier de l'aumône, ledit clerc et le chambrier pour un lot, à chacun d'eux, 14 livres 4 sols 3 deniers. « Pour ce que la mise se monte pour cested. année « à la somme de 119 sols 10 deniers, laquelle vient à « la charge du saint, et son loth ne vault que la somme « de xii livres x sols vi deniers », il reste dû par le procureur au saint, 6 livres 10 sols, 8 deniers tournois. Le dernier septembre 1512, examen et approbation du compte.

H. Suppl. 531. — III. E. 3. (Liasse.) — 17 pièces, papier.

1655-1656. — Comptabilité. Bâtiments. — « Estat « des deniers qui ont esté employés pour la réédifi-« cation de la chappelle de la maladrerie de la paroisse « de St-Desir, en l'année 1655. » Pour 2 chênes employés à soutenir les sommiers de la chapelle, 12 livres 4 sols. Pour 20 milliers de tuile, 220 livres. — A Philippe Mansel, menuisier, pour avoir fait une grande porte à deux panneaux et fourni le bois, 25 livres ; pour les ferrures, 12 livres. — Quittances données à Guillaume Quentin, procureur et receveur du bureau des pauvres, pour lesdites dépenses.

SÉRIES F. G. H.

Aucun document de nature à être compris dans ces séries.

Calvados. — Série H supplément. — Tome I.

FONDS IV-XXVII

MALADRERIES DIVERSES

II. Suppl. 532. — IV. A. 1. (Liasse.) — 5 pièces, papier.

1213-1712. — MALADRERIE DE SAINT-SAMSON. — Fondation de la chapelle de Ste-Marie-Madeleine des Saulx ou de St-Samson. — Fondation par *Robertus filius Erneisi, nepos Radulphi Taizon*, de l'assentiment de Jourdain, évêque de Lisieux, de *quoddam hospitale in solo proprio meo in loco qui vulgariter Salices appellatur*; donation par lui à l'hôpital du lieu où il est situé, de la terre qui est de l'autre côté du chemin qui conduit à Troarn, qu'il a échangée avec Philippe de Saint-Samson; donation de Roger Tabare et Béatrix, sa femme, de tout leur tènement qu'ils tenaient de lui à St-Samson. Il donne en outre *campum de Planis, campum de Furno Rustici, campum de vineis de domo Lugan, campum de Londa Noel, campum Osber apud Barnevillam, unam acram prati ibidem et unam piscariam apud Hamet et decimam denariorum de nemore meo de Barneville, quando ego vel heredes mei ponemus ventam in nemore supradicto;* il donne audit hôpital *centum solidatas redditus turon. vel usualis monetæ æquipollentis in præpositura mea de Tureio, decimas quoque panis de hospitio meo et frustorum carnis de coquina mea, dum ero in aliquo maneriorum meorum de Cingeleis vel de Obsonio, vel de Algia* (1213). — Reconnaissance par ledit Robert de la permission à lui accordée, lorsqu'il fonda ledit hôpital, par l'abbé et couvent de Troarn, de construire pour ledit hôpital une chapelle en l'honneur de Ste-Marie-Madeleine, avec autel et cimetière, sans porter préjudice à ladite abbaye et à l'église paroissiale de St-Samson. Il ne pourra, ni lui ni ses héritiers, au nom de cet hôpital, établir des pêcheries *in communia monachorum, seu aliquid nobis contra illorum justiciam occupare sive in aquis marisci in aliis communiis ipsorum sacerdot.*, etc. Troarn, 1213, Kl. februar. — Donation à l'hôpital fondé par lui *in proprio meo solo in parochia Sancti Sansonis de Algia, Lexoviensis diocesis, in loco qui vulgariter appellatur Salices*, de tout ce qu'il avait *in villa de Barnevilla et in villa Sancti Sansonis de Algia et in villa Sancti Clari de Algia*; il accorde en outre *quod ipsi habeant quietantiam de pasnagio quadraginta porcorum in bosco meo de Cingeleis;* franchise pour les frères et pauvres dudit hôpital *de teloneo, passagio et herbagio, et omni consuetudine ad me et ad heredes meos pertinente* (décembre 1214). — *Vidimus* par l'évêque de Lisieux de la confirmation de *Philippa de Tornebu et Johannes de Tornebu et Willermus de Tornebu*, milites, ses fils (août 1215). — Confirmation de Jourdain, évêque de Lisieux, à l'abbaye de Troarn, de l'hôpital de *Ste Marie de Salicibus* (1213). — Confirmation de Jean et Guillaume de Tournebu (1223, mars). — Accord sur procès entre l'abbé et couvent de Troarn, et Jean et Guillaume de Tournebu, *ratione hospitalis Sanctæ Mariæ Magdalenæ de Salicibus in Algia, cujus sumus perennes procuratores et custodes*, en raison des chartes qu'ils obtinrent au nom dudit hôpital, de Robert, *filio Erneisi*, oncle desdits chevaliers, réclamant, sur le manoir de Barneville et sur les dîmes du bois dudit manoir, les dîmes des pains, viandes et poissons qu'ils dépensent dans leurs manoirs, qui leur arrivèrent à titre héréditaire à la mort de leur oncle, et sur 24 livres tournois qu'ils leur réclamaient de la donation dudit Robert; led. accord portant que l'abbaye abandonne auxdits Jean et Guillaume les droits par eux réclamés, et lesdits chevaliers s'engagent envers l'hôpital à 6 livres tourn. de rente annuelle sur la *præfectura de Tureio* et le moulin *de Fontaneto* (s. d.). — Attestation par *Robertus filius Erneisi et Ela*, sa femme, que le jour de la dédicace de la chapelle par Jourdain, évêque de Lisieux, Robert Gosselin donna à l'hôpital un setier d'orge de rente qu'il assigna à *Fontanetum*, et que ledit hôpital eut la saisine dudit setier pendant 2 ans. — Charte de *Robertus Ernesii*, portant que, lorsqu'il fonda ledit hôpital, il le concéda à l'abbaye de Troarn pour le conserver perpétuellement avec ses revenus, à la condition qu'il y aura toujours un moine de ladite abbaye et un prêtre qui entretiendra l'abbaye ; ceux-ci seront présenté à l'évêque de Lisieux. Collation faite sur les originaux étant dans le cartulaire des archives de l'abbaye de Troarn, par Yves de St-Denis, religieux, et René Joussel, agent de l'abbé, gardiens des archives (1712). — Copies informe et collationnée (expédition moderne et imprimé) sur l'original en parchemin du chartrier de l'abbaye de Troarn, représenté par Jacques Jousset, agent des affaires de l'abbé, par le notaire royal héréditaire de Troarn (1691), de la charte de fondation de 1213. — Copie de la lettre de Depoiret Angot à M. du Vernay, prieur de l'abbaye de Troarn, datée d'Avranches, 10 février 1692, demandant la charte de « fondation du prieuré hospital de la maladrerie des « Saulx, scetuée la paroisse de St-Sanxon. »

H. Suppl. 533. — IV. B. 1. (Liasse.) — 2 pièces, parchemin ; 3 pièces, papier.

1561-1702. — Maladrerie de St-Samson. — Arrêt du Parlement de Rouen entre les religieux, abbé et couvent de Troarn, Jacques Boudet, religieux, subrogé de Joachim d'Albiac, prétendant droit au prieuré, administration ou hôpital de la Madeleine des Saulx, autrement St-Samson, appelants de sentence rendue aux requêtes du Palais, et Pierre de Salcède, reçu au procès, d'une part, et Adrienne, duchesse d'Estouteville, comtesse de Saint-Pol, et Jean Ravallet, son présenté audit hôpital, condamnant lesdits religieux à rendre les fruits et revenus dudit hôpital par eux perçus depuis mars 1531 (1561). — Copie de la soumission de M. de Sourches, abbé de Troarn, au jugement du conseil de la duchesse de Longueville pour terminer le procès pendant au Parlement de Rouen entre lui et la duchesse de Longueville, pour raison du prieuré et hôpital de St-Samson ; remise audit conseil des titres concernant le prieuré (1669). — Arrêt du Parlement de Rouen, déboutant Jacques du Bouchet de Sourches de ses prétentions à la prise de possession par Louis-Pierre de Vernay, religieux profès, refulées par Charles d'Orléans, duc de Longueville et d'Estouteville, pair de France, prince de Neufchâtel et Vallengin en Suisse, comte de Saint-Paul, de Chaumont, Gournay et Tancarville, seigneur de St-Clair, Barneville et St-Samson, ayant repris le procès délaissé par dame Anne de Bourbon, veuve de Henri d'Orléans, duc de Longueville, gouverneur de Normandie, sa mère, et enjoignant audit Charles d'Orléans de préposer des administrateurs audit hôpital, qui rendront compte du revenu tous les

trois ans (1671). — Extrait du gage-pleds des seigneuries de Barneville, St-Clair, et St-Samson, tenu par Pierre Hamon, sénéchal, concernant la baunie et adjudication pour 3 années, réquisition du sieur des Bedis, bourgeois de Caen, procureur et receveur de Mme de Longueville mère, du bien et revenu de l'hôpital de la Madeleine des Saulx, sis à St-Samson, duquel elle est dame fondatrice et vraie propriétaire (1675). — Mémoire pour compter par Michel Lemonnier, écuyer, sieur de La Vallée, tant en son nom que comme légataire de Jacques Lemonnier, sieur de la Couture, ayant été en société avec Louis Lemonnier, sieur de la Chesnée, de la jouissance de l'hôpital de St-Samson (1702).

H. Suppl. 534. — V. B. 1. (Liasse.) — 1 pièce, papier.

1535-1687. — Maladrerie de Bonnebosq. — Échange devant Nicolle Varin et Robert Varin, tabellions à Lisieux, par Jean de Fervaques, écuyer, de St-Eugène, à Pierre de Fervaques, écuyer, de 4 pièces de terre sises à Bonnebosq, contre 2 pièces de terre sises à Bonnebosq et St-Eugène, contenant 4 acres et demie, nommées la Maladrerie (1535). Copie requise par l'ordre de St-Lazare (1687).

H. Suppl. 535. — VI. C. 1. (Liasse.) — 2 pièces, papier.

1502-1687. — Maladrerie de la Cabanée. — *Extractum ab uno e registris collationum beneficiorum ecclesiasticorum episcopatus Lexoviensis* ; 1502, collation de l'église, chapelle ou léproserie de St-Clair de la Cabanée, vacante par le décès de Jean Hue, en faveur de Richard Barbier ; 1598, collation par le chapitre de Lisieux, le doyen absent et le siège épiscopal vacant, de la chapelle ou léproserie de St-Thomas de la Cabanée, vacante par le décès de Lucas Bullet, à la disposition de l'Évêque. — Extrait du registre du compte des décimes du diocèse de Lisieux rendu par Jacques Scelles, receveur pour l'année 1632, concernant l'imposition du chapelain de la léproserie de la Cabanée, de 1622 à 1646. Copies de 1687.

H. Suppl. 536. — VII. B .1. (Liasse.) — 1 pièce, papier.

1556-1687. — Maladrerie de la Cande. — Vente devant Michel Lailler et Yves Delaunay, tabellions royaux à Lisieux, par Jean Le Roullier, fils Christophe, du Mesnil-Simon, à Hamon Le Roullier, son frère, d'une pièce de terre nommée les Buttes des Castelets, assise en la paroisse du Mesnil-Simon, et bornée d'un côté par le chemin tendant à la maladrerie de la Cande (1536). Copie de 1687.

H. Suppl. 537. — VIII. B. 1. (Liasse.) — 1 pièce, papier.

1513-1687. — Maladrerie de Cantepie. — Vente devant Jean Chardon et Nicolas Lailler, tabellions royaux à Lisieux, par Jean Legouez, sieur du Baez, à Jean d'Airan, m^d de Lisieux, d'héritages sis en la paroisse de Cambremer, bornés d'un côté par la maladrerie de Cantepie (1513). Copie de 1687.

H. Suppl. 538. - IX. B. 1. (Liasse.) — 1 pièce, papier.

1437-1687. — Maladrerie de Chambrais. — Transport devant Thomas Le Carpentier, tabellion à Lisieux, par Jean Hellouin, bourgeois de Chambrais, à Étienne Hébert, d'une pièce et jardin assis paroisse St-Laurent-des-Grès, moyennant 32 sols 6 deniers tournois de rente, allant à la maladrerie St-Nicolas de Chambrais. Copie requise par l'ordre de St-Lazare (1687).

H. Suppl. 539. — X. B. 1. (Liasse.) — 1 pièce, papier.

1687. — Maladreries de St-Antoine de Condé-sur-Risle et de Cantepie. — Extrait des registres des délibérations prises au conseil de l'ordre de St-Lazare, concernant la réunion à l'ordre des maladreries de St-Antoine de Condé et de Cantepie (1687).

H. Suppl. 510. — X. C. 1. (Liasse.) — 2 pièces, papier.

1540-1689. — Maladrerie de St-Antoine de Condé-sur-Risle. — *Extractum ab uno e registris collationum beneficiorum episcopatus Lexoviensis* : 1540, n. s. 5 février. Collation de la léproserie de St-Antoine de Condé-sur-Risle, *vacans ex eo quod Joannes Mahiel, ultimus illius capellanus et possessor pacificus, ad votum matrimonii convolavit et solemniter contraxit*, à Martin Nigaise, clerc, présenté par noble homme Robert Niguise, seigneur temporel en partie du fief de Condé. 1637. Collation par Guillaume Le Rebour, chanoine de Lisieux, vicaire général de l'philippe, évêque-comte de Lisieux, de la *capellam seu leprosariam S^{ti} Antoni intra limites parochiæ de Condeto super Rislam, Lexoviensis diocesis, sitam*, en faveur de Laurent de La Mare, prêtre du diocèse d'Évreux, présenté par Charles de Giverville, écuyer, seigneur du Buisson. Copies de 1689.

H. Suppl. 541. — XI. B. 1. (Liasse.) — 1 pièce, papier.

1688-1689. — Maladrerie de St-Thomas de Condé. — Certificat du curé de Condé constatant qu'il a donné à bail à ferme pour 6 années à Nicolas Grimpard, de St-Georges du Vièvre, les terres de la maladrerie de St-Thomas de Condé, led. certificat collationné par Roulland, tabellion en la haute justice de St-Philbert-sur-Risle, à la réquisition dudit Grimpard (1689).

H. Suppl. 542. — XII. B. 1. (Liasse.) — 3 pièces, papier.

1687. — Maladreries de Corbon, de St-Michel de Biéville et de Ste-Marie-aux-Anglais. — Calende des curés, prêtres et ecclésiastiques du doyenné du Mesnil-Mauger, tenue par Christophe Lenepveu, chanoine et grand archidiacre en la cathédrale de Lisieux, vicaire général de l'évêque, en son absence, qui fait l'appel des curés et prêtres du doyenné et s'enquiert de la conduite des ecclésiastiques, de leur fidélité à observer les statuts et réglements du diocèse, des besoins de chaque paroisse ; église des Monceaux ; il sera dressé procès-verbal à la diligence de Loisel, promoteur de l'évêché, des nefs des églises où les réparations ne sont pas faites, du fonds de la fabrique et de l'état des ornements et livres de chant, de l'état de la chapelle de la léproserie de Corbon, de la chapelle de la léproserie de St-Michel dans la paroisse de Biéville ; on recherchera qui jouit du revenu des maladreries et de l'hôpital de Ste-Marie-aux-Anglais, et depuis quand l'hospitalité n'y est plus gardée, etc. — Notes de tenures à Biéville et à Corbon. — Collation faite par Morel, notaire à Lisieux, en 1687.

H. Suppl. 543. — XIII. B. 1. (Liasse.) — 1 pièce, papier.

XVIIe siècle. — Maladrerie de Cormeilles. — Note contenant la désignation de 11 pièces de terre de la maladrerie de la chapelle St-Barthélemy de Cormeilles.

H. Suppl. 544. — XIV. B. 1. (Liasse.) — 1 pièce, parchemin ; 4 pièces, papier.

1695-1697. — Maladrerie du Fauquet. — Collation de la chapelle ou léproserie de St-Marc et St-Jean du Fauquet, paroisse de St-Philbert-des-Champs, vacante par le décès de Laurent Le Bret, accordée sur signature en Cour de Rome par Pierre Audran, chanoine et scolastre de Lisieux, vicaire général de l'évêque Léonor de Matignon et official, à Jean Aubert, prêtre du diocèse de Séez (1695); prise de possession dudit Aubert (1695). — Bail par Jean Aubert, prêtre, demeurant à St-Philbert-des-Champs, pourvu en Cour de Rome du revenu de la chapelle du Fauquet, sise en ladite paroisse, pour 6 années, à François Lecousteur, armurier serrurier, de 2 pièces de terre dépendant de ladite chapelle (1695). — Transaction pour terminer les procès pendant à Orbec et à Rouen, entre ledit Aubert et dame Anne de Mancel, veuve de César-Charles de Boctey, écuyer, sieur du Buisson et Grambost, et Jean et Jacques de Boctey, écuyer, leurs enfants, par laquelle Aubert se contente de 35 livres argent pour tous frais faits touchant ladite chapelle ; ladite dame et ses enfants feront faire les réparations conformément à la sentence rendue contre eux (1697).

H. Suppl. 545. — XV. B. 1. (Liasse.) — 1 pièce, papier.

1541-1687. — Maladrerie de Grestain. — Procuration donnée devant Yves Delaunay et Nicolle Varin, tabellions en la vicomté de Lisieux, par Jean Fleury, prêtre, curé des Vaux, chapelain de la chapelle de la Magdelaine de la léproserie près Grestain, à Guillaume de Tonnetot, écuyer, sieur de Berville, de recevoir ce qui peut lui être dû à cause de sadite chapelle, etc. Copie requis par l'ordre de St-Lazare (1687).

H. Suppl. 546. — XVI. B. 1. (Liasse.) — 6 pièces, papier.

1456-1687. — Maladreries de Livet et de Noiremare. — Bail à rente devant Thomas Lecarpentier, tabellion royal à Lisieux, par Guillebert Bardouf, écuyer, seigneur du fief du Bouley, en la paroisse de Livet, à Robin du Gardin, de 2 pièces de terre tenues dudit fief jouxte la maladrerie de Livet et le fief de Belleau et, d'autre part, la maladrerie de Noiremare, aboutant au chemin de la chapelle de Noiremare au moutier de Livet (1456). — Vente devant Georges Levacher et Jean Mallet, tabellions en la sénéchaussée de Lisieux, par Perrin Paisant le jeune, de la paroisse du Mesnil-Germain, à Henri Lemarquand, de la paroisse de St-Germain de Livet, de 5 pièces de terre sises audit St-Germain, dont l'une est nommée la Vergée-ès-Malades (1485, n.-s.) — Vente devant Nicolas Lailler et Georges Dandin, tabellions à Lisieux, par Robin du Gardin à Henri Baston, d'une vergée de terre sise à St-Germain-de-Livet, aboutant au chemin tendant de l'église de Livet à la chapelle de Noiremare et à la maladrerie de Livet (1504). — Vente devant Lailler et Jean Chardon par Robin du Gardin à Jean Lemonnier, fils Collin, de 2 acres de terre sises à St-Germain-de-Livet, jouxte les héritages des maladreries de Livet et du Mesnil-Germain (1513). — Lots passés au tabellionage de Lisieux entre les Taillefer du Mesnil-Germain sur des fonds aboutant à la « maladerie de la chapelle « de Noiremare » (1588). — Copies de 1687 à la requête de Jean-Baptiste de Faguet, chevalier, commandeur de l'ordre de N.-D du Mont-Carmel et de St-Lazare.

H. Suppl. 547. — XVII. B. 1. (Liasse.) — 1 pièce, papier.

1577-1687. — Maladrerie du Mesnil-Eudes. — Obligation prise devant Olivier Carrey et Jean Debray, tabellions à Lisieux, par Toussaint de Fougy et Thomas Alleaume, de la paroisse de Mesnil-Eudes, envers le trésor de ladite paroisse, de 9 livres 12 sols de rente, en paiement de 96 livres, montant de l'adjudication des pommes et fruits du cimetière et maladrerie dudit lieu. Copie requise par l'ordre de St-Lazare (1687).

H. Suppl. 548. — XVIII. B. 1. (Liasse.) — 4 pièces, papier.

1529-1687. — Maladrerie du Mesnil-Germain. — Vente devant Michel Lailler et Yves Delaunay, par Roger Taillefer à Étienne Taillefer, son frère, de 1/2 acre de terre sise au Mesnil-Germain, aboutant le bosquet aux malades (1529). — Donation devant Jean Coppie et Nicolas Varin, tabellions, par Jean Lamy Chéron et Isabeau, sa femme, veuve du précédent de Colin Goupil, à Robert Le Chevalier, époux de Madeleine, leur fille, d'une pièce de terre nommée le champ de la Chapelle, sise au Mesnil-Germain (1537). — Lots entre Michel Agnen et Pasquer, dits Grouard, frères, d'héritages dont l'un confine à « la ruelle aux « malades ainsy nommée, tendant à la fontaine aux « malades » (1555). — Vente devant Michel Lailler et Yves Delaunay, tabellions, par lesdits Agnen et Pasquer, dits Grouard, à Guillaume Duclus, de la moitié d'une pièce de terre nommée le Val-Roger, au Mesnil-Germain (1556). — Lesdites copies collationnées sur les originaux par Le Bourgeois et Morel, notaires, requête de Jean-Baptiste de Faguet, écuyer, capitaine au régiment de Vermandois, chevalier, commandeur de l'ordre de N.-D. du Mont-Carmel et de St-Lazare (1687).

H. Suppl. 549. — XIX. B. 1. (Liasse.) — 1 pièce, papier.

XVIIe siècle. — Maladrerie du Mesnil-Simon. — Copie d'une fieffe faite devant Jean Boullement et Noël

Poutrel, tabellions en la vicomté, siège et tabellionage de St-Pierre-sur-Dives, pour la branche de *St-Julien-de-Foulcon*, par François de Nollent, chevalier, seigneur et baron de St-Julien, à Jean-Baptiste Mallet, écuyer, sieur de Neufville, receveur des tailles en l'élection de Lisieux, de 2 pièces de terre sises paroisse du Mesnil-Simon, bornées d'un côté par une pièce de terre en laquelle était autrefois assise la maison du chapelain de la maladrerie et chapelle en la paroisse du Mesnil-Simon (sans date). Copie informe.

H. Suppl. 550. — XX. C. 1. (Liasse.) — 2 pièces, papier.

1509-1689. — Maladreries de Montreuil, Montfort et Tourville.—*Extractum ab uno e registris collationum beneficiorum et leprosariarum episcopatus Lexoviensis.* Enregistrement de la collation en faveur de Georges Gobart, prêtre du diocèse d'Évreux, de la *capella seu leprosaria Sancti Marci in parrochiali ecclesia de Monstereuil*, à la collation du chapitre cathédral de Lisieux (1509). Résignation entre les mains d'Anne de Givry d'Escars, évêque de Lisieux, par Martin Jouzy, prêtre, procureur de Gaspard Gotz, prêtre du diocèse de Lisieux, de la chapelle ou léproserie *Sancti Joannis in parrochia de Monteforti sitæ ac fundatæ*. Collation à Guillaume Hue, présenté par le seigneur de Montfort, patron de ladite léproserie (1585). Collation de la chapelle ou léproserie de Ste-Catherine des Raistres, paroisse de Tourville de Lisieux, à Georges Roussel, clerc du diocèse de Lisieux, présenté par Ambroise Guérin, seigneur de Poisieux et autres lieux, tuteur de Tanneguy Guérin, *armigeri*, son fils, seigneur du fief ou terre noble de Tourville, à qui appartient le patronage. Copie délivrée en 1687 à Jean-Baptiste de Faguet, chevalier de l'ordre de N.-D. de Mont-Carmel et de St-Lazare de Jérusalem, par le secrétaire de l'évêché de Lisieux. — *Extractum ab uno e registris collationum beneficiorum episcopatus Lexoviensis.* 1511, 22 avril, collation de la *capella seu leprosaria sancti Joannis de Riviers intra limites parrochiae Sancti Ebrulphi de Monteforti, Lexoviensis diœcesis, fundata*, vacante par la résignation de Thomas Barat, à Richard Henry, présenté par les paroissiens de Montfort. Copie de 1687.

H. Suppl. 551. — XXI. B. 1. (Liasse.) — 1 pièce, papier.

1687. — Maladrerie de Morainville. — Lettre du curé de Morainville à l'abbé du Nepveu, grand vicaire de l'évêque de Lisieux; toutes les terres adjacentes à la masure nommée *maladrie*, sont depuis longtemps dans la maison de Bréauté.

H. Suppl. 552. — XXII. B. 1. (Liasse.) — 1 pièce, papier.

1450-1687. — Maladrerie de La Motte. — Bail à rente devant Lecarpentier, tabellion à Lisieux, par Guillaume Conard, de Manerbe, et sa femme, à Jean Thomas, de La Roque, d'une pièce de terre sise en ladite paroisse de La Roque, bornée par un chemin tendant à la maladrerie de La Motte (1450); ladite copie délivrée à Jean-Baptiste de Faguet, écuyer, capitaine au régiment de Vermandois, chevalier de N.-D. du Mont-Carmel et de St-Lazare de Jérusalem (1687).

H. Suppl. 553. — XXIII. B. 1. (Liasse.) — 2 pièces, papier.

1480-1543. — Maladrerie de Moyaux. — Transport fait devant Guillaume et Guillaume dits Lailler, clercs, tabellions jurés au siège de l'Hôtellerie pour la sergenterie de Moyaux, par Richard Le Villain, pour compléter la promesse de don de mariage faite à sa fille Olive, femme de Louis Seney, audit Seney, d'une pièce de terre sise à Moyaux, bornée d'un côté par les jardins de la maladrerie (1480). — Partage de lots fait entre les héritiers de Magne Henrion, veuve de Robert Philippes, de biens sis à Moyaux, dont partie est bornée par les jardins de la maladrerie (1543); lesdites copies requises par l'ordre de St-Lazare (1687).

H. Suppl. 554. — XXIV. B. 1. (Liasse.) — 1 pièce, papier.

1668. — Maladrerie de Pacy-sur-Eure. — Arrêt du grand Conseil rendu entre Georges Jove, pourvu sur la nomination du grand aumônier du Roi de l'administration de la maladrerie de Pacy, et François Binet, marchand de Pacy, administrateur et receveur de ladite maladrerie, nommé par les bourgeois, maintenant les bourgeois et habitants de Pacy, Boudeville, Menilles, Le Plessis, La Neuville et Garencières, tous bourgeois de la bourgeoisie de Pacy, en la possession et jouissance de nommer à l'administration de la maladrerie de Pacy, malgré l'opposition du cardinal Antoine Barbarin, grand aumônier de France.

H. Suppl. 555.—XXV. B. 1. (Cahier.)—Moyen format, 4 feuillets, papier.

1693. — Chapelle de Pompierre. — Arrêt du Conseil rendu sur la requête de M⁰ Charles Le Bateulx, préchantre et chanoine de l'Église métropolitaine de Sens, syndic du clergé du diocèse, concernant la chapelle de Pompierre, fondée dans la seigneurie de Villeblevin, unie en 1345 à la dignité de préchantre de l'église de Sens par Guillaume, archevêque, collateur de ladite chapelle, ladite union confirmée par Clément VI en 1349. En 1686, il fut obligé de passer une transaction avec l'ordre de N.-D. du Mont-Carmel et de St-Lazare de Jérusalem, par laquelle, pour sauver le titre et partie du revenu de ce bénéfice réel et constant, il consentit à un partage qui ne fut pas exécuté. Conformément à l'édit de mars précédent, portant désunion dudit ordre des chapelles y réunies, il demande et obtient d'en être remis en possession sans avoir égard à ladite transaction. Citation de chartes d'Étienne, archevêque de Sens, unissant les deux chapellenies de Pompierre (1307), et des doyen et chapitre de Sens approuvant ladite union, etc.

H. Suppl. 556. — XXVI. B. 1. (Liasse.) — 1 pièce, papier.

1410-1687. — Maladrerie du Roncheray. — Contrat de fieffe devant les tabellions de Lisieux, reconnu par Robin du Gardin, de la paroisse de St-Pierre-du-Tertre, des religieux de Ste-Barbe, d'une pièce de terre sise en ladite paroisse de St-Pierre, bornée par la maladrerie *des Ronchez*. Lesdits religieux auront leur recours de 2 sous tournois sur certains héritages appartenant aux malades de ladite maladrerie, etc. Copie requise par l'ordre de St-Lazare en 1687.

H. Suppl. 557. — XXVII. B. 1. (Liasse.) — 1 pièce, papier.

1456-1687. — Maladrerie de St-Pierre-sur-Dives. — Vente devant Thomas Lecarpentier, tabellion à Lisieux, par Vincent Hamel et Perrine, sa femme, de St-Desir de Lisieux, à Pierre Nicolle, de St-Pierre-sur-Dives, de 2 pièces de terre sises à St-Pierre-sur-Dives, bornées par les malades dudit lieu et le chemin du Roi (1456). Copie requise par l'ordre de St-Lazare (1687).

HOSPICES DE BAYEUX

PREMIER FONDS

HOTEL-DIEU DE BAYEUX

SÉRIE A.

Actes de fondation de l'Établissement. — Cartulaires. — Ordonnances, décisions et autres actes relatifs à l'Établissement, émanés des diverses autorités.

H. Suppl. 558.—A. 1. (Liasse.)—7 pièces, parchemin; 107 pièces, papier.

1588-1682. — Substitution de la communauté de la Miséricorde au prieuré et Maison-Dieu de St-Jean-l'Évangéliste.—Notice sur l'hôpital: en 1540, le prieuré de l'Hôtel-Dieu étant en désordre, ruine et désolation, on obtint un arrêt du Parlement ordonnant que les fruits et revenus seraient régis sous la main du Roi par deux notables, pour les fruits et revenus être employés à la nourriture des pauvres, à celle des religieux et autres charges, etc.—Extraits des registres du grand Conseil du Roi, concernant la demande du procureur général du Roi, que frère Pierre Denise, prieur du prieuré et Maison-Dieu de St-Jean-l'Évangéliste de Bayeux, soit condamné à rendre compte des fruits et revenus dudit prieuré, par devant les juges du lieu; ledit Denise prendra 200 écus par an et 100 boisseaux de blé froment avec les maison, manoir et pourpris qu'ont accoutumé tenir les prieurs du prieuré; du surplus il rendra compte devant l'évêque, appelé le bailli de Caen ou son lieutenant, et le substitut du procureur général, non suspect audit Denise, lorsque le bailli de Caen tiendra ses assises à Bayeux, ensemble deux notables bourgeois dudit lieu (1588). — Arrêt du Parlement de Rouen, déboutant le prieur de Marconetz de l'effet et entérinement de ses lettres du 20 mars 1623, et sans avoir égard à la prétendue délibération faite en la maison de ville le 4 décembre 1620, laquelle elle annule, défend audit de Marconetz de lever des droits sur les grains vendus en la halle de Bayeux, sauf ceux mentionnés en ses lettres et suivant l'ancien usage; faisant droit sur la requête verbale des habitants, le Parlement décide que de 3 ans en 3 ans il sera nommé un notable bourgeois de la ville pour faire la charge d'administrateur du temporel du prieuré et hôpital; M. de Marconetz devra rendre compte depuis le temps de son administration, il est de plus condamné en 50 livres d'amende applicables aux pauvres de l'Hôtel-Dieu (1631). — Arrêt du Conseil ordonnant que Jacques de Marconest, prieur commendataire du prieuré et hôpital de St-Jean-l'Évangéliste, appelant d'un arrêt du Parlement de Rouen du 11 avril 1631, jouira de l'administration des fruits et revenus du prieuré hospitalier de Bayeux et cure de St-Vigoret, son annexe, et prendra par an sur tous les fruits 600 livres et 100 boisseaux de blé, avec la maison, manoir, jardin et pourpris qu'ont coutume de tenir les prieurs dudit prieuré hospitalier, que le surplus du revenu sera employé à la nourriture et entretien des religieux, des pauvres, et autres charges, dont ledit de Marconest rendra compte chaque année quand le bailli de Caen ou son lieutenant présidera les assises de Bayeux; condamnant aux dépens Binet, procureur syndic des habitants de Bayeux, prenant fait et cause pour Dujardin, élu administrateur, et Robillard et Colleville, avocats et procureurs des affaires des pauvres de l'hôpital, élus par les habitants (1633). — Arrêts du Conseil d'État rendus en 1636 entre Pierre Dujardin, avocat au siège présidial de Bayeux, et Jacques de Marconest, prieur de l'Hôtel-Dieu, Noël Le Savoureux, procureur syndic des manants et habitants de la ville, Michel Robillard, avocat, Denis Binet, ci-devant procureur syndic des habitants, Jean Richer et Pierre Colleville, tous bourgeois et habitants de la ville, reçus partie intervenante, à cause de la contrariété des arrêts du Parlement et du grand Conseil de 1631 et de 1633, concernant la charge d'administrateur dudit prieuré et hôpital de Bayeux pour avoir le soin des pauvres, en percevoir les fruits et en rendre compte. — Procuration donnée devant les notaires de Paris par Jean Jullien, écuyer, sieur de La *Hennodière* et de Lespine, confrère de la Congrégation de l'Oratoire de Jésus, à Catherine Avice, sa mère, de vendre une partie du bien lui appartenant dans les paroisses d'Orglandes et de Hautteville, en Normandie, bailliage de St-Sauveur-le-Vicomte, jusqu'à concurrence de 10,000 livres à remettre à Marie Jullien, sa sœur, afin de la rendre fondatrice d'un nouveau couvent de religieuses hospitalières à fonder au bailliage de Caen ou de Coutances (1643). — Conférence entre Mlle Marie Jullien, fille du sieur de La Hunodière, assistée de sa mère, le prieur de l'Hôtel-Dieu et le procureur syndic des habitants ; elle offre de se rendre fondatrice d'un couvent d'hospitalières pour servir les pauvres et, à cette fin, apporte la somme de 10,000 livres donnée par son frère. Le prieur dit que son affection au soulagement des pauvres et le soin qu'il a pris d'y commettre des personnes de temps en temps ne lui ont encore pu donner la satisfaction par lui désirée ; il ne s'oppose pas à une si sainte proposition, pourvu que l'ancien ordre et institution ne soient pas choqués, ni la sainte intention des fondateurs frustrée ; aussi, il désire, pour la conservation du titre de son bénéfice et des religieux du prieuré, que, lors l'installation des religieuses une liquidation soit faite du revenu entier de l'hôpital. Le procureur syndic s'oppose à la division des revenus qui sont tout entiers affectés au soulagement des pauvres, les pensions des prieur et religieux payées, etc. (1643). — Ordonnance de l'évêque Jacques d'Angennes, autorisant l'établissement des religieuses de la Miséricorde dans l'Hôtel-Dieu et hôpital de St-Jean-l'Évangéliste de Bayeux, et réglant les intérêts des prieur et religieux de l'Hôtel-Dieu. Le prieur aurait en fonds les 600 livres qui lui avaient été adjugées par arrêt du Conseil, 100 boisseaux de froment, plus 100 livres de rente pour un corps de logis qu'il délaissait aux religieux, ceux-ci remettant aux religieuses le dortoir comme le lieu le plus com-

mode pour aller à la salle des pauvres malades ; les 6 religieux profès devaient avoir chacun une pension de 200 livres et de 20 boisseaux de froment, le novice 150 livres et 20 boisseaux de froment ; le bois provenant des forêts du Roi serait séparé par tiers entre les prieur, religieux et pauvres malades ; le prieur aurait aussi en fonds 550 livres de rente pour l'entretien de l'église, sacristie, ornements, luminaire et entretien des maisons des prieur et religieux seulement, etc. (1643). — Lettres patentes confirmatives accordées par Louis XIV (1643). — Extrait du registre de la cour de Parlement concernant l'enregistrement desdites lettres patentes du mois de novembre 1643 obtenues par Marie Jullien de La *Hanodière*, religieuse au monastère de la Miséricorde à l'Hôtel-Dieu de Dieppe, pour fonder une communauté desdites religieuses pour desservir l'hôpital de Bayeux (1644). — Procès-verbal d'installation par Michel Rocher, chanoine théologal et et pénitencier de l'église cathédrale N.-D. de Bayeux, vicaire général de l'évêque, assisté d'Adrien Hue, prêtre, notaire apostolique, pris pour secrétaire et greffier, des religieuses du monastère de la Miséricorde, établies en la ville de Dieppe, en la partie de l'Hôtel-Dieu qui leur a été assignée par l'évêque, afin d'y établir une communauté de leur ordre pour y servir les pauvres conformément à leur institution (1644). — Partage fait par Jacques d'Angennes, évêque de Bayeux, des bâtiments de l'Hôtel-Dieu, afin d'y loger les sœurs nouvellement établies ; les religieuses, se trouvant très mal logées, prennent à loyer les maison et jardin appartenant au prieur de l'Hôtel-Dieu, etc. — Ordonnance de Jacques d'Angennes, évêque de Bayeux, portant accord sur le différend intervenu entre les religieux de l'Hôtel-Dieu et les religieuses de la Miséricorde établies dans ledit Hôtel-Dieu, touchant la possession de certaines portions de jardins dans l'enclos de l'Hôtel-Dieu, occupées par frère René de La Mare et frère Pierre Herbeline, entre les jardins des religieux et celui à présent occupé par les religieuses, ensemble de certains lieux sis sous la voute qui va de l'église des religieux au dortoir appartenant auxdites religieuses, etc. (1645). — Sentence maintenant les pauvres, à l'encontre des religieux, dans la perception des fruits et revenus du cimetière (1650). — Extrait des registres du Conseil privé du Roi concernant les arrêts rendus entre les Ursulines de Dieppe et Claude Favier, contrôleur général des rôles de la Chambre des Comptes de Normandie, et Jean Billard, touchant le paiement de la rente due lors de l'entrée de Marguerite Billard au couvent desdites religieuses (1653-1654). — Mémoire de l'état de la maison du prieuré fait par les religieuses lors de leur entrée dans ladite maison, le 14 septembre 1656. — Inventaire des pièces que Jacques de La Bretonnière, avocat et conseil des religieuses de l'Hôtel-Dieu, ayant l'administration du bien des pauvres, communique aux avocats et conseils de Robert Le Vallois, seigneur d'Escoville, des Bénédictines de Bayeux, de Gédéon de Hottot, sieur de Donville, et de Simon de Marconets (1662). — Contrat d'échange entre Simon Fréard, prieur commendataire de l'Hôtel-Dieu, et les hospitalières, de maisons dépendant du prieuré de l'Hôtel-Dieu, réservant seulement le corps de logis baillé aux religieux par l'ordre de l'évêque d'Angennes, contre d'autres fonds et rentes foncières. Les religieuses, par ordre de l'évêque, avaient pris à bail du prieur des maisons et jardins de l'Hôtel-Dieu, pour y loger partie d'entre elles, etc. (1663). — Arrêt du Parlement prescrivant, à la requête des religieuses de l'Hôtel-Dieu, que M. Alexandre Sallet, conseiller en ladite Cour, dressera procès-verbal de l'état et description de la maison du prieur et des religieux dudit Hôtel-Dieu (1664). — Procès-verbal dressé par ledit Sallet, assisté de Georges de Mauduit, écuyer, conseiller du Roi, commissaire examinateur à St-Silvain, pris pour greffier, en présence des religieux, de l'état de leur logement et de celui destiné aux religieuses (1665). — Procédure y relative en la Cour de Parlement, concernant les bâtiments de l'Hôtel-Dieu, entre les religieuses et Simon Fréard, prieur de l'Hôtel-Dieu, et dom Jean Barbé, sous-prieur, sur appel du règlement de l'évêque, du 10 juin 1663. — Requête adressée à la Cour de Parlement, par la supérieure de la Miséricorde de l'Hôtel-Dieu de Bayeux, pour être procédé contre Jean Barbé, sous-prieur, et les autres religieux dudit Hôtel-Dieu, au procès-verbal de l'état des maisons et jardins dont jouissent les religieux, et du logement destiné aux religieuses (1666). — Signification par Thomas Fouque, sergent, à la requête des religieuses, à Simon Fréard, prieur commendataire de l'Hôtel-Dieu, et à dom Barbé, sous-prieur, d'une ordonnance de Sallet, conseiller en la Cour de Parlement, les interpellant d'être présents à l'arpentage et levée du plan des maisons et jardins qu'elles entendent faire faire (1666). — Inventaire des pièces mises au greffe de la Cour de Parlement par les religieuses contre les religieux (1667). — Arrêt de la Cour du Parlement de Rouen, entre dom Jean Barbé, sous-prieur de l'Hôtel-Dieu, et les autres religieux, appelant comme d'abus de l'ordonnance et règlement donnés entre eux et les religieuses hospitalières par l'évêque de Nesmond, le 10 juin 1663, et impétrants de lettres de relèvement de leur signature et consentement, d'une part, et lesd. hospitalières, défenderesses desd. lettres de relèvement, d'autre part ; vu le règlement dont est appelé, qui oblige les religieuses à acheter et clore de murs le jardin de Duhamel, docteur médecin, à continuer aussi la muraille du jardin du prieur, séparative d'avec le cimetière, en ligne droite, jusqu'à celle qui sépare le jardin du collège de celui de l'hôpital, à abandonner entièrement aux prieur et religieux le jardin Duhamel, en échange pour elles des jardins particuliers des religieux par égale portion, vu également la requête par laquelle les religieuses demandent la permission d'agrandir leurs bâtiments aux dépens d'une portion du cimetière, la Cour rejette l'appel et ordonne que le règlement de l'évêque sortira son plein effet. Les religieuses ne pourront néanmoins prendre ni donner aucune partie du jardin du prieur aux religieux, et si ceux-ci ne veulent agréer le jardin de Duhamel, les religieuses seront tenues de leur donner récompense en fonds proche quelqu'une des fermes des religieux et à leur commodité, etc.; et faisant droit sur le mandement du 7 mai 1663, la Cour casse et annule le contrat fait entre le prieur et les religieuses, et leur fait défense de conclure aucuns contrats d'échange sans le consentement des religieux et suivant les canons, ordonnances et arrêts ; quant à l'autorisation de bâtir sur une partie du cimetière, la Cour renvoie les religieuses devant l'évêque de Bayeux (1668). — Transaction finale portant échange des jardins entre Thomas Duhamel, docteur de Sorbonne, chancelier et chanoine de Ste-Honorine en l'église cathédrale N.-D. de Bayeux, supérieur du séminaire et administrateur de la Maison-Dieu de Bayeux, et les religieuses de la Miséricorde de Jésus établies à l'hôpital de Bayeux (1676). — Revenu du séminaire au droit des religieux. L'évêque de Nesmond, ne pouvant souffrir la conduite irrégulière des religieux, les détruisit entièrement, et persuadé que le prieuré hospitalier de St-Jean l'Évangéliste était doté d'autres fonds que ceux affectés aux pauvres, le prieuré passa pour un bénéfice vacant. Après un décret de 1675, l'évêque obtint du Roi l'autorisation d'y établir un séminaire ; il obtint en 1682, du supérieur de St-Lazare à Paris, 3 prêtres et 3 frères de la Congrégation, s'obligeant de fournir à chacun 300 livres de rente et unissant la cure de St-Vigor et tous les biens et revenus du prieuré au séminaire. Ainsi s'accomplit la prédiction du syndic de la ville qui disait au prieur, en 1642, qu'en faisant le partage du revenu entier de l'hôpital pour la sûreté de leurs pensions, et en se démettant de l'administrer, il le détruirait par cette innovation. Une pension leur fut faite pendant leur vie aux dépens du prieuré.

H. Suppl. 559. — A. 2. (Liasse.) — 21 pièces, papier.

1695-XVIIIe siècle. — Unions de prieurés et maladreries. — Arrêt du Conseil ordonnant, sans s'arrêter à la requête des administrateurs et directeurs de l'hôpital et Maison-Dieu de Bayeux, que Pierre Besnier, aumônier de l'archevêque de Rouen, nommé par le Roi au prieuré commendataire de St-Nicolas-de-la-Chesnaye, sera remis et réintégré en la possession des biens et revenus échus à l'ordre de St-Lazare par le partage fait en exécution des arrêts de la Chambre royale des 10 janvier 1678 et 10 février 1683, à charge de payer chaque année 300 livres au profit de l'hôpital auquel l'application en sera faite par le Roi, pour tenir lieu des biens et revenus qui peuvent avoir appartenu aux lépreux et ont été confondus avec ceux du prieuré. En vertu des arrêts susdits, M. de Marcilly, commandeur de Caen, avait été mis en possession du quart des biens et revenus dudit prieuré ; lots du 1er juillet 1683, par le lieutenant général de Bayeux ; cependant, ledit établissement, soutient Besnier, était, non une maladrerie, mais un véritable bénéfice desservi par un prieur et 4 religieux. L'édit de 1693 ayant rendu aux titulaires des bénéfices les biens unis depuis 1672 à l'ordre de St-Lazare, il a demandé à rentrer en possession. Le procureur général de la Commission établie pour l'exécution de l'édit de mars 1693 disait qu'il est certain que, de tout temps, il y a eu des lépreux dans ladite maison, et qu'on y avait attaché des biens très considérables en leur faveur. Bien qu'ils aient été confondus avec ceux du prieuré, il semble juste de faire une distraction du quart du revenu pour tenir lieu de la part qui pouvait appartenir à la maladrerie ; la cessation de la lèpre n'empêche pas que les pauvres n'en doivent profiter, puisque la charité a été le motif des fondateurs ; les directeurs de l'hôpital et Maison-Dieu de Bayeux rappellent que Henri II, roi d'Angleterre, y a fondé 20 places de lépreux, et demandent l'envoi en possession du quart. Parmi les pièces visées : sentence du bailliage de Caen du 18 septembre 1373, rendue entre l'évêque de Bayeux et le procureur du Roi audit bailliage, à cause de la présentation audit prieuré ; actes de 1518 et 1532 de représentation, par René de La Barre et Christophe de La Barre, successivement prieurs, des lettres de provision à eux accordées ;

visa de l'évêque de Bayeux en 1579, sur provisions en Cour de Rome en faveur de Jean *Tibergean*, sur résignation de Philippe du Moncel, prieur commendataire ; en 1599, résignation par Jean Du Châtel audit prieuré, et collation à Jean Dorier ; provisions accordées par l'évêque, en 1617, à Mathurin Aubin, sur résignation de Charles Salmon ; provisions de Cour de Rome en commande au profit de Louis d'Angennes, en 1625 ; brevet du Roi du 14 mars 1654, donnant à Charles de la Mare ledit prieuré conventuel et électif, vacant par la mort de Charles Aubry, à charge de 400 livres de pension au profit d'Honoré Raibault. Suivent de nombreuses analyses d'actes concernant ledit prieuré (1695). — Procédure au bailliage de Bayeux entre les religieuses de la Miséricorde établies en l'Hôtel-Dieu de Bayeux, ayant l'administration du bien et revenu des pauvres malades, et le prieur de St-Nicolas-de-la-Chesnaye, pour paiement desdites 300 livres de rente. Ordre de Fontaine, receveur dudit prieur, à Yves Poisson et ses associés, de payer à Dubois, procureur et receveur des pauvres, la somme de 300 livres de rente, plus les frais faits (1735). — Mémoire informe demandant l'union, en faveur des religieuses et de l'Hôtel-Dieu, d'une ancienne maladrerie de Bayeux, sous l'invocation de St-Nicolas, abandonnée depuis longtemps à des religieux dits de la *Bandelette* ; n'ayant que deux religieux, elle est dans le cas d'être supprimée, aux termes de l'édit de mars 1768. La ville s'opposa au projet formé il y a quelques années de l'union à la fabrique de la cathédrale, et qui fut abandonné. Elle demande aujourd'hui l'union à la communauté et à l'Hôtel-Dieu, en prouvant le don des biens de la maladrerie fait originairement aux pauvres. Le titre de bénéfice tomberait ainsi, et le Roi pourrait en disposer sans le concours de la juridiction ecclésiastique. L'Hôtel-Dieu a été récemment chargé des enfants trouvés ; il a continuellement 70 malades ; les troupes y envoient les leurs. Le couvent n'a que 16,947 liv. 10 s. de revenu, tant foncier que casuel. La communauté est composée de 45 personnes ; la dépense, tant d'entretien et de subsistance que d'acquit de charges et dettes particulières, monte annuellement à 23,800 l. 6 s. 6 d. Ainsi, cette malheureuse maison a près de 7,000 livres de revenu de moins qu'il ne faudrait. La dépense de l'Hôtel-Dieu est augmentée d'environ 5,000 livres par an depuis qu'on l'a chargé des enfants trouvés. Ce surcroît a forcé les administrateurs à supprimer plusieurs lits de malades, etc. — Lettres patentes données à Versailles en décembre 1696, unissant à l'Hôtel-Dieu de la ville de

Bayeux, en conformité de l'arrêt du Conseil du 16 décembre 1695, les biens et revenus de la maladrerie de Ste-Catherine de la ville de Bayeux, de la maladrerie de la Madeleine de Vaucelles, de la maladrerie de St-Clair de Pierre Solain et chapelle en dépendant, de la maladrerie de la Madeleine d'Isigny et chapelle en dépendant, et de 300 livres de redevance annuelle exempte de toutes charges dont est chargé le prieur du prieuré de St-Nicolas-de-la-Chesnaye (1696), copie collationnée par Lemouette, notaire à Bayeux, à la requête des administrateurs des hospices stipulés par Pierre Lafosse (an XIII).

H. Suppl. 500. — A. 3. (Cahier.) — Moyen format, 4 feuillets, parchemin.

1239-1277. — Fragment du Cartulaire. — F° 1. « La disme de Oistreham le Perrouz. » Cf. liasse B. 68, les originaux. — F° 3 v°. « La disme de Veret. »

Vente par *Robertus dictus Ambont* aux *priori et confratribus domus Dei Bajocensis*, moyennant 12 livres tournois, de toute la dîme qu'il avait *in territorio et parrochia de Ver juxta Formengneium, in feodo Thome de Louveriis et Roberti de Louveriis, in qua decima predicti prior et confratres dicte domus percipiebant antea tresdecim quarter. ordei et unum quarter. frumenti annui redditus, de vendicione dicti Thome de Louveriis, armigeri* (1277, avril). — Vente par *Guillermus de Mollis et Johanna, filia Jordani dicti Ambont, uxor dicti Guillelmi*, à la Maison-Dieu, d'un quartier d'orge *ad mensuram de Veret*, sur la dîme que tenait *Robertus dictus Ambont* (1277, *die mercurii post Quasimodo*). — Vente par *Thomas de Louveriis, armiger*, de 13 quartiers d'orge et 1 quartier de froment audit lieu, à percevoir par la main de *Robertus dictus Ambont, de Ver, ratione cujusdam decime de feodo meo, videlicet duarum garbarum quam de me tenet feodaliter...* (Incomplet).

SÉRIE B.

Titres de propriété : donations, échanges, acquisitions. — Terres, maisons, cens, rentes. — Registres concernant les biens, les revenus, les droits utiles de l'établissement, baux. — Pièces de procédure, mémoires, etc.

II. Suppl. 561. — B. 1. (Liasse.) — 14 pièces, parchemin ; 37 pièces, papier.

1418-1785. — Biens et droits. — Aveux rendus au Roi par les prieur et frères de l'Hôtel-Dieu, de fiefs sis paroisses de Ste-Suzanne, près St-Lô, Arganchy, Subles, St-Georges du Bosq d'Elle, de la vavassorie sise à Longuerée, appelée le fief de Guéron (1418). — Adjudication faite par Olivier de Brunville, écuyer, lieutenant général du bailli de Caen, des récoltes sur biens appartenant à l'Hôtel-Dieu, requise par Jean Artur, écuyer, lieutenant en la vicomté de Bayeux, Jean Lambert, écuyer, sieur du Fresne, et Guillaume du Hoterel, écuyer, sieur de Longueville, gouverneurs et administrateurs dudit Hôtel-Dieu (1561). — Placard imprimé contenant l'arrêt de la Cour de Parlement permettant sur la requête présentée par Guillaume Du Chastel, prieur, Mathieu Raoult, chanoine de l'église collégiale de St-Nicolas de Bayeux, et Gervais Verard, avocat en Cour laie, gouverneurs de l'Hôtel-Dieu, aux prieur, gouverneurs, administrateurs et receveurs dudit Hôtel-Dieu, de sommer par huissier et sergents tous leurs débiteurs et redevables, en raison des pertes occasionnées aux archives par les troubles (1572). Lecture dudit arrêt faite aux assises de Bayeux, tenues par Jean Vauquelin, écuyer, sieur de La Fresnaye-au-Sauvage, lieutenant général du bailli de Caen, à la requête dudit Guillaume Du Chastel (1572). — Copie de la main levée accordée par les commissaires députés par le Roi, de la saisie du revenu temporel de l'Hôtel-Dieu, mis en la main du Roi faute d'en avoir fait la déclaration (1573), ladite copie collationnée par Jean Lamy, docteur en Sorbonne, prieur commendataire et administrateur de ladite maison (1674). — Copie de l'adjudication des biens appartenant aux pauvres, de tant qu'il en a été délaissé par feu Jacques de Marconest, prieur de la Maison-Dieu, par concordat mis aux mains des religieux pour la subvention et nourriture des pauvres : dîmes d'Étreham, Bazenville, Ver, tripot et halle à blé, terres à St-Patrice, St-Ouen des faubourgs, St-Vigor-le-Grand, St-Loup, St-Exupère, Fontenay-le-Pesnel, Subles et Agy, Ranchy, Meuvaines, Vaux-sur-Seulles, faite par Pierre Suhard, écuyer, sieur de Saint-Germain, lieutenant général, sur la requête de la supérieure des religieuses de la Miséricorde établies en l'Hôtel-Dieu, en présence du procureur du Roi et de Guérin Dubosq, procureur des religieuses (1649), ladite copie collationnée par Nicolle, sergent dudit Hôtel-Dieu (1666). — Soumission de Philippe Nicolle, sergent, envers la supérieure de l'Hôtel-Dieu, chargée de recevoir le bien et revenu des pauvres de ladite maison, de faire payer lesdits bien et revenu (1665). — État et déclaration du bien de l'Hôtel-Dieu, déclaré en 1674 par Lamy pour satisfaire à l'arrêt du Conseil d'État de 1673 : le fief de la Conardière, sis à Ste-Suzanne près St-Lô, le fief Castel à Arganchy, le fief de Guéron à Longraye, dîme de Trévières, rente sur Étienne Hue, prieur de Berrolle, terres à Couvert, Guéron, Subles, Ranchy, Meuvaines, Fontenay-le-Pesnel, Formigny, etc., Bayeux, le fief Botin à St-Exupère, etc.; charges ordinaires: nourriture, linge, chemises, médicaments pour les pauvres malades reçus à l'Hôtel-Dieu où il y a 36 lits ; les malades sont servis par les religieuses hospitalières, auxquelles on a donné logement et jardin dans les dépendances de l'Hôtel-Dieu ; pensions du prieur, de 6 religieux, d'un novice ou clerc, qui chantent tous les jours l'office canonial, administrent les sacrements aux malades, etc.; gages du procureur commis à faire la recette, 300 livres ; un valet pour servir les pauvres malades, etc. Main levée accordée à Jean Lamy, docteur en Sorbonne, administrateur de l'Hôtel-Dieu, de la saisie du revenu temporel de ladite maison, faute d'en avoir fourni déclaration (1674). — Extraits des baux et adjudications du bien et revenu de l'Hôtel-Dieu (1675). — Déclaration et dénombrement donnés au Roi et à la Chambre des Comptes de Normandie, par Olivier du Quesnay, directeur de l'Hôtel-Dieu et supérieur du séminaire, du revenu temporel du prieuré de St-Jean l'Évangéliste, employé tant à la subsistance des pauvres de l'Hôtel-Dieu qu'à celle du séminaire (1697). — Mémoire concernant l'administration des revenus de l'Hôtel-Dieu : il y a 45 pauvres malades et blessés ; sans un prompt secours, il en faudra supprimer au moins 25 (1720). — Requête à l'évêque sur le prix excessif des vivres et le renversement de la meilleure partie de son bien en 1720, par le remboursement des billets de banque et des rentes hypothéquées : on a perdu plus d'un tiers ; ce qui reste a été converti en rentes au denier 50 sur les tailles ; l'hôpital manque de fonds pour ses provisions. — Modèles de déclarations à faire par les bénéficiers et gens de main morte ; déclaration faite par les administrateurs des pauvres valides et malades des deux Hôtels-Dieu de Bayeux, stipulés par de Pierre et Tavigny, leurs receveurs, pour être lue issues des hautes messes de St-Exupère et de St-Vigor près les murs, où sont situés lesdits Hôtels-Dieu (1761). — État du revenu de l'Hôtel-Dieu en 1782. — Extrait du mémoire souscrit par l'évêque et l'abbé d'Audibert, supérieur de la maison, en 1785 : les biens fonds, rentes, etc., se montent à 7,760 livres 18 sols, dont les charges sont de 183 livres 6 sols 2 deniers ; les pensionnaires donnent un revenu annuel de 7,646 livres 12 sols, les decimes, honoraires des chapelains, médecins, chirurgiens, gages des jardiniers, 2 servantes, 2 tourières et 2 fileuses, 1,757 livres 6 sols ; dépense ordinaire de la sacristie, 350 livres ; dépenses ordinaires en comestibles, boissons et froment, 13,100 livres ; bois, charbon, chandelles, huile à brûler, 3,500 livres ; entretien de linge, habits, voiles et mercerie, 2,500 livres par an ; apothicairerie, 400 livres ; réparations annuelles, 2,000 livres, etc. — Lettre adressée au maire par la sœur Banville de St-Pierre, supérieure, la sœur Le Rouge de Ste-Pélagie, assistante, et la sœur Delleville de St-Maur, dépositaire des pauvres, exposant l'état de souffrance de la maison, par suite des charges dont on augmente tous les jours le nombre ; le 28 septembre 1781, la dépositaire, entrant en charge, trouva l'établissement chargé de la subsistance de 58 malades, 3 domestiques gagés, 1 garde pour les maladies contagieuses reléguées au petit hôpital, 43 enfants exposés, plus 89 qui sont entrés depuis ; les uns ont plus ou moins vécu, mais il en reste encore 75 sur 132 ; il a été déboursé pour eux, depuis 22 mois, sans compter les linges, langes et farines, 5,181 livres 19 sols 9 deniers ; cependant le revenu entier de la maison n'est que de 6,000 livres, outre le froment à peine suffisant à la consommation annuelle ; le sel octroyé ne sert que pour 4 mois, et il faut l'acheter le reste de l'année à près de 10 écus le boisseau ; on ne peut faire les réparations ; l'hôpital ne peut subsister ainsi, etc.

H. Suppl. 562. — B. 2. (Cahier.) — Moyen format, 7 feuillets, papier.

1720. — Biens et droits. — Mémoire pour les religieuses hospitalières de Bayeux, établies sous le titre de la Miséricorde de Jésus, par lettres patentes sous le règne de Louis XIV et de la Reine régente, données au mois de novembre 1643. Leur revenu consiste en biens fonds situés paroisses de Cotton et de Vaux-sur-Aure, s'élevant à 2,525 livres, en rentes foncières, 628 livres 10 sols, sur le trésor royal, pour pensions de 2 religieuses nouvellement converties, 400 livres, et en rentes hypothéquées au denier 28, 347 livres 17 sols 10 deniers. Avant la réduction des rentes hypothéquées, la communauté en possédait pour 1391 livres 17 sols 4 deniers ; le produit des amortissements s'élève à 19,316 livres 5 sols, qui ont servi à rembourser les rentes dues par les religieuses, ainsi que diverses sommes empruntées sans intérêt à des personnes charitables. La communauté est composée de 50 religieuses professes et d'une novice ; la dépense annuelle d'une religieuse est ordinairement de 120 livres, mais le prix excessif des vivres l'augmente au moins de 20 livres. Les charges totales s'élevant à 2,004 livres 7 sols : aux confesseur et chapelain, 300 livres, aux médecin et procureur, 100 livres, un valet, jardinier et tourières, 103 livres, capitation, 80 livres, etc., il reste seulement 1,951 livres 10 deniers, qui donnent 39 livres par chaque religieuse, non compris le valet et les 2 tourières. Il aurait été impossible avec si peu de revenu de faire subsister 50 religieuses, sans employer en provisions de bouche la dot des filles reçues à profession, et même sans les prêts charitables qu'elles ont reçus et sur lesquels elles ne peuvent plus compter, car les remboursements faits en billets de banque ont mécontenté les prêteurs. A ces difficultés viennent s'ajouter la diminution des revenus et l'augmentation des dépenses. D'un autre côté, les religieuses, occupées jour et nuit au soin des malades et à la gestion de leurs biens, sans obligation de leur part, ne peuvent retirer aucun bénéfice du travail auquel elles pourraient se livrer. Leurs dettes proviennent de la diminution de leur revenu, des emprunts de 3,000 livres qu'elles sont obligées de faire chaque année pour pouvoir subsister, des taxes considérables qui leur sont imposées pour les droits d'amortissement, treizièmes, etc., dus au Roi et aux seigneurs. Elles espèrent que le Roi et le Régent voudront bien pourvoir à leur subsistance, pour qu'elles puissent continuer leurs soins aux pauvres malades. — Mémoire pour les pauvres malades de l'hôpital de Bayeux. Cet hôpital, commencé par Guillaume Ier, duc de Normandie, fut continué et achevé par *Robert Ableges*, évêque de Bayeux, qui en augmenta les revenus. Le Roi Louis VIII lui donna la halle à blé et un denier sur chaque boisseau de blé vendu. Cette donation fut confirmée par Saint-Louis, Philippe, son fils, et plusieurs autres rois. La plupart des titres ayant été brûlés par les Calvinistes et dans les guerres civiles, on ne retrouve plus les lettres patentes de fondation de cet établissement. Il a été longtemps gouverné par des prieur et des religieux ; il l'est maintenant par des religieuses hospitalières, auxquelles l'administration en a été confiée par l'évêque de Bayeux. Le revenu consiste en rentes de froment qui suffisent pour faire le pain des malades et des passans ; le surplus du revenu des pauvres est de 3,129 livres 13 sols 2 deniers, provenant de la halle à blé et de mennes dîmes, de rentes foncières et hypothéquées, et de 316 boisseaux d'orge. Avant la réduction des rentes, l'hôpital jouissait de 2,169 livres de rentes hypothéquées ; la plupart ont été amorties, sauf 928 livres 14 sols 10 deniers qui ne tarderont guère à subir le même sort. Les capitaux remboursés, s'élevant à 20,058 livres 18 sols 9 deniers, ont servi en partie à amortir des rentes dues par l'établissement. Il reste encore 16,308 livres 18 sols 9 deniers, tant en billets de banque qu'en espèces. Les charges de l'Hôtel-Dieu consistent en : gages d'un procureur, 200 livres, d'un valet pour les hommes malades, 50 livres, et d'une lessivière, 20 livres. Les autres charges sont 36 boisseaux de froment pour les procureur, médecin, chirurgien et gardien des pauvres passants et pour le bureau des valides, plus 1,648 livres 17 sols 6 deniers, pour rentes annuelles et viagères, pour les enfants exposés, pour les réparations de l'hôpital, halle à blé et autres maisons, et pour l'autel de la salle des malades. Il y a actuellement 45 malades à l'hôpital. La dépense ordinaire d'un pauvre, par an, était de 110 livres, mais actuellement elle ne s'élève pas à moins de 130 livres, à cause du prix excessif des vivres et denrées. Le revenu total de l'Hôtel-Dieu est de 3,136 livres 13 sols 2 deniers, ses charges de 1,648 livres 17 sols 6 deniers d'où il reste seulement aux pauvres, sans comprendre le blé qui sert à faire leur pain, 1,480 livres 17 sols 8 deniers pour la nourriture de 45 pauvres et des enfants exposés jusqu'à l'âge de 7 à 8 ans, et non compris les pauvres de la ville et de la campagne « qui y abondent pour se faire penser ». On n'aurait pu conserver le nombre de 45 lits avec ce modique revenu, si les religieuses n'avaient contribué par leur travail à diminuer la dépense et à supprimer les gages que l'on donnait auparavant à des administrateurs. Elles font gratuitement le ménage des pauvres, leurs chirurgie, pharmacie, remèdes, boulangent le pain, etc., etc., ce qui produit une épargne de plus de 1,000 livres par an. « L'on a conservé jusques à présent le nombre de « 45 lits, dans l'espérance d'un prompt secours. L'on « ne peut plus se dispenser d'en retrancher au moins « 20 pour pouvoir secourir les autres et fournir le très « nécessaire. »

H. Suppl. 553. — H. 3. (Liasse.) — 4 pièces, papier.

1717-1724. — Biens et droits. État général du bien et revenu des pauvres malades de l'Hôtel-Dieu pour l'année 1717 : 9,332 livres 15 sols 1 denier, 1,163 boisseaux 2/3 12/16 de froment, 436 boisseaux 1/3 8/16 d'orge, 22 chapons, 55 poules 2/3, 4 poulets, 40 œufs, 4 canards ; dépenses : 9,979 livres 8 sols 8 deniers, 1,464 livres 2/3 13/16, 436 boisseaux 1/3 d'orge, 22 chapons, 55 poules 2/3, 4 poulets, 40 œufs, 4 canards ; lesdits états arrêtés en 1718 par les vicaires généraux de l'évêque, les lieutenants et gens du Roi au bailliage, et les religieuses. — État informe de l'hôpital des pauvres malades, indiquant que le revenu est de 3,756 livres 1 sol 4 deniers, sans compter les grains, et les charges sont, en argent, de 1,345 livres 3 sols 9 deniers, et en froment de 35 boisseaux. — État en 1724 de l'Hôtel-Dieu, résumant le nombre de malades, le revenu, les charges annuelles, ordinaires, cens et rentes, les dépenses pour nourriture, remèdes et entretien des pauvres : revenu, charges payées, 2,210 livres 17 sols 7 deniers et 102 boisseaux 1/3 et 1/4 de froment et 316 boisseaux d'orge ; la dépense est bien supérieure par suite de la cherté des denrées, qui sont appréciées : viande 4 sols la livre, beurre 9 sols, 1 pièce de vin 120 livres, 23 tonneaux de cidre à 40 livres chaque, 100 bûches, 20 livres, 100 fagots 35 livres, la somme de charbon 6 livres, le suif 8 sols la livre, le boisseau de cendre 30 sols, le cent de paille 10 livres, le pot d'eau-de-vie 30 sols (1724).

H. Suppl. 554. — B. 4. (Registre.) — Moyen format, 126 feuillets, papier.

1703. — Biens et droits. — « Estat du bien et revenu « appartenant aux pauvres mallades de l'Hostel-Dieu « de Bayeux, tiré des archives où sont les lettres et « escritures dont mention est pareillement faitte sur « sur chacque article, et le présent faict et dressé « à la dilligence des dames supérieure et relligieuses « hospitalières dudit Bayeux, administratrices desdits « pauvres mallades. » La succession de Contest Cailly, contrôleur au grenier à sel, 4 boisseaux de froment, suivant plusieurs titres, notamment sentence du bailliage de Caen du 13 mars 1658 ; ladite rente se paie par Jean Guillebert, écuyer, sieur de La Croix, adjudicataire des biens Cailly ; 10 boisseaux de froment, 20 sols et 1 chapon de rente foncière, aux paroisses de St-Vigor-le-Grand et Vaux-sur-Aure, sur Michel Hermerel, écuyer, sieur de Vaux, vicomte de Bayeux, fils de Michel Hermerel, sieur de Secquemont, à Nonant, rente sur héritages enclavés dans la terre de Damigny, possédés par la duchesse de Vautadon, qui l'a acquise du comte de Saint-Geran, héritier du seigneur de La Palice ; à Sully, Olivier d'Écajeul, écuyer, sieur de Vaux-Saint-Gilles ; à Fresney-le-Crotteur, M. de Seignelay de Creully ; Antoine Malherbe, écuyer, sieur de La Boissellière, héritier, à cause de sa femme, du sieur de Bonnier, à cause de maison et héritages sis à Campigny. — Rentes foncières dues à cause des maladreries unies à l'hôpital. St-Vigor-le-Grand et St-Exupère. 300 livres de rente sur le revenu du prieuré de St-Nicolas de la Chesnaye de Bayeux, données aux pauvres par lettres patentes de décembre 1696 ; 170 livres de rente foncière due par Michel de Rost, écuyer, sieur de La Madeleine, procédant de fieffe des héritages et rentes dépendant de la chapelle et maladrerie de la Madeleine d'Isigny, suivant contrat de 1702 ; 100 sols de rente foncière due par Richard Le Lorier, sieur de La Richardière, pour fieffe d'une acre de terre sise à Cussy, dépendant de la maladrerie de la Madeleine de Vaucelles ; héritages unis à l'hôpital dépendant de la maladrerie de St-Clair de Pierre-Soleil : 7 vergées 1/2 de terre en la paroisse de Ryes, delle de desous Pierre Soleil, et 1 herbage sis audit Ryes ; maladrerie de la chapelle Ste-Catherine, pour laquelle Mlle de Landeville Gilles doit 20 livres de rente suivant sentence rendue en la Chambre royale de l'Arsenal, le 8 août 1685. — Rentes hypothéquées : la comtesse de Bricqueville ; Jean-Baptiste Robbes, écuyer, sieur de Gosnon, fils de Jean-Baptiste Robbes, écuyer, sieur des Vallées, à Mandeville ; d[lle] Madeleine Lucas, veuve de Magloire de Bailleul, sieur de Cachy, à St-Sauveur ; Antoine Poirier, écuyer, sieur de Probail et de Lingèvres, à St-Malo ; Jean Tulloup, avocat en l'Élection, à Ellon ; Henry de La Cour, écuyer, sieur de Mesleville ; Jean de Bricqueville, écuyer, seigneur de Bretteville. — « Rentes et revenus des presches et « personnes de la religion prétendue reffermée de « Vaucelles, données et aumosnées par le Roy aux « hospitaux en tant que de ce qui en appartient aux « pauvres mallades. » Pour la conservation desd. rentes, il y a 6 pièces d'écritures : sentence rendue en bailliage à Bayeux le 30 septembre 1684, autre sentence du 7 octobre 1684, mémoire ou état du revenu des prêches, double des partages des rentes des prêches, du 19 oct. 1684, requête des hospitalières pour être saisies des papiers, inventaire des pièces mises aux mains des religieuses ayant l'administration du bien des pauvres, du 27 octobre 1684. Rentes provenant du prêche de Vaucelles : Tour ou Cottun, Pierre de La Rivière, écuyer, sieur du lieu, 4 l. de rente de la donation du sʳ de La Rivière aud. prêche, par contrat passé devant les tabellions de Bayeux le 17 juillet 1633, et reconnu par François de La Rivière, écuyer, par autre contrat du 3 octobre 1657, titre nouveau du 25 février 1669; il y avait en outre 30 l. de rente due par le sʳ de La Rivière, qui ont été amorties ; *Coullombières*, 100 l. de rente par la succession de César de Bricqueville, seigneur de Chemilly, Laurent Regnauld, Clément Le Terrier et Jean Daon, suivant le contrat de constitution au profit du Consistoire de Vaucelles, passé au tabellionage de Bayeux le 6 juillet 1637 ; Anne Cornet, écuyer, sieur de Belle-Fontaine, s'est rendu principal répondant par contrat passé devant les tabellions de Vaucelles le 14 novembre 1660 ; Surrain, par la succession de Jacques de Surrain, curé d'Arganchy, 67 s. de rente; St-Sauveur, Pierre Escolasse, 12 l. de rente foncière sur une maison aud. lieu, à lui fieffée par Jacob Hue, écuyer, sieur de Montégu, par contrat de 1672, transportée par lui au Consistoire de Vaucelles par contrat passé au tabell. de Bayeux le 8 mai 1678, pour demeurer quitte d'une rente due au Consistoire par Jacques Hébert, écuyer, sieur du Quesné, dont led. de Montégu avait acquis des héritages ; les créanciers dud. de Montégu se sont fait adjuger cette rente ; Thomas du Bousquet, écuyer, sieur de La Ferrière, 30 l. de rente, tabell. de Vaucelles, 14 nov. 1660 ; Bazenville, la veuve du sieur de Marcelet Le Héricy, fille et possédant les immeubles de Jacques de Magneville, écuyer, pour fondation de Michel de Magneville, écuyer, au tabell. de Bayeux, 8 novembre 1603, reconnue aud. tabell. le 29 janvier 1638, plus pour fondation dud. Jacques, passée au tabellionage de Vaucelles le 26 mars 1662 ; Campigny, Jean Meslin, écuyer, sieur de Campigny, fils Louis, fils Jean, pour donation de Jean et Louis Meslin, écuyers, sieurs du lieu, Thomas Meslin, écuyer, sieur de Saint-Loup, Isaac Lescalley, écuyer ; Mosles ; Crouay; Tour ou Cottun ; Russy ; Argouges-sous-Mosles ; Isigny ; St-Sauveur, héritiers de Marie Des Mares, veuve de Jacques Du Vivier, écuyer, sieur de Crouay ; Saint-André ; Barbeville, Jacques du Bousquet, écuyer, sieur de Vienne, héritier de Pierre du Bousquet, écuyer, sieur de La Mutte, son père, 6 l. de rente d'ancienne constitution, suivant l'état des ministres du Consistoire de Vaucelles, délivré à Mᵉ Jacques Sanxon, du 12 août 1680, et les lots faits entre les pauvres malades et les pauvres valides le 19 octobre 1680 ; autre rente de 11 livres comme héritier des sieurs de Gaslon, suivant le contrat de donation fait par dˡˡᵉ Françoise Fresnel, veuve de Pierre de Gaslon, sieur de La Mutte, Louis de Gaslon, sieur de La Mutte, et Jean de Gaslon, frères, par contrat passé devant les tabellions de Bayeux le 7 novembre 1604 ; Herils, Jean de La Rivière, sieur du lieu ; Saint-Malo, héritiers de Pierre de La Rivière, écuyer, sieur de Crèvecœur, etc. — Rentes du Consistoire ou prêche de Trévières ; il y a une sentence pour maintenir les pauvres à la perception desd. rentes, rendue en bailliage le 4 septembre 1685, etc. Aignerville : Guillaume de La Vayerie, écuyer, seigneur du lieu, 24 l. de rente de la fondation de Guy de La Vayerie, seigneur du lieu, et de Jeanne Cornet, par contrat passé au tabellionage de Cerisy, pour le siège de Trévières, le 6 mars 1645 ; Le Breuil, Marie-Anne d'*Autheville*, héritière de Jacques de Béchevel, écuyer, sieur du Carnet, led. Jacques héritier de Philippe de Béchevel, écuyer, sieur de La Motte et Blagny, 31 l. 1 s. 4 d. en deux parties, la première donnée au prêche de Trévières par Catherine de Béchevel, veuve d'Isaac de Carnet, écuyer, sieur du lieu, s'élevant à 28 l. 11 s. 4 d., par contrat passé devant les tabellions de Caen le 12 juillet 1640, et la seconde montant à 22 l. 10 s. de la constitution de Philippe de Béchevel, écuyer, sieur de La Motte, par contrat de 1667 ; Rubercy, M. de Saint-Éloi Damours, héritier de Jean Damours, écuyer, sieur de Saint-Éloi, 10 l. de rente de la donation dud. Jean, par contrat passé devant les tabellions de la sergenterie de Cerisy le 24 septembre 1610 ; Longueville, Florence de La Basonnière, veuve de Robert Du Jardin, François et Pierre Du Jardin, ses enfants, 20 l. de rente, suivant le contrat de titre nouveau de lad. demoiselle, passé devant les tabellions de la sergenterie des Vez le 28 mars 1661, au profit de Charles d'Aigneaux, écuyer, transporté par Jacob d'Aigneaux, écuyer, sieur de La Fresnaye, à Nicolas Vaultier, écuyer, sieur de Danmartin, par contrat de 1673, et par lui au Consistoire de Trévières par contrat passé devant Lanquelot, notaire à Formigny, le 17 juin 1678 ; Trévières, Jean Vimont, pour fieffe du *Jardin au Presche*, sis à Trévières, suivant contrat de 1693 ; Oubeaux, Philippe d'Espinoze, écuyer, et dˡˡᵉ Françoise d'Espinoze, fille de Noël d'Espinoze, héritières de Jean et Jacques d'Espinoze, 13 l. de rente de la donation faite par lesd. Jean et Jacques, le 2 mai 1655, devant Le Barbier, tabellion à Isigny, Gédéon de La Basonnière, écuyer, sieur de La Couture, fils de Thomas de La Basonnière, écuyer ; Gédéon d'Espinoze, écuyer, sieur de *Courtausné*, fils de feu Pierre d'Espinoze, écuyer, sieur de Villieux, 8 l. de rente de la constitution dud. de Villieux, par contrat passé à Isigny le 2 mai 1655 ; Le Breuil, héritiers de Jacques de Béchevel, écuyer, héritier de Philippe de Béchevel, écuyer, sieur de La Motte, etc. — Droit de denier à Dieu aux marchés de Bayeux et Trévières et aux foires qui se tiennent dans la vicomté, consistant en 2 deniers *pour chacune beste aumaille et porchine*, et 1 denier pour chacune bête à laine, qui s'y vendent ou achètent, led. droit donné aux pauvres malades de l'Hôtel-Dieu par le roi Henri, suivant la charte de 1363 (*sic*). — Droit de chauffage sur les bois du Roi, 8 cordes de bois du nombre de 24, les 16 autres appartenant aux religieux de l'Hôtel-Dieu, à présent le séminaire ; on reçoit 32 livres pour lesd. 8 cordes. — Tripot, maisons et halle à blé, pour lequel droit de tripot il appartient aux pauvres malades, outre lesd. maisons et halle, un denier par boisseau de blé entrant aud. tripot, de présent affermé à Jean Bidot avec les terres appartenant aux pauvres, compris les dîmes d'Étreham et de Bazenville ; « tiltre « primitif de la donation faite par le feu roy Philippes, « confirmée par le roy Saint Louis et la Reine Blanche, « de l'an mil deux cents saize. » — « Estreham « Le Perreur. » La cinquième gerbe sur la totalité de la dîme, lad. donation de 1239. — Bazenville. « Il « appartient un quart lot de la six° partie de la « dixme », donation de 1339 ; bail de Bosquain, curé, de 1697. — Terres : 2 acres à St-Patrice, 1/2 acre en lad. paroisse, delle de la Cambette, 1 acre aud. lieu, delle des Courtes-Pièces, jouxte le luminaire de St-Maur et les obits de St-Ouen, une pièce de terre à St-Vigor-le-Grand, autres héritages à St-Loup, St-Exupère, Guéron, Fontenay-le-Pesnel, Meuvaines, Subles et Agy, lesquelles terres, avec les dîmes d'Étreham et Bazenville et le droit de tripot et halle à blé, ont été bannies en bailliage à Bayeux le 13 septembre 1698, pour 995 l. 10 sols.

II. Suppl. 565. — B. 5. (Registre.) — Grand format, 177 feuillets, 1 pièce intercalée, papier.

1712. — Biens et droits. — Semblable état du bien et revenu.

II. Suppl. 566. — B. 6. (Cahier.) — Moyen format, 22 feuillets, papier.

1696. — Biens et droits. — Rentes, dîmes et fermages appartenant aux pauvres malades de l'Hôtel-Dieu.

II. Suppl. 567. — B. 7. (Cahier.) — Moyen format, 24 feuillets, papier.

1737. — Biens et droits. — État et mémoire des rentes dues aux pauvres malades de l'Hôtel-Dieu.

II. Suppl. 568. — B. 8. (Liasse.) — 3 cahiers, grand format, 35 feuillets, papier.

XVIII° siècle. — Biens et droits. — États des rentes dues, comprenant le nom des débiteurs, l'indication et la date des titres, l'échéance, la valeur.

II. Suppl. 569. — B. 9. (Registre.) — Moyen format, 53 feuillets, papier.

1686-XVIII° siècle. — Biens et droits. — « Premier « registre des reconnoissances. » « Registra con-« tenant les recognoissances faictes par plusieurs « particulliers des rentes par eux deue aux pauvres « de l'hostel-Dieu de Baieux pour servir de tiltre nou-« veau pour les rentes. » 1686. St-Patrice: Richard Néel, sieur *de Lompars* ; St-Exupère : Guillaume Le Quesne ; Vaux-sur-Seulles : le vicomte de Bayeux, à présent les sieurs de Gruchy, en possession de la terre de Vaux, le sieur de La Haiserie ; St-Germain-de-La-Lieue : le sieur de Fontenailles Barbey, à cause de la d°° de La Dangie, sa femme ; Nonant : le comte de La Palice ; Chouain : Jacques de La Motte, écuyer ; Ellon : les représentants M° Nicolas de Vechy, puis Thomas de Vechy, curé d'Arganchy ; Guéron : M. de Bailleul, procureur du Roi en l'hôtel-de-ville de Rouen ; Ver : le sieur d'Osseville ; Crépon : Jean Le Blais, écuyer, sieur du Quesné ; Tour : les représentants Lambert Lescallé, écuyer, sieur de Grevilly ; Argouges-sous-Bayeux : Pierre Hébert, écuyer, sieur du Prest ; Longueville : Robert de La Cour, écuyer, sieur de Melleville, puis le sieur de Baussy, Regnaud, curé de Longueville ; Martragny : le sieur de Brieux, acquéreur de la terre de Martragny ; Fresney-le-Crotteur : l'évêque de Bayeux, les représentants du marquis de Creully ; les Bénédictines de Bayeux, les dîmes d'*Estreham* et de *Bazenville*, la halle à blé de St-Symphorien, Nicolas Fumée, conseiller assesseur à Bayeux, les héritiers de Pierre de La Rivière, écuyer, seigneur de Hérils, Jean-Louis du Bousquet, écuyer, sieur de Vienne, Pierre Crespel, avocat à Bayeux, etc.

H. Suppl. 570. — B. 10. (Registre.) — Moyen format, 51 feuillets, papier.

XVIII° siècle. — 2° registre des « reconnoissances. » — Rentes dues à St-Patrice, la Poterie, St-Loup, St-Symphorien, St-Exupère, Ellon, Guéron, Longues, Crépon, Tour, Campigny, etc., par : les représentants du sieur de Manoury, archidiacre des Vez, Pierre Detemps, par fieffe de Thomas Binet, curé de Monceaux, par contrat de 1722, le trésor de St-Loup, Michel Bonnemie, sieur des Préaux, conseiller assesseur au bailliage de Bayeux, Gabriel Coulard, sieur de Bronville, conseiller assesseur à Bayeux, Lefort, chanoine de St-Laurent, Julien Foliot, fils Sébastien, sieur de Pouligny, Thomas Ridel, pour 4 boisseaux de froment affectés sur une pièce sise à St-Vigor-le-Grand, en possession des religieux de St-Vigor, Guillaume de Percaval, écuyer, sieur du Bouillon, le chevalier de Bailleul, le sieur de La Vauterie Vitard, enquêteur, M. de Langrie Le Roux, Madeleine Hodierne, héritière de Pierre Hodierne, curé de Houtteville, Pierre-Jacques Le Bas de Cambes, chanoine de Froide-Rue en l'église cathédrale N.-D. de Bayeux, héritier de feu Jacques Le Bas, curé de Brécy, les Bénédictines de Bayeux, d°" Marie Poirier, veuve de Pierre-Alexandre Dubois, sieur du Saussay, procureur du Roi au bailliage et siège d'Alençon, héritière de Nicolas Lucas, écuyer, sieur d'Osseville, etc.

H. Suppl. 571. — B. 11. (Liasse.) — 1 pièce, parchemin.

1422. — Aiguerville. — Reconnaissance devant Jean Desmaires, tabellion à Bayeux, par Rogier Allez, de Longueville, de la fieffe à lui faite par Henry Duhamel, prieur de la Maison-Dieu de Bayeux, et les religieux, des biens et rentes qui furent à Robert Cadot, assis tant à Aiguerville qu'aux environs, moyennant 6 boisseaux de froment de rente. Thomas Cornet, commis par justice à la garde du scel des obligations de la vicomté de Bayeux.

H. Suppl. 572. — B. 12. (Liasse.) — 4 pièces, parchemin ; 1 pièce, papier.

1455-1675. — Arganchy. — Déclaration faite aux gens des comptes du Roi, par les prieur et frères de la Maison-Dieu de Bayeux, d'un quart de fief de chevalier, sis en la paroisse d'Arganchy, noblement tenu à cour et usage, à eux donné par Henry Castel pour la substantation des pauvres, à charge d'une messe du St-Esprit par semaine à perpétuité (8 février 1454). — Aveu rendu au Roi par les prieur et frères de la Maison-Dieu dudit quart de fief (1540). — Décharge accordée par Anne Leblanc, seigneur de La Croisette, gouverneur de la ville et château de Caen, à Jean Lumy, docteur en Sorbonne, prieur commendataire de l'hôpital et Maison-Dieu de Bayeux, de la somme de 150 livres, montant de la taxe de ladite maison, pour la dispense du ban et arrière-ban, pour le fief Castel, sis à Arganchy (1675).

H. Suppl. 573. — B. 13. (Liasse.) — 11 pièces, parchemin ; 2 pièces, papier.

1245-1647. — Argouges. — Confirmation par *Nigellus Le Veneor* de l'aumône que fit *Sanson de Foumuchon* à la Maison-Dieu de Bayeux de pièces de terre que ledit Samson tenait de lui en fief sous le revenu de 2 deniers tournois que led. aumôna à ladite maison avec l'hommage et tout droit qu'il y avait, lesdits fonds sis *in territorio de Algoges* (1245, juin). — Fieffé par les religieux de l'Hôtel-Dieu à Jean de Beaulieu, d'Argouges, de 6 vergées de terre sises audit lieu (1408). — Remise faite devant Jean Desmaires, tabellion à Bayeux, par Jean de Beaulieu aux prieur et frères de la Maison-Dieu de Bayeux desdites 6 vergées de terre sises à Argouges (1421, v. s.). — Vente par Thomas Le Petit, de Russy, de rente à prendre sur ses biens (1572). — Transport devant Jean Gisle et Richard Néel, tabellions en la sergenterie de Tour, par Balthazar Le Courtois à Louis Hélyes, sieur de La Catherie, de 67 sols 6 deniers de rente (1606). — Transport devant Charles Le Sénéchal, écuyer, et Jean Fontaine, tabellions au siège de Vaucelles, par Jean Helyes, sieur de La Catherie, à Pierre Bertrand, procureur stipulant ceux de la religion réformée en l'église recueillie à Vaucelles, de 67 sols 6 deniers à prendre sur Thomas Le Petit, de Russy (1623). — Quittance donnée devant Noël Le Savoureux et Augustin Mahout, tabellions à Bayeux, par Pierre Bertrand, stipulant ceux de la religion prétendue réformée, représentant le droit de Jean Hélyes, écuyer, sieur de La Catherie, à Roulland Yver, héritier de Thomas Le Petit, de la somme de 67 sols 6 deniers (1624). — Fieffe devant Pierre Lesueur, tabellion au siège de Vaucelles près Bayeux, et Pierre Gisle, ex-tabellion en la sergenterie de Tour, pris pour adjoint, par Guillaume Yver, de Mosles, à Jacques de Surrain, prêtre, curé d'Argouges-sous-Mosles, de maison et jardin sis aud. Argouges, moyennant 15 livres de rente (1644).

— Vente faite à Argouges, du consentement des parties pour éviter les frais, sur Jacques de Surrain, écuyer, curé du lieu, d'un plat d'étain exécuté suivant l'assignation à lui baillée à la requête de Pierre du Bousquet, écuyer, sieur de La Mutte, commis receveur des deniers dus à l'église réformée de Bayeux pour arrérages dus par ledit curé, représentant Roulland Yver (1647).

H. Suppl. 574. — B. 14. (Liasse.) — 2 pièces, parchemin ; 57 pièces, papier.

1466-1728. — Asnières. — Reconnaissance devant Alain Hardy et Thomas Artur, tabellions à Bayeux, par Jean de *Bourdeaulx* aux religieux de l'Hôtel-Dieu, d'un boisseau de rente à cause d'une pièce de terre sise à Asnières, dessous les jardins, dont feu Pierre Vautier était tenu envers lesdits religieux en 3 boisseaux de froment (1466). — Extrait du registre journal de la recette du bien de l'Hôtel-Dieu en ce qui concerne les rentes dues à Asnières (1619). — Procédure au bailliage de Bayeux devant Lemercier, lieutenant, entre Jacques de Marconets, prieur et administrateur de l'Hôtel-Dieu, et Michel Le Chevalier, de la paroisse d'Asnières, pour paiement d'arrérages d'un boisseau de froment de rente (1620). — Vente aux namps de Trévières par Bertin Roger, sergent de la Maison-Dieu de Bayeux, d'une vieille assiette d'étain saisie sur Marcel Le Chevalier, à la requête de la supérieure, pour paiement d'arrérages d'un boisseau de froment de rente (1631). — Procédure au bailliage de Caen entre les religieuses de l'Hôtel-Dieu et Marcel Le Chevalier, fils de Michel et de la fille et héritière de Guillaume de Bordeaux, frère de Vigor de Bordeaux (1660-1664) ; assignation commise par Jean Henry, sergent, à la requête de la supérieure de l'Hôtel-Dieu, à Marcel Le Chevalier, pour le paiement de 29 années dud. boisseau de rente (1661). — Sommation faite par Michel Verson, sergent, à la requête de Pierre de La Noë, sergent, à Henry Dubois, procureur en la vicomté, de lui payer la somme de 33 livres 10 sols 6 deniers pour frais faits contre M. de Saint-Rémy, écuyer, en la paroisse d'Asnières, Jean Le Secourable, et autres, à la requête de feu Dubois, receveur des pauvres valides de Bayeux (1727) ; signification faite à la requête de Madeleine Regnault, veuve d'Henry Dubois, procureur au bailliage, de Michel et Henry Dubois, avocat et procureur, aux religieuses hospitalières de l'Hôtel-Dieu, de ladite sommation (1727) ; mémoires et pièces à l'appui (1727-1728).

H. Suppl. 575. — B. 15. (Liasse.) — 6 pièces, parchemin ; 76 pièces, papier.

1243-1668. — Audrieu. — Confirmation par *Willelmus de Audrieu, filius Rogeri de Audreio, quondam militis,* de la donation d'une terre sise *in territorio de Audreio, in loco qui dicitur Moton,* par *Radulfus de Tuito,* aux pauvres de la Maison-Dieu de Bayeux (1243, septembre). — Fieffe devant Thomas Blancet et Geffroy de Pombars, tabellions en la sergenterie de Briquessart, par Girard Noël à Jean Gondouin, d'une maison et jardin sis à Audrieu, moyennant 6 boisseaux de froment, 1 géline et 10 œufs (1485, v. s.). — Accord devant Jean Lemaître et Richard Martin, tabellions à Caen, entre Pierre Denise, prêtre, docteur en théologie, prieur et administrateur de l'Hôtel-Dieu, et Christophe Le Varignon, sieur de Putot-en-Bessin, pour paiement de 6 boisseaux de froment de rente, etc. (1578). — Procédure devant Jean Blondel, écuyer, sieur et châtelain de Tilly, lieutenant particulier civil et criminel au bailliage de Caen, entre la supérieure de l'Hôtel-Dieu et Jeanne Le Lithaire, veuve de Charles Adam, écuyer, sieur de La Fontaine, pour paiement de 4 années de 6 boisseaux de froment, 1 poule et 10 œufs de rente sur biens sis à Audrieu (1630) ; sommations d'audiences et significations de pièces à l'appui, etc.

H. Suppl. 576. — B. 16. (Liasse.) — 41 pièces, parchemin ; 59 pièces, papier.

1617-1780. — Balleroy. — Reconnaissance devant Thomas Bertrand et Michel Thouroude, tabellions en la sergenterie de Briquessard, par Jean Marois, de son testament, par lequel il lègue au trésor de Balleroy 16 sols de rente à charge de célébrer 2 messes (1628). — Remise en droit féodal devant les tabellions au siège de Castillon par Jean de Cabazac, écuyer, à Jean de Choisy, seigneur de Beaumont et de Balleroy, chancelier du Roi, des droits par lui acquis en la succession de Michel Crosnier et Denise Manger, sa femme (1639). — Testament de François Dilaye, reçu par Charles de Baudre, curé de Balleroy, léguant à l'église dudit lieu 70 sols pour 3 messes (1672). — Arrêt du Conseil d'État du Roi ordonnant que les gens de mainmorte fourniront dans un mois la déclaration de leurs biens et revenus (1691) ; déclaration de Laurent-Gabriel Roger, curé de Balleroy, en conformité dudit arrêt, du bien et revenu de sa cure. — Quittances données devant Nicolas Michel, tabellion en la vicomté de Condé-sur-Noireau pour le siège de Balleroy, par Laurent-Gabriel Roger, curé de St-Martin de Balleroy : à Jeanne Lemoigné, veuve de Nicolas de Cabazac, écuyer, sieur du lieu, tutrice de ses enfants, de la somme de 240 livres pour l'amortissement de 20 livres 10 sols de rente de la donation de ladite Jeanne et de son mari, à la confrérie, trésor et obitiers de l'église dudit lieu (1691) ; à Laurent Le Forestier, écuyer, sieur d'Hérouville, de la somme de 100 livres pour l'amortissement de 7 livres 2 sols 6 deniers de rente de la constitution de Martin Philippe de Litteau, au bénéfice de Jean de Choisy, seigneur de Balleroy, par transport de Madeleine de Choisy, veuve du président de Caumartin, héritière en partie dudit seigneur de Choisy, à feu Marin Pichard, curé de Balleroy, et à prendre sur Jacques Le Forestier, écuyer, sieur d'Hérouville (1692). — Quittance donnée par Pierre Gruyn, garde du trésor royal, aux curé et trésor de Balleroy, de la somme de 169 livres montant de la taxe modérée pour droits d'amortissement et nouveaux acquêts (1697) ; autre quittance donnée par Jean Fumée, des 2 sols pour livre desdits droits (1697). — Fieffe devant Nicolas Michel, tabellion à Balleroy, et Mathieu Labbey, sergent, pris pour adjoint, par Joachim Courtemer, marchand à Balleroy, à Jean Guillebert, d'une maison et portion de terre moyennant 20 livres 2 poules de rente (1698). — Fieffe devant Nicolas Michel, tabellion en la vicomté de Condé pour le siège de Balleroy, et Mathieu Labbey, sergent, pris pour adjoint, par Philippe de Méhérenc, écuyer, sieur de Bellefontaine, fondé de François-Timoléon de Choisy, prieur de St-Lô de Rouen, doyen de l'église cathédrale de Bayeux, seigneur de Balleroy et des fiefs du Tronquay, le Vernay et le Parc, à Laurent Roger, curé de Balleroy, d'une portion de terre en pré, côtil et carrières audit lieu (1699). — Constitution devant le même et Martin Hervieu, sergent, pris pour adjoint, par ledit Courtemer, de partie de 8 livres de rente au bénéfice des prêtres et trésor de St-Martin de Balleroy (1708). — Reconnaissance devant Jean Désert, notaire à Balleroy, par Jacques Delaunay, de 70 sols de rente due au trésor de Balleroy par la succession de Raphaël, son père (1744). — Reconnaissances devant Jean Désert, notaire à Balleroy : par Françoise Fouque, veuve d'Auguste Le Tulle, tutrice de ses enfants, au trésor de Balleroy, de 33 sols 4 deniers de rente (1754) ; par Pierre-Charles Colleville, fils et héritier de Gabriel Colleville, écuyer, garde de la porte du Roi, au droit de Thomas Dilaye, au trésor de Balleroy, de 70 sols de rente (1754) ; par les frères Chuquet, au trésor dudit lieu, de 3 livres de rente (1754). — Reconnaissance devant Jean Désert, notaire à Balleroy, par Nicolas-Charles de Roncherolles, seigneur comte de Planquery, La Bazoque et La Londe, fondé de Jean-Jacques Bernard, sieur de Bapaume, héritier de Pierre de Mantaillis, écuyer, au trésor de Balleroy, de 3 livres 1 sol 4 deniers de rente de l'obligation de Joachim Courtemer (1754). — Renouvellement de titre devant Jean Désert, notaire au siège de Balleroy, par Françoise Courtemer, veuve de Jacques Marie, et Charles Courtemer, tuteur du fils mineur de Jean Gillette et d'Anne Courtemer, sœur de ladite Françoise, héritières de Joachim Courtemer, de partie de 8 livres de rente au profit des prêtres du trésor de Balleroy (1754). — Reconnaissances : par Louis Frémanger, curé de Foulognes, représentant feu Jean Roger, chirurgien, époux d'Anne Salle, fille de François Salle et de Michelle Frémanger, au trésor de Balleroy, de 9 livres de rente (1756) ; par Charles-Auguste de La Cour, comte de Balleroy, etc., lieutenant général des armées du Roi, au trésor de Balleroy, stipulé par Jean-Baptiste Lemoigne, curé, et Charles Jeanne, trésorier, de 5 livres 15 sols de rente à prendre sur Joachim Courtemer (1778) ; par Pierre Gilles, fils de feu Michel Gilles et de Catherine Guillot, représentant Julien Raoul, d'héritages sis à Balleroy, fieffés par François Eury, écuyer, sieur de Noron, audit Raoul, moyennant 62 sols et 2 poulets, donnés par ledit Eury et Marie-Élisabeth de Gurrots au bénéfice d'une fraternité commencée en l'église de Balleroy (1780).

H. Suppl. 577. — B. 17. (Liasse.) — 13 pièces, parchemin ; 68 pièces, papier.

1611-1776. — Bayeux. — Paroisse de la Madeleine. — Procédure au bailliage de Bayeux entre les administrateurs de la Maison-Dieu de Bayeux et Rauline Du Vey, veuve de Philippe de Couvert, concernant la fieffe faite par Pierre Denise et autres religieux à feu Jean de Couvert d'une pièce de terre dépendant de l'enclos de ladite maison, contenant moitié de 5 vergées de terre sises paroisses de la Madeleine et St-Symphorien (1611). — Procès-verbal d'adjudication faite au bailliage de Bayeux devant Charles Lemercier, écuyer, lieutenant ancien civil et criminel, à la requête de Martin Raoul, licencié aux lois, sieur de La Guerre, lieutenant en la prévôté générale de Normandie, des réparations à faire aux murailles et jardin dépendant de la Maison-Dieu, à lui fieffés par Robert Crespin, sous-prieur, et Thomas Lamy, bourgeois de Bayeux, administrateur de la Maison-Dieu (1612). — Fragment de reconnaissance devant Jean Pery et Thomas de Lanquetot, tabellions à Bayeux, par Raoul de La Guerre, de la permission à lui accordée par les religieuses de l'Hôtel-Dieu, concernant la clôture de leur jardin (164.., date mutilée). — Fragments rongés de pièces de procédure pour Philippe Le Bacheley, écuyer, sieur du Breuil, époux d'Anne Alexandre, fille de Thomas Alexandre, écuyer, sieur de La Londe, lieutenant général du bailli de Cotentin au siège de Carentan, concernant le décret requis d'un entretenant sis faubourg de Bayeux en la paroisse de la Madeleine, sur feu Guillaume Raoul, sieur de La Guerre, pour paiement de 250 livres restant d'obligation (1661). — Aveu rendu au Roi, à cause de sa châtellenie de Bayeux, par Philippe Le Bacheley, écuyer, sieur du Breuil, époux d'Anne Alexandre, fille de Thomas, écuyer, lieutenant général au bailliage de Carentan, représentant Raphaël et Thomas Raoul, frères, de maisons sises en la paroisse de la Madeleine (1673). — Vente devant les notaires de Bayeux par Antoine Le Bachelet, écuyer, sieur de Saon, tant pour lui que comme tuteur de la fille de feu Charles-Alexandre Le Bachelet, écuyer, son frère, et Thomas Le Bachelet, curé de Fontaine-Henry, à la sœur Anne-Marie de Saint-Esprit, supérieure, et à la sœur Anne-Marie de Saint-Charles, économe des religieuses de l'Hôtel-Dieu, de plusieurs maisons sises paroisse de la Madeleine (1715). — Copie de bail fait devant Robert Tostain, notaire à Bayeux, par les religieuses de l'Hôtel-Dieu à Thomas Gosselin et Pierre Cerrès, de maisons sises paroisse de la Madeleine (1717). — Fieffe devant Mathieu Hardy, notaire à Juaye, par les religieuses de l'Hôtel-Dieu à Philippe Paris, de la paroisse de la Madeleine de Bayeux, d'une maison donnant sur la grande rue de la Madeleine (1717). — Vente devant les notaires de Bayeux par Antoine Lefort, chanoine en l'église cathédrale de Bayeux, aux pauvres malades de l'Hôtel-Dieu, stipulés par la sœur Marie du Saint-Esprit, supérieure, et la sœur de Saint-Charles, dépositaire, du consentement des vicaires généraux du cardinal de La Trémouille, évêque de Bayeux, et des lieutenants généraux et gens du Roi au bailliage, de plusieurs maisons sises en la paroisse de la Madeleine (1717). — Reconnaissance des religieuses des pauvres malades de l'Hôpital à Lefort, chanoine, de 50 livres de rente pour l'intérêt de la somme de 1,000 livres en supplément de celle de 4,000 livres pour le prix de sa maison (1717). — Échange entre ledit Lefort et les religieuses de l'Hôtel-Dieu de parties de maisons, sises paroisse de la Madeleine, pour l'agrandissement dudit Hôtel-Dieu (1717). — Acte d'échange entre l'Hôtel-Dieu et les religieuses. Après plusieurs remontrances des religieuses hospitalières à l'évêque de Nesmond, puis aux vicaires généraux du cardinal de la Trémouille, évêque de Bayeux, et aux lieutenants généraux et gens du Roi du bailliage, des incommodités que présente la petitesse des lieux nécessaires à mettre leurs provisions, que leur bois est le plus souvent exposé et en risque dans la cour de dehors, que les caves et celliers étant trop resserrés pour contenir les tonnes et tonneaux nécessaires pour la subsistance des pauvres, on a été obligé d'en mettre une partie dans leur salle, ce qui retranche quelques lits, etc., qu'il conviendrait aussi pour le bien des pauvres d'avoir un lieu commode pour faire prendre l'air aux malades convalescents pour se rétablir plus vite ; après une visite des vicaires généraux, lieutenants généraux et gens du Roi au bailliage, qui s'étaient transportés à l'hôpital et étaient convenus de la nécessité d'y pourvoir, les religieuses avaient d'abord cédé un espace de terrain contenant la maison du chapelain celle de leurs pensionnaires et deux autres petits appentis, avec cour et jardin, moyennant 3,000 livres ; par un nouvel acte les religieuses cèdent le terrain situé derrière la salle des pauvres, depuis la rue St-Vigor-le-Petit, sur la longueur de la salle et de la laverie, jusqu'à l'autre mur qui fait la clôture des religieuses, formant lesdites maison du chapelain et des pensionnaires, et reçoivent en échange les biens acquis de Lefort, chanoine de St-Laurent, sis paroisse de la Madeleine. — Quittance donnée par les supérieure et religieuses de l'Hôtel-Dieu, à Anne-Marie de Saint-Charles, dépositaire du bien et revenu des pauvres malades dudit Hôtel-Dieu, de la somme de 2,000 livres à-compte sur celle de 3,000 livres de capital pour la cession par elles faite auxdits pauvres, de maisons et place sur la longueur de la salle à eux appartenant, du consentement et de l'avis des grands vicaires du cardinal de La Trémouille, évêque de Bayeux, et des lieutenants généraux et gens du Roi du bailliage (1717). — Quittances données par Dunouf, receveur des pauvres valides, à Dubois, receveur des dames hospitalières des pauvres malades, de la somme de 100 livres pour rentes dues aux pauvres valides (1718-1719). — Contrainte décernée contre les religieuses de l'Hôtel-Dieu pour droits d'amortissement à cause d'une rente foncière de 100 livres, sur les héritiers Philippe James, pour héritages en franc-alleu acquis du seigneur d'Amfréville (1732). — Requête adressée à l'intendant

Aubery de Vastan par les religieuses de l'hôpital de Bayeux, pour obtenir décharge de la somme de 19 livres 10 sols montant de leur cote au rôle supplémentaire, pour acquisition d'Antoine Le Bachelet, sieur de Saon, d'un comble de maisons sis paroisse de la Madeleine (1735). — Poursuite faite par Charles Riquier, fermier des domaines et autres droits de la province de Normandie, stipulé par Cheneaux, receveur desdits droits à Bayeux, contre les religieuses de l'Hôtel-Dieu, pour la représentation du contrat de vente d'une maison en franc-alleu en la paroisse de la Madeleine (1740). — Sommation faite à la requête de Nicolas Joblot, fermier des droits d'amortissement et de franc-fiefs de la généralité de Caen, aux administrateurs de l'Hôtel-Dieu de Bayeux, de payer la somme de 1,030 livres pour l'acquisition de maisons sises paroisse de la Madeleine, dud. Antoine Le Bachelet (1741). — Autre sommation faite à la requête de Charles Riquier, fermier des domaines, aux religieuses de l'Hôtel-Dieu, de payer dans 3 jours la somme de 128 livres 8 sols pour droits de franc-alleu (1744). — Extrait du rôle de répartition faite sur les habitants de la paroisse de la Madeleine de Bayeux de la somme de 870 livres pour les loyers du presbytère de ladite paroisse, concernant la taxe des religieuses de l'Hôtel-Dieu au droit de Lefort (1745). — Accord entre les religieuses et Jacques-Philippe Paris auquel il est permis de bâtir contre un gable de leur maison (1767). — Extrait des délibérations des paroissiens de la Madeleine concernant la part contributive des religieuses de l'Hôtel-Dieu à la reconstruction du presbytère (1776).

H. Suppl. 578. — B. 18. (Liasse.) — 20 pièces, parchemin; 118 pièces, papier.

1421-1785. — Bayeux. — Paroisse de la Poterie. — Reconnaissance devant Thomas Le Reverdy, clerc, tabellion à Bayeux, par Jean Baudin, de St-Loup, de la fieffe à lui faite par Thomas de Hauston, écuyer anglais, seigneur de Campigny, d'une pièce de terre sise en la paroisse de la Poterie de Bayeux, *eu feraige de la Cromelle* (1421). — Procédure pour rente sise audit lieu devant le vicomte de Bayeux entre les religieux de l'hôtel et Maison-Dieu, stipulés par Guillaume Le Téterel, religieux, et Havart, en paiement de lad. rente (1481). — Accord devant Thomas Artur et Jean Revel, tabellions à Bayeux, entre les prieur et religieux de l'Hôtel-Dieu et Michel Le Boullengier, au sujet d'une terre sise paroisse de la Poterie, en la dolle du Férage de Cromelle, jouxte Messire Gieffroy Herbarey, prêtre, « le clos des mallades de Saint-Eustace », et le chemin allant à la Charité; sujette à une rente, décrétée à la requête des religieux de l'Hôtel-Dieu, afin d'éviter un procès entre eux (1491). — Procédure devant Jean Le Vieul, écuyer, lieutenant général en la vicomté de Bayeux, entre les religieux de l'Hôtel-Dieu et Jean Onfroy, de la paroisse de N.-D. de la Poterie, et sa femme, pour paiement d'arrérages de 8 boisseaux de froment (1491). — Procédures pour rentes sises audit lieu devant le vicomte de Bayeux : entre Pierre Le Maufflais, prêtre, prieur commendataire de l'hôtel et Maison-Dieu, et Jean Desmares, bourgeois de Bayeux, pour paiement de 6 boisseaux de froment de rente (1528) ; entre lesd. religieux, stipulés par Mery Lefranc, prieur de ladite maison, et Jean Le Secourable, pour paiement d'arrérages de 6 boisseaux de rente (1530) ; entre lesdits, stipulés par ledit Lefranc, et Vigor Lepainteur et Raoullet Havart (1531). — Reconnaissance par Guillaume Richard du bail à lui fait par Jean Regnault, prieur de la Maison-Dieu, de 3 pièces de terre sises en la paroisse de la Poterie (1554). — Procédure en la vicomté de Bayeux devant Antoine Lemercier, écuyer, lieutenant en ladite vicomté, entre Du Chastel, prieur et administrateur de l'Hôtel-Dieu, et Jean Dajon, avocat, représentant Raoullet Havard, pour paiement de 6 boisseaux de froment et de 1 geline de rente (1571). — Procès-verbal de vente d'un sillon de froment sur une pièce sise paroisse Notre-Dame de la Poterie, appartenant à Robert Fouques, avocat, et Noël Guenault, à la requête de Jacques de Marconetz, chanoine de Missy, prieur de l'Hôtel-Dieu, stipulé par Félix Golley, sous-prieur, pour redevance de rentes (1638). — Obligation de Noël Guenault, bourgeois de Bayeux, pour la supérieure de l'Hôtel-Dieu, de 13 boisseaux d'orge pour rente due par lui et son cohéritier (1652). — Procédure au Parlement entre Gédéon de Hotot, sieur de Douville, appelant de sentence rendue par le bailli de Caen ou son lieutenant au siège de Bayeux, les religieuses de l'hôpital et les religieuses de la Trinité de Bayeux, concernant la possession de trois vergées de terre en ladite paroisse, en une pièce qui fut à Germain Rusel, sieur de Saint-Clément (1659). — Taxations de frais de ladite procédure par Jacques Grieu, conseiller aux bailliage et siège présidial de Rouen (1662). — Quittances de rentes données par les supérieure et religieuses de l'Hôtel-Dieu, Barbe-Marie de Saint-Paul, Anne-Marie des Anges, Marie Roberde, Françoise de Saint-Pierre, Marie-Madeleine, Barbe-Marie de Saint-Paul, etc. (1662-1685). — Procédure pour rentes sises audit lieu, devant le vicomte de Bayeux, entre la supérieure des religieuses de la Miséricorde et les héritiers de Pierre Havard et Charles le Débonnaire et Jean Tuasne, ses fermiers (1672). — Procédure en la vicomté de Bayeux entre la supérieure de l'Hôtel-Dieu et Jacques Anfrie, pour paiement d'arrérages de 10 boisseaux de froment (1685-1689); à l'appui : citations, significations et notes de comptes. — Vente devant les notaires de Bayeux par Charles Ouzouf, sieur du Castel, vérificateur des défauts en la vicomté de Bayeux, fils et héritier d'Antoine Ouzouf, élu en l'Élection de Bayeux, fils et héritier de Pierre Ouzouf, sieur de Montaigu, greffier aux requêtes du Palais à Rouen, à Louis Anfrye, d'une pièce de terre sise paroisse de la Poterie (1695). — Reconnaissance devant Michel-François Duhamel, notaire à Bayeux, par Jean-François Anfrye, fils et héritier de Louis Anfrye, de la paroisse de la Poterie, hameau de Mihaust, tant pour lui que pour ses cohéritiers, de 6 boisseaux de froment de rente envers les pauvres de l'Hôtel-Dieu, suivant l'acquit fait de Charles Ouzouf, sieur du Castel, fils et héritier d'Ouzouf, sieur de Beaumont (1746). — Note informe concernant la remise de la reconnaissance de 9 boisseaux d'orge dus par les religieuses Bénédictines avec celle d'une rente de 20 livres (1785).

H. Suppl. 579. — B. 19. (Liasse.) — 4 pièces, parchemin.

1367-1568. — Bayeux. — Paroisse St-André. — Reconnaissance devant Jean Leboucher, garde des sceaux de la vicomté de Bayeux, par Jean Le Roy et sa femme, de la prise à fieffe du chapitre de Bayeux de maison, sise en la paroisse de St-André (1367). — Procédure aux assises de Bayeux devant Antoine Lemercier, écuyer, lieutenant en la vicomté, et Olivier de Brunville, écuyer, lieutenant général, entre les doyen, chanoines et chapitre de Bayeux, stipulés par Guillaume Gouye et Michel Herbeline, chanoines, et Gautier de Hustrel, tuteur des enfants de feu Guillaume de Hustrel, sieur de Longueville, et Guillaume de Bailleul, pour paiement d'arrérages de 26 sols et 2 gelines de rente sur maisons sises à St-André (1567-1568).

H. Suppl. 580. — B. 20. (Liasse.) — 3 pièces, parchemin; 4 pièces, papier.

1456-1769. — Bayeux. — Paroisse St-Exupère. — Bail à fieffe par Jean Le Tourmant et Robine, sa femme, de St-Souppire, devant Alain Hardy, tabellion à Bayeux, à Raoul Hébert, d'un clos audit lieu de St-Souppire (1456). — Transport devant Thomas Artur et Alain Desmaires, tabellions à Bayeux, par Denis et Guillaume Hébert, de la paroisse de St-Souppire, aux religieux de l'Hôtel-Dieu, d'un clos avec haies et fossés sis audit lieu (1483). — Lots et partages des biens de feu Jean Asselot, de la paroisse de St-Exupère (1685). — Constitution devant Pierre Lebrun et Antoine Legoupil, notaires à Bayeux, par Marie Lasselot et Jacques Lasselot, son frère, aux prêtres et trésor de l'église de St-Exupère (1685). — Reconnaissance devant Jacques-Olivier Duhamel, avocat au Parlement, notaire royal à Bayeux, par Robert Guilbert aux prêtres et obitiers de St-Exupère, de partie de 42 sols 6 deniers de rente, de la constitution desdits Lasselot, qui lui ont fieffé une maison (1769).

H. Suppl. 581. — B. 21: (Liasse.) — 1 pièce, parchemin; 1 pièce, papier.

1695-1723. — Bayeux. — Paroisse St-Floxel. — Fieffe devant les notaires de Bayeux par Jeanne Le Haguais, veuve de Lambert Binet, tutrice de ses enfants, à Germain Hue, bourgeois de Bayeux, d'une maison et 1/2 vergée de terre sises à St-Floxel (1695). — Fieffe devant les notaires de Bayeux par Marie-Suzanne Hue, fille et héritière de Germain Hue et de Françoise Basthon, à Jean Le Fauconnier, d'une portion de maison sise à St-Floxel sur le derrière de la rue du Champ Fleury, au bout de la maison de Louis Verson, époux de Françoise-Marie Hue (1723).

H. Suppl. 582. — B. 22. (Liasse.) — 5 pièces, parchemin; 10 pièces, papier.

1703-1790. — Bayeux. — Paroisse St-Georges. — Fieffe faite devant les notaires de Bayeux par François de La Mare, écuyer, et Jeanne Cousin, son épouse, héritière en partie de Paul Cousin, écuyer, sieur de Grochy, à Guillaume Lenjalley, marchand, bourgeois de Bayeux, d'une maison sise paroisse St-Georges, moyennant 35 livres de rente (1703). — Transaction devant Mathieu Hardy, notaire résidant à Juaye, entre Charles Cousin, écuyer, sieur d'Asnelles, fils et héritier de Paul Cousin, écuyer, et François de La Mare, écuyer, époux de Jeanne Cousin, concernant la succession dudit Paul Cousin (1712). — Vente devant les notaires de Bayeux par Jacques Cousin, sieur d'Asnelles, aux pauvres malades de l'Hôtel-Dieu, stipulés par Antoine Lemarois, procureur du Roi, et François Crespel, avocat, administrateurs, de 20 livres de rente à prendre sur Guillaume Lenjalley, à cause d'une maison sise paroisse St-Georges (1731). — Reconnaissance devant Jean-Charles Tostain, notaire à Bayeux, par François Lenjalley, fils et héritier de Jacques Lenjalley, aux pauvres de l'Hôtel-Dieu, de 20 livres de rente à prendre sur les représentants de Guillaume Lenjalley (1745). — Procédure au bailliage de Bayeux entre les administrateurs de l'Hôtel-Dieu de Bayeux et François Lenjalley, pour le paiement de 20 livres de rente (1786-1790).

H. Suppl. 583. — B. 23. (Liasse.) — 4 pièces, parchemin ; 3 pièces, papier.

1269-1769. — Bayeux. — Paroisse St-Laurent. — Confirmation par Louis IX, roi de France, de la donation faite en sa présence par *Radulphus Gosselini*, bourgeois de Bayeux, aux prieur et pauvres de la Maison-Dieu de Bayeux, de *medietatem molendini dicti Medii, siti apud Bajocas, in valle auree, in parrochia Sancti Laurentii... quam medietatem idem Radulphus tenebat a nobis in feodum* (Bonneville-sur-Touques, 1269, juillet); sceau du Roi. Y joint la charte de donation de *Radulphus Gocelini, clericus, civis Bajocensis*, de la moitié du moulin dit *Maaen* (1269, septembre); sceau : S. RADULFI GOC//////CLERICI. — Donations aux prêtres et clercs participant aux obits en l'église St-Malo, par Michel Le Herpeur, curé de Conflans, frère et héritier de Jean Le Herpeur, prêtre, et Richard Le Herpeur, avocat du Roi à Bayeux, de rentes assises paroisse St-Laurent (XVIe siècle). — Procédure en la vicomté de Bayeux devant Thomas Lemercier, écuyer, sieur de Saint-Germain, lieutenant ancien civil et criminel, entre Guy Manoury, prêtre, ex-communier en l'église de St-Malo, et les héritiers de Charles Barbey et Jean de Tessy, en paiement d'arrérages de rente sur maisons sises à St-Laurent (1634). — État de distribution faite par Isaac Le Bedey, écuyer, sieur de Vaux, des deniers du décret des maisons de Charles Conseil, sises paroisse de St-Laurent (1653). — Permission donnée par les religieuses de l'Hôtel-Dieu à Pierre Morin, faiseur de bas au métier, de construire un escalier pour accéder à sa maison, afin d'éviter l'humidité d'un herbage dudit Hôtel-Dieu (1769).

H. Suppl. 584. — B. 24. (Liasse.) — 52 pièces, parchemin ; 68 pièces, papier.

1279-1760. — Bayeux. — Paroisse St-Loup. — Donation par *Guillelmus dictus Cuer, de Rei, civis Bajocensis*, aux prieur, aux frères et aux pauvres de la Maison-Dieu de Bayeux, de 11 sols tournois, 1 geline et 10 œufs, à percevoir chaque année sur une masure sise paroisse de St-Loup, *in vico qui dicitur La Cambete*, plus 7 setiers d'orge au Manoir, 2 gelines et 20 œufs, en échange de 19 quartiers de froment 3 gelines et 30 œufs qu'il leur avait cédés, *apud Fontenell. in feodo abbatisse et conventus de Cordeillon* (1278, mars). — Reconnaissance devant Laurent Nicolas, clerc, garde du scel des obligations de la vicomté de Bayeux, par Colin Sevestre, de la paroisse de St-Loup, de la fieffe d'une maison à lui faite par les religieux de la Maison-Dieu (1312). — Reconnaissance devant ledit Laurent Nicolas, par Robert Coquet, de la fieffe d'une maison à lui faite par les religieux de la Maison-Dieu (1323). — Vente devant Laurent Nicolas, garde du scel des obligations de la vicomté de Bayeux, par Thomas Boullent à Beaudouin Rouillart, de la moitié d'un clos (1331). — Accord devant Aubery de Crépon, garde du scel des obligations de Bayeux, entre les religieux de l'Hôtel-Dieu et Jean Bouegrain, concernant la rente d'une mine de froment sur une pièce de terre (1347). — Procédure aux pleds de la ville de Bayeux devant Ysard Le Sens, lieutenant général de Nicolas Lespicier, vicomte, entre les religieux de l'Hôtel-Dieu et Berlin Danyel, concernant la jouissance d'une maison et jardin (1439). — Désignation du 2e lot des biens, rentes et revenus de défunt Messire Legrand, de la paroisse de St-Loup (1494). — Accord entre les prieur et religieux de l'Hôtel-Dieu et Guillaume et Rouland Legrand, fils et héritiers de Jean Legrand, de la paroisse de St-Loup, pour paiement de 24 boisseaux de froment, afin d'éviter le procès mû entre eux (1505). — Condition retenue devant Pierre Tanquerel, garde du scel des obligations de la vicomté de Bayeux, par lesdits Legrand sur ladite vente (1507, v. s.). — Vente devant Jean Revel et Vincent Fumée, tabellions à Bayeux, par frères Supire Michiel, bailli en l'hôtel et Maison-Dieu, Robert Dubosc, Guillaume du Rosel, Pierre Trenchant, Jean Ribedel et Raul Désert, à Alexandre Pohier, chanoine de Bayeux, de 2 setiers d'orge de rente de la reconnaissance des frères Legrand (1507, v. s.). — Reconnaissance devant Nicolas Loisel et Jean Vaultier, tabellions à Bayeux, par Rémond Le Porquier, de la paroisse de Campigny, au prieur de l'Hôtel-Dieu, de 50 sols tournois et de 100 sols au jour St-Michel pour arrérages de 10 boisseaux de froment sur ses biens sis à St-Loup (1523). — Échange devant Jean Revel et Vincent Fumée, tabellions, entre Jean de Baussy, écuyer, et Jean de La Dangie, sieur d'Agy, de pièces de terre (1525). — Adjudication faite aux pleds de la ville et banlieue de Bayeux devant Raphaël d'Escrammelot, écuyer, vicomte de Bayeux, des biens sis à St-Loup, saisis sur Pierre Laloë, à la requête de l'Hôtel-Dieu, pour paiement d'arrérages de 24 boisseaux de froment (1548). — Reconnaissance devant le vicomte de Bayeux par Gilles Leparquois, à l'instance de Pierre Denise, administrateur de la Maison-Dieu, de la somme de 4 livres 16 sols pour arrérages du terme St-Michel de 6 boisseaux de froment (1576). — Vente devant Jean Duhamel et Jean Lhermitte, tabellions en la sergenterie de Cerisy, par Jean et Pierre de Baudre, frères, et Jacqueline et Françoise Dujardin, leurs femmes, filles et héritières de Jacques Dujardin, de la paroisse de Littry, à Olivier Heuste, conseiller du Roi, assesseur en la vicomté, de 2 acres de terre sises à St-Loup (1588); avec une copie de 1642. — Poursuite faite par Thomas Lamy, administrateur de la Maison-Dieu, contre ledit Olivier Heuste, sieur de La Motte, assesseur en la vicomté de Bayeux, pour le paiement de 5 années d'arrérages de 7 boisseaux d'orge de rente. — Procédure aux assises de Bayeux devant Thomas Potier, lieutenant général du vicomte, entre Lucas Bérenger, prieur et administrateur de l'Hôtel-Dieu, et Jean et Pierre de Baudre, héritiers de Jacques Dujardin, concernant le paiement de 7 boisseaux d'orge, mesure de Bayeux (1591). — Procédure en la vicomté de Bayeux devant Thomas Potier, écuyer, lieutenant général, entre les trésoriers et paroissiens de St-Loup et les religieux de l'Hôtel-Dieu, concernant le paiement d'un boisseau de froment pour être distribué le jour de Pâques, de la donation de feu Michel Gaultier, chanoine de Bayeux, à prendre sur le trésor de la paroisse St-Loup (1594). — Procédure en la vicomté de Bayeux entre Thomas Lamy, administrateur de la Maison-Dieu, et Jacques Pitard et Marguerite de Bonnissent, veuve de Jean Duhamel, sieur de Baussy, concernant le paiement de fermages dus par ledit Pitard (1612-1613). — Procédure au bailliage de Bayeux devant Charles Lemercier, lieutenant ancien civil et criminel, entre Thomas Lamy, administrateur de la Maison-Dieu, les religieux du couvent de St-François des Cordeliers de Bayeux, et Jean Le Gambier, trésorier de la paroisse de St-Loup, concernant le paiement du pain ou la fleur de 2 boisseaux de froment par les Cordeliers et du pain ou la fleur de 1 boisseau de froment par ledit trésor pour le pain de la Charité de Pâques, du poids et essence de celui fourni aux communiants de ladite paroisse (1613-1614). — Procédure au bailliage de Bayeux devant Pierre Potier, écuyer, entre la supérieure de l'Hôtel-Dieu et Madeleine Le Bedey, veuve de Michel-Raoul Saunier, pour rente due sur biens sis à St-Loup, acquis de Pierre Leparquois (1643). — Ajournement fait par Bertin Roger, sergent, à la requête de la supérieure de l'Hôtel-Dieu, Jacques et Catherine Leparquois, héritiers de Pierre Leparquois, pour accepter ou contredire l'arrêt de deniers fait sur les deniers dus par Jean Lemasson et autres, pour paiement d'arrérages de 6 boisseaux de froment (1646-1647). — Prise à ferme des religieuses de l'Hôtel-Dieu par Richard Néel, bourgeois de Bayeux, d'une pièce de terre sise à St-Loup (1677). — Bail par les religieuses de la Miséricorde de l'Hôtel-Dieu à Philippe Viel, d'Arganchy, d'une pièce de terre sise à St-Loup, hameau de Brunville (1684). — Vente devant les notaires de Bayeux par Étienne et Louis Leparquois, fils de feu Jacques et de Marie Alexandre, à Pierre Le Haribel, d'une pièce de terre sise paroisse de St-Loup, moyennant 1,900 livres, dont 360 livres seront conservées pour continuer à amortir à l'Hôtel-Dieu 6 boisseaux de froment, et 3 boisseaux au trésor de St-Loup (1690). — Procédure au bailliage de Bayeux devant Pierre Suhard, écuyer, seigneur de St-Germain, lieutenant général, entre Gilles Basly, chanoine de Pézerolles, et Jean Lecomte, concernant le paiement de la dîme de ses moutons et brebis pâturant en la paroisse de St-Loup (1697). — Reconnaissance de Jean Michel, trésorier de la paroisse de St-Loup, d'un boisseau de froment de rente aux pauvres malades de l'hôpital (1702). — Quittance donnée par Le Courtois, receveur des pauvres malades de l'Hôtel-Dieu, à M. de La Bertinière, écuyer, époux de Jeanne Varin du Moulier, de 51 livres pour sa part de rente comme héritière de Varin, curé de St-Loup (1728). — Procès-verbal d'adjudication faite par Robert Tostain, notaire à Bayeux, en présence des curé, vicaire, obitier, trésorier et paroissiens, d'un if tombé dans le cimetière, à M. des Îles Bonnemie, conseiller aux bailliage et vicomté de Bayeux, moyennant 45 livres ; à la suite est la reconnaissance par le trésor d'un boisseau de froment de rente à l'Hôtel-Dieu (1732). — Reconnaissance devant Jean-Charles Tostain, notaire à Bayeux, par Jean-Baptiste Guillebert, écuyer, sieur de La Croix, fils et héritier de Jean Guillebert, sieur de La Croix, à l'Hôtel-Dieu, de 4 boisseaux de froment de rente (1749). — Fieffe devant les notaires de Bayeux par Élisabeth Villard, veuve de Pierre Hainequé, sieur de La Motte, sœur de feu Thomas Villard, sieur de La Vauterie, à Étienne Le Vautier, chapelain en l'église cathédrale, d'une maison sise sur la grande rue St-Loup (1760).

H. Suppl. 585. — B. 25. (Liasse.) — 3 pièces, parchemin ; 13 pièces, papier.

1511-1729. — Bayeux. — Paroisse St-Malo. — Information faite par Jean Blondel, enquêteur en la vicomté de Bayeux, à la requête de Jean Le Viandier, l'un des chapelains de St-Nicolas des Courtils, contre Jean Du Buisson, élu, et Thomas Noël, contrôleur des deniers du domaine du Roi, pour qu'il leur adjuge par provision paiement des arrérages de 20 sols de rente à cause de maisons déclarées (1536). — Accord entre les chapelains de St-Nicolas des Courtils et Pierre Deschevaux, possédant à cause de sa mère une maison sise paroisse St-Malo, sujette en 20 sols de rente, concernant le paiement de ladite rente, pour terminer le procès entre eux (1685). — Reconnaissance de Marie Deschevaux, aux chapelains de St-Nicolas des Courtils, de leur payer 12 sols de rente à cause d'une maison sise paroisse St-Malo (1729).

H. Suppl. 586. — B. 26. (Liasse.) — 2 pièces, papier.

1655-1665. — Bayeux. — Paroisse St-Martin. — Vente devant Pery et de Lanquetot, tabellions à Bayeux, par Marie Leterrier, fille et héritière de Charles Leterrier, bourgeois de Bayeux, Olivier Tuppin et Renée Tuppin, veuve dudit Leterrier, aux pauvres de l'Hôtel-Dieu, de 8 livres 14 sols 4 deniers de rente à prendre sur les biens de ladite veuve (1655). — Assignation commise par Jacques Lebrethon, sergent, à la requête de Jean Gibert, fermier de partie de maison sise à St-Martin, aux religieuses de l'Hôtel-Dieu, de comparaître au bailliage pour avoir règlement de l'arrêt de deniers fait entre ses mains (1665).

H. Suppl. 587. — B. 27. (Liasse.) — 14 pièces, parchemin ; 73 pièces, papier.

1586-1771. — Bayeux. — Paroisse St-Ouen. — Extrait du registre du tabellionage de Bayeux, concernant la vente faite par Pierre Poulain, bourgeois, à Hugues Guillebert, de son droit au contrat de fieffe par Pierre Gallon, sieur de La Motte, d'une maison sise en la paroisse St-Ouen de Bayeux (1586), ledit extrait collationné à la requête de Roger Le Prévost, époux de feu Jeanne Blondel, fille de feu Guillaume Blondel, écuyer, tabellion audit Bayeux (1658). — Vente devant Pery et de Lanquetot, tabellions à Bayeux, par Richard de Tessy à Richard Carrel, de 85 livres 14 sols tournois de rente sur héritages sis en la paroisse St-Ouen et à St-Laurent de Bayeux (1643). — Traité de mariage devant Jean Pery et François Daon, tabellions à Bayeux, entre Olivier Leroy, fils de Thomas et de Jeanne Leroy, et Marie Poullain, fille de Richard Poullain et de Germaine Jouenne, de la paroisse St-Ouen de Bayeux (1662). — État d'ordre de distribution faite par Isaac Le Bedey, écuyer, sieur de Vaux, vicomte, en présence de Guillaume Marguerie, écuyer, rapporteur, Magloire Bailleul, lieutenant général, Gilles Fumée, écuyer, Joachim Hélye, écuyer, Michel Subard, écuyer, conseillers, avocats et procureur du Roi, et Michel d'Escrammetot, écuyer, conseiller, assesseur, des deniers provenant du décret requis par Madeleine Boutin, veuve de Jacques de Sainte-Marie, écuyer, sieur d'Agneaux, stipulée par Nicolas Malenfant, bourgeois, des héritages de Jean de Tessy (1665). — Vente devant Thomas de Lanquetot et Thomas Cupersy, tabellions à Bayeux, par Claude Hubert, prêtre, ci-devant chanoine de la cathédrale de Bayeux, à Michel Lebrun, chanoine de Bayeux, prébendé seigneur et patron de Gavrus, Ver et Mesnil-Amand, des maisons de Jean de Tessy, sises à St-Ouen de Bayeux, dont il s'est rendu adjudicataire, moyennant la somme de 10,000 livres (1667). — Vente devant Jean Pery et Thomas Cupersy, tabellions à Bayeux, par Lambert Le Forestier, bourgeois de Bayeux, héritier en partie de Barbe Lucas, sa mère, héritière de Robert Lucas, son frère, à Michel Lebrun, chanoine de Gavrus en l'église cathédrale de Bayeux, d'un droit de tour d'échelle et autres libertés sur une grange sise paroisse de St-Ouen de Bayeux (1671). — Procédure au bailliage de Bayeux devant Magloire de Bailleul, sieur de Canchy, lieutenant général en la vicomté, entre Michel Lebrun, chanoine de Gavrus en l'église cathédrale, et François Carabœuf, décrétant une grange sise paroisse de St-Ouen de Bayeux (1671). — Transaction entre ledit chanoine et Lambert Le Forestier, sur le procès mû entre eux, concernant la clôture de vues sur une grange sise paroisse St-Ouen (1671). — Traité de mariage devant Louis Billon, notaire au siège de Formigny, entre Robert Thorel, fils Robert et de Jeanne Jacquelin, de la paroisse de Formigny, et Jeanne Leroy, fille d'Olivier et de Marie Poullain, de la paroisse de St-Ouen de Bayeux, à laquelle ses parents donnent entre autres choses 7 livres 10 sols tournois de rente à prendre sur les héritiers de M. de Gavrus, chanoine de la cathédrale (1694). — Signification faite à la requête de Robert Thorel, époux de Jeanne Leroy, aux héritiers du chanoine de Gavrus, stipulés par Bonaventure Blancaignel, fermier de ses moulins de St-Ouen de Bayeux, de leur contrat, avec assignation devant les notaires de Bayeux pour reconnaître ladite rente (1703). — Défaut donné par lesdits notaires à Robert Thorel contre lesdits héritiers (1703). — Reconnaissance de Germain Pilon, époux de Marie Julien, jouissant d'une maison sise paroisse de St-Ouen, aux représentants Michel Lebrun, chanoine de Gavrus en la cathédrale de Bayeux, de 60 sols et 2 poules de rente (1708). — Vente devant les notaires de Bayeux par François et Pierre Folliot, frères, et Jean Clouet, époux de Marie-Anne Folliot, leur sœur, à Jacques Subard, sieur de Loucelles, des moulins et maisons de Jean de Tessy, sis à St-Ouen de Bayeux, nommés les moulins Regnard (1714). — Défenses faites par Charles Gournay, sergent, à la requête de Jacques-Antoine Beguin, bourgeois de Paris, sous-fermier des droits d'amortissement et de franc-fiefs de la généralité de Caen, à M. de Loucelles, avocat à Bayeux, de se dessaisir des deniers restant de la vente à lui faite par François et Pierre Folliot, fils François, de moulins et biens sis paroisse de St-Ouen et de St-Vigor de Bayeux, jusqu'à paiement de la somme de 220 livres due pour droits de franc-fiefs desdits moulins (1717). — Requête adressée à l'intendant Guynet par Jacques Suhard, écuyer, sieur de Loucelles, conseiller et avocat du Roi, pour obtenir main-levée de l'arrêt de deniers fait entre les mains du fermier de ses moulins, par le préposé au recouvrement des deniers de franc-fiefs (1717). — Vente devant les notaires de Bayeux par ledit Jacques Suhard, écuyer, sieur de Loucelles, aux religieuses de l'Hôtel-Dieu, de maisons et dépendances sises paroisse St-Ouen (1719). — Vente faite des meubles de Jean Le Nourichel, de la paroisse St-Ouen, à la requête de Jacques Suhard, écuyer, sieur de Loucelles, pour paiement de 400 livres, 400 livres de chanvre et 8 chapons d'arrérages de rente (1727). — Signification faite par Ruelle, sergent, à la requête des religieuses, à Bonaventure Pilon, d'un contrat par lequel Pierre du Bousquet, écuyer, sieur de La Motte, a amorti au profit de Michel Lebrun, chanoine en la prébende de Gavrus, 60 sols et 2 poules de rente sur biens sis en la paroisse St-Ouen (1737). — Vente devant Jean-Charles Tostain, notaire à Bayeux, par Jacques Suhard, écuyer, sieur de Loucelles, aux religieuses de l'Hôtel-Dieu, de partie de 296 livres 7 sols, de 200 livres de chanvre et 8 chapons gras de rente à prendre sur Jean Le Nourichel, de la paroisse

St-Ouen (1738). — Transaction entre les religieuses et Bonaventure Pilon, sur le procès pendant entre eux (1741). — Bail devant Jean-Charles Tostain, notaire à Bayeux, par Jean Le Nourichel, fils et héritier d'Hercule Le Nourichel et de Jeanne Fontaine, à Germain Vaudevire, maréchal, bourgeois de Bayeux, de la paroisse St-Ouen, de 23 vergées de terre (1742). — Procédure au bailliage de Bayeux entre les religieuses de l'Hôtel-Dieu, Michel Vaudevire et François Le Nourichel, pour paiement d'arrérages de 296 livres 7 sols, 200 livres de chanvre et 8 chapons de rente (1767). — Reconnaissance devant Charles-François Duhamel de Vailly et Pierre Antoine Duruel, notaires à Bayeux, par les religieuses de l'Hôtel-Dieu à Pierre Étienne, fils Pierre, de partie de 35 livres 13 sols 6 deniers de rente (1771).

H. Suppl. 588. — B. 28, (Liasse.) — 21 pièces, parchemin ; 120 pièces, papier.

1483-1807. — Bayeux. — Paroisse St-Patrice. — Reconnaissance devant Thomas Arlor et Alain Desmaires, son adjoint, tabellions à Bayeux, par Raoul et Jean Blancaignel, frères, de Vaux-sur-Aure, de la fieffe à eux faite par les prieur et religieux de l'Hôtel-Dieu, de 6 vergées de terre en la paroisse St-Patrice (1483). — Échange devant Jean Genas et Étienne Scelles, tabellions à Bayeux, entre Jacques de Marconets, prieur commendataire du prieuré de St-Jean l'Évangéliste de l'Hôtel-Dieu, Robert Crespin, sous-prieur, Jean Le Jumardois, Michel Thorel et Guillaume Duhamel, religieux, et Guillaume Hélyes, écuyer, grenetier à Bayeux de 3 sillons de terre, sise à St-Patrice, contre 1 acre de terre sise à St-Patrice (1614). — Vente devant Augustin Maheust et Jean Pery, tabellions à Bayeux, par Regnauld Chandavoyne, pour lui et ses frères, à Robert Aguet, d'une pièce de terre sise à St-Patrice, delle de l'Épine Jacob (1635). — Extraits du papier-journal de la recette du bien et revenu de la Maison-Dieu, faite par Jacques de Marconets, chanoine de Missy, prieur et administrateur de ladite maison, en ce qui concerne les rentes en froment dues à St-Patrice (1640). — Adjudication faite devant Jean Pery et Thomas de Lanquetot, tabellions à Bayeux, des biens dépendant des obits de l'église St-Patrice (1653). — Fieffe au tabellionage au siège de Vaucelles, par Étienne Gobier, sieur de Mortefontaine, bourgeois de Bayeux, à Olivier Champeaux, bourgeois, de 7 vergées de terre en la paroisse de St-Patrice, delle de Mortefontaine (1653). — Autre fieffe devant les mêmes par ledit Gohier à Olivier Champeaux d'une vergée de terre en ladite paroisse (1656). — Procédure au bailliage de Caen, devant Nicolas du Moustier, sieur de La Motte, lieutenant général, entre les religieuses de l'Hôtel-Dieu et Thomas Mannoury, curé de St-Martin de Bayeux, et Isabeau Turgot, veuve de Gabriel Suhard, écuyer, sieur de Saint-Gabriel, concernant le paiement de 8 boisseaux de froment de rente (1659-1660). — Copie de la vente devant Michel Percou et Jacques Luton, tabellions en la sergenterie du Thuit pour le siège de Vaucelles près Bayeux, par Pierre Legrand, prêtre, obitier en l'église St-Patrice, à Suzanne Enguerran, femme de Nicolas de Vaux, de 7 livres 2 sols 6 deniers de rente hypothéquée (1664), ladite copie collationnée et délivrée à Robert Picam, prêtre, obitier de la paroisse St-Patrice (1694). — Baux faits par les religieuses de l'Hôtel-Dieu, à divers, de biens sis à St-Patrice (1672-1684). — Transport de rente devant Jean Pery et Thomas Cupersy, tabellions à Bayeux, par Nicolas de Vaux l'aîné, fils Guillaume, et Suzanne Enguerran, sa femme, aux prêtres et obitiers de l'église St-Patrice, stipulés par Jacques Poincheval, curé, François Nicolle, Henry Retout et Antoine Toustain, prêtres et obitiers en ladite paroisse (1672). — Vente devant Raphaël Héroult, tabellion au siège de Vaucelles près Bayeux, et Jacques Pagnon, sergent, pris pour adjoint, par Nicolas Chandavoyne à Olivier Lainé, de 6 vergées de terre sises à St-Patrice (1673). — Remise à droit de clameur lignagère et comme marché de bourse devant Thomas Cupersy et Jacques Lemarois, tabellions à Bayeux, par Olivier Champeaux, à Michel et Marie Gohier, enfants de feu Étienne Gohier, sieur de Mortefontaine, de 7 vergées de terre sise à St-Patrice (1674). — Procédure devant Étienne Suhard, écuyer, seigneur de St-Germain, Pert et Conjon, lieutenant civil, et Richard Hélyes, écuyer, sieur de Subles, lieutenant général au bailliage de Bayeux, entre les religieuses de l'Hôtel-Dieu et Olivier Lainé, pour paiement de 3 années de 5 boisseaux de froment au droit de Nicolas Chandavoyne (1679-1681). — Procédure entre les prêtres de St-Patrice et Nicolas de Vaux, concernant le paiement d'arrérages de 7 livres 2 sols de la constitution de Pierre Legrand, prêtre, au bénéfice de sa femme (1684). — Fieffe devant Antoine Le Goupil et Mathieu Hardy, notaires à Bayeux, par Marguerite Philippe, veuve d'Étienne Gohier, sieur de Mortefontaine, et Michel et Marie Gohier, ses enfants, à Pierre Suhard, écuyer, sieur de St-Germain, lieutenant général au bailliage de Bayeux, de 10 vergées de terre sises à St-Patrice (1686). — Vente devant les notaires de Bayeux, par Olivier Lainé à Pierre Lainé, avocat, de 6 vergées de terres sises à St-Patrice, delle de l'Épine Jacob (1691). — Bail fait à Robert Bayron par les chapelains de l'église collégiale de St-Nicolas des Courtils et la supérieure et les religieuses de l'Hôtel-Dieu, de 6 vergées de terre sises à St-Patrice, delle de l'Épine (1698), ledit bail renouvelé au même par Simon Lebel, écuyer, l'un des chapelains, et les religieuses de l'Hôtel-Dieu (1708). — Vente devant Jacques Buisson, notaire au siège de La Cambe, par Catherine de Condé, veuve de Martin Dufresne, sieur de Fontaine, et Julien, son fils, à Nicolas de Vaux, marchand, stipulé par Robert de Tour, son fils en loi, de 100 sols de rente à prendre sur Jacques Crabin (1698). — Sommation faite à la requête de Pierre Le Diacre, greffier héréditaire en l'hôtel-de-ville de Bayeux, receveur des deniers communs de la ville, à Jacques Crabin, possédant un jardin assis sur les fossés de la ville au droit de la veuve Martin Dufresne, de payer la somme de 30 livres montant de la taxe de ladite veuve (1699). — Copie de la déclaration faite devant les notaires de Bayeux par Suzanne Enguerran, femme de Nicolas de Vaux, marchand à Argouges, que les lettres de séparation de biens par elles obtenues contre son mari n'étaient que pour sauvegarder ses intérêts contre un individu dont il s'était rendu caution, et qu'elle renonce à ladite séparation (1700), ladite copie collationnée à la requête du curé, prêtres et chapelains de St-Patrice (1707). — Soumission de Noël de Vaux, chapelain en l'église de Ranchy, de payer aux prêtres de St-Patrice la rente de 7 livres à eux transportée par Nicolas de Vaux, marchand (1707). — Fieffe devant les notaires de Bayeux par Thomas Binet, curé de Monceaux, à Pierre *Detems*, de 6 vergées de terre au terroir de St-Patrice, bornées par les représentants de Lonvières, la chapelle de Vaux et Duperré Suhard (1722). — Arrêt de deniers fait à la requête de Jacques Féron, prêtre, receveur des prêtres et obitiers de St-Patrice, entre les mains des frères Collibert, fermiers de Jacques de Vaux, fils Nicolas, des deniers par eux dus, pour paiement d'arrérages de 6 années de 7 livres 2 sols de rente (1733). — Reconnaissance devant Charles Tostain, notaire à Bayeux, par Pierre *Detamps*, représentant Thomas Binet, curé de Monceaux, au droit de Thomas de Manoury, archidiacre des Veys en l'église cathédrale, aux pauvres malades de l'Hôtel-Dieu, de 8 boisseaux de froment de rente sur 6 vergées de terre en la campagne St-Patrice (1749). — Vente devant Duhamel et Duruel, notaires à Bayeux, par François Lemarchand, bourgeois, sous la garantie de divers débiteurs, à Olivier d'Amours, écuyer, seigneur et patron honoraire de Villiers-le-Sec, de rente à prendre sur Nicolas Condé, à cause d'une maison sise paroisse St-Patrice (1763). — Signification faite par Louis Noël, huissier, à la requête des administrateurs de l'Hôtel-Dieu, à Guillaume *Destemps*, fils et héritier de Pierre *Destemps*, de ladite reconnaissance, avec sommation de payer les arrérages de ladite rente (1770). — Procédure au bailliage, entre les prêtres de St-Patrice et Thomas Laurent et François Lecomte, au droit de Crabin et de Vaux, pour paiement d'arrérages de rente (1772). — Sommation faite par Joachim Aze, huissier, à la requête des administrateurs de l'Hôtel-Dieu, à Gavare, de la paroisse St-Patrice, de payer les arrérages de 45 boisseaux de froment (1787-1788).

H. Suppl. 589. — B. 29. (Liasse.) — 11 pièces, parchemin ; 37 pièces, papier.

1474-1771. — Bayeux. — Paroisse St-Sauveur. — Fieffe devant Guillaume Lenterin et Drouet Lebourg, tabellions en la haute justice de St-Vigor, par Robert Lefèvre et Jean de Nonyant, chanoines, stipulant les doyen et chapitre de l'église Notre-Dame de Bayeux, à Hervieu Cornet, écuyer, d'une maison sise paroisse St-Sauveur, en la rue Damp Jourdain (1474). — Procédure au bailliage de Bayeux devant Pierre Potier, écuyer, lieutenant général, entre le chapitre de Bayeux, chargé du fait de Jacques de Marçoneis, chanoine de Missy, leur receveur, et Thomas Le Chevalier, sieur d'Engranville, pour paiement de 20 sols 2 gelines et 20 œufs de rente (1622-1623). — Arrêt annulant, à la requête de Jacques de Marconets, prieur administrateur de l'Hôtel-Dieu, l'aliénation d'une maison appartenant aux prieur et religieux dudit Hôtel-Dieu, sise en la paroisse de St-Sauveur, rue *Quiquengrongne*, et dans laquelle se retirent lesdits prieur et religieux lorsqu'il arrive quelque maladie contagieuse dans l'hôpital. Dans cette maison se trouvait une chapelle où l'on célébrait l'office divin, ce qui rendait cette propriété inaliénable (1627). — État de distribution fait aux pieds de la sergenterie des ville et banlieue de Bayeux par Isaac Le Bedey, écuyer, sieur de Vaux et d'Asnelles, vicomte de Bayeux, des deniers provenant du décret des maisons de Pierre Ouenne, sises paroisses de St-Sauveur et de Maisons (1646). — Fieffe devant Jean Pery et Thomas Capersy par Jacob Hue, sieur de Montaigu, à Pierre Escolasse, de partie de maison sise à St-Sauveur (1672). — Transaction entre les protestants de Vaucelles de Bayeux et Jacob Hue, sieur de Montaigu, par laquelle ledit Hue cède auxdits réformés une rente de 12 livres à prendre sur Pierre Escolasse, bourgeois de Bayeux, pour s'exonérer du paiement du corps et arrérages de 5 années d'une autre rente de 6 livres par lui due aux mêmes protestants par suite d'acquisition d'héritages ayant appartenu à Jacques de Hotot, sieur du Quesnay, à charge de faire ladite rente (1678). — Procédure au bailliage de Bayeux devant Michel Lemercier, écuyer, sieur de Bricqueville, entre Thomas de Saonnet, écuyer, sieur de Moulagny, et les chapelains de l'église collégiale de St-Nicolas des Courtils, concernant la possession de 38 sols de rente (1680). — Vente devant les notaires de Bayeux par Thomas de Saonnet, écuyer, sieur de Moulagny, à Antoine Bouillard, maître tailleur, de maisons et jardin sis paroisse St-Sauveur (1704). — Procédure au bailliage de Bayeux entre les chapelains de la chapelle N.-D. de la cathédrale et Louis Lepetit, pour paiement de 15 sols et 1 geline de rente (1771).

H. Suppl. 590. — B. 30. (Liasse.) — 12 pièces, parchemin ; 23 pièces, papier.

1256-1716. — Bayeux. — St-Symphorien. — Tripot. — 1er Sac. — Droits de l'Hôtel-Dieu et de l'hôpital. — Copie et traductions françaises de la confirmation par Louis IX, roi de France, aux pauvres de l'Hôtel-Dieu de Bayeux, dans la possession de ce qu'ils ont acquis à titre d'achat, de donation ou par toute autre manière (Condé-sur-Noireau, 9 avril 1256). — Texte et traduction française du vidimus par l'official de Bayeux des lettres patentes de Philippe le Bel, concernant la donation faite par Louis IX aux pauvres de l'Hôtel-Dieu d' « une certaine coutume de bled qu'on appelle « ordinairement tripot, avec la place où cette dite « coutume se perçoit, en destinant par un motif de « piété la plus pure au soulagement quotidien desdits « pauvres la dicte coutume ou tripot » ; ordre au bailli de Caen, si les maîtres et frères y mettent la main dans leurs besoins, en l'arrêtant et en la saisissant, ce qui est cause qu'on soustrait aux pauvres les aliments qui leur sont nécessaires, de les empêcher, s'ils ont failli en quelque chose, « tant petite soit elle », de mettre la main aux biens de ladite maison et de saisir ladite coutume ou tripot pour ne pas ôter les aliments dus aux pauvres (Paris, 8 novembre 1296). — Lettres patentes de Charles V, portant défenses, sur la demande des religieux et pauvres de l'Hôtel-Dieu, de vendre les blés et grains ailleurs qu'à la halle et sans payer les droits attribués aux pauvres (1365, 18 juin). — Traduction du *vidimus* par Jean Le Bouchier, garde du scel des obligations de la vicomté de Bayeux, le 3 juillet 1365, de la confirmation par Charles V, roi de France, aux prieur, frères et pauvres de la Maison-Dieu, de la donation par Louis IX de tout le droit et émolument à lui appartenant à cause du tripot de Bayeux, avec une maison où il était tenu, droits de réage et de havage. Depuis les guerres, la ville a été close en partie, et le tripot se trouve en dehors de la clôture, par quoi plusieurs marchands et autres gens du pays ne veulent rien y porter, mais de leur autorité vendent ou font vendre dans ladite forteresse, hors le tripot, et mesurer à autres mesures qu'aux mesures royaux, sans en payer à l'Hôtel-Dieu ou à son mesureur les droits et émoluments. Ordre au bailli de Caen ou au vicomte de Bayeux et à leurs lieutenants de tenir la main au retour aux anciens usages (Paris, 18 juin 1365). Délivrance faite par Thomas Durant, greffier du vicomte de Bayeux, 1513. Copie informe. — Vérification par Raoul Payen, garde du scel des obligations de la vicomté de Bayeux, des lettres patentes de 1365 rendant aux pauvres de l'Hôtel-Dieu les droits à eux aumônés par Saint Louis et qui avaient été réunis au domaine (1377). — Information faite à Bayeux devant Roger Desmaires, à ce commis par justice, le 3 mars 1446 (v. s.), à la requête des prieur et religieux de la Maison-Dieu, pour savoir si le tripot fut donné aux prieur et religieux par Saint Louis et s'ils l'ont toujours depuis tenu comme leur aumône, si au lieu où il est de présent demeurèrent les frères mineurs de Bayeux, s'il y a aud. tripot une chapelle incorporée dedans, fondée et dédiée de Saint Louis; au tripot il y a une chapelle fondée de Ste Marguerite, et les témoins ont oui dire de St Valentin y fut enseépulturé, par quoi ils croient qu'elle est bénéfice. — Attestation devant Nicolas de Foulognes, écuyer, garde du scel des obligations de la vicomté de Bayeux, par Alain Hardy, tabellion, de la vérification des lettres patentes de St-Louis de 1256 (1453). — Attestation devant le même par Jean Desmaires, tabellion, de la vérification des lettres patentes de confirmation de Philippe Le Bel (1457). — Requête adressée au Parlement par Jacques de Marconets, prieur de l'Hôtel-Dieu, pour faire informer contre Noël Le Savoureux, procureur-syndic de la ville, de la possession des droits perçus à la halle à blé (1635). — Consultation portant que les religieuses de l'Hôtel-Dieu sont très bien fondées à demander d'être reçues à rembourser pour les malades la moitié du prix des offices de mesureurs de grains, acquis par le sieur de La Morandière, à l'effet de jouir de la moitié des droits attribués auxdits offices, outre et par dessus le droit ancien accordé à la maison, et à demander la restitution de la moitié pour l'hôpital des valides (Paris, 1715). — Comparution devant Marc-Antoine de Hermerel, écuyer, sieur du Martel, subdélégué, des maire et échevins de la ville, députés pour fournir la réponse au placet des religieuses de l'Hôtel-Dieu, présenté au Roi et à son Conseil, concernant les offices de mesureurs de grains (1716).

H. Suppl. 591. — B. 31. (Liasse.) — 75 pièces, parchemin; 88 pièces, papier.

1296-1776. — Bayeux. — Paroisse St-Symphorien. — Tripot. — 2ᵉ Sac. — Procédure devant le vicomte de Bayeux entre les religieux de Bayeux, plaignants, et Henri *Le Rouier*, ayant fait un étal empêchant l'entrée du tripot, au préjudice dudit prieur (1296). — Procédure aux assises de Rouen, devant Jacques de Croixmare, lieutenant général de Jean de Montespedon, écuyer, seigneur de Beauvoir et de Busoges, bailli de Rouen, entre les religieux de l'Hôtel-Dieu et leurs fermiers, d'une part, et Richard Pellerin, d'autre part, concernant la coutume du havage et mesurage des blés apportés à leur halle ou tripot (1466). — Procédure aux assises de Bayeux devant Eustache Quenivet, lieutenant général, entre les religieux de l'Hôtel-Dieu et Potin du Tillay, se disant fermier de l'impôt de 12 deniers pour livre du blé vendu en la ville et faubourgs de Bayeux, concernant les troubles par lui apportés dans la possession d'un manoir sis paroisse St-Symphorien, au lieu où est le tripot (1467). — Procédure aux assises de Bayeux devant le lieutenant général Bureau, entre les religieux de l'Hôtel-Dieu et ceux de St-Nicolas de la Maladrerie, concernant le droit de coutume à payer au tripot et halle à blé (1488). — Bail devant Jean Revel et Jean Le Roy, tabellions à Bayeux, par les religieux de l'Hôtel-Dieu à Michelle, veuve de Denis Bazire, et à Isabelle, veuve de Colin Bazire, du tripot et halle à blé, pour 3 ans, moyennant 167 livres de fermage (1504). — Procédure à l'Échiquier de Normandie entre les religieux de l'Hôtel-Dieu et Robert Hamon, écuyer, sieur de Campigny, concernant le droit de havage et mesurage de blé par lui dû en la halle (1512). — Inventaire des pièces produites à la Cour de l'Échiquier par lesdits religieux contre ledit Hamon, sieur de Campigny. — Procédure aux assises de Bayeux, devant Bureau, lieutenant général, entre les religieux de l'Hôtel-Dieu et le chapitre de l'église cathédrale de Bayeux, concernant les droits de havage et mesurage au tripot et halle à blé (1513-1516). — Adjudication faite par Thomas Potier, écuyer, lieutenant général en la vicomté, du tripot et halle à blé, à Vauchys, moyennant 400 livres (1590). — Adjudication faite par Charles Lemercier, lieutenant ancien en la vicomté de Bayeux, requête des religieux de l'Hôtel-Dieu, du revenu de la halle à blé (1615). — Semblable adjudication faite par Thomas Lemercier, lieutenant ancien en ladite vicomté (1637). — Procédure entre les religieuses de l'Hôtel-Dieu et le procureur-syndic de la ville, contre la fiefe par lui faite d'une place appelée La Chapelle, incorporée à la halle à blé (1656). — Arrêt du Conseil d'État du Roi accordant aux seigneurs, ecclésiastiques ou laïcs, qui prétendent avoir droit de minage, mesurage, ou autres, sur les grains qui sont vendus ou débités dans l'étendue de leurs terres et seigneuries, qui n'ont pas représenté leurs titres en conformité de l'édit de janvier 1697, un nouveau délai de quinzaine, et ordonnant que les offices de mesureurs de grains créés par ledit édit seront vendus et établis (1697). — Extrait du registre des assemblées du bureau des pauvres valides de l'hôpital général, concernant l'adjudication faite à Lenjalley, moyennant 4,260 livres, des droits de mesurage des grains entrant dans la halle à blé, se percevant pour les pauvres valides de la ville, à raison de 5 deniers par boisseau de froment, seigle et méteil, et moitié dudit droit pour les autres grains; et pour les pauvres malades de l'Hôtel-Dieu, 1 denier par boisseau de tous les grains (1739). — Requête adressée au lieutenant général du bailliage, par les administrateurs des pauvres malades de l'Hôtel-Dieu, pour obtenir la bannie et adjudication d'une maison sise paroisse St-Jean, attenant à la halle à blé, qui a été bâtie pour procurer un droit d'un denier par boisseau de grains sortant de ladite halle, qui appartient auxdits pauvres (1776).

H. Suppl. 592. — B. 32. (Liasse.) — 14 pièces, parchemin ; 17 pièces, papier.

1615-1788. — Bayeux. — Paroisse St-Symphorien. — Tripot. — 3e Sac. — Transaction devant Jean Génas et Lucas Nantier, écuyer, tabellions, à Bayeux, entre les religieux de l'Hôtel-Dieu stipulés par Robert Crespin, sous-prieur, et Jean Postel, bourgeois de Bayeux, sur le procès entre eux au Parlement, concernant la reconstruction de la maison dudit Postel sise près la halle à blé, en la paroisse St-Symphorien (1613). — Attestation des juges, officiers du Roi et bourgeois de Bayeux, qu'en 1589, pendant les troubles, la halle à blé située aux faubourgs de la ville, dépendant de l'Hôtel-Dieu, fut entièrement brûlée et ruinée par l'armée de M. de Montpensier étant devant la ville; depuis ce temps, ladite halle, qui contenait 120 pieds de long et 40 de large, n'a pu être reconstruite à raison du peu de biens de ladite maison, grandement chargée de pauvres; avant sa ruine, c'était la meilleure pièce du revenu de l'établissement (1615). — Adjudication faite au bailliage de Bayeux devant Charles Lemercier, écuyer, sieur de St-Germain et du Mesnil, à la requête de Jacques de Marconets, chanoine en la prébende de Missy, prieur de l'Hôtel-Dieu, du revenu pour 7 ans dudit Hôtel-Dieu, des maisons, terres du moulin du Mesnil et de la halle à blé (1614); semblables adjudications (1620-1669). — Procédure au bailliage de Bayeux devant Pierre Potier, écuyer, sieur d'Asnelles, lieutenant général, entre Pierre Colleville et François Rally, bourgeois de Bayeux, et Marin Thomas, percevant les droits du tripot et halle à blé, concernant les contraventions par lui commises aux arrêts de la Cour, pour trop perçu (1627). — Appel au Parlement, de Pierre Colleville, bourgeois de Bayeux, et des autres habitants, d'une sentence rendue par le vicomte de Bayeux pour Jacques de Marconets, prieur de l'Hôtel-Dieu, afin de l'obliger à rendre compte du revenu dudit Hôtel-Dieu, dans lequel est compris l'impôt sur le blé apporté à la halle, qui est surélevé (1627). — Adjudication faite au bailliage de Bayeux par Richard Hélyes, écuyer, sieur de Subles, lieutenant général, à la requête de la supérieure de l'Hôtel-Dieu, du revenu des terres, maisons, dîmes, tripot et denier à Dieu appartenant aux pauvres dudit Hôtel-Dieu, à charge par les adjudicataires d'entretenir les maisons et halle à blé (1633). — Procédure au Parlement entre Jacques de Marconets, prieur de l'Hôtel-Dieu, et Denis Binet, ex-procureur-syndic des bourgeois, manants et habitants de Bayeux, concernant la possession et usage des droits perçus par ledit prieur sur les grains vendus ou exposés en la halle (1635). — Sommation faite par Marin Blanlo, huissier, à la requête des administrateurs de la Maison-Dieu stipulés par Charles Couillard, à Pierre Colleville, adjudicataire de la ferme du tripot et halle à blé dépendant de ladite Maison-Dieu, de fournir caution de son adjudication ; vu son refus, assignation lui est donnée de comparaître à cet effet au bailliage (1635). — Ordonnance rendue au bailliage, permettant audit Colleville de continuer son adjudication en donnant une bonne caution (1636). — Main-levée donnée devant les notaires de Paris par Jean Duport, chargé du recouvrement en la province de Normandie du revenu sur les domaines, gages, droits et offices, de 4 boisseaux de blé de la ville de Bayeux, appartenant au prieur de l'Hôtel-Dieu (1635). — Procès-verbal d'adjudication faite par Thomas Lemercier, écuyer, sieur du Mesnil, lieutenant général, des dîmes et halle à blé appartenant à l'Hôtel-Dieu (1656). — Extrait du registre du bailliage de Bayeux concernant l'apprécie de l'orge de 1659 à 1666. — Adjudications devant Pierre Subard, écuyer, sieur de Saint-Germain, lieutenant général, du revenu des terres, maisons, tripot, etc., de l'Hôtel-Dieu (1677-1690). — Adjudication faite par Nicolas Hélyes, écuyer, seigneur et chanoine d'Albray en l'église cathédrale, lieutenant général au bailliage, des dîmes et halle à blé appartenant à l'Hôtel-Dieu (1698). — Autre adjudication devant led. Nicolas Hélyes, chanoine d'Albray et grand couteur en l'église cathédrale, lieutenant général au bailliage de Bayeux, des droits de tripot et halle à blé de la ville (1703). — Extraits des assemblées du bureau des valides, présidées par M. d'Albray, lieutenant général, concernant l'adjudication à passer de la ferme des droits de mesurage des grains entrant dans la halle à blé (1727). — Sommation de Louis Noël, huissier, à la requête des administrateurs de l'Hôtel-Dieu, stipulés par Thomas Taviguy, receveur, à l'abbé Terrée, économe en l'église cathédrale et syndic de l'hôpital général, et Jubiet, prêtre, de payer aux pauvres malades un quartier du revenu bon de la halle à blé (1767). — Extrait des assemblées du bureau des valides présidées par l'abbé Desfresnes, vicaire général, concernant l'indemnité demandée par Marie-Anne-Françoise Jean Delamare, fille de feu Pierre Jean Delamare, ex-fermier des droits de la halle à blé pour les années 1768 à 1770, pour pertes éprouvées pendant sa jouissance et réparations par lui faites (1786). — Autorisation donnée par Nicolas-Honoré-Philippe Guérin, sieur de La Houssaye, lieutenant général au bailliage de Bayeux, de vendre le le mardi sur les places St-Sauveur et St-Patrice, pendant le Carême, des volailles et du gibier dont les droits seront perçus au bénéfice des pauvres de l'hôpital général (1786). — Bail devant Le Mouelle et Vautier, notaires à Bayeux, par Jean-Richard Hardouin, receveur de l'hôpital des pauvres, à Michel Fouquet, du droit de 1 denier par boisseau sur tous les grains sortant de la halle, moyennant 1,320 livres de fermages (1788).

H. Suppl. 503. — B. 33. (Liasse.) — 27 pièces, parchemin; 91 pièces, papier.

1402-1785. — Bayeux. — Paroisse St-Vigor-le-Grand. — Reconnaissance devant Guillaume Desmaires, clerc, tabellion à Bayeux, par Richier Vivien, de St-Vigor-le-Grand, de la fieffe à lui faite par Pierre Ernouf, de 3 vergées de terre (1402). — Vente devant Thomas Ogier, clerc, tabellion à Bayeux, par Richard Martel à Henry Duhamel, prieur de l'Hôtel-Dieu, de 1/2 acre de terre sise à St-Vigor-le-Grand (1437). — Pactions de mariage devant Alain Hardy et Guillaume Delacour, son adjoint, tabellions à Bayeux, entre Thomine Le Bouchiez et Pierre Rose, à laquelle il est donné entre autres 6 boisseaux de froment de rente (1466, 16 mars v. s.). — Vente devant Alain Hardy et Thomas Artur, tabellions à Bayeux, par Emilline, veuve Jean Muillart, aux religieux de l'Hôtel-Dieu, de vergée 1/2 de terre sise à St-Vigor-le-Grand (1473, v. s.). — Obligation de Pierre Rouland, de la paroisse de St-Vigor-le-Grand, de payer à Pierre Denize, administrateur et prieur de l'Hôtel-Dieu, 104 boisseaux de froment à prendre sur son jardin sis au hameau de Pouligny (1541). — Procédure au bailliage de Bayeux entre les religieux de l'Hôtel-Dieu, stipulés par frère Le Bourgeois, Thomas Lecompte et Jean Dubois, pour paiement de 6 boisseaux de froment de rente (1549). — Procédure au bailliage de Bayeux devant Antoine Lemercier, lieutenant, entre Jacques Mannoury, fils de feu Vigor Mannoury, administrateur de la Maison-Dieu, et Jean Philippe, Guillaume Pellevey pour paiement d'arrérages de 3 boisseaux d'orge de rente dus de Jean Leclerc (1571). — Remise à droit de condition devant Nicolas Tapin et Sanxon Richier, tabellions à Bayeux, par Jacques Rictens à Pierre Raoul, bourgeois, d'un sillon de terre sis à St-Vigor-le-Grand (1579). — Vente devant les tabellions de Bayeux, par François Rouland à Lambert Folliot, de la condition à faculté de rachat retenue sur la vente de 3 vergées de terre sises à St-Vigor-le-Grand (1631). — Aveu rendu à François de Nesmond, évêque de Bayeux, à cause de sa baronnie de St-Vigor-le-Grand, par Robert Hastain, époux d'Agnès Rouland, et autres, représentant le droit de François Rouland, de 10 vergées de terre et maisons sises à St-Vigor le Grand (1667). — Bail à ferme par la supérieure des religieuses de l'Hôtel-Dieu de deux sillons de terre en la paroisse de St-Vigor-le-Grand, à Jean Cocquois, de St-Martin-de-Bayeux (1668). — Obligation devant les notaires de Bayeux par Philippe Denise, boulanger, époux de Jeanne de Coltun, de faire et continuer aux obits du prieuré de St-Vigor-le-Grand 55 sols de rente (1718). — Renonciation devant Clément Le Queus, sieur de Varreville, vicomte de Bayeux, par Jeanne Barbeville, à la succession de Jean Bellejambe, son mari (1722). — Fieffe devant Toslain, notaire à Bayeux, par Jean-Baptiste Durand de Missy, grand doyen de l'église cathédrale de Bayeux, à Guillaume Pitet, du moulin de la Fosse, sis à St-Vigor-le-Grand (1731). — Renonciation des religieuses de l'Hôtel-Dieu à toute propriété au-delà des arbres séparant leurs propriétés et celles de Le Paulmier, en la paroisse de St-Vigor-le-Grand (1735). — Procédure au bailliage de Bayeux, devant Nicolas-Michel Dubamel, écuyer, sieur de Conjon, lieutenant général, entre les religieuses de l'Hôtel-Dieu et Julien Folliot, sieur de Pouligny, pour paiement de 5 années d'arrérages de partie de 3 boisseaux 1/4 de froment (1743). — Accord entre Thomas Hébert, écuyer, chanoine de Bayeux, frère et héritier de Charles Hébert, curé de St-Vigor-le-Grand, et les trésoriers de la paroisse, concernant l'amortissement de rentes (1755). — Procédure au bailliage de Bayeux, devant Louis-François-Tanneguy du Châtel, écuyer, lieutenant général, entre Jean-Baptiste Artur, curé de St-Vigor-le-Grand, et les héritiers de Catherine de Sallen, veuve de Hervé-Bernardin de La Cour, écuyer, pour paiement de 12 années d'arrérages de rente (1761). — Reconnaissance par Marie-Catherine Folliot, fille et unique héritière de feu Folliot, élu en l'Élection de Bayeux, aux pauvres de l'Hôtel-Dieu, de 6 boisseaux de froment sur biens sis à St-Vigor-le-Grand, au hameau de Campigny (1785).

H. Suppl. 594. — B. 34. (Liasse.) — 35 pièces, parchemin ; 67 pièces, papier.

1414-1785. — Bayeux. — Paroisse St-Vigor-le-Petit. — Vente devant Jean Néel, clerc, tabellion à Bayeux, par Jean Raoul, aux religieux de l'Hôtel-Dieu, de 1/2 acre de terre sise à St-Vigor (1414, n. s). — Fieffe devant Jean Desmaires, tabellion à Bayeux, par Jean Le Haribel à Clément Folletrue, d'une maison sise à St-Vigoret (1456). — Reconnaissance devant Alain Hardy et Thomas Artur, tabellions à Bayeux, par Clément Folletrue, de la fieffe à lui faite par les religieux de l'Hôtel-Dieu d'un jardin sis à St-Vigor (1474). — Échange devant Nicolas Blondel et Robert Le Jimardoys, entre Jean Buhot et Pierre Buhot, son fils aîné, de maisons sises à St-Vigor-le-Petit (1589). — Reconnaissance devant Thomas Goubot et Laurent Fauvel, tabellions en la sergenterie de Graye, par Pierre Buhot, de la vente par lui faite à Nicolas Basley, de 10 livres de rente à prendre sur tous ses biens (1596). — Vente devant Jean Néel et Jean Pery, tabellions à Bayeux, par Guillaume Buhot à François Eulde, tanneur, d'une maison et tannerie sises à St-Vigor (1626). — Procédure au bailliage de Bayeux, devant Hélie, écuyer, sieur de Subles, lieutenant général dudit bailliage, Magloire de Bailleul, sieur de Cachy, lieutenant-général en la vicomté, et Jacques Le Bedey, écuyer, vicomte, entre les 12 chapelains de l'église de Bayeux, les religieuses de l'Hôtel-Dieu, Jacques Basley, pour paiement de rentes dues sur une maison sise à St-Vigor-le-Petit et acquise de Nicolas Buhot et Pierre Henry (1635-1676). — Procès-verbal d'adjudication faite par Jean Blondel, écuyer, châtelain de Tilly, lieutenant particulier au bailliage de Caen, député par la Cour du Parlement, des réparations à faire à une maison acquise par les religieuses de l'Hôtel-Dieu (1658). — Vente devant Jean Pery et François Daon, tabellions à Bayeux, par les frères de Villais, écuyers, sieurs des Oulnes et de La Roche, à l'hôpital et maison-Dieu de Bayeux, d'une maison sise à St-Vigor (1658). — Quittance donnée devant Jean Pery et Thomas de Lanquetot, tabellions à Bayeux, par Sébastien Le Maigre, avocat, bourgeois de Bayeux, tuteur des enfants de feu Antoine Le Maigre, secrétaire-contrôleur en la Cour des Aides de Normandie, aux religieuses de l'Hôtel-Dieu, de la somme de 314 livres pour racquit d'arrérages de 21 livres 8 sols 6 deniers de la constitution de Contest Basley, prêtre, Jacques Basley, son frère, et Marguerin Guelles, huissier (1670). — Quittance donnée devant les mêmes par Antoine Le Maigre, chapelain de l'église cathédrale de Bayeux, auxdites religieuses, de la somme de 150 livres pour racquit de 10 livres 14 sols 8 deniers, de la constitution de Joachim Basley. — Quittance donnée devant Jean Pery et Cupersy, tabellions à Bayeux, par Michel Hermerel, écuyer, sieur de Seqmont, lieutenant particulier du bailli de Caen en la vicomté de Bayeux, échevin de l'église St-Malo, fondé des curé et chapelains de ladite paroisse, aux religieuses de l'Hôtel-Dieu, ayant acquis de Jacques Basley, fils Joachim, des maisons et tannerie sises paroisse de St-Vigor-le-Petit, de la somme de 600 livres pour racquit de 42 livres 17 sols de rente de la constitu-dudit Joachim Basley (1670). — Reconnaissance devant

François Duhamel, notaire à Bayeux, par Jeanne de Rots, veuve de Gervais de Mosles, de la paroisse de St-Vigor-le-Petit, à Lambert Poix, époux de Madeleine de Rots, sœur de ladite Jeanne, de 11 livres de rente (1742). — Vente devant Olivier Duhamel, avocat au Parlement de Paris, notaire à Bayeux, par Jean Gouet, fondé d'Étienne Mordant, maréchal des logis dans le régiment Royal-Cravatte, à François Vauchy, d'une maison sise à St-Vigor-le-Petit (1753). — Fieffe devant François Duhamel, notaire à Bayeux, par Robert Gardin, bourgeois de Bayeux, malade en l'Hôtel-Dieu, aux pauvres malades dudit Hôtel-Dieu, d'une maison sise à St-Vigor-le-Petit (1755). — Requête adressée à l'intendant de Fontette par les administrateurs de l'Hôtel-Dieu pour obtenir la décharge de leur imposition pour les biens acquis de Robert Gardin (1757). — Procédure au bailliage de Bayeux entre Germain-Jacques La Rose, les religieux du séminaire de Bayeux et Paris, Eudes et Pigache, pour paiement de rente due audit séminaire (1759-1769). — Procédure au bailliage de Bayeux, devant Jean-Baptiste-Jacques-Gabriel de La Londe de Sainte-Croix, écuyer, lieutenant général, entre les religieuses de l'Hôtel-Dieu et la veuve Montpellier, concernant le paiement de la somme de 494 livres 14 sols, montant de son obligation (1783).

H. Suppl. 505. — B. 35. (Liasse.) — 9 pièces, parchemin ; 36 pièces, papier.

1622-1762. — Bayeux. — Paroisse St-Vigor-le-Petit. — « Titres anciens de la maison de La Pérnudière, sur « laquelle on a édifié le secrétariat des hospices. » — Vente devant Lucas Nantier, écuyer, et Auguste Maheult, tabellions à Bayeux, par Jean Henry, bourgeois de Bayeux, Colasse Bubot, sa femme, et Pierre Buhot, son père, à Jeanne Roulland, veuve de Vincent Marie, d'une maison et jardin sis à St-Vigor (1622). — Vente devant Mathieu Després et Jean Buisson, tabellions en la sergenterie des Veys, par Jean Pillon et Gillette Lecoq, à Jean Eudes, bourgeois de Bayeux, d'une maison sise en la paroisse de St-Vigor-le-Petit (1655). — Cession par forme de subrogation par Robert Mordant à Germain Cardine, d'une maison sise à St-Vigor-le-Petit (1735). — Fieffe devant François Duhamel, notaire à Bayeux, par Robert Gardin, bourgeois de Bayeux, à Germain Cardine, d'une maison à usage de tannerie et un petit jardin sis en la paroisse de St-Vigor-le-Petit (1741). — Cession devant François Duhamel, notaire à Bayeux, par Louis et Robert Cardine, frères, à Jacqueline, leur mère, de leurs parts de la succession de Germain Cardine, leur père (1742). — Vente devant le même, par Robert Gardin à Philippe Le Maigre, marchand, bourgeois de Bayeux, de 71 sols de rente, du nombre de celle de 48 livres sur Germain-Jacques de La Rose, époux de Jacqueline Jacquelin, veuve de Germain Cardine (1743). — Lots et partages des maisons et héritages de feu Gervais de Mosles, bourgeois de Bayeux, par François Pasley, époux de Jeanne de Mosles, données à choisir à Guillaume Coutainville et à Jacques Quesnel, époux des deux filles dudit Gervais (1751). — Quittance donnée par La Gohanne, légataire universel de Marie Picquenot, veuve de Pierre Scelles, sieur des Fossés, à Germain La Rose, fondé au droit de Mordant, de la somme de 22 livres 8 sols 9 deniers, pour arrérages de rente (1754). — Fieffe devant Michel-François Deslandes, notaire à Bayeux, par Guillaume Coutainville, bourgeois de Bayeux, à Jacques Pigache, boulanger, d'une maison sise à St-Vigor-le-Petit (1757). — Vente devant les notaires de Bayeux, par Nicolas-Lambert Paris, huissier, à Germain-Jacques de La Rose, bourgeois de Bayeux, de la paroisse de St-Vigor près les murs, d'une maison sise à St-Vigor-le-Petit (1760). — Rétrocession devant les notaires de Bayeux, par Jacques Pigache, boulanger, aux administrateurs des pauvres malades de l'Hôtel-Dieu, d'une maison sise à St-Vigor-le-Petit (1761). — Procédure entre Richard Poids, Thomas Poids et Madeleine de Rots, veuve de Lambert Poids, concernant la succession de Thomas de Rots (1762).

H. Suppl. 506. — B. 36. (Liasse.) — 36 pièces, parchemin ; 187 pièces, papier.

1507-1787. — Bayeux. — Droits sur le domaine. — Fief de Semilly, dit Botin. — Déclaration des biens dont jouit Jacques Poulain, prêtre, chapelain en l'église de la Madeleine, assise à Vaucelles, par fondation de Jean Poulain, prêtre, et dépendant du fief Botin, appartenant au Roi, et dont est aîné Étienne de Montfiquet, sieur de Grassemare (1507). — Extrait du registre de Pierre Denise, prieur et administrateur de l'Hôtel-Dieu de Bayeux, concernant les rentes dues au fief de Semilly, dit Botin (1583). — Procédure au bailliage de Bayeux, devant Antoine de Siresmes, écuyer, sieur de Banville, vicomte de Bayeux, entre Pierre Denise, prieur de la Maison-Dieu de Bayeux, et la veuve de Charles de Montfiquet, écuyer, tutrice de ses enfants, concernant la déclaration à passer au nom dudit défunt, au receveur du domaine, du fief de Semilly, sujet en 85 boisseaux de froment de rente dus par lesdits mineurs (1584). — Lettres patentes des rois Louis XIII et Louis XIV, faisant don aux religieux de l'Hôtel-Dieu de 7 septiers 1 boisseau de froment, dus au domaine par le fief de Semilly, dit Botin, pour les aider à reconstruire leur halle, qui a été démolie et brûlée pendant les derniers troubles (1617, 1626, 1636 et 1657). — Procédure au Parlement entre les religieuses de l'hôpital de Bayeux et les anciens religieux mendiants réformés de l'ordre de N.-D. du Mont-Carmel, appelés Carmes déchaussés, concernant la propriété de 7 septiers 1 boisseau de froment reconnus audit hôpital (1658). — Ordonnance des présidents et trésoriers généraux des finances prescrivant l'enregistrement des lettres patentes de don aux religieuses de l'Hôtel-Dieu de 7 septiers et 1 boisseau de froment dûs par elles à la recette du domaine de Bayeux, à cause du fief de Semilly, dit Botin, dépendant dudit Hôtel-Dieu, les Carmes déchaussés ayant obtenu, en 1656, un don perpétuel du domaine non engagé (1660). — Vente par Jacques Potier, écuyer, sieur de Semilly, demeurant à Asnelles, à Louis Hélie, écuyer, sieur de La Catherie, demeurant à Caen, d'une pièce de terre paroisse de Vaucelles (1662). — Procédure aux bailliages de Bayeux et de Caen entre Pierre Picquet, chapelain de la chapelle de la Madeleine de Vaucelles, et Françoise Cauvin, veuve de Nicolas Bonnemye, fermier des biens dépendant de ladite chapelle, et les religieuses de l'Hôtel-Dieu, concernant le mode de paiement des fermages de ladite veuve (1662-1665). — Lettres patentes du Roi, ordonnant que les officiers, greffiers et autres détenteurs de titres concernant 7 septiers 1 boisseau de froment dus à la recette du domaine à cause du fief de Semilly, dit Botin, dépendant de l'hôpital de Bayeux, en délivreront copies au très requis dudit hôpital (1666). — Procédure au bailliage d'Alençon, devant Jacques Dufour, écuyer, sieur du Gast, lieutenant ancien civil et criminel, entre Richard Lemoussu et Jean Leroux, curé de N.-D. de Viette, et les religieuses de l'Hôtel-Dieu de Bayeux, concernant la restitution de 6 pièces communiquées (1669). — Procédure au bailliage de Bayeux, devant Pierre Suhard, écuyer, sieur et patron de Saint-Germain, lieutenant général, entre les religieuses de l'Hôtel-Dieu de Bayeux et le chapelain de la chapelle de la Madeleine de Vaucelles, concernant le paiement de 3 boisseaux de froment de rente due au fief Botin (1670). — Autre procédure devant le même, entre les religieuses, Pierre Le Diacre et Olivier Le Barbier, nommés régisseurs du fief de Semilly ou Botin, et Richard Lemoussu l'aîné, concernant le paiement d'arrérages de 7 septiers 1 boisseau de rente (1671).

— Procédure au bailliage de Bayeux entre les administrateurs de l'Hôtel-Dieu et Olivier Poulain, curé de St-Martin-des-Entrées, chapelain de la chapelle de la Madeleine de Vaucelles, concernant le paiement de 5 années d'arrérages de 45 boisseaux de froment de rente (1740). — Significations faites à la requête des administrateurs de l'Hôtel-Dieu aux héritiers de Feugères, d'une sentence obtenue contre feu Olivier Poulain, chapelain de la chapelle de la Madeleine de Vaucelles, concernant le paiement d'arrérages de partie de 45 boisseaux de froment de rente (1767). — Sommation par Le Metayer, huissier, à la requête de Gavare, meunier, aux religieuses de l'Hôtel-Dieu, de recevoir partie des rentes en froment par lui dues (1787).

H. Suppl. 597. — B. 37. (Liasse.) — 26 pièces, papier

1656-1777. — Bayeux. — Droits sur le domaine. — Lettres patentes de Louis XIV données aux religieux réformés de l'ordre de N.-D. du Mont-Carmel, vulgairement appelés Carmes déchaussés, pour l'établissement d'un Désert en France, dont le Roi se rend fondateur. Depuis 46 ans environ qu'ils sont en France, ils n'ont pu encore y avoir une maison de Désert, comme dans les autres États de la Chrétienté, Italie, Allemagne, Pologne, Espagne et Flandre, et ils sont obligés d'aller aux pays étrangers pour jouir de ces saintes solitudes et de ces actes de piété. « Et ensemble nous ayant ap-
« paru de l'éminente perfection qui se pratique en ces
« Déserts, où ces religieux séparez de toutes les chôses
« créées, semblent plustôt des esprits célestes que des
« hommes mortels, tant par la très grande retraitte qui
« s'y observe, que par le silence inviolable, l'austérité
« de vie extraordinaire, l'observance très exacte et les
« autres vertus qui s'y exercent, qui peuvent causer de
« l'édification, et ensemble de l'admiration dans tous
« les lieux qui ont le bonheur de posséder un de ces
« establissemens », le Roi, « sachant les obligations
« que nous avons à la Divine Bonté pour nous voir
« victorieux des troubles qui ont agité la France de-
« puis quelques années, et nostre Personne garantie
« de divers accidens », entre les autres exemples de piété qu'il désire donner à ses sujets et laisser à ses successeurs, pour la première fondation royale qu'il fait en son royaume, consacré à la Vierge, a délibéré d'établir une maison de Désert pour l'ordre des Carmes déchaussés, consacré également à la Vierge, sous le titre de N.-D.-du-Secours, leur permet de s'établir en quelque lieu du royaume qu'ils voudront, et fait don aux Carmes déchaussés de la Province de Paris des reve-

nant bon par chaque année du domaine à lui rétrocédé du bailliage et vicomté de Bayeux, consistant en rentes de grains, poules, chapons et oiseaux, dues par divers particuliers à la recette du domaine de Bayeux, le revenu desdites choses montant par an à 1710 livres 12 sols 10 deniers (Paris, mai 1656). — Autres lettres patentes de décembre 1657 portant que, dans ladite donation, ne sont pas compris les 85 boisseaux de froment dépendant dudit domaine, donnés à l'hôpital des pauvres de Bayeux et aux supérieurs et religieuses de la Miséricorde y établis. Vérification et enregistrement desdites lettres. — Arrêt du Parlement pour la vérification des lettres du Roi portant don dudit domaine, et de celles de décembre 1658, leur donnant le bois du Bosquet, ou Garde-Châtel, situé aux environs de la forêt de Bord, proche Louviers, pour y établir un Désert, sous charge de payer aux filles de la Providence 1,800 livres pour les indemniser du don qui leur avait été fait dudit bois (1659). — « Mémoire pour les religieux Carmes « deschaussez du Désert de Louviers, en quoy consiste « tout le domaine rétrocédé de Bayeux. » Le domaine rétrocédé de Bayeux est un petit domaine distingué du grand domaine, ainsi appelé parce qu'il fut composé de plusieurs petites parties que le Roi se réserva lorsqu'il engagea son grand domaine au duc de Ferrare, en 1528. En 1583, la Reine, mère de Henri III, fit un fond de 2,403 écus sol 28 sols 4 deniers, dont elle retira plusieurs de ces parties engagées; en 1588 et jusqu'en 1639, on engagea de nouveau plusieurs parties du domaine rétrocédé, etc. — Arrêt du Conseil décidant sur requête de Nigou, receveur général des domaines de la généralité de Caen, et Pierre Le Blanc, sous-fermier des domaines de ladite généralité, cessionnaire des restes de Charles Riquier, dont le bail est expiré en 1744, tendant à ce qu'il plût au Roi casser la sentence du bureau des finances de Caen de 1744, et que les Carmes déchaussés du Désert de la Garde-Châtel seront déboutés de leur prétention sur les droits de 13es et autres droits casuels domaniaux dans l'étendue du domaine rétrocédé de Bayeux et ne pourront plus les lever à l'avenir (1747). — Bail à fieffe devant Pierre *Demontbeterme*, notaire à Trévières, par Pierre-Jean-Louis Eudes, sieur du Glay, à Thomas Leneveu, sieur du Mesnil, de Trévières, de la terre de Létard, à Trévières, et autres fonds, à charge de 133 boisseaux d'orge de rente foncière portée à Bayeux, due aux Carmes déchaussés du Désert, et 250 livres de rente foncière payable au bailleur (1763). Extraits y relatifs des journaux de recette du domaine rétrocédé de la vicomté de Bayeux (1767 et 1777). — Procédure entre lesdits Carmes et Eudes du Glay de la Jumellière, pour paiement d'arrérages de rentes.

H. Suppl. 598. — B. 36. (Liasse.) — 2 cahiers, 2 pièces, papier.

1768-1787. — Bayeux. — Droits sur le domaine. — « Journal de la recette du domaine rétrocédé de la vi-« comté de Bayeux, donné aux Carmes déchaussés de « la maison du Désert près Louviers », par Louis XIV, en 1656, pour les termes de Pâques et St-Michel 1768 et précédents. — Terme de Pâques, ville et banlieue. Les héritiers Robert de Chantelon, écuyer, paiement par le fermier de la terre du Mesnil, à la décharge de M. de Mathan, ayant épousé une d^{lle} de Fontenay, représentant la d^{lle} de Crouay. — Sergenterie de Cerisy, Pierre Dubosq, écuyer, sieur de *Miharencq*, acquéreur de 13 boisseaux et demi de froment à prendre sur la fiefferme de Mandeville, dont est propriétaire Pellot, conseiller au Parlement de Paris. — Sergenterie des Vez. 10 sols sur la seigneurie de Louvières, rachetée de M. Ursin de Louvières, pour gravage reconnu en 1691, à présent M. de Pierres, seigneur de Louvières. — Sergenterie de *Bricquesard*. Le seigneur de Planquery, l'abbesse de Cordillon, pour le fief Le Comte. — Sergenterie de Gray. M. Le Pelletier de Molandé, Antoine de Ciresme, écuyer, pour la fiefferme de *Collombye-sur-Seulle*, Marc-Antoine de La Haize de Bazenville, écuyer, secrétaire du Roi, maison et couronne de France, au droit de Michel d'Argouges, chevalier, comte de Gratot, par contrat de 1750. — François de Marguerie, écuyer, etc. — Autre journal de lad. recette pour 1777. — Pouvoir donné par le P. Amable de St-Jean-Baptiste, prieur desd. Carmes, ayant seul l'administration de lad. maison, à Jacques-Olivier Duhamel, avocat à Bayeux, de recevoir lesd. rentes (1773). — Procuration passée par Élisée de Saint-Paul, provincial des Carmes déchaussés de la province de Normandie, à Romuald de Saint-Jean-Baptiste, prieur de la maison dite du Saint Désert, établie en la Garde-Châtel, près Louviers, à Charles-François Duhamel de Vailly, avocat en Parlement, notaire à Bayeux, pour gouverner et administrer le domaine rétrocédé de la vicomté de Bayeux, à eux appartenant (1787).

H. Suppl. 599. — B. 89. (Liasse.) — 20 pièces, parchemin; 98 pièces, papier.

1289-1786. — Bayeux et Trévières. — Denier à Dieu. — Bulle du Pape Nicolas IV, confirmant *priori et fratri-*

bus domui Dei Baiocensis, ordinis sancti Augustini... concessionem elemosine qui dicitur denarius Dei de singulis et usualibus vendicionibus ac mercationibus persolvendis a majori et paribus de villa Baiocen. ad opus pauperum domui vestre factam. Dat. Reate, Id. julii, pont. nostri anno 2 (1289). — Lettres patentes par lesquelles, sur la demande des prieur, frères et pauvres de la Maison-Dieu de Bayeux, concernant la donation à eux faite par le Pape, sa vie durant, des *denarios Dei omnium mercaturarum et nummatarum qui de die in diem in dicta civitate venderentur et venduntur, dicte domui Dei percipiendos et habendos*, le roi Charles V donne auxdits pauvres *omnes et singulos Dei denarios predictos oblatos et offerendos ex emptione et vendicione mercaturarum predictarum... perpetuo habendos... juxta formam et tenorem litterarum apostolicarum predictarum sibi super hoc per dictum summum pontificem concessorum, et prout ipsi Dei denarii per priorem et fratres domus Dei ville de Cadomo hactenus in eadem consueverunt erigi et levari,* etc. (Paris, 8 juin 1365). Fragment du sceau de Majesté, cire verte. — *Vidimus*, par Guy Qesney, vicomte de Bayeux (1371), et par Jean Le Boucher, garde du scel des obligations de la vicomté de Bayeux (1371), de lettres royaux au vicomte de Bayeux ou son lieutenant, contenant *vidimus* du mandement du 28 septembre 1365 au vicomte de Bayeux, à la requête des pauvres, religieux, prieur et frères de la Maison-Dieu, étant à présent hors la forteresse de la ville, de faire lever à leur profit lesdits deniers à Dieu, portant ordre d'exécuter le contenu desdites lettres (21 mai 1371). — Mandement de Renier Le Coutelier, bailli de Caen, aux sergents et sous-sergents du bailliage, ordonnant de mettre à exécution les lettres royaux (7 juillet 1376). — *Vidimus*, par Guillaume Le Grant, vicomte de Caen, et par Guillaume de Boulegny, vicomte de Bayeux, de lettres patentes de Charles V, sur la demande des doyen et chapitre de Bayeux, portant que les prieur et frères de l'Hôtel-Dieu de Bayeux ont fait prêcher et dénoncer dans la ville que, par octroi du Pape, tous les deniers à Dieu des contrats et marchés faits à Bayeux leur appartenaient ; les gens de l'Évêque et les doyen et chapitre avaient fait convenir les religieux devant les vicaires de l'évêque pour apporter leurs lettres dudit droit, confirmation par le Pape du don fait par les maire et pairs de Bayeux ; ce don est nul, parce que ladite ville n'eut jamais maire ni pairs, et n'ont lesdits habitants corps ni commune ; les gens de l'Évêque et le chapitre ont fait plusieurs prédications en ville pour montrer au peuple que chacun, selon sa conscience et dévotion, pouvait donner aux pauvres et aux églises et saints lieux lesdits deniers à Dieu, pour ôter le peuple d'erreur ; procès y relatif, que le Roi commande de délaisser (1377). — Procédure au bailliage de Caen, devant Nicolas Du Moustier, écuyer, sieur de La Motte, lieutenant général, entre Thomas Le Chevalier, Pierre Pillon et Pierre Guillemette, et la supérieure de l'Hôtel-Dieu, ayant pris le fait de Jean Gouet, fermier du denier à Dieu de la coutume de Trévières, concernant le paiement dudit droit pour vaches, bêtes aumailles, bêtes porcines et brebis par eux vendues (1658). — Adjudication faite par Thomas Bénard, écuyer, sieur de Rotot et de Maisons, trésorier de France au bureau de Caen, en présence des vicomte, procureur du Roi et contrôleur du domaine, et des procureurs de la duchesse de Guise et de MM. de Matignon et de Croisy, engagistes du domaine de la vicomté de Bayeux, de la ferme du pavage (1661). — Proclamation faite par Juret, sergent, à la requête des religieuses de l'Hôtel-Dieu, de la bannie et adjudication du denier à Dieu à percevoir au bourg de Trévières (1689). — Déclaration mise au greffe du bailliage de Bayeux par le procureur du Roi, pour être procédé à l'adjudication par régie, pour 9 années, du droit de denier à Dieu perçu par l'Hôtel-Dieu dans les foires et marchés (1750). — Bannie et adjudication faite par Étienne-Louis-François-Tanneguy du Châtel, écuyer, lieutenant général au bailliage de Bayeux, du droit de denier à Dieu appartenant à l'Hôtel-Dieu, dans la ville de Bayeux et au bourg de Trévières (1758). — Semblable bannie devant Jean-Baptiste-Jacques-Gabriel de La Londe, écuyer, sieur de Sainte-Croix, lieutenant général (1777). — Proclamation faite par Joachim Azé, huissier, à la requête du procureur du Roi, du droit de denier à Dieu à percevoir dans les foires et marchés de la ville de Bayeux et du bourg de Trévières (1785). — Déclaration du procureur du Roi y relative (1786). — États ou rôles des deniers ordonnés être payés aux pauvres de l'Hôtel-Dieu par le denier à Dieu des baux et adjudications des fermes du domaine de la vicomté : fermes du poids du Roi, de la boucherie, de la boulangerie, de la poissonnerie, etc., baux et pièces diverses y relatives.

H. Suppl. 600. — B. 40. (Liasse.) — 10 pièces, parchemin ; 17 pièces, papier.

1234-1779. — Bazenville. — Donation par *Thomas de Monasterio* à Nicolas Le Bel, clerc, *pro suo servicio et homagio*, d'un muid d'orge de rente à la mesure de Bazenville, qu'il percevra *in mea portione decime de Bazenvill., que est de meo feodo laicali*, moyennant à Pâques *unum turon. tantummodo remanentem ad meam manum*, etc., *et ad festum Sancti Gabrielis quartam partem mee portionis unius preverarii.* Pour cette donation, ledit Nicolas lui paya 20 livres tournois, *quando inde ejus homagium recepi* (1234, octobre). — Confirmation par ledit *Thomas de Monasterio* de la donation à la Maison-Dieu par Nicolas Le Bel, clerc, d'un muid d'orge à la mesure du lieu de rente *in mea porcione decime de Basenvill.* (1239, juillet). — Donation par *Nicholaus Le Bel, de Baioc., clericus*, à la Maison-Dieu, de 12 livres tournois de rente, *in mea domo sita in porta Baioc., in quadam domo sita apud Baioc., in vico qui dicitur Bein Venu, et in decima bladi de Bassenvill., in portione que fuit Thome de Monasterio*, un muid d'orge à la mesure du lieu, et *unam peciam terre sitam in territorio de Manerio apud fosatum de Londa*, etc. *In cujus rei testimonium, reverendus pater in X° G. Dei gratia episcopus, et capitulum Baioc., sigilla sua ad petitionem meam una cum meo sigillo dignum duxerunt apponenda* (1243, septembre). — Echange par *Johannes de Monasterio* avec la Maison-Dieu, *de quartam portionem totius decime quam Thomas de Monasterio pater meus, tempore quo vivebat, habuit in territorio parrochie de Basenvill., in qua decima dicti prior et fratres dicte domus percipiebant unum modium ordei annui redditus de dono Nicholai Le Bel, clerici, defuncti*, etc. La Maison-Dieu percevra cette redevance comme elle la percevait dans la portion de ladite dîme que le défunt frère dudit Jean vendit à *Herbertus de Agnis*, chevalier (décembre 1281). — Vente par *Mabilia, relicta Vincencii Aelicie, de Columbiers-super-Scullam*, à la Maison-Dieu de Bayeux, de rente de froment, mesure de Bazenville, sur la portion de dîme audit lieu qui fut Thomas Du Moûtier, par la main de Jean Du Moûtier, frère de ladite *Mabilia*, tenant ladite portion de dîme, qu'il lui payait chaque année, *ratione mei maritagii* (juin 1285). Sceau de ladite veuve [s. m] ABILIE R/////]/AELIC[IE]. — Reconnaissance devant le vicomte de Bayeux, par Blaise Du Moûtier, clerc, de la paroisse de Bazenville, que la propriété d'une portion de dîme sise en ladite paroisse appartient aux religieux de la Maison-Dieu, comme leur ayant été vendue par Jean, son père (1307). — Vente devant Laurent Nicolas, garde du scel de la vicomté de Bayeux, par James et Blaise Du Moûtier, frères, à Philippe Le Soulloue, clerc, pour 72 florins d'or royaux de bon compte et de bon poids et 5 *soldées* de vin, de « le quart lot de la sixète partie de la « diesme » de la paroisse de Bazenville, appartenant audit James, de la succession de feu Blaise Du Moûtier, son oncle (1337). — Cession devant Laurent Nicolas, garde du scel de la vicomté de Bayeux, par Mabille et Jeanne *Les Soulloes*, sœurs, héritières de Philippe *Le Soulloe*, « de la parroisse de Saint-Vigor eu Pont « Sainte-Marie de Baiex », aux religieux de l'Hôtel-Dieu, de leurs droits en la succession dudit Philippe, etc. (1339). — Échange devant Alain Hardy et Thomas Artur, tabellions à Bayeux, entre Guillaume, évêque de Porphire, prieur du prieuré et Maison-Dieu de Bayeux, et frères Guillaume Le Téterel, Thomas Collet, Martin de Vaux et Soupire Michel, religieux dudit Hôtel-Dieu, et Olivier Regnault, écuyer, seigneur de Colombiers-sur-Seulles, de 28 boisseaux de froment de rente à prendre en partie sur Richard Regnault, frère dudit écuyer, à cause de biens sis à Bazenville; en contre-échange est donnée une pièce de terre sise à Guéron (1480). — Déclaration donnée par Gilles Bosquain et Jean Lefebvre, prêtres, curés de la paroisse de Bazenville, aux gros décimateurs de ladite paroisse (1686). — Reconnaissance par Gilles Bosquain, curé de Bazenville, du bail à lui fait pour 7 ans par les religieux de l'Hôtel-Dieu d'une portion de dîme de ladite paroisse, moyennant 7 livres 10 sols par an (1697). — Procédure au bailliage de Bayeux devant Marc-Antoine Hermerel, écuyer, sieur du Martel, lieutenant particulier, entre Jacques Franchel, sieur d'Éterville, fermier du tiers de la grosse dîme de la paroisse de Bazenville, et François de Pierrepont, curé de la 1re portion de ladite paroisse, concernant le rapport de la vraie valeur de dîme de sainfoin et sarrasins par lui emportée (1715). — Reconnaissance par Thomas Vanier, curé de Bazenville, du bail à lui fait pour 9 années d'un trait de dîme de ladite paroisse, appartenant aux pauvres de l'hôpital de Bayeux (1722). — Bail devant Pierre-François Guillemois, notaire au siège de Tracy, par les administrateurs des pauvres de l'Hôtel-Dieu, stipulés par Thomas Tavigny, leur receveur, à Richard Richommet, curé *pro prima* de St-Martin de Bazenville, et Michel Vautier, curé *pro secunda* de ladite paroisse, d'un trait de grosses dîmes (1779).

H. Suppl. 601. — B. 41. (Liasse.) — 1 pièce, parchemin; 4 pièces, papier.

1402-1677. — Biards (forêt des). — Mandement de Nicolas Clausse, chevalier, seigneur de Fleury, lieutenant d'une compagnie des ordonnances du Roi, sous la charge du duc de Nevers, surintendant, grand maître enquêteur et général réformateur des eaux et forêts de France, à l'adjudicataire de 3 ventes de bois en la forêt des Biards, triège de Valbadon, de délivrer aux prieur et religieux de l'Hôtel-Dieu 24 cordes de bois de 8 pieds de long sur 4 de haut, et la bûche de 3 pieds et demi, qu'il leur a ordonné pour leur chauffage de la présente année, à charge de lui payer 6 s. t. pour la façon de chaque corde (1614) ; semblables mandements de Jacques Favier, chevalier, seigneur du Boulay, maître des requêtes ordinaires de l'hôtel, départi pour le service du Roi en Normandie, généralité d'Alençon, commissaire général député par le Roi pour la réformation des eaux et forêts de ladite province (1664), et par Guy Chamillard, intendant de Caen (1677). — Requête au Roi, représentant que les Rois de France Saint-Louis, Philippe le Bel et Louis X avaient donné à l'Hôtel-Dieu 6 charretées de bois par semaine, pour le chauffage des pauvres, à prendre dans les forêts de la vicomté de Bayeux et bois de *Barleroy*, avec droit de pâturage pour leurs bêtes ; en 1603, M. de Fleury, grand maître desd. forêts, a réduit lesd. donations, et, depuis quelques années, les droits de pâturage, d'*apennage*, ont été supprimés, et au lieu de 24 cordes de bois, on paie seulement 96 livres en argent ; demande de retour aux anciens usages. — Copies de pièces concernant les droits forestiers de l'Hôtel-Dieu : *vidimus* par Pierre Tailleboys, garde du scel des obligations de la vicomté de Bayeux, le 20 juillet 1433, de lettres de Jean de *Roberssart*, chevalier, maître enquêteur et général réformateur des eaux et forêts de Normandie, constatant que les prieur et religieux de l'Hôtel-Dieu lui ont représenté les lettres données par le feu roi Henri V à Falaise, le 12 décembre an v du règne, avec vérification de la Chambre des Comptes au duché de Normandie, donnée à Caen, le 3 avril 1418, leur confirmant le temporel par eux possédé lors de sa descente à Touques, ainsi que les lettres de délivrance à eux faite par Hector de Chartres, naguères maître auxd. forêts, de leurs franchises et libertés qu'ils réclament en la forêt de Bur-Le-Roy ; ils lui ont dit que du contenu en lad. cédule, eux et leurs prédécesseurs ont joui de tout temps ; confirmation aux jours desd. eaux et forêts de la verderie de Bur-Le-Roy, tenus par lui à Bayeux le 18 janvier 1425, après comparution de Jean d'Ellon, lieutenant du maître et verdier de Bur-Le-Roy, Robin de Chamontel, sergent à gages du procureur du Roi, de sergents à gages au buisson du Vernay, etc. — Confirmation par Thibault Le Laicteron, lieutenant général du maître enquêteur et réformateur de Normandie et Picardie, des droits desd. religieux, troublés dans la jouissance de leursd. franchises (1455). — Mandement de Jean de Loucelles, écuyer d'écurie du Roi, maître et verdier de Bur-Le-Roy, aux sergents de lad. verderie, de laisser jouir lesd. religieux de leurs franchises (1455). — Autres mandements de Guillaume Le Veautre, lieutenant général de Jacques de Moy, chevalier, baron du lieu, châtelain hérédital de Beauvoir et Bellencombre, capitaine de Saint-Quentin et Ribemont, maître enquêteur en Normandie et Picardie (1511), de Robert Hamon, écuyer, seigneur de Campigny, maréchal hérédital de la ville et cité de Bayeux, lieutenant en la vicomté de Bayeux et verderie de Bur-Le-Roy de l'enquêteur et général réformateur (1533, v. s.), etc. — Vidimus par Jean Calochie, garde du scel des obligations de la vicomté de Bayeux, en 1404, de lettres d'Hector de Chartres, maître et enquêteur des eaux et forêts, auxquelles était attaché un mandement de Guillaume, comte de Tancarville, grand *boutillier* de France, souverain maître et général réformateur des eaux et forêts du royaume ; aux pieds de la visitation de la forêt tenus à Cerisy-l'Abbaye, le 11 mai 1402, comparaissent devant led. Hector de Chartres, Guillaume de Malhan, lieutenant du verdier et maître de la forêt de Bur-Le-Roy, Huchon de Monfréart, Richard Le Forestier, Jean Potier, sergents fieffés en la grande forêt, les représentants de la dame de Campigny et du sieur de Villiers, les sergents fieffés au buisson du Tronquay, etc. ; confirmation des droits de l'Hôtel-Dieu. — Confirmation desd. lettres d'Hector de Chartres par Robert, seigneur de Piletot, maréchal hérédital de Ponthieu, chevalier, chambellan du Roi et maître enquêteur des eaux et forêts en Normandie et Picardie (14 mars 1412, v. s.). — Autre confirmation des droits de l'Hôtel-Dieu par Jean Crespin, baron du Bec-Crespin, sieur d'Aurichier et de Plasnes, maréchal hérédital de Normandie, maître enquêteur et réformateur des eaux et forêts du Roi aux pays de Normandie et Picardie (1451), etc. Collation desd. pièces apportées au greffe de la juridiction des eaux et forêts de la vicomté de Bayeux, à la requête de Pierre Denise, docteur en théologie, prieur de l'hôtel et Maison-Dieu de Bayeux (1575) ; la collation ci-devant mentionnée a été réitérée aux originaux par-devant Guillaume Chambellan, écuyer, sieur des Terriers, conseiller du Roi sur le fait des eaux et forêts du pays et duché de Normandie et au siège général de la Table de marbre du palais de Rouen, commissaire réformateur des eaux, fleuves et rivières du duché et des bois et forêts au bailliage de Caen, en présence de Pierre Basire, écuyer, procureur du Roi en lad. réformation, après laquelle collation les originaux ont été rendus au prieur, en procédant à lad. réformation, le 18 mai 1582 (lacérations aux derniers feuillets).

H. Suppl. 602. — B. 42. (Liasse.) — 3 pièces, parchemin ; 15 pièces, papier.

1410-1751. — Blay. — Reconnaissance devant Jean Néel, clerc, tabellion à Bayeux, par Colin *Beurault*, du bail à lui fait par les prieur et frères de l'Hôtel-Dieu, de maisons et pièces de terre sises à Blay (1410). — Procédure en la vicomté de Bayeux entre les pauvres de l'Hôtel-Dieu et Jean Archon, pour paiement de 3 années de 6 boisseaux d'orge de rente (1577). — Procédure au bailliage de Bayeux devant Pierre Suhard, lieutenant général, entre Jacques de Marconets, prêtre, administrateur de la Maison-Dieu, et Jean Archon et Henry Routier, pour paiement d'arrérages de 6 boisseaux d'orge (1643). — Procédure au bailliage de Bayeux devant Pierre Suhard, écuyer, sieur de Saint-Germain, entre Antoine Le Painteur, écuyer, et Henry Routier, sergent, concernant le paiement de 14 livres pour loyers des maisons de Jean Archon, dont moitié appartient audit Le Painteur, époux de Jacqueline Archon (1653). — Reconnaissance devant Jean-Charles Tostain, notaire à Bayeux, en vertu d'un arrêt de 1572, par Marguerite Gouet, veuve de Denis Beziée, fille et héritière de Noël Gouet, aux pauvres malades de l'Hôtel-Dieu, de 2 boisseaux, mesure de Bayeux, de rente à prendre sur 2 maisons et 1 pièce de terre sises à Blay (1751).

H. Suppl. 603. — B. 43. (Registre.) — Grand format, 142 feuillets, papier.

1722-1770. — Blay. — Fief de Cléronde. — Documents concernant les rentes dues à l'Hôtel-Dieu par M. de Cléronde. Cf. D. 4, f° 163 v°, etc. — Sommier et enregistrement de recettes. Le fermier de Sermentot paie, pour sa terre, y compris le moulin, 900 livres ; le fermier de Cléronde, 1,200 livres ; fermes du Pré, de Longuemare, du lieu Gouet, du Pont, de la terre de Couvert ; le boucher tient un étal dont moitié donne dans la rue St-Honoré, et l'autre dans la petite rue St-Louis, loyer, 500 livres. La terre de Couvert, louée 1,800 livres en 1737. Paiements divers : 11 l. 2 s. pour des marrons glacés ; 12 livres pour la gazette. — M. d'Anctoville, faisant la recette des maisons de Paris. — En tête, table alphabétique des débiteurs. — « Le samedy 9 décembre 1730, le feu prit à la cheminée de la salle et fut aperceu par la femme de Gilles « Le Coin, fermier de Cléronde, à 4 heures 1/2 du matin. — Nombreux blancs.

H. Suppl. 604. — B. 44. (Liasse.) — 1 pièce, parchemin ; 47 pièces, papier.

1655-1746. — Bois-d'Elle. — Proclamations faites par Samuel Letellier et Laurent Boudel, sergents, suivant arrêt de la Cour de Parlement de Rouen et mandement de Pierre Suhard, seigneur de Saint-Germain, à la requête des doyen, chanoines et chapitre de l'église N.-D. de Bayeux, des fieffes qui seront faites de parties des Bois-d'Elle au triege de Hautbosc (1655-1656). — Reconnaissance devant Jean-Adam Le Haguais, notaire au siège de Rouxeville, par Jean Dupont, fils Toussaint, et Jacqueline Harivel, veuve de Julien Dupont, tutrice de ses enfants, aux doyen et chanoines de l'église cathédrale de N.-D. de Bayeux, stipulés par Robert Bazire, de 19 livres 10 sols de rente, à cause de terres au terroir des Bois-d'Elle, près la chapelle du lieu (1718). — Subrogation devant Guillaume Marguerie, notaire au siège de Rouxeville, par Jean Dupont, fils Toussaint, très âgé et infirme, à Julien Aze, fils Philippe, de la fieffe à lui faite par les doyen et chanoines de Bayeux (1732). — Procédure au bailliage de Thorigny entre les doyen et chanoines du chapitre de l'église cathédrale de Bayeux, ayant pris le fait et cause de Joachim Senaux, leur fieffataire, et Pierre Hébert, concernant une clause commissoire employée dans le contrat de fieffe faite par René Le Provost, écuyer, seigneur de St-Jean-des-Baisants, lieutenant général au bailliage de Thorigny, fondé de pouvoir desdits chanoines, à Robert Hébert, fils Gabriel, de 8 vergées de bois sis dans les Bois-d'Elle (1743-1746). — Copie d'arrêt obtenu par les chanoines, à l'appui (1710).

H. Suppl. 605. — B. 45. (Liasse.) — 2 pièces, parchemin ; 3 pièces, papier.

1437-1716. — Bucéels. — Fragment de reconnaissance devant Thomas Ogier, tabellion, par Renouf Tourquis aux religieux et couvent de Mondaye, de 8 boisseaux de froment, mesure de Bucéels (1437). — Procédure aux pleds des sergenteries de Briquessard et Graye, devant Laurent Desmaires, lieutenant général du vicomté de Bayeux, entre frère Pierre Beaugendre, bailli et procureur de l'abbaye de Mondaye, et Guillaume Penthecouste, pour paiement de 3 boisseaux de froment de rente sur biens sis à Bucéels (1507). — Procédure en la vicomté de Bayeux, devant

Clément Le Queux, écuyer, sieur de Varreville, vicomte, entre les religieuses de l'Hôtel-Dieu et les héritiers Jean Boivin, de la paroisse de Bucéels, pour paiement d'arrérages de 6 boisseaux de froment (1714). — Requête adressée à M. du Martel d'Hermerel, lieutenant au bailliage et subdélégué de l'Élection de Bayeux, par les religieuses de l'Hôtel-Dieu, pour être reçues opposantes à la saisie des biens sis à Bucéels, affectés en 6 boisseaux de froment de rente envers ledit Hôtel-Dieu (1716).

H. Suppl. 606. — B. 46. (Liasse.) — 1 pièce, parchemin.

1245. — Caen. — Donation par *Robertus Hcribel, de Cadomo, clericus*, à la Maison-Dieu de Bayeux, de tout ce qu'il pouvait avoir *apud Cadomum sur quandam mansuram sitam versus portam de Vallégoe* (le Vaugueux), *quàm mansuram tenebat de me Willelmus Sellonis feodaliter*, moyennant une rente de 14 sols tournois (janvier 1244, v. s.).

H. Suppl. 607. — B. 47. (Liasse.) — 1 pièce, parchemin.

1730. — Cahagnolles. — Fieffe devant Germain du Cloué, notaire à Ste-Mère-Église, par Esther de Marcadey, veuve de Saint-Denis, et Louis Gaillard, sieur de Martenauville, époux d'Anne de Marcadey, héritière d'Antoine de Marcadey, écuyer, sieur de Beauvais, leur frère, à Jacques Le Chevalier, écuyer, sieur de Vercreville, de la paroisse de Cahagnolles, de leur part des biens de feu Marthe de Hausey, épouse dudit de Beauvais, sis à Cahagnolles.

H. Suppl. 608. — B. 48. (Liasse.) — 1 pièce, parchemin.

1765. — Cairon. — Fieffe devant Jacques Bénard et François Ledanois, notaires à Caen, par Julien Renouf à Pierre Regnouf, d'une masure et grange sises en la paroisse de Cairon, moyennant 20 livres de rente.

H. Suppl. 609. — B. 49. (Liasse.) — 10 pièces, parchemin; 59 pièces, papier.

1304-1762. — Cambe (La). — Vente par « Escolasce, « la déguerpie Ricart Lécornu », de La Cambe, « à « hommes religious le prior et les freires de la meison « Dieu de Baiex, c'est asaver tout l'éritage que ele « aveit et poveit avoir et deveit ès parroisses de Lon- « guerée, de Nuilly l'Évesque et de Ysengny, en mas- « nages, en terres, en prez, en rentes, en hommes, en « hommages, en justices, en seignories, et en toutes au- « tres choses.... por oiet vinz livres de torn. » (1304). Au dos : La Cambe. — Vente devant Aubry de Crépon, garde du scel des obligations de la vicomté de Bayeux, par Jeanne, déguerpie de Roger Guillebert, à Thomas Beuvin, de La Cambe, pour 5 florins d'or et 1 galon de vin, de 6 boisseaux de froment de rente (1359). — Transport de ladite rente par le neveu dudit Thomas Beuvin aux religieux de l'Hôtel-Dieu (1360). — Reconnaissance devant les tabellions de Bayeux, par Colin Dudoit, de la fieffe à lui faite par les religieux de l'Hôtel-Dieu, d'une maison sise paroisse de La Cambe (1378). — Donation devant Jean Desmaires, clerc, tabellion à Bayeux, par Jeanne, déguerpie de Jean Lemarié, de ses biens sis à La Cambe, à l'hôpital et Hôtel-Dieu de Bayeux, à charge de services religieux (1456). — Accord entre les religieuses de l'Hôtel-Dieu et Rogier Jores, pour paiement d'arrérages de 2 boisseaux de froment, afin d'éviter un procès entre eux (1509). — Bail fait devant Jean Pery et Thomas de Lanquetot, tabellions à Bayeux, par les religieuses de l'Hôtel-Dieu, à Clément Thomasse, d'une pièce de terre sise à La Cambe (1653). — Bail devant Jean Pery et François Daon, par les religieuses, à Jacques Crespin, d'une pièce de terre sise à La Cambe (1656). — Copie d'aveu rendu à Claude-Yves, marquis d'Allègre, marquis de Blainville, seigneur d'Elbeuf et autres lieux, à cause de sa terre de Maisy, par les religieuses, d'un herbage sis à La Cambe (1657). — Vente devant Jean Pery et Michel Vaultier, tabellions à Bayeux, par Nicolas Louis, écuyer, sieur de Longueville, aux religieuses de la Maison-Dieu, stipulées par sœur Marie-Madeleine de St-Augustin, supérieure et fondatrice, et autres, d'un pré sis à La Cambe (1663). — Extrait des registres de Mathieu Després et Jean Buisson, tabellions en la sergenterie des Vez, concernant la vente par François Bompetit, de la paroisse de La Cambe, à Richard Guilotte et Anne Bompetit, sa femme, d'une maison et jardin (1672). — Reconnaissance devant Mathieu Després et Jean Buisson, tabellions en la sergenterie des Veys, par François Bompetit, du bail à lui fait, par les religieuses de l'Hôtel-Dieu, d'un herbage sis à La Cambe (1673). — Procédure en la vicomté de Bayeux, devant Isaac Le Bedey, écuyer, sieur de Vaux et d'Asnelles, vicomte, entre les religieuses et Thomas Bompetit, pour paiement d'arrérages de 45 sols et 1 poule de rente (1683). — Mémoire informe des biens de M. de La Londe à La Cambe, dont adjudicataire, par décret, M. de Préval. — Procédure en la vicomté de Bayeux, entre les religieuses et les héritiers de

Jacques Bénard, concernant la fieffe d'une pièce de terre sise à La Cambe (1703-1706). — Reconnaissance devant les notaires de Bayeux, par Louis Louis, de la fieffe à lui faite par François Le Débonnaire, curé de Campigny, d'héritages sis à La Cambe, moyennant 90 livres de rente (1707). — Sommation par Louis Noel, huissier, à la requête des administrateurs de l'Hôtel-Dieu, stipulés par Paul Gosset de La Couture, receveur, à Jacques Le Secourable, de la paroisse de La Cambe, de payer les arrérages de 1 boisseau 1/2 de froment et d'en passer titre nouveau (1756). — Signification faite par ledit Noel, à la requête de Tavigny, procureur au bailliage et receveur de l'Hôtel-Dieu, à la veuve et aux héritiers de Jacques Le Secourable, de faire savoir avant midi à ses co-héritiers qu'un exploit a été signifié audit Jacques Le Secourable pour le paiement des arrérages de 1 boisseau 1/2 de froment (1762).

H. Suppl. 610. — B. 50. (Liasse.) — 2 pièces, parchemin ; 31 pièces, papier.

1726-1833. — Cambe (La). — « Titre nouvel. « MM. Buisson et Ygouf au profit des pauvres de « l'Hôtel-Dieu (1833) ». — Procédure au bailliage de Bayeux entre les supérieure et sœurs de l'Hôtel-Dieu de Bayeux, stipulées par Le Courtois, leur receveur, et Antoine Buisson, pour paiement d'arrérages de 3 boisseaux de rente (1726). — Reconnaissance devant Michel-François Duhamel, notaire à Bayeux, pour Françoise-Jacqueline Hébert, fille de feu Hébert, écuyer, et Adrien Buisson, fils de feu Pierre Buisson, de 2 boisseaux de rente à l'Hôtel-Dieu de Bayeux, pour héritages sis à La Cambe (1741). — Procédure au bailliage entre Antoine Buisson et co-héritiers, et Françoise-Jacqueline Hébert, épouse de Pierre Godefroy, et les administrateurs de l'Hôtel-Dieu, concernant la rente de 2 boisseaux de froment sur des biens sis à La Cambe (1773-1774). — Reconnaissance solidaire devant les notaires de Bayeux par Françoise-Jacqueline Hébert, héritière de Louis Hébert, écuyer, épouse de Pierre Godefroy, et Antoine Buisson, tant pour lui que pour ses co-héritiers, de la paroisse de La Cambe, envers l'Hôtel-Dieu, desd. 2 boisseaux de froment (1774).

H. Suppl. 611. — B. 51. (Liasse.) — 8 pièces, parchemin ; 56 pièces, papier.

1422-1709. — Campigny. — Obligation de Robin Davy, de la paroisse de Campigny, envers les religieux de l'Hôtel-Dieu, en 14 boisseaux d'orge, à cause de fieffe à lui faite de 2 maisons à Campigny (1422). — Répartition faite par Jean Artur, lieutenant général du vicomte de Bayeux, de la jurée faite à la requête des religieux de l'Hôtel-Dieu de Bayeux, créanciers de 13 années d'arrérages de 14 boisseaux d'orge sur feu Robin Davy, de ses héritages sis à Campigny (1487). — Mandement de la Cour de l'Échiquier au premier huissier d'assigner, à la requête des religieux de l'Hôtel-Dieu, Robert Hamon, écuyer, sieur de Campigny, à comparaître en ladite Cour, assignation à ce commise par Martin Alips, sergent à Bayeux (1512). — Extraits du papier journal de la recette du revenu de la Maison-Dieu de Bayeux, en ce qui concerne son revenu en la paroisse de Campigny (1523-1614). — Cession faite devant Lucas Blanguernon, tabellion en la sergenterie de Cerisy, et Simon Crabin, pris pour adjoint, par Guillaume David à Charles Guillebert, de pièces de terres sises à Campigny, à charge par lui de pourvoir à son entretien (1620). — Production faite par les religieuses de l'Hôtel-Dieu à Michel Lucas, écuyer, sieur d'Osseville, de pièces justifiant qu'il possède les biens par lui loués à Jacques Guillebert comme héritier de Pierre Dujardin, ayant appartenu à Guillaume David et sujets en 14 boisseaux d'orge (1659). — Procédure au Parlement entre les religieuses de l'Hôtel-Dieu et Michel Lucas, écuyer, sieur d'Osseville, commis en la Cour des Aides de Normandie (alias conseiller au Parlement de Normandie), et Jacques Maillot, écuyer, Jean Le Blais, écuyer, sieur de La Vallée, Gilles Tostain, sieur de Valmont, Robert Gouet, curé de Goupillières, François Gouet, curé de Tierceville, pour paiement de 18 boisseaux de froment et de 14 boisseaux d'orge de rente (1666-1667). — Délégation sur les fermages de Campigny pour paiement de 26 boisseaux d'orge dus à l'hôpital, à raison de 30 sols par boisseau (1709).

H. Suppl. 612. — B. 52. (Liasse.) — 13 pièces, parchemin ; 30 pièces, papier.

1300-1762. — Carcagny. — Reconnaissance devant le vicomte de Bayeux par Renouf Le Provost, de la paroisse de *Carquengny*, de la donation par lui faite aux pauvres de l'Hôtel-Dieu, d'une pièce de terre sise en ladite paroisse (1300). — Reconnaissance devant Pierre Taillebois, clerc, tabellion en la sergenterie de Graye, par Michel Borel, de la paroisse de Carcagny, de la fieffe à lui faite par Guillaume Le *Blaer*, et Martine, sa femme, de 6 vergées de terre (1392). — Donation par Nicole Du Haguier, prêtre, à l'Hôtel-Dieu, en récompense de la permission que lui ont accordée les religieux de l'Hôtel-Dieu de demeurer sa vie durant dans leur manoir sis à Bayeux, que tenait naguère feu M° Richard de Beuzeville, de 5 sous et 1 chapon de rente à prendre sur Denis Laurent du Croisset, pour héritages sis à Carcagny, et de plusieurs rentes à prendre sur héritages sis à Bernières (1422). — Vente devant Thomas Ogier, clerc, tabellion à Bayeux, par Geffroy Mosque, de la paroisse de Carcagny, à Jean Belluis, prêtre, de la paroisse St-Martin de Bayeux, de 2 boisseaux 1/2 de froment, 1 geline et 10 œufs de rente, moyennant 4 livres 10 sols et 5 sols de vin (1436). — Vente devant Allain Hardy, clerc, tabellion à Bayeux, par Jean Agnès, de Bayeux, à Jean Le Blaer, de la paroisse de St-Martin de la Porte de Bayeux, d'une vergée 1/2 de terre sise à Carcagny, moyennant 40 sols tournois et 2 sols 6 deniers de vin (1438). — Transaction devant Guillaume Génas et Jean Bougourt, tabellions à Bayeux, entre Pierre Denise, prieur de l'Hôtel-Dieu, et Robert Bazire, de la paroisse de Carcagny, pour éviter un procès entre eux, concernant le paiement d'arrérages de 2 boisseaux de froment et de 12 années de 1 geline de rente (1582). — Transaction entre les religieuses de l'Hôtel-Dieu et Geoffroy Mosque, pour éviter un procès concernant le paiement de 29 années d'arrérages de 5 boisseaux de froment de rente (1661). — Reconnaissance devant François Duhamel et Isaac de Montpellier, notaires à Bayeux, par Léonor Mosque, de la paroisse de Carcagny, aux pauvres malades de l'Hôtel-Dieu, stipulés par Henry Dubois, receveur, de 5 boisseaux et 1 poule de rente (1732). — Quittances des religieuses de l'Hôtel-Dieu à Geoffroy Mosque, etc.

H. Suppl. 613. — B. 53. (Liasse.) — 2 pièces, parchemin.

1395-1446. — Chouain. — Vente devant Robert Thomassin, tabellion commis et établi ès mettes de la sergenterie de Creully, par Jean de Perchie, écuyer, seigneur de Coulombs, et sa femme, à Jean Joubert, d'un *masnage* sis à Chouain (1395). — Fieffe faite devant Allain Hardy, clerc, tabellion à Bayeux, par les prieur et frères de l'Hôtel-Dieu, à Étienne Lecoq, de leur droit sur un pré sis à Chouain (1446).

H. Suppl. 614. — B. 54. (Liasse.) — 1 pièce, parchemin.

1524. — Condé-sur-Seulles. — Adjudication faite en la cohue et auditoire du Roi à Bayeux, par le lieutenant général du vicomte, des récoltes de froment saisies à la requête de Pierre Le Meauffais, prieur commendataire de l'Hôtel-Dieu, sur Thomas Le Roy, pour paiement de 27 années d'arrérages de 7 boisseaux de froment et 1 geline de rente.

H. Suppl. 615. — B. 55. (Liasse.) — 9 pièces, parchemin; 34 pièces, papier.

1260-1783. — Cottun. — Donation par *Jordanus Borel* aux pauvres de la Maison-Dieu d'une petite masure à *Coutun*, aboutant au *masnagium dictorum pauperum quod habent ibidem de dono Jordani Lecousturerii*, et deux boisseaux d'orge à percevoir en septembre, etc.; moyennant quoi le maître de ladite maison lui donne 40 sols tournois (1260, octobre). Sceau brisé, cire verte. s. IORDANI//////L. — Fieffe faite par Henry, prieur, et les religieux de l'Hôtel-Dieu, à Colin Pierres, d'une maison et jardin sis à Cottun (1446, v. s.). — Échange devant Jean Gisle, tabellion en la sergenterie de Tour, et Richard Néel, son adjoint, entre Nicolas Hélye, sieur du Mont, et Christophe Vaultier, sieur de Cottun, de la faculté de reméré retenue dans la vente faite à François Du Vivier, écuyer, de l'herbage Aignaulx sis à Cottun, contre 3 vergées de terre sises audit lieu (1603). — Reconnaissance devant Jean Pery et Thomas de Lauquetot, tabellions à Bayeux, par Robert Vaultier, écuyer, sieur de Cottun, des biens sis à Cottun par lui vendus aux religieuses de l'Hôtel-Dieu (1664). — Procédure au bailliage de Bayeux entre Marie Desmares, veuve de M. de Crouay, créancière de feu François Vaultier, écuyer, sieur de Cottun, de 50 livres de rente, et les religieuses de l'Hôtel-Dieu, pour paiement de ladite rente (1664). — Compte arrêté devant Jean Pery et Thomas Cupersy, tabellions, entre Robert Vaultier, écuyer, sieur de Cottun, et les religieuses de l'Hôtel-Dieu, des deniers provenant des ventes à elles faites de biens sis à Cottun et Crouay (1672). — Procédure au bailliage de Bayeux entre les religieuses de l'Hôtel-Dieu et Girard père et fils, pour paiement de fermages sis à Cottun (1782-1783).

H. Suppl. 616. — B. 56. (Liasse.) — 1 pièce, parchemin; 36 pièces, papier.

1684-1733. — Colombières (Consistoire de). — Procédure au bailliage de Bayeux entre les hospitalières stipulées par Édouard Joret, sieur des Closières, la veuve d'Espinoze, écuyer, sieur des Oubeaux, et Gédéon de La Bazonnière, écuyer, sieur de La Couture, concernant le paiement de 5 années d'arrérages de 15 livres de rente, résultant d'un contrat passé devant les tabellions d'Isigny le 2 mai 1655, portant que le seigneur de Colombières, Philippe de Béchevel, écuyer, sieur de La Motte de Blagny, et Jean d'Espinoze, écuyer, sieur des Oubeaux, pour lui et Jacques d'Espinoze, écuyer, son frère, et plusieurs autres, avaient constitué 204 livres de rente au bénéfice du Consistoire de Colombières, du nombre de laquelle le feu sieur d'Espinoze devait en payer 15 livres, les biens des Consistoires ayant été réunis par la déclaration du Roi en 1684 aux hôpitaux et hôtels-Dieu. — Affirmations de voyages passées au greffe des affirmations à Rouen par Édouard Joret, stipulant les hospitalières de Bayeux, assisté de Sébastien Grésil, procureur, pour soutenir le procès contre Gédéon de La Bazonnière, écuyer, sieur de La Couture, et François d'Espinoze. — Lettres de d'Espinoze à Dubois et Michel, procureurs à Bayeux, y relatives.

H. Suppl. 617. — B. 57. (Liasse.) — 19 pièces, parchemin; 103 pièces, papier.

1292-1765. — Coulombs. — Donation par « Monseignor Thomas de Colomp dit Lohont (*al.* Lohant), « prestre », aux prieur, frères et pauvres de la Maison-Dieu de Bayeux, de 19 quartiers de froment de rente sur une maison sise à Coulombs (1292). — Reconnaissance devant le vicomte de Bayeux par Robert Runl de la fieffe à lui faite par les religieux de l'Hôtel-Dieu, d'une maison sise à Coulombs, rue de la Forge (1300). — Reconnaissance devant Jean Nécl, clerc, tabellion à Bayeux, par Raoul Le Couvreur, de la fieffe par le prieur de l'Hôtel-Dieu de Bayeux d'une maison et pièces de terre sises à Coulombs (1422). — Déclaration des terres de la fieffe faite à Jacques Cousin, sises à Coulombs, sujettes en 12 boisseaux de froment et 1 geline courte de rente envers l'Hôtel-Dieu (1521). — Procédure aux pleds d'Ouistreham, Bernières et Creully, et en la vicomté de Caen, entre les religieux de l'Hôtel-Dieu de Bayeux et Pierre Dufour, de la paroisse de Coulombs, pour paiement d'arrérages de rente (1526). — Procédure aux pleds des sergenteries d'Ouistreham, Bernières et Creully, devant Guillaume Legrant, lieutenant général du bailli de Caen, entre Jacques Buret et Perrin Queudeville, et les religieux de l'Hôtel-Dieu, concernant le paiement de 12 boisseaux et 1 geline de rente (1526). — Procédure au bailliage de Caen devant Jacques Blondel, écuyer, lieutenant du bailli, entre Jean Hardouin, administrateur de l'Hôtel-Dieu, stipulé par Robert Gouet, sergent de la Maison-Dieu, et Jean Buret et Thomas Lefebvre, pour paiement d'arrérages

de 12 boisseaux de froment de rente (1600). — Procédure devant Jean Le Blais, écuyer, sieur du Quesnay, lieutenant général, entre Jacques de Marconets, chanoine de Bayeux en la prébende de Missy, prieur et administrateur de l'Hôtel-Dieu, et Jean Buret, pour paiement de 36 boisseaux de froment et 20 poules d'arrérages de rente (1641). — Suite de semblable procédure devant Laurent Du Thou, écuyer, sieur du Quesné, entre le prieur de l'Hôtel-Dieu et les héritiers de Jean Buret (1662). — Reconnaissance devant Jean-Charles Tostain, notaire à Bayeux, par les héritiers de Robert Adam aux administrateurs de l'Hôtel-Dieu, de 12 boisseaux de froment et 1 poule de rente sur biens sis à Coulombs (1739) ; signification de ladite reconnaissance à François Le Rouget, détenteur du fonds sujet à ladite rente (1741). — Procédure au bailliage de Caen entre les administrateurs de l'Hôtel-Dieu, Cauvin, et autres détenteurs de biens sis à Coulombs, sujets en 12 boisseaux et 1 poule de rente (1760-1764). — Copies de cessions faites devant Paul Lefrançois, notaire à Creully, par Cauvin à Antoine Le Renard, de pièces de terre sises à Coulombs (1765).

H. Suppl. 618. — B. 58. (Liasse.) — 14 pièces, parchemin ; 30 pièces, papier.

1276-1720. — Couvert. — Reconnaissance par *Petrus, dictus Carpentarius, de Cooperto*, en faveur de frère Guillaume, prieur de la Maison-Dieu de Bayeux, et des confrères de cette maison, de 5 setiers de froment et 5 setiers d'orge, et autres rentes, sur une terre sise audit territoire de Couvert, etc. (décembre 1276). — Reconnaissance devant Aubry de Crépon, garde du scel des obligations de la vicomté de Bayeux, par Philippe Le Carpentier, de la fieffe à lui faite par les religieux de l'Hôtel-Dieu d'une place sise à Couvert (1345). — Vente devant Yon Groult, tabellion à Bayeux, par Thomas Le Roy, de la paroisse de Couvert, à Colin Du Vivier, de 10 vergées de terre moyennant 18 boisseaux de froment de rente (1380). — Procédure aux pleds de la sergenterie de Briquessard, tenus par Guillaume Rat, vicomte de Bayeux, entre Pierre de Montfiquet, procureur et fondé en jugement pour les religieux de Mondaye, et Pierre Lecave le jeune, pour paiement de 18 boisseaux de froment (1457). — Procédure aux pleds de la sergenterie de Briquessard, tenus par Jacques Courtois, écuyer, vicomte de Bayeux, entre les religieux de l'Hôtel-Dieu, Pierre Lecave le jeune, et Pierre de Montfiquet, fondé en jugement pour les religieux de Mondaye, pour paiement de 18 boisseaux de froment et 1 chapon de l'obligation de Thomas Le Roy pour héritages fieffés à Couvert (1458, n. s.). — Reconnaissance devant Alain Hardy et Thomas Artur, tabellions à Bayeux, par Jean Le Carpentier, prêtre, de la fieffe à lui faite par les religieux de l'Hôtel-Dieu de 4 pièces de terre sises à Couvert, moyennant 5 boisseaux de froment (1478). — Fieffe devant Thomas Artur et Jean Revel, tabellions à Bayeux, par frère Soupire Michel, religieux de l'Hôtel-Dieu, à Jean Lubin, de 1 vergée 1/2 de terre (1488). — Procédure aux pleds de la sergenterie de Briquessart devant Jean Le Vieul, écuyer, lieutenant général du vicomte de Bayeux, entre les religieux de la Maison-Dieu stipulés par frère Soupire Michel, et Jeanne, déguerpie de Colin Ledevin, et Guillaume, son fils, concernant la location d'une pièce de terre sise à Couvert (1491). — Procédure en la vicomté de Bayeux devant Laurent Desmaires, lieutenant général d'Antoine des Aubins, vicomte, entre les religieux de l'Hôtel-Dieu et Jeanne, veuve de Colin Ledevin, et son fils, pour paiement de 5 boisseaux de froment à prendre sur les héritages de feu Philippot Lecarpentier (1508). — Fieffe devant Nicolas Droé et Jean Lebreton, tabellions à Bayeux, par « Daon Mery Le Franc », prieur et administrateur de l'Hôtel-Dieu, et Paoul Restout, bailli et l'un des religieux, pour lui et les autres, à Pierre Ledevin le jeune, fils Guillaume, de 1/4 de vergée de terre sise à Couvert (1531). — Déclaration d'héritages tenus audit lieu, baillée au bureau des pauvres de la Maison-Dieu et reçue par Antoine Le Mercier, licencié aux lois, lieutenant en la vicomté de Bayeux du bailli de Caen, et commissaire de la Cour en cette partie (1573). — Procédure au bailliage de Bayeux devant Pierre Suhard, écuyer, sieur de Saint-Germain, lieutenant général, entre Jacques de Marconets, prieur de l'Hôtel-Dieu, et Gilles Lemoigne, pour paiement de 12 boisseaux d'avoine et 8 boisseaux de froment de rente (1641). — Procédure au bailliage de Bayeux devant Pierre Suhard, écuyer, sieur de Saint-Germain et Saint-Amador, lieutenant général, entre les religieuses de l'Hôtel-Dieu et Sébastien Lubin, veuve de Jean Lubin, concernant l'arrêt de deniers fait entre les mains de Thomas Brasne pour paiement de la somme de 35 livres 11 sols d'arrérages de 3 boisseaux de froment et 1 poule de rente, sur une maison et jardin (1667). — Procédure entre les religieuses de l'Hôtel-Dieu et Jean Marcsq, pour paiement de rente (1671). — Copie du contrat de Gilles Lemoigne et Isabeau Bunel, de la paroisse de Couvert (1680), signifié par Sallen, huissier, en 1687. — Fieffe devant les notaires de Bayeux par Allain Pitard et Jean Pitard, son frère, à Claude Bunouf, de la paroisse de Chouain, d'une pièce de terre sise à Couvert, moyennant 117 sols 6 deniers de rente (1697). — Procédure en la vicomté de Bayeux entre Vincent Pitard, sieur du Désert, et Claude Bunouf, concernant le paiement des sommes par lui dues (1716). — Transport devant les notaires de Bayeux par Guillaume Costé, receveur du sel, fondé de procuration de Vincent Pitard du Désert, bourgeois de Paris, aux religieuses établies en l'Hôtel-Dieu de Bayeux, stipulées par la sœur Anne-Marie de l'Ascension, supérieure, et la sœur Marie-Anne du Saint-Esprit, assistante, de 60 sols de rente à prendre sur Claude Bunouf, de la paroisse de Chouain (1720).

H. Suppl. 619. — B. 59. (Liasse.) — 5 pièces, parchemin; 42 pièces, papier.

1287-1660. — Crépon. — Donation par *Johanna, relicta Radulfi le Verrier*, à la Maison-Dieu, de pièces de terre au territoire de Crépon, de N.-D. de la Poterie de Bayeux, etc. (1287). — Renonciation devant Guillaume Desmaires, tabellion à Bayeux, par You Lhoste, de son droit de la moitié de 5 vergées de terre sises à Crépon, au profit du prieur de l'Hôtel-Dieu (1403). — Reconnaissance devant Michel Corbin et Jean Desmaires, tabellions à Bayeux, par Guillaume Le Dain, de la fieffe à lui faite par le prieur de l'Hôtel-Dieu, d'une vergée 1/2 de terre sise à Crépon (1465). — Mandement de Laurent Desmaires, lieutenant général en la vicomté de Bayeux, au sergent requis, d'arrêter entre les mains des détenteurs des biens de Jean Tostain les deniers dus, à la requête des religieux de l'Hôtel-Dieu, pour paiement de rentes (1523). — Procédure au bailliage de Caen devant Nicolas du Moustier, écuyer, sieur de La Motte, lieutenant général, entre les religieuses de l'Hôtel-Dieu, stipulées par Jean Leroux, prêtre, et Jean Le Blais, sieur du Quesnay, conseiller du Roi en ses Conseils, concernant le paiement de 39 années d'arrérages de 2 boisseaux 1/2 de froment, mesure de Bayeux, sur biens sis à Crépon (1657-1660).

H. Suppl. 620. — B. 60. (Liasse.) — 9 pièces, parchemin; 18 pièces, papier.

1297-1644. — Creully et Creullet. — Confirmation par Thomas de Croilet, écuyer, de la donation faite par Julienne du Boüffey, sa cousine, à l'Hôtel-Dieu, de ses héritages étant en son fief, à charge de services religieux pour lui et sa famille (1297-1300). — Reconnaissance devant Robert Thomassin, clerc, tabellion ès mettes des sergenteries de Cheux et Creully, par Philippote, déguerpie de Jean Le Bret, de la paroisse de Cainet, de l'échange fait avec Ricard Pacié de 3 vergées de terre sises à Creully, contre 6 boisseaux de froment de rente (1391). — Accord devant Néel, clerc, tabellion à Bayeux, entre Guillaume de Vierville, sire de Creully, et les religieux de l'Hôtel-Dieu, Michel de Maromme, prieur, Jean Compte, Henri de Bordeaux et Robert Le Bourgeois, concernant le paiement de rentes, afin d'éviter un procès entre eux (1398). — Vente devant Richard de Reviers, clerc, tabellion en la sergenterie de Creully sous Louis de Fontaines, clerc, tabellion ès mettes des sergenteries de Cheux et Creully, par Jean Beugnart et Henrie, sa femme, de Graye, à Thomas Lemasnier et Jeanne, sa femme, de 9 boisseaux de froment de rente sur biens sis à Creully (1419). — Attestation devant Thomas Ogier, clerc, tabellion à Bayeux, par Thomas Lemasnier et sa femme, de lad. paroisse, qu'ils se sont rendus avec leurs biens à l'Hôtel-Dieu pour y finir leurs jours (1432). — Extrait du registre de Robert Gouel, sergent en la Maison-Dieu de Bayeux, concernant la vente faite par Paul Fouquain, sergent royal à Graye, d'une jument saisie sur Jacques Bayeux à la requête des religieux de l'Hôtel-Dieu, pour arrérages de 12 boisseaux de froment (1585). — Procédure au bailliage de Bayeux devant Pierre Subard, écuyer, entre Jacques de Marconets, prêtre, prieur de l'Hôtel-Dieu, et Jean Le Héricy, écuyer, sieur de Creullet (1643-1644).

H. Suppl. 624. — B. 61. (Cahier.) — Moyen format, 28 feuillets, papier.

1726. — Creully et Creullet. — Lots faits par François-Antoine de Petitcœur, écuyer, sieur de Beauvallon, et par Thomas de Petitcœur, écuyer, sieur de Saint-Vaast, des fiefs, seigneuries, manoir, maisons et revenus de la succession au propre maternelle de Marguerite de Cornières, veuve de Louis de Quincey, comte de l'Empire romain, fille et seule héritière de Renée de Héricy, fille de feu Jean de Héricy, seigneur de Creullet, lequel avait 4 sœurs, dont l'aînée Anne, représentée par Renobert de Cyresme, seigneur et patron haut justicier de Banville, la 2ᵉ Marie, représentée par Antoine Ruauld, seigneur de Mesnil-Benoist, et Françoise-Louise-Gabrielle Ruauld, fille unique de feu Louis, seigneur de Boussigny, frère du seigneur de Boussigny, la 3ᵉ Esther, représentée par Laurent Gosselin, écuyer, sieur de La Tonnellerie, la 4ᵉ Françoise, représentée par MM. de Beauvallon et de Saint-Vaast, des biens relevant du Roi sous la baronnie de Creully.

H. Suppl. 622. — B. 62. (Liasse.) — 12 pièces, parchemin ; 44 pièces, papier.

1227-1783. — Crouay. — Donation par *Matill. de Monasterio* aux pauvres de la Maison-Dieu de Bayeux, d'un quartier de froment, mesure de *Croc*, à prendre sur un ménage sis *apud Oufarvill. qui dicitur le clos Aiouf* (1227). Au dos : *Oufarville, Crouy.* — Obligation par Ric. Byse, envers la Maison-Dieu de Bayeux, d'une rente de 9 boisseaux de froment *ad mensuram de Croilet*, sise *apud Croe* (1234, mai). — Confirmation par *Robertus de Hotot, armiger*, des donations, aumônes, achats, ventes, inféodations faites aux prieur, frères et pauvres de la Maison-Dieu de Bayeux, et des acquisitions faites par eux *apud Croc et etiam in toto feodo meo* (1274, v. s., janvier). — Reconnaissance devant Richard Plésence, clerc, garde du scel de la vicomté de Bayeux, par Philippe Robert, de la fieffe à lui faite par les religieux de l'Hôtel-Dieu de 3 acres de terre sise à *Croe* (1299, mars). — Confirmation devant Laurent Nicolas, clerc, garde du scel de la vicomté de Bayeux, par Jean de Creully, seigneur d'*Onfarville*, écuyer, des donations faites à l'Hôtel-Dieu en son fief, à charge de services religieux pour lui et sa famille (1314, mars). — Vérification par Jean Callochy, garde du scel des obligations de la vicomté de Bayeux, de la copie desdites lettres de confirmation (1403). — Reconnaissance devant Guillaume Desmaires, clerc, tabellion à Bayeux, par Jean Duprey, de la fieffe à lui faite par les religieux de l'Hôtel-Dieu d'une pièce de terre sise à Crouay (1404, v.s.) ; devant le même par Thomas Viel de la fieffe à lui faite par les religieux de l'Hôtel-Dieu de pièces de terre sises à Crouay (1416). — Échange devant le même entre Jean de Caumont, écuyer, seigneur d'*Onfferville*, et les religieux de l'Hôtel-Dieu, de pièces de terre (1416). — Fieffe devant les tabellions de Bayeux, par Jean Duperroy, de Crouay, demeurant comme serviteur à l'Hôtel-Dieu, à Richard Duperroy, son frère, de ses biens sis à Crouay (1514, 15 mars, v. s.). — Donation devant les tabellions de Bayeux, par Jean Duperroy aux religieux de l'Hôtel-Dieu, de 10 sols de rente à prendre sur Richard Duperroy, à cause de fieffe de biens sis à Crouay (1515). — Procédure aux pieds des sergenteries de Tour et Cerisy devant Hervé *Daneau*, écuyer, vicomte de Bayeux, entre les religieux de l'Hôtel-Dieu et les héritiers Thomas Viel pour paiement d'arrérages de 2 setiers d'orge de rente (1525). — Assignation commise par Germain Fleury, sergent de la Maison-Dieu, à la requête de Pierre Denise, prieur, à Jean Viel, de la paroisse de Crouay, à comparaître devant le lieutenant à Bayeux pour reconnaître son fait et signe (1577). — Promesse dudit Viel de payer audit Denise la somme de 64 sols pour être quitte de 9 boisseaux restant de 24 boisseaux d'orge par lui dus (1579). — Reconnaissance devant Augustin Maheust et Thomas de Languetot, tabellions à Bayeux, par Jean Viel, d'une obligation par lui souscrite et par Catherine et Georges Viel (1644). — Extrait du registre de Berlin Roger, sergent de la Maison-Dieu, concernant la vente faite sur Guillaume Viel d'une fourche à mâle sans manche sur lui saisie à la requête de la supérieure de l'Hôtel-Dieu (1632). — Copie de la publication faite par Jean Halley, huissier à Bayeux, à la requête d'Antoine de Sillans, marquis de Creully, en la paroisse de Crouay, des promesses et obligations de Jacques Suhard, écuyer, sieur d'Anferville, avec sommation de payer la somme de 6,150 livres, montant desdites promesses, et saisie des meubles du manoir de Crouay et de récoltes (1656), ladite copie collationnée par Guerlin, greffier en l'élection (1667). — Extrait du registre de Jean Henry, sergent de la Maison-Dieu de Bayeux, concernant la vente d'un corset de Bellenger, saisi sur Anne de Boullard, veuve du sieur d'Amferville (1659). — Copie de la vente faite devant Raphael Héroult, tabellion à Vaucelles, et Jacques Sandrine, ex-sergent, pris pour adjoint, par Michel Hue, fils de feu Marie Fouquet, veuve en dernières noces de Guillaume Buret, de la paroisse de Crouay, à Gabriel Dufour, de 35 livres de rente provenant de la dot de ladite Fouquet (1664), etc. — Procédure au bailliage entre la supérieure des religieuses hospitalières de l'Hôtel-Dieu et Marie Desmares, veuve de Jacques Duvivier, écuyer, sieur de Crouay, tutrice de son fils, pour paiement d'arrérages de 2 boisseaux de froment dus sur sa terre d'Anferville (1665-1667). — Transaction entre Étienne Viel, Thomas Deschamps, époux de Suzanne Viel, héritiers de Guillaume Viel, Gabrielle Viel, veuve de Blaise Beaulieu et Charles Viel, Mathieu Viel fils Jacques, et les religieux de l'Hôtel-Dieu, pour éviter un procès concernant les arrérages de 24 boisseaux d'orge de rente (1687). — Défaut prononcé par Édouard Hélyes, écuyer, sieur de Cluchamps, lieutenant général au bailliage de Bayeux, contre les susdits pour leur non-comparence à l'assignation à eux commise requête des religieux pour reconnaître ladite transaction (1688). — Saisie-arrêt faite entre les mains du fermier de feu Charles Viel, à la requête des religieuses de l'Hôtel-Dieu, stipulées par Jean Gibert (1690). — Obligation d'Isaac Hue, de la paroisse de Crouay, de payer aux religieuses hospitalières sa quote part à raison de 80 sols le boisseau de ce qu'il est redevable (1693). — Publication faite à l'issue de la messe paroissiale de Crouay de la vente des meubles saisis sur Blaise Beaulieu, veuve de Jean Viel, à la requête desdites religieuses (1693). — Signification faite par Pierre de La Noë, sergent, à la requête des religieuses de Bayeux, aux héritiers Isaac Hue, de la paroisse de Crouay, d'un *debitis* par elle obtenu en la Cour de Parlement (1726). — Transaction devant Jean-Charles Tostain, notaire à Bayeux, entre les héritiers d'Étienne Viel, de la paroisse de Crouay, et les administrateurs de l'Hôtel-Dieu, pour éviter un procès concernant le paiement des arrérages de 24 boisseaux de froment (1740). — Reconnaissance devant les notaires de Bayeux par Guillaume Lecourtois, Marie Hue, et autres, de la paroisse de Crouay, à l'Hôtel-Dieu, de 24 boisseaux d'orge (1783).

H. Suppl. 623. — B. 63. (Liasse.) — 2 pièces, parchemin.

1359-1536. — Cully. — Reconnaissance devant Guillaume Saquespée, clerc, juré en la vicomté de Bayeux, par Adeline, déguerpie de Jean de Vaux, de la donation par elle faite aux religieux de l'Hôtel-Dieu de vergée 1/2 de terre sise à Cully (1359). — Fieffe devant Vincent Fumée et Jean Lebreton, tabellions à Bayeux, par Daon Mery Lefranc, prieur de l'Hôtel-Dieu, à Rémon Martin, de terre sise à Cully (1536).

H. Suppl. 624. — B. 64. (Liasse.) — 1 pièce, parchemin.

1513. — Écrammeville. — Procédure aux pieds des sergenteries des Veys et Isigny, devant Laurent Desmaires, lieutenant général du vicomte de Bayeux, entre les religieux de l'Hôtel-Dieu, stipulés par Raoul Désert, et Étienne Donnet et Michel Troppey, pour paiement de 6 boisseaux d'orge et 1 geline de rente.

H. Suppl. 625. — B. 65. (Liasse.) — 14 pièces, parchemin ; 72 pièces, papier.

1267-1757. — Ellon. — Donation par *Guillelmus Clementis*, bourgeois de Bayeux, aux pauvres de la Maison-Dieu, d'une pièce de terre sise à Ellon, *in dela desubtus londam de Novilla, inter terram Mich. Guernon, quam habet ratione Herembore, uxoris sue, ex una parte, et terram heredum Rogeri de Monte Acuto, ex altera*. Le *custos prefate domus* lui donne 20 livres tournois (1267;

novembre). — Fieffe devant Thomas Néel, tabellion à Bayeux, par les religieux de l'Hôtel-Dieu, à Robert Lebailli, de 3 vergées de terre sises à Ellon (1397). — Fragment de lots faits au tabellionage de la sergenterie de Briquessart, entre les héritiers Lebouet, de biens sis à Ellon (1502). — Reconnaissance devant Pierre Beaunier et Jean Perchaye, clercs, tabellions en la sergenterie de Briquessart, des 2 lots de la succession de Jean Gardin, par Marin Lequesne, tuteur de Jean Gardin, fils et héritier de Jean Gardin, de la paroisse d'Ellon, et aussi héritier de Jacob Gardin, oncle dudit Jean, et Marin Gardin, frères, du nombre de 5 lots partagés devant Nicolas Vechy et Charles Gueroult, tabellions en la sergenterie de Briquessart, le 29 février 1546 (1560). — Extraits du registre des rentes de la baronnie de Nonant, en ce qui concerne celles dues à Ellon par Pierre et Jean Gardin, héritiers de Marin Gardin (1618-1631). — Procédure au bailliage de Bayeux devant Charles Lemercier, lieutenant ancien civil et criminel, entre les religieux de l'Hôtel-Dieu et Allain Lequesne, pour paiement de 5 boisseaux de froment (1620). — Procédure au bailliage de Bayeux devant Richard Hélyes, sieur de Subles, lieutenant général, entre la supérieure de l'Hôtel-Dieu et Denis Onfroy, au droit des frères Godard, pour paiement de 5 années d'arrérages de 5 boisseaux de froment de rente sur biens sis à Ellon (1651-1652). — Procédure au bailliage de Bayeux devant Pierre Suhard, écuyer, lieutenant général, et en Parlement, entre les religieuses de l'Hôtel-Dieu et Hervé Fossey, conseiller assesseur à Caen, pour paiement d'arrérages de rente sur biens sis à Ellon (1652-1656). — Extrait du registre du greffe de la vicomté de Bayeux concernant l'état de distribution de la somme de 240 livres provenant des biens de Nicolas de Vechy, à cause de feu Marie Lequesne, sa femme (1653). — Vente devant Louis Dossin, notaire à Orbec, concernant la vente faite par Pierre de Vauquelin, écuyer, sieur de Grez, fils Pierre, à Yves de Mailloc, écuyer, sieur de Toulteville, lieutenant civil en la vicomté d'Orbec, des fief et seigneurie de Grez, sis en la paroisse de Meulles (1678), etc. — Pactions de mariage entre Jacques de Percaval, écuyer, fils d'Adrien et de Marie Baudin, de la paroisse d'Ellon, et Françoise de Vauquelin, fille de Pierre de Vauquelin, écuyer, et de Madeleine Brossard (1726). — État des immeubles dudit de Percaval (1726). — Accord entre Jacques de Percaval, écuyer, sieur de Lonchamps, et Michel Lecourtois, concernant le paiement de la somme de 800 livres d'intérêt et 200 livres de frais contenus en une transaction faite entre ledit de Percaval et Élisabeth Lemaître, veuve de François Lubin (1727). — Accord entre la veuve dudit Percaval et ses créanciers (1737).

H. Suppl. 626. — B. 66. (Liasse.) — 2 pièces, parchemin ; 13 pièces, papier.

1674-1696. — Engranville. — Bail fait par le chanoine de St-Laurent en l'église cathédrale de N.-D. de Bayeux, fondé de Gilles Basly, chanoine de Pezerolles et chapelain de la chapelle Ste-Honorine en ladite église, des terres du domaine de ladite chapelle, sises en la paroisse d'Engranville, à Charles Delafosse, curé de ladite paroisse (1674). — Vente devant les notaires de Bayeux par Christophe de Surrain, écuyer, fondé de René Le Chevalier, seigneur et patron d'Engranville, aux pauvres malades de l'Hôtel-Dieu, stipulés par la sœur de Saint-Bernard, supérieure, et Marguerite de la Trinité, dépositaire, du consentement de François de Nesmond, évêque de Bayeux, Jean-François André, écuyer, sieur du Manoir, procureur du Roi, et Michel Suhard, écuyer, sieur de Loucelles, premier avocat du Roi, de 100 livres de rente de la constitution de Jean-Baptiste Robbes, écuyer, sieur des Vallées (1692). — Procédure en la vicomté de Bayeux devant Michel Hermerel, écuyer, seigneur de La Ferrière et patron de Vaux-sur-Aure, entre Gilles Basly, chanoine de Pezerolles, et les héritiers de Charles Delafosse, pour paiement des fermages des terres d'Engranville (1695-1696). — Mémoire de frais de procédure à l'appui.

H. Suppl. 627. — B. 67. (Liasse.) — 12 pièces, parchemin ; 104 pièces, papier.

1361-1705. — Esquay. — Donation devant Guillaume Saquespée, tabellion juré à Bayeux, par Jeanne Osber, de la paroisse d'*Escae*, aux religieux de l'Hôtel-Dieu, de 1/2 acre de terre en 2 pièces (1361). — Fieffe devant Allain Hardy, tabellion à Bayeux, par les religieux de l'Hôtel-Dieu à Colin Leconte, dit Caillet, de 6 vergées de terre sises à Esquay (1448). — Procédure entre les religieux de l'Hôtel-Dieu et Gyon Jourdain, devant Philippe Blondel, lieutenant au bailliage de Bayeux, pour paiement de 2 boisseaux de froment et 6 boisseaux d'avoine de rente sur 6 vergées de terre sises à Esquay (1557). — Procédures au bailliage de Bayeux: devant Charles Le Mercier, sieur de Saint-Germain, lieutenant ancien civil et criminel, entre Jacques de Marconets, prieur de la Maison-Dieu, et Jean Jourdain, acquéreur des héritages de Gion Jourdain, pour paiement d'arrérages de rente (1624) ; —

devant Thomas Le Mercier, écuyer, sieur du Mesnil, lieutenant ancien civil et criminel, et devant Richard Hélyes, sieur de Sobles, entre Jean de Marconets, écuyer, sieur de Bonfossé, héritier de Jacques de Marconets, prieur de l'Hôtel-Dieu, et Jean Jourdain, sieur de Montfontaine, fils de feu Jean Jourdain, pour paiement de 26 années de 2 boisseaux de froment et 6 boisseaux d'avoine (1648-1654). — Procédure au bailliage de Bayeux entre les supérieure et religieuses de l'Hôtel-Dieu et Jacques et Antoine Bazire, écuyers, Pierre de Pierrepont, écuyer, Jean Jourdain, Charles de la Croix, curé d'Amayé, pour paiement d'arrérages de rente (1659). — Procédure au bailliage de Caen devant Nicolas Du Moustier, écuyer, sieur de la Motte, lieutenant général aux bailliage et siège présidial, entre les religieuses de l'Hôtel-Dieu et Jacques Bazire, écuyer, sieur de Lespine, pour paiement de 3 années d'arrérages de 2 boisseaux de froment et 6 boisseaux d'avoine (1666). — Procédures : au bailliage entre les religieuses de l'Hôtel-Dieu et François Regnée, époux de Jeanne Bazire, l'une des héritières de Jacques Bazire, écuyer, sieur de Lespine, pour paiement d'arrérages de lad. rente (1679) ; en la vicomté de Caen, entre Louis de Pierrepont, seigneur d'Esquay et de St-Sauveur, et Louis Renée et co-héritiers de François Renée, acquéreur de partie des biens de Jacques Bazire, écuyer, sieur de Lespine, pour paiement de 10 années de 21 livres 8 sols 6 deniers de rente (1701-1704). — Procédure au bailliage de Caen devant Charles-Jacques Gohier de Jumilly, écuyer, lieutenant particulier, entre les religieuses de l'Hôtel-Dieu et ledit de Pierrepont, appelant de sentence rendue en la vicomté (1704-1705).

H. Suppl. 638. — B. 68. (Liasse.) — 22 pièces, parchemin ; 107 pièces, papier.

1230-1786. — Étrehan. — Remise par *Hamo de Tor* du tènement que tenait de lui *Thomas Bequet, apud Oistrehan Le Perrous, in decima que erat in feodo laicali et in duabus peciis terre; quarum una sita est in podio supra domum Willelmi Bernart et altera juxta terram Willelmi de Monte Calvini,* entre les mains de Richard Boislart, archidiacre de Bayeux, le siège vacant; ledit archidiacre, *de assensu et voluntate Thome de Sancto Germano, persone ecclesie Sancti Romani de Oistrehan Le Perrous,* donne ledit revenu à la Maison-Dieu de Bayeux (1239). — Remise moyennant 9 livres tournois par *Thomas Bequet, filius Thome Bequet, de Oistrehan Le Perros,* à la Maison-Dieu, de *quartam partem decime mee quam teneo in laicali feodo et duas peciolas terre quarum una sita est in podio supra domum Willelmi Bernard, et altera juxta terram Willelmi de Monte Calvini,* en échange des 9 setiers et 2 boisseaux d'orge et 10 quartiers de froment, 2 chapons, 3 gelines, 3 deniers et 50 œufs qu'il devait à ladite maison pour lesdites dîme et pièces (1249, avril) ; autre cession du même donnant *dimidiam partem decime mee,* etc., moyennant 21 livres tournois (1251, juillet). — Remise par *Johannes Michaelis, de Coleville, et Gillebertus filius Patricii, de Coleville,* à la Maison-Dieu, de *totam partem nostram decime quam habebamus in decima laicali apud Ostrehan Le Perrous,* savoir divers revenus que leur payait ledit Thomas Bequet (1251, juillet). — Remise par *Thomas, dictus Beket,* à la Maison-Dieu, de 10 setiers d'orge à la mesure de *Hoistrehan,* à percevoir sur sa part de la dîme dudit lieu, moyennant 33 livres tournois (1256, octobre). — Remise par *Sibilla de Haia,* veuve de *Bartholomeus de Haia, de Sancto Laurentio,* à la Maison-Dieu, de 7 quartiers d'orge qu'elle avait, *ratione maritagii,* sur la dîme du blé, et du droit qu'elle avait sur ladite dîme, moyennant 100 sols tournois (1258, juillet). — Remise par *Petrus Le Canoine* de 7 quartiers d'orge qu'il percevait sur la dîme dudit lieu, qui fut à Thomas Bequet, et que possèdent actuellement les pauvres de la Maison-Dieu, plus un quartier d'orge à ladite mesure qu'il percevait chaque année par la main dudit Thomas sur une pièce de terre sise *desuper pratum, et que est modo de dominio pauperum,* moyennant 4 livres et 5 sols tournois (1258, janvier). — Confirmation par Clémence, mère de Guillaume, écuyer, seigneur d'Aignerville, chevalier, et Jean dit Gascelin, mari de ladite Clémence, de la vente faite par ledit Guillaume à H., chantre, J. dit Le Bouchier, archidiacre de Bayeux, et autres exécuteurs testamentaires de Guy, évêque de Bayeux, pour l'exécution de son testament, de la rente sur la dîme que possédait ledit chevalier *in feodo laicali in parrochia de Riborchis* (1270). — Procuration devant Robert Maugier, garde de la prévôté de Paris, par « Monseig' Olivier, « curé de l'iglise de Estrehan Le Perreus », tuteur et curateur de Thomas et Symonnet de Mont-Aubin, frères, fils de feu Robert de Mont-Aubin, dudit lieu, à Robert Le Breton, curé de *Seint-Jame* de Carentan (1297, le jeudi après les octaves de Noël). — Reconnaissance devant le vicomte de Bayeux par Guillaume Dupont, de la paroisse d'Étrehan, de la donation par lui faite à la Maison-Dieu de Bayeux, à charge de services religieux, d'une maison et jardin sis en ladite paroisse (1300). — Prise à fieffe par Martin de Moncauvin, de ladite paroisse, de l'Hôtel-Dieu, du ménage qui fut à

Guillaume Dupont (1300). — Reconnaissance devant Jean Desmaires, tabellion à Bayeux, par Jean Fontaine, de la paroisse d'Étreham, de la fieffe à lui faite par les religieux de l'Hôtel-Dieu d'une pièce de terre sise à Étreham (1460). — Remise devant le même par Villa Simon, d'*Estrchen Le Perroux*, pour Robine, sa femme, fille de Pierre de Moncauvin, à l'Hôtel-Dieu de Bayeux, de la rente à prendre sur une maison sise à Étreham, au Val de Moncauvin (1460). — Distribution faite en la cohue de Bayeux par Laurent Desmares, lieutenant général du vicomte, des deniers provenant de la vente requise par le procureur d'Artur de Conteville, écuyer, des récoltes de Julien de Moncauvin, sises en la paroisse d'Étreham (1508). — Procédure en la Cour de Parlement entre les religieuses de l'Hôtel-Dieu et Jean Vincent de Tulles, évêque de Lavaur, abbé de Longues, concernant la perception des dîmes d'Étreham (1661-1662). — Inventaire des pièces communiquées par Jacques de La Bretonnière, avocat des religieuses de l'Hôtel-Dieu, à Étienne Martin, avocat dud. abbé de Longues.—Baux faits devant Jean-Charles Tostain, Jean Lasœur, Pierre-Antoine Duruel et autres, notaires à Bayeux, par les administrateurs de l'Hôtel-Dieu, de biens sis à Étreham (1749-1786).

II. Suppl. 629. — B. 69. (Liasse.) — 7 pièces, parchemin ; 3 pièces, papier.

XIIIe siècle-1684. — Fontenay-le-Pesnel. — Donation par *Aelina, quondam uxor Willelmi de Bosco Ale, militis*, aux pauvres de la Maison-Dieu, de 3 mines de froment, 2 pains et 2 gelines de rente à percevoir sur Robert *Le Ros, de terra quam tenebat de me apud Tilleium*, et deux chapons à Noël sur la terre qu'il tient d'elle *in territorio de Fontencio le Painel* (s. d.). — Reconnaissance devant Alain Hardi et Thomas Artur, clercs, tabellions à Bayeux, par Thomas Vallée, de Fontenay-le-Pesnel, héritier, à cause de sa mère, de feu Colin de Vaisseaulx, aux religieux de l'Hôtel-Dieu, de 12 boisseaux de froment de rente pour biens sis en la paroisse de Fontenay-le-Pesnel (1470). — Reconnaissance devant Jean Collet le jeune et Roger Sauvegrain, son adjoint, tabellions à Bayeux, par Jean de Berrolles, de la paroisse de Fontenay-le-Pesnel, du bail à lui fait par les religieux de l'Hôtel-Dieu, de 24 vergées de terre sises en ladite paroisse (1554). — Reconnaissance devant Guillaume Genas et Nicolas Tapin, tabellions à Bayeux, par Bastien Le Menorel, demeurant à St-Germain-de-la-Lieue, hameau de Bussy, du bail à lui fait par Pierre Denise, commis au régime, gouvernement et administration de l'Hôtel-Dieu, de 3 vergées de terre sises à Fontenay-le-Pesnel (1576). — Bail devant Guillaume Genas et Jean Bugourt, par Pierre Denise, prieur de la Maison-Dieu de Bayeux, à Jacques Pinchon, de 2 vergées de terre sises à Fontenay-le-Pesnel (1582). — Obligation de Jean Lesueur de décharger Thomas Pinchon, adjudicataire pour 7 ans des terres de l'Hôtel-Dieu sises à Fontenay-le-Pesnel, pendant la durée de son bail (1681).

II. Suppl. 630. — B. 70. (Liasse.) — 11 pièces, parchemin ; 48 pièces, papier.

1413-1673. — Formigny. — Reconnaissances devant Jean Néel, clerc, tabellion à Bayeux, par Thomas Cullot, de la paroisse de Formigny, de la fieffe à lui faite par les religieux de l'Hôtel-Dieu, d'une maison et jardin (1413) ; Christophe d'Esquelot et Jean Revel, tabellions royaux à Bayeux, par Jean Dudouet l'aîné, de Formigny, de la fieffe à lui faite par les religieux de l'Hôtel-Dieu d'une pièce de terre (1493). — Procédure au bailliage de Caen devant Nicolas du Moustier, écuyer, sieur de la Motte, lieutenant général, entre les religieuses de l'Hôtel-Dieu de Bayeux et Jacob Dudouet, pour paiement de 29 années d'arrérages de 12 boisseaux d'orge et 2 boisseaux de froment de rente (1658). — Procédure au bailliage de Caen devant Nicolas du Moustier, écuyer, sieur de la Motte, lieutenant général, entre René Lemaître, curé de Formigny, Thomas Hébert, obitier dudit lieu, les religieuses de l'Hôtel-Dieu et Jean Dudouet, concernant le paiement de 9 années d'arrérages de 1 boisseau de froment dus audit trésor sur les biens de Jacob Dudouet, décrétés à la requête des religieuses et acquis par ledit Jean Dudouet (1658). — Procédure aux plods des sergenteries de Tour et Cerisy, devant Isaac Le Bedey, écuyer, sieur de Vaux et d'Asnelles, vicomte de Bayeux, concernant le décret des biens de Jacob Dudouet, sis à Formigny, à la requête des religieuses de l'Hôtel-Dieu, pour paiement d'arrérages de rente (1659). État de distribution des deniers provenant dudit décret, fait par ledit vicomte en présence de Guillaume Marguerie, écuyer, conseiller assesseur, rapporteur dudit décret (1660). — Procédure au bailliage de Bayeux entre les religieuses de l'Hôtel-Dieu et Jean Dudouet, concernant le paiement de la somme de 58 livres pour restant de fermages de pièces de terre sises à Formigny (1673).

H. Suppl. 631. — B. 71. (Liasse.) — 8 pièces, parchemin ; 30 pièces, papier.

1407-1657. — Fresné-le-Crotteur. — Reconnaissance devant Colas Le Nouvel, clerc, tabellion en la sergenterie de Graye, par Guillaume Le Marchand, de la fieffe à lui faite par Guillaume de Bellin, écuyer, demeurant à Villiers-le-Sec, de 10 vergées de terre sises à Fresnay-le-Crotteur (1407). — Donation devant Alain Hardy, clerc, tabellion à Bayeux, par Colin de Cussy et Robine, sa femme, aux religieux de l'Hôtel-Dieu, de 40 écus d'or sol pour services religieux et 18 boisseaux de froment à prendre sur Guillaume Le Marchand, de Fresné-le-Croteux (1440). — Fieffe par Le Franc, prieur de l'Hôtel-Dieu, à Philippine Quesnel, de la paroisse de Fresnay-le-Crotteur, d'une vergée 1/2 de terre (1530). — Extrait du registre de la vicomté de Caen concernant l'état fait par Charles Le Fournier, écuyer, lieutenant général, de la vente faite à la requête de Pierre Hermerel de biens sis à Fresnay-le-Crotteur, pour paiement d'arrérages de 6 boisseaux de froment de rente (1548). — Procédure au bailliage de Caen devant Jean Vauquelin, écuyer, lieutenant général du bailli, entre Pierre Denise, docteur en théologie, prieur de la Maison-Dieu de Bayeux, et Louis Bertaut, concernant le paiement d'arrérages de rente foncière (1581). — Vente devant Jacques de Gastebley et Jean Cairon, tabellions en la sergenterie de Creully, par Philippe Bertaut, de la paroisse de Fresnay-le-Crotteur, à Thomas Guéroult, de 3 vergées de terre (1603). — Procès-verbal d'enquête faite par Claude de la Broise, prêtre, official de Bayeux, commis par l'Évêque, sur l'utilité ou la non utilité de la fieffe faite à Gilles Bouchet et Catherine Onfroy de pièces de terre sises à Fresné-le-Crotteur (1650) ; procédure y relative (1657). — Sommation faite par Étienne Ferey, huissier, à la requête de la supérieure de l'hôpital de Bayeux, à Nicolas Busnel, de payer 6 boisseaux de froment de rente (1656).

H. Suppl. 632. — B. 72. (Liasse.) — 17 pièces, parchemin ; 69 pièces, papier.

1307-1742. — Fresné-sur-Mer. — Confirmation par Guillaume de Vierville, dit de Magneville, écuyer, moyennant un tonneau de vin, aux prieur et frères de la Maison-Dieu de Bayeux, de leur saisine tenant tel don comme Jean Dudoyt Le Viel et Thomasse Fauconnière, sa femme, leur firent en la paroisse de Fresney-sur-la-Mer, etc. (1307). — Aveu rendu à Jean de Magneville, sieur du lieu, par Jean Bauches, d'une vavassorie ; autre déclaration de dénombrement de vavassorie tenue par Pierre Bauches par hommage de Gilles Baignart, écuyer, sous-âgé, sieur de Gueys et de Fresné-la-Mer. — Lots faits devant Pierre Fouque et Pierre Gast, tabellions en la sergenterie de Graye, entre Pierre Bauches, de la paroisse de Fresné-sur-la-Mer, Jean Bauches, prêtre, dudit lieu, Gires Bauches et Richard Bauches, des biens de la succession de Jean Bauches, leur père (1503). — Vente devant les tabellions de Bayeux, par Pierre Bauches à Artur de Conteville, sieur du lieu, de maison et fermes sises à Fresné-sur-la-Mer (1527). — Déclaration de Lambert Lescalley qu'il se porte caution d'Artur de Conteville, sieur de Fresné et d'Osmanville, afin de conduire certaine doléance par lui levée sur Thomas Desmares, écuyer, lieutenant général du vicomte de Bayeux, pour les torts et griefs qui lui ont été faits à la requête de Pierre Le Meauffais, prieur de l'Hôtel-Dieu (1528). — Cession devant Jean Lebreton et Guillaume Vauchis, tabellions à Bayeux, par Artur de Conteville, sieur d'Osmanville et Fresné-sur-la-Mer, à Pierre Bauches, à Zacharie Bauches et à Cosme Bauches, leur frère, de son droit sur 41 vergées de terre de la fieffe de l'Hôtel-Dieu, et par lui conquis au décret des biens de Pierre Bauches (1531). — Fieffe devant les notaires de Bayeux, par Olive Seigle, veuve de Jean Gibert, à Pierre Seigle, de 1/2 acre de terre sise à Fresné-sur-la-Mer (1700). — Transaction devant Charles Vimard, notaire à Tracy, par Michel-René de Creully, fils et héritier de Pierre de Creully, au droit de la veuve de Gilles Seigle, et autres représentants de Jacques Seigle, de la paroisse de Fresné-sur-la-Mer, et les administrateurs de l'Hôtel-Dieu, pour éviter un procès entre eux, pour paiement d'arrérages de 30 boisseaux de froment et 2 chapons de rente (1742). — Procès-verbaux de vente de récoltes saisies à la requête des religieuses de l'Hôtel-Dieu sur Gilles, François et Fleury Seigle, pour paiement d'arrérages de rente.

H. Suppl. 633. — B. 73. (Liasse.) — 27 pièces, parchemin ; 11 pièces, papier.

1260-1685. — Guéron. — Donation par *Hugo Le Pesant* aux pauvres de la Maison-Dieu, de 3 quartiers de froment, 4 pains, 2 gelines et 20 œufs à percevoir sur une masure sise à Argancby, plus 3 quartiers d'orge et autres rentes à percevoir à Guéron (1260, juillet). Sceau, cire verte. s. HVG//////LE PESANT. — Ratification devant l'official de Bayeux par *Matillis, uxor Johannis* de Mondrevill., *armigeri*, de la donation faite par son mari aux prieur et frères de la Maison-Dieu de 6 setiers et 8 boisseaux de froment de rente annuelle, sur fonds sis à Guéron (1275). — Vente par Thomas de Buhot aux clercs de la paroisse de St-Symphorien de Bayeux, moyennant 60 sols tournois, de 4 boisseaux de froment à percevoir paroisse de Guéron (1281, octobre). — Reconnaissance devant Thomas Néel, clerc, tabellion à Bayeux, par Jean Le Diacre, de la fieffe à lui faite par les religieux de l'Hôtel-Dieu, d'une maison et jardin sis à Guéron (1396). — Procédure aux assises de la ville et banlieue de Bayeux, devant Jean Burnel, vicomte, entre les religieux de l'Hôtel-Dieu, stipulés par frère Michel Le Machier, prieur, et Robin Sohier, procureur, et Guillaume et Colin dits Trenchefou, frères, concernant la jouissance de biens sis à Guéron (1419). — Procédure aux pleds de la ville de Bayeux, devant Nicolas Lépicier, vicomte, entre les religieux de l'Hôtel-Dieu et les chapelains de l'église cathédrale, concernant une vente de biens sis à Guéron, appartenant à Jean Le Diacre (1439). — Procédure aux pleds de la vicomté de Bayeux, devant Ysard Lesens, lieutenant général de Lépicier, vicomte, entre les religieux de l'Hôtel-Dieu et Jean Myhère, pour paiement de 6 boisseaux de froment (1443). — Vente devant Colin Cauvelande, clerc, tabellion à St-Lô, par Henry de Saint-Gilles, écuyer, seigneur du lieu, à Étienne Colet, d'un pré sis à Guéron (1462). — Échange devant Christophe d'Esquetot et Jean Reveil, tabellions à Bayeux, entre les religieux de l'Hôtel-Dieu et Jean Enguerrand, dit Raoul, de 22 sols 6 deniers de rente, contre une acre de terre (1492). — Bail devant Noël Le Savoureux et Augustin Mahoust, tabellions à Bayeux, par Robert Crespin, sous-prieur de l'Hôtel-Dieu, à Guillaume Gardin, d'une acre de terre sise à Guéron (1622). — Procédure en la vicomté, devant Lemercier, lieutenant, entre les religieuses de l'Hôtel-Dieu et Jean-François Boutemont, prêtre, de la paroisse de Guéron, pour paiement de 5 années d'arrérages de 4 boisseaux de froment (1672). — Reconnaissance par Jean Tulou du bail à lui fait par la supérieure de l'Hôtel-Dieu d'une acre de terre sis à Guéron (1683).

H. Suppl. 634. — B. 74. (Liasse.) — 9 pièces, parchemin ; 221 pièces, papier.

1690-1766. — Hérils. — Décharge donnée par Alexandre-Auguste de Saffray, écuyer, sieur d'Anneville, à M. de Cinq-Autels, des pièces concernant sa tutelle, à la réserve d'une obligation concernant la succession du père de M. de La Rozière ; à l'appui est la copie du contrat de mariage de Guillaume de Mauduit, écuyer, sieur de la Rozière, maître ordinaire en la Chambre des Comptes de Normandie, avec Marie de Fautereau (1690). — Procédure en Parlement entre Auguste de Saffray, écuyer, sieur d'Anneville, et Michel Letac, greffier au Parlement, concernant le décret de l'herbage de Goulostre, appartenant à Antoine de Mauduit, écuyer, sieur de la Rozière (1694). — Délibération de famille aux assises mercuriales de St-Silvain, requise par Marguerite Leboucher pour élire des tuteurs aux mineurs de feu Guillaume de Saffray, écuyer, sieur de Cinq-Autels, ses enfants ; étaient présents : Adrien de Saffray, écuyer, sieur de Cinq-Autels, Alexandre de Saffray, écuyer, sieur de Vimont, David Bernard, sieur d'Omontville, Laurent Bidard, greffier aux enquêtes à Caen, Laurent Leboucher, écuyer, sieur du Hozey, Henry Leboucher, écuyer, sieur du Douet, Charles Leboucher, sieur d'Émiéville, André de Chaumontel, écuyer, Jacques de Brunville, écuyer, sieur de Poussy, Robert de Clacy, écuyer, curé d'Urville (1695). Quittances de rentes et avis d'avocats, à l'appui. — Sommation faite par Gabriel-Augustin Thierry, huissier, à la requête de Claude-Jacques Planquette, teinturier à Caen, à Marguerite Leboucher, veuve de Guillaume de Saffray, de la paroisse de Hérils, de se trouver devant les notaires de Bayeux, pour y recevoir l'amortissement de 100 livres de rente (1720). — Accord entre Adrien de Saffray, curé de Hérils, Charles-Louis et Henry de Saffray, héritiers de Françoise de Saffray, leur sœur, et Jean-Louis Morin, sieur de Martray, son époux, concernant sa succession, afin d'éviter un procès entre eux (1720). — Procuration donnée par-devant François Duhamel, notaire à Bayeux, par Adrien de Saffray, curé de Hérils, à Pierre Delacour, son domestique, pour soutenir ses intérêts (1743). — Reconnaissance par Robert Féron, prêtre, de la somme de 200 livres à lui prêtée par M. de Saffray, curé de Hérils (1744). — Quittances d'impositions données au curé de Hérils (1743). — Note informe de la somme provenant de la succession du curé de Hérils, montant à 3838 livres 17 sols, sur laquelle 3147 livres ont été payées pour dettes, frais funéraires, réparations d'église, etc. — Copie du testament d'Adrien de Saffray, curé de Hérils, donnant entre autres 20 livres de rente hypothéquée au capital de 500 livres due par Jacques Sousy, de ladite paroisse, et aux pauvres de l'hôpital général et à l'Hôtel-Dieu, après ses créanciers désintéressés, le restant de sa succession (1743) ; à la suite est la signification de ladite copie faite à la requête de Féron, prêtre, aux religieuses de l'Hôtel-Dieu (1746). — Procédure au bailliage de Bayeux devant Olivier Godard d'Isigny, écuyer, seigneur de Commes, lieutenant général civil et criminel, entre Robert Féron, chapelain de l'église St-Patrice, exécuteur testamentaire de M. de Saffray, curé de Hérils, et Louis de Saffray, écuyer, sieur de Cinq-Autels, Marie Le Mercier, Martin Vauquelin, les curé et paroissiens de Hérils, les religieuses de l'Hôtel-Dieu, concernant la vente des meubles et effets dudit curé de Hérils (1746). — Reconnaissance des curé et trésorier de Hérils, que Tavigny, procureur au bailliage et receveur de l'Hôtel-Dieu, leur a remis l'original du testament de feu Adrien de Saffray, curé de Hérils (1766). — Notes et comptes de la succession.

H. Suppl. 635. — B. 75. (Liasse.) — 1 pièce, parchemin.

1506. — Hermanville. — Fieffe devant Vincent Fumée et Jean Leroy, tabellions à Bayeux, par frère Supire Michiel, bailli de l'Hôtel-Dieu de Bayeux, à Jean Hue, de la paroisse de Plumetot, d'une acre de terre sise à Hermanville, delle du bout des Clos Boullet, moyennant 4 sols tournois de rente.

H. Suppl. 636. — B. 76. (Liasse.) — 1 pièce, parchemin.

1727. — Hottot. — Procédure en la vicomté de Bayeux devant Louis Le Patou, écuyer, sieur du Molay, lieutenant général, entre Noël Guillet et la veuve Louis Lebas et son fils, concernant le paiement du dommage causé par leurs chevaux au regain du grand pré du moulin de Forge, sis en la paroisse de Hottot.

H. Suppl. 637. — B. 77. (Liasse.) — 4 pièces, parchemin ; 1 pièce, papier.

1459-1765. — Houtteville. — Reconnaissance devant Jean Desmaires, clerc, tabellion à Bayeux, par Jacques Plantard, de la paroisse de Houtteville, de la fieffe à lui faite par le prieur de l'Hôtel-Dieu d'une vergée 1/2 de pré que tenait Philippot Lefournier (1459). — Procédure aux pleds de meubles de la vicomté de Bayeux, devant Thomas Desmaires, écuyer, lieutenant général, entre Pierre Le Meauffais, prieur commendataire de l'Hôtel-Dieu, et Marin Plantard, pour paiement d'arrérages de 15 sols tournois de rente, de l'obligation de Jacques Plantard (1526). — Vente devant Jean-Charles Toslain, notaire à Bayeux, par Madeleine Dufresne, veuve de Gaspard Dufresne, écuyer, sieur de la Guaire, pensionnaire au couvent des Ursulines, à Charlotte Macé, veuve de François de La Cotte, sieur de Bigardière, d'un pré sis à Houtteville, moyennant 300 livres de rente viagère (1739). — Vente au notariat de Trévières par François-Michel-Henri de La Cour, écuyer, sieur de Bedeville, à Jacques Le Véol, de l'herbage Brisard sis à Houtteville (1765).

H. Suppl. 638. — B. 78. (Liasse.) — 37 pièces, papier.

1697-1787. — Isigny. — Signification à la requête de Raymond Baucher, chanoine de la Vieille en l'église cathédrale de Bayeux, receveur administrateur de l'hôpital général de Bayeux, et stipulant pour les hospitalières des pauvres malades de Bayeux, à Robert Jeanne, fermier de la léproserie de la Madeleine d'Isigny, de l'arrêt du Conseil privé du 16 décembre 1695 et des lettres patentes de décembre 1696, unissant à l'Hôtel-Dieu les biens et revenus de la maladrerie d'Isigny et chapelle en dépendant, pour être employés à la nourriture et entretien des pauvres, etc. (1697). — Reconnaissance par Robert et Philippe Jeanne du bail à eux fait par les religieuses de l'Hôtel-Dieu de terres sises à Isigny, moyennant 130 livres par an (1698). — Procès entre les religieuses de l'Hôtel-Dieu et Olivier Bonnemie, sieur des Illes, époux de la veuve Quillet, pour, en vertu du bail conclu en 1689, payer la somme de 30 livres pour 3 années de rente (1699). — État et déclaration que baillent les supérieure et religieuses de l'Hôtel-Dieu, du résultat de leurs recherches sur les fief, terres et rentes de la chapelle de la Madeleine d'Isigny (s. d.). — Reconnaissance par Guillaume Varin, de la paroisse d'Isigny, du pouvoir par lui donné à Du Chastel, écuyer, lieutenant général à Bayeux, de prendre en constitution des pauvres de l'hôpital de Bayeux la somme de 400 livres ; à la suite est la quittance dud. Du Chastel de la somme de 354 livres donnée à Tavigny, receveur des pauvres de l'Hôtel-Dieu, pour constitution au denier 20 de 17 livres 14 sols de rente (1759). — Procédure au bailliage de Bayeux entre les administrateurs de l'Hôtel-Dieu, François-Claude Godard, seigneur de Bussy, et François-Amand Godard, seigneur du Bosq, ancien chevau-léger de la garde du Roi, pour paiement d'arrérages de rentes dues par Godard d'Isigny, leur père (1776-1787).

H. Suppl. 639. — B. 79. (Liasse.) — 2 pièces, parchemin ; 10 pièces, papier.

1556-1787. — Juaye. — Accord entre les religieux

de l'Hôtel-Dieu et Pierre Le Bourgeois, Thomas Gilles et Georges Le Boursier, garants d'Étienne Héroult, sur sur leur procès concernant le paiement de 7 boisseaux d'orge de rente sur héritages sis à Juaye (1555, v. s.). — Procédure au bailliage de Bayeux devant Édouard Hélye, écuyer, sieur de Clinchamps, lieutenant général, entre André Malherbe, écuyer, sieur de Juaye, et les religieuses de l'Hôtel-Dieu, concernant le privilège sur 20 livres dues par Michel de Bernesq à Simon de Marconets, écuyer, sieur de Héville (1684). — Quittances de ladite rente de 7 boisseaux d'orge données par les religieuses de l'Hôtel-Dieu à Jacques Lecomte (1731-1757). — Fieffe devant Le Mouette et Vautier, tabellions à Bayeux, par Pierre Lesage à Jacques Lesage, de 2 pièces de terre sises à Juaye, à charge de tenir et relever du seigneur, d'y bâtir une maison dans un an et de payer la somme de 160 livres et 2 poules grasses de rente, de laquelle ledit Lesage a vendu aux pauvres de l'Hôtel-Dieu 55 livres de rente, moyennant 1000 livres à lui versées par Michel Mouland, vicaire de la paroisse St-Sauveur, au nom desdits pauvres (1787).

H. Suppl. 640. — B. 80. (Liasse.) — 17 pièces, parchemin ; 127 pièces, papier.

1266-1810. — Lingèvres. — Donation par *Durandus, filius Johannis dicti La Persone*, de Lingèvres, à la Maison-Dieu, de 5 quartiers d'orge de rente à percevoir en ladite paroisse (1266). — Reconnaissance devant Jean Desmaires, clerc, tabellion à Bayeux, par Étienne Durand, de la fieffe à lui faite par les religieux de l'Hôtel-Dieu, de 6 vergées de terre sises à Lingèvres (1462). — Extrait des plêds des sergenteries de Briquessart et Graye, tenus par Jean Artur, écuyer, lieutenant général du vicomte de Bayeux, concernant l'adjudication des biens sis à Lingèvres, ayant appartenu à Jean et Étienne Durand, saisis par Thomas Lecoq, pour paiement d'arrérages de 6 boisseaux de froment (28 mars 1481). — Accord devant Gervais et Jean Bougourt, tabellions à Bayeux, entre les religieux de l'Hôtel-Dieu, stipulés par Pierre Denise, prieur, et Richard Leclerc, écuyer, et Louis de Caen, fils de feu Martin de Caen, pour le paiement d'arrérages de 6 boisseaux de froment et 1 geline, à prendre sur les héritages de Barnabé de Caen, fils de feu Abel de Caen (1542). — Lots et partages faits devant Jean Mainfray et Fleury Nonyer, tabellions en la sergenterie de Briquessard, des biens de feu Richard Boivin, sujets en 3 boisseaux de froments de rente (1548). — Procédure aux assises de Bayeux devant Jean Vauquelin, écuyer, lieutenant général du bailli de Caen, pour les religieux, à fin de paiement de 12 années d'arrérages de 3 boisseaux de froment sur les biens de Richard Boivin, prêtre, à Lingèvres, et Jean et Jacques Léonard, ses héritiers, Jacques Léonard, écuyer, Julien Duvry et Jacques Leclerc, écuyer (1583). — Reconnaissance devant Pierre Le Hourdeur et Gaspard Tullou, tabellions en la sergenterie de Briquessart, du 2ᵉ lot des biens de Richard Leclerc, sieur de St-Vaast, de la paroisse de Lingèvres, délaissés par manière d'avancement de succession à Gilles Jourdain, sieur de St-Germain, et Julien Miffant, sieur des Coudrays, pour eux et leurs femmes, filles dudit Leclerc (1601). — Vente devant Étienne Scelles et Augustin Mabeust, tabellions à Bayeux, par François Léonard, chanoine de Vendes en l'église cathédrale de Bayeux, curé de Hottot, fils et héritier de Jacques Léonard, sieur de la Rivière et d'Orbois, à René Haiz, de la condition et faculté de rachat retenue lors de la vente faite à Roulland Jullien, bourgeois de Bayeux, de 6 vergées de terre sise à Lingèvres (1623). — Vente par Michel Bougourd, sergent à Bayeux, à la requête des religieux de l'Hôtel-Dieu, d'un vieux pot d'étain saisi sur Gilles Léonard, écuyer, sieur d'Orbois, pour paiement d'arrérages de 10 années de 3 boisseaux de froment de rente (1640). — Procédure au bailliage de Bayeux devant Pierre Suhard, écuyer, lieutenant général, entre la supérieure de la maison, et Jean de Marconest, écuyer, héritier de Jacques de Marconest, prieur de ladite maison, et Gilles Léonard, écuyer, Michel Benoist et Jean Costil, pour paiement d'arrérages de 3 boisseaux de froment de rente (1646-1648). — Procédure audit bailliage entre la supérieure de l'Hôtel-Dieu et Bernardin de la Bigne pour paiement d'arrérages de 6 boisseaux de froment (1675-1681). — Procédure audit bailliage entre les religieuses de l'Hôtel-Dieu et Pierre Boivin, fermier des héritages de Marie Boivin, pour elle et ses co-héritiers aux successions de François et Jean Boivin, André de la Bigne, écuyer, sieur de Tessel, concernant le paiement de 29 années d'arrérages de 6 boisseaux de froment et 1 geline (1700-1714). — Procédure au bailliage de Bayeux entre les administrateurs des pauvres malades, stipulés par Le Courtois, receveur, et Élisabeth Lemaître, veuve de François Lubin, et Jean Lubin, de la paroisse de Couvert, pour paiement d'arrérages de 10 boisseaux de rente (1726). — Consentement donné par Élisabeth Lemaître, veuve de François Lubin, demeurant à Lingèvres, à Le Courtois, avocat, receveur des pauvres malades, de recevoir et percevoir sur Jean Lubin, son fils, la somme de 93 livres du nombre de celle de 300 livres qui lui a été adjugée par provision, pour arrérages de 25 livres de rente, sauf à elle d'en compter avec M. des Essarts, son propriétaire (1726), etc.

H. Suppl. 641. — B. 81. (Liasse.) — 2 pièces, parchemin.

1659-1772. — Littry. — Échange fait devant Jean Pery et François Daon, tabellions à Bayeux, entre Barbe Marie de Saint-Paul, supérieure des religieuses de l'Hôtel-Dieu de Bayeux, ayant le soin des malades, suivant la commission donnée par l'Évêque Servien, et de l'avis du procureur du Roi et de M. de Marguerie, avocat des pauvres, et Nicolas Malenfant, sieur de la Fosse, de 1/3 de vergée de terre sise paroisse St-Ouen de Bayeux, contre 60 sols et 4 poulets de rente à prendre sur Colasse Roger, épouse de Thomas Hamel, à cause de fieffe faite par Jean Le Hérichon de 3 sillons de terre sise à Littry (1659). — Reconnaissance devant les notaires de Bayeux par Jeanne de Montfiquet, veuve de Michel Gilles, écuyer, sieur de Landeville, chevalier de St-Louis, aux pauvres malades de l'Hôtel-Dieu de Bayeux, de 60 sols et 4 poulets de rente pour fieffe d'héritages sis à Littry par Jean Le Hérichon à Colasse Roger, épouse de Thomas Hamel, en échange fait auxdits malades par Nicolas Malenfant, sieur de la Fosse (1772).

H. Suppl. 642. — B. 82. (Liasse.) — 5 pièces, parchemin; 24 pièces, papier.

1557-1619. — Longues. — Lots faits devant Jean Collet et Roger Sauvegrain, tabellions à Bayeux, entre Clément Gervais et Jean Guillebert, frères, de la paroisse de Longues, de biens de la succession de Jacques Guillebert, leur père (1557). — Procédure au bailliage de Bayeux devant Charles Le Mercier, écuyer, lieutenant ancien civil et criminel, entre les religieux de l'Hôtel-Dieu et Pierre Guillebert, pour paiement d'arrérages de 2 boisseaux 1/2 de froment de rente (1616-1618); procès-verbaux de saisies de récoltes à l'appui. — Transaction devant Jacques Hermerel et Augustin Maheust, tabellions à Bayeux, entre les religieux de l'Hôtel-Dieu et Clément Gervais et Antoine Guillebert, Germain Jacques et Abraham Hélyes, pour le paiement d'arrérages de 2 boisseaux 1/2 de rente sur biens sis à Longues et à Fontenailles (1619).

H. Suppl. 643. — B. 83. (Liasse.) — 84 pièces, parchemin; 13 pièces, papier.

1271-1592. — Longueville. — Vente par *Philippus de Vaceio*, de Trungy, à la Maison-Dieu, moyennant 8 livres tournois, de 15 boisseaux de froment de rente, 12 deniers tournois, 3 gelines, 30 œufs à prendre sur des fonds sis à Longueville (février 1270, v. s.). — Ratification par *Petronilla*, femme dudit Philippe (1270, v.s.). — Reconnaissance de rente devant le vicomte de Bayeux par Jean *Le Marcaant*, de la paroisse de Longueville, à Robert Binet (1287). — Donation par devant le vicomte de Bayeux par Robert Bynet, dit Le Chevalier, bourgeois de Bayeux, et Alix, sa femme, de la paroisse de St-Sauveur, à la Maison-Dieu, de 17 pièces de terre sises à Longueville et Deux-Jumeaux, à charge de service religieux pour eux et leurs familles (1288); avec un vidimus en 1307 par l'official de Bayeux. — Vente par *Raol Tostain*, d'Englesqueville, à Jean Yon, pour 4 livres tournois, d'une pièce de terre sise à Longueville, jouxtant la terre de l'abbé et couvent de Longues (1296). — Reconnaissance devant le vicomte de Bayeux par Simon Lepauhier, de la vente à Jean Yon de 2 pièces de terre sises à Longueville (1307). — Cession faite devant le vicomte de Bayeux par Thomas Chouquet, écuyer, sieur des Champs, aux religieux de l'Hôtel-Dieu, de toutes les rentes et redevances qu'ils prennent à Longueville et à Deux-Jumeaux (1308). — Reconnaissance devant Laurent Clery, garde du scel de la vicomté de Bayeux, par Jeanne, déguerpie de Jean de Douvre, de la vente par elle faite à Jean Yon, d'une vergée 1/2 de terre sise à Longueville (1310). — Reconnaissance devant le vicomte de Bayeux par Jean Descamps de la cession par lui faite aux religieux de l'Hôtel-Dieu de 1/2 acre de terre sise à Longueville (1310). — Reconnaissance devant Laurent Nicolas, clerc, garde du scel de la vicomté de Bayeux, par Philippe Berguet, clerc, de la vente par lui faite à Jean Yon d'une pièce de terre sise à Longueville (1319). — Donation par Jean Yon à l'Hôtel-Dieu de Bayeux de tous ses biens sis à Longueville, à charge de services religieux pour lui et sa famille (1310). — Reconnaissance devant Gervaise, clerc, juré en la vicomté de Bayeux, par Martin, Guillaume et Philippe du Gardin, frères, de la paroisse de Longueville, de la vente par eux faite aux religieux de l'Hôtel-Dieu de 6 boisseaux de froment de rente (1343). — Procédure en l'Échiquier de Pâques à Rouen, entre les religieux de l'Hôtel-Dieu et Sebille, déguerpie de Henry Lecroqueterre, concernant la succession de Jean Yon (1348). — Reconnaissance devant Michel de *Coutun*, clerc, tabellion à Bayeux, par Mathieu Chouquart, de la fieffe à lui faite par les religieux de l'Hôtel-Dieu d'une pièce de terre sise à Longueville (1350). — Cession faite devant

Benest Anquetil, clerc, tabellion en la sergenterie des Veys, à Jean Go, de 2 acres de terre sise à Longueville (1433, v. s.). — Fieffe devant Guillaume et Jean Gallebault, clercs, tabellions en la sergenterie des Veys, par Guillaume Go, à Thomas Chouquart, de 1/2 acre de terre sise à Longueville (1474). — Vérification par Alain Hardy et Thomas Artur, tabellions à Bayeux, de la fieffe faite au tabellionage de la sergenterie de Cerisy, par Thomas Girard à Guillaume de La Court, écuyer, seigneur de Baussy, d'une pièce de terre sise à Longueville (1476). — Vérification par Thomas Dumesnil et François Tostain, clercs, tabellions en la sergenterie de Cerisy, de la reconnaissance passée devant Gierrot Banville, clerc, tabellion en la sergenterie de Tour, par Michel Fouques, de la fieffe à lui faite par les religieux de l'Hôtel-Dieu de 17 vergées de terre sise à Longueville (1510). — Procédure aux assises des Veys et Isigny, tenus par Laurent Desmaires, lieutenant général du vicomte, entre Raoul du Désert, prêtre, procureur des religieux de l'Hôtel-Dieu, et Bertrand Chouquart, concernant la location de 1/2 acre et 1/2 vergée de terre sise paroisse de Longueville (1512). — Reconnaissance devant Michel Guillemin et Pierre Gervais, tabellions en la sergenterie des Veys, par Guillaume Chouquart, de la paroisse de Longueville, à l'Hôtel-Dieu de Bayeux, de 45 sols de rente pour arrérages de 4 boisseaux de froment (1521). — Déclaration des biens sujets envers les religieux et prieur de l'Hôtel-Dieu de Bayeux en 45 sols de rente pour arrérages de 4 boisseaux de froment (1521). — Déclaration des biens sujets envers les religieux et prieur de l'Hôtel-Dieu de Bayeux en 4 boisseaux de froment de rente, pour fieffe et saisine de Bertrand Chouquart, par Jean Le Chevalier, écuyer, et renchéris par Pierre Le Vavasseur, prieur de Deux-Jumeaux (1529). — Fieffe devant Jean Lebreton et Guillaume Vautier, tabellions à Bayeux, par Méry Lefranc, prieur commendataire de l'Hôtel-Dieu, d'une acre et 1/2 vergée de terre en la delle de la Fosse (1531). — Procédure en la vicomté de Bayeux devant Charles Le Mercier, lieutenant, entre les religieux de la Maison-Dieu et Thomas Le Véel pour paiement de 30 boisseaux de froment de rente (1592).

II. Suppl. 644. — B. 84. (Liasse.) — 6 pièces, parchemin ; 91 pièces, papier.

1507-1771. — Longueville. — Copie du bail fait devant Jean Revel et Vincent Fumée, tabellions à Bayeux, par les frères de l'Hôtel-Dieu de Bayeux, à Raoul Bunel, fils Guillaume, de maison et jardin sis à Longueville (1507). — Copie du testament de Jean Bunel, de la paroisse de Longueville, fait devant Abraham Amiot et Roger Bonpetis, tabellion en la sergenterie des Veys (1557). — Arrêt de deniers fait à la requête des religieuses de l'Hôtel-Dieu, entre les mains de Françoise Vautier, de la paroisse de Longueville, des deniers par lui dus, pour assurer le paiement de 12 boisseaux de froment de rente (1646). — Obligation de Robert Letellier, prêtre, envers les religieuses de l'Hôtel-Dieu, de payer la somme de 24 livres 15 sols pour être quitte de 9 boisseaux de froment, du nombre de 12 boisseaux dus (1651). — Reconnaissance devant Mathieu Després et Jean Buisson, tabellions en la sergenterie des Veys, par Guillaume Bérigny, fils ainé de Marin Bérigny, bourgeois du Hâvre-de-Grâce, tuteur de Renée Bérigny, sa petite-fille, à l'instance des religieuses de l'Hôtel-Dieu, stipulées par Jean Jourdain, de 15 boisseaux de froment de rente sur biens sis à Longueville (1662). — Procédure au bailliage de Bayeux devant Thomas Lemercier, écuyer, sieur du Mesnil, lieutenant ancien civil et criminel, entre Richard Ober, Louis de Mosles et Jacques Vincent, héritiers, à cause de leurs femmes, de Pierre Letellier, et l'Hôtel-Dieu, pour paiement de 12 boisseaux de froment de rente pour fieffe de biens sis à Longueville (1666-1667). — Attestation devant Mathieu Després et Jean Buisson, tabellions en la sergenterie des Veys, par Henri Le Tourneur et Jean Gouye, à l'instance de Germaine Roauld, veuve de Michel Lepelley, fermière de 4 sillons de terre qui furent à Robert Letellier, sous les religieuses de l'Hôtel-Dieu, que le fumier étant sur ladite terre peut valoir 6 livres, y compris le transport (1668). — Procédure au bailliage de Bayeux devant Suhard, lieutenant, entre les religieuses de l'Hôtel-Dieu et Guillaume Mayne, jouissant des biens de Guillaume Bérigny, bourgeois du Havre, pour paiement de 24 boisseaux de froment de rente sur biens sis à Longueville (1668). — Arrêt de deniers fait par Louis Jorel, sergent, à la requête des dames hospitalières de l'Hôtel-Dieu, en la paroisse de Longueville, sur les deniers par lui dus à Madeleine Saubreuil, veuve de Jacob Hue, écuyer, sieur de Montaigu, pour assurer le paiement de 5 années d'arrérages de 16 livres 10 sols de rente (1686). — Ordonnance de Pierre Suhard, écuyer, sieur de Saint-Germain, lieutenant général au bailliage de Bayeux, prescrivant la destination de partie des deniers arrêtés entre les mains des fermiers de ladite veuve, à la requête de Louis de Scelles, écuyer, sieur de Létanville, Louis Le Patou, écuyer, sieur de St-Rémy, les religieuses hospitalières et les

Bénédictines de Bayeux (1686). — Ordre donné aux fermiers de ladite veuve de Montaigu de représenter dans huitaine les deniers par eux dus pour en dresser état entre ses créanciers, entre autres Madeleine Rost, Guillaume de Hotot, écuyer, Louis Le Palou, écuyer, Tanneguy Sénot, seigneur de la Paintrerye, les religieuses hospitalières et les Bénédictines (1689). — Procédure devant Jean-René Macé, avocat à Bayeux, bailli haut justicier du marquisat de Faoucq Jucoville, et par Charles-François de La Cotte, sieur de Bigardière, en l'absence du bailli de la Cambe, entre les administrateurs de l'Hôtel-Dieu, stipulés par Paul Gosset de La Couture, leur receveur, et François Oger, pour paiement d'arrérages de 15 boisseaux de froment de rente (1752, ss.) ; à l'appui, état de l'apprécie du froment de 1748 à 1771, dont Oger doit tenir compte.

H. Suppl. 645. — B. 85. (Liasse.) — 2 pièces, parchemin.

1269-1315. — Loucelles. — Vente par *Ricardus de Clauso*, de Loucelles, moyennant 6 livres tournois, au prieur et aux pauvres de la Maison-Dieu, d'une acre de terre qu'il avait audit lieu, *sub pratis*, aboutant à la terre de l'abbé et couvent de St-Étienne de Caen (1268, mars, v. s.). — Reconnaissance devant Laurent Nicolas, garde du scel de la vicomté de Bayeux, par Philippe Lebullot et Jeanne, sa femme, de la paroisse de St-Gabriel, de la cession par eux faite aux religieux de l'Hôtel-Dieu de 2 pièces de terre sises à Loucelles (1315).

H. Suppl. 646. — B. 86. (Liasse.) — 1 pièce, parchemin.

1760. — Louvières. — Constitution devant François Jacquelin, notaire à Formigny, par Thomas-François-Michel de Pierres, seigneur de Louvières, de 50 livres de rente hypothéquée au profit de Jean Gaultier, l'un des prêtres de la paroisse de Louvières.

H. Suppl. 647. — B. 87. (Liasse.) — 34 pièces, parchemin ; 33 pièces, papier.

XIIIe siècle-1767. — Maisons. — Donation par *Ric. de Camba*, à la Maison-Dieu, d'une pièce de terre à Maisons que tient *Gervasius filius Ogeri*, à droit héréditaire, sous la rente d'un quartier d'avoine, 1 pain et 1 geline (s. d.). — Donation par *Ric. de Logis, miles*, à la Maison-Dieu, de 2 sols tournois que lui devait par an Jeanne, fille de feu Guillaume Lelay, de Bayeux, *in quodam tenemento terrarum quas dicta Jo-*

hanna de me tenebat in feodo, sis à Maisons (février 1246, v. s.). — Échange par *Thomas dictus Monachus, armiger, de parrochia de Buievilla*, de l'assentiment de Nicole, sa femme, à la Maison-Dieu, du tènement qu'il possédait à Maisons, *ratione maritagii predicte Nicholae*, contre une masure sise à *Buievilla*, jouxtant à la ruelle *per quam itur ad monasterium de Buievill.*, et autres fonds, etc. (1281, juin). — Vente par Alain et Guillaume dits *Aouf*, frères, à la Maison-Dieu, de rente à Maisons (1285, v.s., janvier). Sceau : S. GUILLAME AOUF.— Donation par *Radulphus Goscelini* à Jeanne, fille de Pierre de Guéron, *ad formandum maritagium..... inter dictam Johannam et Robertum dictum Lengleis*, de 3 setiers et 3 quartiers de froment, 2 setiers et 1 boisseau d'avoine et 2 gelines qu'il percevait à Maisons (1288, juillet). Fragment de sceau. — Donation par « Emme, femme jadis Raol de Brée, « au prieur et as frères et as pouvres de la « maison Dieu de Buiex », en récompense des biens qu'elle prend en ladite maison, de 13 boisseaux de froment à prendre à Maisons, et tout ce qu'elle a et peut avoir en meubles et héritages, en quelque lieu que ce soit, « pour ses neccessares que icele Emme a et prent « et deit aver en la dite maison en beivre, en mainglier, « en vest., en cauchier et en toutes autres choses bien « et souffisamment, aussi bien comme à une des autres « rendues en icele maison » (1297). — Donation par *Henricus de Sancto Sulpicio, armiger*, fils de Nicolas, au prieur, frères et pauvres de la Maison-Dieu de Bayeux, à charge de fondation pieuse, d'un setier de froment de rente sur les héritiers Richard Vigier, sur une terre sise *in parrochia de Domibus*. Acte intitulé au nom de l'official du doyen de Bayeux et fait en présence de Richard Maillart, clerc, *curie nostre notarii jurati* (1299). — Vente par « Jordain Le Brachoor et Jehane », sa femme, à la Maison-Dieu, pour 50 sols tournois, d'un boisseau de froment de rente à prendre par la main de Jean de *La Houlote*, sur le tènement où lesdits religieux prennent 4 livres de rente en ladite paroisse, etc. (1305). — Vente de tout l'héritage qu'ont à Maisons Robert *Lengleis* et Jeanne, sa femme, de la paroisse de St *Floessel* de Bayeux ; une partie de la somme payée est convertie à faire les anniversaires de Guillaume de Paris, jadis bourgeois de Bayeux, et de *Basire*, jadis sa femme, conformément à leurs testaments (1317). — Accord devant Jean Desmaires, clerc, tabellion à Bayeux, entre les frères de Brandel, fils de feu Girot de Brandel et Laurence sa femme, de la paroisse de Maisy, et Jean Audrieu, et Collette, sa femme, concernant le partage de prés et jardins entre eux (1457). —

Lots des héritages qui furent à feu Sandrin Le Grant, venus à Girot Le Grant et Sandrin Le Grant, fils dudit Le Grant, sujets à rente envers l'Hôtel-Dieu, le prieur de Perrières, la collégiale de St-Nicolas des Courtils, le trésor de St-Martin de Maisons et la Charité de Pâques, etc. — Reconnaissance devant Alain Hardy et Thomas Artur, tabellions à Bayeux, par Gabriel de Brandel et sa femme, envers les religieux, de 8 boisseaux de froment et 15 boisseaux d'avoine de rente sur biens sis à Maisons (1475). — Procédure aux pleds de la sergenterie de Tour et Cerisy, tenus par Jean Le Vieul, écuyer, lieutenant général du vicomte, entre les religieux de l'Hôtel-Dieu et Pierre de Tour, concernant la continuation de location de 2 pièces de terres sises à Maisons (1491, v. s.). — Procédure aux pleds des sergenteries de Tour et Cerisy, tenus par Jean Le Vieul, lieutenant général du vicomte de Bayeux, entre les religieux de l'Hôtel-Dieu et Pierre Simon, garant de Robert Le Terrier et de Robert Benard, sieur de Tessy, pour paiement de 8 boisseaux de froment de rente (1495). — Extrait du registre de feu Alain Desmaires et Rémon Le Moulinier, tabellions en la sergenterie de Tour, concernant le partage fait entre les enfants et héritiers de Gabriel de Brandel, également héritiers de Colin de Brandel, leur oncle, de la paroisse de Maisons (1507). — Accord devant les tabellions de Bayeux entre les religieux de l'Hôtel-Dieu et Justin Simonnaulx, sur le procès mû entre eux pour la continuation de la location de 2 pièces de terre sises à Maisons (1510). — Reconnaissance devant Roulland Le Gois et Hervieu Le Paulmier, tabellions à Bayeux, par Pierre de Tour, de la paroisse de Maisons, envers les religieux de l'Hôtel-Dieu, de 4 boisseaux d'avoine (1510, v. s.). — Procédure en la vicomté de Bayeux entre les religieux, stipulés par frère Raoul du Désert, leur bailli, et Enguerrand de Brandel, pour paiement de fermages de 3 vergées de terre sises à Maisons (1513). — Procédure aux pleds des sergenteries de Tour et Cerisy, tenus par Laurent Desmares, lieutenant général du vicomte de Bayeux, entre frère Raoul Désert, bailli et procureur des prieur et religieux de l'Hôtel-Dieu, pour paiement d'arrérages sur une pièce de terre à Maisons (1519). — Lots et partage entre Jacques du Moustier, de Maisons, et Jean Perrée l'aîné, de Vaucelles, pour lui et Catherine du Moustier sa femme, fille aînée de feu Sandrin du Moustier, en son vivant dudit lieu de Maisons, et « Gires du Soucys », de Maisons, pour lui et Jacques du Soucys, son fils et de défunte Jeanne du Moustier, sa femme, lesdits Perrée et du Soucys s'établissant et faisant fort pour les enfants sous-âgés de défunt Guillaume d'Auverne et de Guillemette du Moustier, et pour Chrétienne du Moustier, veuve de Guillaume Dupont, lesdites Catherine, Jeanne, Guillemette et Chrétienne, sœurs, filles dudit Sandrin, frère aîné de Jacques du Moustier, des successions de Guillaume et Jacques du Moustier, frères de défunts Sandrin et Jacques dits du Moustier : « le lieu et « chevel mesnage qui fut et appartinst audict deffunct « messire Guillaume du Moustier, scytué et assiz audict « lieu de Maisons, en hamel du Soucys ». Parmi les bornants : « l'eaue de la faulce cave », Me Pierre de Villiers, curé de Bondeville et sieur de Maisons (24 mars 1544, v. s.). — Procédure aux assises de Bayeux tenues par Jean Artur, écuyer, lieutenant en la vicomté de Bayeux du bailli de Caen, entre les prieur et religieux de l'Hôtel et Maison-Dieu et Jacques du Moustier, Gilles Soulcy et les enfants sous-âgés de défunt Guillaume d'Auvergne et la veuve Guillaume Dupont, pour paiement d'arrérages de rente (1548) ; autre procédure en 1581 et 1582 aux assises de Bayeux tenues par Jean Vauquelin, lieutenant général du bailli de Caen, entre Pierre Denise, prieur du prieuré et Maison-Dieu de Bayeux, demandeur en 29 années d'arrérages de 3 boisseaux de froment de rente, et Jacques du Moustier, défendeur. — Procédure au bailliage de Bayeux entre Pierre Denise, prieur, et les religieux de l'Hôtel-Dieu stipulés par Thomas Dufay, écuyer, l'aîné, leur receveur, et Raphael Challes et Mariette Bubot, pour paiement de 18 boisseaux 1/3 de froment (1583-1587). — Fieffe devant Antoine Legoupil et Mathieu Hardy, notaires à Bayeux, par les 12 chapelains de la chapelle N.-D. de Bayeux, représentés par Pierre Le Roy, Charles Le Pisperel, Gilles Philippe, Philippe Verdun, Antoine Martel, Michel Gardin, François Toustain, Jean-Baptiste Millet, prêtres, pour eux et les autres *in minoribus*, à Raphael Scelles, procureur en l'Élection, de 3 vergées de terre sises à Maisons (1686). — Significations de ladite fieffe faites : par Jacques-François Hermerel, sergent, à la veuve Gilles Martin, héritier de Martin, curé d'Argouges, représentant Raphael Scelles, avec sommation de payer 7 années d'arrérages de 7 livres 10 sols de rente (1732) ; par Robert Le Paulmier, huissier, à la requête des chapelains de N.-D. de Bayeux, stipulés par François Le Rouge, sieur de Préfontaine, leur communier receveur, à Martin, fils de Gilles Martin et Marie Legambier, avec sommation de payer 29 années d'arrérages de 7 livres 10 sols de rente portée audit contrat (1753) ; par Adrien Regnauld à Simon-Michel Martin, droguiste, avec sommation de payer 2 années d'arrérages de 7 livres 10 sols de rente (1765).

— Obligation par Jacques-Gabriel Bazin, marquis de Bezons et Maisons, lieutenant général des armées du Roi, envers les pauvres malades de l'Hôtel-Dieu de Bayeux, sis paroisse St-Vigor, près des murs de la ville, de partie de rente à cause d'héritages qui appartinrent à Jean et Enguerrand Brandel, assis à Maisons, hamel de Brandel, aujourd'hui possédés par ledit seigneur (1767).

H. Suppl. 648. — B. 88. (Liasse.) — 2 pièces, parchemin ; 14 pièces, papier.

1381-1685. — Mandeville. — Reconnaissance devant Jean Lachape, tabellion, par Philippot Gouet, de la paroisse de *Mangneville*, près Trévières, de la fieffe à lui faite par les prieur et frères de la Maison-Dieu, d'un jardin sis audit lieu (1381). — Reconnaissance devant Jean Revel et Vincent Fumée, tabellions, par Étienne Gouet, de *Manneville*, aux religieux de l'Hôtel-Dieu, de 70 sols tournois pour arrérages de 10 boisseaux de froment (1507, 28 mars). — Extrait du registre du greffe du bailliage de Bayeux, concernant la déclaration des récoltes sises en la paroisse de Mandeville, saisies à la requête de Jacques de Marconets, chanoine de Missy en l'église cathédrale, prieur de l'Hôtel-Dieu, pour paiement d'arrérages de 10 boisseaux de froment (1623). — Vente faite par le sergent récolecteur de l'Hôtel-Dieu des récoltes, étant sur les biens des héritiers de Robert Gouet et appartenant à Jacqueline Le Vigeon, veuve de Guillaume Le Courtois, assis en la paroisse de Mandeville, pour paiement d'arrérages de 5 boisseaux de froment et moitié d'une poule de rente dus aux pauvres (1682). — Fieffe devant Jacques de Languetot, notaire en la sergenterie de Tour pour le siège de Trungy, par Jacqueline Le Vigeon, veuve de Guillaume Le Courtois, héritière de Cardine Gouet, sa mère, à Gilles Onfroy, de la paroisse de Mandeville, d'une portion de terre (1684). — Obligation d'Élisabeth Le Courtois, veuve de Roger de Robert, tutrice de ses enfants, de livrer dans quinzaine aux religieux de l'Hôtel-Dieu 10 boisseaux de froment pour éviter la saisie et vente de récoltes sises en la paroisse de Mandeville (1685).

H. Suppl. 649. — B. 89. (Liasse.) — 3 pièces, parchemin ; 27 pièces, papier.

1629-1669. — Martragny. — Pactions de mariage devant Aubourg et Tostain, tabellions à Caen, entre Louis de St-Jean, bourgeois de Caen, et Marthe Picard, fille de Philippe et de Judith Azire (1629). — Fieffe devant Guillaume Delaporte et Jean Chrétien, tabellions à Caen, par Robert de Verson, apothicaire, bourgeois de Caen, à Guillaume Le Picard, fils Philippe, bourgeois de Caen, de biens sis à Martragny (1653). — Transport devant Thomas Lesueur et Jean Chrétien, tabellions à Caen, par Marie Robillard, veuve de Robert de Verson, bourgeois de Caen, aux religieuses de l'Hôtel-Dieu de Bayeux, de 8 livres tournois de rente à prendre sur Guillaume Le Picard, bourgeois de Caen (1659) ; avec signification faite à la requête des religieuses de l'Hôtel-Dieu à Guillaume Le Picard dudit transport (1659). — Procédure au bailliage de Caen devant Nicolas du Moustier, écuyer, sieur de la Motte, lieutenant général aud. bailliage, entre les religieuses de l'Hôtel-Dieu, au droit de feu Robert de Verson, et Guillaume Le Picard, pour paiement d'arrérages de 8 livres de rente (1668).

H. Suppl. 650. — B. 90. (Liasse.) — 2 pièces, parchemin ; 36 pièces, papier.

1465-1774. — Meuvaines. — Cession faite devant Michel Corbin et Jean Desmaires, tabellions à Bayeux, par les frères Piel, aux religieux de l'Hôtel-Dieu, de 1/2 acre de terre sise à Meuvaines (1465). — Reconnaissances : par Mathieu Villey, du bail à lui fait par les religieuses de l'Hôtel-Dieu d'une acre de terre sise à Meuvaines ; par Jorette, de 15 vergées de terre sises à Meuvaines (1586). — Reconnaissance devant Robert Leforestier et Thomas Mabeust, tabellions, par Raulin et Marin Lecompte du bail à eux fait par Barbey, fermier des biens de l'Hôtel-Dieu, de 15 vergées de terre sises à Meuvaines (1628). — Autre reconnaissance par Michel Eudelin du bail à lui fait par Victor Trotin, adjudicataire des terres de l'hôpital de Bayeux, desdites terres moyennant 25 livres de fermages (1656). — Procédure au bailliage de Caen entre les religieuses de l'Hôtel-Dieu et Anne Fonteneau, veuve de Marin Tostain, et François Tostain, son fils, de la paroisse de Meuvaines, concernant le paiement de cinq années d'arrérages de 2 boisseaux d'orge (1684-1687). — Reconnaissance devant Jean-Charles Tostain, notaire à Bayeux, par Étienne Beuville, fils et héritier d'Étienne Beuville, aux pauvres de l'Hôtel-Dieu, de 2 boisseaux d'orge, mesure de Bayeux, au droit de François Tostain (1745). — Signification de ladite reconnaissance par Louis Noël, huissier, à la requête des administrateurs de l'Hôtel-Dieu, à Étienne Beuville, fils Jean, ledit Jean fils Étienne possédant les héritages sis à Meuvaines, sujets à ladite rente (1732). — Sommation faite par Louis Noël, sergent, à la requête desdits administrateurs, à Étienne Beuville, en parlant à Marie La Perrelle, veuve de Jean Cudeborge, jouissant des héritages sujets en 2 boisseaux d'orge de rente, d'en payer les arrérages (1774).

H. Suppl. 651. — B. 91. (Liasse). — 7 pièces, parchemin: 2 pièces, papier.

1276-1763. — Monceaux. — Donation par *Willelmus Villequin, civis Bojocensis*, aux pauvres de la Maison-Dieu de Bayeux, de 9 quartiers de froment que *Hernaudus de Tanies* lui devait de la vente de Guillaume Heugot, bourgeois de Bayeux, à percevoir sur une pièce de terre sise *in capite de Cromella in territorio de Tanies* (1276, août). — Reconnaissance devant le vicomte de Bayeux par Richard Gosse de la vente par lui faite aux religieux de l'Hôtel-Dieu d'une maison sise à Monceaux (1308). — Procédure aux assises de Bayeux devant le bailli de Caen entre Jean Bouegrie et les religieux de la Maison-Dieu, concernant la possession d'une maison (1308). — Donation devant Alain Hardy et Thomas Artur, tabellions à Bayeux, par Richard Morin et sa femme, ayant pris la gérance des biens de l'Hôtel-Dieu, sis à Cremel, en ayant par semaine 6 pains dont 4 blancs et 2 bis, 3 *mes* de pitance et 1 pot de beurre, de 7 boisseaux de froment à prendre sur leurs biens, afin d'être accueillis aux bienfaits, prières et oraisons dudit Hôtel-Dieu (1476). — Vente devant Jean Alips et Guillaume Lecomte, tabellions en la sergenterie de Briquessart, par Jean Lecavé, aux religieux de l'Hôtel-Dieu, d'une vergée de terre, delle de la haute rive (1486). — Quittance donnée devant Nicolas Loisel et Jean Vaultier, tabellions à Bayeux, par Félix Bunouf, à Jean Guillebert, prêtre, de Monceaux, de la somme de 12 livres pour racquit de 12 boisseaux de froment de rente (1524). — Vente devant Thomas Cupersy et Jacques Lemarois, tabellions à Bayeux, par Jacques Michel et Pierre Blondel, écuyers, sieurs de Vitry, des Monts et du lieu, fils de Jacques Blondel, écuyer, sieur de Ryes, héritiers de Jeanne Lecavey, à Laurent de Grimouville, d'une pièce de terre sise à Monceaux (1673). — Sommation faite par Louis Noël, huissier, à la requête des religieuses hospitalières de Bayeux, à Bonaventure Pillon, de la paroisse de Monceaux, de payer 60 sols et 2 poules de rente par lui reconnue (1763).

H. Suppl. 652. — B. 92. (Liasse.) — 1 pièce, parchemin.

1642. — Mondaye. — Procédure au bailliage de Bayeux devant Pierre Pothier, écuyer, sieur de Bapaulme, lieutenant général, entre Jacques Du Bosq, sieur de St-Manvieux, et les religieux de Mondaye, pour paiement de 51 boisseaux d'arrérages de 11 boisseaux de rente.

H. Suppl. 653. — B. 93. (Liasse.) — 15 pièces, parchemin; 19 pièces, papier.

1528-1678. — Mosles. — Vente devant François Toustain et Jean Rogier, tabellions en la sergenterie de Cerisy, par Guillaume Colluaux, de la paroisse de Mosles, à Pierre Cousin, prêtre, dudit lieu, de 10 sols de rente (1528). — Vente devant Jean Rogier et Noël Toustain, tabellions en la sergenterie de Cerisy, par Guillaume Colluaux à Pierre Cousin, curé de Mosles, de 12 sols 6 deniers de rente (1531). — Autre vente de rente devant Jacques Guillebert, tabellion en la sergenterie des Veys, par Guillaume Colluaux à Marin Le Courtois (1542, v. s.). — Vente devant Jean France, tabellion en la sergenterie de Tour, par Guillaume Colluaux, à Laurent de Tour, de 6 sols de rente (1543). — Vente devant Jean France et Pierre Dupont, tabellions en la sergenterie de Tour, par Guillaume Colluaux à Pierre Cousin, curé de Mosles, de 7 sols 8 deniers de rente (31 mars 1548). — Vente devant Jean France et Pierre Gouet, tabellions en la sergenterie de Tour, par Jean Dallet à Marin Le Courtoys, de 62 sols de rente à prendre sur ses biens sis à Mosles (1552, v. s.). — Vente devant Rogier de Houtteville et Martin Sauvegrain, tabellions en la sergenterie de Tour, par Robert Dallet à Balthazar Le Courtois, de 25 sols de rente (1573). — Cession devant Gisle et Néel, tabellions à Bayeux, par Balthazar Le Courtois à Louis Hélye, sieur de la Catherie, de 4 livres 7 sols de rente (1602). — Reconnaissance devant Jean Gilles et Guillaume Néel, tabellions à Tour, par Balthazar Le Courtois, de la paroisse de Mosles, à l'instance de Louis Hélye, sieur de la Catherie, d'une obligation par lui souscrite (1602). — Transport devant Robert Hardy et Richard Néel, tabellions en la sergenterie de Tour, par Balthazar Le Courtois à Louis Hélye, de 102 sols 6 deniers de rente à prendre sur les héritiers de Guillaume Colluaux, de la paroisse de Mosles (1608). — Quittance donnée devant Augustin Maheust et Jean Pery, tabellions à Bayeux, par Pierre Bertrand, bourgeois de Bayeux, au droit de Jean Hélye, écuyer, sieur de la Catherie, à Pierre Colluaux, de Mosles, de la somme de 7 livres 2 sols de rente (1627). — Quittance donnée devant Jean Pery et François Daon, tabellions à Bayeux, par Pierre du Bousquet, écuyer, sieur de la Motte, receveur des deniers de l'église prétendue réformée, à Roger et Guillaume Dallet, de la somme de 6 livres 4 sols pour arrérages de rente (1647). — Vente devant Pery et Cupersy, tabellions à Bayeux, par Paul Dufresne, écuyer, sieur de la Cavée, à Michel Vaultier, huissier, de l'herbage du grand jardin sis à Mosles (1665). — Soumission de Gionne Colluaux, héritière de Pierre Colluaux, de payer à Jacques Sanxon, receveur du revenu de la religion prétendue réformée de Bayeux, 7 livres 2 sols pour arrérages de rente par elle due (1678).

H. Suppl. 654. — B. 94. (Liasse.) — 9 pièces, parchemin ; 59 pièces, papier.

1410-1788.—Nonant.— Reconnaissance devant Jean Néel, tabellion à Bayeux, par Jean Le Menu , prêtre, de la fieffe à lui faite par les religieux de l'Hôtel-Dieu, d'un jardin avec un colombier sis à Nonant, moyennant 4 boisseaux de froment de rente (1410). — Extrait du registre du greffe de la vicomté de Bayeux, concernant le partage des biens de feu Laurent Mainfroy, avocat en cour laie à Bayeux, assis à Nonant, fait par Marguerite Lenoble, sa veuve, et donné à ses enfants (1558, v. s). — Extrait des registres de Pierre Denise, Jean Hardouin et M. de Marconets, administrateurs de l'Hôtel-Dieu, de la recette du revenu en ce qui concerne les rentes dues à Nonant par les de Longaulney (1583-1614). — Procédure au bailliage de Caen, devant Nicolas du Moustier, écuyer, lieutenant général, entre les religieuses de l'Hôtel-Dieu et Suzanne de Longaulney, veuve de Claude de la Guiche, seigneur de St-Géran, pour paiement de 36 années d'arrérages de 4 boisseaux de froment et de 18 sols de rente à cause des biens de Laurent Mainfroy, assis à Nonant, hameau de Damigny (1660); suite de ladite procédure en la cour de Parlement (1661). — Nouvelle procédure au siège présidial de Caen, entre les mêmes, pour paiement de 2 années de ladite rente (1664). — Lettre de Delanoue Després, à Dubois, procureur au bailliage de Bayeux, concernant la tenue des pleds de la terre et sieurie de Damigny, par Lesure, l'un des receveurs du prince de Rohan (1711). — Mémoire d'observations pour M. de Préaux, seigneur de Damigny, indiquant que le fief, terre et seigneurie de Damigny fut acquis en 1714, par M. de Magny, qui en a joui jusqu'à sa mort, en 1772, il passa en propriété à M. de La Briffe de Préaux, héritier de Mlle de Magny, sa cousine. — Minute d'aveu rendu par Pierre-Germain-Jean de Scelles, sieur de la Motte, fils de feu Pierre-Guillaume de Scelles, écuyer, sieur de La Motte, trésorier au bureau des finances de Caen, des fief, terre, seigneurie et châtellenie de Damigny.—Aveu rendu au Roi par Joseph Foucault de Magny, lieutenant de la grande vénerie du Roi, maréchal des camps et armées d'Espagne, des fief, terre et seigneurie de Damigny (1744). — Relevé des dépendances du fief de Damigny, consignées dans l'aveu rendu en la Chambre des Comptes, le 30 juin 1779. — Règles pour composer l'aveu du fief de Damigny suivant celui rendu en 1779.—État des pièces envoyées à Lanon le jeune, procureur en la Chambre des Comptes à Rouen, pour l'aveu à rendre du fief de Damigny (1788).

H. Suppl. 655. — B. 95. (Liasse.) — 14 pièces, parchemin ; 206 pièces, papier.

1464-1771. — Planquery. — Reconnaissance devant Michel Corbin et Jean Desmaires, tabellions à Bayeux, par Thomas et Simon Dillois, aux religieux de l'Hôtel-Dieu, de 6 boisseaux de froment de rente sur des biens sis à Planquery (1464). — Procédure au bailliage de Bayeux devant Thomas Lemercier, écuyer, sieur de St-Germain, lieutenant ancien civil et criminel, entre les religieuses de la Maison-Dieu et François de Mautailly, écuyer, et Guillaume Bénard, tuteur des mineurs de feu Charles de Mautailly, pour paiement de 6 boisseaux de froment de rente (1636-1637). — Échange devant Michel Bertrand et Toussaint Touroude, tabellions à Briquessart, entre Marguerite Gallop , veuve de Martin Dillaye, et Jean de Mautailly, écuyer, sieur de Mollandain, de pièces de terre sises à Planquery, contre diverses sommes par elles dues (1663).—Procédure au bailliage de Bayeux, devant Pierre Subard, écuyer, sieur de St-Germain et St-Amador, lieutenant général, entre les religieuses de l'Hôtel-Dieu et Jean de Mautailly, pour paiement de 6 boisseaux de froment de rente (1665).— Procédure en la vicomté de Bayeux, entre les religieuses de l'hôpital ayant l'administration du bien et revenu des pauvres malades de l'Hôtel-Dieu, stipulées par Michel Le Courtois, avocat, leur procureur-receveur, et Marie-Thérèse de Mautailly, fille et héritière de Pierre de Mautailly, écuyer, frère et héritier de Jean de Mautailly, écuyer, de la paroisse de Tessel, concernant le paiement d'arrérages de rentes sur fonds sis à Planquery, pour lesquels les récoltes et biens de ses fermiers ont été saisis (1726). — Procédure au bailliage de Bayeux, devant Étienne-Louis-Tanneguy Du Chastel, écuyer, lieutenant général, entre les administrateurs de l'Hôtel-Dieu et le seigneur de Roncherolles, écuyer, pour paiement d'arrérages de 6 boisseaux de froment de rente (1752). —Consentement donné par M. de Roncherolles, que Germain Lebrun, son fermier de la terre de Mollandain, paie à l'hôpital des pauvres 12 boisseaux de froment, soit en nature, soit en argent (1759). —Procédure au grand Conseil du Roi entre Claudine d'Ouézy, veuve d'Alexandre-Claude-Charles Le Forestier, seigneur de la Forestrie, et Marie-Charles-François, marquis de Roncherolles, seigneur de Planquery, et les administrateurs de l'Hôtel-Dieu de Bayeux, concernant le paiement d'arrérages de rentes et créances (1770-1771). — Correspondance entre Berchet, avocat au Parlement, et Tavigny, procureur au bailliage de Bayeux, y relative.

H. Suppl. 656. — B. 96. (Liasse.) — 1 pièce, parchemin; 32 pièces, papier.

1658-1713. — Potot. — Arrêt de deniers fait par Étienne Férey, huissier, à la requête des religieuses de l'Hôtel-Dieu entre les mains d'Isaac de Canchy, de la paroisse de Potot, des deniers par lui dus aux héritiers de Jean Dudouet (1658). — Procédure au bailliage de Caen entre les religieuses de l'Hôtel-Dieu et Abraham Dudouet, pour paiement d'arrérages de 2 boisseaux de froment de rente (1658-1678). — Inventaire des pièces produites par lesdites religieuses contre Abraham Dudouet, l'aîné, et Michel Dudouet.— Lettre de Dudouet, fils Michel, à Dubois, procureur à Bayeux, concernant le paiement de deux années de rente de blé dues (1713).

H. Suppl. 657. — B. 97. (Liasse.) — 6 pièces, parchemin; 23 pièces, papier.

1612-1746. — Ranchy. — Échange devant Lucas Nantier, écuyer, et Scelles, tabellions à Bayeux, entre frère Robert Crespin, sous-prieur de l'Hôtel-Dieu, du consentement de l'évêque et en présence de Charles Lemercier, écuyer, sieur de St-Germain, lieutenant ancien civil et criminel du bailliage, et René de Condé, bourgeois de Bayeux, de pièces de terre sises en la paroisse de Ranchy (1612). — Bail devant François Daon et Augustin Maheust, tabellions à Bayeux, par les religieux de l'Hôtel-Dieu, d'une portion de terre en landage, à Michel de Baupte, moyennant 12 sols par an (1640). — Vente devant Étienne Bigot, notaire à La Flèche, par Isaac Truchon, sieur des Acunes, à Pierre Maubert, sous-chantre en l'église cathédrale de Bayeux, d'un entretenant sis paroisse de Ranchy (1650). — Cession faite devant Jean Pery et Thomas de Languelot, tabellions à Bayeux, par Pierre Maubert, sous-chantre en l'église cathédrale, au droit d'Isaac Truchon, sieur des Acunes, ayant succédé aux biens de feu Jacques Truchon, chanoine de ladite église, aux pauvres malades de l'hôpital de la Maison-Dieu, stipulés par Marie-Madeleine de St-Augustin, supérieure, en présence du procureur du Roi et de Guillaume Marguerie, écuyer, conseil desdits pauvres, d'un entretenant sis paroisse de Ranchy (1653). — Bail devant Jean Pery et François Daon, tabellions à Bayeux, par les religieuses de l'Hôtel-Dieu, à Gabriel Yon, d'un entretenant sis à Ranchy (1658). — Reconnaissance par Simon Le Bourgeois, du bail à lui fait par les religieuses de l'Hôtel-Dieu, de maisons et granges nommées la Prébende (1665). — Fieffe devant Thomas Cupersy et Jacques Lemaroys, tabellions à Bayeux, par Jean Lamy, chanoine théologal en l'église cathédrale, prieur commendataire et administrateur de l'Hôtel-Dieu, à Guillaume Philippe, d'un entretenant sis à Ranchy (1674). — Procédure au bailliage de Bayeux, devant Pierre Suhard, écuyer, sieur de St-Germain et St-Amador, entre les religieuses de l'Hôtel-Dieu et Louis Laloe, leur fermier à Ranchy, pour paiement de fermages (1680). — Publication faite par Pierre Colleville, sergent, à la requête des religieuses de l'Hôtel-Dieu, de la bannie à ferme de maisons à Ranchy (1689). — Requête adressée au lieutenant général du bailliage de Bayeux, par la supérieure des religieuses de l'Hôtel-Dieu, pour ordonner qu'à la requête du procureur du Roi il sera dressé procès-verbal des maisons, sises à Ranchy, appartenant aux pauvres (1689). — Sommation faite à la requête des religieuses de l'Hôtel-Dieu, à Louis Le Forestier, écuyer, fils et héritier de Philippe Le Forestier, sieur d'Englesqueville, de payer 3 années d'arrérages de 21 livres de rente (1721). — Obligation de Laurent de La Motte, époux de Marie-Jeanne Le Forestier, et en cette qualité héritier du feu sieur d'Englesqueville, envers l'Hôtel-Dieu, de passer titre nouveau de 21 livres de rente (1740). —Signification faite à la requête de Pierre Legras, bourgeois de Caen, aux administrateurs des pauvres de l'Hôtel-Dieu, stipulés par Henry Dubois, procureur, qu'il est prêt à passer titre nouveau de 6 boisseaux de froment de rente due par les héritiers de la feu d° Delamotte (1746). — Procédure au bailliage de Bayeux, devant Olivier Godard d'Isigny, écuyer, seigneur de Commes, entre les administrateurs de l'Hôtel-Dieu et Laurent Delamotte, écuyer, de la paroisse de Ranchy, héritier de feu Delamotte, épouse de M. de Seran, écuyer, laquelle était héritière de Jacques Delamotte, écuyer, sieur de Grandcamp, époux de Mlle Lecoq, pour paiement de 6 boisseaux de froment de rente (1746).

H. Suppl. 658. — B. 98. (Liasse.) — 10 pièces, parchemin ; 8 pièces, papier.

1270-1712. — Rubercy. — *Vidimus* par Jean Regnauld, garde du scel des obligations de la vicomté de Bayeux (31 janvier 1510), de la charte de Clémence, mère de Guillaume d'Aignerville, sur Rubercy (1270). — Donation devant le vicomte de Bayeux, par Cécile, veuve de Jean Lebel, *borgeise de Baiex*, aux religieuses de l'Hôtel-Dieu, de 11 vergées 1/2 de terre et autres fonds sis en la paroisse de Rubercy (1296, v. s.); autre donation devant le même par Martin Boissart le jeune, de la paroisse de *Riberchis*, à l'Hôtel-Dieu, de 14 boisseaux d'orge de rente à la mesure de Rubercy (1304). — Reconnaissance devant Alain Hardy et Thomas Artur, tabellions à Bayeux, par Jean Normant, dit Rigieux, et Thomas Louet, aux religieux de l'Hôtel-Dieu, de la somme de 10 livres pour la vente de 6 setiers d'orge à prendre sur la dîme de Rubercy (1474). — Reconnaissance devant Roger Sauvegrain et Nicolas Tapin, notaires à Bayeux, par Maurice Aubert, du bail à lui fait par les doyen, chanoines et chapitre de l'église cathédrale de Bayeux, de la dîme des blés et lainages de la paroisse de Rubercy (1562). — Requête adressée au lieutenant du bailliage de Bayeux par Pierre Hardy, curé de Rubercy, pour être autorisé à faire approcher les gros décimateurs pour lui fournir sa portion congrue (1686). — Proclamation par René Le Pelley, sergent, de la vente requise à la requête des religieuses de l'Hôtel-Dieu des meubles de Jacques Delamare, jouissant de la dîme de Rubercy (1712).

H. Suppl. 659. — B. 99. (Liasse.) — 2 pièces, parchemin ; 5 pièces, papier.

1588-1684. — Russy. — Vente devant Gilles Conseil et Nicolas Féron, tabellions en haute justice de Cerisy, par Pierre Mesnil, de la paroisse de Russy, à Robert Davoynes, sieur de Groussy, du Quesnay et de St-Sauveur, de 4 boisseaux 1/2 de froment à prendre sur Thézard frères, de la paroisse de Russy (1588). — Compte et regard fait devant Alain Lasœur et Henry Regnauld, tabellions à Tour, entre M. de Russy, héritier de son oncle, et Michel Thézard, héritier de Nicolas Thézard, des arrérages de 4 boisseaux de froment de rente (1667). — Autre compte de ladite rente entre M. de Russy et Michel Thézard (1672). — Cession faite devant Pierre Le Brun et Antoine Legoupil, notaires à Bayeux, par Tanneguy-François Senot, seigneur de la Painterie, Morsalines et autres terres, grand prévôt général en Basse-Normandie, représentant Pierre de Tallevast, écuyer, sieur de la Magdelaine, aux pauvres de l'Hôtel-Dieu, de 4 boisseaux 1/2 de froment à prendre sur les héritiers Michel Thézard, de la paroisse de Russy (1684).

H. Suppl. 660. — B. 100. (Liasse.) — 8 pièces, parchemin ; 11 pièces, papier.

1355-1712. — Ryes. — Vente devant Michel de *Coutun*, commis et député par Aubry de Crépon, garde du scel des obligations de la vicomté de Bayeux, par Philippot de *Coutun* à Jean de la Valette, pour 8 florins d'or à l'écu du coin de Philippe, 20 sols tournois et 1 galon de vin, de 5 boisseaux 1/2 de froment sur une maison sise à Ryes, etc. (1355). — Reconnaissances : devant Alain Hardy, clerc, tabellion à Bayeux, par Raoul Bérard, de la fieffe à lui faite par les religieux de l'Hôtel-Dieu, de 3 vergées de terre sises à Ryes (1451); devant Alain Hardy et Thomas Artur, tabellions à Bayeux, par Noël Lemire, de la fieffe à lui faite par les religieux de l'Hôtel-Dieu, de 5 vergées de terre sises à Ryes (1481); devant Thomas Artur et Alain Desmaires, tabellions à Bayeux, par Guillaume Hellie, d'une vergée 1/2 de terre (1484) ; devant Christophe d'Esquietot et Jean Revel, tabellions à Bayeux, par Richard Lemoigne, acquéreur des biens de Richard Dupuis, décrétés à la requête de Guillaume Mannoury, seigneur de Magny, de 13 sols de rente aux religieux de l'Hôtel-Dieu (1493). — Reconnaissance devant Jean Collet et Roger de Reux, tabellions à Bayeux, par Thomas Denise, du bail à lui fait par Marguerite de Moges, veuve de Jacques Leblais, écuyer, d'une vergée et un quartier de terre (1536). — Proclamations faites par Henry Mannoury et Jean Henry, sergents, à la requête de l'Hôtel-Dieu, de l'adjudication de récoltes sur biens sis à Ryes (1658-1659). — Procédure au bailliage de Bayeux entre les religieuses de l'Hôtel-Dieu et Jean Maduel, concernant le paiement des fermages des terres louées à Pierre Aubry, dépendant de la maladrerie de St-Clair de Pierre-Soleil (1698). Signification de pièces aux religieuses : extrait de la déclaration du Roi portant établissement de 5 grands prieurés et de 140 commanderies de l'ordre de N.-D. du Mont-Carmel et de St-Lazare de Jérusalem ; bail à ferme par Raphaël Du Pray de Marcilly, lieutenant au régiment des gardes françaises du Roi, chevalier de l'ordre de N.-D. du Mont-Carmel et de St-Lazare de Jérusalem, commandeur de la commanderie de Caen, biens et revenus en dépendant, à Jean Maduel, bourgeois de Caen, du revenu temporel de la commanderie de Caen, moyennant 1725 livres de fermage par an pour 6 ans (1682) ; autres baux de 1685 et 1692 ; édit portant désunion des maladreries, léproseries et autres revenus unis à l'ordre de N.-D. du Mont-Carmel (1693). — Inventaire de pièces que Jean Maduel, ci-devant receveur des maladreries de St-Clair de Pierre-Soleil, Ste-Catherine et la Madeleine de Vaucelles, a mises aux mains des religieuses de l'Hôtel-Dieu de Bayeux ayant l'administration des biens et revenus des pauvres malades, auxquels le Roi a fait donation des biens, héritages et revenus des maladreries de la vicomté de Bayeux : arrêt rendu en la Chambre royale de l'Arsenal le 8 août 1685, condamnant Isaac Gilles, sieur de Landeville, à payer à la maladrerie de Ste-Catherine, sise paroisse de St-Martin-des-Entrées, 20 livres de rente foncière, à cause d'héritages par lui possédés dépendant de ladite maladrerie, des maladreries de Vaucelles et de Pierre-Soleil; caution donnée par Pierre Gilles, de Jean Gilles, pour satisfaire à l'adjudication à lui faite de 7 vergées 1/2 de terre sise à Ryes, dépendant de la maladrerie de St-Clair de Pierre-Soleil appartenant aux pauvres malades de l'Hôtel-Dieu (1708).

H. Suppl. 681. — B. 101. (Liasse.) — 3 pièces, parchemin; 31 pièces, papier.

1410-1752. — Ste-Croix-sur-Mer. — Vente devant Colin Le Nouvel, tabellion en la sergenterie de Graye, par Grégoire Lucas et Guillemette, sa femme, de Banville, à Jean Turquis dit Fillet, de Ste-Croix-sur-Mer, d'une acre de terre sise aud. Ste-Croix (1410). — Procédures : devant Pierre Suhard, écuyer, sieur de St-Germain, lieutenant général en la vicomté de Bayeux, entre Jacques de Marconetz, chanoine de Missy, administrateur de la Maison-Dieu, et Michel Benoît, lieutenant en l'Amirauté de France, époux de la demoiselle Costil, pour paiement d'arrérages de 2 boisseaux de froment de rente (1642) ; aux assises de Bayeux tenues par Richard Hélyes, écuyer, sieur de Subles, lieutenant général du bailli de Caen en la vicomté, entre les religieuses hospitalières de la Miséricorde de l'Hôtel-Dieu et Robert-Lucas Le Cousturier et autres jouissant des biens de Michel Benoît et Marie Costil, sa femme, concernant la saisie de leurs récoltes pour paiement de 6 boisseaux de froment de rente (1653). — Reconnaissance devant Jean-Charles Toslain, notaire à Bayeux, de partie de 2 boisseaux de froment de rente, par Claude Aubert, de la paroisse de Creully, envers les pauvres malades de l'Hôtel-Dieu (1752). — Mémoire de production de pièces et significations à l'appui.

H. Suppl. 662. — B. 102. (Liasse.) — 7 pièces, parchemin ; 29 pièces, papier.

1393-1758. — St-Germain-de-La-Lieue. — Reconnaissance devant Guillaume Lecouvreur, clerc, tabellion à Bayeux, par Drouet et Jean Vimart, frères, de St-Germain-de-la-Lieue, aux religieux de la Maison-Dieu de Bayeux, de 9 boisseaux de froment sur biens sis en la paroisse de St-Germain-de-la-Lieue (1393). — Remise devant Jean Desmaires, clerc, tabellion à Bayeux, par Philippin Macquerel, des héritages que tenait feu Étienne Macquerel en la paroisse de St-Germain-de-la-Lieue, au hameau de Bussy, près la chapelle St-Jacques (1458). — Reconnaissance devant Alain Hardy et Thomas Artur, tabellions, par Jean et Guillaume de Varaville, de la fieffe à eux faite par les religieux de l'Hôtel-Dieu, d'une acre de terre, qui fut à Drouet et Jean Vimart, en la paroisse de St-Germain-de-la-Lieue (1481). — Procédure au bailliage de Bayeux devant Philippe Blondel, lieutenant du duc d'Aumale, bailli de Caen, entre les religieux de l'Hôtel-Dieu et les héritiers de Jean et Guillaume de Varaville, pour paiement d'arrérages de 8 boisseaux de froment (1556). — Obligation de Bertranne de la Dangie, veuve de Richard Le Barbey, de payer aux religieuses de l'Hôtel-Dieu de Bayeux la somme de 25 livres 12 sols pour racquit de 8 boisseaux de froment à cause d'héritages de feu Richard Le Barbey, sis à St-Germain-de-la-Lieue (1650). — Procédure au bailliage de Bayeux, devant Étienne Suhard, écuyer, sieur de St-Germain, Port et Conjon, lieutenant civil, entre les religieuses de l'Hôtel-Dieu et François Le Maizerel, fermier de Simon Le Barbey, sieur de Fontenailles, concernant le paiement de 2 années de 8 boisseaux de froment (1678). — Consentement donné par Pierre Le Barbey, écuyer, sieur de *Vocelle*, aux dames hospitalières, de se faire payer sur M. de Bussy Bellefontaine, des arrérages de 8 boisseaux de froment (1703). — Procédure en la vicomté de Bayeux entre les administrateurs de l'Hôtel-Dieu et les représentants Le Barbey, écuyer, sieur de Fontenailles, pour paiement d'arrérages de 8 boisseaux de froment (1742). — Obligation devant Michel-François Duhamel, notaire à Bayeux, par Charles-Étienne Le Barbey, écuyer, seigneur de Fontenailles, de continuer aux administrateurs des pauvres malades de l'Hôtel-Dieu, stipulés par Dubois, leur receveur, la rente de 8 boisseaux de froment due par ses ancêtres (1742). — Dépôt fait au notariat royal de Bayeux, par Jean Belhache, du contrat de fieffe à lui faite par Charles-Étienne Le Barbey, écuyer, seigneur et patron de Fontenailles, de biens sis à St-Germain-de-la-Lieue (1758).

H. Suppl. 663. — B. 103. (Liasse.) — 1 pièce, parchemin ; 14 pièces, papier.

1495-1765. — St-Germain-de-La-Lieue. — Titres de propriété de la ferme de Bussy, commune de St-Martin-des-Entrées, léguée en 1868 par M. Le Gouy, décédé en 1870. — Copies d'aveux rendus à : Nicole Le François, chanoine de Bayeux en la prébende de Subles, par Olivier Vauchis, d'une vavassorie sise à St-Germain-de-La-Lieue, au hamel de Bussy (1495) ; Louis Hébert, chanoine en la prébende de Subles, par ledit Olivier Vauchis (1504) ; Jacques Lefèvre, chanoine, par Guillaume Vauchis (1560) ; Jacques Millet, chanoine, par Henri Lainé et Madeleine Vauchis, fille de feu Michel (1649). — Fondation devant les notaires de Bayeux par Marie Buly, veuve de Laurent Le Fort, d'une première messe à perpétuité en la chapelle St-Jacques, sise au hameau de Bussy, paroisse de St-Germain-de-La-Lieue (1703). — Aveu rendu à Jacques Huet, chanoine de Pézerolles et Subles, par Thomas Vitard, conseiller du Roi, enquêteur à Bayeux, fils d'Antoine et d'Élisabeth Molandain, de la vavassorie du Mesnil-Daugis, dépendant de la terre et sieurie de Bussy (1750). — Lots des maisons et rentes de la succession de Pierre Haincque, sieur de la Motte, procureur du Roi en l'Amirauté de Bayeux, et d'Élisabeth Vitard, son épouse, faits par Madeleine-Françoise Haincque, et baillés pour choix à Pierre Le Romain, épicier, époux de Marie-Anne Haincque (1769).

H. Suppl. 664. — B. 104. (Liasse.) — 12 pièces, parchemin ; 4 pièces, papier.

1483-1760. — St-Laurent-sur-Mer. — Bail devant Thomas Artur et Alain Desmaires, tabellions à Bayeux, par Louis de Crux, écuyer, sieur du lieu, époux de Robine Carbonnelle, à Fleury Furon, du moulin de St-Laurent-sur-Mer (1483). — Procédure aux pleds des sergenteries de Tour et Cerisy devant Laurent Desmaires, lieutenant général du vicomte de Bayeux, entre les religieux de l'Hôtel-Dieu et Guillaume Bailleul, fermier du moulin de St-Laurent, pour paiement d'arrérages d'un setier de mouture ou d'un setier d'orge (1503). — Procédure en la vicomté de Bayeux entre les religieux de l'Hôtel-Dieu et Gilles Marguerie, tuteur des enfants de Martel Onfroy, sieur de St-Laurent-sur-Mer, pour paiement d'arrérages de 12 boisseaux d'orge (1556). — Reconnaissance par Voisin de La Heuse, à l'Hôtel-Dieu de Bayeux, de 12 boisseaux d'orge dont son meunier de St-Laurent est chargé de payer les arrérages (1735). — Procédure au bailliage de Bayeux devant Louis-François-Tanneguy Du Châtel, seigneur de Castillon, Banville et Canchy, lieutenant général, entre les administrateurs de l'Hôtel-Dieu et Voisin de La Heuse, pour paiement d'arrérages de 12 boisseaux d'orge de rente (1760).

H. Suppl. 665. — B. 105. (Liasse.) — 1 pièce, parchemin ; 8 pièces, papier.

1617-1699. — St-Martin-de-Blagny. — Donation de diverses rentes par Marcel de Vérigny, sieur de Castillon, Anne Cornet, sieur de Bellefontaine, Gilles d'Escajeul, sieur du Quesney, Jean d'Amours, sieur de St-Éloi, tous de la R. P. R., pour l'église recueillie à Trévières (1617). — Procès-verbal de saisie, faite à la requête de Guillaume Ravenol, de 2 vaches sur Gabriel d'Amours, écuyer, sieur de St-Éloi, pour paiement de la somme de 33 livres 3 sols 4 deniers à lui transportée par Guillaume Senot, écuyer (1649). — Lots des biens de feu Du Rozier (1673). — Fieffe devant Jean Chipel, notaire au siège de Ste-Marguerite, par Marie-Anne d'Auteville, veuve de Jacques de Béchevel, écuyer, sieur de la Motte, à Catherine Godefroy, veuve Le Harivel, du moulin Piquot avec jardin sis à St-Martin-de-Blagny (1699).

H. Suppl. 666. — B. 106. (Liasse.) — 1 pièce, papier.

1713. — Ste-Mère-Église. — Copie de la donation faite devant les notaires de Bayeux par Judith de Marcadé, veuve de Henry-François Subard, écuyer, sieur de la Couture, demeurant en la paroisse St-Vigor-le-Petit, aux religieuses de l'Hôtel-Dieu, de la somme de 180 livres de rente, à prendre sur les biens qu'elle possède de son père en la paroisse de Ste-Mère-Église ; à la suite est la copie de l'acte accordé auxdites religieuses de la lecture de ladite donation, faite aux assises de Bayeux devant Thomas du Moustier, seigneur de Canchy, lieutenant général au présidial de Caen.

H. Suppl. 667. — B. 107. (Liasse.) — 2 pièces. parchemin ; 27 pièces, papier.

1402-1750. — Saon et Saonnet. — Fieffe devant Guillaume de Tour, clerc, tabellion en la sergenterie de Cerisy, par Guillaume Parent à Jean Parent, d'une vergée de terre, sise à Saonnet (1406). — Désignation du 1er des 7 lots des biens de feu Thomas Fauvel, de la paroisse de Saon (1546). — Obligation de Robert Fauvel, bourgeois de Bayeux, de payer à la supérieure de l'Hôtel-Dieu la somme de 6 livres pour racquit de 4 boisseaux d'orge, à cause de ses biens, sis à Saon (1647). — Procédure au bailliage de Bayeux devant Suhard, lieutenant, entre les religieuses de l'Hôtel-Dieu et les fermiers de Pierre Tavigny, époux de la veuve Fauvel, pour paiement de 2 années de 4 boisseaux d'orge (1664-1665). — Cession devant les notaires de Bayeux par Françoise Fauvel, fille de Robert Fauvel, à Gilles Tavigny, bourgeois de Bayeux, de 7 vergées de terre et maison, sises paroisse de Saon (1700). — Reconnaissance devant Jean-Charles Tostain, notaire à Bayeux, par Alexandre Fossé, époux de Marie-Anne Le Roux, héritière de Bonne Tavigny, veuve de Pierre Lefrançois, par forme de titre nouveau, envers les pauvres malades de l'Hôtel-Dieu de Bayeux, de partie de 4 boisseaux d'orge de rente (1750).

H. Suppl. 668. — B. 108. (Liasse.) — 9 pièces, parchemin ; 18 pièces, papier.

1421-1711. — Sommervieu. — Reconnaissances : devant Thomas Le Reverdy, clerc, tabellion à Bayeux, par Jean Denise, de la fieffe à lui faite par les religieux de l'Hôtel-Dieu de 1/2 acre de terre sise à Sommervieu (1421) ; devant Jean Desmaires, clerc, tabellion à Bayeux, par Potin Samson, de la paroisse de Sommervieu, de la fieffe à lui faite par les religieux de l'Hôtel Dieu de 6 vergées de terre (1429) ; devant Jean Desmaires, clerc, tabellion, par Pierre Denise, de la fieffe à lui faite par lesdits religieux, d'une acre de terre sise à Sommervieu « delle des Soussix » (1453) ; devant Alain Hardy et Thomas Artur, tabellions à Bayeux, par Pierre Denise, desdits religieux, d'une acre de terre sise à Sommervieu (1472, v.s,). — Reconnaissance devant Vincent Fumée et Jean Le Roy, tabellions à Bayeux, par Jean Lecoqu, de 3 boisseaux de froment de rente, envers les religieux de l'Hôtel-Dieu (1593). — Procédure aux pleds des sergenteries de Briquessart et Graye, devant Laurent Desmaires, lieutenant général du vicomte de Bayeux, entre les religieux de l'Hôtel-Dieu, stipulés par Raoul Désert, prêtre, leur bailli, et Louis Heuste, bourgeois de Bayeux, et Simon Heuste, son frère, concernant le décret des biens de Jacques Lecoqu (1311). — Extrait des registres de Philibert Goubot, sergent à Bayeux, concernant la vente d'un chaudron d'airain saisi sur Gilles Pierre comme jouissant des biens de Jacques Sanson (1573). — Procédure en la vicomté de Bayeux devant Antoine Lemercier, écuyer, lieutenant, entre les religieux de l'Hôtel-Dieu et Philipe Lefebvre, stipulé par Guillaume Genas, son beau-frère, concernant le paiement d'arrérages de 3 boisseaux 1/2 de froment dus à cause des biens de Simon et Louis Heuste, de Sommervieu (1576). — Extrait de l'état du décret des immeubles de Philibert et Jean Brequet, tenu à Bayeux le 4 février 1711, auquel se sont présentées les religieuses de l'Hôtel-Dieu.

H. Suppl. 669. — B. 109. (Liasse.) — 1 pièce, papier

1684. — Subles. — Reconnaissance par Michel Richard de la prise à ferme de l'Hôtel-Dieu d'une pièce de terre sise à Subles.

H. Suppl. 670. — B. 110. (Liasse.) — 10 pièces, parchemin ; 82 pièces, papier.

1256-1741. — Sully. — Confirmation par *Michael Thomas et Johannes de Fraysneto* de l'aumône que *Osana*, veuve de Hugues *de Londa*, fit aux pauvres de la Maison-Dieu de Bayeux *apud Bretevillam*, *in parrochia de Suylleio*, savoir une rente de 3 quartiers d'orge, une geline et 10 œufs à percevoir chaque année par la main de Geoffroy *Espievent* et de ses hoirs, sur une pièce de terre, tenue par lui d'eux en fief, etc. (1256, juin). — Reconnaissance devant Jean Desmaires, tabellion à Bayeux, par Pierre Lecouppey, de la fieffe à lui faite par les religieux de l'Hôtel-Dieu de 9 vergées de terre sises à Sully (1431). — Procédure aux pleds de la ville de Bayeux devant Laurent Desmaires, lieutenant général, entre les religieux de l'Hôtel-Dieu et Pierre Lecouppey, concernant la jouissance deludite fieffe (1509-1513). — Accord devant Jean Regnauld, écuyer, garde du scel des obligations de la vicomté de Bayeux, entre les religieux de l'Hôtel-Dieu et Lecouppey, curé de Sully, concernant la jouissance d'une pièce de terre, afin d'éviter un procès entre eux (1544). — Procédure au bailliage de Bayeux devant Charles Lemercier, écuyer, sieur de St-Germain, lieutenant, entre René d'Écajeul, sieur de Condé, et Jean Bunel, bourgeois de Bayeux, ayant arrêté les deniers dus par Gabriel Halley, son fermier, pour paiement de la somme de 98 livres, montant de son obligation (1603). — Vente par Marquise Fernine, fille et héritière de François Fernine, à Jean Bénard, curé de Sully, de 3 vergées 1/2 de terre (1612). — Extrait du registre du tabellionage de Cahagnes, concernant l'échange fait entre Jacques d'Écajeul, sieur de Vaux, et Martin de Pierrepont, sieur de Boissy, de pièces de terre sises à Sully (1615). — Procédure au bailliage de Bayeux, devant Charles Lemercier, écuyer, sieur de St-Germain, lieutenant, entre Jacques Bunel, chanoine de Colombières, et Martin de Pierrepont, sieur de Boissy, pour paiement de 4 boisseaux de froment de rente, sur biens ayant appartenu à Jacques d'Écajeul, sieur de Vaux, en la paroisse de Sully (1620). — Signification par Jean Douétil, sergent, à la requête de Jean Pasturel, à Martin de Pierrepont, écuyer, sieur de Boissy, représentant Jacques d'Écajeul, du transport de Nicolas de Véchy, de 4 boisseaux de froment et 1 poule de rente (1645). — Procédure devant Isaac Le Bedey, sieur de Vaux Méautis, vicomte de Bayeux, entre Jacques Pasturel et René d'Écajeul, pour paiement de 4 boisseaux de froment et 4 gelines d'arrérages de rente, sur les biens par lui acquis de Martin de Pierrepont, écuyer, sieur de Boissy, assis paroisse de Sully (1648). — Semblable procédure devant Charles Malherbe, écuyer, sieur du Bouillon, lieutenant général aux bailliage et siège présidial de Caen (1654). — Procédure au bailliage de Bayeux entre les religieuses de l'Hôtel-Dieu et Étienne et Jean Bénard, neveux de feu Jean Bénard, curé de Sully, pour paiement de 4 boisseaux de froment de rente (1656). — Procédure à la vicomté de Bayeux entre les religieux de l'Hôtel-Dieu et Michel Pasturel, curé d'Aignerville, pour paiement d'arrérages de rentes sur biens sis à Sully (1741). — Parmi les pièces de production: analyse du contrat de fieffe originaire de 1/2 acre et 1/2 vergée de terre à Sully par Raoul Busnel à Robert Creston (4 février 1509).

H. Suppl. 671. — B. 111. (Liasse.) — 4 pièces, parchemin.

1245-1397. — Tierceville. — *Vidimus* par Laurens Le Hallé, vicomte de Bayeux, le 20 novembre 1397, de « lettres à lui représentées par relig. homme et honnête « frère Laurens Le Boursier, prieur de l'ostel Dieu de « Baieux » : 1° donation par *Henricus de Croileio, miles, pauperibus hospital. Domus Dei Baiocensis,* d'un muid d'orge à percevoir *in porcione mea molendini de ponte de Tirsevill.* (avril 1245); — 2° donation par *Jordanus, filius Henrici de Croileio,* d'un muid d'orge à prendre sur deux moulins, *silicet de Tiergevill. et de Prato,* moyennant 30 livres 10 sols tournois (décembre 1248); — 3° confirmation par *Henricus de Croileio, miles,* de la donation faite par son frère Jourdain (décembre 1248); — 4° confirmation par *Ricardus, dominus de Croileio, miles,* de ladite donation (décembre 1248), etc. — Copie de l'audition de témoins faite par Louis Legrant, lieutenant du vicomte de Caen, commissaire en cette partie de Jean de Folleville, garde de la prévôté de Paris, commissaire député du Roi et des maîtres régents et étudiants en l'Université de Paris, sur plusieurs articles donnés par Laurent Le Boursier, prieur de l'Hôtel-Dieu de Bayeux, établi et fondé en ladite Université et étudiant en ladite Université, contre Jean Duchesne, au nom de Guillaume de Vierville, chevalier, concernant les donations en 1245 par Henry de Creully, à l'Hôtel-Dieu de Bayeux, d'un muid d'orge à prendre sur le moulin du pont assis à Tierceville, en 1248, par Jourdain de Creully, son fils, audit Hôtel-Dieu, d'un muid d'orge, ratification de ladite donation de Jourdain par Henry, son frère, et par Richard de Creully, ledit moulin ayant été réuni à la baronnie de Creully ; témoins : Louis Lesonnyer, écuyer, Enguerrand Cordhomme, Baudouin de Caen, Thomas Baudet, Rogier de Menneville, frère Jean Dumondeville, etc.

H. Suppl. 672. — B. 112. (Liasse.) — 1 pièce, parchemin.

1577. — Tilly. — Acceptation devant Girard Hamelin et Thomas Gosselin, clercs, tabellions en la sergenterie de Briquessart, par Philippot Laloel, de la paroisse de Tilly, gardien de justice des enfants de feu Jean Durand, fils aîné de feu Étienne Durand, de la paroisse de Lingèvres, des lots faits entre eux.

H. Suppl. 673. — B. 113. (Liasse.) — 14 pièces, parchemin ; 101 pièces, papier.

1445-1745. — Tour. — Procédure aux assises de Bayeux devant Eustache Quernuet, lieutenant général de Richard Harington, bailli de Caen, entre frère Guillaume Delamare, procureur des religieux de l'Hôtel-Dieu, chargés du fait d'Ysard Le Sens, lieutenant général de Nicolas Lépicier, vicomte de Bayeux, et Jean Duvivier, prêtre, concernant la possession d'un clos sis à Tour (1445); suite de ladite procédure aux assises de Tour et Cerisy devant Jean Porteffais, écuyer, lieutenant général de Jean Duplessis, écuyer, vicomte de Bayeux, entre Jean Boullaye, écuyer, héritier de Jean Duvivier, et les religieux de l'Hôtel-Dieu (1464). — Procédure en la vicomté de Bayeux devant Charles Lemercier, écuyer, lieutenant particulier, entre Pierre Denise, prieur de l'Hôtel-Dieu, et Guillaume Obert, pour paiement d'arrérages de 4 boisseaux de froment à cause de biens sis à Tour (1584-1586). — Procédure en la vicomté de Bayeux devant Thomas Potier, lieutenant général, pour Pierre Denise, prieur de la maison-Dieu, poursuivant l'instance levée en 1571 par Guillaume du Chastel, prieur de l'Hôtel-Dieu, pour paiement d'arrérages de 7 boisseaux de froment et 7 boisseaux d'orge sur biens sis à Tour (1587). — Procédure au bailliage de Bayeux devant Charles Lemercier, écuyer, lieutenant ancien civil et criminel, entre Thomas Lamy, administrateur de la maison-Dieu, et Jacques Lescalley, sieur de Grevilly, pour paiement de 4 années d'arrérages de 7 boisseaux de froment et 15 boisseaux d'orge, mesure de Bayeux (1612). — Reconnaissance devant Pierre Potier, écuyer, lieutenant général au bailliage de Bayeux, par Richard Bouillot, de sa signature apposée au bas d'un accord fait entre lui et Jacques Hébert, sieur de Brunville, ayant fait saisir ses récoltes en la paroisse de Tour (1616). — Procédure au bailliage de Bayeux devant Pierre Suhard, écuyer, sieur et patron de St-Germain, lieutenant général, entre la supérieure des religieuses de l'Hôtel-Dieu et les héritiers de Lambert Lescalley, écuyer, sieur de Vaux, pour paiement d'arrérages de 7 boisseaux de froment de rente sur biens sis à Tour (1671). — Procédure au bailliage de Bayeux devant Étienne Suhard, écuyer, sieur de St-Germain, lieutenant civil, entre les religieuses de l'Hôtel-Dieu et Jean Barbey, fermier de biens, sis à Tour, ayant appartenu à Jacques Lescalley, écuyer, sieur de Grevilly, pour paiement de 5 années d'arrérages de 7 boisseaux de froment et 15 boisseaux d'orge (1678). — Procédure au bailliage de Bayeux entre les religieuses de l'Hôtel-Dieu de Bayeux et Germain Bouillot, concernant la saisie de ses meubles et récoltes pour paiement d'arrérages de 12 boisseaux d'orge de rente (1692). — Obligation de Jean Bouillot de payer en essence aux religieuses de l'Hôtel-Dieu 12 boisseaux d'orge de rente (1711). — Reconnaissance devant Jean-Charles Tostain, notaire à Bayeux, par Madeleine Hodierne, veuve de Pierre Halley, héritière de Pierre Hodierne, son oncle, curé de Houtteville, acquéreur des biens de Lambert Lescalley, écuyer, sieur de Vaux, sis en la paroisse de Tour, aux pauvres malades de l'Hôtel-Dieu, de 7 boisseaux de froment et 15 boisseaux d'orge de rente (1741). — Renouvellement de titre devant Michel-François Duhamel, notaire à Bayeux, par Étienne Godefroy, héritier de Jean Bouillot, au droit de Marie Bouillot, sa femme, aux pauvres malades de l'Hôtel-Dieu, de 12 boisseaux d'orge à cause de terre et maisons sis à Tour (1745).

H. Suppl. 674. — B. 114. (Liasse.) — 4 pièces, parchemin; 58 pièces, papier.

1633-1709. — Trévières. — État des rentes dues au consistoire de Trévières (1633). — Donations devant Toussaint Vincent, tabellion royal en la sergenterie de Cerisy pour le siège de Trévières, et Léonor Le Barbier, ex-tabellion, pris pour adjoint, par Thomas Osber, écuyer, sieur du Manoir, Laurent de Cussy, écuyer, sieur de Formigny, Louise Dallibert, veuve de Pierre Hue, seigneur de Longueville, tutrice de ses enfants, tous de la R. P. R., au consistoire de lad. religion qui s'exerce en la paroisse de Trévières, stipulé par Pierre Fouquet, sieur de la Province, diacre de ladite église, de diverses rentes pour l'entretien d'un ministre (1645). — Acte accordé audit Fouquet de la lecture dudit contrat de constitution faite aux assises de Bayeux tenues par Pierre Suhard, écuyer, sieur de St Germain, lieutenant général (1645). — Procédure au bailliage de Bayeux entre Guillaume Sénot, écuyer, sieur du Bois, receveur de l'église prétendue réformée à Trévières, et divers redevables de rentes (1649-1650). — Donation devant Mathieu Desprès et Jean Buisson, tabellions en la sergenterie des Veys, par Gabriel Hébert, écuyer, sieur de Beaumer, de la paroisse d'Écrammeville, protestant, à l'église recueillie à Trévières, représentée par Jean Lenepveu, ancien en ladite religion, de 8 livres de rente; autres donations d'Anne Cornet, écuyer, sieur de Belfontaine, de Thomas Osber, etc. (1657). — Quittance par Jean Lenepveu, receveur des deniers dud. consistoire, à MM. de la Bretonnière et d'Aignerville, de la somme de 24 livres restant de 48 livres de rente dues audit consistoire (1659). — États de rentes dues audit consistoire et enregistrements des paiements. — Constitutions partielles de rentes par Philippe de Béchevel, écuyer, sieur de la Motte Blagny, Louis de Selle, écuyer, sieur de Létanville, Jacques et Jacob Hue, écuyers, sieurs de Longueville et de Montégu, Jean et Gabriel Cornet, écuyers, sieurs de la Bretonnière et de Fresmont, Pierre de Tournières, écuyer, sieur du lieu, la veuve Laurent de Cussy, écuyer, Gabriel Hébert, écuyer, Françoise Duhamel, veuve de M. de Dungy, Jean Lenevéu, sieur de la Brière, Pierre Fouquet, etc., au bénéfice du consistoire de l'église réformée et recueillie en la paroisse de Trévières, stipulée par Daniel de Bechevel, écuyer, sieur du Carnet (1667). — Copie du testament fait en faveur de ses parents par Gabriel Hébert, écuyer, sieur de Beaumer, en priant M. de la Conseillère ou M. de Fresmont d'exécuter ses dernières volontés (1668). — Autre copie du testament dudit Gabriel Hébert concernant la transmission de la seconde moitié de ses biens meubles à Étienne Hébert, écuyer, sieur des Humeaux, pour être partagée avec son frère (1670). — Procès-verbal dressé par Du Bosc, le 31 mars 1675 ; en exécution de l'acte du synode dernier tenu à Condé, il s'est transporté ledit jour à Trévières, et, après avoir fait le prêche, il a arrêté les chefs de famille qui s'y sont trouvés, auxquels il a exposé sa commission et son ordre. Mais parce qu'il s'y est rencontré fort peu de personnes, il n'a pas été possible de prendre des mesures fort justes et bien certaines pour faire payer la subvention de M. Carlapt ; on a arrêté que, le dimanche suivant, jour des Rameaux, on nommerait publiquement, dans l'assemblée à Trévières, ceux qui ne font point leur devoir de payer leur contribution, avec menace que, s'ils ne satisfaisaient à l'avenir, ils seraient suspendus de la Cène, conformément à l'ordonnance du synode. Et parce que plusieurs ont remontré qu'une des causes du désordre de l'église de Trévières vient de ce que M. de Beaumont, ministre à Gefosse, reçoit toujours à la communion ceux de Colombières qui ne veulent point contribuer, bien que les synodes lui aient défendu de les recevoir, M. de la Conseillère, ancien en l'église de Gefosse, qui était ledit jour au prêche à Trévières, a promis d'y donner ordre et d'en parler fortement au Consistoire. — Procédure au bailliage de Bayeux devant Édouard Hélyes, écuyer, sieur de Clinchamps, lieutenant général, civil et criminel, entre les syndics et députés du Clergé du diocèse, directeurs des hôpitaux, et Jean Carlault, ex-ministre de la R. P. R. à Trévières, concernant l'envoi en possession desdits hôpitaux des rentes et revenus dépendant du prêche dudit lieu de Trévières (1685). — Opposition de Paul de La Vairie, seigneur d'Aignerville, à la saisie faite par Louis Joret, sergent récolecteur du revenu de l'Hôtel-Dieu, de 6 cuillères et 6 fourchettes d'argent, pour 5 années d'arrérages de 68 livres de rente, due au consistoire de Trévières, dont les hôpitaux de Bayeux ont été envoyés en possession (1685). — Accord entre les religieuses de l'Hôtel-Dieu et Paul Lenepveu, fils de feu Jean Lenepveu, sieur de la Brière, concernant le paiement d'arrérages de rentes afin de terminer le procès entre eux (1686). — Partage entre l'hôpital des pauvres valides et l'Hôtel-Dieu des pauvres malades, fait par François de Nesmond, évêque de Bayeux, Charles de Longaunay, haut doyen et chanoine de Landes, et Pierre Bihoreau, chanoine de St-Germain en l'église cathédrale de Bayeux, syndics et députés du clergé du diocèse, en la présence de Pierre Suhard, écuyer, sieur et patron de St-Germain et St-Amador, lieutenant général au bailliage, et Jean-François André, écuyer, sieur du Manoir, procureur du Roi, des biens et rentes ayant appartenu aux prêche, ministre, pauvres et consistoire de ceux faisant ci-devant profession de la R. P. R. recueillis à Trévières, suivant sentence du bailliage et déclaration du Roi de 1685 (1686). — Reconnaissance au notariat de Ste-Marguerite, sergenterie d'Isigny, du bail fait par Marie-Anne d'Auteville, héritière de Jacques de Béchevel, écuyer, sieur de la Motte et du Carnet, à Laurent de la Mare, fils Pierre, d'un entretenant nommé la terre du Carnet, sise tant aux paroisses du Breuil, que Saon, et autres (1699). — Arrêt de deniers fait à la requête de Jean Cousin, sieur de St-Vallier, receveur des biens de ceux de la R. P. R. fugitifs, entre les mains de Charles Lespaulle, sieur de la Fontaine, fermier de la terre de la Motte ayant appartenu à Jacob de Béchevel et à Mlle d'Auteville fugitive, sur les deniers par lui dus, avec défense de s'en dessaisir, sous peine de payer 2 fois (1700). — Procédure au bailliage de Bayeux entre les religieuses de l'Hôtel-Dieu et Constance de Béchevel de Blagny, épouse de Joseph de Fel, et de Mlle Sarah de Chavenel, héritières d'Anne d'Auteville, héritière de feu Jacques de Béchevel, écuyer, sieur du Carnet, héritier de Philippe de Béchevel, écuyer, sieur de la Motte Blagny, stipulées par Charles Lespaulle, sieur de la Fontaine, fermier de la terre de la Motte, sise à St-Martin de Blagny, pour paiement d'arrérages de rentes (1703). — Consentement desdites Constance de Béchevel, épouse de M. de Fès, commandant de la citadelle de Metz, et Sarah de Chavenel, que ledit Charles Lespaulle, fermier des biens de feu M. de Béchevel, sieur de la Motte, dont elles sont héritières, paie aux pauvres malades de l'Hôtel-Dieu la somme de 283 livres 10 sols pour arrérages de 76 livres 1 sol 4 deniers (1706). — Mémoire des frais faits par Verson, sergent. — Lettre de Delalonde à Michel, procureur à Bayeux et administrateur de l'Hôtel-Dieu, concernant la donation faite à l'Hôtel-Dieu par M. de Basly (1709).

H. Suppl. 675. — B. 115. (Liasse.) — 4 pièces, parchemin ; 9 pièces, papier.

1539-1659. — Trungy. — Procédure aux assises de Bayeux devant Jean Malherbe, lieutenant général du bailli, entre Sandret Lecanu et Jean Desloges, prêtre, administrateur de la Maison-Dieu, pour paiement de rente (1539). — Reconnaissance devant Rogier Sauvegrain et Jean Vaullier, tabellions à Bayeux, par Sandret Lecanu, envers les religieux de l'Hôtel-Dieu, de 6 boisseaux d'orge, mesure de Trungy (1539). — Proclamation faite par Jean Henry, sergent, à la requête des religieuses de l'Hôtel-Dieu, de la vente des récoltes saisies en la paroisse de Trungy (1659).

H. Suppl. 676. — B. 116. (Liasse.) — 1 pièce, parchemin.

1777. — Vaubadon. — Reconnaissance devant Pierre Colleville, notaire au siège de Noron, par Pierre Tubeuf, maître de pension à Balleroy, de la vente par lui faite aux pauvres de la paroisse de Vaubadon, stipulés par Pierre Chefdeville, curé, et Charles-Pierre Le Tellier, seigneur haut justicier et patron de Vaubadon, etc., conseiller au Parlement de Normandie, de 235 livres de rente sur tous ses biens.

H. Suppl. 677. — B. 117. (Liasse.) — 2 pièces, parchemin ; 7 pièces, papier.

1671-1686. — Vaucelles. — Droits de l'Hôtel-Dieu et de l'hôpital sur les Consistoires de Vaucelles et Trévières. — Commission par les ministre et anciens de la religion prétendue réformée de Bayeux, recueillie à Vaucelles, à Jacques Sanxon, avocat en l'Élection de Bayeux, faisant profession de ladite religion, de faire la recette des deniers dus par plusieurs particuliers pour l'entretien du ministre, pour les années 1671 et suivantes ; état dressé par ledit Sanxon des sommes à recouvrer sur chaque redevable : le feu sr de Frémont La Brethonnière, le sr de la Rivière, de Cotton, « le feu « sieur compte de Coulombière », Jacques de Surrain, curé de Houtteville, M. de Vaussien, « le feu sieur de « Montégu Hue », « M. d'Estrehan », M. de Beaumont, M. de Mandeville, M. de Campigny, M. de Ste-Marie, etc. — Sentence rendue par Pierre Subard, écuyer, sieur et patron de St-Germain et St-Amador, lieutenant général et particulier civil du bailli de Caen à Bayeux, au profit des syndics du clergé du diocèse, directeurs des hôpitaux, envoyant les hôpitaux en possession des revenus du prêche de Vaucelles, supprimé et démoli par arrêt du Conseil du 16 décembre 1680 (1684). — Procès devant Pierre Suhard, sieur et patron de St-Germain et St-Amador, sur ce que les syndics du clergé du diocèse, directeurs des deux hôpitaux de Bayeux, comparant par Richard Thomas, chapelain de St-Antonin, ont fait appeler Marie Desmares, veuve de Jacques Du Vivier, écuyer, sieur de Crouay, Isaac Lescalley, écuyer, sieur de La Fontaine, Étienne Bertrand, bourgeois de Bayeux, Jean Meslin, écuyer, sieur de Campigny, et autres, tous faisant profession de la religion prétendue réformée, et, en cette qualité, s'étant opposés à l'envoi en possession de toutes les rentes qui avaient été léguées et données aux pauvres, ministre et Consistoire du prêche de Vaucelles, et ayant prétendu qu'ils devaient être déchargés des rentes par eux données pour l'entretien d'un second ministre à Vaucelles ; les hôpitaux demandent que les débiteurs soient déboutés de leurs prétentions et que les rentes et revenus quelconques leur soient attribués suivant la déclaration du Roi ; les débiteurs répondent que leurs donations avaient pour but l'entretien d'un second ministre au prêche de Vaucelles, que cette fondation n'a pas été exécutée et que par conséquent leurs donations sont nulles ; ils demandent d'être déchargés, attendu qu'Antoine Banage, écuyer, ancien ministre du prêche de Vaucelles, avait quitté les fonctions de ministre avant la suppression dud. prêche, au synode tenu à St-Lô en septembre 1679, auquel temps il avait pris son congé en présence de Michel Roger, sr de Lespine, lieutenant général en vicomté aud. lieu, etc. ; réponse de Michel Suhard, écuyer, premier avocat du Roi, auxd. moyens d'opposition, qui sont une contravention manifeste à la déclaration du Roi et une désobéissance entière à ses ordres, le Roi s'étant expliqué très nettement et distinctement, ayant souhaité en termes positifs et généraux, que tous les biens, rentes et revenus dont jouissent les Consistoires supprimés, « et quoy qu'ils puissent con- « sister et en quelques usanges qu'ils puissent estre em- « ployés », fussent destinés aux hôpitaux ; quoiqu'il y ait eu deux ministres à Vaucelles, Antoine et Samuel Banage, père et fils, ils n'étaient néanmoins que pour se soulager l'un l'autre ; Antoine Banage, quoiqu'ayant prétendu abandonner ses fonctions en 1679, n'avait cependant laissé de les continuer en 1680, année de la suppression dud. prêche par arrêt du Conseil d'État ; par des extraits du registre du prêche, il est prouvé qu'il a prêché et fait des annonces de mariages aud. prêche. « Et comme par la communiquation qu'il a « prize des escrits dnd. sr de Campigny il a remarqué

« qu'on s'est servy de termes injurieux contre la reli-
« gion catholicque, apostolicque et romaine, ayant allé-
« gué que les donations qui avoient esté faictes au
« presbre de Vaucelles estoient pour l'entretien du ser-
« vice divin, ce quy ne peut estre toléré, et quy mérite
« réprehention, pour quoy il avoit concludu pareillement
« à ce que les mots employés dans led. escrit fussent
« rayés et biffés, et pour avoir contrevenu aux édits et
« déclarations du Roy, et en ce regard que led. s^r de
« Campigny fust condamné en cinquante livres d'amande
« aplicable ausd. deux hopitaux de cette ville et def-
« fences fussent faites aud. s^r de Campigny et à tous
« autres de la religion prétendue réformée de se servir
« de pareils termes sur peine de cinq cents livres
« d'amende et autre plus grande peine sy le cas y
« eschoit. » Sentence déboutant lesd. défendeurs et
envoyant les hôpitaux en possession des rentes contestées ; les termes de *service divin* seront rayés et biffés, avec défenses de se servir de pareils termes, et
pour les avoir employés et avoir contrevenu auxd.
arrêts et réglements, led. de Campigny est condamné
en 10 livres d'amende applicables par moitié aux deux
hôpitaux ; Antoine Banage sera approché à la diligence
du procureur du Roi, le tout sans préjudice des autres
rentes amorties en fraude, et autres revenus non déclarés par le receveur (1684). — Partage fait par Jean
Lamy, docteur de Sorbonne, grand chantre et chanoine
de *Gavray* en la cathédrale, vicaire général de l'évêque
François de Nesmond, Charles de Longaunay, grand
doyen et chanoine de Landes, Pierre Bihoreau, chanoine de St-Germain en la cathédrale de Bayeux, syndics et députés du clergé du diocèse, en présence dudit
Suhard, lieutenant général civil, et de Michel Suhard,
écuyer, sieur de Loucelles, premier avocat du Roi
à Bayeux, des biens, rentes et revenus ayant appartenu aux prèches, ministres et consistoires des personnes faisant profession de la R. P. R. ci-devant
recueillie à Vaucelles, entre l'hôpital des pauvres valides
et l'hôpital des malades (1684) : à l'hôpital des pauvres
malades, rentes sur Pierre de La Rivière, écuyer, sieur
du lieu, sur les représentants César de Briqueville,
écuyer, sieur de Colombières, sur Thomas du Bousquet,
écuyer, sieur de la Ferrière, sur Jean Meslin, écuyer,
sieur de Campigny, sur Charles du Bousquet, écuyer,
s^r de la Salerbière, etc. ; pour l'hôpital général des
pauvres malades, établi à St-Gratien, rentes sur Louis
Cornet, sieur de Bussy, fils d'Anne Cornet, écuyer,
s^r de Bellefontaine, sur les héritiers d'Arthur-Antoine
de Thiout, écuyer, sieur de Vaussieux, sur les héritiers
de Marin de Pierrepont, écuyer, sieur de Boissy, sur
Robert de Héricy, écuyer, sieur d'Étreham, sur Paul-
Antoine Du Vivier, écuyer, sieur de Beaumont, sur
Paul Du Vivier, écuyer, sieur des Londes, sur Jean-
Jacques de Ste-Marie, écuyer, au droit de dame Anne
Maillard, sa mère, sur Antoine Banage, écuyer, sur
Cyrus Le Loup, écuyer, sieur de Limaresq, ayant
épousé la fille de Paul-Antoine Du Vivier, écuyer, sieur
de Beaumont, etc. — Semblable partage des biens,
rentes et revenus ayant appartenu aux prèches, ministres, pauvres et Consistoire des personnes faisant ci-
devant profession de la R. P. R. recueillie à Trévières
(1686) : à l'hôpital des pauvres valides, rentes sur les s^{rs}
de la Brethonnière Cornet, Pierre de Tournières,
écuyer, Jean de Gouet, écuyer, la d^{elle} Marie de *Méha-
ranc*, veuve de Laurent de Cussy, Pierre Fouquet, s^r de
La Province, Anne *Tésard*, veuve de Pierre Cornet,
écuyer, seigneur d'Aignerville ; à l'Hôtel-Dieu des
pauvres malades, rentes sur Guillaume de La *Voirye*,
écuyer, Jean d'Amours, écuyer, s^r de *St-Éloué*, etc. —
Note des rentes dues : au prèche de Vaucelles par
MM. de la Rivière Hérils, de Coulombières, Jacques de
Surrain, écuyer, curé d'Argouges, Pierre Escolasse, au
droit du s^r de Montégu, de la Ferrière Bousquet, de
Magneville, médecin, de Campigny, Jacques Lescallé,
écuyer, sieur de la Fontaine, Pierre Fouquet et Marie
Auber, sa femme, Olivier Longuet, Lagouesle, les Débonnaire de Russy, Bernardin Dallet, le s^r de la Salerbière, la dame de Crouay, Jacques du Bousquet, écuyer,
sieur de Vienne, Jean Fumée, le s^r de Crèvecœur, Gabriel du Bousquet, sieur du Ruel et Pierre Colluaux ; au
prèche de Trévières, par Guillaume de la Vairye,
écuyer, les héritiers de Béchevel, de St-Éloi, Florence
de la Bazonnière, Loüis de Scelles, écuyer, sieur de
Létanville, Thomas Osber, Philippe de Verigny, écuyer,
Anne du Mesnil, veuve de Thomas Loir, écuyer, sieur
de Longueville, Françoise Duhamel, veuve du s^r de
Dungy, etc.

H.Suppl. 678. — B. 148. (Liasse.) — 10 pièces, parchemin ;
13 pièces, papier.

1301-1675. — Vaucelles. — Donation devant le
vicomte de Bayeux par Ricart de *Sepvtanz* aux religieux de l'Hôtel-Dieu de 23 boisseaux de froment,
2 gelines, et 20 œufs de rente, à prendre sur une maison sise à Vaucelles, au hameau de Nibeaux (1301). —
Donation devant Jean Gisle et Richard Néel, tabellions,
par Thomas de Hotot, écuyer, sieur de la
Perrière, François Du Vivier, sieur de Beaumont, François Lescalley, écuyer, et Jean Auber, tous de la

R. P. R., de diverses sommes au consistoire de Vaucelles. (1604). — Donations de rentes devant Jean Gisle, tabellion en la sergenterie de Tour, et Richard Néel, son adjoint, par Nicolas Eustace, monnayer en la monnaie de St-Lô, demeurant à Houtteville, Jean Harel, de la paroisse de Vaucelles, Jean Arthon, de la paroisse de Blay, et Jean Le Débonnaire, de la paroisse de Rossy, faisant profession de la R. P. R., et par la grâce de Dieu bien résolus d'y vivre et mourir, pour leur église recueillie en la ville de Bayeux, et de présent recueillie à Vaucelles, afin que le saint ministère puisse être plus commodément à l'avenir entretenu pour leur commune instruction à la parole de Dieu (1604). — Lecture aux assises de Bayeux, tenues par Thomas Potier, écuyer, lieutenant général civil et criminel du bailli de Caen en la vicomté de Bayeux, à la requête de Me Guillaume Le Haribel, procureur, et stipulant pour les personnes en corps commun faisant profession de la religion prétendue réformée de la ville et environs de Bayeux, de contrats de rente passés devant les tabellions de cette vicomté par aucuns particuliers de ladite religion (1605). — Donations devant Robert Hardy et Richard Néel, tabellions à Bayeux, par François Herbeline, Jean Censoulx, Pierre Bunout, Jean Lostellier, Jean Lesommelier, Paul Blondel, écuyer, Charles du Bousquet, écuyer, sr de la Salerbière, tous de la R. P. R. (1606). — Constitutions partielles de rentes devant Philippe Lefebvre et Richard Néel, tabellions au siège de Vaucelles, par Martin de Pierrepont, sieur de Boissy, Jean Philippe, écuyer, sieur du Val, Jean et Jacques Lescalley, écuyers, sieurs de la Fontaine et St-Vigor, Jean Desmares, Jonas Desmares, Thimothée Le Cholleur, Olivier Longuet, Jacques de Graveren, Jean et Charles Lemarchant, tous faisant profession de la religion réformée recueillie en l'église de Vaucelles, pour la prospérité de leur établissement (1618). — Donations devant Augustin Mahenst et Jean Pery, tabellions à Bayeux, par Anne Cornet, écuyer, sieur de Bellefontaine, Pierre de la Rivière, écuyer, Pierre Du Vivier, écuyer, sieur du Carrel, Martin de Pierrepont, écuyer, sieur de Boissy, Jean Bertrand, David Thiret et Gilles Fumée, sieur de Pouilligny, tous de la R. P. R. (1633). — Quittances données devant François Daon et Jean Pery, tabellions à Bayeux, par Pierre du Bousquet, écuyer, sieur de la Mutte, receveur de l'église prétendue réformée de Vaucelles, à Benjamin Thézard, la somme de 30 sols de rente due par feu Marie Le Débonnaire, sa femme (1647); Guillaume Ribouaye, de la paroisse de Moyon, serviteur de Jean Gonfroy, bourgeois de St-Lô, de la somme de 10 livres pour deux années de rente due par ledit Gonfroy à cause d'Anne Eustache, fille et héritière de Paul Eustache, de Blay (1648). — Donations de rente faites par Marie Desmares, veuve de Jacques Du Vivier, écuyer, sieur de Crouay, Jean de Meslin, sieur de Campigny, Isaac Lescalley, écuyer, Antoine Du Vivier, écuyer, sieur de Beaumont, Paul Du Vivier, sieur des Londes, Étienne Bertrand, et divers autres, tous de la R. P. R. (1662). — Extrait du registre de Jacques Le Néel, sergent à Bayeux, concernant la vente de 2 petites écuelles d'étain saisies sur les héritiers de Jean Débonnaire, pour arrérages de rente, à la requête de Nicolas Longuet, stipulant ceux de la R. P. R. (1667). — Quittance donnée par Jacques Fraudemiche, procureur des Bénédictines de Bayeux, à Pierre Adrienne, jouissant des biens de feu Jacob Huc, écuyer, sieur de Montégu, de la somme de 46 livres 19 sols, restant de dépens adjugés par la cour de Rouen (1675).

H. Suppl. 679. — E. 119. (Liasse.) — 8 pièces, parchemin; 27 pièces, papier.

1606-1723. — Vaucelles. — Donations devant Robert Hardy et Richard Néel, son adjoint, tabellions à Tour, par David Hudebert, sieur de la Noë, Paul et Annibal Du Vivier, Gabriel du Bousquet, sieur de Ryes, tous de la R. P. R., au consistoire de Vaucelles (1606). — État des rentes dues au consistoire de Vaucelles par MM. de St-Loup Limaresc (1634-1693). — Transport devant Philippe Hemery et Robert Cauchard, tabellions à Thorigny, par Daniel et Pierre Tirel à Jean Tapin, sieur du Manoir, de 50 livres de rente à prendre sur Antoine Du Vivier, écuyer, sieur de Beaumont (1647). — Vente devant Jean Pery et Thomas de Languetot, tabellions à Bayeux, par Jean Tapin, sieur du Manoir, époux de Madeleine Thyrel, au Consistoire de Vaucelles, stipulé par Louis Meslin, écuyer, sieur de Campigny, receveur du bien dudit Consistoire, de 50 livres de rente hypothéquée (1652). — Donation devant Michel Perion et Jacques Lutton, tabellions en la sergenterie du Thuit pour le siège de Vaucelles près Bayeux, par Paul Antoine Du Vivier, écuyer, sieur de Beaumont, au Consistoire de Vaucelles, stipulé par Anne Cornet, écuyer, sieur de Bellefontaine, et Étienne Bertrand, de 16 livres de rente hypothéquée (1657). — Vente devant Michel Perion et Jacques Lutton, tabellions à Vaucelles, par Jourdin Duval, de la paroisse de Cottun, à Paul Antoine Du Vivier, écuyer, sieur de Beaumont, stipulant ceux de la R. P. R. à Vaucelles, de 17 livres 10 sols de rente hypothéqué (1661). — Extrait du registre du tabellionage de Bayeux, concernant la vente faite par Antoine Du Vivier, sieur de Beaumont et du Pré, à Marie Basnage, veuve de Pierre Leloup, sieur de Limaresq, et à Cyrus et Étienne Leloup, frères, du fief et seigneurie du Pré (1664). — Arrêt fait à la requête d'Étienne de Launey, marchand, bourgeois de Caen, entre les mains de Pierre Geoffroy, sur les deniers par lui dus à Étienne Leloup, écuyer, sieur de St-Loup, pour paiement d'arrérages de 72 livres de rente (1686). — Réponse fournie par Daniel de Méhérenc, écuyer, subrogé au droit de Samuel Basnage au décret des biens d'Étienne Leloup, écuyer, sieur de St-Loup, à l'écrit d'Anne de Bougy, veuve de Paul-Antoine Du Vivier, écuyer, sieur de Beaumont, mise en cause à l'instance des sieurs d'Étreham Le Héricy et Halley, bourgeois de Caen (1686). — Bail devant les notaires de Bayeux par Étienne Leloup, écuyer, sieur de St-Loup, à Pierre Geffroy, sieur de la Rangée, de maisons sises à Cottun (1686). — Réponse de Raymond Baucher, chanoine de Colombières en l'église cathédrale de Bayeux, économe et l'un des directeurs des biens de l'hôpital général des pauvres valides, à l'écrit de Daniel de Méhérenc, écuyer, sieur de Mesmont, concernant l'amortissement de 150 livres de rente fait à Tanquerel, stipulant de Flottemanville, ex-ministre (1687). — Requête adressée au bailli de Caen par Raymond Baucher, chanoine de Colombières, administrateur du bien des pauvres valides de Bayeux, créanciers de 117 livres 10 sols de rente suivant les partages du revenu du Consistoire de Vaucelles à eux donné par le Roi, à prendre sur les maisons de Marie Génas et Paul-Antoine Du Vivier, écuyer, son fils, pour obtenir le paiement de 8 années d'arrérages de ladite rente (1687). — Conclusions de Henry Hue, sieur de Carpiquet, époux d'Anne-Élisabeth Du Vivier, fille et non héritière de Paul-Antoine Du Vivier, écuyer, sieur de Beaumont, pour que des dettes antérieures au mariage de M. de Beaumont soient portées au décret des héritages de M. de Limaresc, auquel décret le chanoine de la Vieille s'est présenté pour faire porter une partie de 30 livres de rente donnée par ledit de Beaumont au consistoire de Vaucelles (1692). — Procédure au bailliage de Bayeux devant Nicolas Hélyes, écuyer, seigneur et chanoine d'Albray en l'église cathédrale de Bayeux, lieutenant général civil et criminel, entre Anne Le Moutonnier, veuve du seigneur de Rambouillet, dame de Tour, et l'abbé Le Vaillant, chanoine théologal en l'église cathédrale, syndic administrateur des pauvres valides de l'hôpital général, concernant le remboursement de 22 livres de rente donnée depuis longtemps pour l'entretien d'un ministre à Vaucelles (1720); suite de ladite procédure en la cour de Parlement de Rouen (1720). — Mémoire des frais dus à Maresq, procureur (1723).

H. Suppl. 680. — B. 120. (Liasse.) — 51 pièces, parchemin ; 92 pièces, papier.

1249-1727. — Vaux-sur-Aure. — Confirmation par *Philippus de Conjon* de la donation par *Johannes Pocin*, clerc, à la Maison-Dieu de Bayeux, d'une pièce de terre sise à Vaux-sur-Aure, faisant partie de son fief, (avril 1249). — Enquête par Jean Gouin, « ten. les plez « Mons. Challes à Vaux sur Ore, pour le viscoute de « Trun », à la requête du prieur de l'Hôtel-Dieu de Bayeux et de Guy Le Verrier, « procur. as freires d'icel. « lieu », pour savoir sur quelles pièces de terre est assis le setier de froment de rente à eux due audit lieu (1318); avec vidimus en 1330 par Laurent Nicolas, garde du scel des obligations de la vicomté de Bayeux, dudit mémorial de Jean Gouin, lieutenant du vicomte de Trun, sénéchal de Charles de Valois à Vaux-sur-Aure et ailleurs. — Cession devant Adam Eude, notaire à Bayeux, par James Martin, de la paroisse de St-Martin de Bayeux, aux prieur et frères de la Maison-Dieu, du tènement tenu par lui en fief desdits religieux, sis à St-Patrice de Bayeux et à Vaux-sur-Aure, ledit James n'étant pas puissant de le gouverner et acquitter (1346). — Procédure aux pleds de Bayeux devant Jean Burnel, vicomte, et Thomas Lebourt, son lieutenant général, entre les religieux de l'Hôtel-Dieu, Ernouf, écuyer, et Jean Martin, trésorier et chanoine en l'église N.-D. de Bayeux, pour paiement d'arrérages de 18 boisseaux de froment sur biens sis à Vaux-sur-Aure (1423). — Extrait du registre terrier de l'Hôtel-Dieu de Bayeux : Jean Samson, de Vaux-sur-Aure, pour 2 acres de terre, doit 20 boisseaux de froment (1323). — Fieffe devant François Scelles, tabellion à Bayeux, et Nicolas Tapin, son adjoint, par Jacques Buhot, chapelain de la chapelle N.-D. fondée en l'église cathédrale de Bayeux, à Guillaume Bailleul, d'une vergée de terre et une maison sises à Vaux-sur-Aure (1565). — Vente devant Lucas Nantier, écuyer, et Noël Le Savoureux, tabellions à Bayeux, par Charles Samson, sieur des Carrières, bourgeois de Bayeux, à Gilles Retont, d'une vergée et un quartier de terre, sis à Vaux-sur-Aure (1617). — Procédure en la vicomté de Bayeux devant Isaac Le Bedey, écuyer, sieur de Vaux Méautis et Asnelles, vicomte, entre Étienne Rue, écuyer, sieur de Conjon, concernant la clameur à droit seigneurial de 7 vergées de terre assises à Vaux-sur-Aure, acquises par Jacques

Vauchis de Jean Guillebert (1644). — Procédure au bailliage de Bayeux devant Richard Hélyès, sieur de Subles, lieutenant général, entre les religieuses de l'Hôtel-Dieu et Jean Sanxon, pour paiement de 3 années de 10 boisseaux de froment sur biens sis à Vaux-sur-Aure (1663). — Vente devant Philippe Duport et Étienne Adeline, tabellions au siège de Vaucelles, par François Morin, écuyer, sieur de Balmesnil, époux d'Anne Le Tremençois, fille de feu Jacques Le Tremençois, écuyer, sieur de la Fallaize, à Jean Houlland, curé de Villiers-sur-Port, doyen de Campigny, de 3 pièces de terre sises à Vaux-sur-Aure (1664). — Vente devant Jean Pery et Thomas de Lanquetot, tabellions à Bayeux, par Louis Hue, écuyer, sieur de Port, à Pierre Subard, écuyer, seigneur de St-Germain, lieutenant général à Bayeux, de la moitié d'une pièce de terre sise à Vaux-sur-Aure (1666). — Reconnaissance devant Jean Pery et Thomas Cupersy, tabellions à Bayeux, par François Patry, écuyer, sieur de Sully, époux de Marguerite Suhard, de la vente par lui faite à Pierre Suhard, écuyer, sieur de St-Germain, de 1/2 acre de terre sise à Vaux-sur-Aure (1673). — Vente devant Guillaume Nativelle et Pierre Lebrun, notaires à Bayeux, par Pierre-Henri Suhard, écuyer, sieur de Glatigny et des Essarts, et Charles Suhard, écuyer, sieur du lieu, à Pierre Suhard, écuyer, sieur de St-Germain et St-Amador, d'un entretenant sis à Vaux-sur-Aure (1682). — Fieffe par Noël Le Senéchal, bourgeois de Bayeux, à Marie Vauchis, veuve de Pierre Lediacre, secrétaire de l'Hôtel-de-Ville, de 2 sillons de terre sis à Vaux-sur-Aure (1704). — Lettre de Montbrizeuil, conseiller au Parlement de Paris, à la dépositaire de l'Hôtel-Dieu, lui demandant d'accorder un délai à Robert Feugères pour le paiement d'arrérages de rentes par lui dus (1711). — Requête adressée au lieutenant du bailliage de Bayeux, par Denis Mallet pour être autorisé à faire rendre par Pierre Mallet le terrain par lui usurpé à Vaux-sur-Aure (1725). — Vente devant les notaires de Bayeux, par Michel Vidrine à Antoine de Coltun de 5 verguées sises à Vaux-sur-Aure (1727).

H. Suppl. 661. — B. 121. (Liasse.) — 29 pièces, parchemin; 84 pièces, papier.

1245-1694. — Vaux-sur-Seulles. — Reconnaissance par Ric. Quoquere, à la Maison-Dieu, *de donatione et attornatione Henrici de Cormollain*; de 15 quartiers de froment et 8 setiers d'orge à la mesure de Vaux-sur-Seulles, *et viginti cen. et in uno ansere in septembri, qui anser debet valere qualuor cen., et in quinque gaull.*, à percevoir sur son tènement de Vaux-sur-Seulles, dans le fief dudit seigneur, qu'il aumôna à la Maison-Dieu avec tous les droits qu'il avait sur ledit tènement; en outre, il donne un setier de froment de rente annuelle, etc. (1245, octobre). — Transaction entre Jean, seigneur de Villiers-Bocage, *deien deu saint Sepucre* de Caen, et les religieux de l'Hôtel-Dieu, concernant la jouissance de biens sis à Vaux-sur-Seulles, de la donation d'Henri de Cormolain (1299). — Donation pour bons services devant Aubry de Crépon, garde du scel des obligations de la vicomté de Bayeux, par Guillaume de la Haize et sa femme, à Jeannette, fille Baudouin Rouillant, « pour « lui aidier à marier à cause de la bonne amour que els « avoient à lie, et pour le bon et léal service que elle « leur aveit fait », d'une acre de terre audit lieu (1348). — Fieffe devant Jean Desmairés, clerc, tabellion à Bayeux, à Pierre Pasdelou, par le prieur et frères de la Maison-Dieu de Bayeux, d'une verguée de terre sise à Vaux-sur-Seulles (1421). — Reconnaissance devant Thomas Ogier, tabellion à Bayeux, par Thomas Fabien, de la fieffe à lui faite par Laurent Le Maistrel, de Tour, d'une verguée 1/2 de terre sise à Vaux-sur-Seulles (1433). — Cession devant Thomas Artur et Alain Desmaires, tabellions à Bayeux, par Geffroy de la Vallée, de *Vauzicu*, aux prieur et frères de l'Hôpital et Maison-Dieu de Bayeux, de son droit d'une jurée sur biens sis à Vaux-sur-Seulles (1483). — Fieffe devant lesdits Artur et Alain Desmaires, tabellions à Bayeux, à Robin Rémy, par les religieux de l'Hôtel-Dieu, de 5 verguées de terre (1483). — Vente devant Jean Revel et Vincent Fumée, tabellions à Bayeux, par Jean Beauvallet, à Jean Dubisson, de 12 boisseaux de froment de rente (1503). — Adjudication faite par Jacques Blondel, écuyer, lieutenant du bailli de Caen, de la récolte de froment sur 3 pièces de terre sises à Vaux-sur-Seulles, saisies à la requête du procureur des religieux de la Maison-Dieu, pour avoir le paiement de 15 boisseaux de froment de rente (1581). — Extrait du registre journal de la recette faite du bien et revenu de l'Hôtel-Dieu, par Pierre Denise, prieur, en ce qui concerne Jean de Grimonville et autres, à Vaux-sur-Seulles (1582). — Procédure au bailliage de Bayeux devant Antoine Lemercier, écuyer, lieutenant, entre le prieur de l'Hôtel-Dieu et Guillaume Le Baron, de Vaux-sur-Seulles, concernant la saisie des récoltes de feu Guillaume Auvrey, sises en la paroisse de Vaux-sur-Seulles, pour paiement de 5 boisseaux de froment de rente (1583). — Extrait du registre de Robert Gruel, sergent de la Maison-Dieu de Bayeux, concernant la vente faite par Gilles Denaye, sergent, de 45 bêtes à laine saisies sur

Jean de Grimouville, sieur de la Vallée, pour paiement d'arrérages de rente de froment (1595). — Procédure au bailliage de Bayeux, devant Thomas Potier, écuyer, sieur d'Asnelles, lieutenant général, entre les prieur et administrateurs de l'Hôtel-Dieu et Jean de Grimouville, sieur de la Vallée, pour paiement de 10 boisseaux de froment 2/3, mesure de Bayeux (1597). — Reconnaissance par Louis Le Couturier, écuyer, sieur de Fierville, gentilhomme ordinaire de la chambre du Roi, écuyer de la grande écurie du Roi, époux de Suzanne Scelle, fille de Jean Scelle, écuyer, sieur de Méautis, et Isaac Le Bedey, sieur de Vaux, vicomte de Bayeux, maire et juge politique du lieu, principal héritier de feu Jacques Le Bedey, vicomte de Bayeux, d'une transaction faite entre eux à cause de ladite succession et de l'acquêt fait par ledit vicomte du franc-fief de Méautis, de la sieurie de Vaux, par contrat de 1610, moyennant 10,000 livres, etc. (1643). — Vente devant Jean Daon et Thomas de Lanquetot, tabellions à Bayeux, par Jacques Legras, fondé de pouvoir de Suzanne Scelles, fille et héritière de Jean Scelles, écuyer, sieur de Méautis, veuve de Louis Le Couturier, écuyer, sieur de Fierville, à Guillaume Marguerie, écuyer, conseiller assesseur à Bayeux, de 428 livres 10 sols, en une partie, et 187 livres 10 sols de rente, à prendre sur les héritiers de Jacques Le Bedey, écuyer, vicomte de Bayeux (1653). — Transport devant Jean Pery et Thomas de Lanquetot, tabellions à Bayeux, par Guillaume Marguerie, écuyer, conseiller assesseur à Bayeux, aux religieuses de l'Hôtel-Dieu, de la somme de 278 livres 10 sols de rente à prendre sur les héritiers de Jacques Le Bedey, écuyer, vicomte de Bayeux (1654). — Procédure au bailliage de Caen, entre les religieuses de l'Hôtel-Dieu et Isaac Le Bedey, écuyer, vicomte de Bayeux, représentant Jean Scelles, sieur de Méautis, et autres, pour paiement d'arrérages de 32 boisseaux de froment (1663). — Semblables procédures au bailliage de Bayeux, devant Michel Lemercier, écuyer, sieur de Bricqueville, lieutenant général, entre les mêmes (1672). — Procédure au bailliage de Bayeux, devant Michel Rogier, sieur de Lespiney, lieutenant général en la vicomté, pour la récusation des lieutenants du bailli, entre les religieuses de l'Hôtel-Dieu et Paul Cousin, écuyer, sieur de Gruchy, requérant le décret des biens du vicomte de Bayeux, concernant le paiement par privilège des arrérages de 26 boisseaux 2/3 de froment (1679). — Extrait du registre du greffe du bailliage de Bayeux concernant la déclaration des maisons et rentes d'Isaac Le Bedey, écuyer, vicomte de Bayeux, sis aux paroisses de Vaux-sur-Seulles, Asnelles, Meuvaines, Fresné, Argauchy, St-Amador, Subles, Nonant, St-Germain-de-la-Lieue, St-Georges, N.-D.-des-Fossés et St-Patrice de Bayeux, saisis et décrétés à la requête de Paul Cousin, sieur de Gruchy, compris aussi les fonds nouvellement saisis dont Charles Lemière, commissaire receveur des saisies réelles de la vicomté de Bayeux requiert la bannie et adjudication (1681) : le fief noble, terre et seigneurie de Vaux-sur-Seulles ou fief Méautis, tenu mouvant nûment pour un quart de fief de haubert du Roi à cause de la châtellenie de Caen, etc. — Procédure au bailliage de Bayeux, devant Jean Avenel, écuyer, sieur de Chédeville, assesseur, pour la récusation des lieutenants (1681) et en la Cour de Parlement (1684). — Procédure au bailliage de Bayeux devant Thomas Vilard, conseiller assesseur, entre les religieuses de l'Hôtel-Dieu et François Poyer, adjudicataire des biens de feu Isaac Le Bedey, écuyer, vicomte de Bayeux, concernant la saisie de 5 vaches pour paiement de 26 boisseaux 2/3 de froment (1693). — Inventaire des pièces dont font clausion en la Cour les religieuses de l'Hôtel-Dieu, contre Paul Cousin de Gruchy, Charles Le Cordier, Charles Lemière, commissaire aux saisies réelles, Joachim Hélye, écuyer, sieur de Bonpart, François de Marguerie, écuyer, et Étienne Lepoupet, avocat au Conseil, etc.

H. Suppl. 682. — B. 122. (Liasse.) — 29 pièces, parchemin ; 233 pièces, papier.

1421-1742. — Ver. — Procédure aux pieds de la sergenterie de Ver, tenus par le vicomte de Bayeux, entre l'Hôtel-Dieu de Bayeux et Robert Baiseul, pour paiement d'arrérages de 18 boisseaux de froment, 1 pain, 1 chapon et 15 œufs de rente, pour pièce d'héritages sis à Ver (1421). — Fieffe devant Pierre Fouquien et Pierre Leguest, tabellions en la sergenterie de Graye, par Jean Mouriel, prieur de l'Hôtel-Dieu, Michel Guillaume du Rozel, Pierre Trenchant, Jean Le Ribedel et Raoul Désert, religieux, à Giret Fieffé, de 5 vergées de terre sises à Ver (1512). — Lots et partage faits devant Olivier De la Croix et Jean Halley, tabellions de ladite sergenterie, entre les frères Fieffé, des biens de feu Michel Fieffé (1552). — Procédure au bailliage de Bayeux, devant Pierre Subard, écuyer, sieur de St-Germain, entre les religieuses de l'Hôtel-Dieu et les frères Fieffé, pour paiement d'arrérages de rente en froment (1653). — Procédure au bailliage de Caen entre les religieuses de l'Hôtel-Dieu et Jeanne Le Gabilleur, veuve de Michel Fieffé, pour paiement de 10 années de 18 boisseaux de froment (1657). — Procédure au bailliage de Caen, devant Nicolas du Moustier, lieutenant général, entre les religieuses de l'Hôtel-Dieu et les héritiers Fieffé, pour paiement d'arrérages de rente (1658-1665). — Procédure au bailliage de Caen, entre les religieuses de l'Hôtel-Dieu et Antoine Malherbe, écuyer, sieur de la Boisselière, et les héritiers de Pierrepont, pour paiement de 29 années d'arrérages de 12 boisseaux de froment de rentes (1660). — Procédure au bailliage de Caen, devant Nicolas du Moustier, écuyer, sieur de la Motte, lieutenant général, entre les religieuses de l'Hôtel-Dieu et Michel Lucas, sieur d'Osseville, pour paiement d'arrérages de 18 boisseaux de froment (1666). — Transaction devant Guillaume Nativelle et Pierre Le Brun, tabellions à Bayeux, entre les religieuses de l'Hôtel-Dieu et Michel Lucas, écuyer, sieur d'Osseville, pour le paiement de 29 années de 18 boisseaux de froment de rente, comme acquéreur des biens de Fieffé, assis en la paroisse de Ver (1683). — Reconnaissance devant Pierre-François-Louis-René-Guillaume Le Vallois, notaire à Ver, par Jacques Corbel, sieur de St-Martin, bourgeois de Falaise, et Marie Poirier, veuve d'Alexandre Dubois du Saussey, procureur du Roi au siège de Valognes, pour eux et leurs cohéritiers en la succession de Michel Lucas, sieur d'Osseville, par forme de titre nouveau, à l'Hôtel-Dieu, de 18 boisseaux de froment et de 26 boisseaux d'orge, pour biens sis à Ver (1742).

H. Suppl. 683. — B. 123. (Liasse.) — 3 pièces, parchemin ; 114 pièces, papier.

1690-1741. — Ver. — Copie des quittances données devant Guillaume Hélye, tabellion en la sergenterie de Graye, et Étienne Jourdain, tabellion à St-Gabriel, pris pour adjoint, par Jean-Baptiste Gombault, de la paroisse de Ver, à Thomas Lebot, chapelier à Bayeux, de la somme de 200 livres tournois, pour création de 14 l. de rente hypothéquée sur sa maison (1690). — Constitution devant Guillaume Jolivet et Antoine Bazire, notaires à Caen, par Isabeau Costy, veuve de Jean-Baptiste Gombault, de la paroisse de Ver, envers Laurence et Marie-Anne Michel, filles mineures de feu Étienne Michel, bourgeois de Caen, stipulées par Catherine Loisel, leur mère, de 11 livres 2 sols 2 deniers de rente (1698). — Quittance donnée devant Jacques de Bayeux, notaire à Ver, par Gilles Artur, prêtre, au droit d'Étienne Bonnel, seigneur de Fresné-le-Crotteur, par contrat devant Jean Lemaire, écuyer, sieur de Clermont, notaire à Tracy, à Adrien Colleville, au droit de Denis Gombault, pour lui et Michel Gombault, prêtre, et Guillaume Gombault, prêtre, ses frères, héritiers de Denis Gombault, prêtre, obitier de Ver, leur oncle, de la somme de 500 livres pour amortissement de 35 livres 14 sols 8 deniers de rente (1718). — Quittance donnée par Lavalley, fondé au droit de Jeanne Lebot, à Gilles Gombault, de la somme de 200 livres, pour capital, et 56 livres pour 4 années d'arrérages, lad. somme déclarée provenir des deniers des pauvres de la ville, ladite copie collationnée par Gilles Gombault (1724). — Procédure en la vicomté de Bayeux, entre les administrateurs de l'Hôtel-Dieu de Bayeux et Gilles Gombault, de la paroisse de Ver, pour paiement d'arrérages de rentes (1738-1741).

H. Suppl. 684. — B. 124. (Liasse.) — 4 pièces, parchemin.

1401-1480. — Vienne. — Donation devant Guillaume Desmaires, clerc, tabellion à Bayeux, par Colin Duclos, écuyer, à l'Hôtel-Dieu de Bayeux, d'un setier de froment sur une maison sise à Vienne, pour augmenter les rentes de ladite maison (1401). — Lots faits devant Colin Lenouvel, clerc, tabellion à Graye, des biens de feu Gaillart Barbey, sis à Vienne, par Richard Barbey (1414, v. s.). — Reconnaissance devant Michel Corbin et Jean Desmaires, clercs, tabellions à Bayeux, par Jacques Auvrey, de la fieffe à lui faite par les religieux de l'Hôtel-Dieu, de 11 vergées de terre sises à Vienne (1463). — Reconnaissance devant Alain Hardy et Thomas Artur, tabellions à Bayeux, par Jacques Auvrey, aux religieux de l'Hôtel-Dieu, de 12 sols 6 deniers de rente sur une pièce de terre sise à Vienne (1480).

H. Suppl. 685. — B. 125. (Liasse.) — 1 pièce, papier.

1765. — Villiers-le-Sec. — Donation devant Antoine Du Ruel, notaire à Tracy, par Olivier d'Amours, écuyer, seigneur de la paroisse de Villiers-le-Sec, de maisons et pièces de terre, pour la fondation d'une école en la dite paroisse, afin d'instruire tous les enfants de la paroisse qui voudront y aller. Il est nécessaire de choisir un homme de bonnes mœurs, capable de s'acquitter de la fonction de maître d'école avec fruit et édification. Il sera nommé et établi par un acte en forme par le donateur sa vie durant, et après par le propriétaire du fief de Villiers ; le sujet choisi devra être « de l'état laïque, doué des qualités de ladite fonc« tion » ; on ne pourra en aucun temps, ni sous aucun prétexte, établir un ecclésiastique « de quelque qualité « et mérite qu'il puisse être orné », parce que le logement, les honoraires, fonds et revenus, sont trop modiques pour une personne de l'état ecclésiastique, et parce que les personnes de cet état sont destinées à des fonctions plus nobles et plus distinguées, parce que cette fonction bien exercée pourrait être un obstacle à un ecclésiastique de s'acquitter des devoirs de son état, parce que le respect dû aux ecclésiastiques, faisant une juste et respectueuse impression sur les esprits, pourrait arrêter les justes plaintes et leur effet, et ce respect mal entendu pourrait faire préjudice à l'instruction des enfants; il n'en serait pas de même à l'égard d'un laïc qui laisserait une plus grande liberté de se plaindre; en cas d'inexécution de cette clause, dévolution aux paroissiens, dont 4 intéressés à ce choix, par rapport à leurs enfants, du consentement au moins présumé des autres intéressés, choisiraient le maître d'école. Celui-ci peut être révoqué pour cause d'ignorance, de négligence marquée, injustes et graves traitements envers les enfants (sans cependant préjudicier au droit, liberté et même devoir du maître d'école pour les punir, corriger et assujetir à l'heure réglée), ou pour conduite scandaleuse, après délibération et exprès vouloir du seigneur et de 4 principaux habitants intéressés; les écoliers auront toujours pour leur maître le respect et l'obéissance juste et raisonnable; si quelqu'un y manquait notablement et *persévéremment*, le maître pourrait cesser de l'instruire et faire sortir de sa classe sans qu'on puisse en inférer rien contre lui, ni lui imputer rien de mauvais; en donnant bon exemple à ses écoliers et écolières, il les exhortera aussi à vivre chrétiennement, leur apprendra à lire au français et au latin, ainsi qu'aux écritures manuscrites, à écrire, compter et calculer autant que chacun d'eux sera capable d'en profiter et que son esprit et son intelligence en pourront porter; si la santé, la voix, les affaires et autres motifs raisonnables le lui permettent, il aidera les dimanches et fêtes à célébrer l'office divin à l'église paroissiale, mais il ne pourra être custos de la fabrique, ni employé pour l'administration des sacrements, afin de n'être pas distrait des devoirs et fonctions de son office; si sa bonne volonté et le temps le lui permettent, il fera le catéchisme à ses écoliers. Il emploiera l'espace de temps convenable, eu égard au nombre d'écoliers, le matin et l'après-midi de chaque jour; il recevra les garçons de 5 à 18 et les filles de 5 à 12 ans : après cet âge il sera libre de les garder ou expulser. Il y aura vacance pendant le mois d'août et la semaine sainte, et l'après midi du samedi de chaque semaine, dans les semaines où il n'y aura pas de fête. Il ne percevra rien des écoliers pour ses peines et fonctions. Ledit seigneur donne une salle pour tenir l'école, fermant à porte et serrure, avec des fenêtres garnies de chassis remplis de verre et de *trillis* de fil de fer en dehors de ladite salle, garnie en dedans d'une table de 13 pieds de long sur 3 de large, et au-dessous, entre les pieds, 2 planches de 10 pieds au moins de long, pour déposer les papiers des écoliers; il y a 3 bancs de 12 pieds environ de long aux côtés de la table, et des sièges de bois tout autour de la salle avec des planches au-dessus contre les murs, également pour déposer les livres des écoliers, une armoire de bois de chêne, fermant à clef et serrure, attachée contre le mur, et une chaise à bras, ou fauteuil enfoncé de paille, pour l'usage du maître d'école; au dehors de ladite salle, 2 pieds de largeur de terrain sur l'étendue de la salle, servant de passage avec le voisin, la cour, la salle et étable avec grenier se tenant ensemble, dont le maître d'école ne pourra rien affermer, la moitié du jardin potager sis derrière la maison de l'école et du voisin, 2 sillons de terre avec pommiers à Villiers-le-Sec, delle des Crottes-Hamelin, contenant environ 5 vergées, avec les héritages de 2 vergées 1/2 en 2 sillons paroisse du Manoir, 80 livres de rente foncière, assise à Vaussieux, 10 livres de rente foncière, assise à Villiers-le-Sec, 25 livres de rente foncière, assise aud. Villiers-le-Sec. Si les paroissiens refusent de faire les grosses réparations, le maître d'école leur signifiera qu'il les fera à ses frais et dépens, parce que pour s'en faire récompenser il fera payer par les parents des écoliers 6 sols par mois pour les lecteurs et 8 pour les écrivains, jusqu'à remboursement; il cessera d'instruire ceux qui ne voudront payer ledit écolage. En cas d'élection d'un maître d'école choisi autrement qu'en les formes susdites, sans le consentement du seigneur, substitution au bénéfice des pauvres malades de l'Hôpital de Bayeux, pour fondation d'un lit auquel le seigneur nommera.

H. Suppl. 686. — B. 126. (Liasse.) — 10 pièces, papier.

1706-1757. — Vouilly. — Signification par Jacques Bouillot, huissier à Formigny, à la requête des religieuses de l'Hôtel-Dieu de Bayeux, à Philippe d'Espinose, écuyer, sieur du lieu, demeurant paroisse de Vouilly, de l'état du revenu des pauvres malades dudit Hôtel-Dieu, auxquels il est redevable de 15 livres de rente, avec sommation de payer ladite rente (1706). — Lettres de M. Courtanny à Dubois, procureur de l'Hôtel-Dieu, lui demandant d'accorder un délai et de suspendre les frais (1707-1711). — Signification par Jacques Beatrix, huissier, à la requête des religieuses de l'Hôtel-Dieu de Bayeux, à Gédéon d'Espinose, écuyer, de la paroisse des Oubeaux, d'un mandement obtenu du lieutenant général, leur permettant de saisir et vendre tous les redevables de rentes (1711). — Amortissement de 25 livres de rente devant Guillaume Lenormand, notaire à Isigny, par Marie Maine, veuve de Pierre Duhamel, fils Pierre, et Pierre Duhamel, son fils, aux curé et paroissiens de Vouilly (1757).

H. Suppl. 687. — B. 127. (Liasse.) — 19 pièces, parchemin ; 177 pièces, papier.

1385-An XIV. — Rentes. — Notes de rentes dues par M. de Carpiquet et autres, à cause de fieffes faites (1384, v. s.-1740). — Procédure en la vicomté de Bayeux, devant Thomas Potier, écuyer, lieutenant général, entre Olivier Berenger, prieur et administrateur de la Maison-Dieu, et Médard Hébert, pour paiement de 10 boisseaux de froment de rente (1593). — Copie de condamnation prononcée au présidial de Caen, au profit des administrateurs de la Maison-Dieu de Bayeux, en paiement de rente de froment due par Jean Bonnel (1622) ; ladite copie collationnée par Lemouette, notaire à Bayeux, en l'an XIV. — Procédure au Parlement par suite de sentence rendue au présidial de Caen, entre les religieuses de l'Hôtel-Dieu de Bayeux, stipulées par Jean Le Roux, prêtre, et Jean Le Blais, sieur du Quesnay, concernant le paiement de 5 boisseaux de froment de rente ; arrêt de ladite Cour, condamnant Le Blais au paiement des arrérages de ladite rente ; inventaire des pièces produites par les religieuses (1660-1663). — Soumission d'Olivier Lainé, sergent des pauvres, envers la supérieure des religieuses hospitalières de la Miséricorde de Jésus, établies dans l'Hôtel-Dieu de Bayeux, de faire payer toutes les rentes dues aux pauvres, suivant l'état à lui donné (1669). — Compte arrêté entre la supérieure et Olivier Lainé, des paiements faits par les redevables de rentes aux pauvres (1673). — Condamnation prononcée par Étienne Suhard, écuyer, seigneur et patron de St-Germain, Port et Conjon, lieutenant civil au bailliage de Bayeux, contre Olivier Lainé, de 3 années d'arrérages de 5 boisseaux de froment dus à l'Hôtel-Dieu (1679). — Vente devant les notaires de Bayeux, par les religieuses de l'Hôtel-Dieu, du consentement de François de Nesmond, évêque de Bayeux, patron collateur dudit Hôtel-Dieu, à Jean-François André, écuyer, sieur du Manoir, procureur du Roi, et Michel Suhard, écuyer, sieur de Loucelles, premier avocat du Roi, à Jean Le Nouvel, grand vicaire en l'église cathédrale, de 25 livres de rente au denier 18 (1692). — Vente devant Mathieu Hardy, notaire à Briquessart, par Catherine Hervieu, veuve d'André, sieur de La Mare, archer en la prévôté de Normandie, tant pour elle que pour Robert André, prêtre, et Guillaume André, sieur de La Fosse, bourgeois de Caen, à François Mazeline, curé de Torteval, de la somme de 1200 livres de principal, constitué en 66 livres 13 sols 4 deniers de rente au denier 18, pour la légitime de Marie Le Pelley, femme dudit de La Mare (1699). — Extrait d'une transaction faite entre Thomas d'Écajeul, écuyer, Anne-Françoise de Montagny, son épouse, et Antoinette de Montagny, veuve d'Écajeul, écuyer, Jacques d'Anisy, écuyer, époux de Marie Hudebert, et Raphaël d'Écrammetot, écuyer, concernant la cession de 3 boisseaux de froment, ledit extrait collationné à la requête de Jacques d'Anisy, écuyer, sieur de St-Aubin, par Le Maroys, enquêteur à Bayeux (1702). — Copie de quittances de rentes données à Mme de Saint-Suplix, héritière de M. du Quesnay, de 6 boisseaux de froment de rente (1708-1711). — Procédure en la vicomté de Bayeux, devant Clément Le Queus, écuyer, sieur de Varville, vicomte, entre Michel Guillebert, fermier des maisons de feu Pierre Boivin, et les religieuses, pour avoir le paiement de 6 boisseaux de froment de rente (1714). — Reconnaissance nouvelle par Marguerite Le Blais de Saint-Suplix, aux pauvres malades de Bayeux, de 5 boisseaux de froment de rente (1719). — Lettres de Morin, procureur, à Le Courtois, avocat, relatives à ladite rente (1726-1729). — Constitution devant les notaires de Bayeux, par Jean-Louis de Canivet, écuyer, sieur de Vacqueville, aux pauvres malades de l'Hôtel-Dieu, et du consentement des administrateurs, de 140 livres de rente (1728). — Procédure au bailliage de Bayeux, devant Clément Le Queus, lieutenant particulier, et Olivier Godard, écuyer, seigneur d'Isigny, lieutenant général, entre les administrateurs de l'Hôtel-Dieu, les grands vicaires de l'église cathédrale, Catherine Scelles, héritière de feu Des Prez Scelles et Lepelley des Essarts, concernant le paiement d'arrérages de rentes, sur biens sis à Lingèvres, Couvert et Buccéels (1729-1741). — Procédure au bailliage de Bayeux, devant François Génas, écuyer, seigneur du Homme, vicomte, entre les religieuses de l'Hôtel-Dieu, le seigneur d'Anisy, Pierre Le Pelley, sieur des Essarts, et Marie Rouxel, veuve de Guillaume Guéroult, les religieuses de Villers, pour paiement de 10 années de 25 livres de rente dues aux pauvres, de la constitution dudit des Essarts (1735). — Création par les religieuses de l'Hôtel-Dieu, de 30 livres, au profit des pauvres malades dudit lieu, au moyen de la somme de 600 livres qu'elles ont été autorisées de recevoir par M. de Luynes, évêque de Bayeux, les lieutenants généraux et gens du Roi du bailliage (1735). — Donation en constitution par Henry Dubois, receveur des pauvres malades, en conséquence du pouvoir à lui donné par les administrateurs, aux religieuses de l'Hôtel-Dieu, de la somme de 1200 livres, provenant de deux donations (1736). — Copie de constitution de rente au bénéfice de Madeleine Dufresne, veuve de Gaspard Dufresne, écuyer, sieur de la Guerre, pensionnaire de l'Hôtel-Dieu. — Procédure au bailliage de Caen entre les administrateurs des pauvres de l'Hôtel-Dieu et Chollet du Motel, représentant Pierre Le Pelley, sieur des Essarts, et Richard Scelles, sieur des Prés, pour paiement d'arrérages de rente (1761). — Reconnaissance par Fumée de 3 livres de rente aux pauvres malades de l'Hôtel-Dieu (1764). — Reconnaissance de Guillaume Laguel aux pauvres malades de l'Hôtel-Dieu, de 15 livres de rente (1784).

H. Suppl. 688. — B. 128. (Liasse.) — 7 pièces, parchemin ; 63 pièces, papier.

1667-1715. — Rentes. — Extrait des pièces produites par Jean de Bricqueville, écuyer, contre les hospitalières de l'Hôtel-Dieu : copie du contrat de mariage entre Adrien Morel, écuyer, sieur de Courcy, receveur des tailles à Valognes, et d^{elle} Marie de Bricqueville, qui reçut 1500 livres pour don mobil, et 8300 livres en dot constituée sur Jean de Bricqueville, son frère, en 607 livres amortissables en 3 fois (1667), etc. — Extrait du décret des maisons de Richard et Robert Lefebvre, sises aux paroisses de Colleville, Russy et Sainte-Honorine, fait à la requête de Jacques Néel, écuyer, sieur de la Caillerie (1667). — Extrait des consignations de la vicomté de Bayeux, de l'exercice du feu Robert Néel, écuyer, sieur de la Caillerie, et apporté au décès de Raphaël Couespel, sieur de Castilloux, receveur des consignations, ledit extrait collationné et délivré par Étienne, receveur des consignations, à Anne Couespel, épouse du seigneur comte de Bricqueville (1694). — Procuration donnée devant les notaires de Bayeux, par Thomas Levieux à Pierre-Étienne Laîné, receveur des consignations de la vicomté de Bayeux, de faire payer la somme de 1186 livres 10 sols 10 deniers, à Marie Cornet, veuve de Robert Néel, écuyer, sieur de la Caillerie, et à Olivier Néel, sieur de la Caillerie, que Anne Couespel, son seigneur comte de Bricqueville, lui a transportée (1696). — Transport par Anne Couespel, épouse de François-Paul de Bricqueville, héritière de Raphaël Couespel, sieur de Castilloux, à Gilles Guérin, sieur du Glos, marchand à Bayeux, de la somme de 321 livres 10 sols 6 deniers pour 1/2 du droit de consignation du décret des maisons et héritages de Robert Lefebvre et autres droits adjugés à ladite dame sur Robert Néel, écuyer, sieur de la Caillerie (1696). — Acte accordé aux assises de Bayeux, devant Pierre Suhard, écuyer, seigneur de Saint-Germain, à Gilles Guérin et aux religieuses de l'Hôtel-Dieu, de la lecture par Crespel, huissier, de la donation devant Michel Tavigny et Antoine Legoupil, notaires à Bayeux, à l'hôpital des pauvres malades, par ledit Guérin, d'une partie de 100 livres de rente au denier 18, à prendre sur Jean Néel, écuyer, sieur de Huppain, Marie Cornet et Olivier Néel, écuyer, sieur de la Caillerye, dont 80 livres pour entretien à perpétuité d'un lit (1701). — Procédure au bailliage de Bayeux, devant Pierre Suhard, écuyer, sieur de St-Germain, lieutenant général, et au Parlement, entre les religieuses de l'Hôtel-Dieu et M. de Bricqueville, sieur de Bretteville, pour paiement d'arrérages de 300 livres de rente (1702-1704); à l'appui, copie d'amortissement de rentes devant Martin Tellevast, notaire à Valognes, et Charles Le Mennet, ex-commis au notariat de Barfleur, pris pour adjoint, par Adrien Morel, seigneur de Courcy, gouverneur de la ville de Valognes, fils et héritier de Marie de Bricqueville, et devenu seul héritier de Théodore-André Morel, seigneur de St-Cyr, capitaine de dragons, son frère, et par Jean de Bricqueville, écuyer, seigneur de Bretteville, du montant desquelles 8300 livres proviennent des religieuses de l'Hôtel-Dieu (1703). — Proclamation faite par Jacques Bellebarbe, huissier à Bayeux, à la requête des religieuses de l'Hôtel-Dieu, issue de la messe paroissiale de Bricqueville, d'un contrat du 17 mai 1700, par lequel Jean de Bricqueville, écuyer, sieur de Bretteville, s'est obligé de payer auxdites religieuses une partie de 300 livres de rente, moyennant la somme de 6000 livres à lui payée et employée à l'amortissement de partie de 607 livres de rente due par Marie de Bricqueville, épouse d'Adrien Morel, écuyer, sieur de St-Cyr (1703). — Procédure en la vicomté de Bayeux, devant Michel Hermerel, écuyer, seigneur de la Ferrière, patron de Vaux-sur-Aure, entre les religieuses de l'Hôtel-Dieu, au droit d'Olivier Néel, sieur de la Caillerie, et la veuve Louis Azire, pour paiement de la somme de 100 livres (1704). — Procédure en la vicomté de Bayeux, devant Michel Hermerel, écuyer, seigneur de la Ferrière, seigneur de Vaux-sur-Aure, entre les religieuses de l'Hôtel-Dieu et David Lefort, fermier d'Olivier Néel, sieur de la Caillerie, redevable de fermages (1705). — Vente des meubles et bestiaux devant la porte de la ferme de Cangy, appartenant à Noël de la Caillerie, en la paroisse de Sommervieu, saisis sur Lefort, fermier (1706).

H. Suppl. 689. — B. 129. (Liasse.) — 16 pièces, parchemin ; 13 pièces, papier.

1631-1784. — Rentes de l'Eure abandonnées aux hospices après la révolution. — Vente par Jeanne Cantel, femme de Jean Hébert, de Piencourt, à Jean, fils de Jean Leguel, d'une pièce de terre audit lieu, moyennant rente à l'église de Piencourt pour fondations religieuses (1631). — Constitutions, reconnaissances et revalidations de rentes : par Françoise Pasquier, veuve de Pierre Leguel, de Piencourt, pour le trésor et fabrique de St-Saturnin de Piencourt (1671) ; —par Noël Convenant, fils Noël, porteur de pouvoir de Geneviève Gobille, sa mère, fille de Jean Gobille, ledit Noël demeurant à Bonneville-la-Louvet, proche la chapelle St-Louis, pour David Chrétien, écuyer, seigneur de St-Vincent, devant Jean-Baptiste Bucaille, notaire en la vicomté d'Orbec pour le siège de Moyaux (1715) ; — par Jacques Le Marié, fils Vincent, journalier à Ste-Opportune, envers Guillaume Lemaitre, trésorier de l'église de St-Aubin-sur-Quillebeuf, suivant pouvoir à lui donné par les paroissiens et le curé Thomas Du Bosc, pour fieffe de 2 pièces de terre sises à Ste-Opportune et à Trouville-sur-Quillebeuf (1718) ; — par Charles Le Chevallier, laboureur, de Romilly, pour le trésor de St-Aubin-de-la-Puthenaye, devant Henri Poullain, notaire en la vicomté de Conches pour le siège d'Émanville, Ormes et paroisses y jointes (1719) ; — par François-Hippolyte de Bellemare, seigneur de Duranville, envers Catherine Daumesnil, veuve de Monceaux, trésorier de France en la généralité de Rouen, de 160 livres de rente, au capital de 4,000 livres, à la caution solidaire de Pierre Le Viconte, chevalier, seigneur de Blangy, Fontaines et autres lieux (19 février 1720) ; réduction de ladite rente au denier 35 par Mme Daumesnil de Monceaux (3 mai 1720) ; autre réduction au denier 40 (3 août 1720) ; — par Simon Bizey, toilier, de la rente donnée et faite par feu Blaise Bissey, tant en son nom qu'en celui de Louise Duval, sa femme, au trésor et fabrique de l'église du Bosc-Regnoult (1729) ; — par Louis Fresnel, marchand, fils de Gabriel Fresnel, de la paroisse de Capelles, et Pierre Perier, de St-Mards-de-Fresne, pour la charité érigée en l'église de la paroisse de St-Germain-la-Campagne, stipulée par Pierre Charpentier, échevin en charge, autorisé par les autres frères servants, ledit Charpentier déclarant que la somme provient du franchissement fait à la charité par François Hourdet, sieur de la Hourderie (1739) ; sommation à la requête de François Bautier, échevin de la charité de St-Germain-la-Campagne, à Jean Fresnel, mureur de Capelles, de payer les arrérages (1777) ; — par Jean Vallée, boucher, pour la confrérie du St-Sacrement de la paroisse de St-Germain-la-Campagne (1744) ; — par Marie Barbey, veuve de Jean Le Mire, de Groslay, envers la fabrique de Beaumontel (1766). — Envoi par Charlotte-Gabrielle de Bellemare, curatrice de Pierre-Marie-Benjamin de Bellemare, son frère, pensionnaire au couvent des dames de St-Joseph-de-Rouen, d'une reconnaissance au marquis de Trémanville, héritier de M. de Sahurs, conseiller au Parlement, de 100 livres de rente constituée en 1720 (1776) ; y joint lettre de la même, de Duranville près Bernay, à M. de Sahurs Brévedent, à Rouen, y relative, l'accident arrivé à son frère le mettant hors d'état de régir ses biens (1766). — Revalidations de rentes : par Pierre-Jacques Quesney, de Marcouville, pour le trésor et fabrique de l'église dudit lieu (1781) ; — par Guillaume Milcent de Belcour, avocat à Orbec, au nom et comme représentant par acquêt Jacques, Jean et Jean Vallée frères, envers le trésor de la confrérie du St-Sacrement érigée en l'église de St-Germain-la-Campagne (1784) ; — par Louis Brice Feret, épicier à Cormeilles, porteur de procuration de Noël-Jacques-Antoine Convenant, bourgeois de Paris, envers messire Adrien Lefebvre d'Amécourt, chevalier, seigneur et patron d'Amécourt, conseiller au Parlement de Paris, représentant M. de St-Vincent, devant Philippe Desgenetès de Bellecour, notaire au bailliage d'Orbec pour le siège de Thibouville, l'Hôtellerie et dépendances (1784).

H. Suppl. 690. — B. 130. (Liasse.) — 5 cahiers, grand format, papier.

1749-An XIII. — Rentes. — Extraits tirés en l'an XIII des registres de recette des revenus des pauvres de l'Hôtel-Dieu, tenus par les religieuses hospitalières chargées de l'administration des biens desdits pauvres, concernant des débiteurs de rentes.

H. Suppl. 691. — B. 131. (Registre.) — Grand format, 95 feuillets, papier.

1658-1661. — « Registre contenant requêtes et diligences faites pour le bien des pauvres. » — Sommations faites par Étienne Ferey, huissier en la vicomté de

Bayeux, à la requête des religieuses de l'hôpital, stipulées par Jean Leroux, prêtre : à Jean Denize, de la paroisse de Sommervieu, de payer 3 boisseaux de froment et 14 boisseaux d'avoine ; à Jeanne Lithée, veuve de Charles Adam, écuyer, sieur de la Fontaine, de payer 6 boisseaux de froment, 1 poule et 10 œufs. — Vente par ledit Ferey de 2 vieilles assiettes d'étain saisies sur Jean Larcher, sieur de Courperron, de la paroisse de Lingèvres. — Vente par le même d'une vieille chopine d'étain saisie sur Guillaume Poterin, sieur de Torteval, de la paroisse de Sommervieu. — Sommation faite par Manoury, à la requête des religieuses de l'Hôtel-Dieu, à Adrien de Percaval, écuyer, sieur des Moulins, de la paroisse d'Ellon, de payer 8 boisseaux de froment. — Vente d'un cotillon bleu saisi sur Pierre Le Débonnaire, de la paroisse de Cottun. — Sommation faite à François de Hotot, sieur de Lisle, de la paroisse de Longueville, de payer 10 boisseaux de froment de rente. — Sommations faites : à Estelle de Louvières, épouse de Pierre de Tallevast, écuyer, sieur de la Madeleine, de la paroisse de Longueville, de payer 4 boisseaux de froment de rente ; à Robert de La Cour, écuyer, sieur de Mesleville, de la paroisse de Longueville, de payer 6 boisseaux de froment. — Vente d'une génisse saisie sur Germain Lefillastre, écuyer, sieur de la Haisrie, de la paroisse de Vaux-sur-Seulles, pour paiement de 18 boisseaux de froment. — Sommation faite à Germain de Baussy, écuyer, de la paroisse St-Loup, de payer 18 boisseaux d'orge, sans préjudice des arrérages (1658). — Ventes faites à la halle à blé : de 2 plats et 2 assiettes de vieux étain saisis sur Jean de La Motte, écuyer, héritier à cause de sa femme de Gilles Haribel, de la paroisse de Chouain ; d'un corset saisi sur Anne de Beaulard, veuve d'Anferville. — Sommation faite à Jean Jourdain, sieur de Morfontaine, de payer 2 boisseaux et 1 quartier de froment de plus grand nombre de rente (1659). — Signification faite à la requête de la supérieure des religieuses de l'Hôtel-Dieu de Bayeux, stipulées par Jean Le Roux, prêtre, à Jean Le Blais, seigneur du Quesnay, conseiller du Roi, d'un arrêt de la Cour avec assignation à comparoir dans quinzaine. — Ventes devant la halle à blé : de 2 vaches saisies sur Antoine Mouillard, fermier de Suzanne de Longauney, veuve de Claude de La Guiche, seigneur de St-Girond (1660) ; d'une vache saisie sur Pierre Le Bouvreuil, de la paroisse de Couvert (1661).

H. Suppl. 692. — B. 132. (Cahier.) — Moyen format, 42 feuillets, papier.

1659-1661. — « Registre contenant différents actes « et diligences. » — Vente faite aux namps devant la halle à blé de Bayeux par Jean Henry, sergent de la Maison-Dieu, d'un plat et 2 écuelles de vieux étain ssisis sur Thomas Alexandre, prêtre, obitier et trésorier de la paroisse St-Loup. — Sommation faite à Étienne Bourdon de payer 29 années d'arrérages de 7 boisseaux d'orge. — Proclamations de la vente des récoltes en froment et chènevière saisies pour paiement de 29 années de 7 boisseaux d'orge sur les biens de feu Olivier Heuste, et de 5 septiers d'orge, 2 gelines et 20 œufs de rente à prendre sur le chapelain de la Madeleine de Vaucelles (1659). — Vente d'une vache saisie sur Charles Buhot, sieur de Maisons, jouissant des biens de Michel Benoist, pour paiement d'arrérages de 7 boisseaux de froment, à Laurent de La Haulle, moyennant la somme requise par justice, à charge desouffrir le droit de gage et forgage (1661), etc.

H. Suppl. 693. — B. 133. (Registre.) — Grand format, 118 feuillets, papier.

1661-1662. — « Registre contenant diligences. » — Vente par Jean Henry, sergent en la Maison-Dieu de Bayeux, des récoltes en orge, sarrasin et chènevière, sur une pièce de terre, sise en la paroisse St-Patrice, saisies sur Henri Benoist, fermier, à la requête de la supérieure, stipulée par Jean Le Roux, prêtre, pour paiement d'arrérages de rente. — Sommation faite à François Brochet, de la paroisse de Couvert, trouvé en la halle à blé, de payer la somme de 40 livres à laquelle il a été condamné par arrêt de la Cour de Parlement. — Assignation commise à la requête de la supérieure des religieuses de l'Hôtel-Dieu, stipulées par Jean Le Roux, prêtre, à Simon Fréard, prêtre, prieur de l'Hôtel-Dieu, de comparaître en la Cour de Parlement de Rouen, pour y soutenir le procès contre les Cordeliers et les Ursulines. — Vente aux namps, devant la halle à blé, d'un vieux manteau de bure grise, et d'un vieux pot d'étain, saisis sur Nicolas de Vechy, pour paiement d'arrérages de 3 boisseaux de froment. — Vente au marché de Trévières d'un vieux petit plat et d'une vieille petite assiette d'étain, saisis sur Robert Auber, l'un des héritiers de Robert Lesellier. — Vente devant la halle à blé de Bayeux, de 2 vaches et 4 plats d'étain, saisis sur Jean Legendre, fermier de Michel Lucas, seigneur d'Osseville, de la paroisse de Campigny, pour paiement de 60 livres 8 sols pour 6 années d'arrérages de 8 boisseaux d'orge, adjugés moyennant 30 livres, à charge de souffrir le droit de gage et de forgage. — Sommation faite à la requête de la supérieure de l'Hôpital, à Jean Bunouf, curé de Longues, de payer les arrérages de 2 boisseaux 1/2 de froment.

H. Suppl. 694. — B. 134. (Registre.) — Grand format, 80 feuillets, 1 pièce intercalée, papier.

1663-1665. — Sommations faites à la requête de la supérieure de l'Hôtel-Dieu de Bayeux : à Antoine Gavare, prêtre en la paroisse d'Écrammeville, de payer 9 boisseaux d'orge et 1 poule de rente ; à Jacques Bouillot, prêtre, de la paroisse de Tour, de payer 12 boisseaux d'orge de rente ; à Georges de Vendes, de la paroisse de Loucelles, de payer 14 boisseaux de froment ; à Robert de La Cour, écuyer, sieur de Melleville, de la paroisse de Longueville, de payer 13 boisseaux de froment et une poule de rente ; aux fermiers d'Isaac Le Bedey, écuyer, sieur d'Asnelles et de Vaux, vicomte de Bayeux, pour paiement de la somme de 241 livres pour 20 années d'arrérages de 26 boisseaux de froment de plus grand nombre, et de la somme de 55 livres, pour frais de procès. — Assignation commise à René d'Escajeul, écuyer, de comparaître en la vicomté de Bayeux, pour y déclarer en quel état est le décret des maisons et héritages d'Étienne et Jean Bénard. — Sommation aux héritiers de Jean Néel, sieur de Longsparcs, de payer 18 boisseaux de froment. — Assignation commise à Bertin Roger, ex-adjudicataire de la halle à blé, d'être présent à la visite de ladite halle. — Sommation faite à Jean Le Blais, seigneur du Quesnay, conseiller du Roi à Caen, de payer la somme de 571 livres 18 sols, montant d'un exécutoire obtenu en la Cour par la supérieure de l'Hôtel-Dieu de Bayeux. — Arrêt de deniers fait entre les mains de Jacques Gouye, sieur de la Jacquerie, fermier de Jean Le Blais, seigneur du Quesnay, des deniers par lui dus, pour paiement de ladite somme de 571 livres 18 sols (1663). — Sommation à François de Hottot, sieur de l'Isle, de la paroisse de la Cambe, de payer 15 boisseaux de froment et une poule. — Assignation commise à Charles Cornier, seigneur de la Bindelière, de comparaître en la Cour de Parlement, pour y procéder sur un appel interjeté. — Proclamation faite, à l'issue de la messe paroissiale d'Étreham, de la bannie des dîmes de ladite paroisse (1664). — Assignation commise à la requête de la supérieure aux religieux du prieuré de St-Nicolas de la Chesnaye, pour reprendre un enfant par eux apporté à l'Hôtel-Dieu. — Sommation faite en vertu d'une quittance de Blondel, écuyer, de la somme de 50 livres payée par les religieuses de l'Hôtel-Dieu à Jean Picquot, sieur de la Fosse, adjudicataire d'un cheval appartenant au curé de Louvières, de rendre ledit cheval, avec offre de payer les frais (1665).

H. Suppl. 695. — B. 135. (Registre.) — Grand format, 56 feuillets, 2 pièces intercalées, papier.

1674-1681. — « Registre des enregistrements... (lacérations) des distributions de conséquence. » — Enregistrement des dépôts faits au greffe dans les procès de : Martin Prieur, receveur des quatrièmes, et Jean Fresnée, garde de la porte de St-André (1674) ; Jean et Jacques de Mosles et Jean Ravenel. — Dépôt fait d'un cahier de la recherche des nobles faite par M. de Monfault, commissaire à ce député. — Procédures : entre Charles Plaisance et Raoul Ledars, curé de Feuguerolles ; Jean de Montrosty, Pierre Vimard, les paroissiens de Mosles et d'Argouges (1675) ; le receveur des aides, Augustin Gondouin, Charles de la Vente, Thomas Onfroy, sieur des Iles ; et le sieur de la Rivière, Toussaint Passé et les paroissiens de St-Sauveur de Bayeux, la veuve de Vierville et Jacques Foulon (1676) ; Morin, écuyer, sieur de Verbuisson et les paroissiens de St-Marcouf (1677) ; Michel Collet et sa femme, et les paroissiens de St-Malô de Bayeux, Charles Rupalley et Jean Rupalley (1678). A l'appui, état des paiements à faire par les contribuables à taille de la paroisse St-Symphorien de Bayeux, montant à la somme de 4694 livres. — Dépôt de pièces de procès entre Michel Le Boullu et Toussaint Blaise, collecteurs, et Marie Duhamel, veuve de Zacharie Rupalley ; Jacques Blaise et Pierre Le Carpentier, collecteurs de la paroisse de Deux-Jumeaux, et Jacques de Mehérenc, écuyer, sieur de la Conseillère (1680) ; Jean-Baptiste de Grimouville, écuyer, et Jean Thorel (1680) ; François Mallet et Jean Gardin (1681), etc.

H. Suppl. 696. — B. 136. (Liasse.) — 6 pièces, parchemin ; 145 pièces, papier.

1654-1774. — Dons et legs. — Donation devant Jean Pery et François Daon, tabellions à Bayeux, par Catherine de Beauvallet, fille de Jacques de Beauvallet, écuyer, docteur en médecine, aux pauvres de l'hôpital de la Maison-Dieu, stipulés par Guillaume Marguerye, écuyer, sieur de Pierrepont, représentant les religieuses, de la somme de 30 livres de rente à prendre sur François et Jacques Soufflard père et fils, Pierre Dujardin, avocat, et Charles Boivin, procureur, à charge d'employer ladite rente en acquisition ou loyer d'une maison destinée à recevoir les pauvres passants (1654). — Acte accordé aux assises de Bayeux, tenues par Nicolas du Moustier, écuyer, sieur de la Motte, lieutenant général au bailliage de Caen, à la supérieure des religieuses de l'Hôtel-Dieu et à Michel Folterue, de la lecture et insinuation faite par Jean Gouet, huissier audiencier, d'un contrat passé devant les tabellions de Bayeux; ledit Folterue a donné aux pauvres de l'Hôtel-Dieu 10 livres de rente à prendre sur René d'Escajeul, écuyer (1660). — Donation par Jean-Michel de Bagnol, pénitencier en la cathédrale de Bayeux et ancien chanoine de ladite église en la prébende d'Esquay, de la somme de 1500 livres, moyennant quoi il sera augmenté de 2 lits dans la salle de l'Hôtel-Dieu pour recevoir deux pauvres, l'un de Ste-Honorine-des-Pertes, et l'autre d'Esquay (1680), ladite somme employée en l'acquisition de 2 pièces de terre à Geffosse, l'une appelée le pré en maresq de Canada, l'autre l'herbage Boutevillain, décrétées au siège de Périers et mises à prix par Ravend, écuyer, sieur de Boisgrimot, lieutenant général au siège de Carentan, qui subrogera l'Hôtel-Dieu à son droit d'adjudication des 2 pièces de terre. — Fondation de lit par Michel Suhard, sieur de Loucelles (1708). — Donation par Gilles Basly, chanoine de la cathédrale de Bayeux en la prébende de Pezerolles, seigneur de Subles et de Bussy, de 1440 livres pour fondation de lit. — Quittances données à la dépositaire des pauvres malades par Marie-Anne Panel, sœur de St-Benoist, et par la sœur Le Provost, sa nièce, de la somme de 80 livres de rente viagère pour la fondation d'un lit (1710-1745). — Donation par demoiselle Gabrielle de Hainaut, veuve de Philippe de Méhérenc, écuyer, sieur de Bellefontaine, demeurant à St-Vigor-le-Petit, aux pauvres malades de l'Hôtel-Dieu, de la somme de 900 livres faisant 50 livres de rente, dont elle se réserve l'usufruit (1711). — Donation par Judith de Marcadey, veuve de Henri-François Suhard, écuyer, sieur de la Couture, aux religieuses de l'Hôtel-Dieu, de 180 livres de rente avec charge de payer aux Augustins de Bayeux 50 livres de rente, et 30 livres à la paroisse de St-Loup, plus 100 livres à sa femme de chambre, Judith Viel, sa vie durant; après sa mort, ces 100 livres seront employées au bénéfice desdites dames pour avoir un lit dans la salle des pauvres pour un pauvre de St-Loup; à la suite est l'acceptation des religieuses hospitalières au nom desdits pauvres, Judith Viel, Anne-Marie du St-Esprit, Marie-Jacqueline-Basile de Ste-Marguerite, Bocquet, dépositaire des Augustins, Varin, curé de St-Loup, et par l'Évêque de Bayeux (1713); sur ladite pièce, quittance de Jean-Baptiste Artur, curé de St-Vigor-le-Grand, exécuteur testamentaire de Judith Viel, aux dames de l'Hôtel-Dieu, de 33 livres 6 sols 8 deniers pour 4 mois d'arrérages (1751). — Vente devant les tabellions de Bayeux par Richard Néel, sieur de Bapaulme, de la paroisse de St-André de Bayeux, héritier en partie de Suzanne Néel, veuve de Michel Hermerel, écuyer, sieur de Secquemont, aux pauvres malades de l'Hôtel-Dieu, stipulés par Anne-Marie du St-Esprit, supérieure des religieuses, et sœur Marie-Anne de St-Charles, dépositaire, de l'agrément des vicaires généraux nommés par le chapitre de Bayeux, le siège épiscopal étant vacant, et des lieutenants généraux et gens du Roi du bailliage, de partie de 130 livres de rente au denier 18, à prendre au droit de Mlle de Secquemont sur Gilles de Grosourdy, écuyer, sieur de St-Jores, et demoiselle Rachelle de Grosourdy, veuve de Thomas de Grosourdy, suivant la vente faite à ladite demoiselle par Marguerite de Verigny, veuve et non héritière de Gilles Faisant et fondée aux droits d'Étienne Faisant, frère et héritier dudit Gilles, ladite rente concernant la fondation d'un lit; y joint une fiche : « pièces inutilles ». — Donation par Marie et Madeleine Noël, sœurs, de la paroisse de Sully, aux pauvres malades, de la somme de 504 livres, en se réservant l'usufruit (1716). — Remise faite par Marie Le Vallois, de la paroisse de St-Martin de Bayeux, aux religieuses de l'Hôtel-Dieu, de la somme de 900 livres pour les pauvres malades, en se réservant, sa vie durant seulement, l'intérêt de ladite somme au denier 20 (1730). — Don par Ambroise Philippe, curé de St-Open de Bayeux, aux pauvres malades, de la somme de 1000 livres, en se réservant l'usufruit (1733). — Procédure en la juridiction des privilèges de l'Université de Caen, devant Jacques-Charles Gohier de Jumilly, écuyer, lieutenant particulier civil et criminel aux bailliage et siège présidial de Caen, entre Julien de Baize, seigneur et patron de Bretteville-le-Rabet, veuf d'Agnès Poirier, au précédent veuve de Gaspard Desmares, écuyer, Jean-François d'Anneville, chevalier, patron de Chiffrevast et Tamerville, Cécile-Françoise Poirier, veuve du marquis d'Amfreville, et les religieuses de l'Hôtel-Dieu, concernant la donation faite par Mme de Bretteville, et rétrocédée par Vautier, écuyer, pour la fondation d'un lit à l'Hôtel-Dieu (1733-1734). Extrait du registre des inhumations de la paroisse St-Gilles de

Caen, concernant l'attestation par le curé de l'inhumation faite le 13 avril 1730 dans l'église, en présence de Laurent Malouin, chanoine du Sépulcre, et de Jacques La Fontaine, de Gabrielle-Agnès du Poirier, épouse de M. de Baize de Bretteville, âgée de 65 ans. Copie du contrat de mariage fait le 10 mai 1705, entre Julien de Baize, bourgeois de Caen, fils de Charles, marchand, et de Catherine Aumont, et Gabrielle-Agnès Poirier, fille de feu Julien Poirier, écuyer, et de Geneviève de Fermery. — Don par Jeanne Gisle, de la paroisse St-Patrice, de la somme de 700 livres, en se réservant l'usufruit (1736). — Extrait du registre des assemblées de l'Hôtel-Dieu, présidées par l'évêque de Bayeux, concernant la donation faite par Renée Le Roquais, aux pauvres malades, de la somme de 1000 livres, en se réservant l'usufruit (1736). — Extraits des registres des assemblées de l'Hôpital général des pauvres malades et notes informes concernant les fondations : par Marguerite Subard, veuve de Du Fayel-des Haufoins, et Suzanne Scelles, de Létanville, d'un lit dans ledit hôpital, moyennant la somme de 2100 livres (1737) ; par Michel Subard de Loucelles, d'un lit pour les pauvres malades de l'Hôtel-Dieu en 1708, réduit à un demi-lit et rétabli moyennant 900 livres par délibération du 17 décembre 1739 ; et par Jeanne du Vivier, dame de Crouay et Longeau, de la somme de 6300 livres pour 3 lits en l'Hôtel-Dieu de Bayeux (1745). — Donation devant François Duhamel, notaire à Bayeux, par Claude Fleury, lieutenant du premier chirurgien du Roi, aux pauvres des hôpitaux de la ville de Bayeux, de parties de rentes, dont il se réserve l'usufruit pendant sa vie, l'Hôtel-Dieu représenté par Gabriel Rogier, lieutenant général de police, et par François Crépel, avocat du Roi en bailliage et vicomté, et l'Hôpital général des pauvres valides par Michel de Bailleul, chanoine de Gavrus, syndic de l'Hôpital, et François Genas, vicomte et maire de la ville (1739). — Répertoire des meubles de feu dame Becquet, décédée en la paroisse St-Sauveur de Bayeux; à la suite est la décharge donnée par Pierre Gouix, héritier de ladite dame, à la dépositaire des pauvres malades de l'Hôtel-Dieu, d'un lit complet (1743). — Donation devant Jean-Charles Tostain, notaire à Bayeux, par Marguerite Saillenfest, veuve de La Cocquerie-Scelles, pensionnaire au couvent des hospitalières, aux pauvres malades de l'Hôtel-Dieu, de la somme de 2000 livres qui lui est due par les Bénédictines de Caen (1744) ; lettre de la sœur Marie du St-Sacrement, prieure, à Dubois, receveur de l'Hôtel-Dieu, lui adressant la copie de ladite donation, à la suite de laquelle est l'obligation prise de rembourser ladite somme (1745). — Extrait de l'assemblée de l'administration des pauvres malades de l'Hôtel-Dieu, concernant la conversion, en 250 livres de rente, des deniers provenant de la donation du feu curé de Hérils et des 2000 livres dues par les Bénédictines de Caen, de la donation de la dame de La Cocquerie ; à la suite sont les reçus des sommes versées, donnés par Aubry à Dubois (1747). — Extrait des registres des assemblées de l'administration des pauvres malades de l'Hôtel-Dieu, concernant la remise faite par le curé de St-Exupère à M. de La Conture, receveur desdits pauvres, de la somme de 637 livres 10 sols, déposée par Sandret, curé, pour la fondation de 1/4 de lit pour les pauvres de la paroisse de Neuilly, ladite somme faisant partie de celle de 3000 livres donnée en constitution à Mme de Lan (1751) ; à l'appui sont les quittances données par les usufruitiers. — Fondations de lits par Gosset, chanoine, vicaire général (1754-1774). — Dépôt fait devant Antoine Duruel, notaire à Bayeux, par Richard Gosset, chanoine en l'église cathédrale, official et grand vicaire du diocèse de Bayeux, du testament de Pierre Le Boursier, prêtre, chanoine de St-Germain en ladite église, contenant donation à sa servante de la rente de 50 livres par lui acquise de Charles Colleville, de Balleroy, quand il était lui-même curé de la Grande-Ferrière en 1763, et portant legs en faveur tant de l'Hôpital général que du bureau de charité des pauvres (1767) ; y joint copie de l'engagement de Charles Colleville. — Reconnaissance devant Pierre-Antoine Duruel et Thomas-François Mallet, notaires à Bayeux, par François-Julien Colleville, prêtre, de la paroisse de Colleville-sur-la-Mer, pour lui et ses frères, de la rente de 50 livres souscrite aux administrateurs de l'Hôtel-Dieu par feu Pierre-Charles Colleville, leur père (1773).

SÉRIE C.

Matières ecclésiastiques.

H. Suppl. 697. — C. 1. (Liasse.) — 3 pièces, papier.

1682-XVIII° siècle. — Séminaire. — Copies de l'acte d'établissement, fait par François de Nesmond, évêque de Bayeux, des Pères de la Congrégation de la Mission comme directeurs perpétuels du Séminaire, auquel, par décret du 22 novembre 1675, il a uni et incorporé tous les biens, domaines, droits et revenus, chapelle, bâtiments, jardins et autres lieux, dépendant du prieuré de St-Jean-l'Évangéliste, près l'Hôtel-Dieu de Bayeux, à la charge de faire le service divin, acquitter les obits et fondations, administrer les sacrements et sépultures aux pauvres de l'Hôtel-Dieu, instruire et assister spirituellement les pauvres passants dans le lieu où ils sont reçus vis à vis l'Hôtel-Dieu. Ladite Congrégation sera tenue d'entretenir 5 prêtres dans ledit Séminaire; l'un sera directeur, deux feront les leçons de théologie scholastique et morale; les deux autres auront soin de l'économie, enseigneront le chant et les cérémonies, administreront les sacrements et sépultures aux pauvres de l'Hôtel-Dieu, et, avec les séminaristes, feront le service accoutumé et acquitteront les obits et fondations du prieuré, en pouvant se substituer un prêtre externe, qui sera approuvé par l'Évêque, etc., le tout, moyennant 2400 livres par an, qu'ils prendront sur les plus clairs revenus du Séminaire. Acceptation par Edme Jolly, supérieur général de la Congrégation (1682). — « Question en vertu de quoi le Séminaire « épiscopal de Bayeux, sis en la Maison-Dieu dudit « Bayeux, possédoit-il le fief de la Cosnardière, pour « être en droit de l'aliéner comme il a fait en 1734, et « pour en ratifier le contrat d'aliénation en 1760. » Réponse. Les supérieur et directeurs du Séminaire étaient fondés au droit des anciens prieur et religieux de l'Hôtel-Dieu. Le Séminaire de Bayeux possède ledit fief en vertu du partage fait, en 1643, par l'évêque Jacques d'Angennes, des biens de l'Hôtel-Dieu, entre les prieur et religieux de l'ordre de St-Augustin, chargés de l'administration spirituelle de l'Hôtel-Dieu, et les pauvres dudit Hôtel-Dieu. Le fief de la Cosnardière fut compris dans le lot des religieux. Dans cet acte dudit évêque est compris l'établissement des religieuses hospitalières de la Miséricorde qui ont actuellement soin des pauvres malades. Ladite année 1643, au mois de novembre, le Roi accorda des lettres patentes pour l'établissement desdites religieuses hospitalières en l'Hôtel-Dieu de Bayeux. Lettres patentes d'août 1669, autorisant l'évêque François de Nesmond, pour l'établissement d'un Séminaire en sa ville épiscopale. Vérification desdites lettres au Parlement de Rouen, le 17 juin 1670. Décret de M. de Nesmond, du 22 novembre 1675, supprimant, à la requête des syndics du clergé du diocèse de Bayeux, le titre du prieuré de St-Jean-l'Évangéliste de l'Hôtel-Dieu de Bayeux, dont Jean Ralier, prêtre, conseiller et aumônier du Roi, était prieur commendataire, et unissant au Séminaire de Bayeux tous les biens, domaines, droits et revenus, chapelle, bâtiments, jardins et lieux divers, dépendant de la manse dudit prieuré, à charge de faire le service divin accoutumé, acquitter les obits et fondations, administrer les sacrements et sépultures aux pauvres de l'Hôtel-Dieu, instruire et assister spirituellement les pauvres passants de ce lieu où ils sont reçus vis-à-vis dudit Hôtel-Dieu, servir et faire desservir la petite paroisse de St-Vigoret, satisfaire à toutes les autres charges et pensions dont le prieur est tenu, et d'y établir et faire le principal exercice du Séminaire. Institution comme supérieur de Thomas Duhamel, docteur de Sorbonne, chancelier et chanoine de l'église cathédrale. Ledit décret fut confirmé et autorisé par de nouvelles lettres patentes de mars 1676, vérifiées au Parlement de Rouen le 4 août 1676. Le 15 novembre 1675, cession par les religieux du prieuré de St-Jean-l'Évangéliste audit supérieur desdits bâtiments et revenus pour être incorporés au Séminaire. Le 25 novembre 1675, ratification de ladite cession ou concordat fait par l'Évêque devant les tabellions de Bayeux. Le 7 septembre 1682, ledit Évêque, reconnaissant que la direction du Séminaire et sa durée ne pouvaient être plus solides qu'en l'unissant à une communauté ou congrégation d'ecclésiastiques, capables d'en prendre la conduite à perpétuité, prit cette voie pour en rendre l'établissement permanent, et choisit les prêtres de la Congrégation de la Mission pour être à perpétuité directeurs du Séminaire, tant au spirituel qu'au temporel. Confirmation par le Roi dans ses lettres patentes données à Fontainebleau en août 1683, enregistrées à la Chambre des Comptes de Normandie le 29 janvier 1697, et au Parlement de Rouen le 13 mai 1684. Le 21 février 1684, les prêtres de la Congrégation de la Mission se disposèrent à venir au Séminaire de Bayeux, où une partie de ces prêtres arriva le 1er juillet audit an, et l'autre au commencement de septembre.

H. Suppl. 698. — C. 2. (Liasse.) — 42 pièces, papier.

1676-1752. — Chapelain. — Mémoire pour les hospitalières de Bayeux contre Blanchet, supérieur du séminaire de Bayeux, curé de St-Vigor-le-Petit, pour être maintenues au droit de faire administrer par leur chapelain les sacrements de l'église à leurs pensionnaires, résidant dans leur monastère, et de les faire inhumer par leur dit chapelain dans leur cimetière. Procédure au bailliage y relative aux années 1751 et 1752 entre les hospitalières, Blanchet, curé, et les paroissiens de St-Vigor près les murs. A l'appui, significations de pièces, faites par Rupelley, huissier : note de frais de ladite procédure ; règlement fait par Colbert, archevêque de Rouen, concernant les droits des curés sur l'administration des sacrements et l'inhumation des filles et femmes séculières, demeurant dans les monastères (1693), et arrêt du Conseil y relatif ; arrêt du Parlement entre les abbesse et religieuses de l'abbaye de N.-D.-des-Anges de Coutances, contre les curé, prêtres et marguilliers de St-Nicolas (1719) ; état des pensionnaires décédées à l'Hôtel-Dieu : Mell° Perrette Julien de la *Honaudière* (1676), Mme de la Bretonnière (1700), Honorine Renaud, veuve Lespérance (1703), Melle des Essarts d'Amours (1709), Melle de Tierceville (1714), Melle des Deffens (1716), Marie Conard, veuve Delafosse Buhot (1734), Melle de Conjon (1734), Louise d'Argouges, femme Doset (1740), Françoise Eude,

veuve Le Bachelet, sieur de Saon (1742), la veuve de M. de *Chendolet*, sœur du marquis de St-Pierre (1742), Mme d'Amours, veuve de Gruchy (1743), Catherine Anfrie, veuve de Verigny (1744), Mme de Saillenfest, veuve Scelle (1746), Marie-Anne-Basile Ouzouf, veuve Doseville (1751).

H. Suppl. 699. — C. 3. (Liasse.) — 3 pièces, papier.

1788. — Baptêmes. — Extraits des registres des baptêmes et sépultures de l'Hôtel-Dieu de Bayeux, concernant les baptêmes faits par le supérieur du séminaire, des enfants exposés à la porte de l'Hôtel-Dieu, nommés par Guillaume Charlivet, du régiment commissaire-général-cavalerie, Anne-Sébire, infirmière, et autres, lesdits extraits délivrés par Seigle, secrétaire de la municipalité.

H. Suppl. 700. — C. 4. (Liasse.) — 2 pièces, papier.

1789. — Fondations. — Requête adressée à l'évêque de Bayeux par la supérieure et les religieuses de l'Hôtel-Dieu, afin d'obtenir la réduction des fondations faites à leur église, dont il n'en est presque pas une qui ait un revenu proportionné aux charges qu'elles imposent; suit le tableau de 43 fondations avec les ressources y affectées et les réductions auxquelles elles ont donné lieu. — Procès-verbal d'examen des titres de fondation par Maffré, chanoine, official et vicaire général, chargé par l'évêque dudit examen, et ordonnance dudit vicaire général, au nom de l'évêque, prescrivant les réductions indiquées au précédent tableau. — Fondations Julienne Basley, Jean Sorel, Guillemette Martin, Mme de la Bretonnière, M. et Mlle de Loucelles, Mlle de Préville, etc.

SÉRIE D.
Inventaires des Archives.

H. Suppl. 701. — D. 1. (Registre.) — Moyen format, 68 feuillets, papier.

1703. — « Inventaire et estat des lettres et écritures « concernantz le revenu des pauvres malades de l'hos- « pital de Bayeux, fait et dressé par les dames supé- « rieure et religieuses hospitalières dud. Bayeux, « administratrices desd. pauvres malades. » Documents utiles, classés par paroisses où ils consacrent des droits : St-Patrice, la Poterie, St-Loup, St-Exupère, St-Vigor-le Grand, Vaux-sur-Aure, Vaux-sur-Seulles, Condé-sur-Seulles, St-Germain-de-la-Lieue, Nonant, Chouain, Ellon, Couvert, Lingèvres, Hottot, Planquery, Guéron, Longues, Marigny, Fontenailles, Fresnay-sur-Mer, Arromanches, Ver, Ste-Croix-sur-Mer, Crépon, Ryes, Tour, Magny, Sommervieu, Cottun, Mandeville, Formigny, Maisons, Argouges-sous-Bayeux, Sully, La Cambe, Longueville, Cussy, Vaucelles, Carcagny, Martragny, Brecy, Esquay, Fresney-le-Crotteur, Creully, Creullet, Cully, Coullon, Brouay, Putot, Loucelles, Audrieu,

Couvert, Juaye, Agy, Crouay, Manvieux, Blay, Saon, Rubercy, Mosles, Écrammeville, Canchy, Ryes, Fontenay-le-Peynel, etc. — Rentes et revenus des prêches, maladreries, etc.

H. Suppl. 702. — D. 2. (Registre.) — Moyen format, 126 feuillets, papier.

1726. — « Inventaire ou estat des contracts, adjudi-
« cations, baux à ferme et autres pièces, concernantes
« le revenu annuel des pauvres malades de l'Hôtel-Dieu
« de Bayeux, tant en rentes de froment, orge, avoine,
« poules, canards, œufs, rentes foncières en argent,
« rentes hypothèques, dixmes, fermages et autres,
« dressé au mois d'août de l'année 1726, par Maître
« Michel Le Courtois, avocat, receveur et procureur dud.
« Hôtel-Dieu, suivant la soumission qu'il en avoit faitte
« à Messieurs les administrateurs. » Documents utiles, classés par paroisses où ils consacrent des droits. Rentes sur Binet, curé de Monceaux, le trésor de St-Loup, Michel Bonnemie, sieur des Préaux, Lefort, chanoine de St-Laurent, les héritiers Adrien de Percaval, écuyer, sieur des Moulins, de Percaval d'Orval, Lucas d'Osseville, les héritiers de La Ferrière du Bousquet, M. de Loucelles, Michel Varin, curé de St-Loup, etc. — Maladreries : de St-Nicolas-de-la-Chesnée ; — d'Isigny : contrat de fieffe à Michel de Rots, écuyer, sieur de la Madeleine, des rentes et terres dépendant de la chapelle de la Madeleine, assises en la paroisse d'Isigny, moyennant 170 l. de rente foncière, suivant contrat passé devant les tabellions de Bayeux, le 5 novembre 1702, et récépissé du même des titres et pièces concernant lad. fieffe (1703) ; — de la chapelle Ste-Catherine : sentence rendue en la Chambre royale, le 8 août 1685, entre le commandeur de l'ordre de St-Lazare, appelant, et Isaac Gilles, sieur de Landeville, avocat à Bayeux, envoyant ce dernier en possession des héritages dépendant de lad. chapelle Ste-Catherine, à charge de payer à la maladrerie 20 l. de rente, que les pauvres possèdent à présent ; — de St-Clair-de-Pierre-Soleil, liasse de 26 pièces, concernant une rente foncière pour fieffe faite par les notaires de Bayeux le 17 juillet 1715, pour héritages à Ryes, plus 8 pièces, anciennes sentences, quittances de franc-fief et procédures sur les fermiers des terres et rentes dépendant de la Maladrerie. — Consistoire de Vaucelles : rente due par M. de Marcelet de 20 l. de rente au denier 14 ; il en a chargé de 14 livres Jacques Le Marchant, qui a réduit en 1720 au denier 28, en sorte qu'elle n'est plus que de 13 livres ; contrat de religionnaires de 1603 pour l'entre-tien du ministre, reconnaissance de lad. rente par Anne-Marie de Magneville, épouse de M. de Marcelet en 1694 ; autre donation de Cornet de Bellefontaine (1633), etc. — Consistoire de Trévières. Longueville, rente de 20 l. au denier 14 ; réduite au denier 25 en 1700, sur le dos d'un contrat passé au notariat de Formigny en 1678. — Consistoire de Colombières. Les Oubeaux. Partie de 15 l. de rente, due par M. d'Espinoze, du nombre de celle de 204 l. donée au Consistoire de Colombières par les religionnaires par contrat passé au notariat d'Isigny en 1655, le surplus amorti ; sentence rendue en bailliage à Bayeux en 1700, adjugeant condamnation de 5 années d'arrérages de lad. partie de rente, sur les veuve et héritiers de Noël d'Espinoze, écuyer, sr des Oubeaux, et Gédéon d'Espinoze, sieur de la Couture. — Rentes sur les tailles. — Quittance par Moussard, chanoine de Merville, aux hospitalières, de 11,400 l. en billets de 100 et 50 livres de la banque royale, pour les placer sur le Clergé général au denier 50. — Tripot. — Denier à Dieu de Trévières et Bayeux. — Dîmes. — Droit de prendre 8 cordes de bois dans la forêt des Biards, etc. — Le 21 août 1726, en présence de Hamon, supérieur du séminaire, et d'Antoine Le Marois, procureur du Roi de police de Bayeux, et en exécution de l'arrêt fait par l'Évêque pour la vérification du présent inventaire, les supérieure et discrète de la maison des hospitalières de Bayeux sont appelées, et il leur est demandé si elles ne sont pas saisies d'autres pièces ; sur quoi elles représentent un état en forme d'inventaire de 1712, qui n'est ni signé, ni contremarqué, plus un état des rentes et revenus de l'Hôtel-Dieu de 1644, suivant la répartition desd. biens faite par Dangeau, évêque de Bayeux ; elles ont déclaré n'avoir en leur maison aucune autre pièce qui concernant le revenu de l'Hôtel-Dieu, à la réserve du nombre et quantité de vieilles pièces qu'elles peuvent avoir, et lesquelles elles ont réputées inutiles, auxquelles on pourra recourir, si besoin est. Elles ont en outre déclaré avoir reçu plusieurs contrats de donations faites à l'hôpital par plusieurs particuliers, dont on est chargé de payer l'intérêt du vivant des donateurs ; ces documents ont été détaillés dans tous les comptes précédemment rendus par elles, lors de la donation et des amortissements ; lesd. pièces ont été remises aux hospitalières, qui se réservent de vérifier toutes les écritures, après en avoir référé à leur chef ; sr Anne-Marie-de-l'Ascension, supérieure, sr Marie-Basile-de-Ste-Thérèse, assistante, sr Marie-Basile-de-Ste-Marguerite, sr Anne-Marie-de-St-Charles, sr Jacqueline-de-St-Augustin, principales religieuses élues par la Communauté, officières.

H. Suppl. 703. — D. 3. (Registre.) — Moyen format, 160 feuillets, papier.

1726. — Double du précédent.

H. Suppl. 704. — D. 4. (Registre.) — Grand format, 291 feuillets, papier.

1758. — « Inventaire des titres, lettres et écritures « concernant le revenu annuel des pauvres malades de « l'Hôtel-Dieu de Bayeux, dressé au mois de septembre « de l'année 1758 par Maître Thomas Tavigny, procu- « reur au bailliage de Bayeux, receveur et procureur « dudit Hôtel-Dieu. » Avec additions postérieures. — Divisé par sacs; analyse des pièces de chaque sac. Rentes dues par : Jean-Baptiste Guilbert, sieur de la Croix, Gabriel Couillard, sieur de Brunville, conseiller aux bailliage et vicomté de Bayeux, Thomas Hébert, chanoine de Bayeux, François-Antoine de Petitcœur, écuyer, seigneur de Beauvallon, M. d'Urville, seigneur de Vaux-sur-Aure, le marquis de Magny, à cause de sa terre de Damigny, André de la Bigne, écuyer, sieur de Tessel, M. de Montmagny, M. de Conjon, héritier de M. de Cottun, M. de Morigny, M. de Baudre de Bavent, époux de Mlle de Saint-Rémy, M. de Grimouville de Martragny, Mme de Gavrus de Mathan, héritière de l'abbé de Cambes, héritier de Le Bas, curé de Brécy, l'évêque de Bayeux (20 boisseaux de froment), François de Vendes, écuyer, sieur de Belleville, à cause des héritages qu'il possède à Loucelles, rente payée par Henri de Morchesne, écuyer, sieur de St-Vigor, demeurant en sa terre de Morchesne, paroisse St-Vigor, élection de Falaise, François-Jacques-Louis Turgot, fils de Pierre-Louis Turgot, écuyer, seigneur de Loucelles, représentant Georges de Vendes, les Bénédictines de Bayeux, Anne-Élisabeth du Vivier, veuve d'Henri Hue, écuyer, sieur de Carpiquet, représentant M. de Beaumont du Vivier, à la représentation de René-Louis Fromont de Cléronde, conseiller du Roi en sa grande chancellerie du Parlement de Normandie, seigneur et patron de Sermentot, Couvert et autres lieux, le chapitre de la cathédrale de Bayeux, la dîme de Rubercy, Joret des Closières, Nicolas Malenfant, sieur de la Fosse, bourgeois de Bayeux, le prieuré de St-Nicolas de la Chesnée, Michel Gilles, sieur de Landeville, gendarme ordinaire du Roi, Gilles Fumée, sieur de Pouligny, François Genas, sieur du Homme, assesseur aux bailliage et vicomté de Bayeux, Guillaume de la Bazonnière, écuyer, sieur des Rivières, ayant épousé demoiselle Élisabeth-Françoise d'Espinoze, fille et unique héritière de Noël d'Espinoze, écuyer, fils Jacques, Guy-Augustin-Henri de Couvert de Coulons, écuyer, gouverneur pour le Roi de la ville et château de Bayeux, Laurent Gosselin, écuyer, sieur de la Tonnellerie, Richard du Fayel, écuyer, seigneur de Cricqueville, et Antoine du Fayel, diacre, son frère, Michel-Claude du Fayel, écuyer, officier du régiment de Piémont, et Antoine Le Maigre, sieur de Lan, Michel Vaultier, écuyer, sieur de Saint-Simon, à la caution solidaire de Bernardin-Adrien Morin, écuyer, sieur de Vaulaville, de Tour, Guillaume Morin, et Joseph Morin, frères, écuyers, sieurs de Banneville, Catherine-Bonne-Françoise Le Vaillant, veuve de Marc-Antoine d'Hermerel, écuyer, trésorier de France au bureau des finances, Jean-Baptiste Le Soudier, sieur de Saint-Blaise, élu en l'Élection de Bayeux, Marie-Guillemette de Marguerie, veuve de Nicolas-Michel Duhamel, écuyer, sieur de Conjon, lieutenant général au bailliage de Bayeux, François Le Guélinel, sieur du Routel, Éon de la Baronnie, chevalier, seigneur comte de Cely, Adrien de la Rivière, écuyer, sieur de Romivierres, Charles-Adrien-Tanneguy du Châtel, capitaine au régiment du colonel-général-cavalerie, Henri-Jacques-Tanneguy du Châtel, chanoine de Bayeux, Jean-André de Bruny, chevalier, seigneur patron et châtelain de Maisy, les tailles de l'Élection de Bayeux, les religieuses de l'Hôtel-Dieu de Bayeux, Blanche Le Breton, veuve de Guillaume d'Agneaux, écuyer, sieur de Ranville, en premières noces, et en secondes de Claude Hélies, écuyer, seigneur du Mesnil-Villement, de Mesnil-Amant, François-Marc Genas, sieur de Rubercy, assesseur au bailliage de Bayeux, Nicolas Éury, assesseur aud. bailliage, curateur d'Antoine Hébert, écuyer, sieur d'Orval, François Le Febvre, veuve de Guillaume Bauquet, écuyer, sieur de Grandval, Jean-Gilles d'Arclais, écuyer, sieur de Baupigny, etc. — F° 20. Chapelle de la Madeleine d'Isigny. — F° 240. Consistoires de Trévières et Vaucelles : Martin de Pierrepont, écuyer, sieur de Boissy, Louis de Scelles, écuyer, sieur de Létanville, Jacques et Jacob Hue, écuyers, sieurs de Longueville et de Montégu, Jean et Gabriel Cornet, écuyers, sieurs de la Bretonnière et de Fresmont, Jean Le Neveu, sieur de la Brière, Marcel de Verigny, sieur de Castillon, etc. — F° 242. Dîme d'*Estraham*. — F° 243. Dîme de Bazenville. — F° 244 v°. Deniers à Dieu de Bayeux et Trévières. — F° 245 v°. Donation en 1739, par Claude Fleury, lieutenant du 1er chirurgien du Roi, aux deux Hôpitaux, pour supplément d'honoraires (50 livres) au chirurgien qui aura soin de visiter, panser et médicamenter les pauvres de l'Hôtel-Dieu et de l'Hôpital général. — F° 246. Droit de 24 cordes de bois dans la forêt de Burleroy, aujourd'hui dite des Biards.—F° 247. Droits de la halle à blé ou tripot.

H. Suppl. 705. — D. 5. (Liasse.) — 8 pièces, papier.

XVIII siècle. — Inventaires de titres. Emprunts et enregistrements de restitutions.

SÉRIE E.

Administration de l'établissement. — Délibérations, nominations, règlements. — Budgets et comptes, états des recettes et dépenses. — Économat, fournitures, entretien des bâtiments. — Inventaires de mobiliers, livres de caisse, etc.

H. Suppl. 706. — E. 1. (Registre.) — Moyen format, 54 feuillets, papier.

1750-1783. — « Registre pour l'administration de « l'Hôtel-Dieu de Bayeux. Le présent registre coûte « sept sols. » — 1750, 9 mai. Dans l'assemblée de l'Hôtel-Dieu, tenue au palais épiscopal, où présidait l'évêque, marché fait, moyennant 11,000 livres, par les administrateurs de l'Hôtel-Dieu à Nicolas Thomine Amelin, entrepreneur de bâtiments à Bayeux, pour construire une aile de bâtiment à la salle des malades de l'Hôtel-Dieu, semblable dans l'intérieur à l'aile du côté du Séminaire, suivant le plan contremarqué, savoir à la face, sur la rue, en faire une portion à neuf sur la largeur de 18 pieds pour se rejoindre en liaison à la partie ancienne, etc. — 1751, 8 octobre. Dans l'assemblée des pauvres de l'Hôtel-Dieu tenue en la Chambre du Conseil, où présidait M. d'Isigny, lieutenant général, Le Prêtre, curé de St-Exupère, a mis aux mains de M. de La Couture, receveur des pauvres de l'Hôtel-Dieu, 637 l. 10 s. pour la fondation d'un quart de lit pour les pauvres de Neuilly, laquelle somme lui a été remise de la part de Sandret, curé de Neuilly, provenant des fonds des pauvres de lad. paroisse. — 13 novembre. Donation par un anonyme de 750 l. pour aider à parachever les greniers de l'Hôtel-Dieu. — 16 novembre. M. des Rougeterres, procureur du Roi au bailliage, exécuteur testamentaire de Mlle de Crouny, donne 6,300 livres léguées par elle ; suivant le vœu de l'administration, il a donné partie de cette somme à Nicolas Thomine dit Amelin, pour finir le paiement des ouvrages par lui faits à l'Hôtel-Dieu ; constitution de 3,000 livres, partie dud. legs, à Charles Le Vaillant, écuyer, sieur de Magny. — 19 décembre. Nomination de Cousté comme chirurgien aide-major de l'Hôtel-Dieu, pour absence de Le Tual, chirurgien-major. — Gratification de 72 livres accordée à Le Cieux, reçu médecin de l'Hôtel-Dieu en survivance de Littbare, par délibération du 28 mai 1750, vu le témoignage avantageux rendu par les administrateurs du soin, attention et capacité avec lesquels il s'est acquitté de son emploi. — 27 décembre. Les enfants trouvés, âgés de 7 ans, sont conduits à l'hôpital général des pauvres valides. — 1752. Fondation d'un lit pour les pauvres de Neuilly. — 1753. Amortissement de rente par la fille mineure de M. de Pierrepont des Biards. — 1754. Fondation d'un lit par Gosset, chanoine, pour les pauvres malades des paroisses de Tour et de Commes. — 1755. Amortissement de rente par M. de Marguerye de Vierville, représentant M. de Vacqueville ; remplacement desd. rentes sur M. de Bruny. — 1756. Traitement des soldats malades. Le roi accorde par chaque journée 9 sols, auxquels il faut joindre les 5 sols de paie du soldat ; nomination d'un apothicaire à l'hôpital ; l'administration refuse de recevoir un garçon apothicaire envoyé par l'intendant, qui demande pour lui la nourriture, le logement et 15 livres de gages par mois. Les honoraires du médecin seront fixés à l'avenir sur le pied de 18 boisseaux de froment au lieu de 6. — Legs de 600 livres par Le Bas de Cambes, chanoine de Froide-Rue en l'église de Bayeux. — 1757. Donation de 1,000 livres par Jeanne Foüin, veuve de René Le Fillastre, sieur de la Haizerie, lieutenant de cavalerie, demeurant à Bayeux, moyennant l'intérêt au denier 20, sa vie durant et celle de sa servante, pour établir un lit. — L'administration s'assemblera le premier dimanche du mois, sauf à être indiqué des assemblées extraordinaires. — 1758. Tavigny, procureur au bailliage, est nommé receveur des biens et revenus de l'Hôtel-Dieu, en remplacement de Gosset de La Couture. Il aura 200 livres d'appointements par an. — 1759. Rente due par Du Châtel, chevalier, seigneur de Castillon. — Procès pour la dîme d'Étreham. — Fondation de lit par Pierre Vauquelin, bourgeois de Bayeux. — Amortissement de rente par Gilles de Launey, s^r du Foudray. —

Rente sur la dîme de Rubercy. — 1760. Fondation d'un demi-lit par la d'' Bonnemie, veuve Planson, pour les pauvres de St-Loup-Hors et la Poterie. — 1761. Acquisition de la maison Pigache, attenant à l'Hôtel-Dieu. — 1762. Fondation d'un demi-lit pour la paroisse de Crouay par M''' Vaultier ; fondation d'un lit par Olivier d'Amours, écuyer, seigneur et patron de Fontenay-le-Pesnel, Villiers-le-Sec et autres lieux. — 1769, 9 avril. Les religieuses ont fait faire à l'administration les représentations suivantes : il y a environ vingt ans, les administrateurs ayant considéré que la salle des malades était trop petite, qu'il n'y avait pas assez de place pour les lits, que le service ne pouvait s'y faire commodément et que l'on y respirait un mauvais air, résolurent d'augmenter la salle de la moitié de sa grandeur. Elle fut alors rééditiée telle qu'on la voit aujourd'hui, mais, pour parvenir à cette augmentation, il fallut prendre une partie du terrain de la cour de l'Hôtel-Dieu, qui était déjà trop petite, et fut ainsi anéantie ; elle ne forme plus qu'une espèce d'allée si étroite que les voitures ne peuvent y entrer. Depuis la construction de la nouvelle salle, le nombre des lits a beaucoup augmenté, les soldats ont également accru le nombre des malades, et les approvisionnements ne peuvent plus être logés en quantité suffisante, faute de place ; acquisitions de maisons voisines pour agrandissement. — Fondation de lit par François-Antoine de Petitcœur, écuyer, sieur de Beauvallon ; constitution de rente aux hospitalières pour se libérer de quelques rentes. — 1770. Députation pour transiger avec les enfants Coutainville : Guillaume Coutainville avait vendu à Pigache une maison joignant à l'Hôtel-Dieu, qui fut cédée aux pauvres en 1761 ; les enfants ont fait assigner l'Hôtel-Dieu pour leur céder la propriété des 2/3 de lad. acquisition, etc. — Réception en survivance de Dudouet, médecin, qui secondera Le Cieux, médecin, dans ses fonctions, sans pour ce participer aux gratifications ou honoraires. — 1773. Fondation d'un demi-lit par Heurtin, curé de Barbeville. — Réception de Marie-François Le Tual, s' de Montmirel, docteur en médecine et maître en chirurgie, en survivance de son père Marc-François-Lambert Le Tual, chirurgien de l'Hôtel-Dieu, à sa demande. — 1777. Remboursement de rente par les hospitalières, et constitution à M. de Vouilly et à Jean-François Folliot de Morfontaine, bourgeois de Bayeux. — 1779. Il a été représenté qu'il y a longtemps que l'administration est privée des secours et des lumières d'un notable ; nomination, avec Genas, de Le Barbey de Fontenelles, etc.

H. Suppl. 707. — E. 2. (Registre.) — Moyen format. 60 feuillets, papier.

1783-1789. - « Registre des délibérations de l'ad- « ministration de l'Hôtel-Dieu, du 23 mai 1783 au 11 « décembre 1789. » — 1783. Reconstruction de la cheminée de la salle des pauvres, qui menace ruine et offre le plus grand danger, vu que la fumée s'y fait jour de partout. — La dîme d'Étreham est renouvelée, moyennant 120 livres, au lieu de 85 livres, pour 3 ans. — 1784. Il a été représenté que plusieurs raisons exigent de l'administration qu'elle fasse choix d'une autre personne que M' Tavigny, procureur, pour vacquer à la conservation des biens et du chartrier des pauvres, pour suivre les affaires qui peuvent être pendantes hors le bailliage de Bayeux, faire reconnaître les rentes, etc.. Nommé dès 1758, il est devenu infirme, etc. Nomination de Hardouin, procureur au bailliage, en survivance. — Proposition de remboursement de rente par M''''' de Marguerie, l'une d'elles recevant 3,000 livres provenant de l'amortissement que doit faire la maison de St-Cyr, où elle a été pensionnaire. — 1787. Gratification de 200 livres accordée à l'Hôtel-Dieu par le ministre pour soldats malades entretenus à l'Hôtel-Dieu. — 1788. Nomination comme administrateur notable, de Gourdier des Hameaux, en remplacement de Genas, démissionnaire. — Examen des cahiers de visite du médecin et du chirurgien : plainte sur les abus que commettaient les chirurgiens Le Tual et leurs élèves, en s'emparant des cadavres quand on laissait à leur disposition l'entrée de la salle des morts ; sous prétexte de faire des observations utiles, ils ont mutilé des cadavres et en ont emporté des membres, dont quelquefois même les élèves ont abusé pour en faire à la porte de l'Hôpital des polissonneries indécentes, notamment en effrayant cruellement plusieurs filles en sortant de l'Hôpital, en leur montrant une tête de cadavre sans précaution ; après ces désordres, les religieuses n'ont pas cru devoir ouvrir indiscrètement la salle des morts aux chirurgiens, sans l'avoir jamais refusée absolument ; on décide que cette salle sera ouverte de l'agrément et en présence de Dudouet, médecin, en l'absence duquel il ne peut être procédé à l'ouverture des cadavres. — Bail du droit de denier par boisseau à percevoir à la halle. — Difficultés entre les chirurgiens et les religieuses : ces dernières nient avoir jamais ordonné médicaments ni saignées, mais déclarent s'être contentées de reporter aux chirurgiens les ordonnances du médecin ; depuis longtemps elles ont cruellement à se plaindre des chirurgiens Le Tual père et fils et de leurs élèves qui, excités vraisemblablement par le mauvais exemple, se permettent généralement dans l'Hôpital des procédés qui révoltent ceux qui y sont employés, même les malades ; ils maltraitent de propos les religieuses qui se présentent, ont la prétention de disposer seuls des lits ; on ne recevra de malades que sur le visa des administrateurs, sur le certificat du médecin ou chirurgien. — Dépôt sur le bureau d'un mémoire présenté au garde des sceaux et au contrôleur général par les chirurgiens Le Tual, touchant divers abus qu'ils prétendent exister dans la tenue de l'Hôpital de Charité de Bayeux. Ces mémoires ont d'autant plus surpris l'administration que jamais lesd. Le Tual ne lui ont dénoncé aucun abus. Le 17 juin, délibération sur le résultat de la vérification des sujets de plainte entre les hospitalières et lesd. chirurgiens ; l'assemblée étant composée de 6 administrateurs, les voix se sont partagées ; renvoi. Le 21 juin, considérant que Le Tual du Manoir fils a montré dans l'Hôpital un caractère absolument incompatible avec celui des personnes essentiellement attachées au service de la maison, que ses assertions sont pour la plupart de la plus grande inexactitude, l'assemblée, présidée par Eudes de la Jumellière, écuyer, lieutenant général du bailliage de Bayeux, a considéré qu'il était de la plus grande utilité pour le service des pauvres de révoquer la survivance qu'elle lui avait accordée en qualité de chirurgien dans l'Hôpital en 1779 ; quant à son brevet de médecin militaire dans l'Hôpital, d'après lequel il prétend entrer pour soigner les soldats malades, on s'adresse à l'intendant pour le faire annuler ; prenant en considération les longs et utiles services de Le Tual père, le bureau l'invite à continuer ses fonctions, etc. — Blanc à partir du f° 13.

H. Suppl. 708. — E. 3. (Registre.) — Moyen format, 204 feuillets, papier.

1469-1470. — « Le compte ou estat de la recepte « et entremise de l'ospital ou Maison-Dieu de Baieux, « depuis le jour Saint-Michiel en septembre includ l'an « mil IIII° soixante-neuf jusques au jour Saint Michiel « prouchain ensuivant exclud, baillié et rendu à très « révérend père en Dieu Monseigneur Louys de Harecourt, patriarche de Jérusalem et évesque de Baieux, « ou à messrs ses officiers, ainsy qu'il est acoustumé, « par moy frère Guillaume de la Marie, prieur et administrateur dud. hospital ou Maison-Dieu de Baieux. » — F° 3. « La recepte des rentes et revenues de la ville « et banlieue de Baieux pour les termes Saint-Michiel, « Pasques, Noël et Saint-Johan-Baptiste. » « Saint-« Salveur. » Des hoirs Messire Pierre *Dieuxdenier*, pour l'hôtel où il demeure ; des hoirs ou ayant cause de Jean Bréart, pour l'hôtel qui fut Guillaume *Filzdieu*, « assis en francque rue » ; du curé d'*Aneelles* pour l'hôtel où demeurait naguère Messire Denis Philippe : rue Bien Venu ; de *Emon de Gray*, pour l'hôtel qui fut Henri Las, angloys, bute de ung bout sur la rue de Saint-Nicolas ; de Guillaume Mathieu, notaire de cour d'église, assis devant la croix de l'église, jouxte les hoirs Jean de Mangny et l'Hôtel-Dieu. — F° 4 v°. « Nostre-Dame-« des-Fossés. » « Saint-Andrieu. » Hôtel situé près de la porte St-André. » Saint-Malou. » — F° 5 v°. « Saint-Martin. » Des trésoriers dud. lieu pour une portion du cimetière, *naguères beney.* — F° 6. « La Magdalène. » « Rue de la Tennerie. » — F° 6 v°. « La Poterie. » — F° 7. « Saint-Johan. » *Rue aux coquos* ; de Jean Thomas, pour l'hôtel qui fut Jean Langevin. — F° 9 v°. « Saint-« Laurens. » *Rue du moustier de Saint-Laurens.* » — F° 10 « v°. Saint-Patrice. » Bornants : l'abbé et couvent de Longues, le seigneur de Héville, le chapitre de Bayeux, le prieur de St-Nicolas, etc. — F° 12 v°. « Saint-Ouen. » — F° 13 v°. « Saint-Vigor-le-Grant. » — F° 15. « Saint-« Lup. » De Mr Jean Bertier, chanoine de Bayeux, pour un jardin assis en la Cambette, VIII s. et 1 geline. — F° 19. « Saint-Vigoret. » De Noël Le Cousteur et Jean Quesnel, pour le mesnage et jardin qui furent Messire *Giueffroy Meslier*, en son vivant archidiacre d'*Yeumoys*, bute sur la place du Cornet de Saint-Vigoret ; hôtel qui fut Messire Nicole de *Neufmoys*, dit Caumont. — F° 21. « Saint-George. » — F° 22. « Saint-Suppire. » Bornants, les frères et sœurs de *St-Gracien.* — F° 23 v°. « Aultre « recepte de deniers en grosses sommes en la ville et « fousbourgs de Baieux » : du vicomte, VIII l. XIX s. que l'Hôtel-Dieu a droit de prendre chaque année « sur le conteur du Roi » ; fermage du tripot, fermage du moulin du Mesnil. — « Aultre recepte de deniers, « graines et poull. en la banlieue de Baieux et de hors « les forsbourgs Guéron, Moncheaulx, Saint-Germain-« de-la-Lieue, Saint-Supplis, Barbeville, Vaucelles » (jouxtant la Maladrerie-de-St-Loup, les chapelains de St-Nicolas-des-Courtils, etc.), « Cussy, Vaulx-sur-« Ore ». — F° 32. « L'archidiaconé de Baieux. Ellon, Jueys, « Trungy, Couvert, Condé-sur-Seulle, Nonnant, Cho-« aing, Bussée, Bernières-en-Boscage, Ducy, Carqui-« gny, Loucelles, Brouay, Putot, Breteville l'Orguil « leuse, Fontenay-le-Paignel, Audrieu, Tylly, Lingièvre, « Longueraye, Vendes, La Vacquerie, Feuguerolles, « Livry. » — « L'archidiaconé des Veiz. Argnchie et

« Subles, fieu noble tenu à court et usage, Noron, Agie, « Renchie, Cotun, Crouay, Campigny, Tour, Sully, « Maisons, Moulles, Bley, Listri, Le Bruyl, Suon, « Saonnet, Ruberoil, Trévières, Magneville, Tessy, « Fourmigny, Engranville, Surrain, Agnierville, Lon- « gueville, Deux Gemeaulx, Escremeville, Caenchie, La « Cambe, Pert, Lestanville, Maisie, Giuffosse, Osmanville, « Cardonville, Ysigny, Nully, Moon, Saint-Cler, Saint- « Marcouf, La Follie, Colombières, Benesc, Tournières, « Valbadon, Litheau, Balerry, Planquerie, Saint-Quen- « tin, La Basoque, Berigny, Castillon, Ouestraham, « Argougetes, Commes, Neufville, Hupain, Houteville, « Lovières, Saint-Laurens-sur-la-Mer, Asnières, Véret, « Englesqueville, Saint-Pierre-en-Mont, Vierville, Colle- « ville, Saincte-Susanne près Sainct-Lô, fieu noble « tenu à court et usage sur lequel l'abbé de Sainct Lô « prent quatre livres tourn., Condé-sur-Vire, Tori- « gny, Barfleu en Costentin et illecquez environ, Tribe- « hou. » — F° 90 v°. L'archidiaconé de Caen. Argouges près Baieux, Heris, Marigny, Foulenailles, Manvieux, « Maigny, Trachie, Rye, Arroumance, Fresnay-sur-la- « Mer, Anelles, Mevaine, Ver, Crepon, Basenville, « Villiers-le-Sec, Creully, Tierceville, Saincte-Croix-sur- « la-Mer, Banville, Coulomby, Courtseulle, Courtsigny, « Douvre, Hermanville, Plumetot, Ouestrehan, Bar- « bières, Camilly, Cnily, Sequeville, Saincte-Croix-de- « Grantonne, Quesnet, Fresnay-le-Croteox, Coulomb, « Brechie, Ruqueville, Martrigny, Vaulx-sur-Seulle, Le « Manoir, Vienne, Esquay, Sommervieu, Vaussy, Caen « et illecquez environ, Furnoville. » — F° 121 v°. Recette de dîmes et diverses ; fil écru pour la quête et pardon de l'Hôtel-Dieu, doubles pour les processions du communier du chapitre de Bayeux ; XXV s., dépouille de plusieurs pauvres trépassés à l'Hôtel-Dieu pendant l'année. — F° 124. « Despence quotidiane » : chair, poisson, œufs, vin, épices et autres choses nécessaires chaque jour pour le gouvernement du prieur et frères, pauvres, rendus et condonnés de l'Hôpital ou Maison-Dieu de Bayeux, des valets, serviteurs, charpentiers, maçons et autres journaliers, ouvriers de bras. — F° 127. Froment pris au grenier de l'Hôpital mis au pain. Dépenses diverses : un boisseau de sel blanc pour la cuisine, pris à Cottun, et apporté par Martin Le Longien, 6 sols ; 3 livres de suy bateys pour suer une des tonnes de l'Hôtel-Dieu à mettre du cidre, 5 s. ; façon de 30 livres de chandelle, 2 s. ; 7 morues, 17 s. 6 d. ; une potée de buyrre pesant 22 livres, 15 s. ; dépenses pour le vestiaire des religieux : frères Pierre Paret, Jean Becquet, Mathieu le Conteur, Guillaume Le Téterel, Thomas Collet, Henri Hardi, chacun X l. X s. ; chargés des rentes dont l'Hôtel-Dieu est chargé à cause de ses héritages : prévôt de Campigny, chapelains de St-Nicolas des Courtils, pauvres aveugles de St-Gracien, chapitre de Bayeux, évêque, curé de St-Symphorien, etc. ; réparations : un buletel à servir au four de l'Hôtel-Dieu, 2 s. 9 d. ; pot de terre pour la cuisine, 7 d. obole ; 22 boisseaux de chaux, 15 s. ; « pour ung « millier de clou pour réparer en dortour ce qui avoit « esté destruit par fortune de feu qui brulla et ard. la « chambre où demon^r. frère Pierres Paret, et l'autre « d'après, et dont grant dommage s'en est ensuivi, « pour ce, 6 s. 3 d. » ; 2 douzaines de cercles à pipe, 2 s. ; « pour piller trente livres de cambre en metre en « fillache pour faire de la telle, pour 3 livres 5 d., « valent 4 s. 2 d. » ; une serrure de bois toute neuve, 23 d. ; « façon d'un millier de fagots au bois du Vernay, 18 s. 4 d. ; « pour matières à guérir et médeciner le « cheval dez rentes », 9 d. — Pensions d'avocats, procureurs et autres gens, serviteurs aud. Hôtel-Dieu : à Jean Ragot, avocat en Cour d'église, 40 s. ; à Colin de Foulloigne, garde du scel des obligations de la vicomté de Bayeux, 20 s., etc. Gages et salaires : le cuisinier, le boulanger, le dépensier, chacun 6 livres par an, le « clerc des rentes », 8 l. ; la « serviteure des povres », 30 s. ; le « serviteur des harnaiz », 8 l. 15 s., etc. — Pour nourrir et allaiter et mettre en nourrice, hors ledit Hôtel-Dieu, les enfants trouvés à la porte de l'Hôpital et autres lieux de nuit, 7 l. 15 s. pour l'an. — Achats de pois, vesces, avoines, foins, etc. — Deux mains de papier, 3 s. 3 d. ; une peau pour faire les couvertures à papiers pour les recettes et maisons, 15 d. ; pour matières à faire de l'encre, 23 d. ; une peau de parchemin à faire des vidissez et écritures, 9 d. — 2,860 boisseaux de pommes achetées et mises en sidre pour la provision de l'Hôtel-Dieu, outre celles de son cru, 11 deniers par boisseau, soit 131 l. 20 d. — Frais de procès. — Le 14 octobre, à six hommes qui furent le jeudi précédent, pour un cas de fortune de feu qui prit la chambre dud. religieux, dont fut grande perte et dommage, à chacun d'eux, 11 deniers ; à une couturière, pour deux jours qu'elle fut à l'Hôpital pour faire des chemises et des devanteaux au petit cuisinier et autres petits serviteurs de l'Hôpital, 18 deniers ; à une femme, nommée Robine, pour 7 jours qu'elle fut à garder les femmes en gésine, 2 s. 3 d. ; à une femme, pour avoir été à la salle aux pauvres pour aider à les garder et faire plusieurs menues besognes, 3 deniers par jour ; à Guillaume Leproux, ouvrier de bras, pour faire les corvées et relier les vignes, 13 deniers par jour. —

Dons et rémissions. — F° 190. « Pour trop compté et « non receu. »

H. Suppl. 709. — E. 4. (Registre.) — Moyen format, 130 feuillets, papier.

1523. — « Extraict d'un compte rendu par Maistre « Pierre Le Meauffays, prieur commendataire de l'Hôtel-« Dieu de Bayeux », en 1523. — Du vicomte de Bayeux, pour les termes St-Michel et Pâques, que l'Hôtel-Dieu a droit d'avoir chaque année sur le *comptoir* du Roi à Bayeux VIII l. XIX s.; de Jean La Perche, fermier du tripot pour l'année, VI^{xx}X l.; ferme du Moulin du Mesnil et des deux prés proches dud. moulin, C. l.; fermage du lieu de Cromelle, L l.; fermage d'une pièce de terre assise à St-Georges, IIII l. — Guéron, pour une pièce de terre contenant 9 vergées, nommée le Clos-de-l'Hôtel-Dieu, sise jouxte l'Hôtel-Dieu; de Messire Jean Suhard, pour fermage d'un tiers d'acre, lettre passée devant Jean Revel et Jean Le Roy, tabellions à Bayeux, le 8 mai 1509, V. s. — Barbeville. Des hoirs ou ayant cause de Me Martin Hélyes, pour Thomas Hélyes, pour 6 vergées de terre assises en la delle de la Motte, V. s.; des hoirs Richard du Vivier, écuyer, pour un pré jouxte la rivière de Dromme, de nouvelle acquisition, XL. s. — Vaucelles. De Roger Havart, pour 6 vergées de terre assise auprès du hamel de Nyhault, en la delle de la Gallette, jouxte la terre qui fut Guillaume de Nyhault, item vergée et demie auprès de la Maladrerie de *St-Lou*, jouxte la terre de la chapelle de St-Gilles, item demi-acre au *terreur* de *St-Lou* en la delle de l'Espinette, jouxte les chapelains de Saint-Nicolas-des-Courtils, lad. fieffe faite à Paul Havart, passée devant Jean Desmaires, tabellion à Bayeux, en 1461. — Cussy. De Pierre Guillebert, pour Jacques de Courtelaiz, pour un clos assis devant la chapelle Ste-Anne, par exécution sur l'héritage, lettres passées devant Jean Dorenlot, tabellion à Bayeux, le 14 mars 1391, comme Raoul de Courtelaiz prit en fief led. clos, et par le mémorial donné de Ysard Le Sens, lieutenant général de Nicolas Lespicier, vicomte de Bayeux, le 28 juillet 1441, XL s. — Juaye. De l'abbé et couvent de Mondaye, pour Thomas Hue, pour 6 vergées de terre assises en lad. campagne, jouxte le sieur du lieu, et la terre de l'Hôtel-Dieu, lettres passées en 1502 devant Hugues Coillart et Roger Néel, tabellions à Bayeux. — Carcagny. D'André Poitevin, pour Henri Laurent, du don et transport de Messire Nicole du flagier, V. s. et 1 chapon. — Tour. Du curé, pour les oblations de la chapelle Ste-Anne, XXXV s. — Maisons. De Messire Nicole Bubot, pour Thomas de Tour et Simon Buhot, pour Jean de Tour, fils Robin, et ses *personniers*, pour une pièce de terre assise en la fosse Gouye, jouxte le prieur de Pierre-Sollain, lettres aux pieds des sergenteries de Tour, tenus par Laurent Desmaires, lieutenant, en 1519. — Mosles. Des hoirs Messire Guillaume Auber, pour Raoul Courtelays, baillé par échange par M. de Crouay, lettres passées devant Germain Durel et Guillaume du Mesnil, tabellions de Tour, en 1476, XX s. — Blay. De Robert *Avayne*, écuyer. — Rubercy. Des fermiers de la dîme de la paroisse, pour une maison prise sur la dîme de Rubercy; de Messire Robert d'Agy. — Aignerville. De Raoul Hamon, écuyer, sieur de Bricqueville, pour un moulin à eau assis aud. lieu. XX s. — Deux-Jumeaux. De Jean d'Aigneaux, écuyer; des hoirs Jean Gouyo. — Tournières. De Pierre Béatrix, écuyer. — Argouges. De Guillaume Andrieu, pour les hoirs Me Guillaume de Semilly, pour une acre de pré assis jouxte M. de Bambie. — Bazenville. De Jean Regnauld, écuyer. — Creully. De Me Nicole Le Taillandier, pour l'Hôtel où il demeure, assis devant le Châtel auprès du marché, jouxte le chemin du Roi. — Caen. De maître Guillaume Auvray, pour un ménage où est la Corne de cerf en enseigne, suivant reconnaissance passée devant Jean Desmaires, tabellion à Caen, le 4 février 1455; des hoirs ou ayant cause de Thomas *Quatreans*, pour un ménage assis à St-Pierre de Caen, en la rue de *Guymare*, lettres de reconnaissance passées devant Pierre Le Sénéchal, tabellion à Caen, le 12 juin 1459. Les dîmes appartenant à la maison. Trévières XXXV l. Couvert, L l.; Étreham le Perreur, XV l., Bazenville. XII l. X s,; Veret, XL s.; Montdesert, du curé de Vaussy sur son bénéfice LX s.; Longueraye VII l. X s., etc. — En tête, table des localités.

H. Suppl. 710. — E. 5. (Liasse.) — 2 pièces, papier.

1644-1672. — Compte rendu par les religieuses hospitalières à l'évêque de Nesmond, du revenu temporel appartenant aux pauvres de l'Hôtel-Dieu pendant 28 années, approuvé par le dit évêque. Recettes : 17,855 boisseaux et 11 pots de froment, 7780 boisseaux et 7 pots d'orge, 1032 boisseaux d'avoine, 368 poules. 104 chapons, 32 poulets et 430 œufs; recettes en argent de toute provenance : 70,142 livres 16 sols 1 denier. Les dépenses, tant pour les malades que pour les enfants exposés, les réparations aux bâtiments et achats divers, gages, etc., s'élèvent à la somme totale de 71,551 livres 8 sols 5 deniers. D'où il résulte un excédent de dépenses de 1408 livres 12 sols 4 deniers.

somme qui sera allouée aux religieuses en dépense au compte suivant. — Ne sont pas comprises au présent compte diverses redevances et sommes d'argent dues et non reçues, entre autres 1009 boisseaux de froment dus par le vicomte de Bayeux, dont il faut déduire toutefois la somme de 1029 livres 10 sols dont il a été fait recette sur celle de 70,142 livres 16 sols 1 denier.

H. Suppl. 711. — E. 6. (Registre.) — Moyen format, 84 feuillets, papier.

1672-1675. — Compte rendu par la supérieure et les religieuses de la Miséricorde de Jésus établies en l'Hôtel-Dieu de Bayeux, à Messire François de Nesmond, évêque de Bayeux, en qualité de préposées à la recette du bien et revenu des malades dudit Hôtel-Dieu, des trois années 1672, 1673 et 1674, lequel compte est composé de trois chapitres : le premier, de la recette ; le second, de la dépense, et le troisième, des reprises. Le revenu desdits pauvres consiste en rentes de froment, orge, avoine, volailles, œufs, rentes foncières et hypothéquées, dîmes et fermages, savoir : 780 boisseaux 1/3 et 1/4 de froment par chacun an, 344 boisseaux d'orge, 67 boisseaux d'avoine, 7 chapons, 21 poules, 4 poulets, 20 œufs. Rentes foncières, 258 livres 8 sols, pour 3 années, y compris ce qui est parmi les froments ; rentes hypothéquées, 55 livres 5 sols par an ; dîmes, 41 livres ; fermages, 3363 livres 5 sols pour les 3 années. Redevables : M° Jacques Campain, à présent Richard Buhouf, 9 boisseaux de froment ; Guillaume du Mesnil, 4 boisseaux de froment ; le vicomte de Bayeux, 10 boisseaux 2/3 de froment, les sieurs de la Haiserie, de Fontenailles, comte de la Pallice, des Illes-Percaval, Bailleul des Valderis, Boutemont, prêtre, Marguerie de St-Côme, de Marigny, du Mesnil-Grimonville, du Châtel sieur de Biéville, Lescallé, écuyer, sieur de Grévilly, de Rottot, seigneur de Maisons, Hébert, seigneur des Prest, René d'Escajeul, écuyer, sieur de Vaux St-Gilles, de La Court, sieur de Mesleville, Le Patou, sieur de St-Remy, de Mandeville, le marquis de Creully, l'évêque de Bayeux, de Belleville, Guilbert, sieur de La Croix, Hamel de Cottun, de Beaumont-Vivier, les doyen et chanoines de N.-D. de Bayeux, Tavigny, du Quesné, d'Osseville, de la Fosse Malenfant, les Bénédictines, etc. — Dîmes d'Étréham, Bazenville et Véret. — Mises ou dépenses pour les enfants exposés pendant les 3 années, 320 livres ; pour les affaires et procès, 717 livres 16 sols 2 deniers ; dépenses extraordinaires, 1,503 livres 12 sols, etc.

H. Suppl. 712. — E. 7. (Cahier.) — Moyen format, 16 feuillets, 2 pièces intercalées, papier.

1672-1681. — Compte rendu par les religieuses hospitalières de Bayeux de la recette et dépense par elles faites du revenu des pauvres pendant les années 1672, 1673 et 1674. — Examen du compte par François de Nesmond, évêque de Bayeux, patron et collateur de l'Hôpital, en 1681, de l'avis de Pierre Suhard, écuyer, seigneur et patron de St-Germain, lieutenant général au bailliage de Bayeux, et du procureur du Roi. — Recette desdites 3 années : 1928 boisseaux 2/16° de froment, y compris 400 boisseaux 2/16° d'arrérages, 821 boisseaux et 6/16° d'orge, y compris 205 boisseaux et 6/16° d'arrérages, et 8039 livres 12 sols 5 deniers, provenant des rentes foncières et hypothéquées, dîmes, fermages, ventes de grains, volailles, œufs, et, en outre, 7 boisseaux de froment d'aumône. — Dépense pour nourriture et médicaments des pauvres malades et des enfants exposés, et pour les réparations, achats de meubles, gages des procureurs et serviteurs, 8014 livres 10 sols 4 deniers.

H. Suppl. 713. — E. 8. (Registre.) — Moyen format, 74 feuillets, papier.

1675-1677. — Semblable compte rendu par les religieuses. — Redevables : Nicolas de Grimouville, sieur du Mesnil, Jean Le Blais, sieur du Quesné, de Vendes, sieur de Belleville, de La Motte Bousquet, le chapelain de la Madeleine, etc. — Dépenses pour les 2 années : viande, 703 livres 14 sols ; journalières, lait, pain, œufs, poterie, pommes, poisson, etc., 1768 livres 2 sols ; blé mis au moulin, 939 boisseaux, etc.

H. Suppl. 714. — E. 9. (Registre.) — Moyen format, 85 feuillets, papier.

1677-1679. — Semblable compte rendu par les religieuses. — Recettes par chaque année : 802 boisseaux 3/4, 1/3 et 2 combles de froment, 344 boisseaux d'orge, 67 boisseaux d'avoine, 7 chapons, 22 poules, 4 poulets, 20 œufs. — Rentes foncières, 120 livres 16 sols ; rentes hypothéquées, 55 livres 5 sols ; dîmes, 30 livres ; fermages pour les deux années, 2022 livres 5 sols. — Redevables : Richard Buhouf, Thomas Manoury, archidiacre des Veys, comte de la Pallice, sieur de La Motte, de Percaval, de Marigny, Lambert Lescallé, sieur de Grévilly, sieur de Castillons, Basire, sieur de Lespine, du Hamel, du Douet, de La Cour, Regnault, curé de Longueville, de Cantebrun, de Vendes, sieur de Belleville, etc. — Aumônes, 528 livres 9 sols. — Dépenses : pour les bâtiments et réparations, 799 livres 4 sols 11 deniers ; pour l'autel, 49 livres 4 sols 8 deniers ; pour l'ameublement, 465 livres 13 sols 8 deniers ; pour 7 douzaines d'œufs, 13 sols 6 deniers, pour 100 livres de beurre, 24 livres 1 sol, etc.

H. Suppl. 715. — E. 10. (Registre.) — Moyen format, 85 feuillets, papier.

1679-1681. — Semblable compte rendu par les religieuses. — Redevables : vicomte de Bayeux, sieur de Mautailly, Débonnaire, Lambert Lescallé, sieur de Grévilly, de La Cour, sieur de Melleville, Le Jolly, de la Fresnée Moncoq, Folliot, Daniel de Brieux, le curé de Brécy, de Fresné, des Castillons, Le Moussu, de La Motte Bousquet, du Part Haribel, de Pouligny, Le Courtois, etc. — Dépenses : pour 264 livres de viande pour 4 semaines, 26 livres 8 sols ; pour 40 douzaines d'œufs, 2 livres 13 sols ; pour 308 livres de beurre, 62 livres 5 sols 6 deniers ; pour 13 boisseaux de cendre, 5 livres 1 sol ; pour une grosse de chapelets, 6 livres 2 sols, etc.

H. Suppl. 716. — E. 11. (Cahier.) — Moyen format, 14 feuillets, papier.

1679-1680. — Résumé du précédent.

H. Suppl. 717. — E. 12. (Registre.) — Moyen format, 70 feuillets, papier.

1681-1682. — Semblable compte rendu par les religieuses. — Redevables : le sieur de Marigny, Basire, sieur de Lespine, Damigny, le sieur de Secquemont, de Baussy, Le Picard, le sieur de Vaux Escajeul, etc. — Dépenses : pour 292 boisseaux de pommes, 60 livres 8 sols 4 deniers ; pour 142 livres de beurre, 36 livres 18 sols 6 deniers ; pour 42 douzaines d'œufs, 6 livres 4 sols 8 deniers ; pour 130 livres de suif à faire de la chandelle, 26 livres 2 sols ; pour 2 tonneaux de cidre, 44 livres 8 sols, etc.

H. Suppl. 718. — E. 13. (Registre.) — Moyen format, 59 feuillets, papier.

1682-1683. — Semblable compte rendu par les religieuses. — Recettes : pour 239 boisseaux de froment vendu, 393 livres 5 sols ; pour 149 boisseaux d'orge, 239 livres 5 sols ; pour 6 poules, 2 chapons et 30 œufs, 2 livres 16 sols. - Aumônes, 226 livres 14 sols. — Dépenses : pour 365 boisseaux de pommes, 179 livres 8 sols ; pour 4 boisseaux de poires, 1 livre 18 sols ; pour 57 douzaines d'œufs (pour 1 mois) 6 livres 10 sols ; pour 60 douzaines d'œufs (id.) 7 livres ; pour 10 journées de buandière, 1 livre 10 sols ; pour 2397 livres de viande pendant l'année, 232 livres 13 sols ; pour 24 livres de graisse à potage, 6 livres ; pour un cochon, 12 livres 3 sols 6 deniers, pour un autre 14 livres 10 sols, etc. — Blé mis au moulin, 474 boisseaux, etc.

H. Suppl. 719. — E. 14. (Cahier.) — Moyen format, 10 feuillets, papier.

1682-1683. — Résumé du précédent avec approbation de l'Évêque et du conseil d'administration.

H. Suppl. 720. — E. 15. (Registre.) — Moyen format, 53 feuillets, papier.

1683-1684. — Semblable compte rendu par les religieuses. — Redevables : le trésor de St-Loup, le sieur de Courperron, de Mautailly, Mme de Rochefort, le sieur de la Haiserie, etc. — Payé à Pierre le Gambier pour 3166 livres et demie de viande pour l'année, 315 livres 15 sols ; pour 4 cochons, 44 livres 18 sols ; pour 2 veaux, 3 livres 4 sols, etc.

H. Suppl. 721. — E. 16. (Cahiers.) — Moyen format, 22 feuillets, papier.

1683-1684. — Résumé du précédent, avec approbation, et copie dudit résumé.

H. Suppl. 722. — E. 17. (Registre.) — Moyen format, 100 feuillets, papier.

1684-1686. — Semblable compte rendu par les religieuses. — Redevables : le comte de la Palice, de Mautailly, La Haulle, Lesueur, le sieur de la Haiserie, Le Norichel, etc. — « Rentes ayant apartenu aux per- « sonnes de la religion quy ont esté atribuée aux pau- « vres de l'Hôtel-Dieu, suivant l'édit du Roy : » du prêche de Vaucelles sur : de Surrain, curé d'Argouges, du Bousquet, sieur de Vienne, de Magneville, de Bricqueville, Lescallé, sieur de la Fontaine, de la Rivière, etc. ; du prêche de Trévières sur : d'Aignerville, de Létanville, d'Étréham, du Jardin, de St-Éloy, Florence de la Bazonnière, etc. — Dépense faite pour la réparation et le rétablissement de la salle des malades, durant les années 1685 et 1686, par l'ordre de l'évêque de Nesmond : la somme totale s'élève à 11,799 livres 4 sols 10 deniers, dont 8,560 livres 5 sols 3 deniers ont été payés par les pauvres, 3,013 livres 5 sols 9 deniers, par l'évêque de Bayeux, et 219 livres 3 sols 9 deniers, par le chanoine Baucher. — Gages : du procureur, 200 livres et 37 boisseaux d'avoine ; de Françoise Taillepié, 12 livres pour *essanger* et faire les lessives des pauvres, etc.

H. Suppl. 723. — E. 18. (Cahier.) — Moyen format, 24 feuillets, papier.

1684-1686. — Résumé du précédent contenant amortissement et constitution de rentes au profit de l'Hôtel-Dieu, avec approbation de l'évêque et des membres du conseil d'administration, dont les signatures sont apposées avec celles des religieuses.

H. Suppl. 724. — E. 19. (Cahier.) — Moyen format, 24 feuillets, papier.

1684-1686. — Double du précédent.

H. Suppl. 725. — E. 20. (Registre.) — Moyen format, 69 feuillets, papier.

1686-1687. — Semblable compte rendu par les religieuses. — Rentes hypothéquées, 91 livres 5 sols ; rentes : du prêche de Vaucelles, 450 livres 5 sols 10 deniers ; du prêche de Trévières, 156 livres 11 sols 4 deniers ; dîmes, 20 livres ; fermages, 903 livres 15 sols ; redevables : Le Blais, seigneur du Quesné, l'évêque, etc.

H. Suppl. 726. — E. 21. (Cahier.) — Moyen format, 14 feuillets, papier.

1686-1687. — Résumé du précédent, avec approbation de l'évêque et du conseil d'administration.

H. Suppl. 727. — E. 22. (Registre.) — Moyen format, 77 feuillets, papier.

1687-1688. — Semblable compte rendu par les religieuses. — Recettes : froment, 797 boisseaux, 1/4, 1/3 et 2 combles ; orge, 344 boisseaux ; avoine, 67 boisseaux ; 9 chapons, 20 poules, 4 poulets et 40 œufs ; rentes : foncières, 112 livres 9 sols ; hypothéquées, 170 livres 19 sols ; du prêche de Vaucelles, 490 livres 5 sols 2 deniers ; du prêche de Trévières, 156 livres, 11 sols 4 deniers ; dîmes, 20 livres ; fermages, 903 livres 15 sols, etc.

H. Suppl. 728. — E. 23. (Cahier.) — Moyen format, 14 feuillets, papier.

1687-1688. — Résumé du précédent avec approbation dudit compte.

H. Suppl. 729. — E. 24. (Registre.) — Moyen format, 79 feuillets, papier.

1688-1689. — Semblable compte rendu par les religieuses. — Redevables : l'évêque, les Bénédictines, etc.

H. Suppl. 730. — E. 25. (Cahier.) — Moyen format, 16 feuillets, papier.

1688-1689. — Résumé du précédent avec approbation. — Recette totale en deniers, 2,981 livres 1 sol 8 deniers ; pour 38 et 40 pauvres, dépense totale, 2,977 livres 6 sols 8 deniers ; excédent de recette, 3 livres 15 sols.

H. Suppl. 731. — E. 26. (Registre.) — Moyen format, 79 feuillets, papier.

1689-1690. — Semblable compte rendu par les religieuses. — Redevables : le sieur de La Croix, le trésor de St-Loup, le vicomte de Bayeux, Poitevin, etc. — Acquisition d'une rente hypothéquée de 55 livres 11 sols 1 denier, au capital de 1,000 livres, de Mlle de Douville, etc.

H. Suppl. 732. — E. 27. (Cahier.) — Moyen format, 16 feuillets, papier.

1689-1690. — Résumé du précédent avec approbation.

H. Suppl. 733. — E. 28. (Registre.) — Moyen format, 73 feuillets, papier.

1690-1691. — Semblable compte rendu par les religieuses. — Redevables : Bunouf, de Fontenailles Barbé, le chapelain de la Madeleine, etc. — Gages : à Joret, procureur des pauvres, 200 livres, plus 10 boisseaux de froment et 50 boisseaux d'avoine, à cause de l'augmentation des affaires des rentes des prêches ; à Françoise Taillepié, 12 livres pour laver et *essanger* le linge des pauvres pendant toute l'année ; au valet, 41 livres 10 sols, pour l'année, et son vin ; donné au médecin et chirurgien des pauvres, 12 boisseaux de froment ; au gardien des passants, 3 boisseaux de froment, etc.

H. Suppl. 734. — E. 29. (Cahier.) — Moyen format, 16 feuillets, papier.

1690-1691. — Résumé du précédent avec approbation.

H. Suppl. 735. — E. 30. (Registre.) — Moyen format, 143 feuillets, papier.

1691-1692. — Semblable compte rendu par les religieuses. — Redevables : le sieur de Courperon, de Baussy, etc. — Gages du valet de l'hôpital, 41 livres 10 sols, et 3 livres 10 sols, pour une paire de souliers. — Payé à Jacqueline Du Quay 8 livres, pour une année de gages pour acheter les provisions de l'hôpital, etc.

H. Suppl. 736. — E. 31. (Cahier.) — Moyen format, 14 feuillets, papier.

1691-1692. — Résumé du précédent avec approbation.

H. Suppl. 737. — E. 32. (Cahier.) — Moyen format, 12 feuillets, papier.

1692-1693. — Résumé du compte rendu par les religieuses, avec approbation du conseil d'administration.

H. Suppl. 738. — E. 33. (Registre.) — Moyen format, 134 feuillets, papier.

1693-1695. — Semblables comptes rendus par les religieuses. — Redevables : de la Motte Grandcamp, Dorien, Abraham de Semilly, etc. — Dépenses : pour 8 pots de lait doux, 16 sols ; pour 2 boisseaux de sarrazin, 4 livres ; pour 30 douzaines d'œufs, 7 livres 10 sols ; pour 12 journées à casser du bois, 3 livres ; pour 206 livres de beurre, 52 livres 12 sols ; pour 200 bûches, 21 livres 10 sols ; pour 4,700 livres de viande fournie aux pauvres durant l'année, 509 livres 4 sols, etc.

H. Suppl. 739. — E. 24. (Cahier.) — Moyen format, 14 feuillets, papier.

1693-1694. — Résumé du précédent avec approbation.

H. Suppl. 740. — E. 35. (Cahier.) — Moyen format, 14 feuillets, papier.

1694-1695. — Autre résumé dudit compte.

H. Suppl. 741. — E. 36. (Registre.) — Moyen format, 67 feuillets, papier.

1695-1696. — Semblable compte rendu par les religieuses. — Redevables : Richard Bunouf, Vechy, de Percaval, de Courperron, comtesse de Briqueville. — Rentes : du prêche de Vaucelles ; redevables : du Bousquet, sieur de Vienne, Meslin, sieur de Campigny, etc. ; du prêche de Trévières : Guy de la Vairie, sieur d'Aignerville, de la Motte Carnet, Béchevel, d'Amours, sieur de St-Éloy, Florence de la Bazonnière, Scelles, sieur de Létanville, etc.

H. Suppl. 742. — E. 37. (Cahier.) — Moyen format, 14 feuillets, papier.

1695-1696. — Résumé du précédent.

H. Suppl. 743. — E. 38. (Registre.) — Moyen format, 63 feuillets, papier.

1696-1697. — Semblable compte rendu par les religieuses. — Redevables : du Hautvigné-Marigny, Lambert Lescallé de Grévilly, etc. — État de la donation des revenus des maladreries de Ste-Catherine de Bayeux, de la Madeleine de Vaucelles près Bayeux, de celles de St-Clair de Pierre-Soleil et de la Madeleine d'Isigny et chapelle dépendante. de 300 livres de revenu annuel sur le prieuré de St-Nicolas de la Chesnaie, en exemption de toutes charges ; donation faite à l'Hôtel-Dieu de Bayeux par le Roi, en date du 16 décembre 1695, avec jouissance du 1er juillet de la même année, savoir : sur le prieur de St-Nicolas de la Chesnaie 300 livres, et 70 livres par an sur le sieur Maduel, pour les maladreries dont il jouit.

H. Suppl. 744. — E. 39. (Cahier.) — Moyen format, 14 feuillets, papier.

1696-1697. — Résumé du précédent avec approbation.

H. Suppl. 745. — E. 40. (Registre.) — Moyen format, 77 feuillets, papier.

1697-1698. — Semblable compte rendu par les religieuses. — Redevables : des Lompars, de Marigny-Hautvigné, les doyen et chanoines de Bayeux, etc., etc.

H. Suppl. 746. — E. 41 (Cahier.) — Moyen format, 12 feuillets, papier.

1697-1698. — Résumé du précédent avec approbation.

H. Suppl. 747. — E. 42. (Registre.) — Moyen format, 126 feuillets, papier.

1698-1700. — Semblables comptes rendus par les religieuses. — Redevables : Mlle de St-Pierre Le Vallois, de La Croix Gouin, Néel des Lompars, etc., etc.

H. Suppl. 748. — E. 43. (Cahier.) — Moyen format, 12 feuillets, papier.

1698-1699. — Résumé du précédent avec approbation.

H. Suppl. 749. — E. 44. (Cahier.) — Moyen format, 12 feuillets, papier.

1699-1700. — Autre résumé dudit compte.

H. Suppl. 750. — E. 45. (Registre.) — Moyen format, 52 feuillets, papier.

1700-1701. — Semblable compte rendu par les religieuses. — Redevables : pour le prêche de Trévières : les sieurs d'Espinoze, de Courtaunay, de la Couture, de la Bazonnière, etc.

H. Suppl. 751. — E. 46. (Cahier.) — Moyen format, 12 feuillets, papier.

1700-1701. — Résumé du précédent sans approbation.

H. Suppl. 752. — E. 47. (Registre.) — Moyen format, 52 feuillets, papier.

1701-1702. — Semblable compte rendu par les religieuses. — Constitution au profit des pauvres de l'Hôtel-Dieu d'une rente hypothéquée de 40 livres au denier 18 sur Mlle de La Heserie, avec un capital de 720 livres provenant d'amortissements et dons divers.

H. Suppl. 753. — E. 48. (Cahier.) — Moyen format, 12 feuillets, papier.

1701-1702. — Résumé du précédent sans approbation.

H. Suppl. 754. — E. 49. (Registre.) — Moyen format, 110 feuillets, papier.

1702-1703. — Semblable compte rendu par les religieuses. — État des biens non perçus faute de titres.

— Redevables. — Constitution de 22 livres 4 sols 5 deniers de rente au denier 18 sur Joret, sieur des Clozières, avec un capital de 400 livres, provenant de la donation de Marguerite Le Mesle. — Approbation du compte.

H. Suppl. 755. — E. 50. (Liasse.) — 3 pièces, papier.

1702-1703. — Résumé du précédent.

H. Suppl. 756. — E. 51. (Registre.) — Moyen format, 71 feuillets, papier.

1703-1704. — Semblable compte rendu par les religieuses, avec approbation.

H. Suppl. 757. — E. 52. (Liasse.) — 3 pièces, papier.

1703-1704. — Résumé du précédent. Total de la recette : froment, 1803 boisseaux 10/16es ; orge, 750 boisseaux 1/3 10/16es ; avoine, 108 boisseaux ; 33 chapons ; 105 poules ; 12 poulets ; 190 œufs et 6,634 livres 11 sols 2 deniers d'argent.

H. Suppl. 758. — E. 53. (Registre.) — Moyen format, 68 feuillets, papier.

1704-1705. — Semblable compte rendu par les religieuses. — Redevables : des Hameaux, Néel, sieur de la Caillerie, etc. — Dépenses : 7 livres pour ruban et frettes pour panser les plaies ; 8 livres pour 2 bourses fines, pour les quêteuses de Pâques ; 5 livres 10 sols pour 4 boîtes de confitures sèches pour lesdites quêteuses. — Charges : rentes viagères à divers ; fondations de messes ; 7 boisseaux de froment pour une année de rente aux aveugles de St-Gratien ; 20 livres pour les gages d'une année de Françoise Taillepied, qui a soin des lessives et d'*essanger* le linge de l'Hôpital, etc. — 63 livres pour 70 livres de sucre ; 24 livres 10 sols pour 30 livres de cassonade blanche ; 10 livres pour 20 livres de cassonade rouge ; 3 livres 12 sols pour 3 livres de candi rouge ; 10 livres pour 23 livres de réglisse ; 9 livres 18 sols pour 11 livres de dragées pour faire des coffins aux pauvres, le Jeudi-Saint ; 12 livres pour 20 pots de miel ; 13 livres 19 sols, pour 19 pots d'eau-de-vie, etc.

H. Suppl. 759. — E. 54. (Liasse.) — 3 pièces, papier.

1704-1705. — Résumé du précédent.

H. Suppl. 760. — E. 55. (Registre.) — Moyen format, 57 feuillets, papier.

1705-1706. — Semblable compte rendu par les religieuses. — Dépenses: 6 livres 10 sols pour diminution des monnaies; 5 livres 15 sols pour 4 boîtes de confitures données aux quêteuses de Pâques et 7 livres 10 sols pour 2 bourses fines données aux mêmes ; 7 livres 16 sols pour 24 journées de charpentier ; 12 livres pour 24 journées à un autre charpentier ; 10 livres pour 20 journées à un autre pour débiter du bois ; 744 livres pour 6200 livres de viande, livrées durant l'année, plus 18 livres pour viande du carême ; 19 livres 15 sols pour 179 livres de lard ; 4 livres 9 sols pour 21 livres de saindoux ; 95 livres 10 sols 6 deniers pour 457 livres de beurre salé, etc.

H. Suppl. 761. — E. 56. (Liasse.) — 3 pièces, papier.

1705-1706. — Résumé du précédent.

H. Suppl. 762. — E. 57. (Registre.) — Moyen format, 52 feuillets, papier.

1706-1707. — Semblable compte rendu par les religieuses. — Redevables : de Marigny-Hautvigné, des Mares, du Hamel, sieur de Cotton, de Rotot, seigneur de Maisons, Hébert, sieur du Pré, à présent le sieur de La Noé Hébert, de Vidouville, de la Richardière, etc. — Dépenses : 9 livres 16 sols, pour 100 livres de miel ; 5 livres, pour 25 livres de prunes Ste-Catherine ; 20 livres 10 sols, pour 45 pots d'eau-de-vie ; 53 livres 5 sols, pour 263 livres de suif ; 96 livres, pour 1200 bûches de chêne et bêtre ; 26 livres 2 sols 6 deniers, pour 349 bûches de pommier ; 32 livres 15 sols, pour 430 bûches de pommier ; 60 livres 15 sols, pour 400 fagots ; 12 livres, pour 110 bûches d'orme ; 26 livres 16 sols, pour 90 journées à casser et tasser le bois, etc.

H. Suppl. 763. — E. 58. (Liasse.) — 3 pièces, papier.

1706-1707. — Résumé du précédent.

H. Suppl. 764. — E. 59. (Registre.) — Moyen format, 50 feuillets, papier.

1706-1707. — Semblable compte rendu par les religieuses. — Redevables : Richard Bunouf, à cause de sa femme, fille de feu Campain, à présent Melle de St-Pierre Le Vallois, de La Croix Gouin, des Préaux, Melle de Secquemont, de Grandcamp, de Huqueville, de Melleville, de Brieux, Melle de Cachy, etc. — Dépenses : 143 livres 12 sols, pour 176 aunes de toile ; 7 livres 10 sols, pour 9 livres de fil à coudre ; constitution de 25 livres de rente au denier 25, sur Richard Scelles, sieur des Prés, vicomte de Bayeux, acquise par 450 livres provenant d'un don anonyme ; 3 livres 10 sols, pour une étole noire fournie aux prêtres du séminaire pour faire les enterrements des pauvres, etc.

H. Suppl. 765. — E. 60. (Liasse.) — 3 pièces, papier.

1707-1708. — Résumé du précédent.

H. Suppl. 766. — E. 61. (Registre.) — Moyen format, 45 feuillets, papier.

1708-1709. — Semblable compte rendu par les religieuses. — Dépenses : 29 l. 9 s. pour frais de démolition de la vieille chapelle de Pierre-Soleil. — Constitution de trois rentes pour les pauvres. — Payé : 26 l. pour 6 pots d'eau-de-vie et pour du vinaigre de vin pour panser les teigneux ; 366 l. 11 s. pour 2,981 l. de viande dépensée depuis la St-Michel jusqu'au carême ; 38 l. 2 s. pour 14 veaux et 1 mouton pour le carême ; 324 l. 7 s. 9 d. pour la viande (bœuf, veau, mouton et agneau) massacrée depuis Pâques jusqu'à la St-Michel ; 19 l. 7 s. pour 3 minots de sel, etc.

H. Suppl. 767. — E. 62. (Liasse.) — 3 pièces, papier.

1708-1709. — Résumé du précédent. — Recette totale, y compris les anciens arrérages : 1,830 boisseaux 2/3 et 8 combles de froment ; 758 b. 3/16 d'orge ; 55 b. d'avoine, 13 chapons, 101 1/3 et 2/4 poules, 20 poulets, 90 œufs et 8,831 l. 7 s. 7 d. d'argent.

H. Suppl. 768. — E. 63. (Registre.) — Moyen format, 40 feuillets, papier.

1709-1710. — Semblable compte rendu par les religieuses.— Il est dû chaque année aux pauvres 769 b. 1/3 1/4 de froment, 316 b. d'orge, 55 b. d'avoine, 7 chapons, 19 poules, 4 poulets et 40 œufs, plus 3,275 l. 19 s. 7 d. en rentes, dîmes et fermages. Les charges annuelles s'élèvent à 743 l. 18 s. 6 d. ; il est dû, en outre, 35 b. de froment, et, par augmentation de gages, 55 b. d'avoine. Déduction faite desdites charges, il reste aux pauvres : 734 b. 1/3 1/4 de froment, 316 b. d'orge, 7 chapons, 19 poules, 4 poulets, 40 œufs, et en rentes, dîmes et fermages, 2,532 l. 1 s. 1 d., dont soit le détail. — Constitution de 4 rentes sur Melle de la Buzonnière, épouse de Grosourdy, sieur de St-Georges, Gédéon de

La Bazonnière, Hue, sieur de Lignerolles, les religieuses de la Miséricorde de Jésus de l'Hôtel-Dieu de Bayeux, du Châtel Lison et de Semilly Borau.

H. Suppl. 769. — E. 64. (Liasse.) — 3 pièces, papier.

1709-1710. — Résumé du précédent.

H. Suppl. 770. — E. 65. (Registre.) — Moyen format, 38 feuillets, papier.

1710-1711. — Semblable compte rendu par les religieuses. — Redevables : M. de Carpiquet, Mme de Marcelet, etc. — La forêt de Cerisy doit chaque année 8 cordes de bois payées en argent par les adjudicataires des bois du Roi. — Reçu 900 l. provenant de l'amortissement d'une rente de 50 l., au denier 18, due par M. du Manoir de St-André. — Constitution de trois rentes nouvelles sur Mme de Coulombs et sur le Clergé de Bayeux. — Dépenses journalières pour l'année entière : en herbes, vinaigre, oignon et chandelles ; poisson frais et salé ; œufs ; lait ; volailles ; pois et fèves ; balais ; pour 124 journées de buandières, 18 l. 5 s.

H. Suppl. 771. — E. 66. (Liasse.) — 3 pièces, papier.

1710-1711. — Résumé du précédent.

H. Suppl. 772. — E. 67. (Registre.) — Moyen format, 41 feuillets, papier.

1711-1712. — Semblable compte rendu par les religieuses. — Redevables : La Haulle, de Pourbail, de la Caillerie, des Essarts Le Play, de la Rivière Roumilly, etc. — Dépenses : 412 l. 9 s., pour deux pièces de serviettes et 380 aunes de toile pour faire le linge des pauvres ; 7 l. 10 s., pour deux grosses de chapelets. — Constitution de 4 rentes nouvelles sur : *de Berrole*, de Giberville, Mme *de Coullon*, son fils, et M. *de Combré*, *de Talevast* et *des Longchamps*. — Payé : 767 l. 4 s., pour 5,863 l. de viande ; 89 l. 10 s., pour 4 cochons gras ; 171 l., pour 626 l. de beurre ; 19 l. 7 s., pour 3 minots de sel. — Mis au moulin, 602 b. de froment pour le pain des pauvres, et dépensé 81 b. 7/10 d'orge pour faire de la bière en octobre. — Acheté 584 boisseaux de pommes à cidre pour 687 l. 1 s. 2 d.

H. Suppl. 773. — E. 68. (Liasse.) — 3 pièces, papier.

1711-1712. — Résumé du précédent.

H. Suppl. 774. — E. 69. (Registre.) — Moyen format, 42 feuillets, papier.

1712-1713. — Semblable compte rendu par les religieuses. — Reçu 3,871 l. 6 s. 6., provenant de 4 amortissements de rentes. — Payé 90 l. 4 s. pour 82 aunes de tirtaine pour faire des robes de chambre aux pauvres ; 7 l. 10 s., pour 30 l. de chanvre ; 20 l. pour 17 aunes d'œuvre en dumas pour doubliers. — Constitution de quatre rentes nouvelles sur : de Vaux Escajeul, de Marigny, de Berrolle et de Percy Boullot. — Payé 10 l. 10 s. aux prêtres du séminaire pour les honoraires de 42 messes pour les pauvres décédés. — Gages des officiers et autres servants de l'Hôpital, 268 l., 28 b. de froment et 53 b. d'avoine. — Total des reprises comptées et non reçues : 496 b. 1/3 9/16 et 4 combles de froment, 154 b. 2/3 7/16 d'orge, 2 chapons, 22 2/3 poules, 10 œufs et 2,100 l. 3 sols.

H. Suppl. 775. — E. 70. (Liasse.) — 3 pièces, papier.

1712-1713. — Résumé du précédent.

H. Suppl. 776. — E. 71. (Registre.) — Moyen format, 44 feuillets, papier.

1713-1714. — Semblable compte rendu par les religieuses. — Reçu 9,109 l. 12 s. 7 d., provenant de 13 amortissements de rentes. — Aumônes, 789 l. 15 s. 6 d. — Constitution de rentes sur : de Loncelles Targot, les frères Barbe, Marguerie de La Londe, et autres. — Amortissement d'une rente de 50 l. due par les pauvres à Bougour.

H. Suppl. 777. — E. 72. (Liasse.) — 3 pièces, papier.

1713-1714. — Résumé du précédent, contenant le total de la recette, y compris les anciens arrérages, soit : 1,349 b. 1/3 5/16 de froment, 488 b. 1/3 3/4 d'orge, 55 b. d'avoine, 23 chapons, 41 poules 2/3, 4 poulets, 50 œufs et 17,668 l. 9 s. 5 d.

H. Suppl. 778. — E. 73. (Registre.) — Moyen format, 41 feuillets, papier.

1714-1715. — Semblable compte rendu par les religieuses aux vicaires généraux du chapitre, le siège vacant par le décès de l'évêque de Nesmond. — Il y a 44 lits dans l'hôpital des pauvres malades, dont plusieurs d'ancienne fondation ont été augmentés par la réunion des biens des consistoires et des maladreries au revenu de l'Hôtel-Dieu. Des fondations nouvelles ont été faites par Basly, chanoine de Pezerolles, de Loucelles, du Clos Guérin. Tostain, organiste, Melle de Valdery, Sorel. Trois autres lits ne seront établis qu'après la mort des fondateurs. — Aumônes : 1,244 l. 13 s. dont 646 l. 3 s. d'anonymes pour donner des couvertures aux pauvres et acheter de la toile, et 200 l. provenant du legs de l'évêque de Bayeux. — Dépenses : 300 l. 5 s. ont été employés à l'achat de couvertures pour les pauvres, et 307 l. 8 s., pour 260 aunes de toile et 2 pièces de serviettes, suivant l'intention des donateurs. — Mise au moulin de 561 boisseaux de froment pour le pain des pauvres.

H. Suppl. 779. — E. 74. (Liasse.) — 3 pièces, papier.

1714-1715. — Résumé du précédent.

H. Suppl. 780. — E. 75. (Registre.) — Moyen format, 39 feuillets, papier.

1715-1716. — Semblable compte rendu par les religieuses aux vicaires généraux du chapitre. — Amortissement et constitution de rentes au profit des pauvres pour la fondation d'un lit d'hôpital. — Dépenses journalières : 1 l. 2 s. 6 d., pour des flans pour le dessert de la Toussaint ; même dépense pour les jours de Noël, du St-Sacrement et de l'Assomption, etc.

H. Suppl. 781. — E. 76. (Liasse.) — 3 pièces, papier.

1715-1716. — Résumé du précédent.

H. Suppl. 782. — E. 77. (Registre.) — Moyen format, 40 feuillets, papier.

1716-1717. — Semblable compte rendu par les religieuses aux vicaires généraux du cardinal de La Trémoille, évêque de Bayeux. — Redevables : de Soubise, de Tessel, de Langrie, du Haut-Vigné, de Montpinchon, de Quiry, La Haulle, de Carpiquet, sieur de Cléronde, des Illets-Bonnemie, Melle de Landeville, pour fieffe de la Madeleine de Vaucelles, etc. — Amortissement et constitution de rentes diverses. — Dépenses : 612 l. 12 s., pour 4,900 livres de viande ; 131 l. 5 s., pour 6 cochons gras ; 205 l. pour 709 livres de beurre ; 35 l. pour 1/2 pièce de vin ; 443 l., 8 s. pour 1,415 boisseaux de pommes ; 61 l. pour façon de 28 tonneaux de cidre ; 15 l. pour 100 journées de lessivières, etc.

H. Suppl. 783. — E. 78. (Registre.) — Moyen format, 49 feuillets, papier.

1717-1718. — Semblable compte rendu par les religieuses aux vicaires généraux du chapitre, le siège vacant. — Redevables : Margueria de La Londe, de Béchevel du Carnel, d'Espinoze, de Courtaunay, de La Couture de La Bazonnière, etc. — Dépenses : 9 l. pour blanchissage de 90 aunes de toile ; 8 l. 10 s. pour 242 aunes de bandelettes et ruban de fil ; 7 l. 10 s. pour 15 livres de fanfais de chanvre pour fil à coudre, etc. — Constitution de 100 livres de rente au denier 18, au profit des pauvres malades. — Total des reprises : 528 b. 2/3 15/16 de froment ; 107 b. 7/16 d'orge, 7 chapons, 28 poules 1/3, et 2439 l. 11 s. d'argent.

H. Supp. 784. — E. 79. (Liasse.) — 3 pièces, papier.

1717-1718. — Résumé du précédent.

H. Suppl. 785. — E. 80. (Registre.) — Moyen format, 43 feuillets, papier.

1718-1719. — Semblable compte rendu par les religieuses aux vicaires généraux du chapitre, le siège vacant. — Redevables : du Rosel, de Montmirel, de la Conseillère, de Pouligny, etc. — Amortissement et constitution de rentes diverses. — Dépenses : 52 l. pour 7500 ardoises pour couverture de la charreterie et autres ; 4 l. 15 s. pour 1000 lattes ; 14 l. pour 28 jours de couvreur ; 210 l. 17 s. 6 d. pour la nourriture et l'entretien des enfants trouvés ; 263 l. pour 2054 bûches ; 43 l. pour 200 fagots, etc.

H. Suppl. 786. — E. 81. (Liasse.) — 3 pièces, papier.

1718-1719. — Résumé du précédent.

H. Suppl. 787. — E. 82. (Registre.) — Moyen format, 31 feuillets, papier.

1719-1720. — Semblable compte rendu par les religieuses à l'évêque de Lorraine. — Redevables : de Magny, de Grandcamp, Le Masle, des Hameaux, de Huqueville, de Guéhébert, du Breuil, de Morchêne, de Vienne du Bousquet, de Baussy, Carabeux, Gaugain, etc. — Dépenses : à Du Bois, procureur, pour ses gages d'une année « pour faire vider leur bien et « aporter leurs grains dans leur grenier l'hospital », 200 l., 10 boisseaux de froment et 55 boisseaux d'avoine ; au valet pour servir les hommes malades, gages d'une année, 50 l. et 3 l. de vin ; à Françoise Taillepied pour une année de gages pour faire les lessives, 20 l. ; 6 boisseaux de froment à *Litard*, médecin des pauvres ; 9 boisseaux de froment à De La Londe, chirurgien des pauvres ; 3 boisseaux de froment à Jean Durand, gardien des pauvres passants, etc.

H. Suppl. 788. — E. 83. (Registre.) — Moyen format, 45 feuillets, papier.

1720-1721. — Semblable compte rendu par les religieuses. — Recettes : donation du Roi, 500 l. ; amendes de l'officialité, 96 l. 7 s. ; solde des soldats malades, 82 l. 4 s., etc. — Amortissements de rentes par M. de Launay, prêtre, Mlle de La Bazonnière, etc. Total : 2246 l. 4 s. 6 d. — Aumônes de : M. de St-Germain, Mlle de La Motte St-Martin, Mme du Pouché et Mlle du Haut-Mesnil, pour la quête de Pâques, Mme de Grandval, etc. Total, 1260 l. 2 s. 3 d. — Dépense pour constitution de rentes : 30,430 l. — Mise au moulin de 590 boisseaux de froment.

H. Suppl. 789. — E. 84. (Liasse.) — 3 pièces, papier.

1720-1721, — Résumé du précédent.

H. Suppl. 790. — E. 85. (Registre.) — Moyen format, 43 feuillets, papier.

1721-1722. — Semblable compte rendu par les religieuses. — Total de la recette : 1351 b. 15/16 de froment, 438 b. 15/16 d'orge, 55 b. d'avoine, 15 chapons, 48 poules 2/3 1/4, 12 poulets, 1 canard, 40 œufs et 7,548 l. 12 s. 8 d. d'argent. — Total de la dépense, y compris les décharges et reprises : 1341 b. 1/3 de froment, 438 b. 15/16 d'orge, 55 b. d'avoine, 15 chapons, 48 poules 2/3 1/4, 12 poulets, 4 canards, 40 œufs, 8,063 l. 19 s. 1 d. d'argent. Laissé au grenier le jour St-Michel 1722 : 9 b. 2/3 15/16 de froment. Il y a avance de 515 l. 6 s. 5 d., pour les grandes réparations qu'il a fallu faire.

H. Suppl. 791. — E. 86. (Liasse.) — 3 pièces, papier.

1721-1722. — Résumé du précédent.

H. Suppl. 792. — E. 87. (Registre.) — Moyen format, 45 feuillets, papier.

1722-1723. — Semblable compte rendu par les religieuses. — Il y a 46 lits de malades. — Dépenses : 58 l. 1 s. 6 d., payés au receveur des aides pour la boisson des pauvres ; 406 l. 9 s., pour 144 aunes de serviettes et 267 aunes de toile. — Constitution de 75 l. de rente au denier 18, sur M. de Percy Le Breton, et 25 l. au denier 18, sur Guérin, prêtre. — Autres dépenses : 928 livres 9 s. 11 d., pour 5,391 livres de viande ; 254 l. 14 s., pour 8 cochons gras.

H. Suppl. 793. — E. 88. (Liasse.) — 3 pièces, papier.

1722-1723. — Résumé du précédent.

H. Suppl. 794. — E. 89. (Registre.) — Moyen format, 41 feuillets, papier.

1723-1724. — Semblable compte rendu par les religieuses.—Redevables : de Pouligny-Folliot, Lefort, chanoine de St-Laurent, Du Quesné-Longchamp, de Vaux-Hermerel, Le Bedey, Cousin de Gruchy, etc. — Rentes dues par : des Essards Le Play, Varin du Moutier, Mlle du Taillis Ouzouf, de Marcelet, etc., etc.

H. Suppl. 795. — E. 90. (Liasse.) — 3 pièces, papier.

1723-1724. — Résumé du précédent.

H. Suppl. 796. — E. 91. (Registre.) — Moyen format, 40 feuillets, papier.

1724-1725. — Semblable compte rendu par les religieuses. — Aumônes versées par : le chancelier des aumônes, M. de Pibrac, MM^{mes} de Banville et Criqueville pour la quête de Pâques ; total, 443 l. 15 s. — Dépense totale : pour bois, charbon, chandelle, cendre et paille, 1,000 l. 8 s. 3 d. ; pour viande, beurre et sel, 1,364 l. 16 s. 11 d. ; blé mis au moulin, 585 boisseaux ; pour vin et cidre, 835 l. 4 s., etc.

H. Suppl. 797. — E. 92. (Liasse.) — 3 pièces, papier.

1724-1725. — Résumé du précédent.

H. Suppl. 798. — E. 93. (Registre.) — Moyen format, 84 feuillets, papier.

1725-1726. — Semblable compte rendu par les religieuses.—Redevables : de Mosles, de La Frênée Montcoq, marquis de *Senellé*, de Frêné Cantebrun, de Bonnel, de Baussy, Caraboux, Gaugain, Totain, de La Richardière Le Lorieux, Le Picard, de La Madeleine Aubé, des Roussards Labbé, Varin, sieur du Moutier, de Pouligny Fumée, etc.

H. Suppl. 799. — E. 94. (Liasse.) — 3 pièces, papier.

1725-1726. — Résumé du précédent.

H. Suppl. 800. — E. 95. (Registre.) — Moyen format, 81 feuillets, papier.

1726-1727. — Semblable compte rendu par les religieuses. — Redevables : Le Grand, marquis de Magny, de La Motte Grandcamp, des Parcs Haribel, de La Bigne Tessel, des Mares, etc. — Total des dîmes et fermages, 1,153 l. 15 s. 4 d. — Aumônes : du chanoine de Pezerolles pour legs de MM. de Vaux Suhard et Bigardière, prêtres ; quête de Pâques : produit du tronc ; total : 358 l. 5 s. — Constitution de 100 l. de rente hypothéquée sur M. de St-Rémy Le Patou, etc.

H. Suppl. 801. — E. 96. (Liasse.) — 3 pièces, papier.

1726-1727. — Résumé du précédent.

H. Suppl. 802. — E. 97. (Registre.) — Moyen format, 84 feuillets, papier.

1727-1728. — Semblable compte rendu par les religieuses aux vicaires généraux du chapitre, le siège vacant. — Déduction faite des charges, il reste de revenu annuel 763 b. 1/3 1/4 de froment, 316 b. d'orge, 55 b. d'avoine, 11 chapons, 26 poules, 4 poulets, 2 canards, 40 œufs et 2,040 l. 17 s. 7 d., pour entretien, nourriture, médicaments, réparations et autres dépenses. — 46 lits. — Remboursements et constitutions de rentes diverses sur : de Canivet, sieur de Vacqueville, du Homme Génas, Hélie de Bonparc, prêtre, grand coutenr en l'église cathédrale de Bayeux, et autres.

H. Suppl. 803. — E. 98. (Liasse.) — 3 pièces, papier.

1727-1728. — Résumé du précédent.

H. Suppl. 804. — E. 99. (Registre.) — Moyen format, 52 feuillets, papier.

1728-1729. — Semblable compte rendu par les religieuses aux vicaires généraux du chapitre, le siège vacant. — Redevables : le marquis de Senlay, de Feugères, le curé de Rubercy, Tavigny, Le Cordier, Le Courtois, Le Roux, Le Doray, de La Haiserie Le Filiastre, Bidot, le prieur de St-Nicolas de la Chênaie, etc.

H. Suppl. 805. — E. 100. (Liasse.) — 3 pièces, papier.

1728-1729. — Résumé du précédent.

H. Suppl. 806. — E. 101. (Registre.) — Moyen format, 28 feuillets, papier.

1729-1730. — Semblable compte rendu par les religieuses à Paul d'Albert de Luynes, évêque de Bayeux (septembre 1731). — Rentes et revenus assis à St-Patrice, La Poterie, St-Loup, St-Exupère, St-Vigor-le-Grand, Vaux-sur-Aure, Vaux-sur-Seulles, St-Germain-de-la-Lieue, Nonant, Chouain, Ellon, Couvert, Lingèvres, Planquery, Guéron, Fontenailles, Longues et Marigny, Fresnay-sur-la-Mer, Ver, Ste-Croix-sur-la-Mer Crépon, Ryes, Tour, Esquay, Magny, Sommervieu, Cottun, Mandeville, Formigny, Maisons, Argouges-sous-Bayeux, Sully, La Cambe, Longueville, Deux-Jumeaux, Cussy, Subles, Fontenay-le-Pesnel, Carcagny, Martragny, Brécy, Fresnay-le-Crotteur, Cully, Coulombs, Putot, Loucelles, Audrieu, Tilly, etc.

H. Suppl. 807. — E. 102. (Liasse.) — 3 pièces, papier.

1729-1730. — Résumé du précédent.

H. Suppl. 808. — E. 103. (Registre.) — Moyen format, 40 feuillets, papier.

1730-1731. — Semblable compte rendu par les religieuses. — Rentes et revenus assis à Juaye, Agy, Crouay, Campigny, Rubercy, Saon, St-Laurent-sur-la-Mer, Blay, Mosles, Écrammeville, Canchy, St-Ouen-de Bayeux, St-Symphorien, Ranchy, Meuvaines, Trévières, St-Nicolas-de-la-Chesnaie, Vaucelles, Isigny, St-Clair-de-Pierre-Soleil, etc.

H. Suppl. 809. — E. 104. (Registre.) — Moyen format, 37 feuillets, papier.

1731-1732. — Semblable compte rendu par les religieuses. — Aumônes, donations diverses et quête pascale faite par MM. de St-Célerin et de Montfleury. Total : 864 l. 10 s. — Payé : 48 l. pour 2 bourses fines et 4 boîtes de confiture pour donner à Messieurs les quêteurs de Pâques, etc.

H. Suppl. 810. — E. 105. (Registre.) — Moyen format, 40 feuillets, papier.

1732-1733. — Semblable compte rendu par les religieuses. — Fermage de la halle au blé, 1,000 l. ; denier à Dieu de Trévières et de Bayeux, 51 l. 10 s. ; trait de dîme dû par le curé d'Étreham, 8 l. ; trait de dîme dû par le curé de Bazenville, 25 l. ; fermage de terre sise à St-Patrice, 10 l. 12 s. 4 d. ; total du chapitre annuel des fermages et dîmes, 1,095 l. 5 s. 4 d. — Droit de 8 cordes de bois à prendre dans la forêt de Cerisy, estimées 32 l., etc.

H. Suppl. 811. — E. 106. (Liasse.) — 3 pièces, papier.

1732-1733. — Résumé du précédent.

H. Suppl. 812. — E. 107. (Registre.) — Moyen format, 41 feuillets, papier.

1733-1734. — Semblable compte rendu par les religieuses. — Il y a 48 lits dans l'hôpital, dont plusieurs de nouvelle fondation par : Basly, chanoine de Pezerolles, Varin, curé de St-Loup, de Louceiles, de Bapaume des Longparcs, du Clos Guérin, Mlle de Valderie, Mme Blondel, la marquise de Castilly, Tôtain, organiste, Jean Sorel, étameur, Mlle Méhorend, Mlle d'Argancby.

H. Suppl. 813. — E. 108. (Liasse.) — 3 pièces, papier.

1733-1734. — Résumé du précédent.

H Suppl. 814. — E. 109. (Registre.) — Moyen format, 40 feuillets, papier.

1734-1735. — Semblable compte rendu par les religieuses. — Recettes extraordinaires provenant de l'apprécie des grains due par : de La Poterie, Havard, de La Croix Guilbert, de St-Laurent, Mme de Vaux, le marquis de Maguy, Mlle des Hameaux, de Croville, de Morchesne, de Beaussy, le curé de Rubercy, Le Dorey, etc. — Entre autres recettes : 112 l. 5 s. du sieur de La Roque, de Caen, pour une année de la solde d'un trompette de la compagnie de M. de Villedonné, et pour 14 jours d'un cavalier de la compagnie de Chevreuse, etc.

H. Suppl. 815. — E. 110. (Liasse.) — 3 pièces, papier.

1734-1735. — Résumé du précédent.

H. Suppl. 816. — E. 111. (Registre.) — Moyen format, 37 feuillets, papier.

1735-1736. — Semblable compte rendu par les religieuses. — Constitution de 100 l. de rente au denier 20, avec un capital de 2,000 l., pour fondation d'un lit d'hôpital, sur M. de Pierrepont, marquis des Biards, et M. de Bricqueville, seigneur de la Luzerne ; autre rente de 50 l. au denier 20, au capital de 1,000 l., sur Renaud de Préville, curé de St-Sauveur de Bayeux ; autre rente de 60 l. au denier 20, au capital de 1,200 l. sur les religieuses hospitalières de Bayeux. — Dépenses : 355 l. pour 2,321 bûches d'orme et pommier ; 98 l. 3 s. pour 400 fagots ; 71 l. pour 11 sommes de charbon, etc.

H. Suppl. 817. — E. 112. (Registre.) — Moyen format, 36 feuillets, papier.

1735-1736. — Double du précédent.

H. Suppl. 818. — E. 113. (Liasse.) — 3 pièces, papier.

1735-1736. — Résumé du précédent.

H. Suppl. 819. — E. 114. (Registre.) — Moyen format, 41 feuillets, papier.

1736-1737. — Semblable compte rendu par les religieuses. — Rentes hypothéquées dues par : de Pourbail, des Essards Le Play, du Homme Génas, Mlle du Taillis Ouzouf, de Marcelet, de Pouligny Fumée, du Jardin, d'Espinose, du Clos Guérin, prêtre, de St-Remy Le Patou, de Vaqueville, de Coulon, gouverneur de Bayeux, de La Tonnellerie, de Criqueville, de Vernay du Caillier, les religieuses de la Miséricorde de Jésus de l'Hôtel Dieu de Bayeux, de Préville, des Biards, etc. Total par an 1,801 l. 7 s., plus les arrérages, 1,764 l. 1 s. 6 d., soit pour l'année 3,565 l. 8 s. 6 d. — Constitution de 3 rentes nouvelles avec un capital de 3,200 l. — Dépenses : 540 l. pour 660 boisseaux de pommes à 16 s. et 16 s. 6 d., dont on a fait 12 tonneaux.

H. Supp. 820. — E. 115. (Registre.) — Moyen format, 40 feuillets, papier.

1736-1737. — Double du précédent.

H. Suppl. 821. — E. 116. (Liasse.) — 3 pièces, papier.

1736-1737. — Résumé du précédent.

H. Suppl. 822. — E. 117. (Registre.) — Moyen format, 41 feuillets, papier.

1737-1738. — Semblable compte rendu par les religieuses. — Il y a 50 lits de malades, dont un fondé par Mme des Hautfoins, et Mlle de Létanville, par une constitution de rente de 100 l. au denier 20 sur Morin de Banneville ; autre constitution de rente au capital de 500 l. sur M. de St-Simon ; « à ce que m'a dit M. du « Bois je ne scait cy le contrac est sous signe ou devant « notaire. N'ayant veu ny argent ny contrac je m'an « plains car ce n'est pas là le bon ordre. On prand tous « cest argens sous des nons emprunté et on ne sçait à « qui s'adressé pour estre payé, c'est le moyent de ruiné

« l'hôpital que d'agir ainsy ; c'est pourquoy je demande « en grâce que l'on face mettre les contrac dans leur « forme et valables. » — Dépenses : pour la sacristie de l'Hôpital, 31 l. dont 3 l. 10 s. pour une « majesté ». 522 l. pour 2,200 boisseaux de pommes à 5 s. 6 d., à 5 s., à 4 s. 6 d. et à 4 s. le boisseau. « Comme « on en avait fait peu l'anée précédente pour la charté « des pommes ils en faloit boires dès septembre et j'ay « préveu à l'anée suivante l'ayant fait en partie gros « cidres pour y mettre de l'eau au besoin. » 126 l. pour brassage de 30 tonneaux de cidre, etc.

H. Suppl. 823. — E. 118. (Registre.) — Moyen format, 40 feuillets, papier.

1737-1738. — Double du précédent.

H. Suppl. 824. — E. 119. (Liasse.) — 3 pièces, papier.

1737-1738. — Résumé du précédent.

H. Suppl. 825. — E. 120. (Registre.) — Moyen format, 40 feuillets, papier.

1738-1739. — Semblable compte rendu par les religieuses. — Aumônes : 50 l., legs de Batout, chanoine ; 100 l., legs de Bourcier, chanoine, secrétaire du chapitre ; 165 l. 11 s. provenant des quêtes de Pâques faites par MM. de St-Sélerin et de Montfleury. — Dépenses : 24 l. 10 s. pour un sac de blé « pour passer « les feste de Noël n'en ayant pour lors, qui est ce que « l'on n'avoit jamais fuit, cela n'est pas juste pendant « qu'il en est bien deu d'en ajeter » ; 12 l. pour 36 douzaines de chapelets ; 80 l. pour 36 aunes de serges vertes à faire des rideaux pour les grands tableaux ; 64 l. pour une demi-pièce de vin ; 128 l. pour 200 pots d'eau-de-vie : « j'en ay eu pour deux année, parce « que j'ay trouvé qu'elle n'étoit point trop chère et « qu'elle étoit bonne, tant pour faire les eaux cle-« rette et lotions pour les panseries des malades, ce « qui en fait une grande consommation. »

H. Suppl. 826. — E. 121. (Registre.) — Moyen format, 30 feuillets, papier.

1738-1739. — Double du précédent.

H. Suppl. 827. — E. 122. (Liasse.) — 3 pièces, papier.

1738-1739. — Résumé du précédent.

H. Suppl. 828. — E. 123. (Registre.) — Moyen format, 37 feuillets, papier.

1739-1740. — Semblable compte rendu par les religieuses. — Constitution de rentes : 100 l. sur Le Personnier de La Piquerie ; 110 l. sur De La Gohanne, à la caution de M. du Manoir dit Le Chanoine ; une autre au capital de 300 l. sur Samuel de *Méhérant*, sieur des Varennes. — Dépenses : rentes et charges de l'Hôpital, total 639 l. 7 s. 7 d., savoir : 9 pensions viagères ; 25 l. pour donner des chemises de toile aux pauvres sortant de l'Hôpital et qui n'en ont point, de la fondation de Dufour, chanoine ; 96 l. 16 s. à distribuer aux pauvres qui sortent de l'Hôpital ; 12 l. pour fournir de l'onguent aux pauvres de dehors ; 20 l. pour les pauvres honteux ; 12 l. pour les pauvres passants, etc. — 50 l. aux aides pour abonnement, pour éviter la visite des caves, etc.

H. Suppl. 829. — E. 124. (Registre.) — Moyen format, 37 feuillets, papier.

1739-1740. — Double du précédent.

H. Suppl. 830. — E. 125. (Liasse.) — 3 pièces, papier.

1739-1740. — Résumé du précédent.

H. Suppl. 831. — E. 126. (Registre.) — Moyen format, 32 feuillets, papier.

1740-1741. — Copie de semblable compte rendu par les religieuses. — Dépenses : 125 l. pour 250 livres de chandelle : « le suif a été sy hors prix cette année que « je n'ay fait que le nécessaire » ; 1,300 l. pour 7,300 livres de viande à 3 s. 6 d., 4 s. et 5 s. la livre ; 164 l. pour 4 cochons ; 267 l. pour 650 livres de beurre ; 20 l. 12 s. 6 d. pour 3 minots de sel ; 78 l. pour 225 livres de graisse pour la soupe ; 450 l. pour 900 boisseaux de pommes à 10 s. le boisseau : « je n'en ay fait « qu'en espérant à l'un qui vient qu'elles seront à « moindre prix » ; 63 l., pour façon de 18 tonneaux de cidre ; 50 l. aux aides par abonnement ; 6 l. pour les 4 s. par livre ; 8 l. 5 s. 9 d., pour les 20 s. par tonneau pour les hôpitaux ; 6 l. pour entrée de vin et eau-de-vie ; 25 l. pour fruits de garde ; 3 l. 10 s. pour un boisseau d'oignon ; 2 l. pour entrée de toile ; « 5 l. à M. de La Grave, pour un remède à la fièvre, pour un soldat » ; 4 l. 10 s. de pain amendé donné aux malades le Jeudi-Saint et 5 l. pour torquette donnée aux mêmes, le jour de Pâques, etc.

H. Suppl. 832. — E. 127. (Registre.) — Moyen format, 38 feuillets, papier.

1741-1742. — Semblable compte rendu par les religieuses. — Dépenses : 129 l. pour la construction d'un mur en remplacement d'un fossé du côté du moulin, afin d'agrandir le cimetière qui était trop petit. — Mémoire des grandes réparations faites à la voûte construite sur la rivière d'Aure, et sur laquelle s'élèvent une partie de l'hôpital et la chapelle de la communauté. Il y avait 80 ans qu'on n'y avait fait de réparations ; les eaux en tournoyant avaient creusé des trous de 15 et 20 pieds de profondeur jusqu'aux fondements de la chapelle ; entre les fondements et la couronne de la voûte il y avait des 7 et 8 pieds de hauteur emportés ; l'arcade près du pont, qui soutient l'entrée de l'hôpital, ne se soutenait que par miracle. On a travaillé aux réparations l'espace de 15 jours, du 27 août au 10 septembre 1742, par l'ordre de M. Du Homme, vicomte de Bayeux ; 20, 30 et 40 ouvriers ont été employés jour et nuit, fêtes et dimanches, avec la permission de l'évêque de Luynes, qui a payé le chômage du moulin. La ville a fait également réparer le pont sous la rue. Les sources nombreuses qui existaient sous cette voûte ont obligé de puiser constamment l'eau, qui d'ailleurs affluait parfois la nuit de deux autres moulins de la Porte et Coignet et mettait en péril les ouvriers, qui avaient quelquefois de l'eau jusqu'à la ceinture. La dépense totale a été de 838 l. 13 s., dont la moitié supportée par la communauté des religieuses et l'autre moitié par l'Hôtel-Dieu. On a payé entre autres dépenses : 177 l. pour 193 jours et nuits de maçons ; 191 l. pour 382 jours et nuits de manœuvres à 10 s. ; 45 l. pour 100 livres de chandelle à 9 s. la livre, « on la brûloit le jour comme la nuit à cause de l'obscurité de dessous la voûte » ; 50 l. pour 360 pots de petit cidre à 2 s. le pot, pour les maçons et les manœuvres, etc.

H. Suppl. 833. — E. 128. (Registre.) — Moyen format, 36 feuillets, papier.

1741-1742. — Double du précédent.

H. Suppl. 834. — E. 129. (Registre.) — Moyen format, 39 feuillets, papier.

1742-1743. — Semblable compte rendu par les religieuses. — Il y a 52 lits, dont un fondé par Gaugain, doyen de Motteville, qui a légué à cette fin 2,000 l., laquelle somme a servi à constituer une rente de 100 l. sur M. de *Coulons*, gouverneur de Bayeux. — Mises : pour les enfants trouvés, 446 l. ; pour médecines, onguent et droguerie, 408 l. ; pour bois, charbon, paille et cendre, 829 l. ; pour 7,378 livres de viande à 3 s. 4 s. et 5 s. la livre, 1,295 l. ; pour 690 livres de beurre à 7 et 8 s. la livre, 234 l. ; pour 200 livres de graisse à 8 s. la livre pour la soupe des pauvres, 80 l., etc.

H. Suppl. 835. — E. 130. (Registre.) — Moyen format, 37 feuillets, papier.

1742-1743. — Double du précédent.

H. Suppl. 836. — E. 131. (Liasse.) — 6 pièces, papier.

1742-1743. — Résumé du précédent.

H. Suppl. 837. — E. 132. (Registre.) — Moyen format, 35 feuillets, papier.

1743-1744. — Semblable compte rendu par les religieuses. — Il y a 53 lits, dont un fondé pour la paroisse de Nonant, par Mlle Saillenfest, veuve de M. de La Coquerie, par 2,000 l., qui ont servi à constituer une rente de 100 l. sur Mlle du Hamel de Cottun. — Redevables : Mme Le Valois de St-Pierre, de Brunville, Desmares, de Corbet, de La Ferrière, Le Marois, etc.

H. Suppl. 838. — E. 133. (Registre.) — Moyen format, 34 feuillets, papier.

1744-1745. — Semblable compte rendu par les religieuses. — Recettes extraordinaires: 826 l. 17 s. pour la part des pauvres sur les entrées des boissons, à 20 s. par tonneau et muid de vin, donnée par le Roi aux hôpitaux ; 890 l. de la solde des soldats de Médoc et de quelques cavaliers de Saluces, tant de la paie des officiers que de 6 s. par jour pour l'infanterie, car pour la cavalerie le Roi n'accorde que la paie, « dont je n'ai pas « été payée de la plus pars, ne l'ayant put avoir », etc.

H. Suppl. 839. — E. 134. (Registre.) — Moyen format, 36 feuillets, papier.

1745-1746. — Semblable compte rendu par les religieuses. — Nouvelles plaintes de la supérieure concernant l'ignorance dans laquelle on la laisse relativement aux fonds donnés pour constitution de rentes ; elle demande en grâce aux administrateurs qu'on lui donne connaissance des affaires des pauvres, afin qu'elle puisse rendre exactement ses comptes. — Dépôt d'un enfant d'un an, appartenant à François Daigremont, qu'on a trouvé noyé dans la rivière de Vaucelles ; sa mère, Anne Tassine, a pris la fuite en apprenant qu'on la recherchait, étant accusée de complicité de la mort de son mari, etc. — Payé 986 l. pour 992 boisseaux de pommes à 18 s., 20 s. et 22 s. « On me les voulait « vendre 40 s., n'y en ayant point dans ce pays, ils a « fallu aler bien loin pour en trouvé ; par hasard, je « fis mon marché aux prix qu'il vaudrais à la Tous- « saint, et par là j'ay gagné presque autant que j'an « ay payé, ce que le marchant n'esperait pas, le tout « revient à 994 l. », etc.

H. Suppl. 840. — E. 135. (Registre.) — Moyen format, 33 feuillets, papier.

1745-1746. — Double du précédent.

H. Suppl. 841. — E. 136. (Registre.) — Moyen format, 36 feuillets, papier.

1746-1747. — Semblable compte rendu par les religieuses. — Il est dû 795 b. 1/3 1/4 de froment, 316 b. d'orge, 55 b. d'avoine, 11 chapons, 27 poules, 4 poulets, 2 canards et 40 œufs ; rentes foncières, 919 l. 15 s. ; rentes hypothéquées 2,422 l. 16 s. ; fermages 1,203 l. ; cordes de bois 32 l. ; sur les fromens 21 l. 4 s. ; total des rentes 4,600 l. et 15 s. — Rentes et charges annuelles, total 1,488 l. 13 s. 7 d., plus 32 b. de froment et 55 b. d'avoine. — Défalcation faite des charges il reste 763 boisseaux 1/3 1/4 de froment et 3,111 l. 19 s. 5 d. d'argent.

H. Suppl. 842. — E. 137. (Registre.) — Moyen format, 34 feuillets, papier.

1746-1747. — Double du précédent.

H. Suppl. 843. — E. 138. (Registre.) — Moyen format, 35 feuillets, papier.

1747-1748. — Semblable compte rendu par les religieuses.—Constitution de 50 l. de rente sur Mme de Conjon au capital de 1,000 l., provenant du legs de M. Subard de Loucelles, doyen du Sépulcre de Caen, etc.

H. Suppl. 844. — E. 139. (Registre.) — Moyen format, 31 feuillets, papier.

1747-1748. — Double du précédent.

H. Suppl. 845. — E. 140. (Registre.) — Moyen format, 35 feuillets, papier.

1748-1749. — Semblable compte rendu par les religieuses. — Le procureur Du Bois a été chargé par l'évêque et les administrateurs de l'Hôtel-Dieu depuis 2 ans de recevoir plusieurs sommes données aux pauvres, savoir : 1,200 l. léguées par de Saffray, curé de Hérils, pour fonder un demi-lit à l'hôpital, pour les pauvres de sa paroisse ; 2,000 l. données par Mlle Saillenfest de la Coquerie, avec intention d'agrandir la salle des malades d'une aile ; 162 l. provenant du legs de Saffray ci-dessus et 500 l., don anonyme, ensemble 662 l. pour fonder une messe pour chaque pauvre qui décèdera à l'Hôtel-Dieu, plus 600 l. don anonyme sans aucune charge, etc.

H. Suppl. 846. — E. 141. (Registre.) — Moyen format, 33 feuillets, papier.

1748-1749. — Double du précédent.

H. Suppl. 847. — E. 142. (Registre.) — Moyen format, 33 feuillets, papier.

1749-1750. — Semblable compte rendu par les religieuses. « Il y a dans nos salles 33 lits, dont il y en a « de fondation, sçavoir : 1 par M. Basly, chanoine de « Pézerolle, 1 par M. Subard de Loucelles, 1 par « M. Varin, curé de St-Loup, 1 par M. de Bapeaume « de Lompart, 1 par M. Duclos Guérin, 1 par Mme de « Valderis, 1 par Mme Blondel, 1 par Mme de Castilly, « 1 par une personne de piété, 1 par Mme des Hauts « Foins et de Létanville, 1 par M. Gaugain, doyen de « Motteville, 1 par Renée Le Roquès, 1 par Melle de « Sallianfaix de la Coquerie, 1/2 par M. Tostain, orga- « niste, 1/2 par M. Sorel, étamier, 1/2 par Melle Mébé- « rand, 1/2 par M^{ells} d'Arganchy ; 1/2 par M. Duboscq, « curé de Guéron, 1/2 par une personne de piété. — « Il y en aura encore un après le décès de Melle Gau- « gain, à qui l'hôpital fait 100 l. de rente ; il y en « aura encore un après le décès de Judith Viel, que les « parens de feu Mme de la Couture de Serve Marcadet « a chargé sa famille de faire pour la fondation d'un « lit à l'hôpital après le décès de Judith Viel, sa femme de « chambre. » — Dépensé 3,800 l. pour l'agrandissement du bâtiment de l'hôpital. 387 l. pour 300 aunes de toile à 25 et à 30 s. « Les toiles sont hors de prix, et il « en faut bien pour l'entretien de l'hôpital et les enfants « trouvés, » etc.

H. Suppl. 848. — E. 143. (Registre.) — Moyen format, 31 feuillets, papier.

1749-1750. — Double du précédent.

H. Suppl. 849. — E. 144. (Registre.) — Moyen format,
31 feuillets, papier.

1750-1751. — Semblable compte rendu par les religieuses. — Note concernant l'agrandissement de l'hôpital d'une aile afin d'y assister plus de pauvres. Sommes employées : 2,000 l. provenant de l'amortissement de M. Le Personnier de la Piquerie ; 3,000 l. données par M. du Mesnil Le Loup ; 2,000 l. de l'amortissement de St-Rémy Le Patou ; 1,800 l. de l'amortissement des religieuses de la Miséricorde de Jésus ; 1,200 l. de l'amortissement de M. Le Marois ; 2,000 l. de l'amortissement de M. l'abbé *de Lonpars*, et 102 l. données par M. de Secqueville, chanoine de Danvou ; total 12,102 l. — Ledit ouvrage est mal fait et il en coûtera bien pour le faire subsister et l'entretenir.

H. Suppl. 850. — E. 145. (Registre.) — Moyen format,
29 feuillets, papier.

1750-1751. — Double du précédent.

H. Suppl. 851. — E. 146. (Registre.) — Moyen format,
27 feuillets, papier.

1751-1752. — Semblable compte rendu par les religieuses. — Constitution de 45 l. de rente sur Préfontaine ; 90 l. sur Sevestre, par 1,800 l. provenant de M. Bernard, curé de Neuilly, pour la fondation d'un lit ; 50 l. sur de Cely, par 1,000 l. provenant de M. de Préville ; 130 l. sur Le Vaillant, sieur de Magne, par 3,000 l. provenant de la donation de Melle de Crouay, faisant partie de celle de 6,000 l. qu'elle a donnée pour fonder 3 lits dans l'hôpital, etc.

H. Suppl. 852. — E. 147. (Registre.) — Moyen format,
28 feuillets, papier.

1751-1752. — Double du précédent.

H . Suppl. 853. — E. 148. (Registre.) — Moyen format,
27 feuillets, papier.

1752-1753. — Semblable compte rendu par les religieuses. — Amortissements : de 150 l. de rente due par Le Vaillant, sieur de Magne ; de 100 l. par M. de Pierrepont, tuteur de Melle des Biards de La Luzerne, qui la devait. — Constitution de 150 l. de rente sur M. de La Rivière, sieur de Roumivière, et de 100 l. sur Tanneguy du Chastel, seigneur de Castillon. — Dépenses pour les enfants trouvés : 1,312 l. 4 s.

H. Suppl. 854. — E. 149. (Registre.) — Moyen format,
27 feuillets, papier.

1752-1753. — Double du précédent.

H. Suppl. 855. — E. 150. (Liasse.) — 5 pièces, papier.

1752-1753. — Résumé du précédent.

H. Suppl. 856. — E. 151. (Registre.) — Moyen format,
26 feuillets, papier.

1753-1754. — Semblable compte rendu par les religieuses à M. de Rochechouart, évêque de Bayeux. — Constitutions de 70 l. de rente sur M. de Launey, sieur du Foudrey, et de 22 l. 10 s. sur le même ; plus 60 l. sur Mme de Vaux Le Bedey, veuve de M. Le Maigre de Lan. — Charges de l'Hôtel-Dieu : 30 l. de rente aux Augustins, de la fondation de Mme de La Couture Marcadet ; 30 l. au trésor de St-Loup, de la même fondation ; 46 l. pour donner quelques sols aux pauvres qui sortent de l'hôpital, de la fondation de M. Basly, chanoine ; 25 l. pour de la toile, pour donner quelques chemises aux pauvres sortant de l'hôpital, de la fondation de Dufour, chanoine, etc.

H. Suppl. 857. — E. 152. (Registre.) — Moyen format,
26 feuillets, papier.

1753-1754. — Double du précédent.

H. Suppl. 858. — E. 153. (Liasse.) — 5 pièces, papier

1753-1754. — Résumé du précédent.

H. Suppl. 859. — E. 154. (Registre.) — Moyen format,
26 feuillets, papier.

1754-1755. — Semblable compte rendu par les religieuses. — Constitutions de 15 l. de rente sur Le Marois et de 228 l. 2 s. 9 d. sur Jean de Bruny, seigneur de Maisy. — Charges de l'Hôtel-Dieu : 15 l. pour donner des médecines aux pauvres externes, fondation de Marie Le Valois ; 30 l. pour de la toile pour donner quelques chemises aux pauvres sortant de l'hôpital, fondation de Renée *Roquets* ; 50 l. pour la même destination, fondation de Philippe, curé de St-Ouen ; 20 l. pour les pauvres honteux, fondation de Melle Goujon ; 12 l. pour les pauvres passants, fondation Duclos Guérin ; 40 l. pour vin donné aux pauvres de l'hôpital, fondation de Mme Marie ; 3 l. 10 s. de rente foncière au séminaire ; 32 l. 18 s. pour 46 messes de fondation et 29 messes pour 23 pauvres décédés à l'hôpital.

H. Suppl. 860. — E. 155. (Registre.) — Moyen format, 20 feuillets, papier.

1754-1755. — Double du précédent.

H. Suppl. 861. — E. 156. (Liasse.) — 5 pièces, papier.

1754-1755. — Résumé du précédent.

H. Suppl. 862. — E. 157. (Registre.) — Moyen format, 27 feuillets, papier.

1755-1756. — Semblable compte rendu par les religieuses. — Il y a 54 lits. — Dépenses : 1,532 l. 10 s. pour 950 aunes de toile et 10 pièces de barage pour des serviettes ; 30 l. pour 29 couvertures, 29 traversins, paillasses et paires de draps envoyés par le commissaire des guerres ; 1,000 l. rendues au Roi pour avances faites par l'Intendant, « ne pouvant suffir à la dépense « qu'il a été besoin de faire » ; 90 l. à M. Liégard pour 6 mois qu'il a été dans l'hôpital en qualité de chirurgien, nourri et logé ; « 42 l. payées à M. Regné, apoti- « caire envoyé par M. l'Intendant pour servir à l'hô- « pital, où il n'a fait aucune fonction, son ministère « étant fort inutile », etc.

H. Suppl. 863. — E. 158. (Registre.) — Moyen format, 20 feuillets, papier.

1755-1756. — Double du précédent.

H. Suppl. 864. — E. 159. (Liasse.) — 5 pièces, papier.

1755-1756. — Résumé du précédent.

H. Suppl. 865. — E. 160. (Registre.) — Moyen format, 24 feuillets, papier.

1756-1757. — Semblable compte rendu par les religieuses. — Recettes : 1,009 l. 5 s. 6 d. de droits sur les entrées ; 1,000 l. de M. La Couture pour Melle Foin, veuve de M. de La Haiscrie, pour lui faire 30 l. de rente viagère et à sa servante, après quoi cette somme fera retour à l'hôpital ; 592 l. 16 s. légués par l'abbé de Cambes, chanoine de Froide-Rue, etc. « Plus « 9,230 l. 1 s. reçus du Roy pour le supplément de la « solde des soldats, pour 11,043 journées des régi- « ments de Touraine, St-Jean-d'Angelly, Marmande, « Guienne et autres passants, ainsi que les employez « servants, dont on retient 5 d. par journée pour les

« invalides ; ce qui fait sur la dilte somme 230 l. à « diminuer, ce n'est plus que 9,000 l. ». « Plus 271 l. « receues de la donation de Me Osmond, prestre de « la congrégation de St-Lazare du séminaire de « Bayeux », etc.

H. Suppl. 866. — E. 161. (Registre.) — Moyen format, 26 feuillets, papier.

1756-1757. — Double du précédent.

H. Suppl. 867. — E. 162. (Liasse.) — 5 pièces, papier.

1756-1757. — Résumé du précédent.

H. Suppl. 868. — E. 163. (Registre.) — Moyen format, 27 feuillets, papier.

1757-1758. — Semblable compte rendu par les religieuses. — Constitution de 75 l. de rente au capital de 1,500 l. sur Le Cieux, médecin, docteur de Sorbonne. — Dépenses : 1,028 l. 10 s. pour 2,990 boisseaux de pommes à 7 et à 8 s. « Quoyqu'ils fût bien des « pommes, les fermiers n'en vouloient pas vendre qu'à « 9 et 10 s. », etc.

H. Suppl. 869. — E. 164. (Registre.) — Moyen format, 28 feuillets, papier.

1757-1758. — Double du précédent.

H. Suppl. 870. — E. 165. (Liasse.) — 5 pièces, papier.

1757-1758. — Résumé du précédent.

H. Suppl. 871. — E. 166. (Registre.) — Moyen format, 21 feuillets, papier.

1758-1759. — Redevables : Le Masle, d'Orval de Perceval, de Planquery, Mme de Langrie, de Mont-Magny, du Mesnil Lanteil, Onfroy, du Douet, de Beson, des Hameaux, de Gué Hébert, de Royville, de Baudre de Baveni, de Mosles, de Grimouville, de Loucelles Turgot, de Feugères, le chapelain de la Madeleine de Vaucelles, etc.

H. Suppl. 872. — E. 167. (Registre.) — Moyen format, 26 feuillets, papier.

1758-1759. — Double du précédent.

H. Suppl. 873. — E. 168. (Liasse.) — 5 pièces, papier.

1758-1759. — Résumé du précédent.

II. Suppl. 874. — E. 169. (Registre.) — Moyen format, 23 feuillets, papier.

1759-1760. — Semblable compte rendu par les religieuses. — Total des constitutions de rentes au capital de 8,227 l. sur les religieuses de la Miséricorde, l'abbé du Chastel, de Marguerie, etc. — Dépenses : pour les officiers et servants de l'hôpital : 20 l. à Le Vanier, secrétaire, 200 l. à Tavigny, procureur, 60 l. au domestique et 18 b. de froment à Le Cieux, médecin de l'hôpital, etc. — 563 l. pour les enfants trouvés, etc.

II. Suppl. 875. — E. 170. (Registre.) — Moyen format, 27 feuillets, papier.

1759-1760. — Double du précédent.

II. Suppl. 876. — E. 171. (Liasse.) — 4 pièces, papier.

1759-1760. — Résumé du précédent.

II. Suppl. 877. — E. 172. (Registre.) — Moyen format, 28 feuillets, papier.

1760-1761. — Semblable compte rendu par les religieuses. — Dépenses : 2,366 l. 12 s. pour 11,281 l. de viande à 3 s. 9 d., 4 s., 4 s. 6 d. ; 137 l. 15 s. pour 381 l. de beurre ; 540 l. pour 1,800 b. de pommes à 6 s. ; 89 l. pour 2 tonneaux de cidre ; 38 l. 10 s. pour 70 pots d'eau-de-vie ; 30 l. pour les herbes à faire la soupe ; 3 l. pour 3 boisseaux d'oignon, etc.

II. Suppl. 878. — E. 173. (Registre.) — Moyen format, 33 feuillets, papier.

1760-1761. — Double du précédent.

II. Suppl. 879. — E. 174. (Registre.) — Moyen format, 23 feuillets, papier.

1761-1762. — Semblable compte rendu par les religieuses. — Il y a 55 lits. — Recettes : 300 l. dues par les prieurs de St-Nicolas-de-la-Chesnaie, données aux pauvres par arrêts du Conseil et lettres patentes du Roi en 1695 ; 60 l. et 2 canards pour fieffe de terre sise à Pierre-Soleil ; 170 l. pour M. de Rots pour fieffe de terre dépendant de la chapelle de la Madeleine d'Isigny ; 20 l. dues par M. de Landeville pour fieffe de la chapelle de Ste-Catherine. — Rentes hypothéquées dues par MM. de Villiers de la Bozonnière et d'Espinose, de Coulon, de La Tonnellerie, de Bernesq et Mme de Lan, de La Madeleine de Rots, de Vaulaville, d'Hermerel de Conjon, etc.

II. Suppl. 880. — E. 175. (Registre.) — Moyen format, 33 feuillets, papier.

1762-1763. — Semblable compte rendu par les religieuses. — Rentes hypothèquées dues par : de Baudre de la Melerie, du Châtel, du Routel, de Vouilly, de Brany, Mme de Mesnil-Amant, de Villiers, de Beaupigny, de Grandval, de Rots, de La Couture Gosset, Le Cieux, médecin, d'Orval, de Marguerie, Genas de Rubercy, la manufacture de St-Laurent, etc.

II. Suppl. 881. — E. 176. (Registre.) — Moyen format, 33 feuillets, papier.

1762-1763. — Double du précédent.

II. Suppl. 882. — E. 177. (Registre.) — Moyen format, 35 feuillets, papier.

1763-1764. — Semblable compte rendu par les religieuses. — Dépenses : pour les enfants trouvés, 1,227 l. 8 s. ; pour les médicaments et droguerie, 754 l. 3 s. ; pour 3,000 bûches de chêne, orme et pommier, 671 l. ; pour 529 fagots, 111 l. 9 s. ; pour 300 l. de chandelles, 128 l. 13 s. ; pour 200 boites de paille, 30 l. ; pour de la cendre, 64 l. 15 s. ; pour du charbon, 248 l. 10 s. etc.

II. Suppl. 883. — E. 178. (Registre.) — Moyen format, 35 feuillets, papier.

1763-1764. — Double du précédent.

II. Suppl. 884. — E. 179. (Registre.) — Moyen format, 27 feuillets, papier.

1764-1765. — Semblable compte rendu par les religieuses. — Il y a 56 lits. — Dépenses : 493 l. 16 s. pour 330 aunes de toile à 24 s., 26 s. et 27 s. ; 120 l. 12 s. pour la mouture de 638 boisseaux de froment. — Constitution de 125 l. de rente au capital de 2,500 l. sur Tanneguy Du Châtel. — Total des rentes et charges, 1,043 l. 3 d. — Total des dépenses pour les enfants trouvés, 1,302 l. 3 s. 6 d. — Acheté 227 l. de beurre à 7 s. 6 d. et 8 s., pour 109 l. 4 s., etc.

II. Suppl. 885. — E. 180. (Registre.) — Moyen format, 26 feuillets, papier.

1765-1766. — Semblable compte rendu par les religieuses. — Constitution de 62 l. 10 s. de rente au capital de 1,250 l. sur Genas de Rubercy, des deniers provenant de la donation de Gosset, chanoine de Mathieu, ci-devant curé de Port. — Total des dépenses des enfants trouvés, 1,581 l. 1 s. — Payé 1,737 l. 10 s. pour 9,500 l. de viande à 3 s. 6, 8 et 9 d. la livre ; 321 l. 15 s. pour 542 l. de beurre à 9 et 10 s. la livre, etc.

H. Suppl. 886. — E. 181. (Registre.) — Moyen format, 21 feuillets, papier.

1766-1767. — Semblable compte rendu par les religieuses. — Total de la recette extraordinaire tant en vente de grains qu'autres recettes : 2,930 l. 4 s. 7 d. — Aumônes provenant de la quête des demoiselles pensionnaires, 175 l. — Dépenses : 525 l. pour 400 aunes de toile à 27, 28, 29 et 30 sols ; 180 l. pour 12 couvertures, etc. Total de la dépense des enfants trouvés : 1,628 l. 10 s. ; pour médicaments et droguerie, 588 l. ; pour bois, charbon, chandelle, paille et cendre 1,516 l. ; 1,322 l. 10 s. 6 d. pour 8,122 l. de viande, veau, bœuf et mouton, à 4 s., 3 s. 6 d., et 3 s. 9 d. ; 150 l. pour 300 l. de beurre à 10 s. la livre, etc.

H. Suppl. 887. — E. 182. (Registre.) — Moyen format, 21 feuillets, papier.

1767-1768. — Semblable compte rendu par les religieuses. — Redevables : de Clermont, Le Gambier, Le Bas, *Enfrie* de La Poterie, Vallée, de Pouligny Folliot, du Longchamp Le Quesne, de Beauvallon, Le Dard, de Grancamp, des Fresnes Le Roy, Hardy, Mabire, de *Roncerole*, de Montfleury, de Marigny, des Fourneaux, des *Aunaies*, Audierne, de *Beson*, de Roiville, de Morigny, de Baudre, etc.

H. Suppl. 888. — E. 183. (Registre.) — Moyen format, 20 feuillets, papier.

1768-1769. — Semblable compte rendu par les religieuses. — Total des rentes hypothéquées par an : 3,708 l. 15 s. 3 d. ; reprises : 6,422 l. 8 s. ; ensemble : 10,131 l. 3 s. 3 d. — Fermages : le quart du produit de la balle au blé, qui se monte à 1,127 l. 10 s., défalcation faite des charges de mesureur ; dîme de Bazenville, 80 l. ; denier à Dieu de Bayeux et de Trévières, 200 l. etc. ; total des fermages annuels, 1,419 l. 10 s. ; reprises, 437 l. ; ensemble : 1,856 l. 10 s., etc.

H. Suppl. 889. — E. 184. (Registre.) — Moyen format, 22 feuillets, papier.

1769-1770. — Semblable compte rendu par les religieuses. — Constitution sur les religieuses hospitalières, de 120 l. de rente au denier 25, par un capital de 3,000 l. provenant de M. de Beauvallon, etc. — Dépenses : pour l'autel, 35 l. ; pour les enfants trouvés, 1,933 l. 19 s. ; 20 l. pour fruits de garde ; 860 l. pour 825 boisseaux de pommes à 20 et 21 s. le boisseau ; 136 l. 12 s. pour 156 pots d'eau-de-vie, etc.

H. Suppl. 890. — E. 185. (Registre.) — Moyen format, 23 feuillets, papier.

1770-1771. — Semblable compte rendu par les religieuses. — Il y a 58 lits. — Dépenses : 583 l. 15 s. pour 350 aunes de toile et 2 pièces de serviettes ; 222 l. pour 12 couvertures de lit ; 144 l. 16 s. pour mouture de 724 boisseaux de blé ; 114 l. 5 s. pour frais de procès ; 1,701 l. 17 s. pour les enfants trouvés ; 90 l. pour 100 l. de sucre ; 36 l. pour 48 l. de cassonade ; 32 l. 14 s. pour 43 l. d'huile ; 18 l. pour 36 l. de savon ; 7 l. 10 s. pour 20 l. de raisins au soleil ; 16 l. pour une rasière de noix ; 8 l. 8 s. pour 6 l. de candi ; 16 l. pour 8 pots de miel ; 666 l. 5 s. 6 d. pour toutes les drogues, etc.

H. Suppl. 891. — E. 186. (Registre.) — Moyen format, 28 feuillets, papier.

1771-1772. — Semblable compte rendu par les religieuses. — Il y a 55 lits, dont 3 fondés par Mme de Crouay, etc. — Recette des deniers extraordinaires tant en grains vendus qu'en argent reçu : 995 l. 3 s. 10 d. de l'adjudication du tarif de la ville ; 1,352 l. 14 s. du trésorier des troupes ; 3,000 l. de la donation de M. de Beauvallon pour être employés aux bâtiments ; 217 l. 10 s. pour 43 boisseaux de froment vendus ; 733 l. 7 s. pour 345 boisseaux d'orge ; 66 l. pour 44 boisseaux d'avoine, etc. ; total de la recette extraordinaire, 7,437 l. 17 s. 11 d. — Dépenses : 2,131 l. 10 s. pour 8,526 livres de viande à 5 s. ; 264 l. pour 440 livres de chandelle à 12 s. la livre ; 245 l. 14 s. pour 480 livres de beurre à 10 et 11 sols la livre, etc.

H. Suppl. 892. — E. 187. (Registre.) — Moyen format, 32 feuillets, papier.

1771-1772. — Semblable compte rendu par les religieuses. — Il y a 53 lits. — Redevables : d'Urville, du Castelet, de La Carbonnière, de Roncherolles, du Bousquet, des Fourneaux, Vauquelin, le marquis de Bézons, de Royville, de Morigny, Laval, l'évêque de Bayeux, les Bénédictines, le doyen du chapitre de Bayeux, le comte de La Heuse, des Acres Le Doray, Joret des

Clozières, Mmes de Landeville, de Rotz, pour fieffe de la Madeleine d'Isigny, etc.

H. Suppl. 893. — E. 188. (Registre.) — Moyen format, 32 feuillets, papier.

1773-1774. — Semblable compte rendu par les religieuses. — Recettes : totaux avec les reprises : froments et parties y jointes : froments, 1,293 boisseaux, orges, 51 b. 3/4, avoines 209 b., 24 chapons, 35 poules, 30 œufs, 111 l. 14 s. ; orges et parties y jointes : orges, 632 boisseaux 2/3 1/4, avoines 38 b. et 9 poules ; rentes foncières et parties y jointes, 2,021 l. 3 s., 6 chapons, 21 poules, 4 poulets, 12 canards, 50 œufs ; rentes hypothèquées, 8,803 l. 13 s. 3 d. ; fermages, 1,788 l. 10 s. ; — 8 cordes de bois à prendre dans la forêt de Cerisy estimées 32 l. ; — deniers extraordinaires, tant des grains vendus qu'argent reçu, 4,912 l. 10 s. 8 d. ; aumônes, 505 l. « tant de la quête de « Pâques que du lieutenant de police d'une amende « faite sur les comédiens et d'autres personnes de « piété. »

H. Suppl. 894. — E. 189. (Registre.) — Moyen format, 34 feuillets, papier.

1774-1775. — Semblable compte rendu par les religieuses. — Dépenses : dette de l'année précédente, 1,219 l. 1 s. 5 d. ; total de la mise extraordinaire, 1,928 l. 15 s. 11 d. ; rentes et charges, 1,159 l. 13 s. 11 d. et 2 chapons ; officiers et servants de l'hôpital, 110 l. et 18 boisseaux de froment ; réparations et journées d'ouvriers 370 l. 7 s. — Mises : pour l'autel, 33 l. 10 s. ; pour les enfants trouvés, 1,000 l. 3 s. ; pour les médicaments et drogueries, 708 l. 10 s. ; pour bois, charbon, paille et cendre, 1,593 l. 19 s. ; pour viande, beurre, sel et chandelle, 2,727 l. 13 s. 6 d. ; blé mis au moulin, 718 boisseaux ; vin, cidre et fruits de garde, 1,110 l. 9 s. ; mises communes et journalières, 269 l. 15 s. ; mises journalières du marché, 138 l. 2 s. 6 d. etc.

H. Suppl. 895. — E. 190. (Registre.) — Moyen format, 35 feuillets, papier.

1775-1776. — Semblable compte rendu par les religieuses. — Constitution de 50 l. de rente au capital de 1,000 l. sur Léonard de Rampan. — Dépenses : gages du domestique infirmier des pauvres 72 l., à l'aide infirmier 50 l., à la lessivière 50 l., à M. Le Cieux 18 boisseaux de froment ; 134 l. pour 40 l. de manne, 127 l. pour séné, quinquina et casse, 10 l. pour « la con« cession d'hyacinthe, diascordium, yeux d'écrevisse et « gomme d'Arabie, « 6 l. 2 s. pour diapalme, graisse de bouclin et un bol d'acier ; 14 l. 18 s. pour les dragées du Jeudi-Saint, etc.

H. Suppl. 806. — E. 191. (Registre.) — Moyen format, 36 feuillets, papier.

1776-1777. — Semblable compte rendu par les religieuses. — Reprises : sur les froments et parties y jointes, 542 boisseaux 1/3 3/16 de froment, 53 b. d'orge, 118 b. d'avoine, 1 chapon, 19 poules et 12 l. 12 s., sur les orges et parties y jointes, 273 b. 3/4 d'orge, 26 b. d'avoine et 4 poules; sur les rentes foncières, 357 l. 16 s., 11 canards, 2 chapons, 30 œufs et 18 poules ; sur les rentes hypothèquées, 4,431 l. 6 d. ; sur les dîmes et fermages 300 l. ; sur les cordes de bois, 32 l.

H. Suppl. 897. — E. 192. (Registre.) — Moyen format, 37 feuillets, papier.

1777-1778. — Semblable compte rendu par les religieuses à l'évêque de Cheylus. — Dépenses : 40 l. pour un crible à moulin ; 158 l. pour aider à servir les soldats et les malades de maladies contagieuses ; 19 l. 8 s. pour 6 rames de papier ; 494 l. 19 s. 6 d. pour du fil pour faire de la toile, des bandes, du ruban et pour retordre ; 215 l. 13 s. pour façon de 474 aunes de toile et de serviettes ; 343 l. pour de la toile achetée ; 92 l. pour 119 aunes de barage ; 614 l. 5 s. « pour 20 sacs « de froment et un sac de la farine du Roy pendant le « camp » ; 1169 l. 8 s. pour nourriture et entretien de 48 enfants trouvés, etc.

H. Suppl. 898. — E 193. (Registre.) — Moyen format, 28 feuillets, papier.

1778-1779. — Semblable compte rendu par les religieuses. — Dépenses : 184 l. au meunier pour moudre le blé des pauvres ; 470 l. pour 26 couvertures de laine ; 14 l. 4 s. 9 d. pour la réparation de l'église de Bazenville ; 397 l. pour 254 aunes de toile ; 134 l. pour 103 l. de fil ; 22 l. 11 s. pour la façon de 64 aunes de toile ; 81 l. 10 s. pour garder les malades dans « l'hôpital de dehors » ; 31 l. 10 s. pour 45 journées de couvreur ; 57 l. 8 s. pour 82 journées de charpentier ; 118 l. pour 284 fagots ; 913 l. 9 s. pour 2,080 bûches d'orme et 1,119 bûches de chêne ; 425 l. 15 s. pour 84 sacs de charbon ; 105 l. 5 s. pour 392 bottes de paille ; 14 l. pour 50 bottes de foin ; 6 l. 8 s. pour 16 gluis, etc. — Dépenses de la viande : 3,330 l. 5 s. pour 12,569 livres payées de 4 s. 7 d. à 7 s. 1 d., plus 62 l. 13 s. pour de la viande de boucherie en différentes fois dans le cours de l'année.

H. Suppl. 899. — E. 194. (Liasse.) — 1 pièce, papier.

1779-1780. — Semblable compte rendu par les religieuses aux administrateurs de l'Hôtel-Dieu. — Il y a 55 lits. — Total des rentes dues à l'hôpital, 922 l. 14 s. — Revenu annuel de toute espèce : 791 boisseaux de froment, 316 boisseaux d'orge, 55 b. d'avoine, 12 chapons, 82 poules, 2 canards, 4 poulets, et 6,498 l. 13 s. 6 d. d'argent. — La recette totale en argent, y compris la reprise de l'année précédente et les deniers extraordinaires et autres, s'élève à 19,051 l. 15 s. 3 d. ; et le revenu total en nature, y compris les reprises, s'élève à 1,340 boisseaux 2/3 14/16 de froment, 596 b. 2/3 12/16 d'orge, 178 b. d'avoine, 17 chapons, 80 poules, 100 œufs, 6 canards et 8 poulets.

H. Suppl. 900. — E. 195. (Registre.) — Moyen format, 23 feuillets, papier.

1782-1783. — Semblable compte incomplet rendu par les religieuses à l'évêque de Cheylus. — Dépenses : 45 l. pour une cuve de pierre pour recevoir le cidre, tenant 300 pots ; 3 l. 4 s. pour « délivrer le procès-« verbal d'un soldat protestant » ; 10 l. à l'architecte « pour le devis inutile relatif à la cheminée ». — Rentes et charges : 7 b. de froment aux pauvres valides ; 50 l. aux Augustins ; 30 l. aux trésor et obits de St-Loup ; 16 l. aux chapelains de Notre-Dame ; 5 l. 10 s. et 2 chapons au séminaire, 2 l. aux obits de St-Vigor-le-Petit, etc. Autres dépenses : 18 l. pour 6 livres de cierges blancs ; 869 l. 17 s. pour 555 barils de pommes ; 88 l. 16 s. 3 d. pour légumes et herbes potagères, etc.

H. Suppl. 901. — E. 196. (Registre.) — Moyen format, 14 feuillets, papier.

1784-1785. — Semblable compte rendu par les religieuses (incomplet). — Redevables : de Brunville, de La Bigne, d'Urville, de La Bouillonnière, du Câtelet et de l'Orme, de Belhache, de La Motte Grandcamp, de La Carbonnière, Le Tranchant, Le Marquet, de Roncherolles, d'Albignac, de Vienne, de Ste-Croix, de Chivray, de Bures, de Fodoas, de Feugères, de Clérondé, le chevalier de Baupte, de La Mare, Cholet du Motel, de la Tonnellerie, de Baudre de La Mellerie, de Bernay, de Vouilly, du Routel, d'Agneaux

Ranville, de Villiers, de Baussigny, de Grandval, de Rots, Folliot de Morfontaine, etc. Manquent les dépenses.

H. Suppl. 902. — E. 197. (Registre.) — Moyen format, 97 feuillets, papier.

1644-1647. — Registre des rentes et revenus de l'Hôtel-Dieu. — Redevables : Campain, Chandavoine, Havard, Anfrie, Damigny, Dolley, chirurgien, Le Maigre, Le Quesne, Scelles, sieur de Méautis, Le Fillastre, sieur de La Haiserie, Le Bedey, vicomte de Bayeux, Le Vaillant, de Grimouville, de Longaunay, Le Coq, sieur de Héville, de La Motte, de Véchy, de Percaval, Lubin, de Mautailly, de Sallen, de Beauvalet, du Hamel, etc. — Aumônes : divers dons en nature tels que couvertures, chasuble avec l'étole « de velours ras à fleurs » pour célébrer la messe des pauvres, chaises de paille, 6 paires de mules, draps, paillasses, écuelles d'étain, sauciers et tasses de même métal, chemises, « 1 tableau pour l'autel de la salle », serviettes, lits et couches garnies « de houses », toile, « une cotte de « tafetas à fleurs dont on a faict un devant d'autel pour « la salle des pauvres », 2 chandeliers d'ébène pour la même, « tiers d'estain », cerclés à cuve, etc. — Dépenses : 48 l. 18 s. pour 174 livres de beurre ; 18 s. pour 5 douzaines d'œufs, le 29 octobre 1644, et 1 l. 4 s. pour 6 douzaines, le 3 décembre de la même année ; 10 s. pour 3 douzaines d'œufs le 22 avril 1645, etc.

H. Suppl. 903. — E. 198. (Registre.) — Moyen format, 115 feuillets, papier.

1647-1650. — « Registre et estat des rentes et « revenu de l'Hostel-Dieu de Bayeux demeurés affectés « aux pauvres dudict hospital suyvant la partition qui « en a esté faicte par Monseigneur l'évesque dudict « lieu de Bayeux et confirmés par les arrests du conseil « du Roy et de la court de parlement de Rouen et tiré « des journaux et registres dudict Hostel-Dieu ». — Redevables : Lescalley, de Rottot, de Beaumer, de La Court, de Louvières, de Mandeville, Bonnel, du Douet, Turgot, conseiller au siège présidial de Caen, de La Fontaine, des Oubeaux, etc. — Dépenses : 18 boisseaux de froment pour 3 années, à Du Hamel, médecin des malades ; 3 boisseaux de froment au procureur ; 15 boisseaux de froment au chirurgien des pauvres, pour 3 années. — Il a été dépensé, pendant les 3 années, 872 boisseaux de froment pour la nourriture des pauvres, qui étaient pour l'ordinaire 23, 26 et 30 malades, ainsi que pour les ouvriers qui faisaient les réparations de la salle des pauvres ; 121 boisseaux d'avoine au sergent des pauvres, etc. — En l'année 1646-1647, il y avait 7 enfants trouvés à la charge de l'Hôtel-Dieu.

H. Suppl. 904. — E. 199. (Registre.) — Moyen format, 114 feuillets, papier.

1650-1653. — Journal des recettes et dépenses. — Recettes : denier à Dieu perçu au marché de Trévières, 11 l. par an ; denier à Dieu du marché de Bayeux, 5 l. par an. — Total des recettes des 3 années : 2,956 l. 18 s. — Autres recettes : 5 l. pour le denier à Dieu du fermier du poids le Roi de Ranchy ; 7 l. 5 s. pour le denier à Dieu du fermier du tabellionage de Cerisy et de la fiefferme du Couvert ; 15 l. pour le denier à Dieu de la ferme de Fontenay-sur-le-Vey ; 15 l. pour le denier à Dieu de la coutume de Bayeux. — Ventes du froment : 28 boisseaux pour 81 l. 17 s. ; 6 boisseaux pour 18 l. ; 3 boisseaux pour 9 l. 12 s., etc.

H. Suppl. 905. — E. 200. (Registre.) — Moyen format, 144 feuillets, papier.

1653-1655. — Journal des recettes et dépenses.

H. Suppl. 906. — E. 201. (Registre.) — Moyen format, 172 feuillets, papier.

1656-1659. — Journal des recettes et dépenses. — Redevables : Campain, Néel, sieur des Longsparcs, Chandavoine, de Gouvix, sieur de Briens, Le Parquois, Damigny, Le Maigre, Le Quesné, sieur du Perron, Scelles, sieur de Méautis, Le Fillastre, sieur de La Haiserie, Le Bedey, vicomte de Bayeux, Le Vaillant, de Grimouville, de Longaunay, de Véchy, de Percaval, de Mautailly, de Sallen, Boutemont, Guérin Du Bosq, Du Bourguet, La Gouelle, Du Vivier, Du Hamel, Bénard, sieur de Rotot, Hébert, sieur du Prest, Le Hocquais, de Louvières, de La Court, de Mandeville, Marguerin Du Douet, etc.

H. Suppl. 907. — E. 202. (Registre.) — Moyen format, 133 feuillets, papier.

1659-1661. — Journal des recettes et dépenses. — Redevables : Le Cocq, de La Motte Heutte, de Baussy, de La Haulle, Le Blais, sieur de St-Laurent-sur-Mer, Cornet, sieur de St-Martin, etc.

H. Suppl. 908. — E. 203. (Registre.) — Moyen format, 135 feuillets, papier.

1661-1662. — Journal des recettes et dépenses. — Dépenses : 471 boisseaux de froment pour la nourriture de l'année ; 136 l. pour les enfants exposés ; dépenses journalières pour la nourriture : 8 l. 18 s. 6 d. pour 63 livres de viande ; 4 l. 15 s. pour 20 l. de beurre ; 2 l. 6 s. 7 d. pour 21 douzaines 1/2 d'œufs, etc. ; au médecin, 6 boisseaux de froment ; au chirurgien, 5 boisseaux, etc.

H. Suppl. 909. — E. 204. (Registre.) — Moyen format, 86 feuillets, papier.

1662-1663. — Journal des recettes et dépenses.

H. Suppl. 910. — E. 205. (Registre.) — Moyen format, 47 feuillets, papier.

1663-1664. — Journal des recettes et dépenses. — Redevables : Dolley, Le Terrier, Carabeux, Le Quesné du Perron, Mlle Bertranne de La Dangye, de Méautis, comtesse de La Palisse, de La Motte, sieur du Prey, de Véchy, de Mautailly, de Grimouville, sieur du Mesnil, Le Blais, sieur du Quesney, Du Hamel, sieur de Cottun, Hébert, sieur du Prest, Lescalley, sieur de Vaux, de La Court, sieur de Melleville, Le Patou, sieur de St-Rémy, l'évêque de Bayeux, le marquis de Creully, etc.

H. Suppl. 911. — E. 206. (Registre.) — Moyen format, 327 feuillets, papier.

1664-1668. — Journal des recettes et dépenses.

H. Suppl. 912. — E. 207. (Registre.) — Moyen format, 92 feuillets, papier.

1668-1669. — Journal des recettes et dépenses.

H. Suppl. 913. — E. 208. (Registre.) — Moyen format, 135 feuillets, papier.

1668-1671. — Journal des recettes et dépenses. — Redevables : l'évêque de Bayeux, le marquis de Creully, de Sallen, de La Motte du Bousquet, de Vaux d'Escajeul, etc. — Dépenses : 1 l. 10 s. 6 d. pour 15 douzaines d'œufs, 1 l. 1 s. pour un pot d'eau-de-vie, etc.

H. Suppl. 914. — E. 209. (Registre.) — Moyen format, 44 feuillets, papier.

1671-1672. — Journal des recettes et dépenses. —

Redevables : Scelles, sieur de Méautis, Le Bedey, vicomte de Bayeux, de Grimouville, de Longaunay, de Véchy, de Courperron, de Mautailly, des Valderis Bailleul, Guérin Du Bosq, de Bérigny, de Belleville, de Mandeville, etc.

H. Suppl. 915-1028. — E. 210-323. (Registres.) — Moyen format, papier.

1672-1785. — Journaux des recettes et dépenses. — Voir l'inventaire des comptes E. 6-196.

E. 210. — **1672-1675.** — 232 feuillets.
E. 211. — **1675-1676.** — 44 feuillets.
E. 212. — **1676-1677.** — 52 feuillets.
E. 213. — **1677.** — 19 feuillets.
E. 214. — **1677-1678.** — 76 feuillets.
E. 215. — **1677-1679.** — 27 feuillets.— Recette des arrérages.
E. 216. — **1678-1679.** — 27 feuillets.
E. 217. — **1679-1680.** — 43 feuillets.
E. 218. — **1679-1680.** — 68 feuillets.
E. 219. — **1680.** — 107 feuillets.
E. 220. — **1680-1681.** — 79 feuillets.
E. 221. — **1682.** — 57 feuillets.
E. 222. — **1682-1684.** — 138 feuillets.
E. 223. — **1684-1685.** — 99 feuillets.
E. 224. — **1685-1686.** — 98 feuillets.
E. 225. — **1686-1687.** — 83 feuillets.
E. 226. — **1687-1688.** — 93 feuillets.
E. 227. — **1688-1689.** — 93 feuillets.
E. 228. — **1689-1690.** — 107 feuillets.
E. 229. — **1690-1691.** — 103 feuillets.
E. 230. — **1691-1692.** — 83 feuillets.
E. 231. — **1692-1693.** — 94 feuillets.
E. 232. — **1693-1694.** — 94 feuillets.
E. 233. — **1694-1695.** — 86 feuillets.
E. 234. — **1695-1696.** — 90 feuillets.
E. 235. — **1696-1697.** — 79 feuillets.
E. 236. — **1697-1698.** — 103 feuillets.
E. 237. — **1698-1699.** — 89 feuillets.
E. 238. — **1699-1700.** — 129 feuillets.
E. 239. — **1700-1701.** — 128 feuillets.
E. 240. — **1701-1702.** — 105 feuillets.
E. 241. — **1702-1703.** — 95 feuillets.
E. 242. — **1703-1704.** — 86 feuillets.
E. 243. — **1704-1705.** — 101 feuillets.
E. 244. — **1705-1706.** — 117 feuillets.
E. 245. — **1706-1707.** — 129 feuillets.
E. 246. — **1707-1708.** — 105 feuillets.
E. 247. — **1708-1709.** — 127 feuillets.
E. 248. — **1709-1710.** — 88 feuillets.
E. 249. — **1710-1711.** — 91 feuillets.
E. 250. — **1711-1712.** — 92 feuillets.
E. 251. — **1712-1713.** — 91 feuillets.
E. 252. — **1713-1714.** — 87 feuillets.
E. 253. — **1714-1715.** — 106 feuillets.
E. 254. — **1715-1716.** — 92 feuillets.
E. 255. — **1716-1717.** — 94 feuillets.
E. 256. — **1717-1718.** — 103 feuillets.
E. 257. — **1718-1719.** — 83 feuillets.
E. 258. — **1719-1720.** — 93 feuillets.
E. 259. — **1720-1721.** — 84 feuillets.
E. 260. — **1721-1722.** — 77 feuillets.
E. 261. — **1722-1723.** — 91 feuillets.
E. 262. — **1723-1724.** — 75 feuillets.
E. 263. — **1724-1725.** — 74 feuillets.
E. 264. — **1725-1726.** — 87 feuillets.
E. 265. — **1726-1727.** — 90 feuillets.
E. 266. — **1727-1728.** — 95 feuillets.
E. 267. — **1728-1729.** — 102 feuillets.
E. 268. — **1729-1730.** — 87 feuillets.
E. 269. — **1730-1731.** — 83 feuillets.
E. 270. — **1731-1732.** — 72 feuillets.
E. 271. — **1732-1733.** — 74 feuillets.
E. 272. — **1733-1734.** — 77 feuillets.
E. 273. — **1734-1735.** — 92 feuillets.
E. 274. — **1735-1736.** — 97 feuillets.
E. 275. — **1736-1737.** — 91 feuillets.
E. 276. — **1737-1738.** — 92 feuillets.
E. 277. — **1738-1739.** — 91 feuillets.
E. 278. — **1739-1740.** — 93 feuillets.
E. 279. — **1740-1741.** — 94 feuillets.
E. 280. — **1741-1742.** — 107 feuillets.
E. 281. — **1742-1743.** — 105 feuillets.
E. 282. — **1743-1744.** — 106 feuillets.
E. 283. — **1744-1745.** — 107 feuillets.
E. 284. — **1745-1746.** — 146 feuillets.
E. 285. — **1746-1747.** — 143 feuillets.
E. 286. — **1747-1748.** — 154 feuillets.
E. 287. — **1748-1749.** — 144 feuillets.
E. 288. — **1749-1750.** — 116 feuillets.
E. 289. — **1750-1751.** — 103 feuillets.
E. 290. — **1751-1752.** — 100 feuillets.
E. 291. — **1752-1753.** — 98 feuillets.
E. 292. — **1753-1754.** — 94 feuillets.
E. 293. — **1754-1755.** — 90 feuillets.
E. 294. — **1755-1756.** — 91 feuillets.
E. 295. — **1756-1757.** — 103 feuillets.
E. 296. — **1757-1758.** — 111 feuillets.
E. 297. — **1758-1759.** — 98 feuillets.

E. 298. — **1759-1760**. — 85 feuillets.
E. 299. — **1760-1761**. — 82 feuillets.
E. 300. — **1761-1762**. — 81 feuillets.
E. 301. — **1762-1763**. — 73 feuillets.
E. 302. — **1763-1764**. — 84 feuillets.
E. 303. — **1764-1765**. — 81 feuillets.
E. 304. — **1765-1766**. — 64 feuillets.
E. 305. — **1766-1767**. — 70 feuillets.
E. 306. — **1767-1768**. — 59 feuillets.
E. 307. — **1768-1769**. — 61 feuillets.
E. 308. — **1769-1770**. — 60 feuillets.
E. 309. — **1770-1771**. — 54 feuillets.
E. 310. — **1771-1772**. — 59 feuillets.
E. 311. — **1772-1773**. — 69 feuillets.
E. 312. — **1773-1774**. — 57 feuillets.
E. 313. — **1774-1775**. — 54 feuillets.
E. 314. — **1775-1776**. — 69 feuillets.
E. 315. — **1776-1777**. — 54 feuillets.
E. 316. — **1777-1778**. — 60 feuillets.
E. 317. — **1778-1779**. — 61 feuillets.
E. 318. — **1779-1780**. — 79 feuillets.
E. 319. — **1780-1781**. — 78 feuillets.
E. 320. — **1781-1782**. — 78 feuillets.
E. 321. — **1782-1783**. — 84 feuillets.
E. 322. — **1783-1784**. — 93 feuillets.
E. 323. — **1784-1785**. — 63 feuillets.

H. Suppl. 1029. — E. 324. (Registre.) — Moyen format, 63 feuillets, papier.

1785-1786. — Journal des recettes et dépenses. — Redevables : le trésor de St-Loup, de Brunville, d'Orval, de La Bigne, Folliot, de Vaux, d'Hermerel, de La Bouillonnière, de Fontenailles, de La Briffe, de Magny, de Grandcamp, des Fresnes de La Carbonnière, le marquis de Roncherolles, de Montfleury, d'Albignac, de Faudoas, etc.

H. Suppl. 1030. — E. 325. (Registre.) — Moyen format, 71 feuillets, papier.

1786-1787. — Journal des recettes et dépenses. — Redevables : Anfrie de Nihaut, Anfrie de La Poterie, de Brunville, de La Bigne, Le Tranchant de Bocéels, des Auuais, de St-Sulpice, de Ste-Croix-de-Montmagny, du Fondré, de Chivray, de Bures, de Bavent, La Fresnée Montcoq, Damigny, du Douet, de Vendes, etc.

H. Suppl. 1031. — E. 326. (Registre.) — Grand format, 67 feuillets, papier.

1787-1888. — Journal des recettes et dépenses. — Redevables : d'Hermerel, de Vaux, de Beauvallon, Le Grand du Castelet, de Vaux du Castelet, de Bricqueville, de Chivray, Le Marois, Laval, de Baudre, de Morchêne, La Motte du Bousquet, etc.

H. Suppl. 1032. — E. 327. (Registre.) — Grand format, 64 feuillets, papier.

1788-1789. — Journal des recettes et dépenses. — Redevables : Desmares, de La Bouillonnière, de Faudoas, d'Orval, l'évêque de Bayeux, le duc de Montmorency, de Feugères, la Madeleine de Vaucelles, les Bénédictines, de Baudre, de Campigny, de Sermentot, le chapitre de Bayeux, de Baupte, Des Acres Le Doray, etc.

H. Suppl. 1033. — E. 328. (Registre.) — Moyen format, 69 feuillets, papier.

1788-1789. — Autre journal des recettes et dépenses pour la même année.

H. Suppl. 1034. — E. 329. (Registre.) — Grand format, 69 feuillets, papier.

1789-1790. — Journal commencé au jour St-Michel 1789 pour finir à pareil jour 1790, contenant la recette ainsi que la mise du revenu des pauvres de l'Hôtel-Dieu de Bayeux. — Redevables : à St-Patrice, Valran, au droit de Bunouf, de Cottun, Le Bouteiller, Le Gambier, Avonde, pour Scelles, Le Bas, Vimard ; à La Poterie, Anfrie de Nihaut, La Poterie Anfrie, Havard, Malenfant, pour Herbline ; à St-Loup, le trésor de la paroisse, Dudouet, au droit de La Croix-Guilbert, Hébert, Fauvel, Cliquet, Poulain, Le Haribel, Le Breton, Vallée, au droit de Bonnemie, Le Carpentier, Diaulne, de Brunville, Coullard, d'Amigny, d'Orval, David ; à St-Exupère, de La Bigne, au droit du sieur du Quesnay, l'abbé Pellerin, au droit de Folliot ; à St-Vigor, Desmares, au droit de Beauvallon, Melle Folliot ; à Vaux-sur-Aure, de Vaux, au droit d'Hermerel-Secmont ; à Vaux-sur-Seulles, de La Bouillonnière, au droit de Le Grand du Câtelet, de Vaux du Câtelet, du Quesney de l'Orme ; à St-Germain, Belbarbe, au droit de M. de Fontenailles ; à Nonant, de La Briffe, au droit de M. de Magny ; à Chouain, la veuve Tirel, au droit de Le Dard, veuve Bunouf, Chemin, Allain, au droit du sieur de Grandcamp, Le Roy ; à Ellon, de La Carbonnière, Baucher, au droit du sieur de Percaval ; à Couvert, Hardy, Le Grand, Le Royer, Brachet et Lubin, Mabire, curé de Louvières, veuve Maresq ; à Lingèvres, Le

Tranchant de Bucéels, Desfrênes, veuve Le Marquier, au droit de M. de La Digne-Tessel; à Planquery, de Roncherolles; à Guéron, de Montfleury, Roger Baucain, Mme de Bricqueville, au droit de Mme de Languerie, Mme d'Albignac, au droit de M. de Bailleul; à Fontenailles, Desmares, Mme Le Coq; à Marigny, Marigny-Dainville, au droit de Hautvigney; à Longues, les héritiers Guilbert; à Ver, Le Rossignol et Le Canot, au droit de Corbet; à Fresnay, la veuve Lefèvre, Seigle, Le Bourgeois, Bazire, Valogne, Barbey, pour Totain : à Ste-Croix-sur-Mer. Aubert; à Crépon, Des Aunais, pour de St-Sulpice ; à Ryes, du Homme Ste-Croix, pour de Montmagny, Gilles, Mallet, de Vienne, La Noe Gaucher, Thomas ; à Tour, Bunel, pour Gaugain, Audierne, Hébert, pour Le Marois et Halley, Carabeux ; à Esquay-sur-Seulles, Renée ; à Magny, Vauquelin, pour Hardouin ; à Sommervieu, Génas, pour Néel, Gouye, Coquère, veuve Malet, Le Pelley ; à Cottun, de Chivray, Le Marois; à Mandeville, Gouet et Guilmette, pour Onfroy ; à Formigny, du Fondray, pour Mme Le Forestier ; à Maisons, Héron, pour le marquis de Bezons, Simonnaux, pour Sorel, Duval, pour Agnest ; à Sully, Cliquet, pour d'Escajeul ; à La Cambe, Godefroy, Bisson, Oger, Vincent, de Bures, veuve Alix de Royville, pour Le Secourable ; à Longueville. de Faudoas, pour de Baussy, de Baudre de Bavent, pour de St-Rémy Le Putou, Rouel, Gasson ; à Russy et Houtteville, Laval ; à Cussy, MM^elles Fleury ; à Subles, Le Carpentier, pour Gardin ; à Carcagny, Catherine , pour Môque ; à Ste-Marguerite-de Ducy, Soufflant, pour La Fresnée Montcoq ; à Argouges, d'Orval, pour Hébert, chanoine ; à Martragny, Baucher, pour de Grimouville, Melle Folliot, Fossey ; à Fontenay-le-Pesnel, Totain ; à Brécy, Mondrainville et la veuve Bailleul ; à Fresné-le-Crotteur, l'évêque de Bayeux, le duc de Montmorency, Desjardins, La Rogère , d'Hermerel, au droit d'Anne Roger ; à Cully, veuve Heute, pour du Breuil ; à Putot, Thibout, pour Du Douet; à Loucelles, de Morchesne, au droit de M. de Vendes, sieur de Belleville : à Coulombs, Le Boucher, Dubois, Goussiaume, Barthélemy ; à Audrieu et Tilly, Chervel, veuve Le Cointe, veuve Tirel, pour Le Dard. — Blé dû à Pâques par : Mme de Feugères, Gavare, pour La Moussu, le chapelain de la Madeleine de Vaucelles. — Recette des orges. Redevables : les Bénédictines, de Baussy, Le Comte, curé de Bricqueville, de Baudre, de Campigny, Godefroy, de Sermentot, des Illets, de Vraque, le chapitre de Bayeux à Rubercy, le comte de la Heuse, le chevalier de Baupte, Mme de Verigny, Des Acres Le Doray.— Rentes foncières. Redevables : Joret des Closières, de Bapaume Le Terrier, Perrée, curé de St-Laurent, les Bénédictines à La Poterie, les religieux de St-Nicolas de la Chesnaie, le sieur Creveuil, au droit de M. de Landeville, M. de La Madeleine de Rotz à Isigny, Le Tourneur, au droit des demoiselles d'Englesqueville, Gaillard de Martanville, au droit de Judith de Marcadé, du Chastel et d'Auquainville, de Malherbe, d'Orval, etc. — Rentes hypothèques, redevables : Cholet du Motel, de Héricy, l'abbé Fumée, du Jardin, de La Bazonnière et d'Espinose, de Coulons, de La Tonnellerie, de Baudre de La Mesleric, de Bernay, d'Albignac, au droit de Mme de Lan, de Litteau, au droit de M. de Vaulaville, Mme de La Rivière, de Chivray, de Vouilly, de Ste-Croix, Le Chevalier du Chastel, Le Guelinel du Routel, des Escaliers, d'Aigneaux, de Beaupigny , de Grandval, Mme de Rotz, MM^elles de Marguerie, Le Peton, Genas, Léonard de Rampan, Folliot de Morfontaine, de Montmagny, de Saon, les religieuses hospitalières de l'Hôtel-Dieu de Bayeux, etc. — Fermages : la halle à blé est affermée pour 1,320 l. par an ; la dîme d'Étreham pour 120 l. ; reçu 48 l. pour la dîme de Bazenville ; le denier à Dieu de Bayeux et Trévières est affermé pour 60 l. par an. — Les 8 cordes de bois dues par les adjudicataires de la forêt de Cerisy sont toujours estimées à 32 l. — Les recettes sur l'entrée des boissons varient par trimestre entre 232 l. et 294 l. Il y a diverses autres recettes sur les gens de mer et les soldats, ainsi que quelques dons. — Le produit de la vente des froments, orges, avoines, volailles et œufs, s'élève à 975 l. 1 s. 11 d. — La quête de Pâques a produit net 132 l. 7 s. — Dépenses diverses : 26 l. 10 s. pour 53 journées de filassiers ; 169 l. 7 s. 6 d. pour filer 167 livres de lanfais ; 95 l. 11 s. 9 d. pour 221 livres 3/4 d'étoupe et 12 l. 12 s. 3 d. pour 33 livres 1/2 de patte ; 13 l. 10 s. pour façon de 54 aunes de toile à charrée ; 122 l. 1 s. 3 d. pour achat de 69 aunes 3/4 de toile en 2/3 à 36 s. ; 24 l. 3 s. 6 d. pour 22 pièces de neufile ; 13 s. pour une corde à rouet ; 8 l. pour 4 boisseaux d'orge ; 42 l. pour un sac de froment et 2 l. 17 s. 6 d. pour un boisson de sarrasin. — Charges, rentes foncières : 50 l. aux Augustins ; 30 l. aux obits et trésor de St-Loup ; 16 l. aux chapelains de la chapelle Notre-Dame; 5 l. 10 s. au séminaire de Bayeux ; 2 l. aux obits de St-Vigor-le-Petit ; 7 boisseaux de froment au Grand Bureau, etc. — Fondations diverses : 46 messes pour : Basly, chanoine de Pézerolles, Duclos-Guérin, Noël, curé de Sully, Cottun-Vautier, du Locheur, Melle de Bellefontaine, Mme St-Benoît, etc ; fondation Aumont pour faire dire des messes pour le fondateur et les pauvres décédés, le surplus pour les pauvres qui sortent, surtout ceux de la campagne ;

fondations Baely, Dufour, Renée Roquets, Philippe, pour donner des chemises aux pauvres qui sortent ; fondation Le Bouteiller pour acheter du vin aux malades ; fondation Millet et Le Valois pour donner des médicaments aux pauvres externes ; fondation Goujon pour les pauvres honteux ; fondation Duclos-Guérin pour les pauvres passants ; fondation anonyme pour faire célébrer des messes pour les pauvres qui décèdent à l'Hôtel-Dieu. — Gages et honoraires des officiers et servants : 18 boisseaux de froment au médecin, 80 l. à l'infirmier avec usage du linge de l'hôpital, 40 l. à la lessivière avec la permission de se blanchir : la garde-malade pour les maladies contagieuses reçoit le logement, la nourriture et 10 sols par nuit, mais elle est seulement nourrie quand elle ne soigne les malades que le jour. La garde-malade fait la salle tandis que l'infirmier fait des toiles et étoffes pour l'hôpital et pour les enfants trouvés, ses gages sont de 80 livres. — Dépenses diverses. Les journées de menuisier sont comptées à 12 s., celles de charpentier à 12 et 14 s., celles de maçon à 18 s., celles de la couturière à 6 s. — Payé : aux couvreurs, 26 l. 9 s. 3 d. pour 36 journées faites à la halle à blé ; 21 l. 7 s. 6 d. pour 1,500 ardoises ; 1 l. 6 s. pour 100 grandes ardoises ; 4 l. 2 s. pour 121 tuiles ; 3 l. 3 s. pour 9 livres de riz à 7 s. ; 27 l. 4 s. pour 34 livres de cassonade ; 6 l. 18 s. pour 6 l. de sucre, 4 l. 4 s. pour 7 l. de raisins, 15 l. 6 s. pour 43 l. de pruneaux, 1 l. 1 s. pour une chopine d'huile, etc. ; 46 l. pour 100 bûches d'orme ; 3622 l. 19 s. 8 d. pour 11,440 l. de viande fournie en 1788 à 6 s. 4 d. la livre ; 9 l. 8 s. pour 2 chapons et 1 dinde ; 174 l. 1 s. 3 d. pour 317 l. 1/2 de beurre à 10 s. 9 d., 11 s. 6 d., et 12 s. la livre ; 28 l. 11 s. 6 d. pour 950 l. de sel ; 138 l. 16 s. pour la mouture de 606 boisseaux de froment, 86 b. d'orge et 2 b. de sarrasin ; 139 l. 12 s. pour 61 barils de pommes à 2 l. 3 s. et 2 l. 14 s. ; 43 l. 15 s. pour 25 barils à 1 l. 15 s. ; 43 l. 4 s. pour 20 barils pris sur place à 1 l. 16 s., plus 6 l. de voiture et 1 l. 4 s. de tarif ; 121 l. 13 s. pour 48 barils 2/3 à 2 l. 10 s. ; 135 l. 5 s. pour 65 barils à 2 l. 5 s. et 140 l. 8 s. 9 d. pour 61 barils 1/2 à différents prix ; 3 l. 15 s. pour ferrer la jument qui a pilé ; 18 l. 8 s. pour 6 boisseaux 1/2 d'oignon ; 6 l. 16 s. pour 1600 de grosse poirette à repiquer ; 30 l. 18 s. pour pois et fèves ; 60 l. 11 s. 9 d. pour du poisson ; 25 l. 19 s. 3 d. pour des œufs ; 33 l. 6 s. 6 d. pour du lait ; 22 l. 6 s. pour des balais ; 2 s. 6 d. pour du tabac ; 8 s. pour un mou de veau, etc.

H. Suppl. 1035. — E. 330. (Registre.) — Moyen format, 329 feuillets, papier.

1649-1667. — Journal de recette des rentes de l'Hôtel-Dieu. — Redevables : Campain, Néel des Longparcs, Le Quesné du Perron, Le Bedey, vicomte de Bayeux, de Vécby, de Grimouville, du Hamel, du Douet, Lescalley ; dîmes d'Étréham et de Bazenville ; halle à blé et tripot de Bayeux, etc.

H. Suppl. 1036. — E. 331. (Registre.) — Moyen format, 70 feuillets, papier.

1668-1672. — Journal d'acquits. — « Duplex des « quitances baillée des receptes faictes pour les pauvres « de nostre hospital ». Enregistrement par la supérieure et des religieuses des paiements de rentes.

H. Suppl. 1037. — E. 332. (Registre.) — Moyen format, 52 feuillets, papier.

1671-1676. — Journal d'acquits.

H. Suppl. 1038. — E. 333. (Registre.) — Moyen format, 96 feuillets, papier.

1676-1684. — Journal d'acquits.

H. Suppl. 1039. — E. 334. (Registre.) — Moyen format, 94 feuillets, papier.

1684-1692. — Journal d'acquits.

H. Suppl. 1040. — E. 335. (Registre.) — Moyen format, 75 feuillets, papier.

1684-1691. — Journal d'acquits.

H. Suppl. 1041. — E. 336. (Registre.) — Moyen format, 34 feuillets, papier.

1687-1711. — Journal d'acquits concernant Trévières et Vaucelles.

H. Suppl. 1042. — E. 337. (Registre.) — Moyen format, 74 feuillets, papier.

1691-1699. — Journal d'acquits.

H. Suppl. 1043. — E. 338. (Registre.) — Moyen format, 87 feuillets, papier.

1692-1700. — Journal d'acquits concernant les religionnaires.

H. Suppl. 1044. — E. 339. (Registre.) — Moyen format, 73 feuillets, papier.

1699-1706. — Journal d'acquits des rentes en argent et en grains.

H. Suppl. 1045. — E. 340. (Registre.) — Moyen format, 70 feuillets, papier.

1706-1714. — Journal d'acquits.

H. Suppl. 1046. — E. 341. (Registre.) — Petit format, 88 feuillets, papier.

1669-1679. — Journal de recettes de « Ollivier « Laisné, sergeant recolecteur du bien et revenu des « pauvres de la Maison-Dieu de Bayeux ».

H. Suppl. 1047. — E. 342. (Registre.) — Petit format, 37 feuillets, papier.

1705-1706. — État du revenu des pauvres malades de l'Hôtel-Dieu de Bayeux et journal des recettes.

H. Suppl. 1048. — E. 343. (Registre.) — Petit format, 36 feuillets, papier.

1707-1708. — Semblable registre.

H. Suppl. 1049. — E. 344. (Registre.) — Petit format, 33 feuillets, papier.

1709-1710. — Semblable registre.

H. Suppl. 1050. — E. 345. (Registre.) — Petit format, 33 feuillets, papier.

1710. — Semblable registre.

H. Suppl. 1051. — E. 346. (Registre.) — Petit format, 38 feuillets, papier.

1710-1712. — Semblable registre.

H. Suppl. 1052. — E. 347. (Registre.) — Petit format, 34 feuillets, papier.

1712-1713. — Semblable registre.

H. Suppl. 1053. — E. 348. (Registre.) — Petit format, 41 feuillets, papier.

1713-1714. — Semblable registre.

H. Suppl. 1054. — E. 349. (Registre.) — Petit format, 45 feuillets, papier.

1714-1715. — Semblable registre.

H. Suppl. 1055. — E. 350. (Registre) — Petit format, 43 feuillets, papier.

1715-1716. — Semblable registre.

H. Suppl. 1056. — E. 351. (Registre.) — Petit format, 49 feuillets, papier.

1716-1717. — Semblable registre.

H. Suppl. 1057. — E. 352. (Registre.) — Petit format, 46 feuillets, papier.

1717-1718. — Semblable registre.

H. Suppl. 1058. — E. 353. (Registre.) — Petit format, 46 feuillets, papier.

1718-1719. — Semblable registre.

H. Suppl. 1059. — E. 354. (Registre.) — Petit format, 32 feuillets, papier.

1721-1722. — Semblable registre.

H. Suppl. 1060. — E. 355. (Registre.) — Petit format, 33 feuillets, papier.

1722-1723. — Semblable registre.

H. Suppl. 1061. — E. 356. (Cahiers.) — Moyen format, 20 feuillets, papier.

1749-1758. — Compte rendu aux administrateurs de l'Hôtel-Dieu de la recette des biens et revenus dudit hôpital par Paul Gosset, sieur de La Couture, nommé receveur des pauvres au mois de novembre 1749, après la mort du sieur du Bois, son prédécesseur. — Les religieuses ont reçu par leurs mains la plus grande partie des revenus desdits pauvres. — La recette de l'année 1749-1750 se monte à 2,966 l. 12 s. 8 d. — Il doit être tenu compte au comptable de tous les articles de recette de ladite année, « la dame déposi- « taire ne luy ayant donné aucunes quittances desd. « sommes », et, pour la vérification, MM. les administrateurs auront à se faire représenter le registre de recette de ladite dépositaire. — Les recettes de 1750 et 1751 s'élèvent à 2,583 l. 13 s. 6 d. Les totaux des années postérieures n'ont pas été indiqués, non plus que le total général de sa gestion. — Le comptable ne fait qu'un chapitre de dépense des sommes dont la dépositaire ne lui a pas tenu compte. — Les héritiers du comptable font observer aux administraleurs que leur père ayant fait gratuitement la recette des pauvres malades, pour laquelle ils avaient accordé 300 livres par an à Du Bois, son prédécesseur, et 200 livres à Tavigny, son successeur, les pauvres ont bénéficié au premier cas de 2,400 livres, et au second cas de 1,600, Gosset ayant été chargé pendant 8 ans de cette recette ; c'est pourquoi ils demandent qu'on prenne en considération le désintéressement de leur père, afin de leur accorder « toute la grâce et « toute la faveur que les circonstances pourront per- « mettre ».

H. Suppl. 1062. — E. 357. (Liasse.) — 9 pièces, papier.

1731-1752. — Extraits de comptes.

H. Suppl. 1063. — E. 358. (Liasse.) — 254 pièces, papier.

1647-1764. — Comptabilité. — Pièces justificatives. — Quittances de rentes de boisseaux de froment données aux religieuses de l'Hôtel-Dieu par Gardin, Barette et autres aveugles de l'hôpital de St-Gratien (1647-1692). — Mémoires de fournitures faites aux pauvres de l'Hôtel-Dieu par Crestey, épicier, et par un maçon, pour relever une partie de la halle écroulée ; lettre d'Oursin à la dépositaire de l'hôpital de Bayeux, lui annonçant l'envoi de Caen de marchandises par Crestey (1708). — Mémoires de diverses fournitures faites aux pauvres malades en 1709 : 2 couteaux à boucher, 6 sols ; 96 bottes de paille d'orge à 3 liards la botte ; une serrure à *ormoire*, 15 sols ; 2 livres de suif battu, 16 sols ; une *cuier* à pot, 5 sols ; une cloche, 11 sols ; une *sampleure*, 12 sols. — Fournitures faites par Crestey à la foire de Caen de 1710 : 8 onces de mine de plomb, 4 sols ; 8 livres d'ocre rouge et jaune, 4 sols ; 3 l. de céruse, 18 sols ; 1 livre de *diachillon* gommé, 18 sols ; 1 livre de *diachillon* simple, 12 sols ; 3 onces de *confre*, 3 livres ; 3 onces de *mirre*, 1 livre 2 sols 6 deniers ; 9 livres de *therbentine* fine, 10 livres 16 sols ; 14 onces de vitriol romain, 1 livre ; 2 livres de tournesol, 2 livres ; 1 livre d'azur fin, 1 livre 10 sols, etc. ; autres fournitures à la foire de Caen de 1711. — Quittance donnée par Lerouge aux religieuses de l'Hôtel-Dieu de la somme de 2 livres 18 sols 6 deniers pour droits d'entrée d'un baril d'eau-de-vie de 30 pots venant de St-Valery-sur-Somme (1711). — Mémoire des médicaments fournis et de frais de couvertures de la halle ; lettre d'envoi de Caen par Prempain le jeune à la dépositaire de l'hôpital de Bayeux, d'une marmite de cuivre rouge du poids de 8 livres, à 28 sols la livre, formant 11 livres 4 sols, plus un arrosoir estimé 10 livres, sur lesquelles il a reçu une vieille marmite du poids de 3 livres, estimée 45 sols (1711). — Lettre d'envoi de Caen de 50 livres de sucre à 18 sols la livre, et 10 livres de savon de Marseille à 12 sols (1712). — Quittances données par Hardy, curé de Rubercy, de Condé, procureur receveur du chanoine de Vaucelles, de Vassel, receveur du domaine de la vicomté de Bayeux, Joret, Nicolle et autres. — Quittance générale de rente de froment et d'orge, expédiée par Lemarois à Carabeuf. — Quittances données par : Guille, receveur des droits de tarif de Bayeux à M. de La Couture Gosset, receveur des pauvres de l'hôpital, de la somme de 28 sols 8 deniers et 9 sols pour livre pour l'entrée de 120 pots de cidre ; Louvet, receveur des droits de tarif de la Poterie, audit de La Couture Gosset, de la somme de 35 livres 7 sols 3 deniers et 9 sols pour livre pour l'entrée de cidre, bois, chanvre et autres marchandises, du 10 janvier 1757 au 28 décembre 1757 ; Chéneaux, contrôleur et receveur des domaine du Roi au bureau de Bayeux, audit Gosset, de la somme de 13 livres 19 sols 2 deniers pour 25 années d'arrérages de 11 sols 2 deniers d'indemnité, à cause de 20 livres de rente à prendre sur une maison sise paroisse St-Georges en franc-alleu. — Sommation faite à la requête de Claude Clerget, fermier des domaines de la généralité, stipulé par Chéneaux, son receveur à Bayeux, aux pauvres malades de l'Hôtel-Dieu de payer dans huitaine la somme de 86 livres 15 sols 6 deniers de rente d'indemnité. — Lettre datée de Meulan et envoyée par Héricher de Cormont au receveur de l'Hôtel-Dieu, concernant le racquit d'une rente par lui due à cause de Marie-Jacqueline Havard, sa femme. — Autre lettre de Le Boursier à M. de La Couture-Gosset, receveur, relative à un procès entre le chapitre, les administrateurs de l'Hôtel-Dieu, le curé d'Étreham, etc. — Notes des boisseaux de froment et d'avoine versés par les héritiers Michel. — Lettres de Tavigny à Mme de Sainte-Hyacinthe, dépositaire de l'Hôtel-Dieu, concernant l'état de sommes reçues de M. la Tonnellerie, Étienne Robert et autres, pour les pauvres (1758-1761).

H. Suppl. 1064. — E. 359. (Liasse.) — 6 pièces, papier ; 6 plans.

XVIIIe siècle. — Bâtiments. — Procès-verbal dressé par François Genas, sieur du Homme, ancien vicomte de Bayeux, subdélégué, en vertu des ordres du baron de Fontette, intendant de la généralité, et à la requête des prêtres de la Mission, des dommages causés à leurs bâtiments, à ceux des Capucins et au prieuré de

St-Vigor-le-Grand, par le service des vivres. — Requête adressée au maître particulier des eaux et forêts de Bayeux par les religieuses hospitalières pour être autorisées à faire réparer la voûte de la rivière d'Aure étant sous la salle des malades et à faire curer ladite rivière à cet effet ; mémoire des travaux de maçonnerie pour la réparation de la voûte faits par Gabriel de Caen et Pierre Lebreton, maîtres maçons de Tracy-sur-Mer : « on leurs a acordé d'estre noury eux deux, « ils ont été 15 jours auxdit ouvrage, on y a eu bien « de la paine nuit et jours, et le pié toujours à l'eau »; la nourriture des 2 maçons pour 15 jours chaque, 12 livres, plus 560 pots de petit cidre à 2 sols, 400 pièces de carreau à 30 livres le cent, 63 sommes de chaux à 2 livres 11 sols la somme, 382 journées de manœuvres jour et nuit à 10 sols, 195 journées de maçons jour et nuit, à 12 sols, etc. — Plans des bâtiments.

SÉRIE F.

Registres d'entrée et de sortie des personnes admises dans l'établissement. — Religieux et religieuses. — Service intérieur. — Service médical. — Infirmiers. — Demandes d'emploi et d'admission.

H. Suppl. 1065. — F. 1. (Cahier.) — Moyen format.
11 feuillets, papier.

1653-1658. — « Mémoire et registre des pauvres « rescoues dans l'hôpital de Bayeux depuis le 14ᵉ may « 1653 par sᵗ de la Nativité. » — « Mémoire des « pauvre qui sons mors à l'hospital de Bayeux en « l'année 1658. »

H. Suppl. 1066. — F. 2. (Registre.) — Grand format,
175 feuillets, papier.

1668-1683. — « Registre des pauvres receues dans « nostre hospital, commencé le 26ᵐᵉ jour de may 1668, « première année de la supériorité de la Rᵈᵉ Mère « Françoise de St-Sauveur, élue supʳᵉ dudit jour 26 « may 1668. Il y avoit ce dit jour dans l'hospital trente « quatre pauvres. » En 1668, le chiffre varie de 28 à 37, en 1669, de 26 à 39, etc. — En marge, sortie ou décès. — Baptêmes d'enfants. — « Le 7 febvrier 1679, a esté « élue pour supérieure la révérende mère Marie Mag-« dellaine de St-Augustin. »

H. Suppl. 1067. — F. 3. (Registre.) — Grand format,
78 feuillets, papier.

1683-1688. — Semblable registre d'entrées et sorties. — Le 29 mars 1688, baptême d'enfant exposé à la porte de l'hôpital général, par Le Bourgeois le jeune, chapelain du bureau, « sans faire les cérémonies du baptesme », qui ont été faites dans l'église du prieuré de St-Jean l'Évangéliste par Thomas Le Marchant, vicaire établi par l'évêque pour l'administration des sacrements aux pauvres malades de l'hôpital. — En 1683, février, de 30 à 40 malades ; le 31 mai 1686, 27 malades ; le 4 février 1687, de 25 à 26 pauvres dans l'hôpital, jusqu'au mois de novembre, date à laquelle on a augmenté de 14 lits par ordre de l'évêque pour les soldats malades du régiment d'infanterie du Roi, lesquels ont été reçus journellement dont l'hôpital pour y être nourris et médicamentés, jusqu'au 4 février 1687 que finit l'année, en laquelle on a reçu des pauvres depuis le rétablissement des bâtiments de l'hôpital.

H. Suppl. 1068. — F. 4. (Registre.) — Grand format,
171 feuillets, papier.

1689-1702. — « Registre où est couché par escrit « la réception des pauvres malades de l'hôpital de « Bayeux, commencé le 1ᵉʳ de janvier 1689. » Il se trouve alors 38 malades. — Le 16 novembre 1695, baptême sous condition dans l'église du prieuré de St-Jean l'Évangéliste, par Pierre Le Moussu, prêtre de la congrégation de la Mission et chargé du spirituel des pauvres de l'Hôtel-Dieu, d'un petit garçon trouvé, qui ne paraît pas avoir plus de trois mois ; le 14 mars 1697, autre baptême par Ant. Le Bachelier, prêtre de la congrégation de la Mission chargée du soin spirituel des pauvres de l'Hôtel-Dieu.

H. Suppl. 1069. — F. 5. (Registre.) — Grand format,
188 feuillets, papier.

1703-1713. — Semblable registre. — Au 1ᵉʳ janvier 1703, 41 malades. — Le 30 juillet 1704, Marie Douesnel, fille de Pierre, paroisse d'Amayé, s'étant transportée à Bayeux à l'hôpital des malades pour être ressaisie « d'un enfant femelle âgée d'environ sept mois, sortie des œuvres de Pierre Magdeluine », exposée nuitamment par le père, proche les Capucins, paroisse St-Éxupère, retire son enfant après avoir promis de le garder et nourrir, et le faire instruire lorsqu'il aura l'âge de raison. — Mémoire des soldats reçus dans l'hôpital. — « Les femmes qu'il y a longtemps qui sont dans l'hôpital. »

H. Suppl. 1070. — F. 6. (Registre.) — Grand format, 83 feuillets, papier.

1713-1718. — Semblable registre.

H. Suppl. 1071. — F. 7. (Registre.) — Grand format, 194 feuillets, papier.

1718-1721. — Semblable registre. — Femmes venant du bureau pour faire leurs couches « dans l'hospital de « devant », et retournées après au bureau.

H. Suppl. 1072. — F. 8. (Registre.) — Grand format, 188 feuillets, papier.

1727-1736. — Semblable registre.

H. Suppl. 1073. — F. 9. (Registre.) — Grand format, 245 feuillets, papier.

1736-1745. — Semblable registre.

H. Suppl. 1074. — F. 10. (Registre.) — Grand format, 147 feuillets, papier.

1745-1751. — Semblable registre.

H. Suppl. 1075. — F. 11. (Registre.) — Grand format, 289 feuillets, papier.

1751-1765. — Semblable registre.

H. Suppl. 1076. — F. 12. (Registre.) — Grand format, 242 feuillets, papier.

1765-1780. — Semblable registre.

H. Suppl. 1077. — F. 13. (Registre.) — Grand format, 158 feuillets, papier.

1780-1790. — Semblable registre.

H. Suppl. 1078. — F. 14. (Registre.) — Grand format, 206 feuillets, papier.

1756-1778. — « Registre de l'entrée et sortie et de « la mort des soldats, commencé le 1 avril 1756. » — 7 colonnes : nom des compagnies, nom des soldats, cavaliers ou dragons, lieu de leur naissance, jour de l'entrée, de la sortie, de la mort, total des journées. — Visites du contrôleur des hôpitaux militaires et de charité.

H. Suppl. 1079. — F. 15. (Liasse.) — 32 pièces, papier.

1735-1781. — Malades militaires. — Signification par Guillaume Le Provost, sergent royal à Caen, au sieur de La Roque, écuyer, conseiller et secrétaire du roi, maison, couronne de France, à la requête des administrateurs des pauvres malades de l'Hôtel-Dieu de Bayeux, du contenu d'une ordonnance de l'intendant, prescrivant au trésorier de l'extraordinaire des guerres un paiement aux religieuses hospitalières de Bayeux (1735). — Lettres : de Barenton, secrétaire de l'intendance, à Genas, subdélégué, lui envoyant un modèle d'état auquel les administrateurs des hôpitaux doivent se conformer (1751) ; du marquis de Paulmy, secrétaire d'État, à l'intendant de Fontette, concernant les abus commis dans les hôpitaux de n'enregistrer la la mort des soldats que le jour de l'enterrement (1755) ; de l'intendant au subdélégué, concernant les ordres à donner pour faciliter l'entrée dans les hôpitaux des officiers mariniers revenant prisonniers d'Angleterre, qui seraient hors d'état de continuer leur route (1763); de Vardon, commissaire des guerres, à la sœur Saint-Basile, dépositaire de l'hôpital à Bayeux, concernant l'ordre de la comptabilité et les arrangements pris pour le paiement de l'extraordinaire des guerres (1764) ; semblable lettre du duc de Choiseul à l'intendant de Fontette (1764); de M. de Sartines, ministre de la marine, à Mistral, commissaire général de la marine, ordonnateur en Normandie, concernant le séjour des soldats de la marine dans les hôpitaux externes (1775) ; de Godey, trésorier des invalides de la marine, à la supérieure de l'Hôtel-Dieu, lui demandant l'état quadruple des gens de mer traités dans le dit hôpital (1777) ; du prince de Montbarey à M. de la Tabérie, intendant de l'armée, concernant les dispositions arrêtées pour les hôpitaux militaires (1778) ; de M. de Montcarville, commissaire des guerres, à Mme de Saint-Maur, dépositaire, lui envoyant un modèle d'état et de feuilles de retenue pour les journées des soldats malades (1781).—Imprimé incomplet d'édits et arrêts concernant les malades militaires ; code d'administration des hôpitaux militaires et de charité, au compte du Roi, du 1er janvier 1780.

H. Suppl. 1080. — F. 16. (Liasse.) — 1 pièce, parchemin; 2 pièces, papier.

1644-1752. — Pensionnaires. — Extrait des registres de dépense de l'Hôtel-Dieu de Bayeux, sur lesquels il est fait mention des pensionnaires qui ont demeuré dans la communauté de 1644 à 1646 : M^{elles} Julien de La Hénodière, de Bonfossé, des Longchamps, de Saint-Jean, du Hutrel, de Launay, de Bonnefont, de La Vesquerie, du Bosq, etc. — Autre extrait des mêmes registres et des registres mortuaires indiquant les inhumations des dites pensionnaires : Mlle Julien de La Hunodière (1676), Mme de La Bretonnière (1700), Mlle des Essards (1709), de Tierceville (1714), Conard, veuve de M. de La Fosse-Bohot (1734), de Conjon (1734), d'Argouges (1740), Mme de Chênedollé, sœur du marquis de Saint-Pierre (1742), Mlle d'Amours, veuve de M. de Gruchy, Mlle d'Équemanville (1743), Mlle Marie-Anne-Basile Ouzouf, veuve d'Osseville, etc. — Accord devant Jean Pery et Thomas Cupersy, tabellions à Bayeux, entre la supérieure de l'hôpital de Bayeux ayant l'administration du bien des pauvres, et en vertu de la donation faite par le Roi, des effets de Michel Foltrue, décédé audit hôpital, et Anne Regnault, femme de Pierre Le Paulmier, se prétendant héritière dudit Michel, afin de terminer le procès pendant et indivis en la Chambre des Comptes (1667).

H. Suppl. 1081. — F. 17. (Liasse.) — 4 pièces, papier.

1643-1727. — Hospitalières. — Inventaire des pièces et lettres remises par Pierre Suhard, écuyer, sieur de St-Germain, lieutenant général au bailliage, aux hospitalières de Bayeux, en conséquence d'un contrat fait entre eux (1702), entre autres : l'extrait du registre des mariages de la paroisse St-Patrice, celui de Guillaume de La Cotte et Madeleine Le Rousé, en 1611 ; 2 quittances du chapelain de St-Vincent, de 3 livres de rente ; la vente faite par Louis Hue, écuyer, sieur de Port, à François Michel et Richard Mallet, frères, de 7 vergées de terre sises à Vaux ; la vente par Louis Hue, écuyer, audit de Saint-Germain, du clos du Prest, en ladite paroisse, etc.— Consultation donnée à Rouen, le 13 juillet 1727, par Le Chevallier et Néel à « Madame l'abbesse des dames religieuses hospitalières « de Bayeux », sur la demande suivante : lad. communauté est composée de plus de 50 religieuses, et le nombre de sujets pour le service des pauvres n'est pas excessif ; le revenu de la communauté n'est pas considérable et est absolument distingué de celui des pauvres. Une demoiselle se présente pour faire profession ; « on est convenu de prix avec le frère de cette dem^{lle} » ; mais ce frère n'ayant point de deniers comptant propose de vendre à la communauté une portion de fonds pour la dot. La communauté demande : 1° si elle ne peut pas recevoir des dots en fonds comme en argent, et si ces contrats n'auront pas leur exécution contre les familles ou ayant cause, avec le même privilège contre les créanciers que la dot des filles porte ordinairement avec elles ; 2° si l'on peut traiter en toute sûreté avec le frère par un acte *sous fait privé*, et si cet acte n'aurait pas le même privilège de la dot au préjudice des créanciers personnels du frère. Y joint le texte des lettres patentes d'établissement des religieuses hospitalières de la Miséricorde de Dieppe dans la ville de Bayeux, accordées par Louis XIV en 1643, en raison du contrat de fondation fait par Melle Marie Julien de la Hunodière, du 14 novembre 1641, ensemble l'acte d'assemblée des habitants du 30 mai 1642, l'ordonnance de l'évêque pour l'établissement des religieuses dans led. hôpital et pour le partage des biens de l'hôpital pour l'entretien des prieur et religieux qui y sont aussi établis. Copie informe d'une copie collationnée à l'original sur parchemin rendu à la supérieure du couvent de la Miséricorde établies en la Maison-Dieu de Bayeux, du 11 mai 1659.

H. Suppl. 1082. — F. 18. (Liasse.) — 4 pièces, papier.

1774-1788. — Chirurgiens. — Requête adressée aux administrateurs de l'Hôtel-Dieu de Bayeux, par François-Lambert-Marc Le Tual, chirurgien en chef de cet établissement depuis 1738, lieutenant du 1er chirurgien du Roi à Bayeux, demandant d'accorder à son fils, Marie-François, qui l'a déjà secondé dans ses travaux depuis plusieurs années, la survivance de sa place (1774). — Réponse de Le Tual père et fils aux accusations portées contre eux par les religieuses de l'Hôtel-Dieu et qui ont motivé la destitution de Le Tual fils par la décision du bureau de l'administration dudit hôpital en date du 10 mai 1788. Ils repoussent avec énergie lesdites accusations comme absolument contraires à la vérité et ils réclament l'observation rigoureuse des règlements concernant la visite des malades, la liberté de dissection des cadavres, etc., conformément à l'ordonnance de 1701. Ils demandent spécialement que Le Tual fils, en sa qualité de médecin en second, puisse remplir au besoin les fonctions de médecin en chef, qu'il soit défendu aux religieuses de précipiter aucune inhumation, d'ordonner quoi que ce soit aux malades de leur chef, d'admettre des malades dans l'hôpital sans un certificat des médecins et chirurgiens, etc. Suit la copie d'un certificat de Vernet, chirurgien-major du régiment de Lorraine, qui atteste s'être transporté plusieurs fois, sur l'ordre de son commandant, à l'hôpital pour écouter les plaintes des malades privés des secours, par suite de l'absence du médecin ordinaire. Il serait à désirer dans ce cas que le médecin fût remplacé par le chirurgien-major. — Copie de la délibération du 21 juin 1788 par laquelle le bureau d'administration de l'Hôtel-Dieu révoque Le Tual du Manoir fils des fonctions de chirurgien dans ledit hôpital à cause de l'incompatibilité de son caractère avec celui des personnes essentiellement attachées au service des pauvres malades et de la très grande inexactitude des notes portées par lui sur ses cahiers de visite ainsi que dans ses mémoires adressés au ministre, etc. Toutefois, l'assemblée, prenant en considération les longs et utiles services de Le Tual père, invite celui-ci à continuer ses soins aux malades de l'Hôtel-Dieu, concurremment avec le médecin Dudouet et les religieuses.

SÉRIE G.

Papiers et registres des institutions succursales de l'établissement. — Tutelle des enfants trouvés et orphelins, etc.

H. Suppl. 1083. — G. 1. (Registre.) — Moyen format, 99 feuillets, papier.

1784-1785. — Registre des enfants. — Enfants exposés, morts sans avoir été en nourrice. — Deux habitants de Ranchy se sont chargés de filles trouvées, âgées de quatre ou cinq ans ; on leur donne 3 l. par mois, pendant une année seulement. — Enfants exposés mis en nourrice ; baptême, date d'exposition, paiements aux nourrices. — Fournitures : une aune de flanelle, 2 l. 10 s. ; 60 journées de couturières, 18 l. ; 1 douzaine de mouchoirs, 9 l. 12 s. ; 14 paires de souliers, 15 l. 10 s. ; 3 paires de grands souliers, 5 l. ; 12 paires de sabots, 4 l. 10 s. ; une redingote d'occasion, 6 l. ; 5 mois 1/2 de 2 servantes qui ont soigné les enfants, 19 l. 10 s. ; toile à chemise à 1 l. 5 s. ; 1/2 aune de linon, 2 l. 18 s.

H. Suppl. 1084. — G. 2. (Registre.) — Moyen format, 71 feuillets, papier.

1785-1786. — Semblable registre commencé à la St-Michel 1785, jusqu'à 1786. — « Le 30 aoust 1786, « à 10 heures et demie du soir, l'on a exposé une petite « fille à la porte, dans une bourriche enveloppée d'un « morceau de toille frapée, avec un testier de gaze « doublé de serviettes, elle avait sur la poitrine un « billet de recommandation, et par laquelle on deman- « dait qu'elle fut nommée Julie-Victoire, ce qui a été « le lendemain exécuté en la baptisant. » — Le 30 avril 1786, on remet à « Jean Turgie de St-Suplice », par ordre du procureur du Roi, l'enfant exposé le 10 avril qui fut d'abord chez Dachet ; il est né le 20 octobre 1785 et a été baptisé à St-Jean de Bayeux ; il se nomme René Bertrand. On paie pour cet enfant, comme pour les autres, 4 l. 10 s. par mois ; et le père supplée, ainsi que Mlle Françoise Le Tousé, couturière à St-Vigorel, sœur de la mère.

H. Suppl. 1085. — G. 3. (Registre.) — Moyen format, 52 feuillets, papier.

1786-1787. — Semblable registre. — Le 20 novembre 1786, Mme Ancroignard a apporté une fille ayant sur elle 2 petits bonnets ronds, une chanoinesse, 4 mauvais fichus, dont 2 rouges et 2 blancs, 3 chemises, 3 couchettes, un béguin à dentelle ; elle a été baptisée au séminaire, et nommée Eugénie-Violette. — Le 20 février 1787, à 3 heures du matin, on a exposé un enfant ayant un bracelet fait d'une multitude de petits morceaux de toutes sortes de couleurs, ainsi qu'un lange de vieille indienne, fonds rouge ; il a été baptisé au séminaire et nommé Simplice Grillon ; une autre nommée Colette Houblon ; un autre Marcel, dit Lorio.

H. Suppl. 1086. — G. 4. (Registre.) — Moyen format, 77 feuillets, papier.

1787-1788. — Semblable registre. — Une fille, nommée Pauline, dite *du hocquet*. — Le 19 mars 1788, à 10 heures du soir, on a exposé un enfant ayant au bras gauche un petit ruban rayé, c'est le commissaire Renaud qui l'a fait apporter, l'ayant pris sur une boutique ; il avait un billet qui le disait baptisé et nommé Jean-Gilles ; on l'a néanmoins baptisé au séminaire et nommé Jean-Gilbert, dit Desbareaux. — Dépenses : le 7 octobre, payé pour les chevaux qui ont apporté 5 enfants pour mettre au bureau, 6 l. 5 s. ; 3 paires de souliers pour lesd. enfants, 7 l. 10 s. ; 4 paires de sabots, 1 l. 6 s. ; pour filature de 4 l. de laine, 2 l. 16 s. ; un bonnet, 10 sols ; 9 aunes toile pour faire des bonnets, 20 l. 0 s. ; 1 douzaine de mouchoirs, 9 l. 15 s. : 8 paires de plettes, 1 l. 4 s. ; 8 draps d'occasion pour faire du linge pour les enfants ; 6 aunes de flanelle frappée pour les corps, 12 l. ; 49 aunes de siamoise, payé pour façon à 18 s., 44 l. 2 s. ; 3 jupes d'occasion, 30 l. 18 s. ; 41 aunes de toile claire à 38 s., 77 l. 18 s. ; 14 aunes d'étoffe à jacquette, 56 l., etc.

H. Suppl. 1087. — G. 5. (Registre.) — Moyen format, 56 feuillets, papier.

1788-1789. — Semblable registre. — Enfants appelés au baptême Stanislas, dit des Griffes, Aurélie, dite Dixliards, Justine Pontdor, Alexis-Joseph du Tirage, Eugène Montnoir, Victor-Noël du Fleuve, Ninphe, dite Beaupui, Odilon, dit Bourbe-Neuve, Contest, surnommé Hector. — Le 23 septembre 1789, on reprend les enfants de Troplong parce qu'ils étaient mal soignés. — Le 18 novembre 1788, on a apporté de la part du procureur du Roi la petite-fille de Marie Avice, de Ryes, baptisée le lendemain et nommée Thérèse Ronceray, en nourrice le même jour. — Le 5 avril 1789, à la femme Lunay, au Vernay, pour la petite Natalie Javelot qu'elle a gardée 13 jours et pour les 5 autres, 24 l. 9 s. ; plus pour gratification, à cause de la cherté du blé, 1 l. 16 s., etc.

H. Suppl. 1088. — G. 6. (Registre.) — Moyen format, 47 feuillets, papier.

1789-1790. — Semblable registre. — Le 26 octobre 1789, à 5 heures du matin, exposition d'un enfant, baptisé le même jour au séminaire et nommé Michel Rousselet ; comme il se porte fort mal, on ne le met pas en nourrice ; mort le 7 novembre. — Richard, dit Terre-Neuve, Modeste Triton, Restitue Borée, Guillaume Roitelet, Radegonde Aubifoin. — Le 5 mars 1790, on a exposé un enfant proprement arrangé dans une bourriche. — Louis-Auguste Le Blanc, nommé par Le Clerc, supérieur du séminaire, et Mme Macé, exposé le 2 octobre 1788, mort en 1790 ; payé pour 3 jours et son inhumation, 2 livres. — Le 22 septembre 1790, Mme Ancroignard a envoyé un très gros garçon ; on l'a baptisé et nommé Mathieu, et pour surnom Le Gros. — Dépense pour l'entretien des enfants : pour jupe d'occasion, flanelle de Rouen, calmande, indienne, piqûres et façon d'un habit, 54 l. 13 s. ; 2 draps à faire les petites chemises ; à François, 279 journées à 4 sous ; à Catin, pour son année, 36 livres.

H. Suppl. 1089. — G. 7. (Cahiers.) — Moyen format, 95 feuillets, papier.

1779-1786. — États de dépense : numéros des enfants, date de leur entrée, date des procès-verbaux du juge de police, noms des enfants, âge, lieu de naissance et de leur exposition ; noms des seigneurs haut-justiciers de ces lieux, nom et domicile de la nourrice, journées avant d'être placés en nourrice, mois et jours de nourrice, leur prix (4 l. en 1779), layette (à raison de 40 sols par mois en 1779), mort ou sortie des enfants de l'Hôtel-Dieu et leur passage à l'hôpital général ; mois et jours de pension à l'hôpital général (à raison de 3 l. par mois en 1779). — De 1779 à 1785 compris, il y a eu 320 enfants exposés à l'Hôtel-Dieu, plus 24 restés des années précédentes ; de ce nombre 61 à la charge de l'Hôtel-Dieu, 236 sont morts, 5 ont été pris par des âmes charitables, 16 rendus à leurs mères ; il en est passé 26 à l'hôpital général avant l'âge de 7 ans, par conséquent à la charge de 3 l. par mois. L'Hôtel-Dieu a été obligé depuis 1779 de payer 2,728 mois et 20 jours de nourrice, à 4 l. par mois, soit 10,914 l. 13 s. 4 deniers, et 1,405 mois 27 jours à 4 l. 10 s., soit 6,326 l. 11 s. ; les layettes, fournitures de linge, farines, etc., ont coûté 8,688 l. 14 s. 8 d., la pension des enfants transférés à l'hôpital général, depuis l'âge de 3 à 5 ans jusqu'à 7, a coûté 2,117 l. 8 s. ; pour coffres et fosses des enfants trouvés morts à la charge de l'Hôtel-Dieu, à raison de 1 l. 5 s. chaque, 294 livres, total de 1779 compris à 1785 compris, 28,344 l. 8 s. En 1785, la dépense a été de 5,044 l. 19 s. 4 d. — Les revenus de l'Hôtel-Dieu sont : droit sur les boissons, évalué 1,000 livres, rentes foncières 1,256 l., fermages qui, au plus haut prix, rapportent 1,633 l., rentes hypothéquées, 3,747 l., 790 boisseaux de froment, à 4 l., 3,160 l., 316 boisseaux d'orge à 2 l. 5 s., 711 l., 55 boisseaux d'avoine, à 1 l. 15 s. le boisseau, 95 l., total 11,624 l. Charges : 25 boisseaux de froment au médecin et à l'hôpital général, 100 l. ; rentes foncières, 593 l. 16 s., rentes hypothéquées, 247 l. ; abonnement, 81 livres ; impôt territorial, 2 l. 6 s. ; gages domestiques et réparations de fermes et bâtiments, au moins 1,200 livres, total 2,224 l. 2 s. Ces charges réduisent le revenu à 9,400 l. 18 s.; si on en enlève les 5,044 l. 19 s. 4 d. pour la charge des enfants trouvés, il reste bien peu pour l'entretien de 48 à 60 lits par an; l'Hôtel-Dieu est donc dans un état de détresse, et a le plus grand besoin que le gouvernement lui subvienne.

H. Suppl. 1090. — G. 8. (Cahiers.) — Grand format, 44 feuillets, papier.

1787-1789. — États de la dépense de l'Hôtel-Dieu pour les enfants trouvés qui y ont été déposés en exécution de l'arrêt du Conseil du 10 janvier 1779, pendant les années 1787, 1788 et 1789, imprimés à Bayeux par la veuve Nicolle, grande rue St-Jean. En 1789, les mois de nourrice sont de 4 l. 10 s., layette, 2 l. par mois ; on paie pour un enfant 6 l. 10 s. par mois parce qu'il est infirme de corps et d'esprit, et âgé de 9 ans ; layette comptée 30 francs à cause de l'habit complet qu'on donne pour passer à l'hôpital général. Récapitulation de lad. année : 1,191 mois et 11 jours de nourrice, dépense de nourrice, 5,385 l. 3 s., layette, 2,638 l. 2 s. 8 d., pension à l'hôpital général 135 mois et 7 jours, 405 l. 14 s.; gages de la fille qui gouverne les enfants pendant qu'ils sont à l'hôpital, 50 l. ; gages de celle qui les porte en nourrice, 70 l.; gratifications aux nourrices, à cause de la cherté du blé, 59 l. 10 s.; 58 inhumations à 1 l. 8 s., 81 l. 4 s.

H. Suppl. 1091. — G. 9. (Liasse.) — 1 pièce, papier.

XVIIIe siècle. — Enfants trouvés. — Représentations que les enfants trouvés font une dépense considérable à l'hôpital qui n'a pas de fonds pour cette charge ; ils empêchent l'établissement de 4 à 5 lits. Demande de secours au roi. Pour empêcher le grand nombre de ces enfants, il conviendrait d'enjoindre aux curés de donner aux juges des lieux un état des filles et femmes et des jeunes gens que le libertinage emporte dans des conjonctions illicites pour être poursuivis et enfermés dans des hôpitaux et y être châtiés ; ce remède empêcherait les expositions d'enfants, bien souvent leur mort, et ferait connaître les auteurs des crimes ; il serait nécessaire en ce cas de donner aux hôpitaux des fonds pour la nourriture de ces malheureux (sans date).

SÉRIE H.

Documents divers ne rentrant pas dans les séries précédentes.

H. Suppl. 1092. — H. 1. (Registre.) — Grand format, 51 feuillets, papier.

1787-1791. — Registre paraphé par Le Maistre Du Mesnil, président trésorier de France à Caen, pour servir à Barbazan, directeur des domaines à Caen, pour inscrire les recettes et dépenses qu'il fera concernant l'administration régie et recette générale des domaines et droits domaniaux appartenant au Roi dans la généralité de Caen, des ventes de bois appartenant au Roi, amendes, restitutions et confiscations prononcées par les officiers des eaux et forêts, etc. Recettes de M. de La Prade, contrôleur des actes à Caen, de M. de La Mairie, contrôleur ambulant du département de Caen, de M. de La Rue, contrôleur des actes et receveur du domaine à Carentan, de Mariette, receveur des domaines à Valognes, de Renault, contrôleur des actes à Bayeux par les mains de Le Coutelier, engagiste de la fieffeferme de Ver, de Poignant, receveur du domaine de St-Silvain, de Gautier, receveur du domaine à Avranches, de Lesage, contrôleur des actes à la Délivrande, de Diguet, contrôleur ambulant du département de Vire, de Rihouet, receveur des domaines du duc d'Orléans, représentant le duc de Penthièvre, engagiste des domaines de Coutances et de Valognes, de M. de La Prade, receveur principal, sur le prix des bois de l'évêché de Lisieux et de l'abbaye de Belle-Étoile. — Envoyé aux administrateurs une quittance comptable fournie par le fondé de procuration de MM. du Clergé du diocèse de Bayeux de la somme de 374 l. dont il était fait fonds au profit dud. Clergé dans l'état des domaines de 1780; envois et paiements à Trudon du Tilleul, receveur général des gages intermédiaires, à Marin Barbey, maître particulier des eaux et forêts de Caen, pour ses gages et attributions, à Guillaume Bosche, chapelain des prisons de Vire, à Baron, geôlier des prisons de Vire, à Antoine-Noël Le Peton, fondé de procuration du cardinal de Luynes, abbé de St-Vigor de Cerisy, aux pauvres de la paroisse de Bernières-sur-Mer, aux officiers du bailliage de St-Lô,

100 l. pour les menues nécessités de leur siège de l'an 1787, aux officiers du bailliage de Torigny 100 l., à ceux de Bayeux 150 l., à Philippe Garnier, chapelain de la chapelle de St-Gilles de Montchatou, au prieur de l'abbaye de St-Sever, fondé de la procuration de M. de Chiffrevast pour dîme des bois de la maîtrise de Vire dont il est fait fonds dans l'état des bois de 1787, 112 l. 18 s. 2 d., à Villodon, receveur des domaines à Tilly, à Pierre Yvon, prieur du Désert, pour fiefs et aumônes dont il est fait fonds à l'état de 1787, 194 l., à Joseph-François Leber, supérieur du séminaire de St-Nicaise de Rouen, aux droits des Célestins de Rouen, pour fiefs et aumônes de l'état du Roi de 1787, 100 l. sous la vicomté de Caen, 100 l. sous la vicomté de Bayeux, à Pierre Le Vasseur, curé de Canapville, fondé de procuration des chanoines de Cléry, à Queudeville, receveur des pauvres malades de l'Hôtel-Dieu de Caen, aux employés pour leur portion de la 2ᵉ répartition sur l'excédent de la fixation de l'année 1787, suivant l'état arrêté par la compagnie le 24 septembre 1790 : M. de La Prise, directeur, 450 l., de La Mairie, contrôleur ambulant du département de Caen, 65 l., Diguet, contrôleur ambulant du département de Vire, 30 l. etc.; à Piton, receveur de l'hôpital d'Avranches, etc.

H. Suppl. 1093. — H. 2. (Registre.) — Grand format, 41 feuillets, 6 pièces intercalées, papier.

1725-1731. — Registre des consignations faites à la recette de Bayeux. — Richard Osmond, au nom de Marie-Louise de Faoucq, fille de Guy de Faoucq, seigneur de Garnetot, dépose la somme de 2,400 livres en écus de 4 livres et en louis d'or de 16 livres, en exécution de la sentence rendue en la justice d'Osmanville contre les sieurs Compère et cohéritiers en la succession de feu Jean Compère, leur père; suivent 4 reçus partiels de ladite somme. — Simon de Boulot, fils de Simon et de Catherine Nicolle, neveu de feu Michel de Rots, sʳ de La Madeleine, dépose la somme de 500 livres contre les héritiers de Nicolas-Joseph Foucault, marquis de Magny, pour parvenir au retrait de 4 pièces de terre et dépendances, suivant la sentence portée en vicomté de Bayeux, et pour paiement de 2 vergées de terre. Ladite somme a été versée par le receveur à MM. de Montfiquet et de Fontaine, ayant épousé les deux filles héritières de feu du Boulot. — Philippe Chuquet, subrogé aux droits de Jacques-François Le Filliastre, sieur de la Sauvagère, dépose la somme de 2,815 livres par suite de ladite subrogation jugée en vicomté de Bayeux, et ce en divers contrats, condamnations et exécutoires. — Dépôt fait en pièces de 4 livres par Paul Montbeterne, priseur-vendeur en la sergenterie de Cerisy, de la somme de 250 livres provenant de la vente faite de défunte Élisabeth Élie, veuve de Pierre Perauld, sieur de Tainville. Paiements faits à divers héritiers de ladite de Tainville, entre autres à Thomas Hue, sieur de la Chesnée, à Marie Le Hérichon, à Le Boiteux, etc. — Supplique adressée au lieutenant général de Bayeux par Marguerite de Percaval, veuve de Pierre-André Suhard, sieur de Rampan, demandant d'être autorisée à retirer la somme de 40 livres déposée au receveur des consignations, sur la vente de levées en foins et grains appartenant au sieur de Percaval, de la paroisse de Guéron. — Consignation par François du Bousquet, sieur d'Entremout, de la somme de 420 livres pour parvenir à la clameur qu'il a intentée contre Nicolas Le Lorier, sieur de Torteval, aux fins de la remise de certains héritages situés paroisse de Ryes. Reconnaissance par du Bousquet pour remboursement de la somme ci-dessus consignée, par suite de son désistement de la clameur intentée contre Le Lorier. — Consignation par Jean Le Roux, seigneur de Langrie, adjudicataire d'une partie de 250 livres de rente foncière par lui saisie réellement sur noble dame Marguerite-Françoise-Anne de Percaval, veuve et non héritière de Pierre-André Suhard, sieur de Rampan. — Autre consignation par led. de Langrie de la somme de 540 livres en diminution et à valoir sur le surplus de la somme de son adjudication, montant à 4,400 livres ainsi qu'il est mentionné en la consignation précédente; la présente consignation est faite pour remplir en partie ladite somme de 4,400 livres, parce que les contrats dont il est fait mention ci-devant n'ont pas été jugés valables, signé Marguerie de Langrie, épouse du sieur de Langrie. — Consignation par Charles-Édouard Boutement, adjudicataire du décret des immeubles d'Éléonore des Cajeuls par le prix de 1,530 livres, ladite somme consignée en un contrat de reconnaissance par lequel Gillone des Cajeuls cède à Boutement la somme de 1,707 livres à elle restant due sur deux obligations souscrites par Éléonore des Cajeuls au profit de ladite Gillone, etc. — Autres consignations où sont relatés les noms de : Jean Guérin, changeur pour le Roi à Bayeux, Élisabeth de Royville, veuve du sieur Bourdon, d'Albray, lieutenant général, Mᵐᵉ de Hermerel, veuve de Le Mercier, Philippe de Marigny, Marie de Vaux Le Bedey, Jacques La Brecque, sergent priseur-vendeur de la sergenterie des Veys, Jean d'Écoville, Jean-Baptiste-Louis Aubry, seigneur et patron de Trungy, receveur des tailles à Bayeux, Noël Lhoste, trésorier général de France à Caen, seigneur et patron de Livry, Caumont, etc., François de La Croix, sieur de la Bulordière, de Vidouville, Jeanne de Ciresme, mère du sieur de La Bulordière, le sieur de St-Germain d'Ectot, Le Gallois de la Groudière, M⁰ᵉ de Vinx, veuve de M. de Livry, et épouse en secondes noces de M. de Beaurepaire, Jean Noël, vicaire de St-Sauveur de Bayeux, Jean-René Macé, receveur des consignations à Bayeux, Melle de La Fortemain, Troppé, Adeline, sieur de La Vignaie, les religieux de Jumièges, Michel Toustain, seigneur de Fontenelle et de Juaye, Louis de Cussy, seigneur et patron de Mandeville, le marquis de Bricqueville, de Marguerie de Langrie, Louis d'Anctoville, René de Grimouville, le chanoine de Castillon, de Varville, lieutenant général à Bayeux, Pouchin, curé de la Madeleine de Bayeux, Richer, curé de St-Vigor-le-Petit, Étienne Le Maître, sieur des Jardins, de Percaval, sieur du Longchamp, Martin, sieur des Vallées, Niobey, Marguerite de La Roche, Thomas Le Breton, Le Tual, de La Londe, Millet, de Cabazac, Gonfroy de Gonfréville, Delan, etc. — Nomenclature des différentes espèces de monnaies mentionnés dans le présent registre : louis d'or de 24 livres, de 20 livres et de 16 livres ; écus de 6 livres, de 100 sols et de 70 sols ; sols marqués de 30 deniers, de 27 deniers, de 21 deniers et de 18 deniers ; sols marqués vieux et sols marqués neufs, sols, liards et deniers.

H. Suppl. 1094. — H. 3. (Registre.) — Moyen format, 54 feuillets, 17 pièces intercalées, papier.

1742-1761. — Registre des consignations faites à la recette de Bayeux. — Dépôt de la somme de 1,800 livres provenant de la vente des meubles de feu Dom Joseph Saillanfaye, prieur d'Ellon. Payé : 976 livres 11 sols à Scelles de La Motte, receveur de l'évêque de Lisieux ; 19 livres 8 sols à François Le Rouge, sieur de Préfontaine, pour les prêtres de St-Malô, etc. — Dépôt de 2400 livres produit de la vente des meubles de feu Mᵐᵉ de Villerville. Paiement fait à Guérin, sieur du Perron, intendant général du marquis de Courcy. — Autre dépôt de la somme de 974 livres 11 sols 11 deniers provenant de la vente des meubles de Dom Saillenfest, prieur d'Ellon. Paiements faits à Le Rouge de Préfontaine, chirurgien à Bayeux, à Le Rouge, prêtre, à Barey, prieur d'Ellon, et à Litard, médecin. — Dépôt du produit de la vente des meubles de feu Eustache Rohée, curé de la Poterie. Paiements faits à M. de Rots de la Madeleine, à Fréard du Castel, et autres. — Dépôt du produit de la vente des meubles de feu Marie-Anne du Bousquet, veuve de Nicolas Le Lorier, sieur de Torteval ; autres dépôts concernant la même vente. — Consignation par messire Pierre-Alexandre de Couvert de Coulons, gouverneur de la ville et château de Bayeux, écuyer de la Reine, chevalier de St-Louis, de la somme de 3,700 livres pour payer le prix de son adjudication des biens décrétés sur la succession de feu Nicolas d'Argouges, adjugés au bénéfice dudit seigneur de Coulons. — Procuration de Michel Pichafroy-Beauchamp, curé de Cerisy-l'Abbaye, à François-Michel Danjou, garde-général en la maîtrise des eaux et forêts de Bayeux. — Actes divers dans lesquels interviennent Vincent de Montfoubert, Antoine de Martoré, Mᵐᵉ de Colleville, Renault d'Argouges, Dubos, curé de N.-D. de la Poterie, de Cussy, seigneur de Mandeville, Guérin de La Houssaye, de Lenjaley, de Beaumont, Antoine Rupallé, collecteur, Martin de la Martinière, Gosset du Taillis, de Bruny, Gosselin de la Bigne, de Méhérenc de Varville, de Brucosté, Le Tual, Pierre Lesseline, curé de St-Exupère de Bayeux, du Hamel, Melle Godard d'Isigny, de Vouilly, Bernard de Mosles, de Grosourdy, de Percaval, Gilles, sieur de Landeville, de Doublemont, marquis de la Luzerne, de Than, Mᵉˡˡᵉ de Cotton, Mᵐᵉ d'Agneaux, veuve de Charles-Henri de La Cour, Genas du Homme, Suhard de Rampan, Le Pelley des Essarts, de Launay, du Fondray, de Baupte, sieur de La Rivière, de La Haye, Mᵐᵉ Parsonnie de La Piquerie, Guillaume Guéroult, sieur de La Pallière, Melle de Faoucq Jucoville, la marquise de Rochefort, les prieur et religieux du Val, de Malherbe, l'abbé Subard de Loucelles, Robert de Godefroy, seigneur de Presles, Louis Hervé de Godefroy, seigneur de Boisjugan, son fils, l'abbé Moussard, ancien official de Bayeux, l'abbé de Canchy, Le Chevalier du Breuil, le marquis de Varneville, le marquis d'Estouteville, M. de Chanteloup, avocat à Caen, procureur de MM. de Coutranville, de Bérigny et du Moustier de Canchy, des Marets du Douet, Le Marois, seigneur de St-Jores, de Baudre, de Coutranville, seigneur de Canchy, lieutenant général au bailliage de Caen, Verson, curé de St-Ouen du Château, de Cerrès de La Guère, de Bois Marcel, de La Valesquerie, de Rotz de La Madeleine, de Néhous, de La Londe, du Châtel, Mᵐᵉ de Lessard d'Hérouville, Le Chevalier d'Anctoville, de Gouville, Le Guay, curé de Littry, Lépaule, curé de Tour, Fréard du Castel, receveur des décimes, Macé, receveur des consignations, Le Trésor de Vauville, le baron d'Audrieu, Manchon de St-Marc, curé de Chicheboville, Mᵐᵉ du Clos Bougon, etc.

H. Suppl. 1095. — H. 4. (Liasse.) — 2 pièces, papier.

1704. — Ville de Bayeux. Tailles et tarif. — Arrêt du Conseil d'État qui fixe à 18,000 livres le montant des tailles à payer par la ville de Bayeux et qui autorise l'établissement d'un tarif de droits d'entrée sur les denrées et marchandises apportées, vendues, façonnées et consommées dans ladite ville et ses faubourgs ; ces droits seront payés par toutes personnes excepté les ecclésiastiques, nobles, exempts et privilégiés, pour la provision de leurs maisons et leur usage. Les deniers du tarif seront appliqués exclusivement au paiement des tailles et ne seront point réputés comme deniers d'octroi. Établissement de deux foires, le 25 juin et le 18 octobre ; suit le tarif des droits d'entrée : boissons, boucherie, tannerie, laines, draperie, mercerie, ferronnerie et dinanderie, fil et toile, beurre, poisson, droguerie et épicerie, verrerie, maçonnerie, etc. — Lettres patentes autorisant l'abonnement de la ville de Bayeux pour le paiement desdites tailles.

DEUXIÈME FONDS

HOPITAL GÉNÉRAL DE BAYEUX.

SÉRIE A.

Actes de fondation de l'établissement.— Diplômes et privilèges émanés des papes, rois, évêques, seigneurs. — Ordonnances, décisions et autres actes relatifs à l'établissement, émanés des diverses autorités.

H. Suppl. 1096. — II. A. 1. (Liasse.) — 36 pièces, papier.

1667-1776. — Statuts pour l'établissement et l'entretien de l'hôpital général de la ville et faubourgs de Bayeux, arrêté en l'assemblée générale des habitants par l'ordre du Roi, en présence de l'intendant Chamillart, le 18 décembre 1667. L'hôpital général est établi dans les maisons et jardins sis paroisse de la Madeleine, près de la rivière d'Aure, appartenant à Bacheler, sieur du Breuil, et à Le Breton, dit La Guesterie, ou, d'après une autre version, dans les maisons et jardins sis paroisse St-Georges, appartenant aux pauvres dudit hôpital d'ancienne fondation, et dans les maisons et jardins y attenant, acquis par l'évêque de Nesmond pour cet objet, afin d'y réunir les aveugles et les mendiants. Directeurs et officiers : l'évêque ou son vicaire en son absence, l'intendant, deux chanoines du chapitre, deux curés et deux gentilshommes de la ville, deux officiers du bailliage ou vicomté, un officier de l'élection ou grenier à sel, deux officiers de la maison de ville, deux notables bourgeois, un syndic et un greffier, tous lesquels seront élus et s'assembleront le dimanche immédiatement après les complies de la cathédrale dans la chambre des vertus du palais épiscopal, « et prendront leur rang et séance sans aucune « distinction de qualités ». Pour le service intérieur de l'hôpital, il y aura un économe, une cuisinière et une portière. Ne seront admis dans l'établissement que les pauvres de la ville et des faubourgs exclusivement et seulement après trois années de domicile dans la ville de Bayeux ; ne seront reçus que les pauvres estropiés, les vieillards et les orphelins de père et de mère, absolument incapables de gagner leur vie et dénués de tout secours. Seront reçus les pauvres des deux sexes, aussi bien de la religion prétendue réformée que les catholiques. L'hôpital sera sous la juridiction de l'évêque ; il n'y sera fait aucun exercice que du culte catholique, les protestants en seront prévenus lorsqu'ils solliciteront leur admission. Les deux sexes seront séparés pour l'habitation et pour tous les exercices et travaux. Les pauvres seront occupés aux travaux dont ils seront capables. Les jeunes enfants seront congédiés lorsqu'ils seront instruits et en état de gagner leur vie. On leur enseignera particulièrement à faire des bas, mitaines, bonnets et camisoles ; à cet effet on entretiendra un maître ou maîtresse pour les instruire à ladite manufacture ainsi que les autres enfants de la ville, des faubourgs et même de la campagne. La prison pour les pauvres qui méritent châtiment sera dans le lieu même, et les peines ordinaires seront à l'arbitrage de l'économe. Les malades seront transportés et soignés à l'Hôtel-Dieu ; en cas de décès, ils seront inhumés sans frais dans le cimetière de la paroisse, et leur mobilier restera acquis à l'hôpital. Pour la gérance des biens de l'établissement, il y aura trois trésoriers, un du corps du chapitre, un second du corps de la noblesse, et un troisième du corps des bourgeois ; élus pour un an, ils seront rééligibles. Le trésorier du corps du chapitre recueillera les aumônes et dons des communautés et des ecclésiastiques ainsi que le produit des quêtes, troncs des églises et amendes des officialités ; le trésorier du corps de la noblesse recueillera les aumônes et dons de la noblesse, des officiers de justice et finance, et génélement tout ce qui procédera des amendes, aumônes, confiscations provenant d'actes de justice ; le trésorier du corps des bourgeois recueillera les deniers provenant de la vente des ouvrages fabriqués dans la manufacture ainsi que les dons et aumônes des bourgeois et tous habitants de la ville et faubourgs autres que les ecclésiastiques, gentilshommes et officiers de justice et finance, et ce qui proviendra de la réception des maîtres de chaque métier. Le bureau d'administration réglera les dépenses à faire. Outre les dons volontaires et autres ressources, des quêtes seront faites dans toutes les églises et communautés de la ville, des troncs seront placés à l'entrée desd. églises et chez tous les marchands. « Lors des installations des chanoines, curés, « chappelains et autres bénéficiers, réceptions des offi- « ciers de justice et finance, mesme avocats, procu- « reurs, tabellions et sergens, eschevins, marchands « et artisants, sera ordonné quelque gratification pour « ledit hôpital » ; les amendes et confiscations provenant des jugements, ordonnances de justice et même de sentences arbitrales, seront pareillement attribuées à l'hôpital. Les trésoriers rendront compte de leur gestion tous les six mois, et ils seront crus sur leur serment sans pouvoir être inquiétés sous quelque prétexte que ce soit, « attendu que les directeurs ont « confiance entière en eux et que les trésoriers n'au- « roient aucunement voulu se charger de la recepte et « dépense ». — Copies : de l'acte d'installation des sœurs de la Charité dans l'hôpital général de Bayeux (1732), du procès-verbal de l'assemblée du bureau d'administration dudit hôpital concernant le règlement des préséances, d'un arrêt du conseil d'État sur le même objet (1730), d'un autre arrêt dudit Conseil sur la même matière (1749). L'évêque préside les réunions du conseil d'administration, et, en son absence, c'est au vicaire général à présider à l'exclusion de tout autre, et il n'y aura aucune préséance dans lesdites assemblées entre les directeurs; il a été ainsi décidé par l'assemblée du bureau en 1730 et par les arrêts du Conseil d'État de 1730 et 1749. — Minutes et projets de lettres patentes et pièces y relatives : mémoires ; placet présenté à Bertin, ministre d'État, le 28 janvier 1775 : l'hôpital général des pauvres valides a été en quelque façon enté sur le petit hôpital des pauvres aveugles de St-Gratien dont l'antiquité est si reculée qu'on n'en connaît presque plus l'origine. Cette maison était gouvernée par des femmes pieuses retirées du monde, sous la direction des officiers municipaux. Après 1662, on y renferma indifféremment les aveugles et les pauvres de toute espèce, etc. L'hôpital général offre beaucoup d'avantages et ne présente aucun inconvénient. L'air y est pur et sain, le bel ordre et la propreté qui y règnent sous la conduite des filles de la Charité et par le zèle de l'administration, font l'objet de l'admiration des étrangers ; les bâtiments sont beaux, en bon état, solides, spacieux et commodes. Le terrain en est, en quelque façon, immense, de sorte que l'établissement serait susceptible d'une augmentation considérable, s'il y avait des fonds. Les enfants y trouvent une ressource contre le libertinage et la paresse, etc. — « Lettres-patentes du Roi, par lesquelles Sa Majesté agrée, approuve et confirme l'établissement de l'Hôpital général des pauvres valides de la ville et faubourgs de Bayeux. Du mois de novembre mil sept cent soixante-quinze. » Pierre-Jules-César de Rochechouart, évêque de Bayeux, conjointement avec les administrateurs de l'Hôpital général des pauvres valides, a fait exposer au Roi que, quoique de temps immémorial il y ait eu un Hôtel-Dieu dans ladite ville, où l'hospitalité a toujours été exercée envers les pauvres malades, passants et enfants trouvés, l'évêque de Nesmond, en exécution de la déclaration rendue par Louis XIV en 1662, portant établissement des Hôpitaux des pauvres valides dans toutes les villes où il n'y en avait point, acheta de ses deniers plusieurs jardins et habitations dans ladite ville de Bayeux, attenant à la chapelle des aveugles de la confrérie de Saint-Gratien, avec quelques petites maisons où ils étaient logés. Il y fit construire, à ses frais, une autre chapelle et d'autres bâtiments, dans lesquels on logea les pauvres valides de l'un et l'autre sexe. Les règlements de cet établissement furent faits et arrêtés le 18 décembre 1667, en l'assemblée générale des habitants de ladite ville, et en la présence de Chamillart, intendant en la généralité de Caen, sous le nom de Statuts pour l'établissement et entretien de l'Hôpital général de la ville et fauxbourgs de Bayeux ; mais comme cet établissement a besoin, pour être valide, du secours de l'autorité royale, ils demandent les lettres patentes nécessaires. Voulant favoriser un établissement qui a pour objet le bien et l'avantage des pauvres, et désirant marquer combien cette œuvre de piété lui est agréable, le roi agrée, approuve et confirme l'établissement dudit Hôpital général pour la nourriture, entretien et subsistance des pauvres valides de l'un et l'autre sexe de ladite ville et fauxbourgs, au lieu où il a été placé, et en la manière qu'il a subsisté jusqu'à présent. En ce qui concerne la régie et l'administration, il ordonne ce qui suit : « Art. Ier. La maison, lieu et clôture où lesdits pauvres sont renfermés, sera appelée l'Hôpital général des pauvres valides de Bayeux,

« comme cela s'est pratiqué depuis son établissement fait par le feu sieur de Nesmond, Évêque de Bayeux. II. Ledit Hôpital continuera d'être régi, pour le spirituel, par les prêtres ou chapelains nécessaires que le sieur Évêque de Bayeux choisira, et dont il réglera les fonctions. III. Le Bureau de direction sera composé du sieur Évêque de Bayeux, et en son absence, de son grand vicaire, de deux députés du chapitre de l'église cathédrale de Bayeux, de deux des curés de ladite ville et fauxbourgs, de deux gentilshommes, de deux officiers du bailliage, de deux officiers de l'Hôtel de Ville, d'un des officiers de l'élection et du grenier à sel alternativement à chaque mutation, de deux notables bourgeois et d'un syndic, conformément auxdits Statuts du dix-huit décembre mil six cent soixante-sept; il y aura en outre un secrétaire ou greffier, un économe et un receveur. IV. Outre lesdits sieurs Évêques et autres spécialement désignés par nos règlements, pour entrer dans l'administration des Hôpitaux de notre royaume, il sera procédé, quinze jours après la publication des présentes, à l'élection des autres administrateurs des différens corps et compagnie dont ils sont membres, et cette élection se fera dans le Bureau de l'administration par les administrateurs en exercice, lesquels nous autorisons à cet effet. V. Et afin qu'il y ait toujours un nombre suffisant de personnes instruites de ce qui concerne le bien et l'utilité dudit Hôpital, nous voulons qu'il soit fait, tous les deux ans, une nouvelle élection de la moitié desdits administrateurs; que l'administration pourra néanmoins continuer, si elle juge que le bien et l'avantage dudit Hôpital l'exige. VI. Le Syndic sera élu par les autres administrateurs en exercice, pour quatre années, après lesquelles il pourra être continué s'il est jugé nécessaire. Seront aussi élus, pour le même tems, et de la même manière, un secrétaire et un receveur. VII. Ledit sieur Évêque présidera aux assemblées, et en son absence son grand vicaire; et les autres administrateurs prendront leur rang et séance sans aucune distinction de qualité, conformément auxdits Statuts et à l'arrêt de notre Conseil d'État du vingt-huit juin mil sept cent trente, que nous voulons être observés selon sa forme et sa teneur. VIII. Les administrateurs continueront de s'assembler les dimanches après les vêpres de l'église cathédrale, de quinzaine en quinzaine, et même plus souvent s'il est nécessaire. IX. Il y aura deux registres cotés et paraphés par un des administrateurs nommé dans l'administration, sur l'un desquels seront écrites les délibérations signées des administrateurs, et sur l'autre seront enregistrés l'entrée, sortie ou décès des pauvres dudit Hôpital général. X. Les « baux à ferme des biens et revenus dudit Hôpital général, ne pourront être faits que du consentement et par autorité du Bureau de l'administration. XI. Il ne sera accordé aucune diminution aux fermiers, fait aucun voyage ni réparation de conséquence, entrepris aucun bâtiment ni ouvrage nouveau, intenté ni soutenu aucun procès, ni transigé sur iceux ; fait aucun emprunt, acquisition ni affranchissement de rente, sans une délibération préalable, revêtue des formalités requises. XII. Le receveur dudit Hôpital sera tenu de rendre son compte trois mois après l'expiration de chaque année, lequel compte sera arrêté dans l'assemblée des administrateurs, et signé de ceux qui y auront assisté. XIII. Il sera fait tous les ans un récensement de tous les meubles, effets, linges, hardes et ustenciles dudit Hôpital; et quant aux titres et papiers, ils continueront d'être conservés dans les archives, sous trois clefs qui demeureront entre les mains, l'une dudit sieur Évêque, l'une du syndic, et la troisième de celui des administrateurs qui sera choisi à cet effet ; et seront les nouveaux titres et papiers joints aux anciens, et employés de suite sur ledit inventaire. XIV. Ne seront reçus dans ledit Hôpital général pour y être logés et entretenus, que les pauvres originaires de ladite ville et fauxbourgs de Bayeux, ou ceux qui y auront demeuré pendant trois ans entiers, et dont il sera fait une exacte perquisition; aucuns autres ne pourront y être reçus sous quelque prétexte que ce soit. XV. Ne seront reçus aucuns pauvres pour être logés et nourris audit Hôpital général, qu'à l'assemblée et à la pluralité des voix, et après y avoir été proposés par le syndic le dimanche précédent ; ils ne pourront pareillement être expulsés ou congédiés dudit Hôpital qu'en observant la même règle. XVI. Ne seront reçus dans ledit Hôpital général que les pauvres estropiés, les vieillards, les orphelins de père et de mère, et tous ceux qui sont incapables de gagner leur vie, et dénués de toutes ressources. XVII. Les pauvres de la qualité susdite, de l'un et de l'autre sexe, y seront reçus indifféremment. XVIII. Les sacremens continueront à être administrés dans ledit Hôpital général et le service s'y fera dans la chapelle, aussi bien que les instructions ordinaires, en la manière accoutumée. XIX. Les hommes continueront d'être exactement séparés d'avec les femmes et filles, et les jeunes enfans de différent sexe resteront pareillement séparés de demeure. XX. Tous lesdits pauvres de différent sexe continueront à travailler et à prendre leurs repas en lieux séparés. XXI. Seront lesdits pauvres occupés le long des jours ouvrables à travailler aux ouvrages dont ils seront jugés capables. XXII. Voulons

« que lesdits administrateurs aient tout pouvoir et autorité de direction, correction et châtiment sur lesdits pauvres renfermés. Ordonnons néanmoins que si lesdits pauvres venoient à commettre quelque crime qui mérite peine afflictive, y soient, à la requête du Substitut de notre Procureur général, conduits dans les prisons royales, pour leur procès être fait et parfait, ainsi qu'il appartiendra. XXIII. Lesdits administrateurs pourront faire tous les réglemens de police intérieure qu'ils jugeront à propos, pour l'administration, gouvernement et direction dudit Hôpital, tant pour la subsistance desdits pauvres, que pour les mettre et tenir dans leur devoir, lesquels réglemens nous voulons être gardés, observés et entretenus, pourvu qu'ils ne contiennent rien de contraire à ces présentes. XXIV. Permettons auxdits administrateurs de mettre des troncs, bassins, grandes et petites boîtes dans toutes les églises, monastères, et autres lieux de ladite ville et fauxbourgs, et d'y faire des quêtes toutefois et quantes pour les pauvres dudit Hôpital. XXV. Déclarons appartenir audit Hôpital, à l'exclusion de tous les héritiers, les biensmeubles et effets que les pauvres y auront apportés, et qui se trouveront existans lors de leur décès audit Hôpital. XXVI. Voulons que les pauvres dudit Hôpital qui seront attaqués de quelqu'ulcère, ou autre maladie approchante, soient transportés et reçus à l'Hôtel-Dieu ou Hôpital des malades de ladite ville, qu'ils y soient traités et médicamentés gratuitement ; et dans le cas où ils viendroient à y décéder, les habits, hardes et linges avec lesquels ils y auront été transportés, demeureront au profit dudit Hôtel-Dieu. XXVII. Ordonnons que tous dons, legs faits en termes généraux aux pauvres de ladite ville et fauxbourgs de Bayeux, par contrats, testamens, codiciles, fidéicommis, et autres dispositions quelconques, sans aucune désignation, appartiendront audit Hôpital général. Voulons pareillement que les exécuteurs testamentaires remettent aux mains du Syndic dudit Hôpital, lesdits dons, legs et aumônes dont nous avons, en tant que de besoin est ou seroit, fait don audit Hôpital. XXVIII. Enjoignons à tous curés, greffiers, tabellions, notaires et autres dépositaires des minutes dans ladite ville et fauxbourgs, et élection de Bayeux, de notifier incessamment à l'administration dudit Hôpital général, les testamens, codiciles, donations, contrats, compromis, traités, sentences, jugemens et autres actes où il y aura des dons, legs, condamnations d'aumônes, et autres dispositions en faveur des pauvres en général, ou dudit Hôpital en particulier, à peine de tous dépens, dommages et intérêts. XXIX. Les jeunes enfans seront congédiés « dudit Hôpital général, après qu'ils auront été trouvés par l'administration suffisamment instruits et capables de gagner leur vie ; si ce n'est que, du consentement desdits enfans, il fût jugé nécessaire par ladite administration de les y conserver plus longtems. XXX. Pourront lesdits administrateurs agir, pour et au nom des pauvres dudit Hôpital, au sujet des demandes, poursuites, condamnations et paiemens des peines stipulées expressément ou tacitement par les compromis et autres actes au profit dudit Hôpital, et pour toutes autres choses où ledit Hôpital pourra avoir intérêt directement ou indirectement ; comme aussi recevoir tous dons, legs, gratifications, aumônes et autres dispositions qui seront faites en faveur dudit Hôpital, soit par testament, donation entre vifs, ou à cause de mort, et par quelqu'acte que ce soit, et de faire, pour ce, toutes poursuites et diligences nécessaires ; pourvu toutefois qu'il n'y ait rien de contraire aux dispositions de notre édit du mois d'août mil sept cent quarante-neuf. XXXI. Voulons que les condamnations d'aumônes prononcées par les sentences des juridictions de Bayeux, soit en termes généraux au profit des pauvres, soit en termes particuliers au profit des pauvres dudit Hôpital, dans quelques cas ou contestations que ce soit, même dans les affaires purement civiles et de police, soient et appartiennent audit Hôpital, sans pouvoir être, sous quelque prétexte que ce soit, réclamé par nous et par les fermiers de nos domaines, contrôles des actes, et droits y joints. XXXII. Et pour témoigner combien nous nous intéressons à l'établissement dudit Hôpital, et à la subsistance des pauvres, et pour exciter, à notre exemple, les personnes de piété à y faire du bien, permettons aux administrateurs d'y établir des manufactures, et d'y faire faire toutes sortes d'étoffes pour les faire vendre au profit desdits pauvres, en faisant toutefois garder et observer les réglemens faits sur lesdites manufactures. XXXIII. Et parce qu'il est important pour les manufactures que les administrateurs y appellent des artisans qui montrent auxdits pauvres leurs arts et métiers, afin que ceux qui auront été choisis s'y portent avec plus d'ardeur et d'affection, nous voulons et ordonnons qu'après avoir travaillé six ans, et après avoir bien instruit lesdits pauvres dans leur art et métier, ils puissent être présentés par les administrateurs au lieutenant général de police de ladite ville de Bayeux, pour être reçus maîtres ésdits arts et métiers auxquels ils auront vaqué et instruit lesdits pauvres, comme réputés suffisans et capables. Voulons aussi que les administrateurs présentent lesdits pauvres qui auront

« été instruits èsdits arts et métiers, et qui auront ensuite servi pareil tems de six ans à instruire les autres, pour être pareillement reçus maîtres èsdits arts et métiers, tenus et réputés suffisans et capables, sans faire par eux ni par ceux qui les auront instruits, aucuns chef-d'œuvres, banquets, dons et frais, en tels cas accoutumé; et en conséquence joniront des priviléges, franchises et libertés d'iceux arts et métiers, sans toutefois que de ceux qui auront instruit lesdits pauvres, il puisse en être présenté plus d'un de chaque art et métier de trois ans en trois ans. XXXIV. Déclarons ledit Hôpital exempt de tous droits de guet et gardes, de fortifications, fermeture de villes et bourgs, ensemble de contributions et logemens de gens de guerre. Si donnons en mandement à nos amés et féaux conseillers les gens tenant notre Cour du Parlement de Rouen, et à tous autres nos officiers et justiciers qu'il appartiendra, que ces présentes ils fassent registrer, et de leur contenu jouir et user ledit Hôpital général des pauvres valides de ladite ville de Bayeux, pleinement, paisiblement et perpétuellement; cessant et faisant cesser tous troubles et empêchemens quelconques, nonobstant clameur de Haro, Chartres Normandes, et Lettres à ce contraires; car tel est notre plaisir..... Donné à Versailles, au mois de novembre, l'an de grâce mil sept cent soixante-quinze, et de notre règne le deuxième. » Extrait des registres de la Cour de Parlement de Rouen du 20 mars 1776. Vu les lettres patentes accordées par le Roi à Versailles au mois de novembre précédent à M. de Rochechouart, Évêque de Bayeux, conjointement avec les administrateurs de l'Hôpital général des pauvres valides de la même ville, par lesquelles le Roi confirme l'établissement dudit Hôpital général, la Cour, la Grand'Chambre assemblée, ordonne que lesdites lettres patentes seront registrées ès registres de la Cour, pour être exécutées selon leur forme et teneur. — Arrêt du Conseil réglant, dans les généralités de Caen et d'Alençon, la distribution des 20,000 livres prélevées annuellement jusqu'au 31 décembre 1774 sur le produit des droits réservés établis par édit d'avril 1768 (1771). — Arrêt du Conseil d'État ordonnant qu'il sera payé par le garde du Trésor royal, à commencer du 1er janvier 1775, aux trésoriers de certains hôpitaux de la généralité de Caen, savoir : Bayeux, St-Lô, Valognes, Coutances, 1,500 l. ; Granville, Avranches, Vire, et Cherbourg, 1,000 livres, à titre de don fait par le Roi (1774).

H. Suppl. 1097. — II. A. 2. (Liasse.) — 4 pièces, papier.

1655-1767. — Ordonnances, décisions et actes, relatifs à divers établissements charitables. — Ordre arrêté aux assemblées générales tenues en l'hôtel commun de Caen par le duc de Longueville, pour empêcher la mendicité et fainéantise des pauvres et pourvoir à leur subsistance à partir du 1er avril 1655 ; lettres patentes données en faveur de l'Hôpital général de la Charité de Caen, en juin 1639. Petit in-4° de 40 pages, imprimé. — Réponse au mémoire des maire et échevins de Caen, qu'ils ont donné en réplique des mémoires des administrateurs de l'Hôpital, depuis le procès-verbal du 10 octobre 1766, pour informer de l'état actuel de l'hôpital. In-4° de 64 pages, imprimé à Caen par Jean Poisson. — Lettres patentes en faveur de l'hôpital général de Coutances (1719). — Édit portant rétablissement de l'hôpital général pour le renfermement des pauvres mendians de la ville et faubourgs de Rouen, donné à Versailles en mai 1681. Imprimé à Rouen, par Virel, 1731. In-4° de 14 pages.

H. Supp. 1098. — II. A. 3. (Liasse.) — 5 pièces, papier.

XIIe siècle-1787. — Union de léproserie. — Mémoire au sujet de l'union du prieuré de St-Nicolas de la Chesnaie, commencé en faveur de la fabrique de l'église cathédrale de Bayeux, et dont les officiers municipaux et les administrateurs de l'Hôpital général demandent la préférence. Le prieuré, situé près Bayeux, était originairement une léproserie fondée et dotée par les ducs de Normandie, pour le soulagement des pauvres lépreux ; il est possédé par un prieur commendataire et habité par deux religieux qui jouissent seuls de la manse monacale ; les chanoines de la cathédrale en ont sollicité l'union à leur fabrique ; l'Hôpital général est dans le besoin le plus pressant ; il est chargé de l'entretien et nourriture de plus de 300 personnes, non seulement il doit refuser l'entrée au nombre excessif de pauvres qui se présentent chaque jour, mais les administrateurs ont été maintes fois sur le point d'en évacuer une partie, pour être en état de fournir la subsistance au surplus. Consultation y relative ; à l'appui : « Charte de Henry II traduite du latin en « françois, par le Révérend P. T. R. C. qui, par ses « circonstances, est environ de l'an 1173. Extrait du « rolle des lettres patentes de Normandie, du an 8 du « règne du Roi Henry V. » Confirmation par lad. charte des 20 prébendes établies par Guillaume le Conquérant dans la ville de Bayeux aux confrères lépreux vivant religieusement dans la monasière de St-Nicolas de Bayeux, savoir 4 prébendes sur les moulins de Bayeux, de 4 muids d'orge ; 15 sur la prévôté de la ville auxquelles il appartient, par semaine, 9 s. 6 d. de délivrance établie; et pour les habits et chaussures des prébendés, 6 l. 3 s. par an; pour leur chair, « quinze « lances de lard de Moulardis » ou 45 s. du revenu des porchers de la grand'forêt, etc.; quant à la « chapelle « Saint-Ouen du Pont Isbert », qui est la 20ᵉ prébende, il lui appartient un peu de terre et une petite dîme proche de là; « dans Matboin, la dixme du domaine de « Bellon-le-Sourd et de son Consort », avec tout droit paroissial, une terre à Lion-sur-Mer, etc.; concession auxd. lépreux d'une foire de 7 jours, avec tous les droits appartenant au Roi dans la prévôté de Bayeux, à la fête de St-Nicolas, d'une charretée à 4 chevaux de bois mort et sec, à prendre tous les jours dans la forêt de *Bernay*, du congé et liberté du pacage et de l'herbage, pour leurs bestiaux, dans toutes les forêts royales de Normandie, de deux gerbes de dîme à Audrieu, avec la partie de l'église que *Rodolphe Osbert* a eu du don de Henri Iᵉʳ; autres droits à Bourguébus; confirmation des donations de Philippe et Henri, évêques de Bayeux, de Roger *de Arreio* pour terres à Asnières et à Bayeux, de Roger, archidiacre, de Philippe du Désert, de Lucas Filleul, de Richard d'Angleterre, etc. (imprimé). — Requête au Roi demandant que le brevet d'union au profit de la fabrique et sacristie de l'église de Bayeux, du 4 juin 1769, soit rapporté; réponse du chapitre de Bayeux (1787).

SÉRIE B.

Titres de propriété : donations, échanges, acquisitions. — Terres, maisons, cens, rentes. — Registres concernant les biens, les revenus, les droits utiles de l'établissement, baux. — Pièces de procédures, mémoires, etc.

H. Suppl. 1099. — II. B. 1. (Liasse.) — 9 pièces, papier.

1728-1775. — États des revenus et des charges. En 1723, l'Hôpital général renferme 180 pauvres des deux sexes, tant vieillards qu'enfants; ses revenus annuels s'élèvent à 8,110 l. dont 2,610 l. provenant des droits de mesurage à la halle à blé, 239 l. des consistoires protestants, 1,000 l. du droit sur les boissons, 1,000 l. du travail des pauvres, et le reste en biens fonds, rentes foncières et hypothéquées, etc. La dépense s'élève à 10,839 l., dont 6,700 l. pour la nourriture et l'entretien des pauvres; 2,000 l. pour la nourriture et les remèdes fournis aux sœurs de la Charité, etc.; d'où un déficit de 2,729 l. On a reçu 44,000 l. de billets de banque pour remboursements de rentes, et on n'en a replacé que 24,000 l. au denier 50 et au denier 40; il en est resté 20,030 l. déclarées à la liquidation, qui ont été réduites à 13,353 l. qui sont sans intérêts et dont on ne connaît pas encore l'emploi. — Déclaration par Philippe de Graville, vicaire général, et Sébastien Pichafroy-Beauchamp, secrétaire de l'Hôpital général, des actes notariés et sous seing privé, concernant l'administration dudit établissement, soumis au contrôle. Ils déclarent en outre que le revenu est très modique et que l'Hôpital n'aurait pu subsister, si depuis 1720 le Roi ne lui avait accordé plus de 72, 000 l.; sa misère est si grande et si certaine que dans la présente année, sur 2,000 l. destinées aux hôpitaux de la généralité de Caen, l'intendant n'a pas cru devoir accorder moins de 1,000 l. à celui de Bayeux (1739). — État des revenus et dépenses en 1741 : fermages, 4,495 l.; rentes foncières, 2,006 l. 7 s. 6 d.; en froment, 36 boisseaux; rentes hypothéquées, 1,774 l. 14 s. 6 d.; casuel des boissons et autres travaux de l'hôpital, 2,440 l. Dépenses : au chapelain, 300 l.; aux sœurs de la Providence, 490 l.; aux dentellières de la Providence, 172 l. 4 s. 6 d.; à M. Le Tual, chirurgien, 50 l. et 2 canards, etc. Total : 1,780 l. 14 s. 6 d. Les revenus s'élevant à 10,715 l. 14 s. 6 d. il reste net 8,935 l. — État des biens et revenus en 1763. Rentes sur : l'auberge du Luxembourg, MM. La Chaussée, Lefebvre, Seigle, Gosset, Chasles, d'Isigny, de Ver, de Marauée, les dames de Rupalley et Marange, de Doublémont, de Rambouillet, Le Guédois, les dᵉˡˡᵉˢ Gervais des Banderelles, Bunage, les dᵉˡˡᵉˢ Hallé, Dubamel, de Baussy, curé de Campigny, le chapelain de St-Yves, de Marguerie, chanoine de Mathieu; de Pierrepont-Saint-Lambert, les moulins Renard, de La Rosière, de Montfiquet, l'Hôtel-Dieu, d'Anisy-Bernières, de Carpiquet, Le Cordier, seigneur de Parfouru, Le Roquais de La Couture, de Ste-Marie-Taillebois, les dᵉˡˡᵉˢ de Percaval, d'Harmerel, de La Conseillère-Subard, de Monmagny, de Bretteville, Duclos, de Varenne de Méhérenc, de Monmirel de Méhérenc, l'abbé de Bailleul, d'Argouges, de St-Rémy, le marquis de Castilly, de Vacqueville Canivet, du Carel Le Petit, de Faudoas, d'Anisy du Quesnay, l'abbé de

Graville, de La Motte Macé, de Conjon, du Chastel, lieutenant général, de Berville, des Fontenelles, de Roncherolles, de Neuville, de Chivray, de La Ferté Cotard, Le Guelinel du Routel, du Mesnil-Saint-Pierre, Le Marois de Montaigu, etc. — État envoyé au contrôleur général et au Parlement de Normandie des revenus et des charges en 1764. Fermages : 1,050 l. à Commes, 270 l. à Neuilly, 120 l. à St-Fromond et Airel ; rentes foncières 2,070 l., rentes hypothèquées 1,703 l., rente sur la recette des tailles de Bayeux 267 l. 1 s., les 2/3 du produit des droits sur les boissons 2,000 l., droits sur les réceptions d'officiers de justice, avocats, maitres, etc. 20 l., boucherie de carême 180 l., droits de la halle au blé 2,400 l., produit net du travail des pauvres 3,000 l., produit du suif, peaux de bêtes massacrées dans l'hôpital pour la nourriture du personnel 420 l., total des revenus 13,500 l. 1 s. et 34 boisseaux de froment. L'hôpital renferme 270 pauvres de tout âge et de tout sexe, valides et infirmes, sans compter 9 sœurs de charité et les domestiques qu'il faut nourrir et entretenir ainsi que les pauvres malades de la ville auxquels on fournit pain, viande, bouillon et médicaments. Autres dépenses : 450 l. pour l'entretien des 9 filles de la Charité, 120 l. pour les honoraires de l'économe et du receveur, 150 l. pour les gages de l'archer des pauvres, 175 l. pour ceux du boucher de l'hôpital, 100 l. pour ceux du domestique, du boulanger et autres, 2,500 boisseaux de froment à 3 l. le boisseau année commune, font 7,500 l., viande consistant en une vache, un veau et très souvent deux par semaine, font une dépense annuelle de 4,000 l., honoraires des deux chapelains 406 l., aux sœurs de la Providence de St-Exupère 687 l., à la sœur de la Providence, maîtresse d'école à Neuilly, 10 l., et diverses rentes seigneuriales dues à l'évêché, à l'abbaye de Longues, au prieuré de St-Nicolas de La Chesnaye, au chapitre de Bayeux, au séminaire, et à des particuliers ; total des charges 19,994 l. 6 s. 3 d. Le revenu annuel étant de 13,500 l. si l'on en déduit les rentes passives et les autres charges nécessaires, il reste à peine 5,000 l. pour fournir le pain et la viande à 270 pauvres et à un grand nombre de malades de la ville et des faubourgs, somme absolument insuffisante pour ces deux objets puisqu'il faut environ un sac de blé par jour, une vache et un et souvent deux veaux par semaine. Aussi cette maison ne subsisterait plus sans les emprunts considérables qu'elle a faits et sans quelques dons et aumônes. Mais les aumônes ont diminué considérablement par la misère des temps et par l'établissement d'un bureau de charité auquel se porte le peu qui s'en fait aujourd'hui. Les emprunts s'élèvent à la somme de 9,000 l. et l'administration s'est trouvée dans la dure nécessité, pour faire subsister les pauvres, d'y employer les capitaux de plusieurs rentes amorties. L'hôpital est tellement rempli et surchargé que l'administration est forcée de refuser les sujets de la ville qui se présentent chaque jour en grand nombre et qui sont véritablement dans le cas d'y être admis. L'administration, composée comme il a été dit ailleurs, comprend en particulier : un syndic chargé de l'intérieur de la maison, de veiller au bon ordre, de faire rendre compte à la sœur supérieure de la recette du travail des pauvres ainsi que de sa dépense, à la fin de chaque mois ; un receveur chargé de la recette des rentes et fermages, de faire reconnaître lesd. rentes, d'acquitter les charges ; un économe, personne de confiance du syndic ; il achète seulement les grosses provisions. Tous les trois rendent également compte de leurs opérations chaque année à l'administration. — États des revenus et des charges en 1774 et 1775. Total des revenus de toute nature 12,686 l. 1 s. ; total des charges 22,434 l. 6 d. et 2 canards d'où un excédent de dépenses de 9,747 l. 19 s. 6 d. et et 2 canards. La cause de cet excédent vient principalement de la privation des droits de mesurage à la halle au blé, supprimés par l'arrêt du Conseil du 18 mai 1767 et par l'édit d'avril 1768, et de la cherté des denrées, dont le prix a plus que doublé particulièrement quant au blé depuis environ 8 ans. Ledit hôpital ainsi surchargé est forcé de refuser les pauvres de la ville qui se présentent chaque jour pour y entrer. Ce n'est pas la place qui fait défaut, et il se trouve actuellement dans Bayeux plus de 200 personnes qui auraient le droit d'y être admises. Il n'est pas surprenant que les pauvres désirent avec tant d'ardeur entrer dans cet hôpital, les bâtiments en sont spacieux et commodes, l'ordre, la paix, et une propreté charmante règnent dans cette maison. La pureté de l'air qu'on y respire fait que les maladies épidémiques, qui depuis plusieurs années désolent et ravagent tout le pays, ne s'y sont pas heureusement encore, jusqu'ici introduites etc.

H. Suppl. 1100. — II. B. 2. (Liasse.) — 20 pièces, papier.

1641-1785. — Biens et droits. — Extraits et collations notariés à la réquisition des citoyens administrateurs de l'hospice d'humanité du Calvados, concernant les biens et droits de l'hôpital des pauvres valides, de l'hôpital Saint-Gratien et des sœurs de la Charité de l'Hôpital général. — Rentes et biens sis à Bayeux, paroisses de la Madeleine, St-Exupère, St-Symphorien,

St-Loup et St-Vigor, Commes, Maisy, Marigny, Neuilly, St-Germain-du-Pert, la Vacquerie, Vaucelles, Vaux-sur-Aure. — Bail à fieffe par l'hôpital des maison et jardins composant l'entretenant de l'hôtellerie où pend pour enseigne le Luxembourg, paroisses St-Laurent et St-Patrice, jouxte les rues des Bouchers et du Pont-aux-Vaches et les fossés de la ville (1692). — Bail à fieffe d'un petit jardin, paroisse St-Symphorien, ayant autrefois appartenu aux gens de la religion prétendue réformée, jouxtant la rue du Champ-Fleury (1699). — Constitution de rente foncière à Neuilly, par Bonaventure de Pierrepont pour l'Hôpital général (1722). — Bail à fieffe par Jean-André de Bruny, seigneur de Maisy, de la pièce du seigneur et autres fonds (1750), etc.

H. Suppl. 1101. — II. B. 3. (Liasse.) — 8 pièces, parchemin.

1745-1749. — Bayeux. Paroisse de la Poterie. — Fieffe devant Jean-Charles Tostain, notaire à Bayeux, par Thomas Le Fauconnier, de Marigny-sur-Mer, à Thomas Heuvé, d'une maison et jardin sis à la Poterie (1745). — Cession devant le même par Thomas Heuvel, bourgeois, à Louis Litbare, aussi bourgeois de Bayeux, d'une maison et jardin sis à la Poterie, et vente par l'acquéreur à l'Hôpital général, pour la manufacture de dentelles. — Autre acquisition par l'Hôpital de Jean-François Anfrye, demeurant à la Poterie, d'une maison sise en ladite paroisse, dans le franc-alleu et bourgeoisie de Bayeux.

H. Suppl. 1102. — II. B. 4. (Liasse.) — 5 pièces, parchemin ; 20 pièces, papier.

1436-1735. — Bayeux. Paroisse Saint-Ouen. — Donation devant Jean Desmaires, clerc, tabellion à Bayeux, par Henri Lecavé et Laurence, sa femme, fille de feu Geffroy de Montfiquet, aux prêtres de la paroisse St-Ouen, de 6 boisseaux de froment de rente (1436). — Procédure en la vicomté de Bayeux devant Magloire de Bailleul, sieur de Cachy, lieutenant général, entre Germain Poulain, trésorier de la paroisse St-Ouen, et Laurent Hubert, chanoine de Guvres, adjudicataire par décret des moulins Renard, concernant la saisie d'un cheval pour paiement d'arrérages de rente (1665). — Procédure au bailliage de Bayeux, devant Édouard Hélyes, écuyer, sieur de Clinchamps, lieutenant général, entre les syndics des pauvres valides et Michel Lefort, trésorier de la paroisse St-Ouen, et Bonaventure Blancagniel, pour paiement de 6 boisseaux de froment au trésor de ladite paroisse pour le pain de charité de Pâques (1684). — Semblable procédure au bailliage de Caen, devant Nicolas du Moustier, écuyer, sieur de la Motte, lieutenant général, entre François de Nesmond, évêque, directeur général perpétuel de l'Hôpital général, et Robert de la Jehennière, trésorier de la paroisse St-Ouen, concernant le paiement de 6 boisseaux de froment de rente (1693). — Extrait du registre du notariat de Bayeux concernant la fieffe faite par Jacques Suhard, écuyer, sieur de Loucelles, avocat du Roi, à Jean Le Nourrichel, des maisons et moulins Renard (1720). — Constitution par Michel Duhamel, écuyer, sieur de Conjon, lieutenant général au bailliage, et Regnault, curé de St-Exupère, députés par l'assemblée des administrateurs de l'Hôpital général de St-Gratien, à Ambroise Philippe, curé de St-Ouen, de 150 livres de rente viagère (1728). — Procédure en la vicomté de Bayeux devant François Genas, sieur du Homme, vicomte, entre les administrateurs des pauvres valides et Jean Le Nourrichel pour paiement d'arrérages de 6 boisseaux de froment pour fieffe de maisons et moulins appelés les moulins Renard (1735).

H. Suppl. 1103. — II. B. 5. (Liasse.) — 59 pièces, parchemin ; 66 pièces, papier.

1409-1713. — Bayeux. Paroisses Saint-Symphorien et Saint-Georges. — Reconnaissance devant Jean Néel, clerc, tabellion à Bayeux, par Jean Le Paumier et Florie, sa femme, de la fieffe à eux faite par Jean Raoul et Jeanne, sa femme, d'une maison et jardin sis tant en la paroisse St-Symphorien qu'en celle de Saint-Georges (1409). — Cession devant Charles Le Villain et Jean Lamy, tabellions en la sergenterie de Graye, par Raulin Alluin et Madeleine, fille et héritière de Marin Le Pelletier, à Pierre Jorette, de tout et tel droit que ladite Madeleine a sur une maison et jardin sis paroisse St-Symphorien (1574). — Vente devant Lambert Binet et Robert Le Jumardois, tabellions à Bayeux, par les frères Jorette à Bertin Osmont d'une maison et un jardin sis paroisse St-Symphorien (1595). — Vente devant Laurent Binet et Jean Genas, tabellions à Bayeux, par Pierre Bazire, sieur de la Quièze, et Gillette Jourdain, son épouse, fille et héritière de Gion Jourdain, à Bertin Osmont, de 4 livres tournois de rente, à prendre sur une maison sise à St-Symphorien, fieffée par ledit Jourdain à Jacques Guesnon (1597). — Clameur à droit de sang, lignage et marché de bourse, devant Duhamel, lieutenant en la vicomté, par Jean Jourdain contre Bertin Osmont, desdites 4 livres de rente (1598). — Procédure au bailliage de Bayeux entre Gillette Jourdain, veuve de la Quièze, et Bertin Osmont, y relative (1603). — Accord entre les mêmes devant Lambert Binet et Jean Genas, tabellions (1603). — Cession faite devant Jean Genas et Lucas Nantier, écuyer, tabellions à Bayeux, par François de Reviers à Bertin Osmont, bourgeois de Bayeux, des dépens à lui adjugés par arrêt de la Cour de Parlement (1615). — Vente devant Étienne Scelles et Noël Le Savoureux, tabellions à Bayeux, par Bertin Osmont, bourgeois de Bayeux, à François de Reviers, sieur de Vienne, et à Mathieu Vimont, bourgeois de Bayeux, de la condition et faculté de rachat de la vente par lui faite à Jean Desmares, aussi bourgeois, d'une maison et jardins (1617). — Aveu rendu à l'abbé de Cerisy en la terre et haute justice pour la verge de Cremel, par François Osmont, d'une maison sur Saint-Georges, à lui donnée en mariage par Bertin Osmont, son père (1618). — Reconnaissance devant Lucas Nantier, écuyer, et Augustin Maheut, tabellions, par Robert Castel, bourgeois, à la requête de Gabriel Euldes, sieur de Tourville, Beauregard, Lisle et Monceaux, gouverneur des ville et château de Bayeux, qu'il n'a fait que prêter son nom dans la vente à lui faite par François Osmont de plusieurs maisons, et que les deniers par lui fournis lui avaient remis par ledit de Tourville (1619). — Vente devant Étienne Scelles et Augustin Maheust, tabellions à Bayeux, par Thomas-Louis Nicolle, bourgeois de Bayeux, époux de Jeanne Osmont, à François Osmont, avocat, du droit de condition retenu par Bertin Osmont, son beau-père, dans la vente faite à François de Reviers de maisons avec dépendances sises en la paroisse Saint-Georges (1619). — Vente devant Noël Le Savoureux et Augustin Maheut, tabellions à Bayeux, par Jean Michault à François Osmont, avocat, de son droit sur une maison sise paroisse Saint-Georges (1620). — Vente devant Augustin Maheut et Jacques Dujardin, tabellions à Bayeux, par Germain et Nicolas Malloisel, frères, à Guillaume Buret, bourgeois de Bayeux, d'une vergée de terre en jardin et 2 maisons sises paroisse Saint-Georges (1628). — Vente devant Jean Percy et Augustin Maheust, tabellions à Bayeux, par David Foison, fils de feu Catherine Colleville, à Marin Lecavey, avocat, de maisons et jardin sis à Saint-Georges (1628). — Obligation de David Foison, bourgeois de Bayeux, envers Colette Hamel, de lui payer 128 livres, pour l'intérêt de la condition d'engagement d'une maison sise à Saint-Georges (1630). — Vente devant Augustin Maheust et Jean Percy, par David Foison, sieur du Clos, et Marie Foison, sa sœur, à Colette Hamel, épouse séparée de biens de François Dujardin, de la condition retenue dans la vente par eux faite à Marin Lecavey, avocat, d'une maison sise à St-Georges (1632). — Vente devant Robert Gouet et Guillaume Néel, tabellions en la sergenterie de Cerisy, par Guillaume Buret à François Dujardin, bourgeois de Bayeux, d'une vergée de terre sise à Saint-Georges (1640). — Reconnaissance devant François Daon et Thomas de Lanquetot, tabellions, par François Hébert, de la paroisse St-Symphorien, à l'instance des aveugles de Saint-Gratien, stipulés par Jean d'Asnières, de sa signature apposée au bas de la vente à lui faite par lesdits aveugles d'une petite maison (1653). — Quittance donnée devant Thomas de Lanquetot et Thomas Cupersy, tabellions à Bayeux, par Jean Lepelley, à François Castel, de la somme de 21 livres d'arrérages de rente de la constitution de Henry Baucquet, écuyer, à François Lepelley, père dudit Jean (1669). — Vente devant Jean Percy et Thomas Cupersy, tabellions, par François Castel, de Cartigny, à François de Nesmond, évêque de Bayeux, de deux combles de maisons sises paroisses St-Georges et Saint-Symphorien (1673). — Quittance donnée devant Thomas Cupersy et Jacques Lemarois, tabellions à Bayeux, par les religieuses de l'Hôtel-Dieu à François de Nesmond, évêque, stipulé par Raymond Baucher, prêtre, de la somme de 155 livres 17 sols pour racquit de 18 livres de rente de la constitution de François Castel sur maisons sises à St-Georges (1673). — Vente devant les notaires de Bayeux par Simon de Marconnets, écuyer, sieur de Héville, à Michel de Bernesq, d'une maison et jardin sis paroisse St-Georges (1673). — Quittance devant Jean de Lanquetot, tabellion au siège de Formigny, et Jacques Jacquelin, exsergent, pris pour adjoint, par Gilles Daboville à François de Nesmond, évêque, stipulé par Robert Pasturel, chapelain de St-Nicolas des Courtils, de la somme de 80 livres, pour amortissement de 60 sols de rente (1673). — Procès-verbal d'adjudication faite par Michel Lemercier, sieur de Bricqueville, lieutenant ancien au bailliage de Bayeux, à la requête de l'évêque François de Nesmond, des réparations des maisons par lui acquises des héritiers de Collette Hamel, épouse de Jacques Dubosq, sises en la paroisse Saint-Georges (1673). — Vente devant Jacques Lemarois et Nicolas Pierre, tabellions à Bayeux, par Jean Vaucher, marchand, bourgeois de Bayeux, à François de Nesmond, évêque de Bayeux, stipulé par Raymond Baucher, chanoine de Moon, en l'église cathédrale, de 6 livres de rente sur une maison et jardin, sis paroisse Saint-Georges, longeant le cimetière de ladite paroisse (1676). —

Vente devant Claude Hardy, tabellion en la sergenterie de Briquessard, et Jean Le Fauconnier, ex-tabellion, pris pour adjoint, par Simon de Marconets, écuyer, sieur de Héville, héritier de Jean de Marconets, écuyer, sieur de Bonfossé, à Jacques Barbey, d'une maison sise paroisse Saint-Georges (1678). — Vente devant Guillaume Nativelle, notaire, et François Havard, procureur commun, pris pour adjoint, par Pierre de Marguerie, écuyer, sieur de Saint-Cosme, à François de Nesmond, évêque de Bayeux, directeur perpétuel de l'hôpital des pauvres, de 121 livres 8 sols 6 deniers de rente de la constitution de Nicolas d'Argouges, écuyer, sieur de Saint-Malo, Jean d'Argouges, écuyer, sieur du lieu, Jean de Cabazuc, écuyer, sieur des Londes, Raphaël Julien, sieur de Launay, et Jean Julien, sieur de la Héberdière (1683). — Extrait des registres des assemblées du bureau de l'hôpital général, concernant le procès entre Jean Le Gendre et Thomas et Pierre Legras, auquel ils font intervenir les administrateurs, acquéreurs, à la stipulation de l'évêque de Bayeux, d'une maison et jardin sis paroisse St-Georges (1701). — Brevet autorisant l'agrandissement des terrains de l'hôpital en bouchant une petite rue inutile (1703). — Contrat de fieffe faite par l'évêque de Nesmond à Georges Le Servot, de Ste-Suzanne, d'une maison sise paroisse St-Georges moyennant 40 livres de rente (1713).

H. Suppl. 1104. — II. B. C. (Liasse.) — 33 pièces, parchemin; 54 pièces, papier.

1399-1787. — Bayeux. Paroisse Saint-Symphorien ou Saint-Jean. — Reconnaissance devant Jean Néel, tabellion à Bayeux, par Drouet de La Hogue et Jeanne, sa femme, du bail à eux fait par Robert de La Hogue, chanoine de la prébende de Vendes, du revenu de la dite prébende (1399). — Donation devant Néel, tabellion à Bayeux, par Robert de La Hogue, chanoine de Bayeux, aux 6 vicaires de la mère-église Notre-Dame de Bayeux, d'un jardin sis paroisse St-Symphorien de Bayeux, qui fut à Drouet de la Hogue (1407). — Fieffe faite devant le même par Michel Martin, Guillaume d'Ellon, Michel Guillebert, Jean de Courgie et Thomas de la Hogue, vicaires de l'église de Bayeux, à Girot Le Couvreur, dudit jardin moyennant 10 sols de rente (1409). — Vente devant Hugues Étienne et Jean Delahaye, tabellions à Caen, par Pierre Passet et Marie Sarisy, sa femme, à Imbert Colleville, de la moitié d'une maison et d'un jardin sis paroisse Saint-Symphorien de Bayeux (1566). — Cession à droit de lignage, de sang et marché de bourse, devant Guillaume Genas et Nicolas Tappin, tabellions à Bayeux, par Simon Colleville à Pierre Passet, son oncle, de la moitié d'une maison et jardin sis à Saint-Symphorien (1581). — Donation devant Richard Regnauld et Allain Mosque, tabellions en la sergenterie de Creully, par Hélène Gilles, veuve de Louis Lefebvre, à François Lefebvre, curé de Saint-Symphorien, de la somme de 4 écus 10 sols de rente à charge de services religieux (1586). — Fieffe devant François Collet et Robert Le Jumardois, tabellions à Bayeux, par Pierre de Gournay et Rachel Passet, sa femme, héritière de Guillaume Passet, son frère, à Jacques Gires, d'une maison et jardin, sis à Saint-Symphorien de Bayeux (1589). — Vente devant Lambert Binet et Jean Genas, tabellions à Bayeux, par Jeanne Adam, épouse séparée de biens de François Dujardin, à Jacques Gilles, bourgeois, de 60 sols de rente, sur une maison sise à Saint-Symphorien (1603). — Accord devant Michel Havard, tabellion en la sergenterie de Briquessart, et son adjoint, entre Jacques Gilles et Jean Onfroy, pour éviter un procès entre eux à cause d'une vue sur leurs propriétés, sises à Saint-Symphorien (1606). — Nouvel accord entre les mêmes devant Jacques Hermerel et Lucas Nantier, écuyer, tabellions à Bayeux (1610). — Aveu rendu à Jean Pothier, chanoine de Bayeux, par Jacques Gires, bourgeois, d'une maison et demi vergée de terre sises à Saint-Symphorien (1613). — Lots et partages faits devant Noël Le Savoureux et Jacques Dujardin, tabellions à Bayeux, par Guillaume et Pierre Onfroy, frères, des biens de feu Jean Onfroy, bourgeois de Saint-Symphorien (1627). — Quittance donnée devant Jean Pery et Thomas de Lanquetot, tabellions à Bayeux, par Jacques Lecoq, prêtre, l'un des obitiers de l'église Saint-Symphorien, fondé de procuration des paroissiens, donnée devant Robert Davallau, chanoine, à Jacques Gilles, sieur de Landeville, de la somme de 12 livres 10 sols pour amortissement de 25 sols de rente (1642). — Échange devant Jean Pery et Thomas de Lanquetot, tabellions à Bayeux, entre Anne Cornet, écuyer, sieur de Bellefontaine, Louis Meslin, écuyer, sieur de Campigny et Pierre du Bousquet, écuyer, sieur de la Multe, députés du corps de la R. P. R. recueillie à Vaucelles, et Jacques Gilles, sieur de Landeville, d'une partie de leur cimetière, contre une portion de terre longeant ledit cimetière, sis à Saint-Symphorien (1647). — Aveu rendu aux prieur et religieux de St-Nicolas de la Chesnaie, par Jacques Gilles, sieur de Landeville, d'une maison et pièces de terre sises à St-Symphorien (1657). — Fieffe devant François Daon et Thomas de Lanquetot, tabellions à Bayeux, par les aveugles de l'hopital de Saint-Gratien, à Jean Jullien, d'un logement et portion de terre sis à St-Symphorien dans l'enclos dudit hopital (1657). — Amortissement fait devant Jean Pery et Thomas de Lanquetot, tabellions à Bayeux, par Jacques Gilles, sieur de Landeville, bourgeois de St-Symphorien, à Étienne Passel, Michel Duval, Thomas Roulland, Pierre Pouchin, Olivier Costentin, prêtres, et Olivier Le Piperel, diacre, chapelains de la chapelle St-Martin fondée en l'église Notre-Dame de Bayeux, de 10 sols de rente pour une maison et jardin sis à St-Symphorien (1660). — Vente devant Thomas Lesueur et Jean Bougon, tabellions à Caen, par Jean Drouet, bourgeois de Caen, à Antoine Halley, docteur et professeur royal en l'Université de Caen et principal du Collège du Bois, de 39 l. 4 s. 8 d. de rente de l'obligation de François Castel et Jean Nicolle, bourgeois de Saint-Symphorien (1667). — Quittance devant Jean Olivier et Jean Bougon, tabellions à Caen, par Antoine Halley, principal du Collège du Bois, à l'évêque de Bayeux, par les mains de Pascal Blondel, chanoine, de la somme de 216 livres, pour racquit et arrérages de 10 l. 14 s. 3 d. de rente (1673). — Amortissements : devant Charles de Bayeux et Robert Féret, notaires à Bayeux, par Nicolas Frestel, fondé de Michel Sabine, seigneur de la Quièze, à François de Nesmond, évêque, stipulé par Jean Petit, chanoine, de 30 livres de rente sur biens sis à Saint-Symphorien (1680) ; — devant ledit Bayeux et Vautier, huissier, pris pour adjoint, par Madeleine Fouquet, stipulant Bernardin Pigault, seigneur marquis de Belfond, maréchal de France, son mari, audit évêque, de 80 livres de rente, sur biens sis à Saint-Symphorien (1680). — Reconnaissance devant les notaires de Bayeux, par Marin Escolasse à Thomas du Bosq, écuyer, sieur du Breuil, receveur des tailles à Bayeux, de 14 livres 10 sols de rente (1714). — Extrait des registres déposés chez Duhamel de Vailly, concernant la dite reconnaissance (1760). — Procuration donnée devant les notaires de Bayeux par Marin Écolasse, de la paroisse de Planquery, à Michel Le Chevalier, bourgeois de Saint-Jean de Bayeux, de reconnaître aux curé et trésor de Saint-Jean de Bayeux, au droit de M. du Breuil du Bosq, 14 livres 10 sols de rente (1723). — Testament de Guillaume Adeline, prêtre, obitier de la paroisse Saint-Jean de Bayeux (1723). — Vente devant François Duhamel, notaire à Bayeux, par Paul Adam, couvreur, aux pauvres valides de l'hopital général de Bayeux, stipulés par Guillaume-Michel de Bailleul, chanoine de Gavrus en l'église cathédrale, et Pierre Le Roy, avocat, administrateurs, de 6 livres de rente, à prendre sur une petite maison, sise paroisse St-Jean, bornée par les maisons acquises par ledit hopital, des. de Landeville (1751). — Vente devant François Duhamel, notaire à Bayeux, par Marc-Antoine Adam, couvreur, aux pauvres de l'hopital général stipulés par Guillaume-Michel de Bailleul, chanoine de Gavrus en l'église cathédrale de Bayeux, et Pierre-Jacques Le Marois, seigneur de Saint-Jorres, lieutenant général de police, administrateurs, d'une maison sise paroisse Saint-Jean (1752). — Promesse devant les notaires de Bayeux par Laurent Écolasse, fils Marin, de la paroisse de Planquery, de continuer à l'église St-Jean de Bayeux partie de 14 livres 10 sols de rente sur maison sise en ladite paroisse (1760).

H. Suppl. 1105. — II. B. 7. (Liasse). — 9 pièces, parchemin ; 92 pièces, papier.

1501-1789. — Bayeux. Droits sur l'évêché. — Procédure au bailliage de Bayeux devant Thomas Le Mercier, écuyer, sieur du Mesnil, lieutenant ancien civil et criminel, puis en Parlement et aux Requêtes, entre Charles Conseil, chanoine d'Esquay, Philippe Taron, chanoine d'Amayé, pour eux et le chapitre de l'église N.-D. de Bayeux, par Édouard Molé, évêque de Bayeux, trésorier de la Sainte-Chapelle de Paris, notamment concernant la distribution à faire sur son revenu de 18 boisseaux de froment par semaine pour la subvention des pauvres, afin d'éviter leurs importunités dans les églises (1630). — « Justes deffences du chapitre de « Bayeux, adressées en forme de très humble requeste « à Nosseigneurs du Conseil pour justifier » contre l'évêque Molé : l'arrêt contre lui donné en faveur des pauvres est juste et charitable ; la résistance que font les défendeurs contre la génuflexion, demandée par l'évêque au chapitre, au célébrant, et par innovation, à la fin du sermon, dans la nef, est autant religieuse et juste, comme la demande est irreligieuse et déraisonnable ; le suffrage de 9 officiers et parents de l'évêque n'est admissible au chapitre, aux propres causes de leur maître, c'est déroger à l'usage immémorial ; l'assignation faite à l'instance de l'évêque à 10 dignitaires et chanoines pour ne s'être prosternés selon l'ordre du chapitre est vexation et artifice indignes des hautes qualités d'un grand évêque. — Accord sur procès aux Requêtes de l'hôtel et en Parlement de Rouen passé entre Édouard Molé, évêque de Bayeux et trésorier de la Ste-Chapelle du Palais à Paris, d'une part, et M. Antoine de Crametot, grand chantre de la cathédrale, Pierre Marc, chanoine de Cambremer, et Michel Hubert, chanoine de St-Pierre-la-Vieille en la même église, ayant pouvoir du chapitre : les grands vicaires de l'évêque exerceront leur vicariat conformément aux commissions du précédent évêque ; les chanoines s'obligent de continuer à recevoir à genoux, comme par le passé, la bénédiction de l'évêque ; ce dernier consent que les dignitaires ou chanoines qui seront grands vicaires, officiaux, promoteurs, etc., se retirent du chapitre sur les affaires qu'il peut avoir contre le chapitre ; de même pour les chanoines ayant en leur particulier un différend avec l'évêque ; juridiction spirituelle d'Isigny ; émoluments de la vice-chancellerie, le siège épiscopal vacant, etc. (18 mars 1651) ; copie de la procuration du chapitre ; articles des doyen, chanoines et chapitre touchant les accords entre l'évêque et eux pour être réglés et terminés. — Procédure devant Nicolas Hélyes, écuyer, seigneur et chanoine d'Albray, et Gabriel Subard, écuyer, seigneur et patron de St-Germain et chanoine de St-Pierre en l'église cathédrale, entre les pauvres de la ville et faubourgs de Bayeux, stipulés par Jean-Baptiste Le Vaillant, chanoine en l'église cathédrale, et Gilles Le Chanoine, sieur du Manoir, maire, président en l'Élection, économe séquestre du diocèse, concernant la distribution par chaque semaine de 20 boisseaux de froment aux dépens des revenus de l'évêché vacant par la mort de M. de Nesmond (1715). — Procédure au bailliage de Bayeux entre François Renauld, sieur de Préville, curé de St-Exupère, syndic du bureau général, et la succession de M. de Lorraine, évêque de Bayeux, pour paiement d'arrérages de 18 boisseaux et 3 sols pour cuisson de chaque boisseau de rente à délivrer la semaine aux pauvres de la ville et faubourgs de Bayeux (1728). — Réponse de l'évêque de Bayeux au mémoire des administrateurs de l'hôpital au sujet de l'aumône de 18 boisseaux de froment, qu'ils évaluent à 1200 livres par an. — Signification faite par Nicolas Le Roux, huissier, à la requête des pauvres de la ville stipulés par Bunouf, à M. de Montamy, économe du revenu de l'évêché, d'une sentence rendue en bailliage condamnant le sieur du Manoir, économe, à payer 18 boisseaux de froment par semaine, et la cuisson à raison de 3 sols par boisseau, avec sommation de satisfaire à lad. sentence (1729). — Semblable procédure en la cour de Parlement entre les officiers municipaux de la ville, stipulés par Le Pesqueur de Conjon, avocat, procureur-syndic de l'Hôtel-de-Ville, Pierre-Jules-César de Rochechouart, évêque de Bayeux, le cardinal de Luynes, archevêque de Sens, ancien évêque de Bayeux, de Canivet, écuyer, sieur de Vacqueville, ancien administrateur de l'hôpital, et les administrateurs dudit hôpital (1775-1776) ; pièces et rapports de Tanqueray, l'un des échevins, à l'appui ; mémoire de réponses y relatives, signifié par Néel, huissier en 1788. — A l'appui desd. procédures, extraits des registres de conclusions du chapitre de Bayeux relativement à 18 boisseaux de blé en pain, livrés chaque semaine aux pauvres de l'hôpital général par l'économe du temporel de l'évêché (1501-1534), et extraits du registre des assemblées du bureau des pauvres de 1717, collationnées par Le Débonnaire, greffier des pauvres (1718).

H. Suppl. 1106. — II. B. 8. (Registre.) — Grand format, 155 feuillets, papier.

1777-1788. — Bayeux. Évêché. — « Sommier des « rentes et fieffes de la baronnie des Bois Delle. » La fieffe Perrette Malherbe, tenue solidairement par Noël Yon, fils Étienne, Julien Yon, fils Jean, Guillaume Yon et Jacques Yon, fils Raphael. — Marin Lecomte, fils Marc, représentant le marquis de Mathan. — La commune de St-Quentin, tenue par M. de St-Quentin. — La fieffe Jacques de Guerrot, écuyer. — La fieffe Jean de Grosourdy, écuyer. — La fieffe Paul Auvray, écuyer. — La fieffe Richard Hue de Semilly. — La fieffe Jean et Robert Malherbe, possédée par Henry Malherbe, fils François, plus la fieffe Arthur Malherbe. — La fieffe Pierre Thiboult, écuyer, sieur de la *Rillette*, tenue par M. de Gouville Patrix, ancien prévôt de Caen, ayant épousé la fille de feu Thomas Thiboult, écuyer, sieur de la Rillerie ; paiements par led. de Gouville, ancien grand prévôt, Bailleul, son curateur, et par M. Bourdon de Verson. — Fief Perrette Malherbe, Jacques Ivon, etc. — En tête, table alphabétique. — Sur une pièce détachée, mercuriales de 1777 à 1783. A Pâques 1778, le boisseau froment, 3 l. 13 s., orge, 2 l. 4 s., avoine, 1 l. 12 s. - 1 l. 10 s., 1 l. 8 s., chapon gras, 1 l. 10 s., poule grasse, 1 l. 5 s., etc.

H. Suppl. 1107. — II. B. 9. (Registre.) — Grand format, 41 feuillets, papier.

1777-1791. — Bayeux. Évêché. — « Sommier des « rentes de Ducy et de Carcagny, régie de M. Duhamel « de Vailly. » Mabire, procureur du Roi du bailliage de Bayeux, ayant épousé la demoiselle Langlois de la Closture, paiements par le curé de Louvières, par Louis Chicot et Marie Chicot, sa sœur, veuve Jean Le Noble, à la décharge de Mme Mabire, Pierre Dupont, écuyer, héritier de Guillaume Dupont, écuyer, sieur du Quesney, pour la vavassorie de la Hague, Julien Brisset, Jean Guillot, Guillaume et Jacques Guillot, frères, héritiers d'Étienne, pour la vavassorie de la Londe, Guillaume Lombaye, fils Noël, Pierre Martine, par fieffe de Pierre Achard et Pierre Le Paulmier, Julien Brisset et Thomas Guillet, pour la vavassorie Carpentier, autrement le fief Jean, Michel Étienne, bourgeois et aubergiste de Bayeux, pour la vavassorerie au Choleur, Marin Panel, Flambard, époux de la fille de Laurent Souffland, Jacques Guyot, fils Étienne, au droit des obits de Carcagny, M. de Merville de Louvières, représentant M°° Moisson, représentant Marie Duhamel qui était héritière de Louise Duhamel, pour la vavassorie du Hamel, etc. En tête, table des noms des redevables.

H. Suppl. 1108. — II. B. 10. (Registre.) — Moyen format, 50 feuillets, 3 pièces intercalées, papier.

XVIII° siècle. — Bayeux. Évêché. — « Sommier « des rentes de la seigneurie d'Épiney-sur-Odon. » — En tête, tables alphabétiques incomplètes des débiteurs. — Tènement Hodier, aîné, Pierre Marie, au droit de Henri-François de Guernon, écuyer, sʳ d'Outre-l'Eau, représentant Jacques Morel. — Tènement Estoc, aîné, les héritiers de Barnabé de Guernon, écuyer, sʳ du Sausey, représentant Mathieu de La Londe, au droit du sʳ de Longaunay.— Tènement Guillaume Lesnaut, Jacques-Antoine de Guernon, écuyer, sʳ de Forge, fils de Henri-François de Guernon. — Tènement des Cavales, Noel Le Grigeois, fils Gilles, et Jean Faucon, au droit par fieffe des héritiers d'Antoine de Guernon, écuyer, sʳ de Vaudepart. — Les tenants des héritages baillés par nouvelle fieffe par l'évêque de Nesmond, etc. — Enregistrement des paiements. — Mentions des titres, aveux et déclarations, depuis le XVIᵉ siècle.

H. Suppl. 1109. — II. B. 11. (Registre.) — Grand format, 366 feuillets, papier.

1777-1788. — Bayeux. Évêché. — « Sommier de re- « cette des rentes seigneuriales de Neuilly, Airel et Cré- « pon », appʳᵗ à l'évêque de Bayeux pour les biens sis auxd. lieux, à Castilly, Cartigny, St-Fromont et St-Lambert: Les pauvres de l'hopital de Bayeux, le fief Allain Baignard, à Neuilly, doit 34 boisseaux et demi d'avoine; le fief Robert Bibon, à Airel, doit 2 boisseaux de blé, deux gelines et suite et deux pains. Par le compte arrêté entre l'évêque et M. de Vailly, le 24 octobre 1783, il est passé au compte pour 6 années desd. rentes, une somme de 483 l. 12 sols, dont les pauvres ont fait raison à l'évêque. Le 17 nov. 1784. par M. Septier, procureur et receveur des pauvres, 183 l. 5 s. pour 2 années desd. rentes. — Pierre-Jean-Jacques-Gabriel de Pierrepont, écuyer, héritier de Pierre de Pierrepont, pour fiefs à Neuilly et comme représentant Pierre-Jacques Hue, écuyer, sʳ de la Rocque. — M. de Bricqueville, par acquêt de M. de Gramont au lieu de M. de Garnetot, fiefs de la Barre au Paisteur, George Gessier, Hervieu de la Londe, de la Marre, Richard Odonnet, Thomas de Savigny, M. de Baudre de Bavent, écuyer, sʳ d'Asnières, représentant Estoc La Hérissière, écuyer, pour fiefs au droit de M. de Boisfresne, par contrat de 1738. — Héritiers du sʳ de Leville, représentant M. de la Buissonnerie, pour le fief à la Conseillière. — Du Chastel, président au Grand Conseil, représentant Allain de La Bertinière pour les fiefs du Clos au Bedel et du haut Essard.—Le Tellier de La Bertinière, en partie au droit de Le Tellier, chanoine. — Nicolas Macé, curé de Neuilly. — Héritiers Charles-Claude Juhel, sʳ de la Nolière. — Dame Le Hot, veuve de M. de Royville, écuyer, avocat du Roi à Bayeux. — Mᵐᵉ de Chifrevast, pour le fief noble du Castelet et le fief de Lif. — M. de La Rosière La Bazonnière, curé de Rampan, héritier de M. La Rosière, qui était héritier de Mᵐᵉ des Rivières La Bazonnière. — M. d'Espinoze Courtenay. — M. de Faudoas à cause de Mᵐᵉ de Boran, son épouse, pour les fiefs Jean de Castilly, Robert des Maslières, au Vicontel, Thomas Capron, etc. — M. de Vouilly, pour les fiefs Le Bourgeois, de Prétreville, Roger ou Robert Diones, et le fief noble de Vouilly et Étreham. — M. de Cussy de Vouilly, fief de Prétreville. — Jacques Du Boscq, au droit de la veuve de François Marie. — Hervé de Baudre, écuyer. — Héritiers de M. Le Monnier, procureur du Roi en Élection à Bayeux. — Charles de Grosourdy, écuyer, sʳ de La Verdérie. — Héritiers Clément, curé de Moon, représentant les héritiers de Sallen. — Eudes de La Jumellerie.—Charles-Julien de Feuguerolles des Boisdelles, fils Julien, fils Joachim. — M. de Sabine, écuyer.—Mouland, curé de Cartigny. — M. de Marguerie, écuyer, seigʳ de Ciouay, héritier de M. de Rochefort, vivant subdélégué à St-Lô. — Le chanoine de Cartigny pour le fief noble du lieu. — François Collibert, représentant Jacques de Parfouru, écuyer. — MM. de La Bigne et de Tournebu. — Michel Du Bosq, écuyer, sʳ de Beaumont, ayant épousé la dame Le Maigre de Lan, pour fiefs à Airel et St-Fromont. — Bauquet de la Paumerie, représentant Du Meslé au droit de M. de Belleville. — M. d'Orbandelle, grand prévôt, héritier de la dˡˡᵉ de Cairon, veuve de M. des Boisdelles Feuguerolles, et M. de Malherbe, héritiers de M. de Cairon, écuyer. — M. de Robillard, lieut' g' à St-Lô. -- M. de Juvigny, héritier de Thomas de Juvigny, son père. — Jacques Foucher, s' de la Couture, héritier de Jacques-Henry Foucher, s' des Jardins, son frère. — Lécuyer, maître de poste à *Daix*, etc. — En tête, table alphabétique.

H. Suppl. 1110. -- H. B. 12. (Registre.) — Grand format, 129 feuillets, papier.

1777-1791. — Bayeux. Évêché. « Sommier des « rentes foncières et seigneurialles dues à l'évêché de « Bayeux par les hommes et tenans des seigneuries de « Sommervieux, Saint-Vigor, Vassy et Amigny. Régie « de M. de Vailly. » St-Vigor-le-Grand, Moreau de Séchelles, représentant par fieffe la veuve de Jean-Paul de Choisy, pour le fief de Beaumont-le-Richard tenu par le nombre de 18 fiefs de haubert, paiements par M. de *Baumont*, conseiller d'État ; le comte de Blangy, représentant la veuve de Gabriel Morin, écuyer, sieur de Villers, pour le fief de Villers-Bocage ; les héritiers ou représentants Canteil, qui était au droit de M. de Longauney, gouverneur de Carentan, pour un quart de fief de chevalier à Condé-sur-Seulles, reconnaissance dud. Canteil en 1726 ; les représentants M. de Magny Foucault, qui était au droit de M. de Longauney, pour son fief de Bazenville, tenu pour un quart de fief, paiements par le comte de Savignac; le marquis de Malherbe de Juvigny, au droit des héritiers de Philippe de Héricy, écuyer, pour son fief et châtellenie de St-Vast, ensemble les Bertinières; Jacques, sire de Matignon, comte de Torigny, pour son fief d'Oudefontaine, M. de Curpiquet, représentant Mme de Faye, pour le fief de la Motte Blagny, sis à Martin de Blagny et environs, paiement par M. de Pierrepont ; les religieux de Mondaye, pour le fief de la Haye d'Aiguillon, tenu pour un quart de fief de chevalier, sis à Juaye et environs, paiement par Duval, agent de l'abbé de Champigny ; M. de Vierville, par acquêt de M. d'Hermerel, représentant Marc-Antoine d'Hermerel, écuyer, sieur du Martel, au droit de la veuve de Philippe de Boran, écuyer, s' de Castilly, pour deux quarts de fief de chevalier, le fief *Poildoe* et le fief *Lemfreville*, sis à Agy et environs, paiement par le comte de Marguerie ; M. de Cussy, seigneur de Mandeville, représentant le seigneur de Rochefort, pour le fief de Létanville, *six cents d'huîtres à l'éculle au grand compte*, évalués 12 livres ; M. de Champeaux, héritier de Jacques-Louis du Bousquet de La Motte, fils de Pierre du Bousquet, écuyer, au droit de Simon de Marconest, écuyer, s' de Réville, pour le fief du Clos ; M. de Saffray, seigneur d'Engranville, pour le fief de Port assis à Formigny et ailleurs ; M. de Percy, ayant épousé une fille de Thomas Le Breton, écuyer, s' de Percy, ce dernier ayant épousé une des héritières de feu Pierre Mifant, écuyer, pour le fief de Berrolles à Longraye ; les représentants Jacques Le Vallois, écuyer, fils Antoine, représentant Jean Sébire, écuyer, pour le fief de la Haye Piquenot; Mme de Vauvray, représentant le seigneur de Jucoville, qui était au droit par acquêt d'Antoine de St-Simon, écuyer, seigneur de Beuzeville, pour le fief de St-Germain-du-Pert, paiement par le marquis de Girardin, héritier de la marquise de Vauvray ; héritiers Denis-Philippe de Delleville ; le curé de St-Vigor ; M. de la Londe de Ste-Croix, lieutenant-général à Bayeux, représentant Jean-Baptiste Le Vaillant, chanoine de Bayeux, et François Le Vaillant, écuyer, son frère, au droit de François André, écuyer, s' d'Arganchy; Pierre Étienne, représentant les dames hospitalières, au droit de Michel Le Brun, chanoine de Gavray ; M. de Glan, représentant Olivier d'Amours, écuyer ; le Roi, redevable en 38 l. 10 s. sur son domaine de Bayeux, pour récompense du dédommagement de l'hommage de la terre de Torigny, anciennement mouvante de l'évêché ; le Clergé de Bayeux, pour une maison, rue Laitière ; Gabriel Moinot, héritier de Guy Petitot, écuyer de cuisine de l'évêque de Nesmond ; Du Castel Fréard, receveur des décimes, etc. — Sommervieu, Vienne et Vaussieux : le seigneur de la Rivière Meuvaines, au droit de Jean de Baudre, pour le fief d'Asnelles ; l'abbé de St-Julien de Tours, à cause de son fief et dîme d'Asnelles ; héritiers Louis Le Fèvre, héritier de Jean Le Fèvre, curé de Bazenville, héritier de François Hue, curé de Sommerveriu ; Genas de Rubercy, représentant François Genas, héritier d'Antoine, représentant Gervais Genas, héritier de Denis Genas ; héritiers Crepel, avocat du Roi à Bayeux, le marquis de *Sennelley*, représentant les seigneurs de Creully, etc. — Seigneuries de Vassy et Amigny : M. de Champeaux, représentant le sieur de Vauligny, le marquis de Bricqueville, à cause de la vavassorie de la Boutière ; Laurent Cussy, représentant M. de Percaval, écuyer, sieur du Bouillon, pour la vavassorie aux Bigots, etc.

H. Suppl. 1111. — H. B. 13. (Registre.) — Grand format, 43 feuillets, papier.

1777-1789. — Bayeux. Évêché. — « Sommier des « rentes seigneurialles de Surrain et Saint-Laurens,

« régie de M° Charles-François Duhamel de Vailly, fer-
« mier général et régisseur des revenus temporels de
« l'évêché de Bayeux ». Redevables : Thomas Furon,
Gilles Pouchin et François Vautier, pour le fief Brulant ;
héritiers Thomas de Gouet, écuyer, sieur de la Rivière,
pour le fief Henry Scelles ; héritiers Vincent-Julien
Leloup, sieur des Forges, pour le fief Macon et le fief
Rivier ; Michel Vimard, au droit de la veuve Martin du
Bosq, René de Gouet, écuyer, ou représentants, pour la
vavassorie Brucostey, l'abbé de Marguerie, chanoine de
Bayeux, Jacques et Antoine Savary, pour le fief Aubert
ou des Garentes ; Delaunay du Foudray, ayant épousé
une d^{lle} Lefortier, Jean Mezaize, Jean Blondel, M. de
Saffray, seigneur d'Engranville, représentant le seigneur de Vimont, au droit de Louis Vaultier, écuyer,
sieur de Monlaville, pour le fief noble de Port, le comte
de la Heuze, représentant Jean Onfroy, écuyer, sieur
de Saint-Laurens, pour le fief Fouard, etc. En tête :
« Table des noms des redevables dénommés au présent
« regitre. »

H. Suppl. 1112. — H. B. 14. (Liasse.) — 10 pièces, parchemin ;
41 pièces, papier.

1612-1786. — Commes. — Extrait du registre du
tabellionage de Bayeux concernant la vente faite par
Jacques Hue, curé de Commes, à Rouland de Lespinace, écuyer, sieur du Bosq, de 6 vergées de terre
(1612). — Vente devant Jacques Dujardin et Jean Pery,
tabellions à Bayeux, par Madeleine, veuve de Rouland
de Lespinace, écuyer, sieur du Bosq, et Jacques de
Lespinace, son fils, à Gervais Marguerite, curé de
Commes, de 5 vergées de terre sises en lad. paroisse
(1636). — Échange devant Jean Pery et François Daon,
tabellions à Bayeux, entre Germain Masquerel, curé de
Commes, et Guillaume Hébert de Brunville, écuyer,
seigneur du Bosq et de Moon, maître d'hôtel du Roi,
de pièces de terre sises en lad. paroisse (1645). —
Procédure au bailliage de Bayeux, entre Germain
Masquerel, ancien curé de Commes, et Louis Aubry,
écuyer, receveur des tailles, concernant le décret des
héritages de feu du Bosq Brunville, dans lequel sont
compris les biens échangés par led. Masquerel (1682).
— Échange de pièces de terre devant Michel Perion et
Jacques Lutton, tabellions au siège de Vaucelles, entre
Guillaume Hébert de Brunville, seigneur et patron de
Commes, du Bosq, Moon, et dudit lieu de Brunville, et
François et Nicolas Adam, frères, et Gilles Adam, leur
cousin (1683). — Vente devant les notaires de Bayeux,
par François de Nesmond, évêque de Bayeux, aux
pauvres de l'hopital général, stipulés par Adjutor Josset,
docteur de Sorbonne, chanoine de Barbières, Jacques d'Auxais, chanoine de Cully, Pierre Suhard,
écuyer, seigneur de St-Germain et St-Amador, Édouard
Hélye, écuyer, sieur de Clinchamps, lieutenants-géné-
raux du bailli, Jean-François André, écuyer, sieur du
Manoir, procureur du Roi, administrateurs dudit hopital, de la ferme et dépendances de la Bosquerie, sises
à Commes (1692). — Autre donation dudit évêque, à
l'hopital, pour l'entretien de 2 filles qui entretiendront
gratuitement les petites écoles des filles dudit hopital
et des pauvres filles de la ville, de la ferme de la
Condelle, sise à Commes (1692). — Lecture faite aux
assises de Bayeux, devant Pierre Suhard, écuyer,
seigneur de St-Germain et St-Amador, lieutenant
général, par Lepelley, huissier, de lad. donation de
François de Nesmond, évêque de Bayeux. — Vente
devant Mathieu Bardy, notaire au siège de Trungy,
par Jacques, Pierre et Simon Scelles, sieurs de
la Cocquerie, de Bordelonde et des Prés, et de Bordelonde, bourgeois de Caen, héritiers de Jeanne Masquerel, leur mère, héritière de Germain Masquerel,
curé de la paroisse de Commes, à Antoine Longueville,
stipulé par Antoine Lefort, curé, d'une pièce de terre
sise en lad. paroisse (1696). — Vente de lad. pièce de
terre, devant les notaires de Bayeux, par Antoine
Longneville, à l'hopital général des pauvres, stipulé
par François de Nesmond, évêque (1697). — Quittance
donnée devant les notaires de Bayeux, par Marguerite-
Françoise de Percaval, veuve de Pierre Suhard,
écuyer, sieur de Rampan, à Olivier Godard, écuyer,
seigneur et patron d'Isigny, l^t g^{al} au bailliage de
Bayeux, de la somme de 2.400 livres, pour amortisse-
ment de 120 livres hypothèque, pour la vente à lui
faite du fief et seigneurie d'Escures, assis en la paroisse
de Commes (1732). — Procédure au bailliage devant
Nicolas-Michel Duhamel, écuyer, sieur de Conjon,
entre Marguerite de Percaval, veuve de Pierre Suhard,
écuyer, et Gédéon Hébert, écuyer, sieur de Ste-Marie
Taillebois, pour paiement des arrérages de 120 livres
de rente, due solidairement avec Pierre de Percaval
(1735-1736). — Cession faite devant Jean-Charles
Tostain, notaire à Bayeux, par lad. veuve et Gabriel-
Jean-André Suhard, sieur de Rampan, son fils, aux pauvres valides de l'hopital général, stipulés par François
Génas, sieur du Homme, vicomte, et Antoine La Marois,
procureur, de 120 livres de rente à prendre sur Pierre
de Percaval, écuyer, et Gédéon Hébert, écuyer, sieur
de Ste-Marie Taillebois, moyennant la somme de
2,400 l., devant servir à payer la dot de Madeleine et

Élisabeth-Françoise Subard, ses filles (1739). — Procédure en la vicomté de Bayeux, entre les administrateurs de l'hôpital et Gédéon Hébert, écuyer, sieur de Ste-Marie-Taillebois, pour paiement d'arrérages de lad. rente (1752-1753). — Procédure au bailliage de Bayeux, entre les administrateurs de l'hôpital et divers redevables de rentes, en la paroisse de Commes (1786).

H. Suppl. 1113. — II. B. 15. (Liasse.) — 19 pièces, parchemin; 5 pièces, papier.

1652-1702. — Fresné-sur-Mer. — Mandement au premier huissier requis d'ajourner à la requête de François Lescalley, l'un des pauvres aveugles de Bayeux, Louis Hudebert, écuyer, sieur des Coursières. (1652).— Accord devant Jean Pery et Thomas de Lauquetot, tabellions à Bayeux, entre les aveugles de St-Gratien de l'hôpital de Bayeux et Louis Hudebert, écuyer, sieur des Coursières, héritier de Jacques Hudebert, écuyer, sieur de la Noë, sur le procès entre eux au Parlement de Rouen, concernant le paiement de 4 années d'arrérages de 4 boisseaux de froment de rente (1653). — Procédure au bailliage de Bayeux, devant Pierre Subard, écuyer, seigneur de St-Germain et de St-Amador, l¹ g⁽¹⁾, entre Raymond Baucher, chanoine de la Vieille en l'église cathédrale, directeur de l'hospital général des pauvres valides, et les héritiers de Jacques Hudebert, écuyer, sieur de la Noë, pour paiement de 22 années de 4 boisseaux de rente due aux aveugles de St-Gratien (1693). — Transaction devant Jacques Le Marois et Marc-Antoine Bourdon, notaires à Bayeux, entre Jacques d'Anisy, écuyer, sieur de St-Aubin, époux de Marie Hudebert, héritière de feu Jacques Hudebert, écuyer, sieur de la Noë, Pierre Hudebert, écuyer, et les administrateurs de l'hôpital, concernant le paiement d'arrérages de rentes (1702).

H. Suppl. 1114. — II. B. 16. (Liasse.) — 3 pièces, parchemin; 4 pièces, papier.

1680-1686. — Géfosse. — Donation devant Robert Feret, notaire à Bayeux, et Jean Laisné, avocat, pris pour adjoint, par Jean-Michel de Bagnol, pénitencier en l'église cathédrale de Bayeux, au couvent de la Charité et au bureau des pauvres valides, de la somme de 2,000 livres, dont 1,000 livres aud. couvent pour élever et instruire 2 pauvres petites filles, l'une de la paroisse de Ste-Honorine-des-Pertes, et l'autre de la paroisse d'Esquay, lesquelles seront choisies par led. donateur pendant sa vie, et après lui par Jacques Bagnol, chanoine d'Esquay, son neveu, et après lui par le chanoine dudit, et 1,000 livres au bureau des pauvres pour y recevoir 2 pauvres, garçons ou filles, lad. somme devant être employée à l'acquisition de 3 vergées de terre sise à Géfosse (1680). — Reconnaissance devant Guillaume Nativelle et Pierre Lebrun, notaires à Bayeux, par Jacques Patrix, écuyer, sieur du lieu, donataire du tiers des biens de feu Marie Ydoisne, sa femme, à François de Nesmond, évêque, directeur de l'hôpital général et supérieur du couvent de la Charité, de la somme de 141 livres 10 sols de rente due auxd. hôpital et couvent (1683). — Acte accordé aux assises de Bayeux par Nicolas Du Moustier, écuyer, sieur de la Motte, l⁽ᵉ⁾ g⁽¹⁾ au bailliage de Caen, à l'évêque de Bayeux, directeur de l'hôpital, du contrat de donation par Raymond Baucher, chanoine de Colombières, de 1.400 livres 10 sols pour aider à l'acquisition faite de Pierre de Marguerie, écuyer, sieur de St-Cosme, de 121 livres 8 sols 6 deniers de rente à prendre sur Nicolas d'Argouges, écuyer, sieur de St-Malo, Marguerite Julien, sa femme, Jean d'Argouges, écuyer, sieur du lieu, Jean de Cabazac, écuyer, sieur des Londes, Raphaël Jullien, sieur de la Hébérdière, de leur constitution envers ledit de St-Cosme (1686).

H. Suppl. 1115. — II. B. 17. (Liasse.) — 6 pièces, parchemin; 10 pièces, papier; 1 plan.

1680-1732. — Neuilly. — Vente devant les notaires d'Isigny par Marin Le Pellerin, sieur de Grandbosq, héritier de Guillaume Le Pellerin, sieur des Longchamps, au trésor de Neuilly, stipulé par Pierre Grandin, curé, de 27 livres 15 sols 6 deniers de rente (1680). — Vente devant Mathurin Maheust, écuyer, notaire à Isigny, par Pierre Le Pellerin, sieur des Longchamps, fils de feu Marin Le Pellerin, sieur de Grandbosq, héritier de Guillaume Le Pellerin, sieur des Longchamps, son frère, procureur receveur de la baronnie de Neuilly, au trésor de Neuilly, stipulé par Auvray, curé, de 69 livres 3 sols tournois de rente (1701). — Quittance donnée devant David Le Barbier, notaire à Isigny, par Laurent Auvray, curé de Neuilly, à Pierre Lemetais de la somme de 1,700 livres pour racquit de 2 parties de rentes (1720). — Quittance donnée devant les notaires de Bayeux par Michel Laurent, greffier du bailliage, à Pierre Lemetais, de la somme de 1,945 livres 10 sols pour racquit de 2 parties de rente (1720). — Quittance donnée devant François Boullin et Jacques Fayel, notaires à Caen, par Jacques de Bellehache, seigneur de Fontenay, conseiller au Conseil souverain de feu M⁽ʳ⁾, à Pierre Béatrix écuyer, sieur des Perrelles, de la somme de 11,106 livres 18 sols 6 deniers pour le racquit de 366 livres 13 sols 4 deniers de la constitution dudit des Perrelles et Lemetais, lad. somme déclarée provenir des pauvres de la ville de Bayeux stipulés par Jean-Baptiste Le Voillant, chanoine, leur syndic (1720). — Procédure devant les trésoriers généraux des finances et grands voyers de la généralité de Caen entre les administrateurs de l'hôpital général, et Pierre Lesur et Antoine Gréard, concernant la réparation de la rue Quoniam en la paroisse de Neuilly ; lettres de Mansel, procureur au bureau des finances, à Hallé, procureur au bailliage de Bayeux, y relatives ; plan visuel et état de frais de procédures, à l'appui.

H. Suppl. 1116. — II. B. 18. (Liasse.) — 25 pièces, papier.

1726-1728. — Rentes et procédures. — Reconnaissance de Pierre Béatrix, écuyer, sieur des Perrelles, de la paroisse de Cerisy-l'Abbaye, du bail par lui fait à Thomas Paret, de la paroisse du Molay, d'une pièce de terre nommée le Grand-Herbage ; à la suite est le consentement du bailleur que les pauvres valides reçoivent en son nom les fermages pendant 5 ans (1726-1727). — Procédure au bailliage entre les pauvres valides, représentés par François Bunouf, leur receveur, et Gilles Gombault, de la paroisse de Ver, pour paiement de partie de 53 livres 10 sols de rente (1726-1727). — Procédure au bailliage de Bayeux, entre les administrateurs de l'hôpital général et Pierre Lemetais, de la paroisse de Neuilly, pour paiement d'arrérages de rente (1726-1728). — Procédure au bailliage de Bayeux, entre les pauvres valides de l'hôpital général et Mathieu Mallet, leur fermier en la paroisse de Commes, pour passer bail régulier de la ferme de la Bauquerie, sise en lad. paroisse (1727-1728). — Signification faite par Pierre Delanoë, sergent, à la requête des pauvres valides, stipulés par François Bunouf, leur receveur, à Michel Fleury et à Mathieu et Jean Mallet, de la paroisse de Commes, de deux délibérations de l'assemblée desd. pauvres, avec assignation à comparaître en la vicomté pour y voir déclarer leur exécution (1728).

H. Suppl. 1117. — II. B. 19. (Liasse.) — 7 pièces, parchemin ; 80 pièces, parchemin.

1615-1785. — Rentes et procédures. — Procédure en la vicomté de Caen, entre les administrateurs des pauvres valides de Bayeux, stipulés par Henry Hallé, leur receveur, et les héritiers de David Eudelin, pour payement de 10 livres de rente (1682-1733). — Amortissement de 10 livres de rente, fait devant Guillaume Nativelle et Pierre Lebrun, notaires à Bayeux, par Richard Hélyes, écuyer, sieur de Subles, Pierre Hélyes, écuyer, sieur de la Noë, et François Hélyes, écuyer, sieur de la Lyserne, fils de Joachim Hélyes, écuyer, procureur du Roi à Bayeux, à François de Nesmond, évêque de Bayeux, stipulé par Raymond Baucher, chanoine (1683). — Procédure au bailliage de Bayeux, devant Gabriel Suhard, écuyer, seigneur de Saint-Germain, chanoine de Saint-Pierre en l'église cathédrale, lieutenant général, entre les pauvres de l'hôpital général et Henri Le Noël, écuyer, sieur de Canville, héritier de Raphaël Le Noël, écuyer, sieur de Canville, ex-syndic desdits pauvres, concernant le paiement de la somme de 994 livres 11 sols, restée due par ledit syndic (1713). — Sommations de paiement faites à la requête des pauvres valides de Bayeux, à divers redevables de rentes et fermages (1717-1731). — Procédure devant Olivier Godard, écuyer, seigneur et patron d'Isigny, lieutenant général au bailliage de Bayeux, et devant François Genas, sieur du Homme, vicomte de Bayeux, entre les administrateurs des pauvres valides et Georges-François de Gascoin, héritier à cause de dame Cornet, sa mère, héritière de Louis Cornet, écuyer, seigneur de Bussy, pour paiement de 25 années d'arrérages de 53 livres de rente (1733-1735). — Vente devant Jean-Charles Tostain, notaire à Bayeux, par François-Nicolas Le Bédiers, curé de Ruillé en Anjou, logé chez Hébert, écuyer, chanoine de Saint-Laurent, aux pauvres valides de l'hôpital général, de 21 livres 15 sols de rente, à prendre sur Dunot, écuyer, seigneur de Berville (1748). — Compte fait entre M. de Berville, héritier de Hélyes, chanoine de Bayeux, et Adrien-Henry Hallé, receveur des pauvres de l'hôpital général, au droit de Nicolas Le Bédiers, curé de Ruillé en Anjou, des arrérages de 21 livres 15 sols de rente hypothéquée, au denier 20, due par feu Mme de Berville, mère dudit de Berville, ledit compte fait en la présence de l'abbé Le Sueur des Fresnes, grand chantre de l'église cathédrale, syndic de l'hôpital (1754). — Procédure aux assises de Bayeux devant Tanneguy du Chastel, écuyer, lieutenant général, entre Jacques Hardoin, marchand mercier, et ses créanciers, dont les pauvres valides font partie (1756). — Quittance donnée devant les notaires de Bayeux, par Nicolas Delalonde, couvreur, de Saint-Patrice, aux pauvres valides, stipulés par Pierre de Royville, écuyer, sieur de Conjou, et Jean-Louis de Canivet, écuyer, sieur de Vacqueville, administrateurs, de l'amortissement de 20 livres de rente, due à Gabriel Adam, fils Marc-Antoine (1760). — Sommation faite à la requête des pauvres valides de l'hôpital, à Varnier, médecin, ayant épousé la dame Gardel, héritier de la dame Crevel, héritière de la dame Duhamel, de payer à Claude de Pierre, leur receveur, tous les arrérages de rentes dues (1777). — Condamnation des religieuses de l'hôpital général à payer à Guerrier 408 livres 2 sols, pour la fourniture de 311 barils de pommes à cidre, à raison de 22 sols l'un, avec frais et dépens de l'action (1777). — Procédure au bailliage de Bayeux, entre les administrateurs des pauvres valides, stipulés par Lecaudey, substitut, et Henri Le Forestier, seigneur de Maubecq et de Ver, concernant le paiement d'une rente (1783). — Reconnaissance de rente par Michel Le Courtois, chevalier de Saint-Louis, pour les Bénédictines de l'Adoration perpétuelle du Saint-Sacrement de l'autel établie à Bayeux, paroisse de la Poterie (1784).

H. Suppl. 1118. — II. B. 20. (Liasse.) — 18 pièces, papier.

XVIIIe siècle. — Rentes. — Notes et extraits contenant l'analyse des rentes dues à l'hôpital général par Guillaume Vimont, bourgeois de Bayeux, Joseph Morin, écuyer, seigneur de Vaulaville, Dunot, écuyer, seigneur de Berville, fils d'Anne Dunot, seigneur de Berville, et de Marguerite Hélyes, sur cession de François-Nicolas Le Bédiers, curé de Ruillé en Anjou, Henri-François-Guillaume de Chevray, chevalier, seigneur et patron de Sottevast, représenté par Marc-Antoine Decerres, procureur du Roi en l'amirauté de Bayeux, Marie Hervé de Carbonnel de Canisy, veuve d'Antoine de Faudoas, chevalier, comte de Sevillac, Michel du Boscq, écuyer, sieur de Beaumont, receveur des tailles de l'Élection de Bayeux; Olivier Godard d'Isigny, écuyer, seigneur et patron de Commes, lieutenant général et particulier civil et criminel à Bayeux, et Marie-Louise Godard, sa fille, veuve de Michel Le Monnier, procureur du Roi en Élection à Bayeux, curatrice de Michel-Olivier Le Monnier, sieur de Cartigny, Adrien de Méhérenc, écuyer, sieur de Monmirel, demeurant à la Cambe, Samuel de Méhérenc, écuyer, sieur de la Varenne, lieutenant pour le Roi au gouvernement de Béthune, Jean d'Amours, écuyer, seigneur de Vienne, etc. Rente sur l'hôtellerie du Luxembourg, vendue en 1688 à l'hôpital général par l'Évêque, qui l'avait acquise au décret du feu Du Bosq Brunville.

H. Suppl. 1119. — II. B. 21. (Registre.) — Petit format, 49 feuillets, papier.

1732. — Rentes. — État des noms, demeures, dûs et titres des redevables au bureau des pauvres valides de l'hôpital général, fait par Hallé, procureur à Bayeux, receveur des pauvres : hôtellerie du Luxembourg, M. de Sainte-Croix Le Vaillant, de Saint-Vigor-le-Grand, M. de Ver, les héritiers de M. de Vaussieu, ceux de Mme de Rambouillet, le sieur de Carpiquet, Jean-François de Marguerye, curé de Surrain, MM. du Clergé, Génas, curé de Fresney, de Baussy, curé de Campigny, etc.

H. Suppl. 1120. — II. B. 22. (Liasse.) — 7 pièces, parchemin; 99 pièces, papier.

1651-1779. — Dons et legs. — Acte donné par Pierre Suhard, écuyer, sieur de Saint-Germain et de Saint-Amador, de la lecture faite aux assises de Bayeux de la donation par Élisabeth Le Chevallier, de la paroisse de Tour, à l'hôpital général de Saint-Gratien, de la somme de 10 livres de rente à prendre sur Étienne Le Chevallier, écuyer, sieur de la Montaignette, son frère (1688). — Donation devant les notaires de Bayeux par Jacques Folliot, bourgeois de Bayeux, au bénéfice de l'hôpital général des pauvres valides de la ville et faubourgs de Bayeux, à l'acceptation de François de Nesmond, évêque de Bayeux, directeur perpétuel dudit hôpital, stipulé par Raymond Baucher, chanoine, directeur et receveur dudit hôpital, en la présence et du consentement de Pierre Suhard, écuyer, sieur de Saint-Germain, lieutenant général au bailliage, et Jean-François André, écuyer, sieur du Manoir, procureur, directeurs dudit hôpital, de 25 livres de rente, dont 22 livres 10 sols à prendre sur Guy Petitot, écuyer de cuisine de l'Évêque, et 45 livres payées audit Baucher, pour être converties en 2 l. 10 sols de rente (1694). — Acte accordé aux assises de Bayeux, tenues par Marc-Antoine d'Hermerel, écuyer, sieur du Martel, lieutenant particulier, pour la récusation des lieutenants généraux, aux administrateurs de l'hôpital général, assistés de Georges Maresq, leur procureur, de la lecture faite par François Tassin Le Bréthon, huissier, de ladite donation (1698). — Extrait du testament de François Chrétien, chanoine du Locheur, donnant à l'hôpital général 600 livres pour être converties en rentes (1704). — Testament de Madeleine d'Auxais, veuve de Robert Roger, sieur du Vingné, en faveur des pauvres de l'hôpital général (1718). — Dépôt fait devant Jean-Charles Tostain, notaire à Bayeux, par Toussaint Pépin, vicaire du haut chœur de l'église cathédrale, du testament de feu Anne Baston, veuve de Gabriel Clouaire (1730). Procès-verbal de vente faite par Gilles Gohier, huissier, des meubles de ladite veuve, devant la porte de son domicile, en la paroisse St-Sauveur, à la requête des administrateurs de l'hôpital, stipulés par Adrien-Henry Halley, receveur des pauvres (1730). État des deniers provenant de la succession d'Anne Baston, veuve Clouaire, ayant légué aux pauvres valides de l'hôpital général de Bayeux tous ses meubles et effets mobiliers : recette, 434 livres 8 sols, dépense, 152 livres 3 sols 6 deniers, différence 282 livres 4 sols 6 deniers, dont M. de Bailleul, syndic, s'est chargé en recette, dans les comptes de 1740 et 1741 ; à l'appui, quittances de sommes payées à Le Vannier, chapelain et fabricien de l'église collégiale de Saint-Nicolas des Courtils, 50 livres pour l'inhumation d'Anne Baston et 80 basses messes, et à Gilles Panel, tourneur, 3 livres pour fourniture d'une bière, etc. —Testament de Bernard de Campagne, chanoine des Essartiers, reçu par François Duhamel, notaire à Bayeux (1749). Note des meubles, linge, vin et argenterie envoyés à l'hôpital général des pauvres valides de Bayeux, par M. de Bailleul, chanoine, exécuteur testamentaire dudit Campagne ; assignation commise aux héritiers dudit Campagne, pour accepter ou refuser sa succession (1750) ; y joint une requête adressée aux juges syndics et députés du Clergé du diocèse de Bayeux, par Henri de La Cour, sous-diacre, chanoine des Essartiers en l'église cathédrale Notre-Dame de Bayeux, pour qu'il lui soit avancé, par le receveur des décimes, une somme de 120 ou 130 livres, pour se pourvoir au Conseil contre la sentence du lieutenant criminel de Bayeux, rendue contre lui, au préjudice des droits et immunités accordés par le Roi au Clergé de France (1651). — Délibération autorisant Gosset, vicaire général, à présenter deux pauvres qui seront admis, sur sa proposition ou sur celle de ses héritiers, moyennant la donation de 4,000 livres (1764) ; autre fondation de deux places moyennant 5,000 livres (1769). — Compte rendu par Richard Gosset, chanoine de l'église cathédrale de Bayeux en la prébende de Saint-Jean, vicaire général, exécuteur testamentaire de Pierre Le Boursier, chanoine de Saint-Germain, aux administrateurs de l'hôpital général et du bureau de charité de la ville de Bayeux, de la succession mobilière dudit Le Boursier, par lui léguée aux pauvres dudit hôpital : recette 13,703 l. 2 s. 3 d., dépense, 3,340 l. 2 s. 6 d. (1771). A l'appui, quittances de sommes payées par ledit Gosset à François Fréard, écuyer, sieur du Castel, receveur des décimes, Hardy, contrôleur et receveur des domaines à Cerisy, Lerouge, perruquier, 9 livres 7 sols 6 deniers, dus, plus 3 livres pour l'avoir rasé étant mort, Façon, gardien des religieux Cordeliers, 200 livres pour 400 messes basses, Valentin, prieur des Augustins, et au receveur des Capucins, semblables sommes, Lecieux, médecin, 60 livres, pour ses honoraires, peu évalués au profit des pauvres, Renouf, pour 1 paire de gants, passés au lait, Gervais, 5 livres, pour le coffre de l'abbé, Briard, 8 livres, pour 200 lettres de faire part du décès, et 148 livres 8 sols, pour frais funéraires (1767), Voivenel, chanoine et fabricien de la Cathédrale (1768).— Testament de Jean-François Viel, chanoine de la cathédrale de Bayeux et principal du collège dud. lieu, portant legs pour l'hôpital général (1779).

SÉRIE C.

Matières ecclésiastiques

II. Suppl. 1121. — II. C. 1. (Liasse.) — 3 pièces, papier.

1727-1728. — Chapelain. — Apposition et levée de scellés chez François de La Cotte de Bigardière, décédé chapelain de St-Nicolas des Courtils, de Ste-Luce en l'église St-Malo de Bayeux, de St-Jean l'Évangéliste en l'église cathédrale, et chapelain d'une des deux chapelles de St-Gratien dans l'hôpital général des aveugles et pauvres valides de Bayeux ; inventaire des titres. Assignations et pièces diverses de procédure relatives à la nomination d'un titulaire de ladite chapelle de St-Gratien dans l'hôpital général (1727). Extrait du registre des assemblées du bureau des pauvres valides de Bayeux, concernant le refus par les vicaires généraux, le siège épiscopal vacant, d'accorder les pouvoirs et l'approbation aux sujets nommés par les administrateurs de l'hôpital pour desservir ladite chapelle. Nouvelle signification et assignation aux vicaires généraux pour leur faire défense de troubler à l'avenir lesd. administrateurs dans la possession paisible où ils sont de nommer un prêtre pour dire les messes aud. bureau (1728).

H. Suppl. 1122. — II. C, 2. (Liasse.) — 2 pièces, papier.

1766-1768. — Profession de foi et abjuration de l'hérésie de Calvin par Françoise Boscher, de la paroisse de Castillon, devant Gabriel Fauconnier, chapelain de l'hôpital général, curé du Mesnil-au-Grain, en présence des sœurs Françoise Ponsignon, supérieure de l'hôpital général, Catherine Meunier, Marguerite Combes, Félicité Barbier, Anne Heurtebise, etc. (1766). — Invitation par Mabire au chapelain du bureau, d'assister aux prières ordonnées par l'évêque pour le rétablissement de la santé de la Reine (1768).

SÉRIE D.

Archives.

H. Suppl. 1123. — II. D. 1. (Registre.) — Grand format, 166 feuillets, papier.

1698-XVIII° siècle. — « Inventaire des pièces, « tiltres, contracts, donations, testaments, promesses, « baux à fermes, et autres lettres et écritures concernant « la propriété et pocessions des maisons, biens, revenus « et effects de l'hôpital général des pauvres valides de « Bayeux, fait ce jourd'huy troisiesme jour de janvier « 1698 (et jours suivants) par nous, nobles et discrettes « personnes maistre Jean-François Blouet de Camilly, « prestre, docteur de Sorbonne, archidiacre d'Byesmes « et chanoine théologal en l'église, Nicolas Hélyes, sei« gneur et chanoine d'Allebray en l'église cathédralle « Notre-Dame de Bayeux, conseiller du Roy, lieutenant « général et particulier ancien civil et criminel au « bailliage dudit Bayeux, en la présence de Raymond « Baucher, prestre, chanoine de la Vieuille en ladite « cathédralle, et Jean-François André, escuier, sieur « du Manoir, conseiller du Roy et son procureur en « bailliage et vicomté, ville et communauté dudit « Bayeux, tous administrateurs du Bureau dudit hôpi« tal général, à ce députez, et en exécution des deux « ordonnances rendues audit bureau les 27 et 29 du « mois de décembre dernier, suivant lesquelles ledit « sieur chanoine de la Vieuille, ayant eu cy devant la « direction dudit bureau, en qualité de sindic, nous « auroit représenté lesdits titres et contracts, lettres et « écritures, pour faire ledit inventaire auquel il a esté « procédé, en la présence de discrette personne maistre « Robert Paturel, prestre, chanoine de Goupillière en « ladite église cathédralle, greffier audit bureau ».

Terres de Neuilly. Adjudication passée au bailliage de Bayeux, à Gabriel Jahiet, moyennant 5,100 livres, des immeubles ayant appartenu à feu Pierre Marguerie, écuyer, sieur d'Hérondeville, saisis en décret par Louis de Magdelain, seigneur et marquis de Montataire, et poursivis par Michel Harmerel, écuyer, sieur de Séquemont, lieutenant particulier assesseur criminel à Bayeux (1680) ; procédure entre led. Jahiet et Pierre Marguerie, écuyer, sieur de St-Cosme. Vente par Jahiet à l'évêque de Bayeux desd. biens sis à Neuilly, au hamel de Fumichon, moyennant 6,000 livres, lesd. terres augmentés par l'évêque pour fonder l'hôpital général, sous diverses charges, notamment que les évêques de Bayeux seront fondateurs et bienfaiteurs de l'hôpital et pourront y faire entrer 2 pauvres des paroisses de Neuilly, Cartigny, Airel et les Oubeaux (1681) ; bail desd. terres en 1695 pour 450 livres. — St-Fromond. Vente de terres aud. lieu par l'évêque aux pauvres de l'hôpital, à charge de rente à la baronnie d'Airel et Crépion, à cause du fief Robert Bihon, et pension viagère aux sœurs de Philippe Le Noël, curé de Sully, etc. (1696) ; lesd. biens affermés 95 livres. — Saline et terre à Neuilly. Vente en 1695 par Augustin Sabine, écuyer, sieur de la Hunaudière, avancé en la succession de Joachim Sabine, écuyer, sieur de la Hunandière, son père, à l'hôpital général, d'une saline, grève et gravage scize au maresq sallé de Neuilly, et terre aud. lieu, suivant le contrat de la vente faite par Guillaume Estoc, écuyer, sieur de Guéron, à Nicolas Sabine, écuyer, aïeul du vendeur, en 1630, moyennant rente foncière à la baronnie de Neuilly et 1,020 livres provenant de Marie Le Vaillant et Françoise de Lorme, sa fille, maîtresses des écoles charitables de Neuilly, mises aux mains de l'évêque à condition d'une rente viagère pour elles de 50 livres ; après leur mort, on paiera 10 livres pour l'entretien de la maison où se tient l'école des filles de Neuilly, que led. évêque a fait bâtir ; contrat de mariage d'Augustin Sabine et Marie-Suzanne Chauveau (1691). — Neuilly. Vente par Pierre Pellerin, sieur des Longchamps, à l'évêque de Bayeux, directeur de l'hôpital général, représenté par Pierre Jahiet, son procureur fiscal, de terre aud. lieu, payée partie par l'évêque, par lesd. maîtresses d école et par la sœur Marie-Madeleine Bonard, ayant soin des pauvres de l'hôpital général, dont la rente sera reversible sur Marie Boivin, ayant soin de l'hôpital des pauvres renfermés de Caen (1696). — Commes. Donation en 1692 par l'évêque, pour augmenter l'établissement de l'hôpital général, et pourvoir à la nourriture et entretien de 2 filles, qui continueront à tenir gratuitement les petites écoles des filles dud. hôpital et des pauvres filles de la ville et faubourgs, dans le lieu qu'il leur a fait bâtir à cet effet dans l'enclos de l'hôpital général, de la ferme de la Condelle, à Commes, des jardins St-Thomas et à la Reine, l'herbage *seiche* et le pré acquis par l'évêque, les petits prés de Moon, sis sur la rivière d'Aure, acquis par l'évêque, soit au décret des immeubles de feu Hébert de Brunville, soit à celui d'Abraham d'Éric, écuyer, sieur de St-Aubin, à charge de payer par an 200 l. aux deux maîtresses d'école qui continueront les instructions gratuitement auxd. pauvres filles et leur apprendront à travailler pour gagner leur vie, dans lad. maison qu'il a fait construire et meubler de ses deniers, lesquelles maîtresses d'école seront envoyées par les directeurs des écoles de Rouen et agréés par l'évêque; bail desd. héritages en 1692 pour 500 livres. — Commes. Vente par led. évêque aux pauvres de l'hôpital, en 1692, de la ferme de la Bauquerie aud. lieu, acquis au décret des immeubles du feu sieur Du Bosq (1687), moyennant 3,000 livres dont il reçoit comptant 1,900 livres, provenant de l'aumône faite par défunt Jean Ralier, grand trésorier de la cathédrale ; bail à ferme en 1692 pour 216 l. par an. — Commes. Vente en 1696 par Jacques, Pierre et Simon Scelles, sieurs de la Coquerie, de Bordelonde et des Prés, héritiers de Jeanne Maquerel, leur mère, héritière de Germain Maquerel, curé de Commes, à Antoine de Longueville, d'une pièce de terre, delle de la Croix ; vente aux pauvres par led. Antoine en 1697 ; le paiement est fait de partie de 500 livres données par l'évêque pour son obit et messes fondées à la chapelle de l'hôpital; de plus l'évêque tient l'hôpital quitte des droits de treizième et indamnité qui lui étaient dus en qualité de seigneur du Bosq. — Bayeux. Vente en 1688 par l'évêque auxd. pauvres des maisons et jardins comprenant l'entretenant de l'hôtellerie du Luxembourg, dont l'évêque s'était rendu adjudicataire en 1687 au décret du feu sieur du Bosq Brunville ; bail à fieffe par les pauvres à Jacques Le Fettey, de lad. hôtellerie, par 240 livres par an de rente foncière, et la charge de faire dans 6 ans des augmentations sur lad. fieffe jusqu'à concurrence de 800 livres (1692). — Mémoire faisant mention d'une rente de 7 boisseaux de froment due aux pauvres aveugles de St-Gratien de Bayeux par les pauvres de l'Hôtel-Dieu. — Rentes : sur les moulins Renard, redevables de rente au trésor de la charité de St-Ouen, pour le pain de la charité de Pâques, jugée au profit du bureau ; — sur Jean et Pierre Le Maigre, de Vaux-sur-Aure, qui, en 1663, ont reconnu être redevables envers les aveugles de St-Gratien pour héritages sis à Magny, proche la chapelle de Fumichon, lad. rente cédée aux aveugles en 1460; — sur M. de la Flaguière Grimouville : bail à fieffe en 1625 par Jacques Genas, de Sommervieu, à René de Grimouville, sieur de la Perrelle, de terre aud. lieu ; donation par Jacques Genas l'aîné, aux nobis, trésor et custos de Sommervieu, de rente foncière en 1636 ; bail à fieffe en 1639 par le curé et paroissiens de Sommervieu à Gabriel de Grimouville, écuyer, sieur de la Flaguière ; — sur Olivier Guillebert, de Monceaux : contrat de mariage entre Jean de la Folie, écuyer, fils Pierre, et Marie Renaud (1677) ; accord entre lesd. époux et Guillaume Renaud, sieur de Préville, frère de lad. Marie (1677) ; bail à fieffe par led. de la Folie à Olivier Guillebert, de fonds sis paroisse de Monceaux, hamel de Cremel, à charge de rente aux curé, prêtres et obitiers d'Arganchy (1678) ; testament de Marie Renaud léguant 100 livres à l'hôpital (1684) ; — sur Robert Anfrie: fondations en l'église de la Poterie par Robert Anfrie, prêtre (1658); — sur Guillaume Le Quesne, sieur du *Lonchamp* : bail à fieffe en 1641 par Germain de Tours et Jean Nicole, chapelains de l'hôpital Saint-Gratien fondé pour les aveugles, au nom desd. aveugles, de fonds sis à St-Exupère ; — sur Nicolas Bauché : transport par lui en 1687 auxd. aveugles, stipulés par le chanoine de la *Vieuille ;* — sur les héritiers de Guillaume Raould et Martin Pelcocq: donation de Madeleine Lochard, veuve de Joachim Hélyes, écuyer, procureur du Roi à Bayeux, en 1686; — pour terre à Géfosse : état du décret des immeubles d'Abraham de La Garde, tenu au bailliage de St-Sauveur Lendelin, après donation par Jean-Michel Bagnol, pénitencier en la cathédrale, à l'hôpital général et aux dames de la Charité, pour entretenir 2 garçons ou filles au bureau, et 2 filles à la Charité, des paroisses d'Esquay et Ste-Honorine-des-Pertes, à la nomination du pénitencier (1680) ; — sur les héritiers Guillaume Hudebert, écuyer, Jacques d'Anisy, écuyer, sieur de St-Aubin, époux de Marie Hudebert, fille Jacques, fils Louis, fils Jacques ; — sur les héritiers du s⁺ d'Argouges : constitution en 1662 par Nicolas d'Argouges, écuyer, sieur de St-Malo, Jean d'Argouges, écuyer, sieur du lieu, son fils, Marguerite Julien, épouse dud. Nicolas, Jean de Cabazac, écuyer, sieur des Londes, Raphaël Julien, sieur de Launé, sieur de la Huberdière, avocat du Roi aux eaux et forêts, au profit de Pierre Marguerie, écuyer, sieur de St-Cosme, au denier 14 ; — sur Jean Le Vasnier, curé de Tour (1682) ; — sur les héritiers d'Antoine Philippe, écuyer, sieur du Ruel, représentant Charles de la Rivière, écuyer, sieur de Rommilly : vente en 1655 par le sieur de Sequemont Hermerel et le curé de Tessy, son frère, à Antoine Philippe, de l'office de conseiller élu en l'Élection de Bayeux, pour 10,500 livres ; transport de rente par led. de Sequemont à Olivier Hermerel, receveur des tailles à Bayeux, en 1656 ; — sur M. de Montfiquet ; — sur la comtesse de Briqueville : testament de Raphaël Coipel, sieur des Catillons, par-devant Le Personnier, curé de St-Sauveur, en 1680, donnant aux pauvres 1,800 livres ; constitution de lad. somme en 100 l. de rente par Anne Couespel, veuve de Jacques de Faouq, chevalier, seigneur de Rochefort, héritière du feu sieur des Castillons, en 1682 ; — sur Thomas Le Breton, écuyer, sieur de Percy : constitution de rente en 1620 par Antoine Fumée, sieur de Montaval, avocat du Roi à Bayeux, Jean de Ciresme, écuyer, sieur et patron de Danville-sur-Mer, Gilles de Cairon, sieur du Val, Jacques Cousin, sieur de Gruchy, et Gilles Mares, sieur de Villons, au profit de Jacques Bénard, sieur de Rotot, conseiller au siège présidial de Caen ; transport en 1653 par Thomas Bénard, sieur de Rotot, trésorier de France, à Philippe Le Breton, sieur de la Mare, lieutenant criminel en Élection ; — sur Charles de St-Quentin, écuyer, sieur et patron du lieu (1693) ; — sur Charles Lemière, notaire à Bayeux, et Noël Folliot, sieur de la Chaussée (1695) ; — sur Henri-Bernardin de La Cour, écuyer : reconnaissance en 1673 d'une donation par Nicolas de Sallen, prêtre, Marc de Beaussy, écuyer, sieur d'Agneaux, d⁽ˡˡ⁾ Anne de Sallen, et Madeleine Lemercier ; — sur Mᵐᵉ du Chastel, héritière de M. d'Esterville : testament en 1630 de Durand Sanxon, élu à Bayeux, donnant 280 livres pour être employées en 20 l. de rente pour l'augmentation du pain de cha-

rité de Pâques en l'église St-Patrice ; — sur les curés de la Poterie et de St-André, et sur les Augustins de Bayeux ; — sur Étienne Le Chevalier, écuyer, sieur de la Montagne ; — sur les héritiers de M. de Castillon Foulognes ; — sur les représentants des Consistoires : Bernardin Mangon, écuyer, sieur du Coudray, M. de Bussy Bellefontaine : donation de rentes par Marcel de Verigny, sieur de Castillon, Anne Cornet, sieur de Bellefontaine, Gilles d'Écajeul, sieur du Quesné, Jean d'Amours, sieur de St-Éloi, au consistoire de Vaucelles (1617); vente de rente par Bernardin de Reviers, écuyer, sieur de Vienne, pour le sieur de Vaussieu (1629) ; donation au consistoire de Trévières par Guy de la Vairie, seigneur d'Aiguerville, Jean et Gabriel Cornet, écuyers, seigneurs de la Bretonnière et de Fremont, Thomas Osber, écuyer, sieur du Manoir et de Castillon, Anne Cornet, écuyer, sieur de Bellefontaine, Pierre Fouquet, sieur de la Province (1657); sur M. de La Bretonnière et de Fremont : constitution de rente par Olivier Desmares, sieur d'Andrieu, au profit de Jean Centsols, avocat à Bayeux (1604) ; billet dud. Centsols reconnaissant que les deniers de lad. constitution proviennent des deniers du Consistoire de Vaucelles et qu'il n'a fait que prêter son nom pour lad. constitution (1604); quittance par Pierre Bertrand, receveur du consistoire, d'arrérages de rentes, dud. Anne Cornet, tuteur des enfants de Robert Cornet, écuyer, sieur de La Bretonnière (1638) ; sur M. de Vaussieux : donation au consistoire de Vaucelles de 20 l. de rente au denier 14 par Louis de Thioult, écuyer, seigneur et patron de Rucqueville, Martragny et Vaussieux (1633) ; ratification par Jacques de Thioult, seigneur de Rucqueville (1640) ; donation aud. consistoire par Antoine de Montfiquet, écuyer, sieur de Blagny, d'une rente qu'il avait droit de prendre comme fondé en droit de Jean Philippe, écuyer, seigneur et patron de Blagny, sur Louis de Thioult (1640) ; autre donation aud. consistoire en 1669 par Marguerite de Beringant, veuve de Jacques de Thioult, et Arthur-Antoine de Thioult, son fils, seigneur de Vaussieux ; sur M. d'Étreham : testament de Gédéon Le Héricy, écuyer, seigneur et patron d'Étreham, léguant 50 l. de rente pour l'entretien d'un pasteur à Trévières et Colombières (1626) ; donation aud. consistoire par Robert Le Héricy, seigneur de Marcelet et d'Étreham (1663); sur Mᵉˡˡᵉˢ de Grosourdy : constitution de rente en 1596 par François de Grosourdy, sieur de la Pinchonnière, au profit de Jean de Cabazac, sieur de la Rocque, avocat à Bayeux ; donation de 30 l. de rente au Consistoire de Vaucelles par Henri de Chivry, comte de Marencin, et Anne-Élisabeth de Couvert, son épouse, en accomplissant la volonté d'Anne Philippe, sa mère (1660) ; sur Étienne Bertrand : donation en 1652 au consistoire de Vaucelles par Marie Desmares, veuve de Jacques Du Vivier, écuyer, sieur de Crouay, Jean Meslin, écuyer, sieur de Campigny, Isaac L'Écallé, écuyer, Paul-Antoine Du Vivier, écuyer, sieur de Beaumont, Paul Du Vivier, écuyer, s^r des Londes, etc. (1662) ; sur Mme de Rambouillet : donation au Consistoire de Vaucelles par Anne Maillard, dame de Tour, veuve du seigneur de Ste-Marie, seigneur du lieu (1633) ; sur Mme Banage : donation par Antoine Banage, écuyer, ministre de Vaucelles, au Consistoire, de 10 l. de rente au denier 14 (1657) ; don aud. Consistoire par Thomas de Meslin, écuyer, sieur de St-Loup, Jean de Magneville, écuyer, sieur du Ronceray, Nicolas Longuet, bourgeois de Bayeux, etc. (1662) ; jardin sis à St-Symphorien, rue de la Cave : sentence de la vicomté de Bayeux de 1613, maintenant ceux de la R. P. R. en possession d'une pièce de terre qui leur avait été laissée pour leur servir de cimetière, ou l'échanger en lieu plus commode pour les commodités (sic) ordonnées par le Roi pour l'exécution de l'édit de Nantes par leur ordonnance de 1612 ; déclaration de lad. terre baillée par les s^{rs} de la R. P. R. de Bayeux en 1672 à Jean Le Bourguignon, commis par l'intendant Chamillart ; — sur le clergé du diocèse de Bayeux, au profit des pauvres malades des marmites de la ville et faubourgs ; rente aumônée par Georges de La Dangie, écuyer, aux curé et pauvres de la Poterie ; — sur Jean-Auguste Hellouin, écuyer, sieur de Coursy, et Marc-Antoine d'Hermerel, écuyer, s^r du Martel, lieutenant particulier au bailliage de Bayeux, etc. — Titres concernant le droit de mesurage des blés et grains. — P. 250. Addition en 1703 des titres et contrats faits depuis la rédaction de l'inventaire : cession au bénéfice du bureau par les Ursulines de Bayeux d'un petit lieu sis paroisse de St-Symphorien (1703). — Autres additions postérieures. — Y joint, à la fin, table du présent registre.

H. Suppl. 1124. — II. D. 2. (Liasse.) — 1 pièce, papier.

1722. — Inventaire des papiers, titres et contrats trouvés dans la succession de Pierre Savary, sieur du Chesne, économe de l'hôpital général des pauvres valides de Bayeux ; décharge accordée à Richard Savary.

SÉRIE E.

Administration de l'établissement. — Délibérations, nominations, règlements. — Budgets et comptes, états des recettes et dépenses. — Économat, fournitures, entretien des bâtiments. — Inventaires de mobiliers, livres de caisse, etc.

H. Suppl. 1125. — II. E. 1. (Registre.) — Grand format, 190 feuillets, papier.

1667-1676. — Délibérations. — Statuts pour l'établissement et entretien de l'hôpital général de la ville et faubourgs de Bayeux, arrêtés en l'assemblée générale des habitants, par ordre du Roi, en présence de Chamillart, intendant en la généralité de Caen, le dimanche 18 décembre 1667. « Le lieu de l'establisse- « ment dud. hospital général. » Les maisons et jardins sis en la paroisse de la Madeleine de Bayeux, appartenant à Philippe Bachelet, écuyer, sieur du *Brueil*, et à Raphaël Le Breton, dit La Guesterie, proche la rivière d'Aure, pris à loyer pour le logement des pauvres entretenus dans l'hôpital général, seront conservés pour le lieu de l'établissement, jusqu'à ce qu'il y ait des fonds pour l'achat desd. lieux, ou autres aussi commodes. « Du nombre et qualité des directeurs et « officiers proposez et establis pour l'administration « dud. hospital général, de la forme de les élire, et de « leurs fonctions. » L'Évêque, ou son grand vicaire, en son absence, et l'Intendant, seront directeurs perpétuels; deux membres du chapitre, deux curés de la ville et faubourgs, deux gentilshommes y demeurant ordinairement, deux officiers de justice de bailliage ou vicomté, un officier de l'élection ou grenier à sel, deux officiers de la maison de ville, deux notables bourgeois, un syndic et un greffier. Lesd. directeurs et officiers seront élus le dernier dimanche de chaque année à la pluralité des voix des directeurs et trésoriers; ils seront nommés pour deux ans et ne seront pas rééligibles avant deux ans d'intervalle ; ils seront remplacés par moitié chaque année ; le syndic proposera dans les assemblées ce qui lui paraîtra être du bien de l'Hôpital et prendre soin de l'exécution des délibérations. Les directeurs, syndic et greffier, s'assembleront le dimanche, immédiatement après complies, dans le palais épiscopal, en la chambre des Vertus, et prendront leur rang et séance sans aucune distinction de qualités. « Du nombre et qualité des officiers domestiques. » Un économe, une personne pour la cuisine et une autre pour la porte ; leurs gages seront arbitrés par les directeurs; ils devront être de la religion catholique et exerceront tant que les directeurs le jugeront à propos. « Nombre et qualité des pauvres qui seront reçus et « entretenus dans led. hospital général. » On ne recevra que ceux de la ville et faubourgs et non autres, sous quelque prétexte que ce soit ; ils y devront avoir demeuré trois ans; ils seront reçus à l'assemblée, à la pluralité des voix, après avoir été proposés par le syndic le dimanche précédent ; ne seront reçus que les pauvres estropiés incapables absolument de gagner leur vie et dénués de tout secours, les vieillards incapables par la caducité de leur âge de gagner leur vie et dénués de tout secours, les orphelins du père et mère dans les mêmes conditions, tous de l'un et l'autre sexe indifféremment, même ceux de la religion prétendue réformée. « Police pour l'administration spirituelle des pauvres. » Il ne sera fait aucun exercice, dans l'hôpital, que de la religion catholique ; ceux de la religion prétendue réformée, qui se présenteront pour y être reçus, en seront avertis ; les sacrements seront administrés par le curé de la paroisse sur lequel l'hopital est établi, ou par un autre ecclésiastique ayant pouvoir de l'évêque ; les dimanches et fêtes, les pauvres assisteront au service divin dans la chapelle et on leur fera les instructions ordinaires en la manière accoutumée ; matin et soir, la prière sera faite par chambrées. « Police pour l'administration temporelle « des pauvres. » Les hommes et femmes mariés seront séparés par chambrées. Les hommes seront séparés d'avec les femmes et filles ; les jeunes enfants des différents sexes seront pareillement séparés de demeure ; on les occupera aux travaux dont ils seront capables ; on congédiera les jeunes enfants quand ils seront suffisamment instruits et capables de gagner leur vie ; on les instruira particulièrement à faire des bas, mitaines, bonnets ou camisoles façon d'Angleterre, on entretiendra un maître ou maîtresse capable de les instruire à lad. manufacture, ensemble les autres enfants de la ville, faubourgs, même de la campagne , jusqu'au nombre qui sera arbitré par les directeurs ; les pauvres ne pourront sortir sous quelque prétexte que ce soit sans le congé de l'économe, qui sera chargé de ne le point accorder sans grande raison ; la prison pour ceux qui mériteraient châtiment sera dans le lieu même ; les peines ordinaires seront arbitrées par l'économe ; les pauvres malades, de la qualité de ceux qui sont reçus à l'hôtel-Dieu, seront portés aud. hôtel-Dieu pour y être traités et médicamentés, et seront reçus par préférence à tous autres dans les lits vacants ; en cas de décès, ils seront enterrés par le curé de la paroisse sans frais ni droits de sépulture, moyennant quoi le curé sera déchargé de contribuer pour l'entretènement de l'hôpital ; les meubles portés par les pauvres dans l'hôpital ne pourront après leur mort être répétés par leurs héritiers ou autres, sous quelque prétexte que ce soit. « Du revenu « dud. hospital. » On élira, en la même forme que les directeurs, trois trésoriers, savoir, un du corps du chapitre, un du corps de la noblesse faisant profession des armes ou officier, un du corps des bourgeois ; ils seront en fonctions un an et pourront être continués si les directeurs estiment à propos ; il sera au choix des trésoriers d'accepter ou refuser après un an la continuation dud. emploi ; chacun recueillera les aumônes de son corps et affaires y afférentes, celui des bourgeois recueillera les deniers procédant de la vente de la manufacture ; ils ne pourront faire aucune dépense qui n'ait été résolue dans le bureau. Les personnes dénommées dans les rôles qui sont entre les mains des trésoriers devront payer de quartier en quartier les sommes auxquelles elles se seront volontairement cotisées pour l'établissement et entretènement de l'hôpital; en cas de non paiement, on fera la liste des sommes qu'elles doivent; attendu l'ordre du Roi d'établir un hôpital général en cette ville, l'intendant sera prié de rendre les rôles exécutoires ; lesd. rôles seront augmentés des personnes qui voudront contribuer à l'établissement et entretènement de l'hôpital, et on y emploiera les maisons religieuses dotées et fondées autres que les hospitalières et filles de la Charité ; quêtes dans les églises et maisons religieuses ; troncs dans les églises avec une inscription pour l'établissement et entretènement de l'hôpital; tous les marchands auront une boîte dans leur boutique avec pareille inscription ; lors des installations des chanoines, curés, chapelains et autres bénéficiers, réceptions des officiers de justice et finance, même avocats, procureurs, tabellions et sergents, échevins, marchands et artisans, il sera ordonné quelque gratification pour l'hôpital; les aumônes, amendes, confiscations et autres condamnations procédant de jugements et ordonnances de justice, même des sentences arbitrales, seront pareillement employées pour l'établissement et entretènement de l'hôpital ; les trésoriers rendront leurs comptes de six mois en six mois dans l'assemblée ordinaire des directeurs, après examen de deux commissaires du nombre des directeurs ; il sera cru au serment desd. trésoriers sans pouvoir être inquiétés sous quelque prétexte ou occasion, attendu que les directeurs ont confiance entière en eux, les trésoriers n'ayant autrement voulu se charger de la recette et dépense. — Le 25 décembre 1667, bureau des pauvres de l'hôpital général tenu au palais épiscopal. Élections ; directeurs : l'abbé de Franqueville et M. d'Esquay, chanoine; Poincheval, curé de St-Patrice, Piédagnel, curé de St-André ; M. de Ryes Blondel, et M. de la Motte St-Martin, gentilshommes ; de St-Germain Suhard et de Loncelles, officiers de justice ; des officiers d'Élection ou grenier à sel, du Molay Canivet ; des officiers de la maison de ville, le vicomte maire et Rogier, avocat, premier échevin; des bourgeois, Robert Blanlo et Nicolas Jullien ; syndic, Boscher ; greffier, Nicolas Le Romain ; trésoriers : du corps du chapitre, de St-Germain, chanoine, de la noblesse, de la Motte St-Martin, des bourgeois, Le Romain, avocat ; économe, Michelle Damouret ; maîtresse, la dame Ysabeau. — Réception de pauvres. Députations pour voir les pauvres du bureau pendant chaque semaine. — Examens des comptes. — 8 janvier 1668. Vente au Clos, marchand, de 4 douzaines de bas à homme pour 70 sols la paire, et 4 paires de bas de femme à 35 sols. — 15 janvier. Michel Le Petit sera reçu au bureau des renfermés par ce qu'il ne couchera pas aud. Hôpital général ; un autre, reçu un tricotage au poin. — 19 février. Plainte que les archers laissent divaguer et *gueuser* les pauvres dans les églises et rues de la ville ; ordre de faire leur charge à peine de destitution. — 11 mars. Les meubles qui servaient aux douze petites filles du tricotage seront portés à l'Hôpital général pour être affectés aux pauvres. — 6 avril. Visite d'Anne Le Blais, fille naturelle de Charles Le Blais, écuyer, par Fleury, chirurgien. — 13 mai. Boscher a reçu 60 l. apportées par les curés au dernier synode et 30 l. pour une amende jugée contre le curé de Douvres, et autres deniers provenant de l'officialité et dispenses accordées par l'évêque. — 17 juin. Pensions de deux pauvres entretenus à l'hôpital aux frais de l'évêque. — 18 novembre. Arrestation par Collibert, archer, d'une femme de St-Loup, trouvée *gueusante* en ville ; défense à elle et à ses enfants de gueuser, à peine de fouet. Aumônes reçues pendant le jubilé, 120 livres. — 1669. 3 mars. Réception au tricotage d'un petit garçon venu en cette ville de N.-D. de Liesse. — 29 décembre. L'élection des officiers remise à huitaine pour l'absence de l'intendant, étant en commission en la province de Bretagne. — 1670. 5 janvier. Nouvelle remise. — 12 janvier. Élections. Le Coq, chanoine, continué ; l'archidiacre de Bayeux, en remplacement du grand doyen ; le curé de St-Laurent, continué, le curé de la Poterie, en remplacement de Poincheval ; M. de Cricqueville, continué ; M. d'Esterville, en remplacement de M. de la Motte, etc. — Lacune du 26 janvier 1670 au 3 janvier 1672. — 1672. 12 juin. La sœur Michelle La Voille, économe d'hôpital, a demandé son congé, voulant se retirer de l'hôpital pour vivre en son particulier, ce qui lui a été accordé après qu'elle aura baillé le mémoire des meubles qu'elle a entre les mains à Baucher, qui recevra d'elle l'argent provenant du travail des pauvres reçu par elle. — 19 juin. Une autre sœur reçue pour être économe de l'hôpital pour avoir soin des pauvres, ensemble sa mère, aux lieu et place de lad. sœur Michelle. — 26 juin. La femme de Noël Lecomte, de La Madeleine, reçue avec son enfant, attendu l'absence de son mari, soldat en l'armée navale. De Le Roy, marchand à Paris, 181 livres 10 sols pour vente de 48 paires de bas d'homme et 12 paires d'homme et 1 paire de femme envoyés à la foire de Caen. — 10 juillet. On donnera un pain par jour « au surnommé « d'Estampes, pauvre insensé de St-Mallo ». — 7 août. Baucher aura soin d'envoyer les pauvres qui peuvent travailler, tant hommes que femmes, gagner leurs journées ; ils seront tenus l'apporter à la sœur économe. — 2 octobre. Reçu de Lamy, vicaire général, 291 l. 1 s. revenant de la quête ci-devant faite pour le secours de la ville de Candie, donnés à l'hôpital par ordre de l'évêque. — 9 octobre. Jacques Héron et Jeanne Maisons, sa femme, de St-Sauveur, reçus pour apprendre aux enfants la manufacture des bas. Il sera fait du pain pour les tricoteurs du même blé acheté pour les pauvres de l'hôpital, lequel pain pèsera une livre. — 16 octobre. Une femme de 76 ans, de la paroisse de St-Floxel, trouvée *geussante*, est mise en liberté, parce que si elle est trouvée *gueusante* par les archers, elle sera mise à l'hôpital. — 30 octobre. Achat au commencement d'août de 51 l. de laine d'Angleterre à 33 s. la livre, qu'on a fait apporter de Caen. — 1673. 15 janvier. Élections. Duhamel, chancelier et chanoine de Ste-Honorine, continué pour directeur ; Corbel, chanoine de Port, remplace le chanoine de Bretheville ; le curé de St-Martin continué ; le curé de St-Symphorien remplace celui de St-Exupère ; le s[r] de St-André, continué, le s[r] de St-Germain fils remplace M. d'Asprigny ; M. de La Mare Le Brethon, continué pour bailliage et vicomté, M. de St-Germain Suhard père, lieutenant général, remplace Le Mercier, élu, etc. — 4 juin, Simon Mesnil, de St-Patrice, a demandé d'être mis hors du cachot, ayant été arrêté gueusant par la ville, pour aller au Mesnil-au-Grain, où il tient une carrière en ferme.

Mise en liberté. — 13 août. Baucher dit qu'il fait tirer des carrières de *Cremelles-de-Montceaux* de la pierre propre à maçonner qu'il a fait apporter à l'hôpital de *St-Gratian* pour commencer le bâtiment pour loger les pauvres, ainsi que du carreau qu'il a fait apporter des carrières d'Orival, mais qu'il est nécessaire de faire rechercher du bois de merrain propre à bâtir. — 8 octobre. Baucher aura soin de faire tenir la maison de St-Gratien prête pour y loger les pauvres à Noël prochain. — 22 octobre. Réception d'un enfant de 10 ans, nouvellement converti à la religion catholique, pour un an, jusqu'à ce qu'on lui ait trouvé condition. Les archers ont 20 s. par mois de gages ordinaires, on leur achète un justaucorps. On fera 6 couches pour mettre à St-Gratien à la Toussaint pour y coucher des hommes pauvres, avec 6 paillasses et 6 couvertures. On continuera à faire réparer les maisons de St-Gratien pour y transférer les pauvres à Noël. — 1674. 29 avril. Un homme reçu au bureau pour travailler aura sa nourriture et ira coucher chez lui. Envoi à la foire de Deux-Jumeaux pour acheter de la laine. — 1675. 28 avril. Il y aura une séparation faite à l'hôtel des passants pour les hommes et les femmes. — 1676. 9 février. Renouvellement de la moitié des directeurs, trésoriers et officiers composant les assemblées. — Le reste du registre, à partir du f° 80, est blanc.

H. Suppl. 1126. — II. E. 2. (Registre.) — Grand format, 188 feuillets, papier.

1684-1696. — « Registres de l'hospital général de « Monseigneur et de la ville de Bayeux. ». Le 16 janvier 1684, les corps de la ville de Bayeux s'étant réunis chez l'évêque pour faire cesser la mendicité dans la ville et pour achever de rectifier entièrement l'Hôpital général selon les intentions du Roi marquées dans ses édits de 1662 et 1664 et dans sa lettre de cachet de 1676, et selon les ordres envoyés de nouveau par le duc de Montausier, gouverneur de la province, l'assemblée a établi un bureau auquel elle a commis la direction absolue et la conduite de tous les pauvres valides de la ville qui ont besoin de secours et d'assistance. Directeurs, en raison de leur charge : l'évêque président, le chapitre, les curés, le gouverneur et MM. de la noblesse, les lieutenants généraux et gens du Roi, le vicomte et maire et les échevins, les présidents de l'élection et procureur du Roi, le juge et procureur du Roi du grenier à sel ; directeurs choisis : Pasturel, Lecœur, Tostain, Yon, Lavalley, prêtres, de la Fosse Buhot, Bethon, avocat en l'élection, de la Haizerie Le Filastre, Pouligny Foliot, Després Scelles, Lavalley Le Croq, Duclos Guérin, La Richardière Lorier, Bonnemie, Gaucher, Bougourd, Lhonoré, apothicaire, et Deslongchamps. L'assemblée a ensuite procédé à l'élection des officiers : avocats du bureau, Legras et Dumanoir ; trésorier, de Coulombière, chanoine ; secrétaire, Paturel, prêtre ; médecins, Hermerel et Surmont ; apothicaires, Buhot et Lhonoré ; chirurgiens, Duhamel et La Richardière ; directeurs des pauvres honteux, *Labbey* de Francqueville, le curé de St-André, M. de Cricqueville ; directeur des passants, M. de la Motte St-Martin ; directeurs des malades, M. de Cartigny, directeur général. M. de St-Jean, M. de Goupillière, Yon ; directeurs des troncs et quêtes, l'abbé Marin, M. de Cully, Lavalley, prêtre ; directeurs des prisonniers, l'archidiacre des Vez, le curé de St-Sauveur ; directeurs des manufactures, du Clos Guérin, Le Croqvidé ; distributeur du pain, Pouligny Foliot, distributeur général ; distributeurs particuliers : à St-Loup et la Poterie, M. d'Audrieu, Lecœur, prêtre, Bougourd ; à St-Patrice, St-Laurent et St-Ouen, M. de Camilly, Tostain, La Richardière ; à St-Jean, la Madeleine, St-Floxel, St-Georges, St-Vigor et St-Exupère, M. de St-Germain, chanoine, Hamon et Deslonchamps ; à la ville, le chancelier, Yon et Buhot ; solliciteur général, l'abbé Merlet, M. d'Albret, et Yon, prêtre ; syndic général, de St-Germain, chanoine, et Auber, avocat ; nomination de visiteurs, un par jour, avec suppléants, pour inspecter la nom du bureau, avec pouvoir d'y régler les choses pressantes et avec mission de donner avis au bureau de celles qui sont le plus convenables. Le bureau s'assemblera chaque dimanche après les vêpres de la cathédrale, de la Toussaint à Pâques, à l'évêché, de Pâques à la Toussaint à l'hôpital, sauf en cas de mauvais temps ; le nombre de 7 directeurs suffira pour conclure les affaires les plus importantes, 5 pour les autres. On ne fera rien pour ce qui regarde le secours des pauvres, dans la maison de l'Hôpital général et au dehors, que par l'ordre exprès du bureau ; il n'y aura dans le bureau ni rang ni préséance hors de l'âge et des personnes de l'évêque et de l'intendant, « comme « à la table de communion ». Les délibérations « tant « se peu considérables » seront écrites par le secrétaire et signées par les directeurs, « que le sein n'obligera « pas, mais seulement l'hospital ». Le trésorier, ou le receveur, rendra compte au bureau tous les six mois, et sera changé tous les ans. On commencera les assemblées, après l'oraison du St-Esprit : 1° par lire les visites de la semaine passée ; 2° par lire ce qui aura été arrêté dans le dernier bureau ; 3° voir ensuite la feuille du secrétaire pour les pauvres du dehors ; 4° lire la feuille de l'aumônier pour ce qui regarde le bon ordre de la maison au dedans ; 5° délibérer des autres affaires. On distribuera du pain aux pauvres nécessiteux, en suite de l'ordre du bureau, chaque dimanche à 10 h. 1/2 du matin (après correction de 1 h. après midi) dans les 4 quartiers de la ville, « après que les pauvres aurons « fait des prières publiques pour la ville, ouy le caté-« chisme et monstré leur chappelet ». Ceux qui demanderont l'aumône publiquement seront mis en prison et ceux qui la donneront paieront l'amende de cent sols au profit de l'hôpital (le mot publiquement ajouté en interligne). Les familles de présent domiciliées dans la ville et faubourgs seront secourues ; à l'avenir, on n'en assistera point qui n'y aient demeuré trois ans sans demander l'aumône. Tous les mendiants étrangers devront sortir de la ville et faubourgs incessamment pour retourner dans leurs paroisses qui doivent les nourrir, et cela avant le 5 février 1684, à peine de prison. On ne recevra personne qui n'ait 9 à 10 ans pour être capable de travail et d'instruction. Les vieillards n'y seront reçus qu'avec grande circonspection, mais ils seront assistés au dehors aussi bien que les petits enfants. On ne recevra pas dans l'hôpital les gens de mauvaise réputation, les malades dont la maladie peut se communiquer, les gens mariés homme et femme (mais on en assistera un d'eux au dehors), les passants (mais on les logera dans le lieu qu'on leur a destiné). Les directeurs des pauvres honteux ne leur donneront rien que par un ordre secret du bureau. On fera une quête tous les dimanches dans les églises, et on pourra en faire une dans la ville de six en six mois, selon les besoins de l'hôpital. 4 des directeurs seront choisis au sort tous les ans, le second dimanche de janvier, et seront remplacés par le bureau. Cette disposition n'aura son effet qu'en 1687. On ne laissera entrer dans le bureau que les directeurs ou ceux que le bureau fera appeler, pour mieux garder le secret dans les affaires, etc. Suivent les signatures : « François E. de Bayeux, Radolph, « Raoul de Louvières, Molandain, Néel, de Longaunay, « Bihoreau, Subard, Merlet, Blouet de Camilly, « Gerson », etc. — 1684, 2 février. Jean-François André, écuyer, sieur du Manoir, Baucher, chanoine de Colombières, et Thomas, greffier des syndics du Clergé, feront un mémoire exact de l'effet des affaires du bureau contre ceux de la R. P. R., pour les aumônes et prêches de Trévières, Géfosse, Cricqueville, Vaucelles et autres. Legs par la mère de M. de Campigny. L'hôpital des passants sera raccommodé tant pour les pauvres passants que pour ceux qu'on y voudra recevoir des deux hôpitaux. Les directeurs des prisonniers ont rendu compte de la visite de la prison : « Les lieux « sont toux remplys et l'infection si grande que dans « trois semaines on y pourra pas entrer » ; l'évêque a bien voulu se charger avec M. du Manoir de faire les diligences nécessaires à cet égard. — 6 février. Droit d'assistance des pauvres aux inhumations. — 20 février. Distributions de pain : pour la Madeleine, St-Floxel, St-Jean, St-Exupère, St-Georges, St-Vigor-le-Petit, au séminaire, 216 l., plus 127 l. achetées par M. de Pouligny ; pour St-Patrice, St-Laurent et St-Ouen, 225 livres de pain à la chapelle St-Michel ; pour St-Loup et la Poterie, 214 livres ; pour les 4 paroisses de la ville, 170 livres. Nomination d'un procureur, d'un huissier et d'un sergent. — 25 février. On est convenu dans l'assemblée des dames de prendre des voies pour faire travailler aux dentelles. — 5 mars. A été remontré par M. de Loucelles qu'en entrant dans la chapelle des pauvres, on voit les pauvres faire leurs nécessités ; on fera une muraille pour empêcher de voir. On cherchera un maître capable de montrer aux enfants à faire des perruques. — 26 mars. Ceux qui ont la teigne devront manger séparément, mais plus proprement. Lavallée, soldat, mangera près d'eux et aura soin de ce qui regardera leur manger. Obit annuel fondé aux Augustins, où doivent se trouver cent pauvres ; autres obits à la cathédrale. — 3 avril. Le sieur d'Agneaux doit rente à la charité de la paroisse St-André, comme ayant épousé une des filles du sr de La Dangie. — 9 juillet. En conformité du règlement du Conseil du 29 avril 1684, on accommodera un lieu pour les femmes débauchées dans l'hôpital général. — 10 septembre. On ne donnera pas congé aux grandes filles qui travaillent au point pour se retirer, sinon par délibération du bureau, et après avoir travaillé 5 ans. — 24 septembre. On fera finir le peu qui reste des maçonneries de la muraille de l'ancienne chapelle et pour les trois fenêtres qu'on fera comme celles du grand réfectoire, afin qu'il y ait plus d'ouvrage à faire tout l'hiver pour les ouvriers de dehors. — 1er octobre. On agira pour faire réunir le revenu du consistoire de Basly. — 12 novembre. Mémoire des pauvres et des personnes qui sont à l'hôpital, au nombre de 158, et 3 malades, qui sont des filles. — 26 novembre. Testament de Mme de La Bretonnière. — 3 décembre. La déclaration du Roi du 21 août précédent a attribué aux hôpitaux les plus prochés le revenu des consistoires des prêches dont l'exercice a été interdit. Nomination de Raymond Baucher, chanoine de Colombières, pour retirer les titres du prêche de Vaucelles, de Michel Subard, écuyer, sieur de Loucelles, premier avocat du Roi à Bayeux, entre les mains duquel ils ont du être versés par les anciens et receveurs. — 1685. 28 janvier. Auber, syndic, fera assigner au bureau Robert Jean, dit La Rivière, perruquier, pour le contraindre à fournir la nourriture de Guillaume, son enfant bâtard. — 11 mars. Quêtes pour la réparation de l'hôpital des malades. Poursuites contre les réfractaires qui n'ont pas payé la taxe à laquelle ils avaient été cotisés pour les pauvres. — 23 avril. Aumône de 100 livres par feu M. de Secquemont. — 29 avril. On a dépensé pendant 10 mois 415 boisseaux de blé pour le pain de la ville. Le nombre des pauvres est de 168. On cuit pendant la semaine 32 boisseaux de blé pour le bureau. Il faut 30 l. de viande et 36 pots de cidre par jour. — 17 juin. On vide les troncs qui n'avaient pas été levés, il y eut un an à Pâques : à la cathédrale 5 l. 19 s. ; à St-Jean, 2 l. 6 s. 8 d. ; aux 3 troncs des salles de l'Hôpital général 23 l. 8 s. ; au tronc de la porte de la chapelle de l'hôpital, 89 l. 8 s. — 14 octobre. La chapelle de St-Julien, sise paroisse de la Poterie, qui sert de lieu de santé dans le temps de la contagion, est en état de tomber et il faut la rétablir pour s'en servir en cas de nécessité de contagion ; le procureur du Roi se fera représenter les titres pour en connaître le revenu. — 11 novembre. Le prêche de Trévières en son intégrité a été vendu 300 l. à charge de le faire démolir, et il en a été payé 50 l. au procureur des dames hospitalières. — 1686. 13 janvier. Toustain, prêtre de St-Patrice, a dit qu'il faisait le catéchisme à la distribution du pain et a promis de donner le nom de ceux qui ne l'apprennent pas. — 8 décembre. La sœur Bonnard rend compte de l'état du couvent. Les pauvres y sont au nombre de 163. — 1687. 31 mars. M. de Cauville rapporte le mémoire de ceux de la noblesse qui n'ont pas payé ; depuis 15 jours il n'a pu recevoir que 10 livres. — 30 novembre. Le chanoine de Goupillières donne avis qu'il y a deux garçons demeurant dans la barrière proche la Poissonnerie, qui jouent, jurent, blasphèment et causent un grand scandale. On avertira le procureur du Roi pour les faire comparaître au bureau de la police et les condamner à l'amende. — 1688. 2 mai. Bail de l'hôtellerie du Luxembourg pour 5 ans moyennant 225 livres par an. — 11 juillet. 136 pauvres à l'hôpital, dont 3 malades à l'Hôtel-Dieu. — 1689. 18 décembre. Plaintes qu'on ne reçoit plus rien de la noblesse. — 1690. 1er janvier. M. de St-Germain-Suhard a visité le bureau avec le gouverneur, de Loucelles, du Vigné, de Bomparc et de Criqueville le 27 décembre. Il y a 10 vieillards, l'un fait de la toile, fait lire les enfants, un autre carde de la laine, un autre tire de l'eau pour le service de la maison, d'autres travaillent au jardin ou à la sablonnière, un autre a l'esprit perdu ; 45 garçons, dont 3 travaillent au jardin et à tirer du sable, 3 qui sont innocents teillent du chanvre, 3 filent de la laine, 2 font du ruban de fil, 18 font des bas, 5 apprennent à les faire, 1 prend soin des vaches à la prairie, 1 ouvre la porte et fait des bas, 6 inutiles pour être trop petits ; plus André Le Débonnaire qui a soin d'eux et leur montre à faire des bas. Le *meilleur travaillant* est un mois à faire une paire, et chaque paire est vendue l'une dans l'autre 60 s. pour les bas pour homme ; il y entre trois quarterons de laine qui reviennent à 25 sols. Au total 56 hommes ou garçons. 23 femmes, 6 qui filent, 9 qui teillent du chanvre, 3 qui cousent, 1 qui tire du sable, 2 employées à la lessive, 2 malades. 48 filles, 28 savent faire de la dentelle, dont 7 savent tirer les patrons, 3 filent de la laine, 1 teillo, 6 ne sachant rien faire, étant trop jeunes, 2 couturières, 1 infirme, 2 cuisinières, 1 à la dépense, 1 panse les malades et a soin de la porte, 1 veille sur la conduite et le travail des filles. On dépense 18 pains de 10 livres par jour, 30 livres de viande, 30 pots de cidre ; les jours maigres on leur donne des pois, fèves ou racines ; on consomme 40 boisseaux de pois et 10 boisseaux de fèves par an ; dans la chambre du travail des filles à la dentelle, il y a 26 métiers ; les pauvres n'ont que 2 chemises et il n'y a qu'une paire de draps par lit ; dans la petite infirmerie, 6 lits ; dans la 2e salle, 11 lits pour coucher partie des vieilles femmes ; dans la 3e, 12 lits ; dans le dortoir des filles, 28 lits. — 10 décembre. Charles Centsols, à St-Patrice, retire dans sa maison plusieurs sortes de pauvreté où l'on dit qu'il se commet plusieurs désordres ; on s'informera des curé, vicaires et autres. — 1691. 3 juin. 148 pauvres, dont 30 dentellières, 8 pauvres demoiselles qui apprennent plusieurs sortes d'ouvrages, 2 maîtresses pour la dentelle. Mobilier, 26 écuelles d'étain à bouillon, 46 sauciers, 13 plats, 2 pots, 2 chopines de deux tiers, etc. — 1692. 4 janvier. 33 filles apprennent et travaillent à la dentelle ; 2 sœurs montrent à faire de la dentelle. Visite des bâtiments, provisions et mobilier. Les sœurs ont dit qu'il leur faut par an 1,000 aunes de toile, à 14, 15 et 16 sols l'aune ; 300 aunes de tiretaine de 1/2 aune de large à 15 sols l'aune. M. de La Vieille fournit du fil pour la manufacture de dentelles pour 150 l. par an ; il fournit aussi de la laine pour la manufacture des bas pour 250 livres, dont il est employé partie pour vêtir les demoiselles et quelques pauvres du pignon. Gages à payer les 2 sœurs qui montrent aux dentelles, 36 et 24 l. ;

cuisinière, 15 l.; celle qui sert à l'infirmerie, 10 l.; maître montrant à faire les bas, 15 l., chapelain (blanc). — 1693. 15 mars. On distribuera 52 l. pour cette semaine et la suivante. — 12 avril. On représente le rôle des états de cotisations faits suivant l'arrêt du Parlement pour les paroisses de l'enclos de la ville, lesquels étant rendus exécutoires, on nomme quelques personnes de piété et probité pour en faire le recouvrement et on receveur général pour en faire la distribution. — 19 avril. On décide qu'à l'instance des trésoriers ou syndics des paroisses, il sera procédé à la saisie et vente des biens de ceux qui n'ont pas payé leurs cotisations. — 3 mai. Le sergent Breton exécutera les cotisés qui n'ont pas payé, et pour gratification sera déchargé de la taxe de 30 sols pour sa maison de St-Sauveur. — 17 mai. Plainte que le curé de St-Flocel ne vient pas à l'assemblée et néglige le soin de ses pauvres, n'ayant fait aucune taxe. — 2 novembre. Élection des directeurs du bureau : l'abbé de Franqueville, le sous-doyen, sous-chantre et chanoine de St-Germain pour le chapitre, MM. de Coulon, de Bomparc, de Hautmesnil et de Cauville, pour la noblesse ; pour les officiers, M. de St-Germain Suhard le vicomte, le procureur du Roi, du Vigné et de Loucelles, pour la ville, de la Richardière, Le Lorier, du Clos Guérin et Maresq, procureur. Du Vigné est prié d'accepter la commission de receveur général. — 8 novembre. MM. Pierre Ratier, du Quesnay, supérieur du séminaire, Le François, curé de St-Vigoret et Le Bault, vicaire de St-Exupère, ont bien voulu se charger d'avoir soin des pauvres des paroisses de St-Vigor-le-Petit, St-Georges et St-Exupère ; la marmite pour les pauvres malades et infirmes se fera au séminaire, où elle est établie ; on donnera du travail aux pauvres femmes ; semblables désignations pour les autres paroisses. — 13 décembre. Résultat des visites faites par les curés et paroissiens en exécution de l'arrêt du Parlement. On fera subsister les pauvres suivants, du 1er décembre 1693 au 20 juin 1694 : St-Sauveur, 151 ; St-Malo, 78 ; St-Martin, 77 ; St-André, 10 ; St-Symphorien, 238 ; la Madeleine, 75 ; St-Flocel (blanc); St-Laurent, 85 ; St-Ouen, (blanc); St-Exupère, 51 ; St-Georges, 38 ; St-Vigor-le-Petit, 25 ; St-Loup-sur, 198 ; St-Loup-hors, 40 ; la Poterie, 30 ; St-Patrice, 250 ; total, 1346 pauvres. Députation pour contre-visite dans chaque paroisse. Aumônes de l'évêque et du chapitre ; taxe et cotisations des paroisses. — 1694. Dépenses des potages donnés aux pauvres. — Dames ayant soin des pauvres dans les paroisses. — 14 mars. Charles Duhamel, chirurgien, et Jean Le Rouge, apothicaire, représentent que, bien qu'ils servent de leur profession les pauvres gratuitement, néanmoins ils ont été cotisés à la rigueur au rôle des impositions pour la subsistance des pauvres comme les autres habitants et possédant fonds ; diminution à 4 livres. — 13 juin. Tirage de la loterie des fils composée de 443 billets, à 10 sols le billet ; Mme Le Romain a fourni 232 livres de fil pour remplir la loterie : elle les portera en décharge sur le premier compte qu'elle rendra. — 4 juillet. Subsistance de 3 filles prisonnières pour leur inconduite et scandale. — Les filles et garçons travaillant à la dentelle devront rester 6 ans, afin de pouvoir ensuite gagner leur vie en sortant du bureau. — 1695. 20 mars. Filles scandaleuses renfermées dans la tour de St-Vigoret par l'archer du bureau, etc.

H. Suppl. 1127. — II. E. 3. (Registre.) — Grand format, 238 feuillets, papier.

1697-1702. — « Registre des assemblées du bureau « de l'hospital général des pauvres valides de la ville et « fauxbourgs de Bayeux, commençeant le vingt-sept « décembre 1697. » — 1697. 27 décembre. L'évêque témoigne désirer affermir l'établissement d'un bureau par une administration publique et régulière dans la forme ordonnée par le règlement de 1667, afin d'exciter les charités de la ville et porter un chacun à travailler pour l'augmentation de cet ouvrage si heureusement commencé, lequel il a soutenu jusqu'à ce jour; pour cet effet il a ordonné que Baucher, chanoine de La Vieille, qui a eu jusqu'à ce jour la direction de l'Hôpital général, remettra tous les contrats, titres, testaments, donations, baux, etc., à deux administrateurs qui seront chargés d'en faire bon et fidèle inventaire, en sa présence et en celle du procureur du Roi, pour être led. inventaire, les titres et contrats, mis dans une armoire qui demeurera aud. bureau, laquelle sera fermée par trois serrures différentes et les clefs aux mains des administrateurs qui seront choisis, sans que lesd. titres puissent être tirés ni divertis de lad. armoire pour quelque cause ou raison que ce soit, sinon par ordonnance du bureau. Élection des officiers : l'abbé de Camilly et Baucher, chanoine de La Vieille ; les curés de St-Laurent et de St-Sauveur ; M. de Cauville et M. de Hautmesnil, M. de St-Germain et Hélyes, lieutenants généraux ; M. du Vigné Rogier, procureur du Roi, représentant les officiers d'élection et grenier à sel ; M. d'Hermerel, maire et vicomte, et André, procureur du Roi, représentant les officiers de maison de ville ; syndic et trésorier général, M. du Vigné Rogier ; avocat des pauvres, M. de Loucelles, et, en cas d'empêchement, Auber, avocat; procureur, Georges Maresq; médecin, Hermerel, et, en cas d'empêchement, M. de Surmont; chirurgien, Duhamel; chapelain, Guillaume Le Bourgeois, nommé par l'évêque; greffier, Pasturel, chanoine de Goupillières, etc. — 29 décembre. Du chanoine de Brecy, 20 louis d'or neufs, valant 280 livres, qui lui ont été remis par une personne qui n'a pas voulu être nommée, lad. somme destinée aux besoins des pauvres. — 1698. 12 janvier. Du Vigné, syndic, représente que l'inventaire des titres et possessions des biens et revenus étant fait, le procès-verbal des lieux et maisons dressé, le répertoire fait des meubles et provisions servant à la nourriture des pauvres renfermés et des manufactures, avec un état de leurs nom, surnom, âge, lieu de naissance et temps de séjour, il reste à examiner les comptes de Baucher pour le maniement qu'il a eu pendant les cinq dernières années des biens et revenus, pour le reliquat être remis à Maresq, trésorier receveur des rentes et fermages; il demande en outre que les sœurs Bonard et Chartier, faisant depuis longtemps les fonctions d'économes, lui donnent copie du règlement fait pour établir le bon ordre, ou, à défaut, le mémoire des règles qui y sont gardées pour l'heure du lever et coucher des pauvres, temps des prières, travail, repas, etc., pour lesd. règlements être soumis au bureau, en outre l'état du nom des maîtres et maîtresses instruisant et faisant travailler les pauvres, des domestiques et autres y travaillant ordinairement, leurs gages et emplois; délibération conforme. — 26 janvier. Le règlement pour le bon ordre de la maison ayant été vu par M. de Launay Hue, vicaire général, il est arrêté qu'à l'avenir il sera exécuté jusqu'à ordre contraire. — Rentes dues par les curés de la Poterie et de St-André. — Remise à M. de Loucelles d'un petit garçon du bureau pour lui servir de laquais. — Hélyes, lieutenant général, et M. de La Vieille représentent le contrat de constitution fait au bénéfice des pauvres de la marmite par les syndics du Clergé, montant à 45 l. de rente moyennant 900 livres. — Il entrera dans les potages des pauvres une livre de beurre pour cent, dont sera fait essai par Le Lorier et Folliot, qui veilleront à ce qu'il soit donné aux pauvres du pain à peu près de ce qu'ils peuvent manger, selon leur âge et leur travail, et recommanderont à ce que l'on observe pour qu'ils n'en cachent point dans leurs poches. — Remboursement aux sœurs de 107 l. 6 s. de fil qu'elles ont fait venir de Rouen pour la dentelle. — 23 mars. Ayant été jugé à propos par l'assemblée du bureau de mettre une nouvelle administration pour gouverner l'Hôpital général des pauvres valides, ayant égard aux bons services que les sœurs Bonard et Chartier y ont ci-devant rendus en qualité d'économes, de 1681 au 31 décembre 1697, date à laquelle les administrateurs de la nouvelle élection ont commencé d'en prendre le soin, il a été convenu qu'on leur donnerait à chacune 500 livres, et, jusqu'à paiement, 50 livres de pension à vie par an, à commencer du jour de leur sortie de l'hôpital. — Transfert de rentes consenti par Philippe Le Forestier, écuyer, sieur d'Englesqueville, et Germain de Baussy, écuyers, pour la succession de Georges de la Dangie. — Remise à la sœur de St-Lambert, de l'hôpital général, de 400 livres qu'elle avait données pour aider à bâtir l'appartement des filles de l'hôpital, en 1694, lad. sœur, devenue infirme depuis deux ans, ne pouvant plus montrer à faire de la dentelle; en attendant, pension viagère de 40 livres. — Donation par Marie Le Vaillant et Françoise de Lorme, sa fille, maîtresses des écoles charitables de Neuilly, de 450 livres, moyennant rente viagère de 25 livres. — Testament de Charles de Longaunay, haut doyen de la cathédrale, léguant ses biens meubles, ses dettes payées, aux pauvres de l'Hôpital général et de l'Hôtel-Dieu. — Procès concernant les rentes foncières dues à l'hôpital au droit des aveugles de St-Gratien. — Vache vendue 35 livres. — Ordonnance contre les pauvres mendiants et vagabonds; défense aux propriétaires de les recevoir et loger, à peine de 20 l. d'amende. — Sur la proposition de M. Du Vigné qu'il se trouve une personne qui veut bien faire les frais pour un maître à montrer à lire et à écrire aux jeunes garçons étant au bureau, on décide de chercher une personne sage et capable à cet effet; Onfroy est admis pour autant de temps que la personne qui a bien voulu faire cette charité le souhaitera. — Établissement d'une cordonnerie pour faire des souliers des pauvres et apprendre le métier aux jeunes garçons. — La sœur Anne, ayant soin des manufactures de dentelles depuis longtemps, aux gages de 24 livres par an, a demandé à se retirer en la ville de Rouen, lieu de son origine; pour l'aider à se conduire et la récompenser de ses bons services, on la paie de son année entière. — Nomination de la sœur Madeleine Carabœuf, de Noron, occupée à St-Sauveur-le-Vicomte à l'instruction et conduite des petites filles, aux fonctions occupées par les sœurs Bonard, Chartier et Apne, aux gages de 50 livres par an. — Visite des réparations faites à la maison du Luxembourg, appartenant aux pauvres. — Réception d'un pauvre enfant de la paroisse de Magny, à la demande de l'Intendante. — La dépense excède la recette de

2305 l. 17 s. 8 d., plus les gages des officiers, évalués à 200 livres. — Nomination de Bertrand pour visiter les pauvres de l'hopital, en remplacement de M. de Sormont, médecin des pauvres de l'hopital, décédé, pour l'absence ou incommodité de Hermerel, médecin de l'hopital. — 1699. Rente due par les Augustins. — Paiement par Antoine Dajon, obitier de la Poterie, au nom de Jean-Baptiste Gerson, curé. — On s'informera des lieux et héritages ayant servi de cimetières à ceux de la religion prétendue réformée, entre autres de ceux sis aux paroisses de Guéron, Cricqueville, Géfosse, Étreham, Vierville, Colombières, Bricqueville, Létanville, etc. — Racquit de rente due par M. de Vidouville, acquéreur d'héritages des s^{rs} d'Argouges, de la constitution de Nicolas d'Argouges, écuyer, s^r de St-Malo, et Jean d'Argouges, sieur du lieu, son fils, Jean de Cabazac, écuyer, s^r des Londes, Raphaël Julien, s^r de Launey, et Jean Julien, s^r de la Huberdière, avocat pour le Roi aux eaux et forêts de la vicomté des Veys, dont l'usufruit appartient au chanoine de La Vieille, qui en a donné la propriété aux pauvres valides. — Aveuglesse de St-Loup. — Réception par ordre de l'évêque de Madeleine du Rocher, âgée de 14 à 15 ans, fille de du Rocher, de Colombières, de la religion prétendue réformée, « pour être instruite dans notre sainte relligion, y sera gardée jusques à ce qu'autrement y ait « esté ordonné. » — Arrêt du Conseil permettant aux maires et échevins de Caen et Bayeux de rembourser par les hopitaux desd. lieux les pourvus des offices de mesureurs de grains pour suppression desd. offices et réunion de leurs droits aux hopitaux ; emprunt dans ce but jusqu'à concurrence de 8,000 livres. — 900 livres provenant du testament de M. de St-Quantin, chanoine de Castilly, employées au rachat desd. droits. — Sur la proposition faite par M. d'Aprigny de recevoir à l'hopital une fille de la paroisse St-Patrice étant de mauvaise conduite, on décide de faire disposer dans l'hopital un lieu pour la renfermer, en telle sorte qu'elle n'ait communication avec les autres pauvres. — Sur les plaintes faites contre Joachim Pain, portier de la porte principale, pour avoir traité la sœur Montaval de paroles insolentes en lui ouvrant la porte comme elle revenait de la ville, on le dépose de son emploi ; il sera tenu de lui faire réparation en public et demander pardon. — Racquit de 225 l. de rente prise en constitution des dames de la Charité de Bayeux, pour payer le droit de mesurage. — Led. droit de mesurage, pendant le mois de septembre, produit 194 l. 6 s., tous frais de régie déduits ; en octobre, 252 l. ; en novembre, 174 l. — Durand de Grainville, grand chantre de la cathédrale, nommé syndic pour un an et administrateur. — 1700. Paiement au receveur de la terre de Neuilly, appartenant à l'évêque, des rentes foncières et seigneuriales dues par les pauvres. — Mme du Martel ayant rapporté au bureau que la mère de la fille naturelle de Michel Mallet est de bonne conduite, il est délibéré que lad. fille sortira du bureau, parce que lad. dame se donnera la peine de veiller sur ses actions. — Le chantre, syndic, ayant représenté que le chanoine de La Vieille lui a mis entre les mains plusieurs mémoires contenant des deniers par lui déboursés aux dames ayant le soin des pauvres de la ville non renfermés, lesd. deniers de tout temps destinés pour lesd. pauvres comme provenant des fonds des marmites, il est autorisé à rembourser. — Le chantre chargé d'écrire à l'évêque étant à Paris pour obtenir des lettres patentes pour l'établissement du bureau. — Service célébré au bureau pour le repos de l'âme de Jacques Pouligny Folliot, en reconnaissance des bons services qu'il a rendus. — Adjudication du droit de mesurage de blé et autres grains appartenant à Jean Bidot, tripotier, fermier de la halle à blé, pour 3 ans et 1 quartier, commençant à la St-Jean et finissant à la St-Michel en 3 ans, moyennant 2,200 l. par an. — Lecture d'un arrêt pour empêcher la mendicité et assister les pauvres, ensemble de la lettre de Chamillart portant que chaque ville contribuera pour assister ses pauvres, tant par contributions volontaires qu'autrement. Il y en a au bureau 129 ; enquête sur les pauvres en ville et leurs besoins, leur famille, etc. ; députation à ce sujet ; chaque curé rapportera l'état de ses pauvres. — 2 sous par jour au petit pauvre venu de Bernières-sur-Mer, jusqu'à ce qu'il y soit retourné. — Mlle de La Cour a amené un jeune garçon de 15 à 16 ans, de Bernesq, dont la mère est encore huguenote ; on le reçoit à l'hopital. — Dans l'assemblée du 11 décembre 1700, présidée par l'évêque, et à laquelle assistent l'archidiacre de Bayeux et le chanoine de Cambremer, pour le chapitre, de St-Germain Suhard, lieutenant-général, et André, procureur du Roi, pour le bailliage et vicomté, d'Hermerel, lieutenant-général de police, vicomte et maire, et La Richardière, pour le corps de ville, du Vigné, procureur du Roi en élection et grenier à sel, Du Breuil Du Boscq, receveur des tailles, pour l'élection et grenier à sel, etc., l'intendant Foucault a dit que le Roi ayant formé le dessein de bannir la fainéantise et la mendicité de son royaume, a envoyé sa déclaration du 25 juillet dernier, portant ses intentions à ce sujet, à tous les évêques et intendants pour les faire exécuter. Le contrôleur général, qui a cette affaire fort à cœur, lui a souvent écrit de donner tous ses soins pour la porter à sa perfection ; honorant la ville de Bayeux d'une protection particulière, les habitants ne peuvent rien faire qui lui soit plus agréable que de la purger de mendiants ; ayant visité l'hôpital construit aux dépens de l'évêque, il a trouvé les bâtiments en très bon état et capables de contenir 200 pauvres ; le nombre actuel est de 130 et il ne croit pas qu'il reste encore dans la ville plus de 50 pauvres de l'âge et de la qualité requis pour être enfermés dans l'hôpital, en sorte qu'il s'agit présentement de pourvoir à leur subsistance, ce à quoi il exhorte tous les corps de la ville, persuadé que si chacun veut y contribuer selon ses facultés, les hommes et femmes que l'âge a mis hors d'état de gagner leur vie seraient nourris, les enfants abandonnés à la fainéantise et au libertinage seraient instruits et occupés, enfin les personnes aisées retireraient le fruit de leur charité par la cessation des importunités qu'ils reçoivent des mendiants. L'évêque remercie l'intendant de la peine qu'il a prise de se transporter exprès à Bayeux. L'hôpital qu'il s'agit de soutenir a été établi sous Chamillart, père du contrôleur général, alors intendant, qui leur a fait l'honneur de se trouver souvent aux délibérations et a même dressé la forme de son administration, qu'on a suivie depuis avec bénédiction ; pour entrer en exécution des ordres du Roi, l'évêque continuera de donner 1200 francs par an, dont il a déjà avancé 600 livres pour faire les provisions nécessaires pour disposer l'hôpital à recevoir un plus grand nombre de pauvres ; le chapitre offre 800 livres, la noblesse 400, le bailliage et vicomté 400, l'élection et grenier à sel 200, MM. de ville et bourgeois, 700 livres. — 17 décembre 1700. Pour l'exécution du résultat du bureau tenu le 11, les dames charitables de la ville et les administrateurs de l'hôpital général s'assemblent pour aviser aux moyens d'assister les pauvres qui ne sont pas de la qualité requise pour être reçus à l'hôpital, en leur fournissant dans les maisons, la mendicité étant cessée, les secours dont ils auront besoin ; partage de la ville et faubourgs en 4 quartiers ; on établit dans chaque quartier une trésorière, une garde meuble et une personne qui tiendra le magasin des filasses, fils, laines et autres provisions nécessaires pour le travail des pauvres ; la trésorière fera recette des deniers qui lui seront fournis par M. Du Vigné, syndic, de mois en mois, et les paiera aux dames qui assisteront les pauvres ; les dames devront les exhorter à se disposer à bien mourir et engager ceux qui guériront de vivre avec piété à l'avenir. Distribution du pain de 14 boisseaux de blé par semaine aux pauvres de la ville. Quartiers partagés aux dames charitables : St-Sauveur : Mmes de Vaux, du Manoir, de Berrolles, de Bonpard, Mlles de Belleville-La Cour, de Vaucelles et de Baussy ; St-Symphorien : Mmes du Martel, du Breuil, de Véret, Mlles de Landeville et de Larchant ; St-Patrice : Mme d'Aprigny, Mlle de Vallary, du Val-Auber, Mme de St-Simon ; St-Loup : Mme du Castel, Mlles de Canville et de la Croix. — 1701. Nomination par l'évêque de Le Breton et Le Forestier, prêtres, pour faire les fonctions de chapelain. — Sur la proposition du syndic qu'il a besoin d'une personne pour faire les états et l'aider à plusieurs détails inséparables de sa commission, le bureau nomme Onfroy aux appointements de 20 livres par an. — Le syndic est autorisé à remettre, pour le mois de janvier, 10 livres à chaque trésorière, à chaque garde-meuble 12 chemises, 4 paires de draps, 1 douzaine 1/2 de serviettes et de mouchoirs, avec 4 couvertures de laine, dont partie fournie par l'évêque. - Réception de M. de Bellefontaine *Méhareng*, de 75 livres pour aumône que l'abbé de Choisy donne à l'hôpital général. — L'archer des pauvres ayant supplié le bureau d'augmenter ses gages, ses appointements n'étant pas suffisants pour le faire subsister, à présent qu'il est entièrement occupé à empêcher de mendier, sans pouvoir vaquer à aucun autre travail, on lui donne 4 l. 10 s. par mois. — M. d'Amayé représente le testament du feu sieur du Breuil Minet, commissaire des saisies réelles à Bayeux, en date de 1699, donnant aux pauvres 300 livres qui seront distribuées manuellement et employées à l'achat d'habits pour les pauvres. — Visite de la porte Arborée ; s'il s'y trouve un lieu propre et sûr, l'archer des pauvres y enfermera Catherine Dessaux, à laquelle Du Vigney fournira du pain et de la paille pour se coucher. — Pourparlers avec le beau-fils de la veuve Guilbert, de la religion prétendue réformée, détenue à l'hôpital, par ordre de l'intendant Foucault ; on lui demande à contribuer à la subsistance de sad. belle-mère, ce qu'il élude, prétendant ne posséder aucun bien à elle appartenant ; on le requiert de faire voir son contrat de mariage avec son défunt père, etc. — Un second archer est nommé pour empêcher la mendicité, aux appointements de 45 sols par mois, plus la moitié de ce qui a été accordé à l'autre archer pour mesurer le blé dans un des boisseaux du tripot. Lad. délibération est rapportée la même année, le François ayant négligé d'y vaquer. — Paul dit Bréquet étant dans l'hôpital depuis 9 à 10 ans, où il fait des bas, ayant demandé d'en sortir pour aller à Caen chez Unot qui lui doit fournir du travail, le bureau le lui permet après qu'il aura fait ses Pâques. — Aumône de 19 l.

16 s. par M. de L'Épinay Rogier, lieutenant en la vicomté.—Donation de 10 l. par M. d'Écajeul, en considération des pauvres qui assisteront à l'inhumation de sa femme. — Paiement à l'abbaye de Longues des rentes foncières et seigneuriales dues à l'hôpital à cause d'héritages sis à Commes. — M¹¹ᵉ de Loucelles, renfermée dans l'hôpital depuis 5 ou 6 ans, ayant fait proposer qu'elle désirait sortir, sa tante, religieuse au couvent de la Charité, lui ayant trouvé une condition, elle pourra se retirer aussitôt qu'elle voudra pour retourner auprès de son père, de la paroisse de Rouxeville, qui le souhaite ainsi.—Dapré, de la religion prétendue réformée, renfermé depuis 5 ou 6 mois à l'hôpital, pour y être instruit dans la religion, ayant fait abjuration, s'étant confessé et ayant reçu la communion, l'évêque lui a permis de sortir de l'hôpital; pour l'aider à se procurer un établissement, on lui donnera 2 louis d'or. — Legs de 50 livres aux pauvres de St-Martin, St-Laurent et La Madeleine par la veuve Le Parfait, versé à l'hôpital général, lesd. paroisses participant aux aumônes quotidiennes. — Le chapelain qui sera choisi pour acquitter les fondations, faire les catéchismes aux pauvres, leur administrer les sacrements, dire la messe tous les jours et les vêpres et complies dimanches et fêtes, aura 200 l. par an plus le logement dans une maison joignant à l'hôpital. Au regard des messes qui doivent être acquittées par les deux chapelains en titre, M. de La Laude, archidiacre de Caen, et le chanoine d'Albret, verront Baucher et Lefort, qui en sont les titulaires de St-Gratien, pour voir s'ils sont obligés de faire dire des messes les dimanches et fêtes aud. hôpital.—Un enfant nouveau-né, trouvé à la porte de l'hôpital général, sera porté à l'Hôtel-Dieu pour y être nourri; ce faisant, un des enfants bâtards des plus âgés de ceux qu'il ont fait nourrir, sera reçu à l'hôpital général. — Difficultés avec le chapitre pour paiement de la contribution aux pauvres; délibération capitulaire y relative : les chanoines savent bien qu'il est de leur devoir de faire l'aumône aux pauvres, mais M. de St-Germain, lieutenant général du bailli de Caen à Bayeux, élu pour le corps de justice, a prétendu depuis un mois présider à l'assemblée du bureau et soutenu que les lieutenants généraux du bailli étaient directeurs nés du bureau, au préjudice des députés du chapitre en l'absence de l'évêque ou de son grand vicaire, etc. — 1702. Assemblée du bureau du 8 janvier tenue en la chambre du conseil de la juridiction ordinaire, M. de Grainville Durand, grand chantre, et Baucher, chanoine de la Vieille ayant fait savoir que l'évêque leur avait écrit de Paris qu'il ne voulait plus qu'on

tint les assemblées dans sa maison épiscopale, en raison de la prétention de M. de St-Germain d'y présider en son absence, lesd. administrateurs n'ayant pu tenir l'assemblée à l'Hôpital général à cause de son éloignement de la ville et du mauvais temps. Suite de lad. contestation. Enregistrement de l'arrêt du Conseil entre l'évêque de Coutances et Demont, lieutenant général au bailliage, l'évêque prétendant que ses grands vicaires doivent présider en son absence. Mémoire de l'hôpital. Le chapitre se compose de plus de 60 dignités et chanoines, le bas chœur de 30 ou 40 chapelains, vicaires et habitués, non compris les autres ecclésiastiques de la ville; il veut réduire son aumône, quoique l'évêque avec eux et les autres ecclésiastiques possèdent deux fois plus de bien que les autres habitants de la ville, qui d'ailleurs ont leurs familles à faire subsister et portent plus de charges de l'État que ceux du chapitre; ce serait bien éloigné de la pratique des apôtres, qu'ils citent au début de leur conclusion, puisqu'en suivant leurs saintes maximes ils ne garderaient que le pur nécessaire et donneraient le superflu aux pauvres, etc. —Service pour Auber, avocat des pauvres de l'hôpital. — L'évêque a dit que c'est contre son ordre qu'on a révoqué les potages et souhaite qu'on les continue à l'avenir. — Le Lorier, avocat des pauvres, dit que conformément à la sentence du bailli de la haute justice de Torigny il a fait dresser procès verbal de l'état des dégradations à la terre des Fresnes, sise paroisse de St-Amand de Torigny, dépendant de la succession de M. de Franqueville, doyen du chapitre. — Insinuation du contrat de donation fait par Pierre Le Véel, maître de l'hôtellerie où pend pour enseigne les armes de France. — 10 l. pour une aumône jugée contre Buisson, notaire à La Cambe, par sentence rendue en vicomté entre lui et Guy Petitot. — Assignation de Philippe d'Amours, écuyer, pour arrérages de rentes données par ses prédécesseurs aux consistoires de Cricqueville et Géfosse; d'Amours répond qu'il l'a payée jusqu'à présent au receveur de l'hôpital de Carentan. — Le curé de St-André remet 25 l. 9 s. 6 d. de l'aumône de feu Mᵐᵉ Dufour. — La sœur de St-Exupère, économe en chef de l'Hôpital général, étant décédée le 24 septembre, le bureau arrête qu'elle sera inhumée le lendemain au matin à la chapelle de l'hôpital. — L'évêque et les pauvres 2 louis pour les pauvres de l'hôpital, qui prieront pour le repos de feu le marquis de Nesmond. — Bail de la terre de la Condelle. — Rente due par l'hôpital à l'abbé de Cerisy à cause de son fief de la Perrine. — M. du Vigney ayant déclaré à plusieurs séances qu'il ne pouvait continuer plus longtemps ses fonctions de syndic, est remplacé par M. du Clos Guérin, pour 1703. — On accorde 2 louis d'or neufs, valant 27 l. 10 s. à titre de gratification, à Lythare, médecin, qui a visité les malades de l'hôpital pendant l'année précédente et la présente, avec beaucoup d'assiduité, sans avoir reçu de rétribution.

H. Suppl. 1128. — II. E. 4. (Registre.) — Moyen format, 145 feuillets, papier.

1703-1709. — Délibérations. — 1703. On visitera le lieu où sont les dentellières ; on verra combien il y en a et on aura soin de leur faire venir de nouveaux patrons. — On mandera à MM. du clergé, de la noblesse, officiers et bourgeois de la ville *accommodés* que, faute par eux de continuer leur aumône à la manière accoutumée, pour faire cesser la mendicité des pauvres de la ville et faubourgs, on cessera de donner aux pauvres les 14 boisseaux de blé qui se distribuent par semaine et on enverra les pauvres dans les maisons de ceux qui refuseront de donner.—Plaintes de l'évêque que les assemblées du quartier de St-Floxel sont entièrement abandonnées. — La sœur Noirecappe a amené Anne Le Jeune pour avoir soin de 20 dentellières. — 100 l. à L'Honoré, prêtre, pour 6 mois qu'il a desservi comme chapelain à l'Hôpital général. — Appel de la sentence rendue par la haute justice de Torigny entre les administrateurs des deux hôpitaux de Bayeux et le marquis de Dampierre.—Droit de mesurage des blés et grains.— Échange de terrain avec les Ursulines : brevet portant que l'hôpital des pauvres valides est trop resserré pour le nombre des pauvres et qu'il ne peut être augmenté que par deux fonds, dont l'un appartient aux Ursulines, le surplus de l'enclos étant bordé par des grands chemins ; autorisation aux maire et échevins de céder en échange aux Ursulines une petite rue de nulle utilité pour la ville et presque impraticable, allant à Barbeville, et se terminant d'un côté à la clôture desd. religieuses, etc. — L'inventaire des titres et papiers n'existe plus dans l'armoire ; on s'informera près de la veuve de l'avocat Aubert, qui a été saisi de cet inventaire. — Du Clos Guérin continué dans ses fonctions de syndic. — Deux petits garçons, nouveaux convertis, ont quitté la maison des nouveaux convertis de Caen et sont venus à l'hôpital de Bayeux où l'un d'eux, d'Étreham, avait auparavant demeuré ; on les interrogera pour voir ce que l'on doit en faire. — 1704. Le jour des Rois, l'évêque fera donner, comme à l'ordinaire, à souper aux pauvres de l'hôpital. Donation de 600 livres par le chanoine du Locheur aux pauvres valides ; autre donation par l'abbé Merlet, chanoine et sous-chantre de la cathédrale, de 400 l.—Antoine de Plessard, écuyer, seigneur et patron de Servigny, président au présidial de Coutances, et Jacques de Plessard, sous-diacre, chanoine de Vaucelles, neveux de Merlet, demandent, conformément au testament, que les meubles du défunt leur soient délivrés à due estimation, etc. — Legs de Mlle de La Motte de St-Martin. — 1705. Testament de Pierre Le Débonnaire, chapelain de St-Sauveur (*al.* de St-Nicolas des Courtils). — Après le décès de Jacques Lefort, curé de St-Laurent, titulaire d'une des deux portions de la chapelle de St-Gratien unie à l'Hôpital général, l'abbé de Pibrac, grand doyen de la cathédrale, collateur desd. deux chapelles, y a pourvu le sieur de Bellefontaine de Méhéranc, prêtre, sans y avoir été nommé par les présentateurs ordinaires dud. bénéfice ; on informera l'évêque et l'abbé de Pibrac que la présentation appartient aux pauvres aveugles de St-Gratien unis à l'hôpital. — Par la mort de Duhamel, chirurgien, Fleury le jeune est prié par les administrateurs de prendre soin de l'hôpital, conjointement avec Lythare, médecin. — Legs de Mlle de Villiers Vaultier. — Les administrateurs nommeront, en présence des aveugles qui sont au bureau, un sujet capable pour remplir une des chapelles de St-Gratien, vacante par le décès de Jacques Lefort, dernier titulaire. — 1706. Vu la quantité des pauvres qui se présentent pour entrer à l'hôpital général, on fera une visite générale des pauvres de la ville pour examiner ceux qui doivent être reçus à l'hôpital et ceux qui peuvent être soulagés par l'aumône du pain. — Sur le refus par Costey, receveur des gabelles de Bayeux, d'accorder aux pauvres de l'hôpital le passe-avant ou permission de lever dans les salines d'Isigny les 20 boisseaux de sel blanc que l'évêque a la charité de donner aux pauvres pour leur provision ordinaire, on a prié l'évêque d'écrire au contrôleur général ; Costey a reçu l'ordre de le donner. — Service solennel en l'église de l'Hôpital général pour Mme de Nesmond, religieuse, sœur de l'évêque, décédée depuis peu. — Établissement d'un portier pour la porte des hommes. — Testament de M. des Valderis Bailleul. — Réparations aux maisons de Commes. — 1 vache achetée 25 livres. — L'évêque ayant souhaité qu'on changeât les économes de l'hôpital a proposé au bureau la sœur *Bonar* pour remplir leur place ; elle a été reçue. — Eustache, qui a été autrefois maître du travail des enfants, est reçu pour le même emploi à 30 l. et une paire de souliers. — M. de Canville est autorisé à payer aux dames *Noirrecappes*, économes des pauvres par ci-devant, 37 l. 10 s. faisant moitié de la somme annuelle à elles accordée ; on les remerciera de la part du bureau des bons services qu'elles ont rendus aux pauvres. — On fera une citerne proche le pressoir de l'hôpital pour la commodité des petits cidres, et un petit mur pour partager le jardin des sœurs de la Charité de la cour du pressoir. — Amendes de particuliers pour avoir mis trop de chevaux et bœufs à leurs harnais. — Donation de Gilles Guérin, marchand, ci-devant syndic de l'hôpital ; en considération de ses services, le bureau lui accorde la faculté de nommer de son vivant deux pauvres qui seront nourris comme les autres. — Constitution à M. de Vaux, vicomte de Bayeux, au denier 18, de rente amortie par M. de Gonon. — Legs de Mme Desjardins Lefort. — Réparations du lieu Morlet, appartenant aux pauvres. — Cassation du contrat de donation de Pierre Le Véel, hôtelier des armes de France. — Donation de Le Noël, curé de Sully. — 1707. Un fils bâtard de Pierre Crépin, dit Tartario, nommé Étienne, âgé d'environ 9 à 10 ans, élevé jusqu'à ce jour dans la religion P. R., a été amené à l'hôpital par ordre de l'intendant pour y être instruit de la religion catholique. — Les troncs et les quêtes faites pendant le jubilé donnent 72 l. 16 s. 9 d. — Bail d'une petite pièce de terre à Géfosse, donnée par feu le pénitencier par moitié aux religieuses de la Charité et à l'Hôpital général. — 1708. Étienne Flambart, pauvre gentilhomme âgé de 72 ans, est reçu à l'hôpital. — Réception d'une fille nommée La Patue, de mauvaise vie, pour remplir une place dans l'hôpital. — 1709. 3 février. Les sœurs de la Charité ont dit qu'il y a environ 36 pauvres dans la ville et faubourgs, dont une pauvre fille malade d'une maladie incurable. — Legs de Mlle de la Falaise Gosselin. — Distribution de pain. — Requête à M. du Mariel, subdélégué, pour faire décharger les pauvres de l'hôpital du droit d'inspection de la chair qui se consomme en l'hôpital. — 12 mai. Les sœurs de la Charité représentent qu'il y a dans la ville et faubourgs 31 pauvres malades, auxquels elles fournissent chacun 1 potage par jour. — On conférera avec le vicomte pour faire remplir la place de St-Patrice, de manière à occuper les pauvres ouvriers. — Ordre à l'archer des pauvres d'empêcher les enfants de jouer particulièrement dans la place devant la cathédrale. — L'évêque a ordonné que le pauvre enfermé dans la tour sera mis au bureau. — M. de La Vieille, scholastique en la cathédrale, continuant son zèle pour les pauvres de l'hôpital général, a donné à l'hôpital son calice avec la patène, et 150 l. pour faire un annuel à son intention dans la chapelle. — 300 l. données par Mme de Coulons, veuve du gouverneur de la ville et château de Bayeux.

H. Suppl. 1129. — II. E. 5. (Registre.) — Moyen format, 94 feuillets, papier.

1709-1713. — Délibérations. — 1713. Vente de toile et serviettes faite publiquement au palais épiscopal, après publications et affiches. — Le sieur du Vigney présente au bureau le bordereau de la recette et dépense des deniers qu'il a reçus des aumônes de l'évêque, du chapitre et personnes charitables, destinés à l'achat des blés, dont il a fait fournir le pain aux pauvres de la ville et faubourgs, en conformité des mémoires des commissaires nommés par l'évêque pour les visiter avec les curés. — L'évêque souhaite que les curés exhortent aux prônes de leurs messes paroissiales leur peuple à contribuer à la subsistance des pauvres de la ville par leurs aumônes, et avertissent en même temps les pauvres qui ont du pain ou du potage de ne point mendier dans les rues, sous peine d'être renfermés à la tour et privés de l'aumône. — Amortissement proposé par Jean Le Roux, écuyer, sieur de Langrie. — Nomination de Lefort, chanoine de Cully, aux fonctions de syndic de l'hôpital. — 1710. Vente de toiles, serviettes et nappes, en gros et en détail, partie comptant, partie à crédit, « vu l'extrême besoin des pauvres et le défaut de fond ». — Il sera fait incessamment un recensement des lettres et écritures concernant les biens de l'hôpital. — L'évêque ayant fondé et fait venir deux sœurs de la Charité, lesquelles ont tout ce qui leur est nécessaire, même de l'argent, des drogues, etc., pour les pauvres de la ville et des faubourgs, il ne s'agit que de faire exécuter le règlement fait par l'évêque et de faire assembler les dames pour établir les officières et les surveillantes pour régler chaque quartier. — Le chanoine de Cully est autorisé à bailler à ferme le lieu Morlet et à livrer 2 vaches vendues 80 francs. — Mme Merlin a fait porter à M. de Cully, syndic, 15 livres, parce que les pauvres de l'hôpital général ont assisté à l'inhumation de sa petite fille. — M. de Cully donnera aux sœurs de la Charité les noms des pauvres du quartier St-Jean pour recevoir les 12 potages de l'évêque. — Les commissaires des 4 quartiers de la ville et faubourgs conféreront avec les curés pour choisir 30 pauvres femmes, auxquelles l'évêque fera donner à dîner et à souper dans l'hôpital général, après instructions qui leur auront été faites, conformément à la fondation du chanoine de La Vieille. — Il sera fait un service à l'hôpital général pour le repos de l'âme de M. de Vaux, vicomte de Bayeux, en reconnaissance de ses bienfaits envers l'hôpital. — Dans la visite des pauvres de l'hôpital, on a trouvé qu'il n'y a pas de provisions, ni de quoi occuper les pauvres; on prend des fonds amortis ou à placer; le syndic fera compter les sœurs de la Charité, auxquelles l'évêque a donné 100 écus de rente en fonds pour leur subsistance. — En remplacement de Le Lorier, avocat des pauvres, et Maresq, receveur de leur revenu, l'évêque a promis mettre son avocat et Néel, son homme d'affaires. — Le syndic, ayant conféré avec les sœurs de la Charité, a trouvé dans les 4 quartiers de la ville et faubourgs qu'il y avait environ 30 malades qu'on assiste, au nombre desquels il y en a plusieurs malades de maladie habituelle, qui consomment les fonds, et empêchent que ceux qui tombent malades soient assistés; on fera distribuer aux malades d'habitude des potages, afin de décharger les sœurs de la Charité, et les mettre en état de pouvoir assister ceux qui tombent actuellement dans des maladies passagères. — Le syndic représente que l'évêque ayant fait faire en avril la visite de l'hôpital général, et en ayant trouvé les fonds entièrement épuisés par les dépenses extraordinaires qu'il a fallu faire cette année pour la subsistance des pauvres, eu égard au prix excessif des grains, il a pris des syndics du Clergé du diocèse une somme de 2,000 livres provenant de la fondation de Raymond Baucher, scolastique en l'église cathédrale de Bayeux, laquelle somme lui fut mise entre les mains pour aider à faire les provisions et acheter de quoi occuper les pauvres; il se trouve dans l'impuissance de soutenir l'hôpital à moins d'aliéner ledit fonds; les deux mille livres déposées par Baucher suivant son acte de fondation du 25 septembre 1709, entre les mains desd. sieurs du Clergé, devaient être constituées en 100 livres de rente et employées à la dépense des retraites qu'il souhaite être faites tous les ans des pauvres femmes et filles de la ville et du bureau; réception de lad. somme, l'hôpital se trouvant sans blé et sans argent pour en acheter. Extraits et relatifs des registres du greffe de la chambre ecclésinstique du Clergé. — Les sœurs de la Charité seront fournies des choses nécessaires pour les malades de la ville par le syndic sur les fonds du bureau. — Les sœurs économes de l'hôpital mangeront dorénavant avec les pauvres. — Pendant les fêtes de Noël, on donnera à manger à 50 filles de la ville et faubourgs, du nombre de celles qui travaillent à la dentelle au petit bureau, pendant qu'on leur fera la retraite. — Nomination de M. d'Albret, lieutenant général, et du procureur du Roi, pour commissaires avec M. de Cully, syndic, pour faire le récensement des papiers qui sont et doivent être dans les archives de l'hôpital, pour les remettre en ordre. — 1711. 18 janvier. Les sœurs de la Charité ont dit qu'il n'y a que 18 pauvres malades dans la ville et faubourgs. — Donation testamentaire de Mlle d'Arganchy pour les pauvres de l'hôpital général. — Legs de 100 livres par Michel, procureur. — Donation testamentaire de l'archidiacre des Vez. — L'évêque ayant marqué qu'il fera faire une retraite au bureau pendant les fêtes de Pâques à 60 pauvres, tant hommes que garçons de la ville et faubourgs, a trouvé à propos qu'il y en ait 18 de St-Jean, 18 de St-Patrice, 12 de St-Sauveur et 12 de St-Loup. — Fondation de Marguerite Hermerel, veuve du sieur de La Fortemain, de Bayeux, de rentes à prendre sur Thomas Le Breton, écuyer, sieur de *Persi*, de manière à constituer 100 livres de rente à l'hôtel-Dieu et à l'hôpital des valides, etc. — Il y a 40 lits d'ancienne fondation, 3 de nouvelle. — Le bureau charge M. d'Albray, lieutenant général, le syndic et le procureur du Roi, de faire une visite de l'hôpital de devant des pauvres malades afin de voir en quel état il est, de faire en sorte que les femmes soient séparées des hommes et couchent séparément les uns des autres, etc. — Contrat de 100 livres de rente que l'évêque a constituée sur le Clergé au bénéfice des pauvres valides pour aider à faire la retraite desd. pauvres valides. — Procès avec le marquis de Dampierre. — Maresq, auquel a été fieffée une petite place sur laquelle était le prêche de Vaucelles, en rend aveu au chanoine de Cussy, comme dépendant du fief de sa prébende. — Un enfant âgé de dix à douze ans, proposé par le curé de Cricqueville, a été reçu pour entrer à l'Hôpital général pour le tirer des mains des religionnaires et le faire instruire de la religion catholique. — Versement au syndic de 10 livres pour une aumône jugée par M. d'Albret, lieutenant général, contre la femme de Desmarais, orfèvre, pour irrévérence par elle commise lorsqu'on portait le St-Sacrement à un malade. — On recommence pour l'hiver prochain le travail des 4 quartiers de la ville et faubourgs. — On avertira M. de Canville, ci-devant syndic, de payer 625 l. du reliquat de son compte de 1706 et d'en payer l'intérêt, sinon il sera poursuivi devant l'intendant ou le Parlement. — Le 6 décembre il y a 153 pauvres renfermés dans l'Hôpital général. — 1712. On a prié l'abbé de Pibrac, grand doyen, et l'abbé de Grainville, d'examiner les messes qui doivent être dites dans la chapelle de St-Vigor, par les chapelains de St-Gratien, le chapelain de St-Yves et le chapelain du bureau. Ils verront aussi le maître d'école pour avoir un état de celles qui travaillent aux dentelles et de celles qui viennent à l'instruction, pour en faire trois classes, des meilleures, des médiocres et des moindres. — La maison du Luxembourg est en fort mauvais état. — 17 janvier. Le Breton, syndic, a remontré que l'Hôpital est extrêmement chargé des pauvres, il y en a présentement 160, ce qui est un nombre excessif par rapport au revenu de la maison et à la cherté du blé. On en fixe le chiffre à 150, en y comprenant les sœurs et domestiques; les enfants ne seront plus reçus avant 7 ans et sortiront à 14. — Donation de Pierre Bourdon, de Guéron, etc. — On verra le lieutenant de police pour faire rendre le passage qui va de la ville aux Augustins commode pour les carosses et pour éloigner les tueries des bouchers, le couvent de la Charité en étant infecté; mesures contre les pauvres des campagnes qui viennent mendier dans la ville. — Don de 1,000 livres par M. de Bailleul, archidiacre des Vez. — On renouvelle les anciennes ordonnances contre ceux qui retirent les pauvres dans leurs maisons. — Archer des pauvres nommé à raison de 50 livres par an. — Le service de la chapelle de St-Vigor de Justice transféré en celle de l'Hôpital général. — On accorde son congé à la sœur Le Jeune, maîtresse du travail des dentelles, en considération de l'infirmité de ses yeux. — Un enfant du Locheur est reçu pour entrer à l'hôpital pour 2 ans, en considération de la fondation de Chrétien, chanoine du Locheur, sans que cela tire à conséquence, à raison que la fondation est trop médiocre. — Les 500 livres données par feu l'abbé Merlet, sous-chantre dans la cathédrale, pour faire travailler les pauvres, ont été employées à l'acquisition des droits de mesurage de la halle à blé. — 1713. Bail à fieffe de l'hôtellerie du Luxembourg, moyennant 327 livres 10 sols de rente foncière. — Constitution de rente au profit de l'Hôpital par Gilles de Méhérenc, écuyer, sieur de Giberville, au denier 18. — Amortissement de rente par Bonaventure de Gouet, écuyer. — L'évêque présentera requête à l'intendant pour faire interdire Maresq, receveur des pauvres valides, jusqu'à ce qu'il ait rendu ses comptes, etc.

H. Suppl. 1130. — II. E. 6. (Registre.) — Moyen format, 94 feuillets, 1 pièce intercalée, papier.

1714-1717. — Délibérations. — 1714. — Fondation de Jacques Hermant, bourgeois de Caen. — Constitution de rente par M. de Marigny. — Amortissement par Mme de La Ferrière du Bousquet. — Le Vaillant, curé de St-Exupère, nommé syndic. — Le compte de Lefort, chanoine de St-Laurent, héritier de feu Lefort, chanoine de Cully, syndic de l'hôpital général, pour les mois de janvier, février, mars et avril 1714, donne comme recette 9.059 l. 6 deniers, y compris 1864 l. 17 s. 9 d. reçus pour les aumônes faites aux pauvres de la ville, et comme dépense, 8.847 l. 6 s. 9 d. — Pendant les mois de mai et juin, on a dépensé pour fourniture de pain aux pauvres de la ville et des faubourgs, 719 l. 7 s. — La ferme du bureau des pauvres de Neuilly, rapportant 470 l. par an, est sur le point d'être abandonnée par le fermier, faute de réparations, l'eau pénétrant les couvertures et les planchers; on offre de faire les réparations à condition de fieffer le fond à rente foncière, moyennant 500 l. de rente. — Amortissement de rente par le chevalier de Langrie. — 20 livres pour amende jugée contre Jacques Buisson, notaire de La Cambe. — Lors du *décript* des monnaies arrivé le 1 septembre 1714, il y a eu 16 l. 13 s. 9 d. de perte sur les espèces dont le syndic était saisi. — Fieffe d'un jardin à Géfosse, appartenant par moitié aux religieuses de la Charité et aux pauvres de l'hôpital général — 11 novembre. Lors du *décrit* des monnaies, le syndic perd 6 l. 19 s. 9 d. sur 41 écus, 3 louis d'or et demi et 5 pièces de 8 sols. — 2 décembre. Le syndic perd pour le *déchet* des monnaies arrivé le 1 dud. mois, 16 l. 5 s. — 1715. 4 l. 16 s. 9 d. de perte pendant le mois de décembre 1714, par la diminution des grands et petits sols. — Les curés feront savoir par prônes que les habitants de la ville et faubourgs prennent garde de ne pas loger de pauvres vagabonds, faute de quoi ils seront tenus de les nourrir. — Le Marois, procureur du Roi de police, ayant proposé qu'il serait fort utile de renfermer les pauvres vagabonds, l'évêque et les administrateurs proposent la tour de St-Vigor-le-Petit. — On publiera défense de mendier dans la ville et faubourgs, avec défense de donner l'aumône aux portes, dans les rues et dans les églises; s'il y a quelque pauvre originaire qui veuille entrer à l'hôpital général, il y sera reçu. — Amortissement de rente par M. de Saint-Quentin. — Dépôt sur le bureau de 25 écus valant présentement 75 sols, qui avaient été remis sur le pied de 4 livres chacun; on décide de les remettre, pour sauver le déchet qui arrivera à la fin du mois (mai). — Vu tous les bienfaits dont l'évêque de Nesmond, mort le 16 juin, a comblé la maison, on lui fera un service solennel dans la chapelle de l'hôpital. — On mettra un piqueur pour observer les ouvriers qui travaillent au bâtiment du bureau. — L'aumône de M. de Nesmond, 1200 livres par an, cessant par son décès, le bureau sera incessamment en nécessité, eu égard au grand nombre de pauvres qui y ont été nouvellement renfermés après la cessation de la mendicité ; néanmoins le syndic ayant appris que l'évêché est chargé d'une aumône de 18 boisseaux de froment la semaine, réduits en pain, pour les pauvres de la ville et faubourgs, si cette aumône était délivrée, le bureau pourrait tenir les choses en état; sans cela la mendicité va recommencer, d'autant plus qu'on sera forcé de mettre une partie des pauvres dehors; autorisation d'agir contre l'économe séquestre. — Adjudication de la ferme du mesurage des blés. — 1716. Lors de l'augmentation des espèces, arrivée le 28 décembre 1715, le syndic était saisi de 44 écus 1/2 dont l'augmentation est de 22 livres 5 sols. — Réception de François Bunouf, commis au greffe du bailliage, à la charge de receveur des revenus des biens de l'hôpital des valides. — Amortissement de rente par Alain Morant, provenant de fieffe du clos St-Crespin, paroisse St-Vigor, transportée par les maîtres cordonniers de Bayeux à Pierre Tallevast, et par lui à Mme de Clinchant, qui en a fait cession au bureau. — Projet d'établissement d'une manufacture de serge de laine, sous la direction de M. du Mesnil-Guérin. — Le syndic autorisé à faire accommoder une des petites salles placées dans la cour du pressoir pour recevoir et tenir enfermées les filles de mauvaise vie, qui seront reçues dans la maison conformément à la fondation de Mme La Motte de Saint-Martin. — 100 livres pour faire un arc-boutant pour soutenir le pignon de la maison des sœurs des écoles charitables. — Construction d'un mur pour faire séparation du jardin des sœurs de la Providence. — 1717. Le syndic met sur le bureau le compte de la dépense faite pour achever le bâtiment commencé par l'évêque de Nesmond. — Vu la négligence d'Henri Le François, archer des pauvres, qui n'a pas satisfait aux ordres qui lui ont été donnés d'empêcher la mendicité de plusieurs hommes et femmes qui demandent l'aumône, plus par habitude et fainéantise que par nécessité, on le congédie. — Testament de Mlle Geoffroy. — Service dans la chapelle de l'hôpital général pour feu M. de La Richardière Le Lorier, administrateur de l'hôpital général, pour les bons services qu'il a rendus depuis longtemps aux pauvres. — Les gardes de la porte de St-Georges de Bayeux ayant forcé un marchand de La Cambe de payer les droits d'entrée de bas qu'il venait d'acheter au bureau, on en parlera à l'adjudicataire du tarif pour arrêter cette innovation et cette exaction. — Savary autorisé à faire travailler à rempater le gable de l'ancienne église de St-Georges et à employer pour cela la pierre que le feu sieur de La Richardière avait fait apporter. — L'évêque de Nesmond donnait 28 boisseaux de sel blanc provenant des salines de Neuilly, appartenant à l'évêché, dont 20 pour le bureau, 4 pour les sœurs de la Charité, 4 pour celles de la Providence; cette quantité fut encore donnée l'année précédente par Le Dard, agent du Cardinal de La Trémouille, évêque de Bayeux; on obtient la continuation de cette libéralité, etc.

H. Suppl. 1131. — H. E. 7. (Registre.) — Moyen format, 93 feuillets, 1 pièce intercalée, papier.

1718-1720. — Délibérations. — « Registre des as-« semblées du bureau des pauvres valides. » — 1718. Bail à fieffe des biens des pauvres sis à Neuilly. — Délégations pour visiter des personnes à admettre à l'hôpital. — Adjudication de rente de la constitution du sieur de Bricqueville, fils puîné, à la caution solidaire du comte de Bricqueville, son père, et du seigneur de Rochefort. — Donation entre vifs au bureau par Charles Genas, ancien curé de Fresnay-Le-Crotteur, sur une maison près l'église de la Madeleine, à condition de recevoir Marie Démares, sa nièce, pour la nourrir et entretenir le reste de sa vie, à charge de lui payer deux sols par semaine pour l'engager à travailler. — Le syndic a reçu de Thomas Jacquelin, notaire de Trévières, 100 livres, prix du dédit d'une compromission faite entre lui et le curé de Bernesq pour un procès qu'ils ont l'un contre l'autre. — 18 avril. Le chantre représente que la veuve de Robert Duclos, de St-Exupère, est demeurée chargée de 8 petits enfants, qu'il lui est impossible de faire subsister, et que lad. veuve est nièce des sœurs Jammes, qui ont longtemps gouverné l'hôpital et lui ont donné en mourant presque tout ce qu'elles avaient de bien ; il propose de faire quelque aumône à lad. veuve, très pauvre, pour l'aider à faire étudier ses enfants d'une manière convenable à l'état de son mari ; elle recevra 2 boisseaux de blé par mois jusqu'à Pâques prochain. — Nomination de Jacques Le Gris, de St-Exupère, comme archer des pauvres; il lui sera fourni une casaque bleue, une hallebarde et une bandoulière, qu'il rendra en cas de déposition. — L'abbé de Pibrac, président, ayant représenté qu'il y a dans la ville une famille de qualité composée de 8 personnes, qui est dans un grand besoin, on lui délivrera 2 boisseaux de blé par mois pendant un an. — Envoi en possession de rente à prendre sur Jean-François de Bricqueville, chevalier, seigneur de La Luzerne. — Sur les 7 louis de vieille espèce, le syndic a perdu 15 l. 6 s. 6 d., savoir 14 livres par la diminution des espèces, et 26 sols 6 d. sur le poids de l'or. — L'archer des pauvres chargé d'empêcher la mendicité et d'arrêter les pauvres mendiants, a demandé de lui faire mettre un boisseau à la halle à blé entre les mains pour en percevoir les droits, n'ayant accepté sa commission qu'à cette condition; délibération favorable; il se retirera à cet effet devant M. du Martel. — Lors de l'augmentation des monnaies arrivée le 1er juin, les pauvres gagnent 163 l. 8 s. 6 d. — Déposition de Jacques Le Gris, archer des pauvres. — Amortissements de rente par Mme d'Elleville Philippe et par M. de Vaux Hermerel, vicomte. — Savary est autorisé à donner 20 s. par mois, jusqu'à nouvel ordre, à la nommée Scelle, de St-Sauveur, pour aider à la subsistance d'un enfant naturel, dont elle s'est volontairement chargée, après la mort de la mère. — Droit de 18 boisseaux de froment sur l'évêché; réclamation à l'agent du cardinal de la Trémouille de paiement des arrérages dus depuis le 1er juillet 1716. — Réception du nommé Michel Ange, pauvre enfant âgé de 9 ans, proposé par Mme du Vigney pour être reçu au bureau pendant 3 mois. — Amortissement de rente par Thomas Gouet, écuyer, de la paroisse de Surrain. — Néel et de Murasson priés de faire la quête accoutumée dans le temps des fêtes de Noël, pour les pauvres de la ville; et parce que les besoins des pauvres sont considérablement augmentés, et qu'il y a apparence que cette quête ne suffirait pas, on distribuera les dernières 300 livres données par le cardinal de la Trémouille, pour supplément de l'aumône en pain due par l'évêché, aux différents quartiers, de concert avec les dames de la Charité et les chanoines et curés qui ont soin des quartiers. — 1719. Le syndic remet sur le bureau son compte de l'année précédente, avec les pièces justificatives de la sœur de St-Benoit, et de la sœur Marie Guérin, de la Charité; M. de Murasson et le curé de St-Martin feront leur rapport à la prochaine assemblée. — Fieffe de la ferme de la Hénaudière. — Jean Duchemin, dit Les Jardins, originaire du Hâvre, sortant des Invalides, est reçu comme archer; il demeurera au bureau, sera nourri et blanchi dans la maison, aura une casaque, un chapeau et une paire de souliers par an, et recevra 50 l. par an, soit par le revenu d'un boisseau de la halle à blé, soit par le bureau; il veillera dans la ville et faubourgs pour empêcher la mendicité et faire ce qu'il conviendra pour chasser les vagabonds et arrêter les autres, même travailler au jardin du bureau dans les temps qu'il conviendra, et faire valoir le boisseau s'il y a lieu. — Constitution de rente par Mme de St-Simon. — Il n'a pas été fait de retraite de vieilles gens, en exécution de la fondation de M. de La Vieille, à raison des réparations qui ont consommé une partie du fond. — L'abbé Dufour, grand archidiacre de Bayeux, satisfait à la sentence du bailliage rendue sur la poursuite de l'abbé Le Vaillant, syndic du bureau, exécuteur du testament de Barthélemy Fleuret, ancien maître d'hôtel de l'évêque de Nesmond, portant que led. Dufour se dessaisirait entre les mains de Le Vaillant de 6,000 livres pour par le bureau payer annuellement à un maître d'école, qui sera nommé par l'archidiacre de Bayeux, 200 l. de gages pour instruire gratuitement les garçons des pauvres et autres charges portées aud. testament du 1er novembre 1718. Led. Dufour a également payé 1,000 livres, léguées par led. Fleuret aux Augustins, 200 l. léguées pour des ornements à l'église St-Sauveur, 50 l. aux Capucins, 500 l. à l'hôtel-Dieu de Reuilly en Berry, 50 l. aux Cordeliers de Bayeux. — Le bureau paiera 2 boisseaux de blé achetés par les sœurs de la Charité pour l'augmentation des pauvres malades, sur le prix de 4 l. 8 s. qu'ils ont coûté; au lieu de 2 boisseaux par semaine, on leur en délivrera 3 pendant 1 mois. — Constitution de rente sur Charles Marguerie, écuyer, sieur de St-Côme. — 25 livres données par M. du Manoir, maire, en reconnaissance de ce que les pauvres ont assisté à l'inhumation de sa femme. — 14 l. 10 s. donnés par le chanoine de St-Martin en reconnaissance de la nourriture et de l'assistance qu'on a donnée à un pauvre garçon qui a été taillé. — 17 décembre. Le syndic dit que par la diminution des espèces il y a perte de 58 l. 14 s. sur 293 écus et demi et 15 l. sur 15 louis d'or; il prendra des billets de banque, autant que faire se pourra, pour les espèces dont il est saisi, et sur lesquelles il y aurait à perdre. — Testament de l'archidiacre de Caen, en faveur des pauvres de Bayeux, du Locheur et de Caligny; difficultés en raison des dettes; après transaction, il reste pour les pauvres 100 pistoles, dont le tiers pour Bayeux. — Paiement par M. de La Bretonnière Cornet de 2,600 livres pour amortissement de 150 livres de rente par lui dues au bureau, du nombre des rentes des consistoires. — 1720. Aumône extraordinaire de M. de Lorraine, évêque de Bayeux. — Mmes Suhard, de Berrolles et d'Anisy représentent que dans les quartiers dont elles ont pris soin jusqu'alors, il ne leur est pas possible de pouvoir assister les pauvres sans un secours extraordinaire, attendu la grande quantité des pauvres et le prix excessif des blés; distribution de blé; on prend 1,000 livres sur la donation Dufour. — Amortissement de rente par le comte de Vassy; placement en billets de banque. — 28 janvier. Augmentation de 30 sols par écu, et de 9 livres par louis d'or; sur un autre louis, de plus ancienne fabrique, valant ci-devant 19 l. 12 s., il y a augmentation de 5 livres; au total 287 livres de boni. — On s'occupe d'enfermer plusieurs filles de mauvaise vie et vagabondes; on fera accommoder deux petits cabinets dans un appartement placé dans la cour des femmes, pour en recevoir 4. — M. de Murasson, scholastique. et Le Marois, doyen de la Chrétienté, chargés de visiter une personne recommandable, qui a rendu des services considérables aux pauvres et se trouve dans le besoin ; ils lui donneront ce qu'ils jugeront lui falloir. — Amortissements de rente par M. de Meuvaines, Huc de Mathan, Samuel de Magneville, écuyer, sieur du Ronceray, et M. de St-Côme-Marguerie. — L'évêque a chargé le syndic de donner aux sœurs de la Charité 25 livres par semaine pour l'assistance des pauvres malades, dont le nombre a considérablement augmenté. — Lettre de l'intendant Guynet pour faire faire un devis des augmentations de bâtiments nécessaires à élever dans l'hôpital général pour y loger 200 pauvres par augmentation et les y nourrir. — De Josset, sous-doyen, 500 livres pour aider à l'établissement de la manufacture qu'on a l'intention de faire à l'avantage de la ville et des pauvres. — Lecture de la lettre du garde des sceaux à l'intendant Guynet : le nombre des pauvres qu'on devait enfermer aux dépens du Roi doit être restreint à 100, au lieu de 200. L'évêque de Bayeux, M. de Lorraine, est prié de représenter que le nombre des pauvres de la ville et faubourgs est de 1200 ; demande de faire maintenir le chiffre primitif pour faire cesser la mendicité. — Peschard, supérieur de l'hôpital général des malades, a mis sur le bureau un mémoire concernant l'état de l'hôpital général aux fins de lui être pourvu des secours sur les besoins pressants des pauvres malades. — Reception de Néel, archidiacre des Vez, de 200 l. du nombre des sommes léguées aux pauvres par Dufour; l'évêque a ordonné que lad. somme serait employée à l'augmentation de la marmite que les sœurs de la Charité font pour les malades. — Contestation avec le marquis de Dampierre pour le testament de l'abbé de Francqueville. — La rente due à la dame de Lorme, sœur de la Providence établie à Neuilly pour les petites écoles, est demeurée éteinte par son décès ; il reste à la charge du bureau 10 l. de rente pour l'entretien de la maison qu'a fait bâtir à Neuilly l'évêque de Nesmond pour le logement de la sœur de la Providence qui tient les petites écoles aud. lieu. — Examen des titres qui ont donné lieu à la nomination de 2 pauvres des paroisses de Neuilly, Cartigny, Airel et Les Oubeaux ; l'évêque de Nesmond a stipulé, par le don qu'il a fait d'une terre à Neuilly, que les évêques ses successeurs seraient fondateurs et bienfaiteurs et qu'ils auraient droit de nommer 2 pauvres desd. paroisses dans le bureau à sa volonté. — Amortissement à l'abbé de Pibrac, doyen, par les mains de M. de Bigardière, chapelain de St-Nicolas, porteur de sa procuration, de 15 l. de rente par 3 billets de banque de 100 livres. — Amortissements de rente par Paul du Vivier, écuyer, sieur des Londes, Robert Morin, écuyer, sieur du Lorier, héritier de M. du Vigney. — 29 septembre. Pour éviter l'amortissement que voulait faire Mathieu Lucas, ancien lieutenant de la mairie de Granville, de 250 l. de rente hypothéquée au denier 20, au moyen de 5 billets de banque de 1,000 livres, lesquels billets étaient en état de périr le 1er octobre, il a été sollicité de trouver un moyen qui leur fut plus avantageux, eu égard au grand nombre de billets de 1,000 livres dont ils sont saisis provenant du remboursement des rentes hypothéquées : led. Lucas a à Surrain 150 l. de rente foncière; il offre de les déléguer aux pauvres si avec les 5,000 livres de fonds dont il est saisi, on lui donne 2 autres billets de 1,000 livres ; proposition acceptée ; lesd. 150 l. de rente seront prises sur Jean-François de Marguerie, curé de Surrain, etc. — Constitution au denier cinquante à Jacques-Bonaventure de Pierrepont, écuyer, seigneur de St-Lambert, pour lui et Pierre de Pierrepont, son frère, demeurant à Neuilly l'Évêque, de 10,000 livres en billets de banque. — En exécution des ordres de l'évêque, le syndic a remis entre les mains du chanoine de Merville, secrétaire de la chambre ecclésiastique du diocèse, tous les billets de banque de 100 livres appartenant aux pauvres, pour être constitués au denier 50 sur le Clergé, et à M. du Breuil du Boscq, receveur des tailles, 14 billets de banque de 1,000 livres pour être constitués sur les recettes générales du Roi.

H. Suppl. 1132. — II. E. 8. (Registre.) — Grand format, 94 feuillets, papier.

1721-1728. — Délibérations. — 1721. Les frais funéraires de la sœur St-Lambert s'élèvent à 32 l. 15 s. — La dame St-Sauveur, supérieure des sœurs de la Charité, expose que les revenus des petites filles qu'elles instruisent et font travailler chez elles « est dépéris par « les billets de banque » ; demande aux administrateurs de leur faire part des charités destinées pour la subsistance des pauvres. — Legs de 50 l. par Mlle de Milière. — Bannie de biens à Commes. — Proposition par l'évêque d'échanger la maison qu'occupent présentement les sœurs grises (sœurs de la Charité), contre celle qui leur appartient par leur contrat, située dans l'enceinte du bureau. — L'évêque arrête qu'il sera ourni 10 l. à Guillaume Le Bas, pauvre sorti du bureau, pour l'aider à gagner sa vie. — Gaugain, ancien curé de Rucqueville, sera reçu au bureau. On lui donnera une chambre dans la maison où était la sœur St-Lambert; on lui fournira un pot de cidre par jour et la nourriture des sœurs; il ne pourra sortir sans permission de l'évêque; l'hôpital recevra une pension de 150 livres. — Arrêt du Conseil qui pourvoit à la subsistance des hôpitaux de la généralité. — Réparations à la maison des sœurs de la Charité. — 1722. Bunouf, receveur, fera signifier l'ordonnance de l'intendant Guynet aux abbayes et prieurés ci-après pour les obliger de donner leur déclaration des aumônes publiques auxquelles lesd. maisons sont sujettes : Mondaye, Longues, St-Gabriel, Deux-Jumeaux, St-Vigor, St-Nicolas de la Chesnaye, Cerisy, Pierre-Solain, Cordillon. — Réception au bureau de Joseph, fils naturel du sieur de Cairon, de St-Germain d'Ectot, attendu sa demeure dans la ville depuis sa naissance. — Nomination de M. de Préville, curé de St-Exupère, aux fonctions de syndic, en remplacement de Le Vaillant, théologal. — Il sera pris un archer pour arrêter les pauvres et empêcher la mendicité, aux gages de 100 l. par an; il recevra une casaque bleue tous les 2 ans, 1 paire de souliers par an avec une bandoulière. — Compte de la sœur Potbier, chargée de la manufacture de dentelles. — Baucher, bourgeois de Bayeux, nommé sous-syndic en remplacement de Savary. — Fermages de la terre de la Bocquerie. — Requête à l'intendant des sœurs de la Charité établie pour le secours des pauvres malades de la ville et faubourgs de Bayeux, représentant qu'il y a beaucoup de pauvres malades auxquels elles ne peuvent fournir les secours nécessaires pour rétablir leur santé ; les administrateurs leur fournissent la viande nécessaire pour faire les bouillons, à cet effet elles recevaient 200 l. de viande et 4 boisseaux de froment par semaine; on a réduit depuis 1 an ou 2 la viande à 100 livres et le froment à 2 boisseaux, ce qui n'est pas la moitié du nécessaire, etc. — Obligation de M. de Servigny, président au présidial de Coutances, au bénéfice des pauvres. — *La Musiquette* et sa fille seront renfermées au bureau pour faire cesser le scandale qu'elles causent depuis longtemps. — Germaine, femme de François Le Paulmier, et son fils, seront enfermés au bureau pour correction de vie et de mœurs; on les enfermera dans les loges, en cas de nécessité. — Jean-Baptiste du Boscq, vicaire de St-Jean, nommé chapelain, en remplacement de Le Fillastre, nommé à la cure de St-Germain. — 1723. Liquidation des billets de banque, s'élevant à 20,030 l. — Don par M. du Breuil de 180 l.

dont 80 l. particulièrement pour assister les pauvres honteux de la paroisse St-Jean. — Les sœurs de la Charité fourniront les pauvres malades de bouillon et de viande; chaque portion est réglée à 1/2 livre de viande et 1/2 livre de pain. — Quête faite par Mme Subard pendant les 3 jours gras, 111 l. 9 s. 4 d. — On verra Hamon, supérieur du séminaire, pour faire continuer la marmite aux sœurs de la Charité, pour le bien des pauvres malades qui ont manqué par la cessation que les sœurs en ont faite. — Refus par les sœurs de la Charité de recevoir les avertissements du bureau pour les malades ; les directeurs ne fourniront plus le bouillon, la viande et le pain que pour les pauvres qui leur seront indiqués par les curés. — Assignation aux abbé et religieux de Longues pour voir ordonner que la moitié des aumônes publiques auxquelles ils sont sujets sera adjugée aux pauvres des hôpitaux. — On paiera aux sœurs de la Charité 20 l. par an pour une fille qui les aide. — Le meunier des moulins du chapitre à Vaux-sur-Aure demande à continuer de moudre pour les pauvres de l'hôpital. — 1724. Le chanoine de Port expose qu'une femme de la paroisse des Loges, vit avec un grand scandale aud. lieu avec un particulier des environs, que le mari s'est plaint et les a fait décréter de prise de corps; le mari voudrait bien payer la nourriture de sa femme si on voulait lui faire le plaisir de la renfermer dans l'hôpital ; on décide de l'enfermer dans une des loges en payant 50 l. par an, jusqu'à ce qu'il soit arrêté autrement. — Mme de Castilly fait recevoir au bureau une petite fille élevée dans la R. P. R. pour lui apprendre à travailler et les exercices de la religion ; on se passe à 30 l. par an, eu égard à ce qu'elle commence à travailler et aux services rendus par lad. dame aux pauvres. — Quittance de Pierre-Daniel Piédoue, chanoine de St-Martin de la cathédrale de Bayeux, pour indemnité due à sa prébende en raison de la vente par Hamon, chanoine de Feuguerolles, de rente pour fieffe de fonds sis paroisse de St-Martin-des-Entrées, relevant des fiefs de sa prébende. — Constitution de rente sur M. et Mme d'Argouges au denier 18. — L'évêque représente une lettre de MM. d'Acqueville et de Lépinay de Montigny, concernant les sœurs de la Providence étant dans le petit bureau pour l'instruction et le travail des pauvres filles de la ville et faubourgs. Elles n'ont que 120 l. chacune par an et ne peuvent subsister à cause de l'excessive cherté des denrées ; on leur fournira pour un an un supplément de 30 livres. — Du Boscq, chapelain ordinaire du bureau, choisi pour servir de secrétaire pour tenir les registres et entretenir la correspondance; il aura pour appointe ments, frais de papier, plumes et encre, 200 l. par an. — Il sera fourni par l'hôpital général 2 basses couches pour mettre dans l'hôpital de devant l'Hôtel-Dieu, en vue des femmes prêtes d'accoucher. — La dépense des sœurs de la Charité pour fournir de la soupe avec 1/2 livre de viande et 1/2 livre de pain sur les billets des curés, se monte à plus de 3.000 livres pour 1724. L'hôpital a beaucoup de peine à se soutenir en fournissant une aussi grosse dépense, lesd. sœurs ne fournissant plus de pain. — 1725. Rente sur les tailles. — Legs du chanoine de Thanis. — 1726. Députation à l'Intendant pour lui représenter les besoins pressants de la maison. — L'économe Baucher représente qu'il n'a pu trouver d'argent à emprunter et qu'il n'y a pas au bureau de provisions pour faire subsister les pauvres qui sont en si grand nombre; jusqu'à nouvel ordre on ne délivrera de blé que pour les pauvres qui sont à l'hôpital. — Legs de M. de Vaux Subard. — 1727. Procès en Parlement de Rouen entre Marc-Antoine d'Hermerel, écuyer, sieur du Martel, seigneur et patron d'Agy, St-Léonard, St-Germain de Noron, châtelain d'Hermanville, lieutenant général de police, et Olivier Godard, sieur d'Isigny, lieutenant général, concernant l'entrée dud. d'Hermerel aux séances du bureau des hôpitaux. — Sur la représentation de la dame St-Benoît que dans les dortoirs des filles et des femmes il se passe des abus qu'on ne peut éviter, faute de personnes attentives à régler ces pauvres filles et femmes, et qu'il serait avantageux de faire coucher deux sœurs pour en prendre soin, on décide de faire une fermeture dans chaque dortoir pour y mettre un lit et y faire coucher une sœur. — Procès des aveugles de l'hôpital contre l'abbé de Pibrac qui a prétendu s'attribuer la nomination des deux chapelles dépendant de l'hôpital, à cause des aveugles de St-Gratien. — Réception d'une ordonnance de l'Intendant de 2,272 livres. — 1728. Constitution de rente à prendre sur M. de Saint-Amador. — Sur la plainte que St-Martin, de St-Laurent, occasionne la débauche des cavaliers de la garnison, ordre à Dupont et Hébert de l'arrêter et conduire à l'hôpital général pour être nourri au pain et à l'eau; de même pour la Béatrix et la fille de La Lande. — Rente due par Pierre Béatrix, écuyer, sieur des Perrelles. — Démission des fonctions de chapelain et secrétaire de l'hôpital général St-Gratien, par Du Boscq, nommé curé de Cricqueville; nomination de La Fontaine, ancien vicaire desservant la paroisse de Castilly, à charge pour lui de se faire approuver par l'ordinaire; refus des grands vicaires de lui donner leurs pouvoirs, ceux-ci ayant donné commission à Verson, prêtre. — Quelques-uns des administrateurs étant absents et les présents ayant rapporté que les grands vicaires empêchent par leurs menaces les personnes sur lesquelles on aurait pu jeter les yeux pour dire les messes au bureau, on remet à huitaine. — Fondation de rentes au bénéfice des pauvres filles qui seront reçues à la manufacture de dentelles des sœurs de la Providence, pour leur fournir gratuitement fils, ustensiles et autres choses pour commencer à apprendre à travailler; si la manufacture de dentelles vient à tomber, on employera la rente à donner à de pauvres familles réduites à la pauvreté par les maladies ou les pertes de leurs moyens sans leur faute.

II. Suppl. 1133. — II. E. 9. (Registre.) — Grand format, 72 feuillets, 1 pièce intercalée, papier.

1728-1735. — Délibérations. — « Registre des assem-« blées du bureau des pauvres valides de la ville de « Bayeux, *Orphano tu eris adjutor.* »—1728. Les vicaires généraux, le siège vacant, ayant refusé les pouvoirs et l'approbation aux sujets nommés par le bureau pour desservir la chapelle de St-Gratien de l'hôpital, disant qu'ils ne les seconderaient pas, au mépris de la commission par eux donnée à Verson, prêtre, pour desservir lad. chapelle, quoique cependant ils aient accordé à l'un d'eux les pouvoirs pour tout le diocèse à l'exception de l'hôpital, et sur les plaintes réitérées faites au bureau, que les pauvres manquent de messe presque tous les jours, on décide, pour faire cesser le scandale, que les vicaires généraux seront assignés sur le trouble par eux apporté aux droit et possession qu'a le bureau de nommer un chapelain pour desservir lad. chapelle. — 1729. Compte de François-Philippe de Saint-Vallier, receveur des droits des pauvres aux entrées sur les boissons à Bayeux, du 1 octobre 1726 au 30 septembre 1727. — Les administrateurs ayant reçu plusieurs plaintes de la part des pauvres du peu d'attention qu'on avait pour eux, par rapport à leur nourriture, leur éducation et leur entretien, et s'étant d'ailleurs aperçus qu'il y avait peu d'ordre dans le bureau, ont bien voulu en prendre le soin : M. du Martel se charge de veiller à toutes les provisions, M. Duhamel, à la nourriture, entretien et autres soins, même de veiller à empêcher dans la ville la mendicité, M. Le Marois, aux ouvrages des pauvres, M. d'Isigny, lieutenant général, de faire payer les revenus et veiller aux réparations des fermes, M. Le Marois, curé de St-Martin, de veiller à leur éducation et conduite. — Réception d'un enfant sur la demande des religieuses de Cordillon, qui paieront 30 l. par an.—260 livres aux sœurs de la Charité, sur leur demande, pour acheter des drogues. — Bannie au rabais de la continuation de l'aile du bâtiment vers le couchant, situé au bout de réfectoire des hommes, adjugé à Gabriel Blancagnel, de Bayeux. — Baucher représente à l'assemblée qu'il n'a pas de fonds pour satisfaire au paiement des ouvriers qui travaillent au nouveau bâtiment.—Sur les plaintes portées contre Pierre Maloisel, toilier, et Thomas Cliquet, de ce qu'ils ont passé par-dessus les murs pour aller voler des fleurs dans le jardin du feu sieur de Landeville, et de ce qu'ils découchent souvent du bureau et même font faire des bas et autres choses des matières du bureau, pour les employer à leur usage, lesd. faits étant demeurés constants, il a été arrêté qu'ils seront enfermés pendant 8 jours au pain et à l'eau, après quoi sera pourvu, le tout par forme de correction; à l'assemblée suivante, Maloisel est chassé de la maison comme mauvais ouvrier, n'ayant point travaillé ni rempli son devoir, étant d'ailleurs de mauvaise conduite et n'ayant fait que 80 aunes de toiles environ depuis 9 mois; par grâce, il est arrêté qu'il lui sera payé 12 livres pour son travail.—Aumône de 100 livres par feu M. du Breuil, payée par M. de Beaumont, receveur des tailles, son fils.— Augustin Lequesne, de Cerisy-l'Abbaye, reçu dans la maison pour aider à soulager les pauvres et travailler au jardin, sur son offre d'apporter ses meubles et effets avec 60 livres par an. — Sur les plaintes portées à l'assemblée par les curés de la ville, et notamment celui de St-Patrice, que les sœurs de la Charité refusent les secours aux pauvres de leurs paroisses, sans avoir égard aux billets qu'ils leur envoient, il a été délibéré, en renouvelant les anciens règlements, que lesd. sœurs donneront le bouillon et les secours ordinaires aux pauvres sur les simples billets qui leur seront envoyés par les curés; l'évêque ordonne la comparution des sœurs au bureau. — 1730. 200 l. aux sœurs de la Charité pour acheter des drogues, du lard et autres *minucies*. — Mendiantes détenues au bureau jusqu'à nouvel ordre en correction, au pain et à l'eau. — 260 livres aux sœurs de la Charité pour acheter à la foire de Caen, selon la coutume, les drogues nécessaires aux pauvres. —Bail des herbages de Neuilly, dépendant des pauvres, pour 220 livres.—Épileptiques mis hors du bureau. — Jeanne Grante, femme de Jean Doublet, de Mosles, demeurant à Mandeville, amenée par les cavaliers de la maréchaussée, ayant déclaré à l'assemblée qu'elle s'est présentée chez le s.r de Colignon, pour le prier de la mettre au bureau avec 3 de ses enfants, ce qu'il a fait, vu le grand nombre des pauvres qui sont au bureau et qu'il n'y a de lits suffisants, vu même qu'il semble qu'un semblable procédé est contraire à la déclaration du Roi au sujet des mendiants, on les met en dehors. —A l'assemblée tenue extraordinairement le lundi 17 juillet 1730, au palais épiscopal, présidée par l'Évêque, ont comparu Campagne, chantre de la cathédrale, Morel, chanoine de St-Pierre, M. de Marigny, procureur du Roi, Le Marois, procureur du Roi de police, les curés de St-Sauveur et de St-Ouen-des-Faubourgs, les sieurs du Molay et de Saint-Cellerin, gentilshommes, Gosset et Marie, notables bourgeois; l'Évêque a représenté qu'il a remarqué que trop peu de personnes assistent aux assemblées tenues pour l'administration de l'hôpital; les personnes spécifiées par les statuts de l'hôpital n'y assistent pas à cause de la prétention des lieutenants généraux du bailliage, de présider en l'absence de l'Évêque; les autres directeurs se sont retirés pour éviter les contestations; arrêt du Conseil d'État ordonnant que le grand vicaire présidera en l'absence de l'Évêque, et qu'il n'y aura dans l'assemblée aucune préséance entre les directeurs; transcription dud. arrêt. En marge : M. d'Isigny, lieutenant général, s'étant pourvu par opposition, en 1749, contre l'arrêt, il a été débouté lad. année.—Le Breton, chanoine de Port, nommé syndic.—On s'informera quel est le titulaire de la chapelle de St-Vigor-de-Justice, pour l'obliger à payer à l'hôpital 20 l., somme à laquelle l'évêque de Nesmond avait estimé les messes dont il fit la translation à l'hôpital général. — Sur le refus de M. d'Isigny, lieutenant général, de représenter la 3ᵉ clef des archives, dont il est saisi, on fait lever la serrure par un serrurier; on en fera faire une autre qui sera déposée entre les mains du syndic. — L'archer chargé d'arrêter les pauvres mendiants dans la ville, à l'aide de La France, qui sera payé de 15 sols par capture; ils seront conduits à l'hôpital général et y seront reçus au pain et à l'eau. —On rend à Thomas Liard son fils aîné, pris mendiant; le père a promis de le garder et empêcher de mendier, à peine de 30 l. d'amende applicable à l'hôpital.—1731. Jean Pluquet, charpentier, de Manvieux, s'oblige de fournir tout le bois nécessaire pour la charpente et le bois des planchers du bout du bâtiment neuf de l'hôpital général, de le travailler et placer sur le lieu, conforme à l'ancien bâtiment, moyennant 2,450 l. plus 10 l. de vin.— Compte de François-Philippe de Saint-Vallier, receveur des droits des pauvres sur les boissons des entrées de Bayeux.— Donation aux pauvres par Thomas Bernesq, chanoine de Feuguerolles en la cathédrale de Bayeux, de 4,200 l. dont il recevra pendant sa vie 220 l. d'intérêt ; après sa mort, partie sera employée à une rente pour la Providence.—Visite de la maison des sœurs de la Providence qui menace ruine. — Adjudication au rabais de la couverture à faire en ardoise fine sur le bout du bâtiment de l'hôpital général , moyennant 28 sols par toise , en fournissant les matériaux en place.— Deux filles dénoncées par le curé de St-Laurent pour être des filles publiques et débauchées , chassées de Rouen par le Premier Président, revenues à Bayeux où elles continuent à scandaliser la paroisse, seront arrêtées et conduites chacune dans une loge de l'hôpital, pour y être retenues en correction jusqu'à nouvel ordre. — 1732. L'évêque ayant représenté que les gages du chapelain sont trop modestes, on unit à sa charge celle de greffier ; le chapelain , outre ses gages de 200 livres, recevra 100 livres pour le secrétariat ; Le Vannier, secrétaire, sera remercié de son zèle, les administrateurs ne s'étant portés à cet arrangement que pour diminuer les charges de l'hôpital et procurer le bien du spirituel des pauvres. — Le 17 février, l'assemblée renvoyée, deux personnes seulement s'y étant trouvées.— Halley, procureur aux bailliage et vicomté de Bayeux , reçu receveur de l'hôpital, sans rétribution. — 19 avril. Ayant été proposé à l'assemblée d'introduire les sœurs de la Charité dans l'hôpital général pour avoir soin des pauvres suivant leur institut, l'assemblée trouve que l'exécution de ce projet est très utile pour le plus grand bien des pauvres ; Crepel, échevin, est chargé d'écrire pour demander copie des contrats et actes portant les conditions de leur admission au gouvernement de l'hôpital général d'Eu. —3 petites filles de Madeleine Guilbert, de St-Jean, reçues au bureau pour un mois, afin de faciliter à leur mère le moyen de gagner quelque chose pour payer sa maison.—L'Évêque mande que la supérieure générale des filles de la Charité demande qu'elles ne soient obligées de recevoir aucune fille débauchée ; on décide d'expulser celles qui y sont ; les sœurs n'auront pas la faculté de faire faire toile, étoffe ou autre ouvrage, que pour l'intérêt des pauvres, etc.— Onfroy, économe, représente que la tour de dessus la chapelle est en état de corruer.— Adjudication des portes et croisées à faire au bâtiment neuf de l'hôpital. — 5 octobre. L'assemblée renvoyée, il ne s'y trouve personne. — 2 novembre. Il sera envoyé à la supérieure des sœurs de la Charité de Paris, 900 l. pour les voyages, hardes, linges et ports de paquets des 6 sœurs envoyées à Bayeux, plus 90 l. pour les frais et délivrance du contrat passé avec elles.—1733. 4 janvier. La sœur Marguerite Cauvin, fille de la Charité, envoyée à Bayeux pour être supérieure de l'hôpital général , et les autres sœurs qui y entreront avec elle, pour l'administration du dedans de la maison, ainsi que pour l'administration des pauvres malades de la ville et faubourgs, seront mises en possession de l'hôpital le lendemain. — Fermes de Commes bannies. — 20 sous par jour à la femme et au fils de Bethon, vitrier, pour peindre les portes et fenêtres du bâtiment de l'hôpital général ; on leur fournira les drogues nécessaires à cet ouvrage. — Protestation de Le Marois, procureur du Roi de police, contre la réception, pour 3 mois, d'une petite fille de 3 ans ; c'est une entreprise faite contre l'institut de l'hôpital général, les pauvres n'y doivent être reçus qu'après 7 ans, âge convenable pour l'instruction spirituelle et corporelle ; on n'a dérogé à cet usage qu'en faveur de de l'Hôtel-Dieu, pour les enfants trouvés, qui y sont reçus à 6 ans seulement.—Bail d'une petite ferme sise à Sully, moyennant 40 livres.— 1734. Signification aux gardes de chaque corps de métier de l'arrêt du Conseil et lettres patentes de 1721 et 1724, concernant les droits dûs à l'hôpital par les particuliers se faisant recevoir maîtres. — Examen du compte rendu par Hallé, receveur du bureau, de sa recette et dépense pour 1733 : recette, 11,150 l. 16 s. 9 d., plus 5 boisseaux de froment ; dépense, 9,723 l. 18 d. 9 s. et 5 boisseaux de froment.—Françoise Le Vacher, aveugle admise à l'hôpital dans la confrérie de St-Gratien, spécialement établie pour les aveugles. — 29 mai. On fera la visite des pauvres de l'hôpital général afin de décider sur le nombre qu'on pourra congédier, et mettre par là ceux qui resteront en état de subsister des fonds restant aud. hôpital, attendu qu'il y en a actuellement plusieurs qui étaient autrefois à la solde du Roi et que le Roi a cessé de rien accorder aux hôpitaux depuis le commencement de la guerre. — Alexis Dupont, sieur de Manneville, de la paroisse de Mandeville, âgé de 60 ans, reçu à la recommandation de l'évêque pour entrer à l'hôpital général pour 3 mois, afin d'examiner s'il est sujet propre du bureau. — 1735. Adjudication de la portion de terre sur laquelle était autrefois le prêche de Vaucelles, etc.

H. Suppl. 1134. — II. E. 10. (Registre.) — Grand format, 148 feuillets, papier.

1732-1745. — Délibérations. — 1735. Lettre de cachet ordonnant de recevoir dans l'hôpital de Bayeux Angélique, servante du sieur de *Léopartye*, et de l'y garder jusqu'à nouvel ordre, moyennant pension payée par led. sieur. — Bail des herbages de Neuilly. —

Amortissement par Robert Bernard, sieur de La Vigne, de rente constituée par M. de Saint-Amador. — Constitution de rente par M. de Vacqueville Canivet et par le marquis de Castilly. — François Guérin, drapier, de la paroisse St-Malo, nommé économe, pour faire les provisions des pauvres de l'hôpital sous les ordres du syndic. — Les domestiques du bureau et l'archer des pauvres chargés de transporter Gilles, insensé vagabond, jusqu'auprès de Carentan, attendu qu'il est du diocèse de Coutances, pour en décharger la ville de Bayeux. — Drielle, âgée de 13 ans, reçue à l'épreuve pendant 15 jours pour travailler à la dentelle ; si elle est en état de gagner une partie de sa vie, elle y restera. — 1736. Acceptation du testament de Moisson, chapelain de Notre-Dame. — Examen des comptes de Thomas « Renauld », sieur de Préville, curé de St-Sauveur, héritier de François-Guillaume « Regnauld », sieur de Préville, curé de St-Exupère et syndic de l'hôpital, de la recette et dépense par lui faite aux années 1726, 1727 et 1728. — Demande de renseignements sur la manufacture de coton établie dans l'hôpital de Vire. — 1737. Exploit fait à la requête de Jean Lelièvre, fermier de l'abbé Campagne, grand chantre de la cathédrale, gros décimateur de la paroisse de Neuilly, contre Charles Lesur, fermier de trois herbages appartenant à l'hôpital, pour l'astreindre à payer la dîme. — M. de Bailleul, chanoine de la cathédrale, nommé syndic en remplacement du chanoine d'Arry, démissionnaire. — 7 l. 10 s. pour de l'argile fournie pour la construction du bâtiment neuf de l'hôpital général. — Placet au cardinal de Fleury pour demander en faveur de l'hôpital le rétablissement de l'aumône du Roi interrompue par la guerre ; elle est d'autant plus nécessaire que l'hôpital n'a subsisté de 1724 à 1734 qu'aux dépens de la même aumône. — Sur la représentation que le revenu de l'hôpital n'est pas à beaucoup près suffisant pour la nourriture des pauvres qui y sont actuellement, et qu'après la visite on a reconnu qu'il n'y avait que des petits enfants et des vieillards hors d'état de pouvoir rien gagner, on décide de ne faire fournir désormais aux pauvres malades convalescents du dehors par les sœurs de la Charité que 40 l. de pain au plus par semaine pour être mis dans le bouillon qui se distribue. — 1738. Sur la remontrance faite par le chapitre que les pauvres mendiants causent beaucoup d'incommodité dans leur église, d'indécences et de troubles, on autorise les chanoines à faire conduire à l'hôpital ceux qu'ils jugeront à propos, à condition de payer pour leur nourriture 4 sols par jour. — Recette de 600 l. provenant de Renée de La Couture, pour être mise en intérêt au denier 20 et verti au profit de quelques pauvres filles orphelines qui seront retirées en la maison des sœurs de la Providence, appelée communément le petit bureau, et y recevront subsistance pour les ustensiles nécessaires pour l'apprentissage de la fabrique des dentelles, lad. fondation reversible à l'hôpital si la manufacture conduite par les sœurs de la Providence vient à cesser. Elle se réserve l'usufruit sa vie durant. — Donation de Pierre Cicille, sieur des Graviers, bourgeois de Bayeux. — Legs de Jossel, pénitencier. — 1739. Donation par Fleury, lieutenant du premier chirurgien du Roi, de 100 l. de rente, dont 50 pour le besoin des pauvres, et 50 pour les honoraires d'un chirurgien qui aura soin des pauvres malades blessés des deux hôpitaux de la ville, sans préjudice des honoraires et exemptions accoutumés ; quand lad. place sera vacante, elle devra être donnée à son neveu Letual, maître chirurgien à Bayeux. — Constitution de rente passée au bénéfice des pauvres par Marc-Antoine-Auguste d'Hermerel, écuyer, trésorier des finances de la généralité de Caen, à la caution solidaire de Raoul-Adrien Fréard, écuyer, sieur du Castel, receveur général des décimes de Bayeux. — 1740. Réception le 17 janvier de Louis Carrière, de Soulaistre en Languedoc, âgé de 24 ans, sortant de l'Hôtel-Dieu, étant de la religion calviniste, en considération du dessein qu'il a fait paraître de se faire instruire de la véritable religion, et aussi parce que le supérieur du séminaire s'est obligé de payer sa pension, à raison de 50 l. par an. Sorti le 2 mai. — 1741. Représentations du syndic, que depuis qu'on a fait travailler au chemin devant l'hôpital général, le conduit qui servait à écouler les urines s'est trouvé supprimé, ce qui fait que les urines séjournent et croupissent dans l'intérieur de la maison, et y causent une infection qu'on ne peut supporter. — 1743. La sœur Nicole Colin reçue supérieure en remplacement de Marguerite La Planche, décédée. — Réparations à Commes. — 1744. Gratifications aux meilleures dentellières, pour soutenir l'établissement. — Legs de Binet, curé de Monceaux. — Testament de Robert Du Bosq, ancien curé de la Poterie, faisant ses légataires les pauvres de l'hôpital général des valides et ceux de l'hôpital des malades. — 1745. Difficultés avec la Monnaie de Caen, qui fait sommation de porter au change du Roi de cette ville toute l'argenterie provenant de lad. succession ; sentence y relative. — Lavalée, maître d'école de la paroisse de St-Loup, reçu pour entrer à l'hôpital. — F°° 128 v°-144 r° blancs. — F° 144 v°. « Copie « de l'acte d'installation des sœurs de la Charité dans

« l'hôpital général quant aux articles principaux. » Traité entre l'évêque de Bayeux, Paul d'Albert de Luynes, abbé de Cerisy, représenté par Louis Gondouin, avocat en Parlement, son intendant, stipulant pour les administrateurs de l'hôpital général de Bayeux, les maire, échevins, syndics et députés de la ville de Bayeux et la communauté de la Charité établie à Paris, autorisée de Jean Bonnet, supérieur général de la Congrégation de la Mission et de lad. communauté, conclu devant les notaires au Châtelet de Paris le 20 août 1732. Lad. communauté entretiendra désormais aud. hôpital 6 filles ou plus grand nombre, si besoin est dans la suite, pour servir les pauvres. Elles seront tenues de veiller à l'entretien et prendre soin par elles-mêmes des manufactures de dentelles, de bas à l'aiguille, de toiles et d'étoffes de laine qui se font aud. hôpital ; ledit établissement est fait sans déroger à la fondation de l'évêque de Nesmond de 2 sœurs pour le service des pauvres malades de la ville et faubourgs de Bayeux, lesquelles sœurs demeureront en communauté dans led. hôpital général sous la dépendance de la supérieure, etc.

H. Suppl. 1135. — H. E. 11. (Registre.) — Grand format, 146 feuillets, papier.

1746-1763. — Délibérations. — 1746. Réception, comme supérieure, de Catherine Brissard, en remplacement de Nicole Collin, décédée. — Hoirie d'Adrien de Saffray, écuyer, curé de Hérils, en faveur de l'hôpital général et de l'Hôtel-Dieu. — La manufacture de toiles tombe entièrement, faute de sujets. — 1747. Testament de Renée Houlette, de la paroisse St-Jean, léguant à l'hôpital ses meubles et effets. — Constitution de rente au bénéfice des pauvres sur la dame de Marguerie, veuve de Duhamel de Conjon, lieutenant général au bailliage de Bayeux. — L'abbé d'Auteville, grand archidiacre de Bayeux, a représenté qu'en faisant ses visites à Ste-Honorine-la-Chardonne, il a trouvé une petite fille, âgée de 7 ans, dont la mère, qui était huguenote, est retombée dans ses erreurs après avoir abjuré ; il propose, pour tirer cet enfant du péril de la subversion, de la faire recevoir à l'hôpital général ; sur l'observation que led. lieu est fort près de la ville de Vire, où il y a un hôpital, l'évêque se charge de l'y faire recevoir. — Service pour le repos de l'âme de François Suhard, doyen de l'église collégiale du Sépulcre de Caen, bienfaiteur de l'hôpital. — 1748. Compte de la boucherie de carême. — Don de 100 pistoles par Simon Achard, obitier et ancien vicaire de Cormolain ; on décide d'en appliquer le revenu à l'entretien et nourriture des filles du petit dortoir du petit bureau, autrement dit de la Providence, sis paroisse St-Exupère. — Travaux d'agrandissement de la toilerie. — 1749. M. de Marguerie, curé de St-Sauveur, ayant été proposé de la part de l'évêque pour remplacer M. de Préville, ci-devant curé de la même paroisse, chanoine de Goupillières, en qualité d'administrateur, MM. de l'assemblée de l'administration ont approuvé le choix de l'évêque et consenti qu'il remplisse la place vacante. — Assignation faite à la requête des administrateurs à Jean-François Anfrie pour l'obliger à passer contrat de vente d'une petite portion de maison enclavée dans celle achetée pour faire un nouvel établissement pour l'instruction des pauvres filles en la paroisse de la Poterie. — Le Roy, avocat, nommé par MM. de ville pour remplacer feu Du Mesnil Le Loup, ci-devant administrateur, est reçu et agréé par l'assemblée. — M. d'Isigny, lieutenant général au bailliage, s'étant pourvu contre l'arrêt du Conseil obtenu par l'évêque en 1730, maintenant ses grands vicaires dans leur possession de présider en son absence aux assemblées de l'administration de l'hôpital, un nouvel arrêt le déboute de son opposition ; transcription de l'arrêt du Conseil. — Donation par l'évêque de Luynes, pour la chapelle de l'hôpital, d'une chasuble en ouvrage d'or et d'argent. — Crepel, premier avocat du Roi au bailliage, présente 1,000 livres données par Marie-Thérèse Closet, veuve de Robert Piquet, sieur de Valgeois, de Coutances, sa belle-mère. — 1751. Amortissement de rente par Mme de Castilly. — Legs de Mlle Crouet et de l'abbé Campagne, chanoine des Essartiers, ci-devant grand chantre en l'église cathédrale. — 1752. L'évêque représente que la salle qui servait à la manufacture des dentelles dans le lieu appelé communément le petit bureau, a *corrué* par l'imprudence des ouvriers qui travaillaient à la réparation des fondements ; cet accident non seulement jeté la consternation dans les cœurs par la mort de plusieurs ouvrières qui ont été ensevelies sous les ruines, mais il a encore porté un grand préjudice à la ville par la perte de plusieurs dentellières qui faisaient vivre de leur travail beaucoup de familles pauvres. Si on les livrait à elles-mêmes, les ouvrières ne trouveraient pas un débit aussi sûr de leurs ouvrages, et ne travailleraient pas avec la même application. Vote de reconstruction sur des bases plus étendues, en prenant sur l'hôpital général. — Donation de MM. de Bailleul. — Informations tendant à la réunion de la paroisse St-Georges à celle de St-Exupère. — Legs d'Onfroy, ancien économe, et de Philippe, curé de St-Ouen. — 1753. Plan figuré de l'hôpital général et de ses appartenances, dressé par l'abbé Houtier. — Vente de rente à l'hôpital par M. de Baudre de Bavent, au profit des pauvres dentellières établies à la Poterie. — 1756. Legs de l'abbé de Cambes, chanoine de Froide-Rue. — 1757. Don du duc de Rochechouart. — La veuve du sieur du Longchamp de Percaval, de la paroisse d'Ellon, reçue à l'hôpital, l'abbé de Bailleul ayant promis de payer 60 livres par an de pension. — Don de 300 livres pour la confection d'une horloge à l'hôpital. — 1758. Legs de 50 livres par Germain Massieu, domestique de l'hôpital. — 1760. Après examen du compte du syndic, on reconnaît qu'il a été plus dépensé que reçu 3,084 l. 10 s. 6 d. — 1761. Legs de Le Prêtre, curé de St-Exupère. — Donation de l'abbé Dumont et du chanoine de St-Pierre. — 1762. Françoise-Marthe Le Débotté, veuve d'Edmond-François Houvet, sieur de La Huberdière, reçue pensionnaire perpétuelle, moyennant 1,800 livres. — L'abbé de Nicolay, syndic, représente que depuis quelque temps le nombre des enfants des deux sexes a considérablement diminué à l'hôpital, tant parce que plusieurs, suffisamment instruits et formés pour gagner leur vie, ont été retirés par leurs parents, que parce qu'il ne s'en présente presque point de la ville pour y entrer, ce qui fait que les travaux qu'on a coutume de faire dans l'hôpital, et qui lui sont d'un grand secours pour sa subsistance, languissent et lui portent un grand préjudice; on décide que, sans déroger au contrat de fondation de la maison, établie en faveur des pauvres de la ville, on admettra les enfants pauvres de la campagne, jusqu'à ce que le nombre nécessaire pour faire les travaux accoutumés soit à peu près rempli, etc. — F° 139 v°. Table des principaux articles contenus au registre. — F° 141 v°. Copie de l'acte d'installation des sœurs de la Charité à l'hôpital général.

H. Suppl. 1136. — II. E. 12. (Registre.) — Grand format, 193 feuillets, papier.

1764-1781. — Délibérations. — F° 1. Table des principaux articles du registre de 1746 à 1763. — F°° 4-7 blancs. — 1764. Examen du compte de l'abbé de Nicolay, ancien syndic de l'hôpital. — Délibération concernant la remise faite par le Roi de partie des dons gratuits, en considération des pertes essuyées par le commerce de la province de Normandie pendant la dernière guerre; les dons gratuits, sauf pour Rouen, seront réduits à moitié pour la partie du trésor royal, et le surplus, si besoin est, levé pour être employé au soutien des Hôpitaux et Hôtels-Dieu. Les administrateurs de l'Hôtel-Dieu représentent que les besoins de leur hôpital ne sont que trop certains pour le malheur de cette maison; le bien de l'hôpital ne produit pas, année commune, plus de 8,400 l., le paiement des honoraires des officiers, gages des domestiques, la dépense des enfants trouvés qu'on y élève jusqu'à 7 ans, etc., forment une dépense de près de 5,000 l. par an; il reste à peine 4,000 l. pour l'entretien de plus de 60 lits, somme insuffisante; on a dû réédifier et augmenter considérablement la salle des malades, on n'a encore pu, faute de deniers, terminer les travaux d'agrandissement; emprunts et remboursements pour couvrir les 20,000 livres de travaux; la salle des malades est une des plus belles du royaume; les soldats y sont si bien traités que non seulement les quartiers du canton, mais encore les plus éloignés, y envoient leurs malades. Semblable déclaration des administrateurs de l'hôpital général; la dépense indispensable excède dans les meilleures années la recette; plus de 270 pauvres y sont entretenus, dont les 2/3 fort âgés ou si infirmes qu'ils ne peuvent rien gagner par leur travail, le reste est employé à la fabrique de dentelles ou autres ouvrages; de plus la maison a la charge des pauvres extérieurs, et la misère est grande dans la ville, où l'on ne voit que pauvres, malades, infirmes, valétudinaires, qui sollicitent des secours de toutes parts. Le revenu, y compris 3,000 livres qu'on retire de l'ouvrage qui s'y fait, ne forme que 13,500 livres environ, sur quoi il faut défalquer 2,334 l. de rentes passives; de plus, 450 l. pour le paiement des sœurs, 1,600 l. pour celui des officiers et domestiques, sans compter la nourriture des domestiques; réparations, entretien de linge, 1,400 l.; provisions de beurre, bois, blanchissage, et autres menues dépenses, plus de 2,000 livres; plus de 1,500 l. de pommes pour le cidre, et 500 l. payées aux aides pour cette boisson; il ne reste donc que 5,000 l. pour la viande et le pain, cependant on achète près de 4,000 l. de viande par an, 1 sac de blé par jour, plus 1 sac la semaine pour les pauvres externes, au total 2,900 boisseaux de blé par an, ce qui, dans les bonnes années comme celle-ci, fait au moins pour le blé 6,000 livres; depuis 10 ans, le blé s'est élevé à plus d'un tiers plus cher que la présente année, ce qui fait plus de 9,000 livres pour la dépense du pain; aussi on s'est vu à la veille de renvoyer la plus grande partie des pauvres; beaucoup de dettes que la maison ne peut éteindre sans être secourue; le temps des billets a ruiné la maison. MM. du corps de ville ont dit qu'ils connaissaient le triste état des hopitaux, mais celui de l'Hôtel de Ville n'est pas moins digne d'attention; les revenus de la ville sont peu considérables et les charges excessives pendant la guerre ; la ville doit des sommes que 4 années de ses revenus ne seraient peut-être pas capables d'acquitter. La ville n'est composée, pour la meilleure partie, que d'un clergé considérable, de noblesse, gens de robe et quelques bourgeois en très petit nombre vivant de leur bien ; le surplus se compose de petits marchands, artisans, ouvriers et manœuvres sans fortune et sans bien, chargés pour la plupart d'enfants et de misère ; tel bourgeois ou marchand qui paraît jouir d'une fortune honnête tombe dans la nécessité lorsque le blé est renchéri ou qu'il est affligé de maladies. Aucun commerce; nul débouché ne tend les bras aux misérables ; ils ne tirent de secours que de la charité des trois premiers corps, et leur dépense forme le seul commerce de la ville. Il est impossible de mettre la partie inférieure de la ville en état de supporter la nouvelle charge d'un ustensile qui, jointe aux droits de tarif, de capitation, de coutume, d'aides, et aux dépenses des chemins publics, forme une masse d'impôts fort au-dessus de ses forces et de ses facultés. Du Châtel, lieutenant général civil, rappelle la manufacture en étoffes de laines nouvellement établie, paroisse Saint-Laurent, par la piété de personnes charitables qui ont donné de l'argent pour l'achat des matières premières ; les besoins pressants de cette maison ne lui permettent pas de se soutenir, malgré son incontestable utilité ; les dons du corps de ville, de l'évêque, de Genas, ancien vicomte, etc., n'ont formé qu'un capital de 10 à 11,000 livres, insuffisant. On décide de diviser le produit du don gratuit par tiers entre l'Hôpital, l'Hôtel-Dieu et le corps de ville, en prenant 1,500 livres sur chacun des deux derniers, applicables à lad. manufacture des pauvres. Homologation de lad. délibération. — 1765. Don de 3,000 livres pour faire une *alonge* au bâtiment de l'hôpital du coté de la cour des femmes. — Procès avec l'évêque concernant la rente de 18 boisseaux de blé sur l'évêché de Bayeux. — 1766. Opposition des administrateurs aux prétentions de MM. de ville sur l'élection des députés. Protestation de Anfrye, maire, et de Folliot de Ste-Honorine, lieutenant de maire, sur ce que le notable nommé par la ville pour faire partie du bureau n'y est point appelé, en exécution de l'arrêt de la Cour. — Réception de Parquet, prêtre, aux fonctions de chapelain et secrétaire de l'hôpital, en remplacement de Gabriel Fauconnier, nommé curé du Mesnil-au-Grain. — 1767. Genas de Rubercy, conseiller au bailliage et adjoint à la subdélégation, nommé administrateur. — Après l'exposé par Terrée, syndic, de la détresse de l'hôpital, le blé passant 50 s. le boisseau, Genas du Homme, ancien vicomte, administrateur, donne 500 l. — 1769. Il sera remis au supérieur du séminaire, exécuteur testamentaire de l'abbé Dumont, une procuration pour, conjointement avec les administrateurs d'Évreux et du Mans, faire payer tous les effets provenant de lad. succession ; réparations au prieuré de Rochegude, qu'il possédait. — Testament de Nicolas Morel, chanoine de St-Pierre en l'église cathédrale. — La sœur Lucie Cuissin, reçue supérieure. — Les honoraires du chapelain-secrétaire portés à 450 livres. — Fondation de Gosset, chanoine et official. — 1770. Sur la représentation faite par Terrée, syndic, que les besoins de l'hôpital se sont multipliés au point qu'il n'y a ni blé ni deniers pour en acheter, et même qu'il est dû des sommes assez considérables qu'on ne peut acquitter, et qu'il est impossible que l'hôpital subsiste dans son état actuel s'il n'est promptement subvenu, l'administration, ayant cherché le remède le plus prompt et étant instruite qu'il se fait habituellement des aumônes considérables au dehors en pain, viande, bouillon et autres secours, considérant que ces aumônes sont prises sur la subsistance la plus nécessaire des pauvres qui vivent dans l'intérieur de la maison, considérant encore que les malheurs des temps ne permettent pas de les multiplier ainsi les secours et que si l'on ne retranchait les aumônes du dehors, il faudrait congédier une partie des pauvres, que même pour faire subsister le nombre actuel desd. pauvres, on est forcé d'avoir recours aux quêtes extraordinaires, suspend, jusqu'à nouvelle délibération, les aumônes du dehors, et pour éviter que le nombre actuel des pauvres n'augmente, règle qu'il n'en sera pas reçu jusqu'à nouvel ordre. — 606 livres, produit de la quête faite dans le corps du bailliage ; 504 l. 18 s. pour le corps de la noblesse, plus 32 l. 16 s. 6 d. d'augmentation. — Amortissement par M. de Berville. — Demande d'union du prieuré et ancienne léproserie de St-Nicolas de la Chesnaye, pour rétablir en partie la perte que l'hôpital vient d'essuyer par la perte des droits de halle ; on décide de se joindre à l'opposition formée par les officiers municipaux aux diligences en vue de réunion faites par la fabrique de la cathédrale. Délibération présidée par La Londe de Ste-Croix, lieutenant général du bailliage, l'abbé Gosset, vicaire général, s'étant retiré, ainsi que Desfresnes, grand chantre, et Terrée, chanoine, syndic de l'hôpital. — 1771. Fondation de Pierre-Louis Gosset, chanoine de Mathieu. — 1772. Collot, supérieur du séminaire, nommé syndic en remplacement de Terrée. — 1773. Les gages de l'archer des pauvres fixés à 100 livres payables par tiers par l'hôpital général, l'Hôtel-Dieu et le bureau de charité. — 1775. Constitution de rente sur Joseph Morin, écuyer, seigneur de Litteau. — 1776. Testament de l'abbé Terrée en faveur de l'hôpital. — Enregistrement des lettres patentes accordées par le Roi à l'hôpital général des pauvres valides de Bayeux, en novembre 1775. — Constitution de rente pour l'hôpital sur d'Amours, écuyer, seigneur de Vienne. — 1777. Examen par Collot, syndic, et Crepel, ancien administrateur, du compte de M. de Pierres, receveur de 1761 à 1772. En 1761, recette 8,272 l. 3 s. 6., y compris 21 l. 5 d. pour le reliquat de compte de 1760, dépense 8,049 l. 2 s. 6 d.; 1762, recette 8,357 l. 18 s. 6 d., dépense, 7,282 l. 4 s. 9 d.; 1772, recette 10,447 l. 7 s. 4 d., dépense, 9,916 l. 10 s. 11 d. — 1778. État des dentelles et autres ouvrages de la fabrique de l'hôpital. — 1779. Réglements économiques pour l'hôpital, relatifs aux lettres patentes, et en conséquence de l'article XXIII desd. lettres : les enfants ne pourront sortir avant l'âge de 20 ans sans le consentement de l'administration ; les pères, mères, tuteurs ou protecteurs, ne pourront les voir qu'en présence de la supérieure ou d'une des sœurs, après en avoir obtenu la permission par écrit d'un des administrateurs. Réglement pour la supérieure. Elle donnera toute son attention à empêcher la communication des pauvres des deux sexes et aura grand soin de faire tenir les portes fermées pendant les repas et les exercices spirituels des sœurs. Elle présentera tous les trois mois un état, certifié par le syndic, des pauvres qui se trouvent dans l'hôpital, comprenant leur nom, leur genre d'occupation, le nom des personnes préposées à la direction des ouvrages pour l'espèce de chaque travail ou pour le service intérieur de la maison, avec un état du produit du travail ; enregistrement des recettes et dépenses de la maison. Réglements pour les pensionnaires. On n'admettra de pensionnaire qui ne paie au moins 300 livres par an, en se fournissant de draps, lits, linges, bois et chandelle, ainsi que de tous les meubles nécessaires pour meubler sa chambre, lad. pension payable par quartier d'avance à peine d'expulsion ; en cas de maladie, les pensionnaires paieront les médicaments ainsi que la nourriture et salaire des garde-malades. Réglements pour le receveur, pour l'économe et pour l'apothicaire. — Lettre de l'intendant, envoyant copie d'une lettre du ministre de la guerre, portant ordre d'établir un hôpital de vénériens dans la partie de l'hôpital général occupée par les garçons; opposition des administrateurs; l'année précédente, pendant le camp de Vaussieux,

Bayeux a été traitée comme ville de guerre ; non seulement on y a établi des hôpitaux dans les églises, mais l'Hôtel-Dieu a été converti en hôpital purement militaire, tandis qu'il est destiné aux pauvres malades de la ville ; celui qui fut placé dans l'hôpital général fut demandé, exigé et occupé dans le même instant; les régisseurs des hôpitaux militaires ont vu le mal énorme que cet établissement y a causé, licence, désordre dans les mœurs, confusions, cessation du travail dans les pauvres, contagion, épidémie dans l'air, maladie, mort de grand nombre et des plus utiles ouvriers, destruction, consommation des denrées et provisions ; le maréchal de Broglie, commandant l'armée, a promis de réparer le mal passé par une indemnité qu'il a fait espérer; il est honteux que les régisseurs se servent de quelques dépenses faites par eux dans l'hôpital pour s'en faire un titre de propriété d'une maison qui n'est point à l'État, mais qui est sous la protection spéciale du gouvernement ; quand les régisseurs ont introduit les hommes de guerre dans cette maison, elle était si pauvre qu'elle n'avait pu faire réparer les couvertures ; il devint indispensable de faire loger les pauvres sous les toits ; le seul bénéfice qu'ils ont procuré a été de les mettre à couvert, ce qui n'est pas une dépense de 600 livres, quand leur séjour dans cette maison lui a causé une perte de plus de 6,000 livres ; s'ils ont fait d'autres travaux, cela a été pour leur seule utilité, c'était un ouvrage nécessité par les circonstances ; il leur a fallu faire pareille dépense dans les églises où on a placé les soldats malades, sans que ce puisse être pour eux un prétexte raisonnable de s'y perpétuer ; l'administration réclame en faveur de ses droits de propriété incessibles et inaliénables ; on n'a jamais vu que le service du Roi ait autorisé à mettre le monde hors de chez lui ; la privation de la portion du bâtiment demandée obligerait à disperser 200 pauvres ; on ne peut introduire au milieu de gens sains des malades de maladie humiliante, destructive, qu'on ne peut traiter dans les lieux habités, si bien que ceux qui en sont atteints sont séparés comme des lépreux du reste de la troupe; or l'hôpital général est plus peuplé que les casernes et les hôpitaux ordinaires. — Le 22 juin, le commissaire des guerres Despiez, accompagné du subdélégué Genas, présente un ordre du Roi portant qu'il sera établi dans l'hôpital un hôpital militaire de vénériens pour l'infanterie, la cavalerie et les dragons. On arrête qu'à la première réquisition du porteur de cet ordre on lui livrera la partie de l'hôpital du côté des Capucins, telle qu'elle y est portée, l'administration ne pouvant que se reposer sur le commissaire des guerres du soin de remédier, s'il se peut, aux inconvénients extrêmes et inévitables qu'entraînera l'abandon de cette partie de l'hôpital ; la partie ainsi abandonnée sera tellement fermée qu'il n'y ait aucune issue pour passer dans l'autre partie, occupée par les femmes et les filles. L'assemblée espère les bontés paternelles du Roi pour pourvoir au logement et à la subsistance des vieillards et des garçons qui évacueront lad. partie, car il n'est pas possible de les tranférer dans le bâtiment des femmes, l'établissement momentané, qui a été fait dans la maison d'une partie des malades du camp près Bayeux, ayant entraîné, malgré la vigilance la plus soutenue, le déréglement des mœurs, le trouble du travail, la contagion, l'émigration des ouvriers qui craignaient la maladie, la désertion des ouvrières qui ont été débauchées, enfin la mortalité, qui a comblé tous ces maux. Députation du syndic Collot au prince de Montbarey, ministre de la guerre. — Ordre du Roi, défendant aux administrateurs de faire sortir de l'hôpital aucun des habitants qui y sont entretenus. — Testament de Jean-François Viel, chanoine, principal du collège de Bayeux, en faveur des pauvres ; protestation des héritiers, auxquels on accorde 1,500 livres. — Donation par Marie-Charlotte Rogier, veuve de Gabriel Rogier, représentée par Marguerite-Victoire de Bailleul, épouse d'Augustin-Alexandre de Sufray, sa petite-fille, de 11,000 livres, plus une rente de 9 livres que lui doit l'hôpital, avec 12 années d'arrérages, à condition d'avoir le droit de nommer 3 personnes, vieillard ou enfant, pour y être entretenus, plus, tous les 3 ans, une jeune personne pour y être éduquée. — 1780. Mémoire économique fait pour le bien et l'avantage des pauvres valides de l'hôpital et éclaircissements que la sœur Robert, supérieure des filles de la Charité y établies, a donnés en différentes occasions sur l'état intérieur de la maison, et des abus qui s'y pratiquent depuis plus de 12 ans, à l'insu de l'administration, auxquels certainement elle aurait depuis longtemps apporté les remèdes convenables, si elle les avait connus. Les pauvres valides y sont trop bien nourris et entretenus, il semble même qu'ils regardent tellement la maison comme la leur, qu'ils croiraient volontiers qu'ils n'habitent que pour y végéter à leur aise, s'y entretenir dans la fainéantise, s'y procurer tout ce qui pourrait flatter leur sensualité, tandis que cet établissement n'a été établi par la religion, la charité et l'humanité, que pour y élever et entretenir des sujets dans la pratique des devoirs du christianisme, et y former en même temps des citoyens qui se rendraient utiles à l'État et au public. Une nourriture délicate ou trop abondante, furtivement extorquée ou trop librement accordée à des sujets qui n'ont dû être recueillis dans cette maison que parce qu'ils étaien sans ressources, ne s'accorde guère avec les vues pieuses, nobles et patriotiques du fondateur et des bienfaiteurs de ce beau, vaste, utile et nécessaire établissement. Le travail ne produit plus la moitié de ce qu'il donnait autrefois, à cause de l'indolence et de l'indocilité des travailleurs, qui, s'étant engraissés par une nourriture trop délicate et abondante, à laquelle malheureusement ils n'ont pas eu de peine à se faire, y ont regimbé, n'ayant jamais bien pris ou ayant bientôt perdu le goût du travail, dont l'amour momentané ne se produit jamais mieux en eux que quand il est compensé, et que le Dieu qu'ils se sont fait de leur ventre s'y trouve intéressé. Le montant du produit du travail des pauvres, en 1779, n'a été que 3,046 l. 12 s., c'est-à-dire qu'ils n'ont pas gagné, l'un portant l'autre, chacun 1 sol 4 d. par jour ; encore faut-il soustraire de lad. somme le prix des matières premières et des instruments. La misère des temps, qui se fait sentir partout, s'aperçoit bien davantage dans les villes comme Bayeux, dépourvues de commerce, et qui sont pour ainsi dire sans ressources ; la cherté de vivres est assurément un grand mal ; les hôpitaux militaire et vénérien, dont l'un a succédé à l'autre et subsiste encore aujourd'hui au grand bureau, lui ont fait un tort dont il se sentira longtemps, mais ne peut-on pas dire avec vérité que la bonne chère qui y règne clandestinement depuis si longtemps, et la paresse qui en est la fille, lui ont été incomparativement plus funestes ? Les grands garçons de la toilerie, de la boulangerie et les aides des jardins font depuis très longtemps 5 repas par jour : à 7 heures du matin, ils ont une écuelle de soupe et un morceau de pain à leur appétit ; à midi, une seconde écuelle de soupe et un morceau de pain à discrétion avec de la viande et une 1/2 chopine de cidre ; à 3 heures 1/2, du pain à discrétion ; à 5 heures, une 3ᵉ écuelle de soupe ; à 7 heures, une portion de viande, du pain à discrétion et une 1/2 chopine de cidre. Quel profit peut-on attendre de pareils ouvriers dont toute l'occupation ne paraît consister qu'à nourrir « des soit-disants citoyens », aussi bien qu'à végéter, et toute la peine aboutir au travail de la digestion. Quand le grand bureau serait aisé et riche (il s'en faut du tout que cela soit), serait-il prudent d'y entretenir les pauvres dans une espèce de luxe au-dessus de leur condition ? Quand ils feront place à d'autres, comment s'accommoderont-ils d'une vie nécessairement frugale et d'une assiduité indispensable au travail, auxquels ils ne seraient pas accoutumés, pour pouvoir honnêtement subsister dans le monde auquel ils seraient enfin rendus? La religion, la charité, la justice, la raison, ainsi que le bien public et particulier, s'élèvent de concert à haute voix contre de tels abus, et la sagesse de l'administration, heureusement secondée par l'exemple d'un monarque qui ne vit que pour son peuple, va les saper jusqu'au fondement. Après avoir entendu les observations précédentes du syndic Collot, l'assemblée, d'après l'avis et sur les indications de la supérieure, décide : que la nourriture des pauvres pour les jours gras sera réduite provisoirement, par forme d'essai, et sauf réduction ultérieure, s'il y a lieu, à 2 onces de viande par jour pour chaque pauvre ; comme il y en a environ 150, plus les sœurs, on fournira 28 l. de viande par jour ; le prix de la dépense pour les jours gras étant environ 7 l. 10 s. par jour, on fera la même dépense pour les jours maigres, en y comprenant le prix du beurre, des racines, des pois qui pourront provenir du jardin de l'hôpital ; les vaches seront vendues ainsi que le cheval, et le domestique sera congédié ; on ne fera plus que deux sortes de pain, l'un pour les sœurs, l'autre pour tous les pauvres ; les pauvres seront forcés de se rendre au réfectoire pour prendre leurs repas, et ceux pour lesquels on paie une modique somme pour side de nourriture seront traités comme les autres ; les cuisines des infirmeries seront supprimées, etc. — Marchés avec un boucher pour la fourniture de la viande pendant l'année, à raison de 5 s. 3 d. la livre, et avec un boulanger, à raison de 300 livres de pain par sac de blé, payé 30 l. le sac. — Manifestations au réfectoire contre les administrateurs par les pauvres qui se plaignent de la mauvaise nourriture et de la police qu'on introduit dans la maison. Expulsion de 4 hommes et 2 femmes et ordre aux 9 sœurs d'être plus circonspectes et d'exécuter avec soumission les ordres de l'administration, en entretenant les pauvres dans le respect et la soumission. — Le nombre des pauvres descend à 138. — 1781. Le syndic représente que, dès 1746, l'abbé Suhard de Loucelles, décédé chanoine de Bretteville, trésorier de la cathédrale de Bayeux et vicaire général du diocèse, avait formé le projet d'établir une manufacture de dentelles pour les jeunes filles de la ville, sous la direction de deux sœurs de la Providence, pour cela, il avait acheté sous le nom de l'hôpital des maisons, paroisse de la Poterie, et diverses rentes, qu'il y a une confusion regrettable entre les biens des deux établissements, etc.

H. Suppl. 1137. — II. E. 13. (Registre.) — Grand format, 200 feuillets, papier.

1782-1792. — Délibérations. — 1782. Reddition des comptes du syndic ; en 1778, recette 8,653 l. 9 d., dépense 7,862 l. 15 s. 6 d., y compris 1,809 l. 5 s. dont le comptable était en avance dans son compte précédent. — Comptes du receveur du 1ᵉʳ août 1777 au 31 décembre 1780 : recette 58,248 l. 15 s. 2 d., y compris 6,651 l. 10 s. 8 d., donnés en reprise au comptable par le compte de M. de Pierres, ancien receveur ; dépense 48,690 l. 1 s. 4 d. ; reprises 9,237 l. 11 s. 4 d. — Compte de l'économe Picquot de La Mare, du 30 mars 1779 au 31 décembre 1780 : recette 11,878 l. 3 s. 9 d. ; dépense 12,856 l. 10 s., y compris 2,961 l. 15 s. pour dépense en blé, etc. — Réparations à la ferme de Commes. — 1783. Legs de Le Vanier, avocat. — Publication de l'ordonnance du lieutenant de police établissant un droit au profit des pauvres sur les dindes, poulardes, canards, chapons, oies, poulets, lièvres, lapins, pigeons, alouettes et gibier de terre et de mer entrant dans la ville pendant le carême. — Réparations du collège à la charge des pauvres, légataires de l'abbé Viel, ancien principal. — Testament de Perinne Gautier, au bénéfice de l'hôpital. — Le chevalier de Molandé, administrateur, offre 400 l. provenant d'une aumône à laquelle M. de La Haye, curé de la première portion de Nonant, a été condamné par arrêt du Parlement de Normandie pour injures et calomnies par lui écrites et proférées contre led. de Molandé. — Dépôt aux archives d'une transaction avec l'évêque au sujet de terre sise à Airel. — 1784. Guérin, curé de St-Loup, nommé administrateur en remplacement d'Onfroy, curé de St-Sauveur, décédé. — Les honoraires du chapelain fixés à 500 l. — Après avoir consulté ses confrères, parce qu'il y a entre les curés de Bayeux un accord portant que nul d'entre eux ne fera un acte important sans consulter les autres, led. Guérin refuse les cures prétendant choisir eux-mêmes le délégué de leur corps, ce qui est contre la teneur des lettres patentes. Révocation de lad. nomination. — M. de Feuguerolles, écuyer, sʳ des Boisdelle, nommé administrateur. — Indemnité de 5,600 livres accordée par le Roi pour établissement des vénériens dans l'hôpital général. — 1785. Service pour Vauquelin et Marguerite Briant, sa veuve, bienfaiteurs des pauvres. — La supérieure autorisée à acheter un alambic d'environ 72 livres pour distiller les eaux nécessaires pour les pauvres. — Déplacement du cimetière de l'hôpital, trop petit et mal exposé, eu égard à la manufacture de St-Exupère dont les croisées donnent sur le cimetière ; on réclamera dans le nouveau cimetière qui sera fait pour la plupart des paroisses une place pour l'hôpital. — Nomination comme syndic de Blasne, chanoine, ancien syndic du chapitre, en remplacement de Collot, appelé au gouvernement du séminaire d'Arras. — 1786. Obligation de rente par l'abbé de Grimouville Larchant, chanoine titulaire de Bayeux et honoraire de Séez, seigneur de Vaux-St-Clair, Sully et autres lieux. — Autorisation à la supérieure d'acheter 6 à 8 livres de fil à dentelle des numéros 16 et 17 qu'elle fera venir de Drouet, négociant à Alençon. — Procès au bureau des finances de Caen contre les habitants de Commes concernant un chemin qu'ils prétendent sur les fonds des pauvres. — 1787. 310 l. 9 s. montant des aumônes du Roi pour les 6 derniers mois de 1786. — 1788. Donation de l'abbé d'Albignac, chanoine de Bayeux. — La supérieure autorisée à se rendre à la foire de Caen pour faire l'acquisition de coton, tabliers, garniture de métier pour les dentelles. — 1789. Donation par Angélique-Marie-Gilette Le Hot, veuve de Pierre-Charles de Banville, chevalier de St-Louis, de 6,000 livres, qui sont données à constitution à Louis-Yves Patry, chevalier, seigneur de Banville en Villiers. Donation de l'abbé de Marguerie, grand doyen de la cathédrale. — 1790. Délibération du 14 février par laquelle les administrateurs, considérant que la loi qui vient d'établir les nouvelles municipalités les investit de l'administration de tous les établissements publics intéressant le corps des citoyens de leur territoire, arrêtent de remettre leurs pouvoirs à la municipalité ; lettre des officiers municipaux, signée de l'évêque de Bayeux, maire, et du secrétaire Du Breuil, les invitant à continuer leurs fonctions ; délibération conforme ; nomination par la municipalité de délégués à l'administration des hospices, etc. — Le registre est blanc à partir du f° 92 v°, fin de la délibération du 1er avril 1792.

H. Suppl. 1138. — II. E. 14. (Cahiers.) — Grand format, 52 feuillets, papier.

1667-1735. — Délibérations. Analyses et extraits faits au XVIIIe siècle. Lacune constatée de 1676 à 1684.

H. Suppl. 1139. — II. E. 15. (Liasse.) — 4 pièces, papier.

1702-1777. — Administration. — Extrait sommaire des principaux faits concernant l'établissement de l'hôpital et son administration depuis 1662, pour le sieur d'Isigny, lieutenant général, contre les grands vicaires de l'évêque, concernant la présidence des délibérations, en l'absence de l'évêque. On jeta les fondements de l'hôpital en 1667 ; à défaut de bâtiments, on loua d'abord des maisons pour loger les pauvres, et on fit des cotisations pour les faire subsister. En 1673, on unit à ce nouvel hôpital un très ancien établissement, nommé l'hôpital St-Gratien, destiné aux aveugles ; ses bâtiments furent augmentés et réparés par l'évêque de Nesmond, et on y logea les pauvres ; l'établissement eut le revenu de 11 consistoires, dont on vendit les prêches et les cimetières, les rentes léguées aux pauvres des paroisses de la ville, et quelques biens de maladreries ; en 1699 le Roi fit rembourser au profit de l'hôpital les offices de mesureurs de grains, ce qui produisit un revenu de 2,000 livres ; droit sur les entrées ; en un mot, si l'évêque de Nesmond a fait des dons en fonds et en argent, il y eut d'autres sources ; en 1684, on retrancha les grands vicaires du nombre des administrateurs perpétuels, etc. — Extrait des délibérations portant nomination pour députés de l'hôtel-de-ville de MM. Du Longbois Féret et Du Long Buisson ; lettre d'avis de Collot, prêtre de la Congrégation de la Mission, syndic de l'hôpital (1777). — Autres extraits des délibérations concernant le syndic (1702-1703).

H. Suppl. 1140. — II. E. 16. (Liasse.) — 6 pièces, papier.

1765-1784. — Correspondance. — Lettre de l'intendant de Fontette aux administrateurs des hôpitaux, accusant réception de leur lettre à laquelle était jointe la copie du mémoire adressé par eux au contrôleur général, tendant à être dispensés de la restitution de 8,000 livres environ qu'ils ont empruntées de l'hôtel-de-ville de Bayeux, provenant de la perception de droits du don gratuit. Ils connaissent ses dispositions favorables pour les hôpitaux, etc. (1771). — Lettre de la sœur Cnisin, supérieure de l'hôpital général, aux administrateurs, les suppliant de ne point différer de remédier aux pressants besoins des pauvres : plus on recule, plus les misères s'accroissent et font courir de risques ; il n'est pas question d'attendre que les comptes soient rendus, cela mènerait trop loin les créanciers fatigués d'une longue patience, etc. (1776). — Lettre de Le Sens de Folleville à l'évêque, lui annonçant l'homologation faite de la délibération de l'hôtel de ville et des deux hôpitaux pour la continuation de perception et partage de la seconde moitié du don gratuit. — Lettre de l'intendant Feydeau, adressée de Paris le 3 février 1784, aux administrateurs des hôpitaux de charité de Bayeux, les remerciant des choses obligeantes qu'ils ont bien voulu lui mander sur sa nomination à l'intendance de Caen.

H. Suppl. 1141. — II. E. 17. (Registre.) — Moyen format, 398 feuillets, 9 pièces intercalées, papier.

1666-1680. — Comptes rendus par le syndic Baucher, successivement l'un des chapelains de l'église collégiale de St-Nicolas de Bayeux, curé de Notre-Dame-des-Fossés de Bayeux et chanoine de Moon en l'église cathédrale, des recettes et des dépenses du bureau des pauvres renfermés de la ville et des faubourgs de Bayeux. « Registre du bureau des pauvres ren-« fermez de la ville et fauxbourgs de Bayeux, conte-« nant la recepte et mise faicte pour une année par « Maistre Raymond Baucher, prestre, à ce commis et « député par Messieurs les Directeurs dud. bureau. « Commencé à la St-Jean 1666. » — Recettes: amendes de justice et de l'officialité, versées par M. de La Montagne Le Patou, président en l'élection; aumônes pour dispenses, par Blondel, chanoine de Vendes; rentes sur le grenier à sel, par Ambroise Philippes, sieur de La Fresnée, contrôleur; rentes sur la noblesse et le corps des officiers de justice, par du *Moslé* Canivet, receveur; rentes sur le clergé de Bayeux, par Bihoreau, chanoine de St-Germain, et par le chanoine de Bretheville, receveurs : total, 2,148 l. 4 s. 9 d.; produit des troncs placés à la cathédrale et au bureau des pauvres, 791. 8 s. 6 d.; produit de la manufacture et du travail des pauvres, 54 l. 7 s. 6 d.: recette totale, 2,282 l. 9 d. — Dépenses : ornements et meubles de la chapelle, 122 l. 15 s. 10 d.; meubles « ci-devant faits apportés » au bureau lors de l'entrée des pauvres, le 31 juillet 1666; mobilier du bureau, 467 l. 5 s. 6 d.; meubles et outils pour servir au travail des pauvres, 60 l. 5 s. 6 d.; blé acheté pour la nourriture des pauvres, 785 l. 19 s. 6 d.; cidre, bois, beurre, graisse et charbon, 301 l. 3 s.; autres dépenses ordinaires pour la nourriture et le vêtement des pauvres, etc., 662 l. 1 s. 4 d.; dépense totale, 2,399 l. 10 s. 11 d. (1666-1667). — Semblables comptes pour les années suivantes. — En 1668 : pour 4 livres de chandelle, 28 s.; demi-livre d'*arcanson* pour raccommoder le saloir, 3 s.; un cent de bottes de paille, 4 l. 10 s.; 60 livres de beurre à 7 s. la livre, 21 l.; au premier archer, gages d'un mois, 3 l.; au second archer, 1 livre; 200 livres de lard à 8 s. la livre, 80 l.; 20 boisseaux de blé à 28 s., 28 l.; 8 boisseaux à 22 s., 8 l. 16 s.; 24 aunes de toile d'étoupe, 18 l.; 5 livres et demie de laine filée, pour faire travailler les petits pauvres au tricotage, 13 l. 10 s.; 10 aunes de toile « à faire du petit linge », à 20 s. l'aune, 10 l.; 14 boisseaux de froment à 25 s. 6 d. le boisseau, 17 l. 17 s. 6 d., etc. — En 1669, dépenses: un pourpoint, bas et *hautes chausses* pour vêtir un pauvre, 30 s.; 8 livres de chandelle, 32 s.; 4 boisseaux de pois à 30 s. le boisseau, 6 l.; 8 livres de filasse à 8 s. la livre, 64 s.; 200 livres de beurre à 4 s. la livre, 40 l., etc. — En 1670, recettes: amendes de l'officialité versées par du *Moslé* Canivet, trésorier-receveur de la noblesse et de la justice, 477 l. 8 s.; pour filasse filée et chanvre teillé par les pauvres, 44 l. 5 s.; de M. de Bretteville, chanoine, trésorier-receveur du clergé, 909 l. pour la nourriture des pauvres; reçu au synode sur les recommandations envoyées dans le diocèse, 48 l. 5 s.; une paire de bas vendue au chanoine de Castillon, 35 s.; vente de fruits et herbes du jardin, superflus pour l'entretien des pauvres, 28 l.; de M. de Bretteville, trésorier du clergé, 145 l.; aumônes diverses pour inhumations, etc.; recette totale, 1,826 l. 18 s. — Dépenses: 2 aunes et 1/4 de serge de Caen pour doubler un juste-au-corps pour François Thouroude, petit archer de l'hôpital, 4 l. 5 s. 6 d.; pour la façon, fil, soie et boutons, 36 s.; gages mensuels des deux archers, 3 l. à Collibert et 1 l. à Thouroude; 7 boisseaux de blé à 29 s. le boisseau, 10 l. 3 s.; 7 boisseaux à 23 s., 8 l. 15 s.; autre blé à des prix intermédiaires; au maître tricoteur 15 l.; 8 boisseaux de froment à 31 s., 6 d. le boisseau, 12 l. 12 s., et autre froment à 30 s. le boisseau; 3 boisseaux de pois blancs à 30 s., 4 l. 10 s.; 100 gerbes de paille, 100 s.; pour façon de 17 petites chemises de garçon, 20 s.; 4 boisseaux de pois blancs à 25 s., 100 s.; façon de 2 écussons pour mettre aux juste-au-corps des archers, 30 s.; 4 livres de chandelle, 28 s.; un seau de bois, 7 s. 6 d.; façon de 12 chemises de femme, 36 s.; 6 boisseaux de pois blancs, 6 l. 10 s.; 16 livres de beurre, 3 l. 15 s.; 200 fagots, 22 l., etc.: dépense totale, 1,287 l. 16 s. 4 d. Les recettes étant de 1,826 l. 18 s., il y a un excédent de recettes de 538 l. 1 s. 8 d. — En 1671, recettes: pour les recommandations ou pardons de Pâques, 45 l. 17 s. 6 d.; tronc du bureau, aux fêtes de Pâques, 18 l., à l'occasion du jubilé, 5 l.; de Poincheval, curé de St-Patrice, 4 l.; 4 paires de bas de femme, 6 l.; 2 paires de bas d'homme, 6 l.; aumône d'une dispense, 7 l.; plusieurs amendes de l'officialité, etc.: recette totale, 1,380 l. 2 s. — Dépenses: blé, depuis 22 s. le boisseau jusqu'à 25 s.; pois blancs, 21 s. le boisseau; façon et fourniture d'un habit pour une pauvre femme, 16 s. 4 d.; viande, de 3 l. 5 s. à 4 l. la semaine; 4 boisseaux de cendre pour la lessive, 3 l.; pommes à 6 s. 6 d. et à 6 s. 9 d. le boisseau ; 57 livres de beurre, 12 l. ; etc. ; dépense totale, 1,323 l. 4 s. 2 d. ; la recette étant de 1,380 l. 2 s., il y a un excédent de recette de 56 l. 17 s. 10 d. — En 1672, vendu 57 paires de bas d'estame à Le Roy, marchand bourgeois de Paris, 171 l.; aumônes des paroisses reçues au synode de l'évêque de Bayeux, suivant ses recommandations, 68 l. 15 s. ; aumônes de l'évêque, 445 l. ; quête faite à St-Sauveur « lors de « l'oraison des quarante heures pour la prospérité des « armes de Sa Majesté », 14 l. ; autres quêtes faites dans différentes églises et chapelles de la ville, à l'occasion des mêmes prières ; vendu à l'intendant pour 22 l. 5 s. de bas d'estame pour ses officiers ; vendu 12 paires de bas de femme, 18 l. ; reçu de Lamy, vicaire général, 291 l. 1 s. provenant de la quête ci-devant faite pour le secours de la ville de Candie, et donnée au bureau par ordre de l'évêque, etc. — Dépenses : « donné par l'ordre de Monseig^r. de Bayeux « à un pauvre innocent de St-Mallo, 20 s. »; deux aunes et demie de tirtaine blanche pour faire des chausses aux pauvres, 4 l. 7 s. 6 d. ; frais d'inhumation de deux pauvres, 30 s. ; payé à Charles Joret 44 s. 9 d. pour ses gages d'une semaine pour avoir montré à tricoter aux pauvres ; pain d'une semaine fourni aux tricoteurs, 7 l. 7 s. ; gages d'une semaine du boulanger, 52 s. 9 d. ; pour 7 journées de menuisier, 49 s. ; blé, de 28 s. à 35 s. 6 d. le boisseau ; 7 journées de charpentier pour relier les tonneaux, 49 s.; un quartier de mouton pour lesd. charpentiers, 7 s. 6 d. ; 1200 pots de cidre achetés 36 l., etc. Recettes, 2,516 l. 1 s., dépenses, 1994 l. 15 s. 7 d., excédent de recettes, 521 l. 5 s. 5 d. — En 1673, fondation par Mlle de Croisilles d'une messe par an, à laquelle assisteront les pauvres, 50 l. ; diverses aumônes de mariage pour dispense de parenté, chacune 5 l. ; etc. Recettes totales, 3,490 l. 1 s. 1 d., dépenses, 4,204 l. 2 s., excédent de dépenses, 714 l. 11 d. — En 1674 et 1675, semblable compte rendu par led. Baucher, curé de « Nostre-Dame-des-Fossés dud. Bayeux », syndic de l'hôpital. — Recettes : amende de 300 l. jugée contre le sieur de La Brière Le Nepveu, faisant profession de la religion prétendue réformée, etc. — Dépenses : payé à Collibert, premier archer de l'hôpital « pour empescher les gueux de gueuser dans la ville « et faubourgs », et pour ses gages du mois de décembre, 3 l. ; au second archer, « comis pour les « festes et dimanches », pour ses gages du même mois, 20 s. ; « donné à une pauvre servante malade, de la « paroisse de la Magdelaine, trente solz, par l'ordre de « Monseigneur, pour se faire reporter à Cahagnes, sa « paroisse, parce qu'elle n'a peu estre receue à l'hos- « pital général, n'estant de ceste ville »; pour 104 bottes de sable à 10 d. la botte livrées à St-Gratien, 4 l. 3 s. 4 d. ; 2 pourceaux, 26 l. 10 s. ; 108 bottes de glui à 9 l. 15 s. le cent, 10 l. ; les journées de charpentier, de maçon et de couvreur en ardoise sont de 10 s., celle de couvreur en glui de 8 sols ; pour 8 journées d'hourbillage, 48 s. En ces deux années 1674 et 1675, d'importants travaux de construction ont été faits à St-Gratien. Le froment vaut de 34 s. à 37 s. 6 d. le boisseau, les fèves, de 35 s. 6 d. à 38 s., etc. Dépense totale, 5,592 l. 19 s. 8 d., recette, 4,149 l. 12 s. 4 d., d'où un excédent de dépense de 1,443 l. 7 s. 4 d. — Semblable compte rendu par led. Baucher, chanoine de Moon, syndic de l'hospital, du 1er septembre 1675 au 18 janvier 1677, Recettes : pour 6 douzaines et demie de serviettes, blanchies, ourlées et marquées, faites à St-Gratien, à 10 l. la douzaine, 65 l. ; legs de Mme de Castilly, 300 l. ; pour avoir blanchi 430 livres de fil, 30 l. 19 s. 6 d. ; pour la façon de 64 aunes de grosse toile à 2 s. 6 d. l'aune et pour l'avoir fait ourdir, 8 l. 12 s. ; pour la façon de 31 aunes de serviettes à 4 s. 6 d. l'aune, 6 l. 19 s. 6 d. et 6 s. pour l'avoir ourdie, en tout 7 l. 5 s. 6 d.; du « grand cous- « teur », pour l'expédition de 2 provisions de bénéfices et pour 2 dispenses de mariage, 18 l. ; aumône de l'évêque, quartier de Pâques, 150 l., etc. — Dépenses : blé, de 30 s. 6 d. à 36 s. 6 d. le boisseau ; fèves, 24 s. et 25 s. 9 d. ; avoine, 10 s. 3 d. et 11 s. ; lard, 2 s. 2 d. la livre ; une journée de cheval, 12 s. ; ardoise, 3 l. 10 s. le mille ; chaux, 6 L le tonneau ; 6 journées d'ouvrier pour charrier du sable, 36 s. ; etc. Travaux importants de construction à St-Gratien. Dépense totale, 6,573 l. 7 s. 7 d, Il est dû au comptable pour excédent de dépenses, 3,833 l. 3 s. 4 d., qui, ajoutés à 1443 l. 7 s. 4 d. du compte précédent, font un total de 5,276 l. 12 s. 5 d. — En 1677-1678, semblable compte rendu. Dépense totale, 4,121 l. 5 s. 4 d. ; recette, 3,162 l. 10 s. 8 d., d'où un excédent de dépenses de 958 l. 14 s. 8 d. — Semblable compte rendu pour 1679-1680. — Recettes : dispense accordée au sieur de La Cour et à la demoiselle de Fontenailles, des paroisses de Magny et Aignerville, 10 l. ; legs de M. des Valderis, 100 l., etc. Dépenses : pour 30 livres de graisse de rots, 9 l. ; pour 6 boisseaux de cendre, 3 l. 12 s. ; pour 249 livres de lard à bouillir, 31 l. 2 s. 6 d. ; pour 305 livres de lard, 38 l. 2 s. 6 d., etc. Le dépense de 1679 s'élève à 7,736 l. 9 s. 4 d., la recette étant de 2,013 l. 12 s. 3 d.; il y a un excédent de dépenses de 5,722 l. 17 s. 1 d., laquelle somme « a esté prise des deniers « de Mgr. de Bayeux et sera employée sur la dépence « de son compte. » — En 1680, amortissement par 700 l. de 50 l. de rente due au sieur du Coudray Le Pesqueur, en présence de la maréchale de Bellefond. « La dite somme de 700 l. est demeurée au prof« fit de lad. dame à luy restituer touttefoys et quantes, « l'ayant mise en dépost » dans le coffre-fort de l'évêque, le tout pour le paiement du contrat d'acquisition d'une maison au profit des pauvres. La dépense de 1680 s'élève à 4,411 l. 4 s. 9 d.; la recette étant de 2,557 l. 2 s., il y a un excédent de dépenses de 1,854 l. 2. s. 9 d.

H. Suppl. 1142. — II. E. 18. (Registre.) — Moyen format, 646 feuillets, 1 pièce intercalée, papier.

1681-1698. — Registre contenant « la recepte et dé« pence faicte par Raymond Baucher, presbtre, chanoine « de Collombières, aiant soin des affaires de l'hospital « général de Bayeux apellé de St-Gratian, où sont ren« fermés les pauvres valides, par l'ordre de Mgr l'éves« que de Bayeux et de Messieurs les directeurs dud. « hospital. » — Recettes : amende de l'officialité « contre un particulier qui avoit transféré sa juridic« tion », 3 l. ; testament de M. de La Madeleine Brice, 100 l. ; pour 30 paires de bas vendus à Paris, 89 l. ; rente de Duhamel, médecin, 100 l. ; dispense de mariage de Melle du Vigné, 10 l. ; rente de l'Hôtel-Dieu, 12 l. 5 s. ; rente de la noblesse 225 l. ; de Melle des Valderis, 100 l. ; du fermier de Neuilly, 180 l. ; de M. de Bretheville, 112 l. 10 s. pour un quartier de rente du clergé de Bayeux, etc. ; de Guillaume de Montigny, 54 l. pour faire dire à perpétuité 6 basses messes aux 6 fêtes de la Vierge ; de M. de Bomparc, 100 l. ; de Mme de St-Germain, 10 l., etc. — Dépenses : viande pour le jour des Rois, 9 l. 7 s. ; « pour « fournir aux habis des dam^{lles} de Mesniville estantes « de présent renfermées au bureau au nombre de qua« tre », 30 l. ; 16 aunes de tirtaine grise à 28 s. l'aune ; un tapis de droguet pour la chapelle, 30 s. ; 30 aunes de toile à 10 s. l'aune ; 42 aunes de toile grosse à 15 s. l'aune, 31 l. 10 s. ; 200 boisseaux de blé, 400 l. ; « pour une cloche de potin et le dessoubz de cuivre « pour cuire des pommes aux maitresses d'écolles, 55 s. ; « et pour une cloche de métail pour appeler les enfans « lorsqu'on entre à l'escolle », 30 s. ; 100 boisseaux de pommes, 20 l. ; 14 l. de graisse de rôts, 4 l. 10 s. ; pour deux contrats en parchemin portant reconnaissance de deux parties de rente foncière de 85 l. chacune, à Juaye et Arganchy, sur Georges Liard, 31 l. 14 s.; 100 boisseaux de pommes, 20 l.; 208 b. de pommes, 40 l., etc (1681). — En 1682, pour 850 livres de lard, 80 l. ; « frais du contract de Mme de Rochefort de « 100 l. de rente de don de M. des Castillons », 31. 7 s. 6 d. ; 4 tonneaux de chaux, 24 l. ; 5 b. de cendre, 3. l.; 48 hottées d'argile, 2 l. 8 s. ; 36 l. de crin à 7 s. la livre, 12 l. 11 s. ; « pour faire des matelas aux filles, par or« dre de Mgr. » ; « du 12 (septembre), trente-cinq solz « pour la délivrance de testament de feu M. des Val« deris, qui donne cent livres de rente aux pauvres », etc. — En 1683, rente de 7 b. de froment dus par l'Hotel-Dieu à l'hôpital des aveugles de St-Gratien ; pour une grande poutre de 34 pieds de long et de 15 à 16 pouces de grosseur, « vendue et portée à l'évêché 40 livres » ; aumônes pour dispenses ; amendes de l'officialité, etc. — Dépenses : « six solz pour des « hottes pour l'asne à charier des terres » ; 25 l. de fil de chanvre blanchi pour faire de la toile, 22 l. 16 s. ; 250 l. de lard « à bouillir » à 2 s. 2 d. la livre, 27 l. 1 s. 6 d. ; façon de 500 fagots, 5 l. ; 12 l. de prunes de Perdrigon, 30 s., et 22 livres environ de fromage de Hollande, 4 l. 10 s. ; au cuisinier de l'évêque, 47 s. 6 d., pour partie de la viande du Mardi-Gras ; du 27 avril, marché fait avec Pierre Guillemette, boucher à Bayeux, qui s'est obligé de fournir la viande à l'hôpital général jusqu'au carême suivant, savoir, jusqu'à la St-Michel, à 20 deniers la livre, et depuis la St-Michel jusqu'au Carême, à 18 d. la livre ; parce qu'il fournira dès à présent et toujours du bœuf et du mouton pour les officiers et officières de la maison, et autre viande nécessaire pour les malades, à payer tous les mois. Pour 2,000 lattes, 6 l. 10 s. ; 8,000 épingles dont la moitié à 7 s. et l'autre moitié à 6 s., 2 l. 12 s. ; 2,000 crochets, 2 l. 10 s. ; une grosse de lacets, 28 s. ; 6 douzaines de dés, 30 s. ; 12 ciseaux, 22 s. ; 36 peignes, 36 s. ; 6 chapelets, 8 s. 6 d. ; 2 l. de fil à dentelle, 6 l. ; 24 bonnets de laine, 7 l. 7 s. ; balances, 18 s. ; un marc d'une livre, 45 s. ; 4 livre de séné, 3 l. 15 s. ; 4 l. de poivre, 2 l. 10 s. ; clou de girofle, 19 s. ; 12 l. 1/4 d'huile d'olive avec le baril, 5 l. 10 s. ; un quarteron de muscades, 19 s. ; 9 l. de savon, 3 l. 6 s. ; 13 l. d'amidon à 2 s. 6 d., 32 s. ; 1/2 livre d'azur, 12 s. ; 1/2 livre de tournesol, 7 s. ; 2 onces de rhubarbe, 3 l. ; 44 livres de fil blanc de chanvre pour toile, 11 l. 16 s. 6 d. ; un boisseau de cendre, 35 s.; 227 l. de beurre salé à 3 s. la livre, 36 l. 13 s. ; 86 l. de beurre salé à 4 s. 6 d. la livre et 7 s. pour un pot cassé, 19 l. 14 s. ; « pour 5 boisseaux de cendres pour faire les buées à

« 8 s., venant du fourneau à choux », 2 l. ; pour avoir peigné 27 torches de laine fine, 6 l. 15 s., et 20 s. pour 10 jours à filer au grand rouet ; 1045 b˟ de froment, 1850 l. ; 47 b. de pois, 93 l. 3 s. 6 d. ; 51 b˟ 1/2 et 2 seizièmes de fèves, 103 l. 13 s. ; « avoine pour les che- vaux des harnois qui ont charié le bois des bâtimentz, « 42 b. qui coustent 28 l. 9 s. »; rente viagère à Laurent Le Vasnier pour ses maisons de St-Gratien, 6 l. 10 s. ; au jardinier pour 15 journées, 3 l. 15 s. ; 2 grosses de bloquets, 32 s.; rente hypothèquée de 3 l. 2 s. à Charles de La Haye ; paiement au notaire de Bayeux qui a passé, le 6 octobre 1683, le contrat de donation de 7 l. 10 s. de rente au bureau par Guillemette de Montigny ; une grosse et demie de grands sabots, 31 l. 10 s. ; une grosse de moyens, 15 l. ; une demi-grosse de petits, 6 l. ; pour 6 journées à peindre les chassis du haut du dor- toir, 36 s. ; « pour 208 gistes, 85 l. » ; au peintre, « pour avoir barbouillé » 2 portes et 2 fenêtres en 2 jours, 12 s. : pour 39 l. de chanvre, 6 l. 15 s. ; au foulon pour reste d'avoir foulé 93 aunes de « bellinge « blanc et gris, à 15 d. l'aune », 2 l. 6 s. ; au manœuvre pour 12 jours à servir les maçons, 4 l. 4 s. ; pour 36 b. d'orge à 15 s., 27 l. ; 42 b. de pommes à manger, 11 l. 11 s. ; 4 b. de chaux blanche, 25 s. ; pour 600 melles et crochets pour les habits des pauvres, 15 s. ; du 28 (décembre), « Guillaume Duval, présence de « Pierre Lepetit, de Mulois et de René Le Bretton, ont « mesuré le bâtiment de 1683, ont trouvé sur la lon- « gueur de 100 piedz couvertz des deux costés d'un « bâtiment neuf en 1683, cent seize toises, et quatorze « toises pour le tiers point, font en tout 130 toises ; led. « Mulois a receu 131 l., et à 22 s. la toise, cy font 143 l., « partant reste paié 12 l. », signé : « A. Lemallois ». Pour 62 l. de lard à 21 d. la livre, 5 l. 8 s. 6 d. ; au charpentier, pour 40 jours à faire le plancher sur la chapelle, 20 l., etc. La dépense totale pour l'année 1683 s'élève à la somme de 11,565 l. 5 s. 6 d., compris 6,245 l. ou environ « pour le bâtiment faict du costé « des hommes de l'hospital général, compris la cha- « pelle. » La recette étant seulement de 3,623 l. 5 s. et 7 b. de froment, il y a excédent de dépenses de 7,942 l. 6 d., passé au compte de l'évêque. — En 1684, sembla- bles recettes, entre autres : 20 l. l'aune pour la chapelle dû par M. d'Éterville; rente de 100 l. par M. de Bon- parc ; amende de 73 l. contre les sieurs Banage, Cartaux et Bray, ministres; aumône de 100 l. par Ratier, « grand cousteur », pour acheter de la toile pour les pauvres ; 50 l. de Lami, chantre, pour le même ob- jet ; rente de 100 l. de Mᵐᵉ de Rochefort; de M. de Campigny, 75 l. pour moitié de 150 l. données par le testament de sa mère, etc. — Dépenses : « pour de la « viande à rostir pour le soir de la veille des Rois », 12 l. 15 s. ; pour 692 livres de lard, 63 l. 8 s. 8 d. ; une cloche pour sonner les exercices et une autre pour le réfectoire des garçons, du poids de 4 livres, à 19 s. 7 d. la l., 4 l. 16 s. De la St-Michel 1683 au 22 mars 1684, il a été dépensé 3,665 livres de viande à 18 deniers la livre, 274 l. 17 s. 6 d. Le boucher s'est engagé à fournir la viande de Pâques au Carême à 20 deniers, tant veau que mouton et bœuf ; 60 livres de fromage de Hollande à 3 s. 6 d. la livre, 10 l. 10 s. ; 1 livre d'alun pour les tei- gneux, 4 s. ; 1 l. de tabac pour les mêmes, 24 s. ; 50 paires de galoches, 16 l. ; 6 douzaines de peignes de corne à 6 s. la douzaine, 1 l. 16 s., et 6 douzaines de buis à 4 s. la douzaine, 1 l. 4 s. ; 6,000 épingles à den- telle à 10 s. le mille, 3 l. ; au boulanger, pour cuisson de 277 boisseaux de froment pour les pauvres de la ville et faubourgs, 17 l. 15 s. 6 d., etc. Dépense totale, 10,479 l. 14 s. 11 d. ; recette, 4,111 l. 11 s. 3 d., d'où un excédent de dépense de 6,367 l. 13 s. 8 d., passé au compte de l'évêque. — En 1685, semblable compte rendu. Acheté « une vache maigre pour mettre aux « couettes à graisser », 17 l. etc. — En 1686, vendu deux vaches « anoulières » 66 l. et acheté deux autres pleines, 61 l., différence en recettes, 5 l. ; rentes de Ste-Marie sur la terre de Tour appartenant à Mᵐᵉ de Rambouillet, de Roche, Bidot, Cornet de Neufville, de Gouet ; vendu une vache grasse, 31 l. 15 s. ; rentes de Bonparc, Bertrand, Tuloup, Basnage, Le Guédois ; legs de 200 l. par Pierre Ouzouf ; rentes pour la fabrique de Bayeux, sur d'Argouges, écuyer, sieur de Valbadon, le curé de Tour, de Gonon Rober, Gervais, ayant épousé la petite-fille de Martin de Pierrepont, écuyer, sieur de Boissy, etc. — Dépenses : pour 27 journées de 2 cou- turières, 5 l. 8 s. ; une vache pleine achetée 30 l. 5 s. ; deux autres vaches pleines achetées 28 l. et 24 l. ; rente de 7 l. 10 s. payée à Guillemette de Montigny ; 18 au- nes de tiretaine à 28 s. l'aune, 25 l. 4 s. ; rente à Charles de La Haie, 6 l. 1 s. 2 s., etc. — En 1687, recettes : pour les recommandations de Pâques dans les églises du diocèse, 35 l. ; etc. — Dépenses : 28 aunes de drap de Vire à 55 s. l'aune, 77 l. ; 10 aunes de tiretaine grise à 18 s. l'aune, 9 l., « demi-aune de bonne me- sure » ; 31 aunes 3/4 de drap de Vire à 50 s. l'aune, 79 l. 7 s. 6 d. ; 14 aunes 3/4 de drap blanc de Vire à 40 s. l'aune, 29 l. 10 s. ; huile de rebette, un baril, à 15 s. le pot, 10 l. ; huile d'olives, 15 livres 10 on- ces à 8 s. la livre, 6 l. 5 s., etc. Dépense totale, 7,946 l. 18 s. 10 d. ; recette, 3,863 l. 8 s. 3 d., d'où un excé- dent de dépense de 4,083 l. 10 s. 7 d. passé au compte de l'évêque. — En 1688, recettes : aumône de 25 l. 2 s. du testament de M. de La Fosse Malenfant, etc. — Dépenses : eau-de-vie « 4 potz pour mettre dans une « tonne de sidre remplie d'eau, 3 l. 4 s. », etc. — En 1689, semblable compte rendu par Raymond Baucher, chanoine de la Vieille. — Redevables : l'évêque (aumône de 1200 l.), Le Vasnier, curé de Tour, des Essarts, La Rivière Gouet, d'Argouges, le curé de La Poterie, Jean de Magneville, écuyer, à cause du consistoire de Vaucelles, Hervé Bernardin de La Cour, écuyer, Gaugain, Le Héricy d'Étreham, Longuet, les Bénédictines, Mme de Bricqueville, Bonparc Hélie, de Gonon, Guilbert, de Neufville, Mme de Rambouillet, la fabrique de la cathédrale, de Moutfiquet, Germain de La Niepce, d'Éterville, etc. — Semblables comptes rendus pour les années suivantes. — En 1695, recettes : des prieuré et maladrerie de St-Nicolas de La Chesnaye et des maladreries de Ste-Catherine, de Pierre-Soleil et de Vaucelles, 893 l. 6 s. 8 d. ; du testament de M. de Saint-Jean, reste de ses meubles, ses dettes payées par M. de Loucelles Suhard, son frère, pour le tiers, un autre à l'Hôtel-Dieu et l'autre à la fabrique de la cathédrale, 1581 l. 16 s. 1 d., etc. — Dépenses : 1 boisseau de chapelure de pain achetée au sommelier de l'évêché, 25 s. ; 93 livres de miel, 8 l. 7 s., etc. — En 1696, dépenses : 20 livres et demie de savon à 9 s., 9 l. 4 s. 6 d. ; 1 livre de séné, 5 l. 5 s. ; 1 livre 3/4 de manne, 7 l. ; 1 livre d'anis, 14 s. ; un paquet d'amidon et d'azur, 30 s. ; 3 onces de rhubarbe à 35 s. l'once, 5 l. 5 s. ; 1/2 livre de tournesol, 10 s. ; 2 livres et demie et 2 onces de catholicon double, 6 l. 11 s. ; 1 livre de poivre, 22 s. ; 1 once de clou de girofle, 10 s. ; 1 once de muscade, 9 s. ; un petit pain de sucre, 3 l. 1 s. ; 1/2 livre de poudre à vers, 2 l., etc. — En 1697, dépenses : 2 grosses de sabots marchands, 48 l. ; 500 buches d'orme, 55 l. ; une livre et demie de soufre pour les galeux, 7 s. 6 d. ; honoraires de 12 messes fondées, aux fêtes et dimanches, 3 l. 12 s. ; pour 8 journées de cheval à charrier des pommes, 4 l. ; 1 tonneau de cidre, 26 l. ; 208 boisseaux de pommes à 27 l. 10 s. le cent, 55 l., etc. Dépense totale, 8,812 l. 11 s. 7 d. ; recette, 7,936 l. 13 s. 9 d., d'où un excédent de dépense de 875 l. 11 s. 10 d. — Procès-verbal de l'assemblée du bureau de l'hôpital, concernant l'inventaire des titres de propriété de cet établissement et l'élection des administrateurs, savoir : l'Évêque ou son grand vicaire en son absence, deux du chapitre, l'abbé de Camilly et Baucher, chanoine de la Vieille ; deux curés : Lefort, curé de St-Laurent, et Le Personnier, curé de St-Sauveur ; de la noblesse, de Cauville et de Hautmesnil ; des officiers de justice, de Saint-Germain et Hélyes, lieutenants généraux ; de l'Élection et grenier à sel, du Vigné et Rogier, procureur du Roi ; de la maison de ville, d'Hermerel, maire et vicomte, et Audré, procureur du Roi ; des bourgeois, Richard Le Lorier et Jacques Folliot ; sont élus ensuite le syndic, les divers trésoriers et autres officiers (1697). — Autre procès-verbal d'une seconde assemblée du bureau, dans laquelle sont définitivement arrêtées les règles concernant l'inventaire des titres et autres papiers et leur conservation (1697). — « Inventaire des pièces, titres et contratz , « donations, testamens, promesses , baulx à ferme et « autres titres et escritures concernant la propriété et « possession des maisons, biens, revenus et effetz de « l'hospital général des pauvres valides de Bayeux , « à ce jourd'hui 3e de janvier 1698, par nous nobles « et discrètes personnes Me Jean-François Blouet de « Camilly, docteur de Sorbone, achidiacre d'Hiesme, « et chanoine théologal en l'église de Bayeux ; et Ni- « colas Hélyes, seigneur et chanoine d'Albrey en lad. « église, conseiller du Roy, lieutenant général et par- « ticulier ancien, civil et criminel à Bayeux, en la « présence de Me Raymond Baucher, presbtre, cha- « noine de la Vieille, Jean-François André, escuier, « conseiller du Roy, administrateur de l'hospital, à ce « députés. » — Inventaire du mobilier de l'hôpital. — Procès-verbal de l'assemblée du bureau, du 5 janvier 1698. Le sieur Baucher, chanoine de La Vieille, présentera les comptes de sa gestion des 5 dernières années (1693-1697) ; l'état en sera remis au sieur du Vigné, syndic, et celui des restes à payer au s^r Maresq, receveur, pour en poursuivre le recouvrement. Il a été aussi arrêté qu'une visite à l'hôpital serait faite par les commissaires désignés, pour reconnaître l'état du personnel et du mobilier. Le chanoine de Brécy remet au syndic du Vigné « 20 louis d'or neufs vallant « 280 livres », offrande d'un anonyme. — Autre procès-verbal de l'assemblée du 12 janvier 1698. Le sieur du Vigné, syndic, réclame le compte rendu des cinq dernières années de la gestion dud. Baucher. Led. syndic représente encore, que « pour entrer avec méthode « dans la susd. administration », il est nécessaire que les sœurs Bonard et Chartier, remplissant depuis longtemps les fonctions d'économe, lui remettent une copie du règlement de la maison, ou au moins un mémoire des règles qui y sont observées pour le bon emploi du temps, afin que ce règlement soit examiné et approuvé par le bureau, pour être exactement observé à l'avenir. Il réclame aussi un état du personnel enseignant et domestique, indiquant les gages et occupations de chacun. L'assemblée approuve ces dispositions et prescrit auxd. religieuses de se conformer aux instructions du syndic pour la tenue de leurs registres et mémoires, tant des manufactures que des menues dépenses dont elles ont la disposition. L'évêque ordonne à Baucher de verser à du Vigné la somme de 300 liv. 1 s. 6 d. sur son aumône ordinaire, sous déduction de l'avance de celle de 298 liv. 18 s. 6 d., faite par ledit chanoine pour achat de blé trouvé dans les greniers. — Procès-verbal de la séance du 19 janvier même année, dans lequel sont examinés et approuvés les comptes dud. Baucher, pour les 5 dernières années. L'assemblée décide également que le règlement de l'hôpital qui lui est présenté sera soumis au vicaire général, pour être, sur son avis, approuvé dans la séance suivante. — État des restes dûs à l'hôpital présenté par led. Baucher, comme ayant fait les recettes et dépenses de ladite maison par l'ordre exprès de l'évêque « comme œconome et receveur général « de son évesché ». — État du revenu du bureau pour 1698. — État des charges pour la même année. — État des pauvres et de leur emploi dans l'hôpital. — Autre état des religieuses et autres personnes chargées du soin des pauvres. Les sœurs Bonnard et Le Chartier ont la surveillance générale de la maison. Un frère est chargé des garçons et des hommes. Les deux autres sœurs ont le soin des filles et des femmes. Il y a en outre une infirmière, une cuisinière, une dépensière. La d^{elle} de Brébisson est chargée de la surveillance de la boulangerie et elle supplée les autres sœurs. Le jardinier, la couturière et la lessivière ne demeurent point dans la maison, le premier a 5 s. par jour et un pot de cidre ; la couturière habille tout le monde, elle gagne 2 s. par jour et est nourrie, la lessivière gagne aussi 2 s. par jour et est nourrie, mais elle ne vient que 2 fois la semaine.

H. Suppl. 1143. — II. E. 19. (Registre.) — Moyen format, 188 feuillets, papier.

1692-1697. — Journal des recettes de l'hôpital général opérées par Baucher, chanoine de la Vieille. Rentes des consistoires de Vaucelles, Trévières et Colombières. Autres rentes dues par la comtesse de Bricqueville, le curé de Tour, les Augustins, MM. de Gruchy, de Montfiquet, Jean d'Argouges, Louis de Gouet, écuyer, sieur de La Rivière, de la constitution solidaire de Jean de Gouet, écuyer, sieur des Essarts, Guillaume de Gouet, prêtre, Laurent de Cussy, écuyer, Madeleine Dupont, veuve de Pierre Vivier, écuyer, sieur du Carrel, de la paroisse de Blay, Pierre de Tournières, écuyer. — Hôtellerie du Luxembourg. — Blanc à partir du folio 98. — En tête, table des débiteurs.

H. Suppl. 1144. — 11. E. 20. (Cahier.) — Moyen format, 18 feuillets, papier.

1693. — Compte-journal des recettes et dépenses faites par Baucher, chanoine de la Vieille, pour l'hôpital général de Bayeux, donné au chanoine, agent temporel des affaires de l'évêché. — Total des recettes, 4412 l. 17 s. 8 d., provenant tant de rentes que du travail du bureau de la manufacture, honoraires de messes de St-Gratien, par le curé de St-Laurent, loyers, fermages, aumônes diverses, etc. Redevables : du Trésor, d'Éterville, de Carpiquet, des Londes du Vivier, Le Fetey, fieffataire du Luxembourg, d'Étréham, la comtesse de Bricqueville, Mme de Rambouillet, Le Blais, de Bonparc, de Bussy, Anfrie, le prêche de Colombières, de Grimouville, de Neufville Cornet, de Montfiquet, Mlle du Ronceray, etc. Aumône ordinaire de l'évêque, 1,200 l. — Dépenses : 3,219 l. 11 s. 10 d. pour 1431 boisseaux de blés achetés en 1692 ; 67 l. 16 s. 9 d. pour 35 boisseaux de pois et de fèves ; 25 l. pour gages annuels des deux cuisinières ; 24 l. à la sœur Anne, et 18 l. au frère André ; 4 l. 4 s. pour une grosse de peignes à 7 s. la douzaine, achetés à la foire de Caen ; 3 l. 8 s. pour 2 grosses de lacets à 34 s. la grosse ; 2 l. 8 s. pour 3 douzaines de ciseaux à 16 s. la douzaine ; 4 l. 16 s. pour 12,000 épingles à 8 s. le mille ; 5 l. pour 10,000 épingles à dentelle à 10 s. le mille ; 21 l. pour 14 douzaines de sabots ; 1 l. 10 s. à Tierceville, pour 5 jours à achever le cimetière neuf ; au sieur Mongodin pour avoir peint et doré la crosse et deux chandeliers de fer sur l'autel pour porter le pavillon d'étoffe pour couvrir l'autel, 6 livres ; 3 l. 8 s. pour façon d'un lectrin ; 5 l. pour peignage de 20 torches de laine et 1 l. 10 s. pour filage de 4 torches ; 5,749 l. 3 s. pour 1739 boisseaux de froment et méteil achetés en 1693, etc. « Toute la dépence se monte à onze « milles sept cents dix huit livres six deniers, la « recepte ne porte que de quatre milles quatre cents « douze livres dix-sept sols huit deniers. Je plus dé« pensé que reçeu sept milles trois cents cinq livres dix « deniers, passé aux comptes de Monseig^r de l'an 1693. « suivant ses ordres. »

H. Suppl. 1145.— II. E. 21. (Cahier.)— Moyen format,
20 feuillets, papier.

1694. — Semblable compte rendu par Baucher. Totaux : recette, 5,716 l. 15 s. 8 d. ; dépense, 9,286 l. 18 s. 2 d. ; l'excédent de dépense passé au compte de l'évêque. — Le 1ᵉʳ janvier, donné les étrennes à la sœur Marie et à la sœur Anne qui montrent à travailler les dentelles, aux deux cuisinières et au frère André, chacun 30 sols ; 7 boisseaux de cendre, 30 sols ; viande du soir de la veille des Rois, 14 l. 16 s. ; à un menuisier, pour avoir fait deux grandes tables et des sièges pour le réfectoire, 7 l. 16 s. ; pour façon de la porte grillée sur la chapelle du bâtiment du côté des filles, 54 pieds de travail à 4 s., 10 l. 16 s., et 36 s. pour la grille ; 1 tonneau de cidre, 50 l. ; drogues achetées à la foire de Caen ; imprimerie d'un drap fin donné par le comptable pour faire un pavillon sur le tabernacle de la chapelle du bureau, 2 l.

H. Suppl. 1146. — II. E. 22. (Cahier.) — Moyen format,
18 feuillets, papier.

1695. — Semblable compte rendu par Baucher. La dépense s'élève à 6,050 l. 15 s. 9 d. et la recette à 5,928 l. 12 s. 5 d., d'où un un excédent de dépense de 122 l. 15 s. 9 d., reporté sur l'année suivante.

H. Suppl. 1147. — II. E. 23. (Cahier.) — Moyen format,
30 feuillets, papier.

1696. — Semblable compte rendu par Baucher. — Des Augustins, sur les arrérages de la fondation de M. d'Héroueville Saint-Côme, 25 l. ; legs de Biet, curé de St-Exupère ; 500 ardoises, 1 l. 12 s. 6 d. ; 1 somme de chaux, 17 s. ; 1 autre, 18 s. Excédent de dépense, 762 l. 14 s. 3 d., reporté sur l'année suivante.

H. Suppl. 1148. — II. E. 24. (Cahier.) — Moyen format,
18 feuillets, papier.

1697. — Semblable compte rendu par Baucher. — Legs de Mᵐᵉ de Cricqueville ; fermages de la Condelle, de la Bauquerie, de Neuilly, du Luxembourg. 1 chasuble noire, 6 l. 19 s. de fournitures, y compris 40 s. de façon ; écoles de Bayeux. — Excédent de dépense, 875 l. 17 s. 10 d.

H. Suppl. 1149.— II. E. 25. (Cahiers.) — Moyen format,
21 feuillets, papier.

1697. — Compte rendu par Georges Maresq, établi trésorier receveur des pauvres valides de Bayeux, au commencement de janvier 1698, de l'état des restes dûs auxd. pauvres laissé par Baucher, ci-devant receveur dud. hôpital, et qui lui a été remis pour en effectuer le recouvrement ; y joint led. état.

H. Suppl. 1150. — II. E. 26. (Cahiers.)— Moyen format,
30 feuillets, papier.

1698. — Compte rendu par Georges Maresq. — Recettes, 3,296 l. 15 s. 1 d., dépenses, 3,304 l. 3 s. 10 d., excédent de dépenses, 7 l. 8 s. 9 d. — État des fermages des maisons et héritages dépendant de l'hôpital, situés à Neuilly, St-Fromont, Commes, Géfosse. — État des rentes foncières et hypothèquées dues aud. hôpital. Rentes des marmites et des consistoires. — État des charges et rentes dues par l'hôpital : à l'évêque de Bayeux, sur la terre de Neuilly, qui fut au sieur d'Héroudeville Marguerie, à cause de la baronnie de Neuilly, 24 boisseaux d'avoine, etc. ; au même, à cause de sa baronnie d'Airel, sur 9 vergées de terre sises à St-Fromont, 6 boisseaux de froment ; au même, rente seigneuriale sur une saline et 20 vergées de terre, qui furent au sieur de La Hunaudière Sabine, sises à Neuilly ; à l'abbaye de Longues, 16 boisseaux de froment, etc., pour partie de la ferme de la Bauquerie, sise à Commes ; à Baucher, chanoine de la Vieille ; à l'abbé de Cerisy, etc.

H. Suppl. 1151. — II. E. 27. (Cahier.) — Moyen format,
32 feuillets, papier.

1699. — Semblable compte rendu par le même. — Y joint l'état du revenu de l'hôpital général qui est à recevoir en 1699 : Jacques Le Fetley, possédant la maison du Luxembourg, 240 livres. État des fermages des terres et maisons dépendant de l'hôpital : Neuilly, St-Fromont, Commes, Géfosse.

H. Suppl. 1152. — II. E. 28. (Cahier.) — Moyen format,
15 feuillets, papier.

1700. — Semblable compte rendu par le même. — La recette, de 4,059 l. 17 s. 6 d., se balance avec les dépenses, y compris les reprises, qui sont de 870 l. 12 s. 2 d.

H. Suppl. 1153. — II. E. 29. (Cahier.) — Moyen format, 13 feuillets, papier.

1701. — Semblable compte rendu par le même.

H. Suppl. 1154. — II. E. 30. (Cahier.) — Moyen format, 14 feuillets, papier.

1702. — Semblable compte rendu par le même. — Insinuation d'un contrat de donation fait par Pierre Le Véel, 1 l. 13 s. ; débours de procès contre les sieurs d'Amours et le syndic de l'hôpital de Carentan.

H. Suppl. 1155. — II. E. 31. (Cahier.) — Moyen format, 16 feuillets, papier.

1703. — Semblable compte rendu par ledit Georges Maresq, procureur en bailliage et vicomté à Bayeux, trésorier receveur du bien et revenu des pauvres valides de Bayeux. — Recettes : 7 boisseaux de froment sur les pauvres de l'Hôtel-Dieu de Bayeux ; 6 boisseaux de froment dûs par les moulins Renard; 8 livres de rente due par Gabriel de Grimouville, écuyer, sieur de La Flasquière ; 3 et 2 livres sur Jacques Le Marois, enquêteur ; 15 l. sur la veuve de Gabriel Le Blais, écuyer ; 4 boisseaux de froment sur M. de Bernières ; 30 l. sur Jean de Montfiquet, écuyer, conseiller assesseur ; 100 l. sur la comtesse de Bricqueville ; 58 l. 6 s. 8 d. sur Thomas Le Breton, écuyer, sieur de Percy ; 70 l. sur Charles de Saint-Quentin, écuyer; 10 l. sur Hervé-Bernardin de La Cour, écuyer; 20 l. sur la veuve et les héritiers de Jacques d'Éterville, écuyer ; 7 l. 15 s. 6 d. sur l'évêque de Bayeux; 45 l. sur le Clergé de Bayeux; sur Jean et Guillaume du Bosq, de Courcy, d'Hermerel du Martel, Louis Cornet, écuyer, sieur de Bussy, MM. de Laugrie, le s^r des Londes du Vivier, Jacques Baudin, prêtre, Gédéon d'Espinoze, écuyer, s^r de Courtaunay, Bernardin Mangon, écuyer, sieur du Coudray, les héritiers de Thomas de Grosourdy, écuyer, s^r de La Verderie, la dame de Rambouillet, Antoine Banage, écuyer, Louis Le Trésor, écuyer, etc. — Fermages. — Dépenses. Paiements : à Madeleine Le Coq, mère de Lhonoré, ancien chapelain du bureau ; à Baucher, chanoine de La Vieille, 156 l. 13 s. 4 d. pour 2 années de sa rente ; au même, 119 l. 6 s. pour rentes dues à l'évêque de Bayeux ; à Mansel, procureur au bureau des finances, 20 l. 8 s. 6 d. pour les frais de l'enregistrement du brevet de don obtenu du Roi d'une portion de terre servant de rue en faveur des pauvres; à Le Bouteiller, chapelain de l'hôpital ; à Basly, chanoine de Pezerolles, pour arrérages de rente ; 63 l. pour fournir à acheter 10 l. de rente vendue par la d^{elle} Duval Osber à prendre sur le s^r de La Rivière Hérils ; à Farcy, receveur de l'abbaye de Longues, pour arrérages de rente, etc. — Dépense, 4,042 l. 7 s. 6 d. ; reprises, 2,194 l. 4 d. ; au total, 6,236 l. 7 s. 10 d. ; la recette n'est que de 6,143 l. 10 s.

H. Suppl. 1156. — II. E. 32. (Cahier.) — Moyen format, 14 feuillets, papier.

1704. — Semblable compte rendu par le même.

H. Suppl. 1157. — II. E. 33. (Cahier.) — Moyen format, 14 feuillets, papier.

1705. — Semblable compte rendu par le même.

H. Suppl. 1158. — II. E. 34. (Cahier.) — Moyen format, 14 feuillets, papier.

1706. — Semblable compte rendu par le même. — Recette, 6,267 l. 13 s. 4 d., y compris les reprises ; dépense, y compris la reprise, 6,273 l. 19 s. 10 d.

H. Suppl. 1159. — II. E. 35. (Cahiers.) — Moyen format, 30 feuillets, papier.

1707. — Semblable compte rendu par le même. Y joint l'état du revenu de l'hôpital, à recevoir pendant lad. année.

H. Suppl. 1160. — II. E. 36. (Cahier.) — Moyen format, 16 feuillets, 1 pièce intercalée, papier.

1708. — Semblable compte rendu par le même.

H. Suppl. 1161. — II. E. 37. (Cahier.) — Moyen format, 18 feuillets, papier.

1709. — Semblable compte rendu par le même. — Rentes des marmites. — Rentes des Consistoires. — Fermages : de Robert Dufresne, fermier de la terre qui fut au s^r d'Hérouville, sise à Neuilly, pour 1 année, 460 l. ; de Pierre Hue, fermier d'une saline et 20 vergées de terre à Neuilly, qui furent, partie au sieur de La Hunaudière Sabine, partie au sieur des Longschamps Le Pellerin, 115 l. pour une année; du s^r de La Perrelle Le Monnier, fermier de 9 vergées et demie (sic) de terre en pré sise à St-Fromond, dont 7 vergées appelées le pré du Becquet et 2 vergées appelées le pré du Maresq, 95 l. pour 1 année ; de Jean Havard, fermier de la terre de La Condelle et le petit pré Morin assis à Commes, 270 l. pour 1 année ; d'Antoine de Longueville, fermier de la terre de La Bauquerie et 5 vergées de terre dans la pièce de la Croix, 220 l. pour 1 année ; de Pierre Carabœuf, fermier du pré d'Hérils et de « l'herbage sèche » sis à Commes, 180 l. ; d'Adrien de Semilly, fermier d'une vergée et demie du nombre de 3 en paturage, sis à Géfosse, par 12 livres, dont moitié pour les dames de La Charité et moitié pour les pauvres. — Dépenses : paiements : à Le Bouteiller, chapelain de l'hôpital, 50 l. pour 1 quartier de sa pension ; 25 l. à la sœur Le Chartier, pour 6 mois de sa pension ; à la sœur de St-Lambert, 20 l. pour 1/2 année de sa pension ; 30 l. à la sœur de Lorme pour 1/2 année de pension ; 25 l. à la sœur Bonard pour 1/2 année; 50 l. à la sœur Mancel pour pension ; à Philippe Noël, curé de Sully pour rente ; aux héritiers de Raymond Baucher, chanoine de La Vieille, pour rente à vie, etc. — Dépense, 5,139 l. 11 s. 3 d., reprises, 1,173 l. 14 s. 1 d. ; total, 6,313 l. 5 s. 6 d. Recette, 6,232 l. 16 s. 11 d.

H. Suppl. 1162. — II. E. 38. (Cahier.) — Moyen format, 16 feuillets, papier.

1710. — Semblable compte rendu par le même. — Paiements à Lefort, chanoine de Cully, syndic des pauvres ; à Noël, curé de Sully, pour rente ; à Le Bouteiller, chapelain de l'hôpital, ses gages de 200 l. pour desservir l'hôpital, etc.

H. Suppl. 1163. — II. E. 39. (Cahier.) — Moyen format. 20 feuillets, papier.

1711. — Semblable compte rendu par le même. — Dépense, 3,515 l. 5 s. 4 d., reprises, 1,195 l. 12 s. 5 d.; total, 4,710 l. 17 s. 8 d.. Recette, 4,667 l. 13 s. 10 d.

H. Suppl. 1164. - — II. E. 40. (Cahier.) — Moyen format, 22 feuillets, papier.

1712. — Semblable compte rendu par le même. — Arrérages de rentes payés à Mlle de La Fortemain, à l'évêque de Bayeux, par M. de Murasson, son agent, etc.

H. Suppl. 1165. — II. E. 41. (Cahier.) — Moyen format, 10 feuillets, papier.

1713. — Semblable compte rendu par le même. — Recettes des sieurs de Delleville et de Grandchamp Philippes, de Jean de Montfiquet, écuyer, de Thomas Le Breton, écuyer, sieur de Percy, des religieuses de la Charité, de l'évêque de Bayeux, des héritiers de M. de Vaussieux, de M. d'Étreham, de M. de Grosourdy, etc.

H. Suppl. 1166. — II. E. 42. (Cahiers.) — Moyen format, 64 feuillets, papier.

1716-1722. — Compte rendu par François Bunouf de la recette des deniers du bureau général de Bayeux, depuis le 22 janvier 1716 jusqu'au 16 septembre 1722. Fermages, rentes, etc.

H. Suppl. 1167. — II. E. 43. (Cahier.) — Moyen format, 30 feuillets, papier.

1716-1722. — Compte rendu par le même de la dépense qu'il a faite durant le même laps de temps. Paiements : à Henry Le François, archer des pauvres, 5 l. 12 s. pour 1 mois 11 jours de ses gages (1717) ; au fermier de l'abbaye de Longues, 39 l. 9 s. pour 16 boisseaux de froment, 4 sols, 2 poules, 20 œufs, et 12 boisseaux d'avoine de rente due par les pauvres à lad. abbaye (1717) ; à M. de Préville, curé de St-Exupère de Bayeux, 25 l. 13 s. pour 1 année de rente due aux obits de lad. paroisse (1717); aux huissiers de la Chambre des Comptes, 35 l. 4 s. 8 d. pour 2 saisies faites sur la dame Marion, hôtesse du Luxembourg (1719); aux religieuses de la Charité de Bayeux, 200 l. des 1,000 l. données par le Roi (1721) ; à la sœur Binot, maîtresse d'école à Neuilly, 20 l. (1721) ; à M. de La Cotte Bigardière, 330 l. pour amortissement de 15 l. de rente et 2 années d'arrérages dûs à l'abbé de Pibrac, grand doyen de N.-D. de Bayeux (1720) ; à Jean Hamel, domestique du bureau, 30 l. pour 1 année de gages (1718) ; à François Noël, sergent, 4 l. 7 s. pour avoir été signifier à Mosles deux contrats de rente foncière desd. pauvres, y compris formule, écriture et contrôle ; au receveur des baronnies d'Airel et Crépion, 10 l. 15 s. de rente due par les pauvres (1719) ; à Morin, notaire à Bayeux, 23 l. 10 s. pour délivrance d'un contrat de transport de rente sur Jacques Renouf, de Neuilly, par Jacques-Bonaventure de Pierrepont, écuyer, sieur de St-Lambert, passé au notariat de Bayeux le 28 septembre 1720; 6 l. 7 s. 6 d. pour la sentence qu'on a obtenue en bailliage à Bayeux contre la dame de Rambouillet, le 29 octobre 1720 ; pour deux exécutoires de la Chambre des Comptes faites à la dame Marion, hôtesse du Luxembourg, en date du 16 mai 1720, 20 l. 3 s., etc. Total, 26,019 l. 18 s. 2 d., y compris 300 livres que les administrateurs lui donnent pour ses étrennes, à raison de 30 l. par an. La recette s'élevait à 26,207 l. 11 s. 5 d.

H. Suppl. 1168. — II. E. 44. (Cahier.) — Grand format, 32 feuillets, papier.

1722-1732. — Compte des recettes et dépenses rendu par le même, pour ledit hôpital, du 16 septembre 1722 jusques y compris l'année 1731, avec la recette particulière des casualités jusques et y compris le 12 janvier 1732. — Fermages. Indication des prix et des paiements depuis 1712 : ferme de la Hunaudière, ferme de la Condelie et du petit pré Morin, sis à Commes, ferme de la *Bosquerie* et de 5 vergées de terre dans le pré de la Croix, à Commes, terre de Géfosse, lieu Morlet, etc. — Rente en froment sur les pauvres de l'Hôtel-Dieu, les moulins Renard, M. d'Anisy Bernières, etc. — Rentes foncières en argent. L'hôtellerie du Luxembourg était fieffée en 1712 moyennant 240 livres de rente foncière. — Rentes hypothéquées existant en 1712 : Gabriel Pellevé, M. de Montfiquet, Olivier Beauville, la comtesse de Bricqueville, M. de Percy, M. de St-Quentin, Lambert Onfroy, Michel Le Midou, M. de Marigny, M. de Vaux, vicomte, Pierre Bayeux, les religieuses de la Charité, etc. — Rentes des marmites : Jacques Baudin, Gédéon d'Espinose, M. de Nesmond, actuellement M. d'Isigny, le Clergé, Jean Le Rouge. — Rentes des consistoires : Cornet, actuellement le s' de Ver, les s'' de la Bretonnière, M. d'Étreham, les héritiers du s' de Grosourdy, MM. de Chivré et de Marancé, la veuve David Eudelin, Mme de Rambouillet, Jacques Gervais, s' des Baudrelles, le s' de Carpiquet, les héritiers Busnage, le s' de Magneville du Ronceray, Le Breton de Percy, etc. — Rentes foncières et hypothéquées créées depuis 1712; note sur la donation faite en 1710 par Étienne Bourdon de 111 l. de rente foncière ; le s' de Marguerie, curé de Surrain, M. d'Argouges, les héritiers du s' de Quiry, M. de St-Amador, Genas, curé de Fresné, etc. — Rentes créées depuis 1712, mais amorties : la veuve de M. de La Ferrière du Bousquet, Gilles de Méhérenc, écuyer, s' de Giberville, Allain Morant, le s' de la Madeleine, le s' de La Haie Piquenot, le s' de La Magnerie Voisin, M. de Valhébert, M. de Ranville d'Agneaux, M. de Bricqueville fils puiné, à la caution solidaire du comte de Bricqueville, son père, et du seigneur de Rochefort, Mme de St-Simon, M. de Marguerie St-Côme, les pauvres de l'Hôtel-Dieu, M. de Vassy, M. de Giberville, MM. de La Motte et de St-Simon, M. de Varennes, M. de Meuvaines, le Clergé, etc. — Dons du Roi : 1,000 l. reçues de M. Aubry (1722) ; 2,772 l. reçues de M. du Breuil de Beaumont (1729). — Droits sur les boissons, 14,675 l. 3 s. 3 d. du 21 février 1723 jusques et y compris 1731. — Rente sur les tailles de 267 l. 1 s. — Donations et aumônes de Picot, chanoine de St-Maur (1727), de M. du Breuil (1729), etc.; aumônes jugées au bailliage criminel de Bayeux ; boisseaux d'orge dûs aux pauvres par l'évêché, 2,020 l. reçues à compte en 1728 et 1729 de l'économe. — Boucherie de carême. — Pensions des pauvres. — Réceptions de juges, officiers, procureurs, notaires, huissiers, sergents et maîtres : 8 l. pour la réception d'avocat des sieurs de La Londe et Mahéust (1722) ; de M. d'Isigny, pour son installation, 10 l. (1722) ; de Renard, pour sa réception de maître, 3 l., etc. — Amendes. — Vente de haies de la terre de la Hunaudière. — Manufacture du s' Guérin. — Chapelain de St-Vigor-de-Justice ; il doit 20 l. de rente, somme à laquelle M. de Nesmond avait estimé les messes dont il fit la translation à l'hôpital général. — La recette s'élève à 50,288 l. 13 s. 7 d. — Dépense. Paiements faits : aux s^rs de Préville et Le Breton, syndics, et à Baucher, économe; aux chapelains du bureau Le Fillastre, plus tard curé de St-Germain-de-La-Lieue, et du Boscq, vicaire de St-Jean de Bayeux ; aux deux sœurs de la Providence pour leurs pensions et pour une rente due à la manufacture de dentelles. M. de Nesmond, évêque de Bayeux, ayant donné aux pauvres de l'hôpital général la ferme de la Condelle, le jardin St-Thomas, « l'herbage sèche » avec le pré d'*Hérie*, et les petits prés de Moon, les a en même temps chargés, suivant le contrat de 1692, de payer par an aux 2 sœurs de la Providence 200 livres par an. Ratier, prêtre, trésorier, a donné 400 livres au denier 18 pour être payé par le bureau 22 l. 4 s. 6 d. de rente aux pauvres petites filles des écoles charitables de l'hôpital qui apprennent à faire des dentelles. — Paiements faits à différentes personnes : à la sœur Binot, maîtresse des écoles de Neuilly, 10 l. pour 1 année de rente pour l'entretien de la maison des écoles de Neuilly ; à Fauvel, fermier et receveur de la baronnie de La Perrine, 4 l. 10 s. pour 18 années d'arrérages de 5 s. de rente annuelle due à cause de maisons que les pauvres possèdent paroisse St-Jean de Bayeux ; à Philippe, curé de St-Ouen-des-Faubourgs, 150 l. pour rente viagère, etc. — Paiements faits aux sœurs de la Charité pour acheter les drogues nécessaires aux malades, et arrérages de 50 l. de rente donnée au bureau par feu M. du Vigné pour acheter du linge nécessaire aux pauvres. — Paiements faits aux aides et à l'archer des pauvres : 2 l. 5 s. 3 d. pour entrée de 30 pots d'eau-de-vie (1731) ; 2 l. 2 s. pour entrée de 60 pots de vin (1731), etc. — Paiements faits pour assignations, saisies et autres diligences, et pour frais de voyages : aux huissiers de la Chambre des Comptes, pour 3 saisies faites sur Le Harivel, hôte du Luxembourg, 41 l. 8 s. (1721-1722) ; auxd. huissiers pour 2 saisies faites sur Jean Gouville, hôte du Luxembourg, 24 l. 10 s. (1722-1723) ; autre saisie sur le même (1723), 12 l. 5 s. etc.; 12 livres pour avoir envoyé un homme par 2 fois mettre des affiches aux paroisses d'Isigny, Neuilly, Les Oubeaux et Castilly, pour faire savoir que les herbages du Métais, sis à Neuilly, étaient à bailler. — Paiements faits pour amortissements de rentes et réparations. — Gratification au comptable. — Dépense, 51,071 l. 1 d., excédant la recette de 782 l. 4 s. 6 d. Ledit état présenté à l'assemblée le 27 déc. 1761. Examen et observations.

H. Suppl. 1169. — II. E. 45. (Cahiers.)— Grand format, 51 feuillets, papier.

1722-1755. — Examen, observations et réponses (1754-1755) concernant les comptes du sieur Bunouf, depuis 1712 jusques et y compris 1729.—Extraits d'un compte rendu par ledit Bunouf aux administrateurs de l'hôpital des recettes et dépenses par lui faites depuis le 16 septembre 1722 jusqu'au 12 janvier 1732.

H. Suppl. 1170. — II. E. 46. (Cahier.) — Moyen format, 24 feuillets, papier.

1732. — « Compte ou estat que donne Maître Adrien-« Henry Hallé, procureur au bailliage et vicomté de « Bayeux, à messieurs les administrateurs du bureau « des pauvres valides de l'hôpital général dudit Bayeux, « du bien et revenu desd. pauvres et de ce que ledit « Hallé a receu en qualité de leur procureur-receveur, « depuis le 9 février jusqu'au 31 décembre 1732 ». — Redevables : de Saint-Vallier, receveur des aides, pour entrées de vins, cidres et eaux-de-vie, l'hôtel du Luxembourg (240 l.), de La Chaussée Folliot, du Longchamp du Quesné, de Sainte-Croix Le Vaillant, d'Isigny Godard, lieutenant général au bailliage de Bayeux, de Ver, de Vaussieux, de Rambouillet, Gervais, sieur des Baudrelles, de Carpiquet, Banage, de Marguerie, du Clos, de Méhérenc de Montmirel, d'Argouges, de Quiry, de Saint-Amador, etc.

H. Suppl. 1171. — II. E. 47. (Cahier.) — Moyen format, 30 feuillets, papier.

1733. — Semblable compte rendu par le même. — 35 l. à Moisson, receveur des baronnies de Neuilly et Isigny, pour rentes seigneuriales dues à l'évêché ; 145 l. aux sœurs de la Providence, pour moitié de leurs pensions ; 26 s. pour une feuille et demie de parchemin pour délivrer une nouvelle grosse de sentence concernant la rente due sur la succession de la dame de Rambouillet.

H. Suppl. 1172. — II. E. 48. (Cahier.) — Moyen format, 20 feuillets, papier.

1734. — Semblable compte rendu par le même. — Recettes : de M. de Saint-Vallier, receveur des aides de la ville de Bayeux, sur ce qui est dû à l'hôpital des entrées des boissons, etc. — Payé à Regnauld de Préville, curé de St-Sauveur, 37 l. 10 s. pour vente de 5 quarterons de pommiers plantés sur la terre de Commes, appartenant à l'hôpital ; rente à la maîtresse des écoles de Neuilly ; 4 sommes de chaux, 8 livres ; 1 paire de souliers à l'archer de l'hôpital, 3 l. 12 s., etc.

H. Suppl. 1173. — II. E. 49. (Cahier.) — Moyen format, 42 feuillets, papier.

1735. — F° 1. « État général des biens, revenus, « charges, recette et dépence de l'hôpital général de « Bayeux, pour l'année 1735, par Hallé, procureur, où « l'on peut avoir recours pour les comptes antérieurs « et postérieurs dudit hôpital ». — F° 2. Compte rendu aux administrateurs des pauvres valides de l'hôpital général par led. Hallé, de la recette et dépense par lui faites pour et au nom dudit hôpital pour l'année 1735. A Briard, libraire, pour 2 registres, l'un pour le secrétaire, l'autre pour le receveur de l'hôpital, 4 l. 6 s.; 7 boisseaux de pois, 15 l. 15 s. — Tableau des charges perpétuelles et des charges à vie, extinguibles par la mort des dénommés.

H. Suppl. 1174. — II. E. 50. (Cahier.) — Moyen format, 28 feuillets, papier.

1737. — Semblable compte rendu par le même. — Fermages. La terre ou ferme de Commes affermée 900 l. par an ; l'évêque de Bayeux tient à loyer 9 vergées 1/2 de terre enclavées dans ses prés de St-Fromont, au prix de 120 l. par an ; le lieu Morlet loué 100 l. ; lavoir de l'hopital, à l'entrée des prairies de l'évêché. — Rentes foncières. L'hôtellerie du Luxembourg, dont est propriétaire Michel Liégard, etc. — Pensions pour pauvres à l'hopital payées par le marquis de Maisons, M. de Vierville, l'abbé de Loucelles, chanoine, etc. — Recette, 6,593 l. 7 s. 10 d. et 23 boisseaux de froment. — Dépense, 6,559 l. 7 s. 9 d. et 23 boisseaux de froment.

H. Suppl. 1175. — II. E. 51. (Cahier.) — Moyen format, 22 feuillets, papier.

1739. — Semblable compte rendu par le même.

H. Suppl. 1176. — II. E. 52. (Cahier.) — Moyen format, 38 feuillets, papier.

1742. — Semblable compte rendu par le même. — A un chapelier de Bayeux, pour chapeau fourni à l'archer des pauvres, 4 l. ; étoffe et façon de l'habit de l'archer, 42 l. 9 s. — Versements à l'abbé de Vouilly, syndic de l'hopital.

H. Suppl. 1177. — II. E. 53. (Cahier.) — Moyen format, 24 feuillets, 9 pièces intercalées, papier.

1743. — Semblable compte rendu par le même. — Le chapelain de St-Vigor-de-Justice, jadis St-Yves, doit 20 l. de rente, non payée. — Pièces justificatives de travaux faits à la ferme de Commes.

H. Suppl. 1178. — II. E. 54. (Cahier.) — Moyen format, 20 feuillets, papier.

1744. — Semblable compte rendu par le même. — Recette, 7,410 l. 6 d. et 23 boisseaux 1/2 de froment ; dépense, 6,858 l. 16 s. 9 d. et 23 boisseaux 1/2 de froment.

H. Suppl. 1179. — II. E. 55. (Cahier.) — Moyen format, 26 feuillets, papier.

1745. — Semblable compte rendu par le même. — A Briard, libraire, pour impression des placards pour la bannie de la halle à blé de Bayeux, 2 l. 10 s. — Paiement de rente à l'abbé de Loucelles et à Mlle de Lestunville, sa tante, à la sœur Tostain, maîtresse des écoles de Neuilly. — 50 l. 12 s. à Le Tual, chirurgien, pour ses honoraires.

H. Suppl. 1180. — II. E. 56. (Cahier.) — Moyen format, 24 feuillets, papier.

1746. — Semblable compte rendu par le même. — Recette, 8,382 l. 16 s. et 18 boisseaux 1/2 de froment ; dépense, 7,930 l. 10 s. et 18 boisseaux 1/2 de froment.

H. Suppl. 1181. — II. E. 57. (Cahier.) — Grand format, 36 feuillets, papier.

1747. — Semblable compte rendu par Adrien-Henri Hallé. Redevables : Le Cordier, Liégard, de Sainte-Croix, Folliot, de La Nièce, Bayeux, de Ver, du Longchamp, de Rupalley, Seigle, de Marencé, d'Isigny, de Doublemont, des Parcs Le Guedois, M^{elles} des Bauderelles, Banage, des Mares, du Hamel, de Baussy, le chapelain de St-Vigor-de-Justice, de Marguerie, de Pierrepont, Le Haribel, de La Rosière, de Manvieux, de Saint-Aubin, de Parfouru, de Ste-Marie-Taillebois, d'Hermerel, de La Conseillère, Gombault, de Montmagny, de Bretteville, de Carpiquet, du Clos, de Varenne, de Montmirel, l'abbé de Bailleul, d'Argouges, de Baudre, le marquis de Castilly, de Vacqueville, du Castel Le Petit, le marquis de Faudoas, d'Anisy, l'abbé de Grasville, de La Motte Mâcé, du Hamel de Conjon, etc. — Recettes : droits d'entrée des boissons, 2,237 l. 19 s. 6 d. ; droits de réception des officiers de justice, 59 l. ; réception d'un maître drapier, 3 l. et d'un relieur, 3 l. ; boucherie de carême, 180 l. ; legs par feu Renée Houlette de ses meubles et effets, ainsi que d'une somme de 50 l. 19 s. 3 d. trouvée en différents endroits de ses appartements ; don de 4,000 l. par Michel Suhard de Loucelles, chanoine de Missy. Total de la recette, 13,881 l. 11 s. 9 d. et 15 boisseaux et demi de froment ; dépenses, 8,656 l. 8 s. 3 d. et 15 boisseaux 1/2 de froment, d'où un excédent de recette de 5,225 l. 3 s. 6 d.

H. Suppl. 1182. — II. E. 58. (Cahier.) — Moyen format, 42 feuillets, papier.

1748. — Semblable compte rendu par le même. — 60 l. de gratification au comptable ; au comptable 7 l. 10 s. par lui payés pour l'écriture des deux doubles du compte, dont le comptable doit dresser seulement la minute, qui lui coûte bien du temps, ainsi que les calculs et « vérification d'iceux »; paiements aux religieux de St-Nicolas de La Chesnaye ; aux sœurs de la Charité, 10 l. pour rente qui doit être par elles distribuée aux pauvres honteux de la ville. — Paiement de 4,000 livres à Hervé Dubois, écuyer, seigneur de Vidouville, pour vente par lui faite à l'hôpital, à la caution de Gilles de Méhérenc, écuyer, seigneur de Giberville, son beau-père, de 200 l. de rentes foncières à prendre à Vidouville sur divers particuliers ; vente par Le Bediers, curé de Ruillé en Anjou, à l'hôpital, de rente sur un sieur de Berville, écuyer, de la paroisse de Douvres.

H. Suppl. 1183. — II. E. 50. (Cahiers.) — Moyen format, 42 feuillets, papier.

1749. — Semblable compte rendu par le même. — Recette, 11,975 l. 18 s. 3 d. ; dépense, 9,849 l. 6 s. 9 d.

II. Suppl. 1184. — II. E. 60. (Cahiers.) — Moyen format, 38 feuillets, papier.

1750. — Semblable compte rendu par le même. — Payé à MM. de Landeville, 2,200 l. de principal pour se recharger de 110 l. de rente dont ils avaient chargé l'hôpital envers les héritiers de la feu d[lle] veuve du sieur de La Cocquerye Selles, plus les frais.

II. Suppl. 1185. — II. E. 61. (Cahier.) — Moyen format, 42 feuillets, papier.

1751. — Semblable compte rendu par le même. — Paiements : à Briard, pour les imprimés des placards de la boucherie de carême, formule, écriture et sceau de l'original d'iceux, 13 l. 11 s.; 2,000 l. à M. d'Isigny et à Mme Le Monnier, sa fille, pour constitution de 100 l. de rente ; à Bénard, huissier, pour le 20e denier des maisons acquises des sieurs de Landeville, 13 l. 8 s.; aux sœurs de la Providence de la maison de St-Exupère de Bayeux, 1,342 l. pour principal et prorata de 66 l. de rente foncière vendue par M. de Bruny, seigneur de Maisy, pour vertir au bénéfice des sœurs de la Providence de la maison de La Poterie, plus 52 l. 12 s. 6 d. pour contrôle de la délibération, frais de contrat, insinuation, audience et signification ; à Yvon, 10 l. 6 s. pour impression de 200 placards concernant la vente des grains dans la halle; à MM. de Roncherolles de Planquery, 2,500 livres pour le capital de 125 l. de rente constituée au profit des pauvres ; pour 5 mannes livrées à la halle à blé, 2 l. 14 s.; pour un panneau de vitre, 2 l.; pour 1 registre pour la recette de l'hôpital, 1 l. 16 s. — Dépense, 10,817 l. 6 d. et 24 boisseaux 1/2 de froment. La recette s'élève à 19,118 l. 2 s. 3 d. et 24 boisseaux 1/2 de froment.

II. Suppl. 1186. — II. E. 62. (Cahier.) — Moyen format, 34 feuillets, papier.

1752. — Semblable compte rendu par le même. — Recette, 9,823 l. 10 s. 6 d. et 8 boisseaux de froment ; dépense, 7,983 l. 11 s. 9 d. et 8 boisseaux de froment.

II. Suppl. 1187. — II. E. 63. (Cahier.) — Moyen format, 24 feuillets, papier.

1753. — Semblable compte rendu par le même. — Vente par contrat de 1750 par M. de Marguerie, prêtre, seigneur d'Esquay, à l'hôpital, pour vertir au bénéfice des sœurs de la Providence de la maison de La Poterie de Bayeux, de 145 l. et 2 chapons gras de rente ; en 1751, remise par MM. de Vacqueville et Gouet, curé de St-Loup, desd. rentes à son frère M. de Marguerie de Vienne qui les avait clamées, moyennant 3,128 l. 1 s. 6 d.; remplacement par acquisitions de M. de Bruny et de M. de Baudre de Bavent.

II. Suppl. 1188. — II. E. 64. (Cahier.) — Moyen format, 36 feuillets, papier.

1754. — Dernier compte rendu par A.-H. Hallé. — Constitution par M. de Chivray, à la caution du sieur de Cerres, procureur du Roi en l'amirauté de Port et d'Asnelles, séant à Bayeux, de rente en faveur de l'hôpital. — Paiements aux sœurs de la Providence de la maison de St-Exupère de Bayeux.

H. Suppl. 1189. — II. E. 65. (Cahier.) — Moyen format, 34 feuillets, papier.

1755. — Compte rendu par Jean-Baptiste Hallé, avocat, des recettes et dépenses dudit hôpital. — Redevables : l'évêque de Bayeux, de La Londe, Folliot, conseiller au grenier à sel de Bayeux, de La Nièce, de Ver Gascoin, du Longchamp Le Quesné, de Rupalley de Grandchamp, de Marencé, du Bosq Godard, seigneur de Commes, de Doublemont, Le Guédois, Mlle des Baudrelles, Banage, du Hamel, de Baussy, de Marguerie, de Pierrepont, Mlle de La Rivière Louvières, les religieuses de l'Hôtel-Dieu, Mme de La Rozière, l'Hôtel-Dieu, Le Cordier, seigneur de Parfouru-l'Éclin, de Sainte-Marie Taillebois, d'Hermerel, de La Conseillère Suhard, de Carpiquet, du Clos, de Varenne de Méhérenc, de Montmirel de Méhérenc, des Fontenelles, de Bandre de Bavent, de Vacqueville, le marquis de Faudoas, de La Motte Macé, Mme du Hamel de Conjon, de Berville, de Roncherollés, de Planquery, du Saulx, sieur de Neuville, de Chivray, de La Ferté Costard, etc.

H. Suppl. 1190. — II. E. 66. (Cahier.) — Moyen format, 26 feuillets, papier.

1756. — Semblable compte rendu par le même. — L'Évêque de Bayeux doit et paie chaque année 120 l. pour 2 portions de terre en herbage qui sont en partie enclavées dans le grand pré du marais sis à St-Fromond et dans le pré du Béquet sis à Airel, dont l'évêque jouit aud. prix. — Recette, 10,898 l. 13 s., plus 21 boisseaux 1/2 de froment ; dépense, 8,078 l. 9 s. 6 d., plus 21 boisseaux 1/2 de froment.

H. Suppl. 1191. — II. E. 67. (Cahier.) — Moyen format, 12 feuillets, papier.

1765. — Semblable compte rendu par Claude de Pierre, procureur et receveur dudit hôpital, Recette, 8,121 l. 1 s. 1 d. ; dépense, 7,800 l. ; excédent de recette, 321 l. 1 s. 1 d.

H. Suppl. 1192. — II. E. 68. (Cahier.) — Grand format, 8 feuillets, papier.

1766. — Semblable compte rendu par le même. — Rentes hypothéquées : les religieuses de l'Hôtel-Dieu, Le Cordier de Parfouru, les héritiers de M. de Sainte-Marie-Taillebois, M. de La Conseillère Suhard, Hue de Carpiquet, le marquis de Faudoas, etc.

H. Suppl. 1193. — II. E. 69. (Cahier.) — Grand format, 9 feuillets, papier.

1767. — Semblable compte rendu par le même. — Casualités : 2,000 l. pour les 20 sols par tonneau de cidre ; boucherie de carême, 220 l. — Total, recette, 11,442 l. 15 s. 6 d., y compris 3,551 l. 6 s. 3 d. pour le reliquat de l'année précédente. Dépense, 7,223 l. 18 s. 9 d.

H. Suppl. 1194. — II. E. 70. (Cahier.) — Grand format, 9 feuillets, papier.

1768. — Semblable compte rendu par le même. — La ferme de Commes est louée 1,200 livres. — Casualités : 1,600 l. 6 s. 8 d. pour l'entrée du cidre ; don gratuit, 6,187 l. 8 s. ; boucherie de carême, 204 l. ; jardin de St-Jean, 10 l. ; maisons de St-Jean, 100 l. — Recette, 16,886 l. 4 s., y compris le reliquat du compte précédent ; dépense, 12,132 l. 3 s. 3 d.

H. Suppl. 1195. — II. E. 71. (Cahier.) — Grand format, 10 feuillets, papier.

1769. — Semblable compte rendu par le même.

H. Suppl. 1196. — II. E. 72. (Cahier.) — Grand format, 8 feuillets, papier.

1770. — Semblable compte rendu par le même. — Fermages, rentes foncières, rentes hypothéquées, casualités, etc.

H. Suppl. 1197. — II. E. 73. (Cahier.) — Grand format, 8 feuillets, papier.

1771. — Semblable compte rendu par le même. — Recette, 11,399 l. 11 s. ; dépense 7,093 l. 5 s. 8 d.

H. Suppl. 1198. — II. E. 74. (Cahier.) — Grand format, 8 feuillets, papier.

1772. — Semblable compte rendu par le même. — Recette, 10,447 l. 7 s. 4 d. ; dépense, 9,916 l. 10 s. 11 d.

H. Suppl. 1199. — II. E. 75. (Cahier.) — Grand format, 8 feuillets, papier.

1773. — Semblable compte rendu par le même.

H. Suppl. 1200. — II. E. 76. (Cahier.) — Grand format, 6 feuillets, papier.

1774. — Semblable compte rendu par le même. — Recette, 8,250 l., y compris le reliquat du compte précédent ; dépense, 7,499 l. 4 s. 3 d.

H. Suppl. 1201. — II. E. 77. (Cahier.) — Grand format, 14 feuillets, papier.

1777-1780. — Semblable compte rendu par Maître Septier, du 1ᵉʳ août 1777 au 31 décembre 1780. — Recette, 58,248 l. 15 s. 2 d. ; dépense, 57,927 l. 12 s. 8 d.

H. Suppl. 1202. — II. E. 78. (Cahier.) — Grand format, 12 feuillets, papier.

1781. — Semblable compte rendu par le même. — Recette, 23,111 l. 15 s. 9 d. ; dépense, 22,468 l. 6 s. 10 d.

II. Suppl. 1203. — II. E. 79. (Cahier.) — Grand format, 8 feuillets, papier.

1782. — Semblable compte rendu par le même.

H. Suppl. 1204. — II. E. 80. (Cahier.) — Grand format, 14 feuillets, papier.

1784-1786. — Semblable compte rendu pour lesdites 3 années, par Septier, receveur de l'hôpital. — Recette : fermages, 9731 l. ; rentes, redevables : Banage, d'Airel, La Ferté Costard, de La Houssaye, Le Vasnier, de Litteau, de Beaumont, de Montaigu, les hospitalières de l'Hôtel-Dieu de Bayeux, de Manny, de Carpiquet, de Caugy, de La Tonnellerie, Mᵐᵉ de Menneville, de Varenne, de Suhard, de Roncherolles, de Baussy, de Vienne, de Faudoas, Le Petit du Carel, de La Conseillère-Méhéronc, d'Amours de Vienne, de Doublemont, de La Chaussée-Folliot, de Marguerie, de Sainte-Croix de La Londe, de Chivrey, de Saffray, Le Cordier de Parfouru, du Hamel de Vailly, etc. — Droits sur les boissons, 5,883 l. 1 s. 1 d. ; boucherie de carême, 1,933 l. 13 s. 3 d. — Pensions diverses, 945 l. 5 s. 7 d. — Aumônes, dons et amendes, etc. Aumône du Roi, 729 l. ; par le procureur du Roi, 106 l. 8 s. 6 d. ; don de feu Le Vasnier, 700 l. ; produit du travail des pauvres, 2,001 l. 12 s. 9 d. ; du trésorier des guerres, pour l'indemnité de l'hôpital vénérien, 5,504 l. 2 s. 4 d. ; du sieur Le Chevalier de Molandey, 12 l. ; autre aumône du Roi, 1,458 l. ; de l'abbé Le Vasnier, 300 l. ; réception de maîtres, 81 l. , etc.; total, 14,318 l. 9 s. 1 d. — Loyers des maisons, 523 l. 4 s. — Quant à la recette des rentes en blé, « le comptable a « observé au dernier compte l'impossibilité de pouvoir « percevoir ces rentes, et celte observation a esté « accueillye de la part de Messieurs les administrateurs « puisqu'il fut dit qu'à l'avenir les dames supérieures « ne donneroient aux débiteurs de ces rentes qu'une « simple notte pour les engager d'aller chercher leurs « quittances chez le comptable », etc. — Dépenses en 1784 : rentes, 947 l. 16 s. 6 d. ; à l'archer des pauvres, 60 l. ; pour fil à dentelle, 700 l. 6 s. ; pour charbon de terre, 78 l. 1 s. 3 d. ; au charpentier, 289 l. 13 s. 6 d.; beurre, 536 l. 5 s. 3 d. ; pommes, 1,130 l. 5 s. 3 d. ; blé, 8,887 l. 4 s. 6 d. ; viande, 1,309 l. 19 s. 6 d., etc. — En 1785 : aux sœurs de la Providence de St-Exupère et de Neuilly, 587 l. ; au chapelain, pour ses honoraires, 221 l. ; au receveur des domaines, pour droits d'indemnité, 26 l. 8 s. 10 d. ; charbon de terre, 114 l. 16 s. ; blé, 6,060 l. ; viande, 1,510 l. 14 s. ; etc. — En 1786 : rentes, 785 l. 5 s. 3 d. ; charbon de terre, 134 l. 14 s. 9 d. ; beurre, 545 l. 12 s. ; blé, 7,248 l. 4 s. 3 d. ; pavés, 214 l. 7 s. 6 d. ; matériaux, vitrage, etc., 1,059 l. 13 s. ; au maçon, tant pour la maison que pour le mur du jardin, 881 l. 18 s. 6 d. ; soliveaux, 358 l. 9 s. 6 d. ; carreau, 386 l. ; marches de l'escalier de la maison neuve, 116 l. 2 s. ; chaux, 395 l. 5 s. ; « pour « les pommes du pays d'Auge », 1,045 l. 5 s. 6 d., etc. Totaux, après vérification : recette, 63,423 l. 6 d. ; dépense, 57,699 l. 18 s. 2 d., y compris les honoraires du receveur, 216 l. (72 l. par an) ; reprises, 2,017 l. 7 s. 6 d., qui jointes aux dépenses forment une dépense totale de 59,717 l. 5 s. 8 d., d'où un excédent de recette de 3,705 l. 14 s. 10 d., dont le comptable sera tenu de se charger en recette ainsi que de la reprise.

H. Suppl. 1205. — II. E. 81. (Cahier.) — Grand format, 14 feuillets, papier.

1787-1788. — Semblable compte rendu par le même, du 1ᵉʳ janvier 1787 au 31 décembre 1788. — Recette, 39,749 l. 3 s. 10 d. ; dépense, 42,238 l. 7 s. 5 d.

H. Suppl. 1206. — II. E. 82. (Cahier.) — Grand format, 16 feuillets, papier.

1789-1790. — Semblable compte rendu pour lesdites 2 années, par Mᵉ Septier, receveur de l'hôpital. — Recettes : reprise du dernier compte, 4,912 l. 19 s. 6 d.; fermages pour 2 années, ferme de Commes, 4,000 l., herbage de Neuilly, 820 l., 9 vergées 1/2 de terre situées à St-Fromond, 806 l. ; rentes, redevables : Banage, d'Airel, Le Chevalier, La Ferté Costard, de La Hoguette, de Litteau, de Beaumont, de Montaigu, de La Londe, de La Jumellière, du Routel, de Mouy, de Carpiquet, de Caugy, de La Motte Macé, l'abbé de Grimouville, Seigle, Le Tual, de La Tonnellerie, de Thenneville, de Gascoin, de Varenne, de Suhard, de Roncherolles, de Baussy, d'Amours de Vienne, de Faudons, Le Petit du Carel, de La Conseillère, de Maubec, d'Albignac, de Doublemont, de Marguerie, grand-doyen, de La Londe Sainte-Croix, de Chivrey, Le Cordier de Parfouru, du Hamel, de Beaurepaire, etc. ; droits sur les boissons, 4,954 l. 19 s. 10 d. ; boucherie de carême, 1,245 l. 17 s. 9 d. ; dons et aumônes : 1,200 l., de l'évêque, 900 l., du grand-doyen de Marguerie, 10 l. 11 s. provenant de la moitié d'une représentation de comédie, etc. ; loyers divers des maisons de St-Jean : « magazin « à farine occupé par la munitionnaire », 200 l.; écurie et magasin pour les chevaux de remonte, 94 l. ; le lavoir, 170 l.; pour mémoire seulement un petit jardin loué verbalement 24 l. par an et dont le locataire n'a pu rien payer jusqu'à présent, vu la misère des temps, et auquel il n'a pas été fait de frais dans la crainte de les perdre, etc.; total des loyers, 723 l. 2 s. ; rentes en froment, 3 boisseaux dus par de Vaux de Durville, 3 boisseaux dus par le sieur de Montfiquet, 6 boisseaux dus par les hospitalières de Bayeux, à cause du moulin Renard ; 7 boisseaux dus par l'Hôtel-Dieu de Bayeux ; 6 boisseaux dus par Le Haribel et 9 boisseaux par deux autres personnes ; dons particuliers à l'hôpital général : 6,000 l. par Mme de Banville, 2,030 l. par Bertauld, pour avance faite à l'hôpital par ordre de la municipalité; totaux après vérification : recette, 38,556 l. 6 s. 3 d. ; dépense et reprise, 45,605 l. 6 s. 9 d., d'où un excédent de dépense de 7,049 l. 6 d., dont il faut déduire la reprise de 4,567 l. 19 s.

H. Suppl. 1207. — II. E. 83. (Cahier.) — Moyen format, 6 feuillets, papier.

1698. — Compte rendu par Robert Rogier, sieur du Vigney, procureur du Roi en l'Élection et grenier à sel de Bayeux, l'un des administrateurs et syndic de l'hôpital général, en recette et en dépense, du revenu, des aumônes et du travail des pauvres. — Aumônes, dons et produit des amendes de justice : 1,200 l. de l'évêque (aumône ordinaire), 75 l. de l'abbé de Choisy, doyen de la cathédrale, 296 l. 16 s. des chanoines, 14 l. de MM. de Molandain, 100 l. du legs de M. du Quesné, 311 l. d'une quête faite par MM^{mes} du Manoir et d'Aprigny, 100 l. de l'évêque (aumône extraordinaire), 4 l.

d'amendes de l'officialité, 15 l. 16 s. de denier à Dieu sur la vente des bois du Roi, 84 l. de feu Mlle des Valderis et autres aumônes anonymes ; 7 l. 10 s. pour l'assistance des pauvres à une inhumation ; 587 l. 14 s. du produit de la manufacture de dentelles ; 326 l. 13 s. 6 d. de la vente des bas d'estame et tricots ; 72 l. 10 s. de la vente de deux vaches, etc.—Dépenses: 1167 boisseaux de froment, 2,566 l. 6 s. 9 d. ; 27 boisseaux de pois, 54 l. 18 s. 9 d. ; 10 boisseaux de fèves, 15 l. 6 s. 10 d.; 432 livres de lard, 48 l. 12 s. ; 633 livres de beurre, 160 l. ; 36 aunes 1/2 de tiretaine pour vêtir les pauvres, 66 l. 2 s. ; 412 aunes de grosse toile pour les mêmes, 402 l.; fil à dentelle, 212 l. 12 s. 6 d. ; au boulanger, pour blé boulangé en dehors de l'hôpital, sur le pied de 2 s. par boisseau, 69 l. ; au meunier, pour la mouture de 906 boisseaux de blé, sur le pied de 2 s. par boisseau, 99 l. 12 s. ; 1373 bûches, 129 l. 10 s. ; 1840 fagots, 294 l. 8 s.; 30 sacs de charbon, 40 l. etc. Totaux : recette, 6,242 l. 11 s. 3 d. ; dépense, 6,550 l. 2 s. 5 d., d'où un excédent de dépense de 307 l. 11 s. 2 d.

H. Suppl. 1208. — II. E. 84. (Cahier.) — Moyen format, 10 feuillets, papier.

1699. — Semblable compte rendu par le même. — Recette et dépense : 5,966 l. 9 s. 10 d. — Gages annuels de Jean Audierne, ayant soin de montrer aux jeunes garçons à tricoter des bas d'estame; à la sœur Montaval, ayant soin du travail des dentelles, 24 l.—Dépenses de l'année : 2,602 l. 10 s. 8 d. pour prix de 1,035 boisseaux de froment achetés, y compris les 300 boisseaux que M. de Vaux, vicomte, a fait livrer par le fermier du domaine rétrocédé aux Carmes déchaussés, sur le pied de 26 sols le boisseau ; 80 l. 3 s. 5 d. pour prix de 35 boisseaux 1/2 de pois blancs ; 27 l. 10 s. pour prix de 15 boisseaux de fèves ; 529 l. 19 s. 10 d. pour prix de la viande achetée pendant l'année.

H. Suppl. 1209. — II. E. 85. (Cahier.) — Moyen format, 46 feuillets, papier.

1700. — Compte rendu des recettes et des dépenses de l'hôpital général de Bayeux par Jean-Baptiste Durand de Grainville, grand chantre et chanoine de l'église cathédrale, en qualité de l'un des administrateurs et syndic dud. hôpital. — Recettes : des mains de Maresq, receveur, 3,962 l. 8 s. 6 d. ; droit de mesurage, 1,963 l. 10 s. 6 d. ; amendes de l'officialité, 62 l. 10 s. ; amendes du bailliage, 10 l.; aumône ordinaire de l'évêque,

1,200 l. ; aumônes du chapitre, 142 l. 6 s. ; ventes : des dentelles, 417 l. 18 s. ; des bas faits dans l'hôpital, 492 l. 3 s. 6 d. ; façon de 264 aunes de toile, 41 l. 9 s. ; façon de ruban, 3 l. 14 s. 6 d. ; pour 547 l. 1/2 de fil dévidé, 17 l. 13 s. 6 d. ; chanvre teillé, 38 l. 2 s. 6 d. ; vente de légumes de jardin, 40 l. 18 s., etc. Dépenses : un tonneau de cidre, 67 l. 15 s. ; 1,136 boisseaux de pommes, 744 l. 14 s. 3 d. ; 12 cercles à tonneau, 18 s. ; pour 2 journées de 2 charpentiers, 2 l. ; viande fournie à raison de 30 livres par jour, à 4 s. 10 d. la livre, 587 l. 17 s. 10 d. ; lard, 410 l. pour 71 l. 14 s. 1 d., à 3 s. 4 d. et 4 s. la livre ; pour un sein de porc pesant 17 l., à 6 s. 6 d. la livre, 5 l. 10 s. 6 d. ; poisson, 34 l. 4 s. 6 d. ; 39 boisseaux 1/2 de pois, 106 l. 3 s. 3 d. ; 38 boisseaux 3/4 de fèves, 61 l. 13 s. 6 d. ; 2 douzaines d'œufs, 5 s. ; 1 autre douzaine, 4 s. 6 d. ; pour 30 pots de lait, 15 s. ; pour 30 autres pots, 22 s. ; le 15 mai, pour 12 livres de beurre, 2 l. 12 s. 6 d. ; le 19 juin, pour 260 l. de beurre, à 5 s. la livre en moyenne, 65 l. 18 s. ; le 18 septembre, 240 l. de beurre à 4 s. 9 d. en moyenne, 57 l. 4 s., total 512 l. de beurre pour 125 l. 14 s. 6 d. ; pour 1,840 bûches à raison de 9 francs le cent, 166 l. ; 900 fagote à 18 fr. le cent et 8 paquets de rames à 4 s., 163 l. 12 s. ; chandelle, à 7 s. la livre, 42 l. 3 s. 6 d. ; 845 paires de sabots, 85 l. 7 s. ; 276 journées de couturières à 2 s. par jour, 27 l. 12 s. ; 3 journées de lessivières, 9 s. ; 7 journées et 1 nuit de lessivière, 22 s. ; 5 journées et une nuit de lessivière, à 4 s. par jour à cause du mois d'août, 21 s. ; journées de jardinier à 6 et 8 s. par jour, 55 l. 8 s. ; 24 journées de fileuse de laine pour les bas, 21 l. 8 s. ; pour 820 livres de chanvre, 206 l. 1 s. ; façon de filasse à 5 liards la livre, 228 l. 12 s. ; fil à dentelle, 325 l. 18 s. 6 d. ; 20 bottes de sainfoin, 2 l. ; un millier d'épingles, 7 s. ; une grosse et 9 douzaines de peignes, 20 l. 6 s. ; 4 douzaines de ciseaux, 5 l. 8 s. ; un pucher, 1 s. Gages : à l'archer, à raison de 3 l. par mois et par avance, 36 l. ; aux surveillants des dentelles, 10 s. par mois ; au surveillant du travail des garçons, 20 l. pour l'année ; à la sœur surveillante des dentelles, 24 l. ; à la sœur dépensière, 24 l. ; à la sœur cuisinière, 17 l. 10 s. ; à la sœur infirmière, 17 l. 10 s. ; le 1er février, perte sur les espèces « à cause de la diminution de la monnoye », 10 l. 10 s. ; le 1er avril, autre perte « à cause d'une nouvelle dimi- « nution de la monnoye », 11 l. 19 s. 8 d. ; le 1er juin, autre perte « à cause d'une nouvelle diminution », 5 l. 4 s. 6 d. ; pour 35 aunes de toile à chemises, 39 l. 7 s. 6 d. ; total du prix de la toile pour l'augmentation des pauvres, 270 l. 13 s. 9 d. — Totaux : recette, 8,623 l. 14 s. 3 d. ; dépenses, 10,853 l. 19 s. 7 d., d'où un excédent de dépense de 2,230 l. 5 s. 4 d., sur laquelle somme le sieur de Grainville ayant fait don et remise de 1,000 l. aux pauvres de l'hôpital, il lui reste dû 1,230 l. 5 s. 4 d. — Incomplet ; manquent 2 feuillets coupés.

H. Suppl. 1210. — II. E. 86. (Cahier.) — Moyen format, 6 feuillets, papier.

1700. — Abrégé du précédent.

H. Suppl. 1211. — II. E. 87. (Cahier.) — Grand format, 15 feuillets, papier.

1701. — « Compte que rend à Messieurs les admi-
« nistrateurs de l'hospital général des pauvres valides de
« Bayeux, Robert Rogier, sieur du Vigney, conseiller
« procureur du Roy en l'Élection et grenier à sel dud.
« lieu, en qualité de l'un des administrateurs et sindic
« dudit hospital, de la recette et dépence des deniers
« par luy touchez pour la subsistance et entretien desd.
« pauvres et fournir les secours nécessaires à ceux de
« lad. ville et fauxbourgs dans leurs maisons pendant
« l'année commencée au 1er janvier 1701, qu'ils ont
« cessé de mandier, jusques et compris le dernier dé-
« cembre de lad. année. » — Recette : 1,200 livres, aumône de l'évêque ; 2,476 livres payées au syndic par Maresq, trésorier receveur des rentes et fermages des pauvres de l'hôpital ; 2,200 livres reçues de Jean Bidot pour une année de la ferme qu'il tient des droits de mesurage des blés et grains qui se vendent dans la ville et faubourgs, foires et marchés de Bayeux, appartenant à l'hôpital. — Pensions : 25 l. de Jacques Guillebert, condamné au paiement par ordonnance de Foucault, intendant de Caen, pour la pension de sa belle-mère, renfermée dans l'hôpital par son ordre pendant 5 mois. — Recette des deniers provenant du travail de la manufacture, des fruits et légumes du jardin : 259 l. pour le prix des dentelles vendues pendant l'année ; 534 l. 13 s. des « bas d'estames » vendus ; 6 l. 18 s. pour la façon de bas « faits faire » pour le dehors à l'hôpital ; 22 l. pour la façon des toiles « faites faire aussy pour « le dehors aud. hospital » ; 69 l. 6 d. pour le chanvre teillé aud. hôpital, 39 l. 1 s. pour les herbes et légumes du jardin vendus pendant l'année, etc. — Recette des quêtes et troncs : 49 l. des quêtes faites à la chapelle de l'hôpital ; 91 l. 2 s. 3 d. trouvés dans les troncs de l'hôpital et de St-Exupère. — « Recette des « aumosnes destinées à faire subsister les pauvres de la « ville et fauxbourgs dans leurs maisons, ayans cessé « de mandier. » Du chapitre, 762 l. 8 s. 3 d. ; du curé

de St-Sauveur, 12 l. 15 s.; des curé, prêtres et habitués de St-Patrice, 18 l.; des curés de St-Malo et St-Loup, 10 l. chacun; des curés de St-Exupère et St-Laurent, 6 l. chacun; du curé de St-Ouen, 3 l.; du curé de la Madeleine, 2 l.; du curé de St-Symphorien, 1 l. 10 s.; de Tillard, son vicaire, 1 l. 2 s.; d'Aubry, prêtre, 1 l. 6 d.; de Hamou, prêtre, 3 l. 7 s.; de Hardouin, chapelain de St-Sauveur, 4 l.; de Le Chesne, chapelain de lad. église, 2 l.; de Blanchet et La Cotte, chapelains en lad. église, chacun 20 s.; de Dumont, alors vicaire de lad. paroisse, 20 s.; du curé de la Poterie, 3 l.; des gentilshommes, 397 l. 14 s. 6 d.; des officiers de l'ordinaire, 398 l. 3 s.; des officiers de l'Élection et grenier à sel, 200 l.; de M. de Condé, receveur au grenier à sel, 35 l.; des bourgeois, 495 l. 16 s. — Aumônes extraordinaires: de l'abbé de Choisy; des héritiers du curé de St-Martin-des-Entrées; des habitants et possédant biens à St-Loup-hors pour faire admettre les pauvres dud. lieu à la distribution du pain et autres aumônes comme ceux de la ville et faubourgs, 20 l.; de M. de Lespine Rogier, lieutenant général en la vicomté, lors du décès de Mademoiselle son épouse; de M. d'Écajeul, en considération des pauvres qui assistèrent à l'inhumation de sa femme; de la veuve du s' Le Parfait, legs de 50 livres, etc. — Aumônes jugées au profit des pauvres aux juridictions de bailliage, vicomté et police de Bayeux; 10 l. de Guillaume de Vaux, pour la permission de vendre de la viande pendant le carême. — Dépenses. Pour la subsistance des pauvres, officiers et officières de l'hôpital, 3,834 l. 6 s. 3 d. pour 2,070 boisseaux de froment; 129 l. 14 s. à Nicolas Bonnemie, meunier, pour la mouture de 1,297 boisseaux de froment dépensés à l'hôpital pendant l'année 1701; 116 l. 19 s. pour 66 boisseaux de pois blancs; 53 l. 12 s. pour 52 boisseaux de fèves; 41 s. pour 2 boisseaux d'orge; 13 l. 6 s. pour 14 boisseaux de sarrazin; 141 l. 17 s. pour 546 l. de beurre; 66 l. 2 s. 2 d. pour 443 l. de lard; 20 l. 6 d. pour 63 livres de graisse à mettre aux potages des pauvres; 661 l. 6 s. pour 7,213 l. de viande à 22 d. la livre, dépensées pendant l'année; 77 l. 19 s. pour le poisson, les œufs et laitages dépensés pendant l'année; 108 s. pour de l'huile d'olive; 42 s. pour 8 pots de vinaigre; 44 s. pour 2 livres de poivre noir; 50 s. pour 4 onces de clou de girofle et 1 once de muscade; 135 l. 4 s. pour 394 l. de chandelle; 6 l. 2 s. 6 d. pour 13 jours de travail au brassage des cidres faits en 1700 et pour 15 gleus; 467 l. 9 s. 9 d. pour 1,217 boisseaux de pommes, dont on a fait du cidre pendant l'année 1701, compris le raccommodage des futailles; 70 l. 2 s. 6 d. pour les frais de brassage du cidre en un pressoir; 403 l. 8 s. pour 1,716 fagots dont un cent a coûté 25 l., un millier 22 l. le cent, plus 600 à 26 l. le cent, et 16 qui ont coûté 48 sols; 202 l. 10 s. pour 1,500 bûches à 13 l. le cent, et 10 s. pour cent pour la décharge; 60 l. pour 30 sacs de charbon; 15 l. 18 s. pour les balais achetés pendant l'année. — Pour les lessives et blanchissage de linge: 91 l. 4 s. pour cendres achetées pour les lessives faites pendant l'année; 4 l. pour 10 livres de savon; 16 s. pour 1/2 livre d'azur et 6 pierres de tournesol; 24 l. 10 s. aux lessivières employées aux lessives. — Pour les malades: 20 l. 2 s. pour médecines, drogues et remèdes pendant l'année; 4 l. pour 3 pots chopine de vin blanc et 1 pot chopine de vin rouge; 4 l. 10 s. pour 4 pots d'eau-de-vie à faire de l'eau clairette; 51. 6 s. pour 5 l. et 1 quarteron de sucre. — Pour l'entretien des pauvres: 325 l. 19 s. 2 d. pour 1,274 livres de chanvre acheté pendant l'année; 39 livres aux « fillassiers » qui ont apprêté en filasse 794 livres dud. chanvre sur le pied de 15 d. la livre de filasse, y compris 10 s. pour la façon d'une corde à puits du poids de 10 livres, faite dud. chanvre; 326 l. 14 s. pour 515 l. de gros fil dont on fait de la toile pour les pauvres et la maison de l'hôpital; 30 l. de grande laine à 30 s. la livre; 24 l. 13 s. 6 d. pour 23 livres 1/2 de pignon dont on a fait de la tirtaine pour vêtir les pauvres de l'hôpital avec lesd. 20 livres de laine; 37 l. 6 s. 6 d. pour 19 aunes 1/2 de tirtaine; 42 s. pour avoir fait fouler 42 aunes de tirtaine faites dans l'hôpital; 16 l. 10 s. pour 7 aunes 1/2 de bagnette bleue à faire des bonnets aux pauvres; 4 l. 4 s. pour 25 douzaines de lassets; 5 l. 14 s. pour 12 bonnets de laine; 1 l. 16 s. pour 2 douzaines de peignes; 21 l. 10 s. pour 1 grosse de sabots moyens; 60 s. pour une paire de souliers; 21 l. 12 s. à la couturière qui a raccommodé le linge et les hardes des pauvres, pour 216 journées à 2 s. par jour. — Pour l'entretien des manufactures de l'hôpital: 200 l. 18 s. pour 162 petites toisons de laine; 2 l. 16 s. pour 3 paires de cardes à carder la laine; 16 l. pour 2 onces de fil à dentelle; 10 sols pour 20 piquets à servir aux petites filles qui travaillent à la dentelle; 1 l. 10 s. pour 2 douzaines de ciseaux; 5 l. 14 s. pour « quatre mil « d'éplingues »; 30 s. pour deux peaux de veau à faire des tabliers aux jeunes garçons qui travaillent à faire de la toile, etc. — Pour la chapelle: 12 l. 10 s. pour 7 l. de cierges de cire jaune à 30 s. la livre et 1 livre de cire blanche à 40 s., etc. — « Pour l'achat de meubles et « ceux faits raccommoder pour la maison. » 4 l. 10 s. pour un couteau à couper le pain; 27 s. pour un crible, un quarteron de boisseau et un seizième; 68 l. 4 s.

9 d. pour le change de 58 écuelles, 26 petites tasses, 46 cuillers, 2 chopines, 1 tiers, 1 pinte, 1/2 tiers et 18 sauciers, le tout d'étain, et l'achat d'augmentation de 30 écuelles, 31 petites tasses et 55 cuillers ; 8 s. pour un pot de chambre de fayence ; 15 s. pour 2 couteaux de cuisine ; 20 s. pour un morceau de bois à hacher les herbes des potages ; 10 s. pour 1 paire de hottes ; 4 l. pour 6 chaises de paille ; 1 l. 15 s. pour avoir fait raccommoder 2 grils, 1 écumoire et 1 marmite ; 3 l. pour 2 registres journaux destinés à Maresq, receveur du bien et revenu de l'hôpital, etc. — Foin, avoine et paille achetés pour le cheval de l'hôpital, compris la paille mise dans les lits des pauvres, l'entretien des équipages et ferrure du cheval : 12 l. 10 s. pour 1 cent de sainfoin ; 20 l. 5 s. 9 d. pour 26 boisseaux d'avoine ; 19 l. 8 s. pour 300 bottes de paille ; 41 s. pour 1 bride et avoir fait raccommoder le bas du cheval ; 4 l. au maréchal pour l'avoir ferré pendant l'année.— Réparations. Travaux de menuiserie et de serrurerie, de vitrerie et de couverture : 6 l. 18 s. 6 d. pour 4 sommes 1/2 de chaux à couvrir ; 6 l. pour 1500 ardoises ; 1 l. 16 s. pour 6 livres de clou à lattes ; 15 s. pour 200 lattes ; 6 s. 3 d. pour 5 pieds de faitures ; à un couvreur pour 39 jours de travail, 19 l. 10 s. ; pour 20 hottes de pierres, 2 l. 5 s. — Pour l'entretien du jardin : 9 l. 10 s. pour 20 jeunes poiriers et 5 *paischiez* plantés ; 55 s. 6 d. pour des graines et choux blancs à remuer ; au jardinier, 52 l. 1 s. pour 141 journées à 7 et 8 sols. — Gages des officiers et officières : à la sœur de St-Exupère, économe, 50 l. pour ses gages de l'année ; à la sœur Madeleine Roger, dépensière, pour 2 mois 1/2 de gages, 5 l. à raison de 24 l. par an ; à la sœur Jeanne Le Mière, ayant soin du linge des pauvres, 17 l. 10 s. pour l'année ; à la sœur Montaval, montrant ci-devant les dentelles aux petites filles de l'hôpital, 6 l. pour un quartier de ses gages, et 12 l. pour gratification ; 3 l. 11 s. à Charles Hunot, de Caen, pour avoir montré à tricoter des bas aux jeunes garçons de l'hôpital pendant 1 mois et quelques jours ; 3 l. 6 s. 6 d. à Marie Le Marchand pour avoir montré à faire de la dentelle aux petites filles pendant 2 mois ; à Françoise Malherbe, 12 l. pour 6 mois qu'elle a été dépensière ; à la sœur Fissel, pour avoir montré les dentelles aux petites filles du 13 décembre au 1er janvier, 40 sols ; pour les frais de son voyage de Rouen à Bayeux, 12 l. 6 s. ; pour le port de ses hardes, 4 l. 13 s. 6 d. ; à la cuisinière, 6 l., outre son entretien ; à Étienne Artur, conduisant le cheval de l'hôpital et faisant les voitures dont on a besoin, 20 l. ; à Onfroy, pour faire les états de la distribution du pain aux pauvres de la ville et faubourgs et écrire tout ce dont il est requis par le comptable, concernant sa commission de syndic, 20 l. ; au même, 10 l. pour avoir écrit la copie du compte de M. de Grainville, chantre, pour l'année de son syndicat ; 16 s. au valet du meunier Bonnemie, lorsqu'il a apporté les gâteaux des Rois.— Pour les gages de l'archer des pauvres et son costume : 10 mois de gages à raison de 4 l. 10 s. par mois ; son remplaçant, pendant 2 mois de maladie du titulaire, 4 l. 10 s. ; pour l'étoffe et fournitures d'un justaucorps de drap bleu, 29 l. 17 s. ; pour 3 douzaines 1/2 de boutons de cuivre et la façon du justaucorps, 2 l. 11 s. — Pour les pauvres de la ville et faubourgs ayant cessé de mendier : 81 l. 2 s. pour mouture de 811 boisseaux de froment employés pendant lad. année à fournir le pain distribué chaque semaine ; 107 l. 13 s. 6 d. à une boulangère pour avoir boulangé le pain desd. boisseaux, à 2 s. 6 d. et 3 s. le boisseau ; 52 l. pour 16 couvertures de lit mises aux mains des garde-meubles établis dans les 4 quartiers de la ville et faubourgs pour servir aux pauvres malades; 55 l. 16 s. 9 d. à la trésorerie du quartier St-Sauveur pour fournir les secours nécessaires aux pauvres malades du quartier ; 17 l. 16 s. pour les pauvres honteux dud. quartier ; autres paiements pour les quartiers St-Symphorien, St-Patrice et St-Loup ; 976 l. 15 s. 3 d. pour 902 aunes de grosse toile employée à fournir de linge les garde-meubles et à vêtir les pauvres de la ville et faubourgs, etc. Recette, 9,863 l. 1 s. 6 d. ; dépense, 10,341 l. 2 s. 1 d., dont 3,115 l. 7 s. 6 d. pour les pauvres externes, ce qui met la dépense de l'hôpital à 7,225 l. 14 s. 7 d.

H. Suppl. 1212. — II. E. 88. (Cahier.) — Grand format, 16 feuillets, papier.

1702. — Semblable compte rendu par le même.

H. Suppl. 1213. — II. E. 89. (Cahier.) — Grand format, 34 feuillets, papier.

1703-1705. — Compte rendu par Gilles Guérin, marchand, bourgeois de Bayeux, syndic, « de la re-
« cepte et despence par luy faicte des deniers du
« revenu appartenants aus pauvres vallides tant en
« rentes, fermages, osmones, lais pieux et testamen-
« tères, etc., ainsy que du travail manuel desd. pauvres
« dans led. hospital pendent les trois années de 1703,
« 1704 et 1705 que ledit Guérin a esté nommé à ladite
« charge par Mesire François de Nemond, seigneur
« évesque de Bayeux, fondateur et premier adminis-

« trateur dud. hospital et des aultres messieurs admi-
« nistrateurs en l'assemblée tenue dans son pallais
« épiscopal.... ». Recette: 1,200 l. par an de l'évêque,
plus un louis d'or donné par lui pour étrennes, le 1er
jour de l'an 1703, valant 13 l. 10 s. — Rentes et fermages. Reçu le 31 décembre 1702, 290 l. en écus, sur
laquelle somme il y a eu perte de 7 livres, le lendemain 1er janvier 1703. — Recettes : de Bidot, fermier
de la ferme du tripot; de M. de La Caillerie, 72 s. pour
6 pauvres qui ont assisté à l'inhumation de M. de Huppain, son frère; de Mlle de Banssy, 6 l. que feu Mlle La
Chesnée lui avait mises entre les mains pour donner
aux pauvres ; 40 livres pour vente de 8 paires de bas,
à 5 l. la paire ; autres bas à 4 l. 10 s. et 4 l. 5 s. la
paire; les bas de femme à 45 s. la paire; 3 l. 15 s. pour
3 petites paires de bas ; du curé de St-Sauveur, 25 l.
qui lui avaient été remises par Laurent Bonnemie à son
lit de mort pour donner aux pauvres ; de Le Chesne,
marchand, 19 l. 4 s. pour legs et aumône de feu Le
Chesne, prêtre, son frère, par son testament, pour
donner à pauvres qui ont assisté à son inhumation ;
vendu à Caen pour 60 l. 16 s. de dentelle ; 3 l. 5 s.
pour la vente de la lie qui était dans les tonnes de l'hôpital; 135 livres pour 3 pièces de toile de 40 aunes
chacune; 20 aunes de tiretaine brune, façon de l'hôpital, 40 l. ; du teillage du chanvre pendant l'année,
53 l. 8 s. 6 d. ; 29 paires de gros bas à homme, 74 l.
19 s. 6 d. ; 14 paires de gros bas à femme, 19 l. 6 s. ;
façon de 30 aunes de grosse toile d'étoupe, 6 l. 5 s.,
etc. (1703). — Du chanoine de La Vieille, 1 louis d'or
de 13 livres le jour du service fait à l'hôpital pour
Joret, son neveu ; vendu en 1704 pour 149 l. 16 s. 6 d.
de dentelle de fil (1704). — De François d'Aignaux,
écuyer, sieur de Lisle, 5 l. pour amende à laquelle il a
été condamné envers les pauvres (1705). — Dépense.
1703. Travaux : « pour avoir faict le presoir de fonds
« en comble », 802 l. 16 s. 9 d. ; 131 pieds de carreau,
29 l. 12 s. ; 18 marches de pierre dure pour le degré
du pressoir, 18 l. 15 s. ; charroi desd. marchés, 42 l. ;
2 brouettes, 3 panniers et corbeilles pour transporter
les matériaux, 3 l. 10 s. ; 12 tonneaux 1/2 de ch. aux,
119 l. 15 s. ; la journée de charpentier, 10 s., etc. ;
1 douzaine de ciseaux pour les dentellières, 16 s. ;
3 porcs gras, 70 livres; 7 boisseaux 1/3 de pois blancs
et 2 boisseaux d'avoine, 13 l. 6 d. ; 7 boisseaux de pois,
12 l. 8 s. 6 d. ; 5 boisseaux de fèves, 8 l. 5 s. ; 6 aunes
de tiretaine à 14 s. pour raccommoder les habits des
pauvres, 4 l. 4 s. ; chair de boucherie en janvier 1703,
48 l. 8 s. 6 d. ; en février, 31 l. 12 s. 6 d. ; en avril,
33 l. 9 s. ; en mai, 43 l. 14 s. ; en juin, 42 l. 14 s. 6 d. ;
une paire de cardes à carder la laine, 18 s. ; 2 sommes
d'ardoise, 1 l. 12 s. ; 1 cent de paille, 7 l. 10 s. ; 30 livres
de pain, 27 s. 9 d. ; 1 pot de miel à faire des remèdes,
18 s. ; le cent de fagots, 21 livres; 2 chantepleure de
cuivre pour les tonnes, 1 l. 18 s. ; « en papier à escrire
« aux enfans », 8 s. ; un boisseau de sarrazin, 1 l. 4 s. ;
96 toisons de laine achetées le 4 juillet 1703 à la foire
St-Martin, 158 l. ; 1 bonnet de drap donné au sacristain, 1 l. 5 s. ; à la sœur Madeleine Roger pour 6 mois
de ses gages, étant sortie pour aller servir Mad. de
Vaux, 12 l. ; acheté à Caen pour 17 livres de fil à dentelle ; 1 grosse de sabots, 26 l. ; à une fileuse de laine
9 l. pour 180 jours de son travail et avoir monté à
filer aux autres ; le boisseau d'avoine, 13 s., le 29 septembre ; 1 porc maigre, le 3 octobre, 9 l. ; 4 douzaines
de cerceaux, 10 livres ; 12 aunes 1/2 de tiretaine pour
faire des bracières aux petites dentellières, à 14 s.
l'aune, et 3 aunes 3/4 de baguette blanche, 12 l. 17 s.
6 d. ; 1027 boisseaux de pommes pour la provision
d'une année de cidre pour la subsistance des pauvres
de l'hôpital, achetées en octobre 1703, 410 l. 2 s. ; pour
loyer de 2 sillons de terre pour faire des fèves à manger
vertes pour les pauvres pendant la saison, 6 l. 10 s. ;
« au Nourichel », meunier, pour la mouture de 480 boisseaux de froment moulus du 1er janvier au commencement d'octobre, à 2 s. le boisseau, 48 l. ; à Eustache, qui
conduit le travail des bas, 3 aunes 1/2 de coutil à 15 s.
l'aune pour lui faire une calubre, 2 l. 12 s. 6 d. ;
12 livres de pignon de laine à 14 s. pour faire des bas ;
4 aunes d'étoffe bleue à faire des bonnets aux petits
garçons, 35 s. l'aune ; à 2 maréchaux qui ont visité le
cheval du monnier mort à l'hôpital, et qu'il avait prêté,
1 l. ; à Hettier, archer, 50 l. pour une année de ses
gages ; au maréchal qui ferre le cheval, pour 1 année,
4 l. 10 s. ; à la sœur Lejeune qui conduit les dentellières, 30 l. pour ses gages de l'année. — 1704. 2 milliers
d'espingle aux dentellières, 14 s. ; 1 pot de miel,
17 s. ; acheté à Caen en mars 12 cerisiers pour
mettre en espalier à l'hôpital, 6 l. 11 s., y compris le
port ; au jardinier, 60 s. pour 4 pêchers et 2 jours de
son travail à retrancher les abricotiers ; « au grand
« muet », 1 chapeau et 1 haudechause de ratine, 6 l. 4 s.
6 d. ; à Pittet, tourneur, qui a raccommodé et recou-
vert 10 métiers à dentelle, 2 l. ; 3 aunes 1/4 de bou-
gran à les couvrir, 2 l. 8 s. ; le 12 avril, 1 porc maigre,
8 l. ; à Boutemont, dinandier, pour la grande marmite
neuve de la cuisine, 62 l. ; acheté à la foire franche
7 douzaines de peignes de bouis pour les pauvres,
à 19 s., 6 l. 13 s. ; 6 douzaines de chapelets, 1 l. 4 s. ;
12 milliers d'espingle aux dentellières, 5 l. 18 s. ;

6 aunes 1/2 de tiretaine *crouesée* à faire des bas aux pauvres, 9 l. 10 s.; en avril, 115 bottes de foin, 11 l. 10 s. ; 27 paquets de rames à ramer des pois et 4 fagots, 3 l. ; le cent de bûches, 12 l.; une main de grand papier, 3 l. 6 s. ; 1 cent de bûches d'*oulme*, 12 l. 10 s.; 4 sommes de charbon, 6 l. 15 s.; « au Fèvre, megaissier », 7 l. 10 s. pour 10 livres de laine de *megais*; 1 couteau de cuisine, 15 s.; à la sœur Boutemont, pour 7 mois 1/2 qu'elle a servi à la maison de l'hôpital, 15 l. ; 5 glanes d'osier, 1 l. 3 s. ; 11 livres de graisse blanche, 2 l. ; le beurre, 4 s. la livre, en septembre; 52 « gleux de saigle à assoir les marcs de cidre », 6 l. 10 s. ; 2 petits cochons, 6 l. 16 s. ; 6 aunes de toile bleue à faire des *tocquets* aux pauvres, 9 l. ; 2 grandes corbeilles d'osier fortes, 1 l. 2 s. 6 d.; au « Chevallier, « bastier », 4 l. pour l'équipage du cheval de la maison; 1 paire de souliers à Jacqueline de La Croix, qui coupe le pain, 2 l.; 100 livres de chandelle, 25 l. ; 1524 boisseaux de pommes pour faire les cidres de l'année, 301 l. 4 s.; 5 « douvettes à thonneau », 1 l. 10 s.; un grand capuchon de camelot quattre fils pour « aller au marché et à la ville en tamps de pluye pour « les sœurs », 11 l. 12 s. ; ferrure du fourneau de la cuisine, 16 l. ; aux deux sœurs économes, pour l'année de leurs gages, 75 livres, etc. — 1705. » A Mad^{elle} « de Grimouville, sœur à M^r le Principal », pour 60 toisons de laine, 75 l.; le 3 février, 4 boisseaux de sarrazin, 3 l. 1 s. 6 d.; 5 brocs à mettre de l'eau, 50 s.; 1 houe et 1 *picquois*, 2 l.; toile grise, 12 s. l'aune; à un *careieur* de pierre, 60 s. pour 10 journées de son travail; à Le Terrier, marchand à Caen, 25 l. pour 12 couvertures de lit, et 5 s. de port; en mai, 1 boisseau d'orge, 16 s. ; une médecine pour le cheval de la maison, 17 s. ; « à Mad. La Rivière, ap^{re} », 8 s. pour de « lungan à panser Jean du Trou » ; le 28 mai, 1 vache à lait, 28 livres ; « pour un justacors bleu, doubleure et « fourniture », 23 l. 7 s. ; au tailleur, pour la façon, 2 l. ; « pour une chaire ferrée à porter les bonnes « fammes à la messe », 1 l. 5 s.; 10 aunes 1/2 de tiretaine brune pour les pauvres vieilles femmes, 10 l. 2 s. 6 d. ; 22 aunes 1/2 de toile jaune, 9 l. 6 s. ; 1 douzaine de cercles à *thonne*, 5 l. ; pour avoir mis 2 roues aux 2 brouettes, 18 s. ; 14 livres de laine blanche, 15 s. ; à Quesnet, menuisier, pour le chassis de la fenêtre du travail des toiliers, 35 s. ; le 18 août, acheté à Guibray 6 douzaines de peignes de buis pour les pauvres, 3 l. 12 s.; 12 douzaines de lacets de cuir, 18 s.; 2 grands tonneaux de cidre, 52 l., etc. — Chiffre total des blés achetés en : 1703, 1898 boisseaux 1/2, valant 3,315 l. 14 s.; 1704, 1944 boisseaux valant 3,079 l. 13 s. 3 d.;

1705, 2072 boisseaux, valant 2,688 l. 19 s. —La recette du comptable, pour les 3 années, s'élève à 20,440 l. 8 s. 6 d.; la dépense à 20,086 l. 6 s. 11 d.

H. Suppl. 1214. — II. E. 90. (Cahier.) — Moyen format, 14 feuillets, papier.

1706. — Compte rendu par le syndic Raphaël Le Noël, sieur de Canville. — Recette, 7,855 l. 13 s. 9 d.; dépense, 7,230 l. 15 s. 9 d.; excédent de recette, 625 l.

H. Suppl. 1215. — II. E. 91. (Cahier.) — Moyen format, 14 feuillets, papier.

1707. — Semblable compte rendu par le même.

H. Suppl. 1216. — II. E. 92. (Cahier.) — Moyen format, 12 feuillets, papier.

1708. — Semblable compte rendu par le même.

H. Suppl. 1217. — II. E. 93. (Cahier.) — Moyen format, 20 feuillets, papier.

1709. — Semblable compte rendu par le même. — Aumônes : de Le Haribel, à l'intention de feu le curé de St-Malo; de Mad^e de Courcy pour les pauvres qui ont assisté à l'inhumation de feu Mad^e du Boscage ; de Baucher, « M^e école et chappellain de la chapelle Saint-« Gratian à l'hôpital général », 90 livres pour 9 années des messes que le chapelain de l'hôpital aurait dites à sa décharge; du même, « chanoine m^e école », 85 l. 15 s. 6 d., pour reste de donation de feu Suhard, chanoine de St-Jean ; vente du cheval de l'hôpital, 60 l. — Le 1er février 1709, délivré le contrat de donation par Bourdon de 111 l. de rente aux pauvres de l'hôpital, en date du 24 décembre 1708 ; frais de la délivrance, 13 l. 2 s. 6 d.; insinuation aux insinuations laïques de Bayeux, 11 l. ; à celles de Torigny, dans le bailliage duquel sont les héritages affectés à lad. rente, 24 l. 8 s.; y compris les 2 sols pour livre, et 22 s. 6 d. pour le voyage de celui qui a été faire lad. insinuation ; le 11 avril 1709, acheté du curé d'Engranville 300 boisseaux de froment moyennant 900 livres ; frais de confiscation de blés au profit de l'hôpital général et de l'Hôtel-Dieu. — Recette, 8,942 l. 3 s. 1 d.; dépense, 8,475 l. 15 s. 9 d.

H. Suppl. 1218. — II. E. 94. (Cahier.) — Moyen format.
20 feuillets, papier.

1709. — Double du précédent.

H. Suppl. 1219. — II. E. 95. (Cahier.) — Moyen format,
19 feuillets, papier.

1711. — Semblable compte rendu par le syndic Thomas Le Fort, chanoine de Cully, du 1er janvier au 30 novembre. — Aumônes : de l'évêque, du chanoine d'Amayé, du sous-doyen, du curé de St-Vigor-le-Petit, du curé de St-Sauveur, 10 l. 4 s. provenant des quêtes du dimanche gras, de l'archidiacre de Caen, de Madᵉ d'Étreham, de l'abbé de Méherenc, de M. de Murasson, de Madlle de Clinchamps, de Mesdlles de la Peintrerie, de Madᵉ d'Argouges, du testament de Madlle d'Arganchy, 50 l., etc. — Amendes jugées en l'officialité et au bailliage ; dispense de mariage, 6 l. — Deniers provenant du travail des pauvres : 61 l. 10 s. 6 d. en janvier; 27 l. 7 d. en février ; 64 l. 4 s. 6 d. en mars ; 72 l. 2 s. 3 d. en avril, plus 201 l. 2 s. 3 d. provenant de la vente des dentelles ; 68 l. 2 s. 9 d. en mai ; 83 l. 16 s. 6 d. en juin ; 73 l. 14 s. 3 d. en juillet, plus 103 l. 13 s. pour la vente des dentelles portées à Caen ; 55 l. 15 s. en août ; 76 l. 8 s. 3 d. en septembre ; 145 l. 12 s. en octobre ; 89 l. 14 s. 3 d. en novembre. Total des 11 mois, 1123 l. 2 s. 3 d. — Vente d'un cheval, 64 l. 10 s. — Dépenses : « blanchisseure et dégrais » de 47 paires de bas, 6 l. 2 s. ; 200 fagots, 31 l. ; 13 l. pour du lait fourni pendant le carême, et 100 s. pour récompenser du prix excessif de la viande ; 700 livres pour acquisition d'une rente de 50 livres, payé 18 l. 11 s. pour frais du contrat ; le 21 avril, 69 l. 5 s. 6 d. pour fil à dentelle acheté à la foire ; au meunier, 14 l. 2 s. pour la mouture des grains pendant le mois d'avril ; 6 l. 10 s. pour 1 douzaine de formes à bas ; 1 douzaine de ciseaux à dentelle, 24 s. ; 123 livres de houblon, 49 l. 8 s. ; à François Le Débonnaire, menuisier, 35 l. pour 330 bûches ; 200 toisons de laine, 187 l. 10 s. ; 60 toisons de laine, 75 l. 10 s. ; une cavale, 75 l. ; 1,000 fagots, 180 l. ; à M. de Murasson, 16 l. 5 s. pour des remèdes par lui achetés pour les sœurs grises, 16 l. 5 s. ; 21 boisseaux de navets, 8 l. 16 s. ; une clef faite à l'armoire de la cuisine, 8 s. ; façon de deux tranchets, 2 l. ; 1 corbeille, 7 s., etc. — Deniers payés pour les meubles du curé de St-Sauveur : aux fossoyeurs, tant pour le coffre que pour la fosse, 6 l. 3 s. ; à Adrien Hue, marchand droguiste, 16 l. 10 s. pour les cierges et flambeaux de l'inhumation dud. curé ; 60 l. pour les pauvres honteux de St-Sauveur, suivant le testament, etc. — Deniers déboursés pour les meubles de Jacqueline Bunouf : son inhumation, 7 l. 16 s., etc. — Argent donné aux sœurs de la Charité pour les malades : 265 l. 5 s. 6 d. pour les 11 mois. — Sommes payées dans le mois de décembre : à Vandelle, pour 2 années de sa gestion d'archer des pauvres, 100 l., etc. — La dépense s'élève à 8,126 l. 3 s. 9 d. et la recette, à 9,653 l. 1 s. 8 d.

H. Suppl. 1220. — II. E. 96. (Cahier.) — Grand format,
20 feuillets, papier.

1712. — Semblable compte rendu par le syndic Jean Le Breton, curé de St-André, pendant l'année 1712, en joignant aud. compte les mémoires de M. de La Richardière Le Lorier, administrateur, qui a tenu lieu de syndic en décembre 1711. — Aumônes : legs de M. de Bailleul, archidiacre des Vez, 1,000 livres ; 30 l. de feu M. de Préville ; visite des troncs de l'hôpital général, de la cathédrale et de St-Exupère, 28 l. 16 s. 9 d. ; legs de Michel, 100 l., etc. — Vente d'une petite armoire, 2 l. 10 s. ; 100 l. pour 1 année du droit d'inspection de la boucherie, etc. — Dépenses : à un menuisier, 7 l. pour 1 couche de bois donnée aux prisonniers par feu le curé de St-Sauveur ; 4 métiers à dentelle, 3 l. 4 s. 6 d. ; à M. de La Richardière, 1,492 l. 6 s. 6 d. pour dépense par lui faite pour l'hôpital pendant le mois de janvier, y compris les 500 livres qu'il a reçues de M. de Murasson ; à la sœur St-Benoît, 78 l. 19 s. 9 d. pour la menue dépense de l'hôpital pendant le mois de janvier ; 1 rame de papier, 58 s. ; pour du hareng fait acheter à Caen, 10 l. 10 s. ; à M. de La Richardière, dépense par lui faite pour l'hôpital en février, 218 l. 10 s. 3 d. ; à la sœur St-Benoît pour la menue dépense de l'hôpital en février, 50 l. 14 s. 6 d. ; à M. de La Richardière, mars, 179 l. 3 s. ; à la sœur St-Benoît, mars, 57 l. 3 s. 3 d. ; à M. de La Richardière, avril, 390 l. ; à la sœur St-Benoît, 124 l. 15 s. 6 d. ; à M. de La Richardière, mai, 328 l. 8 s. 6 d. ; à la sœur St-Benoît, 79 l. 17 s. ; voyage de la sœur Le Vilain, maîtresse des dentelles, qu'on a fait venir de Rouen, ports de lettres et de ses habits, 15 l. 1 s. 6 d. ; à la sœur Duclos, maîtresse des dentelles, 7 l. 10 s. pour 3 mois de gages ; à Guillaume Eustache, maître du travail des enfants, 30 l. pour 1 année de gages ; 1 cent de chandelles, 45 l. ; à M. de La Richardière, pour la dépense qu'il a faite pour l'hôpital en décembre, 2,074 l. 18 s. 9 d. ; à la sœur St-Benoît pour la menue dépense de l'hôpital en décembre, 87 l. 14 s.

9 d. — Dépenses des sœurs de la Charité : dépenses mensuelles, 351 l. 10 s., y compris 62 l. 2 s. de remèdes achetés à la foire de Caen ; plus, 100 boisseaux de froment coûtant, y compris la mouture, 300 l. ; 200 bûches, 21 l. ; 150 fagots, 31 l. 10 s. ; 30 livres de lard, 105 s. ; le total de la dépense pour les sœurs de la Charité s'élève à 709 l. 5 s. pour l'année 1712. — Produit du travail des pauvres, tiré des mémoires de la sœur St-Benoît : 1,485 l. 14 s. 9 d.; savoir : vendu pendant l'année 219 paires de bas, compris ceux qu'on a mis en loterie, dont il y avait 136 paires de bas fins pour hommes, 12 p. de fins pour femmes, 55 p. de gros à hommes, et 16 p. de gros à femmes, plus 3 paires pour le dehors, 800 l.; 565 l. 4 s. de dentelles ; 61 l. 2 s. 6 d. du chanvre teillé pour le dehors; façon de toiles pour le dehors, 15 l. 19 s. ; autres menus travaux, 15 l. 7 s. ; vente de plusieurs petites choses, 8 l. 16 s. 3 d. ; du jardin et de la glacière, 19 l. 6 s. — On a acheté pendant l'année 1,832 boisseaux 6/16 de froment, 5,088 l. 2 s. 6 d. ; 41 boisseaux de fèves, 68 l. 8 s. 6 d.; 21 boisseaux de pois, 48 l. 1 s. ; 19 boisseaux d'avoine, 21 l. 14 s. ; 3 boisseaux 5/16 de sarrazin, 76 s. 9 d. ; soit 5,230 l. 2 s. 9 d. de grains ; 598 l. 3 s. 3 d. de pommes pour faire le cidre, à raison de 8 s. le boisseau ; 797 l. 10 s. de viande, savoir 35 livres par jour à 2 s. la livre ; 637 livres de beurre, 163 l. 8 s. 6 d., à 5 s. 4 d. environ la livre ; pour les provisions des jours maigres, en poisson, œufs, légumes verts, lait, compris celui qu'on a donné aux malades et autres menues dépenses pour ces jours, 91 l. 18 s. 9 d. ; cendre à faire les lessives, 27 l. 13 s. 6 d. ; 328 livres de chandelle à 8 s. 6 d. et 9 s. la livre, 143 l. 13 s. 6 d. ; graisse et suif, 21 l. 3 s. 6 d. ; balais, 16 l. 3 s. ; drogues et épicerie, sucre, huile, savon, etc., 42 l. 15 s. 6 d. ; mercerie, peignes, lacets, bonnets, porte-crochets, papier, et autres petits besoins des pauvres, 47 l. 11 s. ; fil à dentelle et autres ustensiles de dentelles, métiers, bloquets, épingles, etc., 276 l. 7 s. 6 d. ; réparations, travaux, journées, matériaux, meubles et ustensiles raccommodés, compris le serrurier et le maréchal, 334 l. 5 s. 3 d. ; gages des domestiques et de l'archer des pauvres, et dépenses pour eux faites, 181 l. 12 s. 6 d. ; 200 toisons de laine, 322 l. 12 s. ; 569 livres de chanvre et 3 livres de filasse, 144 l. 1 s. 6 d. ; dégrais, blanchissage de bas, teinture de laine et de tiretaine, 42 l. 17 s. ; jardin, journées du jardinier, graines, rames, etc., 21 l. 5 s. ; chapelle, pain, vin, cierges, 29 l. 18 s. 3 d. ; charbon et sabots, 59 l. 10 s. ; dépense hors de la maison, constitution et autre argent payé par ordre de l'assemblée, 1.567 l. 9 s. 11 d. ; mouture des grains, 162 l.

8 s. ; fil pour faire de la toile, 415 l. 2 s.; 1,858 bûches et 1,430 fagots, 457 l. 1 s. ; paille et glu, 12 l. 12 s. 6 d. ; menues dépenses, 38 l. 19 s. 6 d. ; dépense des sœurs de la Charité, 351 l. 10 s. Total de la dépense, 11,597 l. 15 s. 2 d., dont 10,030 l. 5 s. 3 d. pour la maison, et en déduisant les 709 l. 5 s. dépensés pour les sœurs de la Charité, 9,321 l. 3 d. pour les dépenses de l'hôpital général pendant l'année ; recette, 11,473 l. 19 s. 9 d. — État des provisions de l'hôpital au 1er janvier 1713, parmi lesquelles 220 aunes de dentelles, tant coupées que sur le métier, pouvant valoir environ 200 livres. — Emploi de la toile et tiretaine en 1712 : 1 pièce de toile d'étoupe de 32 aunes employée à faire 18 chemises pour hommes et garçons, et 6 aunes pour raccommoder les canneçons et bas ; 1 pièce de toile de lanfaye de 32 aunes, employée en 24 cravates, 36 mouchoirs, 56 coiffes, etc. On a fait à l'hôpital pendant l'année 895 aunes tant d'étoupe que de lanfaye ; plus 63 aunes laissées au magasin par M. de Cully, soit 958 aunes employées pendant l'année à faire du linge aux pauvres. — Mémoire de la tiretaine faite à l'hôpital en 1712 : 172 aunes 3/4.

H. Suppl. 1221. — II. E. 97. (Cahier.) — Grand format, 14 feuillets, papier.

1713. — Semblable compte rendu par le même.

H. Suppl. 1222. — II. E. 98. Cahier.) — Grand format, 17 feuillets, papier.

1714-1716. — Semblable compte rendu par Jean-Baptiste Le Vaillant, chanoine théologal, depuis le 13 mars 1714, jour auquel il a été nommé syndic, jusqu'au 31 décembre 1716. — L'évêché doit aux pauvres de la ville et faubourgs le pain de 18 boisseaux de froment par semaine : pour l'évaluation duquel feu l'évêque de Nesmond payait tous les ans 1,200 livres à l'hôpital général ; en 1715, reçu de M. de Murasson, 550 livres pour les mois de janvier à mai et la moitié de juin, M. de Nesmond étant mort le 16 juin ; paiements suivants ; arrêté de compte avec l'économe de l'évêché jusqu'au 1er juillet 1716, date à laquelle le cardinal de La Trémouille est entré en possession du temporel de l'évêché ; le cardinal de La Trémouille accepte par provision lad. somme, jusqu'à ce qu'il soit plus amplement pourvu. — Deniers provenant de la ferme du droit de mesurage appartenant à l'hôpital, dont Bidot est fermier. — Deniers provenant d'amortissements de rentes : de la marquise d'Étrehàm, de M. de Giberville, de Le Hot, curé d'Isigny, de M. de Saint-

Quentin, de M. de Val-Hébert, de Jean du Bosc, curé de Guéron. — Deniers provenant d'arrérages de rentes: de M. de Courcy, de M. du Vigney, de M. du Castel, receveur du Clergé, de M. de La Bretonnière, des religieuses de l'hôpital, de Thomas de Gouet, écuyer, de Surrain, de M. de Delleville Grandchamp, des héritiers du sieur de Ronceray, etc. — Deniers provenant des fermages. — Deniers provenant du travail des pauvres: d'avril à décembre 1714, 2,579 l. 5 s. 6 d.; en 1715, 2,002 l. 3 s. 8 d.; en 1716, 1,428 l. 1 s. — Aumônes faites à la maison : legs de l'abbé de Camilly, 100 l.; de Mlle Le Romain, commissaire, 100 l., donnés par le testament de son mari ; de l'abbé de Méhérenc, 50 l. données par le testament de sa mère. — Remplacement de deniers. — Dépense des malades de la ville: en 1715, 355 l. 3 s.; en 1716, 328 l. 3 s. — Le total des dépenses s'élève à 41,745 l. 3 s. 8 d., la recette est de 44,105 l. 15 s. 8 d.

H. Suppl. 1223. — II. E. 99. (Cahier.) — Grand format,
2 feuillets, papier.

1717. — Semblable compte rendu par le même. — Il reste seulement le premier et le dernier feuillet du compte.

H. Suppl. 1224. — II. E. 100. (Cahier.) — Grand format,
4 feuillets, papier.

1719. — Semblable compte rendu par le même.

H. Suppl. 1225. — II. E. 101. (Cahier.) — Grand format,
8 feuillets, papier.

1720. — Semblable compte rendu par le même. — Recette, 69,711 l. 13 s. 3 d.; dépense, 69,421 l. 13 s. 6 d.; excédent de recette, 289 l. 19 s. 9 d. — Paiements à Mathieu Lucas, ancien maire de Granville, pour vente de rente à prendre sur Jean-François de Marguerie, curé de Surrain. — Constitution de 10,000 l. en rente au denier 50 à M. de Pierrepont, de Neuilly. — Billets de banque. — Variations des espèces, etc.

H. Suppl. 1226. — II. E. 102. (Cahier.) — Grand format,
3 feuillets, papier.

1721. — Semblable compte rendu par le même. — Recette, 10,034 l. 10 s. 6 d.; dépense, 9,128 l. 19 s. 1 d.

H. Suppl. 1227. — II. E. 103. (Cahier.) — Moyen format,
30 feuillets, papier.

1722. — Semblable compte rendu par le syndic François-Guillaume Regnauld de Préville, curé de St-Exupère. — Recettes: deniers provenant du reste du compte de Le Vaillant, théologal, ci-devant syndic. — Dépense de l'année: blé, 3,556 l. 5 s. pour 1506 boisseaux ; mouture dud. blé et diverses sortes de grains, 147 l. 10 s. 4 d.; pommes et droits de quatrième, 846 l. 4 s.; viande de boucherie et lard, 1,076 l. 2 s.; poisson frais et salé, 70 l. 17 s.; beurre, 183 l. 6 s.; bois, 762 l. 12 s.; chandelle, 68 l. 2 s.; chanvre, fil et coutil, 566 l. 4 s. 6 d.; laine, 211 l. 7 s. 8 d.; meubles, 230 l.; foin et paille, 60 l. 15 s.; fil à dentelle, 273 l.; mercerie et épicerie, 107 l. 18 s.; menues nécessités, 381 l. 10 s. 4 d.; paiement des officiers et officières, 225 l. 7 s.; aumônes, 142 l. 5 s.; extraordinaire, 119 l., etc. — Collation du prédicateur de St-Joseph : amandes et raisins, 12 s.; 1 fromage et des noix, 9 s.; du pain, 3 s. 4 d.; une tourte maigre, 30 s. — 4 paires de cardes, 5 l. 10 s.; 4 journées aux lessivières, 14 s.; 2 boisseaux de cendre, 100 s.; 1 journée de maçon, de charpentier ou de couvreur, 12 s.; 14 sommes d'ardoise, 28 livres; 3 sommes de chaux, 7 l. 10 s., etc. — Dépenses faites pour les réparations des maisons des sœurs de la Providence et pour l'entretien de leurs meubles. — Dépenses faites par les sœurs de la Charité pour les pauvres malades du dehors et pour les réparations de la maison desdites sœurs. — Recette, 12,943 l. 9 s. 2 d.; dépense, 12,037 l. 16 s. 2 d.

H. Suppl. 1228. — II. E. 104. (Cahier.) — Moyen format,
16 feuillets, papier.

1723. — Semblable compte rendu par le même.

H. Suppl. 1229. — II. E. 105. (Cahier.) — Moyen format,
10 feuillets, papier.

1724. — Semblable compte rendu par le même. — Recette, 14,268 l. 8 s. 10 d.; dépense, 15,276 l. 10 d.

H. Suppl. 1230. — II. E. 106. (Cahier.) — Moyen format,
8 feuillets, papier.

1725. — Semblable compte rendu par le même. — Recette, 20,728 l. 2 s.; dépense, 19,521 l. 2 s. 5 d.

H. Suppl. 1231. — II. E. 107. (Cahier.) — Grand format, 14 feuillets, papier.

1730-1731. — Semblable compte rendu par Jean Le Breton, chanoine de Port en l'église cathédrale de Bayeux, syndic de l'hôpital, du 1ᵉʳ août 1730 au 31 décembre 1731. — Recettes : de l'aumône du Roi, 12,678 l. ; rentes sur les tailles, 532 l. 16 s. ; boucherie de carême, 315 l. ; aumônes, 582 l. 7 s. ; travaux, 5,034 l. 3 s. 6 d., etc.— Dépenses: 2 vaches, 91 l. 18 s.; 2 autres, 90 l. ; 1 paire de souliers donnée à Hébert, archer de l'hôpital, 4 l. ; à la maîtresse des dentelles, 90 l. pour 3 années de ses gages, etc. La dépense s'élève à 27,216 l. 1 s. 9 d.

H. Suppl. 1232. — II. E. 108. (Cahier.) — Grand format, 10 feuillets, papier.

1733. — Semblable compte rendu par le syndic Jean-Baptiste d'Augier, chanoine d'Arry. — Recette, 18,571 l. 17 s., dont 472 l. d'aumônes, 2,263 l. 4 s. 9 d. de travaux des pauvres ; 111 l. 2 s. en vieilles et nouvelles espèces, trouvées dans les troncs des églises de la ville et faubourgs. — Dépense, 14,876 l. 10 s. 9 d., dont 12,429 l. 12 s. 9 d. à Onfroy, économe ; 2,016 l, 11 s. 6 d. à la sœur Gauvain, et 430 l. 6 s. 6 d. sur mémoires et quittances.

H. Suppl. 1233. — II. E. 109. (Cahier.) — Grand format, 8 feuillets, papier.

1734. — Semblable compte rendu par le même.

H. Suppl. 1234. — II. E. 110. (Cahier.) — Grand format, 8 feuillets, papier.

1735. — Semblable compte rendu par le même.

H. Suppl. 1235. — II. E. 111. (Cahier.) — Grand format, 10 feuillets, papier.

1736. — Semblable compte rendu par le même. — De Féret, chanoine de Pouligny, 189 l. au lieu de 210 livres, les 21 l. d'excédent retenus pour le 10ᵉ denier, pour une année du revenu de l'argent donné à l'hôpital par feu Bernesq, chanoine de Feuguerolles. — Le travail produit pendant l'année 2,250 l. 9 s.

H. Suppl. 1236. — II. E. 112. (Cahier.) — Grand format, 10 feuillets, papier.

1738. — Semblable compte rendu par le syndic Guillaume-Michel de Bailleul, chanoine. — Recette, 19,041 l. 5 s. 9 d. ; dépense, 13,348 l. 11 s. 6 d. ; excédent de recette, 692 l. 14 s. 3 d.— Travail des pauvres pendant l'année, 2,677 l. 10 s. 3 d. — De M. de Beaumont, receveur des tailles de l'Élection de Bayeux, 267 l. 1 s. pour l'année 1736 de la rente due sur les tailles.— Legs testamentaires de Jossel, pénitencier et chanoine d'Amayé, et de Nouvel, chapelain de la cathédrale. — A Louis Julien, de Caen, 2 l. 8 s. pour 300 fuseaux à dentelles.

H. Suppl. 1237. — II. E. 113. (Cahier.) — Grand format, 8 feuillets, papier.

1744. — Semblable compte rendu par le syndic Michel Dupray Marye, chanoine en l'église cathédrale. — Parmi les recettes : vente de la cavale de l'hôpital à Le Tual, chirurgien, 165 l. ; de la supérieure des filles de la Charité de l'hôpital, 150 l. pour 3 années de 50 l. de rente due pour le blanchissage du linge des sœurs établies pour les pauvres de la ville et faubourgs et celui des pauvres malades, suivant la délibération du 28 décembre 1732, etc. — La dépense s'élève à 13,529 l. 14 s. 2 d.

H. Suppl. 1238. — II. E. 114. (Cahier.) — Grand format, 8 feuillets, papier.

1746. — Semblable compte rendu par le même. — A Le Carpentier, économe de l'hôpital, 50 l. de gratification. — 1 missel, 23 livres.

H. Suppl. 1239. — II. E. 115. (Cahier.) — Grand format, 8 feuillets, papier.

1747. — Semblable compte rendu par le même. — Paiements à Jebanne, curé de Vaux, ci-devant chapelain de l'hôpital, à Rupalley, huissier, etc.

H. Suppl. 1240. — II. E. 116. (Cahier.) — Grand format, 8 feuillets, papier.

1748. — Semblable compte rendu par le même. — Recette, 20,660 l. 6 s. 1 d. ; dépense, 19,774 l. 13 s.

H. Suppl. 1241. — II. E. 117. (Cahier.) — Grand format, 8 feuillets, papier.

1749. — Semblable compte rendu par le même. — Aumônes : de Le Prêtre, curé de St-Exupère, du duc de Chevreuse, de M. d'Isigny, lieutenant général, de l'abbé de Bailleul, des héritiers de feu Mad° de Vaux.

H. Suppl. 1242. — II. E. 118. (Cahier.) — Grand format, 8 feuillets, papier.

1750. — Semblable compte rendu par le même. — Recette, 22,212 l. 11 s. 1 d.; dépense, 16,537 l. 2 s.

H. Suppl. 1243. — II. E. 119. (Cahier.) — Grand format, 6 feuillets, papier.

1752. — Compte rendu par Eustache-Philippe-Alexandre Le Sueur des Fresnes, grand-chantre de la cathédrale, syndic dud. hôpital. — Recette : 6,053 l. 10 s. 4 d. dont le chanoine de Mathieu, ci-devant syndic, était redevable; 5,500 l. versées par le receveur Hallé ; droits de la halle à blé, 4,799 l. 9 s. 5 d.; rente sur les tailles, 267 l. 1 s.; travail des pauvres, 6,006 l. 15 s. ; suif et peaux de bêtes massacrées dans la maison, 717 l. 19 s.; aumônes diverses, 1,198 l.; pension d'une petite fille reçue à l'hôpital pendant 5 ou 6 mois, avant l'âge de 7 ans, 30 l. ; vente d'un cheval, 59 l. 18 s. 6 d. ; total, 24,632 l. 13 s. 3 d. — Dépenses : versé à l'économe 19,559 l. 3 s. 9 d. ; à la sœur supérieure, 1,139 l. 2 s. 3 d. ; à l'hôtel-Dieu, pour le quart du produit de la halle à blé, 1,064 l. 17 s. 4 d. ; dépenses diverses de la halle à blé, 493 l. 14 s. ; autres dépenses, 367 l. 16 s., dont 162 l. aux personnes qui, par leur travail, apportent quelque profit, 30 l. pour les gages du maître toilier, 58 l. pour ceux du domestique, 20 l. au boulanger et 60 l. de gratification à l'économe. — Total, 22,624 l. 13 s. 4 d. — Excédent de recette, 2,007 l. 19 s. 11 d.

H. Suppl. 1244. — II. E. 120. (Cahier.) — Grand format, 6 feuillets, papier.

1753. — Semblable compte rendu par le même. — De l'abbé de Loucelles, pour la pension de Jeanne Legrand, qui a demeuré pendant 3 mois à l'hôpital, 15 livres. — Aumônes et donations : de M. Le Chesne, de Dubos, curé de La Poterie. — 1,600 l. données par Patry des Alleurs, pour le logement et la nourriture de deux de ses sœurs; 258 bottes de foin, 64 l. 10 s. — A Gouet, curé de St-Loup, 429 l. 3 s. pour avoir fourni 294 l. de coton et 3 paires de cardes.

H. Suppl. 1245. — II. E. 121. (Cahier.) — Grand format, 6 feuillets, papier.

1754. — Semblable compte rendu par le même. — Deniers provenant du travail des pauvres pendant l'année, 7,609 l. 1 s. — A Faverie, marchand à Caen, 380 l. 17 s. 6 d. pour une balle de coton Guadeloupe, pesant net 277 l.

H. Suppl. 1246. — II. E. 122. (Cahier.) — Grand format, 6 feuillets, papier.

1755. — Semblable compte rendu par le même. — Travail des pauvres, 9,460 l. 11 s. 6 d. — Donation de d^{lle} Marie-Anne Rogier de l'Épinai. — Recette, 20,733 l. 16 s. 3 d. ; dépenses, 21,064 l. 17 s. 5 d.

H. Suppl. 1247. — II. E. 123. (Cahier.) — Grand format, 6 feuillets, papier.

1756. — Semblable compte rendu par le même. — Legs de l'abbé de Cambes, chanoine de Froiderue.

H. Suppl. 1248. — II. E. 124. (Cahier.) — Grand format, 6 feuillets, papier.

1757. — Semblable compte rendu par le même. — Donations et legs : du duc de Mortemar, de feu Me de Coulons, douairière, du s^r de La Gohanne La Pommeraie, d'un anonyme, 300 l. pour avoir une horloge à l'hôpital. — Vente de la cavale de l'hôpital et son poulain, 105 l.

H. Suppl. 1249. — II. E. 125. (Cahier.) — Grand format, 6 feuillets, papier.

1758. — Semblable compte rendu par le même. — Au boulanger de l'hôpital, 20 l. de gages ; à l'économe Le Carpentier, 60 l. de gratification. « Le sindic n'a « point donné cette année de récompense aux personnes « qui apportent quelque profit, ayant été dans l'impossibilité de le faire ». — A Rouelle, *horlogeur*, à compte sur la fourniture d'une horloge, valant 387 livres.

H. Suppl. 1250. — II. E. 126. (Cahier.) — Grand format, 6 feuillets, papier.

1759. — Semblable compte rendu par le même. — Au domestique de l'hôpital, 50 l. de gages. — Coton et fil pour les dentelles : 270 l. pour 100 livres de coton Guadeloupe à 232 l. 10 s. le cent, et pour 30 livres de coton d'Acre, à 25 sols la livre ; 376 l. 16 s. pour 157 livres de coton Guadeloupe à 48 s. la livre et 135 l. pour 100 livres de coton de Smyrne à 27 s. la livre.

H. Suppl. 1251. — II. E. 127. (Cahier.) — Grand format, 6 feuillets, papier.

1760. — Semblable compte rendu par le même. — Travail des pauvres pendant l'année, 4,435 l. 17 s. 8 d. — Recette, 16,365 l. 11 d.; dépense, 21,694 l. 19 s. 3 d.

H. Suppl. 1252. — II. E. 128. (Cahier.) — Grand format, 6 feuillets, papier.

1761. — Semblable compte rendu par le même. — Donation de l'abbé de Biaudos, doyen de la cathédrale. — Achat d'un cheval, 231 l.

H. Suppl. 1253. — II. E. 129. (Cahier.) — Grand format, 10 feuillets, papier.

1762. — Compte rendu par Louis-Marie de Nicolay, chanoine et chancelier de l'église cathédrale, vicaire général, administrateur et syndic de l'hôpital. — Il n'y a point de reliquat de compte de l'année précédente, l'abbé des Fresnes, ancien syndic, étant en avance pour lad. année de 2,348 l. 9 s. 9 d. — Recette : versé par le sr de Pierre, procureur receveur de l'hôpital, 5,501 l. 2 s.; droits de la halle à blé, 5,580 l. 14 s. 6 d.; rentes sur les tailles, 267 l. 1 s.; pensions ou aides de nourriture, 2,311 l. 10 s.; travail des pauvres, 4,774 l. 13 s. 8 d.; suifs et peaux de bêtes massacrées dans l'hôpital, 265 l. 15 s.; aumônes, 721 l. 14 s.; total, 19,422 l. 10 s. 2 d. — Dépenses : aux sieurs Le Carpentier et Le Febvre, économes, 12,006 l. 12 s. 3 d.; à la supérieure, 851 l. 8 s. 9 d.; à l'Hôtel-Dieu, pour le 1/4 du produit net de la halle à blé, 1,260 l. 3 s. 6 d.; gages divers, 831 l. 13 s. 3 d., dont 300 l. au receveur de la halle, 150 l. au boucher, 60 l. pour un quartier aux 6 mesureurs de la halle, 15 l. pour un quartier à l'archer des pauvres, 25 l. au même pour un autre quartier en qualité d'archer et de mesureur à la halle, plus 5 l. pour étrennes pour acheter une paire de souliers, etc.; pour fil à dentelle et cotons, 1,124 l. 9 s. — La maladie et la mort de Le Carpentier, économe, ayant mis le syndic dans la nécessité de gérer une partie de cette charge, ensuite plusieurs mémoires arriérés lui ayant été présentés, et, d'un autre côté le nouvel économe ne pouvant, faute de fonds, faire face à ses propres obligations, il a dû, pour ces différents motifs, faire une dépense de 2,177 l. 6 s. Total de la dépense, 18,251 l. 12 s. 9 d.; la recette s'élevant à 19,422 l. 10 s. 2 d., il s'en suit un excédent de recette de 1,170 l. 17 s. 5 d.

H. Suppl. 1254. — II. E. 130. (Cahier.) — Moyen format, 8 feuillets, papier.

1763. — Semblable compte rendu par le même, pour les cinq premiers mois de l'année. — Dû l'entrepreneur des vivres, pour le loyer des greniers de l'hôpital, en 1762, 70 l.; de Cossette, curé du Mesnil-Ciboult, 600 l. prises à constitution par l'hôpital. Reçu pour les frais funéraires de Françoise Poullard, morte et enterrée à l'hôpital, 14 l.. 1 baril de harengs, 26 l., 1080 grands fagots, 430 l.; 249 petits fagots, 61 l. 10 s. Étrennes aux garçons et aux filles qui travaillent dans la maison au profit de l'hôpital, 115 l.

H. Suppl. 1255. — II. E. 131. (Cahier.) — Grand format, 7 feuillets, papier.

1763. — Semblable compte rendu par le syndic Pierre Terrée, chanoine, pour les sept derniers mois de l'année. — Donations du chanoine d'Arry, de l'abbé de Loucelles, de l'abbé de Marigny, du chanoine de Vaucelles, du supérieur du séminaire, etc.

H. Suppl. 1256. — II. E. 132. (Cahier.) — Moyen format, 11 feuillets, papier.

1763. — Double du précédent.

H. Suppl. 1257. — II. E. 133. (Cahier.) — Grand format, 8 feuillets, papier.

1764. — Semblable compte rendu par le même. — Travail des pauvres, 6836 l. 18 s. 5 d. — Au boucher de la maison, 175 l. pour 1 année de gages, qu'on augmente de 25 livres pour l'empêcher de prendre une place plus avantageuse; au domestique, 60 livres; une 1/2 pièce de vin, 62 l.; 50 boisseaux de sarrasin, 51 l. 3 s.; 12 métiers à dentelle, 16 l. 16 s.; 1 poinçon de vin, 74 l. 5 s.; voiture dud. poinçon, 30 l.; payé au tarif pour l'entrée dud. poinçon, 2 l. 4 s.; 19 boisseaux d'avoine, 17 l. 2 s.; 64 livres de chanvre; 20 l. 16 s.; apprêt et marque d'une peau de bœuf, 5 l.; à Marquet, doreur, pour 1 lampe par lui vendue pour la chapelle de l'hôpital, 86 l. 12 s.

H. Suppl. 1258. — II. E. 134. (Cahier.) — Moyen format, 12 feuillets, papier.

1764. — Double du précédent.

H. Suppl. 1259. — II. E. 135. (Cahier.) — Grand format, 10 feuillets, papier.

1765. — Semblable compte rendu par le même. — Fil à dentelle et coton.—1972 l. 19 s. pour 118 sacs 2 boisseaux de blé achetés du 3 janvier au 6 mai. — Dépense, 18,502 l. 1 s. 4 d. ; recette, 19,509 l. 1 s. 4 d.

H. Suppl. 1260. — II. E. 136. (Cahier.) — Moyen format, 10 feuillets, papier.

1765. — Double du précédent.

H. Suppl. 1261. — II. E. 137. (Cahier.) — Grand format, 8 feuillets, papier.

1766. — Semblable compte rendu par le même. — Parmi les recettes : 120 l. pour 9 mois de la pension de la d° Pluquet ; 48 l. pour la réception d'une fille de campagne dans l'hôpital ; de Godard, receveur de l'évêque, 50 l. pour une année de la pension de la jeune Manette; de la d{lle} Féron, pour le temps d'épreuve qu'elle a passé à l'hôpital avant d'aller à Paris faire son noviciat de sœur de la Charité, 10 l. ; 70 l. de M. de Pezerolles, pour 14 mois de pension de la nommée Claquet, de Subles; 24 l. à l'entrée d'une jeune fille de la campagne, reçue au rang des dentellières, etc. — Produit du travail des pauvres en 1766, 6,466 l. 4 s. 6 d. — Parmi les dépenses : 993 l. 7 s. à l'Hôtel-Dieu, pour le quart du produit des droits de la halle, le quart des charges défalqué ; payé pour la halle à blé 300 l. à Jahiet, pour une année de ses honoraires de commis-receveur des droits de lad. halle; 200 l. aux 5 mesureurs de grains ; 100 l. à La Londe, pour une année de ses gages de 6° mesureur et d'archer des pauvres ; 6 livres pour mannes achetées pour le service de la halle ; 55 l. 13 s. pour réparations.—175 l. au boucher de l'hôpital pour 1 année de gages.—902 l. 13 s. 6 d. pour fil à dentelle, etc.

H. Suppl. 1262. — II. E. 138. (Cahier.) — Moyen format, 10 feuillets, papier.

1766. — Double du précédent.

H. Suppl. 1263. — II. E. 139. (Cahier.) — Moyen format, 10 feuillets, papier.

1767. — Semblable compte rendu par le même. — Pensions ou aides de nourriture : 45 l. pour 3 quartiers de la pension de Mingot : « son travail étoit pour la « maison; il faisoit bien la dentelle »; 6 l. pour 1 mois de la pension de Bénard, « bon fileur de laine »; 80 l. pour une année de la pension de Mlle de Percaval. — La somme de 7,882 l. 5 s. 11 d. est mise aux mains du comptable par la sœur Poussignon, supérieur des filles de la Charité de l'hôpital, provenant du travail des pauvres de la maison pendant l'année, suivant les feuilles mensuelles de recette, y compris les quêtes, le produit de l'apothicairerie et de menues recettes. — Dépenses : 42 l. pour 20 livres de coton St-Domingue, 1987 l. 12 s. 6 d. pour fil à dentelle ; acquisition d'une cavale, 236 livres.—Recette, 26,897 l. 18 s. 5 d. ; dépense, 30,838 l. 3 d.

H. Suppl. 1264. — II. E. 140. (Cahier.) - Moyen format, 10 feuillets, papier.

1768. — Semblable compte rendu par le même. — 96 l. reçues de l'abbé de Loucelles, pour aider la maison à nourrir une fille de Jersey passée en France pour embrasser la religion catholique. — Dépenses : 4116 l. 3 s. 6 d. pour 128 sacs et 3 boisseaux de blé, 1 sac d'orge et 5 boisseaux d'avoine achetés pour l'hôpital, du 6 février au 25 mai ; 3,175 l. 17 s. pour 97 sacs de blé et 13 boisseaux de sarrazin, achetés du 4 juin 1768 au 4 septembre ; 2557 l. 6 s. pour 64 sacs et 3 boisseaux de blé achetés du 1er octobre au 26 novembre ; 1449 l. 5 s. pour 40 sacs de blé acheté en décembre; 5 livres mises dans la bourse des garçons de St-Exupère, lors du tirage de la milice. Recette, 28,215 l. 16 s. 9 d.; dépense, 31,863 l. 17 s. 4 d., y compris 3,940 l. 1 s. 10 d. pour excédent de dépense en 1767.

H. Suppl. 1265. — II. E. 141. (Cahier.) — Grand format, 9 feuillets, papier.

1769. — Semblable compte rendu par le même. — Aumône de M. de Doublemont, conseiller au Parlement de Rouen ; legs de l'abbé Dumont, de Terrée, de l'abbé Le Boursier.—De l'abbé Gosset, vicaire général du diocèse, 5,000 livres pour fondation de deux places dans l'hôpital. — Dépenses pour provisions : cierges, savon, huile, épicerie et drogues pour la pharmacie, 344 l. 1 s.; laine, bonnets, mouchoirs de coton et toile, 303 l. 18 s.; faïence, ciseaux, épingles et crochets, 30 l. 6 s.; cartes et papier, livres d'instruction et de piété, 29 l. 12 s.; gratifications, vin et droits des aides, 736 l. 12 s. 3 d.; foin, paille et fourrage vert, 408 l. 10 s.; sabots, cercles et ardoises, 326 l. 10 s.; bûches, bois à construire, fagots, rames et pour un charretier, 919 l. 14 s.; fer pour le serrurier et le maréchal,

140 l. 10 s.; pour le sellier, le chaudronnier et le pompier, 111 l. 3 s.; chanvre, 181 l. 14 s.; vitres, étaim, métiers à dentelle et mégisserie, 150 l. 15 s.; beurre, morue, baril de Ranchi et provisions de carême, 307 l. 10 s. 6 d.; pommes, 1,518 l.; au meunier, pour une année de son service, 346 l. 12 s.; blé, 10,628 l. 7 s., pour 322 sacs et 3/4 de boisseau de blé, 2 sacs de sarrazin et 2 boisseaux 1/2 d'avoine; boucherie, 5,864 l. 1 s. 6 d. — 1 feuille de parchemin, servant à faire le tableau des fondations de la chapelle, 1 l.; mis pour les garçons de l'hôpital, en âge de tirer au sort pour la milice, 6 livres dans la bourse commune des garçons de St-Exupère, lors du dernier tirage. — Emprunt à l'Hôtel-Dieu.

H. Suppl. 1266. — II. E. 142. (Cahier.) — Moyen format, 12 feuillets, papier.

1769. — Double du précédent.

H. Suppl. 1267. — II. E. 143. (Cahier.) — Grand format, 8 feuillets, papier.

1770. — Semblable compte rendu par le même. — Travail des pauvres, 9,924 l. 2 s. 3 d. — Libéralités de l'Évêque, de la noblesse et du bailliage. Gages : étrennes aux pauvres dont le travail apporte quelque profit à la maison, 114 l.; aide-boulanger, 12 l.; conducteur des dentelliers, 12 l.; conducteur de la filature, 12 l.; conducteur du chant de l'office divin, 12 l.; conducteur de la toilerie, 60 l.; domestique, 60 l. — Confection du parquet de la nouvelle manufacture de dentelles du côté des filles.

H. Suppl. 1268. — II. E. 144. (Cahier.) — Grand format, 10 feuillets, papier.

1771. — Semblable compte rendu par le même. — Parmi les recettes : 8,070 l. 3 s. 3 d., produit du travail des pauvres; 64 l. 5 s. 6 d. reçus de M. de Castelnau et à lui remis par M. de St-Vaast pour un reste de l'aumône de la noblesse; de Jabiet, 236 l. 11 s. 6 d. revenant à la succession de feu le chanoine de St-Pierre, du « rebiot » qui se distribuait au chapitre en janvier 1771; de Jouenne, héritier dud. chanoine, 520 l. pour l'argenterie dud. chanoine, pesant 9 marcs 3 gros, cédée aud. héritier par l'administration sur le pied de 46 l. 18 s. le marc, et pour la réserve de 91 l. 10 s. employée dans le compte d'Olivier, curé de St-Loup. — Gages des guides des manufactures et des domestiques : au maître toilier, 60 livres pour 1 année; au domestique, 30 l. pour 1/2 année; au conducteur du chant dans la chapelle, 18 l.; au conducteur de la dentelle de garçons, 20 l. — Pour 298 sacs 1 boisseau 10/16 de blé, 6 sacs 8/16 de sarrazin, achetés du 3 janvier au 31 décembre, 10,988 l. 2 s. 6 d.; pour la mouture des grains, de janvier au commencement d'octobre, 245 l. 10 s. — Recette, 25,618 l. 18 s. 7 d.; dépense, 28,593 l. 2 s. 6 d. — Le comptable observe qu'il est en avance de 2,975 l. 11 s. 11 d. « Par le ré-« sultat du compte de 1769, une somme à peu près « égale lui étoit due. Il est hors d'état de continuer « ses services aux pauvres. En conséquence, il prie « l'Administration de lui nommer tout présentement « un successeur dans la place de sindic de l'hôpital des « valides. L'Administration est trop équitable pour lui « refuser cette grâce. Il la demande très instamment, « et il l'attend avec la plus grande impatience. « Terrée. »

H. Suppl. 1269. — II. E. 145. (Cahier.) — Grand format, 10 feuillets, papier.

1771. — Double du précédent.

H. Suppl. 1270. — II. E. 146. (Liasse.) — 1 pièce, papier.

1772. — Compte rendu par Pierre Terrée du testament de feu le chanoine de St-Pierre en faveur de l'hôpital. Recette totale, 4,695 l. 5 s. 9 d.; dépense, 1,500 l. pour partie des 4,560 l. 15 s. rendus à l'Hôtel-Dieu et par lui portés à l'hôpital général, 150 l. pour 300 messes acquittées du nombre de 400 exigées par le testateur dans son testament, etc. — Recettes d'Olivier, curé de St-Loup et secrétaire du chapitre.

H. Suppl. 1271. — II. E. 147. (Cahier.) — Grand format, 8 feuillets, papier.

1772. — Dernier compte rendu par le syndic Pierre Terrée, du 1er janvier au 1er décembre 1772. Reçu 120 livres pour l'assistance des pauvres à l'inhumation de la marquise de Faudoas. — De M. de La Rue, secrétaire de M. le Premier Président, 180 livres provenant de ce qui est perçu au Conseil supérieur pour l'hôpital. — Du directeur des Aides, 1,500 livres pour une année de la gratification accordée par le Roi à l'hôpital. — Payé pour la répétition du dernier don gratuit ordonné par un arrêt du Conseil du 24 septembre 1771, obtenu par les traitants, et pour les frais de la procédure par eux faite tant en Élection de Bayeux qu'au Conseil, 3,103 l. 7 s. 6 d. Dépense, 26,588 l. 7 s. 7 d.; recette, 25,081 l. 10 s. 3 d.

H. Suppl. 1272. — II. E. 148. (Cahier.) — Grand format, 8 feuillets, papier.

1772-1773. — Compte rendu par Louis-Bernard Collot, prêtre de la Congrégation de la Mission, supérieur du séminaire et administrateur syndic de l'hôpital, du 6 décembre 1772 au 31 décembre 1773. — Recettes : des mains du receveur, 6,923 l. ; rentes sur les tailles de Bayeux, 266 l. 9 s. ; pensions, 2,417 l. 4 s. 6 d. ; travail des pauvres, 9,992 l. 1 s. 6 d. ; peaux et suif, 626 l. 10 s. 6 d. ; aumônes, 463 l. 9 s. ; recettes extraordinaires, 7,222 l. 1 s., dont 4,000 de l'évêque de Bayeux et 1,908 l. du prieur des Croisiers de Caen ; dépenses : versé à la supérieure des filles de la Charité pour menues dépenses, 3,550 l. 19 s. 3 d. ; gages des guides des manufactures, des officiers et domestiques, 452 l. 16 s., dont 60 l. au maître toilier, 12 l. au chantre et 175 l. au boucher de l'hôpital ; payé pour coton, fil et dentelles, 1,771 l. 10 s. ; dépenses pour l'intérieur de la maison, 4,055 l. 18 s. 9 d., dont 372 l. pour 3 tonneaux de cidre ; blé, 17,200 l. 3 s. 6 d. ; boucherie, 3,922 l. 12 s. ; dépenses extraordinaires, 1,294 l. 1 s. 3 d., dont 600 l. au petit bureau de St-Exupère. Dépense totale, 32,254 l. 9 d. ; recette, 27,910 l. 15 s. 6 d., d'où un excédent de dépense de 4,343 l. 5 s. 3 d.

H. Suppl. 1273. — II. E. 149. (Cahier.) — Grand format, 8 feuillets, papier.

1774. — Semblable compte rendu par le même. — Pensions ou aides de nourriture payées par le comte de Balleroy, l'abbé de Loucelles, le curé de St-Jean de Bayeux, Robine, curé de St-Laurent, Vimart, curé de Longraye, le s^r Malherbe ; pensions de M^{de} de Guéhébert, de Mlle de Percaval. — De M. de Belard de Charlemont, 750 l. pour 6 mois de l'année de la gratification accordée par le Roi à l'hôpital ; de l'abbé des Mortreux, syndic du bureau de charité, à-compte de 876 l. au moins que le bureau doit à l'hôpital général des pauvres valides, légataires de feu l'abbé Jean Dumont, vicaire général du diocèse, auquel abbé led. bureau s'est reconnu redevable de 900 livres, comme il appert par l'état des dettes actives de la manufacture de St-Laurent dépendant dud. bureau de charité, arrêté dans l'assemblée dud. bureau tenue le 1er mars 1761 ; de l'abbé Gosset, official, 4,000 l. pour former une rente de 200 livres par an pour la pension de 2 pauvres que led. Gosset et ses héritiers auront droit de nommer pour l'hôpital général. — Menue dépense de la sœur Cuissin, supérieure des filles de la Charité de l'hôpital, par elle payée pour la maison, 2,970 l. 4 s. pour l'année, suivant ses feuilles mensuelles qui ne contiennent la plupart du temps, dit le syndic Collot, supérieur du séminaire de Bayeux et curé de St-Vigor-le-Petit, « ni dates, ni noms de ceux auxquels les payemens ont « été faits, ni indication des quittances qui justifient un « compte ». « Ces deffauts étoient autorisés ou du « moins tolérés par d'anciens usages au sujet d'une « maison qui n'avoit point d'existance permanente ; « aujourd'hui que sa solidité est assurée par la bien- « veillance de Sa Majesté, qui la caractérise du sceau « de son autorité, il est à espérer que les choses seront « plus en règle à la satisfaction de tout le monde. » Le 23 février 1774, a été acquittée une lettre de change de 601 l. 5 s., payable à l'ordre de Tardif de la part de Dubois-Renard, adressée à Mme Cuisin, supérieure de l'hôpital. « Cette lettre peut être pour fil, dentelles ou « coton, ladite lettre n'en dit rien. » Le 23 juillet, la sœur a payé à Le Roy le jeune, de Honfleur, 190 livres à compte sur la dentelle. « On auroit eu une satisfac- « tion de plus si la quittance y jointe apprenoit où en « est l'hôpital vis-à-vis du s^r Le Roy. » — Dépense faite pour l'intérieur de la maison : 1 paire de roues, 39 l. ; à Lanjalley, curé de la Haye-Piquenot, 101 l. 4 s. pour 1 tonneau de cidre ; payé en foire de Caen à Le Petit pour 2 douzaines de mouchoirs, et 11 aunes de coutil jaspé, 54 livres ; à Onfroy, curé de St-Sauveur, 30 l. pour 15 livres pesant de cire blanche ; on dépense pendant l'année pour la boucherie 3,830 l. 3 s., savoir: pour 3 bœufs, 24 vaches, 41 veaux et 31 moutons, 469 l. 8 s. 6 d. payés pour viande achetée et pour le coût du tarif de l'amenage desd. bêtes et de l'apport de lad. viande achetée. — 306 l. 14 s. déboursés par le comptable dans son voyage de Bayeux à Paris, entrepris dans l'hiver par l'ordre de l'administration pour faire valoir vis-à-vis du contrôleur général les prétentions réelles des pauvres valides de l'hôpital sur les droits de mesurage de la halle à blé, dont ils avaient été dépossédés ; le comptable étant parti de Bayeux par la voiture publique avec un frère de sa congrégation pour avoir voté le 3 janvier 1774, et n'étant revenu que le 5 février, a dépensé lad. somme tant dans ses aller et retour, que son séjour à Paris, pour entretiens, voitures, étrennes et menus frais, nécessaires et convenables, y compris le coût d'une consultation par lui sollicitée par ordre de l'évêque de Rochechouart, pour lors résidant à Paris, au sujet de l'union de la mense conventuelle du prieuré de St-Nicolas-de-la-Chesnaye, sur laquelle l'administration avait des prétentions qui lui paraissaient assez bien fondées. — Recette : 24,678 l. 12 s. 3 d. ; dépense, 26,636 l. 19 s. 6 d.

H. Suppl. 1274. — II. E. 150. (Cahier.) — Grand format, 6 feuillets, papier.

1775. — Semblable compte rendu par le même. — Il est dû à l'hôpital une rente de 267 l. 1 s. à percevoir chaque année sur les tailles de Bayeux. Cette rente ne se paie plus à Bayeux, mais à Paris. Elle est en souffrance et n'a pas été payée en 1773. — Produit du suif et des peaux de bêtes tuées dans l'hôpital pour la subsistance des pauvres pendant l'année, 519 l. 8 s. 3 d. — 187 l. 14 s. pour voyage du comptable à Paris et à Versailles pour faire les démarches nécessaires pour obtenir des lettres patentes confirmatives de l'hôpital général des pauvres valides. Le comptable est parti le 16 janvier par la voiture publique avec un frère du séminaire pour le servir. « Il est arrivé à Paris le 21e, « où ne trouvant que des difficultés de toute espèce au « lieu des ressources qu'il y espéroit pour obtenir ce « qu'il y étoit venu chercher de si loin, il se rendit le « 27e au soir à Versailles où il a exposé au bureau de « Mr Bertin le sujet de la commission dont il étoit « chargé, et on voyage dans une saison si peu « commode. On a applaudi aux motifs de Messieurs « les administrateurs, on a fort loué leur zèle et le plan « de leur administration. On a demandé en conséquence « un placet pour le lendemain, il a été produit avec « l'état du revenu dudit hôpital et les observations de « l'administration sur un projet de lettres patentes. Le « 29e, dimanche après les Rois, toutes ces pièces cy « jointes ont été présentées au Conseil de Sa Majesté « par un commis de Monsieur Bertin des mieux inten- « tionnés pour les pauvres. Le Roi a bien voulu agréer « les vœux de Messieurs les administrateurs, les a ap- « prouvés le jour même, et a promis solennellement « des lettres patentes. Le comptable est parti après « cela le 30e pour se rendre à Bayeux, où il est arrivé « le 5e février suivant. » — Paiement à Joseph Morin, écuyer, seigneur de Vaulaville, de 3,000 livres pour constitution d'une rente hypothéquée de 150 livres. — Rendu à M. de Guéhébert 112 l. 10 s. pour restant de la pension de sa mère, lorsqu'elle est sortie du grand bureau. — Recette, 18,328 l. 11 s. ; dépense, 25,949 l. 12 s. 3 d.

H. Suppl. 1275. — II. E. 151. (Cahier.) — Grand format, 8 feuillets, papier.

1776. — Semblable compte rendu par le même. — Produit du travail des pauvres : 5,840 l. 19 s. 3 d. versés au syndic par la sœur Cuissin, supérieure, provenant tant du travail des pauvres de la maison que des dentelles du dehors, conformément aux 12 feuilles mensuelles de ladite sœur. « Quelque grande que soit et ait « vraisemblablement toujours été la confiance de l'ad- « ministration en de semblables feuilles, il faut l'avouer, « elles en inspireroient une incomparablement plus « marquée au public, au service duquel ce produit est « consacré et appartient, et infiniment plus satisfai- « sante pour les personnes pleines d'honneur et de « probité, qui toutes se trouvent et se trouveront dans « dans la suitte à la tête d'un débit aussi casuel et dan- « gereux vis-à-vis d'un vulgaire qui ne se pique pas « toujours de bonté, de belles manières, de sentiments « et d'équité envers ceux qui s'employent tout entier à « son service, surtout lorsqu'il s'immagine qu'il pour- « roit être lézé, ou qu'on auroit pu lui faire plus de « bien qu'on ne lui en a fait dans des opérations pa- « reilles. C'est dans ces vues, et non autrement, qu'il « seroit plus satisfaisant pour tout le monde, pour ne « rien dire de plus, si les feuilles dont il est question « déclaroient clairement et sans ambiguïté qu'il n'y a « que ce qui y est énoncé qui ait été aliéné, et expri- « moient nettement et sans mystère à qui chaque chose « a été livrée, et quand, et combien elle a été vendue. » Il paraît par lesd. feuilles qu'il a été vendu pendant le cours de l'année : des dentelles du dehors pour 330 l. 10 s. 6 d. ; de celles de l'infirmerie pour 236 l. 4 s. ; des dentelles des filles pour 2,762 l. 10 s. 3 d., de celles des garçons pour 1,788 l. 14 s. ; qu'on a débité du coton pour 110 l. 14 s. ; que la filature a produit 277 l. 10 s. ; qu'il est provenu 257 l. 4 s. de la toilerie et 74 l. 18 s. du *tillage* et filature. — Payé à l'acquit de Hébert, supérieur des Eudistes de Paris, à Auger, supérieur des Eudistes de Valognes, 83 l. 3 s. avancés par Hébert pour le coût des sceaux des lettres patentes confirmatives de l'établissement de l'hôpital. — Constitutions de rentes à Jean d'Amours, écuyer, sieur de Vienne. — Recette, 24,573 l. 3 s. 9 d. ; dépense, 30,206 l. 7 s. 8 d.

H. Suppl. 1276. — II. E. 152. (Cahiers.) — Grand et moyen format, 16 feuillets, papier.

1777. — Compte rendu par Louis-Bernard Collot, prêtre de la Congrégation de la Mission, supérieur du séminaire, curé de St-Vigor-le-Petit et administrateur syndic de l'hôpital. — Recettes : des mains des procureurs receveurs de l'hôpital, de Pierre et Le Septier, 8,554 l. 8 s. ; rente sur les tailles, 266 l. 15 s ; pensions,

3,240 l. 10 s.; travail des pauvres et dentelles du dehors, 6,928 l. 11 s. 1 d., savoir : dentelles de l'ouvroir des filles, 2,313 l. 14 s. 3 d.; dentelles des garçons, 2,179 l. 13 s.; dentelles de l'infirmerie, 221 l. 17 s.; dentelles du dehors, 1,678 l. 8 s.; coton, 69 l. 19 s.; filature, 222 l.; toilerie, 271 l. 18 s. 6 d.; filature et teillage, 123 l. 10 s.; suif et peaux de bêtes, 367 l. 4 s. 6 d.; aumônes, 2,100 l., dont 600 l. du nouvel évêque de Cheylus ; recette extraordinaire, 4,987 l. 13 s. 6 d., dont 731 l. 5 s.; pour 6 mois de l'aumône ou gratification du Roi. — Dépenses : à la supérieure, 684 l. 6 s. ; gages des guides des manufactures et des domestiques, 317 l., dont 60 l. au maitre toilier, 60 l. au domestique, 12 l. au chantre, 175 l. au boucher et 10 l. de gratification au jardinier-boulanger ; fil à dentelles, dentelles, coton, chanvre, lin, épingles, carton, laine et pignons, 4,011 l. 1 s. 9 d. ; intérieur de la maison, 2,640 l. 9 s., dont 23 l. 8 s. pour 104 l. de « mourues »; 90 l. pour 15 boisseaux de pois; 185 l. pour 400 livres de beurre; 136 l. pour 2 tonneaux de cidre; 270 l. pour 200 barils de pommes ; provisions pour les animaux, 448 l. 14 s. 9 d.; vêtements, meubles, chauffage, épicerie, etc., 4,671 l. 14 s. 6 d.; réparations de bâtiments et d'ustensiles, 530 l. 11 s.; blé et sarrasin, 9,228 l. 19 s. ; boucherie, 3,445 l. 11 s. ; dépense extraordinaire, 363 l. 6 s. 6 d. Reprises du compte précédent, 3,896 l. 1 s. 10 d. Les dépenses s'élèvent à 30,237 l. 15 s. 10 d. et les recettes à 26,643 l. 2 s. 1 d. d'où un excédent de dépense de 3,692 l. 13 s. 9 d. — Observations de M. de Fontenelle, commissaire examinateur, sur les irrégularités dudit compte tant en recettes qu'en dépenses, provenant principalement du fait de la sœur supérieure. — Réponse aux observations suivie de la réplique du commissaire examinateur.

H. Suppl. 1277. — II. E. 153. (Cahier.) — Grand format, 10 feuillets, papier.

1772-1777. — Compte analytique ou abrégé rendu par Collot, du 6 décembre 1772 à la fin de 1777.

H. Suppl. 1278. — II. E. 154. (Cahiers.) — Grand format, 12 feuillets, papier.

1779-1780. — Comptes pour lesd. années rendus par led. Collot. — En 1779: de Bouton, orfèvre à Bayeux, 600 l. pour l'argenterie de feu l'abbé Terrée; de l'abbé Olivier, versements pour le legs de Viel, principal du collège.—Dépenses. « Le 27ᵉ janvier 1779, « envoyé à Versailles et à Paris de la part de l'admi- « nistration deux patés de gibier en caisses francs de « port, à MM. Duhautoir et Hébert, comme un foible « témoignage de la perpétuité de la reconnoissance « qu'elle leur aura pour l'ardeur du zèle qu'ils ont fait « paroitre par les soins et les peines qu'ils se sont « donnés pour l'obtention des lettres patentes, et par « tout ce qu'ils ont fait en faveur de l'hôpital jusques « ici ». — Le 15 janvier 1779, 47 l. 10 s. pour 9 boisseaux 1/2 de pois verts ; le 2 janvier, pour 7 sacs de froment, 190 l. 15 s. et 53 l. 18 s. 9 d. pour 3 sacs de sarrasin ; le 22 mars, 636 l. pour 24 sacs de de blé ; le 9 septembre, 1 sac, 30 l. ; le 16 octobre, 3 sacs, 98 l. 10 s. — « Le 23ᵉ juin, en vertu de la députation faite « le jour précédent à l'assemblée extraordinaire con- « vocquée à l'évêché où présidoit Monseigneur, pour « solliciter auprès de Mʳ de Monbarré, ministre de la « guerre, l'inexécution des ordres signifiés par « Mʳ Despiés, commissaire, pour l'établissement des vé- « nériens à l'hôpital général. Quelque diligence qu'on « ait fait pour y réussir, on est arrivé malheureuse- « ment trop tard, les ordres confirmatifs des précédens « étoient expédiés et envoyés à l'administration ; il en « a couté pour ce voyage, tant pour l'allée et retour « qu'à Paris et à Versailles, 313 livres 7 sols; cette dé- « putation un peu trop tardive n'a procuré pour tout « avantage que des promesses de la part du ministre « d'être amplement dédomagé de ce que l'hôpital pour- « roit souffrir d'un établissement pareil, que l'on « assuroit ne devoir durer que jusqu'à la fin de la « guerre, qui, politiquement parlant, alloit sans con- « tredit se terminer dans peu de mois. »— Débours faits à l'acquit de la succession de feu l'abbé Terrée, qui par son testament a établi légataires les pauvres valides de l'hôpital général, et le syndic exécuteur de ses dernières volontés : 15 l. pour une perruque; à Duruel, notaire, 9 l. pour expédition du testament ; le 8 juillet 1776, 19 tourtes de pain distribuées aux pauvres aud. enterrement, 23 l. 15 s.

H. Suppl. 1279.— II. E. 155. (Cahier.) — Moyen format, 16 feuillets, 1 pièce intercalée, papier.

1724-1725. — « Dépence faite par Baucher, économe « des pauvres valides sur le conte du Roy en exécution de « la rests (sic) du 18ᵉ juillet 1724 au suget des mandiens. » A deux menuisiers, 50 couches, 100 l.; 147 aunes de toile à paillasse, 200 l.; perte sur les espèces; « anne en « prenis ou chachet », 4 l. 5 s.; travaux de maçonnerie et de charpente; acheté à Caen 6 rasoirs, 7 l. 10 s.; le 21 août 1725, 2 tonneaux de cidre, 55 l.; aux sœurs grises, 1 cent de fagots, 33 l. et les 4 s. pour livre d'entrée ; 30 toisons de laine à 25 s. et 4 sols d'entrée, 37 l. 14 s. 6 d.; le 27 octobre 1725, 3 boisseaux d'avoine, 4 l. 2 s.; le 9 novembre, 1 vache et 2 moutons, 67 l. 5 s. ; le 19, 1 vache, 33 l. 10 s.

H. Suppl. 1280. — II. E. 156. (Cahier.) — Grand format, 14 feuillets, papier.

1726. — « Dépence faitte pour les pauvres de l'hô- « pital général » en lad. année par l'économe Baucher. -- Au commencement de l'année, perte arrivée sur 244 écus de 4 livres, 121 l. ; le 5 janvier, 66 boisseaux de froment, 305 l. 10 s. ; 2 barils de harengs, port, *passavant* et autres droits, 62 l. ; 150 livres de clou, 50 l. ; le 12 mai, 7 boisseaux de froment, 25 l. ; le 27 mai, 1 boisseau d'avoine, 1 l. 7 s. ; le 25 juin, 1 veau, 10 l. 10 s.; le 17 juillet, 1 veau, 6 l. ; le 18 juillet, 300 bottes de foin, 39 l. ; le 27 octobre, 7 boisseaux 1/2 de pommes, 3 l. ; le 3 décembre, 26 boisseaux de pommes, 12 l. 10 s.; 14 boisseaux de froment, 30 l.; le 30 décembre, acheté par les sœurs de la Charité 6 boisseaux de froment pour la marmite des pauvres, 13 l. 10 s., etc. — Recette de l'année.

H. Suppl. 1281. — II. E. 157. (Cahier.) — Moyen format, 12 feuillets, papier.

1727. — « Dépence fait par Baucher, économe des « pauvres de l'opitale générale de Bayeux. » — Le 4 janvier, 23 boisseaux de froment à 14 l. et 13 l. 10 s., 85 l. 11 s. 6 d. ; les journées de charpentier et de maçon, 10 et 12 s.; 400 fagots, 120 l. ; le 29 février, 8 boisseaux de fèves à 41 s., comble, 16 l. 8 s.; pour Bérigny, archer des pauvres, 2 aunes de drap bleu, doublure, fourniture et façon ; à Briard, libraire, pour 60 billets imprimés pour la halle à blé, 1 l. 15 s. ; le 7 juillet, acheté à la foire St-Martin de Valognes 214 toisons de laine, 346 l. 18 s., plus 2 livres pour les faire apporter; 205 journées de pierres à 19 l. le cent, rendues, les 4 par 100; à Michel Malherbe, meunier, pour 307 boisseaux de *moulage*, à 2 s. 6 d.; « un demy « cent de saint foien », 6 l. ; le 24 août, acheté 270 l. de pain, ne pouvant moudre, à 1 s. la livre, 13 l. 10 s.

H. Suppl. 1282. — II. E. 158. (Cahier.) — Grand format, 12 feuillets, papier.

1727. — Relevé et mise au net du précédent. — « Receptes des deniers provenants des biens faits « du Roy » : 5,772 l. — État des paiements de M. de Préville.

H. Suppl. 1283. — II. E. 159. (Cahier.) — Grand format, 24 feuillets, papier.

1742. — Compte rendu des dépenses mensuelles faites par Raven-Itasiph Jahiet, économe des pauvres de l'hôpital général. — En janvier, 25 l. 5 s. pour 6 boisseaux de pois ; à Charles Le Trosne, meunier du Mesnil, 26 l. 5 s. pour 30 sacs de froment qu'il a mis en farine en 1741 ; le 13, 7 sacs de froment, 174 l. 12 s. 6 d. — En février, 1 cent de chanvre, 35 livres ; au filassier, 6 l. 3 s. pour avoir mis en filasse led. cent de chanvre ; pour 12 livres de chanvre acheté pour faire une corde à puits, 4 l. 7 s. ; 73 l. pour avoir vidé en partie les latrines qui sont du côté des femmes, plus 3 l. pour vin, et 1 l. à l'archer des pauvres pour avoir veillé sur les ouvriers ; « au nommé La Coquerie, « 10 l. 10 s. pour avoir voidé les commodités du petit « bureau » ; « à Nicolas Le Vaillant et autres, 20 l. « 18 s. pour avoir continué de voider les commoditez « qui sont du costé des femmes »; en marge : à 12 s. par jour, 2 livres de pain, 2 pots de cidre par personne ; — 1 quarteron de sel, pris à la petite revente, 5 l. 18 s. ; 600 bûches de chêne, à 14 l. 10 s. et 14 l. le cent, 88 l. 15 s., y compris 60 s. de décharge et 15 s. d'entrée ; — le 19 mai, 69 livres de beurre achetées au marché, 23 l. 5 s.; — le 11 août, acheté à la foire St-Laurent 72 toisons de laine, 164 l. 10 s., plus 34 s. 6 d. pour les droits d'entrée, et 42 s. pour dépense et voyage de lad. foire ; le 17, 100 fagots, 29 l. 15 s., etc.

H. Suppl. 1284. — II. E. 160. (Cahier.) — Moyen format, 6 feuillets, papier.

1725. — « État de recette et dépense faite par les « administrateurs de l'hôpital général de Bayeux, « pour les pauvres renfermez, tant avant la déclaration « que depuis, et ce pour les mois d'avril, may et juin « de la présente année 1725. » — Le revenu fixe de l'hôpital consiste : en 1,027 l. de fermages, 2,160 l. pour droits de mesurage de la halle à blé ; de 1,567 l. de rentes foncières; de 239 l. de rentes des Consistoires, de 667 l. de rentes hypothéquées ; de 1,600 l. de droits accordés sur les boissons ; de 18 boisseaux de froment réduits en pain par semaine prétendus être dus par l'évêché, soit sans compter le froment 7,260 l., ou 4,813 l. pour le quartier; 21 l. provenant de façon de toile pour les bourgeois par 4 toiliers ; 67 l. 19 s. provenant du travail de 30 vieillards, 22 petits garçons, 21 vieilles femmes et filles et 22 petites filles occupées à teiller ; 51 l. 2 s. 6 d. provenant du travail de 20 petits garçons occupés à faire des bas ; 5 l. 10 s. provenant de *filure* de coton, les fileuses, au nombre de 19, travaillent pour la maison ; 231 l. 8 s. de dentelles restées du premier quartier et vendues en foire de Caen ; 58 l. 18 s. provenant des dentelles fabriquées pendant le quartier par 25 ouvrières et apprenties ; aucune recette particulière du travail des engagés, « attendu que du nombre « de 4 qui ont resté pendant ce quartier un est man- « chot, un infirme et les deux autres occupez à filer « et carder la laine, dont le produit du travail se « trouve compris dans les bas vendus ou à vendre. Il a resté pareillement dans ce quartier 110 pauvres « renfermez dans l'hôpital, tant vieillards et garçons, « femmes et filles et enfants des deux sexes, dont il n'y « a aucun produit, tous incapables estans ladres ou « à la mamelle, stropiez, aveugles, grabataires, para- « litiques ou encore trop jeunes pour travailler. » — « Appointemens des employez » : le chapelain et secrétaire est payé par an à raison de 200 l. comme chapelain et 160 comme secrétaire ; la sœur supérieure, 50 l. ; la maîtresse des ouvrages des filles, 40 l. par an ; l'infirmière, la dépensière, la cuisinière, la robière-lingère, chacune 30 l. ; le maître d'école et des ouvrages des garçons, l'infirmier et le portier, chacun 40 l. ; gages des domestiques : le boulanger, 120 l. par an, sans nourriture ; le valet domestique, 50 l. ; 2 serviteurs, chacun 25 l. ; l'archer, 120 livres. — Il a été dépensé pendant les 3 mois d'avril, mai et juin, 469 boisseaux 3/4 de froment qui ont couté 2,093 l. 9 s. 6 d. ; pendant le même temps, on a dépensé : 907 l. 2 s. de viande, tant pour la maison que pour les pauvres malades de la ville et faubourgs et assistés par les sœurs de la Charité ; pour les pauvres, tant sains que malades, au nombre de 273, à raison de 130 pots et quarte de cidre par jour, le tout revenant à 445 l. 6 s. 6 d., et pour les officiers, officières, domestiques et externes, 900 pots à raison de 10 pots par jour, le pot valant 1 s. 6 d., revient à 67 l., 10 s. ; poisson, 2 l. 8 s. ; légumes, néant ; beurre, 763 livres valant 215 l. 8 s. ; lait, tant pour les petits enfants que pour toute la maison, 28 l. 2 s., etc. — 80 pots de chambre à 18 deniers ; 80 gobelets de terre à boire à 6 deniers ; 160 chemises grandes et petites des deux sexes, d'une aune 1/2 chaque, dont la toile vaut 26 s. l'aune, chaque chemise revenant à 1 l. 19 s. ; pour fil et façon desd. chemises, à 4 s. chaque.

H. Suppl. 1285. — II. E. 161. (Cahier.) — Grand format, 3 feuillets, papier.

1725. — État de recette et dépense générale faite par les administrateurs de l'hôpital pour les mois d'octobre, novembre et décembre 1725. Le revenu fixe annuel est de 7,260 l. et 18 boisseaux de froment, 38 l. 1 s. provenant du travail de 20 vieillards, 15 petits garçons, 18 femmes et filles, 14 petites filles occupées à teiller du chauvre ; 217 l. 14 s. provenant du travail de 25 petits garçons occupés à faire des bas à l'aiguille ; 4 l. 2 s. provenant de façon de ruban fait par un garçon ; 167 l. 13 s. 9 d. provenant de dentelles de 33 dentellières, dont la plupart ne font que commencer d'apprendre ; le travail des 15 fileuses de fil et laine demeure dans la maison. Travaux des engagés, néant, attendu que du nombre de 3 engagés qui ont resté à l'hôpital pendant ce quartier il n'y en a qu'un qui ait fait quelque profit à filer la laine comprise dans l'ouvrage des bas, les autres ont resté parmi les invalides. Il a resté pareillement 120 pauvres des deux sexes, dont il n'y a aucun profit, étant ou grabataires, fous, imbéciles, estropiés, enfants à la mamelle ou incapables de travail, une partie des femmes et filles étant la plupart du temps occupées au soin et *nèteté* des petits enfants, ainsi qu'aux lessives et à la couture, dont par conséquent on n'a rien retiré en argent.

H. Suppl. 1286. — II. E. 162. (Cahier.) — Grand format, 4 feuillets, papier.

1716-1717. — « Compte de la despance faite par le « s^r Dumesny Guérin, marchand à Bayeux, pour la « manufacture, comansé le 18e may 1716... jusque au « p^r aoust 1717. » — 3 sommes de chaux, 4 l. 10 s. ; à un menuisier, pour 3 couches, 15 l. ; 3 sommes de charbon, port et entrée, 15 l. 3 s. ; 11 jours de cheval, à 15 s., et 16 jours à 20 s. ; 1 couverture de lit achetée à Caen, 11 l. 10 s. ; la livre de chandelle, 7 s. ; 1 couche à la servante du grand hôtel, 2 l. ; deux paires de cardes, 2 l. 10 s. ; 100 fagots, 30 l. ; 300 bourrées, 21 l. ; 3 cordes de bois, 39 l., etc. — Achats de laine, 4,631 l. 17 s. ; paiements aux fileuses et menues dépenses par Bernard, directeur du travail, pendant chaque mois, depuis l'établissement jusqu'au 1er août 1717, 1,430 l. 6 s. — Paiements faits aux ouvriers, tant pour travail que pour nourriture, pendant led. temps, 1,797 l. 16 s. 6 d. ; dépense des ouvriers du dehors qui ont eu de la soupe et 1 pinte de cidre par jour, 58 l. 14 s.

H. Suppl. 1287. — II. E. 163. (Cahier.) — Moyen format, 12 feuillets, papier.

1717-1718. — Semblable compte rendu par le même, depuis le 1er août 1717 jusqu'au 1er août 1718. —

Achats de laines : de Mlle de La Dangie, 10 pièces à 40 s., 20 livres; vin, 3 l. 13 s.; acheté au marché de Bayeux 13 pièces à 27 s., 17 l. 17 s. 6 d. — Vente faite des marchandises : 12 aunes 1/2 de finette pour 11 aunes 1/2 à 5 l., 57 l. 10 s.; 11 aunes 1/2 pour 10 aunes de revesche à 65 s., 34 l.; serge de Blay, 11 aunes à 4 l. déduit les aunages, revient à 85 l. 17 s.; à « Messieurs Dardaines », 22 aunes de finette à 5 l. 2 s. 6 d., 112 l. 13 s. — Vente des marchandises envoyées de Paris à Fillon et Chrétien : à Baudouin, 28 aunes 1/2 de raze pour 26 aunes à 3 l., 78 l., etc. — Dépense, 10,928 l. 7 s. 3 d.; recette, 7,821 l. 10 s. 6 d., dont 1,213 l. 8 s. 6 d. pour vente de marchandises, 2,143 l. 3 s. 6 d. pour vente de marchandises aux marchands de Bayeux, 1,587 l. 3 s. pour vente faite à Paris. Le comptable est en avance de 3,106 l. 16 s. 9 d., plus 2,122 l. 5 s. 3 d. pour marchandises comptées et non reçues. Total des avances faites par le comptable, 5,229 l. 2 s.

H. Suppl. 1288. — II. E. 164. (Cahier.) — Moyen format, 2 feuillets, 13 pièces annexées, papier.

1717-1718. — « Récapitulation de la resepte et « despance faite pour la manufacture de Bayeux tant « par le s^r Guérin que Bernard, directeur, qui en a « donné son compte depuis le 1er aoust 1717 jusque au « 1er aoust 1718 à l'assemblée du bureau. » — Recette, 6,839 l. 19 s. 3 d., dont 1,213 l. 8 s. 6 d. pour vente de marchandises, 2,143 l. 3 s. 6 d. pour ventes aux marchands de Bayeux, 1,587 l. 3 s. pour vente faite aux marchands de Paris. Dépense : laine, 4,866 l. 9 s. 9 d.; paiements de Bernard et Madelon, y compris nourriture, 402 l.; soupe fournie à tous les autres ouvriers, 237 l. 6 s. 6 d.; paiement des ouvriers, 917 l. 14 s. 6 d.; « aux fileuses du grand et petit Roit, pour 2,156 l. « de fil », 768 l. 17 s. 3 d.; 16 l. 10 s. pour le bureau; menue dépense, 188 l. 6 d.; choses nécessaires, huile et savon, 326 l. 16 s. dont 12 l. pour 24 livres de savon de Marseille; écrots et chardon, 103 l. 10 s.; entrée de marchandises, 70 l. 14 s.; cidre, bois et charbon, 171 l. 10 s., dont 100 fagots, 32 l., 100 bûches, 16 l., 9 sommes de charbon à 4 l. 13 s., et 125 l. de chandelle à 7 s. la livre; pour les foulons, *presseur* et teinturier, 132 l. 11 s.; achat de poids, cardes et fil, 29 l. 8 s. 6 d., dont 4 l. pour 21 livres de « pois à peser de potin », 5 l. 12 s. 6 d. pour six paires de cardes, y compris le tarif, 19 l. 16 s. pour 19 l. de fil pour tiretaine; loyer de chevaux, 39 l. 13 s.; paiement pour la maison et jardin de M. de Marigny, 23 l. 3 s.; frais payés à Chrétien, de Paris, en emballages de marchandises, ports de lettre, commission et remise, 98 l. 13 s. 9 d. — Total de la dépense, 8,392 l. 19 s. 9 d. — Pièces justificatives. État des marchandises faites et vendues du 1er août 1717 au 1er août 1718 : 288 aunes de forte, 379 aunes de finette, 340 aunes 2/4 de rase, 26 aunes de revesche, 12 aunes 1/4 de *sarge Baycux*, plus la tiretaine. Ensemble, 4,945 l. 17 s.

II. Suppl. 1289. — II. E. 165. (Cahier.) — Moyen format, 12 feuillets, papier.

1717-1720. « Extrait des comptes de recepte et des-« pance pour la manufacture de Bayeux, présantés à « la samblée par le s^r Guérin dans les mois d'aoust 1717, « 1718 et 1719 et may 1720. »

II. Suppl. 1290. — II. E. 166. (Cahier.) — Grand format, 4 feuillets, papier.

1763. — « Compte que rend à Monseigneur l'évêque « de Bayeux et à Messieurs les sindic et administrateurs « du bureau de Charité le s^r Lilet, préposé à la recette « dud. bureau, des sommes qui luy ont été remises « pendant l'année 1763, ainsy que de la dépense par « luy faite sur les ordres du bureau. » De M. de St-Simon, 108 l., provenant de la quête sur la noblesse; du curé de St-Exupère, 63 l. 3 s. 6 d. provenant de sa quête en sa paroisse; 126 l. de Le Marois de St-Jorres, provenant de la quête sur le bailliage; 940 l. de MM. de Montaigu et de St-Simon, provenant de la noblesse; 417 livres reçues pendant l'année, provenant des aumônes ordonnées par les vicaires généraux de l'évêque pour les dispenses de parenté et permissions de mariages hors le temps permis par l'église, etc. Total, 6,966 l. 9 s. 11 d. — Dépense, 6,460 l., dont 5,499 l. pour assiettes de sommes payées aux curés de la ville et faubourgs, 28 l. aux pauvres passants pendant l'année pour les 5 sols de *passade* ordonnés être payés par les administrateurs du bureau de charité à chacun des pauvres passants, etc.

II. Suppl. 1291. — II. E. 167. (Cahier.) — Grand format, 4 feuillets, papier.

1764. — Semblable compte rendu par le même. — Recettes provenant de quêtes : du clergé, versées par les abbés de Combray et du Landa; de la noblesse, versées par MM. de Montaigu et de St-Simon; du bailliage, versées par Le Marois de St-Jorres; et des quêtes faites par les curés des paroisses; aumône de 1,200 l. de l'évêque, etc.

H. Suppl. 1292. — H. E. 168. (Cahier.) — Moyen format,
20 feuillets, papier.

1764-1768. — Compte rendu des recettes et dépenses par Du Chastel, archidiacre et chanoine en l'église de Bayeux, syndic de la manufacture et du bureau de Charité, du 19 novembre 1764 au 5 novembre 1768. — Les 15 février et 1 juillet 1765, payé 598 l. 10 s. pour 665 livres de laine en suin à 18 s. la livre ; payé 6 l. pour avoir fait copier la délibération de l'hôtel-de-Ville et des trois administrations de l'hôpital général, de l'Hôtel-Dieu et du bureau de Charité, accordant à la manufacture 3,000 livres à prendre sur la remise du don gratuit faite par le Roi ; le 15 mai 1765, acheté à la foire des Rogations, à Deux-Jumeaux, pour 147 l. 5 s. 6 d. de laine ; le 29 dud. mois, donné une robe coûtant 44 livres par forme de gratification à une fileuse anglaise qui était venue passer un mois chez le comptable « pour aprendre la manière de filler « à l'angloise » ; à Fossé, « roitier de St-Jean, pour « deux rois propre à filler à l'angloise et un dévidoir « reglé », 14 livres ; 2 paires de cardes, 2 l. 6 s., etc. — Chapitre de dépense pour la construction des deux nouveaux bâtiments nouvellement faits, l'un pour loger les presses du teinturier qui doit arriver, l'autre pour faire sa teinturerie.

H. Suppl. 1293. — H. E. 169. (Cahier.) — Grand format,
100 feuillets, papier.

1780-1793. — Registre de recette de l'hôpital général, tenu par la supérieure et arrêté par le syndic ou un commissaire délégué, concernant principalement l'enregistrement des « recettes sans argent », blé, bûches, charbon, etc., et la vente des dentelles fabriquées par les garçons et les filles de l'hôpital, ainsi que le teillage et le filage de chanvre et le tissage de toiles et rayures. — Recettes diverses en nature pour la nourriture et l'entretien de l'établissement. — En janvier 1789 : recette en argent, « d'entelle des filles « vendue en détaille », 167 l. 3 d. ; « reçue pour « vente de sond », 6 l. ; en février, dentelle des filles, selon la facture de Paysant, 110 l. 14 s. ; dentelle des garçons, selon la facture dud. Paysant, 108 l. 15 s. 6 d. ; vente de carrés, 24 l. ; teillage des femmes, 7 l. 2 s., toilerie, 18 l. ; dentelles des filles vendues en détail, 99 l. 13 s. 3 d. — En janvier 1793, reçu 172 l. 14 s. 6 d., dont 84 l. 2 s. 6 d. pour dentelles des filles vendues en détail, et 11 l. pour filature d'angolas, etc.

H. Suppl. 1294. — H. E. 170. (Registre.) — Moyen format,
68 feuillets, papier.

1780-an VI. — « Registe du coton de l'hôpital général de Bayeux », depuis le mois de décembre 1780, jusqu'en 1794. — Recettes et dépenses enregistrées par la supérieure et arrêtées par le syndic ou un administrateur commissaire. — En décembre 1780, le 15, acheté 20 livres de coton gardeloupe à 2 l. 12 s. la livre, 25 l. de coton commun pour apprendre aux enfants à filer, à 35 s. la livre ; 3 paires de cardes, 3 livres ; le 30 avril 1781, acheté à Caen 20 l. de coton St-Dominique à 55 s. la livre. — La recette des mois de janvier à mai 1781, arrêtée par l'administrateur de Fontenelle, comprend 201 l. 13 s. avancés par l'évêque pour acheter des cotons en laine, raccommoder les rouets et procurer aux pauvres les ustensiles nécessaires pour l'établissement de la filature. — Dépense à la foire de Caen en 1784 : 20 livres de coton en laine à 50 s. la livre ; 12 l. de coton *gardeloupe* à 40 s. la livre ; 8 livres de coton dit *acre* à 1 l. 10 s. la livre, 1 pièce de toile de 60 aunes à 1 l. 10 s. l'aune ; 1 pièce de toile de 34 aunes 3/4 à 1 l. 14 s. — En février 1794, reçu pour 2 onces de coton à 20 l., 2 l. 10 s. — De l'autre côté du registre « recette du gren rouse de l'hospice civil » en l'an V et en l'an VI, et 3 quittances à Le Painteur, économe de l'hospice d'humanité, pour paiements de sacs de blé en l'an VI.

H. Suppl. 1295. — H. E. 171. (Liasse.) — 100 pièces, papier.

1721-1788. — Comptes rendus par Joseph-Gabriel Juillet, receveur des droits des pauvres aux entrées des boissons, par François-Philippe de St-Vallier, receveur général des aides de l'Élection de Bayeux, par François Heuvrard, autre receveur général, par Louis Gaux, contrôleur du tarif de ladite ville, receveur des droits de 20 s. par muid de vin de 140 pots, et 20 s. par tonneau de cidre et poiré de 320 pots, entrant ou brassé dans la ville de Bayeux, et attribués aux hôpitaux, des recettes et dépenses par eux faites, depuis le mois de septembre 1721 jusqu'au mois d'octobre 1752. Année 1743-1744, recette totale, 3,372 l. 11 s. 11 d., versée à l'hôpital pour les 2/3, soit 2,248 l. 8 s. 6 d., et pour 1/3 à l'Hôtel-Dieu, soit 1,124 l. 4 s. 3 d. — Pièces justificatives. — États divers des produits du droit des pauvres perçu au bureau du tarif de Bayeux sur l'entrée des boissons (1786-1788).

H. Suppl. 1296. — II. E. 172. (Liasse.) — 5 pièces, papier.

1748. — Compte rendu par Louis Gaux, contrôleur du tarif de la ville de Bayeux, de la recette des droits appartenant au bureau général des pauvres, pour la boucherie de carême, fixés par le juge de police à 5 l. par bœuf ou vache et à 20 s. par veau. Recette totale, 237 l. pour l'entrée de 13 bœufs ou vaches et de 172 veaux. — Pièces justificatives. Bannie et adjudication de la boucherie et poulaillerie, liberté de vendre et débiter de la viande et volaille pendant le carême, le bœuf devant être vendu 6 s. la livre, et les autres viandes de massacre 4 sols, sauf à vendre les volailles tel prix que de raison. Mémoires de débours faits pour la bannie de la boucherie de carême. Requête de Hallé, procureur receveur des pauvres valides de l'hôpital général, remontrant au lieutenant général de police que les enchères sont si faibles qu'il est aisé de pénétrer que la communauté des bouchers a concerté de se rendre la maîtresse de cette partie du revenu des pauvres, se persuadant qu'aucun, sauf eux, ne s'en rendra adjudicataire. Ce projet leur réussit en 1746, l'adjudication ayant été faite à 95 livres faute d'enchérisseurs; proposition de laisser la liberté de vente à tous les bouchers, moyennant un droit d'entrée sur les bêtes : décision conforme.

H. Suppl. 1297. — II. E. 173. (Liasse.) — 3 pièces, papier.

1697-1780. — Bâtiments. — Description des maisons, cours et jardins de l'hôpital général, suivant la visite faite le 8 janvier 1698 par l'abbé de Camilly, archidiacre, chanoine d'Albret, lieutenant général, le vicomte, Du Vigné, directeur syndic, etc. — Extrait des délibérations concernant le marché avec Antoine et Philippe Le Mulois, père et fils, m^{es} couvreurs de Bayeux, de réparer et entretenir les couvertures en ardoise dépendant des maisons des pauvres valides pendant 9 ans (1780).

H. Suppl. 1298. — II. E. 174. (Cahiers.) — Moyen format, 253 feuillets, papier.

1698-1744. — Mobilier. — Mémoire des meubles de l'hôpital général, fait le 8 janvier 1698, en présence de l'abbé de Camilly, archidiacre, chanoine d'Albret, lieutenant général, le vicomte, Du Vigné, directeur syndic de l'hôpital : chapelle, « deux grands images de « pierre de Caen, une de la Saincte Vierge et l'autre « de Sainct Joseph, ès deux costez de l'autel », aumônées par Baucher, chanoine de La Vieille ; « item un « tableau de Sainct Eustache, un tableau moindre d'un « *Ecce homo* et deux autres petits dont un est un cru- « cifix et l'autre une vierge », l'*Ecce homo* et le crucifix donnés par le chanoine de La Vieille ; « item huit « serviettes pour essuyer les mains des prestres, tant « bonnes que mauvaises ; réfectoire des hommes, « quatorse petits tableaux de papier avec leur quadre « de bois, et un autre petit peint sur la toille, donnez « par Monsieur Petite, official ; item, deux plus grands « tableaux de papier avec leur quadre de bois que « M. de La Vieille a dit avoir esté donnés par feu Mon- « sieur Petite ; item un autre tableau peint sur la toille « où est l'image d'un crucifix garny de son quadre de « bois » ; premier dortoir des garçons : « un petit « tableau de papier représentant Monsieur le Prési- « dent de Nesmond. » ; 2e dortoir des garçons ; infirmerie des hommes ; réfectoire des femmes et filles ; « une thèse de satin blanc avec son quadre de bois ». Mémoire du fil des dentelles des filles : 2 onces de fil de Malines à 6 l. l'once ; 4 boulles montées du même fil, l'une avec 3/4 de dentelle à 4 l. l'aune ; 3 onces de fil de Malines à 100 s. l'once ; 1/2 livre de fil à paquet 17 francs la livre. — Autres états dressés en 1699, 1700, 1702, 1705, 1706, 1722, 1727, 1732 et 1744.

SÉRIE F.

Registres d'entrée et de sortie des personnes admises dans l'établissement. — Documents concernant les personnes admises dans l'établissement. — Religieuses hospitalières.

H. Suppl. 1299. — H. F. 1. (Registre.) — Grand format, 200 feuillets, papier.

1724-1732. — Registre d'entrée des mendiants de l'hôpital de Bayeux. — Ce registre, paraphé, aux termes des ordres donnés pour faire cesser la mendicité, par Nicolas Hélyes, lieutenant général civil et criminel au bailliage de Bayeux, premier administrateur de l'hôpital, est blanc à partir du f° 90. Madeleine Seuille, âgée de 10 à 12 ans, de la paroisse de la Brigaudière de Lignon, proche Falaise, haute de 3 pieds 8 pouces, cheveux blonds, les yeux gris et vifs, l'air rusé et riant, amenée par l'archer des pauvres. — Marguerite de Vaux, âgée de 17 ans, de St-Patrice de Bayeux, air effarouché, sans père ni mère, incapable de se conduire vu sa légèreté, amenée par l'archer; s'est enfuie de nuit par dessus les murs. — Marie Morville, condamnée par jugement prévôtal à Coutances à être battue de verges, marquée de la lettre V et renfermée à perpétuité aux prisons royales de Coutances, est amenée à l'hôpital général de Bayeux au désir des ordres du Roi par 2 cavaliers de la maréchaussée générale de Caen à la résidence de Coutances, etc.

H. Suppl. 1300. — H. F. 2. (Registre.) — Moyen format, 45 feuillets, 8 pièces intercalées, papier.

1723-1766. — Registre d'entrée des pauvres valides de l'hôpital général de Bayeux réformé le 1er octobre 1744. La plus ancienne est entrée en 1700, elle est âgée de 67 ans, les autres entrées en 1702, 1708, 1712, 1727 et années suivantes. L'enregistrement des réceptions s'arrête à 1746. Alors une note d'écriture différente marque que, vu l'interruption de l'enregistrement faite par le prédécesseur, et le peu d'utilité de cette formalité qui peut être suppléée par le registre de l'assemblée, conformément aux ordres de l'évêque et aux intentions de Des Fresnes, syndic, on mettra sur ce registre ce qu'on croira devoir servir aux successeurs : manière de recevoir l'évêque quand il vient à l'hôpital pour confirmer ou pour faire quelque autre fonction. Le 3 mai 1757, l'évêque de Rochechouart vint confirmer dans l'hôpital général ; il y trouva plusieurs prêtres qui avaient été de ce requis pour lui faire un petit cortège pour le recevoir; il entra en carosse dans la cour et fut reçu à la petite porte d'entrée de la nef; celui qui dit la messe se tourne vers le peuple après avoir dit *Benedicat vos*, fait une inclination vers l'évêque comme pour lui demander permission de donner la bénédiction, puis la donne, mais jamais du côté de l'évêque ; s'il est placé au milieu, on ne bénit qu'à son côté gauche, etc. Noms de ceux qui ont été confirmés aud. jour. — Noms de ceux qui ont été confirmés aux Augustins le 21 septembre 1757 : garçons de 13 à 21 ans ; filles de 14 à 45 ans. — De l'autre côté du registre : Messes que le chapelain de l'hôpital général est obligé d'acquitter, suivant la réduction faite par M. de Lorraine, évêque de Bayeux, le 3 septembre 1723 : M. de Nesmond, 32 messes et 1 obit solennel, Petite, chanoine, 12 ; Basly, chanoine, 12; Baucher, chanoine, 12 ; les fondateurs de St-Yves, 2, etc ; le chapelain ne doit pas la messe dimanches et fêtes pour le bureau, et par conséquent peut ces jours-là acquitter les messes fondées ou les dire à son intention particulière. — Bref du pape Clément XIII concernant les indulgences accordées aux pauvres de l'hôpital général (1759) ; mention d'un autre décret du pape de 1763 adoucissant le précédent pour les conditions de l'indulgence plénière. — Indulgence plénière accordée à perpétuité le jour de St-Vincent-de-Paul en faveur d'un bref accordé aux filles de la Charité pour tous ceux qui habitent les maisons où elles sont établies ; les sœurs en ont la bulle ; autres notes complémentaires de 1766, par le même Fauconnier, chapelain de l'hôpital général. — Le 12 octobre 1744, il y a dans l'appartement des femmes 59, aux filles, 56, aux hommes, 62, total : 177. Noms des pauvres qui paient pension dans l'hôpital (aux pensions de M. de Castilly, M. de Bezons, M. de Vierville, M. de Cottun, le théologal, l'évêque, le vicomte, l'abbé Suhard de Loucelles, etc.) — Catalogue des personnes qui sont à l'hôpital général, dressé le 9 août 1762 : 201 personnes, dont 9 sœurs, 28 hommes, 11 pensionnaires femmes. — Annexés aud. registre, des extraits des registres de baptêmes de Sallen, Surrain, Vaux-sur-Aure, concernant des personnes admises à l'hôpital, etc.

H. Suppl. 1301. — II. F. 3. (Registre.) — Moyen format, 231 feuillets, 19 pièces intercalées, papier.

1713-an III. — Registre pour servir à enregistrer l'entrée, sortie et décès des pauvres de l'hôpital général, au désir de l'article 9 des lettres patentes accordées aud. hôpital ; enregistrements de 1776 à l'an III: 5 fructidor an III, décès d'Élisabeth Le Page, dans la maison des pauvres, hospice d'humanité. — Pièces diverses concernant l'entrée ou l'état civil des gens admis : billet de Mme Bailleul de Wimpffen, demandant aux administrateurs d'admettre à l'une des places fondées par Mmes Rogier, Charles Marie, de St-Jean de Bayeux (1789); envoi par Francès, de Limoges, à M. de Fontenelle, député de la noblesse, administrateur des hôpitaux de Bayeux, du consentement par écrit de Jacques Goupil, dragon de la compagnie de Mandelot au régiment du comte d'Artois, que Catherine et Michel Goupil, ses enfants, soient placés à l'hôpital de Bayeux, promettant de ne les réclamer sous aucun prétexte avant qu'ils aient atteint l'âge de 21 ans (1781) ; extrait des registres baptistaires de St-Sauveur de Bayeux concernant le baptême de Marie-Anne Pauchan (1713), etc. — En tête du registre : copie des lettres patentes accordées par le Roi à l'hôpital général des pauvres valides de Bayeux en novembre 1775. — Blanc à partir du f° 82.

H. Suppl. 1302. — II. F. 4. (Liasse.) — 16 pièces, papier.

1702-1783. — Documents concernant les personnes admises dans l'établissement. — Procès-verbal de visite de l'hôpital général de Bayeux par les administrateurs de l'établissement, où sont consignés les nom, âge et occupation des pauvres. Il y a un centenaire, et 12 octogénaires ; dans le lieu où les filles travaillent à la dentelle, 28 filles de 6 à 17 ans, plus 1 de 40 : la sœur Selle, ayant soin du travail des dentelles, aux gages de 36 l.; la sœur Madeleine Roger, dépensière, aux gages de 24 l.; Guillaume Eustache, ayant soin de montrer aux pauvres garçons à tricoter des bas, de l'infirmerie, et de servir les pauvres au réfectoire, aux gages de 24 livres, etc. (1702). — Lettre de cachet ordonnant de retenir prisonnière, jusqu'à nouvel ordre, Marie Lelot, d'Évrecy (1718). — Circulaire de Joly de Fleury prescrivant de retrancher les signalements sur les listes de sortie des mendiants (1725). — Note de la dépositaire de l'Hôtel-Dieu priant les administrateurs du bureau de recevoir Gabriel Rémy, âgé de 7 ans ; extrait des registres de baptêmes et sépultures de l'Hôtel-Dieu, concernant le baptême sous condition fait par Ambroise Hamel, desservant, dud. Gabriel Rémy, âgé de 2 mois, trouvé à 3 heures du matin à la porte dudit Hôtel-Dieu (1760). — Reconnaissance par Jeanne Vimard, de la paroisse de Russy, reçue pensionnaire à l'hôpital général, de l'abandon audit hôpital de tous ses meubles, et obligation de sa sœur de payer par quartier et par avance 80 livres par an, en renonçant aux meubles de sa sœur (1763). — Abandon fait aux pauvres de l'hôpital général par Destrées de tous les meubles qui se trouveront au jour de son décès dans la chambre qu'il compte y occuper (1763). — Attestation de François-Charles Barbot, curé de Ste-Honorine, que Jacqueline Fontaine, âgée de 72 ans, n'a d'infirmités que celles qui sont inséparables de la vieillesse ; à la suite est l'invitation de Collot, syndic, aux administrateurs, d'admettre au grand bureau lad. Jacqueline Fontaine, nommée par l'abbé Houssay, grand pénitencier, auquel appartient la nomination de la place vacante (1776). — Lettre de la ve Richard, de la paroisse de Bricqueville, à la supérieure de l'hôpital général, lui réclamant Louise Catherine, confiée à ses soins pour 10 ans en 1768 (1778). — Copie de lettre de cachet portant que le Roi étant informé que l'année précédente, pendant la durée du camp sous Bayeux, il a été établi dans le bureau des pauvres un hôpital militaire où plus de 400 soldats ont été traités, sans avoir produit d'inconvénient pour le service ordinaire du grand bureau, sur le rapport des oppositions auxquelles les administrateurs ont eu recours pour se dispenser d'admettre dans la partie du bâtiment déjà employé un hôpital militaire pour traiter 200 soldats malades en maintenant les séparations convenables et une police exacte, prescription aux administrateurs de se conformer à l'ordre qui leur a été intimé par Despiez, commissaire des guerres, et défenses de faire sortir de lad. maison aucun des habitants de tout âge qui y sont entretenus et soignés (1779). — Déclaration de ses biens et dettes, passée par Élisabeth Liégard, veuve Heuvet, malade à l'hôpital général (1783).

H. Suppl. 1303. — II. F. 5. (Liasse.) — 1 pièce, parchemin.

1732. — Religieuses. — Traité passé devant les notaires au Châtelet de Paris, en présence et de l'agrément de l'évêque Paul d'Albert de Luynes, abbé de Cerisy, entre Louis Gondouyn, ancien avocat en Parlement, intendant dud. évêque, stipulant pour les administrateurs de l'hôpital général, et la communauté des filles de la Charité servantes des pauvres malades établies à Paris. Les administrateurs, désirant pourvoir au service des pauvres malades et valides de l'hôpital général de Bayeux, ont choisi lad. communauté et, du consentement du supérieur général et des sœurs supérieure et officières, sont convenus avec elle de ce qui suit : la dite communauté sera tenue de fournir six filles de la Charité ou davantage, s'il en est besoin, pour le soulagement des pauvres dans ledit hôpital, suivant leur institut ; elles seront, quant au temporel, sous la dépendance des administrateurs ; elles ne seront point obligées de recevoir aucunes pensionnaires ni femmes pour leurs accouchements, ni aucune personne débauchée ; le chapelain ne sera point nourri ni logé ni blanchi dans l'hôpital, et n'aura point à s'occuper de la conduite des religieuses ni de l'administration du temporel ; elles seront logées et meublées convenablement dans un appartement séparé ; l'hôpital leur fournira une nourriture convenable et 50 l. par an pour leur entretien ; dans leurs maladies elles recevront les médicaments et soins nécessaires, et si, après 10 ans de services, elles tombent infirmes, elles ne pourront être renvoyées, mais elles seront remplacées en nombre égal par d'autres filles de la Charité ; elles ne rendront compte de leur administration qu'aux administrateurs, qui leur doivent appui et protection ; ceux-ci feront faire les grosses provisions et fourniront l'argent nécessaire aux menues dépenses à la sœur chargée de la conduite de l'hôpital, laquelle en rendra compte tous les mois ; lesdites sœurs seront tenues de veiller à l'entretien et prendre soin par elles-mêmes des manufactures de dentelles, des bas à l'aiguille, de toile et d'étoffe de laine qui se font dans l'hôpital, les augmenteront même et perfectionneront de tout leur pouvoir, pour en rendre compte à l'administration ; celle-ci se réserve à elle seule le droit de recevoir les pauvres et de les congédier au besoin ; les frais des funérailles des religieuses seront supportés par l'hôpital, dans le cimetière duquel elles seront enterrées. Quant au spirituel, lesdites filles de la Charité seront soumises à l'évêque de Bayeux et demeureront sous la conduite et dépendance du supérieur général de la Congrégation de la Mission, qui pourra les rappeler quand il jugera à propos et les remplacer par d'autres ; les frais de voyages seront supportés par l'hôpital ou par la communauté, suivant le cas. Lesdites filles seront entièrement libres de vivre sous l'obéissance de leur supérieur général, de leur supérieure de Paris et de la sœur qui aura soin de la conduite des autres, non comme religieuses, mais comme filles d'une communauté réglée, et d'observer tous les règlements et exercices spirituels de leur institut, sans néanmoins préjudicier au soin et soulagement des pauvres qu'elles préféreront à toute autre chose. Le présent établissement est fait sans déroger à la fondation faite en 1704 par l'évêque de Nesmond de deux sœurs pour le service des pauvres malades de la ville et faubourgs de Bayeux, lesquelles demeureront en communauté dans ledit hôpital sous la dépendance de la supérieure.

SÉRIE G.

Papiers et registres des institutions succursales de l'établissement. — Charité de Bayeux, mendicité, etc.

H. Suppl. 1304. — II. G. 1. (Liasse.) — 5 pièces, papier.

1652-1741. — Charité de Bayeux. — Copie de délibération des maire et échevins de la ville de Bayeux au sujet d'une requête présentée par Marguerite Morin et Marie Dubosq, narrative de ce que feu Édouard *de Molley*, évêque de Bayeux, aurait permis aux suppliantes de fonder un établissement en la ville de Caen pour y enseigner les pauvres petites filles renfermées à la crainte de Dieu et leur apprendre à travailler pour gagner leur vie, ce qu'elles ont fait durant 5 ans, mais la mort dudit évêque étant survenue, l'établissement n'a pu être achevé ; c'est pourquoi elles se sont retirées dans la ville de Bayeux où elles offrent de s'employer également à l'instruction desd. pauvres petites filles de la ville et vicomté de Bayeux, s'obligeant à les nourrir et entretenir au nombre de huit jusqu'à ce qu'elles soient capables de gagner leur vie ; et afin qu'il s'établisse un fonds pour lesd. pauvres filles, chacune d'elles en entrant donnera la somme de 150 l. pour être constituée en rente, et si quelque personne de piété veut mettre quelques pauvres en plus, elles se passeront à peu, et même s'il se présente quelque orpheline dont les moyens ne lui permettraient pas d'entrer ailleurs, elles la recevront pourvu qu'elle soit capable d'apprendre, « comme aussi les filles de la religion pré-« tendue réformée initiées à se convertir » ; de même, les filles qui demanderaient à entrer en religion avec elles, et dont la vocation serait certaine et la capacité de bien travailler connue, seront reçues, bien qu'ayant seulement une dot modique. Les suppliantes s'engagent à ne jamais rien demander à la ville, à acquérir maisons et jardins, à les enclore de murs, à doter leur communauté de 400 l. de rente, à meubler leurs maisons, et à cette fin les suppliantes demandent l'autorisation de s'établir dans la ville ou dans ses faubourgs aux conditions exprimées, qui sont portées également dans l'acte capitulaire du chapitre de Bayeux, le siège vacant. L'assemblée accorde l'autorisation sollicitée (1652). — Lettres patentes du roi Louis XIV autorisant l'établissement dont il s'agit (1653) ; lettres de surannation accordées par le même à ladite communauté, qui entretient et enseigne gratuitement 30 pauvres petites filles (1672) ; enregistrement desdites lettres au Parlement de Rouen (1673).—Copie en 1806 de la copie desd. pièces, faite en conséquence d'une sentence du bailliage de Bayeux entre les religieuses de la Charité et le procureur du Roi, en 1741. — Notice. Le 24 janvier 1684, l'évêque a établi une assemblée de dames dans la ville de Bayeux pour le soulagement des pauvres, sains ou malades. Un ancien registre, déposé aux archives de l'hôpital général, prouve que cette confrérie de Charité subsista dans une grande ferveur au moins jusqu'au 18 mai 1698, date où s'arrête le registre. Le 4 mars 1704, les filles de la Charité ont été établies pour la première fois à Bayeux au nombre de 2 pour assister les pauvres malades de la ville et des faubourgs, suivant leur institut. Ces deux sœurs, selon l'acte de leur établissement, doivent employer ce qui leur aura été baillé à cet effet par la confrérie de Charité de lad. ville, elles doivent faire elles-mêmes les saignées, les décoctions, tisanes et infusions avec les drogues et autres choses nécessaires qui leur seront fournies par lad. confrairie de la Charité, et elles doivent suivre, autant qu'il leur sera possible, l'ordre des médecins et chirurgiens pour la composition des médecines, *julieps* et remèdes. L'acte de cette fondation, daté dud. jour, fut conclu à Paris entre l'évêque François de Nesmond et les filles de la Charité, autorisées à cet effet par François Watel, supérieur général de la congrégation de la Mission et supérieur général de la communauté. Stipulations : les deux sœurs seront logées dans une maison que M. de Nesmond avait ci-devant acquise d'Anne et Françoise James, et y vivront en leur particulier ; cette maison est sise jouxtant de toutes parts l'hôpital des pauvres valides. Les réparations, le renouvellement des meubles et ustensiles seront faits aux frais de l'évêque, et, après sa mort, aux dépens de ses successeurs, seigneurs de la terre du Boscq, sise paroisse de Commes, qu'il a acquise par décret sur la succession de Hébert, écuyer, seigneur du lieu. Paiement d'une rente annuelle de 300 livres à prendre de préférence sur les revenus de lad. terre. Les sœurs ne seront pas obligées d'aller de nuit assister les malades, et de rendre leurs services à d'autres que de pauvres personnes malades, ni encore moins aux femmes dans leurs accouchements. Si le changement se fait en faveur ou sur la demande de lad. confrérie de la Charité de Bayeux et des pauvres malades de lad. ville et faubourgs, ou par suite de décès ou de maladie, en ce cas les frais de voyage desd. filles de la Charité seront payés par la confrérie de Charité. — Extrait des délibérations de l'Hôtel-de-Ville de Valognes concernant l'établissement à Valognes de deux sœurs de la Charité (1726).

H. Suppl. 1305. — II. G. 2. (Liasse.) — 5 pièces, parchemin ; 35 pièces, papier.

1724-1762. -- Charité de Bayeux. — Procès des maire et échevins et des sœurs de la Charité, servant les pauvres de la ville de Bayeux, au bailliage de Bayeux, puis par appel de la sentence du 22 juin 1726 en Parlement, contre la marquise de Cavoye, propriétaire des terre et seigneurie du Boscq, concernant le renouvellement des meubles nécessaires aux religieuses, les frais de rétablissement de quelques-unes, les réparations à leur maison et toutes choses nécessaires au service des pauvres, et aussi contre Olivier Godard, sieur d'Isigny, lieutenant général, propriétaire de lad. terre au droit de lad. dame par contrat de fieffe et d'acquêt. L'évêque de Nesmond avait acquis la terre du Boscq à Commes, dans une situation très agréable par rapport à la proximité de la mer, la beauté des avenues, des jardins et d'une douve autour de la maison ; ayant fait en 1704 la fondation de 2 sœurs de charité de lad. ville, il a révoqué les libéralités par lui faites de lad. terre et a décidé que la maison serait entretenue et reconstruite aux dépens des propriétaires de lad. terre, qui a passé de ses héritiers au cardinal de la Trémouille, puis à Mme de Cavoye et à M. d'Isigny.—Vente par Jacques du Châtel, écuyer, sieur de Brunville, demeurant à Cardonville, de 2 vergées 1/2 de terre assises en la paroisse St-Patrice, avec une maison dessus (1725). — Vente par Émile-Victor de Baudre, écuyer, lieutenant dans le régiment de Cambresis, au bénéfice des supérieure et religieuses de l'hôpital de la Charité de Bayeux, de 30 l. de rente hypothéquée au denier 20 ; cautions : René-François Le Maigre, écuyer, et Gilles Le Chanoine, président en l'Élection et grenier à sel de Bayeux (1728). —

Bail fait devant Charles Toslain, notaire, à Bayeux, par les religieuses de la Charité de Bayeux établies en la paroisse St-Patrice, comparant en un de leurs parloirs par sœur Marie de Ste-Dorothée, supérieure, s' de Ste-Hélaine, assistante, s' Charlotte de St-Ignace, zélatrice, s' Marie des Anges, conseillère, s' Élisabeth de l'Incarnation, conseillère et dépositaire, fondées au droit de François-Jacques du Châtel, écuyer, sieur de Brunville, à Gilles Hamon, de 2 vergées 1/2 de terre sise en la dite paroisse (1739). — Cession par Jean La Nièce, bourgeois de Bayeux, aux religieuses du couvent de la Charité établies paroisse St-Patrice, tant pour elles que pour les pauvres petites filles dont elles ont l'administration ne faisant ensemble qu'une seule et même manse, d'une maison et jardin sis en la paroisse St-Patrice, devant l'église (1762).

H. Suppl. 1306. — (IL. G. 3. (Registre.) — Moyen format, 100 feuillets, papier.

1684-1698. — Charité de Bayeux. — Délibérations. — Le 24 janvier 1684, l'évêque a établi une assemblée de dames dans la ville pour le soulagement des pauvres, tant sains que malades, de la ville : elles se réuniront tous les 15 jours le lundi, à 1 heure après midi, à l'évêché, où, en l'absence de l'évêque, au doyenné, où l'abbé de Franqueville, doyen, tiendra la place de l'évêque, et présidera ; M. de Launey, pénitencier, et M. de Cartigny, chanoine, assisteront aux assemblées, et présideront en l'absence de l'évêque et du doyen ; il n'y aura ni rang ni préséance entre lesd. dames, comme à la table de communion ; la trésorière enverra son compte au bureau tous les mois, pour qu'on rende compte au bureau de l'hôpital général. Élection des officières : trésorière, Mme de *Colomb, gouvernante de la ville*, en son absence Mlle de *Loussel*; comme une des fins principales de l'assemblée est de maintenir le bel ordre de l'hôpital général, les dames sont les gouvernantes, on nomme des dames pour le visiter tous les jours, avec pouvoir de régler ce qu'elles jugeront à propos dans l'hôpital général, pour ce qui regarde la propreté de la maison, la chapelle, les offices domestiques, le linge et les ouvrages, sans choquer pourtant ou affaiblir les ordres des visiteurs du bureau qui sont les supérieurs immédiats de la maison ; désignation des dames pour la marmite, les distributions de cidre et de bois, remèdes, pansements, douceurs, confitures, quand il sera nécessaire, visites des malades, logement des enfants, travail en ville de la dentelle aux petites filles, travail à ceux qui n'en ont pas ; choix des gardes-meubles et sacristaines, de dames « pour les « huguenots en les aidant à se convertir », pour avoir soin de l'hôpital des passants ; il sera établi un rôle d'aumône, revu à toutes les assemblées ; elles prendront soin que les dames de la ville aillent servir les pauvres à l'hôpital général, selon l'usage des grandes villes et le catalogue qu'on en a fait : elles iront encore visiter souvent les malades de l'Hôtel-Dieu et travailleront dans leurs paroisses des environs de Bayeux à y soulager les malades, lorsqu'elles y seront, en y mettant une espèce de marmite ; le Jeudi-Saint, toutes les dames s'assembleront à l'hôpital général l'après-dînée pour y faire la *scène* avec la permission de l'évêque (addition : et à l'Hôtel-Dieu quelquefois) ; quand elles visiteront les malades, elles n'oublieront pas de les consoler, de leur parler de Dieu et de s'informer s'ils ont reçu les sacrements ; le nombre des dames composant l'assemblée sera de 40, le nombre ne pouvant être plus grand sans une permission expresse de l'évêque, celles qui entreront de nouveau feront un présent à l'hôpital ; les filles entreront avec leurs mères, sans être comptées aud. nombre ; les filles n'ayant pas de mère, « et qui « sont considérables dans la ville », y seront reçues comme les dames mariées. Les 40 dames sont : Mmes « de la Bigne, de Loussel, de Bourdeau, du Vi- « guay, de Bauvallon, de Vallaris, de Colomb, gouver- « nante, de Héricy, de Terre, de Criqueville, de Cotun, « d'Apregni, de Franqueville, des Valdris, de Creulli, « de St-Germain, de la Motte-St-Martin, la vicomtesse, « de L'An, Le Brethon, de Haut-Mesnil, la procureuse du « Roy, du Manoir, de Cachy, de Montmagni, du Breuil, « du Val, de Landeville, de Clinchant, de Gosnon, de « Grimouville, de Bonparc, de la Caillerie, d'Eterville, « Morel, de Fontenelle, de l'Epinay, du Molay, du « Castel, de Canville, de Seqmont, de Roger, de Veri- « gni, de St-Celerin, Aubry » ; les 15 demoiselles, Mlles « du Pré, le Breton, de Grimouville, de Bordeaux, « de St-Celerin, de Héricy, du Molay (Mlles), du Châtel, « de Criqueville, de Villier, de Bussi, d'Hegné, de la « Morinière, Le Courtois, des Bresselles » ; on ajoute les demoiselles du Pray, Talvas comme bienfaitrices de l'hôpital, Mme de St-Germain ayant été priée de les en remercier de la part de l'assemblée. — 1684. Après le retour de Mme de Rochefort, Mme de Franqueville la verra pour lui témoigner la gratitude de la part de l'assemblée pour le don de cent écus, par feu M. des Catillons à l'hôpital général. — Soulagement des pauvres honteux. — Distribution de filasse. — « On mettra « du pain dans le bouillon des pauvres qu'on jugera en « avoir besoin. » — Visite des pauvres. — Quêtes. — On donnera à la maîtresse de dentelles de la paroisse St-Malo jusqu'à 18 petites filles qui pourront être prises des autres paroisses de la ville. — Petite manufacture de St-Patrice. — On établira une manufacture de bas à St-Jean et on donnera 50 s. par mois à la maîtresse pour 12. En marge : on n'a pu exécuter faute de laine. — M{ᵐᵉ} de St-Germain aura soin de faire payer Marguerite Després qui a répondu pour un petit muet demeurant à la maison de M{ᵐᵉ} Bretagne, si on le trouve demandant l'aumône. — Si les maîtresses de dentelle de la ville ne veulent pas changer de patron aux petites filles, on les changera. — Plusieurs pauvres sont dans une grande nécessité et se plaignent qu'on ne leur donne pas assez d'assistance. — On représentera à l'évêque que les paroissiens de St-Jean ne veulent pas souffrir qu'on quête dans leur église pour les pauvres malades. — On ne souffrira pas que les maîtresses de dentelle reçoivent d'autres petites filles que celles qui leur sont données par l'assemblée, parce qu'on trouve par expérience qu'elles s'attachent plus à elles. — M. de Moon a mis entre les mains de M{ˡˡᵉ} de Bussy 30 sols pour commencer la petite manufacture de bas de St-Exupère, St-Georges et St-Vigor-le-Petit. — M{ᵐᵉ} de Héricy veillera à la manufacture de dentelle de St-Loup et obligera les petites filles d'être assidues à leur travail, sinon, on finira cette manufacture et on donnera les filles qui travaillent bien à la maîtresse de St-Malo. — La manufacture de St-Exupère est commencée ; il y a deux petites filles qui apprennent. — 1 écu à M{ᵐᵉ} d'Éterville pour payer un demi-mois de la maîtresse de dentelle de St-Patrice. — Le 26 juin, on décide qu'il n'y aura plus que 3 manufactures de dentelles, celles de St-Malo, de l'hôpital général et de la Charité. — On verra les religieuses de la Charité pour savoir si elles ne peuvent pas recevoir les petites filles qui font de la dentelle, tant celles qui le savent que celles qui ne le savent pas encore. — Recettes pour dentelles vendues. — 1685. Proposition de faire travailler les petites filles à la dentelle dans la maison du curé de St-Exupère dans une chambre à ce destinée ; on y en fera travailler 24. — Compte rendu que les petites filles qui travaillent à la dentelle sont au nombre de 19 ou 20. — 1686. « Tous les malades se sont approchés des Saints Sacrements aux festes de Noel » 1685. — L'évêque aura la bonté de faire avertir les Bénédictines de donner ce qu'elles ont promis pour la marmite. — M{ˡˡᵉ} de Loucelles, trésorière, rend son compte de 1685 ; recette, 462 l. 14 s. 8 d. ; dépense, 461 l. 19 s. 8 d. — On avertira le curé de la Poterie de donner quelque chose pour la marmite de sa paroisse. — On a rapporté qu'il y a une jeune fille dans la ville qui fait du scandale depuis quelque temps; on a prié Mesdames de St-Germain et de Héricy de s'en informer et d'y donner ordre le plus promptement posssible, selon leur prudence. — On donnera 1 écu par mois pour avoir du lait pour 4 petits enfants de St-Laurent et de la Madeleine. — 1687. Il y a 8 malades à la marmite de St-Jean, 16 à celle de St-Patrice. — Compte de 1686 : recette, 391 l. 10 s. ; dépense, 380 l. 17 s. 6 d. On retranchera de la marmite les pauvres qui murmureront et se plaindront. — Difficultés qu'on a pour trouver des personnes voulant bien faire la marmite. — Les chanoines de Bretteville et de Moon ont été priés, avec le curé de St-Sauveur, et son frère, de veiller à la prison, principalement pour les malades qui peuvent y survenir et pour en bannir tous les dérèglements. — On travaille à remettre la chapelle de la prison en état pour pouvoir y dire au plutôt la messe. — On a prié M{ˡˡᵉˢ} de La Motte et du Pré de visiter les prisonniers durant 3 mois, la marquise de Creully, la comtesse de Canisy et M{ᵐᵉ} d'Aprigny de visiter l'Hôtel-Dieu des malades, et M{ᵐᵉ} de Criqueville, d'Héricy et M{ˡˡᵉ} sa fille, l'hôpital général. — On ne donnera plus d'argent aux prisonniers, mais on l'emploiera à leur nécessité. — 1688. Le curé de St-Laurent dit le 11 juin qu'il n'y a qu'un malade dans sa paroisse. — 1689. Dans la prison les femmes sont trop pressées, les prisonniers accusés de crimes prient qu'on les fasse juger, et les lieux ont besoin d'être vidés. — 1690. M{ˡˡᵉ} du Molay a rapporté que la prison est en assez méchant état et qu'elle a besoin qu'on y fasse une visite ; on priera le procureur du Roi de la faire. — Le procureur du Roi a permis de quêter pour les prisonniers pendant le jubilé. — L'évêque a chargé M. de Bernesq d'avertir « le bon « homme Hot » d'envoyer quérir tous les jours de la soupe à l'évêché. — 1692. 27 janvier. Il y a 14 malades dans les paroisses de St-Loup et de la Trinité. — Quêtes des jours gras : M{ˡˡᵉ} d'Arganchy a apporté 10 l. 8 s. ; M{ˡˡᵉ} Morel, 9 l. 18 s. ; M{ᵐᵉ} du Vigné, 12 l. ; M{ˡˡᵉ} de Grimouville, 18 l. ; répartition entre les paroisses. — 1{ᵉʳ} novembre. 11 malades à St-Loup. — Aucune assemblée du lundi 2 décembre 1693 au 18 mai 1698. Le registre blanc après cette délibération, à partir du f° 50.

H. Suppl. 1307. — H. G. 4. (Liasse.) — 5 pièces, papier.

XVIII{ᵉ} siècle. — *Charité de Bayeux.* — Documents divers concernant le projet de réunion de la Charité fondée par M. de Nesmond aux sœurs de la Charité établies par M. de Luynes à l'hôpital général. — Remarques touchant l'établissement de deux filles de la Charité par l'évêque de Nesmond, pour le soulagement des pauvres malades de cette ville, celui de l'hôpital général des pauvres valides, et les autres établissements pieux et charitables de la même ville. François de Nesmond fonda et dota en 1666 l'hôpital général des pauvres valides et il voulut encore assurer des secours et des soulagements stables aux pauvres malades qui ne pouvaient entrer à l'Hôtel-Dieu. Par contrat du 4 mars 1704, passé devant notaires à Paris, furent fondées pour la première fois à Bayeux deux filles de la Charité pour assister lesdits malades de la ville et des faubourgs, suivant leur institut, et entre autres préparer et distribuer aux pauvres tout ce qui leur serait nécessaire, fourni par la confrérie de Charité, qui devait aussi prendre à sa charge tous les frais et dépenses occasionnés par ledit établissement. En cas de maladie, lesdites filles devront être soignées, traitées et médicamentées comme les autres pauvres malades aux frais de ladite confrérie de Charité ; et si l'une d'elles vient à mourir, son enterrement sera tout simple et sans pompe, et se fera seulement par les soins du curé de la paroisse et de la confrérie de Charité, et sans aucune rétribution de la part desdites filles. La confrérie de dames de Charité établie en 1684 par l'évêque de Nesmond, subsista avec ferveur jusqu'en 1698 ; elle diminua peu à peu jusqu'à son dépérissement et donna lieu à l'établissement du Bureau de Charité par l'évêque Paul d'Albert de Luynes, en 1732. Avant ce nouvel établissement, le bureau des pauvres valides de l'hôpital général pourvut de son mieux aux besoins des indigents malades qui ne pouvaient entrer à l'Hôtel-Dieu, faute de place ou autrement, en donnant plus ou moins aux deux sœurs de la Charité. A l'assemblée du 27 avril 1727 du Bureau des pauvres valides, la sœur de charité n'ayant plus aucune drogue pour l'assistance des malades supplie les administrateurs d'y pourvoir et de lui faire donner de l'argent aux fins d'en acheter à la foire de Caen ; suivant l'usage ordinaire, il lui est accordé 200 l. pour cet objet et il sera également pourvu aux frais de maladie et d'inhumation de la sœur Marie Guérin ainsi qu'à ceux nécessaires pour le voyage de la sœur destinée à la remplacer, « attendu « que la confrérie de la Charité en est chargée par le « contrat de fondation de Mgr. de Nesmond ». A l'assemblée du 14 septembre de la même année, où présidait M. d'Albray, lieutenant général et grand vicaire, sur requête de l'Intendant, il est décidé qu'il serait fourni auxd. sœurs par chaque semaine 50 livres de viande, en outre des 100 qu'elles ont accoutumé de recevoir, et qu'il sera aussi délivré aux sœurs un boisseau de froment par chaque semaine, en outre des deux qu'elles reçoivent ordinairement, et ce jusqu'à nouvel ordre. L'hôpital général des pauvres valides avait encore des ressources, malgré les pertes considérables qu'il subit en conséquence du système de Law, puisque son désintéressement s'étendit encore plus loin. Sans parler d'une foule de mendiants et de vagabonds qui furent enfermés pendant plusieurs années dans cet hôpital, il pourvut aussi aux besoins des pauvres valides qui n'étaient pas dans le cas d'y être reclus. On peut dire même qu'il n'y a aucun établissement ou bonne œuvre de charité concernant les pauvres sains et malades dans cette ville qui n'ait eu part, avant, pendant et depuis l'institution du Bureau de Charité, aux effets de sa bienfaisance. Que n'a-t-il pas fait pour le Petit Bureau de la Manufacture de St-Exupère, autrement dit le Petit Dortoir ou le Petit Bureau ? Que n'a pas fait l'hôpital général pour la manufacture de La Poterie ? N'en a-t-il pas encore été pour quelque chose à l'égard des 33 pauvres petites filles éduquées, nourries et entretenues dans le couvent des religieuses de la Charité, lorsque les religieuses, dans les calamités publiques, implorèrent l'assistance du Bureau pour les faire subsister ? La manufacture de St-Laurent et le Bureau de Charité lui-même n'ont-ils pas eu besoin de son secours ? et l'Hôtel-Dieu de la même ville, tout ancien qu'il est et bien légalement fondé, n'a-t-il pas essentiellement, quoique d'une manière bien indirecte, participé aux salutaires influences de son existence, lorsqu'en conséquence des maladies contagieuses qui ont dépeuplé cette Maison-Dieu, il y a environ dix-huit ans, sept religieuses hospitalières contractèrent enfin elles-mêmes cette contagion et y perdirent la vie dans la même année. Il fut défendu de recevoir dans la suite aud. Hôtel-Dieu aucun malade infecté de maladies pareilles. « Cette contagion étoit bien commune « en ce temps-là dans cette ville et y faisoit un furieux « ravage, elle y a toujours continué depuis ; mais par « intervalle, et avec moins d'activité ». Les filles de la Charité établies pour assister les malades de la ville, étant alors réunies, à l'hôpital général, aux six autres sœurs de la même communauté établies en 1732 par l'évêque P. d'Albert de Luynes pour gouverner les pauvres valides, s'étaient livrées généreusement à ce surcroît de travaux pénibles et dangereux, persuadées d'ailleurs, comme bien d'autres, que les abondantes avances faites par l'administration de l'hôpital général pour le soulagement des indigents de la ville et des faubourgs étaient moins des actes de générosité que des bienfaits de justice. « Qui pourroit se persuader « qu'après des sentimens pareils en conséquence d'une « union si intime, toute transitoire qu'elle est, l'hôpital « des pauvres valides ne soit entré pour beaucoup « dans ce surcroît de dépense, sans que l'administra- « tion en fût instruite ? » « Hôpital général des pauvres « valides de Bayeux, continue le rédacteur, cette « chère ville, juste et reconnaissante comme elle est, « si elle eût été toujours instruite de vos bienfaits relé- « gués dans vos archives, et des obligations qu'elle « vous a, vous l'auriez entendu faire éclater bien haut « ces beaux sentimens qui lui sont comme naturels, « lorsqu'elle vous vit il y a onze ans, chanceler sur vos « fondemens ! Cependant ces obligations, tout ignorées « ou mises en oublies qu'elles paroissoient être, n'en « sont pas moins réelles ; et il sera toujours vrai que « la plupart des établissemens de charité que cette « ville aimable renferme dans son enceinte vous au- « ront dû leur stabilité et en quelque façon leur exis- « tence. » Ce qu'il y a de certain, c'est que la plupart des établissements de charité que renferme la ville de Bayeux lui doivent leur stabilité et même leur existence. Mais on se demande si le Bureau de l'administration de l'hôpital général, dans tous les secours qu'il a donnés et les services qu'il a rendus à tous les établissements précités, y était obligé à titre onéreux. Il ne sauroit être question des dons considérables qui lui ont été versés avec affectation spéciale à certains établissements charitables, encore est-il que l'entremise officieuse du Bureau, souvent onéreuse et difficile, n'a pas été sans mérite considérable. Quant aux sommes immenses qu'il a fournies comme il est dit plus haut, il n'y était aucunement obligé. Il ne faudrait pas objecter que la Confrérie de Charité, d'après ses constitutions, était obligée de subvenir aux frais et dépenses des pauvres malades de la ville, ainsi qu'à ceux occasionnés par les décès ou voyages des filles de la Charité, le Bureau des pauvres valides n'était nullement garant des obligations de lad. Confrérie. Dans l'assemblée du 24 avril 1752, l'évêque d'Albert de Luynes représente que la chute de la salle de manufacture de dentelles dans le Petit Bureau n'avait pas seulement jeté la consternation dans la population, par la mort de plusieurs ouvriers ensevelis sous ses ruines, mais qu'elle avait porté un grand préjudice à la ville par la cessation du travail de cette manufacture, qui était une ressource considérable pour l'établissement et pour les jeunes filles pauvres. Il est donc très important de rétablir promptement cette salle de travail en l'agrandissant pour pouvoir y recevoir un plus grand nombre de jeunes filles. L'hôpital général ayant toujours été chargé des réparations du Petit Bureau, qui n'est qu'un seul et même avec ledit hôpital, il semble que les réparations dont il s'agit tombent à sa charge. Sur ce l'assemblée décide que la salle susdite sera rééédifiée et agrandie sans aucun délai et que l'hôpital général y contribuera pour une somme de 3,000 l. répartie en 3 annuités, et que pour le reste il sera fait appel à la charité particulière. Par une autre délibération, du 27 juillet 1766, les sœurs des 2 maisons de la Providence établies à Bayeux sont exemptées de la contribution du don gratuit quant à la part qui en revient à l'hôpital. Les générosités de cet établissement ainsi que la perte des droits de mesurage de la halle à blé l'auraient conduit à sa ruine, s'il n'avait été lui-même secouru par ceux qu'il avait jadis assistés. Suit l'exposition détaillée des avantages et des inconvénients qui résultent de la réunion des filles de la Charité chargées du soin des pauvres malades de la ville avec leurs sœurs de l'hôpital général, d'où l'on conclut que cette union est funeste à l'hôpital lui-même et doit cesser d'exister (1781).

II. Suppl. 1308. — II. G. 5. (Liasse.) — 124 pièces, papier.

1773-1775. — Projet d'établissement pour la suppression de la mendicité. Circulaire imprimée de l'évêque de Bayeux, en date du 2 décembre 1774, invitant les curés à lui faire connaître les fondations faites pour les pauvres de leur paroisse, leur montrant, le mode de perception et de répartition. C'est le contrôleur général qui demande ces éclaircissements pour travailler et venir au secours des malheureux en leur procurant du travail et en bannissant la mendicité qui désole toutes les parties du Royaume. — Réponses des curés (1774 et 1775), adressées à l'évêque, à l'abbé de Loucelles, vicaire général, ou aux doyens. Acqueville. Foucault, curé. La paroisse se compose de 350 personnes ; il y a 17 l. 10 s. de fondations pour les pauvres ; le curé en est le distributeur. Il l'emploie ordinairement, avec le peu de son bénéfice qui lui reste, à réparer les maisons en ruine, à payer la taille et les autres dettes, à les habiller, à faire étudier ceux qui le servent à l'église ou à leur faire apprendre quelque métier. Il agit de la sorte parce qu'il sait qu'il est plus facile de se procurer un morceau de mauvais pain que de s'habiller ou de se mettre à couvert, mais il ne fait ces choses que faiblement, n'ayant aucun secours et son bénéfice étant surchargé de plus de 1,100 livres de rente annuelle. —

Argences, Murescot, curé de St-Jean. « Aucune fondation pour les pauvres dont je suis considérablement chargé, sans secours de personne, et hors d'état par moi-même de leur procurer le moindre soulagement, vu la modicité de mon bénéfice, qui n'est qu'une pension; aussi sont-ils réduits la plupart à une extrême misère. » L'hôtel-Dieu de Caen possède cependant à Argences un revenu assez considérable ; quelques anciens du bourg ont ouï dire qu'il lui a été donné à charge de fournir 3 ou 4 lits pour les malades, mais a-t-on jamais joui de ce droit, vu la très grande difficulté pour ne pas dire l'impossibilité de transporter des malades à 4 lieues de distance, sans les exposer à périr en route. Il y avait autrefois un établissement charitable à Argences ; l'endroit nommé encore l'Hôtel-Dieu a plusieurs maisons, et des personnes encore vivantes ont vu des vestiges de chapelle. — Athis. Lettre du curé de La Boderie. « La paroisse d'Athis où vous m'avez institué curé, Monseigneur, est une des plus grandes de votre diocèse, c'est aussi une des plus chargées de pauvres ; il n'y a cependant aucune fondation pour les soulager. Dans la lettre que vous m'avez fait l'honneur de m'écrire à ce sujet, Monseigneur, vous m'avez marqué que Monsieur le Controlleur général avoit dessein de bannir la mendicité de France ; cette entreprise a déjà été tentée nombre de fois, et nous avons quantité de déclarations qui l'ont prohibée, quelques-unes même sous des peines afflictives ; aucune de ces déclarations n'a été révoquée, et cependant toutes n'ont produit aucun effet, il conviendroit donc d'employer d'autres moyens pour réussir dans cette entreprise. On n'ignore pas que dans les villes, parmi les grands et les riches, il règne dans les mariages une fraude qui s'oppose à la population ; ce désordre commence à s'étendre jusqu'aux campagnes, et c'est un fait que de toutes les classes des citoyens qui composent l'État, celle des pauvres peuple le plus ; il est donc important en bannissant la mendicité de ne pas se servir de moyens qui empêchent les pauvres de se multiplier. Des loix trop rigoureuses seroient à craindre, alors la nécessité pourroit introduire dans cette dernière classe ce que le libertinage et le luxe opèrent dans les autres. Mais quels sont les moyens efficaces pour bannir la mendicité de France? Avant de répondre à cette question, il est utile d'examiner qu'est-ce qui occasionne la mendicité, quelle en est la source. La cause étant connue, il sera plus facile de détruire l'effet. Si la fainéantise et l'oisiveté en sont quelquefois le principe, une attention réfléchie fait connoître que les vices en sont bien plus souvent et presque toujours la suite et l'effet. L'expérience apprend que la vraie source de la mendicité est réellement la pauvreté, le besoin, la nécessité ; et si parmi les mendiants il s'en trouve beaucoup qui pourroient par leur travail se procurer le nécessaire n'ayant plus de charges, c'est qu'alors l'habitude dans la fainéantise et l'oisiveté leur fait continuer ce que la nécessité leur avoit fait commencer. Presque tous les mendiants sortent des campagnes, et parmi ceux qui quêtent dans les villes, il en est peu qui en soient originaires, parce qu'il y a plus de secours et de ressource dans la ville. Les journaliers, les manœuvres, les compagnons de métier, et tous ceux dont la profession ne fournit pas beaucoup plus que le vivre et le vêtement, sont ceux qui produisent les mendiants. Étant garçons, ils travaillent, et lorsque par leur travail ils se sont procuré un bon vêtement et de quoi faire les frais d'une noce, ils se marient, ils nourrissent un premier enfant, ils ont beaucoup de peine à en nourrir deux, s'il en survient un troisième, leur travail n'est plus suffisant à la nourriture, à la dépense ; ils se découragent, et toute leur ressource est de prendre le bâton et le bissac, ce qu'ils font encore plus facilement, lorsque leur père a fait le même métier ; quand une fois ils se sont déterminés à ce genre de vie, ils ne le quittent plus, mais ils continuent de multiplier. Cela arrive bien plus rarement dans les villes, les aumônes et les ressources y étant plus abondantes ; je dis plus rarement, car cela y arrive encore quelquefois, c'est pour y obvier que le gouvernement permet à Paris aux femmes du peuple, lorsqu'elles ont plusieurs enfans, d'aller accoucher à l'Hôtel-Dieu et de mettre leurs enfans à l'hôpital des enfans trouvés, après les avoir fait baptiser comme légitimes. Si au lieu de cette ressource que le peuple ne peut avoir à la campagne, on faisoit donner aux mères comme à des nourrisses six francs par mois à commencer à leur troisième enfant, de même pour leur quatrième et suivants, et que l'on continuât ces secours jusqu'à l'âge de 7 ou 8 ans, tems auquel les enfans commencent à gagner leur vie à la campagne, soit à garder des bestiaux, soit à dévider du fil, filer du cotton ou autres occupations suivant les lieux, ce seroit un très bon moyen pour bannir la mendicité, alors il seroit facile de faire des règlements efficaces à ce sujet ; et il est évident que l'exécution de ce projet ranimeroit et augmenteroit la population. Mais où prendre des fonds pour remplir cet objet? Depuis quelques années, on a fait construire auprès de toutes les grandes villes du royaume des hôpitaux que l'on nomme bicêtres ; la régie et l'administration de ces hôpitaux absorbent tous les ans des revenus considérables. L'objet et la fin de ces hôpitaux étoit d'y faire conduire et renfermer tous les mendiants et vagabonds du royaume, c'est cependant un fait qu'il y a encore autant de mendiants qu'avant l'établissement de ces hôpitaux. La plupart même de ceux qui y ont été conduits, y ont été peu de tems, et en sortant ils ont recommencé le même genre de vie. Ce sont des faits que nous avons sous les yeux. Ainsi il semble que ces bicêtres n'ont servi qu'à ballier les villes de quelques bandis et quelques libertins; un ou deux appartements de force ajoutés aux hôpitaux qui étoient déjà dans les villes, auroient suffi pour remplir cet objet. Ce n'est pas à multiplier les hôpitaux qu'il faut s'attacher, mais bien plutôt à faire en sorte que les citoyens n'en aient point besoin. Notre bon roi Henri IV ne pensoit pas à établir de nouveaux hôpitaux, mais bien à mettre un si bon ordre dans la régie de ses finances, qu'il n'y eût aucun de ses sujets qui ne pût mettre une poulle en son pot. Il paroit donc qu'il n'y auroit aucun inconvénient à supprimer les nouveaux bicêtres, d'autant qu'ils n'ont point rempli l'objet et la fin que l'on se proposoit, et les fonds destinés à régir et gouverner ces hôpitaux pourroient être suffisant pour accomplir le projet que l'on y substitueroit et qui seroit préférable à tous égards, ce qui n'occasionneroit aucune nouvelle charge pour l'État. Si ces fonds n'étoient pas suffisants, on pourroit encore en trouver d'autres sans charger l'État ; mais je craindrois de vous ennuyer, Monseigneur, si je vous développois toutes mes idées à ce sujet, j'appréhende même d'en avoir déjà trop dit, mais j'ai confiance que vous m'excuserez, c'est l'amour de la religion, du bon ordre et de la patrie qui m'ont engagé à vous communiquer cette espèce de sistême dont vous ferez l'usage que vous souhaiterez. J'ai l'honneur d'être avec un très profond respect, Monseigneur, votre très humble et très obéissant serviteur, de La Boderie, curé d'Athis. A Athis, le 31 décembre 1774. Je vous prie, Monseigneur, de m'excuser si je me sers de la main d'un de mes vicaires pour avoir l'honneur de vous écrire, c'est mon infirmité qui en est la cause ; j'ai tous les nerfs attaqués, j'ai toutes les peines du monde à écrire d'une manière lisible; permettez, Monseigneur, que je vous souhaite une heureuse année, je prie Dieu de tout mon cœur qu'il continue de répandre ses bénédictions sur la sagesse de votre gouvernement, et qu'il vous conserve pour l'avantage de l'Église et le bien de votre diocèse. » — Bavent. Trait de dîme tenue par le curé de l'Hôtel-Dieu de Caen, provenant d'une ancienne maladrerie unie à cet établissement ; il y a seulement une rente de 4 boisseaux de blé pour distribuer aux plus pauvres; la population est de 600 personnes, dont plus d'un tiers de malheureux. — Bretteville-sur-Laize. Extrait de la fondation faite en 1677 pour les pauvres dud. lieu par Pierre Chauvet et Marie Charles, sa femme. — Caen. Paroisse St-Jean. M. de Vacognes, curé. Envoi des fondations de charité faites pour les pauvres de sa paroisse : rente foncière de 30 l. donnée par Mme de Cauvigny en 1703 pour la marmite des pauvres, une pièce de terre à Couvrechef, une rente foncière à Rots, donnée en 1746 par Melle Fauvel ; il demande en même temps de nommer un commissaire pour l'ouverture des boîtes des reliques afin de les placer dans les grands reliquaires ; si l'abbé de Loucelles vient à Caen pour le remplacement de la supérieure que les Ursulines ont recemment perdue, il voudrait peut-être s'en charger ; le curé de St-Jean craint que le curé de St-Pierre ne tombe peu à peu dans le triste état où est M. de Mondrainville. Envoi par led. curé Achard de Vacognes d'un état concernant l'hôpital général de St-Louis de Caen, dressé par les directeurs administrateurs le 15 décembre 1774. Revenus fixes : biens fonds en ville affermés, 729 l. ; rentes foncières et hypothéquées, 4,454 l. 3 s. 7 d. ; rente sur l'aumônerie de l'abbaye St-Étienne, 1,000 l. ; rentes sur les tailles de l'Élection de Caen, 1,248 l. 1 s. ; rentes sur l'hôtel-de-ville de Paris, 471 l. ; concession du Roi sur les octrois de la ville, 12,000 livres. Total, 19,902 l. 4 s. 7 d. L'hôpital jouissait encore d'un office de mesureur de grains à la halle à blé de Caen, affermé 650 l. ; il a été supprimé par édit de 1771 ; la finance n'en a pas été remboursée et l'intérêt n'en a pas été payé. Revenus casuels : produit des travaux, 23,067 l. 3 s. 3 d. ; droits sur l'entrée des boissons, 10,445 l. 12 s. 6 d. ; denier à Dieu, 1,067 l. 14 s. 9 d. ; aumônes et quête de Pâques, 673 l. 6 d. ; produit du jardin, vente des cuirs *verds* et des marcs de suif et de cidre, 2,097 l. 16 s. Total des revenus casuels, 37,351 l. 7 d. Charges à déduire des revenus : rentes foncières, hypothéquées et loyers de fonds, 2,829 l. 6 s. 4 d. ; charges casuelles, comme honoraires du chapelain, secrétaire, procureur, acquit des fondations, gages des maîtres sur les ateliers, des employés qui perçoivent les droits sur les boissons, réparations, etc., 3,469 l. 18 s. 5 d. ; rentes viagères, 6,245 l. 4 s. 4 d. Reste du revenu net, 44,709 l. 2 s. 6 d. Outre le chapelain, 19 sœurs et 4 maîtres à gages, il y a eu en 1773 dans l'hôpital 614 pauvres, savoir : 70 enfants de 2 à 9 ans, 80 malades aux infirmeries, 39 aveugles, paralytiques et imbéciles, 17 épileptiques et autres assistés au dehors, 44 vieillards hors d'état de travailler ; pauvres travaillant pour l'entretien : 9 toiliers et lisserants, 27 cardeurs, fileurs et fileuses, 18 tailleurs et couturières, 8 pressoiriers, fendeurs de bois et pompier, 10 cordonniers, jardiniers et menuisiers; pauvres occupés aux gros travaux, 20 à la buanderie, 10 à la cuisine et à la boulangerie, 8 à la porte, à la basse-cour, à l'infirmerie et à la pharmacie; pauvres qui bénéficient : 210 à la dentelle, 20 aux boutons, et 24 vieillards qui font très peu de travail. L'hôpital a été établi par lettres patentes du 15 mars 1656; composition du bureau d'administration. Il a été impossible jusqu'à ce jour, malgré la plus grande économie, de subvenir aux besoins de l'hôpital avec son seul revenu, ce qui a obligé de faire des emprunts, dont il est encore dû 1,500 livres; on a même dû prendre quelques fonds perdus. Le curé de St-Jean ajoute n'avoir pas connaissance des revenus et charges de l'Hôtel-Dieu et des petits renfermés, dont l'administration est confiée aux officiers municipaux, qui s'en rendent compte à eux-mêmes; quant à la maison de Bicêtre, on assure toujours que les mendiants y sont mal nourris, mal entretenus et mal surveillés. — Caen. Paroisse St-Julien. Desbordeaux, curé. Délibérations des paroissiens en 1765, acceptant la donation de 100 l. de rente en faveur d'une maîtresse de travail pour les pauvres filles de la paroisse. — Caen. Paroisse St-Nicolas. Bonhomme, curé. Pas d'autre fondation que 600 l. léguées par son prédécesseur pour l'établissement de 3 sœurs de charité, mais les pauvres n'en tirent aucun secours, cette pension des sœurs étant trop modique pour qu'elles puissent la partager avec eux. La paroisse contient 1,500 pauvres; à Pâques il leur a été distribué plus de 5 sacs de blé, chacun n'eut qu'une livre. M. de Marville, directeur des économats, continue les 200 livres d'aumônes bénévoles que M. de Gesvres faisait aux pauvres tous les ans. Les Bénédictins de St-Étienne donnent depuis 3 ou 4 ans à Noël, à Pâques, à la Pentecôte, environ 10 boisseaux de blé chaque fois en tourtes de 4 livres. Renseignements sur la régie du dépôt des pauvres de la maladrerie. Sur les 6 sols que le Roi accorde à ces misérables, il ne lui reste que ce qu'il faut pour leur fournir une livre et demie de pain d'orge mêlé de blé, une cuillerée de gros pois avec un peu de sel, et l'eau, c'est-à-dire une dépense qui peut aller à 3 sols 1/2 tout au plus; les sous-fermiers gagnent le reste, plus le travail de ces malheureux. Demande d'y établir un bureau comme à l'hôpital général, 4 sœurs de charité, 4 ou 6 administrateurs; ainsi d'un lieu de malédiction on en ferait un lieu de repos et de prières, avec économie pour le Roi. Les adjudicataires et sous-fermiers gagnent au moins 7,000 livres par an. — Cagny. Noel, curé. Il n'y a d'autre fondation ou terre d'aumône pour les pauvres de la paroisse qu'une maladrerie dont le revenu vaut bien 20 ou 22 pistoles ; le curé n'a pu trouver le titre de fondation, mais il y a chez M. de Cagny quantité d'aveux portant que ce bien a été aumoné pour les pauvres de Cagny. Ils n'en retirent cependant aucun profit, cette chapelle ayant été réunie à l'Hôtel-Dieu de Caen où lesd. pauvres n'ont aucun droit et ne reçoivent aucune aumône. — Carpiquet. Bazin, curé. Une fondation pour fournir à Pâques du pain aux communiants, riches et pauvres, consistant en un morceau de terre affermé 20 boisseaux de blé, et qui procure environ 1 l. de pain par personne à chaque communiant. Dès son entrée dans la paroisse, le curé tenta, comme il est prescrit par les statuts du diocèse, d'en faire l'application au soulagement d'une foule de malheureux dont sa paroisse est remplie, mais il trouva de l'opposition, non pas dans la plus saine, mais dans la plus nombreuse partie de ses paroissiens; il n'osa insister et crut plus prudent de tolérer cet abus qui n'intéresse pas la conscience, que de s'exposer à perdre peut-être pour un temps la confiance d'une partie de sa paroisse. La plupart des paroisses voisines ont de semblables fondations, bien plus considérables ; on l'a assuré que dans quelques paroisses du voisinage il y a un boisseau de blé pour chaque communiant, bien que ces paroisses en comptent plus de 200. — Clécy. Surirey, curé. Rente de 15 livres aumônée par feu Melle Le Vallois, le 21 juin 1768, distribuée par le curé qui fait donner aux plus nécessiteux du pain par un boulanger et de la graisse pour leur faire un peu de potage. Le curé fait ce qu'il peut, mais son pouvoir est bien borné, le revenu de son bénéfice n'est pas si considérable que bien du monde se l'imagine, depuis 24 ans qu'il y est, 12 comme vicaire et 12 comme curé; s'il y a quelques petits bénéfices, les charges et les difficultés d'exploiter les dîmes en absorbent la meilleure partie; il n'a son tiers, ni des gros blés, ni même des sarrazins ; ce sont les Bénédictins de Fontenay qui possèdent la totalité, et elle leur vaut plus de 2,400 livres par an. Le curé a pour tout une maison de 28 combles de froment, un trait en totalité qui ne lui rapporte pas plus de cent livres, la dîme de quelques novales très anciennes, de si mince produit qu'il n'est point d'année où il n'achète du blé pour passer maison ; il a en sus la dîme des chanvres, des laines, des bois et des fruits; si ces derniers sont abondants, c'est une consommation pour les tonneaux et pour les voituriers, et encore on a le désagrément de ne pouvoir se défaire d'une pareille denrée que 2 ou 3 ans après. S'il y en a peu, comme ces trois dernières années, le principal du bénéfice est donc manqué. Sur quoi il lui faut payer et nourrir deux vicaires avec deux domestiques, payer les décimes fixés à 110 livres (car on l'a augmenté comme si son revenu consistait en blé et qu'il eut augmenté depuis si longtemps que les blés sont chers), réparer les maisons et supporter les autres charges. Tout cela ne l'aide pas à assister les pauvres et il ne peut songer aux Bénédictins qui, depuis 12 ans, lui ont fait donner 42 livres, soit à peu près 3 livres et quelques sols par an ; la dernière fois qu'il a été à l'abbaye demander quelque aumône, le procureur lui dit formellement qu'il ne lui en donnerait plus, « moyennant quoy j'ay eu souvent « la douleur de voir de mes pauvres nuds, desséchés, « languissans par l'excès de leur misères, sans pou- « voir souvent leur procurer aucun secours par moy « même. » — Cléville. Fondation de 200 livres par la comtesse d'Harcourt, pour habiller le 3 décembre 4 ou 6 personnes des plus pauvres et des plus infirmes, etc. — Colombelles. Fornet, prieur-curé. 15 boisseaux de blé, provenant de la terre achetée par la paroisse ; pains de charité de 3 livres, 3 l. 1/2 et 4 livres distribués par les enfants de chœur à chaque communiant. « Tous « en ont, riches et pauvres, excepté les enfans. » — Condé-sur-Noireau. L'hôpital vaut 1,000 livres, tant en rentes qu'en entrées de boissons ; il est administré par 6 bourgeois et le curé. — Conteville. Aucune fondation ; cependant les deux tiers de la dîme, 180 acres de terre, et le patronage que l'abbaye du Bec-Hellouin y possède, aident à en faire une par laquelle il est donné, non seulement aux pauvres du Bec, mais même à tous ceux qui passent par l'endroit, un pain, du moins, dans certains temps de l'année ; demande de faire participer les pauvres de la paroisse. — Cormolain. Le Chevalier, curé. Donation par Nicolas Viray, ancien curé, d'une maison et jardin pour un maître et une maîtresse d'école, avec 80 et 50 livres de rente pour faire gratis et séparément les petites écoles aux enfants du lieu ; le curé et 12 paroissiens les choisissent et destituent. — Courvaudon. 315 livres d'aumône pour la subsistance des pauvres, fondée par le président de Courvaudon, Maximilien-Constantin Anzeray, acquittée après lui par sa fille, feu la Marquise de Sebbeville, et présentement par la Marquise de Longaunay, fille de cette dernière, après les partages du marquisat de Courvaudon et autres terres de sa succession. Le curé fait la distribution aux pauvres, « à proportion des besoins « connus de chacun, avec le plus de justice qu'il peut « et d'œconomie. Le seigneur a un regard dans cette « distribution. » Il a été réglé entre Mme de Sebbeville et le prédécesseur du curé qu'on paierait « en même « cette somme » 20 livres au maître d'école et autant à la maîtresse pour l'instruction des pauvres désignés par le curé, plus 12 livres « à une famille très pauvre « et pour qui on a de la considération. » « Cela s'exé- « cute ponctuellement, continue le prieur-curé, et « cette application est très louable et mérite, car sans « cela l'ignorance la plus grossière régnerait dans ma « paroisse, et cette famille affligée n'aurait pas où « reposer sa tête. Le surplus de l'aumône qui reste est « employé à soulager la misère d'un grand nombre de « pauvres, vieillards, jeunes gens infirmes, malades, « veuves, orphelins : chacun y trouve un soulagement « autant qu'il est possible, et alternativement. Ma « paroisse est composée de 400 communiants ; il y en « a davantage qui ne communient pas. Le seigneur « avec quatre particuliers occupent à une vingtaine « d'acres de terre près toute la paroisse : ainsi, ce « grand nombre d'habitans doit sa subsistance à son « travail et à ses soins. Il n'a point d'autres secours « que ceux que je joints à l'aumône qui lui est faite. « Jusqu'à ce jour je lui ai prêté mes attentions du « mieux qu'il m'a été possible, mais je n'ai plus les « dixmes de ma paroisse qui me mettoient à portée de « lui être utile dans sa misère. Quelques verdages et « point de grosses dixmes sont quelque chose de modi- « que.... Il faut soutenir des malheureux et parer à des « malheurs : les maladies sont fréquentes ; dans ce « piteux état le pauvre n'a plus de ressource, et quelle « douleur pour quelqu'un qui a le cœur sensible de ne « pouvoir que par des paroles consoler ses ouailles. « M. l'abbé Mercier n'a jamais donné une obole dans « ma paroisse, cependant en a toutes les grosses « dixmes, etc. » — Croisilles. Hervieu, curé. 4 l. données par une aïeule du feu maréchal de Coigny pour être distribuées aux pauvres des paroisses des Moutiers et de Croisilles qui auront assisté le jour de Ste-Madeleine à la messe dans l'église des Moutiers. Comme il y a 1 lieue entre les deux paroisses et comme en outre il reviendrait à peine à chacun 2 ou 3 liards, personne n'y va. Il n'y a peut-être pas dans le diocèse de paroisse qui ait plus besoin de secours que celle de Croisilles, surtout après une maladie aussi violente que celle de l'année précédente et qui n'est pas encore terminée. Il y a eu plus de 200 malades, dont 30 morts, presque tous hommes dans leur force qui ont laissé au moins 50 orphelins sans pain, incapables d'un gagner par le défaut d'âge, et personne en état d'aider à secourir ces misérables. — Émiéville. Le Moine, curé. 4 boisseaux de blé par an, dus par les dlles de Frenouville. Ils sont reçus par le trésorier en charge ; « pour

« que tous les paroissiens, riches et pauvres, puissent
« tous ensemble avoir part à la distribution, ils ont
« jugé à propos de ne la faire que de trois ans en trois
« ans à Pâques, alors la bannie décide de la quantité
« de pain qui doit être distribué par famille. » —
Esquay. Dédouit, curé. Fondation de charité d'environ
24 boisseaux de blé, à percevoir sur une ferme nommée
la Maison-brûlée, appartenant à M. de Verdun, sur la
Marquise de Radepont, dame honoraire de la paroisse,
et sur un journalier dud. lieu; cette charité se distribue
à Pâques ; le général des paroissiens assemblés abandonne lesd. boisseaux à un paroissien, à charge par lui
de donner 2 livres ou 2 livres 1/2 de pain à chaque
paroissien, pauvre et riche ; le curé a plusieurs fois
réclamé pour les pauvres seulement, mais ses représentations ont été inutiles. — Estry. Le Lièvre, curé. En
1755, Jacques Olivier, bourgeois de Versailles, légua à la
paroisse 9,100 livres pour être employées en acquisition
de fonds, pour l'érection de deux écoles publiques, l'une
pour les garçons, l'autre pour les filles ; il a été nommé
pour l'instruction des enfants un maître et une maîtresse d'école qui s'acquittent habituellement de ce
devoir. Jacques Olivier, épicier à Paris, neveu et exécuteur testamentaire du testateur, est demeuré saisi de
cet argent sur sa promesse d'en faire le remploi ; il
paie annuellement 300 livres au maître et 50 livres à
la maîtresse, mais on n'a pu l'obliger à faire le remploi ;
les habitants, qui ne sont pas riches, n'ont pas voulu
se charger de le contraindre, parce qu'il faudrait faire
des avances, le curé est âgé, et par conséquent hors
d'état de faire le voyage de Paris, parce qu'il faudrait
l'assigner à son domicile. — Flers. Bertrand, curé.
223 l. 19 s. de rente pour les pauvres, dont 400 au
moins vivent au jour le jour, et 200 mendiants.
3 administrateurs reçoivent ces rentes et les distribuent
suivant les notes du curé et des habitants à l'assemblée
qui se tient tous les 3 mois ou plus souvent, suivant
l'exigence des cas. — Fontenay-le-Pesnel. L'évêque
perçoit tous les fruits du bénéfice du curé, montant à
3,025 livres, qu'il paie au receveur de l'évêché à cause
du déport dont il a été adjudicataire ; il n'est que desservant et n'a qu'une modique pension de 100 livres
qui ne suffit pas pour le nourrir ; il lui est donc de
toute impossibilité de secourir une troupe de misérables
dans la dernière misère. — Giéville. Entre autres,
rente de 170 l. de la fondation de J.-B. Rousseau, curé
du lieu, employée à payer les honoraires du maître et
de la maîtresse d'école pour instruire gratuitement les
pauvres. — Humars. Du Hautbosq, curé. Fondations
de 40 l. par Robert Le Bouvier (1719) et de 375 l. par
Anzerai, marquis de Courvaudon, président au Parlement de Normandie, par acte de 1758. La paroisse est
une des plus pauvres du diocèse. Elle se compose de
plus de 600 communiants, dont plus des 2/3 à la mendicité. La forme de distribution de la 1re de ces aumônes
est celle que le curé trouva à son entrée dans la
paroisse en 1743 : il donne tous les mercredis 12 sols
à 12 pauvres qui se trouvent à la messe et le libera, et
5 l. à chacun des deux services de 6 prêtres, l'un à la
mi-mai, l'autre à la mi-novembre. Pour l'aumône de
la maison de Courvaudon, il distribue 25 ou 30 l. tous
les premiers dimanches du mois et applique le reste
dans le temps des semences et des maladies. Le chapitre a 1/3 de la grosse dîme que le curé a toujours
tenu à ferme, et qu'il espère renouveler cette année.
L'évêque voudra peut-être bien se souvenir de la dépense
qu'il a faite pour l'embellissement de l'église et ses ornements. — Ifs. Gaugain, curé. Rente de 60 livres donnée
par le cardinal de Fleury, employée à deux distributions
d'orge par an. Le cardinal de Gèvres, patron et baron de
la paroisse d'Ifs, donnait en outre 100 livres par an. Si
l'économat ne continue pas cette somme, les pauvres
tomberont dans la plus pressante misère. — Langrune.
Bence, curé. 3 rentes aumônées par feu Mme de Cauvigny ; bien qu'elles soient assurées sur des fonds très
considérables, il est difficile de le faire payer ; le curé
a essuyé 3 procès et son prédécesseur 5 à ce sujet. La
1re est de 156 l. ; suivant le contrat de donation, elle
doit être distribuée par les débiteurs conjointement
avec le curé, à raison de 3 livres par dimanche ; comme
le nombre des pauvres est si considérable qu'on pourrait
à peine donner 2 liards à chaque pauvre, on a pris
le parti de la distribuer aux plus nécessiteux, suivant
leurs besoins ; la 2e, de 60 livres, est employée à l'habillement des plus nécessiteux ; la 3e, de 32 livres, sert à
fournir au bouillon des malades ; ces fondations ne
font qu'un très faible secours, car la paroisse est composée de plus de 2,000 habitants, dont la moitié aurait
besoin de secours, surtout quand la mer est stérile, car
ce sont presque tous des pêcheurs, qui n'ont d'autres
revenus que leurs filets. — Longueville. Envoi par le
curé du contrat de fondation, en date du 23 août 1768,
par lequel Madeleine Eury, veuve de Pierre-Henry de
La Cour, écuyer, seigneur de Longueville, demeurant
à Bayeux, donne aux pauvres de Longueville, représentés par Jean-Charles de La Mare, chevalier, seigneur
de Longueville, deux parties de rente de 50 l. assises
à Barbeville, et une pareille somme assise à
Septvents ; 50 l. par an seront consacrées à procurer
l'instruction gratuite aux pauvres petits garçons et

petites filles de lad. paroisse, « laquelle instruction sera confiée à telle personne qu'il sera convenu entre le seigneur de lad. parroisse et le s' curé dud. lieu, parce que toutes fois et dans le cas où leurs avis seroient différens, celui du seigneur sera préféré. — Louvigny. Borel, curé. « Nous n'avons dans la paroisse de Louvigny aucun fond ny rente pour la subsistance des pauvres; il y a à la vérité soixante ou quatre-vingt boisseaux de blé, qui sont distribués en pain tous les ans à Pasques à tous les paroissiens indistinctement, pauvres et riches, jusqu'aux enfans à la mamelle ; et les riches en ont quelquefois plus que les pauvres, à cause du grand nombre de leurs domestiques. Ils appellent ce pain un pain de charité ; à mon avis il est bien mal nommé. J'ai fait quelques tentatives afin que les pauvres en fussent seuls participans, et mes efforts ont été vains, ils m'ont même attirés l'indignation des riches ; ils disoient que j'étois trop tost venu pour faire des innovations et changer un usage de temps immémorial ; ils se font un titre de religion de menger ce pain, disant que s'est un pain bénit. Mon prédécesseur a laigué aux pauvres seuls, ses dettes payées et réparations faites, le reste de ses meubles ; l'exécuteur testamentaire est M. Chibourg, médecin. M. de Hautefeuille et les principaux propriétaires ont voulu mettre en rente ces deniers ; tous les autres paroissiens et même les mieux dans leurs affaires s'y sont opposés et ont marqués une avidité insatiable pour qu'on leur distribuâ (sic) hic et nunc une somme d'environ quatre mille livres ; là dessus il y a eu une contestation vive et litigieuse ; on s'est pourvû à la cour supérieure pour obtenir un arrest, qui ordonnât la constitution de ces deniers. La proximité de la cour et l'envie d'avoir chacun sa portion de cette somme a remué les plus fortunés, qui se sont mis à la tête du gros de la paroisse, ont fait même une quête pour en avoir un autre en opposition, ce qui est arrivé, et l'affaire est suspendue et encore en débat. Cette année à la fin de laquelle nous touchons, les vrais pauvres auroient eu grand besoin de quelque secours, vu le grand nombre de malades, la continuité et l'opiniâtreté des maux dont ils sont encore attaqués ; le pasteur subit encore le même sort que les ouailles, il y a quatre mois qu'il est harcelé et rongé par une fièvre dévorante, mais ce qu'il a pené davantage s'est de se voir dans l'impuissance phisique de subvenir à leurs nécessités pressantes par un déport excessif, qui surpasse la valeur du bénéfice de plus de cent pistoles, et dont il ne peut s'acquitter. Telle est dans la plus exacte vérité la triste situation des paroissiens et du curé de Louvigny..... »

(29 décembre 1774). — Luc. Le curé Bonvoisin marque que les aumônes de sa paroisse consistent en 10 boisseaux de blé et 19 d'orge payés par l'abbé Le Rai à cause de son prieuré de St-Gabriel. On livre le grain à un boulanger qui ensuite en donne le pain à ceux qui lui présentent des cartes signées du curé : à la fin de l'année il représente les cartes et le curé lui donne décharge ; le nombre des livres de pain qu'il doit fournir est fixé par 4 des principaux de la paroisse, conjointement avec le curé. — Méré. Héroult, curé. Une ancienne dame du lieu a donné 30 livres de rente pour marier de pauvres filles ou habiller des pauvres, à la volonté des dames du lieu. — Merville et Gonneville, son annexe. Le Magnen, curé. Les deux paroisses sont composées d'au moins 800 personnes, dont plus des trois quarts sont nécessiteux, et parmi les nécessiteux la plus grande partie est réduite à l'extrême misère. Pour toutes fondations faites pour cette multitude de pauvres, il n'y a que 20 livres aumônées pour Gonneville par feu Melle d'Écajeul. Les deniers royaux diminués, il reste environ 17 l. 4 s. « *Sed quid hæc inter tantos?* Il en faudroit plus d'autant, chaque semaine, *ut quis modicum quid accipiat.....* C'est là ce qui cause ma principale douleur, de me voir réduit à la fâcheuse nécessité de voir couler perpétuellement des larmes, qu'il m'est impossible d'essuyer ! Avec le plus modique revenu, que veut-on que je fasse ? Je manque moy-même souvent du nécessaire ! Malgré la diminution de plus de 300 livres que vient d'éprouver mon bénéfice, par la soustraction des lins qui en faisoient le principal revenu, on ne m'a pas moins imposé aux décimes à une somme de 50 l. de celle de 23 l. à laquelle je me trouvois cy devant imposé ! » — Moulineaux. Rente de 7 boisseaux de froment appelée la Charité que les paroissiens se partagent par tête à Pâques ; les grandes familles et les plus riches en profitent au préjudice des misérables ; mauvaise administration du revenu du trésor que les trésoriers retiennent à leur bénéfice particulier ; le curé ne peut faire rendre compte aux trésoriers ; « la pluspart de nos chasubles ressentent extrêmement l'antiquaille, nos livres sont tous déliés, notre cymetière est sans croix, les murs s'en vont en ruine. » — Neuville. J. Salmon, curé, 15 l. de rente que le curé emploie à donner un vêtement à 5 pauvres de la paroisse qui se distinguent le plus par leur assiduité aux petites écoles et par leur piété. — Préaux. Tirard, curé du lieu, doyen d'Évrecy, mande que les curés de Maisoncelles, Montigny, Amayé-sur-Orne, Ouffières, Goupillières, Troismonts, ont beaucoup de pauvres, et

nulle fondation en leur faveur ; quant à Préaux, bien qu'il y ait plus de 20 familles au rang des pauvres, il n'y a aucun mendiant. — St-André-de-Fontenay. Le Tellier, curé. Les paroisses de St-André, St-Martin, May et Étavaux participent à une aumône de 7 boisseaux d'orge et 2 de froment qui se fait régulièrement tous les dimanches à l'abbaye de Fontenay ; elle a été ainsi ordonnée depuis 40 à 50 ans au lieu et place d'une autre qui se faisait le Jeudi-Saint, et qui consistait dans la distribution de pain, de froment et de lard aux riches et aux pauvres indistinctement. — Saint-Félix, Tabardel, curé. La nécessité le force à importuner l'évêque pour lui demander quelque soulagement à la misère de ses vassaux de la terre de St-Félix, « surtout « cette année qui a été la plus diseteuse qu'on ait vu « dans ce pais cy de mémoire d'homme, en sorte qu'il « y en a beaucoup qui n'ont point recueilli assés de « grain pour faire leurs semences, et encore du très « mauvais grain. » La terre de St-Félix est une des meilleures de son abbaye ; il y a beaucoup de pauvres, et ils n'ont point de ressource comme dans les autres de l'abbaye, où ils ont part à l'aumône que l'évêque leur fait rendre ; demande d'envoi de secours ; la paroisse de Mirabel, annexe, n'a pas moins de pauvres que la matrice. — St-Manvieu. « Déclaration que donne Maître Jacques Barbot, curé de St-Manvieu, des fondations faites en la dite paroisse pour les pauvres, en tant qu'il en connoit, le sieur Eudes Hedain, trésorier en charge, aiant refusé de lui donner communication des titres des dittes fondations repostés au banc de la fabrique, le voulant obliger de faire deux semonces pour ce au préalable par deux dimanches ou festes consécutifs. » Donation en 1693 par Anne Blondel, dame de St-Manvieu, St-Wandrille, Marchauville, Bernières, Colomby, veuve de Nicolas Romé, chevalier, seigneur de Fréquienne, Thibermont, Brétigny, Écorcheboeuf et autres lieux, baron haut justicier du Bec-Crespin, conseiller au Parlement de Normandie, de 250 l. de rente pour les pauvres de lad. paroisse, lad. rente affectée sur la terre de St-Manvieu actuellement appartenant à M. Massieu, dont l'oncle, feu M. de Précourt, s'est rendu adjudicataire. La même année, par acte du 1er octobre passé devant Robert Espauld, garde-nottes d'Évrecy, et Denis Gilles, pris pour adjoint, lad. dame fonda en lad. paroisse un hôpital auquel elle aumôna 300 l. de rente pour deux pauvres hommes ou femmes de lad. paroisse et pour la nourriture et entretien d'une fille qui en aurait soin, le curé étant chargé de recevoir lad. somme, de la distribuer auxd. trois personnes pour leurs entretien et nourriture et pour l'entretien des maisons. Ledit Massieu paye cette rente et nomme les deux pauvres et la fille qui les gouverne. Le 5 juillet de lad. année, lad. dame donna aux trésor et fabrique une pièce de terre sise aud. lieu, nommée *les sept acres*, contenant 8 acres 1/2 et 4 perches, s'en réservant l'usufruit sa vie durant, au lieu de laquelle elle s'oblige de payer 100 l. à la maitresse d'école, et après sa mort elle oblige le trésor ou fabrique à payer à lad. maitresse 110 livres. Les paroissiens ne s'étant pas fait envoyer en possession de lad. terre depuis le décès de lad. dame, arrivé en 1703, les héritiers paient 110 l. à la maitresse d'école qui apprend à lire à toutes les filles de la paroisse et à celles des paroisses voisines qui veulent y aller. La fabrique perd ainsi environ 240 l. de revenu, la terre donnée valant actuellement 350 l. au moins. En 1691, lad. dame fonda une chapelle sous l'invocation de Ste-Anne, à laquelle elle aumôna 120 livres de revenu annuel, à charge par le chapelain, entre autres charges, de catéchiser notamment pendant l'avent et le carême et de tenir les petites écoles gratuitement pour les pauvres garçons de la paroisse. Durand, titulaire actuel de la chapelle, et à présent curé de Colomby, ayant été 7 à 8 ans sans acquitter les charges de la fondation, si ce n'est 20 livres qu'il payait au maître d'école pour tenir en son lieu et place les écoles aux pauvres enfants, le curé de St-Manvieu réclama, mais sans succès ; en 1770, l'évêque réduisit la fondation en obligeant le chapelain à payer 36 livres par an au maître d'école : en limitant la somme à 36 livres, on limite celui des élèves à 12 ou 14, ainsi que le maître d'école l'a déclaré au curé, au lieu du nombre illimité qu'exigeait la fondatrice. Autre fondation par lad. dame d'une retraite de 7 jours chez les dames des Nouvelles Catholiques de Caen pour 10 filles de St-Manvieu. La paroisse de St-Manvieu paraît secourue par toutes ces aumônes, mais presque toute la paroisse est occupée par les deux seigneurs, M. Massieu et M. d'Hericy ; presque tous les habitants sont leurs fieffataires et locataires ; ils sont d'ailleurs presque tous manœuvres, tous tailleurs de pierre, charpentiers, *toupiers*, couvreurs, *filaciers*, les autres bergers et domestiques ; tant qu'ils se portent bien et ne sont point chargés d'enfants, ils subsistent du travail de leurs mains, mais si l'homme vient-il à tomber malade ou à mourir, il faut nourrir sa femme et ses enfants. La paroisse est composée d'environ 500 communiants ; il y en a près de 300 dans le cas de recevoir l'aumône et qui la reçoivent successivement quand ils viennent à tomber malades. Les curé et vicaire étant à portion congrue ne sont pas dans le cas de les secourir. Le curé termine sa lettre d'envoi en disant que « les habitants de ce pays sont dans l'usage « de tracasser leurs curés ; ils ne semblent estimer que « M⁹ˢ leurs obittiers. » — Sainte-Croix-Grand'Tonne. Donations de la marquise de Lassey et de l'abbaye de Cordillon. — Secqueville. On a pris l'argent des pauvres pour faire un beffroi au clocher. — Torigny. Le Masson, curé de St-Laurent. L'hôpital a été fondé et bâti par Henri de Matignon en 1684 et doté par lui de 1,000 livres de rente. Les biens de plusieurs maladreries furent réunis. Total des revenus, 2,100 livres. Cet établissement est administré par 12 administrateurs, dont le prieur, les curés de St-Laurent et de Notre-Dame, et le bailli du lieu, font partie de droit ; les autres sont nommés par le prince de Monaco. Il y a actuellement 30 pauvres qui y sont nourris et entretenus ; le produit de leur travail peut monter à 300 livres. — Troarn. Delan, curé. L'hôpital de Troarn a été autorisé par lettres patentes de 1748. Revenu, environ 4,200 ou 4,300 livres par an ; il n'y a aucune manufacture dans l'hôpital, « qui n'est qu'un autel-Dieu pour y recevoir « les malades jusqu'à leur convalescence. » 8 lits pour les hommes malades et 5 pour les femmes; 4 sœurs de charité dont 1 pour l'instruction des filles ; 1 servante et 1 domestique à gages. — Vire. De Parfouru, curé. L'hôpital a des lettres patentes de mai 1699. Le revenu monte à 13,000 l. y compris le travail des pauvres, il doit 1,000 l. de rentes viagères. Led. hôpital est chargé d'environ 300 pauvres, valides et invalides, et le plus ordinairement de 50 à 60 enfants en nourrice ; les sœurs sont tirées de l'hôpital de Caen ; une partie considérable de l'infirmerie et du logement des hommes est prête à crouler, et une grande partie est actuellement inhabitable : il est urgent de faire reconstruire, mais c'est un objet de plus de 10,000 l. ; le revenu diminue de jour en jour: depuis la liberté de vendre des blés au grenier, les marchés sont moins fournis et le havage est d'un moindre produit; l'hôpital a perdu la rente que lui devait l'abbaye du Plessis-Grimoult de la moitié de 312 boiss. de seigle pour l'aumône qu'on distribuait à la porte du monastère. Il y a un petit hôpital à Monchamp. — Lettre de l'intendant de Fontette à l'évêque de Bayeux (Paris, 11 février 1775). Suivant ce qu'on lui mande de Caen, il n'a encore reçu que les réponses d'un petit nombre de ses subdélégués. Si le travail de l'évêque est prêt, il ne faut pas que l'histoire du dépôt de la Maladrerie l'arrête : cet établissement n'entre point et ne peut même entrer dans les vues du contrôleur général ; ce n'est pas un hôpital, mais plutôt une prison, une maison de force et de punition où le gouvernement n'a pas voulu que les renfermés fussent à l'aise ; il n'a d'ailleurs d'autre revenu que le petit nombre de pensions que payent certains renfermés. On trompe un peu l'évêque sur la nature de cet établissement, ou du moins on cherche à le persuader que c'est une maison où les pauvres devraient être aussi bien traités que dans les Hôtels-Dieu les mieux montés. Les pauvres, à ce qu'on prétend, y sont mal nourris : ils le sont cependant comme le gouvernement l'a prescrit, après avoir réfléchi qu'il s'agissait de punir et non de procurer un bien-être qui n'eut fait qu'augmenter le nombre des mendiants. Il règne, dit-on encore, dans cette maison, la plus grande malpropreté, et il s'y commet des abus d'autant plus grands qu'il n'y a pas la moindre administration. Il est vrai qu'il y a de la malpropreté, mais conçoit-on qu'on puisse aisément l'empêcher parmi un aussi grand nombre de sujets qui y entrent accablés de vermines, souvent attaqués de la gale, de maladies vénériennes et de beaucoup de ces infirmités cachées qui affligent la plupart des mendiants parce qu'ils sont toujours malpropres? Quant à l'administration, apparemment on compte pour rien l'intendant, ainsi que le subdélégué établi exprès par lui pour veiller à tous les détails, et l'inspecteur préposé par l'intendant pour y veiller sous ses ordres. Assurément une pareille maison n'a pas besoin d'une administration plus nombreuse. L'expérience prouve que pour des établissements plus étendus le plus grand nombre d'administrateurs n'empêche pas qu'il ne s'y introduise des abus qui en entraînent la ruine. La nourriture, l'entretien, l'habillement et les maladies de 200 sujets renfermés ne coûte au Roi par an qu'environ 22,000 livres. Il est donc impossible que l'entreprise fasse un bénéfice de 13,000 livres, comme on a voulu le persuader à l'évêque. Il y a lieu de croire que bientôt il n'y aura plus de mendiants invalides : l'établissement sera rigoureusement alors une maison de force à l'instar de celle de Bicêtre.

Lettres diverses adressées à l'évêque en 1774 et 1775 concernant divers sujets et qui ont été confondues avec le dossier de lad. affaire. M. de La Touche, au Plessis-Picard. Mᵐᵉ de La Touche, malgré les instances de Mᵐᵉ de Montboissier, a préféré le séjour du Plessis à tous les plaisirs de la saison ; s'il va général à St-Domingue, comme le bruit en court, son fils restera avec Mᵐᵉ de La Touche. Il est question pour lui de cette place, ou du commandement d'un port ou de l'inspection générale. — Beaunier, curé de St-Étienne de Caen. Plaintes contre un obitier de sa paroisse, connu publiquement pour le persécuteur de ses curés, qui vient, à la tête d'une cabale par lui ameutée, de former un projet capable d'exciter bien des troubles, à l'occasion de la reddition des comptes des trésoriers ; y joint un mémoire concernant les affaires de la paroisse. — Des Rotours, curé de Poussy, doyen de Vaucelles, concernant les plaintes faites à l'évêque du curé de Conteville, cité devant le promoteur. Renseignements très favorables aud. curé, né dans la paroisse, ancien vicaire de Cambremer. — L'évêque de Chartres, envoyant des lettres à lui adressées par Dumesnil, « doyen de l'église collégiale St-Jean de Nogent-le-Rotrou au Perche » (23 avril 1774). « Depuis plus de trois ans je suis dans un chagrin des plus sensibles. Je suis affligé de l'inconduite d'un de mes neveux. Il étoit cy devant vicaire à Condeau, diocèse de Séez. Il est actuellement depuis plus d'un an curé *pro secundâ* à Rye, à une lieue et demie de Bayeux. Feu le curé de Condeau avoit attiré chez lui une couturière de notre ville ; sous prétexte de travail elle y passoit les six semaines et deux mois de suite, et cela étoit réitéré souvent dans le courant de l'année. Cette fréquentation scandaleuse a donné dans le canton matière à beaucoup de propos déshonorants pour notre état et pour la religion. J'en ai fait des remontrances réitérées à mon neveu, qui ne m'en a jamais paru fort touché, et pour s'y soustraire il prit le parti il y a trois ans de le dépayser. Il a séduit et engagé son frère, curé près Alençon, à le prendre chez lui jusqu'à ce qu'il fût placé. Dès que je sçu que cette fille étoit chez cet autre neveu, je l'ai sommé de s'en défaire. Après deux mois de résistance, il a enfin cédé, mais en apparence seulement. Il l'a fait entrer dans un couvent d'Alençon, et au bout de trois mois il l'a mise en ville en chambre garnie à ses frais, où gens comme il faut assurent qu'elle a tenu une fort mauvaise conduite. Elle y a été entretenue à leurs dépens environ deux ans, après quoi celui dont je me plains le plus a eu la nomination à la cure de Rye *pro secundâ*. Ses premiers soins ont été de retirer cette fille de sa chambre, et il l'a emmenée avec lui à Rye, où ils font ménage ensemble depuis plus d'un an. Je ne l'ai découvert que le mois d'aoust dernier. Dès que je l'ai sçu, je lui ai écrit de la façon la plus persuasive de renvoyer cette fille. J'ai employé tous les moyens imaginables pour réussir : il n'en tient aucun compte. Ses réponses sont d'un homme déterminé opiniâtrement à la garder. Pour colorer son procédé, il la fait passer dans ce pays là pour sa cousine, comme son frère avoit fait dans son canton. Mais je vous proteste qu'il n'y a entre elle et nous ni consanguinité ni affinité, c'est une imposture des plus grossières. C'est une fille mal notée dès sa première jeunesse, et cet enlèvement a renouvellé dans notre canton la mémoire de sa vie passée, qui commençoit à s'assoupir. Comme je n'ai jamais cherché à le pousser aux dernières extrémités, et que j'ai employé tous les moyens qui m'ont paru les plus doux pour le faire revenir à résipiscence, je crois en avoir encor découvert un, qui pourroit réussir. On m'assure que Monsieur le Marquis de La Rivière, seigneur de cette paroisse, a l'honneur de vous appartenir, Monseigneur, ayant épousé une demoiselle de Fleuri. Ce seigneur, qui ignore le désordre de mon neveu, a pour lui bien des bontés. Si Votre Grandeur vouloit bien l'informer du fait et l'engager à faire à mon neveu les remontrances convenables, il y a lieu d'espérer qu'elles pourroient opérer le bon effet que je désire depuis longtems, et qu'un seigneur de ce rang feroit plus d'impression sur son esprit, qu'un oncle, qu'il ne veut plus écouter. Si non, je vous supplie de vouloir bien me conduire dans cette conjoncture, et me communiquer vos lumières. S'il ne veut plus écouter personne, je ne vois de ressource que de le dévoiler à l'évêché de Bayeux. Je voudrois bien éviter cet éclat, mais s'il est indispensable, l'honneur de la religion et de notre ministère me feront passer par dessus les bornes de l'amitié naturelle.... » (12 février 1774). — « J'ai épuisé toutes les ressources possibles pour retirer mon neveu de l'abyme où il s'est précipité et toujours inutilement. Je me suis avisé d'en écrire à M. le curé de Rye *pro primâ*, sans le connoître ; je lui ai exposé la fâcheuse situation de son confrère avec toute la modération possible. J'ai eu le bonheur de trouver dans sa personne un vrai ecclésiastique, un excellent curé. Il a été touché sensiblement de mon exposé, que la conduite de son confrère ne lui rend que trop évident. *Intra privatos parietes*, comme il me marque dans la réponse prudente et édifiante qu'il me fait, il n'a rien omis pour le faire rentrer en lui-même. Il n'a pas mieux réussi que moi, et il me marque que pour ne pas rompre extérieurement avec lui, crainte de scandale, il est décidé à ne plus lui en parler, n'étant pas écouté, et il m'exhorte à chercher quelque expédiant... Je sais présentement que M. le Marquis de La Rivière, loin d'être dans le cas d'improuver sa conduite qu'il ne connoît pas assez, l'autorise sans le savoir, par les marques de bonté qu'il a, pour lui et pour cette fille, qu'il croit toujours être sa cousine..... Il a eu l'adresse de se rendre favorable M. le Marquis, qui lui fait l'honneur de le bien recevoir et même de faire chez lui des parties de plaisir, lui envoyant bonnes provisions avec son cuisinier. Comme il fait entendre que je le persécute, M. le Marquis a donné dans le panneau, et a promis une retraite dans son château à cette fille, en cas qu'elle fût forcée à quitter le presbitaire. Ce seroit un grand malheur, si cette fille avoit une fois pied chez M. le Marquis de La Rivière. C'est une fille insinuante et très dangereuse, et l'expérience ne démontre que trop que ces sortes de filles causent souvent de fâcheux événemens. Mon neveu s'étoit comporté sagement pendant toutes ses études. Il ne m'est revenu que de très bons témoignages de lui dans les différens vicariats où il a été. Celui de Condeau lui a été fatal par la rencontre de cette corruptrice de la jeunesse, à laquelle il a eu le malheur de s'attacher. Elle mériteroit bien une maison de force pour n'en plus corrompre d'autres. Puisque vous voulez bien, Monseigneur, avoir la charité de me dispenser d'être le délateur de mon neveu, mon élève, et le dévoiler vous-même à Monseigneur l'évêque de Bayeux, je pense qu'il n'y a plus à différer de le faire, *jam mala per longas invaluere moras...* » (27 fév. 1774). — Lettre de l'évêque de Chartres à l'évêque de Bayeux, de Marly, 30 juin 1774, lui envoyant la lettre suivante, en même temps que le dernier bulletin du Roi « et de nos « augustes inoculés, qui vous rassurera entièrement. » Lettre du doyen Dumesnil, 15 mai 1774. « Il m'est aisé de donner à Monseigneur l'évêque de Bayeux les preuves qu'il demande. Ce n'est point au curé de Rye que la fille en question a prêté son argent, mais au curé de Fontenai, son frère, comme il paroit par la lettre du curé de St-Pierre, son autre frère et le plus jeune de tous, cy incluse. Par conséquent, mensonge de la part du curé de Rye. Je leur ai reproché avec juste raison d'avoir emprunté d'une pareille fille, et quand j'ai forcé le curé de Fontenai à la renvoyer il y a trois ans, il étoit bien en état de la rembourser, ayant une cure de plus de cent louis de revenu. Mais ce n'étoit pas leur projet : ils vouloient garder la fille, comme ils ont fait jusqu'à présent. Quelle somme lui a-t-elle prêtée ? Six cens livres, qu'elle avoit héritée depuis quelques années, car outre ses doigts et son éguille, elle n'a point d'autre fortune. Ne les a-t-elle pas bien consommées depuis trois ans qu'ils l'entretiennent ? Quelle fortune donc pour ces deux curés ? N'y ont-ils pas mis au contraire du leur, tant dans cet entretien que dans les frais de voyages de Nogent à Fontenai et de Fontenai à Rye ? Il y a donc l'article de ses meubles, dont le curé de Rye prétend qu'il a meublé son presbitaire. Mais quels meubles avoit-elle avant son évasion de Nogent ? Les médiocres meubles d'une pauvre couturière, contenus dans une fort petite chambre qu'elle occupoit dans notre ville. Elle a vendu quelques chaises de pailles, une fort petite armoire, quelques ustenciles de peu de valeur. Elle s'est réservé son lit, peu de draps et son grabat de couturière, qu'elle a transporté à Rye. Ainsi c'est encore un mensonge du curé de Rye de dire qu'elle l'a meublé, s'il a des meubles, il les tient de ses frères ou d'empreunt. Monseigneur l'évêque de Bayeux vous dit dans sa réponse, Monseigneur, qu'il n'a rien ouï dire de l'inconduite de mon neveu ; cela n'est pas surprenant : cette fille est annoncée comme sa cousine, on le croit ; on a rien à dire. Mais moi, qui connois le sujet, qui travaille depuis plus de trois ans à l'arracher des bras de mes neveux, et qui ai caractère pour empêcher le désordre que je connois, je me ferois un reproche de ne pas me récrier contre. Je l'ai fait, et n'ayant pû me faire entendre, j'ai été forcé à réclamer l'autorité épiscopale. Ce malheureux curé de Rye a séduit ses frères, mes élèves comme lui, et comme quatre autres nez sans bien comme eux, que j'ai établis dans le monde, et dont je suis bien plus content que de ces prêtres, qui font une ligue ensemble pour le maintien de cette malheureuse fille, et me donnent des traits d'une entière ingratitude, jusqu'à me menacer de me traduire au Conseil souverain de Bayeux en réparation d'honneur. J'en excepte le curé de St-Pierre de Séez, qu'ils obsèdent pour être de leur côté : ses bonnes mœurs et sa conduite édifiante m'empêchent de rompre avec lui. Malgré la perplexité où il se trouve, il rend toujours justice à mon procédé, et désapprouve la conduite de cette coureuse, qui s'expatrie pour suivre un prêtre qu'elle tient dans ses filets. Une honnête fille ne fait point pareille démarche, ne s'expose point à pareilles poursuites ; et c'est bien là la conviction de son iniquité. Quand je sommai il y a trois ans le curé de Fontenai de la renvoyer au payis, il fit refus sous prétexte que cette fille n'avoit plus de pratiques à Nogent. Directement dans ce tems Mme et Melle de La Papotière, qui la savoient à Fontenai, me prièrent de la faire revenir pour plus d'un mois d'ouvrages qu'elles avoient à faire, parce qu'elle étoit leur ouvrière. Je le mandai au curé de Fontenai, qui me répondit qu'elle ne vouloit plus revenir au payis. Aujourd'hui Mme de La Papotière tombée dans l'infirmité a besoin d'une femme de chambre, et d'une ouvrière pour les arranger dans la nouvelle maison du chapitre que M^{rs} ses fils viennent de prendre. M. de La Papotière le jeune lui a écrit pour lui proposer cette condition : je souhaite qu'elle l'accepte, et qu'elle fasse enfin finir le scandal que cause ici sa cohabitation avec mon neveu curé de Rye. Je suis bien mortifié d'être si diffus, la matière m y a forcé. » Y joint lad. lettre de Gadeau, curé de

St-Pierre de Séez, à son oncle le doyen Dumesnil, 30 août 1773. Ni lui, ni dom Gadeau, dépositaire de Cerisy, ne peuvent totalement le satisfaire. « M⁽ᵈˡˡᵉ⁾ Fouchard, après avoir obligé de son argent le curé de Fontenay, a obligé de ses meubles celui de Rye ; et comme les meubles ne vont point sans la personne, elle les a suivis. Le curé de Rye n'emportant du Perche que des dettes et très peu d'argent (c'est le sort des joueurs, annote l'oncle), a été heureux de trouver cette rencontre pour n'être pas obligé dès le premier jour de coucher sur la paille et sans draps ; avec M⁽ᵈˡˡᵉ⁾ Fouchard il a trouvé draps et un lit qu'elle a partagé (au v°) avec la servante ; le curé en a acheté ou emprunté un autre pour luy, et voilà comme il s'est meublé ;... voilà des engagements contractés, il n'est pas facile de les rompre ; la générosité avec laquelle M⁽ᵈˡˡᵉ⁾ Fouchard a donné ou prêté son argent et ses meubles semble exiger du retour ; et quand on fait tant que de recevoir la personne et les meubles, il paroît nécessaire de garder l'un et l'autre ; c'est, je crois, le parti qui est pris par le curé de Rye ; et je ne pense pas qu'il le quitte, à moins que la demoiselle ne changeât de sentiment ; mais, comme elle est bien, je crois qu'elle y restera. »

SÉRIE H.

Documents divers.

H. Suppl. 1309. — II. H. 1. (Liasse.) — 4 pièces, parchemin ; 13 pièces, papier.

1708-1786. — Famille James. — Contrat de mariage devant Georges Le François, notaire en la vicomté de Torigny pour le siège de Cormolain, entre Joachim James et Marie Auvray (1708). — Délibération devant Guillaume Marguerie, notaire en la vicomté de Torigny pour le siège de Rouxeville, du conseil de famille de feu Joachim James, nommant des tuteurs à ses enfants (1725). — Contrat de mariage devant Jean-Charles Tostain, notaire à Bayeux, entre Michel James, de la paroisse St-Sauveur de Bayeux, fils de feu Joachim James et de Marie Auvray, et Françoise Le Bariller, fille de feu Michel et de Françoise Dubosq (1746). — Procédure devant Jean-Baptiste-Jacques-Gabriel Delalonde, écuyer, sieur de Ste-Croix, lieutenant général au bailliage de Bayeux, et Constantin Le Bourguignon du Perré Delisle, écuyer, lieutenant général au bailliage de Caen, entre Marie Moulin et François James, concernant leur séparation civile (1785-1786).

H. Suppl. 1310. — II. H. 2. (Liasse.) — 2 pièces, parchemin ; 29 pièces, papier.

1629-1825. — Famille Mallet. — Extraits du registre des actes de l'état civil de la paroisse de la Madeleine de Bayeux concernant : l'inhumation dans le cimetière de lad. paroisse faite par Richard Vaulier, oblier, de Gilles Retout en 1629 ; l'inhumation de Marguerin Retout, faite par Samson Heuste, curé, en 1634, lesd. extraits délivrés par le maire de Bayeux en 1814 ; le mariage fait en 1635 par Robert Davauleau, curé, de Michel Mallet et Anne Retout, en présence de Pierre Mallet, père dudit Michel, Jean de Couvert, chapelain à St-Nicolas, oncle maternel, Michel Lequesne, sieur des Longchamps, Marguerite Pitet, sa femme, Allain Couillard et Blanche Retout, ledit extrait délivré par Montégu, adjoint, en 1814. — Quittance donnée par les religieuses de l'Hôtel-Dieu à Richard Mallet et Denis Mallet, père et fils, de la somme de 820 livres pour fermages de la terre de Vaux (1718). — Dépôt fait chez Jean Lebrun, notaire au siège de Cerisy, par Denis Mallet, de la paroisse de Vaux-sur-Aure, du contrat de fieffe de plusieurs maisons sises à lad. paroisse fait à son profit par François Le Diacre, bourgeois de Bayeux (1724). — Déclaration des biens de la succession de Denis Mallet, donnée par Richard Mallet à Jacques Mallet, son frère, pour en faire le partage (1754). — Fieffe par Louis Mallet à Jacques Mallet, mᵈ tanneur et bourgeois de Bayeux, de 5 sillons de terre sise à Vaux-sur-Aure (1766). — Inventaire des meubles et effets de feu Jacques Mallet, de la paroisse de Vaux-sur-Aure, dressé par Thomas-François Mallet, notaire royal et apostolique à Bayeux, à la requête de Richard Mallet, tuteur des enfants dudit Jacques (1776). — Compte rendu par Richard Mallet de la gestion des biens de feu Jacques Mallet, son frère, à Louis Mallet, fils aîné dudit Jacques (1782). — Quittances données par la veuve Mallet à son fils aîné de diverses sommes (1784-1790). — Pactions de mariage de Jacques Mallet, fils de feu Jacques Mallet et de Jeanne Leveil, et Marie-Catherine-Félicité Houssaye, fille de François Houssaye et de Marie Godefroy (1780). — Quittances d'impositions données à la veuve et héritiers Mallet (1804-1813). — Accord entre la famille Mallet concernant le paiement de sommes dues (1825).

H. Suppl. 1311. — II. II. 3. (Liasse.) — 6 pièces, parchemin; 24 pièces, papier.

1593-1787. — Familles diverses. — Procédure en la vicomté de Caen entre Jean Cousin et Michel Lepetit, son tuteur, concernant la remise des fonds nécessaires à sa nourriture (1593). — Procédure au bailliage de St-Lô devant François Duchemin, écuyer, sieur de La Tour, lieutenant général, entre Marie Blondel, épouse séparée de biens de Michel Hébert, écuyer, sieur du Neufbourg, et Raoul Leprince, vicomte dudit St-Lô, entre les mains duquel elle a fait arrêt de deniers comme acquéreur des biens de Joachim Blondel, vivant écuyer, sieur de St-Fromond, et Nicolas Blondel, écuyer, sieur des Essarts, son fils, pour paiement de la somme de 4,000 livres pour remplacement de sa dot (1687). — Procédure devant Clément Le Queus, sieur de Varville, vicomte de Bayeux, entre Jean Bellejambe, époux de Jeanne Barbeville, et les héritiers de Robert Barbeville, concernant la succession de Marie Bazire, mère de lad. Jeanne (1720); à l'appui extrait du registre de la paroisse St-Vigor-le-Grand concernant l'inhumation de Robert Barbeville (1718). — Donation devant Nicolas Postel, notaire royal apostolique à Caen, par Daniel Dieuavant, écuyer, sieur du Motel, de la paroisse de Soliers, à Thomas-François Dieuavant, écuyer, son fils, clerc tonsuré, de la somme de 150 livres de rente viagère pour lui servir de titre clérical (1742). — Transaction entre Madeleine Dufresne, veuve de Gaspard Dufresne, écuyer, sieur de La Guère, Bernardin Julien et Louis Duval, tuteurs de leurs enfants, héritiers d'Anne Thorel, veuve de Gilles Dufresne, écuyer, leur aïeule, mère dud. Gaspard, concernant le procès entre eux, concernant la succession de lad. Thorel (1744). — Traité de mariage entre Julien Arondel, fils de Richard et de Marie Motel, et Françoise La Brecque, fille de Jacques et de Jacqueline Buisson (1748). — Constitution devant David Le Barbier, notaire à Isigny, par Louis et Pierre du Mesnil, écuyers, sieurs de St-Paul et des Vaux, à Pierre Moreau, écuyer, trésorier général des Invalides à Paris, de 185 livres de rente (1761). — Procédure au bailliage de Bayeux devant Étienne-Louis-François Tanneguy du Châtel, seigneur et patron de Castillon, Quesnay, Beauville, Condé et autres lieux, lieutenant général, entre Pierre-Jacques Moreau et François-Marie de Moras, maître des actions mobiliaires de Jeanne-Catherine Moreau de Séchelles, son épouse, fille et héritière de Jean Moreau de Séchelles, héritiers de Pierre Moreau de Beaumont, et Louis du Mesnil, héritier de M. de St-Pierre, son père, et de MM. de St-Paul et des Vaux, ses oncles, pour paiement d'arrérages de 125 livres de rente (1766). — Reconnaissance devant Guillaume Le Maréchal, notaire à Torigny, par François-Michel Guérout, fondé d'Augustin de Baudre de Bavent, à Louis-René Le Sauvage, écuyer, sieur d'Arcys, stipulé par François Geffroy, sieur de La Pallière, huissier, de 100 livres de rente (1778). — Copie de la constitution faite par Charles-François-Louis de Baudre de Bavent, prêtre, demeurant au grand séminaire de St-Sulpice, à Charles Jacquelin, portier du petit hôtel de M. de Vieuxmaison, de 400 livres de rente viagère (1779). — Bail fait par Pierre-Jean-Jacques-Gabriel de Pierrepont, ancien mousquetaire du Roi, chevalier, seigneur de Ste-Honorine-des-Pertes, Sorteval, Grandval, Bloville, St-Pellerin et autres lieux, à Perrinne Henry, d'une maison, cour et jardin sis en la paroisse de Ste-Honorine (1787).

H. Suppl. 1312. — II. II. 4. (Liasse.) — 2 pièces, parchemin; 24 pièces, papier.

1670-1817. — Familles diverses. — Notes d'extraits de baptêmes et mariages des familles Cécile et Cousin (1670-1778). — Contrat de mariage devant Paul de La Perrelle et Pierre Moisson, notaires à Caen, entre Julien Jouvin, bourgeois de Caen, fils et héritier en partie de Jean Jouvin, sieur de La Vallée, bourgeois de Rouen, et d'Anne Suhard, et Marie Collet, fille de feu Jean Collet, m^d, bourgeois de Caen, et de Marguerite Buisson (1679). — Procédure en la cour du Parlement de Rouen entre Julien Jouvin, ex-huissier en la vicomté de Caen, et les héritiers de Jean Lair, premier huissier, pour paiement d'arrérages de sommes dues (1710-1711). — Extrait du baptême de Françoise La Truitte, fille de Jacques et Anne Diest, célébré en la paroisse N^e-D^e de La Poterie de Bayeux (1714), ledit extrait délivré par Rohée, curé, à lad. Anne Diest, veuve de Jacques La Truitte (1741). — Quittance donnée devant Jacques Faguet et François Bouillin, notaires à Caen, par Augustin Jouvin, fils de feu Julien Jouvin, et du consentement de Marie Collet, sa mère, à Pierre Méry, premier huissier en la vicomté de Caen, de la somme de 2,000 livres pour amortissement de 100 livres 2 sols 2 deniers de rente (1724). — Procédure au bailliage de Bayeux entre lad. veuve et Jean Gaugain, m^d droguiste, tuteur des mineurs de Jacques La Truitte, concernant la remise d'effets et linge dépendant de la succession de son mari (1724-1725). — Autre procédure entre les enfants de feu Jacques La Truitte et d'Anne Diest et Jean Gaugain, leur tuteur, concernant le compte rendu de sa gestion (1736). — Extrait du registre des mariages de la paroisse de la Madeleine de Bayeux, concernant celui de Jean Lecocq, fils de feu Jean Lecocq, et de Perrette Le Paulmier, avec Marguerite Lubin, fille de Thomas et de Marie Vaussy (1755). — Cession faite par Jean-Baptiste Lecocq, chapelain de Bayeux, à Pierre Barbey, de la paroisse de Trévières, d'une partie de maison (1766). — Fieffe devant Hubert, notaire au siège de Cerisy, par Thomas de Montrosty, époux de Madeleine Lecocq, à René Boullet, d'un entretenant sis à St-Martin-de-Blagny (1774). — Extrait du registre des délibérations du conseil général de la commune de Bayeux concernant le certificat de civisme accordé sur sa demande à la citoyenne Lecocq, institutrice demeurant à Bayeux, section de l'Égalité (an II). — Reconnaissance par Anquetil de l'achat de linge par lui fait d'Angélique Carabeux (1814-1817).

FONDS III—V

MALADRERIES

H. Suppl. 1313. — III. B. 1. (Liasse.) — 2 pièces, parchemin ; 35 pièces, papier.

1542-1698. — Maladrerie de la Madeleine d'Isigny. — Copies d'extraits des pleds de la seigneurie de la chapelle de la Madeleine, tenus par Guillaume Guillebert, sénéchal (1587), des assises de Bayeux tenues par Thomas Potier, écuyer (1594), d'un aveu rendu à l'évêque de Bayeux, seigneur et baron de Neuilly, par Jean Feuillet, de la paroisse d'Isigny, d'un fief sis en lad. paroisse (1542), lesdites copies collationnées à la requête de Jean de Rotz, sieur de la Madeleine, par Mabire, tabellion à Isigny (1618). — Procédure au bailliage de Bayeux devant Pierre Potier, écuyer, sieur d'Asnelles, lieutenant général, entre Pierre de Rotz, chapelain de la Madeleine, et Laurent Denis, pour paiement de 40 boisseaux pour arrérages d'un boisseau d'orge (1621). — Procédure en la vicomté de Carentan entre Pierre de Rotz, clerc de la Reine, chapelain de la chapelle de la Madeleine d'Isigny, et Pierre Denis, pour paiement de 45 boisseaux d'arrérages d'un boisseau de rente (1624). — Journal des rentes et redevances dues à la seigneurie de la chapelle de la Madeleine. Parmi les débiteurs : Mme de la Doustière ou André Feuillet, s^r du Baumouchel, François Gosselin, s^r de la Falaise, Gabriel Du Bosc, écuyer (1669). — Bail fait à Isigny par François d'Appogny, receveur et contrôleur des consignations à Valognes, administrateur de la commanderie de Valognes, fondé de François du Ryer, écuyer, chevalier de l'ordre de Montcarmel et de St-Lazare, à Guillaume Quillet, des terres appartenant audit ordre à cause de la chapelle et sieurie de la Madeleine d'Isigny (1689). — Quittances données au chapelain de la Madeleine d'Isigny et à Philippe Jeanne, fermier de la léproserie de la Madeleine d'Isigny, pour décimes (1694-1697) ; autre quittance de J. Gohier, curé d'Isigny, aud. Jeanne, pour réparation de la chapelle de la Madeleine (1698).

H. Suppl. 1314. — IV. B. 1. (Liasse.) — 4 pièces, parchemin 11 pièces, papier.

1632-1689. — Maladrerie de St-Clair-de-Pierre-Soleil. — Fieffe devant Robert Le Marchand et Hellie, tabellions en la sergenterie de Graye, à Gilles Fontaine, d'un herbage sis à Ryes dépendant de la maladrerie de « Pierre Sollain » (1632). — Fieffe devant Robert Le Marchand et Charles Hermerel, tabellions en la sergenterie de Creully, par Germain Mascarel, curé de Commes, chapelain de la chapelle St-Clair de « Pierre Sollain », à Pierre de Magneville, de Bazenville, d'une pièce de terre en herbage sise à Ryes, joignant lad. chapelle (1643) — Fieffe devant Robert Le Marchand et Thomas Maheust, tabellions en la sergenterie de Graye, par Pierre de Magneville, écuyer, à Guillaume Hellye, tabellion, de 7 vergées 1/2 de terre sise à Ryes (1651). — Procédure en la vicomté de Caen devant Claude de Fontaine, écuyer, sieur de Neuilly, vicomte juge commissaire subdélégué en cette partie de la chambre royale de Paris, entre les commandeurs et chevaliers de l'ordre de N^{re}·D^e de Mont Carmel et de St-Lazare de Jérusalem et Raphaël Du Pray de Marcilly, l'un d'eux, commandeur de Caen et de la Maladrerie de St-Clair-de-Pierre-Soleil, et Charles Auzouf, sieur du Castel, stipulant Pierre de Magneville, concernant le renvoi en possession de la terre fieffée par Germain Mascarel, prêtre (1688-1689).

H. Suppl. 1315. — V. B. 1. (Liasse.) — 1 pièce, papier.

1669-1680. — Chapelle de la Madeleine de Vaucelles. — Bail à fieffe devant Jean Pery et Thomas de Lanquetot, tabellions à Bayeux, par le chapelain de la chapelle de la Madeleine de Vaucelles, à Hervé de La Londe, bourgeois de Bayeux, d'une terre appelée l'acre de la Madeleine, dépendant de lad. chapelle, sise paroisse de Cussy (1669) ; à la suite prise à fieffe par led. de La Londe des chevaliers de l'ordre de St-Lazare, stipulés par François Ricardi, seigneur de Corbière (1680).

SUPPLÉMENT

Documents réintégrés aux archives hospitalières de Bayeux depuis la rédaction et l'impression de l'inventaire.

H. Suppl. 1316. — E. 8. A. (Cahier.) — Grand format, 12 feuillets, papier.

1675-1676. — Compte que baille la supérieure et les religieuses de la Miséricorde de Jésus établies en l'Hôtel-Dieu de Bayeux à l'évêque François de Nesmond, en qualité de préposées à la recette du bien et revenu des pauvres malades de l'Hôtel-Dieu des années 1675 et 1676, suivant l'état à elles baillé par feu M. de Missy, prieur de l'Hôtel-Dieu, et sur la sommation faite à la requête du procureur du Roi de faire lad. recette pour la nourriture et subvention desd. pauvres. Recettes par an : 780 boisseaux 1/3 1/4 de froment, 344 boisseaux d'orge, 77 boisseaux d'avoine, 7 chapons, 21 poules, 4 poulets, 20 œufs par an ; 120 l. 16 s. de rentes foncières ; 55 l. 5 s. de rentes hypothéquées ; 41 l. de dîmes affermées ; les fermages des deux années s'élèvent à 2,166 l. 10 s. — Il a été dépensé pendant lesd. années, pendant lesquelles il y a eu pour l'ordinaire 38 ou 40 pauvres : blé mis au moulin, 939 boisseaux de froment, plus 39 boisseaux de froment payés par forme de reconnaissance aux médecin, chirurgien et procureur des pauvres, et autres à qui il est dû. Il a été payé pour la nourriture des enfants trouvés, exposés à la porte de l'hôpital, 142 l. ; pour la viande de boucherie, 703 l. 14 s. — Reprises sur débiteurs à St-Patrice, La Poterie, St-Loup, St-Vigor, Vaux-sur-Seulles, Condé-sur-Seulles, Chouain, Ellon, Couvert, Lingèvres, Bottot, Campigny, Arromanches, Creully, Esquay, *Coullom*, Blay, Rubercy, etc.

H. Suppl. 1317. — E. 9. A. (Cahier.) — Grand format, 14 feuillets, papier.

1677-1678. — Semblable compte rendu pour lesd. années. — Reprises sur rentes à Planquery, Guéron, Fontenailles, Fresné-sur-Mer, Ver, Ste-Croix-sur-Mer, Tour, Crépon, Esquay, Le Manoir, Magny, Sommervieu, Cottun, Mandeville, Formigny, Maisons, La Cambe, Longueville, Asnières, Ducy, Carcagny, Cully, Bretteville-l'Orgueilleuse, Audrieu, Juaye, Trungy, Mosles, Tour, Écrammeville, Canchy, Longueville, Subles, Meuvaines, Formigny et autres lieux.

H. Suppl. 1318. — E. 356. A. (Cahier.) — Grand format, 18 feuillets, papier

1749-1758. — « Compte que rend à Messieurs les « administrateurs des pauvres de l'Hôtel-Dieu de Bayeux « Paul Gosset, sr de La Couture, de la recette des biens « et revenus qu'il a faite en sa qualité de receveur. » Recettes et dépenses des années suivantes jusqu'à 1758. — « État des amortissements et fondations « faites du tems de la gestion de Paul Gosset pendant « la recette qu'il a faite pour les pauvres de l'Hôtel-« Dieu de Bayeux. »

H. Suppl. 1319. — E. 356. B. (Cahier.) — Grand format, 8 feuillets, papier.

1749-1757. — « Extrait vérifié du compte de Paul « Gosset de La Couture, receveur des pauvres de « l'Hôtel-Dieu, le quel a commencé sa gestion à la « St-Michel 1749 et a fini à la St-Michel 1757... »

H. Suppl. 1320. — H. A. 2. — Addition.

Imprimé de 20 pages in-4°. « Réflexions des adminis-« trateurs de l'hôpital général de Saint-Louis de Caen », au sujet de la remise d'une partie du don gratuit et de son attribution. — « Copie des réflexions som-« maires des maire et échevins de la ville de Caen. « Il est évident que l'Hôpital n'a aucun besoin de « secours extraordinaires, et qu'au contraire la ville ne

« sçauroit s'en passer, ni même les attendre long-tems
« sans danger, à cause des progressions annuelles de
« ses charges. » Lesd. réflexions présentées au Parlement, avant l'arrêt rendu en faveur de la ville le 2 août 1766. — « Réflexions des administrateurs de l'Hôpital
« général de Saint Louis de Caen sur les réflexions
« sommaires des maire et échevins de la même ville. »
Les dettes de l'Hôpital vont augmenter : s'il lui faut pour 20,000 livres de blé par an, quand il est de 20 à 22 livres le sac, il lui en faudra pour près de 28 à 30,000 livres au prix actuel. La ville a fondé l'Hôpital en ce qu'elle a permis son établissement dans l'enceinte de ses murs, en ce qu'elle a consenti qu'on lui fieffât un terrain sur les fonds de l'Hôtel-Dieu pour construire les édifices nécessaires au logement des pauvres, et un jardin, à charge de faire à l'Hôtel-Dieu 600 livres de rente, mais on n'a aucune connaissance que la ville l'ait doté sur ses revenus et ses épargnes. On compte au nombre de ses principaux fondateurs et bienfaiteurs M. de La Croisette, gouverneur de la ville, qui donna 6,000 livres pour commencer la construction des bâtiments ; M. de Nesmond, évêque de Bayeux et M. de Malherbe firent construire les premiers édifices ; donations de MM. de Bernières de Gavrus, de Bernières-Louvigny, de Fontenay-Clément, de Charsigné, de Cauvigny, de Sainte-Croix, de Reaty, de Prémont, de Dampierre, etc.

TABLE

SÉRIE H SUPPLÉMENT. — TITRES HOSPITALIERS. — TOME I.

HOPITAL DE LISIEUX

Articles.		Pages.
	HOPITAL GÉNÉRAL DE LISIEUX.	
1.	Origine et fondation de l'hôpital (1749).	1
2.	Confirmations et privilèges (1566-1725).	2
3.	Unions d'hôpitaux et de maladreries (1672-1699).	3
4-7.	Biens et droits (1573-1790).	4-7
8.	Bonneville-la-Louvet (1712).	7
9.	Cormeilles (1701-1787).	8
10.	Firfol (1684-1686).	8
11.	Fontenelles (1757-1759).	8
12.	Launay-sur-Calonne (1632-1780).	8
13.	Lieurey (1705-1784).	9
14-47.	Lisieux (1569-1788).	9-17
48.	Marolles (1707-1786).	17
49.	Mesnil-Eudes (1584-1785).	17
50.	Mesnil-Simon (1709-1757).	17
51.	Motte (La) (1629-1693).	18
52.	Norolles (1664).	18
53.	Rouen (XVIIIe siècle).	18
54.	St-Germain-de-Livet (1648-1701).	18
55.	St-Hippolyte-du-Bout-des-Prés (1658-1688).	18
56-62.	St-Philbert-des-Champs (1493-1780).	19-21
63.	St-Pierre-du-Breuil (1698-1700).	21
64-66.	St-Samson (1243-1787).	21-23
67.	Vaux (les) (1722-1785).	23
68.	Documents divers (1633-1718).	23
69.	Droits, Taxes des pauvres (1584-1587).	23
70.	Quêtes (1655-1682).	24
71.	Aides et gabelles (1555-1765).	24
72.	Boissons (1722-1792).	25

Articles.		Pages.
73.	Boucheries (1704-1789).	25
74.	Notariats et tabellionages; offices divers (1685-1774).	26
75.	Prisons (1635-1661).	27
76-111, 155.	Rentes (1353-1807).	27-40, 56
112-139.	Dons et legs (1438-1790).	40-50
140-154.	Procédures (1208-1785).	50-56
156-158.	Matières ecclésiastiques; livres liturgiques (XVIIe et XVIIIe siècles).	56-57
159-161.	Archives. Inventaires et récépissés (1760-1790).	57
162-166.	Administration générale (1573-1789).	57-59
167-172.	Délibérations (1698-1790).	59-65
173-449.	Comptabilité (1574-1819).	65-117
450.	Bâtiments (1720-1783).	117
451.	Mobilier (1709).	117
452-462.	Personnes admises dans l'établissement (1688-1832).	118-119
463.	Supérieures et religieuses (1749-1776).	119
464.	Domestiques (1772).	120
465.	Bureau de Charité de Lisieux (1783-1784).	120
466.	Maison du Bon-Pasteur de Lisieux (XVIIIe siècle).	121
467-470.	Enfants trouvés et assistés (1605-1833).	121-122
471.	Enfants trouvés et assistés de l'hôpital d'Orbec (1779-1812).	122
472.	École (1778).	122
473.	Hôpitaux, Argentan (1678-1679).	123
474.	Caen (1655-1678).	123
475.	Honfleur (1683-1744).	123
476.	Rouen (1619-1672).	123
477.	Loteries (1783).	124

TABLE.

Articles		Pages
478.	Commission intermédiaire de la Moyenne-Normandie et du Perche (1789-1790)	124

HÔTEL-DIEU DES MATHURINS DE LISIEUX.

Articles		Pages
479.	Fondation de l'Hôtel-Dieu (XIIIe siècle)	125
480.	Privilèges et statuts des Mathurins (1536-1633)	125
481-486.	Cartulaires (XIIe siècle-1656)	126-132
487.	Biens et droits (1658-1790)	132
488.	Caudemuche (1735-1743)	133
489.	Coupegorge (ferme de) (1720-1778)	133
490.	Coupesarte (1720-1773)	134
491.	Courtonne-la-Meurdrac (1683-1789)	134
492.	Grandchamp (1738)	134
493.	Graudonet (1636-1768)	134
494.	Lisieux (1524-1788)	135
495.	Marolles (1773)	136
496.	Meulles (1472-1788)	136
497.	Ouilly-le-Vicomte (1682-1773)	137
498.	Touques (1721-1770)	137
499-502.	Vespière (la). Prieuré de St-Christophe-de-Mervilly (1208-1790)	137-140
503.	Villers-sur-Mer (1579-1774)	140
504-506.	Rentes (1350-1786)	140-141
507.	Fondations, dons et legs (1660-1725)	142
508.	Droits sur le temporel de l'évêché (1218-1723)	142
509-511.	Droits (1560-1790)	143
512.	Quêtes (1756-1767)	143
513.	Matières ecclésiastiques (1559)	144
514-516.	Comptabilité (1771-1791)	144-146
517-518.	Malades (1760-1793)	146

MALADRERIE DE SAINT-CLAIR DE LISIEUX.

| 519-527. | Biens et droits, rentes, procédures (1217-1784) | 147-152 |

Articles		Pages
528.	Inventaire des archives (1568-1569)	152
529.	Statuts (1256-1350)	153
530-531.	Comptabilité (1510-1656)	153

MALADRERIES ET CHAPELLES.

Articles		Pages
542.	Biéville (1687)	156
534.	Bonnebosq (1535-1687)	155
535.	Cahanée (La) (1502-1687)	155
536.	Cande (Le) (1456-1687)	155
537, 539.	Cantepie (1513-1687)	156
538.	Chambrais (1437-1687)	156
539-540.	Condé-sur-Risle (St-Antoine) (1540-1689)	156
541.	Condé (St-Thomas) (1688-1689)	156
542.	Corbon (1687)	156
543.	Cormeilles (XVIIe siècle)	156
544.	Fauquet (Le) (1695-1697)	157
545.	Grestain (1541-1687)	157
546.	Livet (1456-1687)	157
547.	Mesnil-Eudes (1577-1687)	157
548.	Mesnil-Germain (1529-1687)	157
549.	Mesnil-Simon (XVIIe siècle)	158
550.	Montreuil et Montfort (1509-1689)	158
551.	Moranville (1687)	158
552.	Motte (La) (1450-1687)	158
553.	Moyaux (1480-1543)	157
546.	Noiremare (1456-1687)	158
554.	Pacy-sur-Eure (1668)	158
555.	Pompierre (1693)	159
556.	Ronceray (Le) (1410-1687)	159
557.	St-Pierre-sur-Dives (1456-1687)	154-155
532-533.	St-Samson (1213-1712)	
542.	Ste-Marie-aux-Anglais (1687)	156
550.	Tourville (1509-1689)	158

HOSPICES DE BAYEUX.

HÔTEL-DIEU DE BAYEUX.

558.	Établissement de la communauté de la Miséricorde (1588-1682)	160
559.	Unions de prieurés et de maladreries (1695-XVIIIe siècle)	163
560.	Cartulaire (1239-1277)	164
561-570.	Biens et droits (1418-1785)	164-170
571.	Aignerville (1422)	170

572.	Aiganchy (1455-1675)	170
573.	Argouges (1245-1647)	170
574.	Asnières (1466-1728)	171
575.	Audrieu (1243-1668)	171
576.	Balleroy (1617-1780)	172-189
577-599.	Bayeux (1256-1807)	
600.	Bazenville (1234-1779)	189
601.	Biards (forêt des) (1402-1677)	190
602-603.	Blay (1410-1770)	192

TABLE.

Articles.		Pages.
604.	Bois-d'Elle (1655-1746)	192
605.	Bucéels (1437-1746)	192
606.	Caen (1245)	193
607.	Cahagnolles (1730)	193
608.	Cairon (1765)	193
609-610.	Cambe (La) (1304-1833)	193-194
611.	Campigny (1422-1709)	194
612.	Carcagny (1300-1762)	194
613.	Chouain (1395-1446)	195
614.	Condé-sur-Seulles (1524)	195
615.	Cottun (1260-1783)	195
616.	Colombières (1684-1783)	195
617.	Coulombs (1292-1765)	196
618.	Couvert (1276-1720)	196
619.	Crépon (1287-1660)	197
620-621.	Creully et Creullet (1297-1726)	197-198
622.	Crouay (1227-1783)	198
623.	Cully (1359-1536)	199
624.	Écrammeville (1513)	199
625.	Ellon (1267-1757)	199
626.	Engranville (1674-1696)	200
627.	Esquay (1361-1705)	200
628.	Étreham (1230-1786)	201
629.	Fontenay-le-Pesnel (XIIIe siècle-1684)	202
630.	Formigny (1413-1673)	202
631.	Fresné-le-Crotteur (1407-1657)	203
632.	Fresné-sur-Mer (1307-1742)	203
633.	Guéron (1260-1695)	203
634.	Hérils (les) (1690-1766)	204
635.	Hermanville (1506)	205
636.	Hottot (1727)	205
637.	Houtteville (1459-1765)	205
638.	Isigny (1697-1787)	205
639.	Juaye (1556-1787)	205
640.	Lingèvres (1266-1810)	206
641.	Littry (1659-1772)	207
642.	Longues (1557-1619)	207
643-644.	Longneville (1271-1771)	207-209
645.	Loucelles (1269-1315)	209
646.	Louvières (1760)	209
647.	Maisons (XIIIe siècle-1767)	209
648.	Mandeville (1381-1685)	211
649.	Martragny (1629-1669)	211
650.	Meuvaines (1465-1774)	211
651.	Monceaux (1376-1763)	212
652.	Mondaye (1642)	212
653.	Mosles (1528-1678)	212
654.	Nonant (1410-1788)	213
655.	Planquery (1464-1771)	213
656.	Putot (1658-1713)	214
657.	Ranchy (1612-1746)	214
658.	Rubercy (1270-1712)	215
659.	Russy (1588-1684)	215
660.	Ryes (1355-1712)	215
661.	Ste-Croix-sur-Mer (1410-1752)	216
662-663.	St-Germain-de-la-Lieue (1393-1765)	216-217
664.	St-Laurent-sur-Mer (1483-1760)	217
665.	St-Martin-de-Blagny (1617-1699)	217
666.	Ste-Mère-Église (1713)	217
667.	Saon et Saonnet (1402-1750)	218
668.	Sommervieu (1424-1711)	218
669.	Subles (1684)	218
670.	Sully (1256-1741)	218
671.	Tierceville (1245-1397)	219
672.	Tilly (1577)	219
673.	Tour (1445-1745)	219
674.	Trévières (1633-1709)	220
675.	Trungy (1539-1659)	222
676.	Vaubadon (1777)	222
677-679.	Vaucelles (1301-1723)	222-225
680.	Vaux-sur-Aure (1249-1727)	225
681.	Vaux-sur-Seulles (1245-1694)	226
682-683.	Ver (1421-1742)	227-228
684.	Vienne (1401-1480)	228
685.	Villiers-le-Sec (1765)	228
686.	Vouilly (1706-1757)	229
687-695.	Rentes et procédures (1385-an XIV)	230-234
696.	Dons et legs (1654-1774)	234
697.	Séminaire de Bayeux (1682-XVIIIe siècle)	237
698.	Chapelain (1676-1752)	238
699.	Baptêmes (1788)	238
700.	Fondations (1789)	238
701-705.	Inventaires des archives (1703-1758)	238-241
706-707.	Délibérations (1750-1789)	241-243
708-1063, 1316-1319.	Comptabilité (1469-1790)	243-272, 393
1064.	Bâtiments (XVIIIe siècle)	272
1065-1079.	Personnes admises dans l'établissement (1653-1790)	273-274
1080.	Pensionnaires (1644-1752)	275
1081.	Hospitalières (1643-1727)	275
1082.	Chirurgiens (1774-1788)	275
1083-1091.	Enfants trouvés (1779-1790)	276-278
1092.	Recette des domaines et droits domaniaux de la généralité de Caen (1787-1791)	278
1093-1094.	Consignations de la recette de Bayeux (1725-1761)	279-280
1095.	Tailles et tarif de Bayeux (1704)	281
	HOPITAL GÉNÉRAL DE BAYEUX	
1096.	Fondation et statuts (1667-1776)	282
1097, 1320.	Actes concernant divers établissements (1655-1767)	286, 393
1098.	Union de léproserie (XIIe siècle-1787)	286
1099-1100.	Biens et droits (1641-1785)	287-289
1101-1111.	Bayeux (1399-1791)	289-296
1112.	Commes (1612-1786)	296

TABLE.

Articles.		Pages.
1113.	Fresné-sur-Mer (1652-1702)	297
1114.	Géfosse (1680-1686)	297
1115.	Neuilly (1680-1732)	297
1116-1119.	Rentes et procédures (1615-1785)	298-299
1120.	Dons et legs (1651-1779)	299
1121.	Chapelain (1727-1728)	300
1122.	Matières ecclésiastiques (1766-1768)	301
1123-1124.	Inventaires des archives (1698-1722)	301-304
1125-1138.	Délibérations (1667-1792)	304-333
1139.	Administration (1702-1777)	333
1140.	Correspondance (1765-1784)	333
1141-1296.	Comptabilité (1686-an VI)	334-370
1297.	Bâtiments (1607-1780)	370
1298.	Mobilier (1698-1744)	370

Articles.		Pages.
1299-1302.	Personnes admises dans l'établissement (1702-an III)	371-372
1303.	Religieuses (1732)	372
1304-1307.	Charité de Bayeux (1052-1762)	373-378
1308.	Mendicité; enquête sur les fondations en faveur des pauvres (1773-1775)	378
1309.	Famille James (1708-1786)	389
1310.	Famille Mallet (1020-1825)	389
1311-1312.	Familles diverses (1670-1817)	390-391

MALADRERIES

1313.	Isigny (1542-1698)	392
1314.	Pierre-Soleil (1632-1689)	392
1315.	Vaucelles (1669-1680)	392

Caen, Imp. Delesques, rue Froide, 2 et 4.

www.ingramcontent.com/pod-product-compliance
Lightning Source LLC
Chambersburg PA
CBHW060933230426
43665CB00015B/1923